PATRIMOINE LITTERAIRE EUROPEEN

11a

Direction de l'ouvrage

Jean-Claude POLET (Facultés Universitaires Notre-Dame de la Paix, Namur et Université Catholique de Louvain)

Avant-Propos

Jacques-Philippe SAINT-GÉRAND (Université Blaise Pascal, Clermont-Ferrand II)

Auteurs des notices

Liliane ABENSOUR (Université de Paris VII - Denis Diderot) – Karine ALAVERDIAN-NAZARIAN (Université Libre de Bruxelles) – Sava ANDJELKOVIĆ (Université de Paris-Sorbonne, Paris IV) – Myroslav ANTOCHY (Munich) – Paul M. AUSTIN (Mac Gill University, Montréal) – Jean-Louis BANDET (Université de Rennes 2 - Haute Bretagne) – Laurent BÉGHIN (Université Catholique de Louvain) – Gaston BOUATCHIDZÉ (Université de Tbilissi et Université de Nantes) – Régis BOYER (Université de Paris-Sorbonne, Paris IV) – Jacques BOUCHARD (Université de Montréal) – Michel BRIX (Facultés Universitaires Notre-Dame de la Paix, Namur) – Valentina CALZOLARI (Université de Genève) – Marie-Thérèse CASTAY (Université de Toulouse-le-Mirail) – Anne-Marie CHABROLLE-CERRETINI (Université de Metz) – Antoine CHALVIN (Université de Tartu) – Pierre CIMAZ (Université de Paris XII - Val-de-Marne) – Mariella COLIN (Université de Caen) – François CORNILLOT (INALCO) – Louis COUTELLE (Université d'Aix-en-Provence) – Jean-Louis CUPERS (Facultés Universitaires Saint-Louis, Bruxelles) – Ortwin de GRAEF (Katholieke Universiteit Leuven) – Marysa DEMOOR (Rijksuniversiteit Gent) – Lieven D'HULST (Universiteit Antwerpen) – François ESVAN (Istituto universitario orientale, Naples) – Michel EVDOKIMOV (Université de Poitiers) – Éric EYDOUX (Université de Caen) – Claude FOUCART (Université Jean Moulin - Lyon 3) – William FOVET (Université Charles-de-Gaulle, Lille 3) – István FRIED (Université Attila-József, Szeged) – Hartmut FRÖSCHLE (Université de Toronto) – Gábor GÁNGÓ (Université Attila-József, Szeged) – Claude GÉLY (Université Paul Valéry, Montpellier III) – Olivier GOUCHET (Classes préparatoires, Lycée Pothier, Orléans) – Ann GRIEVE (Université de Paris VII - Denis Diderot) – Jean GUILLAUME (Facultés Universitaires Notre-Dame de la Paix, Namur) – Dominique IEHL (Université de Toulouse-le-Mirail) – Georges JACQUES (Université Catholique de Louvain) – Aline JANQUART (Université de Bourgogne, Dijon) – Arkady JOUKOVSKY (INALCO) – Celina JUDA (Université de Cracovie) – John P. KIRBY (Université de Mons-Hainaut) – Anna KOUBALE (Université de Gdansk) – Jean KUDELA (INALCO) – Jacques LAJARRIGE (Université d'Orléans) – † Jirí LÁTAL (Université d'Olomouc) – Aline LE BERRE (Université de Limoges) – May-Brigitte LEHMAN (Université de Paris-Sorbonne, Paris IV) – Liviu LEONTE (Université de Iaşi) – Françoise LHOEST (Bruxelles) – Véronique LOSSKY (Université de Paris-Sorbonne, Paris IV) – Éric LOZOWY (Mac Gill University, Montréal) – Gérard LUCIANI (Université de Grenoble) – Sabine MARCHI (Université Catholique de Louvain) – Patrick MATAGNE (Tours) – Michel MERVAUD (Université de Haute Normandie) – Françoise MIES (Facultés Universitaires Notre-Dame de la Paix, Namur) – Bernadette NAEDTS (Facultés Universitaires Notre-Dame de la Paix, Namur) – Eleni OEKONOMOU (Université Aristote, Thessalonique) – Antoine OTTAVI (Université Sophia Antipolis, Nice) – Robert PAGEARD (Versailles) – Christine PÂRIS MONTECH (Université de Toulouse-le-Mirail) – Claude PICHOIS (Université de Paris-Sorbonne, Paris III et Vanderbilt University, Nashville) – Robert PICKERING (Université Blaise Pascal, Clermont-Ferrand II) – Isabelle PIETTE (Facultés Universitaires Notre-Dame de la Paix, Namur) – Jean-Luc PIRE (Université Catholique de Louvain) – Vladimir POGACNIK (Université de Ljubljana et INALCO) – Jean-Claude PONT (Université de Genève) – Karl Ejby POULSEN (Fondation danoise, Paris) – Patricia RADELET-de GRAVE (Université Catholique de Louvain) – Gilbert RAVY (Université de Rouen) – Jean RENAUD (Université de Caen) – Hélène REVOL (Université Jean Moulin - Lyon 3) – Ilya SEMENENKO-BASSINE (Université de Moscou) – Irena SLAWIŃSKA (Université Catholique de Lublin) – Sophie TECOUTOFF (Université de Paris-Sorbonne, Paris IV) – Paul-Louis THOMAS (Université de Paris-Sorbonne, Paris IV) – Sara THORNTON (Université de Paris VII – Denis Diderot) – Chantal TILMANS-CABIAUX (Facultés Universitaires Notre-Dame de la Paix, Namur) – Henri TONNET (INALCO) – Grigore ŢUGUI (Université de Iaşi) – Georges UEBERSCHLAG (Université Charles-de-Gaulle, Lille 3) – Sonja VANDERLINDEN (Université Catholique de Louvain) – Robert J. VAN NUFFEL (Rijksuniversiteit Gent) – Pál VARGA (Université de Debrecen) – James M. VEST (Rhodes College, Memphis, Tennessee) – Pierre VITOUX (Université Paul Valéry, Montpellier III) – Nathan WEINSTOCK (Institut d'Études du Judaïsme, Bruxelles).

Conseillers scientifiques

Tivadar GORILOVICS (Université de Debrecen) – Françoise LHOEST (Bruxelles).

Assistance scientifique

Nombre de recherches ont été menées par Isabelle PIETTE dans le cadre du projet « Patrimoine littéraire européen ». De 1994 à 1998, aux Facultés Universitaires Notre-Dame de la Paix (Namur), ce projet a bénéficié d'un financement accordé par la Communauté française de Belgique dans le cadre des Actions de Recherche Concertée (A.R.C.). Le projet a aussi obtenu l'appui de l'Académie Royale Suédoise des Belles-Lettres, Histoire et Antiquités, de l'Académie Suédoise et de la Fondation Calouste Gulbenkian (Lisbonne).

Secrétariat scientifique et technique

Laurent BÉGHIN (Université Catholique de Louvain) – Bernadette NAEDTS (Facultés Universitaires Notre-Dame de la Paix, Namur) – Françoise PICHON (Université Catholique de Louvain) – Isabelle PIETTE (Facultés Universitaires Notre-Dame de la Paix, Namur) – Jean-Luc PIRE (Université Catholique de Louvain).

PATRIMOINE LITTERAIRE EUROPEEN

11a

RENAISSANCES NATIONALES
ET CONSCIENCE UNIVERSELLE
1832-1885
ROMANTISMES TRIOMPHANTS

ANTHOLOGIE EN LANGUE FRANÇAISE

SOUS LA DIRECTION DE JEAN-CLAUDE POLET
AVANT-PROPOS DE J.-PH. SAINT-GERAND

De Boeck Université

Printed in Belgium

D 1999/0074/216

ISSN 0779-4673
ISBN 2-8041-2805-9

PATRIMOINE LITTÉRAIRE EUROPÉEN

Le patrimoine européen est aussi riche que varié. Mais les grands textes des littératures de l'Europe en sont la récapitulation la plus explicite.

Au seuil du troisième millénaire de son ère, l'Europe, soucieuse d'assumer les responsabilités de sa culture, que l'histoire des deux derniers siècles a répandue dans le monde entier, se doit de procurer aux générations du nouvel âge un ensemble cohérent des valeurs qui l'illustrent et la constituent.

La présente anthologie a pour propos de présenter à tous ceux qui lisent le français une somme de textes qui réponde à cette ambition.

L'ouvrage s'organise en douze volumes : trois pour les fondations de l'édifice littéraire européen ; un pour le Moyen Âge, pour autant qu'il n'ait pas été représenté dans les volumes précédents ; trois pour la période qui va de Pétrarque (1304-1374) à la mort de Shakespeare et de Cervantès (1616) ; trois pour la période suivante, que l'on arrête à la mort de Goethe (1832) ; deux enfin pour rendre compte de l'époque qui s'achève avec la mort de Proust, en 1922.

Les trois premiers volumes décrivent les fondements littéraires de l'Europe. Le premier est consacré aux traditions juive et chrétienne ; le second aux héritages grec et latin ; le troisième aux racines celtiques et germaniques. Ils ordonnent leur matière domaine par domaine et, au sein de chacun d'eux, suivent la chronologie. Ils rassemblent, outre des textes d'antiquité certaine, des œuvres qui, au cours du Moyen Âge, ont explicité, prolongé et illustré la nature ou l'allure du dépôt primitif.

Le quatrième volume est consacré au Moyen Âge, de l'Oural à l'Atlantique, jusqu'au seuil du XIVe siècle. Il présente une matière tout à la fois très diverse — à la mesure des bouleversements incessants de ces siècles — et fourmillant de convergences — à l'image des stabilités maintenues ou des puissances nouvellement instaurées. L'ampleur et la complexité du tissu médiéval n'ont pas permis de placer les textes dans un ensemble unifié ni de les ordonner, toutes provenances confondues, selon la seule chronologie : le volume a été dédoublé, et sa matière répartie en ensembles géographiques et / ou linguistiques, organisés chronologiquement.

Les volumes 5, 6 et 7 signalent des auteurs et recueillent des œuvres qui, au-delà des tensions régionales et des perplexités intellectuelles, ont assuré la transition, la montée et le triomphe progressif de l'humanisme renaissant et de sa nouvelle vision du monde et de l'homme. En même temps que les nations de l'Europe occidentale cherchaient à imposer leur hégémonie au reste du vieux continent, au Nouveau Monde, voire à l'univers connu, les Temps Modernes intellectuels, politiques et littéraires instauraient peu à peu un nouvel ordre de valeurs éthiques et esthétiques.

Sur ces nouvelles bases se construira l'âge classique, bientôt cosmopolite, mettant peu à peu au programme de l'humanité la pratique de la raison universelle, prémisses de la civilisation planétaire. Ce nouvel ordre des principes et ces nouvelles exigences de l'expression artistique et littéraire conduiront la pensée et les lettres européennes jusqu'à Goethe, celui qui a exprimé avec le plus de vigueur le concept de littérature mondiale. Les volumes 8, 9 et 10 réunissent ainsi les hommes de lettres qui manifestent, dans les difficultés de l'accomplissement et du dépassement des états et des nationalités, les élans, les contradictions et les étapes de cette véritable révolution de l'esprit humain que fut la conscience de l'unité réelle de l'humanité universelle.

Les volumes 11 et 12, qui vont de 1832 à la mort de Proust, montrent comment s'est achevé littérairement le processus qui, avec la première guerre mondiale, devait aboutir à la Société des Nations et à la mondialisation de la culture. Les écrivains qui émergent alors le font à travers des mouvements ou des écoles — romantismes, réalismes, esthétismes, symbolismes, modernismes — et s'engouffrent, les uns après les autres, dans les béances qu'ont ouvertes, pour l'expression, les oppositions existentielles qui, de régime politique en révolution, de nation en nation, de langue en langue, d'idéologie en idéologie, faisaient s'affronter la logique des continuités historiques et le nouvel ordre international des références.

Patrimoine littéraire européen est une anthologie et, à ce titre, entend ménager au lecteur un accès direct aux textes. Direct, mais pas abrupt. L'anthologie, bouquet de fleurs *coupées*, est en effet entourée des précautions de l'histoire, qui ordonne et module continuités et ruptures, et de l'encyclopédie, qui ouvre la conscience à toutes les différences et indique à la critique les chemins érudits de l'autorité. Les textes présentés sont ainsi précédés de notices assorties d'indications bibliographiques, et pourvus d'arguments et de notes.

Anthologie du *patrimoine européen*, elle n'est ni juxtaposition ni fusion d'anthologies nationales ou régionales. Son souci est de réprésenter significativement et, par force, sélectivement, les originalités et les spécificités littéraires qui, parfois, se sont manifestées plus diversement ou plus largement qu'elle ne peut en rendre compte.

Une des originalités de l'ouvrage, c'est de donner à lire les auteurs étrangers dans des traductions choisies tout au long de l'histoire de la langue et de la littérature française, surtout du XVIe au XXe siècle. Cela afin de faire sentir les modes successifs de l'intégration française de la littérature européenne.

À côté du nom du traducteur, avant l'extrait proposé, figure une date d'édition : antérieure à celle qui est mentionnée dans le signalement donné après le texte, elle désigne la première édition de la traduction citée. Cette information historique, à laquelle on ajoutera celles que fournit, en fin de volume, le Répertoire des traducteurs, doit permettre de situer la traduction dans le cadre particulier de son effectuation et dans le cadre général de l'histoire littéraire. Parfois, des versions différentes — notées bis, ter, etc. — du même texte sont présentées à la suite l'une de l'autre afin de concrétiser les variations de style, d'époque ou de conception dans l'art de traduire.

Cette anthologie des traductions existantes est accompagnée de nombreux textes donnés pour la première fois en français dans des traductions inédites, afin de compenser les manques et de corriger les portraits déformés que le passé a pu laisser.

■

Dans les ouvrages d'histoire des différentes littératures européennes, la notion et la réalité de l'Europe restent encore le plus souvent implicites, ou même simplement virtuelles. Depuis la Réforme et, surtout, à partir de la Révolution française, les nations et les États modernes, au nom de leur consistance propre et au service de leurs prétentions universelles, se sont appropriés, avec plus ou moins d'exclusivité, tout ce que leurs affinités pouvaient espérer de racines, tout ce que leur volonté de rassembler et de s'étendre pouvait revendiquer d'héritages et de parentés. Ce qui a fait, et ce qui continue de faire que peu à peu, mais de plus en plus, sont nées autant d'histoires littéraires qu'il y a de nations ou d'États européens. Pareille division, légitime autant qu'elle est restauratrice des complexités internes et médiatrice des échanges, n'a pas évité, il s'en faut de beaucoup, la dissémination, le confinement, l'ignorance ou les emphases de la petitesse. Et les tentatives *généralistes* d'histoire de *la* littérature européenne, censément envisagée dans son unité synthétique (souvent forcée), n'ont pas échappé à la nécessité de se structurer et d'organiser leur matière selon les divisions qu'adoptent les histoires littéraires nationales pour se répartir entre elles la matière littéraire européenne.

Patrimoine littéraire européen se veut tout aussi bien au rebours de la tendance spécialisatrice qu'en dehors des excès de la synthèse. Sa nature d'anthologie érudite lui assure cette voie moyenne. La collection anthologique en effet, loin de fermer, ouvre : la logique du divers et du singulier, du fragment et de la coïncidence, qui préside à son esthétique, produit des regroupements significatifs mais arbitraires, que doit contrebalancer, non certes un conformisme d'histoire littéraire, dont trop d'anthologies sont tributaires, mais la vaste et rigoureuse maîtrise érudite de la matière. En conjoignant le choix multiple (des auteurs, des traducteurs, des extraits et des commentaires) et la nécessité savante (des collaborateurs spécialistes, des orientations bibliographiques et des notices sur les traducteurs) *Patrimoine littéraire européen* espère équilibrer les prétentions de sa fin par la solidité de ses moyens.

On sentira sans doute mieux la difficile nécessité de cet équilibre à partir du volume 5, où la logique organique de l'anthologie et la finalité directement européenne de son florilège ont été radicalisées. Radicalisation motivée par la nécessité d'en revenir, autant que possible, au-delà des ordres établis par les histoires littéraires nationales, à la diversité brute du passé européen et à ses réalités constitutives. Car c'est au XIVe siècle que les nations en Europe ont commencé à se saisir de leurs langues pour s'en faire d'irréductibles identités et de probables destinées. Les États, peu de temps après, se saisiront pareillement de la territorialité pour établir leurs frontières. Nation, État, langue, territoire seront, sur fond d'universelle émancipation, notamment religieuse, de l'individu, les grandes références dont la politique européenne des Temps Modernes alimentera ses rapports de force. C'est à partir du XIVe siècle donc, et du volume 5 de *Patrimoine littéraire européen*, que l'anthologie a choisi de constituer son ensemble, toutes langues et toutes régions confondues, selon le principe d'ordre qui, seul, résiste à tout embrigadement du sens : la chronologie.

Désormais, le sommaire des volumes n'affiche plus de sous-sections : les auteurs et les œuvres anonymes ne sont plus ordonnés, comme dans les volumes précédents, selon une chronologie interne à leur domaine linguistique, à leur provenance géographique ou à leur genre littéraire, mais bien, directement, selon la seule chronologie. Cet ordre de présentation uniquement chronologique, toutes langues, régions et genres littéraires confondus entend, de surcroît, au-delà de la découverte, proposer, parfois au risque de l'étonnement, certaines réévaluations à la perspicacité des historiens et des comparatistes.

Ce faisant, il ne s'agit pas, évidemment, de perdre le lecteur dans le flux des textes, mais bien de lui conserver tous les moyens de gouverner sa navigation. Bien qu'effacés au rang des titres et des sous-titres, les divers critères d'organisation de la matière littéraire ont été partout maintenus dans les notices et les notes, qui permettent de situer chacun des auteurs, les œuvres anonymes et les textes de l'anthologie dans leur cadre géographique, politique, social, esthétique, générique, thématique, etc. Plus particulièrement, le critère d'ordonnancement linguistique a été souligné dans la présentation de l'ouvrage, par la mention, sous chaque titre de notice, du ou des domaines linguistiques concernés, et par deux Tables : l'une donne, langue par langue, la liste des auteurs repris dans le volume ; l'autre, la Table des genres et des sujets, donne la liste des extraits appartenant à telle ou telle catégorie de textes.

En dépassant, sans les méconnaître, les frontières géographiques et politiques d'hier et en traversant, pour les relativiser, celles d'aujourd'hui, le principe d'ordre chronologique entend aussi faire apparaître que l'Europe, depuis le XIVe siècle déjà, sans quitter les orientations fondatrices de sa civilisation, s'engage dans le mouvement qui la conduira, depuis le Moyen Âge jusqu'à nos jours, de siècle en siècle et de crise en crise, vers l'horizon de nouvelles universalités.

Cet accomplissement de la culture européenne à la mesure de l'humanité se réalisera notamment, au XVIIIe siècle, par les progrès et l'appui mutuels des sciences et des techniques, coopérant sous l'égide d'une Raison seule capable d'assurer les cohérences internes et d'établir la hiérarchie des ordres de la connaissance. Ce progrès de l'humanité, radicalement cosmopolite et décidément prometteur de transformations économiques, politiques et sociales, signe un changement de conscience dont le dynamisme n'est que tension vers l'horizon d'une modernité sans fin. À ce prix, les méthodes de la connaissance et le point d'application de la conscience humaine ne peuvent qu'engager à réévaluer, voire à modifier radicalement les définitions et les rapports respectifs que peuvent ou que doivent entretenir l'homme, le monde et Dieu.

À partir du volume 9, c'est-à-dire à partir du XVIIIe siècle, où le nombre des auteurs, la masse et la diversité des écrits de qualité augmentent, en même temps que s'accélèrent les progrès de la culture et les mutations intellectuelles et littéraires, les volumes du *Patrimoine littéraire européen*, par nécessité, rendront compte de tranches chronologiques plus courtes. Inférieures à la nouvelle longévité humaine, ces périodes, fondées sur les rythmes de l'histoire de la civilisation européenne, ne pourront plus contenir la durée moyenne de vie des auteurs, qui seront alors placés dans le volume auquel leur œuvre appartient pour l'essentiel.

■

Nous avons adopté, pour les signalements, la Description bibliographique internationale normalisée des monographies (ISBD-M) publiée en 1978 par la Fédération internationale des associations des bibliothécaires et des bibliothèques. Bien loin de contrevenir aux diverses conventions et aux multiples usages établis dans les différents pays du monde selon les disciplines particulières, cette norme synthétise, concilie et ordonne toutes les mentions qui permettent d'identifier un livre.

Cette norme s'applique principalement aux publications récentes et n'envisage pas les problèmes propres à la description du livre ancien. Cependant, on a voulu ici en généraliser l'application, tout en veillant à conserver aux ouvrages antérieurs au XIXe siècle les particularités de leur page de titre.

■

AVANT-PROPOS

LA LANGUE FRANÇAISE DANS L'HISTOIRE

S'il nous était donné de pouvoir écouter la parole et les accents des hommes qui parlèrent français dans le passé, nous aurions à tendre l'oreille pour reconnaître, sous l'usure du temps, la prononciation, l'usage, la langue qui fut la leur et qui est restée la nôtre.

Le seul moyen que nous ayons de faire pareille expérience, avant qu'on ait pu enregistrer la voix, c'est de passer par le texte, et dans le texte, par tout ce que la graphie traduit, depuis les traits de syntaxe et de morphologie, de lexique, de phonétique et de style jusqu'aux simples variations des conventions ou des rigueurs typographiques.

En respectant assez régulièrement les graphies des éditions que nous avons reproduites, nous avons voulu donner à nos lecteurs le moyen de toucher du doigt la patine du temps et d'observer concrètement, directement, objectivement, l'évolution de la langue dans son costume au cours des derniers siècles. L'orthographe, c'est en effet l'uniforme que la langue revêt pour défiler dans l'histoire.

Mais au-delà, ou en deçà de cette uniformité progressivement établie, un processus complexe d'histoire s'est réalisé, qu'il est possible de saisir. Il est apparu que, pour le XIXe siècle, il n'était pas inutile de s'en faire une représentation aussi significative que possible. L'étude qui suit, réalisée par Jacques-Philippe Saint-Gérand, s'emploie à en fournir les éléments majeurs.

■

UNE SUCCESSION PROBLÉMATIQUE, DES BESOINS NOUVEAUX
LE XIXE SIÈCLE

Antoine Meillet, en 1929, écrivait déjà : « Il n'y a pas d'histoire de la langue sans une dialectologie et une géographie linguistique »[1]. Il affirmait ainsi une conception de l'histoire de la langue reconnaissant l'importance du déploiement du langage dans un espace-temps soumis à des facteurs politiques et idéologiques constitutifs de l'identité d'un idiome. Simultanément, Meillet mettait l'accent épistémologique sur la validité d'un principe de corrélation liant l'observation des variations formelles et les inductions sociologiques supposées en éclairer les motifs. Ferdinand Brunot, pour sa part et à la même époque, usait intuitivement depuis longtemps d'un principe analogue de répartition des faits, et suggérait un modèle explicatif empirique en opposant *histoire interne* et *histoire externe*. Ce faisant, Brunot admettait une corrélation de fait entre les transformations substantielles de la langue et les modifications du paysage socio-historique français : « L'histoire du français, ce sera donc d'une part l'histoire du dévelop-

1 *Bulletin de la Société de Linguistique de Paris*, XXX (1929), p. 200.

pement qui, de la langue du légionnaire, du colon ou de l'esclave romain, a fait la langue parlée aujourd'hui par un faubourien, un "banlieusard", ou écrite par un académicien. Nous appellerons cette histoire-là l'HISTOIRE INTERNE. L'histoire de la langue française, ce sera d'autre part l'histoire de tous les succès et de tous les revers de cette langue, de son extension en dehors de ses limites originelles — si on peut les fixer. Nous appellerons cette partie l'HISTOIRE EXTERNE »[1].

Ultérieurement, à l'heure de la déferlante structuraliste, le congédiement de l'histoire a fait disparaître l'intérêt qu'une étude des variations du système des langues pouvait susciter. *Linguistique historique* et *histoire de la langue* sont alors tombées dans un égal discrédit, qui a paradoxalement créé les conditions trompeuses de leur réciproque approximation, à l'heure où — la réflexion philosophique sur l'histoire des sciences se développant — émergeait l'*histoire des sciences du langage*.

Pour corriger ces erreurs de perspective, Gérald Antoine, pour sa part, a pu noter : « Une [...] tentation consiste à céder au découpage d'une période donnée en tranches chronologiques de si faible épaisseur qu'elles se ramènent à autant d'unités vues en synchronie. C'est une manière de ruser avec la difficulté qui ne la résout point : qui écrit une histoire de la langue ne saurait priver son lecteur de la mise des faits en perspective, c'est-à-dire de leur insertion dans une trame historique »[2]. Tandis que Sylvain Auroux, dans la lignée d'une réflexion inaugurée par Paul Veyne, remarquait au même moment : « [...] écrire une histoire consiste à homogénéiser le divers. Tout travail d'historien consiste à projeter des faits dans un hyper-espace comportant essentiellement trois types de dimensions : une chronologie universelle, une géographie, et un ensemble de thèmes. La grille chronologique donne à l'ensemble des faits une structure de pré-ordre. Il n'y a véritablement histoire que lorsqu'on construit un ordre, en sélectionnant un thème et en restituant une suite en grande partie causale, c'est-à-dire en adoptant une intrigue ou un récit »[3].

Ces quelques repères précisent le complexe et le contexte scientifiques dans lesquels peut s'envisager aujourd'hui une brève histoire de la langue française au XIXe siècle : beaucoup d'interdits théoriques, une masse pratiquement impossible à maîtriser de données, et, sur le seuil même du XXIe siècle qui renverra notre objet à un horizon de rétrospection pénultième, la nécessité de présenter des hypothèses explicatives plausibles. Ferdinand Brunot remarquait d'ailleurs : « [...] nul doute que nos descendants, quand ils compareront le XIXe siècle à d'autres même réputés très grands, ne lui fassent une place à part, pour avoir sinon révolutionné le mode et la méthode de la pensée, du moins pour avoir à peu près bouleversé complètement l'idée que la tradition avait léguée sur la nature entière, ses éléments, ses corps, ses êtres, son histoire, ses forces, ses lois, sur l'infiniment grand et sur l'infiniment petit, pour avoir aussi modifié profondément les rapports entre l'humanité et le monde brutal qui l'entoure, dont l'homme devient peu à peu au sens propre, par la seule force de son génie, le maître et le roi. Un si vaste enfantement d'idées, dont la France a eu sa part, ne pouvait aller

---

1 *Histoire de la langue française* / Ferdinand Brunot. – Réédition. – Paris : Armand Colin, 1966. – [Tome I, *Préface*, p. V].

2 Gérald Antoine, "L'histoire de la langue, problèmes et méthodes". – In : *Le Français Moderne*, XLIX (avril 1981), p. 159.

3 *Histoire des idées linguistiques* / Sylvain Auroux. – Liège : Mardaga, 1989. – [Tome 1, p. 33]. – [Introduction].

sans qu'un mouvement correspondant dans le langage marquât cet événement »[1]. La question sera donc désormais de savoir si la linguistique historique ne peut envisager que des faits linguistiques et ne doit se préoccuper que du système de la langue, de son évolution, de son fonctionnement, des mécanismes du changement, tandis que l'histoire de la langue joindra l'extra-linguistique au linguistique et examinera le phénomène total du langage en tant qu'il est collectif : évolution interne mais aussi diffusion du changement, description des normes et des usages, histoire des institutions et des groupes sociaux[2].

Comme on peut le pressentir, cette confrontation appelle immédiatement pour le XIXe siècle un troisième terme, que l'on peut envisager comme le dépassement dialectique de la contradiction, et qui réside dans l'émergence de la dimension métalinguistique. Une histoire des pratiques de la langue — à travers les ouvrages normatifs et descriptifs qui la régulent et les documents qui la mettent en usage, voire en œuvre littéraire — ne peut pas être sans une méta-historiographie de la prise de conscience de la succession des modèles grammaticaux explicatifs de cette langue. Charles Porset a jadis bien noté pour le XVIIIe siècle cet investissement progressif du discours par l'analyse de la langue : « De l'expression on passe à l'analyse tout simplement parce que l'expression ne correspond plus aux exigences de la linguistique naissante : les langues se sont multipliées, et la grammaire des parlers vernaculaires ; les voyageurs voyagent et les missionnaires convertissent. La bourgeoisie monte : le libéralisme s'impose comme idéal, d'abord laissez-faire, laissez-parler. Puis — mais Rousseau est déjà un symptôme — on en reviendra : l'autre surgit du néant : nègre, sauvage, paysan, enfant. Et les patois s'affirment, comme les dictionnaires qui leur répondent ; un bon grammairien, le père Buffier était provençal — c'est Duclos, homme de la ville, qui le remarque en passant — comme Dumarsais, Domergue ou Féraud. Alors on commence à articuler ! »[3]. Il est dès lors nécessaire de mener de pair la description de l'évolution du système, des transformations dont il est l'objet, et la caractérisation des modifications épistémologiques dont cet objet même est l'occasion tout au long de la période qui voit la langue s'affranchir progressivement de toute représentation *a priori* et abstraite.

En 1883, L. Petit de Julleville remarquait : « Les langues ont-elles une histoire ? L'histoire est le récit de faits humains qui s'enchaînent. C'est l'homme, ce sont ses actes, ce sont ses œuvres qui forment la matière propre de l'histoire. Ce qui échappe à l'action humaine est par cela même hors du domaine historique. Ainsi, c'est par abus de mots qu'on a dit et qu'on dit encore *l'histoire naturelle*. L'exposé des révolutions géologiques du globe, l'anatomie d'un insecte, la description d'une fleur, n'appartiennent pas à l'histoire. On s'est demandé si la science du langage n'est pas une science naturelle, aussi bien que la géologie, la zoologie ou la botanique ; si les langues n'échappent point à l'action de l'homme autant que les phénomènes, extérieurs à nous, qui sont l'objet de ces diverses sciences. Quelques-uns l'ont cru et enseigné dans notre siècle, par réaction contre l'erreur contraire du siècle passé, qui avait prétendu que l'homme

---

1 *Histoire de la langue française* / Ferdinand Brunot. – Réédition. – Paris : Armand Colin, 1966. – [Tome I, p. XVII].

2 Yakov Malkiel, "Language history and historical linguistics". – In : *Romance Philology*, 1953-1954, pp. 65-76.

3 Charles Porset, "Grammatista Philosophans". – In : *La Grammaire générale des Modistes aux Idéologues* / publié par A. Joly et J. Stefanini. – Lille : P.U.L., 1977. – [Pp. 43].

seul fait sa langue ; que le vocabulaire est le résultat d'une convention primitive ; que la première grammaire a été rédigée dans on ne sait quelle académie préhistorique, tenue à cet effet par des peuplades sauvages. Nul ne croit plus à ces rêveries. [...] *tous les accidents de l'histoire générale chez une nation, de l'histoire politique, religieuse, militaire, commerciale, littéraire, ont leur contre-coup dans l'état de la langue que cette nation parle* ; et l'exposé des phases successives par où passe cette langue, sous l'influence de ces forces diverses, compose précisément son histoire »[1]. Toute tentative d'écrire une histoire — même partielle — de la langue française est incontinent affrontée à la question de définir l'épistémologie de son historiographie.

La multiplicité des événements historiques externes susceptibles d'être considérés comme des facteurs de rupture avec ce qui précède et ce qui suit : la Révolution, l'Empire, la Restauration, la révolution de 1830, celle de 1848, l'éphémère Seconde République, le Second Empire, la défaite de Sedan, la Commune, la Troisième République, l'Affaire Dreyfus, la loi sur la séparation des Églises et de l'État qui met fin au Concordat de 1801, la Grande Guerre... Cette diversité d'événements rend problématique l'articulation des facteurs externes et internes de l'évolution et de la transformation du langage. Autant d'accidents de l'histoire, autant de faits générateurs de discours, d'occasions d'exercer le pouvoir analytique et représentatif de la langue. Autant de raisons de concéder à ces derniers un statut démarcatif et d'isoler ce qu'ils embrassent en une illusoire homogénéité. Un historien contemporain, comme M. Agulhon soutenait encore récemment que — pour un historien des mentalités et des représentations culturelles — le XIXe siècle ne s'achevait qu'aux environs de... 1964 ! En matière de langue, le XIXe siècle s'inscrit tout entier dans le mouvement qui conduit de la sériation stricte des niveaux et des registres d'expression classiques et néo-classiques à la mixité et au « créolisme » des langues vernaculaires contemporaines. Il est aussi tout entier dans l'irrésistible évolution menant d'une grammaire métaphysique intransigeante à une dédramatisation des contraintes grammaticales, et à la reconnaissance des principes généraux de la linguistique.

SYSTÈME : MOUVEMENTS, CONTRAINTES ET FIGEMENTS

À considérer l'entité temporelle indéterminée désignée par le syntagme *dix-neuvième siècle*, il apparaît bien que les effets de la dialectique *interne / externe* sont décuplés par la prolifération de la documentation se rapportant aux faits en eux-mêmes. L'essor du journalisme, en dépit des derniers sursauts de la censure proscriptive, comme il apparaît autour des *Trois Glorieuses* de 1830, de la révolution de 1848, et de la commune de Paris ; le développement de la littérature, narrative et souvent très idéologiquement — sinon explicitement politisée — orientée par enjeux et desseins esthétiques ; la réglementation de la société civile par les discours politiques ; la régulation des pratiques sociales individuelles par les discours moraux et religieux ; l'organisation systématique d'archives publiques et privées ; l'institutionnalisation — en plusieurs étapes — d'un enseignement laïc généralisé et obligatoire ; le rôle sélectif dévolu

---

1 *Notions générales sur les origines et sur l'histoire de la langue française* / L. Petit de Julleville. – Paris : Delalain, 1883. – [P. 2].

à une pratique correcte de la langue, qui s'affiche dans les grammaires, les dictionnaires, les manuels d'art d'écrire ; la recherche d'explications philologiques, puis grammaticales, et enfin linguistiques, qui légitiment les usages en puisant dans le passé, généralement par la voie étymologique, la raison d'être des faits constatés... Ce sont là quelques-uns des circonstants qui accompagnent les transformations de l'usage, les altérations des discours, les dévoiements de la langue en emplois, et qui jettent sur ces derniers les éléments dispersés et disparates d'une hypothétique justification. Pour échapper à de telles complexités, il convient de définir le point central occupé en ce siècle par le développement des réflexions sur la langue et le langage ; et en France, plus particulièrement, à la suite des exemples développés outre-Rhin.

La langue cesse en cette période d'être considérée comme le double visible et lisible de la pensée ; elle accède alors au statut d'entité organique plénière, soumise — comme les individus qui la pratiquent — aux évolutions de la vie quotidienne. Avec ces derniers mots l'idée du caractère éminemment politique — au sens étymologique du terme — de la langue se fait jour. Et l'on peut dire que désormais les progrès de la langue française en son développement intrinsèque et ceux de sa description seront gouvernés et dirigés au XIXe siècle par des intérêts d'ordre prioritairement socio-politique — normalisation, standardisation, distinction, discrimination — plutôt que strictement épistémique.

ORALISATION ET ÉCRITURE DU FRANÇAIS AU XIXE SIÈCLE

Les statistiques relevées en 1809 par Coquebert de Montbret font état pour l'Empire de 27.926.000 locuteurs « français », 4.071.000 locuteurs italiens, 2.705.000 locuteurs allemands, 2.277.000 locuteurs flamands, 967.000 locuteurs bretons, et 108.000 locuteurs basques. Et F. Brunot rappelle que l'abbé Grégoire constatait en 1794 un état de sous-développement de la langue française sans rapport avec les frontières réelles du territoire : « On peut assurer sans exagération qu'au moins six millions de français, surtout dans les campagnes, ignorent la langue nationale ; qu'un nombre égal est à peu près incapable de soutenir une conversation suivie ; qu'en dernier résultat le nombre de ceux qui l'écrivent correctement est encore moindre »[1]. C'est peut-être là que se comprend le mieux la nécessité mise en avant par la Révolution de casser la vieille représentation géographique de « Province » et de la remplacer par une fragmentation plus fine, le Département, mieux adaptée au dessein politique d'organisation hiérarchisée et coordonnée. Aux provinces sans grande cohérence autre que celle d'une certaine conformation linguistique, se substitue donc la notion de Département, déclinée à l'identique dans ses caractéristiques administratives et juridiques sur toute l'étendue du territoire. À l'heure de la généralisation d'une langue unifiée par les besoins de la politique générale, et pour les nécessités — en premier lieu — de l'efficacité militaire voulue par Napoléon Bonaparte, le processus s'engage donc par la ruine du système d'appréhension d'Ancien Régime et la promotion d'une unité qui — paradoxalement — fragmente donc beaucoup plus l'espace de la langue. Le plus récent ouvrage de Brigitte Schlieben-Lange résume parfaitement ce mouvement de réglementation

1 *Histoire de la langue française* / Ferdinand Brunot. –Réédition. – Paris : Armand Colin, 1968. – [T. V, pp. 48-49].

aboutissant à « Une uniformité linguistique qui correspond à l'unité économique, sociale et politique, à la liberté, à l'égalité et à la nation, et [qui est] également le symbole de ces unités. [...] Le legs de la pensée linguistique révolutionnaire est double. D'une part, elle impose l'identification, de l'unité politique à l'unité linguistique, identification à laquelle aucune politique linguistique ne peut échapper jusqu'à nos jours. D'autre part, elle institue le modèle d'une langue bien faite, construite sur les principes de l'analogie qui se substituerait aux langues capricieuses et historiques en éradiquant tous les germes d'une possible diversification »[1]. Il appartiendra ensuite aux différentes époques du XIXe siècle — romantisme, positivisme, naturalisme, entre autres — de modifier cette réponse aux interrogations du social, et de produire à leur tour des modèles proposant d'autres réponses, notamment celles reposant sur le principe de diversité individuelle du sujet, ou de généralité et d'abstraction scientifique. Mais ceci est un autre problème.

À l'enquête que Coquebert de Montbret lance effectivement en 1808 sur l'état des parlers en France, assortie d'une demande de traduction de la *Parabole de l'Enfant prodigue*, afin de mieux connaître le vocabulaire de chaque terroir, Louis-François Ramond de Carbonnières (1755-1827), alors préfet du département du Puy-de-Dôme, apporte une réponse descriptive parfaitement éloquente de la situation linguistique en basse-Auvergne à la date de 1808 :

« [...] Le langage auvergnat n'est qu'un des nombreux idiomes populaires nés de l'usage vulgaire du latin, et difficilement on y trouverait aujourd'huy autre chose que du latin fort corrompû [*sic*], tout-à-fait privé de syntaxe et fortement mélangé de mots français anciens ou nouveaux qu'une communication continuëlle [*sic*] y a introduits. S'il y existe des mots celtes, il faudrait les chercher plutôt dans le nom des montagnes, des rivières, des villages, que dans les objets d'un usage vulgaire, et ces mots se rettrouvent [*sic*] également chés [*sic*] nous et dans la plupart des langues modernes. [...]

Mais une chose qu'il importerait de constater c'est l'exacte prononciation de ce dialecte, car la prononciation survit jusqu'à un certain point à toutes les formes du langage et donne souvent sur l'origine des peuples des indices plus certains que ne le font des mots qu'ils ont communément empruntés. Sur cet objet j'apperçois [*sic*] une manière de prononcer les voyelles et les diphtongues qui peut tenir en partie à la grossièreté des organes rustiques, mais qui a néanmoins quelque chose de particulier et de traditionnel. [...] Pour remonter plus haut, il serait curieux d'avoir des ouvrages écrits anciennement et où l'on pût reconnaître l'orthographe essentiel [*sic*] du patois. Nous n'en avons plus de traces que dans les noms de lieux et dans les noms propres, nous voyons, par exemple, que les *l* mouillés s'écrivent comme en gascon et en portugais par *lh* [...]. »[2].

Outre ses propres qualités linguistiques, le document est intéressant par la lumière qu'il jette sur la place du français comme langue de culture et de tradition, héritière des traditions latines et celtes, mais considérée dans l'instant de ce début du XIXe siècle comme la *koïné* dont a besoin l'unification d'un territoire encore instable, en ex-

---

1 *Idéologie, révolution et uniformité du langage* / Brigitte Schlieben-Lange. – Liège : Mardaga, 1996. – [Pp. 243-244].

2 Ce texte est cité d'après la transcription et l'analyse qu'en donne Hans-Erich Keller dans son article "Une comédie en patois auvergnat". – In : *Revue de Linguistique Romane*, tome 39, n° 153 (1975), pp. 49-55.

pansion et rétractation alternées selon les avancées et les reculs de la politique militaire et économique.

Et il est vrai que — soulignant d'une part l'historicité d'une morphologie lexicale et d'une syntaxe supportées en chaque terroir par des habitudes phonétiques diverses, et, d'autre part, la prégnance *nationale* de la contrainte graphique uniformisante — Ramond de Carbonnières met immédiatement le doigt sur le point aporétique de la définition de toute langue. Comment définir cette dernière, et les sous-classes — patois, dialectes, etc. — auxquelles elle est confrontée, s'il n'est postulé l'existence d'un objet idéal en qui se neutralisent les tensions de l'histoire, de la géographie, du politique et du social ? Faire advenir — à quelque deux-cent cinquante ans de la Renaissance — une langue unifiée qui soit celle du peuple, tel que celui-ci est issu régénéré de la Révolution, et pourvu de la sauvegarde des *Droits de l'homme*, suppose concrètement une dose d'optimisme considérable, un sentiment philanthropique aigu, et de hautes espérances placées dans l'édification d'un système scolaire qui — en dépit de la création de l'Université napoléonienne et des Lycées qui y mènent — reste entièrement à construire. La correspondance d'un célèbre bibliothécaire du début du XIXe siècle, Charles Weiss, membre de cette diaspora d'intellectuels bisontins qui fournit entre autres à la France Charles Nodier, Victor Hugo, le chimiste Regnault, et le linguiste Gustave Fallot, permet de prendre connaissance de certains spécimens de ce français ordinaire, lequel laisse apparaître les traces d'une standardisation en cours dont le scripteur tente maladroitement de reproduire les formes. Ainsi de ce témoignage d'un apprenti-perruquier, ancien compagnon d'enfance de Weiss :

« Paris, le 26 vendemier an 8

Morey à son ami Vaisse

Je vous fait a savoire que je suis arrivez en bonne santé à paris, je suis un peu en retar de vous écrire, mais c'est que j'ai resté lontems en fesant la route. jetoit avec des officiers et nous avons passé dans leur pays ou nous nous somme bien amusez pendant queque tems de la nous somme venu prendre le coche a auxer ou nous avons fait nos frace comme y faut d'abor nous avions de for jolie femme et nous avions couché deux nuit dans le coche et nous some arrivès a paris le meme jour que bonaparte y est arrivé incognitot àpène savoit-on cil etoit arrivez, on est cependan tres trenquille a paris, mais le commerce ne va pa du tout, cependans on samuse bien, c'est domage que les louis ne valle que six frans et moi je me donne une pante de prendre une chambre au premier sur le devant auci je taille dans le grans car je vien de faire connaissance d'une petite femme qui est très jentille mais c'est domage que je ne peu pas lavoire toutes les fois que je voudrois car son mari est bien jaloux cependans elle vien de me faire dire de passer ches elle de suite pour la compagner à l'opéra quelle est seulle et je vai bien vite me donner une pante pour mi randre car je ne manque pas de choses comme sela cest elle qui pais bien entendu parce que l'opéra est trop cher pour moi, mon cher ami, je crain de la faire attendre, je fini en vous embrassan et suit avec amitié,

votre ami Morey »

Les textes de cette nature, comme Nathalie Fournier et Sonia Branca l'ont jadis montré[1], ne constituent ni une image fiable de l'écrit, ni une mémoire fidèle de l'oral ; ils sont matières composites reproduisant les effets de contrainte exercés sur les locuteurs et les scripteurs du français par les hiérarchisations sociales issues du bouleversement révolutionnaire et des recompositions de l'Empire, de la Restauration, et des différents régimes leur ayant succédé. Ces documents soulignent l'impossibilité d'opposer nettement *oral* et *écrit* dans la dimension historique. Morphologie et syntaxe, acceptables d'ailleurs en d'autres circonstances énonciatives, soutiennent ici la progression d'un lexique sans marques évidentes de déviance ; reste la graphie, qui, sous un mimétisme obstiné de l'oral, dissimule les formes, affole la segmentation et bouleverse la compréhension immédiate du contenu de ces textes. Et que l'on n'aille pas voir là un effet de l'illettrisme affectant les plus bas niveaux de la société ; les enfances de grands écrivains [Quinet], de grands politiques [Jaurès] recèlent quantité de ces défauts ; *oral* — même délicat à se représenter — n'est pas plus synonyme de *populaire* et *fautif*, qu'*écrit* ne l'est de *correct* et *soutenu*. Les cacologies et cacographies ambiantes, ces recueils de fautes stigmatisées, auraient beau jeu de relever dans les corpus des incorrections nombreuses touchant aux divers secteurs dans lesquels s'exerce le purisme correctif le plus strict. En voici quelques exemples :

A. VERBES, ET CONJUGAISONS

- Présent de l'indicatif : *je vous fait, je vien, je ne peu l'avoire, je vai, je crain, je suit, je fini, elle qui pais.*
- Imparfait de l'indicatif : *jetoit.*
- Futur : vous lui *demanderais.*
- Archaïsmes des formes sans cédille : *je scai, jai scu*
- Auxiliarisation défectueuse : *nous avons passe* ; *j'ai resté.*

B. MORPHOSYNTAXE

- Amuïssement du *l* final de *il* en position antéconsonantique : *comme y faut, pour qui la fasse passer,* d'où certaines confusions entre le relatif et la conjonction suivie du pronom *il*.
- Confusion de la conjonction et de l'adverbe relatif : *ou* pour *où*
- Confusion du verbe *Avoir* et de la préposition : *a* pour *à*
- Confusion de *c'+e, i* et de *s'* : *cil estoit arrivez, sela, a se jeune homme.*

C. ORTHOGRAPHIE D'USAGE[2]

- Perturbations de l'emploi des géminées : *quelle est seulle, valleur, domage.*
- Traitement aléatoire des finales : *Auxer, retar, grans, cependans, clarinet, gence, marchand.*

---

1 Dans le volume des *Actes* du IVe colloque international du *Groupe d'Étude en Histoire de la Langue Française*, Paris, 1989, intitulé, *Grammaire des fautes et français non conventionnel* (Presses de l'École Normale Supérieure de Jeunes Filles, 1992), voir successivement : N. Fournier, "Accord et concordance dans le journal parisien de Henri Paulin Panon Desbassayns (1790-1792)", pp. 39-57 ; et S. Branca, "Constantes et variantes dans l'appropriation de l'écriture chez les *mal-lettrés* pendant la période révolutionnaire", pp. 59-76.

2 Sur les points suivants, consulter *Le Français Moderne*, XXXXIVe année (janvier 1976) n° 1, *L'Orthographe et l'histoire*, numéro coordonné par J.-M. Klinkenberg, qui traite particulièrement de cette période du XIXe siècle, de la tentative de réforme de l'orthographe souhaitée par Marle et de l'incidence des aspects socio-culturels et politiques sur l'orthographie française à cette époque.

– Coupe des mots : *jetois, àpène, pour la compagner, pour mi randre, si la envoyer, on samuse, quelle est seulle...*
– Inscription de perturbations phonétiques : *frace* [frasque], *queque, gence.*

D. LEXIQUE PROPREMENT DIT

– *Je me donne une* pante *de...* Ce terme d'argot parisien, recensé par les dictionnaires de Boiste, D'Hautel, et Desgranges, réfère au bourgeois bon à exploiter, à berner, à rouler, voire à voler ; il désigne ici le jeu auquel se livre un provincial déjà conscient de son infériorité pour paraître plus et autre qu'il n'est : *se donner une pante de*, s'efforcer d'avoir les allures bourgeoises, en louant par exemple une chambre au-dessus de l'entresol et en filant des amours de convention... Par extension *se faire mousser* en faisant ceci ou cela, qui relève ordinairement d'un autre niveau et d'un type différent de pratiques sociales.

Mais il est clair que le domaine du lexique est celui qui — à cette époque — laisse déjà apparaître le moins de transgressions. Aux aberrations de segmentation près, ce texte présente des éléments de lexique globalement conformes à la norme du vocabulaire de l'époque. Il est vrai que depuis la seconde moitié du XVIIIe siècle la grammatisation du français passe largement par la fabrique de dictionnaires... Et, dans ce genre, les cacographies ou cacologies, destinées à rectifier les fautes de prononciation et d'orthographe, déclinent le plus souvent leurs remarques sous la forme de séries rangées par ordre alphabétique.

Graphie et phonétisme, en-deçà des faits de morphosyntaxes, sont donc les secteurs dans lesquels se perçoit le plus encore l'instabilité de fixation du français. D'où les querelles graphiques qui traversent le XIXe siècle, et les tentatives de réformes qui — jusqu'au XXe siècle — les accompagneront. Les choses sont d'ailleurs bien plus complexes et délicates dans la réalité de leur actualisation, et au-delà même de nos capacités de reconstruction, si l'on en croit par exemple un De Wailly qui énonce une évidence non avouée à son époque et d'ailleurs non encore reconnue de nos jours : « Nous avons deux sortes de prononciation ; l'une pour la conversation, l'autre pour les vers et le discours soutenu »[1]. Qui nous restituera précisément aujourd'hui la phonologie du « français » pratiqué vers 1820 ou 1870 dans les environs de Robinson, de Cazères, Hesdin, Gannat ou de Saint-Maixent ?

1 *Principes généraux et particuliers de la langue française* / De Wailly. – 11e édition. – Paris : Barbou, 1807. – [P. 438]. En 1849, le *Cours supérieur de grammaire*, 1re partie : *Grammaire proprement dite* (Paris, Hachette), de B. Jullien reprend la même formulation pour la commenter : « En français, comme dans la plupart des langues, il y a deux prononciations différentes : l'une pour les vers et le discours soutenu ; l'autre pour la conversation. La première est le véritable modèle dont on doit toujours chercher à se rapprocher ; elle fait sentir exactement le son et l'accentuation des lettres, les relations des mots indiquées par leurs terminaisons, le caractère et le sens des phrases », p. 24 a. Ce qui nous ramène en un sens à l'*Art de lire à haute voix* de Du Broca, Paris, 1800, dont J. Stefanini a lumineusement analysé naguère les caractéristiques, voir son article "Un manuel de diction en l'an XI". – In : *Mélanges de Langue et de Littérature française offerts à Pierre Larthomas*. – Paris : École Normale Supérieure de Jeunes Filles, 1985. – (Collection de École Normale Supérieure de Jeunes Filles ; 26). – [Pp. 451-462].

À côté de la production littéraire spécialisée qui affecte de mimer l'oral et qui déjà en donne une stylisation ambiguë — les chansons de Désaugier, les romans de Sue et Féval, entre autres — les témoignages journalistiques les plus simples, à Paris comme en province, pourraient se montrer parfois de sensible intérêt. Ainsi le *Bulletin français* du 17 février 1839, relatant quelques souvenirs du duc de Vicence, propose-t-il des formes phraséologiques qui semblent rétrospectivement posséder une certaine capacité à représenter l'image que des scripteurs moyennement instruits se donnaient alors des usages courants de la langue orale dans les milieux populaires : « Et quèque ça vous fiche », « j'tope dans le godant », au sens de « donner dans le piège, tomber dans le panneau ». Mais il ne faut pas être dupe. Le passage de l'oral à l'écrit, sa fixation et sa stylisation amènent des altérations dont la nature et l'impact sont aujourd'hui difficiles à évaluer... Reste seulement une certaine perception de l'ombre portée sur les documents écrits par des usages entr'aperçus dans quelques notations faisant affleurer les crispations d'une discursivité soumise à d'impérieuses normes socio-culturelles.

À cet égard, la récupération par les écrivains du XIXe siècle de ces formes dialectales et /ou populaires n'est pas seulement le moyen de créer certains effets superficiels de pittoresque ; elle met directement en jeu la sémiotique même des textes[1]. Les régionalismes lexicaux et les diverses formes de parlers régionaux employés par Balzac, Sand ou Barbey d'Aurevilly ont longtemps fait l'objet de commentaires approximatifs de la part des critiques littéraires et même des stylisticiens, parce qu'ils étaient pour ainsi dire pris au premier degré de leur utilisation, celui de leur capacité dénotative. L'ouvrage de Nisard, *Étude sur le langage populaire ou patois de Paris et de sa banlieue*[2], donnait d'ailleurs dès son titre la mesure des confusions. Et il était aisé en ce cas de noter que la plupart de ces termes renvoyaient à des *realia* rurales généralement méconnues ou ignorées des lecteurs citadins, d'où de la part de l'écrivain — une nécessité d'écriture convertie en expressivité facile. Mais, sur l'exemple contradictoire des normandismes de Barbey d'Aurevilly ou des formes berrichonnes de Sand, il est aisé de montrer que ces apparents emprunts — dans la perspective des jugements impressifs portés sur la langue du XIXe siècle par ses propres locuteurs — ont une fonction principalement idéologique[3]. Et c'est ainsi, semble-t-il, qu'il faut les envisager ; et non dans leur valeur faussement documentaire. Reste que le phénomène était alors assez général et qu'il a pu prêter à confusion.

---

1 Jean-Pierre Leduc-Adine a très pertinemment étudié ce phénomène dans "Paysan de dictionnaire, paysan de roman, ou un modèle textuel pour une représentation sociale de la paysannerie au milieu du XIXe siècle". – In : *Au bonheur des mots : Mélanges en l'honneur de Gérald Antoine* / [éd.] Gilbert Boissier et Danielle Bouverot. – Nancy : Presses Universitaires de Nancy, 1984. – [Pp. 91-106]. Et note en particulier : « Il y a tout un travail d'objectivation des ruraux auquel romanciers, peintres, journalistes, lexicographes, etc., contribuent puissamment. Ces paysans ne parlent pas, ils "sont parlés". Ce travail de représentation se construit dans et par un schéma lexical, sémantique et rhétorique permettant de donner une définition significative que les contemporains se font de la campagne et de ses travailleurs » (p. 102). On ne saurait mieux dire.

2 Les catégories du patois, du langage populaire et de la langue standard y étaient effectivement joyeusement mêlées ; Paris, 1873. L'excellent ouvrage de R.A. Lodge, *French, from Dialect to Standard*, London, Routledge, 1993, fait le point de manière magistrale sur cette question.

3 Voir J.-Ph. Saint-Gérand, "Les normandismes de Barbey d'Aurevilly : fonction poétique, fonction politique ?" (à propos de *L'Ensorcelée*). – In : *L'Information Grammaticale*, 1988/37, pp. 25-33.

GRAMMATISATION ET LITTÉRARISATION DU FRANÇAIS

Les nombreuses et successives tentatives de réforme de l'orthographe qui traversent le siècle portent témoignage de la nécessité de standardiser des usages afin de normaliser une pratique de la langue qui permette à cette dernière de devenir un instrument essentiel de sélection sociale. Dans un XIXe siècle traversé de crises socio-politiques fortes, et secoué par les soubresauts d'une économie rurale que subvertissent progressivement les grosses machines de l'industrie, il est symptomatique de noter que tous les arguments susceptibles de freiner le schisme social en préparation latente servent à proposer et soutenir des aménagements de la partie de la langue la plus superficielle et déjà la plus figée — son écriture et sa phonétique — par laquelle, dès les premiers instants de la communication, se donnent sans fard l'origine et la qualité des interlocuteurs. En littérature s'affichent les exemples et s'exemplifient les règles affichées du fonctionnement de la langue.

Il ne saurait donc être question de passer sous silence les témoignages que ce produit emblématique *livre* sur l'évolution des modèles esthétiques verbaux. Certes, la langue française, en son acception au moins saussurienne, ne se réduit pas plus en pratique qu'elle ne s'assimile en son principe aux usages littéraires. Mais, derrière les appâts des styles littéraires — ces formes qui affectent aussi le raisonnement des grammairiens — et les multiples irisations subjectives de leur présentation, les structures et les processus de la langue restent fondamentalement inchangés dans leur capacité à marquer le passage du sentiment de la langue à une connaissance du langage. Les réflexions et les pratiques d'un Vigny, d'un Hugo, les remarques de Balzac ou de Flaubert, les observations d'un Barbey d'Aurevilly ou d'un Huysmans, voilà des témoignages sur la langue impossibles à récuser, dès lors qu'on les prend ni plus ni moins pour ce qu'ils sont : les indices d'un travail du verbe soumis à une pensée individuelle de la langue collective. C'est en quoi des modèles esthétiques *a priori* extérieurs à de strictes considérations linguistiques agissent sur la nature et l'évolution de la langue. Les vues exposées ci-dessous — limitées essentiellement au phénomène rhétorique — sont à cet égard forcément partiales et partielles. Il eût fallu y ajouter des réflexions sur l'évolution des genres littéraires, et, notamment, la consécration de genres mixtes comme le poème en prose ou les formes d'écriture de la prose poétique, développés en d'autres travaux.

Le point d'affleurement le plus visible du travail de littérarisation de la langue française au XIXe siècle concerne la théorie de la métaphore. Celle-ci tend en effet à s'instituer alors comme le modèle de toute écriture réfléchie. De la seconde moitié du XVIIIe siècle au premier tiers du XIXe siècle, De Wailly réitère imperturbablement les mêmes conseils d'usage, qui sont aussi ceux que donnent les rhétoriciens, de Dumarsais à Varinot, en passant par Marmontel et Laveaux : « Rien n'embellit tant le discours que le bon usage des métaphores ; mais comme le génie de notre langue aime ce qui est aisé et naturel, il faut que la métaphore ne soit pas trop recherchée. On doit sur-tout, dans l'usage des expressions métaphoriques, faire attention à l'unité. Des métaphores trop multipliées sont également un défaut. Elles ne doivent enfin avoir rien de bas, et être naturelles. On évitera surtout d'y employer les noms profus de l'antiquité païenne pour évoquer les vérités de la religion. En un mot, il faut que le style convienne au sujet ; l'éloquence de la chaire doit repousser tout ornement qui ne convient pas à la dignité de son but et à la sévérité de la morale »[1]. Dans un ouvrage de grammaire tel que *L'Art de parler* de Lévizac, qui se réclame cependant explicitement de la tradition métaphysique, ce sont encore les formes de l'*ellipse* — nommée en tant que telle — et de la *prosopopée* — occultée dans sa désignation rhétorique spécifique — qui justifient les distorsions de l'usage pour peu qu'elles soient légitimées par quelque grand nom d'écrivain.

La lecture des œuvres contemporaines, de Chateaubriand ou Mme de Staël à Hugo, de Senancour à Lautréamont, restreint dans ces conditions les occasions de cueillir les brassées ordinaires de fleurs de rhétorique, et développe en contrepartie l'aptitude à cerner la progression du contenu idéologique, les modalités de son argumentation. Couplée avec la prééminence de l'*Histoire* comme modèle explicatif, cette propension a donné naissance à une certaine forme positiviste d'histoire littéraire, qui a bien vite remisé au rayon des accessoires, notamment à la toute fin du XIXe siècle et dans les premières années du XXe, les études de langue et de style, et ce au profit d'une histoire littéraire positiviste et axiologiquement orientée. La rhétorique tropologique notamment, mais aussi celle qui tenait au traitement des *lieux communs* de la pensée, se sont alors vues réduites à ne plus pouvoir traiter que des textes du passé, singulièrement des textes littéraires du grand âge classique. Et il est donc devenu aisé, au nom du progrès moderne, de condamner cet attirail de termes barbares. Et de promouvoir à des fins didactiques, comme Joseph Victor Le Clerc le faisait déjà, depuis 1823, la nouvelle rhétorique dans sa dimension non plus ornementale mais argumentative et logique.

NORME ET USAGES ; LE MODÈLE ET LA FAUTE

La correctivité du langage, exclusivement fondée d'ailleurs sur la révération des modèles littéraires, s'est rapidement imposée comme l'objectif ultime de la scolarisation et de la vulgarisation de la langue française. Les grands écrivains eux-mêmes ne sont pas exempts des reproches des grammatistes ; et — au fur et à mesure que le siècle se déroulera — on verra de plus en plus de chroniques grammaticales puristes se développer au-delà des publications autorisées dans les grands journaux nationaux, et même dans certains quotidiens régionaux. Si les colonnes du *Journal Grammatical de la Langue Française* sont régulièrement remplies entre 1826 et 1840 de notules concernant l'emploi de telle ou telle forme par La Fontaine, Racine, Mme de Sévigné, Chateaubriand ou Lamartine, des ouvrages grammaticaux à prétention résolument scientifique, même si les critères épistémologiques de cette connaissance demeurent résolument sensualistes et, pour ainsi dire, d'Ancien Régime, n'hésitent pas à faire des remontrances au modèle des modèles lui-même : « On lit dans *Nanine*, comédie de Voltaire : "Les diamants sont beaux, très-bien choisis / Et vous verrez des étoffes nouvelles / D'un goût charmant ... Oh ! Rien n'approche d'elles". C'est sans doute une faute très-grave, qui blessera toute oreille délicate. Il semble personnifier les étoffes en disant : "Rien n'approche d'ELLES" ; mais le besoin de la rime n'autorise point des expressions aussi contraires au génie de la langue ; il fallait dire : "Rien n'EN ap-

1 *Principes généraux et particuliers de la langue française* / De Wailly. – 11e édition. – Paris : Barbou, 1807. – [P. 364].

proche" »[1]. Une telle remarque a au moins l'avantage d'exposer qu'en ces périodes de standardisation bourgeoise de la norme les différences de genres sont elles aussi soumises à réévaluation, plaçant ainsi à niveau égal l'écriture en prose et l'écriture en vers ; ce dont bénéficieront les genres en émergence du poème en prose et de la prose poétique.

Après Girault-Duvivier qui, dès 1811, assignant à la grammaire un dessein propédeutique, revendiquait explicitement pour elle une fonction édifiante[2], les Bescherelle poussent une argumentation similaire jusqu'au point où la grammaire devient alors le moyen par excellence de former la culture générale des sujets de la langue : « C'est une vérité maintenant incontestable que *la véritable grammaire est dans les écrits des bons auteurs*. La science grammaticale se borne à l'observation et à l'appréciation des termes, des règles de concordance, des constructions adoptées par les grands écrivains. C'est dans leurs ouvrages qu'il faut chercher *le code* de la langue. En effet, où trouver mieux que dans ces régulateurs avoués du langage des solutions à tous les problèmes, des éclaircissements à toutes les difficultés, des exemples pour toutes les explications [...] ? Mais la tâche n'est pas facile à remplir. Un auteur, quelle que soit sa supériorité, ne fait pas autorité à lui seul ; il faut donc compulser tous les chefs d'œuvre de notre littérature, réunir une masse imposante de faits, et n'admettre que ceux qui ont été consacrés par l'emploi le plus général. Cet immense travail se complique encore de la difficulté de *choisir des pensées intéressantes sous le rapport de la morale, de la religion, de l'histoire, des sciences, des lettres et des arts* ; or on conçoit tout ce qu'offrirait de fastidieux un amas de ces phrases triviales dont fourmillent nos grammaires. L'éducation, d'ailleurs, est inséparable de l'enseignement, et il faut, autant que possible, *élever l'âme et former le jugement*. Sous ce point de vue, rien de plus consciencieux que notre travail. Les cent mille phrases qui constituent notre répertoire grammatical sont tirées de nos meilleurs écrivains ; elles sont choisies avec goût ; il n'en est pas une qui ne révèle à l'esprit ou une pensée morale, ou un fait historique, scientifique, littéraire ou artistique [...]. Ajoutez à ce premier avantage tout le charme que prête à l'étude jusqu'alors si aride de la grammaire *l'étude même des faits, si supérieure à la vieille routine qui s'obstine à renverser l'ordre naturel en procédant des théories aux exemples*. Envisagée de cette façon, il nous semble que ***la grammaire n'est plus seulement un exercice de collège sur lequel s'assoupit la mémoire ; c'est l'histoire de la pensée elle-même, étudiée dans son mécanisme intérieur ; c'est le***

1 *La Grammaire ramenée à ses principes naturels, ou traité de grammaire générale appliquée à la langue française* / Serreau et Boussi. – Paris : Dauthereau, 1829. – [P. 85].

2 L'auteur de la *Grammaire des Grammaires* (Paris, 1811), Porthmann, déclarait en effet : « Cette Grammaire offre d'ailleurs un nouveau degré d'utilité. Bien convaincu que *la religion et la morale sont les bases les plus essentielles de l'éducation* ; que les règles les plus abstraites sont mieux entendues lorsqu'elles sont développées par des exemples ; et qu'à leur tour les exemples se gravent mieux dans la mémoire, lorsqu'ils présentent une pensée saillante, un trait d'esprit ou de sentiment, un axiome de morale, ou une sentence de religion, je me suis attaché à choisir de préférence ceux qui offrent cet avantage. J'ai en outre multiplié ces exemples autant que je l'ai pu, et je les ai *puisés dans les auteurs les plus purs, les plus corrects* ; de sorte que, si dans certains cas, nos maîtres sont partagés d'opinion ; si certaines difficultés se trouvent résolues par quelques-uns d'entre eux d'une façon différente, et qu'on soit embarrassé sur le choix que l'on doit faire, sur l'avis que l'on doit suivre, on éprouvera du moins une satisfaction, c'est qu'on aura pour se déterminer l'autorité d'un grand nom ; car, comme l'a dit un auteur, *Il n'y a de Grammairiens par excellence que les grands écrivains* » (Pp. VI-VII).

développement du caractère national dans ses intérêts politiques et ses sentiments religieux, analysé ou plutôt raconté par la nation elle-même, par les interprètes les plus éloquents de cette nation »[1]. Un tel extrait montre éloquemment que la correctivité grammaticale devient à cette époque une condition *sine qua non* d'intégration de l'individu à la société ; un passeport ouvrant accès aux fonctions rémunératrices et à la notabilité ; une manière de fixer l'idéologie dominante ; et... — dans les modifications de son approche qui laissent désormais la précellence aux faits sur la théorie — un instrument inégalable d'introspection psychologique !

Dans une société qui a trouvé le moyen de hiérarchiser les niveaux de ses constituants, et qui a donc affecté à chaque classe sociale certains usages plus ou moins corrects de la langue, il n'est guère surprenant de voir s'élever — en contre-chant du discours officiel de la correctivité que développent les grammaires traditionnelles — toute une théorie d'ouvrages marginaux, *cacologies, cacographies*, qui servent certainement à redresser les torts, mais qui témoignent aussi de manière irrécusable des déviances et des dévoiements de la parole sociale. Le *Dictionnaire* de Platt est un des mieux connus de ces préservatifs de langage ; il faudrait y ajouter des ouvrages tels que ceux de J.-B. Reynier, *Correction raisonnée des fautes de langage et de prononciation qui se commettent même au sein de la bonne société, dans la Provence et dans quelques provinces du Midi* (Marseille, 1829) ou de M. Bonnedon, *Les ASSE, les ISSE, les USSE, et les INSE, ou les concordances des temps du subjonctif* (Paris, 1832), voire la *Nouvelle Orthologie française* de Legoarant (1832), ainsi que — depuis Desgrouais (1762) et Boinvilliers (1803, 1829) — la longue série des correcteurs de langage qui court jusqu'à la fin du siècle et dont l'ouvrage de l'abbé Cl. Vincent, *Le Péril de la langue française : Dictionnaire raisonné des principales locutions et prononciations vicieuses et des principaux néologismes* (Paris, de Gigord, 1910), atteste vigoureusement la survie. De semblables publications montrent que le jugement, qui était de manière métaphysique le moteur de l'analyse idéologique et grammaticale du XVIIIe siècle, s'est réintroduit en un autre sens dans l'édifice langagier du XIXe siècle, comme repère socio-culturel à la mesure duquel tous énoncés — écrits et oraux — doivent être évalués, appréciés, estampillés et reçus ou stigmatisés et exclus[2].

Ainsi s'est progressivement constituée dans l'histoire de la langue et des formations discursives de la France du XIXe siècle une ***théorie de la valeur*** — esthétique et politique — étroitement dépendante de la bourgeoisie, qui voulait s'en servir comme principe répartiteur du pouvoir et des forces sociales, et des institutions scolaires officielles, voire universitaires, que cette dernière développait simultanément pour parvenir aux mêmes fins. Aux auteurs qui souffrent de n'être pas reconnus, un professeur d'écriture, de grammaire et de style, rétorque : « Malgré l'inhospitalité du siècle pour les muses, il existe aujourd'hui une foule de poètes qui riment tout aussi bien que Boileau ; mais ils ne sont pas ***vendables***, comme on dit en termes de librairie. Ces Orphées au rebut sont MM. de Braux, Dusillet, Alfred de Vigny, Mme Delphine Gay,

---

1 *Grammaire Nationale ou Grammaire de Voltaire, de Racine, de Bossuet, de Fénelon, de J. J. Rousseau, de Buffon, de Bernardin de Saint-Pierre, de Chateaubriand, de Casimir Delavigne* / Bescherelle frères et Litais de Gaux. – Paris : Bourgeois-Maze, 1836. – [Pp. V-VI].

2 Voir J.-Ph. Saint-Gérand, "L'étamine des idéologies". – In : *Grammaire des fautes et français non conventionnel*. – Paris : Presses de l'École Normale Supérieure des jeunes filles, 1992. – [Pp. 153-170]. – [Actes du IVe colloque international du *GEHLF*].

MM. Saintine, Viennet, Baour-Lormian, Ancelot et autres, qui obtiennent bien des articles laudatifs dans *Le Mercure*, des analyses engageantes pour le public, mais la vogue se refuse à leurs productions ; ils en sont pour leur talent, et M. Ladvocat pour les articles qu'il commande au *Mercure* ; *irrévocable* est l'anathème, *ils ne sont pas* ***vendables***. Pourquoi cette réprobation ? c'est parce qu'ils n'ont pas un ***style*** original, un ***style*** à eux »[1]. C'est ainsi que la notion massive de *style* en est venue à subsumer toute une conception du fonctionnement de la langue articulant à la valeur éthique une valeur esthétique et même une valeur économique ou marchande, faisant désormais du langage — par l'intermédiaire de la littérature — un champ d'investissement politique. L'idéal, on l'a compris, serait de parvenir à une langue en mouvement — pour suivre l'évolution des faits — que réguleraient par sagesse les responsables de l'institution. Du rapport de l'abbé Grégoire aux discours de Brunot, une stabilité remarquable s'impose à cet égard. Et J.-Cl. Chevalier a raison de rappeler — sur le seuil de notre période — cet éternel besoin des grammairiens de s'ériger en guides assurés : « Chez les maîtres, Bréal, Brunot et consorts, quelle ivresse ! Ils sont la norme, ils sont la raison, ils sont la vertu. Au besoin sous les couleurs d'un socialisme, collectiviste même, ils déploient le fantasme du linguiste : un moralisme conservateur épris de pouvoir. Qui oserait contester les serviteurs dévots d'une langue à qui la raison des siècles a donné toutes les vertus »[2]. La langue française du XIXe siècle n'a cessé de montrer en son développement la permanence de cet impératif sélectif.

ASPECTS DE LA STANDARDISATION DU SYSTÈME

La centralisation politique omniprésente dès le début du siècle, et dans tous les secteurs de l'activité publique et privée, se révèle clairement en tous les discours développés sur la langue ou autour d'elle. Derrière l'idée d'un accroissement de pouvoir se développe au début du siècle le fantasme de l'organisation parfaite d'une langue nationale achevée ; la langue est dès lors à même d'endosser son vêtement politique : « Faute d'un corps littéraire permanent qui conserve les traditions du langage, et qui serve à les fixer, au moyen d'un registre toujours ouvert que l'écrivain, qui aspire au mérite de parler purement sa langue, est bien obligé de consulter, voyez ce qui se passe chez une nation voisine, chez les Allemands. Là, comme il n'y a pas *le centre commun d'une grande capitale qui donne au moins la loi aux provinces et leur prescrive son langage*, comme tout est morcelé en états séparés qui ont chacun leur capitale et leur académie, dont l'indépendance influe sur l'indépendance des esprits, voyez dans quelle fluctuation perpétuelle roule cette langue ambitieuse et désordonnée du peuple germanique »[3]. On trouve d'ailleurs explicitement cette analogie de la *grammaire* et de la *loi* dans les premières pages de la *Grammaire nationale* des frères Bescherelle, qui, rappelant l'émergence du processus de grammatisation, ne manquent pas de souligner

---

1 *Manuel du style en quarante leçons* / Raynaud. – Paris : chez l'Auteur, 1828. – [P. 290].

2 Voir *La Linguistique, la Grammaire et l'École, 1750-1914* / J.-Cl. Chevalier, Simone Delesalle. – Paris : Armand Colin, 1986. – [P. 323]. J.-Cl. Chevalier cite alors le texte inoubliable à cet égard qui clôt en 1901 la leçon inaugurale prononcée à la Sorbonne par le futur maire du XIVe arrondissement, Ferdinand Brunot.

3 *Discours à l'Institut* / Dureau-Delamalle. – [11 Floréal, An XIII].

la nécessité de cet alignement ou — si l'on préfère — de cette soumission de l'individuel au collectif : « La grammaire suivit de près l'écriture. Quand on eut trouvé le moyen de peindre les mots, on ne tarda pas à en découvrir les lois. Dès lors il ne fut plus permis d'employer un terme pour un autre, ni de construire une phrase arbitrairement, ainsi qu'on l'avait fait jadis plus d'une fois à l'époque où chacun était maître absolu de ses paroles comme de sa personne. La grammaire fit dans le langage ce que la loi avait fait dans la société, *elle mit chaque chose à sa place, et assura l'ordre général en restreignant l'indépendance individuelle* »[1].

C'est que la langue française, indépendamment de sa nature intrinsèque et des changements qui — à travers l'histoire — en ont affecté la constitution, s'affirme être, comme le marque par exemple Philarète Chasles, un prodigieux révélateur des sociétés qui l'ont pratiquée et qui la pratiquent encore : « [...] Les idiomes ne sont *que l'organe, le verbe de la civilisation humaine* ; c'est une voix qui mue ; c'est un accent qui se modifie avec les phases vitales de la société. Tantôt notre orgueil nous fait croire que notre époque est la seule où le langage soit parvenu à maturité complète ; tantôt dégoûtés et rassasiés de nous-mêmes, nous nous rejetons en arrière, pleurant la décadence de notre idiome national. Nous ne voyons pas que *le cours des idées et les évolutions matérielles de la vie sociale entraînent le langage avec eux et lui font subir d'inévitables altérations*. Quand Froissart écrivait, les paroles lui manquaient-elles ? Montaigne, dans la solitude de sa bibliothèque féodale, se plaignait-il de l'indigence du langage ? N'y avait-il pas assez de nuances pour La Bruyère ? Et dans l'état de mœurs le moins favorable au développement de l'imagination pittoresque, Diderot ne trouvait-il pas toutes les couleurs chaudes que réclamait son pinceau ? Ces couleurs ne sont-elles pas avivées et enflammées encore sur la palette de Chateaubriand, au XIXe siècle, quand l'esprit analytique régnait en despote sur les écoles françaises ? Les langues font des acquisitions et des pertes, comme les peuples, elles achètent les unes au prix des autres »[2]. Les variations dont la langue est susceptible, reconnues ici par Chasles, posent de manière implicite la question de leurs causes ; c'est ici que l'on retrouve non la politique historique au sens convenu du terme, mais ***le*** politique de la langue, cette force qui émane des discours, des idées reçues, des notions et des représentations véhiculées par un code social et culturel inspirant en retour l'imaginaire et la rhétorique des locuteurs.

L'ère romantique[3] voit ainsi se produire un changement fondamental de position du problème de la langue et du langage. La première tend à dégager des normes pour mieux affirmer son pouvoir de régulateur social et sa fonction d'exclusion. Le second s'applique de plus en plus à formuler des lois générales, non plus fondées sur des *a*

---

1 *Grammaire Nationale ou Grammaire de Voltaire, de Racine, de Bossuet, de Fénelon, de J.-J. Rousseau, de Buffon, de Bernardin de Saint-Pierre, de Chateaubriand, de Casimir Delavigne* / Bescherelle frères, et Litais de Gaux. – Paris : Bourgeois-Maze, 1836. – [P. 17].

2 Philarète Chasles, "De la grammaire en France et principalement de la *Grammaire nationale*, avec quelques observations philosophiques et littéraires sur le Génie, les Progrès et les Vicissitudes de la langue française" (*Ibid.*, 8).

3 Dont on ne dira jamais assez qu'elle ne fut pas en France l'orchestration littéraire des cris et de la souffrance de cœurs blessés, rendue polémique par les zélateurs du néo-classicisme ; mais qu'elle fut avant tout, par le biais de l'idéologie, la période d'une intense remise en question philosophique des fondements de l'intelligence du monde, avec toutes les conséquences attachées à ce bouleversement.

priori concernant l'organisation de la pensée, mais sur des faits et l'observation de langues différentes, susceptibles d'être ramenées historiquement à des familles sinon encore à de véritables types.

De manière générale, la nécessité de standardiser les usages et de parvenir, par conséquent, à une véritable union nationale par la langue renforce les conséquences de la correctivité grammaticale. Les frères Bescherelle, tout comme Augustin Vanier, Napoléon Landais, voire Girault-Duvivier revendiquaient des grammaires et des dictionnaires auxquels on pût, explicitement ou non, adjoindre le prédicat « *national* » ; lors même que l'on croit s'évader de cette politisation primaire de la langue, les effets de la correctivité, qui vont parfois jusqu'à l'hyper-correctivité grammaticale et lexicale, nous rappellent que l'on n'échappe pas à cette contrainte du politique.

On se rappellera que Philarète Chasles, pourtant défenseur des prérogatives émancipatrices des écrivains, maintenait en matière de néologie un subtil *distingo* entre les effets de l'art, volontaire, réfléchi, pratiqués par les grands écrivains, et les entraînements de la stéréotypie et de la reproduction de procédés mécaniques dont font malheureusement preuve les plus médiocres : « Les vrais grammairiens ce sont les hommes de génie ; ils refont les langues, ils les échauffent à leur foyer et les forgent sur leur enclume. [...] Tous, ils inventent des expressions, hasardent des fautes qui se trouvent être des beautés ; frappent de leur sceau royal un mot nouveau qui a bientôt cours, exhument des locutions perdues, qu'ils polissent et mettent en circulation. [...] *Mais, ouvrir la porte au néologisme, dont la plupart de nos écrivains abusent misérablement, excuser ou encourager les fredaines de style qui font tant de bruit autour de nous ; augmenter cette rage de vieilles expressions, de phrases mal faites, d'emprunts maladroits à Ronsard et à Jodelle, ce n'est pas mon intention.* À côté du talent qui invente, près de l'habile artiste qui rajeunit les débris du langage, se trouvent toujours les manouvriers dont la gaucherie et l'exagération sont fertiles en essais ridicules »[1]. On sait que les modèles de l'époque étaient d'Arlincourt, le *Vicomte inversif*, plutôt que Chateaubriand, Béranger plutôt que Lamartine, et même Émile Debraux, compositeur prosaïque de chansons licencieuses, plutôt que Béranger... À une époque où sont encore réédités des dialogues poissards et des chansons grivoises pour s'amuser en société telles qu'elles figurent dans *Riche-en-Gueule* ou *Le Nouveau Vadé...* recueil prisé et « publié par un Enfant de la joie » (Paris, 1824)... Comment, dès lors, proposer une *grille* socio-culturelle et linguistique homogène d'évaluation de la dynamique du français en chacun de ses secteurs, notamment dans celui de son lexique ?

L'ÉVOLUTION DU LEXIQUE

Le développement du lexique français est plus étroitement dépendant au XIXe siècle de l'évolution générale du savoir, des connaissances et des techniques, de la société en général, qu'il ne le fut jamais auparavant. Les procédés de diffusion de l'écrit et la fixation plus rigide des formes extérieures de la langue à laquelle ils conduisent, jouent en ce sens un rôle essentiel. En voici quelques secteurs représentatifs.

1 Philarète Chasles, *op. cit.*, p. 9.

La médecine moderne, par exemple, fait cohabiter dans son lexique les dénominations anciennes : *Dartre* ou *Migraine*, attestées dès le Moyen Âge, et des appellations formées au XIXe siècle : *Homéopathie, Hydrocéphalie*. De nouvelles thérapeutiques entraînent avec elles un vocabulaire rénové : *Analgésique, Hydrothérapie*. La nomenclature même des médicaments n'est pas moins alors objet de diversification : *Antipyrine, Tonicardiaque*. Le lexique des maladies fait apparaître aussi des particularités susceptibles d'exemplifier les mécanismes généraux de l'évolution du lexique scientifique français au XIXe siècle : *Bulbo-vaginal ; Céphalo-rachidien ; Entéro-épiplocèle, Entéro-épiplomphale, Entéro-hydromphale ; Glosso-pharyngien ; Néphro-thromboïde ; Pancréatico-duodénal ;* etc., sont des termes qui représentent la tendance elliptique aboutissant à la création d'un mixte représentatif que légitime la décomposition anatomique du corps humain. La tendance juxtapositive de la créativité lexicale, pour sa part, est abondamment illustrée par des formes telles que : *Bactériologie, Bradyspermatisme, Broncocèle, Bulbiforme, Cynanthropie, Echthymose, Emménagologie, Éroticomanie, Ïatrochimie, Infundibuliforme, Monorchyte,* etc.

Le développement des techniques agricoles[1] et industrielles favorise l'entrée dans le lexique français de toute une série de termes parfois empruntés à l'anglais. L'exemple du chemin de fer, magistralement étudié par P. Wexler[2] est particulièrement représentatif à cet égard : *chemin de fer* est lui-même la traduction de *railway* et s'introduit en français dès 1823 et la mise en service de la ligne Saint-Étienne - Andrézieux, dont la finalité était le transport du charbon. Il en est de même pour *aiguille, convoi, rail, dérailler, gare* — qui fut longtemps en concurrence avec *débarcadère* — et *ligne, plate-forme, tampon, tender, train, truck, tunnel, voie ferrée, voiture*, et bien sûr *wagon*. On peut discerner dans ces termes des réfections anglaises de termes originellement français (*Tonnelle* > *Tunnel*), l'adaptation à une nouvelle réalité de termes déjà connus pour désigner une certaine pratique (*Débarcadère*, primitivement réservé à la navigation fluviale), et des emprunts immédiatement reçus par la collectivité (*Wagon*). Ce dernier trait, par l'effet d'un usage abondant, notamment dans le journalisme, est d'ailleurs le plus caractéristique de l'émergence d'un lexique ferroviaire.

En d'autres secteurs de la technologie, signalons les premières occurrences de *Autoclave*, *Bathyscaphe, Agglomérat, Capillarité*, *Caoutchouc, Galvanoplastie, Inoxydable*, etc. Il conviendrait ici de reprendre en détail la série des célèbres *Manuels Roret* pour débusquer, dans chaque branche d'activité technique et/ou artisanale, quantité de ces vocables que les dictionnaires ordinaires de langue n'ont pas su intégrer. Le monde aérien ne serait d'ailleurs pas en reste, si l'on s'en rapporte à Arthur Mangin, auteur

---

1 On se rappellera l'extraordinaire succès de *La Maison rustique du XIXe siècle : Encyclopédie d'agriculture pratique*, 5 volumes in-quarto, comportant 2 500 gravures, des tables méthodiques et alphabétiques, dont l'influence se laisse sentir dans les allusions auxquelles procèdent par exemple les textes de *Madame Bovary, Bouvard et Pécuchet*, etc. Et la non moins grande célébrité de la *Grande Encyclopédie illustrée d'économie domestique et rurale*, publiée sous la direction de Jules Trousset, qui associe dans son propos *Grande cuisine, cuisine bourgeoise, petite cuisine de ménage, art vétérinaire, herboristerie, minéralogie, botanique, floriculture, géologie, histoire naturelle, économie rurale*, etc.

2 *La Formation du vocabulaire des chemins de fer en France, 1778-1842* / P. J. Wexler. – Genève : Droz, 1955. La thèse de L. Guilbert, *La Formation du vocabulaire de l'aviation*, Paris, Larousse, 1965, ne concerne que l'extrême fin du siècle et la période suivante.

d'un grand traité divisé en trois parties, qui traite successivement de physique, de mécanique et de chimie atmosphériques, des phénomènes météorologiques, et de « la troupe ailée », c'est-à-dire les oiseaux et les insectes[1]. Ces ouvrages sont bien sûr grands pourvoyeurs de mots techniques et grands auxiliaires de leur naturalisation, certains pensent et disent « vulgarisation »...

Les mutations artistiques donnent aussi à observer des altérations intéressantes, en raison certes de l'accroissement des pratiques littéraires, musicales, picturales, mais aussi et surtout en raison du développement de la critique artistique, laquelle a besoin de s'identifier et de se reconnaître dans l'emploi d'une métalangue spécifique que répandent les feuilletons de Castil-Blaze, Paul Scudo, et bien d'autres folliculaires fournissant régulièrement leurs livraisons à la *Revue des Deux Mondes*, au *Journal des Débats*, à *L'Ami de la Charte*, au *Ménestrel*, à la *Revue et Gazette Musicale de Paris* ; tout un spectre d'organes de presse aux intérêts divers et aux objectifs nettement diversifiés. La caractéristique principale de cette critique est qu'elle ignore ce que l'on nomme proprement aujourd'hui l'*histoire de l'art*, et se consacre à l'exposition des fondements du jugement esthétique. Elle devient alors par anticipation une sorte de système interprétant des beaux-arts ayant pour dessein primordial de définir la valeur socio-culturelle des formes d'art pratiquées. Il s'agit moins alors de créer des mots nouveaux, ou de valider des acceptions nouvelles, que de ***vulgariser*** une terminologie dans l'emploi de laquelle se reconnaissent les bourgeois amateurs de l'art. Les diatribes et pamphlets entourant par exemple la querelle des néo-classiques et des romantiques favorisent la diffusion extensive des termes de la critique littéraire : *sixain, enjambement, césure, distique, rime*, entrés dans la langue plus de deux siècles auparavant mais réservés aux seuls théoriciens de la littérature ; et la dénomination de *métaphore* largement utilisée a pu laisser croire que toute la rhétorique se réduisait alors à ce seul trope. Dans le domaine musical, on note les mêmes tendances. Le fond du vocabulaire s'est constitué du XVIe au début du XVIIIe siècle (*ballet, ode, chœur*) ; il est fortement influencé par la langue italienne : *diva, fantasia, trémolo, libretto, gruppetto, moderato, scherzo, grazioso, maestoso, ritardando, smorzando, espressivo, rallentendo, appassionato, presto, strette, stringendo* ; beaucoup moins par la terminologie germanique. Les dictionnaires du XIXe siècle (Boiste, 1823 ; Laveaux, 1828 ; Académie, 1835 et 1842 ; Bescherelle, 1845-1846 ; Littré, 1863 ; Larousse, 1863) accueillent libéralement les termes de la technique musicale : *violoniste, violoncelliste, hautboïste, tromboniste, trompettiste, clarinettiste, corniste*, ce qui est le signe d'une professionnalisation indubitable, alors que les instrumentistes étaient précédemment désignés par la forme non marquée du genre grammatical de leur instrument. De même : *Orchestration, pose, modelé, instrumenter, mélomane*. La diversification des formes musicales laisse également sa trace dans le lexique français : *Mazurka, concertino, oratorio, partita, polonaise, écossaise, mélodie, requiem, ricercare*. Ainsi que celle des instruments, des *castagnettes* à l'*ophicléïde* et au *saxophone*, en passant par la tintinabulante *Balalaïka* signalée le 8 Messidor An X par le *Courrier des spectacles*. Seront laissés bien sûr de côté les néologiques créations d'Alexandre Soumet dans la *Divine Épopée*[2] inspirées par la vogue à l'époque d'un langage musical, des pasilogies et pasi-

1 *L'Air et le monde aérien* / A. Mangin. – Tours : Mame et fils, 1865.

2 Paris, Arthus Bertrand, 1840. Il y est question de *Mélosphlores*, d'*Extaséons*, etc.

graphies à la Devisme (*Pasilogie*, Paris, 1806) ou, ultérieurement, à la Jean-François Sudre (*Travaux Linguistiques de M. Sudre*, Paris, 1857). Car ici la fantasmatique lexicale — composante dont il conviendrait de prendre au reste la mesure, ne serait-ce que sous sa forme néologique en raison des théories qui se développent alors sur les mécaniques morphologiques productrices de lexique — prend le pas sur l'évolution réelle des faits. Les pratiques instrumentales fournissent aussi l'occasion au vocabulaire de s'enrichir et se diversifier : *triller, pousser, frotter, filer* (un son), *nuancer*[1].

Le prestige de tel[le] ou tel[le] artiste peut même inciter à adopter telle ou telle forme lexicale neuve ; ainsi de la Taglioni, danseuse prestigieuse et concurrente de Fanny Essler, et du substantif *ballerine* (1832), également connu sous les formes *ballarine* (1807) et *ballerina* (1837), voire de la *cachucha* (1832), célèbre danse majorquine.

De manière générale, les hardiesses et les innovations sont cependant moins fortes dans le domaine de la critique musicale que dans celui de la critique littéraire et picturale ; la technicité du vocabulaire est là un frein incontestable. L'univers des peintres se définit pour les initiés dans l'emploi d'un argot spécifique : *rapin, chic, ficelle, patte, croquade, pochade, tartouillade, emmancher, hancher, repiquer*... Des termes plus génériques trouvent leur reconnaissance en cette période : *nature morte, paysage, tableautin, miniaturé, typer, aquarelliste, caricaturiste, fresquiste, pastelliste, imagier*. On aura noté ici la productivité particulière du suffixe *-iste*, désignant le praticien d'une forme bien définie, à l'époque où la notion d'*école* tend à être supplantée par celle d'*atelier*. Malgré les effets certains de la mode, les engouements sont moins à même de peser sur la constitution lexicale et phraséologique de la langue.

Cette dernière, en revanche, est beaucoup plus sensible à des faits génériques induisant par exemple des thématiques particulières susceptibles de se développer en véritables constellations. La légende napoléonienne, tout au long de la première moitié du siècle, constitue une de ces constellations.

L'anglomanie de l'aristocratie du premier tiers du siècle en est une autre, et justifie l'intégration, même momentanée, de termes référant à certains aspects des modes culturelles[2] : *Cashmire, Carrick, Châle, Cold Cream, Cokeney, Gentlemen, Jockey, Miss, Mackintosh, Paquebot, Steeple-chase, Toast, Turf*, etc. Il conviendrait d'étendre la remarque à l'espagnol également : *Carliste*, *Cholulo, Fandango*, *Gracioso, Parador, Picador, Sombrero.* L'italien pourrait prétendre à semblable honneur avec des formes telles que *Bravo, Camérière, Cascatelle, Dilettante, Diva, Farniente*, *Lazzarone, Macaroni*, etc. Tandis que l'allemand ne peut guère revendiquer que des formes telles que *Gasthof*, ou *Lieder*, ce dernier souvent employé comme encore aujourd'hui — contre la morphologie germanique de son pluriel — au singulier, *Sauer-kraut*, voire *Philistin*. Plus significatif encore : le carnaval de Nice, créé en 1873, est l'occasion de fixer définitivement dans la langue l'emploi du terme *Confetti*, par ailleurs connu depuis le XIIIe siècle, mais fort ignoré jusqu'à ce que Stendhal en actualise toute l'italia-

---

1 La thèse de Joseph-Marc Bailbé, *La Musique et la littérature en France sous la Restauration* (Paris : Lettres Modernes : Minard, 1969) fournit à cet égard de très utiles renseignements dans ses annexes I et II.

2 Pour de plus amples développements, le lecteur se reportera à l'ouvrage déjà ancien mais toujours bien documenté *Les Relations de l'Angleterre et de la France d'après le vocabulaire* / F. Mackenzie. – Paris : Champion, 1939.

nité en 1841. De manière générale en ces matières artistiques, la diffusion et la lexicalisation des vocables s'appuie sur un large emploi de la métonymie — l'œuvre ou le fragment d'œuvre désigné par son tempo, par exemple *allegretto* — et des formes de la dérivation.

La conscience politique se laisse facilement saisir à l'improviste dans les manifestations de la presse. La grande presse parisienne, en particulier, toute stimulée par ses luttes avec la censure, se veut avant tout un moyen d'expression politique, et laisse sensiblement de côté les faits divers, à l'exception de ceux qui peuvent frapper l'imagination collective en éveillant en elle les résonances du mythe. Deux grands faits dominent alors les discussions. La Révolution, tout d'abord, la grande, celle de 1789, est un repère obligé de tout débat[1] ; toutes les grandes notions dont il est traité entre 1815 et 1900 ont été définies sous son cours ; et, si les sentiments que l'on peut éprouver à son endroit sont largement polarisés, il n'en demeure pas moins que cet éveil et cette reconnaissance du pouvoir de la bourgeoisie marquent un tournant dans l'évolution de la conscience politique nationale. Puis, la monarchie constitutionnelle anglaise, notamment autour de la Révolution de 1830, dont l'expérience donne la possibilité d'une appréciation et de multiples discussions. Modèle vénéré, ce type de monarchie garantit à la bourgeoisie une certaine forme de sécurité, et favorise le développement de ses affaires. Le cens électoral, qui constitue encore une sérieuse limite à l'expérience de la démocratisation, n'est pas alors perçu comme une injustice ; et le célèbre slogan de Guizot « Enrichissez-vous » est plus entendu comme une invite à thésauriser pour accroître ses richesses que comme la suggestion faite aux exclus du vote de travailler et amasser pour acquérir le droit de voter. *Absolutisme, autorité, capitalisme, Charte, conservateur, Constitution, dynastie, électeur, législature, légitimisme, légitimiste, majorité, monarchie, opposition, parlementaire, républicain, société* sont quelques-uns de ces termes que l'usage fait circuler quotidiennement et dévalue progressivement en érodant les franges révolutionnaires de leur origine.

Un Sous-Préfet de Béthune, M. Lequien, peut ainsi publier en 1830, un *Essai sur l'Administration* (Paris, 1830, Pillet, Roret, éd.), qui constitue à la fois un excellent document lexicologique sur les pratiques de l'époque et un réquisitoire sévère à l'endroit des défauts de paperasserie et de lourdeur déjà imputés à l'organisation des bureaux de l'administration. *Administration, circonscription, club, députés, fonctionnaires, Garde nationale, pair, préfet, Sûreté générale, syndicats*, marquent donc l'avènement d'un nouveau type d'organisation politique et sociale, et suscitent en conséquence réactions et prises de positions en tant que désignateurs d'une certaine pratique du gouvernement. Cette dernière est d'ailleurs vivement marquée par le phénomène des émeutes populaires, qui engendre en discours son propre réseau lexico-sémantique : *Anarchie, attaques, chicanes, code pénal, complots, conspirations, diffamation, émeute, factieux, faction, immoralité, journées, Loi martiale, révolte, scandale, sédition*, scandent alors les discours des élus et du peuple. Et, si l'on n'est pas encore en 1821 sur le seuil de l'identification des classes populaires aux classes dangereuses, Chateaubriand paraît être l'un des premiers, dans sa *Correspondance*, à employer le terme de

---

1 Voir à ce sujet l'article de B. Schlieben-Lange, "L'expérience révolutionnaire des Idéologues et leurs théories sémiotiques et linguistiques". – In : *Linx*, Université Paris X Nanterre, n° 15 (1986), *Langue et Révolution*, pp. 77-97.

Gréviste ; *Communisme*, quant à lui, s'impose, d'abord dans une revue bruxelloise, le *Trésor National*, en 1842, puis presque immédiatement en France.

Un anti-sémitisme certain, charriant avec lui des dénominations infamantes — *youpins*, etc. — promises hélas à un grand avenir en France et ailleurs en Europe, se marque nettement peu avant la césure médiane du siècle, avant la naissance violente de l'éphémère Seconde République, comme l'atteste le triste volume d'Alphonse Toussenel, *Les Juifs, rois de l'époque : histoire de la féodalité financière* (Paris, 1844 ; 2e éd. 1847). Les événements dramatiques de la seconde moitié du XIXe siècle, et l'éveil des mouvements politiques et sociaux donnant dans les luttes une expression puissante à la conscience de classe, ont également vivement contribué à élargir la palette non seulement des formes lexicales du français se rapportant à ce domaine, mais aussi celle des valeurs sémantiques et pragmatiques attachées à ces dernières et à leurs emplois[1].

À cet égard, une mention toute particulière doit être faite du lexique du droit, qui, dans la postérité du *Code Civil* édicté en 1804, signe l'appropriation d'une véritable culture : *Adjudication, Aléatoire, Affermer, Indivis, Jurisprudence, Licitation*, etc., et la possession de droits ainsi que la soumission à des devoirs également indubitables. Normalisation et régulation sociales passent autant par les filtres de la langue que par les étamines de la justice, qui distinguent le bon droit et l'abus, la violence et l'obédience.

Point d'achèvement des entreprises politiques, la colonisation constitue un champ d'investissement profond de la France du XIXe siècle, qui a son influence sur le lexique même du français. La conquête de l'Algérie, en 1830, généralise et légitime l'emploi de termes arabes, qui, s'ils ne font pas alors leur entrée véritable dans le lexique français, trouvent par le journalisme une certaine forme de reconnaissance populaire : *agha, alfa, aman, caïd, diffa, émir, gonon, marabout, oued, razzia, charif, saphi*, par exemple, en qui on reconnaîtra des néologismes renvoyant à des réalités techniques jusqu'alors inconnues en France : administration, armée, religion. Les percées en Afrique apporteront la reconnaissance et la vulgarisation du terme *Cacahouète* que Laveaux signalait déjà en 1820 comme équivalent d'*Arachide* ; de *Méhari*, autour de 1822. Ces avancées en des contrées lointaines excitent certainement l'imagination des lecteurs de journaux et des journalistes. Une certaine forme d'exotisme s'insinue dans le lexique français du XIXe siècle à la faveur de ces faits : *Chibouque*, terme d'origine orientale, recueille ses premiers emplois chez Balzac (*La Peau de chagrin*) avant d'être enregistré dans le *Complément du Dictionnaire de l'Académie* publié en 1842 sous la direction de Barré. Ces éléments confèrent indéniablement une couleur locale et un exotisme de façade[2] aux discours qui se les approprient en jouant pour cela de toutes les modalités permises par la prononciation, la graphie et même le contenu de ces

---

1 Il faut ici se reporter aux travaux de J. Dubois, *Le Vocabulaire politique et social en France de 1869 à 1872, à travers les œuvres des écrivains, les revues et les journaux*, Paris, Larousse, 1962, qui, dans une étroite synchronie, font particulièrement bien ressortir les tensions et les torsions auxquelles le vocabulaire français est alors soumis. Cf. M. Tournier, "Éléments pour l'étude quantitative d'une journée de 1848". – In : *Cahiers de Lexicologie*, XIV (1969) [1], pp. 77-114 ; et, à l'autre extrémité du siècle, J.-B. Marcellesi, "Le vocabulaire du congrès socialiste de Tours". – In : *Cahiers de Lexicologie*, XIV (1969) [2], pp. 57-69.

2 Par exemple, les substantifs *Palixandre* ou *palissandre*, *Spahi* et *Spahis*, chez de Wailly et encore dans le *Dictionnaire de l'Académie* de 1878.

items. Un processus identique se marquera plus loin avec les régionalismes et provincialismes récupérés par la littérature.

Malgré une impression trop largement répandue jusqu'à nos jours, la philosophie française du XIXe siècle ne mérite pas le dédain global dans lequel elle a été tenue. Le développement de son vocabulaire n'a certes rien de spectaculaire, mais Jacques Chaurand a bien montré naguère comment et pourquoi certaines de ses innovations avaient pu porter leurs fruits jusque dans l'apparente modernité de notre siècle[1] : *Humanitaire, individualisme, affinité, nihilisme, existentiel, positif...*

De nombreux éléments du lexique s'introduisent enfin dans les discours à la faveur des thématiques politiques et commerciales, et de topiques plus précises telles que les récits journalistiques des émeutes luddistes d'Angleterre en 1812, ou des affrontements du problème irlandais et de la réforme électorale entre 1827 et 1832. Des termes tels que : *Boop, Cant, Cokeney, Constables, Egotism / -ist, Hustings, Major Officer, Meeting, Middleman, Policemen, Poll, Repealer, Riot-act, Speech, Tories*, redoublent l'anglomanie précédemment évoquée, et marquent la prégnance du phénomène. Dans les secteurs technologiques et commerciaux, la même fascination se révèle : on a déjà noté des termes tels que *Steamboat, Paquebot*, etc. C'est que, comme l'a bien montré naguère J.-R. Klein[2], l'attraction exercée par la Grande-Bretagne, malgré les aléas de la haute politique, ne cesse de s'appliquer à tous les niveaux de la société et marque l'expression d'une sorte d'hyperbole de l'élégance, qui signe son *fashionable*. L'homme à la mode intègre à ses comportements sociaux une vague anglicité de façade.

Dans la lignée de ses premiers travaux de philologue, Francisque Michel va même jusqu'à construire d'impressionnants édifices documentaires sur ces bases relationnelles et comparatives, car quantité de mots français ont été acclimatés en Écosse à l'époque de Marie Stuart et de l'*Auld Alliance*, puis s'en reviennent en France avec le prestige des mythes attachés aux terres lointaines[3]. Depuis les années romantiques, dans lesquelles le sublime poétique s'inscrivait et se diffusait dans les *keepsakes* de la bonne société, la mode est d'ailleurs à l'hyperbolisation généralisée de l'expression, et il est courant de voir s'entasser dans les énoncés des formes telles que : *renversant, ébrouriffant, esbrouffrant, épatant, à tout casser, splendide, infect, gâteux*. Pourquoi pas alors *égotiste, sentimental, soda-water, establishment, glass* (*glasse*, pour *un verre à boire*) et d'autres encore, qui infusent dans les discours une apparence d'élégance que seuls sauront partager les *happy few...*

En dépit de toutes les difficultés attachées à ces repérages — la prise en considération de l'impact des argots sur le lexique français standard ne doit pas être sous-estimée. Il s'agit peut-être là, en matière d'interaction de la norme et des usages, du phénomène le plus caractéristique du lexique français du XIXe siècle. Alors que les littérateurs, les critiques et les esthètes ratiocinent sans fin sur les degrés de légitimité de l'emploi de tel ou tel terme — on se rappellera à cet égard les contre-manifestations

---

1 J. Chaurand, "De l'essai d'un mot à sa consécration : l'adjectif *existentiel* (1831)". – In : *Cahiers de Lexicologie*, XL (1982) [1], pp. 41-50.

2 *Le Vocabulaire des mœurs de la « vie parisienne », sous le Second Empire, introduction à l'étude du langage boulevardier* / J.-R. Klein. – Louvain : Nauwelaerts, 1976.

3 Voir J.-Ph. Saint-Gérand, "Raynouard, Michel, Marmier, et Paris : les débuts de la philologie française au XIXe siècle". – In : *Actes du Colloque Mythes et Origine* du *C.R.R.R.* (novembre 1993). – Paris, Les Belles Lettres, 1996.

programmatiques d'Alfred de Vigny et de Victor Hugo[1], entre autres — la langue en ses développements quotidiens est appelée à connaître des particularités sociologiques fracturant la belle unité de l'idiolecte national et faisant émerger des formes de parlures qui tendent à se constituer en autant d'hermétolectes. J. P. Wexler avait naguère réédité une pétition de 1827 en argot de typographes, qui permet de prendre rapidement la mesure de la violence du phénomène : « Le projet de loi pour l'abolition de la presse est cause que la France entière gobe une chèvre de loup. Depuis l'année passée, la calance était presque générale, et les trois quarts des typographes ne tortillaient plus que par hasard. [...] Nous avons beau nous retourner in-12° ou in-8°, il est aisé de concevoir qu'il nous sera impossible de tomber en registre. [...] Mettez-vous dans la boule que depuis qu'on patine à la glacière, il ne fait pas bon à faire michaut sur la hauteur et surtout qu'on ne peut vivre sans tortiller »[2]. Il est facile de deviner les raisons de l'ostracisme qui frappe de telles pratiques langagières au regard du commun de la société : niveau social inférieur, spécialisations professionnelles, voire isolement de l'incarcération, sont autant de facteurs qui relèguent les argots aux marges de l'intégration lexicale de la langue. On reconnaîtra bien sûr dans ces vocables des éléments qui, ultérieurement, seront intégrés aux lexiques standardisés, éventuellement par la voie de la stylisation littéraire désireuse de reproduire une image plausible de l'oral, comme chez Zola, et, plus encore, au XXe siècle, chez Céline ou Queneau. Ce qui pose sans doute la question de distinguer entre les registres de langue ordinaire et populaire... Le problème atteindra son niveau d'acuité le plus élevé au XXe siècle.

Le XIXe siècle, pour sa part, à travers l'évolution de ses écoles littéraires notamment, aura été marqué par une sorte d'enfermement dans l'axiologisation du lexique, qui incite par exemple des critiques du naturalisme à retrouver dans ce mouvement les mêmes défauts que ceux de l'école romantique : « Plus le naturalisme s'insurge contre le romantisme, plus il s'en rapproche, même par ses différences... voulues »[3]. À l'encontre de cette école, Camille Berriat et Albert Heimann[4], tout comme Ambroise Macrobe, alias Antoine Laporte, soutiennent d'ailleurs un combat similaire ; par les mots s'infuse une véritable dégradation délétère de l'éthique sociale, et il n'est pas insignifiant que la *Flore pornographique* des derniers (Paris, 1890, Doublelzévir), *Glossaire de l'école Naturaliste, extrait des œuvres de M. Émile Zola et de ses disciples*, prenne en quelque sorte le contrepied du modèle idéal classique du jardin des racines grecques, et l'inverse dans une dérision hautement critique gouvernée par le seul souci de préserver la morale nationale.

De manière générale, indépendamment de l'irruption de mots nouveaux, de quelque origine et de quelque niveau de langue qu'ils relèvent, la difficulté la plus grande présentée par le vocabulaire français du XIXe siècle tient donc à son extraordinaire exten-

1 Respectivement *Lettre à Lord ****, et *Réponse à un acte d'accusation* dans *Les Châtiments*.

2 P. J. Wexler, "Une pétition de 1827 en argot de typographes". – In : *Le Français moderne*, XXIXe année (1962), pp. 133-137. Et il faudrait ajouter à cette documentation le *Petit dictionnaire de la langue verte typographique* d'Eugène Boutmy (Paris, 1874, réédité en 1981, Paris, Les Insolites), ainsi que *Le Langage parisien au XIXe siècle* de L. Sainéan (Paris, 1920).

3 *Le Naturalisme ou l'immoralité littéraire, Émile Zola : l'homme et l'œuvre* / Antoine Laporte. – Paris, 1894. – [P. 131].

4 Voir notamment leur *Petit traité de littérature naturaliste* d'après les Maîtres. – Paris : Vanier, 1880.

sion formelle et sémantique, qui, démultipliée par les discours tenus et les conditions sociologiques d'énonciation de ces derniers, aboutit très souvent à des glissements de valeur aujourd'hui très difficiles à reconnaître. Ainsi Georges Gougenheim avait-il jadis lumineusement montré comment et pourquoi s'inversaient autour de 1840 les effets de sens de *Portier*, jusqu'alors désignant une fonction subalterne, et de *Concierge*, dénommant au contraire une charge importante de responsabilité[1].

Il est naturellement de la responsabilité des dictionnaires d'enregistrer ou, au contraire, de censurer cette évolution. Les gloses métalinguistiques de ces ouvrages cherchent généralement leurs premières attestations dans le matériau documentaire de la littérature. Bernard Quemada, pour la période 1798-1863, a recensé la publication de 1.085 dictionnaires divers[2]. Le chiffre est déjà, en soi, révélateur de cet engouement pour le genre dictionnairique. Le terme même de *Dictionnaire* s'infatue alors d'une valeur symbolique : métaphore de toute richesse comptabilisée, métonymie de tout savoir maîtrisé, synecdoque par excellence du canton le mieux exploré des connaissances de la vie quotidienne, il peut s'appliquer indifféremment aux *Productions de la nature* (Magnien et Deu, Paris, 1809), à la *médecine dogmatique* (Marchant, Paris, 1816), au *notariat* (Anonyme, Paris, 1821), à *la pénalité* (Saint-Edme, Paris, 1824), aux *jeux de société* (Cousin d'Avallon, Paris, 1826), à la *pêche fluviale* (Baudrillard, Paris, 1829), voire à l'*hippiatrique et l'équitation* (Cardini, Paris, 1845). Sur le modèle de la grammaire et de Girault-Duvivier, qu'il intègre pour des motifs évidents de réussite commerciale (*Grammaire des grammaires*, 1re édition, Paris, 1812.), Napoléon Landais, en 1834, va jusqu'à employer ce terme en collocation avec luimême, dans une construction adnominale qui rend superlative l'excellence de l'objet et fait oublier que le propos du lexicographe n'est que d'être une gigantesque et cumulative compilation illusoire : *Dictionnaire Général Grammatical des Dictionnaires Français*. Mais ce chiffre de 1.085 devient encore plus intéressant si l'on considère que près d'un tiers de ces ouvrages, soit 367, représente des dictionnaires spécifiques de langue. Une telle proportion fournit environ huit publications par an, compte non tenu des rééditions d'ouvrages déjà connus, et des *Compléments* ou *Suppléments* auxquels ils sont soumis. Elle se constitue sous la forme variée de *Lexiques*, *Glossaires*, *Abrégés*, *Encyclopédies* ou *Nomenclatures*, *Vocabulaires*, *Recueils*, voire de *Liste alphabétique* (Le Mière de Corvey, Rennes, Paris, 1824), quand ce ne sont pas des *Clefs* (Fontanier, Paris, 1825), tous parasynonymes du terme générique, qui, à l'aide de prédicats spécifiques en affichent diversement les complexes modalités qualitatives. *Classique* (Le P. Loriquet, Lyon, 1825, ou Rondonneau, Paris, 1821) désigne l'horizon de rétrospection axiologique. *Nouveau* ou *Moderne* indiquent le souci de contemporanéité et de progrès. *Petit* ou *portatif* (Barberi, Paris, 1821 ; Letellier, Paris, 1814), si ce n'est *de poche* (Anonyme, Paris, 1830) insistent sur la maniabilité d'un objet utilisable en toutes circonstances de la vie courante : sur le comptoir, en voyage, dans sa bibliothèque. *Extrait* (Legonidec, Paris, 1823 ; Richard des Vosges, Paris, 1824) rappelle simultanément l'extension du stock lexical français, la présence d'un modèle lexicographique toujours antérieur et les procédures politiques ou technologiques de sélection par lesquelles il

---

1 G. Gougenheim, "Lexicologie du XIXe siècle". – In : *Le Français moderne*, XIIIe année (Octobre 1946), pp. 251-252.

2 Voir *Les Dictionnaires du français moderne 1539-1863*, pp. 596-625.

convient de réguler cet ensemble. *Raisonné* ou *Méthodique* (Régnier, Marseille, 1829 ; Jourdan, Paris, 1834) avancent la sauvegarde de l'intelligence logique comme principe de sélection et de classement des sens. *Grand* (Alberti de Villeneuve, Bassano, 1811) clame le dessein publicitaire et mercantile des auteurs. *Général* (Landais, Paris, 1834) définit l'ambitus du public visé par l'ouvrage, tandis que *National* (Bescherelle, Paris, 1843) inscrit au cœur du dictionnaire la réflexion spéculaire d'une idéologie de la langue et du Pays. *Universel* (Boiste, Paris 1800-1829 ; Verger, Paris, 1822) enferme dans les rubriques et les colonnes de l'objet tout le savoir théorique et pratique que les mots donnent des choses. *Complet* (Mozin, Stuttgart, 1811), enfin, exhibe l'illusion de l'exhaustivité parfaite.

Parallèlement à ces caractérisations prédicatives, une telle production fait apparaître en ses titres la constitution particulière de l'objet linguistique décrit par l'ouvrage, et le dessein de son auteur. *Critique* (Platt, Paris, 1835) renoue avec la tradition brillamment illustrée par Féraud et ses contemporains, lesquels ne dédaignaient pas de consigner dans leurs notices l'irruption de l'humeur et du jugement personnel. *Étymologique* (Latouche, Paris, 1830 ; Noël et Carpentier, Paris, 1831 ; Eichhoff, Paris, 1840) réactive l'illusion selon laquelle un terme saisi plus près de son origine est porteur d'un sens plus vrai. *Grammatical* (Laveaux) marque les relations étroites et la dépendance réciproque des modèles de la grammaire et du dictionnaire en une période de sélection et de hiérarchisation généralisées des registres d'expression, accrues d'ailleurs par l'impératif orthographique (Godefroy, Metz, 1827). *Poétique* (Planche, Paris, 1819 ; Carpentier, Paris, 1822) rappelle la part essentielle dévolue à l'écriture la plus formellement codifiée de toute la littérature. Quand, avec Duckett (*Dictionnaire de la Conversation et de la Lecture*, Paris, 1832), le genre s'annexe tous les territoires de la discursivité sociale auxquels la langue donne accès, l'entreprise dictionnairique de ce début du XIXe siècle, gargantuesque et tentaculaire, éprouve la volupté causée par cette frénésie de connaissance verbale, qui précipite la *doxa* vulgaire dans l'éréthisme et rend d'avance caduque toute *épistémè*. *Logique* (Blanc, Émile, *Le Dictionnaire logique de la langue française, ou Classification naturelle et philosophique des mots, des idées et des choses*, Paris, Lyon, Boyer, 1882), enfin, dans une improbable alliance de la philosophie et de la nature, à l'heure où le positivisme tombe en déshérence définitive, tente de marquer la prééminence d'un principe analytique et répartiteur strictement abstrait, reproduisant à sa manière — car l'ouvrage est d'un prêtre professeur à la Faculté catholique de Lyon — le schéma d'une organisation du monde théocentrée.

La langue comme objet, son usage comme norme, ses emplois comme exemples, et la littérature comme produit emblématique, sous l'influence conjointe de la science descriptive et du Romantisme, qui, ne l'oublions pas, renferme en son centre une postulation éminente en faveur de la science spéculative[1], tous ces ingrédients d'une philosophie historicisée du langage sont, en quelque sorte, tombés dès lors dans le domaine commun.

Dans un ouvrage récent, Henri Meschonnic a eu parfaitement raison de reprendre à Pierre Larousse son expression de « siècle des dictionnaires », et d'affirmer : « La zoologie a été le modèle du savoir de la philologie au XIXe siècle. L'évolutionnisme a accru son emprise jusqu'à la vision organiciste de la vie des mots. Les dictionnaires de l'an-

1 *Les Fondements du savoir romantique* / G. Gusdorf. – Paris : Payot, 1982. – [P. 233].

cienne langue en étaient la paléontologie. Le paradoxe de ce modèle a été de stimuler la néologie »[1]. Et, ajouterons-nous, l'activité littéraire a été le lieu de ce passage de la paléontologie linguistique à une philologie scientifique par l'intérêt progressif qu'elle a marqué pour l'ontologie du langage. Il n'est guère de textes de cette période, tant poétique, que romanesque, dramatique ou critique qui ne s'essaie à une définition réflexive de ses instruments verbaux : Hugo, Vigny, Stendhal, Gautier, pour ne citer que les plus grands, manifestent pleinement cette attitude métadiscursive : Préface des *Feuilles d'Automne*, de *Cromwell*, *Réflexions sur la Vérité dans l'Art*, *Lettre à Lord****, *Racine et Shakespeare*, etc. Et une telle modification de l'attitude du sujet face aux discours, que Meschonnic a bien résumée dans le tourniquet vertigineux d'une formule : « On cherche des mots, on trouve le discours ; on scrute le discours, on trouve des mots », affecte tout autant les usages littéraires que métalinguistiques : l'esthétique littéraire, comme nous l'avons montré ailleurs, se fait essentiellement critique de langue ; la lexicographie filtre les emplois à l'étamine de l'usage et projette prémonitoirement sa puissance régulatrice sur la littérature.

LA FIXATION MORPHO-SYNTAXIQUE

Héritant d'une conception solidement enracinée dans la tradition, les grammaires du XIXe siècle présentent une vision classique de la configuration des parties du discours. Ainsi la *Grammaire nationale* de Bescherelle, à propos de l'article, en s'essayant à une sorte de comparatisme typologique naïf et primaire, note-t-elle : « Cette partie du discours est peut-être la plus importante, eu égard à son usage fréquent et continuel, et sa qualité d'être particulière à certaines langues. Ces deux raisons doivent nous faire considérer l'article comme devant surtout caractériser le *génie* de notre langue, et comme la source ou de ses plus grands avantages sur les langues qui sont privées de ce secours, ou de ses défauts les plus sensibles ; aussi est-ce par là que ses détracteurs veulent prouver sa prétendue lenteur, son défaut de concision et de force, et que ses partisans prouvent sa netteté, sa précision, sa vraie clarté [...]. *L'article a de grands avantages dans les langues où il est en usage. Il leur donne plus de douceur, de délicatesse et de précision dans l'expression, ce qui compense bien ce qu'il leur ôte en énergie.* La langue latine a une dureté qu'on ne trouve ni dans la langue grecque, ni dans la langue italienne, ni dans la langue française. D'ailleurs ce qu'elle rend d'une seule manière peut être rendu de plusieurs façons par le moyen de l'article. C'est ce que Dumarsais a démontré d'une manière victorieuse en faisant voir que sans l'article il n'est pas toujours facile de développer les différentes vues de l'esprit et que ce n'est que par son moyen qu'on peut exprimer bien des nuances d'idées [...] »[2]. On saisit nettement là l'hésitation d'une grammaire normative en cours de constitution, qui doit s'appuyer sur une terminologie classique étayée par une conception traditionnelle des par-

1 Voir *Des mots et des mondes : dictionnaires, encyclopédies, grammaires, nomenclatures*. – Paris : Hatier, 1991. – [P.148].

2 *Grammaire nationale ou grammaire de Voltaire, de Racine, de Bossuet, de Fénelon, de J. J. Rousseau, de Buffon, de Bernardin de Saint-Pierre, de Chateaubriand, de Casimir Delavigne* / Bescherelle frères et Litais de Gaux. – Paris : Bourgeois-Maze, 1836. – [Pp. 157-158].

ties du discours, et qui, concurremment, éprouve la nécessité de recourir à des arguments esthétiques pour justifier la validité de la rigueur des cadres précédents. Ce qui incline insensiblement la discussion vers la prise en compte d'intérêts stylistiques.

Les fonctions grammaticales telles que la grammaire scolaire entend les fixer étaient pourtant un moyen important de rigidifier le fonctionnement syntaxique de la langue. À l'heure où une émancipation de l'écriture par l'exemple du style des écrivains, que les grammairiens tentent de façon plus ou moins convaincante d'intégrer à leurs corpus d'exemples et à leurs listes d'explications, pourrait être envisagée, la normalisation contraint paradoxalement à repousser les séductions d'une esthétique de l'expressivité et à revisiter les sacro-saints principes de la clarté et de la logique d'Ancien Régime. Le traitement de la phrase est à cet égard parfaitement représentatif. On y perçoit nettement les tensions qui régissent alors les rapports du noyau à ses expansions ; tensions qui — de la phrase périodique classique à la phrase impressionniste procédant par touches successives en passant par le style coupé et les constructions dites détachées — régissent l'organisation et la structuration des énoncés.

Dans la première moitié du XIXe siècle, la prise en compte par les grammaires du passage de la période à l'unité phrase rend obligatoire une intégration progressive de la construction périphérique, qui trouve dès lors ses règles de fonctionnement à l'intérieur de la théorie de la proposition. Cette structuration syntaxique a des répercussions au plan textuel proprement dit, car la valeur de liaison avec le contexte se perd et la construction détachée y gagne de pouvoir alors renvoyer à un sujet nouveau. Parallèlement, à partir du moment où il n'y a plus lien obligatoire avec le contexte, les valeurs sémantiques de la construction détachée peuvent se modifier. Des groupes simplement *descriptifs*, qui, jusque là, en position intermédiaire entre le sujet et le verbe, vont se trouver ainsi antéposés, en début de phrase. La *liaison logique* entre les idées n'est plus un facteur indispensable de cohésion, car la *clarté* se trouve assurée par la coréférence quasi obligatoire avec le sujet. Ce n'est que dans la seconde moitié du XIXe siècle que sera rendue possible par l'usage la combinaison de ces deux caractéristiques — rupture avec le contexte, et valeur « descriptive » de la construction détachée : « Il reçut un soufflet mouillé dès qu'il mit les pieds dehors ; *inondés par la pluie et par les rafales*, les réverbères agitaient leurs éventails de flamme. » (J.-K. Huysmans). Ici, les valeurs, textuelles et sémantiques, de la construction détachée sont totalement modifiées : le resserrement du lien grammatical, l'incorporation du constituant périphérique dans la structure phrastique même, s'accompagnent d'une perte de la fonction d'enchaînement discursif et des effets de sens chronologiques et logiques qui s'établissaient lorsqu'il y avait *transposition* d'un syntagme en début de phrase. La phrase classique est devenue moderne, du type de celles que nous pratiquons encore aujourd'hui. Ces quelques remarques, qu'il serait utile d'étendre à d'autre faits de nature morpho-syntaxique, montrent l'impossibilité de dissocier au XIXe siècle l'évolution de la langue et celle des théories grammaticales puis linguistiques qui en assurent la cohorte.

Un dernier point affectant l'évolution de la langue française du XIXe siècle est ainsi constitué par les débuts d'une grammaticographie systématique que chaque grammairien ou linguiste veut faire sienne — grammaticographie, c'est-à-dire principes réfléchis de composition et de rédaction d'une grammaire. Cette attitude et cette pratique, depuis Girault-Duviver et sa *Grammaire des grammaires* de 1812 jusqu'au *Bon Usage* de Grevisse, qui en est l'héritier direct, permettent d'intégrer au développement de l'ouvrage des références au traitement des mêmes questions par des grammairiens antérieurs ou contemporains. De ce va et vient déjà expérimenté au XVIIe et au XVIIIe siècle, mais plus largement appliqué au XIXe siècle, résulte une capacité d'analyse critique en laquelle nombre de problématiques linguistiques trouvent leur origine. *La Grammaire historique de la langue française* que publie Kr. Nyrop entre 1899 et 1930, et qui donne pour chaque branche de la grammaire un exposé historique de sa constitution, est probablement le meilleur exemple d'une grammaire désormais soucieuse de justifier et expliquer les formes de la langue actuelle non seulement en recourant à leur histoire mais aussi en les replaçant dans l'historicité de leurs diverses et successives explications jusqu'à ce jour.

Admirables certitudes issues d'une certaine forme de positivisme scientiste, mais qui ne purent néanmoins empêcher qu'autour des faits de la parole, des discours et des textes, toujours allégués comme exemples grammaticaux, toute une partie de la grammaire pratique du français répudiât la critique et revînt à l'interprétation herméneutique du sens des énoncés, cherchant à vérifier comment les instruments de la grammaire pouvaient servir au mieux les intérêts de l'expressivité. En d'autres termes, comment une certaine conception du style pouvait aider à dépasser *in situ* les impasses explicatives d'une linguistique historique plus descriptive que radicale.

La composition et l'écriture de la grammaire, la grammaticographie, fondent ainsi dans une sorte de pseudo-objectivité la légitimité de la subversion des justifications métaphysiques ou empiriques par l'intentionnalité stylistique. On aurait pu penser que la méthode et les principes de la science nouvelle balaieraient vite les errements d'une grammaire révolue. Mais, comme la grammaire de Brachet le révèle, les linguistes français ne s'approprièrent pas immédiatement l'ensemble des connaissances qu'ils étaient allés quérir outre-Rhin. Et, soumis au prestige conjoint qu'exerçaient en France la tradition historique romantique et le positivisme naissant, ils privilégièrent dans le modèle de Diez tout ce qui pouvait contribuer à une meilleure connaissance de l'évolution des formes littérairement attestées, mais excluaient aussi tout ce qui, dans la *Grammaire des Langues Romanes*, poussait vers une abstraction des rapports de sens par le biais de la comparaison pré-typologique. Ils s'enfermaient donc, sans trop y réfléchir, à l'intérieur d'un cercle vicieux dans lequel, incessamment, la théorie ne pouvait s'appuyer que sur l'usage dont témoignaient les textes. Et c'est ainsi qu'un objet esthétique, valorisé à plus d'un titre par la société et ses institutions, la littérature, est devenu le prétexte à une application objective du savoir linguistique historique ; mais, comme le dessein comparatiste s'est le plus souvent trouvé effacé par force de la perspective analytique, il n'est plus resté alors qu'à recourir aux principes éternels d'un classicisme idéologique. Toute l'empreinte du style se trouve ici inscrite.

DE LA LANGUE À LA LINGUISTIQUE

Il s'est effectivement agi en ces années de passer de la grammaire générale à la grammaire du français et de cette dernière à des principes généraux de la grammaire. Mais le plus souvent par la médiation des textes littéraires, et non par l'observation des pratiques ordinaires, orales notamment, de la langue vernaculaire. La dérive s'en est progressivement marquée à travers les ouvrages. Et Michel Foucault, à propos de la première, pouvait justement noter : « La grammaire générale — et c'est là un principe qui vaut jusqu'à la fin du XVIIIe siècle — ce n'est pas une grammaire qui analyse et compare un matériau linguistique bariolé, *c'est une grammaire qui prend recul par rapport à une ou deux langues données, et qui, dans la distance ainsi instaurée, remonte des usages particuliers à des principes universellement valables.* [...] On comprend pourquoi le projet d'une grammaire générale n'a jamais engendré de méthode comparative ; bien plus, pourquoi ce projet a été pendant tout l'âge classique indifférent aux phénomènes de ressemblance et de filiation. [...] Plus la grammaire d'une langue sera raisonnée, plus elle approchera d'une grammaire générale ; plus une grammaire sera générale, mieux elle vaudra comme une grammaire raisonnée d'une langue quelconque. À la limite, on pourrait bâtir une grammaire générale à partir d'une seule langue, comme on peut découvrir les raisons d'une langue déterminée à partir d'une grammaire générale. [...] Aux recherches incertaines de morphologie, d'étymologie, on se met à préférer l'analyse génétique. Le mythe de l'homme naturellement muet, qui, peu à peu, désire apprendre à parler »[1]. Mais l'homme est un citoyen, qui doit s'accommoder des formes de représentation que lui impose sa langue maternelle ; pour justifier les caractères fondateurs de cette dernière, une nouvelle discipline s'impose au XIXe siècle, et modèle à son tour la représentation que le grammairien érudit, l'historien, peuvent avoir de la langue française, du monde et de la société : la philologie, qui veut rendre raison du sens des documents de l'histoire et de la littérature. Les monuments d'une culture... La vie même. Et par cette dernière, comme on vient de le voir, tous les effets de l'analogie organiciste et les conséquences d'un système de représentation métadiscursive de la langue fondé sur la métaphore vitale... Les érudits découvrent alors que les monuments de la culture nationale peuvent être de diverses origines ; et entraîner diverses formes d'associations culturelles.

À cet égard, le texte de Schleicher (*Les Langues de l'Europe Moderne*, 1852) est une réponse linguistiquement argumentée à la thèse idéologico-politique d'une répartition des nationalités par langues pratiquées. L'histoire des peuples y est corroborée par les faits de la linguistique historique ; l'*anthropologie molle* des milieux religieux et conservateurs laisse progressivement place à une *ethnologie dure*, qui, en termes de biologie et de sciences naturelles, dans les milieux progressistes, n'hésite pas à parler de *race* ; le terme scientifique de *dialectologie* — cautionnant la constitution épistémologique d'un objet — n'apparaîtra qu'en 1881, avec la création de la chaire de l'*École Pratique des Hautes Études*, et son attribution à Gilliéron[2], fondateur de la géographie linguistique. Ainsi apparaissait l'espace fracturé des origines, aréologie fluctuante dont les isoglosses ne décrivent pas nécessairement les mêmes tracés selon qu'on s'adresse aux faits phonétiques, phonologiques, morphosyntaxiques et lexicaux. Mais, telle est la destinée obligée de toute frontière...

D. Monnier, correspondant de la *Société Royale des Antiquaires de France*, envisageait dès 1823 la possibilité de réaliser des cartes géographiques reproduisant l'exten-

---

1 Michel Foucault, *Préface* à la réédition de la *Grammaire générale de Port-Royal*. – Paris : Republication Paulet, 1969. – [P. IX].

2 Voir, sur ce point, J.-Ph. Saint-Gérand, "Des cacologies à la dialectologie, en France, au XIXe siècle". – In : *Actes*. – Amsterdam ; Philadelphie : Benjamins, 1990. – [Pp. 701-714].

sion des phénomènes phonétiques[1]. En 1844, Nabert marquait les territoires respectifs du gaélique écossais et de l'anglais. En 1866, Schuchardt soulignait le fait que, si l'on parle de frontières linguistiques, ce n'est jamais que d'une manière métaphorique ; pour lui, les dialectes s'enchevêtrent et s'entrecoupent de telle sorte qu'il est impossible de fixer des limites stables et reconnues[2]. En 1878, enfin, Sébillot présente à l'*Exposition Universelle de Paris* une carte linguistique de la Bretagne, qui distingue les territoires gallo et briton.

L'accession de la linguistique au statut de science, neutralisant la question de l'*Origine*, comme le marquent encore en 1866 les statuts de la 3e *Société de Linguistique de Paris*[3], occulte du même coup dans la société quotidienne la dimension politique conflictuelle de la langue, et réduit les discours à de simples énoncés privés de leur puissance illocutoire. Dans cette réduction se lit l'ambition de constituer un objet d'étude et, non sans paradoxe, s'affiche la volonté d'aseptiser des pratiques dont la vitalité est une permanente provocation à l'égard du sentiment prophylactique de la norme. Les origines de la philologie française scientifique coïncident alors paradoxalement avec une amnésie de l'origine, qui suspend les postulations politiques antagonistes du romanisme et du celticisme, au seul profit de l'affirmation d'une langue et d'une unité nationales patiemment, et même quelquefois tragiquement, conquises sur les siècles.

C'est ici que l'on retrouve la justification de l'historicisation progressive des grammaires du français, dont il a été précédemment question. Par cette historicisation, fondée sur des bases réputées scientifiques, il devient concevable d'envisager la langue comme un organisme, comme un système de formes distinctes et repérables.

La transition d'une grammaire revisitée par les principes explicatifs de l'histoire vers une linguistique prenant en compte les aspects systématiques de la langue se marque donc progressivement au cours de ces décennies. Elle se réalise principalement par l'intégration de plus en plus marquée de tous les aspects de la production verbale et l'analyse des observations qui en découlent. La recherche de l'articulation de ces résultats avec les systématisations philosophiques rendues possibles par l'émergence d'une véritable épistémologie des sciences achève de promouvoir la conversion des empiries grammaticales en faits linguistiques. B. Jullien, par exemple, dans son *Cours supérieur de grammaire* qui signe en quelque sorte l'éveil français d'une modernité linguistique que les Paul Meyer, Gaston Paris et Michel Bréal — sur la base des connaissances qu'ils ont acquises en Allemagne — développeront de la manière qu'on sait, consigne déjà des remarques sur le mot, dont il suffira de les envisager sous l'aspect sémiologique de la représentation pour les convertir en définition du signe linguistique : « On appelle *mot* toute émission de voix destinée à représenter une idée [...]. Une émission de voix qui ne représenterait aucune idée ne serait qu'un ou plusieurs sons. [...] Un *mot* peut donc être défini rigoureusement comme l'expression d'une idée par la parole, ou plus brièvement l'expression d'une idée, si l'on suppose que la parole

---

1 Voir "Vocabulaire rustique et populaire du Jura", *Mémoires de la S.R.A.F.*, t. V, pp. 246-309, et t. VI (1824), pp. 150-219.

2 Voir *Der Vokalismus des Vulgärlateins* / von Hugo Schuchardt. – Leipzig : B.G. Teubner, 1866. – [P. 32].

3 La seule connue, et qui ait survécu jusqu'à aujourd'hui, en dépit des tentatives de 1837 et de 1851.

est le moyen unique dont il s'agit pour le moment »[1]. De ce milieu du siècle date encore la prémonition des principes d'une sémantique à venir, que les analyses philosophiques de Claude Bernard suscitent par leur volonté de concilier l'observation des faits et sa réfraction dans l'analyse : « L'étendue de la signification et la compréhension de l'idée dans les substantifs — écrit encore Jullien — marchent en sens inverse : les noms les plus généraux ont l'étendue la plus grande, et la plus petite compréhension ; les noms propres d'individus ont l'étendue la plus petite possible ; mais en même temps la plus grande compréhension »[2]. Autour de la sémantique bréalienne alors en cours de constitution, Brigitte Nerlich[3] a bien étudié cette émergence de nouveaux intérêts scientifiques, et la progressive affirmation des principes sociologiques d'une linguistique française qui cherchait alors à se démarquer du modèle germanique. On saisira là le parcours qui mène de Paul Ackermann (1812-1846), et Honoré Chavée (1815-1877), à Raoul Guérin de la Grasserie (1839-1914). Les premiers s'inspirant à l'évidence du modèle historique d'engendrement des formes de la langue, le dernier, à l'inverse, cherchant à distinguer précisément entre les faits d'ordre statique et les faits d'ordre temporellement dynamique. Et dans cette observation se lit en germe le développement futur d'une science linguistique du français fondée sur l'observation stéréoscopique des faits : d'une part celle du jeu interne des constituants en présence, comme la pratiquera Charles Bally ; d'autre part celle des variations historiques qui en ont altéré les formes superficielles, comme le feront Léon Clédat et Ferdinand Brunot. Indépendamment de l'influence exercée par Saussure, il est indéniable qu'Antoine Meillet, qui vécut moitié au XIXe, moitié au XXe siècle, tirera de cet antagonisme la force dialectique nécessaire à la constitution d'une linguistique générale et historique à la française, c'est-à-dire profondément empreinte d'intérêts sociologiques.

CODA

Au terme de ce parcours d'un siècle d'évolution de la langue et de ses modes de réflexion théorique, nous retrouvons ici, une dernière fois, la question de la dialectologie comme ferment de promotion de la linguistique. La première étape de ce développement, précédemment relatée, justifiait ses origines dans l'intérêt que des érudits locaux éprouvaient à décrire et fixer des formes de parler en cours de subversion par le français national. Avec la première conférence de dialectologie de la Gaule Romane, le 14 janvier 1883, dans laquelle Gilliéron est installé à l'*École Pratique des Hautes Études*, et cette institutionnalisation politique du savoir, nous sommes désormais sur le seuil de la seconde étape, celle dans laquelle la dialectologie non seulement concourt à la constitution d'une linguistique française, mais aussi propose aux chercheurs français ses modèles descriptifs et analytiques à l'heure d'une linguistique générale naissante. Il est à cet égard un document capital : le discours prononcé par Gaston Paris à

1 *Cours supérieur de grammaire, 1re Partie : Grammaire proprement dite* / B. Jullien. – Paris : Hachette, 1849. – [Extrait du *Cours complet d'éducation pour les filles*, p. 61].

2 *Ibid.*, p. 64 b.

3 *Semantic Theories in Europe, 1830-1930* / Brigitte Nerlich. – Amsterdam ; Philadelphie : John Benjamins, 1992. – [Pp. 125-204].

l'Assemblée générale de clôture du congrès *des Sociétés savantes*, le 26 mai 1888. Ce discours fonde non seulement la charte de la *Société des Parlers de France*, il expose clairement aussi quelle articulation se dessine alors entre la collecte des documents rassemblés par les enquêteurs et leur exploitation selon des méthodes nouvelles, au premier rang desquelles figure la phonétique expérimentale. L'orateur relativise tout d'abord le rapport des dialectes à la langue nationale, le français, en asseyant son argumentation sur le critère politique : « La France a depuis longtemps une seule langue officielle, langue littéraire aussi, malgré quelques tentatives locales intéressantes, langue qui représente notre nationalité en face des nationalités étrangères, et qu'on appelle à bon droit "le français". Parlé aujourd'hui à peu près exclusivement par les gens cultivés dans toute l'étendue du territoire, parlé au moins concurremment avec le patois par la plupart des illettrés, le français est essentiellement le dialecte [...] de Paris et de l'Île-de-France, imposé peu à peu à tout le royaume par une propagation lente et une assimilation presque toujours volontaire »[1]. Mais ce n'est que pour accroître la force de l'argument unitaire du français, au nom duquel s'est consommée la récente rupture avec les provençalistes. Ces derniers, Mistral en tête, mais Chabaneau et Boucherie également à Montpellier, n'avaient à leur secours que le folklore ; au mieux la littérature d'oc dont Raynouard avait déjà fait sa pâture scientifique aux environs de 1820 ; Gaston Paris, Paul Meyer, quant à eux, pouvaient se prévaloir de la science : « [...] le fait qui ressort avec évidence du coup d'œil le plus superficiel jeté sur l'ensemble du pays, c'est que toutes ces variantes de phonétique, de morphologie et de vocabulaire n'empêchent pas une unité fondamentale, et que, d'un bout de la France à l'autre, les parlers populaires se perdent les uns dans les autres par des *nuances insensibles* »[2]. Il n'y a bien sûr de science que du général, et l'on comprend que la négation de la fragmentation linguistique soutient ici un intérêt idéologique plutôt qu'elle ne sert une vue réaliste des choses. Paris développe donc son argumentation en s'appuyant sur des conceptions réputées infalsifiables en fonction des critères épistémologiques et des faits établis de son époque ; c'est ici que la notion de linguistique joue son rôle assertif et produit son effet démonstratif : « En faisant autour d'un point central une vaste chaîne de gens dont chacun comprendrait son voisin de droite et son voisin de gauche, on arriverait à couvrir toute la France d'une étoile dont on pourrait de même relier les rayons par des chaînes transversales continues. Cette observation bien simple, que chacun peut vérifier, est d'une importance capitale ; elle a permis à Paul Meyer de formuler une loi qui, toute négative qu'elle soit en apparence, est singulièrement féconde, et doit renouveler toutes les méthodes DIALECTOLOGIQUES : *cette loi, c'est que, dans UNE MASSE LINGUISTIQUE de même origine comme la nôtre, il n'y a réellement pas de dialectes ; il n'y a que DES TRAITS LINGUISTIQUES qui entrent respectivement dans des combinaisons diverses* [...]. Chaque trait linguistique occupe d'ailleurs une certaine étendue de terrain dont on peut reconnaître les limites, mais ces limites ne coïncident que très rarement avec celles d'un autre trait ou de plusieurs autres traits ; elles ne coïncident pas surtout, comme on se l'imagine souvent encore, avec des

1 *Bulletin de la Société des Parlers de France*, Paris, H. Welter, n° 1 (1893), p. 2. Dans tous les extraits cités, c'est nous qui soulignons.

2 *Ibid.*, p. 3.

limites politiques anciennes ou modernes [...] »[1]. Une fois énoncé le terme de *linguistique*, il est intéressant de voir le raisonnement du savant neutraliser la bigarrure géographique par l'argument historique de l'origine commune, en l'occurrence romane, des dialectes enregistrés : « Il ne faut même pas excepter de ce jugement la division fondamentale qu'on a cru, dès le moyen-âge, reconnaître entre le "français" et le "provençal", ou la langue d'oui et la langue d'oc. Ces mots n'ont de sens qu'appliqués à la production littéraire [...]. Et comment s'expliquerait cette étrange frontière qui de l'Ouest en Est couperait la France en deux en passant par des points absolument fortuits ? Cette muraille imaginaire, *la SCIENCE*, aujourd'hui mieux armée, *la renverse* et nous apprend qu'il n'y a pas deux Frances, qu'aucune limite réelle ne sépare les Français du Nord de ceux du Midi, et que *d'un bout à l'autre du sol national nos parlers populaires étendent une vaste tapisserie dont les couleurs variées se fondent sur tous les points en nuances insensiblement dégradées* »[2]. Il est clair que cette position permettait de concilier « le fait général de l'unité essentielle et de la variété régionale et locale des parlers de la France »[3], et qu'elle autorisait de la sorte la déclaration d'un programme de travail dans lequel était enclos tout le devenir de la linguistique française de la première moitié du XXe siècle ; un inventaire cartographique des formes géographiques diverses du français, suivi, sous l'hypothèse de l'organicisme, d'une description et d'une explication des formes recensées dans les différents plans de la phonétique, de la morpho-syntaxe et du lexique : « La grande tâche qui s'impose à nous, et qui ne peut s'exécuter que par la collaboration active et méthodique des savants de la France entière, est de dresser *l'atlas phonétique de la France*, non pas d'après des divisions arbitraires et factices, mais dans toute la richesse et la liberté de cet immense épanouissement. [...] *Les patois présentent à l'étude des sons, des formes, des mots, des phrases : chaque partie de cet ORGANISME doit être soigneusement étudiée.* Les sons doivent être décrits avec une grande fidélité, quitte à être exprimés par des signes conventionnels quelconques[4] ; pour les décrire, il peut suffire de prendre comme base la prononciation reçue en français de chaque voyelle et de chaque consonne. Les formes doivent être notées dans toutes leurs variations, souvent assez considérables suivant leur emploi. Il va sans dire que le relevé des mots doit être complet, et que tous les sens de chaque mot doivent être donnés avec une exactitude minutieuse [...]. À la partie *lexicographique* se rattache naturellement ce qui concerne les procédés employés pour former des mots nouveaux, que l'on pourra classer et comprendre en suivant le beau traité de M.A. Darmesteter sur la *Formation des mots nouveaux en français*. Les noms de famille usités dans le pays seront avantageusement joints au lexique. *La syntaxe*, trop négligée jusqu'ici, demande une attention toute particulière : l'accord des noms et des personnes avec les verbes, des adjectifs avec les substantifs, la fonction exacte des temps et des modes, l'ordre des mots, l'emploi des pronoms relatifs et des conjonctions, l'aptitude plus ou moins grande aux constructions compliquées, tout cela

---

1 *Ibid.*, p. 4.

2 *Ibid.*, pp. 4-5.

3 *Ibid.*, p. 6.

4 Il faut bien sûr penser, à cette date, à Paul Passy et à l'alphabet de *l'Association Phonétique Internationale*, Paris, 1886.

doit être l'objet d'une étude qui ne peut se faire que grâce à un long et familier contact avec l'idiome populaire [...]. Ainsi conçue, une monographie purement descriptive rendra de réels services à *LA SCIENCE* et méritera à son auteur une juste estime »[1]. Et cette science, c'est la linguistique. Une linguistique de terrain, humble et particulière, avant d'être générale ou plus particulièrement française. Car, en dépit des avertissements de L. Petit de Julleville[2], l'histoire de la langue se confond encore largement alors avec l'histoire littéraire.

C'est la grandeur et la faiblesse du XIXe siècle que d'avoir progressivement et subrepticement fait dériver la méthodologie grammaticale vers une appréhension totalement subjective et psychologisante, sinon définitivement psychologisée, du style sous l'influence du mythe du génie créateur individualisé par son emploi de la langue. À travers ce processus s'est opérée une réduction de la notion de *Style* à ses seuls attributs rhétoriques et grammaticaux, l'esthétique littéraire et l'esthétique de la langue en étant dès lors venues à se retrouver dans un objet polymorphe, hautement ambigu et passablement prétexte à discordes[3]. Un danger latent s'inscrit effectivement dans l'ouverture du jugement critique à l'esthétique individuelle, celui de la dissolution de la langue comme facteur d'intégration de la communauté nationale : « Que si, par quelque raison tirée de la langue, la forme du commencement ne convient point à la suite de sa pensée, il [l'écrivain] force la règle, ou la courbe, ou l'étend, ou la fait ingénieusement rentrer dans son dessein ; ce premier dessein s'assimile, de force ou de gré, tout ce qui suit ; de là des fautes plus ou moins choquantes ; mais de là aussi d'heureuses découvertes et de véritables grâces de style. [...]. *Il faut pourtant bien l'avouer* : dans une telle liberté, l'abus est bien près de l'usage ; l'usage est presque un abus. *Cette liberté menace les fondements du langage. La langue, ainsi que la société civile, repose sur le respect de la propriété ; en grammaire comme en politique, il y a des droits acquis ; chaque mot réclame son idée comme chaque individu son bien.* Que ces droits soient livrés au bon plaisir de tous ou d'un seul, la langue s'écroule ainsi que la société ; mais d'une autre part, dans l'immobilité forcée de la propriété, la langue et la société croupissent. *La langue française doit sa vie et son progrès au mouvement continuel que lui ont imprimé des innovations semblables, sinon égales, à celles que nous venons de signaler. Mais* il faut que ce mouvement de la langue s'opère lentement et sans violence ; plus il est insensible, plus il est sûr ; il se légitime d'autant mieux qu'on en connaît moins la source ; autant que possible, il faut qu'il soit anonyme. *De nos jours il est bien loin de demeurer dans ces conditions ; en fait de langue, la propriété est de*

1 *Ibid.*, pp. 12-13.

2 En tête de ses *Notions générales sur les origines et sur l'histoire de la langue française* (Paris, Delalain, 1883), celui-ci écrivait : « L'histoire de la langue ne doit pas être confondue avec celle de la littérature. La langue est l'instrument de la littérature ; mais le domaine de la langue est bien plus vaste que celui de la littérature. [...] Tout ce qui est parlé appartient à l'historien de la langue. Le langage du paysan à sa charrue, du soldat dans le camp, de l'ouvrier dans l'atelier, l'intéressent autant, peut-être plus que la plus belle *Oraison funèbre* de Bossuet, écrite en une langue admirable, mais pour ainsi dire idéale, n'ayant jamais été tout à fait vivante, puisqu'elle n'a jamais été usuelle » (p. 3).

3 Voir J.-Ph. Saint-Gérand, “Histoire, modèles et style”. – In : *Morales du style* / Jacques-Philippe Saint-Gérand. – Toulouse : Presses Universitaires du Mirail, 1993. – (*Cribles*). – [Pp. 37-59].

toutes parts menacée ; l'arbitraire individuel se substitue à l'arbitraire légal ; la convention, base du langage, tend à s'effacer, et par conséquent la confusion à s'introduire »[1].

Aux composantes grammaticales et linguistiques, éthiques et esthétiques du *style*, il convient donc, pour finir, de restituer toujours une composante politique, au sens le plus abstrait et le plus pratique du terme, particulièrement active comme principe de transformation à l'œuvre dans l'histoire de la langue française du XIXe siècle. N'est-il pas curieux, comme l'a fait remarquer Danielle Bouverot[2], que le substantif, réifiant la pratique, ne soit attesté dans la langue française qu'en 1872, et que l'adjectif, caractérisant des accidents de la substance, ne s'impose qu'en 1905, alors que l'Allemagne connaît ce terme dès Novalis, en 1798 ?

Lorsque s'achève ce « siècle », la naissance en langue française d'une linguistique scientifique à part entière ne peut empêcher que l'analyse réflexive des faits observés ne passe souvent encore par l'expression des intérêts affectifs plus que « scientifiques » des grammairiens...

Le ministre Georges Leygues, le 26 février 1901, avec l'accord de l'Académie française, arrêta une liste de tolérances orthographiques qui ne touchaient en rien au statut et aux formes syntaxiques de la langue française, mais qui bouleversaient les habitudes des usagers et le conformisme de grammairiens n'ayant pas su s'adapter aux exigences de l'objectivité linguistique — la timidité de critiques déléguant au *style* la responsabilité d'assurer leur subjectivité : alors une page de l'histoire de la langue française se tourne définitivement. Non que l'évolution insensible du français, à travers les modifications technologiques, les progrès scientifiques, les variations géographiques et les traumas historiques, les options politiques et idéologiques, les bouleversements culturels, ne cessât de se marquer et même de s'accélérer, mais parce que les procédures d'analyses accompagnant ces changements se doteront dès lors d'instruments de formalisation inconnus à nos usagers et théoriciens du siècle éclectique et syncrétique par excellence que fut successivement le XIXe siècle ; le siècle de Chateaubriand et de Proust, de Napoléon et de Joffre, mais aussi celui de Girault-Duvivier et d'Antoine Meillet...

Jacques-Philippe SAINT-GÉRAND

---

1 *Chrestomathie française*, t. III, 1836, 2e édition, pp. 49. – In : *Mélanges littéraires* / publiés par P. Kohler. – Lausanne : Payot, 1955. – [Pp. 154-156].

2 Voir Danielle Bouverot, "La stylistique restreinte". – In : *Au bonheur des mots : Mélanges en l'honneur de Gérald Antoine* / [éd.] Gilbert Boissier et Danielle Bouverot. – Nancy : Presses Universitaires de Nancy, 1984. – [Pp. 463-470].

SOMMAIRE

TABLE DES LANGUES

Mazzini (1805-1872).
Manzoni (1785-1873).

LATIN

Candolle (1778-1841).
Hahnemann (1755-1843).
Landor (1775-1864).

NÉERLANDAIS

van Lennep (1802-1868).

NORVÉGIEN

Wergeland (1808-1845).
Munch (1810-1863).
Vinje (1818-1870).
Welhaven (1807-1873).

POLONAIS

Slowacki (1809-1849).
Mickiewicz (1798-1855).
Krasinski (1812-1859).

PORTUGAIS

Garrett (1799-1854).

ROUMAIN

Negruzzi (1808-1868).
Heliade Radulescu (1802-1872).

RUSSE

Pouchkine (1799-1837).
Lermontov (1814-1841).
Baratachvili (1817-1845).
Biélinski (1811-1848).
Gogol (1809-1852).
Joukovski (1783-1852).
Kiréievski (1806-1856).
Aksakov (1791-1859).
Khomiakov (1804-1860).
Chevtchenko (1814-1861).
Briantchaninov (1807-1867).
Odoïevski (1804-1869).
Herzen (1812-1870).
Tiouttchev (1803-1873).

SERBE

Njegos (1813-1851).
Radicevic (1824-1853).
Popovic (1806-1856).
Karadzic (1787-1864).

SLOVÈNE

Preseren (1800-1849).

SORABE

Zejler (1804-1872).

SUÉDOIS

Atterbom (1790-1855).
Almqvist (1793-1866).

TCHÈQUE

Mácha (1810-1836).
Celakovsky (1799-1852).
Havlicek-Borovsky (1821-1856).
Nemcova (1820-1862).
Erben (1811-1870).

UKRAINIEN

Chevtchenko (1814-1861).

YIDICH

Ettinger (env. 1801 - 1856).

TABLE DES GENRES ET DES SUJETS

Cette table renvoie aux extraits de textes, désignés par leur numéro d'ordre

MATHÉMATIQUES

MÉDECINE

MÉDITATIONS

MÉMOIRES

MUSIQUE

MYTHOLOGIE

NATIONALITÉ

NOUVELLES

PATRIOTISME

PHARMACIE

PHILOSOPHIE

POÉTIQUE

POLITIQUE

PRIÈRE

PSYCHOLOGIE

ROMANS

SATIRES

SCIENCES NATURELLES

SOCIOLOGIE

THÉÂTRE

THÉOLOGIE

TRADUCTION

VOYAGES

WILHELM VON HUMBOLDT

ALLEMAND • FRANÇAIS **1767-1835**

On doit à Wilhelm von Humboldt, homme d'État, philosophe et linguiste, une anthropologie philosophique profonde, originale dans son contexte historique, et essentielle à qui veut comprendre les enjeux de la linguistique générale du XXe siècle. Si ses contemporains n'ont pu avoir, au fur et à mesure des textes qu'il publia en allemand et en français, qu'une connaissance fractionnée de son projet d'« Encyclopédie complette et universelle des langues connues », la postérité peut lire dans l'*Introduction à l''œuvre sur le Kavi*, publié posthume par son frère cadet, l'ouvrage qui rassemble sa théorie du langage.

Né à Postdam dans une famille prussienne anoblie et aisée, il entrera en relations, par sa formation, ses voyages, puis ses responsabilités politiques et administratives avec nombre de personnalités marquantes des mondes intellectuel, politique et artistique. Éduqué par des précepteurs dans l'esprit de l'*Aufklärung*, il se forme au droit, à l'économie, à la philosophie, et étudie le latin et le français. De 1785 à 1787, il fréquente la communauté juive de Berlin, le salon d'Henriette Herz et participe avec les filles de Moïse Mendelssohn à l'association fraternelle *Veredlungsbund*. De 1787 à 1789, il complète sa formation de philologue auprès de l'helléniste C.-G. Heyne, appronfondit la philosophie, dans le sillage de Kant, avec J.-J. Engel et fréquente successivement les universités de Francfort-sur-l'Oder et de Göttingen. L'année 1789 est marquée par sa rencontre avec Schiller, une de ses grandes amitiés, et par les voyages, en Suisse, puis, comme beaucoup de ses compatriotes, en spectateur attentif et critique, à Paris, au « pays de la liberté ».

1788 et 1789 le voient s'éloigner de l'esprit des Lumières ; il entend désormais s'inscrire dans le prolongement de Kant et bâtir son anthropologie philosophique à partir du Criticisme. Sans renoncer totalement à de longues périodes d'étude, il commence en 1791 sa carrière professionnelle qui l'entraîne à Berlin, Vienne et Iéna où, en 1794, il fréquente Schiller et Goethe, puis, en 1797, à Paris. De la capitale française, où il aide son frère Alexander à préparer son expédition en Amérique, Wilhelm organise son premier voyage en Espagne. Dans *Recherches sur les habitants primitifs de l'Espagne à l'aide de la langue basque*, il soulignera combien l'Espagne est un terrain d'observation précieux pour l'étude des premiers peuples de l'Europe. De 1802 à 1808, il est à Rome en qualité de Résident auprès du Saint-Siège, y approfondit son étude du basque, lit et traduit des auteurs grecs. En 1810, en tant que Directeur des Sections du culte, de l'instruction publique et de la médecine, il fonde la nouvelle Université de Berlin, qui portera son nom. Ministre d'État, il séjourne à Vienne ; ambassadeur, il réside à Londres, où, en 1817, il rencontre F. Bopp, le futur auteur de la *Grammaire comparée des langues indo-européennes*. En 1820, il renonce à toute activité politique pour s'installer au château familial de Tegel où il se consacre à ses recherches sur le langage et rédige ce qui deviendra l'*Introduction à l'œuvre sur le Kavi*.

La théorie du langage de Humboldt est développée dans le projet de recherche linguistique interne à son anthropologie. Ce projet d'étude encyclopédique des langues, en décalage avec la finalité, les principes théoriques et la méthodologie du comparatisme de son temps, est pensé à partir de formalisations nouvelles des rapports entre le langage et la pensée, et entre la langue et la nation. Rompant définitivement avec la conception dualiste, qui séparait pensée et langage, Humboldt affirme que le langage doit être appréhendé comme *energeia* et non comme *ergon* : à ses yeux, le langage est une création, dans son fonctionnement comme dans son évolution, une activité et non un ouvrage réalisé. Réalité organique, le langage est une composante de l'homme et, comme tout élément organique, un processus vivant, partie intégrante d'un ensemble. Ce concept d'organe contient pour Humboldt les éléments de réponse aux questions sur l'origine du langage et sur sa participation à l'élaboration de la pensée. Humboldt soutient que le développement de la faculté de langage n'a été possible pour le cerveau humain que lorsque l'homme a présenté une maturité suffisante pour en faire usage. Ainsi, le langage ne s'est pas formé aux seules fins de répondre aux besoins de communication de l'homme, mais parce qu'il s'est révélé indispensable à la croissance intellectuelle et à l'appréhension du monde. La conceptualisation du rapport constant d'interdépendance et de complémentarité entre la pensée et le langage est ainsi liée à la nature organique de ce dernier : élément constitutif de la pensée, il participe à une activité de synthèse fondée sur la représentation du donné matériel. À la fonction d'analyse de Condillac, Humboldt oppose celle de synthèse qui confère au langage une double faculté créatrice d'expression et de compréhension du monde, du connu et de l'inconnu, et de l'expérience humaine.

Second concept majeur, la forme interne désigne chez Humboldt l'interaction continue entre langue, pensée et nation, ce qui permet de reconnaître à l'activité spirituelle d'un peuple une individualité qui contient et féconde une vision particulière du monde. Les réflexions de Humboldt à ce sujet seront regroupées ensuite par les linguistes sous la notion de relativité linguistique et sont à l'origine de ce que le XXe siècle appelle l'hypothèse Sapir et Whorf, les linguistes américains qui vérifièrent cette conception sur le terrain. La notion de vision du monde définie par Humboldt autorise le postulat d'une diversité linguistique non plus au seul niveau des réalisations phoniques et graphiques, mais également au niveau des représentations conceptuelles. S'il fut le premier à formaliser de façon aussi précise le lien entre le langage et le monde, il est également le seul de son temps à avoir bâti un programme de recherche linguistique orienté vers l'examen de l'esprit de l'humanité en général. Chez Humboldt, l'étude de ces saisies spécifiques du monde est envisagée synchroniquement selon deux axes : celui de la structure et celui du caractère de la langue. L'étude détaillée de la structure ou de l'organisme se réalise dans la cohérence interne de la langue par une approche inductive. L'étude du caractère de la langue consiste à dégager l'usage privilégié que les locuteurs font de la structure linguistique. Cet usage s'observe dans l'œuvre littéraire, car c'est dans la finalité visée par les locuteurs qu'on peut compter appréhender le dispositif de la langue.

Humboldt est peu prolixe sur la méthode à appliquer. L'analyse semble vouée à une démarche herméneutique et repose sur un traitement par analogie des phénomènes observés. Grâce cependant à de multiples descriptions des structures linguistiques et des caractères des langues, elle aboutit à une étape comparative qui a pour effet de cerner les traits généraux du langage. Si les lecteurs du XXe siècle ont accordé à Humboldt la paternité de la grammaire comparée, c'est qu'ils n'ont vu dans son recours à la méthode comparative qu'un moyen d'établir la généalogie des langues, alors qu'il s'agissait d'abord pour lui de tracer une perspective utile à l'orientation anthropologique de sa recherche. On prête également à Humboldt quelques velléités typologiques. En fait, il n'a jamais souscrit aux classements rigides d'Adelung, de A.W. et de Fr. Schlegel, effectués sur le seul critère morphologique et s'est même interrogé sur la légitimité d'un tel exercice, auquel il ne s'est prêté que pour l'examen des différents stades d'évolution des langues.

L'apport de Humboldt à la linguistique contemporaine, notamment structurale, à l'anthropolinguistique et à l'approche anthropologique de la littérature, notamment en stylistique, est considérable. On lui doit notamment, pour ce qui est de la théorie, le concept de structure, l'opposition de la langue et de la parole, et la notion de vision du monde.

L'Anthropologie philosophique de G. de Humboldt / Jean Quillien. – Lille : Presses Universitaires de Lille, 1991. – 644 p.

Humboldt ou le sens du langage / Jürgen Trabant. – Liège : Mardaga, 1992. – 203 p. – (*Philosophie et langage*).

La Pensée dans la langue : Humboldt et après / Sous la direction de Henri Meschonnic. – Saint-Denis : Presses Universitaires de Vincennes, 1995. – 185 p.

La Langue source de la nation : Messianismes séculiers en Europe centrale et orientale du XVIIIe *au XX*[e] *siècle* / Pierre Caussat, Dariusz Adamski, Marc Crépon. – Liège : Mardaga, 1996. – 539 p. – (*Philosophie et langage*).

LA RECHERCHE LINGUISTIQUE COMPARATIVE 1

P. Caussat — 1974/1999

La langue comme être organique (4). — Le concept d'organe est central dans la réflexion humboldtienne. Dans *La Recherche linguistique comparative dans son rapport aux différentes phases du développement du langage*, Humboldt propose des éléments de réponse aux questionnements sur l'origine du langage et sur le rapport entre le langage et la pensée.

On ajoutera que la langue ne peut surgir que d'un seul jet, ou, pour serrer davantage l'expression, il lui faut posséder à chaque instant de son existence ce qui la constitue en un ensemble. Émanation immédiate d'un être organique qui fait valoir sa situation à la fois sensible et spirituelle, elle partage la nature de tout ce qui est organique en ce que chacun des moments ne subsiste que par les autres et que tous les moments n'y existent que par l'effet d'une même force pénétrant l'ensemble de part en part. Il faut dire également que son être ne cesse de se produire par réitération immanente et continuée, selon des cercles de plus ou moins grande ampleur ; dès la proposition simple, cet être est donné en personne et, pour autant qu'il implique une formalité grammaticale, en une unité accomplie et telle que l'enchaînement des concepts les plus simples met en mouvement la trame entière des catégories de la pensée ; le positif appelle le négatif, l'élément l'ensemble, l'unité la pluralité, l'effet la cause, la réalité appelle la possibilité et la nécessité, le conditionné l'inconditionné, les dimensions propres de l'espace et du temps s'y répondent mutuellement, tout comme chacun des degrés de la sensibilité provoque et entraîne ceux qui l'avoisinent, en sorte que le plus simple enchaînement des idées n'est pas plutôt parvenu à son expression avec clarté et détermination sans préjudice de la richesse lexicale, qu'il met en jeu la langue dans son ensemble. Chaque moment exprimé donne forme à l'inexprimé ou en prépare l'effectuation.

Introduction à l'œuvre sur le Kavi et autres essais / Wilhelm von Humboldt ; traduit par Pierre Caussat. – Paris : Éditions du Seuil, 1974. – [Pp. 72-73]. – [Traduction revue pour la présente édition].

INTRODUCTION À L'ŒUVRE SUR LE KAVI 2

P. Caussat — 1974/1999

Langue, pensée et nation (10). — Humboldt évoque ici le principe de force spirituelle des nations, dynamique et créatif.

La singularité dans l'ordre de l'esprit et la configuration présentée par la langue fusionnent, chez un peuple, de manière si intime que, l'un des termes étant donné, on devrait pouvoir en dériver parfaitement l'autre, sans le moindre reste. Car les traits intellectuels et la langue n'autorisent et ne promeuvent que des formes qui leur soient mutuellement accordées. La langue est leur esprit et leur esprit leur langue ; on ne saurait jamais assez penser leur étroite identité. Quant à entrer dans la vérité de leur commune production, à pénétrer jusqu'à leur source unique, inaccessible à notre conceptualisation, c'est ce qui se dérobera à l'explication et demeurera occulté. Mais sans prétendre trancher la question de la priorité de l'une ou de l'autre de ces deux instances, il nous faut poser que la force spirituelle des nations est le principe explicatif réel et le véritable fondement déterminant de la différence dans l'ordre du langage, car c'est cette force qui seule s'impose à nous dans sa vivante présence, alors que la langue n'en est que la manifestation adhérente. Car tout en se révélant à nous dans son autonomie créatrice, et au cœur même de celle-ci, elle abandonne le terrain des phénomènes pour endosser le statut d'un être marqué d'idéalité. Dans la rigueur des faits nous n'avons jamais à faire qu'à l'homme effectivement parlant, sans que pour autant nous devions perdre de vue le rapport véritable. Nous pouvons disjoindre traits intellectuels et langue, une telle disjonction n'a pas d'existence véritable.

Introduction à l'œuvre sur le Kavi et autres essais / Wilhelm von Humboldt ; traduit par Pierre Caussat. – Paris : Éditions du Seuil, 1974. – [Pp. 179-180]. – [Traduction revue pour la présente édition].

INTRODUCTION À L'ŒUVRE SUR LE KAVI 3

P. Caussat — 1974/1999

Organisme et caractère de la langue (31). — Avec la notion de caractère, Humboldt propose une approche nouvelle de la diversité linguistique et une conception anthropologique inédite de la littérature.

Le labeur incessamment poursuivi de l'esprit n'est pas, dans l'usage qu'il en fait, sans influer de manière déterminée et continue sur la structure même de la langue et sur l'architecture propre des formes, à ceci près que cette influence est fort subtile et se dérobe parfois au premier regard qu'on jette sur elle. Il n'est pas non plus de période dans le procès de l'espèce humaine que l'on puisse assigner de manière expresse et exclusive au développement de la langue. La langue doit sa formation à l'activité parlante, laquelle est expression de la pensée ou de la sensibilité. La manière propre à un peuple de penser et de sentir et à laquelle sa langue doit sa couleur et son caractère a un pouvoir qui agit sur elle dès ses tout premiers commencements. [....] Il n'en faut pas moins, si on veut traquer l'étroit entrelacement de l'esprit et de la langue, opérer une distinction entre l'architecture grammaticale et lexicale de cette dernière, reconnue en quelque sorte comme le sol ferme et le moment externe, et le caractère interne qui, l'habitant à la manière d'une âme, produit l'effet que toute langue fait sur nous et qui nous saisit de manière singulière dès l'instant où nous entreprenons de nous en rendre maîtres. Ce qui ne veut absolument pas dire qu'un tel effet soit étranger à l'architecture externe. La vie de la langue en son individualité propre s'étend à toutes ses fibres et pénètre tous les éléments du phonétisme. Il faut seulement être bien attentif au fait que cet empire des formes n'est pas le seul domaine offert à l'élaboration du linguiste et que ce que ce dernier doit le moins méconnaître c'est la présence dans la langue d'une instance plus haute et plus originaire dont il doit pressentir en lui l'existence lors même que la connaissance n'y peut plus atteindre. C'est ce dont il est possible d'alléguer des exemples simples à propos de langues appartenant à un groupe présentant une large diffusion en même temps qu'une grande diversification. Sanscrit, grec et latin présentent, pour ce qui concerne la formation lexicale et l'agencement discursif, un schème d'organisation fortement apparenté voire semblable en de très nombreux points. Mais chacun ressent la différence de leur caractère individuel qui, débordant la simple différence du caractère des nations, différence en train de devenir visible dans la langue, détermine, de par son profond ancrage dans la langue, l'architecture singulière propre à chacune. C'est pourquoi je vais m'attarder quelque peu sur cette distinction entre le principe d'où provient le développement de la structure de la langue [tel qu'on l'a exposé ci-dessus], et le caractère proprement dit de cette même langue ; je me flatte de pouvoir soutenir à coup sûr qu'une telle distinction ne saurait être admise de manière trop tranchée ni méconnue au nom de ce qu'elle pourrait avoir de purement subjectif.

Afin d'examiner, avec plus de rigueur encore, le caractère des langues entendu dans son opposition à l'organisme, il nous faut prendre en compte l'état qu'elles présentent une fois l'architecture achevée. La surprise joyeuse suscitée par la langue elle-même, en tant que produit toujours neuf, instant après instant, s'atténue peu à peu. La nation détourne son activité de la langue pour la consacrer de préférence à l'usage qu'elle en fait ; elle entame alors avec l'esprit du peuple une trajectoire telle qu'aucune des deux parties en présence ne peut revendiquer une indépendance face à l'autre et que chacune d'elles exulte du soutien qu'elle trouve en l'autre et qui l'inspire. L'admiration et la jouissance mutuelles s'adressent désormais à la singularité et au bonheur de l'expression. Chants, formules de prière, dictons, contes suscitent le désir d'échapper à la frivolité de l'échange éphémère, on les recueille, on les fait varier, on les imite. Avec eux sont posées les bases de la littérature, d'où provient une formation commune de l'esprit et de la langue qui passe peu à peu de la totalité de la nation à des individus ; la langue devient l'apanage des poètes et des instituteurs du peuple, ce qui introduit progressivement une dualité contrastée entre eux et le peuple. Ce qui confère à la langue une double face qui, aussi longtemps que ce contraste conserve la juste mesure de ses proportions, vaut pour elle comme les deux sources qui tout à la fois s'opposent et se complètent : celle de la force et celle de la clarification.

Introduction à l'œuvre sur le Kavi et autres essais / Wilhelm von Humboldt ; traduit par Pierre Caussat. – Paris : Éditions du Seuil, 1974. – [Pp. 319-320]. – [Traduction revue pour la présente édition].

ESSAI SUR LES LANGUES DU NOUVEAU CONTINENT 4

La recherche linguistique humboldtienne (III, 10). — Ce texte écrit en français en 1812, demeuré, inachevé, à l'état de fragments, était destiné par W. von Humboldt au livre de son frère *Voyage aux régions équinoxales du nouveau Continent*. Il y aborde peu la question des langues du continent américain mais propose un développement des principes théoriques et méthodologiques qui régissent son projet d'encyclopédie. Il évoque ici notamment son intention d'enrichir les grammaires universelles et générales à la lumière d'une connaissance plus approfondie et plus diversifiée des langues.

Quoique, s'il m'est permis de me servir de cette expresssion, la charpente de toutes les langues soit à peu près la même, il n'y en a néantmoins presqu'aucune qui ne se distingue par quelque particularité qu'on ne retrouve ou point du tout, ou du moins pas si distinctement dans les autres. Il seroit entièrement chimérique de vouloir former de toutes ses différentes qualités une même langue universelle, qui deviendroit vuide, si elle faisoit abstraction des caractères distinctifs, et contradictoire, si elle les admettoit tous à la fois. Mais toutes les langues, sans exceptions, se retrouvent, et toutes leurs particularités les plus divergeantes entre elles se réunissent dans la faculté du langage de l'homme. Cette faculté est le point central de l'étude des langues, auquel tout doit y concourir, qui doit en déterminer toutes les parties et toutes les opérations. [...] L'étude simultanée de la structure de toutes les langues connues contribue à mieux approfondir chacune en particulier. Si ensuite on élève l'étude philosophique et historique des langues à une étude séparée, indépendante de l'usage journalier des différens langages, et digne d'être traitée comme toute science quelconque, il s'entend de soi-même qu'il faut parcourir tout leur vaste domaine, qu'il faut passer en revue d'un côté tous les différens problêmes que chaque langue doit résoudre, pour connoître celles qui y suivent le même sistême, et d'un autre toutes les langues pour voir comment chacune forme un ensemble des différentes méthodes qu'elle employe, et établir ainsi des classes bien précisément distinctes qui même faites sous différens points de vuë, peuvent être très variées de façon qu'une même langue appartienne à plusieurs à la fois. Il faut même aller plus loin, s'élever, à l'aide de la Grammaire générale, au dessus de la masse des faits existans, et voir en quoi cette dernière reste imcomplette et défectueuse. Ce n'est qu'ainsi que l'étude des langues pourra devenir véritablement une science, et qu'on pourra acquérir la faculté d'approfondir entièrement et de juger sous touts ses rapports chaque langue donnée. Les avantages qui en résulteroient, sont incalculables ; mais on n'atteindra jamais au but, qu'en liant tout à ces vuës générales, et qu'en s'occupant scientifiquement des langues particulières constamment comme de parties de ce vaste ensemble. [...] On animeroit en outre singulièrement le langage, si l'on pourroit, surtout par le moyen de l'enseignement de la jeunesse, ressusciter ces antiques souvenirs, métamorphoser par là les mots qui souvent ne nous semblent que des sons inventés à plaisir, en de véritables hieroglyphes, et faire revivre dans la génération actuelle l'esprit des premiers inventeurs de la langue, naturellement plus neuf, plus pur, plus proche de l'origine des choses, plus simple et plus hardi dans ses conceptions. Mais qu'on se souvienne bien qu'en suivant la route indiquée ici, il ne faut jamais perdre de vuë l'ensemble qu'on veut approfondir, l'organisation du langage en général, ou l'étendue de l'esprit humain, ses variétés, et ses progrès, en tant qu'il est influencé ou qu'il dépend de la langue dans laquelle il exprime ces idées. Quoique la totalité à cet égard ne puisse jamais être atteinte, il n'en faut pas moins y aspirer toujours. Dès que l'esprit ne cherche qu'une multitude de cas différens, qu'il se contente d'avoir ramassé un nombre d'exemples de variétés piquantes, il se distrait, ne trouve que des anomalies, et n'arrive jamais au point où les divergeances concourent ensemble, ni aux causes qui les écartent l'une de l'autre. Si au contraire il a toujours en vue l'ensemble qui réunit ces différences en soi, il en comprend et la cause et le but, il s'apperçoit des lacunes de ses connoissances, et devine surtout d'avance les cases qui seront remplies encore ; il obtient en même tems alors des résultats qui peuvent servir de base à de nouvelles et de plus importantes recherches. Ce n'est donc que traitée d'après cette méthode que l'étude des langues peut fournir un des chapîtres les plus intéressans dans ce genre d'histoire qui, loin de s'arrêter aux révolutions sousdaines du genre humain, tâche de déterminer, quelle étendue et quelle richesse de formes variées ses facultés morales et intellectuelles ont atteint jusqu'ici, quels fruits on en a recueilli, et quels autres on pourra en attendre encore.

Gesammelte Schriften / W. von Humboldt. – Berlin : B. Behr, 1903. – [Tome III, 10, pp. 308-316].

MÁCHA

ALLEMAND • TCHÈQUE **1810-1836**

Issu d'une famille pauvre, Karel Hynek Mácha fit cependant de bonnes études et termina le droit, tout en s'intéressant de près à la littérature et au théâtre. Sa mort tragique, le jour même de son mariage avec une jeune fille dont il était ardemment amoureux, signa la destinée paradoxale d'un jeune auteur dont les œuvres, publiées à ses frais, suscitèrent, de son vivant, le rejet ou la défiance et, par la suite, l'enthousiasme et la reconnaissance dues aux fondateurs de la modernité.

Magnus parens de la poésie tchèque moderne, Karel Hynek Mácha débuta, très tôt, par des vers allemands, *Versuche des Ignaz Mácha* (1829), mais, sous l'influence de Jungmann, se convertit bientôt aux nécessités de l'enracinement tchèque. Il ne put cependant en rester longtemps au sentimentalisme de l'inspiration historique, patriotique ou élégiaque et, mûrissant ses lectures — Byron, Mickiewicz, Słowacki, Novalis, Schiller —, s'orienta vers une poésie dont les thématiques s'accomplissent dans le métaphysique et le cosmique, conjoignant à leur élan une esthétique où le travail de la musicalité propre à la langue tchèque fait l'essentiel de l'innovation.

Publié six mois avant sa mort, *Máj* (*Mai*, 1836), le chef-d'œuvre de Mácha, est un conte en vers lyrico-épique en quatre chants et deux intermezzos, on ne peut plus romantique. Son héros, Vilém (Guillaume), est un Mandrin tchèque qui venge le déshonneur de sa maîtresse, Jarmila, en tuant son séducteur — il s'avérera qu'il tue ainsi, à son insu, son propre père. Le parricide sera capturé, emprisonné et supplicié alors que la Nature est en la splendeur de mai. Cette aventure fatale a mis Vilém en face du double mystère de l'être et du néant ; sa seule consolation, c'est la Terre mère, qu'il fait saluer par les nuages. Ce poème, où l'élément lyrique et méditatif domine l'épique, s'achève en un dernier vers où s'unissent dans la même apostrophe les noms du meurtrier, de sa maîtresse et de l'auteur.

Chez les patriotes tchèques, le poème provoqua un tollé général : la jeune littérature, tout entière consacrée à la Mère patrie, vit dans le byronisme de Mácha un luxe interdit à un peuple sortant à peine de la léthargie culturelle. Ses cris d'amour à la Terre — cris de poignante désespérance — paraissaient suspects : était-ce à la Terre tchèque, où à la Terre universelle qu'il s'adressait ?

À elle seule, l'intrigue de *Mai* n'aurait pu garantir au poème la survie qui est la sienne. Sa persistante vertu poétique est dans sa langue, créatrice notamment d'étonnantes métaphores oscillant entre l'idée et l'inconscient. « Ni cygne ni lune », selon la formule surréaliste, Mácha continue d'être le grand initiateur des poètes tchèques à la magie du Verbe : Vrchlicky, Zeyer, Brezina, Hora, Halas, Zahradnicek, Hrubin, etc.

Outre *Mai* et un certain nombre de poèmes plus courts, il a laissé plusieurs ouvrages en prose : *Pèlerinage aux Monts des Géants* (1833), un récit allégorique ; *Krivoklad* (1834), fragment d'un cycle de romans historiques inachevé ; *Marinka* (*Mariette*, 1834), nouvelle qui met en scène une *Mirèio* pragoise ; *Les Tziganes* (1835), son plus grand roman ; plusieurs ébauches de théâtre historique ; des carnets de voyage en Italie, et son *Journal*, dont la version intégrale ne parut que dans les années 1970.

René Wellek, “Mácha and Byron”. – In : *Slavonic Review*, 1937.
Mácha et la renaissance nationale en Bohême / Henri Granjard [...] – Paris : Institut d'études slaves de l'Université de Paris, 1957. – 136 p. – (*Travaux publiés par l'Institut d'études slaves* ; XXVI).

MAI 5

C. Moisse — 1965

Veillée de mort (Chant II).

Une étoile est tombée du ciel,
astre mort, lueur azurée ;
elle tombe de l'empyrée,
elle tombe, chute éternelle.
Sur la mort de tout, ses pleurs sonnent,
clameur terrible, horrible plainte.
« Qui donc l'arrêtera ? Personne ! »
Jamais — nulle part — point de fin.
Les vents assiègent la tourelle,
et les vaguelettes murmurent.
Sur le mur blanc la lune pâle
répand une clarté d'argent ;
mais au fond de la tour la pénombre s'aggrave
car la clarté lunaire au bout de son circuit,
à travers la lucarne et la profonde cave
s'affaiblit et devient une sorte de nuit.
La colonne froide à la colonne s'appuie
dans la nuit du cachot. Dehors le vent gémit
comme autant de captifs torturés et agite
la chevelure du prisonnier.
Sur une dalle froide il gît,
la tête dans les mains, il songe ;
à genoux, assis à demi,
plongé dans des pensées profondes.
Et comme des nuées devant la lune passent,
le prisonnier s'en enveloppe l'âme ;
le songe est tué par le songe.

« Ô nuit profonde ! ton mirage
recouvre à présent mon village
et il s'afflige sur mon sort !

S'affliger ? — mon sort ? — rêve vain !
Sait-il que je respire encore ?
Au moment où le jour demain se lèvera sur les forêts,
je connaîtrai l'infâme mort,
et lui — comme à mon premier jour —
s'embrasera, joyeux et clair. »
Il s'interrompt ; mais sous la voûte,
qui monte au-dessus des colonnes,
longtemps, longtemps, sa voix résonne ;
puis plus rien — l'ombre seule écoute —
tout au bout de la galerie
la voix de peur s'est endormie.

Anthologie de la poésie tchèque et slovaque / [publ. par Jacques Gaucheron]. – Paris : Messidor/Poésie, 1987. – (*Collection UNESCO d'œuvres représentatives ; Série européenne*). – [Pp. 35-36].

MAI 6

C. Moisse — 1965

« La goutte lasse marque le temps qui passe… » (Chant II).

« Que cette nuit est longue, longue !
Une plus longue nuit m'attend…
Fuis, pensée ! » Et l'effroi triomphe
de toute pensée à l'instant.
Calme profond. La goutte lasse
marque en tombant le temps qui passe.

« Nuit plus sombre !... Ici, dans son sein,
les astres clairs, le clair de lune
glissent. Là-bas, l'ombre sans fin,
aucune lueur, aucune, aucune...
l'ombre seule règne là-bas.
Tout y est un, point de partie,
tout est sans fin... ni temps, ni vie,
point de vie qui finit, d'aurore,
le temps ne s'y écoule pas.
Aucun but, aucune éclaircie,
sans fin toujours, sans fin encore,
l'éternité me regardant...

Seul le vide, au-dessus de moi,
tout autour de moi et en bas
le vide est toujours là béant.
Nulle voix, sans fin le silence,
l'étendue et la nuit, le temps...
C'est la mort de l'esprit, son rêve,
c'est du « néant » le maléfice.
Avant que demain ne s'achève,
j'entrerai dans ce noir désert... »
Captif et voix s'évanouissent.

Et légères les vagues dansent
sur le lac au loin, sous la tour.
Et murmurant dans le silence
bercent au rythme de leur houle
le prisonnier tombé sans connaissance.
Mais le bruit terrible des chaînes
réveilla tantôt le geôlier ;
une clarté. Son pas léger
n'a pas troublé le prisonnier.
Sur les colonnes la lanterne
du geôlier jette des rayons
qui pâlissent à chaque pas
puis progressivement s'éteignent,
et la sombre et déserte nuit
recouvre tout derrière lui.
Et l'œil du prisonnier est vague,
comme encore couvert du nuage,
on dirait qu'il ne voit plus rien,
bien que la lampe du gardien
de rouge inonde son visage,
et l'ombre s'est évanouie.
Et sur la dalle froide il gît
la tête dans les mains il songe,
à genoux, assis à demi,
il défaille à nouveau, il sombre ;
et l'on comprend à son murmure
que son rêve est inquiet et dur.

« Ma maison, ma maison, mon âme ! »
Des mots entrecoupés s'échappent
des lèvres closes à demi.
Mais les sons que l'oreille entend,
mots terribles, n'ont plus de sens.
Ils meurent comme ils sont sortis.

Le gardien s'approche, et sa lampe
tout près du visage se penche.
Ce visage — spectre effrayant —
l'œil est immobile et glacé,
comme sur l'infini fixé,
sur la joue pleurs, sueurs et sang,
la bouche chuchote — doux chant.

Alors le gardien à ses lèvres
approche une oreille craintive ;
et la voix comme un doux zéphir
dit sa légende en son murmure.
Et le gardien toujours plus bas
se penche vers l'homme jusqu'à
toucher la bouche de l'oreille.
Il parle bas, plus bas encore,
il se tait enfin, et s'endort.

Mais le gardien est là qui veille,
sans geste, une lampe étincelle
sur sa joue, et son cœur est gros.
Fasciné longtemps il demeure,
puis soudain il tourne le dos,
et prompt s'éloigne du malheur.
En vérité, tant qu'il vivra,
ce qu'il sait, il ne l'avouera,
mais sa face à jamais de cire
jamais plus ne pourra sourire.

Sur lui l'ombre sombre à nouveau
se ferme et couvre le caveau :
profonde nuit, la goutte lasse
marque à nouveau le temps qui passe.

Le captif sur la dalle gît
à genoux, assis à demi.
Le visage — spectre effrayant —
l'œil est immobile et glacé,
comme sur l'infini fixé,
sur sa joue pleurs, sueur et sang.

Et sans arrêt la goutte lasse
marque en tombant le temps qui passe.
Et la goutte — les eaux, les vents —
disent à l'homme la fin proche,
l'homme songe et s'évanouit.
Au loin le hibou lance un cri,
et minuit tombe d'une cloche.

Anthologie de la poésie tchèque et slovaque / [publ. par Jacques Gaucheron]. – Paris : Messidor/Poésie, 1987. – (*Collection UNESCO d'œuvres représentatives ; Série européenne*). – [Pp. 39-42].

MAI **6 bis**

H. Jelínek — 1930

La goutte, encore... (Chant II).

« Quelle longue nuit, quelle longue nuit,
Une nuit plus longue m'attend...
Va-t'en, pensée ! » Et l'effroi
Triomphe de la pensée.
Silence profond. La goutte qui tombe
Par son bruit, de nouveau, mesure le temps.

« Une nuit plus sombre !... Ici, au sein de la nuit,
le clair de lune, le scintillement des étoiles
se glisse, là-bas, rien que l'ombre déserte.
Aucune lueur, aucune, aucune.
La nuit noire seule y demeure.
Tout est uni là-bas, point de division.
Tout est sans fin, point de moments,
La nuit ne finit pas, le jour ne se lève pas,
Le temps ne passe point.

Là-bas, aucun but, aucun, aucun,
Sans fin toujours, toujours sans fin,
L'éternité me regarde.
Là-bas, rien que le vide, au-dessus de moi,
autour de moi, au-dessous de moi,
il n'y a que le vide.
Silence sans fin, aucune voix
Espace sans fin, et nuit, et temps...
C'est le rêve mortifiant l'esprit,
C'est ce qui s'appelle « rien » !
Et avant que le jour prochain se termine,
Je serai introduit dans ce vide néant... »

Anthologie de la poésie tchèque / H. Jelínek – Paris : Kra, 1930. – [Pp. 11-12].

MAI 7

J. Látal — 1998

L'exécution (Chant III [fin]).

De blanches vapeurs s'effilent dans le bleu de l'azur,
une brise diaphane joue avec elles ;
Là-haut — sur un ciel distant
des moutons courent légers vers des pays lointains,
et le triste condamné leur adresse la parole :
« Ô vous dont la course sans limites
entoure la terre d'un bras mystérieux,
vous, astres dissipés, clair-obscur du ciel bleu,
vous, porteurs de chagrin, lorsque pleins de tristesse
vous vous répandez en larmes silencieuses,
je vous ai choisis pour porter mon message.
Partout où vous suivez votre course infinie,
même là où vous attendent vos derniers rivages,
pèlerins, sur vos routes saluez la terre.
Ô ma terre, ma terre belle et adorée,
mon berceau, ma tombe, ma matrice,
mon unique patrie, mon seul héritage,
terre vaste, terre sans-pareille ! —
Et lorsque dans votre course vous verrez ce rocher,
où, sur la rive du lac — une jeune fille en pleurs — »

il s'est tu, accablé sous le flux des larmes.
À présent le cortège, descendant la pente,
emprunte une large allée à travers une pinède,
ils vont — vont descendant — les voilà sur la butte,
la foule soudain se fige dans un silence total.
Le glaive sorti, le bourreau est prêt,
une ultime fois l'homme lève son regard,
le promène à l'entour — un soupir — puis après
il fixe la terre — s'apprêtant à mourir.
Il courba la nuque — et le blanc torse nu —
mit les genoux à terre — le recul du bourreau — une seconde de
[frayeur,
l'éclair du glaive jaillit — le bourreau s'avance,
le glaive tourne en l'air, l'éclair frappe la nuque,
la tête tombe — un saut — un autre encore —
et le corps entier s'écroule sur la terre.
Sur la terre belle, ô, la terre bien-aimée,
sa mère adorée, son berceau et sa tombe,
sa patrie unique donnée en héritage,
terre vaste, terre sans-pareille,
sa mère, sa mère qu'il couvre de son sang.

Le corps roué, membre après membre, cassé,
la roue fut élevée sur un pieu de bois,
à présent demeure d'une tête ;
ainsi finit ses jours l'homme qui dans les forêts
[semait la terreur ;
sur sa face meurtrie un rêve ultime s'endort.
Tout au long du jour, sur le petit plateau, une multitude
[immense
se pressait à l'entour, avide de voir,
jusqu'à la chute du jour, lorsque le soleil, au bout de sa course,
toucha les yeux morts de ses rayons câlins,
alors la rive du lac — vaste rive, rive vespérale — recouvrit le
[silence.

Les cimes des monts lointains s'embrasèrent d'ultimes feux ;
dans un profond silence la lune s'éleva,
versant son argent sur le crâne et sa face livide,
sur la butte taciturne qui dans l'eau se mirait.
Dans le bleu du ciel les villes s'éloignent, tel un blanc nuage.

Le regard défunt se promène par-delà,
il va jusqu'au pays où lui-même, petit enfant — ô bel — bel âge
[d'enfant !

Au loin emporté par la fureur du temps,
au loin dort son rêve, une ombre trépassée,
image des blanches cités noyée dans les eaux,
pensée ultime des morts,
leurs noms effacés, cris d'antiques batailles,
aurore polaire d'antan, sa clarté disparue,
plainte d'une harpe qu'on crève, sanglot d'une corde cassée,
histoire qui n'est plus, lueur d'un astre mort,
orbite d'un météore, amour d'une défunte,
tombeau oublié, éternité en ruine,
fumée d'un feu éteint, voix d'une cloche fondue,
belle enfance des morts.

Tard dans le soir — au deuxième jour de mai —
mai vespéral — temps d'amour,
aux jeux d'amour invite une tourterelle :
« Guillaume !— Guillaume ! ! — Guillaume ! ! ! »

***Traduction inédite*.**

BÜCHNER

ALLEMAND

1813-1837

Né à Goddelau (Hesse-Darmstadt), Georg Büchner est sans aucun doute l'apparition la plus fulgurante de toute la littérature allemande. Emporté en deux semaines, à l'âge de 24 ans, par une fièvre typhoïde alors qu'il vient d'être appelé pour enseigner à l'Université de Zürich — à 23 ans ! —, il laisse une œuvre littéraire « révolutionnaire » dans tous les sens du terme, qui certes ne sera reconnue que bien après sa mort, mais dont la modernité lui assure aujourd'hui une place exceptionnelle dans le répertoire dramatique allemand. Deux pièces de théâtre surtout dominent cette œuvre : *La Mort de Danton* et *Woyzeck*. L'une est le premier acte créateur du génie dramatique de Büchner, l'autre est son dernier acte, inachevé à la mort de son auteur et donc resté fragment, premier jet même pourrait-on dire, dans la mesure où l'ordonnance des scènes ne peut même pas être définitivement fixée.

Mais l'activité de Georg Büchner est d'emblée plus que cela : esprit scientifique destiné aux études de médecine qu'il mène parallèlement, et en particulier passionné par cette quête philosophique des sciences naturelles qui recherche comment peut s'articuler la physiologie (l'étude des systèmes nerveux) et la pensée humaine, Büchner, s'il avait vécu, aurait peut-être été une sommité scientifique de son temps. La tradition familiale, assurément, l'y destinait quelque peu puisque l'on y était médecin depuis déjà plusieurs générations. Mais Georg semble ne rien réaliser dans la mesure commune. Homme de sciences, homme de lettres, il est surtout, dans sa jeunesse estudiantine, emporté par un activisme politique révolutionnaire qui s'explique à la fois par les circonstances historiques de sa naissance à l'époque de l'Europe réactionnaire et policière metternichienne, dans un duché où règnent un absolutisme féodal et une immense misère de la population à grande majorité paysanne, par les influences encore récentes de la pensée révolutionnaire française, et par le profond sentiment de justice qui l'anime. Il commence certes des études à l'Université française de Strasbourg où il fréquente les milieux politiques d'émigrés et suit déjà de près l'agitation qui tente de se manifester en Allemagne — le putsch avorté d'étudiants à Francfort en 1832 —, mais il est contraint de revenir dans son duché d'origine poursuivre ses études, en Hesse-Darmstadt, et se lance là, avec un aveuglement auquel il pensait pourtant échapper de loin, dans une activité politique subversive à haut risque : il rédige, avec l'aide de Weidig, un pasteur déjà fiché par la police hessoise, un tract révolutionnaire destiné à être distribué auprès des paysans : *Le Messager hessois*. Émaillé de citations bibliques devant le mettre à la portée de ses lecteurs qui n'avaient d'autres références que la Bible des sermons, usant de métaphores saisissantes empruntées au vocabulaire quotidien de la paysannerie, maniant par ailleurs la dichotomie révolutionnaire qui confronte les pauvres affamés et les riches vautrés dans le luxe et la luxure, utilisant les armes modernes de la statistique et des chiffres pour mieux convaincre et frapper l'imagination, *Le Messager hessois* ne connaîtra qu'une éphémère vie politique, le groupuscule ayant été dénoncé par une « taupe ». Il vaudra surtout à Büchner de n'échapper que de justesse à l'arrestation et au cachot. Un mandat d'arrêt étant lancé contre lui, il est contraint par son père, inquiet des dérives révolutionnaires de son fils, de continuer à travailler sa médecine à la maison, à Darmstadt. Cette prise de distance imposée par les réalités politiques et policières sera mise à profit : le jeune Georg se plonge dans la lecture d'ouvrages sur la Révolution française, en particulier *l'Histoire de la Révolution française* de L.-A. Thiers, et semble en retirer un pessimisme historique dont témoignent à la fois sa correspondance avec sa fiancée, Minna Jaegle, restée à Strasbourg, et le drame qu'il écrit au cours de cet hiver 1834-1835, *La Mort de Danton*. Cette œuvre, dans laquelle l'influence du drame shakespearien est sensible, semble bien dominée en effet par la désillusion historique : le rationaliste matérialiste Büchner, qui se disait dans une lettre à Minna Jaegle « terrassé par l'épouvantable fatalisme de l'histoire », paraît bien abandonner la foi dans la capacité de la raison à éclairer et guider l'humanité. La révolution mise en scène dans *Danton* est une machine infernale qui « dévore ses propres enfants » et échappe à ceux qui l'ont ébranlée ; elle se perd dans le fanatisme sanguinaire des uns (Robespierre, Saint-Just), ou dans l'épicurisme désabusé des autres, dans la lassitude de vivre face à la misère impuissante d'un peuple auquel on offre seulement, pour calmer sa faim, le spectacle de la guillotine et du sang. Drame historique jamais pesant, dialogues et confrontations de personnages saisissants animés par une langue alternativement philosophique et politique, imagée et truculente sinon obscène, *La Mort de Danton* est le produit d'un esprit philosophique qui se révèle là d'un coup comme un génie dramatique, et d'une profonde révolte face à la détresse sociale et humaine, à cent lieues de toute sentimentalité larmoyante. Écrit en 1835, *Dantons Tod* ne sera joué pour la première fois qu'en 1902, à Berlin.

Büchner mène désormais de front ses diverses passions, mais semble bien avoir tourné le dos définitivement à l'activisme politique : il traduit des drames de Victor Hugo, entreprend des recherches sur le système nerveux des poissons (ce qui lui vaudra d'être appelé par l'Université de Zürich), et commence la rédaction de la nouvelle *Lenz,* récit publié après sa mort sous forme inachevée, et qui raconte un épisode de la vie du poète allemand (cf. *P.L.E.* 10, pp. 32-42). Büchner y évoque la folie qui menace le poète en recourant à un style d'une exceptionnelle modernité par ses audaces, et qui place en quelque sorte le lecteur à l'intérieur même de l'esprit exalté du poète. Après la rédaction d'une brève comédie romantique cette même année 1836, *Léonce et Léna,* Büchner, désormais installé à Zürich, s'inspire de plusieurs faits divers semblables pour écrire le drame (lui aussi inachevé) qui reste la référence la plus universellement connue du jeune dramaturge : *Woyzeck* (1837). Le personnage de Woyzeck, soldat bafoué et exploité par tous ceux qui l'entourent, du Capitaine au Docteur, est l'image du prolétaire qui, dans cette société encore féodale mais déjà préindustrielle, ne possède rien, hormis Marie, qu'il n'a pas même les moyens d'épouser mais qu'un tambour-major vient encore lui voler. *Woyzeck* condense en quelques scènes fulgurantes d'intensité les thèmes majeurs des autres œuvres de Büchner et l'exceptionnelle efficacité de son style : l'obsession du temps qui annihile la volonté, le sentiment d'écrasement de l'individu victime de forces qui, en lui-même et dans la société, le dominent, l'écrasent, puis égarent son esprit au point que sa révolte destructrice, au lieu de se tourner vers ceux qui le tourmentent, l'accule au meurtre de celle qu'il aime. Comme *La Mort de Danton, Woyzeck* ne sera représenté pour la première fois que 70 ans après la mort de son auteur, à Münich, en 1913.

Georg Büchner : das dichterische Werk / Erwin Kobel. – Berlin ; New York : W. de Gruyter, 1974. – VII-338 p.
Georg Büchner / Gerhard P. Knapp. – Stuttgart : J.B. Metzler, 1984. – VII-113 p. – (*Sammlung Metzler* ; Abt. D. ; *Literaturgeschichte*).
Georg Büchner / Jan-Christoph Hauschild. – Nîmes : Éditions Jacqueline Chambon, 1995. – 237 p.

LE MESSAGER HESSOIS 8

H.-A. Baatsch — 1985

Un pouvoir corrompu exploite le peuple. — Cet extrait du tract destiné aux « chaumières » des paysans de Hesse-Darmstadt permet de voir quelle idéologie sous-tend ce premier texte révolutionnaire allemand, et surtout quels procédés stylistiques Büchner utilise, inspirés à la fois du langage biblique, des discours antiques, de l'emphase et de la métaphorique des discours révolutionnaires.

Quels sont donc ceux qui ont érigé cet ordre et qui veillent à le maintenir ? C'est le gouvernement grand-ducal. Le gouvernement est composé du grand-duc et de ses employés supérieurs. Les autres employés sont des hommes que le gouvernement embauche pour maintenir cet ordre. Leur nombre est légion : conseillers d'État et conseillers de gouvernement, conseillers provinciaux et conseillers de district, conseillers pour les affaires religieuses et l'éducation, conseillers des finances et conseillers des forêts, etc., avec toute leur armée de secrétaires, etc. Le peuple est leur troupeau ; ils sont ses bergers, ceux qui le traient et l'écorchent ; ils portent les peaux des paysans, la dépouille des pauvres est dans leur maison ; les larmes des veuves et des orphelins sont la graisse de leur visage ; ils règnent sans partage et ils exhortent le peuple à la servitude. Vous leur donnez 6 000 000 de florins d'impôts ; en échange ils se donnent la peine de vous gouverner, c'est-à-dire de se faire nourrir par vous et de vous dépouiller de vos droits d'hommes et de citoyens. Voyez ce que récolte votre sueur !

Pour le ministère de l'Intérieur et pour l'administration de la justice, il est payé 1 110 607 florins. Vous avez pour cela un fatras de lois, ramassis de prescriptions arbitraires de tous les siècles, le plus souvent écrites dans une langue étrangère. La déraison de toutes les générations précédentes s'y est transmise jusqu'à vous et vous avez hérité de l'oppression sous laquelle elles ont succombé. La loi est la propriété d'une classe insignifiante de *privilégiés* et de savants qui s'adjugent le pouvoir de leur propre droit. Cette justice n'est qu'un moyen de vous tenir en laisse afin qu'il soit plus commode de vous tondre ; elle rend, d'après des lois que vous ne comprenez pas, d'après des principes dont vous ne savez rien, des jugements auxquels vous ne saisissez rien. Elle est incorruptible pour la bonne raison qu'elle se fait payer assez cher pour n'avoir pas besoin de se laisser corrompre. Mais la plupart de ses serviteurs sont vendus corps et âme au gouvernement. Leurs confortables fauteuils reposent sur un monceau d'argent de 461 373 florins (c'est le montant des frais pour les tribunaux et des dépenses judiciaires). Les habits, les cannes et les sabres de ses serviteurs sont garnis de l'argent de 197 502 florins (c'est ce que coûte la police en général, la gendarmerie, etc.). Depuis des siècles, en Allemagne, la justice est la prostituée des princes allemands. Il faut payer avec de l'argent chaque pas que vous faites vers elle et vous achetez ses sentences avec la pauvreté et l'avilissement. Songez au papier timbré, songez à vos courbettes dans les bureaux et à vos factions devant ceux-ci. Songez aux épices pour les commis et pour les serviteurs du tribunal. Vous pouvez porter plainte contre votre voisin qui vous a volé une pomme de terre ; mais allez donc vous plaindre une fois du vol que chaque jour sous le nom d'impôts et de contributions l'État exerce contre votre propriété pour qu'une légion d'employés inutiles se repaisse de votre sueur ; plaignez-vous d'être livrés à l'arbitraire de quelques ventrus, et que cet arbitraire s'appelle la loi ; plaignez-vous d'être les chevaux de trait de l'État, plaignez-vous d'avoir perdu vos droits d'hommes ! Où sont les tribunaux qui enregistreront votre plainte, les juges qui rendront justice ? Les chaînes de concitoyens du Vogelsberg qu'on a traînés vers Rockenburg, vous fourniront la réponse.

Lenz ; Le Messager hessois ; Caton d'Utique ; Correspondance / Georg Büchner ; texte traduit de l'allemand par Henri-Alexis Baatsch ; préface de Jean-Christophe Bailly. – Paris : Christian Bourgois, 1985. – [Pp. 69-71].

LA MORT DE DANTON 9

A. Dietrich — 1889

Violence et fatalité de l'Histoire (Acte II, scène 5). — Centrale dans la pièce, cette scène concentre la problématique fondamentale du Danton de Büchner, que l'on voit là dans la sphère privée, après la confrontation avec Robespierre et avant les grandes scènes du Tribunal révolutionnaire. Après avoir conduit la Révolution jusqu'au paroxysme des « massacres de Septembre », Danton est assailli par l'angoisse et le doute sur la légitimité de crimes accomplis au nom d'une cause juste, sur une Histoire qui échappe à ceux qui croyaient en tenir les rênes et qui est dominée par une nécessité dont l'origine semble résider dans les sourdes forces destructrices à l'œuvre dans la nature humaine.

UNE CHAMBRE *(Il fait nuit.)*

DANTON *(à la fenêtre)*. — Cela ne va-t-il point cesser ? la lumière ne s'éteindra-t-elle jamais ? Le bruit ne finira-t-il pas ? N'y aura-t-il jamais silence et obscurité, de façon que nous n'entendions plus, que nous ne voyions plus nos vilaines fautes réciproques ? — Septembre !

JULIE *(crie de l'intérieur)*. — Danton ! Danton !

DANTON. — Hé ?

JULIE *(entre)*. — Que cries-tu ?

DANTON. — Ai-je crié ?

JULIE. — Tu as parlé de vilaines fautes, et puis tu as gémi : Septembre !

DANTON. — Moi, moi ? Non, je n'ai pas parlé, j'y ai à peine pensé ; ce n'étaient que des pensées bien silencieuses et secrètes.

JULIE. — Tu trembles, Danton.

DANTON. — Et ne dois-je pas trembler, si les murs bavardent ainsi ? si mon corps est tellement à jour, que mes pensées inquiètes, errantes, causent avec les lèvres des pierres ? C'est étrange.

JULIE. — Georges, mon Georges !

DANTON. — Oui, Julie, cela est très étrange. Je ne voudrais plus penser, si mes pensées parlent ainsi. Il y a des pensées, Julie, pour lesquelles il ne devrait pas y avoir d'oreilles. Ce n'est pas bon qu'elles crient dès leur naissance, comme les enfants ; ce n'est pas bon.

JULIE. — Que Dieu te conserve ta raison Georges ! Georges, me reconnais-tu ?

DANTON. — Et pourquoi non ? Tu es un homme, puis une femme, enfin ma femme, et la terre a cinq parties, l'Europe, l'Asie, l'Afrique, l'Amérique, l'Océanie, et deux et deux font quatre. J'ai ma raison, tu vois. — N'ai-je pas crié : Septembre ? N'as-tu pas dit cela ?

JULIE. — Oui, Danton, je l'ai entendu à travers toutes les chambres.

DANTON. — Quand je m'approchai de la fenêtre — *(Il regarde par la fenêtre.)* la ville est tranquille, toutes les lumières sont éteintes.

JULIE. — Un enfant crie dans le voisinage.

DANTON. — Quand je m'approchai de la fenêtre, ce cri retentissait avec un gémissement dans toutes les rues : Septembre !

JULIE. — Tu rêvais, Danton ; reprends tes esprits.

DANTON. — Tu rêvais ? Oui, je rêvais ; mais autrement : je vais te le dire tout de suitte, ma pauvre tête est faible. Tout de suite ! Oui, maintenant je m'en souviens. Sous moi le globe terrestre haletait dans son élan ; je l'avais empoigné comme un coursier sauvage, mes membres gigantesques fouillaient sa crinière, labouraient ses flancs, ma tête s'inclinait en bas, mes cheveux flottaient sur l'abîme, et je fus ainsi entraîné. Alors je criai dans mon angoisse et je m'éveillai. Je me suis approché de la fenêtre — et à ce moment, Julie, j'ai entendu ce mot. Que signifie-t-il ? Pourquoi précisément celui-là ? Qu'ai-je à faire avec cela ? Pourquoi tend-il vers moi des mains ensanglantées ? Je ne l'ai pas blessé. — Oh ! aide-moi, Julie, mon esprit est affaibli. N'était-ce pas en Septembre, Julie ?

JULIE. — Les rois étaient à quarante lieues de Paris.

DANTON. — Les forteresses tombées, les aristocrates dans la ville…

JULIE. — La République était perdue.

DANTON. — Oui, perdue. Nous ne pouvions attaquer l'ennemi de dos — nous aurions été fous — deux ennemis à la fois. Nous ou eux — le plus fort abat le plus faible — n'est-ce pas juste ?

JULIE. — Oui, oui.

DANTON. — Nous les avons frappés. Ce n'était pas un meurtre, c'était la guerre à l'intérieur.

JULIE. — Tu as sauvé la patrie.

DANTON. — Oui, je l'ai sauvée, c'était la défense légitime, nous le devions. L'homme qu'on a crucifié a su se tirer d'affaire : « Il faut qu'il y ait du scandale, malheur pourtant à celui qui l'apportera ! » — Il faut ! C'était ce : il faut ! — Qui maudira la main sur laquelle est tombée la malédiction de cette fatalité ? — Qui a dit : il faut ! Qui ? Qu'est-ce qui, en nous, aime, ment, vole, assassine ? — Nous sommes des pantins mis en mouvement par des forces inconnues ; nous ne sommes rien, rien nous-mêmes — nous ne sommes que les glaives avec lesquels les esprits combattent ! — seulement on ne voit pas les mains, comme dans les contes. — À présent, je suis calme.

JULIE. — Tout à fait calme, mon bien-aimé ?

DANTON. — Oui, Julie, allons nous coucher.

La Mort de Danton : drame en trois actes et en prose, suivi de Wozzeck, Lenz, Le Messager Hessois, Lettres, etc / Georges Büchner ; traduit de l'allemand et précédé d'une étude par Auguste Dietrich. – Paris : Louis Westhausser, 1889. – [Pp. 185-188].

LA MORT DE DANTON — 9 bis

J.-L. Besson, J. Jourdheuil — 1988

Violence et fatalité de l'Histoire (Acte II, scène 5).

UNE CHAMBRE *(C'est la nuit.)*

DANTON, *à la fenêtre* : Cela ne cessera donc jamais ? Cette lumière ne va-t-elle jamais s'éteindre et cet écho ne jamais pourrir, n'y aura-t-il jamais de silence et d'obscurité, que nous ne voyions plus et n'entendions plus les uns les autres nos répugnants péchés ? — Septembre !

JULIE *appelle de l'intérieur* : Danton ! Danton !

DANTON : Hé ?

JULIE *entre* : Pourquoi cries-tu ?

DANTON : J'ai crié ?

JULIE : Tu parlais de répugnants péchés et puis tu as dit dans une plainte : septembre !

DANTON : Moi, moi ? Non, je n'ai pas parlé, c'est à peine si j'y ai pensé, ce n'étaient que des pensées furtives, à peine formulées.

JULIE : Tu trembles, Danton.

DANTON : Comment ne pas trembler quand les murs bavardent de la sorte ? Quand mon corps est à ce point désarticulé, que mes pensées instables et vagabondes parlent par les lèvres des pierres ? C'est étrange.

JULIE : Georges, mon Georges !

DANTON : Oui, Julie, c'est très étrange. Je voudrais ne plus penser si ça se résout en paroles tout de suite comme ça. Il est des pensées, Julie, pour lesquelles il ne devrait pas y avoir d'oreilles. Il n'est pas bon qu'elles crient tout de suite dès leur naissance, comme des enfants. Ce n'est pas bon.

JULIE : Dieu te garde sain d'esprit, Georges, Georges me reconnais-tu ?

DANTON : Hé, pourquoi non, tu es un être humain, et de plus une femme et qui plus est ma femme, et la terre a cinq continents : l'Europe, l'Asie, l'Afrique, l'Amérique, l'Australie, et deux fois deux font quatre. Je suis sain d'esprit, tu vois bien. N'y a-t-il pas eu un cri : septembre ? N'est-ce pas ce que tu disais ?

JULIE : Oui, Danton, je l'ai entendu à travers toute la maison.

DANTON : Quand je suis venu à la fenêtre — *(il regarde dehors)* la ville est calme, toutes les lumières éteintes,...

JULIE : Un enfant crie tout près d'ici.

DANTON : Quand je suis venu à la fenêtre — ça criait et braillait dans toutes les rues : septembre !

JULIE : Tu rêvais, Danton. Ressaisis-toi.

DANTON : Je rêvais ? Oui, je rêvais, mais c'était autrement, je vais te dire ça tout de suite, ma pauvre tête est faible, tout de suite ! Voilà, j'y suis ! Sous moi, le globe terrestre haletait dans sa course. Je l'avais empoigné comme un cheval sauvage, mes membres gigantesques fouillant sa crinière et serrant ses flancs, la tête baissée, les cheveux au vent, au-dessus du précipice. J'étais entraîné. Alors, de peur, j'ai crié et je me suis réveillé. Je suis venu à la fenêtre — et c'est alors, Julie, que j'ai entendu cela.

Que signifie ce mot ? Pourquoi justement celui-là, en quoi me regarde-t-il. Pourquoi tend-il vers moi des mains ensanglantées ? Je ne l'ai pas tué.

Oh, aide-moi, Julie, mon esprit est émoussé. N'était-ce pas en septembre, Julie ?

JULIE : Les rois étaient à moins de quarante heures de Paris.

DANTON : Les forteresses tombées, les aristocrates dans la ville.

JULIE : La République était perdue.

DANTON : Oui, perdue. Nous ne pouvions laisser l'ennemi dans notre dos, nous aurions été fous, deux ennemis sur une même planche, nous ou eux, le plus fort fait tomber le plus faible, n'est ce pas la règle ?

JULIE : Oui, oui.

DANTON : Nous les avons tués, ce n'était pas un meurtre, c'était la guerre à l'intérieur.

JULIE : Tu as sauvé la patrie.

DANTON : Oui, en effet. C'était de la défense légitime, il le fallait. L'homme sur la croix a eu la partie belle : il faut que le scandale arrive, mais malheur a celui par qui le scandale arrive.

Il faut, c'était ce même « il faut ». Qui maudira la main sur laquelle est tombée la malédiction du « il faut » ? Qui a dit « *il faut* », qui ? Qu'est-ce qui en nous fornique, ment, vole et tue ?

Des marionnettes dont les fils sont tirés par des forces inconnues, voilà ce que nous sommes ; rien, rien par nous-mêmes ! Les épées avec lesquelles des esprits se battent, seulement on ne voit pas les mains, comme dans les contes.

À présent, je suis calme.

JULIE : Tout à fait calme, mon cœur ?
DANTON : Oui, Julie, viens, au lit !

Œuvres complètes ; inédits et lettres / Georg Büchner ; édition publiée sous la direction de Bernard Lortholary ; traductions nouvelles, présentations et notes de Jean-Louis Besson, Jean Jourdheuil, Jean-Pierre Lefebvre, Bernard Lortholary, Gérard Raulet et Robert Simon. – Paris : Éditions du Seuil, 1988. – [Pp. 131-133].

LENZ 10

B. Kreiss — 1995

Errances d'un esprit poétique. — Le récit commence par « Le 20 janvier Lenz marchait dans la montagne. » C'est une description, mais dans laquelle s'inscrit un état mental, un rapport au monde, une schizophrénie latente, une angoisse existentielle. Le lecteur est placé ainsi d'emblée à la fois hors du personnage, à distance objective, et en même temps contraint à la perspective la plus subjective : la nature et ses composantes, élargies par instant aux dimensions de l'univers, n'étant vécue, grâce au pouvoir de la langue, qu'à travers le prisme d'un esprit déjà en proie à la folie et cependant assez lucide pour avoir encore conscience de son prochain égarement.

Il avançait, indifférent, sans se soucier du chemin, tantôt en montée, tantôt en descente. Il n'éprouvait aucune fatigue, la seule chose qu'il trouvait désagréable par moments, c'était de ne pouvoir marcher sur la tête.

Au début, il sentait une pression dans la poitrine lorsque les pierres se mettaient à rouler, lorsque la forêt grise se secouait au-dessous de lui et que le brouillard engloutissait les formes, puis lorsqu'il dévoilait à moitié des membres puissants ; il sentait une pression en lui, il cherchait quelque chose, comme des rêves perdus, mais il ne trouvait rien. Tout lui paraissait si petit, si proche, si mouillé ; il aurait voulu poser la terre derrière le poêle. Il ne comprenait pas pourquoi il lui fallait si longtemps pour descendre un versant, rejoindre un point éloigné ; il se disait qu'il aurait dû pouvoir mesurer toutes choses en quelques enjambées. Parfois seulement, lorsque la nue, projetée par la tourmente dans les vallées, remontait en vapeur à travers la forêt, lorsque les voix s'éveillaient dans les rochers, d'abord semblables à un faible tonnerre roulant au loin, se gonflant ensuite en une puissante clameur, comme pour chanter la terre avec des accents d'une sauvage allégresse, et lorsque les nuages accouraient tels des chevaux sauvages, hennissants, et qu'un rayon de soleil perçait au travers et s'avançait, et tirait son épée étincelante sur les pentes enneigées, et la plongeait par-dessus les cimes jusqu'au fond des vallées ; ou lorsque la tourmente chassait les nuages vers le bas et les déchirait, révélant un lac d'un bleu lumineux, et que le vent ensuite faiblissait, et que des murmures montaient des gorges profondes, des faîtes des sapins, comme une berceuse et des tintements de cloches, et qu'une discrète rougeur se levait dans le bleu profond, lorsque défilaient de petits nuages aux ailes d'argent, et que tous les sommets se détachaient, nets et immuables, projetant jusqu'aux confins du pays leurs feux scintillants — une déchirure parcourait sa poitrine, il s'immobilisait, haletant, le corps penché en avant, yeux et bouche grands ouverts, il se disait qu'il devait attirer la tourmente au-dedans de lui, résumer en lui toutes choses, il se déployait et recouvrait la terre de son corps, il s'enfouissait dans l'univers, c'était une volupté qui faisait mal ; ou bien il restait immobile et posait sa tête dans la mousse et fermait à demi les yeux, et alors cela s'éloignait, la terre se dérobait sous son corps, elle devenait aussi petite qu'une planète errante, aspirée par le flot tumultueux qui roulait ses eaux limpides loin au-dessous de lui. Mais cela ne durait qu'un instant ; après, il se relevait, l'esprit clair, ferme, apaisé, comme s'il venait d'assister à un jeu d'ombres — il ne se rappelait rien.

Lenz : suivi d'un extrait du Journal d'Oberlin / Georg Büchner ; traduit par Bernard Kreiss. – Nîmes : Éditions Jacqueline Chambon, 1991. – [Pp. 15-17].

WOYZECK 11

R. Simon — 1988

L'homme traqué. — Woyzeck apprend là, de la bouche des deux personnages représentatifs de la société qui l'exploite ou le domine, le Capitaine et le Docteur, l'infidélité de Marie. L'un et l'autre jouent, avec une joie maligne proche du sadisme, avec un Woyzeck qui traverse la scène, toujours hors d'haleine, comme pourchassé par les démons qui ne cessent de le hanter. Atteint dans la fibre vitale qui soutient son être, Woyzeck s'enfonce psychiquement et physiquement dans un état d'aliénation que le Docteur observe avec l'indifférence clinique du scientifique. Le langage prend la dimension de l'égarement, éclaté, brûlant, plus lourd de sens dans sa concision et dans ses interrogations sur le sens de l'existence humaine, que ne pouvait l'être tout autre discours dramatique de l'époque.

CAPITAINE : Holà, Woyzeck, qu'est-ce que tu as à foncer comme ça en me dépassant ? Mais reste là, Woyzeck, c'est que tu cours à travers le monde comme un rasoir ouvert ; on se coupe en te touchant, tu cours comme si tu devais raser un régiment de cosaques et être pendu dans un quart d'heure à cause du dernier poil... mais, à propos des longues barbes, qu'est-ce que je voulais dire déjà ? Woyzeck... les longues barbes...

DOCTEUR *se retourne* : Une longue barbe sous le menton, Pline déjà en parle, il faut faire perdre aux soldats cette habitude.

CAPITAINE *continue* : Hein ? À propos des longues barbes ? Comment cela se passe-t-il, Woyzeck, n'as-tu pas encore trouvé un poil de barbe dans ton assiette ? Hein, tu me comprends bien, un poil de barbe d'un homme, de la barbe d'un sapeur, d'un sous-officier, d'un... d'un tambour-major ? Hein, Woyzeck ? Mais tu as une brave femme. Il ne t'arrive pas la même chose qu'aux autres.

WOYZECK : Oui ! Que voulez-vous dire, mon capitaine ?

CAPITAINE : Quelle tête fait le bougre !... mais ce n'est pas nécessairement dans la soupe ; si tu te presses pour tourner le coin de la rue, tu pourras peut-être en trouver un sur une paire de lèvres, une paire de lèvres, Woyzeck, moi aussi j'ai éprouvé l'amour, Woyzeck. Bougre, c'est que tu es pâle comme la craie.

WOYZECK : Mon capitaine, je suis un pauvre diable,... et je n'ai rien d'autre au monde, mon capitaine, si vous plaisantez...

CAPITAINE : Plaisanter, moi, je t'en foutrai des plaisanteries, bougre !

DOCTEUR : Ton pouls, Woyzeck, ton pouls, ténu, dur, sautillant, irrégulier.

WOYZECK : Mon capitaine, la terre est brûlante comme l'enfer, et moi je gèle, je gèle ; l'enfer est froid, parions. Impossible, mon vieux ! Mon vieux ! Impossible.

CAPITAINE : Bougre, tu veux être fusillé, tu veux prendre quelques balles dans la tête ? Tu me poignardes de tes yeux, et pourtant je ne te veux que du bien, parce que tu es un brave homme, Woyzeck, un brave homme.

DOCTEUR : Muscles du visage figés, tendus, tressaillant de temps en temps, attitude raide, tendue.

WOYZECK : J'y vais ! Beaucoup de choses sont possibles. L'homme ! Beaucoup de choses sont possibles. Nous avons beau temps, mon capitaine. Voyez ce beau soleil solide et ferme, on pourrait avoir envie d'y planter un pieu et de s'y pendre rien qu'à cause du tiret qui sépare oui et encore oui... et non, mon capitaine, mon capitaine, oui et non ? Le non est-il coupable du oui ou le oui du non ? Je veux y réfléchir. *(S'en va à grands pas, d'abord lentement puis de plus en plus vite.)*

DOCTEUR *file derrière lui* : Phénomène, Woyzeck, augmentation.

CAPITAINE : Ces gens me donnent le vertige, quelle rapidité, le grand escogriffe fait des pas de faucheux ; ça fait l'ombre d'une araignée, et le petit a peine à le suivre. Le grand, c'est l'éclair, et le petit le tonnerre.

Ha ! ha ! ha ! l'un derrière l'autre. Je n'aime pas ça ! Un brave homme est reconnaissant et tient à la vie, un brave homme n'a pas de courage ! Une canaille a du courage ! Je ne suis allé à la guerre que pour me fortifier dans mon amour de la vie... de là au courage ; comme on en vient à de pareilles idées, grotesque ! grotesque !

Œuvres complètes ; inédits et lettres / Georg Büchner ; édition publiée sous la direction de Bernard Lortholary ; traductions nouvelles, présentations et notes de Jean-Louis Besson, Jean Jourdheuil, Jean-Pierre Lefebvre, Bernard Lortholary, Gérard Raulet et Robert Simon. – Paris : Éditions du Seuil, 1988. – [Pp. 250-252].

LARRA

ESPAGNOL **1809-1837**

Mariano José de Larra, qui se suicida d'un coup de pistolet tout werthérien dans sa vingt-septième année, est le maître de la prose satirique espagnole depuis l'époque romantique. Sa violente ironie, servie par la puissance de l'image et l'habileté dans l'allusion, est restée inégalée.

La critique littéraire et théâtrale forme l'autre principal volet de son activité de journaliste. À ce propos, Bécquer et García Luna ont pu écrire avec justesse dans l'article *La Crítica* (*El Espíritu*, 14 décembre 1863) sous le pseudonyme d'Adolfo García : « Il est certain qu'[il] doit ses plus beaux lauriers à la satire ; mais il fut toujours très loin de l'employer quand il s'agissait d'examiner une œuvre littéraire ».

La diversité des textes permet d'affirmer que, plus généralement, il a renouvelé la prose fugitive espagnole en suivant avec une mordacité distinctive les modèles de peinture et de critique de mœurs fournis par Étienne Jouy (1764-1846) — auteur de *L'Hermite de la Chaussée-d'Antin ou observation sur les mœurs et les usages français au début du XIXe siècle*, qui fut à l'origine du genre de la « physiologie » et, aussi, le principal inspirateur de Ramón de Mesonero Romanos —, et, plus lointainement dans le temps, par ses compatriotes du Siècle d'Or Quevedo et Vélez de Guevara, par les classiques satiriques français (Boileau et La Bruyère, en particulier), par les Anglais Addison et Steele (*The Spectator*) et par Montesquieu (*Lettres persanes*) puis Cadalso (*Cartas marruecas*).

C'est dans l'article *Larra y Mesonero* des *Lecturas españolas* (1912) d'Azorín que l'on trouve, aujourd'hui encore, les synthèses les plus brèves et les plus pénétrantes sur Larra et son œuvre. Aux yeux d'Azorín, Larra représente le côté « exalté, impulsif, généreux et romantique » de l'esprit castillan — l'idéalisme de sainte Thérèse et de Don Quichotte — tandis que Mesonero Romanos s'identifie à l'autre face : sens pratique et sage réalisme. Société « littéraire » d'un côté, société « bourgeoise » encore proche du paysannat de l'autre.

Instabilité et labeur intense caractérisent la courte vie de Larra.

Fils de Mariano de Larra y Langelot et de María de los Dolores Sánchez de Castro, Mariano José naît à Madrid, dans une bonne famille bourgeoise de la *villa y corte*. Son père, médecin réputé, adhère au régime qu'instaure Joseph Bonaparte. Il sert dans l'armée impériale et doit se réfugier en France avec sa famille après les défaites de 1813. Mariano José reçoit sa première instruction à Bordeaux et à Paris. Protégé par l'Infant Francisco de Paula, frère de Ferdinand VII, qu'il a soigné, le docteur Larra peut rentrer en Espagne en 1818. Se signalant par des travaux littéraires au-dessus de son âge, en vers notamment, le jeune Mariano José fréquente les meilleurs établissements d'enseignement de Madrid : les Écoles Pies, Le Collège Impérial jésuite, les Études Royales de San Isidro. En 1825, il commence des études de droit à l'université de Valladolid. Il les abandonne. En 1826-1827, il est à Madrid ; il publie quelques poèmes de circonstance. Dès février 1828, à dix-neuf ans, il fonde une revue satirique, *El duende satírico del dia* (*Le Lutin satirique du jour*). Frappé sans doute par la censure absolutiste, ce périodique sort son cinquième et dernier numéro en décembre. Dans le premier grand article de mœurs satirique, *Le Café*, on lit déjà : « l'homme vit d'illusions et selon les circonstances ».

Dans les années qui suivent, Larra vit de traductions et d'adaptations du théâtre français, surtout d'Eugène Scribe. En 1831, s'inspirant de cet auteur mais y mettant beaucoup de lui-même, il fait représenter une agréable comédie de mœurs madrilènes, *No más mostrador* (*Fini avec le comptoir !*).

Entre 1832 et 1834, deux séries d'événements transforment la vie de Larra. Événements politiques : le régime s'assouplit, Ferdinand VII meurt (1833), la régente Marie-Christine, qui doit affronter la révolte carliste, libéralise la vie publique et permet même aux progressistes d'arriver au pouvoir. Événements sentimentaux : Larra, qui a épousé Pepita Wetoret en 1829 et en a eu trois enfants, s'engage vers 1833-1834 dans une liaison passionnée et agitée avec une femme mariée, Dolores Armijo. La rupture du foyer de Larra est consommée à l'été 1834.

À ces événements il faut rattacher la fondation par Larra d'une nouvelle revue, *El Pobrecito Hablador* (*Le Pauvre Petit Bavard*), qui publie des textes célèbres entre août 1832 et mars 1833 (« Se marier tôt et mal », « Le vieux castillan », « Revenez demain », etc.), la composition du drame *Macías* (rejeté par la censure en 1833, représenté enfin en septembre 1834) et du roman historique *El doncel de don Enrique-el-Doliente* (*Le Damoiseau de Don Henri-le-dolent*) publié par Repullés, l'imprimeur de *El Pobrecito Hablador*, entre janvier et mars 1834. Ces deux dernières œuvres sont centrées sur les méfaits de l'ambition vile et sur l'irrésistible amour qui conduit le chevalier-troubadour Macías (XVe siècle) à sa perte.

C'est en entrant à *La Revista Española*, au milieu de 1833, en en discutant avec ses amis de *El Parnasillo*, qui se réunissaient au *Café del Príncipe*, que Larra prend un nouveau pseudonyme, qu'il rendra célèbre, « Fígaro ». Mesonero, qui était présent, le racontera dans ses *Mémoires d'un septuagénaire* (1880).

À partir de 1835, les collaborations de « Fígaro » sont recherchées et hautement rémunérées. Ce succès n'empêche pas Larra de glisser vers un pessimisme et un radicalisme de plus en plus prononcés. Introspection et autocritique s'accentuent aussi.

Larra donne ses assises à la littérature journalistique espagnole en publiant, au cours de l'année 1835, *Collection d'articles dramatiques, littéraires, politiques et de mœurs* en trois volumes. Il a sélectionné les articles publiés depuis 1832 ; il a amendé, en les adoucissant, quelques-uns de ses textes. Si les articles de critique théâtrale sont mentionnés les premiers, c'est que Larra fut fondamentalement un homme de théâtre : le coup d'œil du metteur en scène, la perspective historique et la réflexion de l'écrivain se combinaient très heureusement dans ses critiques. On lui doit de précieux articles sur maintes pièces, notamment *Le Oui des jeunes filles* (Moratín), *Hernani* (Hugo), *Antony* (Dumas), *Le Trouvère* (García Gutiérrez), *Les Amants de Teruel* (Hartzenbusch).

L'année 1835 est aussi celle d'une longue absence. Après un séjour en Estrémadure, Larra part pour le Portugal puis gagne l'Angleterre ; il se rend ensuite à Paris où il est bien accueilli et collabore notamment avec le baron Taylor. Il rentre pourtant à Madrid. Au début de 1836, il y signe un contrat lucratif avec un journal récemment créé, *El Español*, ce qui ne l'empêchera pas d'écrire aussi dans *El Mundo* et *El Redactor General* à des conditions non moins avantageuses.

Les gouvernements progressistes le déçoivent. Il estime en particulier que les dispositions prises à l'égard des biens des congrégations sont contraires aux intérêts du peuple. C'est donc sous la bannière du Parti Modéré qu'il se fait élire député d'Avila à l'été 1836, mais le soulèvement militaire de La Granja du 12 août entraîne la dissolution de la Chambre sans qu'il ait pu siéger. Il ne renouvelle pas l'expérience.

Les articles les plus émouvants, parfois terribles, sont de la fin de 1836 et du début de 1837 : *El día de difuntos de 1836*

(« Le jour des morts de 1836 », *El Español*, 2 novembre), *La Nochebuena de 1836* (« La nuit de Noël de 1836 », *El Redactor General*, 26 décembre), *Exequias del Conde de Campo-Alanje* (« Obsèques du comte de Campo-Alanje », *El Español*, 16 janvier 1837).

Le 13 février 1837 au soir, Larra s'entretient avec Mesonero Romanos puis avec le marquis de Molins car il désire écrire, en collaboration semble-t-il, un drame sur Quevedo, figure politico-littéraire qui avait tout pour le passionner. Il reçoit ensuite Dolores Armijo avec qui il voudrait renouer. C'est une rupture définitive qu'elle lui annonce. Elle a décidé de suivre son mari aux Philippines. Elle obtient avec peine la restitution de ses lettres d'amour. Elle est encore dans l'escalier quand Larra se donne la mort. Le pistolet et le *Macías* taché de sang sont au Musée romantique de Madrid. Seule une impulsion soudaine d'une rare violence peut expliquer cette fin tragique.

Une nouvelle *Collection d'articles*, en cinq volumes, qu'avait sans doute préparée Larra, fut publiée en 1837. Comme dans le recueil de 1835, les textes sont placés dans l'ordre chronologique. Cet ordre, adopté par l'auteur lui-même, est important en raison de l'évolution de ses opinions et de ses sentiments.

Depuis cette époque, les articles de Larra sont constamment réédités. Ils ont particulièrement séduit les Républicains (voir *Mis memorias* de Nicolas Estébanez, par exemple) et les novateurs. À leurs yeux, Larra est le champion de la liberté *et* de la distinction : pour s'en convaincre, il suffit de lire le récit du pèlerinage à la sépulture de Larra (13 février 1901) que fait Azorín dans *La Voluntad*. À ce culte du souvenir de Larra, quelque peu nietzschéen, Pío Baroja, ami d'Azorín et lecteur enthousiaste de Larra, prit une part très active.

Si Larra est constamment étudié dans les départements d'études ibériques des universités francophones — Aristide Rumeau (1904-1993) fut l'un des meilleurs chercheurs en la matière —, son œuvre est peu connue du grand public de langue française. Elle a cependant bénéficié d'agréables traductions.

Mariano José de Larra et l'Espagne à la veille du romantisme / Aristide Rumeau. – Paris : Sorbonne, 1951. – [Thèse dactylographiée].

A. Dérozier, "L'Avènement de Larra". – In : *Histoire de la littérature espagnole. Tome 2. XVIIIe siècle, XIXe siècle, XXe siècle* / dir. par Jean Canavaggio ; assisté de Bernard Darbord, Guy Mercadier, Jacques Beyrie et Albert Bensoussan. – Paris : Fayard, 1994. – [Pp. 220-240].

R. Marrast, "Larra". – In : *Dictionnaire universel des littératures* / sous la direction de Béatrice Didier. – Paris : P.U.F., 1994. – [Pp. 2004-2005].

LE PAUVRE PETIT BAVARD — 12

M. Mars — 1870

Le vieux castillan. — Ce texte, qui traite le thème classique du repas ridicule et exprime des vues sur l'éducation, parut le 11 décembre 1832 dans le périodique dirigé par Larra. C'est peut-être le plus classique des textes comiques de la littérature espagnole.

Cependant l'enfant que j'avais à ma gauche faisait sauter les olives d'un plat de jambon assaisonné aux tomates ; l'une d'elles vint s'arrêter à l'un de mes yeux qui ne vit plus clair tout le reste de la journée ; et mon gros monsieur de droite avait eu la précaution de laisser au fur et à mesure sur la nappe, à côté de mon pain, les noyaux des siennes, de même que les os d'oiseaux qu'il avait rongés ; le convive d'en face, qui se qualifiait de découpeur, s'étant chargé de faire l'autopsie d'un chapon ou coq, ce qu'on ne sut jamais, soit à cause de l'âge avancé de la victime, soit à cause des rares connaissances anatomiques du sacrificateur, jamais celui-ci ne put découvrir les jointures. « Ce chapon n'a pas de jointures », s'écria l'infortuné suant et soufflant plutôt comme quelqu'un qui pioche que comme quelqu'un qui découpe. Mais chose plus merveilleuse ! à l'une des attaques, la fourchette glissa sur l'animal comme si elle eût rencontré une écaille, et le chapon violemment chassé parut vouloir prendre son vol comme en ses temps plus heureux et se plaça sur la nappe comme il eût pu le faire sur un perchoir à volailles.

L'ébahissement fut général, et l'alarme arriva à son comble quand un jet de bouillon, lancé par l'animal furieux, jaillit sur ma chemise très-blanche et l'inonda sur-le-champ ; le découpeur se lève rapidement dans l'intention de pourchasser l'oiseau fugitif, de se précipiter sur lui ; une bouteille placée à sa droite, rencontrée en chemin par son bras, abandonne sa position perpendiculaire pour verser un abondant jus de Valdepeñas sur le chapon et sur la nappe, le vin coule, le tumulte s'accroît, le sel pleut sur le vin pour préserver la nappe, on passe sous celle-ci une serviette pour préserver la table, et une éminence s'élève sur le théâtre de tant de ruines. Une servante effarée réintègre le chapon dans son plat et dans sa sauce, fait en passant au-dessus de moi une petite inclinaison, et une pluie malfaisante de graisse descend, comme la rosée sur les prés, laisser d'éternelles traces sur mon pantalon couleur de perle ; les angoisses et le désespoir de la servante ne connaissent pas de bornes ; elle se retire tout ahurie sans penser à s'excuser, en se retournant elle heurte contre un valet qui apportait une pile d'assiettes propres et un plateau sur lequel étaient les verres pour les vins généreux, et tout cela tombe mêlé sur le sol, avec le plus horrible fracas et dans la plus grande confusion. « Par saint Pierre ! » s'écrie tout d'un bond Braulius, une pâleur mortelle répandue sur ses traits, tandis que le visage de son épouse lance des éclairs. « Mais continuons, seigneurs, ce n'est rien », ajouta-t-il en revenant à lui.

Le Pauvre Petit Causeur : Revue satirique de mœurs / Larra dit Figaro ; traduit de l'espagnol par Marcel Mars. – Châteauroux : Imprimerie de Vve Migné, 1870. – [Pp. 98-99].

LE DAMOISEAU DE DON HENRI-LE-DOLENT 13

M. Mars — 1865

La folle (chapitre XL). — Publiée de janvier à mars 1834 dans la *Collection de romans historiques originaux*, cette œuvre a pour héros malheureux Macías. L'intrigue diffère notablement de celle de la pièce sur le même sujet. Longtemps objet de sévères critiques, en particulier de la part de Menéndez y Pelayo, le roman bénéficie actuellement d'une réévaluation. On y apprécie la clarté du style, la vivacité de la narration, le sens de la reconstitution des atmosphères. Le chapitre final, ici agréablement traduit, repose sur la légende situant le tombeau de Macías à Arjonilla, province de Jaén. Louis de Gúzman est le nouveau maître de Calatrava, Fernán Pérez le mari d'Elvire, et la folle n'est autre qu'Elvire, que l'on croit disparue.

Quelques ans s'étaient écoulés déjà depuis les événements que nous venons de raconter. Le trône de Castille était occupé par le seigneur don Juan II, fils du très-fameux et puissant roi don Henri-le-Dolent, et alors dans sa minorité, régi et dominé par les uns et les autres partis, par les unes et les autres cabales.

Deux cavaliers, richement équipés, bien montés, traversaient un soir la place d'Argonilla. Sur le visage du plus luxueusement vêtu brillait la satisfaction que donnent le pouvoir et la richesse : aux sourcils froncés, au front assombri de l'autre, on devinait qu'autrefois il avait dû éprouver d'amers soucis.

— Si cela ne devait pas nous retenir longtemps, dit le premier au second, je verrais volontiers quelle est cette foule qui s'agite à l'extrémité de la place. Y allons-nous ?

— Comme vous voudrez, seigneur don Louis de Guzman, répondit sèchement son compagnon ; quoique je ne puisse m'arrêter beaucoup dans cet endroit maudit sans que mes maux ne s'en aggravent.

Ils approchèrent effectivement d'un groupe. C'étaient des enfants en grand nombre et quelques habitants d'Argonilla. Au milieu d'eux une femme paraissait s'enfuir, importunée par ceux qui l'entouraient. Ses vêtements étaient souillés et déchirés de diverses parts ; sa chevelure flottante et négligée semblait avoir été belle ; ses traits débiles et décomposés devaient avoir eu dans sa jeunesse d'agréables proportions. C'est là tout ce qui restait d'un temps meilleur. Ses yeux enfoncés sous le crâne, brillaient d'un feu extraordinaire, et paraissaient vouloir dévorer quiconque la regardait ; un cercle noir au-dessous d'eux, ses joues décharnées, son front sillonné de rides, et ses mains de squelette manifestaient que quelque infirmité chronique et terrible consumait son existence.

Les enfants lui jetaient de la terre, la couvraient de boue, et couraient après elle.

— Folle ! folle ! criaient-ils. Comment t'appelles-tu ? Dis-nous l'heure qu'il est ? Folle ! folle !

À toute cette algarade, l'infortunée répondait par un sourire étrange et farouche ; elle s'arrêtait, écoutait un moment, et lâchant par saccades un rire hébété :

— Trop tard ! criait-elle d'une voix rauque ; trop tard ! En même temps elle se tordait les mains et se frappait la poitrine.

— Qui est-ce là ? demanda don Louis à un enfant.

— Ah ! seigneur grand-maître, répondit l'enfant qui paraissait connaître le chevalier, c'est la folle !

— Et qu'est-ce que cette folle ?

— Ici, reprit l'enfant, on ne la connaît que sous ce nom. De loin en loin elle apparaît dans le village ; d'autres fois elle vit dans la forêt, et les pâtres disent qu'elle aime beaucoup passer des jours entiers à regarder le creux des ravins où l'eau coule. Elle ne dit que deux mots. Elle ne pleure jamais : entendez-vous cet éclat de rire ? Voilà ce qu'elle sait faire ; chez nous toujours on désire sa venue, c'est pour tout le pays une distraction.

— La malheureuse ! dit don Louis : ne voulez-vous pas la voir, seigneur Fernan Perez ?

— Non ; ces spectacles me mettent de mauvaise humeur. La misérable ! c'est sans doute quelque mère qui aura perdu sa fille. Éloignons-nous, seigneur don Louis.

— Ou quelque amante infortunée, seigneur Fernan Perez, dit don Louis en souriant avec indifférence et en faisant sentir les éperons à sa monture.

Peu de temps après les deux cavaliers disparurent, tandis que la tourbe continuait à maltraiter l'insensée, laquelle de temps en temps répondait seulement par son rire accoutumé et son funeste refrain : Trop tard ! trop tard !

À peu d'années de là, le sacristain de la paroisse de Sainte-Catherine d'Argonilla, entrant un matin dans l'église, vit à côté d'un sépulcre quelque chose d'inusité. C'était comme une masse inerte. En réalité c'était la folle.

— Folle, lui dit-il en la touchant du pied. Voilà qui est curieux ! Elle sera restée hier dans l'église quand j'en fermai les portes. Allons, bonne femme ! Elle est ivre sans doute.

Et il la poussait du pied, mais la masse ne bougeait pas. Le sacristain se baissa, et vit que la folle tenait à la main un fer avec lequel elle avait écrit à moitié sur la pierre : *Trop tard ! trop tard !* Mais elle était morte. Ses lèvres froides pressaient la froide surface du tombeau. Une épitaphe en gros caractères disait sur la cadette :

CI-GÎT MACÍAS L'ÉNAMOURÉ.

Le Damoiseau de Don Henri-le-Dolent : (El Doncel de Don Enrique-el-doliente) / Larra dit Figaro ; traduit de l'espagnol par Marcel Mars ; avec un préambule et des notes du taducteur. – Châteauroux : A. Nuret, 1865. – [Pp. 380-383].

MACÍAS 14

R. Pageard — 1998

Bonheur, honneur (Acte III, v. 145-175). — Créé à Madrid le 24 septembre 1834, ce drame en 4 actes respecte les unités classiques tout en exprimant une violente sensibilité romantique dominée par l'amour et les passions individuelles. Il est inspiré, comme le roman, de *romances* médiévaux et du théâtre du Siècle d'Or. Traîtreusement éloigné d'Andújar où réside le maître de l'Ordre de Calatrava, Macías y revient pour constater qu'après l'expiration d'un délai d'attente qu'avait obtenu Elvire, celle-ci vient d'épouser Fernán Pérez de Vadillo, écuyer de don Enrique de Villena, maître de l'Ordre. Voici l'extrait le plus célèbre du dialogue entre les amants (l'original est un *romance* d'hendécasyllabes assonancés a-o).

ELVIRE. — J'ai dit cela, moi ? J'ai seulement voulu dire que je vous aimais, mais non que je vous aime.

MACÍAS. — Non ; tes yeux, tes pleurs, tes accents, ton agitation, ta flamme dans laquelle je me brûle, disent à mon cœur que c'est maintenant que tu mens ; oui, fuyons, mon amour. J'oublie déjà tout. Prouve-moi, en m'accompagnant dans la fuite, que ce n'est pas par légèreté que tu as donné ta main.

ELVIRE. — Où m'entraînes-tu ?

MACÍAS. — Viens ; à ton bonheur. En quel endroit du monde un abri pourrait-il nous manquer, mon amour. Brise, anéantis ces horribles liens que tu as contractés. Seuls les amants sont des époux. Leur lien est l'amour : qu'y-a-t-il de plus saint ? Leur temple est l'univers ; où qu'ils aillent, ils sont entendus du Dieu qui les a unis. Si nous ne trouvons ni foi, ni abri, ni espérance dans les villes, parmi les hommes, les fauves céderont dans les bois une caverne à l'amour. Eux-mêmes n'aiment-ils donc pas aussi ? Fuyons ; quel asile plus sûr que mes bras peux-tu rechercher ? Les tiens me suffiront, et si nous ne trouvons pas d'asile sur terre, nous mourrons ensemble d'amour. Qui peut être plus heureux que celui qui vit en aimant et qui meurt aimé ?

ELVIRE. — Quel délire effrayant, quelles choses impossibles vous imaginez, seigneur ? Supposons que nous ayons trouvé cet asile secret : peut-il y avoir du bonheur là où l'honneur n'est pas ? Quel désert pourra me cacher du mien ?

Traduction inédite. — *Teatro : No más mostrador ; Macías* / M. J. de Larra ; ed. Gregorio Torres Nebrera. – Cáceres : Universidad de Extremadura, 1990. – [Pp. 247-248].

ŒUVRES JOURNALISTIQUES 15

R. Pageard — 1998

Littérature (Conclusion). — Au début de janvier 1836, Larra entre à la rédaction d'*El Español*. C'est pour lui l'occasion d'exposer, le 18 du même mois, sa conception de la littérature, véritable manifeste du réalisme ou positivisme espagnol. Si Larra peut passer aussi pour un romantique libéral, c'est surtout par la violence du sentiment. Le titre complet du texte est : *Littérature. Rapide coup d'œil sur l'histoire et le caractère de la nôtre. Son état actuel. Son avenir. Profession de foi.*

Aujourd'hui, une nombreuse jeunesse se précipite, anxieuse, vers les sources du savoir. Et en quels moments ? En des moments où le progrès intellectuel, rompant partout les anciennes chaînes, mettant au rebut les traditions caduques, et abattant les idoles, proclame dans le monde la *liberté morale*, en même temps que la liberté *physique*, car l'une ne peut exister sans l'autre.

La littérature se ressentira de cette prodigieuse révolution, de cet immense progrès. En politique, l'homme ne voit qu'*intérêts et droits*, c'est-à-dire des *vérités*. En littérature, il ne peut par conséquent rechercher que des *vérités*. Et que l'on ne vienne pas nous dire que la tendance du siècle et son esprit, analyseur et positif, porte en lui-même la mort de la littérature, non. Car les passions en l'homme seront toujours des *vérités*. Qu'est-ce donc que l'imagination elle-même sinon une *vérité* plus belle ?

Si notre littérature ancienne fut en notre siècle d'or plus brillante que solide, si elle mourut ensuite des mains de l'intolérance religieuse et de la tyrannie politique, si elle ne put renaître qu'en des lisières françaises, et si cette impulsion étrangère se vit bloquée par les malheurs de la patrie, il faut espérer que d'ici peu nous pourrons jeter les bases d'une littérature *nouvelle*, expression de la société *nouvelle* que nous composons, toute de *vérité* comme notre société : sans autre règle que cette *vérité* même, sans autre maître que la *nature*, *jeune* enfin comme l'Espagne que nous constituons. *Liberté* en littérature comme dans les arts, comme dans l'industrie, comme dans le commerce, comme dans la conscience. Voici la devise de l'époque, voici la nôtre, voici l'étalon avec lequel nous mesurerons ; dans nos jugements critiques, nous demanderons à un livre : *nous enseignes-tu quelque chose ? nous exprimes-tu le progrès humain ? nous es-tu utile ? — Alors, tu es bon.* Nous ne reconnaissons le magistère littéraire d'aucun pays ; encore moins d'aucun homme ; encore moins d'aucune époque car le goût est relatif ; nous n'admettons pas qu'une école ne soit que bonne car il n'y en a aucune qui ne soit que mauvaise. Que l'on ne croie pas, cependant, que nous assignons à celui qui voudra nous suivre une tâche plus facile, non. Nous l'exhortons à l'étude, à la connaissance de l'homme ; il ne lui suffira pas, comme le fait le *classique*, d'ouvrir Horace et Boileau, méprisant Lope ou Shakespeare ; il ne lui sera pas suffisant, comme le fait le romantique, de se placer sous les bannières de Victor Hugo et de mettre les règles au tiroir avec Molière et Moratín ; non ; parce que dans notre librairie on verra l'Arioste à côté de Virgile, Racine à côté de Calderón, Molière à côté de Lope ; ensemble, en un mot, Shakespeare, Schiller, Goethe, Byron, Victor Hugo et Corneille, Voltaire, Chateaubriand et Lamartine.

Nous refusons donc ce que l'on appelle en ce moment littérature chez nous ; nous ne voulons pas de cette littérature réduite aux ornements du discours, au son de la rime, à la déclamation de sonnets et d'odes de circonstance ; qui concède tout à l'expression et rien à l'idée ; mais une littérature fille de l'expérience et de l'histoire, par conséquent phare de l'avenir, studieuse, analysante, philosophique, profonde, pensant tout, disant tout en prose, en vers, à la portée de la foule encore ignorante ; apostolique et de propagande ; enseignant des *vérités* à ceux qui ont intérêt à les connaître, montrant l'homme non tel qu'il *doit être* mais *tel qu'il est*, pour le connaître ; une littérature enfin toute consacrée à l'expression de la science de l'époque, du progrès intellectuel du siècle.

Traduction inédite. — *Fígaro : Colección de artículos filosóficos, satíricos [...]* / Mariano José de Larra. – Barcelona : Nueva S. Francisco, 1884. – (*Biblioteca amena e instructiva*). – [Pp. 316-317].

ŒUVRES JOURNALISTIQUES 16

R. Pageard — 1998

Figaro au cimetière. — « Le jour des morts de 1836 » présente la quintessence de la verve satirique de Larra, et montre la profonde tristesse qui s'était emparée de lui quelques mois avant son suicide. Laconisme et dramatisation vont crescendo dans ce texte qui reflète l'influence de Quevedo.

Beati qui moriuntur in Domino.

Comme je n'ai pas une grande mémoire, circonstance qui ne manque pas de contribuer à cette espèce de bonheur que je me suis créé en moi-même, je ne me rappelle pas trop dans quel article j'ai écrit (au temps où effectivement j'écrivais) que je vivais en m'étonnant perpétuellement de toutes les choses qui se présentaient à ma vue. Il se pourrait très bien aussi que je n'aie rien écrit de tel nulle part ; question qu'à la vérité nous allons laisser de côté car elle est assez peu importante à une époque où personne ne semble se souvenir de ce qu'il a dit, ni de ce que les autres ont fait. Mais en supposant que cela se soit produit, je déclare en ce jour des morts de 1836 que si j'ai dit une chose pareille, c'est comme si je n'avais rien dit, car, actuellement, que le diable m'emporte si je m'étonne de quelque chose. J'en ai vu tant, tant, tant... comme dit quelqu'un dans *Le Calife*[1]. En revanche, ce qui m'arrive, c'est de ne pas comprendre clairement tout ce que je vois, et c'est ainsi qu'à l'aube d'un jour des morts je ne suis pas précisément étonné qu'il y ait tant de gens qui vivent ; ce qui m'arrive, c'est que je ne le comprends pas.

Je me distrayais délicieusement dans ce doute le jour de la Toussaint, et me reposant sur le vieux dicton[2] « Mets ta confiance en la Vierge et ne cours pas » (dicton dont on ne conçoit pas l'origine dans un pays aussi éminemment chrétien que le nôtre), je me recommandais à tous les saints avec tant d'espérance qu'un nuage de mélancolie ne tarda pas à couvrir mon front ; mais de ces mélancolies dont seul un libéral espagnol peut se faire une idée approximative dans les circonstances présentes. Je veux donner une idée de cette mélancolie : un homme qui croit en l'amitié et arrive à la voir de l'intérieur, un inexpérimenté qui s'est épris d'une femme, un héritier, dont l'oncle d'Amérique meurt soudain sans tester, un détenteur de bons de Cortes, une veuve qui jouit d'une pension assignée sur le trésor espagnol, un député élu dans les avant-dernières élections[3], un militaire qui a perdu une jambe pour le Statut[4] et qui se retrouve sans jambe et sans Statut, un grand qui fut libéral comme membre de la Chambre des pairs, et qui n'est plus que libéral, un général constitutionnel qui poursuit Gómez[5], image fidèle de l'homme courant toujours derrière le

1 Il s'agit de l'opéra *Le Calife de Bagdad*. (N.d.t.)

2 *Fíate en la Virgen y no corras*. (N.d.t.)

3 Les élections d'août 1836 avaient été annulées à la suite d'un soulèvement militaire. Larra, élu à Avila, avait été victime de cette annulation. (N.d.t.)

4 Statut : texte constitutionnel élaboré par Martínez de la Rosa. (N.d.t.)

5 Il s'agit du chef carliste Miguel Gómez, dont les troupes circulèrent à travers une grande partie de l'Espagne en 1836 avant de regagner leur base en pays basque. La poursuite dirigée par les généraux loyalistes parut bien molle à Larra. (N.d.t.)

bonheur sans le trouver nulle part, un rédacteur du journal *El Mundo* emprisonné en vertu de la loi sur l'imprimerie, un ministre d'Espagne, et un roi enfin constitutionnel, sont tous des êtres joyeux et animés si l'on compare leur mélancolie avec celle qui me traquait, m'opprimait et m'accablait au moment dont je parle.

Je me tournais et me retournais dans un de ces fauteuils qui ressemblent à des lits, sépulcre de toutes mes méditations, et tantôt je me tapotais le front, comme si mon mal fût celui d'un homme marié, tantôt j'enfonçais mes mains dans les poches, semblant y chercher mon argent, comme si mes poches fussent le peuple espagnol et mes doigts autant de gouvernements, tantôt je levais les yeux au ciel comme si, en qualité de libéral, il ne me restât d'autre espoir qu'en lui, tantôt je les baissais, honteux, comme quelqu'un qui voit un factieux de plus, quand un son lugubre et monotone, semblable au bruit des annonces, vint secouer mon existence engourdie.

« Jour des morts ! » m'exclamai-je ; et le bronze heurté qui annonçait par sa lamentation l'absence éternelle de ceux qui ont été, semblait vibrer plus lugubrement que jamais, comme s'il eût présagé sa propre mort. Les cloches, elles aussi, sont arrivées à leur dernière heure, et leurs tristes accents sont le râle du moribond : elles aussi vont mourir des mains de la liberté qui vivifie tout, et elles seront les seules en Espagne, ô mon Dieu, qui mourront pendues. Et l'on dit qu'il y a une justice divine !

La mélancolie toucha alors à son terme ; par une réaction naturelle quand tout est épuisé, il me vint soudain à l'esprit que la mélancolie est la chose la plus gaie du monde pour ceux qui la voient, et l'idée de servir tout entier d'amusement... « Dehors ! » m'exclamai-je, dehors, comme si j'étais en train de voir jouer un acteur espagnol, dehors, comme si j'entendais parler un orateur à la Chambre, et je me précipitai dans la rue ; mais, en réalité, avec le même calme et la même lenteur que s'il se fût agi de couper la retraite à Gómez.

En grand nombre et en une longue procession, les gens se rendaient, à travers les rues, serpentant des unes aux autres comme de longues couleuvres aux couleurs infiniment variées, au cimetière ! Au cimetière ! Et ils sortaient, pour cela, des portes de Madrid !

Sachons où nous allons, me dis-je en moi-même : où est le cimetière ? Dehors ou dedans ? Un vertige effroyable s'empara de moi, et je commençai à y voir clair. Le cimetière est à l'intérieur de Madrid. Madrid est le cimetière. Mais un vaste cimetière où chaque maison est la niche d'une famille, chaque rue le tombeau d'un événement, chaque cœur l'urne cinéraire d'une espérance ou d'un désir.

Alors, et tandis que ceux qui croient vivre se rendaient à ce qu'ils présument être la demeure des morts, je commençai à parcourir les rues du grand ossuaire avec toute la dévotion et le recueillement dont je suis capable.

Sots, disais-je aux passants. Vous vous déplacez pour voir des morts ? N'auriez-vous pas de miroirs par hasard ? Gómez en a-t-il fini aussi avec les glaces de Madrid ? Regardez-vous, insensés, et vous verrez votre propre épitaphe inscrite sur votre front ! Vous allez voir vos parents et vos grands-parents alors que vous êtes vous-mêmes les morts ? Eux vivent, car ils ont la paix ; ils ont la liberté, l'unique possible sur terre, celle que donne la mort ; eux ne paient pas de contributions qu'ils n'ont pas ; eux ne seront ni enrôlés ni mobilisés ; eux ne sont ni détenus ni dénoncés ; eux, enfin, ne gémissent pas sous la juridiction du surveillant de la caserne ; eux sont les seuls qui jouissent de la liberté de l'imprimerie, car ils parlent au monde. Ils parlent à voix bien haute qu'aucun tribunal ne se risquerait à poursuivre et condamner. Eux, enfin, ne reconnaissent qu'une loi, l'impérieuse loi de la nature qui les a mis là, et, celle-là, ils lui obéissent.

Quel est ce monument ? — m'exclamai-je en commençant ma promenade dans le vaste cimetière.

Est-il lui-même un squelette immense des siècles passés, ou la tombe d'autres squelettes ? Le Palais ! D'un côté, il regarde Madrid, c'est-à-dire les autres tombes ; de l'autre, il regarde l'Estrémadure, cette province vierge... comme on l'a appelée jusqu'à présent. Arrivé à cet endroit, je me souvins du vers de Quevedo : Et je ne vois ni les vierges ni les diables[1].

Au frontispice, le monument disait : « Ci-gît le trône : il naquit sous le règne d'Isabelle la Catholique, il mourut à La Granja d'un courant d'air »[2]. Sur le soubassement, on voyait le sceptre et la couronne, ainsi que d'autres ornements de la dignité royale. Au-dessus, la *Légitimité*, figure colossale de marbre noir, était en pleurs. Les gamins s'étaient amusés à lui lancer des pierres, et la statue maltraitée portait les marques de l'ingratitude.

Et ce mausolée, à gauche, Musée de l'Armée. Lisons :

« Ci-gît le courage castillan, avec tout son équipement. R.I.P. »

---

1 Quevedo dit en réalité : *y ni los diablos ni los virgos veo*. Larra inverse. (N.d.t.)

2 Au cours de l'été 1836, un soulèvement de la garnison de La Granja, résidence royale, avait obligé la royauté à rétablir la constitution libérale de 1812. (N.d.t.)

« Deux ministères. Ci-gît la moitié de l'Espagne ; elle mourut de l'autre moitié. »

« Doña María de Aragón. Ci-gisent les trois années[1]. »

Et l'on aurait pu ajouter : ici se taisent les trois années. Mais le corps n'était pas dans le sarcophage ; une note disait au pied :

« Le corps du saint fut transporté à Cadix en l'année 23, et, là-bas, il tomba dans la mer par mégarde »[2].

Une autre note, plus moderne sans doute, ajoutait : « Et il ressuscita le troisième jour ».

Plus loin. Dieu saint ! « Ci-gît l'inquisition, fille de la foi et du fanatisme ; elle mourut de vieillesse ». Malgré tout, je me mis à chercher quelque mention de résurrection ; ou bien on ne l'avait pas encore mise, ou bien on ne devait jamais la mettre.

L'une de ces personnes qui s'amusent à mettre des inscriptions sur les murs avait écrit cependant à un angle avec un plâtre qui donnait l'impression de partir avant même de s'effacer : « Ministère de l'Intérieur ». Que ceux qui mettent des inscriptions sur les murs sont donc insolents ! Ils ne respectent pas même les tombeaux.

Qu'est ceci ? La prison ! « Ici repose la liberté de pensée ». Mon Dieu, en Espagne, dans un pays déjà éduqué pour jouir d'institutions libres ! Malgré tout, je me souvins de cette épitaphe célèbre et ajoutai involontairement :

« Ici la pensée repose,
en sa vie elle fit autre chose ».

Deux rédacteurs de *El Mundo* étaient les personnages pleureurs de cette grande urne. On voyait en relief une chaîne, un bâillon et une plume. Cette plume, dis-je en moi-même, est-ce celle des écrivains ou celle des greffiers ? Tout est possible en prison.

« La rue des Postes, la rue de la Montera ». Ce ne sont pas des tombeaux. Ce sont des ossuaires où, mélangés et confondus, dorment le commerce, l'industrie, la bonne foi, le négoce.

Ombres vénérables. Jusqu'à la vallée de Josaphat !

« Correos »[3]. « Ci-gît la subordination dans l'armée ».

---

1 Doña María de Aragón était le nom d'un couvent qui avait été le siège de la Chambre (*las Cortes*). Les « trois années » sont celles de 1821-1823, année de la première révolution espagnole vaincue avec l'aide de l'armée française conduite par le duc d'Angoulême. (N.d.t.)

2 Cadix fut le dernier bastion des révolutionnaires en 1823. Le « corps du saint » est la constitution libérale. (N.d.t.)

3 L'Hôtel des Postes. Ministère aujourd'hui, ce bâtiment fut le lieu d'une insurrection militaire au cours de laquelle le capitaine général commandant la région de Madrid fut tué (1834). Le gouvernement finit par pactiser. (N.d.t.)

Un personnage de plâtre, sur le vaste sépulcre, mettait le doigt sur la bouche ; dans l'autre main, une sorte de hiéroglyphe parlait pour elle : une discipline brisée.

« Puerta del Sol ». La Puerta del Sol : ce n'est pas un tombeau, si ce n'est celui des mensonges[1].

« La bourse. Ci-gît le crédit espagnol ».

Semblable comme il l'est aux pyramides d'Égypte, je me suis demandé : « est-il possible que cet édifice n'ait été construit que pour y enterrer une chose si petite ! »

« L'Imprimerie Nationale ». À l'inverse de la puerta del Sol. Ce tombeau est celui de la vérité. Unique tombe de notre pays où, selon l'usage français, les visiteurs viennent jeter des fleurs.

« La Victoire. Celle-là gît pour nous dans toute l'Espagne »[2]. Là, il n'y avait pas d'épitaphe, il n'y avait pas de monument. Une petite inscription que le plus aveugle pouvait lire disait seulement : « La commission d'aliénation des couvents a acheté ce terrain à perpétuité, pour sa sépulture ».

Mes chairs frémissent ! Que de choses se sont passées d'hier à aujourd'hui ! S'en passera-t-il autant d'aujourd'hui à demain ?

« Les théâtres. Ici reposent les génies espagnols ». Pas même une fleur, pas même un souvenir, pas même une inscription.

« La grande salle des Cortes ». Ce fut la maison du Saint-Esprit[3] ; mais le Saint-Esprit ne descend plus sur le monde en langues de feu.

« Ci-gît le Statut.
Il vécut et mourut en une minute »[4]

Qu'il vive de nombreuses années, ajoutai-je, car il y en aura un ; celui-ci dut être rachitique, à en juger par le peu de temps qu'il vécut.

« La Chambre des Pairs (*El Estamento de Próceres*) ». Là-bas, dans le parc du Retiro. Chose remarquable. Et il n'y a pas un ministère qui dirige les choses du monde, il n'y a pas une intelligence qui veille à tout, inexplicable ! Les pairs, et leur tombeau, dans le Retiro.

---

1 Place centrale de la capitale, la Puerta del Sol était le lieu où se rencontraient et bavardaient de nombreux Madrilènes. (N.d.t.)

2 « La Victoria » était le nom du couvent dans lequel siégeait la commission d'aliénation des biens ecclésiastiques. (N.d.t.)

3 Une congrégation du Saint-Esprit avait son église à cet endroit. Elle abritait la Chambre en 1836. L'actuel édifice néo-classique des Cortes fut ultérieurement construit sur cet emplacement. (N.d.t.)

4 Le Statut (*Estatuto*) fut la loi fondamentale de l'État de 1834 à 1836. Il avait institué le bicaméralisme avec une Chambre des représentants (*Estamento de procuradores*) et une Chambre des pairs (*Estamento de próceres*). Larra fait ensuite allusion à la nouvelle constitution. (N.d.t.)

Le sage dans sa retraite (*retiro*) et le manant dans son coin[1].

Mais la nuit tombait déjà, et l'heure de la retraite (*retiro*) était venue aussi pour moi. Je posai un dernier regard sur le vaste cimetière. Il sentait la mort prochaine. Les chiens émettaient des hurlements prolongés, interprètes de leur instinct à deviner le malheur ; le grand colosse, toute l'immense capitale s'agitait comme un moribond qui tâte son drap ; je ne vis alors qu'un grand sépulcre : une immense pierre s'apprêtait à le couvrir comme une tombe démesurée.

« Ci-gît » n'était pas encore écrit ; le sculpteur ne voulait pas mentir ; mais les noms du défunt, déjà distinctement tracés, sautaient aux yeux.

Dehors, m'exclamai-je, dehors l'horrible cauchemar ! Liberté ! Constitution ! Trois fois[2] ! Opinion nationale ! Émigration ! Honte ! Discorde ! Ce sont tous ces mots réunis que semblaient me répéter les derniers échos de la sonnerie générale des cloches du jour des morts de 1836.

Un nuage sombre enveloppa tout. C'était la nuit. Le vent de la nuit glaçait mes veines. Je voulus sortir brutalement de l'horrible cimetière. Je voulus me réfugier dans mon propre cœur, plein, voici peu, de vie, d'illusions, de désirs.

Dieu du ciel ! Encore un cimetière, un autre. Mon cœur n'est plus qu'un autre tombeau. Que dit celui-ci ? Lisons. Quel mort s'y trouve ? Affreuse inscription ! « Ci-gît l'espérance ».

Silence ! Silence !

Traduction inédite. — *Fígaro : Colección de artículos filosóficos, satíricos [...]* / Mariano José de Larra. – Barcelona : Nueva S. Francisco, 1884. – (*Biblioteca amena e instructiva*). – [Pp. 399-403].

1 Larra joue ici avec le titre d'une *comedia* de Juan Matos Fragoso (1608-1689), *El sabio en su retiro y villano en su rincón* (« Le sage dans sa retraite et le manant dans son coin »). (N.d.t.)

2 « Trois fois ». Allusion aux années révolutionnaires 1821, 1822 et 1823. (N.d.t.)

POUCHKINE

RUSSE

1799-1837

Selon l'expression consacrée, Alexandre Pouchkine aurait été le « père fondateur » de la langue et de la littérature russes modernes. C'est un titre mal attribué, qui ignore l'existence de nombreux prédécesseurs tels Karamzine et Joukovski. Mais Pouchkine est sans aucun doute l'écrivain russe qui a le plus contribué à la création du nouvel idiome littéraire, synthèse entre la langue parlée et la langue écrite. De plus, dans le contexte d'une littérature nationale émergente, il a pratiqué une multiplicité de styles et de genres (odes, élégies, satires, épigrammes, poèmes narratifs, nouvelles, contes, romans, etc.), innovant dans presque tous les domaines, toujours avec une aisance et une virtuosité déconcertantes.

Que penser de l'autre titre, de « poète national », qu'on lui confère généralement ? Depuis sa mort tragique, Pouchkine a été en Russie l'objet d'un véritable culte qui, à l'époque soviétique, a atteint de folles proportions. Les musées, parcs et monuments en son honneur se comptent par milliers. Une armée de spécialistes étudie encore scrupuleusement la moindre ligne et le moindre trait laissés par ce singulier génie. Certes, Pouchkine a toujours été préoccupé par le destin et l'histoire de la Russie ; une partie significative de son œuvre peut être qualifiée de « patriotique » ou de « civique ». Mais il ne faudrait pas oublier qu'il fut aussi un libertin dans la tradition du XVIIIe siècle, un amant de la liberté et de l'art, un esthète, un épicurien, un esprit fin et rusé, jouant sur tous les fronts, autant par jeu que par calcul.

Né à Moscou, Pouchkine passe ses années de lycée à Tsarskoïè Sélo (la célèbre école fondée par Alexandre Ier) de 1811 à 1817. Il y écrit environ 120 poèmes, pour la plupart de fades imitations de la poésie française du XVIIIe siècle ou de la poésie russe classique et préromantique. Après le lycée, il est nommé au ministère des Affaires étrangères à Saint-Pétersbourg. Dans la capitale, où il vit de 1817 à 1820, le jeune poète participe activement à la vie littéraire, s'associant notamment au groupe *Arzamas* qui s'oppose à l'utilisation du slavon en littérature. Ses œuvres les plus marquantes de cette époque sont le poème narratif *Rouslan et Ludmila* (1817-1820), qui adapte en vers une légende russe, tout en parodiant le style lourd et ténébreux de la poésie préromantique, et plusieurs pièces d'inspiration « civique » ou « révolutionnaire » (selon les termes consacrés par la critique soviétique), tels l'ode *À la liberté*, *La Campagne* et *À Tchaadaïev*. Ces poèmes, jugés « politiquement dangereux », valurent à l'auteur d'être exilé dans le sud de l'Empire où, malgré la surveillance des autorités, il jouit de conditions douces et clémentes. Lors de ses années de service à Kichinev et Odessa, Pouchkine mène une vie mondaine intense et effectue même un long voyage en Crimée et au Caucase. Fortement influencé par Byron, qu'il vient de découvrir en traduction française, il écrit plusieurs poèmes narratifs où se retrouvent les thèmes et motifs de la poésie romantique européenne (subjectivisme, sentiment de révolte, lyrisme exalté et langoureux, exotisme), dont *Le Prisonnier du Caucase* (1821), *La Fontaine de Bakhtchisaraï* (1823) et *Les Tsiganes* (1824).

En 1823, Pouchkine commence à rédiger un roman en vers, *Eugène Onéguine*, qui sera complété huit ans plus tard. Le sujet de ce roman, son plus grand chef-d'œuvre, est fort simple : Onéguine, un dandy désillusionné, rejette l'amour de Tatiana, une jeune fille rêveuse de la campagne, et tue en duel son ami Lenski, un poète idéaliste. Mais à cette simplicité thématique, cette œuvre très personnelle, où se conjoignent lyrisme, satire et parodie, allie une forme d'une virtuosité éblouissante.

De 1824 à 1826, Pouchkine, pour avoir exprimé des idées athées dans une lettre interceptée par la police secrète, subit, dans son domaine de Mikhaïlovskoïè, un second exil, beaucoup plus pénible que le premier. Malgré les rencontres avec ses voisins et des visites occasionnelles de ses amis, le poète se sent confiné dans la solitude. De plus, il est empêché de prendre part à l'insurrection ratée des décembristes (14 décembre 1825). Cette période est cependant féconde sur le plan littéraire. Grâce à Arina Rodionovna, sa *niania*, Pouchkine découvre la richesse et la beauté du folklore russe, qui sera de grande influence sur son œuvre ultérieure. Il continue de travailler à *Eugène Onéguine* et compose *Boris Godounov* (1825), une tragédie historique en vers consacrée au Temps des Troubles. Sa poésie lyrique demeure abondante et diversifiée.

Le nouveau tsar Nicolas Ier, qui a réprimé dans le sang l'insurrection des décembristes et imposé un régime autoritaire plus austère, décide, caprice de souverain, de gracier Pouchkine, et lui offre de devenir son censeur personnel. Le poète accepte : il entretiendra ainsi jusqu'à sa mort un rapport ambigu avec le pouvoir. S'il reste fidèle à ses amis décembristes exilés en Sibérie dans son poème *Au fond des mines de Sibérie* (1827), il manifeste ses penchants monarchistes et sa fascination pour la figure de Pierre le Grand dans son roman inachevé *Le Nègre de Pierre le Grand* (1827) et son poème narratif *Poltava* (1828). Cette ambivalence lui pèse et l'assombrit : sa poésie lyrique des années 1828-1830 est marquée par un pessimisme, un mal existentiel, une soif de liberté et d'indépendance intenses qu'on ne peut confondre avec les sentiments stéréotypés de sa production romantique.

En 1830, Pouchkine passe l'automne dans le domaine paternel de Borodino, moment des plus importants dans sa vie. Confiné dans son domaine par une épidémie de choléra, il y retrouve enfin la joie de vivre et la paix intérieure propices à l'écriture. Et, en trois mois, il écrit plusieurs chefs-d'œuvre : les *Récits de feu Ivan Pétrovitch Bielkine*, un recueil de cinq nouvelles qui, par son style laconique et dépouillé, d'une influence immense sur des générations d'écrivains russes, contraste avec la prose ampoulée et verbeuse des romantiques ; les *Petites Tragédies*, quatre courtes pièces en vers blancs, dans lesquelles la poésie pouchkinienne atteint un sommet de virtuosité musicale et de perfection architectonique ; *La Maisonnette de Kolomna*, un poème narratif écrit en octaves, sorte de manifeste poétique contre la littérature classique et moralisatrice. Cette féerie de joie créatrice, vécue dans la solitude, est peut-être le dernier moment de bonheur du poète avant sa mort.

Son mariage, tant espéré, avec Nathalie Goncharova, une célèbre beauté, est une source constante de frustration et de déception. Ses nouvelles œuvres sont souvent reçues avec indifférence par un public qui refuse de le suivre dans ses innovations formelles. Ses rapports avec le pouvoir se compliquent ; s'il semble bénéficier de nouveaux honneurs et privilèges — en 1831, il est nommé aux Archives de l'État russe et est chargé d'écrire une histoire de Pierre le Grand ; en 1834, il devient *Kammerjunker* à la Cour —, il se sent traqué par la police et humilié par les faveurs du tsar. Et sa vie se termine de façon tragique lorsqu'il provoque en duel un diplomate français, Georges d'Anthès, soupçonné d'être l'amant de sa femme : celui-ci le blesse d'un coup de pistolet au ventre, dont le poète meurt deux semaines plus tard, à 37 ans.

Au cours de la dernière période de sa vie, en dépit de ses fonctions officielles à la Cour, de son travail d'historiographe et de ses soucis personnels croissants, Pouchkine n'abandonne pas son œuvre créatrice. Il écrit notamment *Le Cavalier d'airain* (1833), un poème narratif qui inaugure la riche tradition du réalisme fantastique russe ayant pour cadre Saint-Pétersbourg ; *La Dame de pique* (1834), un autre récit fantastique, mais en prose ; plusieurs adaptations en vers de contes populaires et un roman historique, *La Fille du capitaine* (1836), fondé en partie sur des documents recueillis pour un ouvrage sur le soulèvement de Pougatchov. La poésie lyrique des dernières années est particulièrement riche, même si elle est souvent fragmentaire, puisque de nombreux poèmes, tels *L'automne* (1833) et ... *De nouveau j'ai visité* (1835), sont restés inachevés et ne sont jamais parus du vivant de l'auteur.

De tous les grands écrivains russes du XIXe siècle, Pouchkine est, paradoxalement, celui qui est le moins connu et le moins lu dans le monde francophone. Il s'agit avant tout d'un problème de traduction. Même mal traduit, un roman de Dostoïevski ou de Tolstoï peut envoûter par ses thèmes ou ses personnages. La force de la poésie pouchkinienne émane d'une source qui s'évapore fatalement lors de la traduction. Contrairement à ses illustres successeurs, Pouchkine n'a créé aucun mythe ou archétype susceptible d'enflammer l'imagination des lecteurs occidentaux (à part peut-être l'histoire fantastique du *Cavalier d'airain*). Ses personnages les plus célèbres sont pour la plupart ou des caricatures de héros romantiques ou des figures empruntées à l'histoire et au folklore russes. De plus, malgré leur amour inconditionnel, les critiques éprouvent souvent de la difficulté à expliquer en quoi consiste le génie de Pouchkine. On revient invariablement aux mêmes clichés : « simplicité », « légèreté », « aisance » et autres banalités. Tous ces termes suggèrent que la beauté du vers pouchkinien, aussi sublime qu'elle puisse être, tient en fait à peu de choses. Un mot déplacé ou une nuance mal interprétée, et le tout s'écroule. C'est ainsi que le lecteur français ne pourra jamais entrevoir qu'un pâle reflet de cette poésie si lumineuse.

Pouchkine : biographie / Henri Troyat. – Paris : Plon, 1953. – 846 p.

Pouchkine par lui-même / Jean-Louis Backès. – Paris : Seuil, 1966. – 183 p.

Pouchkine homme de lettres et la littérature professionnelle en Russie / André Meynieux. – Paris : Librairie des cinq continents, 1966. – 697 p.

Promenades avec Pouchkine / Abram Tertz [André Siniavski] ; traduction de Louis Martinez. – Paris : Éditions du Seuil, 1976. – 155 p.

Mon Pouchkine, suivi de *Pouchkine et Pougatchov* / Marina Tsvétaïeva ; traduction d'André Markowicz. – Paris : Clémence Hiver, 1987. – 135 p.

Puškin / Jurij Lotman. – Sankt-Peterburg : Iskusstvo, 1995. – 847 p.

POÉSIES 17

Pr. Mérimée — 1868

Le Prophète. — C'est un des nombreux poèmes, exprimant diverses conceptions contradictoires de l'art poétique, où Pouchkine tente de définir son rôle et ses aspirations de poète. Ici, il assigne au poète une mission sacrée de visionnaire. Mérimée est peut-être celui qui a le plus contribué à la gloire de Pouchkine en France au XIXe siècle, notamment avec sa traduction de *La Dame de pique*. Son admiration pour la perfection formelle de la poésie pouchkinienne le conduisit à ne la traduire qu'en prose, ce qui n'empêcha pas l'inexactitude : en traduisant *vnjal ja* (« j'entendis ») par « je compris », il banalisa l'une des images les plus saisissantes du texte.

Tourmenté d'une soif spirituelle, j'allais errant dans un sombre désert, et un séraphin à six ailes m'apparut à la croisée d'un sentier. De ses doigts légers comme un songe, il toucha mes prunelles ; mes prunelles s'ouvrirent voyantes comme celles d'un aiglon effarouché ; il toucha mes oreilles, elles se remplirent de bruits et de rumeurs, et je compris l'architecture des cieux et le vol des anges au-dessus des monts, et la voie des essaims d'animaux marins sous les ondes, et le travail souterrain de la plante qui germe. Et l'ange, se penchant vers ma bouche, m'arracha ma langue pécheresse, la diseuse de frivolités et de mensonges, et entre mes lèvres glacées sa main sanglante mit le dard du sage serpent. D'un glaive il fendit ma poitrine et en arracha mon cœur palpitant, et dans ma poitrine entr'ouverte il enfonça une braise ardente. Tel qu'un cadavre, j'étais gisant dans le désert, et la voix de Dieu m'appela : Lève-toi, prophète, vois, écoute, et parcourant et les mers et les terres, brûle par la Parole les cœurs des humains.

Œuvres complètes II. Œuvres poétiques / Alexandre Pouchkine ; volume publié sous la direction d'Efim Etkind. – Lausanne : L'Âge d'Homme, 1981. – (*Classiques slaves*). – [Second volume, p. 332].

POÉSIES — 17 bis

H. Grégoire — 1918

Le Prophète. — Écrite en octosyllabes rimés, cette version, à l'opposé de celle de Mérimée, évoque bien le rythme des tétramètres ïambiques russes, mais elle est plus longue que l'original, pour permettre de vaincre les contraintes de la rime. Heureusement, ce « remplissage » ne gâche pas le travail du traducteur, qui a su reproduire la force incantatoire du poème.

Brûlé de soifs spirituelles,
j'errais au désert sombre et sourd,
quand un Séraphin aux six ailes
m'apparut dans un carrefour.
De ses doigts légers comme un songe,
touchant mes yeux, il fit s'ouvrir
ma prunelle ardente qui plonge
au plus profond de l'avenir,
dilatée, et claire, et pareille
à la pupille de l'aiglon
qu'un effroi nocturne réveille.
Et puis, il toucha mon oreille

qui s'emplit de bruits et de sons.
Et j'entendis alors l'étrange
frémissement du firmament,
et j'entendis le vol des Anges ;
et j'entends, depuis ce moment,
Léviathan frôler la mousse
dans les abîmes sous-marins,
la croissance des jeunes pousses,
dans les taillis du val voisin.
Penché sur ma bouche frivole,
il prit ma langue qui pécha
par blasphème et vaines paroles,
et de sa droite, il l'arracha ;
puis l'Ange, d'un geste farouche
descella de nouveau mes dents ;
sa main sanglante dans ma bouche
mit le dard d'un serpent prudent.
Et puis il fendit de son glaive
ma poitrine, et je sens soudain
que sa dextre cruelle enlève
mon cœur palpitant de mon sein,
et place, dans la plaie ouverte,
un bloc de charbon embrasé…

Dans la plaine, cadavre inerte,
gisait mon corps martyrisé…
Tout à coup retentit le Verbe,
le Verbe irrité du Très-Haut :
« Ô toi qui gis là-bas dans l'herbe,
lève-toi, mortel, il le faut.
Réveille-toi donc de ton somme :
debout, Prophète, entends et vois !
Obéis ! parcours à la fois
terres et mers, et que ta voix
brûle partout le cœur des hommes ! »

Les Perles de la Poésie Slave : Lermontov - Pouchkine - Mickiewicz / Transcriptions en rimes françaises par Henri Grégoire. – Liège : Bénard, 1918. – [Pp. 225-226].

POÉSIES 18

J.-L. Backès — 1966

Lorsque j'erre pensif aux abords de la ville. — Un des derniers poèmes de Pouchkine, écrit quelques mois avant sa mort. Un puissant désir de quiétude anime ce texte. La fascination du poète pour les cimetières et son culte de la mémoire font partie des motifs les plus importants de sa poésie lyrique. Jean-Louis Backès a traduit les hexamètres rimés de l'original en dodécasyllabes blancs, mais sa traduction est très juste par le ton. Il fallait en effet rendre ce mélange de mélancolie, de nostalgie et d'ironie amère qui caractérise les derniers vers de Pouchkine.

Lorsque j'erre pensif aux abords de la ville,
Lorsque j'entre dans un cimetière public,
Les grilles, les piliers, les splendides sépulcres
Où pourrissent les morts de toute la cité,
Entassés Dieu sait comme au fond du marécage,
À une pauvre table autant d'hôtes voraces,
Les mausolées de négociants, de fonctionnaires,
Absurdes inventions d'un sculpteur bon marché,
Des inscriptions en vers, des inscriptions en prose
Qui parlent de vertu, de services, de grades,
La veuve énamourée pleurant son vieux cocu,
Les urnes dévissées par la main des voleurs,
Et les tombeaux glissants qui pour le matin même
Attendent en bâillant leur nouveau locataire,
Tout cela jette en moi une trouble pensée ;
Un désespoir méchant pénètre dans mon âme.
Cracher dessus ! S'enfuir !...
Oh comme je préfère,
Dans le silence d'un village, un soir d'automne,
Entrer au cimetière où dort une famille :
Les morts peuvent y jouir d'un repos solennel.
Là les tombeaux sans ornements ont de l'espace.
Le voleur pâle n'y vient pas dans la nuit noire ;
Dorée, la mousse croît sur les dalles anciennes.
Le laboureur y passe ; il soupire et il prie.
Là point de pyramide et point d'urne inutile,
Point de génie sans nez, de Grâces défraîchies.
Sur les graves tombeaux un chêne étend ses branches
Qui se balancent frémissantes...

Pouchkine par lui-même / Jean-Louis Backès. – Paris : Seuil, 1966. – (*Écrivains de toujours* ; 73). – [P. 173].

EUGÈNE ONÉGUINE 19

G. Pérot — 1902

Activités au rythme des saisons, à la campagne (XXXVI-XLVI). — On remarquera dans ce passage les incessantes digressions, les strophes incomplètes ou omises et les références parodiques qui sont si caractéristiques de ce roman en vers. La traduction de Gaston Pérot est rimée selon le schéma très complexe de la « strophe d'Onéguine » (un quatrain avec rimes croisées, abab ; un quatrain avec rimes plates, ccdd ; un quatrain avec rimes embrassées, efef ; et, finalement, un distique, gg). Malgré cette contrainte, le texte français est aussi léger et musical que l'original. Mais le traducteur s'est permis beaucoup de libertés avec le sens du texte russe pour préserver sa qualité euphonique.

— Mais si vous parliez d'Onéguine ?...
Tous ces détours sont irritants !
— Un moment, lecteur, j'imagine
Que vous me donnerez le temps...
Il vit tout seul en sa demeure,
Se levant à la septième heure,
L'été, pour courir au ruisseau
Qui serpente au bas du coteau :
Vous pourriez l'y voir, à la nage,
Jaloux des lauriers de Byron,
Traverser cet autre Hellespont ;
Il déjeune, selon l'usage,
Après le bain, il lit un peu,
Puis il s'habille...

Il dort, il lit, il se promène
Près des ruisseaux, dans la forêt,
Il rit, il embrasse sans peine
Quelque charmant minois tout frais,
Ses collations sont substantielles,
Il est des jours entiers en selle,
Il boit souvent d'excellents vins,
Ne fréquente aucun voisin ;
C'est le bilan de l'existence
De mon héros ; mais, après tout,
Cette existence est de son goût :
L'été passe sans qu'il y pense,
Loin de la ville et des amis,
Loin des fêtes, loin des soucis.

L'été, d'ailleurs, est éphémère,
Chez nous, dans les pays du Nord ;
C'est un aveu pénible à faire :

Ils sont peu gais, sous ce rapport.
Voici déjà venir l'automne
Avec son soleil monotone ;
Les feuilles tombent, et les jours
Deviennent de plus en plus courts ;
Les champs sont noyés dans la brume ;
À tire d'aile les oiseaux
Émigrent vers les climats chauds ;
C'était, comme de coutume
Le début d'un hiver sans fin :
Novembre !... il pleut soir et matin...

Et toujours le soleil retarde ;
Le travail cesse dans les champs ;
Des loups il faut que l'on se garde :
La faim les a rendus méchants.
Les voici... le cheval halète ;
Sa course devient inquiète ;
Le voyageur juge prudent
De fuir, de crainte d'accident...
Les bœufs, dans l'étable tranquilles,
Oublieront le son du cornet
Du pâtre qui les ramenait ;
Les vierges de leurs doigts agiles,
Filent, le soir, dans les *izbas*,
À la lueur des *loutchinkas*.

Décembre est là, le mois morose ;
Il gèle, il fait un froid de chien...
(Vous attendez la rime « rose »,
Lecteur ? Soit ! Vous le tenez bien !-
On peut se mirer dans la glace
Mieux que dans l'eau qu'elle remplace ;
On voit accourir les gamins,
Tout joyeux, avec leurs patins ;
Mais, pour les oiseaux aquatiques,
Il est peut-être un peu moins gai
De se voir, après maint essai,
Dans les poses les plus comiques,
Traverser le lac sur le dos,
Quand ils croyaient fendre les eaux.

La neige tombe. À la campagne
Que peut-on faire en ce moment ?
Se promener ? L'ennui vous gagne
Devant ce tableau peu charmant ;
À cheval, bravant la gelée,
Courir la steppe désolée ?
Il serait peu réjouissant
De tomber sur ce sol glissant ;
Alors, sous son toit solitaire,
On lit, on fait ce que l'on peut,
Même ses comptes, si l'on veut :
Cela a tout pour satisfaire :
Ainsi, vous passerez vos jours,
Et l'hiver vous paraîtra court.

En bon Childe-Harold, notre Eugène
Se mit alors à paresser ;
Le matin, se levant à peine,
Il se prenait un bain glacé,
Et, pendant que le jour s'écoule,
Il prenait sa canne et deux boules
Et jouait tout seul au billard
Jusqu'à ce que tombe le soir.
Et le soir, notre sybarite
Délaisse le billard et dit
De mettre la table, Lensky
Ne va pas tarder, et, de suite
Il entend sa troïka sonner :
« Active un peu ! Il faut dîner ! »

À table, vite ! Le champagne !
Que l'on apporte le Clicquot !
Dans la glace qui l'accompagne,
Qu'il soit plongé jusqu'au goulot !
Poète, bois sans prendre haleine :
Ce sont les sources d'Hippocrène !
Moi-même, autrefois, j'y puisais,
Et trop souvent j'en abusais.
Ah ! Ce qu'on disait de sottises
Quand le flot s'échappait joyeux
Et qu'on buvait le vin mousseux !

Combien de folles entreprises
L'on rêva, de projets divers,
Que de querelles, que de vers !

Mon pauvre estomac se refuse
À le supporter à présent ;
C'est du vin de Bordeaux que j'use :
Il est pour moi plus complaisant.
L'Aï, c'est comme une maîtresse :
Avec amour on la caresse,
Et l'on constate avec dépit
Que l'infidèle vous trahit.
Le Bordeaux est plus raisonnable :
C'est l'ami, dont la loyauté
S'éprouve dans l'adversité ;
Il est toujours bon, serviable,
Prêt à partager vos ennuis :
Vive le Bordeaux, mes amis !

Œuvres complètes II. Œuvres poétiques / Alexandre Pouchkine ; volume publié sous la direction d'Efim Etkind. – Lausanne : L'Âge d'Homme, 1981. – [Second volume, pp. 184-187].

RÉCITS DE FEU IVAN PÉTROVITCH BIELKINE 20

A. Gide, J. Schiffrin — 1935

Le coup de pistolet. — Dans cet extrait du premier texte du cycle des *Récits*, Silvio, un officier à la retraite sombre et taciturne, explique au narrateur pourquoi il n'a pas provoqué en duel un jeune officier (« cet ivrogne étourdi, R*** ») qui l'avait pourtant insulté dans sa propre demeure quelques jours auparavant. Le récit de Silvio illustre bien le style laconique et dépouillé de la prose de Pouchkine, son art de raconter une histoire complexe et captivante en quelques paragraphes.

Nous quittâmes la table fort tard. Après que chacun eut trouvé sa casquette, Silvio, ayant dit adieu à tous, me prit par le bras et me retint au moment même où je me disposais à partir.

« Il faut que je vous parle », dit-il à voix basse.

Je demeurai. Sitôt que les invités nous eurent laissés, nous nous assîmes Silvio et moi, l'un en face de l'autre et allumâmes nos pipes en silence. Silvio était préoccupé ; de sa gaieté convulsive il ne restait plus trace. Sa pâleur ténébreuse, ses yeux étincelants et l'épaisse fumée qui sortait de sa bouche lui donnaient l'aspect d'un vrai diable. Quelques minutes passèrent ; Silvio rompit enfin le silence.

« Peut-être ne nous reverrons-nous plus jamais, me dit-il. Avant la séparation j'ai voulu m'expliquer avec vous. Vous avez pu remarquer que je fais peu de cas de l'opinion d'autrui ; mais je vous aime et il me serait pénible de laisser dans votre esprit une impression fausse. »

Il s'arrêta et se mit à bourrer une nouvelle pipe. Je me taisais, baissant les yeux.

« Il a pu vous paraître étrange, continua-t-il, que je n'aie pas exigé réparation de cet ivrogne étourdi, R***. Vous conviendrez que, ayant le droit de choisir les armes, sa vie était entre mes mains, tandis que la mienne était à peine exposée ; je pourrais attribuer ma retenue à ma seule magnanimité, mais je ne veux point mentir... Si j'avais pu punir R*** sans risquer ma vie, je ne lui aurais pardonné pour rien au monde. »

Je regardai Silvio avec étonnement. Un tel aveu me confondait. Silvio continua :

« Oui, parfaitement ! Je n'ai pas le droit de m'exposer à la mort. Il y a six ans j'ai reçu un soufflet, et mon ennemi est encore vivant. »

Ma curiosité était fortement excitée.

« Vous ne vous êtes pas battu avec lui ? demandai-je. Les circonstances vous ont probablement séparés ?

— Je me suis battu avec lui, répondit Silvio, et voici ce qui en témoigne. »

Silvio se leva et sortit d'un carton un bonnet rouge galonné avec une houppe dorée (ce que les Français appellent *bonnet de police*) ; il s'en coiffa ; le bonnet était traversé d'une balle à un doigt du front.

« Vous savez que j'ai servi dans le régiment de hussards de ***, continua Silvio. Mon caractère vous est connu : je suis habitué aux premières places. Dans ma jeunesse je les briguais avec passion. De notre temps, la débauche était à la mode ; j'était le plus grand tapageur de l'armée. Nous faisions parade de nos soûleries. Je l'emportais même sur le fameux Bourtsov[1], chanté par Denis Davydov. Les duels, dans notre régiment, étaient des plus fréquents ; à chacun d'eux je servais de témoin, lorsque je n'y prenais pas une part active. Mes camarades m'adoraient et les commandants du régiment, remplacés sans cesse, me regardaient comme un fléau nécessaire.

« Avec ou sans tranquillité je jouissais de ma gloire, jusqu'au jour où un jeune homme riche et de grande famille (je ne veux pas le nommer) fut

---

1 Alexandre P. Bourtsov (mort en 1813), officier de hussards à qui le poète-partisan Denis V. Davydov (1784-1839) fit une réputation par son invocation bachique : « Bourtsov, gaillard bagarreur... ». (N.d.t.)

incorporé chez nous. De ma vie je n'avais rencontré un si brillant enfant gâté de la Fortune. Imaginez la jeunesse, l'esprit, la beauté, la gaieté la plus folle, la bravoure la plus insouciante, un nom illustre, de l'argent à n'en jamais manquer et à n'en savoir jamais le compte ; vous comprendrez facilement l'effet qu'il devait produire parmi nous. Ma supériorité chancela. Attiré par ma gloire, il allait rechercher mon amitié ; je l'accueillis avec tant de froideur qu'il s'éloigna de moi sans le moindre regret.

« Je l'avais pris en haine. Ses succès au régiment et dans la société des femmes me jetaient dans le plus grand désespoir. Je me mis à lui chercher querelle ; à mes épigrammes il répondait par des épigrammes qui me paraissaient toujours plus inattendues et plus acerbes que les miennes, et qui certes étaient bien plus gaies ; il plaisantait et moi j'étais fielleux. Un jour enfin, à un bal chez un châtelain polonais, le voyant l'objet de l'attention de toutes les femmes et particulièrement de la châtelaine avec qui j'avais une liaison, je lui soufflai à l'oreille quelque plate grossièreté. Il s'emporta et me gifla. Nous nous jetâmes sur nos sabres ; les dames s'évanouirent ; on nous sépara de force, et la même nuit nous partîmes pour nous battre.

« Moi et mes témoins nous nous trouvâmes au point du jour à l'endroit désigné. Avec une impatience inexprimable j'attendais mon adversaire. Le soleil printanier se leva et mûrissait déjà. J'aperçus l'autre de loin : il s'avançait à pied, laissant traîner son manteau sur le sabre, accompagné d'un seul témoin. Nous allâmes à sa rencontre. Il tenait une casquette remplie de cerises[1]. Les témoins mesurèrent douze pas. C'était à moi de tirer ; mais le dépit m'agitait si violemment que je cessai de compter sur la sûreté de ma main, et, pour me donner le temps de me ressaisir, je lui offris de tirer le premier. Il refusa. On décida de s'en remettre au sort : le bon numéro échut à cet éternel favori de la Fortune. Il visa, et sa balle traversa ma casquette. C'était mon tour. Sa vie était enfin entre mes mains ; je le regardais avec avidité, guettant sur son visage la moindre ombre d'inquiétude. Et, tandis que je le tenais en joue, il choisissait dans sa casquette les cerises mûres en crachant vers moi les noyaux qui m'atteignaient presque. Son sang-froid me rendit furieux. « À quoi bon, pensais-je, le priver d'une vie à laquelle il attache si peu de prix ? » Une pensée perfide se glissa dans mon esprit. J'abaissai mon pistolet.

1 La légende attribue ce geste à Pouchkine lui-même dans un de ses duels. (N.d.t.)

« “ Mourir, en ce moment, lui dis-je, il ne vous en chaut guère ; vous déjeunez, je n'ai pas envie de vous déranger.

« — Vous ne me dérangez nullement, répliqua-t-il, veuillez tirer... Au surplus, faites comme il vous plaira ; vous gardez droit à votre coup ; je reste à vos ordres. ”

« Je me tournai vers les témoins, leur déclarant que, pour l'instant, je n'avais pas envie de tirer ; et le duel se termina ainsi...

« Je pris ma retraite et m'enfouis dans cette bourgade. Depuis lors, pas un jour ne s'est passé que je n'aie songé à la vengeance. Aujourd'hui mon heure est venue. »

Silvio tira de sa poche la lettre qu'il avait reçue le matin et me la donna à lire. Quelqu'un de Moscou (probablement son homme d'affaires) lui écrivait que la *personne en question* allait prochainement s'unir en légitime mariage avec une fille jeune et de grande beauté.

« Vous devinez, dit Silvio, quelle est cette personne en question. Je vais à Moscou. Nous verrons si, la veille de son mariage, il accepte la mort avec autant d'indifférence qu'il l'attendait naguère en mangeant des cerises. »

À ces mots, Silvio se leva, jeta à terre sa casquette et se mit à marcher de long en large dans la chambre, comme un tigre en cage.

Je l'écoutais sans bouger ; des sentiments étranges, contradictoires, m'agitaient. Le domestique entra et annonça que les chevaux étaient prêts. Silvio me serra la main fortement ; nous nous embrassâmes. Il monta dans la voiture où se trouvaient deux valises : l'une avec les pistolets, l'autre contenant ses effets. Après de nouveaux adieux, les chevaux partirent au galop.

Œuvres / Griboïèdov, Pouchkine, Lermontov ; introduction par Gustave Aucouturier, textes traduits par Gabriel Arout, Gustave Aucouturier, Maurice Colin, André Gide et Jacques Schiffrin, Brice Parain, Boris de Schloezer. – Paris : Gallimard, 1973. – (*Bibliothèque de la Pléiade* ; 245). – [Pp. 257-260 et 1213-1214 pour les notes].

LE CAVALIER D'AIRAIN 21

K. Granoff — 1961

Ô Pierre, j'aime ton ouvrage (Prologue). — Les personnages principaux du poème sont Pierre le Grand, le fondateur de Saint-Pétersbourg, et Eugène, un humble fonctionnaire. Ayant perdu sa fiancée lors de l'inondation de la ville en 1824, Eugène invective le « cavalier d'airain », le célèbre monument de Falconet érigé en l'honneur de Pierre le Grand. Dans sa folie, il se croit ensuite pourchassé par le tsar en furie. Souvent interprété comme une condamnation du pouvoir tsariste qui écrase les « petits hommes », le texte est cependant traversé par plusieurs courants contradictoires. Ainsi, dans ce passage, l'auteur exprime sa fierté nationale en célébrant la « création de Pierre ». Katia Granoff a traduit les tétramètres ïambiques de l'original en octosyllabes ; ses vers sont rimés selon le schéma du texte russe (alternance libre de rimes masculines et féminines).

Ô Pierre, j'aime ton ouvrage,
J'aime le cours majestueux
De la Néva dans ses rivages,
Son air sévère, harmonieux,
J'aime le dessin de ces grilles,
Ces rêves, ces nuits qui scintillent,
Quand, dans une étrange clarté,
En son éclat nocturne brille
La flèche de l'Amirauté.
Je lis ou j'écris dans ma chambre
Comme à la lumière du jour,
Car deux aubes dans un ciel d'ambre
Et qui se suivent tour à tour,
À la nuit ne cèdent leur place
Que pour quelques instants fugaces.
J'aime aussi de ton rude hiver
Le gel et le calme de l'air,
La course des traîneaux rapides
Le long de la Néva solide,
Plus frais que des roses d'été
Les visages des jeunes filles,
L'éclat des bals et leur gaîté,
La fête de tes joyeux drilles,
Les feux bleus du punch écumant
Dans leurs verres levés gaiement.
J'aime tes fêtes militaires,
Les mouvements aux champs de Mars,
En leurs alignements sévères,
Des fantassins et des hussards.
J'aime ces lambeaux de la gloire,
Les drapeaux contant nos victoires,
Comme les casques scintillants
Percés de balles dans les guerres,
Et la fumée et le tonnerre,
Ô capitale militaire,
De tes canons toujours veillant,
Quand ton énorme forteresse
Annonce à ton peuple en liesse

Que la souveraine du Nord
Fait don à la maison régnante
D'un héritier, ou bien encor
Que la Russie est la gagnante
D'un combat contre l'ennemi,
Ou que, brisant soudain sa glace
Bleue, en ayant longtemps dormi,
Au printemps la Néva fait place,
Heureuse au sortir de l'hiver,
De la porter, brisée, en mer.
Comme la Russie, inébranlable,
Cité de Pierre, en ta beauté
Demeure fière, inviolable,
Et que de l'élément dompté
S'éteignent dans les eaux finnoises,
Avec ses révoltes sournoises,
Les haines de captivité ;
Pour que jamais plus leur colère
Ne trouble le sommeil de Pierre !

Anthologie de la poésie russe / Katia Granoff. – 3e édition revue et complétée. – Paris : Christian Bourgois, 1980. – [Pp. 124-125].

LE CAVALIER D'AIRAIN 22

L. Martinez — 1994

La révolte d'Eugène et son délire (IIe partie, v. 145-205). — La traduction est en vers libres.

Eugène tressaillit. Une lucidité
atroce l'éclaira. Il reconnut le lieu
où le déluge avait fait rage,
où s'étaient bousculées les vagues
rapaces qui l'avaient cerné,
les lions et la place et celui
qui élevait, imperturbable,
sa tête d'airain dans le noir,
celui dont le vouloir fatal
avait fondé la ville aux portes de la mer...
Terrible, auréolé par l'ombre !
La pensée animant ce front !

La force qui s'y dissimule !
Et la fougue de ce cheval !
Où bondis-tu, fier étalon ?
Sabots levés, où vas-tu retomber ?
Ô, puissant maître du destin,
n'as-tu pas comme une cavale,
bâillonné la Russie avec un mors d'acier,
la jetant, cabrée, sur l'abîme[1] ?

Le pauvre fou tourna autour
du socle qui porte l'idole
et leva ses regards déments
sur celui qui pesait sur la moitié du monde.
Son cœur se serra. Il posa
son front sur la grille froide.
Un brouillard envahit ses yeux,
une flamme cingla son cœur,
son sang frémit. Il s'assombrit
devant cet arrogant fétiche ;
fermant le poing, serrant les dents,
comme en proie aux forces du mal :
« C'est bon, bâtisseur de prodiges ! —
murmura-t-il, tremblant de haine —
gare à toi ! »... Et tout aussitôt
il prit la fuite. Il avait cru
qu'enflammé d'une brusque rage
la face du tsar redoutable
lentement se tournait vers lui...
Il s'enfuit sur la place vide,
il court, il entend dans son dos,
comme un roulement de tonnerre,
le lourd carillon d'un galop
ébranlant sous lui le pavé.
Dans le clair de lune blafard,
tendant son bras haut vers le ciel,
le cavalier de bronze le pourchasse
sur son cheval aux bonds retentissants.
La nuit durant, où qu'il portât ses pas,

1 Cf. la description du monument chez Mickiewicz. Elle est empruntée à Rouban — comme Mickiewicz le note lui-même. (N.d.t.)

le pauvre hère était rejoint
par le pesant galop du cavalier d'airain.

Et depuis lors, s'il lui fallait
se risquer sur la même place,
un trouble profond se lisait
sur son visage. Il maintenait
sa main collée contre son cœur,
comme pour en calmer le tourment,
il ôtait sa casquette usée,
n'osait lever les yeux, confus,
et faisait un détour.

Poésies / Alexandre Pouchkine ; traduction, choix et présentation de Louis Martinez. – Paris : Gallimard, 1994. – (*Poésie*). – [Pp. 195-197].

MILTON ET LA TRADUCTION DU « PARADIS PERDU » 23

G. Aucouturier — 1973

La traduction du Paradis perdu *par Chateaubriand.* — Cet article, publié dans le *Contemporain* en 1837 après la mort du poète, rend compte de la version littérale (qui du reste n'est pas sans rencontrer certaines théories contemporaines de la traduction) que Chateaubriand avait réalisée du *Paradis Perdu* de Milton (1836) et témoigne de l'enracinement européen de la culture de Pouchkine.

Longtemps les Français ont négligé la littérature de leurs voisins. Convaincus de leur supériorité sur toute l'humanité, ils appréciaient les écrivains étrangers célèbres d'après la mesure dans laquelle ceux-ci s'éloignaient des habitudes et des règles françaises, établies par les critiques français.

Dans les traductions publiées au siècle passé, on ne peut pas lire une seule préface où ne se trouve l'inévitable phrase : Nous avons pensé satisfaire notre public, et rendre en même temps service à notre auteur, en écartant de son ouvrage les passages qui pourraient choquer le goût éclairé du lecteur français. Étrange, quand on considère celui qui s'excuse ainsi, pour qui il s'excuse et devant qui ! Et voilà à quoi mène une ignare passion du sens national !... Enfin la critique s'est ressaisie. Le soupçon lui est venu que M. Letourneur[1] avait pu se tromper dans son jugement sur

1 Pierre Letourneur (1736-1788), traducteur et vulgarisateur de Shakespeare en France, avait suscité la colère de Voltaire, encore que pour des raisons tout autres que celles de Pouchkine. L'ensemble de ses traductions avait été réédité à Paris en 1821-1822. (N.d.t.)

Shakespeare et ne pas agir tout à fait raisonnablement en refaisant à sa manière Hamlet, Roméo et Lear. Elle s'est mise à demander aux traducteurs davantage de fidélité et moins de délicatesse chatouilleuse et de dévouement au public, elle a souhaité voir Dante, Shakespeare et Cervantès sous l'aspect qui leur est propre, dans leur vêtement national et même avec leurs défauts de nature. Même l'opinion établie par les siècles et universellement admise, selon laquelle le traducteur doit tâcher à rendre l'esprit et non la lettre, a trouvé des adversaires et des réfutations faisant autorité.

Aujourd'hui — exemple inouï ! — le premier des écrivains français traduit Milton *mot à mot* et déclare qu'une traduction juxtalinéaire serait le sommet de son art si elle était seulement possible ! Une telle humilité de la part d'un écrivain français, et qui est le maître de tous dans son art, a dû fortement étonner les champions de la *traduction corrective*, et il est probable qu'elle aura une grande influence en littérature.

De tous les grands écrivains étrangers Milton a été en France le plus infortuné. Ne parlons pas des pitoyables traductions en prose qui l'ont injustement déconsidéré, ne parlons pas de la traduction en vers de l'abbé Delille, qui a affreusement redressé ses grossiers défauts et l'a impitoyablement embelli ; mais comment a été présenté son propre personnage dans les tragédies et romans des écrivains de la nouvelle école romantique ! Qu'a fait de lui M. Alfred de Vigny, que les critiques français placent sans se gêner à côté de Walter Scott ! Comment l'a montré Victor Hugo, autre favori du public parisien ! Peut-être nos lecteurs ont-ils oublié aussi bien *Cinq-Mars* que *Cromwell*, et ne peuvent-ils pour cette raison juger de l'absurdité des inventions de Vigny et de Victor Hugo. [...]

La traduction publiée par Chateaubriand répare dans quelque mesure les méfaits des jeunes écrivains français qui ont si innocemment, mais si cruellement, outragé une grande ombre. Nous avons déjà dit que Chateaubriand a traduit Milton presque mot à mot, d'aussi près que pouvait le permettre la syntaxe de la langue française : labeur pénible et ingrat, qui échappe à l'attention de la plupart des lecteurs et qui ne peut être apprécié que de deux ou trois connaisseurs !

Œuvres / Griboïèdov, Pouchkine, Lermontov ; introduction par Gustave Aucouturier, textes traduits par Gabriel Arout, Gustave Aucouturier, Maurice Colin, André Gide et Jacques Schiffrin, Brice Parain, Boris de Schloezer. – Paris : Gallimard, 1973. – (*Bibliothèque de la Pléiade* ; 245). – [Pp. 892-896 et 1337 pour la note].

MAURICE DE GUÉRIN

FRANÇAIS 1810-1839

La vie et l'œuvre de Georges Pierre *Maurice* de Guérin furent déterminées en grande partie par son terroir ancestral tarnais, et surtout par le Cayla, modeste gentilhommière près de Gaillac (Tarn), où le poète naquit le 4 août et s'éteignit à l'âge de 28 ans (19 juillet).

Le jeune Maurice alla faire ses études au petit séminaire de l'Esquile, à Toulouse, puis à Paris au Collège Stanislas ; après avoir renoncé à l'état ecclésiastique, il suivit des cours à l'École de droit en vivant chichement de répétitions ; il passa de longs mois en Bretagne auprès de Lamennais, à la Chênaie, puis chez des connaissances au « Val de l'Arguenon » voisin ; il fréquenta à Paris le milieu du catholicisme progressiste, entretint dans cette ville, où par ailleurs il se maria, quelques amitiés déterminantes (Barbey d'Aurevilly, Trebutien, Auguste Chopin) : mais dans un sens, comme le remarque François Mauriac, son âme ne quitta jamais « son Cayla ». Paysage d'églogue virgilienne, — qui, au passant, évoque irrésistiblement la Toscane, — ensoleillé, tranquille, sauvage avec sa terre calcaire, ses chênes, cyprès et buis, ses cigales, ses ruisseaux, ses vallons et ses collines plantées de vignes ; un manoir modeste avec son unique tourelle, sa cuisine à poutres basses, sa terrasse fleurie ; et surtout sa sœur Eugénie, qui joua dans sa vie les rôles de mère, de confidente, de directeur de conscience et de mentor poétique. — Voilà son Cayla. Voilà le centre de son existence.

Une amie d'Eugénie, Louise de Bayne, qui habitait Rayssac, dans l'Albigeois, domina les pensées et inspira les premiers émois comme les premières poésies du jeune Maurice. Elle finit par le rejeter pour son impécuniosité, et il fut accablé de douleur. Ni d'autres liaisons, dont celle avec la baronne de Maistre, ni les relations amicales ne remplacèrent jamais complètement les réalités intimes qui le liaient au Midi, décor tout à la fois psychologique et figuratif des poèmes ultimes, dits « de l'Antiquité ». — Il contracta mariage avec Caroline de Gervain, jeune créole rencontrée dans la capitale, un an avant de succomber à la tuberculose dans la demeure familiale.

« Voilà ma vie en raccourci », écrivait Maurice en juillet 1834 : « une alternative d'élans et de défaillances, d'emportements d'imagination et de prostration d'âme, de rêves fous à force d'ardeur, et de refroidissements désolants ». Tels tiraillements ne cessèrent d'alimenter une remarquable capacité d'expérimentation scripturale : vie courte et triste, mais transcendée par la recherche d'une expression qui se forge avec lucidité, acribie et franchise dans la correspondance ou dans le *Cahier vert* (son « journal ») ; hantise des spectres panthéistes de l'héritage paléolithique tarnais, attraction du symbolisme des métamorphoses mystérieuses véhiculées par la mythologie grecque, volonté d'orthodoxie catholique — ce vécu intérieur d'ambiguïtés, d'antithèses et de paradoxes contribua à la production du *Centaure* (en prose), de *La Bacchante* ou de *Glaucus*, fragment en vers libres tant admiré par George Sand.

Ceci dit, le nom de Maurice de Guérin n'éveille pas dans l'esprit du public de grandes souvenances littéraires ; il faut donner un mot d'explication, montrant ce qu'est parfois l'histoire littéraire, à propos d'une œuvre dont rien, ou presque, ne fut publié du vivant de l'auteur. L'histoire des éditions et de la diffusion de cette œuvre met en perspective deux problèmes : celui des textes, que le poète ne destinait pas à la publication et dont la plupart n'étaient connus que par des copies (Guérin détruisit beaucoup d'autographes) ; celui des lecteurs, condamnés dans un premier temps à reconstituer l'image de l'auteur et à interpréter l'œuvre posthume sur la base de données fragmentaires — soit que les éléments d'information fissent défaut, soit que certains de ceux-ci parussent, aux zélateurs de la renommée guérinienne, devoir être occultés : on peut parler d'une « mythification », qui indiquerait l'écart fondamental entre les virtualités de l'œuvre aux contours indéterminés et les contingences historiques du discours sur cette œuvre.

Cet écart ne s'est jamais réduit suffisamment pour permettre à l'exégèse guériniste de s'épanouir pleinement dans le champ de l'histoire littéraire officielle. Plusieurs phénomènes de réception, préfigurés par cette « mythification », s'y s'ont opposés. Est principalement en cause la tradition biographique, initiée par Trebutien, le premier éditeur, qui lie Maurice à sa sœur Eugénie (auteur du fameux *Journal*) et où les réalités artistiques de l'œuvre souffrent de connotations régionalistes et d'apologétique. Les deux grandes figures du guérinisme, Mgr Émile Barthés et l'abbé Élie Decahors, n'ont pas échappé à cette dérive : tandis qu'ils constituaient, à l'écart des circuits officiels de la recherche, un immense corpus de sources qui allait nourrir leurs travaux érudits, les deux savants étaient promus gardiens du culte par les guériniens. Le premier laissait, à sa mort, une irremplaçable bibliothèque qui comprenait notamment les travaux préparatoires à une édition complète de Maurice de Guérin ; cette documentation allait rester inaccessible en partie durant quarante ans, en tout durant plus de cinquante. Le second publiait en 1932 une thèse que son abondance paraissait rendre inexpugnable et qui devenait le principal ouvrage de référence ; pourtant, l'analyse psychologique, qui s'y faisait la part belle, négligeait les mécanismes de la création poétique. Enfin, pour achever de rendre précaire la lecture, Bernard d'Harcourt publiait en 1947 une « Œuvre complète » vouée à une large diffusion ; mais le travail, réalisé de seconde main, multipliait les erreurs et entretenait le malentendu sur les textes.

Cette œuvre est donc à réévaluer à partir de l'ensemble de la production écrite restaurée (en particulier par l'édition des lettres), tous genres confondus, afin de définir le *projet poétique* de Guérin. Ce projet, ancré dans l'existence de l'homme et donc dans sa biographie, atteste, mais par-delà l'anecdote, une tension de tout l'être vers l'espace poétique — lieu que le verbe n'élucide pas, mais où il ricoche pour revenir chargé de mystère et de sens. Un récent colloque intitulé « Maurice de Guérin et le Romantisme » a bien montré combien la redéfinition nécessaire du second passait par l'étude du premier.

La problématique qui vient d'être évoquée n'a pas empêché un rayonnement géographique aussi large que fut discrète la renommée. Le *Centaure* en particulier a fait l'objet d'un grand nombre de traductions : anglaises (à sept reprises), allemandes (notamment par Rilke, souvent rééditée), espagnoles, néerlandaise, italiennes, tchèque, roumaine, catalane, languedocienne et grecque.

Autres aspects de ce succès ambigu, une revue est consacrée depuis 1933 au frère et à la sœur, *L'Amitié guérinienne*, qui continue à fournir annuellement deux ou trois livraisons ; le musée départemental établi au Cayla depuis 1937, accueillait en 1998 plus de 6 000 visiteurs ; une célébration y rassemble annuellement une centaine de convives pour un « déjeuner sous les chênes » suivi d'une conférence. — Manifestations d'une réalité fondamentale, souvent rappelée à propos de Hölderlin : la poésie n'est pas seulement l'écriture, c'est une qualité de relation entre l'Homme et l'Univers — « une "matière céleste" dont l'empreinte peut accompagner toute une vie », ainsi que l'exprimait récemment un guérinien fervent.

Maurice de Guérin : d'après des documents inédits / par Abel Lefranc. – Paris : Librairie ancienne Honoré Champion, 1910. – II-321 p. – (*Les Lettres et les Idées depuis la Renaissance* ; 1).

Maurice de Guérin / Ernest Zyromski. – Paris : A. Colin, 1921. – VIII-288 p.

Maurice de Guérin : essai de biographie psychologique (textes et documents inédits) / Élie Decahors. – Paris : Bloud & Gay, 1932. – XV-579 p.

L'Amitié guérinienne : bulletin trimestriel des Amis des Guérin. – Tome I, n° 1 (1933) - tome XL, n° 4 (1972) ; n° 112 (1973) →. – [*Table générale 1933-1989 : avec une introduction historique et un index* / par Jean-Luc Pire. – Andillac : Les Amis des Guérin, 1993. – 52 p.].

Maurice de Guérin : l'errance et la demeure / Maya Schärer-Nussberger. – Paris : José Corti, 1965. – 215 p.

Lectures guériniennes : colloque international (15-17 juillet 1988) / textes recueillis et présentés par Claude Gély. – Université de Montpellier : Publications de la recherche, [1989]. – 274 p.

Maurice de Guérin : imaginaire et écriture / Marie-Catherine Huet-Brichard ; préface de Jean Burgos. – Paris : Minard, 1993. – 276 p. – (*Bibliothèque des Lettres Modernes* ; 38).

Poésie, silence, clameurs : la mythification littéraire de Maurice de Guérin (l'œuvre posthume et ses promoteurs, 1839-1910) / par Jean-Luc Pire. – Louvain-la-Neuve : Collège Érasme ; Bruxelles : Nauwelaerts, 1993. – 256 p. – (*Recueil de travaux d'histoire et de philologie. VIe série* ; 46).

Maurice de Guérin / Marie-Catherine Huet-Brichard. – Paris : Honoré Champion, 1998. – 157 p. – (*Romantisme et Modernités* ; 20).

Maurice de Guérin et le Romantisme : actes du colloque international, Toulouse & le Cayla, 6-8 mai 1999 / édités par Marie-Catherine Huet-Brichard. – Toulouse : P.U.M., 2000. – [À paraître].

POÉSIES 24

La Roche d'Onelle (Automne de 1832). — « Les vers de Guérin ne sont que des ébauches. C'est sa prose qui est sa poésie achevée », notait Barbey d'Aurevilly. Il ne se dégage pas moins un indéniable charme d'élégance et de pudeur d'une pièce comme celle-ci, composée douloureusement après que le poète s'est vu refuser la main de Louise de Bayne. — Quoique le titre de l'édition reproduite ici et plus bas soit anglophone, il s'agit, outre l'adjonction d'une traduction d'une grande sensibilité, de la seule édition critique des vers de Maurice, reproduits d'après les versions imprimées ou manuscrites autorisées.

Les siècles ont creusé dans la roche vieillie
Des creux où vont dormir des gouttes d'eau de pluie ;
Et l'oiseau voyageur qui s'y pose le soir
Plonge son bec avide en ce pur réservoir.
Ici je viens pleurer sur la roche d'Onelle
De mon premier amour l'illusion cruelle ;
Ici mon cœur souffrant en pleurs vient s'épancher...
Mes pleurs vont s'amasser dans le creux du rocher...
Si vous passez ici, colombes passagères,
Gardez-vous de ces eaux : les larmes sont amères.

The Poetic Works of Maurice de Guérin / Edited by James M. Vest ; Prefatory Notice by Jean-Luc Pire ; English Translations by Nancy F. Vest and James M. Vest. – Birmingham (Alabama) : Summa Publications, 1992. – [P. 137].

POÉSIES 25

Rêverie à propos d'une brise qui passe (Val de l'Arguenon, 17 janvier 1834). — « Cette élégie fut écrite la veille du jour où il quitta pour jamais le Val », nota Hippolyte de La Morvonnais sur l'autographe du poème. Guérin laissait ainsi derrière lui la « Thébaïde des Grèves » , cénacle qui comptait aussi Paul Quemper et Amédée Duquesnel, et où l'on avait médité, lisant Coleridge et Wordsworth, sur la vertu poétique du symbole. L'enfant des collines languedociennes s'y était abandonné durant deux mois aux enchantements inédits des impressions marines, qui allaient féconder un art onirique où le paysage entre en résonance avec la quête métaphysique, — ainsi que le commente l'auteur : « La suite de mes errantes fortunes m'a amené sur un cap solitaire de Bretagne pour y rêver tout un soir d'automne. Là se sont tus durant quelques heures tous ces bruits intérieurs qui ne se sont jamais bien calmés depuis que la première tempête s'est élevée dans mon sein. Là, toutes les mélancolies douces et célestes sont entrées en troupe dans mon âme avec les accords de l'océan, et mon âme a erré comme dans un paradis de rêveries » (*Cahier vert*, 9 décembre 1833).

Mais d'où vient qu'un air doux et simplement chanté,
Le vague d'un soupir par la brise jeté,
Une histoire d'amour, la plus simple peinture
Qu'on retrace en passant d'un malheur arrivé
« À quelque jeune cœur pour avoir trop rêvé »,
Tout cela, moins encor, tire aussitôt des larmes
De mes yeux attendris ; que je trouve des charmes
Sans seconds à sentir ainsi mes yeux perdus
Dans ces pleurs ; et qu'après les avoir répandus,
J'ai pour un jour et plus d'une mélancolie
Dont l'entretien est cher à mon âme amollie ?

D'où vient encore, hélas ! que le sommeil trompeur
Conspire chaque nuit à décevoir mon cœur ?
Qu'il fait autour de moi flotter en des nuages
Des fantômes charmants, de fidèles images
De quelques fronts bien doux que j'ai vus ici-bas…
Mais dont les yeux distraits ne me souriaient pas ;
Au lieu qu'en mon sommeil, leur paupière en mon âme
Verse avec son regard comme une molle flamme,
Et leur touchante voix module avec amour
Des airs doux que je chante à la chute du jour,
Comme pour se lier avec la rêverie
Où m'entraînent ces airs pleins de mélancolie,
Et par ces longs accents témoigner à mon cœur
Que leur âme se noie en la même langueur ?
D'autres fois, sans rien voir, je sens que sur ma bouche
Une autre a murmuré… Son haleine me touche
Comme une brise fraîche ; et puis de longs cheveux
Inondant mon visage, ou bien en de beaux lieux,

Au gré d'un pied léger, je m'égare et j'engage
Des conversations en un divin langage.

Et je trouve au réveil plein mon âme et mon cœur
De regrets inconnus et d'un trouble rêveur
Qui me mène à l'écart, et devant mes paupières
Remet au sein du jour mes nocturnes chimères.
Je remplis la nature en ses sites divers,
Vallons mélodieux ou sauvages déserts,
De mon rêve constant : noirs rochers, rude grève,
Bois profonds, tout devient, à l'aide de mon rêve,
Lieux divins pleins de charme, et de joie et d'amour.
Ainsi me promenant de séjour en séjour,
Et partout enivré de ma jeune folie,
J'entends errer des voix dont la douce magie
Va charmant les échos ; dans les enfoncements
Des forêts, parmi l'ombre et les rameaux pendants,
Je crois voir ondoyer des chevelures blondes
Et des robes fuyant en ces routes profondes.
Moi qui chéris la mer et ses divins propos,
Si je vais sur le soir causer avec les flots,
Toujours déçu, je prends pour unc doucc image
Tout oiseau qui rasant les sables du rivage,
Alouette marine ou goéland nageur,
Gracieux et léger se perd dans la vapeur.
Et la vague elle-même errante et solitaire
Qui tout le long des bords épanche sa voix claire,
Comme une douce amante au déclin d'un beau jour
La vague me sourit et me parle d'amour.

Nocturnes visions dont les belles images
Ravissent mes esprits ; sous ces rameaux sauvages,
Forêts qui recelez ces beaux enchantements,
Brise molle des soirs, longs murmures des vents
Qui promenez des voix vagues dont le murmure
Parle comme d'amour, douce et belle nature
Opérant pour mes yeux des miracles si doux,
Qu'est-ce donc de mon cœur, dites, le savez-vous ?

The Poetic Works of Maurice de Guérin / Edited by James M. Vest [...]. – Birmingham (Alabama) : Summa Publications, 1992. – [Pp. 274-277].

CORRESPONDANCE LITTÉRAIRE 26

Poétique du paradis perdu (*La France catholique*, I, n° 22 [mars 1834]). — Introduit dans le milieu de la presse catholique parisienne par Lacordaire, Maurice y dissémina, seules publications de son vivant, quelques articles de critique publiés entre 1831 et 1834 dans *L'Avenir, La Revue européenne* et *La France catholique*. Parmi ceux-ci, une importante profession de foi littéraire, rédigée dans le style épistolaire affectionné : s'y laisse entrevoir, tranchant sur certains lieux communs naturistes de la génération romantique, le possible rapport de la poésie à un au-delà interprété par la critique tantôt comme la transcendance chrétienne, tantôt comme le mystère dionysiaque. Le retour au « primitif », autre caractéristique de l'époque, trouve également ici une valeur particulière dans la quête obsessionnelle d'une essence de l'Être à travers des manifestations élémentaires et protohistoriques, quête qui aimante par ailleurs la rédaction des poèmes « antiques » de Guérin, rien moins que muséologiques...

Plus de faciles et douces divagations dans les sentiers du bois ; plus de harangues à cette foule muette et majestueuse qui, peut-être, après tout, n'est pas aussi dénuée de sentiments qu'on est accoutumé à le croire, puisque les forêts, au dire de la Grèce, s'en allaient sur les traces d'Orphée ; fable sublime où je vois que les anciens avaient des notions plus profondes que nous, des rapports primitifs de l'homme avec la nature, et qui n'était peut-être qu'un souvenir de l'étonnant empire que l'homme exerçait sur la création aux premiers jours du monde, car je m'imagine qu'avant le péché qui dégrada tout notre univers, la nature que nous appelons brute aujourd'hui, était animée de quelque intelligence, qu'elle entendait le langage de l'homme puisqu'elle lui obéissait ; ce qui, sans doute, fondait entre l'homme et la nature des relations prodigieuses dont il ne reste d'autre trace que le penchant à la contemplation des choses naturelles et l'ardente recherche des mystères que la terre a repliés dans son sein, devenu opaque et ténébreux de clair et transparent qu'il devait être.

Œuvres complètes / de Maurice de Guérin ; texte établi et présenté par Bernard d'Harcourt. – Paris : Les Belles Lettres, 1947. – (*Les Textes français* / collection des Universités de France publiée sous le patronage de l'Association Guillaume Budé). – [T. I, pp. 267-268].

LE CAHIER VERT 27

« *Parmi les fantômes inertes de toutes choses* » (10 décembre 1834). — Improprement intitulé *Journal* par la plupart des commentateurs, ce « cahier d'impressions et de paysages », selon la dénomination plus pertinente de Barbey d'Aurevilly (« vert » désigne la couleur de la reliure de cuir), connut une destinée emblématique de la postérité littéraire de l'auteur : traversée de l'Atlantique, séjour en Louisiane, retrouvailles avec la France pour l'édition de Trebutien (1861), puis disparition, altération sous un bombardement à Caen en 1944... et donation au Musée en 1955. — Miroir intérieur, laboratoire poétique, il contribue, à mi-chemin entre la correspondance et les poèmes, à ébaucher l'œuvre, dont il se trouve de ce fait, par-delà les considérations génériques, indissociable, dans la logique de ce processus guérinien en perpétuelle évolution et toujours par quelque côté inabouti...

De quelle nature suis-je donc qu'il me survienne toujours de ces états nouveaux contre lesquels je ne puis rien préparer, qu'il se découvre à chaque moment quelqu'autre infirmité par quelque côté où je n'avais pas d'inquiétude. Aujourd'hui cette pauvre imagination par qui je vis d'habitude, d'où découle tout ce qui circule en moi de joies ignorées et de ces transports occultes dont rien ne va se perdre au dehors, cette pauvre imagination a tari. Il y aura tantôt huit jours que ma vie intérieure a commencé de diminuer, que le fleuve a baissé, se réduisant par un décroissement si sensible qu'après quelques tours de soleil, il n'était plus qu'un filet d'eau. Aujourd'hui j'ai vu passer sa dernière goutte.

J'étends au large le sens du mot imagination : c'est pour moi le nom de la vie intérieure, l'appellation collective des plus belles facultés de l'âme, de celles qui revêtent les idées de la parure des images comme de celles qui, tournées vers l'infini, méditent perpétuellement l'invisible et l'imaginent avec des images d'origine inconnue et de forme ineffable. Ceci est peu philosophique et s'écarte étrangement des psychologies connues ; mais, à cet égard, je m'inquiète peu des hommes et des arrangements qu'ils ont faits de nos facultés ; je brise leurs systèmes qui m'entravent, et je m'en vais, libre, le plus loin d'eux qu'il est possible, reconstruire une âme et un monde selon mon gré.

Je ne puis croire assurément que nos plus vives facultés meurent comme un flambeau vacillant, et que toutes les sources intérieures se ferment soudain comme frappées de malédiction. Mais il est irrécusable que la vie s'interrompt, que le fleuve des joies secrètes suspend sa course pour livrer passage à des tribus d'amertumes et de désolations inconnues. Je souffre cette invasion terrible. Je prête l'oreille en moi-même et je n'entends plus rien de ce qui me charmait. Bruissements subtils et mêlés, chœurs ondoyans de voix reculées, répercussions des chants intimes de la nature, tout ce beau torrent de rumeurs a cessé. Comme un homme qui marche dans la nuit muni d'un flambeau, à mesure que j'avançais, les objets semblaient se revêtir d'un éclat vif et doux tout ensemble, et sous cette lumière la forme adoucie et vivifiée paraissait se complaire comme dans son fluide, et goûter je ne sais quelles voluptés qui animaient sa physionomie et lui donnaient des beautés qu'on n'a pas vues. Aujourd'hui, je ne projette que de l'ombre, toute forme est opaque et frappée de mort. Comme dans une marche nocturne, je m'avance avec le sentiment isolé de mon existence, parmi les fantômes inertes de toutes choses.

Ma vie intérieure ressemble assez à ce cercle de l'enfer du Dante, où une foule d'âmes se précipitent à la suite d'un étendard emporté rapidement. La multitude de mes pensées, foule agile et tumultueuse sans bruit, comme les ombres, s'emporte sans repos vers un signe fatal, une forme ondoyante et lumineuse, d'un irrésistible attrait, qui fuit avec la vitesse des apparences incréées. Guide menteur, sans doute, car sa fuite est trop séduisante pour ne pas attirer mon âme dans quelque piège cruel ; mais quoi qu'il en arrive, je cède au leurre. Comme un enfant en voyage, mon esprit sourit sans cesse à de belles régions qu'il voit en lui-même et qu'il ne verra jamais ailleurs. J'habite avec les éléments intérieurs des choses, je remonte les rayons des étoiles et le courant des fleuves jusqu'au sein des mystères de leur génération. Je suis admis par la nature au plus retiré de ses divines demeures, au point de départ de la vie universelle ; là je surprends la cause du mouvement et j'entends le premier chant des êtres dans toute sa fraîcheur[1]. Qui ne s'est pas surpris à regarder courir sur la campagne l'ombre des nuages d'été ? Je ne fais pas autre chose en écrivant ceci. Je regarde courir sur ce papier l'ombre de mes imaginations, flocons épars sans cesse balayés par le vent. Telle est la nature de mes pensées et de tous mes biens intellectuels, un peu de vapeur flottante et qui va se dissoudre. Mais de même que l'air se plaît à condenser les émanations des eaux, et à se peupler de beaux nuages, mon imagination s'empare des évaporations de mon âme, les amasse, les forme à son gré, et les laisse dériver au courant du souffle secret qui passe à travers toute intelligence. C'est là mon bonheur d'instinct, bonheur fluide et mobile qui souvent se fond sous mes baisers et se dissipe dans mes embrassements. Aussi ni mes sérénités, ni mes tourmentes ne sont de durée, hélas ! ni mes résolutions de permanence. Ce qu'il y a de philosophie et de raison pratique dans mon âme gémit et souffre. Comme un bâtiment qui a mis dehors trop de voiles, je tiens une course folle et aveugle à travers la vie, essuyant à toute heure les avaries les plus cruelles[2].

Le Cahier vert / Maurice de Guérin ; texte établi d'après le manuscrit autographe, présenté et commenté par Claude Gély. – Andillac : Les Amis des Guérin, [1998]. – [Pp. 199-203. – Réédition de Paris : Klincksieck, 1983 (*Bibliothèque du XIX*^e^ *siècle* ; 10)].

---

1 Ici encore s'ébauche, dans les cadences du chant et la pureté de l'expression abstraite, le style prochain des poèmes en prose. [Note de Cl. Gély.]

2 Est-ce le « Bateau ivre » de Rimbaud qui déjà s'annonce ici ? [Note de Cl. Gély.]

PAGES SANS TITRE 28

« *...en devenant esprit pur, vous avez tout rempli* ». — Le 22 janvier 1835 meurt Marie de La Morvonnais, l'hôtesse du Val de l'Arguenon. Le 21 mars 1835, Guérin adresse au veuf éploré des « pages sans titre » inspirées par une « méditation » (ces pages ont parfois été intitulées *Méditation sur la mort de Marie*) sur la circonstance : dans cet essai de prose, la poésie — présente déjà dans certaines pages du *Cahier vert* et de la correspondance, et qui trouvera bientôt dans *Le Centaure* une forme plus achevée — naît de l'expression d'une quête tâtonnante, lucide et tenace de l'état créateur, guidé par l'intuition de plus en plus prégnante de l'« autre monde », habité à présent par Marie mais néanmoins incertain. L'abandon du vers dans ces *Pages sans titre* marque un tournant : le « poème » en prose qui remplace les vers apparaît comme le reflet allusif, ou encore comme la traduction, d'une œuvre idéale absente — absente comme l'est désormais au monde terrestre la figure idéalement aimée de l'inspiratrice.

Marie, il y a un an à peine, je vous voyais, au milieu de cette familière réalité d'ici-bas qui nous captive par le charme caché de l'habitude et, plus profondément, par la triste sympathie du fini pour le fini. Maintenant il faut pour vous trouver que je monte aux sources mêmes de l'être. Votre forme a cessé. Nous avons pleuré amèrement cette destruction. Pauvres habitués que nous sommes de ce monde palpable, nous ne pouvons rompre qu'avec des peines infinies l'idée de la terrestre individualité. Qu'elle est cruelle et profonde, cette faiblesse de l'âme humaine qui lui fait détester certaines des grandes et bienfaisantes lois de la nature !

[...]

Non, Marie, votre fin n'a pas glacé ces premières haleines d'une vie nouvelle, qui s'élèvent dans mon sein. Mon âme n'a pas absorbé sa douleur pour se fermer et se condenser sur elle. Cette douleur sera soustraite aux hommes, mais emportée avec mon âme dans mes fuites profondes au sein le plus retiré de la nature, et là abandonnée avec toutes mes pensées au souffle vif et doux dans qui mon intelligence se fond et se dissipe sans rien perdre de ses forces ni de sa conscience ; souffle qui enveloppe la forme entière du monde, son haleine immense dont il s'environne, et qui, emportant avec lui la substance de l'âme mêlée et diffuse, l'introduit dans tous les secrets et les pores divins où il pénètre.

Ma douleur cachée vivra partout avec moi. Vous n'êtes plus de la nature, vous avez déserté le point de l'espace que vous occupiez visiblement, mais en devenant esprit pur, vous avez tout rempli. Ne retrouverai-je pas le parfum de votre souvenir caché dans les herbes, et les vibrations de votre douce voix se propageant encore et remuant secrètement les anthères de quelque fleur ignorée ou le duvet d'une feuille sauvage ? Je découvrirai dans un sein fidèle, qui ne perd pas les empreintes, les mouvements que vos lèvres, votre main, votre pied léger ont imprimés aux éléments et sur ces empreintes l'auréole de l'esprit qui les couronne et les protège. Vous êtes pour moi grande comme la nature ; l'étendue visible s'est remplie à mes yeux de la lumière de votre souvenir.

Poésie / Maurice de Guérin ; édition présentée, établie et annotée par Marc Fumaroli. – Paris : Gallimard, 1984. – (*Poésie* ; 183). – [Pp. 185, 189,].

LE CENTAURE 29

« *J'ai reçu la naissance...* ».. — Ainsi s'exprime, avec la modestie qui le caractérise et le différencie de tant de contemporains tapageurs, l'un des « ego » les moins surdimensionnés de l'histoire littéraire, en écrivant les premiers mots d'un texte qui n'a jamais cessé de fasciner. En même temps que le Centaure, c'est l'*écriture* qui « reçoit la naissance », au moment paradoxal où le poète abdique un pouvoir créateur qu'il se dénie lui-même... Se laissant tour à tour habiter par l'animalité (« détournant la tête, je m'arrêtais quelque temps à considérer ma croupe fumante », écrit-il ailleurs dans ce même *Centaure*), par la tempétueuse féminité dyonisiaque (*La Bacchante*), — comme par une improbable fusion des sexes (Guérin projetait un *Hermaphrodite*), — ou encore par certaines forces telluriques telles qu'elles investissent si souvent le *Cahier vert* ou un poème comme *Promenade à travers la lande*, le poète s'ouvre et « reçoit » : il laisse à travers lui s'exprimer « une âme et un monde selon [son] gré » (cf. extrait du *Cahier vert* ci-dessus) — une âme et un monde tels qu'ils ne pourront jamais être décrits/écrits autrement que par la métaphore du projet — et du lieu problématique — de leur expression... Il y a une sorte de miracle dans la naissance, comme dans la survie matérielle de cette œuvre (le texte n'en est connu que grâce à une unique copie), marquée du signe théorique et existentiel de l'avortement...

J'ai reçu la naissance dans les antres de ces montagnes. Comme le fleuve de cette vallée dont les gouttes primitives coulent de quelque roche qui pleure dans une grotte profonde, le premier instant de ma vie tomba dans les ténèbres d'un séjour reculé et sans troubler son silence. Quand nos mères approchent de leur délivrance, elles s'écartent vers les cavernes, et dans le fond des plus sauvages, au plus épais de l'ombre, elles enfantent, sans élever une plainte, des fruits silencieux comme elles-mêmes. Leur lait puissant nous fait surmonter sans langueur ni lutte douteuse les premières difficultés de la vie ; cependant nous sortons de nos cavernes plus tard que vous de vos berceaux. C'est qu'il est répandu parmi nous qu'il faut soustraire et envelopper les premiers temps de l'existence, comme des jours remplis par les dieux. Mon accroissement eut son cours presque entier dans les ombres où j'étais né. Le fond de mon séjour se trouvait si avancé dans l'épaisseur de la montagne, que j'eusse ignoré le côté de l'issue, si, détournant quelquefois dans cette ouverture, les vents n'y eussent jeté des fraîcheurs et des troubles soudains. Quelquefois aussi, ma mère rentrait, environnée du parfum des vallées ou ruisselante des flots qu'elle fréquentait. Or, ces retours qu'elle faisait, sans m'instruire jamais des vallons ni des fleuves mais suivie de leurs émanations, inquiétaient mes esprits, et je rôdais tout agité dans mes ombres. Quels sont-ils, me disais-je, ces dehors où ma mère s'emporte, et qu'y règne-t-il de si puissant qui l'appelle à soi si fréquemment ? Mais qu'y ressent-on de si opposé qu'elle en revienne chaque jour diversement émue ? Ma mère rentrait, tantôt animée d'une joie profonde, et tantôt triste et traînante et comme blessée. La joie qu'elle rapportait se marquait de loin dans quelques traits de sa marche et s'épandait de ses regards. J'en éprouvais des communications dans tout mon sein ; mais ses abattements me gagnaient bien davantage et m'entraînaient bien plus avant dans les conjectures où mon esprit se portait. Dans ces moments, je m'inquiétais de mes forces, j'y reconnaissais une puissance qui ne pouvait demeurer solitaire, et me prenant, soit à secouer mes bras, soit à multiplier mon galop dans les ombres spacieuses de la caverne, je m'efforçais de découvrir dans les coups que je frappais au vide, et par l'emportement des pas que j'y faisais, vers quoi mes bras devaient s'étendre et mes pieds m'emporter... [...]

Ces troubles alternaient avec de longues absences de tout mouvement inquiet. Dès lors, je ne possédais plus d'autre sentiment dans mon être entier que celui de la croissance et des degrés de vie qui montaient dans mon sein. Ayant perdu l'amour de l'emportement et retiré dans un repos absolu, je goûtais sans altération le bienfait des dieux qui se répandait en moi. Le calme et les ombres président au charme secret du sentiment de la vie. Ombres qui habitez les cavernes de ces montagnes, je dois à vos soins silencieux l'éducation cachée qui m'a si fortement nourri, et d'avoir, sous votre garde, goûté la vie toute pure, et telle qu'elle me venait sortant du sein des dieux ! Quand je descendis de votre asile dans la lumière du jour, je chancelai et ne la saluai pas, car elle s'empara de moi avec violence, m'enivrant comme eût fait une liqueur funeste soudainement versée dans mon sein, et j'éprouvai que mon être, jusque-là si ferme et si simple, s'ébranlait et perdait beaucoup de lui-même, comme s'il eût dû se disperser dans les vents.

Poésie / Maurice de Guérin ; édition présentée, établie et annotée par Marc Fumaroli. – Paris : Gallimard, 1984. – (*Poésie* ; 183). – [Pp. 205-206, 207].

LERMONTOV

RUSSE **1814-1841**

Sommet de la poésie après Pouchkine, l'œuvre de Mikhaïl Lermontov prépare aussi l'avènement du « siècle d'or » du roman russe. Mieux qu'aucun autre, il personnifie la littérature russe des années 1830, période de remise en question où l'opinion progressiste, lourdement marquée par la défaite de l'insurrection « décembriste » (1825), révise la philosophie des Lumières et ses valeurs rationalistes en se tournant vers l'idéalisme allemand (Schelling et Hegel). C'est le temps où, à la faveur de l'insurrection en Pologne et de la révolution française de 1830, se développent tout à la fois un certain déterminisme historique, le socialisme utopique et une soif de liberté aiguisée par la réaction tsariste. Avec ses pulsions conflictuelles et son état d'esprit paradoxal, Lermontov fut le digne fils du siècle de la dialectique. S'interrogeant sans cesse sur le but de l'existence, sur le Bien et le Mal, son œuvre, étonnamment pleine et dense — 400 poèmes, 6 pièces de théâtre et 3 romans en 13 ans —, allia constamment lyrisme et philosophie.

L'enfance et l'adolescence de Lermontov se déroulèrent dans un climat de discorde sur fond de déchirants conflits familiaux. Fruit de l'union malheureuse du capitaine Iouri Lermontov et d'Élisabeth Arsenieva, une riche propriétaire terrienne apparentée à l'influente lignée aristocratique des Stolypine, le petit Michel, dont la mère meurt à 21 ans, est éduqué, en défiance de son père, par une grand-mère maternelle dévouée et autoritaire. S'ensuit chez l'enfant un profond sentiment de culpabilité, traumatisme d'enfance qui se manifestera dès les premiers poèmes (*Automne*, 1828), et, plus tard, dans les drames *Menschen und Leidenschaften* (1830) et *L'Homme étrange* (1831). La mort prématurée de son père, en 1831, laissera de douloureuses traces, notamment dans les poèmes *Pour un père et son fils quelle épreuve fatale...* (1831) et *Épitaphe* (1832).

Contrairement à Pouchkine qui, après avoir popularisé en Russie les poèmes byroniens, avouait ne pas avoir exactement le tempérament romantique, Lermontov est un romantique-né, doté de tous les attributs d'un byronisme qui, en Russie, fut moins une mode que l'émergence de l'esprit des années 1830. Contrairement encore à Pouchkine, poète de l'harmonie par excellence, Lermontov souligne moins la joie et les plaisirs de l'existence que ses contradictions et ses déchirements. S'il commence par des poèmes sur la mission du poète (*Le Poète*, 1828), un être que l'inspiration promeut au-delà des contingences, il se saisit également, à la suite de Pouchkine, des thèmes de Napoléon et du démonisme et se tourne vers l'Orient et le Moyen Âge, univers où se retrouve idéalement l'homme à l'état originel, vivant en harmonie avec la nature, hors du carcan des convenances sociales, libre d'aller au bout de ses passions. L'Orient romantique de Lermontov, ce sera le Caucase découvert en villégiature avec sa grand-mère dès l'été 1825, un Caucase dont la nature majestueuse lui frappe l'imagination et qui devient pour lui symbole de liberté et source intarissable d'inspiration poétique. Paradoxalement, ce sera là aussi qu'il sera exilé, envoyé dans un régiment de dragons, au printemps 1837, à cause du fameux poème *La Mort du poète,* où il accusait la haute société et le système tsariste de la mort tragique de Pouchkine ; il y retournera une seconde fois, en 1840, à la suite de son duel avec Ernest de Barante, le fils de l'ambassadeur de France. Ses premiers poèmes romantiques des années 1828-1829 sont d'inspiration caucasienne : *Le Prisonnier du Caucase, Les Circassiens, Le Corsaire*, suivis d'*Izmaïl-Beï* (1832), *Hadji-Abrek* (1833), *Aoul Bastoundji* (1833-1834) etc. Il en va de même pour ses œuvres majeures, comme le roman *Un héros de notre temps* (1838-1840) et les chefs-d'œuvre romantiques de la maturité, *Mtzyri* (*Le Novice*, 1839) et *Le Démon* (1839-1841).

Après l'apogée de 1830-1831, la veine lyrique de la période de jeunesse diminue. À partir de 1832, Lermontov s'essaie au genre de la ballade et songe à la prose. Le tournant s'effectue en 1836 avec un roman social inachevé, *La Princesse Ligovskoï*, qui contient quelques péripéties de son amour déçu pour la belle Catherine Souchkova, à qui il consacra en 1830 un cycle de poèmes amers et mélancoliques, et qui mit fin à leur relation en janvier 1835 à cause d'une compromettante lettre anonyme — écrite en fait par Lermontov lui-même, lassé de cette liaison... Aux poèmes caucasiens s'ajoutent alors des poèmes plus austères inspirés par l'histoire de la Russie du Moyen Âge, comme *Le Boyar Orcha* (1835-1836) ou *Le Chant du tsar Ivan Vassiliévitch, du jeune opritchnik et de l'audacieux marchand Kalachnikov* (1837).

Les circonstances de la vie du poète et l'importance de la « question orientale » dans l'actualité politique russe des années 1830-1840 approfondissent l'« orientalisme » de Lermontov. Il se met ainsi à comparer les cultures orientale et occidentale et à étudier la psychologie de leurs représentants, réflexions destinées à mieux comprendre le rôle historique de la Russie et à nourrir le grand débat entre occidentalistes et slavophiles. Selon Lermontov, opposée à l'Occident comme à l'Orient, la civilisation russe, tout en entretenant des relations complexes avec eux, forme une nouvelle entité typologique — celle du Nord —, occidentale pour les Orientaux, orientale pour les Occidentaux. Imitant le style des bylines (cf. *P.L.E.* 5, pp. 14-22), *Le Chant du tsar Ivan Vassiliévitch...* porte les traces de ces réflexions teintées de slavophilie. Ces considérations ne voilent cependant pas, aux yeux de Lermontov, les plaies de la Russie, singulièrement le servage : il fustigera cette Russie « mal lavée », militariste et arriérée dans son remarquable poème *Adieu Russie, pays crasseux...* (1841).

Si la typologie de Lermontov voit dans le fatalisme un trait distinctif de la mentalité orientale (*Achik-Kerib*, 1837), elle fait de Napoléon le symbole de la mentalité occidentale, toute de volontarisme individualiste (*Napoléon, Sainte-Hélène, 30 juillet 1830 à Paris*, 1830 ; *Le Bateau fantôme*, 1840), attitudes qui, l'une et l'autre, peuvent être à l'origine de comportements héroïques : c'est la conclusion de Grégoire Piétchorine, le personnage principal de *Un héros de notre temps*. Composé de cinq nouvelles qui sont autant d'éclairages sur la personnalité complexe de Piétchorine, *Un héros de notre temps* allie conception philosophique et tableau vivant de la société russe du temps. Ainsi, face à Maxime Maximovitch, le narrateur de la nouvelle *Bella*, homme issu du peuple et image d'une Russie jeune et souple qui comprend et accepte les coutumes des tribus du Caucase, se dresse Piétchorine, un « Russe-européen », aristocrate éduqué à l'occidentale, étranger à son peuple, que Lermontov critique. De semblables préoccupations d'authenticité russe se retrouvent dans la pièce *Le Bal masqué* (1834) où Lermontov relance, à sa façon, la satire du *Malheur d'avoir de l'esprit* de Griboïédov. Peu après son second exil au Caucase, Lermontov meurt en duel.

Si sa prose a ouvert la voie aux romans de Tourguéniev, Tolstoï et Dostoïevski, sa mort signa la fin de « l'âge d'or » de la poésie russe. Dans la seconde moitié du XIXe siècle, il faudra deux poètes pour relayer sa voix : Fet développera la musicalité de son lyrisme ; Nekrassov reprendra son flambeau « civique ». Quelques échos de son lyrisme iront jusqu'à Blok, Maïakovski et Pasternak.

Michel Jourievitch Lermontov : sa vie et ses œuvres / E. Duchesnes. – Paris : Plon, 1910. – 378 p.
L'Étrange Destin de Lermontov / Henri Troyat. – Paris : Plon, 1952. – 281 p.
Mikhaïl Lermontov 1814-1841 : essai biographique / Eulalie Piccard. – Neuchâtel : Éditions du Lis Martagon, 1966. – 301 p.
Ilya Serman, "Mikhaïl Lermontov (1814-1841)". – In : *Histoire de la littérature russe. Le XIXe siècle 1. L'époque de Pouchkine et de Gogol* / ouvrage dirigé par Efim Etkind, Georges Nivat, Ilya Serman et Vittorio Strada. – Paris : Fayard, 1996. – [Pp. 598-633].

POÉSIES 30

H. Grégoire — 1918

Le chant du tsar Ivan Vassiliévitch... le Terrible (III). — Lermontov projette dans le passé historique de la Russie deux personnages héroïques opposés : l'un, l'opritchnik Kiribeyevitch, nom à consonance orientale, dépeint sous les traits d'un rapace démoniaque, l'autre — le courageux marchand Kalachnikov arborant ses reliques orthodoxes — possédant le sens de l'honneur, capable d'abnégation et respectueux des valeurs morales traditionnelles. Il est significatif que, par opposition à Kalachnikov se remettant à son destin, Kiribeyevitch incarne la détermination farouche, la volonté ne connaissant aucune limite.

Moscou d'or mitrée, aux dômes hautains,
Kremlin sourcilleux, murs de pierres blanches,
et vous, les pignons et les toits de planches,
sur vous, des monts bleus et des bois lointains,
l'Aurore soudain se lève, et sourit
entre ses rideaux de nuages gris.
Elle a secoué ses boucles dorées,
et de neige fine à frimas poudrée,
sourit, la coquette, au ciel pur et bleu ;
telle une beauté, joyeuse, s'éveille
et dans son miroir contemple ses yeux.
Pourquoi ce sourire, Aurore vermeille,
pourquoi ton visage est-il radieux ?

Par tous les sentiers, par toutes les routes,
les jeunes lutteurs de Moscou l'altière
se sont rassemblés près de la rivière
pour la grande fête et la noble joute.

Le Tzar est présent et la Droujina[1]
et tous les boïars, et l'Opritchina[2].
Et le Tzar Cruel fait tendre une chaîne

1 Dans l'ancienne Russie, détachement de guerriers appartenant au prince.

2 *Opritchina* : garde du corps d'Ivan le Terrible. Les *opritchniks*, membres de l'*Opritchina*, étaient les compagnons de plaisir du prince. L'aristocratie et les marchands tremblaient devant eux. (N.d.t.)

aux chaînons d'argent, de fils d'or liés
autour d'un champ clos de vingt-cinq sagènes[1] ;
car nobles assauts, combats singuliers,
sont du Tzar Ivan le preux passe-temps.

Voici du héraut l'appel éclatant :

« Holà ! venez çà ; venez, jeunes gens,
venez divertir le Tzar notre père.
Entrez, bons lutteurs, dans le vaste champ.
Quiconque fera choir son adversaire,
le Tzar lui promet honneur et guerdon[2].
Celui qu'un grand coup étendra par terre,
Dieu de ses péchés lui fera pardon. »

Kiribjéjévitch entre dans la lice,
s'incline très bas devant le grand Tzar.
Il dégrafe alors sa lourde pelisse,
sa lourde pelisse au riche brocart.
Le poing gauche au flanc, il a, de sa droite,
fièrement planté son rouge bonnet.
Or, la foule hésite, et se tient bien coite,
car ses poings de fer, chacun les connaît.
Trois fois du héraut sonne la voix claire,
et les gars entre eux se parlent tout bas :
mais nul n'ose encor franchir la barrière.
Kiribjéjévitch, marchant à grands pas
raille amèrement les jouteurs craintifs :
« Comme vous voilà calmes et pensifs !
Rassurez-vous donc ! c'est fête aujourd'hui.
Au Tzar notre père, il faut son déduit.
Divertissons-le ; pour cette fois-ci,
je jure de faire au vaincu merci. »

La foule soudain s'écarte en deux parts.
Et Kalaschnikov, le jeune marchand,
entre sans trembler dans le vaste champ.
Son premier salut est pour le grand Tzar,
son second salut pour le blanc Kremlin.
Il salue aussi les saintes églises,

---

1 Ancienne mesure utilisée en Russie (2,13 m.).

2 Récompense (v.fr.) (N.d.t.)

et finalement le peuple chrétien.
On voit s'enflammer ses prunelles grises,
luire étrangement son œil de milan.
Fixant l'opritchnik d'un regard brûlant,
il enfile et tend ses gants de cuir raide,
sans que nul second ne l'assiste ou l'aide ;
et l'effort durcit l'épaule musclée...
Il lisse avec soin sa barbe bouclée.

Kiribjéjévitch lui dit : « Bon jeune homme,
dis-moi sans tarder comment l'on te nomme,
quelle est ta famille ou bien ta tribu.
De quel père illustre es-tu donc issu ?
Je veux de leur gloire et de leur renom
parer ma victoire, orner ma prouesse,
et je veux aussi savoir à quel nom
le pope demain chantera la messe... »

Paramonovitch lors lui répondit :
« Mon nom est Stépan, le marchand hardi.
Les Kalaschnikov sont ceux de ma race ;
Paramon mon père a laissé sa trace
au grand livre d'or de la gilde altière.
J'ai toujours vécu, l'âme droite et fière,
selon la justice et la loi de Dieu.
Jamais, évitant la clarté des cieux,
je n'ai, d'un rapt vil, profané la nuit,
et j'ai respecté la femme d'autrui...
Mais tes mots railleurs sont vérité pure.
Le pope, pour l'un de nous, je le jure,
chantera la messe au jour de demain,
au coup de midi, dans la sainte église.
Et l'autre pourra, dans un gai festin,
lors s'enorgueillir de sa vaillantise.
Car je ne viens pas égayer les gens
ni me divertir en de preux ébats,
mais te provoquer, fils de musulman,
au combat terrible, au dernier combat ! »

Les Perles de la Poésie Slave : Lermontov – Pouchkine – Mickiewicz / Transcriptions en rimes françaises par Henri Grégoire. – Liège : Bénard, 1918. – [Pp. 136-140].

POÉSIES 31

V. Tchimichkian — 1985

Les trois palmiers. — Dans cette légende d'inspiration orientale s'opposent l'aspiration à l'épanouissement personnel et la tragique fatalité : la protestation des palmiers mécontents de leur sort provoque la colère du ciel, et ils finissent abattus et brûlés. La thématique de ce conflit romantique illustre l'opposition entre l'individualisme hypertrophié et la quête du bonheur, traits distinctifs de la mentalité occidentale, et l'absence d'individualisme, représentative de l'Orient.

Au sein d'un aride désert sablonneux,
Jadis s'élevaient trois palmiers orgueilleux.
Entre eux une source d'eau froide et profonde
Sourdait en chantant de la terre inféconde
Toujours à l'abri du soleil et des vents
Sous le frais couvert des rameaux bienveillants.

Des lustres paisibles passèrent sans bruit,
Sans qu'un voyageur ne se fût introduit,
Ardant, mort de soif, sous les vertes ramures
Pour boire à grands traits les eaux fraîches et pures ;
Déjà les rameaux, le ruisseau murmurant
Séchaient aux rayons du soleil dévorant.

Alors les palmiers se plaignirent à Dieu :
« Pourquoi nous fais-tu dépérir en ce lieu ?
Des vents, du soleil éternelles victimes,
Sans but, sans profit, au désert nous fleurîmes ;
Personne à notre ombre ne s'est abreuvé... ;
Injuste est le sort qui nous fut réservé !... »

Sitôt qu'ils se turent, le sable doré
Soudain s'éleva dans le ciel azuré ;
Des sons discordants de grelots retentirent,
Des bâts, des tapis bigarrés resplendirent ;
Le sable giclait sous le pas des chameaux
Semblant des navires bercés par les eaux.

Le vent agitait les soyeux lambrequins
Brodés à ramages des blancs palanquins ;
Des doigts basanés soulevaient la tenture,
Des yeux scintillaient à travers l'ouverture...
La taille ployant au-dessus du pommeau
Le maigre nomade échauffait son moreau.

Parfois le cheval s'arrêtait, se cabrait
Ainsi qu'un guépard terrassé par un trait...
Les plis ondoyants de sa blanche tunique
Soudain agités d'un effort frénétique,
L'adroit cavalier jette son javelot
Qu'ensuite, en criant, il rattrape au galop.

À l'ombre accueillante des trois verts palmiers
La horde joyeuse établit ses quartiers ;
Les cruches s'emplissent d'eau fraîche et chantante.
Hochant fièrement leur feuillée odorante,
Les palmes honorent les hôtes nombreux,
La source les sert de son flot généreux.

Mais dès que le jour obscurcit ses rayons
La hache vola, résonna, sur les troncs ;
Les bois expirant s'abattirent sans forces :
Bientôt dépouillés de leurs fraîches écorces,
Ils furent, leurs corps mis à nu, lacérés,
Jusqu'au petit jour par le feu torturés.

Le vent dissipa les brouillards au matin
Et la caravane se mit en chemin,
Laissant sur la terre glacée et stérile
Un reste de cendre blanchâtre et subtile,
Aux rais du soleil aussitôt embrasé,
Aux vents du désert en tous sens dispersé.

Depuis tout est morne alentour, et le bruit,
Jadis si joyeux du ruisseau s'affaiblit :
En vain il demande un peu d'ombre au prophète :
Le sable brûlant siffle et geint sur sa tête,
Et seul le milan, solitaire et haineux,
Déchire sa proie au dessus de ces lieux.

Œuvres poétiques / Mikhaïl Lermontov ; publiées sous la direction d'Efim Etkind. – Lausanne : L'Âge d'Homme, 1985. – [Pp. 40-41].

UN HÉROS DE NOTRE TEMPS 32

B. de Schlœzer, J.-Cl. Roberti, S. Sentz-Michel — 1973 / 1998

« *Le fataliste* » (III). — En tant que héros romantique, Piétchorine divinise sa liberté individuelle. Mais après l'avoir obtenue et expérimentée, il ne sait plus vraiment à quoi elle pourrait lui servir. Sa volonté se trouve constamment contrariée par la « volonté du destin ». Piétchorine occupe une place intermédiaire dans le triangle typologique de Lermontov : il adopte un comportement à mi-chemin entre le volontarisme et le fatalisme. Il fait preuve d'un esprit critique typiquement occidental en affirmant que la prédestination n'existe pas et, à la seconde même, il prophétise en bon oriental une mort proche au lieutenant Voulitch.

Une fois, fatigués du boston et ayant jeté les cartes sous la table, nous restâmes fort longtemps chez le major S***. La conversation, contrairement à l'ordinaire, était intéressante. On disait du fait que la croyance musulmane, selon laquelle le destin de l'homme est écrit dans les cieux, trouvait chez nous aussi, chrétiens, de nombreux partisans ; et chacun racontait différents cas extraordinaires *pro* ou *contra*.

« Tout cela ne prouve rien, messieurs, intervint le vieux major. Aucun de vous, n'est-ce pas, ne fut témoin de ces cas étranges que vous citez à l'appui de vos opinions...

— Personne, évidemment ! dirent plusieurs d'entre nous, mais nous les tenons de gens parfaitement dignes de foi.

— Bêtises que tout cela ! déclara l'un de nous. Où donc ces gens dignes de foi ont-ils vu la liste où est indiquée l'heure de notre mort ? Et si précisément la prédestination existe, à quelle fin nous est donné le libre-arbitre, l'intelligence ? Pourquoi devons-nous rendre compte de nos actions ? »

À ce moment, un officier assis dans un coin de la pièce se leva et, s'approchant lentement de la table, nous embrassa tous d'un regard calme et solennel. Il était d'origine serbe, ainsi que le prouvait son nom.

L'aspect du lieutenant Voulitch répondait parfaitement à son caractère. Sa haute taille, un teint bronzé, des cheveux noirs, des yeux noirs perçants, un nez grand mais régulier — signe caractéristique de sa nation — un sourire triste et froid passant constamment sur ses lèvres, tout cela concourait à lui prêter l'aspect d'un être particulier, incapable de partager ses pensées et ses passions avec ceux que le destin lui avait donnés pour compagnons.

Il était courageux, parlait peu, mais brutalement, et ne confiait à personne ses affaires familiales et sentimentales. Il ne buvait presque pas de vin et ne faisait jamais la cour aux jeunes femmes cosaques, dont il est difficile de concevoir le charme lorsqu'on ne l'a pas vu. On disait cependant que la femme du colonel n'était pas indifférente à ses yeux expressifs ; mais il se fâchait très sérieusement quand on faisait allusion à ce sujet.

Il n'avait qu'une passion, qu'il ne dissimulait pas : la passion du jeu. Auprès du tapis vert, il oubliait tout, et généralement il perdait : mais ses pertes continuelles ne faisaient qu'exciter son obstination. On racontait qu'une fois, au cours d'une expédition nocturne, il tenait la banque sur l'oreiller ; il avait une chance incroyable. Soudain des coups de feu retentirent, on sonna le ralliement, tous bondirent et coururent aux armes. « Quitte ou double ! » cria Voulitch, sans quitter sa place, à l'un des pontes les plus enragés. « Ça va, le sept », répondit l'autre en courant. Malgré l'agitation générale, Voulitch termina la donne. Le sept gagna.

Quand il prit place dans la ligne des tirailleurs, la fusillade faisait rage. Voulitch ne se préoccupa ni des balles, ni des sabres tchétchènes. Il s'était mis à la recherche de l'heureux ponte.

« Le sept gagne ! » s'écria-t-il en l'apercevant enfin parmi les tirailleurs qui chassaient l'ennemi de la forêt. Et s'approchant du ponte, il tira sa bourse et son portefeuille et les remit à l'heureux gagnant malgré ses protestations contre ce paiement intempestif. Ayant ainsi réglé une dette désagréable, il se jeta en avant, entraîna ses soldats derrière lui, et jusqu'à la fin de l'affaire il échangea avec le plus grand sang-froid des coups de feu avec les Tchétchènes.

Lorsque le lieutenant Voulitch s'approcha de la table, tous se turent, dans l'attente de quelque sortie originale.

« Messieurs ! dit-il (sa voix était calme, bien que plus basse d'un ton que d'habitude), messieurs ! pourquoi ces discussions vides ? Vous voulez des preuves : je vous propose d'éprouver sur vous-mêmes si l'homme peut disposer à son gré de sa vie ou si, pour chacun de nous, l'instant fatal est fixé à l'avance… Qui veut essayer ?

— Pas moi ! pas moi ! s'écriait-on de tous côtés. En voilà un original ! Il en a des idées !

— Je propose un pari, dis-je en plaisantant.

— Lequel ?

— J'affirme qu'il n'y a pas de prédestination, dis-je en jetant sur la table tout ce que j'avais en poche : une vingtaine de thalers.

— Je tiens le pari, dit Voulitch d'une voix sourde. Major, vous serez juge. Voici quinze thalers, vous m'en devez cinq et me ferez l'amitié de les joindre à ceux-ci.

— Parfait, dit le major, mais je ne comprends vraiment pas de quoi il s'agit et comment vous allez trancher la question. »

Voulitch se dirigea en silence vers la chambre à coucher du major. Nous le suivîmes. Il s'approcha du mur où pendaient des armes et décrocha au hasard un des nombreux pistolets de calibre varié. Nous ne comprenions pas encore ; mais lorsqu'il leva le chien et versa de la poudre sur le bassinet, plusieurs le saisirent par les bras en s'écriant spontanément :

« Que veux-tu faire ? Écoute ! c'est de la folie ! lui criait-on.

— Messieurs, prononça-t-il lentement en dégageant ses bras, qui veut payer pour moi vingt thalers ? »

Tous se turent et s'écartèrent.

Voulitch entra dans l'autre chambre et s'assit à la table. Tous le suivirent : il nous invita d'un signe à prendre place autour de lui. On obéit sans mot dire. À cette minute il avait acquis sur nous un pouvoir mystérieux. Je le regardai droit dans les yeux, mais il soutint avec un regard calme et immobile mon regard inquisiteur, et ses lèvres pâles sourirent ; néanmoins, malgré son sang-froid, il me sembla lire sur son visage pâle la marque de la mort. J'ai observé, et bien des vieux guerriers m'ont confirmé cette observation, que très souvent le visage de celui qui doit mourir dans quelques heures plus tard porte le signe étrange d'une destinée inévitable, si bien qu'à des yeux avertis il est difficile de se tromper.

« Vous mourrez aujourd'hui », lui dis-je. Il se tourna vers moi rapidement, mais me répondit avec calme et lenteur :

« Peut-être que oui, peut-être que non… »

Ensuite, s'adressant au major, il lui demanda si le pistolet était chargé. Le major, dans son trouble, ne s'en souvenait pas bien.

« Assez, Voulitch ! s'écria quelqu'un ; il est certainement chargé puisqu'il pendait à la tête du lit. Quel besoin de plaisanter !

— Stupide plaisanterie ! reprit un autre.

— Je parie cinquante roubles contre cinq que le pistolet n'est pas chargé, s'écria un troisième. »

De nouveaux paris furent conclus.

Cette longue cérémonie m'agaça.

« Écoutez, dis-je, tirez-vous une balle dans la tête, ou bien raccrochez le pistolet à sa place, et allons dormir.

— En effet, s'exclamèrent de nombreuses voix, allons nous coucher !

— Messieurs, dit Voulitch en appuyant le canon du pistolet sur son front, je vous prie de rester à vos places. » Tous furent comme pétrifiés.

« Monsieur Pétchorine, ajouta-t-il, prenez une carte et jetez-la en l'air. »

Je pris sur la table l'as de cœur — je m'en souviens à présent — et je le jetai en l'air. Tous, nous retenions notre souffle. Tous les regards, exprimant la peur et une sorte de curiosité mal définie, allaient du pistolet à cet as fatal qui tombait lentemant en tremblant dans l'air. À l'instant même où il toucha la table, Voulitch pressa la détente... le coup ne partit pas.

« Grâce à Dieu ! s'écria-t-on, il n'était pas chargé.

— Nous allons voir », dit Voulitch. Il leva encore une fois le chien, visa une casquette qui pendait au-dessus de la fenêtre. Le coup partit, la chambre s'emplit de fumée. Quand celle-ci se fut dissipée on retira la casquette : elle avait été transpercée juste au milieu, et la balle avait profondément pénétré dans le mur.

Pendant trois minutes, personne ne put prononcer un mot. Voulitch versa avec le plus grand calme mes pièces d'or dans sa bourse.

Les bruits allaient bon train sur le fait de savoir pourquoi le pistolet, la première fois, n'avait pas tiré. Certains affirmaient que probablement le bassinet était encrassé ; d'autres disaient à voix basse qu'avant la poudre était humide, et que Voulitch avait ensuite ajouté de la poudre sèche, mais j'affirmai que cette dernière supposition n'était pas juste, car pendant tout ce temps je n'avais pas quitté des yeux le pistolet.

« Vous êtes heureux au jeu, dis-je à Voulitch.

— Pour la première fois de ma vie, répondit-il avec un sourire satisfait. Cela vaut mieux que la banque ou le schtos[1].

— Oui, mais c'est un peu plus dangereux.

— Eh bien ! avez-vous commencé à croire à la prédestination ?

— Oui, j'y crois... mais à présent je ne comprends pas pourquoi il me semblait que vous deviez absolument mourir aujourd'hui. »

Alors ce même homme, qui venait de se viser au front avec un calme si parfait, rougit soudain et se troubla :

« Il suffit, tout de même, dit-il en se levant. Notre pari est terminé et vos remarques me semblent maintenant hors de propos. » Il prit sa casquette et sortit. Cela me parut étrange, et non sans raison.

1 Jeu de hasard avec des cartes. (N.d.t.)

Bientôt on se sépara en discutant des originalités de Voulitch et, probablement, en m'accusant d'une seule voix d'égoïsme pour avoir tenu pari contre un homme qui voulait se suicider ; comme s'il n'eût pu trouver sans moi d'autre occasion favorable.

Un héros de notre temps / Michel Lermontov ; traduit du russe par Boris de Schlœzer ; traduction révisée par Jean-Claude Roberti et Simone Sentz-Michel ; préface de Jean-Claude Roberti. – Paris : Gallimard, 1998. – (*Folio bilingue* ; 72). – [Pp. 423-435].

CANDOLLE

FRANÇAIS • LATIN

1778-1841

Le botaniste suisse Augustin-Pyramus de Candolle est né à Genève, dans une famille protestante d'origine française exilée avant l'Édit de Nantes. Il fait ses études au collège Calvin, puis refuse d'entrer dans la magistrature comme son père le voulait. Il préfère herboriser. À dix-neuf ans, il a déjà découvert, dans le Jura, une nouvelle espèce, la *Reticularia rosea*. Sa famille l'engage alors à devenir médecin, comme beaucoup d'autres botanistes avant lui, et l'envoie à Paris en 1798. Cependant, le jeune étudiant fréquente surtout le Muséum d'Histoire naturelle où, jusqu'en 1808, il travaille avec les plus grands savants : Cuvier, Lamarck ou Étienne Geoffroy Saint-Hilaire. Au cours de cette période, il publie ses premiers travaux de botanique (*Histoire des plantes grasses,* avec 168 illustrations de Redouté, 1799), de botanique médicale (*Recherches sur les différentes espèces d'Ipecacuanha*, 1802) et rédige sa thèse de médecine (*Essai sur les propriétés médicinales des plantes comparées avec leurs formes extérieures et leur classification naturelle,* 1804). Il se lance aussi dans l'étude de la physiologie et de la pathologie végétales, s'ouvre à l'agriculture, s'intéresse aux plantes médicinales et alimentaires.

Cependant, A.-P. de Candolle est d'abord connu comme un continuateur de Lamarck. En effet, il commence sa carrière scientifique à Paris et se fait un nom grâce à la réédition de la *Flore française* (1805). Il y ajoute une « Explication de la carte botanique de la France » qui pose les principes de la géographie botanique moderne, en même temps qu'il augmente considérablement le nombre d'espèces et jette les bases d'une organographie et d'une physiologie végétales novatrices. Ensuite, il supplée Cuvier au cours de physiologie végétale au Collège de France, puis succède à Auguste Broussonet (1761-1807), entre 1808 et 1816, à la chaire de botanique de la Faculté de Montpellier. Il publie alors *La Théorie élémentaire de la botanique* (1813), un de ses ouvrages les plus novateurs, dans lequel il crée le terme de *taxonomie* pour désigner la science des classifications.

En 1816, en raison de la situation politique et de son désir de retourner dans son pays, il va occuper à Genève la chaire d'Histoire naturelle créée pour lui. Il réorganise le Jardin botanique fondé en 1791, crée un Muséum d'Histoire naturelle et fait de Genève un pôle d'attraction pour les botanistes. Son nom sera donné à plus de trois cents plantes de la famille des *Candolleaceæ*. Il fonde la Société helvétique d'histoire naturelle et devient recteur de l'université de Genève en 1831.

A.-P. de Candolle est considéré, avec Alexandre de Humboldt, comme l'un des deux fondateurs de la géographie botanique. En effet, outre son « Explication » de 1805, il a rédigé pour la Société d'Agriculture du département de la Seine des rapports sur ses « Voyages botaniques et agronomiques » (de 1807 à 1812), un article de « Géographie agricole et botanique » (64 p.) pour le *Dictionnaire raisonné et universel d'agriculture* (1809) et des « Mémoires sur la géographie des plantes de la France » (dans les *Mémoires de physique et de chimie de la Société d'Arcueil*, 1817). Et il considère l'*Essai sur la géographie des plantes* de Humboldt comme le « travail le plus essentiel ».

Ce n'est pas, du reste, qu'il ait été d'accord avec Humboldt. Alphonse de Candolle (1806-1893), le fils d'Augustin-Pyramus, rapporte en effet dans ses *Mémoires et souvenirs* (1862) que son père et Humboldt s'opposèrent, notamment au sein de la Société d'Arcueil, mais sans que le conflit éclate. Aux yeux d'Augustin-Pyramus, Humboldt, loin d'être à l'origine de la géographie botanique, s'inscrivait dans une longue chaîne de savants commencée avec Linné. Au reste, Humboldt et Candolle ont donné naissance à deux traditions distinctes de la géographie botanique, le premier s'attachant plus à la physionomie de la végétation, le second à l'étude de la flore.

En 1821, Candolle publie à Genève sous forme de brochure, et dans le *Journal d'Agriculture, lettres et arts de l'Ain*, un *Projet d'une flore physicogéographique de la vallée du Léman*. Il y engage les botanistes suisses, français et piémontais à unir leurs efforts pour s'engager dans la voie de la géographie botanique. Il présente ce nouveau domaine, qui n'a pu se développer qu'en s'appuyant sur les derniers progrès de la systématique, de la physiologie végétale et de la géographie physique, comme « l'une des branches les plus curieuses et les plus utiles de la science des végétaux et de la géographie physique », et insiste sur son caractère pluridisciplinaire.

Conscient que la géographie botanique doit ordonner un domaine scientifique complet, Candolle ne lui a cependant jamais consacré la totalité d'un ouvrage ; son travail le plus abouti est l'article « Géographie botanique » (1820) du *Dictionnaire des sciences naturelles* dirigé par Frédéric Cuvier. Il y définit la géographie botanique comme l'« étude méthodique des faits relatifs à la distribution des végétaux sur le globe, et des lois plus ou moins générales qu'on en peut déduire ». Darwin se référera à cet article à propos de l'« état de guerre », de la « lutte perpétuelle » entre les plantes, transposée plus tard aux animaux dans *L'Origine des espèces*. Candolle, inspiré par la *Naturphilosophie* allemande, s'y montre aussi favorable aux idées de Goethe et d'Étienne Geoffroy Saint-Hilaire (1772-1844) sur « l'unité de composition », qui ouvre la possibilité d'une origine commune et d'une évolution des êtres vivants. Enfin il introduit, dans cet article de 1820, les notions d'« endémisme », de « station » et d'« habitation », qui seront utilisées en géographie botanique écologique.

René Sigrist, "Les origines de la Société de Physique et d'Histoire naturelle (1790-1822). La science genevoise face au modèle français". – In : *Mémoires de la Société de Physique et d'Histoire naturelle de Genève,* volume 25, 1 (1990), pp. 1-236.

Jean-Marc Drouin, "La règle et l'écart : la philosophie botanique d'Augustin-Pyramus de Candolle". – In : *Ludus Vitalis,* volume 2, n° 3 (1994), pp. 69-91.

G. Molina, "Candolle Augustin-Pyramus". – In : *Dictionnaire du darwinisme et de l'évolution*. – Paris : P.U.F., 1996. – [Volume I, pp. 496-501].

GÉOGRAPHIE BOTANIQUE 33

Les origines de la géographie botanique. — En présentant la discipline, Candolle situe son origine au XVIIIe siècle avec Linné (cf. *P.L.E.* 9, pp. 561-567). Il rend également un vibrant hommage à Humboldt et annonce la suite qu'il va donner à ses propres travaux.

On désigne sous le nom de *géographie botanique* l'étude méthodique des faits relatifs à la distribution des végétaux sur le globe, et des lois plus ou moins générales qu'on en peut déduire. Cette branche des connoissances humaines n'a pu exciter l'attention des observateurs que depuis que la géographie et la botanique, enrichies par un grand nombre de faits, ont su s'élever à des idées générales. Les anciens naturalistes avoient fort négligé l'étude et même l'indication des patries des plantes. Linnæus est le premier qui ait pensé à les indiquer dans les ouvrages généraux ; il est le premier qui ait donné et le précepte et le modèle de la manière de rédiger les Flores ; il est le premier surtout qui ait distingué avec soin les *habitations*, c'est-à-dire les pays dans lesquels les plantes croissent, et les *stations*, c'est-à-dire la nature particulière des localités dans lesquelles elles ont coutume de se développer. C'est donc de Linnæus que sont réellement sorties les premières idées de géographie botanique.

Depuis cette époque, tous les botanistes ont indiqué avec plus de précision la patrie des plantes, et quelques-uns même ont fait de cette étude l'objet de leurs recherches spéciales. Ainsi Giraud-Soulavie, dans son Histoire naturelle de la France méridionale, publiée en 1783, et Bernardin de Saint-Pierre, dans ses élégantes Études de la nature, ont présenté à cet égard quelques considérations intéressantes, mais dépourvues de cette exactitude qui fixe l'attention des savans et qui seule constate la vérité. M. Link[1], en 1789, a fait connoître les plantes qui lui paroissent propres aux terrains calcaires. M. Stromeyer[2], en 1800, a présenté sur la géographie botanique le plan d'un travail qui fait connoître toute l'étendue de la science, et qui fait regretter qu'elle n'ait pas été étudiée plus tôt. M. Lavy[3], en 1801, a classé les plantes du Piémont relativement à leur ordre géographique. M. Kielman[4], en 1804, a publié quelques observations intéressantes sur la végétation des Alpes. J'ai moi-même, puisque l'ordre chronologique me force à me citer ici, exposé d'une manière abrégée, dans la Flore françoise[5], quelques observations générales déduites de l'étude des plantes de France, et j'ai, depuis, ajouté à cette base quelques détails ultérieurs, soit dans les rapports de mes voyages[6], soit dans l'article *Géographie botanique et agricole* du Dictionnaire d'agriculture[7], soit enfin dans le 3e volume des Mémoires de la société d'Arcueil, publié en 1817.

1 Link, *Floræ Gœttingensis specimen* ; in 8°, *Gœtingœ*, 1789.

2 Stromeyer, *Commentatio sistens historiæ vegetabilium geographicæ specimen* ; in 8°, *Gœtingœ*, 1800.

3 Lavy, *Stationes plantarum Pedemontio indigenarum* ; in 8°, *Taurini*, 1801.

4 Kielman, *Dissertatio de vegetatione in regionibus Alpinis* ; in 8°, *Tubingæ*, 1804.

5 *Flore françoise*, 3e édition, 1805, vol. 2, p. 1, avec une carte géographique.

6 *Rapports des voyages botaniques et agronomiques dans les départemens de France, imprimés parmi ceux de la Société d'agriculture de Paris* ; 1808-1814.

7 *Dictionnaire d'agriculture*, chez Déterville, à Paris, 6 vol., 1809.

M. Bossi a fait à la Lombardie l'application de la méthode que j'avois proposée pour la France[1]. Mais l'ouvrage le plus précieux que nous possédions sur la géographie des plantes, le seul, peut-être, qui l'ait fait entrevoir dans toute son étendue, est la Géographie des plantes que M. de Humboldt a publiée dans son Tableau physique des régions équatoriales[2], auquel on doit joindre quelques développemens insérés dans ses élégans Tableaux de la nature[3] ; ouvrages remarquables par le grand nombre de faits qu'ils font connoître, et par leur heureuse liaison avec les lois les plus importantes des sciences physiques. Dès-lors la géographie botanique prit une marche plus assurée. M. Wahlenberg, dans sa Flore de Laponie[4], et ensuite dans ses Essais sur la végétation de la Suisse[5] et des monts Carpathes[6], a développé l'histoire générale des végétaux de ces trois pays avec une sagacité remarquable. M. Robert Brown a fait connoître plusieurs généralités piquantes sur la géographie botanique de la Nouvelle-Hollande[7] et de la partie d'Afrique voisine du Congo[8], et a, dans ses divers Mémoires, comme c'est le propre de son talent, ouvert aux botanistes une nouvelle route. M. Schouw[9] a cherché à démêler, au milieu des faits nombreux et divers qui semblent se contredire, si l'on pouvoit admettre que chaque espèce de plante eût pris naissance dans un seul lieu ; il prépare, sur la géographie des plantes de l'Italie, un travail que les botanistes attendent avec impatience. M. Boué[10] a publié quelques considérations utiles sur la manière d'étudier la Flore d'un pays donné, et les a appuyées sur l'exemple de l'Écosse. M. Winch[11] a fait un travail presque analogue sur quelques parties de l'Angleterre. M. Léopold de Buch, après avoir indiqué, dans son Voyage en Norwége, plusieurs faits curieux de géographie botanique, a publié un travail très-intéressant sur la distribution des plantes dans les îles Canaries[12], résultat de ses propres recher-

1 *Giornale della società d'incoragemento del regno d'Italia, n° 7.*

2 *Essai sur la géographie des plantes* ; 1 vol. in 4°, Paris, 1807.

3 *Tableaux de la nature*, traduits par Eyries ; 2 vol. in 12. Paris, 1808.

4 *Flora Laponica*, 2 vol. in 12. *Berolini*, 1812.

5 *De vegetatione et climate Helvetiæ tentamen* ; in 8°. *Tiguri*, 1813.

6 *Flora Carpathorum principalium* ; in 8°. *Gœttingœ*, 1814.

7 *General geographical remarks on the botany of Terra australis* ; in 4°. *London*, 1814.

8 *Observations on the herbarium collected by prof. Chr. Smith, in the vicinity of Congo* ; in 4° *London*, 1818.

9 *De sedibus plantarum originariis sectio prima. Havniæ*, 1816, in 8°.

10 *De methodo Floram cujusdam regionis conducendi* ; in 8°. *Edinburgi*, 1817.

11 *Essai on the geographical distribution of plants through the counties of Northumberland, etc.* ; in 8° *New Castle*, 1819.

12 *Allgemeine Uebersicht der Flora auf den Canarischen Inseln. Berlin*, 1819 ; in 4°.

ches et de celles de son ami Chr. Smith, dont la botanique a pleuré depuis la mort misérable. Enfin, M. de Humboldt a recueilli, avec son talent ordinaire, tout ce que l'on connoît sur les bases de la géographie des plantes, et, en le combinant avec ses propres recherches, en a tracé, dans les Prolégomènes de la Flore d'Amérique[1], le tableau le plus fidèle et le plus brillant.

A ces divers ouvrages il faut, pour avoir une idée complète de l'état actuel de nos connoissances, joindre cette multitude immense de notes relatives à la patrie des plantes qu'on trouve éparses dans les écrits des voyageurs, dans les collections des naturalistes, dans les Flores et les ouvrages généraux de botanique ; j'oserai peut-être encore ajouter ici, que, par la manière dont j'ai récapitulé ces notes dans le Système universel du règne végétal, elles deviendront plus utiles dans l'avenir à l'étude de la distribution des plantes sur le globe.

Tels sont les ouvrages qui constituent la bibliothèque de la géographie botanique, et dont cet article doit être le résumé : j'y joindrai les considérations qui m'ont été fournies par l'examen attentif que j'ai fait, pendant sept années de voyages en France, de la distribution des plantes sur le sol qui nous entoure.

Je me propose de publier sous peu la statistique végétale de la France, qui contiendra, entre autres résultats de mes voyages, l'ensemble des faits observés sur la distribution des plantes sauvages et cultivées sur la surface de la France. L'article actuel peut être considéré comme l'introduction de cet ouvrage.

Toute la science me paroit se classer sous trois chefs généraux :

1° l'influence que les élémens extérieurs exercent sur les végétaux, et les modifications qui résultent, pour chaque espèce, du besoin qu'elle a de chaque substance, ou des moyens par lesquels elle peut échapper à son action ;

2° Les conséquences qui résultent de ces données générales pour l'étude des stations ;

3° L'examen des habitations des plantes, et les conséquences qui en résultent relativement à l'ensemble de la science.

Augustin-Pyramus de Candolle, "Géographie botanique". – In : *Dictionnaire des sciences naturelles, dans lequel on traite méthodiquement des différens êtres de la nature, considérés soit en eux-mêmes, d'après l'état actuel de nos connoissances [...]* / édité par Frédéric Cuvier. – Paris ; Strasbourg : Levrault, 1820. – [Vol. 18, pp. 359-362].

1 Humboldt, Bonpland et Kunth, *Nova plantarum genera et species America, etc.* in 4°, Paris, 1015 et suiv.

PROJET D'UNE FLORE PHYSICO-GÉOGRAPHIQUE... 34

Considérations générales sur les Flores locales (1re Partie). — Destiné à des botanistes, aussi bien amateurs que professionnels, ce texte a pour objectif d'introduire et de faire appliquer le programme de géographie botanique. Candolle ne manque pas d'y critiquer les ouvrages floristiques publiés jusqu'alors. Un grand tournant dans l'étude de la flore est amené à se produire.

La géographie botanique ou l'étude de la distribution des plantes sur le globe est une des branches les plus curieuses et les plus utiles de la science des végétaux et de la géographie physique. Elle n'a pu cependant commencer à être cultivée avec quelque soin que lorsque les élémens dont elle se compose ont été eux-mêmes suffisamment analysés : pour qu'on pût mettre quelque intérêt à la géographie des plantes, il fallait que la distribution des espèces végétales eût été faite d'une manière assez exacte et assez complète pour qu'il fût possible d'attacher quelque importance aux généralisations des faits particuliers ; il fallait que l'étude de la physiologie végétale fût assez avancée pour apprécier au moins sans trop d'erreurs, l'influence des agens extérieurs sur la végétation ; il fallait enfin que la géographie physique elle-même eut été singulièrement perfectionnée dans les parties relatives à la vie des plantes, savoir : la détermination des terrains, des hauteurs, des températures, etc. Quoique aucune de ces diverses études ne soit arrivée à être complète, elles sont toutes suffisamment étendues pour qu'il soit possible d'en tirer parti dans la géographie botanique : aussi, depuis quelques années des travaux importans ont été publiés à ce sujet par divers naturalistes : J'en ai tracé ailleurs[1] l'histoire et le résumé, et je me borne à les rappeler ici succinctement : mon but n'est point de les récapituler, mais de montrer quelques-unes des causes qui retardent le progrès de cette science et les moyens de les écarter.

La géographie botanique puise ses principaux documens dans les flores générales ou particulières ; mais les flores elles-mêmes publiées, jusqu'à présent, pour le plus grand nombre, dans le but spécial de faire connaître et distinguer les espèces d'un pays, sont en général faites avec négligence, sous le rapport de la désignation des lieux où les plantes croissent et de leurs diverses habitudes. Nous avons trop peut-être de flores purement diagnostiques, et nous manquons presque complètement de flores géographiques. Les seuls ouvrages de M. Wahlemberg sur la Laponie, la Suisse orientale et les Carpathes peuvent être comptés parmi les flores réellement géographiques.

1 *Dictionnaire des Sciences naturelles*, vol. 18, p. 559.

Les flores générales d'un pays étendu ne pourront remplir cette destination que lorsqu'il existera un certain nombre de flores locales faites d'après des principes plus réguliers que ceux qui ont été suivis jusqu'ici. Ces flores locales méritent donc un degré d'intérêt plus grand qu'on ne leur en a accordé, et je désirerais, en traçant les règles de ce genre de travail, engager tous les botanistes sédentaires à tenter cette entreprise pour le pays qui les entoure.

Une flore locale ne peut être bien faite que lorsque l'auteur la considère comme un des matériaux dont les ouvrages généraux de la science doivent se composer. Il faut en élaguer tout ce qui est propre aux ouvrages généraux, mais la rendre aussi complète que possible dans ce qui est relatif aux localités. Le premier devoir de l'auteur doit être de fixer les limites de sa flore sur des principes exacts. Quand il s'agit des flores générales, il est si peu de grands pays continentaux dont on puisse tracer les limites naturelles avec quelque précision, que les auteurs sont peut-être excusables de suivre des limites artificielles, telles que les démarcations politiques ; mais dans les flores locales, il importe de choisir une limite fondée sur la nature même : les bassins qui sont formés par les dépressions du terrain, et qui se reconnaissent facilement par le cours des eaux, sont les meilleures divisions qu'on puisse suivre pour une flore locale. Déjà les géographes instruits admettent ce genre de limites dans tous les travaux où ils veulent mettre de l'exactitude : cette division d'un pays en bassins est particulièrement applicable à la géographie botanique, en ce que les graines des plantes sont facilement entraînées par les eaux, et se propagent plus aisément dans une même vallée que dans toute autre direction. Mais, lorsqu'il s'agit de très-grands bassins, comme le seraient ceux de la Loire ou du Rhône, il se trouve une si grande étendue de terrain à explorer, et une si grande différence de nature entre les diverses parties du bassin, qu'on doit le subdiviser ; pour cela on peut, suivant les localités, se guider d'après deux méthodes diverses. Tantôt on choisit ou l'un des bassins secondaires ou tertiaires qui aboutissent au grand bassin, comme si, par exemple, au lieu d'étudier tout le bassin de la Loire, on faisait la flore du bassin secondaire de l'Allier, ou du bassin tertiaire de la Sioulle ; ou bien encore, on choisit dans le cours d'un grand fleuve certains points où le bassin se resserre par le rapprochement des montagnes et détermine ainsi des divisions naturelles. Ainsi, le cours du Rhône, par exemple, se coupe très-naturellement en cinq divisions principales : 1° De sa source jusqu'à l'étranglement de St.-Maurice, ce qui forme la vallée du Valais ; 2° De

Saint-Maurice au fort l'Ecluse, ce qui forme la vallée du Léman ; 3° Du fort l'Ecluse jusqu'au point où le Rhône[1] entre dans la Saône ; 4° Du confluent de la Saône jusqu'à l'étranglement situé sous Montelimar ; 5° De ce point jusques à la mer. Chacune de ces cinq divisions de la grande vallée du Rhône présente un climat spécial et une nature qui lui est propre, et formerait ainsi une division très-naturelle de géographie botanique.

Ces méthodes de limitations sont éminemment applicables aux pays montueux. Quant aux pays de plaines, on est quelquefois obligé de recourir à d'autres moyens, tels que la nature générale du terrain ; ainsi l'Oasis granitique du Morvand, situé au milieu des pays calcaires de la Bourgogne, ou les plaines sablonneuses des Landes situées entre les bassins de l'Adour et de la Garonne formeraient de très-bonnes divisions de flores locales. Ces limitations sont fondées sur la convenance de ne décrire dans le même ouvrage que les plantes qui ont entre elles une analogie réelle d'habitation. On a malheureusement, dans la plupart des livres existans, suivi une marche tout-à-fait opposée ; les auteurs ont cherché à mettre dans leurs flores le plus grand nombre de plantes possibles, et ont ainsi à dessein négligé les pays homogènes et recherché les pays hétérogènes. Ainsi, par exemple, dans les flores de Montpellier, on s'arrête dans la plaine, à trois ou quatre lieues à l'est et à l'ouest de la ville, parce que, lors même qu'on se fût étendu dans cette direction, on aurait trouvé les mêmes végétaux ; mais, on s'est étendu au nord jusqu'au centre des Cevennes, afin de réunir dans cet ouvrage, un grand nombre de plantes de montagnes : il est résulté de là que cette flore est tout-à-fait hétérogène, et ne donne aucune idée exacte de la végétation propre aux environs de Montpellier. Les principes de limitation naturelle ont pour résultat de réunir, autant que possible, dans une même liste les végétaux que la nature semble avoir eu dessein de réunir ensemble.

Une fois les limites de l'espace déterminées, le floriste devra s'occuper à en étudier la géographie physique dans toutes les branches liées avec la végétation, savoir, la nature du terrain, les hauteurs au-dessus du niveau de la mer, les diverses températures, soit de l'année, soit des saisons, les degrés divers d'humidité, etc., etc. Toutes ces recherches qui exigent des connaissances spéciales et un temps considérable, peuvent rarement être bien faites par le même individu que celui qui s'occupe en détail de la bo-

1 Je dis contre le langage ordinaire que le Rhône entre dans la Saône, parce que la Saône conserve sa direction, et que le Rhône perd la sienne ; de même on devrait dire que la Garonne entre dans le Tarn, parce que c'est celui-ci qui garde sa direction.

tanique ; mais celui-ci doit ou les faire faire par des collaborateurs dignes de confiance, ou, selon les pays, recueillir avec soin ce que les minéralogistes et les physiciens ont fait sous ces divers rapports.

Ces préliminaires étant achevés, le floriste devra recueillir méthodiquement toutes les plantes de l'espace dont il s'est prescrit l'examen ; et bien loin de rechercher, comme on l'a fait jusqu'ici, les espèces les plus rares et qui, par conséquent, donnent le moins possible l'idée de la nature du pays, il doit accorder une grande attention aux espèces communes, c'est-à-dire, à celles qui sont plus spécialement adaptées aux localités qu'il étudie. Ses regards doivent se porter d'abord sur les plantes sauvages ; mais il ne doit pas négliger les espèces cultivées qui, mieux observées, donnent souvent des idées plus complètes sur la nature physique du pays : parmi les plantes réputées sauvages, il doit étudier avec soin celles qui ont pu être naturalisées, soit par l'homme volontairement ou à son insu, soit par les animaux, soit par des agens purement mécaniques, tels que les eaux et les vents.

Pour chaque espèce de plante en particulier une flore locale doit contenir :

1° Sa détermination et son caractère botanique, en se référant aux ouvrages généraux et à une bonne figure qui puisse lever tous les doutes de nomenclature.

2° Sa synonymie botanique réduite à celle des auteurs qui l'ont désignée dans les limites de la flore.

3° Sa synonymie vulgaire, c'est-à-dire, l'indication des noms sous lesquels la plante est connue populairement dans l'espace de la flore.

4° La désignation géographique des lieux où la plante se trouve, en notant particulièrement les points extrêmes au nord et au midi, les plus grandes et plus petites hauteurs où elle a été rencontrée, les expositions ou autres circonstances locales qui peuvent y influer.

5° La station, c'est-à-dire, la nature spéciale des localités relativement à la nature du sol, à son inclinaison, à son arrosement ; la nature et la température des eaux ; l'éclairement ou l'obscurité, etc.

6° Ses variétés locales, c'est-à-dire, les changemens de formes observées dans les limites adoptées et leurs rapports, s'il en est avec les localités.

7° Les preuves ou probabilités de son indigénat ou de son introduction.

8° L'indication du degré de sa rareté ou de son abondance, le rôle qu'elle joue comme support, appui ou ennemi des autres végétaux, la désignation de la plante considérée comme éparse ou sociale ; enfin, l'indication des espèces avec lesquelles elle a coutume de vivre.

9° Ses époques de fleuraison, de maturité et de germination, ses heures de sommeil, soit habituelles soit accidentelles.

10° Ses usages locaux dans l'économie domestique agricole ou industrielle.

Une fois ces données remplies pour toutes les plantes d'un espace déterminé, le floriste devra chercher à comparer ces espèces, soit entre elles, soit avec les flores des pays voisins, pour en déduire les conséquences générales de géographie botanique. Ce dernier travail échappe à la plupart des directions qu'on pourrait être tenté d'établir ; on peut par le raisonnement tracer les règles du travail, on ne peut prescrire celles du génie.

A la masse des faits nécessaires pour l'étude d'une seule plante, et en réfléchissant qu'il est peu de flores locales qui présentent plusieurs centaines de végétaux divers, on doit concevoir que pour atteindre à ce genre de précision, il faut plutôt resserrer l'entreprise d'une flore dans des limites étroites que travailler à l'étendre : l'entreprise, telle que je l'ai tracée, est pour un espace borné déjà bien considérable pour la vie d'un homme. Aussi, n'existe-t-il aucun ouvrage qui présente l'histoire des plantes d'un pays quelconque avec ce degré de détail et de précision. Peut-être serait-il inutile que toutes les localités fussent explorées avec autant de soin ; mais aucun de ceux qui ont réfléchi sur la géographie des plantes, ne pourra croire que quelques essais de ce genre faits dans diverses localités ne servissent puissamment à accélérer les progrès de cette science.

Augustin-Pyramus de Candolle, "Projet d'une flore physico-géographique de la vallée du Léman". – In : *Journal d'Agriculture, Lettres et Arts de l'Ain*, 1821, pp. 135-143.

ESPRONCEDA

ESPAGNOL **1808-1842**

La vie de ce grand romantique espagnol est fortement marquée par les événements politiques. Fils d'un militaire, il naît en pleine guerre d'indépendance contre la France de Napoléon ; adolescent, il fonde la société secrète « Les Numantins », ce qui lui vaudra d'être enfermé dans un couvent de Guadalajara. Après le rétablissement de l'absolutisme, il est emprisonné en 1825, puis choisit de s'exiler en 1827 à Lisbonne puis à Londres, où il fréquente les milieux libéraux exaltés. En 1830, on le retrouve à Paris, où il participe aux barricades des « Trois Glorieuses » et s'enthousiasme pour Voltaire. Pendant son exil, il compose des poèmes et une tragédie intitulée *Blanche de Bourbon*. Il rentre en Espagne en 1832 avec l'expédition malheureuse de Joaquín de Pablo, alias *Chapalangarra*. Dès 1833, il devient officier de la milice nationale et se fait remarquer par son opposition active aux Cabinets du « juste milieu ». Il fonde avec Ventura de la Vega, Ros de Olano et quelques autres le journal *El Siglo* (*Le Siècle*) ; sa décision de laisser des blancs dans le journal à l'emplacement des articles censurés suscite un célèbre article de Larra, son ami et son admirateur. Les amours d'Espronceda avec Teresa Mancha, qui abandonne mari et enfants pour le suivre en France puis en Espagne sont des plus romanesques : il n'y manque ni le rapt, ni la rupture, ni la déchéance sociale puis la mort de la bien-aimée en 1839. En 1842, il est élu député du parti progressiste extrémiste ; au Parlement, il révèle une solide formation en politique et de bonnes notions d'économie.

José de Espronceda y Delgado a bénéficié d'une excellente formation littéraire. Disciple du pédagogue et poète Alberto Lista (1775-1848), l'apôtre du néo-classicisme et le fondateur de l'Académie du Myrte, il fait au Myrte ses premières armes de poète néo-classique. En 1835, il acquiert une renommée nationale avec *La Chanson du pirate*, publiée dans *El Artista*. Ce texte constitue — en dépit de la controverse autour de sa dette envers Byron — le manifeste lyrique du romantisme espagnol : on y trouve la défense exaltée de la liberté, la révolte religieuse, sociale et politique dans les sarcasmes du protagoniste, l'audace des images et des rythmes.

En 1840 paraît le recueil *Poésies de Don José de Espronceda*, qui comporte, outre *La Chanson du pirate*, une série de poèmes déjà publiés dans la presse ; l'on est frappé de l'originalité des thèmes abordés, des formes poétiques choisies et de la profondeur dans l'expression de la douleur et de la désillusion. Certains poèmes, comme le fragment de *Pelayo* corrigé par Lista, font entrer dans le moule des formes et des images néo-classiques une nouvelle intentionnalité expressive. *L'Hymne au Soleil* et *Oscar et Malvina* constituent de rares exemples de l'imitation d'Ossian en Espagne : la description d'une Nature sublime s'y accompagne d'une réflexion philosophique sur le destin de l'homme. Les poèmes politiques (*Chanson patriotique*, *À la patrie, élégie*, *Le Deux Mai*, *Au Transfert des cendres de Napoléon*) mettent en évidence la contradiction libérale entre optimisme politique et pessimisme philosophique. Les poésies amoureuses (*Sérénade*, *À une dame abusée*, *Le Pêcheur*, *À Mathilde*) reproduisent des motifs de la tradition néo-classique, même s'il leur arrive de refléter des circonstances personnelles ; plus tard, après la rupture avec Teresa, Espronceda donnera forme à une nouvelle interprétation de l'amour, « mensongère illusion » qui débouche sur la lassitude sexuelle, la désillusion et la mort (*Naissance d'une étoile*, *À Jarifa en une orgie*, *À..., en lui dédiant ces vers*) : certains motifs de la littérature baroque, comme le *carpe diem*, se teintent désormais de la sincérité du vécu.

L'apport poétique le plus important d'Espronceda se trouve à coup sûr dans ses *Chansons*, comme *La Chanson du pirate*, *Le Chant du cosaque*, *Le Mendiant*, *Le Condamné à mort* et *Le Bourreau*, poèmes civico-éthiques ou résolument sociaux, qui marquent une rupture avec le romantisme traditionnel. L'idéologie cesse d'être abstraite, elle prend corps dans des personnages patibulaires qui sont en réalité des victimes de la société. En imitant des hymnes martiaux, des pastourelles, des berceuses, des barcaroles, Espronceda enrichit les rythmes poétiques espagnols, préfigurant les procédés modernistes.

L'Étudiant de Salamanque, inclus dans les éditions des *Poésies*, est un récit en vers qui annonce *Don Juan Tenorio* et les légendes théâtrales de Zorrilla. C'est une sorte de conte de terreur, qui intègre à la littérature espagnole les procédés du roman gothique anglais, selon la théorie du sublime d'Edmund Burke (*A Philosophical Enquiry into the Origin of Our Ideas of the Sublime and Beautiful*, 1757), diffusée à travers les *Leçons* de Hugh Blair, œuvre fondamentale de la rhétorique préromantique. La description de la nuit, la lutte symbolique de la lumière et des ténèbres, les bruits intempestifs, les apparitions de fantômes encadrent la présentation de Montemar, l'étudiant satanique, « esprit sublime » qui néglige les avertissements divins et défie les pouvoirs de Dieu et du diable, incarnant à la fois la soif de connaissance et la liberté de l'esprit.

Le « satanisme » romantique apparaît également dans le *Monde Diable* (1840), vaste poème apocalyptique inachevé qui contient des réminiscences de Milton, de Voltaire, de Goethe et de Thomas Carlyle et dans lequel l'existence du mal est discutée d'un point de vue philosophique. Le monde est l'incarnation des esprits du mal, selon la philosophie ésotérique (Bœhme, Swedenborg) qu'Espronceda reprend de façon un peu confuse. La lutte entre le Bien et le Mal se présente à divers niveaux qui constituent les cercles structuraux du poème : le niveau céleste ou cosmique (Dieu, Satan), la Nature (tempêtes et accalmies), l'histoire humaine (présidée par un génie de la guerre éminemment napoléonien) et l'expérience individuelle (amour et désillusion). Le poème s'organise en partant de l'expérience : d'où l'importance structurelle du *Chant à Teresa*. Le personnage, Adam, revit symboliquement l'itinéraire de l'humanité ; ses péripéties individuelles le mènent en prison, où le père Lucas lui propose une morale opportuniste et cynique. C'est là qu'Adam rencontre la Drôlesse, une prostituée qui l'initie aux plaisirs de l'amour, décrits dans des passages qui constituent la meilleure expression de la littérature érotique espagnole. L'histoire est entrecoupée de digressions lyriques : le narrateur intervient constamment par des manifestations personnelles, des commentaires critiques sur le poème ou les personnages, des allusions humoristiques ou sarcastiques, ce qui confère au récit une perspective ironique ; il feint pour cela d'être un saltimbanque qui monte sur les tréteaux pour juger la représentation et solliciter applaudissements et récompenses. Le poème fait revivre en outre l'histoire sentimentale d'Espronceda et Teresa : le *Chant à Teresa*, modèle d'élégie romantique, s'ouvre sur la présentation du bonheur des amants dans un *locus amœnus* ; le couple y reproduit l'expérience d'Adam et Ève au paradis, l'amour charnel vient briser l'harmonie primordiale et au dégoût succèdent le désespoir et la mort. La violence physique avec laquelle est exprimée la douleur morale, en des vers incisifs et énergiques, s'entremêle avec la douce mélodie prébecquérienne des instants de bonheur : ainsi à l'intérieur du poème l'aspect formel s'inscrit lui aussi dans le schéma des contradictions et des luttes. On retiendra des moments d'une grande beauté, comme l'évocation d'un Satan mélancolique, démagogue qui émeut au moyen de sa rhétorique, ou la remarquable création du personnage de la Drôlesse, type *costumbrista* (« pittoresque ») métamorphosé en symbole de l'amour charnel.

Espronceda a aussi écrit un roman historique, *Sancho Saldana ou le Châtelain de Cuellar* (1834), qui doit beaucoup à Walter Scott, où il prône la justice, la liberté, la défense des humbles et où il fustige le carlisme, jugé responsable de la guerre civile. Il donne encore un conte fantastique, *La Jambe de bois* (1835) ; une satire, *Le Berger Classiquet* (1835) ; divers articles ("Destruction de nos monuments artistiques anciens", "Le Ministère Mendizabal" (1836) ; et une pièce de théâtre (*Ni l'oncle ni le neveu*, en collaboration avec Ros de Olano, 1834). La traduction qu'il fit dans se jeunesse du *Beatus ille* d'Horace est également remarquable.

Análisis formal de la poesía de Espronceda / Domingo Ynduráin ; prólogo de Rafael Lapesa. – Madrid : Taurus, 1971. – 641 p. – (*Persiles* ; 43).

Jose de Espronceda et son temps : littérature, société, politique au temps du romantisme / par Robert Marrast. – Paris : Klincksieck, 1974. – 720 p. – (*Témoins de l'Espagne. Série historique* ; 2).

J. Espronceda : an annotated Bibliography / David J. Billick. – New-York ; London : Garland, 1981. – XIV-184 p. – (*Garland reference library of the humanities* ; 244).

LA CHANSON DU PIRATE — 35

R. Marrast — 1995

Totale liberté (Fragment). — Personnage solitaire, en rupture avec la société et ses lois, le capitaine pirate est le porte-parole de la liberté, sans autre contrainte que les risques de la gloire et de la victoire.

Avec ses dix canons par bord,
Le vent en poupe, à toutes voiles,
Il ne fend pas les flots, il vole,
Mon brigantin, léger voilier.
Vaisseau pirate qu'on surnomme
Pour sa bravoure *Redoutable*,
Bien connu sur toutes les mers
D'un bout à l'autre de la terre.

La mer brasille sous la lune,
Le vent gémit dans la voilure,
Et son souffle léger soulève
Des vagues d'argent et d'azur
Et le capitaine pirate
Voit, chantant, joyeux à la poupe,
Ici l'Asie, là-bas l'Europe
Et tout droit devant lui Stamboul.

« Navigue sans rien redouter,
    Mon voilier,
Car jamais vaisseau ennemi,
Jamais tempête ou calme plat
Ne te feront changer de cap
Ni ne dompteront ta vaillance.

    « Vingt prises
    Avons fait
    En dépit
    De l'Anglais
    Et cent peuples
    Leurs bannières
    À mes pieds
    Ont rendu.

« Mon vaisseau est mon trésor
Et mon dieu la liberté ;
Ma loi, la force et le vent,
Et ma seule patrie, la mer.

« Guerroyez là-bas sans pitié,
    Rois aveugles,
Pour un arpent de plus de terre ;
Moi, je me tiens ici pour maître
De toute la mer indomptable
À qui nul n'imposa de lois.

    « Point de plage,
    Où qu'il soit,
    Ni bannière
    Souveraine
    Qui ne cède
    À mon droit
    Et redouble
    Ma vaillance.

« Mon vaisseau est mon trésor
Et mon dieu la liberté ;
Ma loi, la force et le vent,
Et ma seule patrie, la mer.

« Quand il entend “ Navire en vue ! ”,
Il faut voir
L’autre bateau virer de bord
Pour s’échapper à toutes voiles.
Car je suis le roi de la mer
Et ma fureur est redoutable.

« Dans les prises
Je partage
Entre tous
Le butin.
Je ne garde
Pour richesse
Que la belle
Sans rivale.

« Mon vaisseau est mon trésor
Et mon dieu la liberté ;
Ma loi, la force et le vent,
Et la mer, ma seule patrie.

« Sur moi pèse un arrêt de mort.
Je m’en moque.
Que la fortune m’accompagne,
Et celui qui me condamna
Peut-être un jour ferai-je pendre
À quelque vergue de son bord.

« Si je tombe,
Qu’est la vie ?
Pour perdue
Je la tins
Quand le joug
De l’esclave
Comme un brave
Je rompis.

« Mon navire est mon trésor
Et mon dieu la liberté ;
Ma loi, la force et le vent,
Et la mer, ma seule patrie.

« Les mélodies que je préfère ?
L'aquilon,
Le bruit confus, les crissements,
Sous les rafales, des cordages,
Les hurlements de la mer noire,
Le grondement de mes canons.

« Du tonnerre
Au fracas,
Et du vent
Au tumulte,
Je m'endors
Apaisé
Et bercé
Par la mer.

« Mon vaisseau est mon trésor
Et mon dieu la liberté ;
Ma loi, la force et le vent,
Et la mer, ma seule patrie. »

Anthologie bilingue de la poésie espagnole / préface de Nadine Ly ; édition établie sous la direction de Nadine Ly ; avec la collaboration de Yves Aguila, Claude Allaigre, [...]. – Paris : Gallimard, 1995. – (*Bibliothèque de la Pléiade* ; 419). – [Pp. 505-511].

LA CHANSON DU PIRATE 35 bis

G. Boussagol — 1931

Totale liberté (Incipit). — Essai de traduction en prose du début du poème.

Avec dix canons par bande, vent en poupe, toutes voiles dehors, un brigantin voilier ne fend pas l'eau, il vole ; vaisseau pirate, que pour sa bravoure on appelle *Le Redouté*, et que l'on connaît sur toutes les mers, d'un bout du monde à l'autre bout. La lune luit sur la mer, le vent gémit dans la voilure, et soulève en un mouvement doux des vagues d'argent et d'azur ; et le capitaine pirate, chantant allégrement sur la poupe, voit l'Asie d'un côté, de l'autre l'Europe, et là-bas, en face, Stamboul.

« Navigue, ô mon voilier, sans crainte ; car ni navire ennemi, ni tempête, ni bonace, ne parviennent à te détourner de ta route ni à assujettir ton courage. Nous avons fait vingt prises en dépit de l'Anglais, et cent nations ont incliné leurs pennons à mes pieds. *Car mon bateau est mon trésor ; mon Dieu, c'est la liberté ; ma loi, la force et le vent ; mon unique patrie, la mer.*

Anthologie de la littérature espagnole des débuts à nos jours / introduction générale, notices et extraits par Gabriel Boussagol. – Paris : Delagrave, 1931. – (*Collection Pallas*). – [P. 266].

LA CHANSON DU PIRATE 35 ter

M. Pomès — 1957

Totale liberté (Incipit). — Autre traduction, de nouveau en vers, de l'extrait ci-dessus.

Avec dix canons par bande,
Vent en poupe à toutes voiles,
Ne fend pas la mer, mais vole
Certain voilier brigantin,
Vaisseau pirate si brave
Qu'on le nomme *Redoutable*,
Connu sur toutes les mers
D'un bout à l'autre du monde.
Sur la mer, la lune brille,
Le vent sonne dans la voile
Et roule en doux bercement
Des flots d'argent et d'azur ;
Et le commandant pirate,
Chantant joyeux sur la poupe,
Voit sur un côté l'Asie,
Sur son autre bord, l'Europe
Et Stamboul droit devant lui.
« Vogue, mon voilier,
Sans peur ;
Il n'est navire ennemi,
Ni tourmente, ni bonace
Qui te fasse bouliner
Ou abatte ta vaillance,
Nous fîmes vingt prises
Malgré les Anglais,
Et cent nations
Ont dû amener
Leur fier pavillon
Vaincu, à mes pieds.

Pour trésor, j'ai mon navire,
Pour Dieu, j'ai la liberté,
Pour loi, la force et le vent,
Pour seule patrie, la mer. »

Anthologie de la poésie espagnole / Choix, traduction et commentaires par Mathilde Pomès. – Paris : Stock, 1957. – [Pp. 194-195].

LE MONDE DIABLE 36

G. Boussagol — 1931

Hymne à la vie. — Au-delà du conflit du Bien et du Mal, il faut chanter ce que la mort ne peut détruire.

« Salut, flamme créatrice du monde, langue ardente de l'éternel savoir, germe pur, principe fécond, qui enchaînes la mort à tes pieds ; — C'est toi qui éperonnes la matière inerte, toi qui lui ordonnes de se joindre et de vivre, toi qui modèles sa boue et crées mille êtres aux formes infinies. — En vain la mort parfois victorieuse défait tes œuvres ; de leurs restes, ta main, une fois de plus triomphante, fait lever de nouvelles œuvres. — C'est toi qui alimentes le bûcher du soleil, qui revêts d'azur les cieux, argentes la lune dans l'ombre, qui couronnes de lumière l'aurore. — Tu donnes d'agréables échos au bois ombreux, une verte pompe aux arbres, une musique mélancolique à la rivière, un cri rauque aux flots de la mer. C'est toi qui fais s'exhaler des fleurs leur arôme, qui soupires d'amour dans les vallées, toi qui murmures sur les ailes de la brise, et ta voix retentit dans Borée. — C'est toi qui verses l'or dans la terre, en ruisseaux de métal bouillonnant, toi qui fais briller la perle que la mer enferme en son abîme profond. — C'est toi qui étends les nuées livides, noir manteau qu'agite l'Aquilon, de ton souffle tu enflammes les airs, tes rugissements inspirent la peur. — C'est toi qui es la pure semence de vie, source sempiternelle de bonheur, lumière détachée du Créateur même, ton être est jeunesse et beauté. — C'est toi la force secrète qui pousse le monde à rouler sur ses essieux, sentiment harmonieux et profond des orbes que ta face anime. — Les siècles qui s'envolent sont les artisans infatigables de tes œuvres ; ils cisèlent et embellissent l'étroite prison de l'esprit ardent. — C'est toi qui les pousses en un violent et rapide tourbillon, et elles vont, et en avant dans ta course rapide tu ordonnes à d'autres siècles d'arriver. — Et d'autres siècles s'élancent anxieux, disparaissent et arrivent sans fin, et s'atteignent dans leur travail éternel, et sans trêve s'arrachent le burin. — Et empressés ils emploient sans cesse leurs forces dans ton immense chantier, et ils frappent la matière grossière, et le travail redouble leur zèle. — Dans l'océan profond de la vie, l'homme flotte en un perpétuel va-et-vient ; et ta main répand avec abondance en son être la semence créatrice. — Homme faible, lève le front, applique ta lèvre à son courant éternel, tu seras, comme le soleil à l'Orient, tu seras, comme le monde, immortel ! »

Anthologie de la littérature espagnole des débuts à nos jours / Introduction générale, notices et extraits par Gabriel Boussagol. – Paris : Delagrave, 1931. – (*Collection « Pallas »*). – [Pp. 270-271].

LE MONDE DIABLE 37

R. Marrast — 1995

À Thérèse : repose en paix (Chant II, v. 97-144). — Dans ce modèle d'élégie romantique, la bien-aimée défunte change peu à peu de statut : d'« une femme », elle devient « la femme », incarnation de l'amour.

Une femme ! Elle glisse, image fugitive,
Sous le discret rayon de la magique lune,
Disparaît parmi les nuages, au couchant,
Sous les feux languissants du soleil qui décline ;
Sur les cimes que mai tapisse de ses fleurs,
Elle brille, fugace, au lever de l'aurore,
Parfois traverse la forêt sous les ombrages,
Ou s'ébat dans les eaux d'une calme rivière.

Une femme ! Là-bas, dans le ciel, elle passe,
Telle une étoile détachée du firmament ;
Si l'air s'est imprégné de fragrance sur terre,
C'est elle qui lui a prêté cette fragrance.
Blanche est la nue qui dans son vol silencieux
Fend le céleste espace, et que foule son pied,
Cependant que le soir, la mer, pour la bercer
Lui propose ses flots de saphir et d'argent.

Femme que l'amour crée dans son illusion,
Femme dont la vision n'enflamme pas les sens,
Créature de rêve à l'infinie tendresse,
Écho lointain qui ensorcela notre oreille ;
La flamme généreuse et pure de l'amour,

Du plaisir savouré les suaves délices
Que l'imagination rend plus douces encore,
Délices que le cœur avidement convoite ;

Oui, cette femme, hélas ! est la seule capable
De réaliser tous ces rêves chimériques,
Mais une femme aussi parfaite et aussi belle
N'est que trompeuse illusion née de l'espoir.
Elle est l'âme qui, s'élançant dans ce bas monde,
Fait rayonner en lui sa lumière éclatante,
Et le monde, avec tous ses magiques appas,
N'est rien de plus que le miroir de sa beauté.

Cette femme est l'amour qui s'adore lui-même,
Est l'amour qui créa sylphides et ondines,
Et la nymphe sacrée brodant en sa demeure
Cachée au plus profond des cristallines ondes ;
Elle est l'amour qui se souvient en sanglotant
Des frondaisons sacrées du jardin de l'Éden
Où il naquit un jour et d'où il fut banni,
Et son bonheur perdu cherche en vain ici-bas.

Ô flamme vénérable ! Ô céleste désir !
Ô sentiment exempt de toute tache ! Es-tu
Souvenir douloureux d'un paradis perdu,
Ou bien peut-être espoir d'un bonheur à venir ?
Tu t'enfuis, ne laissant que pleurs et affliction !
Ô femme, dont l'amour offrit à l'illusion
De mes jeunes années l'illusoire vision,
Si pure, si radieuse et si charmante image !

Anthologie bilingue de la poésie espagnole / préface de Nadine Ly ; édition établie sous la direction de Nadine Ly ; avec la collaboration de Yves Aguila, Claude Allaigre, [...]. – Paris : Gallimard, 1995. – (*Bibliothèque de la Pléiade* ; 419). – [Pp. 519-521].

HAHNEMANN

ALLEMAND • LATIN **1755-1843**

Né à Meissen, petit village de Saxe, Samuel-Christian-Frédéric Hahnemann suit une formation médicale classique pour l'époque, d'abord à Leipzig, la ville universitaire la plus proche, ensuite à Vienne qu'il espère moins livresque, enfin à Erlangen où il obtient son titre de docteur en 1779. Il mourra à Paris, au terme d'une carrière médicale mouvementée.

Différentes circonstances ont amené Hahnemann à se poser en réformateur de la médecine et à fonder un nouveau principe thérapeutique, qu'il a légué sous le nom d'homéopathie. Déçu déjà par sa formation médicale, il fut marqué par ses premiers échecs thérapeutiques personnels. Étudiant de famille modeste puis médecin malchanceux, c'est par des travaux de traduction d'ouvrages anglais, français et italiens qu'il s'assure régulièrement une subsistance matérielle toujours difficile. En traduisant la *Matière médicale* du médecin écossais W. Cullen, il fait l'expérience de base qu'il dit avoir été cruciale dans l'élaboration de sa réforme médicale : la quinine, substance réputée ôter la fièvre, la provoque dans un organisme sain. Sous la rubrique « Écorce de quinquina » de sa traduction publiée en 1790, il ajoute une note énonçant ce principe. On a discuté le bien-fondé de cette expérience et le fait aussi qu'il ait absorbé ces grains de quinquina par hasard, guidé par une autre hypothèse (propriétés du quinquina sur l'estomac) ou, au contraire, comme il l'a raconté lui-même a posteriori, déjà guidé par le cadre interprétatif qu'il va systématiquement développer, la *loi de similitude* ou *loi d'analogie* qui fonde l'homéopathie. Cette expérience en tout cas trouve son interprétation dans une idée classique qui traverse toute la médecine et qui est à plusieurs reprises discutée dans certains écrits hippocratiques : *similia similibus curentur*. Le fondement de cette « loi » est une vision dynamique du vivant, qui serait capable de réaction face à un changement dans un environnement donné. Si une drogue prise par un organisme à l'état de santé provoque chez lui les mêmes symptômes que la maladie qu'elle est réputée supprimer, Hahnemann dispose d'une méthode sûre pour connaître les effets thérapeutiques positifs des différentes drogues : tester chaque substance isolée, décrire les différents symptômes qu'elle provoque à l'état de santé et mettre en relation cette « maladie artificielle » avec la maladie naturelle qui lui est la plus proche et qu'elle est donc censée soigner ou « déplacer » avec efficacité. Durant le reste de sa carrière, Hahnemann creusera toujours la même idée et étendra ses observations, selon le même schéma expérimental, à un nombre de drogues de plus en plus grand.

Philosophiquement, il participe, comme d'autres de ses prédécesseurs et contemporains (Stahl, Bichat, etc.), à la remise en question du mécanisme qui, depuis plus d'un siècle, tentait d'expliquer le vivant à partir des concepts de la physique et qui, malgré ses nombreuses découvertes anatomiques fines, ne proposait au médecin aucune explication fonctionnelle testable de l'organisme vivant et au praticien aucun progrès thérapeutique notable. Hahnemann est « dynamiste » : la maladie est pour lui essentiellement due à un déséquilibre des forces vitales, et très rarement à une cause matérielle assignable. La médecine doit donc s'abstenir de chercher encore et toujours des causes matérielles aux désordres fonctionnels de l'organisme : c'est une voie sans issue. Il est « vitaliste » surtout, dans la mesure où il soutient qu'il faut partir des propriétés du vivant pour agir sur lui et non en faire une réduction inappropriée à d'autres sciences totalement différentes par leur objet et leur méthode, comme la physique ou la chimie. En cela, ses analyses en 1796 rejoignent parfaitement celles de Bichat en 1800. Comme beaucoup d'aspects de sa pensée, ce vitalisme, d'abord modéré et méthodologique, se radicalisera pour prendre dès la publication de l'*Organon* (1810) une forme plus affirmée.

Au plan épistémologique, Hahnemann adhère à l'empirisme raisonné des Lumières, qui prend la mesure des errements des théories médicales successives et veut avant tout des faits d'expérience accessibles aux sens, rationnellement organisés. Chez lui cependant, plus que chez d'autres, ces « faits » sont organisés par une idée directrice qui leur donne un sens et permet de les interpréter. Selon sa conception « phénoméniste » de la science médicale, positiviste avant la lettre, on ne peut avoir accès qu'aux régularités phénoménales, ici les symptômes morbides, et pas aux causes cachées de la maladie qui, de nature essentiellement dynamiques, sont inobservables. Il faut donc se limiter à décrire minutieusement les symptômes des maladies « naturelles » et « artificielles ».

Hahnemann ne restera pas fidèle jusqu'au bout à ce principe puisque, dans son dernier traité *des Maladies chroniques*, publié à partir de 1828, il introduit, d'une manière surprenante, une classification des maladies chroniques en trois types de causes matérielles, suivant leur origine miasmatique : maladies issues de la psore (ou gale à l'époque), de la luèse (syphilis) et de la sycose (blennorragie).

La force et l'originalité de Hahnemann est d'avoir pu organiser une idée qui traverse toute la médecine depuis Hippocrate (*similia similibus curentur*), éclairée par son expérience sur le quinquina, en un système au départ extrêmement cohérent où la philosophie du vivant, l'épistémologie, la méthodologie de la recherche et, finalement, la pratique thérapeutique s'articulent d'une manière remarquable. Il a pu, sur cette base, proposer un programme de recherches expérimentales systématiques qui promettaient de mettre de l'ordre dans les connaissances thérapeutiques.

En 1796, il publie son *Essai sur un nouveau principe pour découvrir les vertus curatives des substances médicinales, suivi de quelques aperçus sur les principes admis jusqu'à nos jours*, premier écrit « homéopathique » — le terme ne sera introduit qu'à partir de 1807 — où il divulgue d'une manière argumentée le nouveau principe thérapeutique de son invention. C'est un article de près de 100 pages, paru à Iéna dans la revue du docteur Hufeland, où Hahnemann critique les réductions de la thérapeutique médicale à la chimie, à la physique, voire à la botanique, au nom d'une philosophie du vivant qui met l'accent sur son organisation, son dynamisme interne et son caractère individuel ; d'où l'exigence de rendre compte expérimentalement de l'individualité de la réaction de chaque patient à chaque substance selon les différentes doses. Ce principe d'individualisation sera respecté strictement dans la première matière médicale qu'il publie (1805) où 27 drogues seulement sont testées ; il sera déjà réaménagé en 1811, lorsque paraît le premier des 6 volumes de la *Matière médicale homœopathique*, où le nombre de drogues testées est beaucoup plus élevé et dont l'utilisation pratique a nécessité des classifications et regroupements de symptômes par types. Dans la ligne du néo-hippocratisme, Hahnemann insiste encore sur le fait que le médecin doit éviter les méthodes traumatisantes, comme les saignées et les lavements, qui ont pour effet de diminuer les forces vitales du patient et entravent ainsi sa guérison. Sans les rejeter radicalement dans tous les cas, il souligne aussi les limites de la méthode qu'il nomme palliative, qui agit par les effets contraires. Il propose enfin sa méthode, en l'étayant sur différents exemples de drogues testées expérimentalement.

Entre temps, Hahnemann exerce sa nouvelle médecine apparemment avec succès, mais dans un climat de polémique violente avec d'autres médecins. En effet, le processus de marginalisation de l'homéopathie s'est mis très tôt en place dans le milieu médical, mais il a dès le début revêtu des aspects complexes où les critères de logique interne ne sont pas les seuls déterminants. Le dogmatisme de plus en plus affirmé de Hahnemann, et sa récupération par certains spiritualistes confus n'y sont pas étrangers. Toutefois, c'est certainement la question des doses infinitésimales qui a été et reste le point crucial de la polémique entre l'homéopathie et une médecine de plus en plus matérialiste. Ce concept des dilutions fortes, absent de l'article de 1796, est apparu dans la pratique de Hahnemann et dans certains écrits à partir de 1799, même s'il n'est pas encore mentionnée en 1805, dans le *Fragmenta de viribus*, la première matière médicale. Dans l'*Organon* (1810) cependant, la technique est exposée et paraît faire partie intégrante du système thérapeutique. C'est sur une base expérimentale, par souci de conserver l'effet voulu grâce à l'absorption du médicament tout en évitant l'effet d'aggravation de la maladie, que Hahnemann semble être entré dans cette logique des dilutions de plus en plus fortes de la substance active. Les techniques de préparation des remèdes, succussions pour les liquides et triturations pour les solides, qui visent à dynamiser la substance active, ne faciliteront pas non plus le dialogue avec ses adversaires. En 1833, Hahnemann introduit la trentième dilution centésimale (30 CH), qui revient à répéter 30 fois le processus de dilution qui consiste à prendre un millilitre de la solution-mère pour la porter dans cent millilitres du solvant. Tous les homéopathes ne sauteront pas avec lui ce pas vertigineux. Certains continueront d'ailleurs à travailler avec les doses pondérales utilisées dans les premiers essais thérapeutiques de hahnemanniens.

Progressivement, l'évolution des connaissances chimiques, la loi d'Avogadro surtout, le clivage entre la conception dynamiste de l'homéopathie et la conception matérialiste de la science classique, son option empiriste et phénoméniste contre les développements réalistes d'un Claude Bernard, rendront pour longtemps infranchissable le fossé entre les deux médecines.

Samuel Hahnemann : his life and work / R. Haehl ; traduit de l'allemand par M.L. Wheeler et W.H.R. Grundy. – Londres : Homœopathic Publishing Company, 1923. – 2 vol.

L'Homéopathie : médecine de l'expérience / Dr D. Demarque. – Moulins-lès-Metz : Maisonneuve, 1981. – 458 p. – [Une « liste des œuvres d'Hahnemann par ordre chronologique » est publiée dans cet ouvrage. Cette liste semble très complète pour les traductions françaises et reproduit le travail du Docteur Jules Gallavardin qui l'avait éditée sous forme de brochure en 1907].

L'Homéopathie : approche historique et critique et évaluation scientifique de ses fondements empiriques et de son efficacité thérapeutique / J.-J. Aulas. – Paris : Roland Bettex, 1985. – 403 p.

O. Faure, "Un médecin des lumières en quête de lois". – In : *La Recherche*, 310 (juin 1998) : *L'homéopathie : une pratique à histoires*, pp. 67-69.

Aux origines de l'homéopathie : études et commentaires / Corine Mure. *Essai sur un nouveau principe pour connaître les vertus curatives des substances médicinales* / [Samuel Hahnemann] ; nouvelle traduction du texte [...] par Laurent Guenant [...] ; sous la dir. d'André Giordan et Daniel Raichvarg ; postf. André Giordan et Daniel Raichvarg ; postf. André Giordan et Daniel Raichvarg. – [Sainte-Foy-les-Lyon] : Boiron, 1998. – 150 p.

ESSAI SUR UN NOUVEAU PRINCIPE... 38

A.J.L. Jourdan — 1855

Une nouvelle manière de guérir. — Les critiques que Hahnemann adresse à la médecine dans cet article fondateur ne seront récusées par aucun de ses contemporains. Par ailleurs, il a un projet de recherche à défendre : s'il critique avec prudence et nuances les méthodes traditionnelles de la médecine, il situe sa propre recherche dans leur cadre mais marque la rupture en soulignant la rationalité qui préside à ses propres essais expérimentaux face à l'empirisme de ses prédécesseurs impuissants face à la maladie.

Si je ne me trompe, la médecine pratique a procédé ordinairement de trois manières différentes pour adapter des moyens curatifs aux maux du corps humain.

La *première* voie et la plus élevée consistait à détruire ou à enlever les causes fondamentales des maladies. Toutes les pensées et tous les efforts des meilleurs praticiens seront de tout temps dirigés vers ce but, qui est le plus conforme à la dignité de l'art : mais ils n'ont jamais pu arriver à découvrir les causes fondamentales de toutes les maladies, qui resteront, pour la plupart, éternellement cachées à l'esprit humain [...].

D'après la *seconde* méthode, les médecins cherchaient à supprimer les symptômes existants par des médicaments qui produisent un effet contraire ; par exemple, la constipation au moyen des purgatifs ; l'inflammation du sang au moyen des saignées, de la glace et du nitre ; les aigreurs d'estomac par des alcalins ; les douleurs par de l'opium. Dans les maladies aigües, où la nature triomphe le plus souvent par elle-même, lorsque nous éloignons, pendant quelques jours seulement, les obstacles à la guérison, ou dans celles qui se terminent fatalement, lorsque nous ne pouvons pas le faire ; dans ces maladies, dis-je, il sera juste, convenable, suffisant, de recourir à une médication semblable, tant que nous ne posséderons pas la pierre philosophale dont nous avons parlé plus haut, c'est-à-dire la connaissance de la cause fondamentale de toute maladie et les moyens d'y remédier, ou tant que nous ne pourrons pas disposer d'un spécifique à action prompte, qui anéantisse, dès le début, l'infection variolique, par exemple. Dans ces cas, j'appellerai ces moyens *temporaires*.

Mais, si la cause fondamentale de l'affection et les moyens propres à la combattre directement sont évidents, et que, malgré cela, nous opposions à ces symptômes seulement des remèdes de la deuxième sorte, ou que nous combattions avec eux des maladies chroniques, alors cette méthode curative (celle qui consiste à combattre des symptômes par des moyens qui produisent un effet contraire) prend le nom de *palliative* et doit être rejetée. Dans les affections chroniques, elle ne calme qu'au début ; plus tard, il faut augmenter les doses des remèdes qui ne peuvent pas écarter la maladie principale, et alors ils font d'autant plus de mal qu'ils ont été employés pendant un temps plus long. [...]

Des médecins éclairés, intelligents, consciencieux, ont employé, d'après une *troisième* méthode, dans des maladies chroniques et dans celles qui prennent ce caractère, des moyens nullement destinés à voiler les symptômes, mais au contraire, à guérir radicalement ; en un mot, ils ont eu recours à des *spécifiques*. Ces efforts étaient certainement les plus dignes d'éloges. Ainsi, par exemple, ils ont essayé l'arnique dans la dyssenterie, et ils en ont reconnu l'utilité spécifique dans quelques cas.

Mais sur quoi se basaient-ils ? Quelles étaient les raisons qui les déterminaient à essayer ces moyens ? Malheureusement, rien si ce n'est l'empirisme, [...].

Pour approfondir les effets des médicaments, pour les adapter aux maux, on devrait s'en rapporter le moins possible au hasard, mais, au contraire, procéder toujours rationnellement. [...]

[...] Le véritable médecin qui veut sincèrement perfectionner son art doit fixer toute son attention sur les deux points suivants, les seuls qu'il lui importe de connaître :

1° Quels sont les effets simples produits par chaque substance, prise individuellement, dans l'organisme humain ?

2° Que résulte-t-il des observations de leurs effets dans telle ou telle maladie, simple ou compliquée ? [...]

Dans la supposition qu'on manque ici d'une clef, je m'efforcerai dans ce travail d'exposer le principe d'après lequel on pourrait procéder pour arriver insensiblement à reconnaître et à employer d'une manière rationnelle, parmi les médicaments connus et inconnus, un moyen curatif spécifique approprié à chaque maladie et surtout aux affections chroniques. Ce principe repose sur les données suivantes :

Tout médicament efficace provoque chez l'homme une espèce de maladie d'autant plus spécifique, plus caractérisée et plus intense, que le médicament est plus efficace.

Aussi faut-il imiter la nature, qui guérit quelquefois une maladie chronique par une affection nouvelle qui survient, en employant contre l'état surtout chronique qu'on veut faire disparaître le remède qui est propre à créer une maladie artificielle aussi semblable que possible à l'affection naturelle. Cette dernière sera alors guérie.

Il ne faut pour cela que connaître parfaitement, d'une part, les maladies du corps humain d'après leurs caractères pathognomoniques et les accidents qui peuvent survenir ; de l'autre, les effets purs des médicaments, c'est-à-dire le caractère distinctif de la maladie artificielle spéciale, produite généralement par eux, ainsi que les symptômes qui sont la conséquence de la variation des doses, de la forme, etc. ; alors, en choisissant contre un cas pathologique donné un moyen qui produit une maladie artificielle aussi identique que possible, on pourra guérir les affections les plus graves.

Études de médecine homéopathique : 2e série / S. Hahnemann ; traduit en français par A.J.L. Jourdan. – Réimpression anastatique. – Paris : Éditions Maloine, 1989. – [Tome II, pp. 29-37].

FRAGMENTS SUR LES EFFETS POSITIFS DES MÉDICAMENTS... 39

Champeaux, Al. Milcent — 1855

L'action homéopathique (Préface). — Le traité *Fragmenta de viribus medicamentorum positivis sive in sano corpore humano observatis* (1805) rend compte des observations originales faites par Hahnemann sur 27 drogues testées sur différents individus, auxquelles il joint des références d'ouvrages qui ont mentionné des observations du même type. Une courte préface de trois pages théorise la méthodologie. Hahnemann y insiste sur l'individualité de réaction de chacun à chaque remède.

J'ai entrepris des expériences, pour la plus grande partie, sur moi-même ; pour un certain nombre, sur d'autres personnes que je savais être parfaitement saines et entièrement exemptes de tout mal apparent.

Les médicaments simples développent chez l'homme sain des effets qui sont propres à chacun d'eux ; ils ne les produisent cependant ni tous ensemble ou suivant une série unique et constante, ni tous chez chaque individu, mais les uns peut-être aujourd'hui, les autres demain ; celui-ci en premier lieu chez Caïus, celui-là en troisième lieu chez Titius, mais de telle sorte que Titius arrive à un moment donné, par l'usage du médicament, à éprouver aussi ce que Caïus en a ressenti précédemment.

Tout médicament produit des effets qui se manifestent les uns plus tôt, les autres plus tard : ces deux séries de phénomènes sont en tout point opposées et dissemblables entre elles ; on peut même dire qu'elles sont diamétralement opposées. J'appelle les uns primitifs ou de premier ordre, et les autres secondaires ou de second ordre.

Chaque remède administré à dose convenable a, sur le corps humain, une durée d'action, plus ou moins longue, qui lui est propre et qui est pour ainsi dire déterminée. Ce temps passé, tous les symptômes provenant du médicament cessent en même temps.

[Samuel Hahneman], “Fragments sur les effets positifs des médicaments observés chez l'homme sain, traduits du latin par MM. Champeaux et Milcent”. – In : *L'Art médical*, 1855, pp. 2-3.

ORGANON DE L'ART RATIONNEL DE GUÉRIR 40

A.J.L. Jourdan — 1873

Le vital est dynamique (§ 10-11, 13). — L'*Organon*, l'ouvrage magistral de Hahnemann, a connu, de son vivant, cinq éditions successives et un grand nombre de traductions. C'est la cinquième édition française, traduite par A.J.L. Jourdan (1873) sur la cinquième édition allemande (1833), qui fait autorité. Dans l'*Organon*, la pensée de Hahnemann se précise mais se radicalise aussi. La méthode thérapeutique par les semblables est devenue la seule méthode possible. Le vitalisme ambiant de 1796, qui parlait des forces vitales, se cristallise en un vitalisme ontologique affirmant l'existence d'une force vitale préexistant à l'organisme. Si l'on ne peut connaître les causes des maladies, c'est qu'elles sont d'ordre dynamique et non matériel.

L'organisme matériel, supposé sans force vitale, ne peut ni sentir, ni agir, ni rien faire pour sa propre conservation. C'est à l'être immatériel seul qui l'anime dans l'état de santé et de maladie, qu'il doit le sentiment et l'accomplissement de ses fonctions vitales.

Quand l'homme tombe malade, cette force immatérielle, active par elle-même et partout présente dans le corps, est au premier abord la seule qui ressente l'influence dynamique de l'agent hostile à la vie. Elle seule, après avoir été désaccordée par cette perception, peut procurer à l'organisme les sensations désagréables qu'il éprouve, et le pousser aux actions insolites que nous appelons maladies. Etant invisible par elle-même et reconnaissable seulement par les effets qu'elle produit dans le corps, cette force n'exprime et ne peut exprimer son désaccord que par une manifestation anormale dans la manière de sentir et d'agir de la portion de l'organisme accessible aux sens de l'observateur et du médecin, par des symptômes de maladie.

[...]

Il suit de là que la maladie, inabordable aux procédés mécaniques de la chirurgie, n'est point, comme les allopathistes la dépeignent, une chose distincte du tout vivant, de l'organisme et de la force vitale qui l'anime, cachée dans l'intérieur du corps et toujours matérielle, quelque degré de subtilité qu'on veuille bien d'ailleurs lui attribuer. Une pareille idée ne pouvait naître que dans des têtes imbues des doctrines du matérialisme. C'est elle qui, depuis des milliers d'années, a poussé la médecine dans toutes les fausses routes qu'elle a parcourues et où elle s'est écartée de sa véritable destination.

Exposition de la doctrine médicale homœopathique ou Organon de l'art de guérir / S. Hahnemann ; traduit de l'allemand sur la dernière édition par A.-J.-L. Jourdan. – Réimpression anastatique. – Bruxelles : École Belge d'Homéopathie, 1984. – [Pp. 165-167].

MATIÈRE MÉDICALE PURE 41

A.-J.-L. Jourdan — 1834

Pain salé ou sel pané ? (Prolégomènes). — La vocation de ce volumineux ouvrage (1811-1821) est de fournir au praticien le recueil le plus complet possible des protocoles d'expérimentation sur l'homme sain des drogues simples testées, avec leurs différents effets observés. Des *Prolégomènes* en 85 pages reprennent les critiques souvent adressées aux médecins de l'époque et réaffirment l'esprit de la doctrine. En point de mire, ici, les empiristes.

N'est-il pas absurde d'attribuer un effet à une force, tandis qu'il y avait en jeu, dans le même temps, d'autres forces qui souvent ont contribué plus qu'elle à le produire ?

Il ne serait pas plus ridicule de nous dire qu'on a découvert un aliment d'excellente qualité dans le sel de cuisine ; qu'on l'a prescrit avec succès à un homme demi-mort de faim qui s'en est trouvé sur-le-champ restauré comme par miracle, que la formule à suivre en pareil cas est celle-ci : Prenez une demi-once de sel marin, principale substance de votre recette analeptique ; faites dissoudre ce sel, selon les règles de l'art, dans suffisante quantité d'eau bouillante, à titre d'excipient ou de véhicule ; ajoutez, pour correctif, un bon morceau de beurre, puis, pour adjuvant, une livre de pain coupé par tranches minces, et donnez le tout à la fois, après avoir bien remué. On serait tout aussi fondé à dire que le sel fait la base de cette soupe, que le beurre et le pain n'y sont que des accessoires, et que, préparée ponctuellement d'après la formule, elle ne manque jamais son effet salutaire. Si ensuite, dans la matière médicale culinaire, à la suite de l'article consacré au sel, on inscrivait les vertus, *saturans, analepticum, restaurans, reficiens, nutriens*, tout cela ne serait certainement pas plus absurde que quand un médecin pose en première ligne, sur une feuille de papier, le nom d'une substance arbitrairement choisie, qu'il dit être à la base d'un moyen destiné à pousser aux urines, par exemple, place au dessous ceux de deux, trois ou quatre autres médicamens, dont il ignore la véritable action, mais qu'il n'en décore pas moins des titres de *correctif*, *adjuvant*, *excipient*, fait prendre cette drogue au malade en lui recommandant d'aller et venir sans cesse dans une chambre froide, lui prescrit en même temps de boire abondamment un mélange chaud et bien sucré de petit lait et de vin blanc, et triomphe enfin du succès étonnant de sa base, qui, suivant lui, a fait rendre au malade plus d'urine qu'à l'ordinaire.

Traité de matière médicale ou De l'action pure des médicamens homœopathiques / S. Hahnemann ; traduit de l'allemand par A.-J.-L. Jourdan. – Paris : Baillière, 1834. – [Vol. 1, pp. 11-12].

LES MALADIES CHRONIQUES 42

A.-J.-L. Jourdan — 1846

La psore (§ 1). — Dans ce traité de 1828-1830, par *psore*, Hahnemann entend toute maladie de la peau de type miasmatique dont l'exemple-type est celui de la gale. Le « miasme » est un agent infectieux dont la nature et l'action ne sont pas connues avec précision, mais qui semble correspondre cependant à une entité matérielle distincte.

Ce n'est donc, comme je l'enseigne et le pratique depuis nombre d'années, qu'en guérissant la maladie vénérienne dont tout le corps est pénétré, et surtout en évitant avec soin les moyens répercussifs extérieurs, qu'on parvient à guérir en même temps son symptôme local, le chancre, tandis que, quand on se contente de détruire localement ce dernier, sans par avance procéder à une cure générale et débarrasser l'homme de toute sa maladie intérieure, l'apparition de cette dernière, la syphilis avec ses suites, est inévitable.

Comme la syphilis, la *psore* est aussi une maladie miasmatique chronique, et elle commence de la même manière à se former.

Cependant la maladie psorique est *le plus contagieux* de tous les miasmes chroniques. Elle possède cette propriété à un bien plus haut degré que les deux autres miasmes chroniques, la syphilis et la sycose. Pour que l'infection ait lieu avec ces deux dernières, il faut, à moins que le miasme n'ait été introduit dans une plaie, que des parties de notre corps très riches en nerfs et recouvertes d'un épiderme fort mince, comme sont les organes génitaux, aient éprouvé un certain degré de *frottement*. Mais *le miasme psorique n'a besoin que du contact de l'épiderme général*, surtout chez les jeunes enfants. Chacun a, et presque dans toutes les circonstances, l'aptitude à être infecté par ce miasme, ce qui n'est point le cas pour les autres.

Les Maladies chroniques, leur nature spéciale et leur traitement homœopathique / S. Hahnemann ; traduit de l'allemand par A.-J.-L. Jourdan. – Paris : Boiron 1989. – [P. 55].

WERGELAND

NORVÉGIEN **1808-1845**

En janvier 1814, le traité de Kiel libéra la Norvège d'une tutelle danoise plus de quatre fois séculaire. Certes, avant la fin de cette même année, les Norvégiens se virent contraints de former avec la Suède de Bernadotte une union qui se prolongea jusqu'en 1905. Mais entre temps — le 17 mai à Eidsvoll — ils avaient réussi à se doter d'une constitution, et c'est en nation libre et autonome, sinon indépendante, qu'ils affrontèrent l'avenir. Cependant, il fallut attendre une quinzaine d'années encore avant que le pays, comme engourdi par un long hiver de sujétion et en butte à d'inextricables difficultés financières, ne commençât à s'interroger sur lui-même puis à devenir un foyer de salutaire fermentation intellectuelle propre à favoriser la création artistique et littéraire. À beaucoup d'égards, cette renaissance norvégienne fut incarnée par Henrik Wergeland qui lui conféra sa générosité, son caractère éruptif et sa puissance créatrice mais aussi sa démesure et ses excès que devaient vivement critiquer les tenants d'une évolution plus sage.

Né à Kristiansand, il était le fils de Nicolai Wergeland (1780-1848), un pasteur pénétré de l'esprit des Lumières qui devait prendre vigoureusement parti dans les questions de son temps. Auteur d'un virulent ouvrage intitulé *Les Crimes politiques du Danemark contre la Norvège*, il fut aussi, en 1814, un des constituants les plus actifs d'Eidsvoll, une ville où, ayant obtenu un pastorat, il s'installa en 1816.

C'est là que Henrik Wergeland passa une partie de sa jeunesse avant de faire ses études secondaires à Christiania (Oslo) puis de préparer et passer (1829) sa licence de théologie à l'université de cette ville. Si, esprit trop imprévisible aux yeux des autorités, Wergeland n'obtint jamais de poste de pasteur, cette formation n'en contribua pas moins à stimuler une vocation littéraire qui s'affirma dès ces années et s'ouvrit parallèlement aux influences les plus diverses. Fortement marqué par les Lumières, Wergeland s'engoua aussi de la philosophie de la nature de Schelling, en même temps qu'il s'imprégnait de platonisme et vouait une égale admiration à la sensibilité préromantique d'un Ewald, à l'emphase émancipatrice d'un Byron ou à la puissance torrentueuse d'un Shakespeare. Romantique à bien des égards, il reste cependant inclassable, répondant comme il le faisait aux sollicitations du moment pour autant qu'elles favorisent les foisonnements de son imagination, les fulgurances de son esprit ou des trouvailles linguistiques qui pouvaient d'ailleurs l'amener à faire fi des conventions poétiques et parfois martyriser la syntaxe.

Source privilégiée d'inspiration — c'est ce sentiment qui a fait de lui un poète, a ainsi noté un critique — l'amour est déjà le thème de son premier recueil, *Poèmes-Premier cycle* (1829). Wergeland y célèbre Stella, la femme pour laquelle il éprouve une passion éminemment terrestre mais qui est aussi un être immatériel, l'amour apparaissant comme un sentiment de nature religieuse qui trouvera son accomplissement dans le ciel où leurs âmes se fondront en un « ange de l'amour noble ». Ce dualisme du genre humain, qui appartient à la fois à la terre et au ciel et voit dans la femme l'élément anoblissant, se retrouve dans le reste de l'œuvre et, plus spécialement dans *La Création, l'Homme et le Messie* (1830), une œuvre d'une ampleur unique en Norvège où l'on se plaît souvent à voir un symbole de la littérature nationale renaissante.

Cette épopée philosophico-religieuse de 20 000 vers, dont le titre même annonce les trois parties, retrace le long cheminement de l'homme depuis son apparition. Le livre s'ouvre ainsi sur *La Création*, lorsqu'à l'origine des temps, deux esprits observent le magma d'où émerge l'univers. Le premier, Phun-Abiriel, n'est que scepticisme et critique, le second, Ohebiel, est tout de bonté. Et la genèse commence sous leur regard lorsqu'entrent en conflit deux esprits antagonistes mais fondamentalement indissociables, Cajahel, l'esprit de la fécondité, et Obbadon, l'esprit de la mort. De la victoire du premier est issu l'homme qui, à ce stade, n'est encore qu'un être légèrement supérieur à l'animal, à peine plus intelligent que le cheval et l'éléphant. Cependant, Phun-Abiriel et Ohebiel ayant choisi de les habiter, Adam et Ève s'élèvent bientôt au-dessus du reste de la création, mais sans se voir dépouillés pour autant de leur nature originelle. Tel est le début de la deuxième partie, *L'Homme*, où nous voyons ensuite comment, à la fois ange et bête, l'homme imprime sa marque sur le cours de l'histoire. Soutenus par les riches et les prêtres, les rois imposent la tyrannie et l'oppression, mais il y a aussi des raisons d'espérer car il est des pays et des époques où la loi et le droit ont parfois réussi à s'imposer. Enfin, dans la troisième partie, *Le Messie*, Wergeland suit le destin de Jésus, un Jésus très ancré dans ce monde, dont la doctrine, « l'indissociable unité trinitaire de la vérité, de la liberté, de l'amour », a fait son chemin dans le cœur des hommes et, malgré l'opposition des puissants, permettra à l'humanité d'atteindre la perfection.

Écrite avec toute la fougue d'un jeune homme de vingt-deux ans, l'œuvre n'est assurément pas exempte de défauts. Les excroissances sont nombreuses, les images d'un goût parfois discutable, les rimes souvent faciles. Pourtant, de par son souffle, sa puissance imaginative, ses visions grandioses, elle emporte l'adhésion du lecteur. De plus, cette « épopée de l'humanité » est également la « Bible du républicain » où l'auteur exprime toute la vigueur de ses idéaux démocratiques qu'illustrera bientôt la Révolution de 1830. Et lorsqu'en Russie et en Espagne viendra le temps de la réaction, il écrira, entre autres, deux poèmes *Cæsaris* (1831) et *L'Espagnol* (1833) pour manifester son indignation. À la même époque, s'opposant aux romantiques passéistes sur le rôle de l'écrivain, il écrit dans un article que les vrais poètes n'enferment pas « leur âme dans des appartements [...] ; ils œuvrent à présent comme guides des idées et maîtres des peuples. »

Pour Wergeland, cependant, cette forme d'engagement, ne saurait alors suffire. L'émancipation du peuple doit passer par tout un travail d'éducation de longue haleine. Ainsi, œuvrant concrètement, va-t-il à la fois donner de sa personne en enseignant ou en fondant des bibliothèques et publier de nombreux écrits, d'abord dans la série *Pour le peuple* (1830-1834), où il multiplie les conseils d'ordre pratique, plus tard dans *Pour la classe ouvrière* (1839-1845) où, fustigeant la paresse et l'ivrognerie, il incite le prolétariat à s'élever par le travail. Parallèlement, il s'attache à pourfendre les possédants indignes, ce qui était déjà apparu avec toute la clarté nécessaire lorsque, de 1835 à 1837, il avait été rédacteur en chef du *Citoyen*, un journal où il s'en était pris nommément à un certain nombre d'« exploiteurs ». Mais ce dernier journal, de même que *Pour l'homme du commun*, que Wergeland publiera ensuite, seront aussi les porte-parole de son engagement dans les questions politiques qui agitent le pays. Toute sa vie, réclamant plus d'autonomie au sein de l'Union suédo-norvégienne, Wergeland se fera le champion de la jeune nation en même temps qu'il défendra les prérogatives du mouvement paysan face à la caste des fonctionnaires soucieuse de défendre ses privilèges.

Il convient cependant de souligner que, chez Wergeland, ce combat s'inscrit dans le cadre plus ample de celui qu'il mène pour permettre à la Norvège de retrouver son identité perdue. Avec les « patriotes », il s'oppose au « parti de l'intelligence » où se distingue spécialement Johan Sebastian Welhaven (cf. pp. 914-918). D'abord d'ordre esthétique, le conflit porte plus fondamentalement sur la nature de l'héritage que doit préserver la Norvège pour construire son avenir. Tandis que Welhaven souligne toute la valeur du patrimoine culturel danois, Wergeland entend rompre avec quatre siècles d'assujetissement pour bâtir la Norvège de demain sur son lointain passé et les traditions qu'a su perpétuer la classe paysanne.

Tout en ferraillant de la sorte, Wergeland n'en continuait pas moins d'écrire, de la poésie, comme *Poème-Deuxième cycle* (1834), mais aussi du théâtre, entre autres *Le Choléra indien* (1835), où il prend le parti des indigènes contre les oppresseurs anglais, *Infanticide* (1835), dénonçant le fanatisme religieux, et *Les Campbell* dont la première (1838), suscitant de violentes empoignades parmi les spectateurs, marqua le point culminant en même temps que l'achèvement de la querelle entre les « patriotes » et « l'intelligence ».

S'ensuivit une période initialement plus heureuse et sereine dont témoignent ses *Poésies* (1838). Celle-ci se plaça en effet sous le signe de son amour pour Amalie Sofie Bekkevold qu'il épousa en 1839. L'horizon ne tarda cependant pas à s'obscurcir lorsque Wergeland entra derechef dans une période de conflit où il se brouilla cette fois avec son propre camp. Si, en républicain convaincu, il avait vivement combattu les tendances despotiques de Bernadotte, devenu Charles XIV, l'auteur n'en avait pas moins été séduit par la personnalité du Gascon dont il eut un jour la faiblesse d'accepter une gratification. Et lorsqu'en 1840, passant outre aux règles normales de recrutement, le roi le nomma Conservateur des archives du royaume, ce fut un tollé. Wergeland fut abandonné par la plupart de ses amis qui lui reprochèrent de s'être vendu au souverain. L'épisode le marqua profondément, qu'il ait essayé d'en badiner, comme dans sa farce *Le Sel anglais* (1841), qu'il ait cédé à la hargne et à l'amertume ainsi qu'en témoigne son autre farce *Le Conte des montagnes de Vinæger* (1840) ou qu'il ait laissé sa douleur librement s'épancher, en particulier dans son poème *Les Amis de jadis* (1840).

Pourtant, indépendamment de ces péripéties, Wergeland écrit à la même époque des poèmes où s'affirme la plénitude d'un talent arrivé à maturité. Tel est spécialement le cas du *Bouquet de fleurs de Jan van Huysum* (1840), une des œuvres les plus marquantes de Wergeland qui se réfère au tableau du maître hollandais (actuellement au musée des Beaux-arts de Copenhague). L'action se déroule dans un petit village hollandais auquel des mercenaires au service du roi de France ont mis le feu. Le clocher de l'église s'effondre sur la demeure du pasteur Adrian, lequel voit toute sa famille périr autour de lui. Resté seul, Adrian choisit de vivre dans une cabane construite au milieu des ruines et, au bout de quelques années, il a la joie de voir sa famille revivre dans des fleurs qu'il a semées. Las, passant par là, l'arrogant Jan van Huysum remarque et cueille ces fleurs d'une extraordinaire beauté, provoquant à l'instant même la mort du vieil Adrian. Ainsi tue-t-il la famille une deuxième fois. Mais, hanté par le remords, le peintre entreprend alors de peindre le bouquet jusqu'à ce qu'atteignant au summum de son art, il y retrouve l'âme des disparus et se sache pardonné. Imprégnée du romantisme le plus pur, cette œuvre flamboyante est une splendide parabole sur la nature même de l'art, la perfection qu'il permet d'atteindre, l'immortalité qu'il confère mais aussi sur le prix douloureux de la création.

À cette époque, Wergeland se passionne également pour l'histoire, publiant, entre autres, une *Histoire de la constitution de la Norvège* (1841-1843) où, prenant de la hauteur, il fait preuve de beaucoup plus de compréhension pour l'apport danois à la Norvège. Mais, dans sa lutte pour la démocratie et la justice sociale, il n'a rien perdu de sa fougue. Dès 1839, il avait demandé au Parlement d'abolir l'article 2 de cette même constitution qui interdisait aux juifs l'accès du royaume. Peu après, il écrit *Le Juif* (1842) et *La Juive* (1844), deux ardents recueils de poèmes où il défend la même cause. Entre autres, c'est dans ce dernier que l'on trouve le poème *Suis ta vocation*, où l'auteur souligne que, malgré tous les obstacles, le poète se doit de faire entendre sa voix pour aider à la construction d'un avenir meilleur. Frappé cette même année par la tuberculose, Wergeland se sait alors condamné. Sous le titre *L'Homme* (1844), il a encore le temps de publier une version plus accessible au grand public de *La Création, l'Homme et le Messie*, puis un cycle poétique intitulé *Le Pilote anglais* (1844) et enfin *Les Noisettes*, un livre de souvenirs étonnamment vivant où, conscient de sa mort prochaine, l'auteur revient sur différents épisodes de son existence avec humour ou gravité et livre quelques-uns de ses plus beaux poèmes tels *Le Printemps*. Il mourra trop tôt pour voir triompher l'ultime cause qu'il avait défendue : en 1851, le Parlement ouvrait aux juifs l'accès du royaume de Norvège.

La Norvège littéraire / par Jacques de Coussange ; préface de Johan Bojer. – Paris : Louis-Michaud, 1909. – (*Encyclopédie littéraire illustrée*). – [Pp. 29-34].

Histoire de la littérature norvégienne / Jean Lescoffier. – Paris : Les Belles Lettres, 1952. – [Pp. 35-53].

"Og nevner vi Henrik Wergelands navn" : Wergeland-kultusen som nasjonsbyggende faktor / Sigurd Aa. Aarnes. – Oslo : Universitetsforlaget, 1991. – 163 p.

Henrik Wergeland : en biografi / Yngvar Ustvedt. – Oslo : Gyldendal, 1994. – 508 p.

POÈMES 43

J. de Coussange — 1909

Le Printemps. — Lorsqu'il écrit ce poème, le 21 mai 1845, Wergeland se sait condamné (il mourra le 12 juillet de la même année). Dans cette prière jaillit un douloureux adieu à la vie.

Ô Printemps ! Printemps ! Sauve-moi ! — Personne ne t'a aimé aussi tendrement que moi.

Tes premières pousses d'herbe ont pour moi plus de valeur qu'une émeraude. — J'appelle tes anémones la gloire de l'année — quoique je sache bien que les roses doivent venir.

Souvent les roses ardentes s'élançaient après moi. — C'était comme si j'eusse été aimé de princesses. — Mais je m'enfuyais : Anémone, fille du printemps, aie ma foi.

Ah ! sois témoin, anémone, de l'ardeur avec laquelle je me suis agenouillé devant toi. — Soyez témoins, dents-de-loup et pissenlits méprisés, que je vous estime plus que l'or, parce que vous êtes les enfants du printemps.

Sois témoin, hirondelle, que je t'ai fait fête comme à un enfant prodigue qui revient — parce que tu étais la messagère du printemps.

Adresse-toi au maître de ces nuages, et supplie-le qu'ils ne lancent plus — leurs froides aiguilles.

Sois témoin, vieil arbre que j'ai adoré comme une divinité, — et dont, chaque printemps, j'ai compté les boutons avec plus d'ardeur que si c'étaient des perles.

Sois témoin, toi que j'ai si souvent entouré de mes bras — avec plus de respect qu'un petit-fils n'en a pour son grand-père. — Ah ! combien de fois n'ai-je pas souhaité d'être un jeune érable né de ton immortel — tronc, et de mêler ma couronne à la tienne !

Oui, vieillard, sois témoin ! On te croira, — toi qui es aussi digne de respect qu'un patriarche.

Intercède pour moi, et je verserai du vin sur tes racines — et guérirai ta cicatrice avec des baisers.

Ta couronne doit être déjà du vert le plus beau[1], — tes feuilles doivent frémir.

Ô Printemps ! Le vieillard implore pour moi, quoiqu'il soit enroué. — Il tend ses bras vers le ciel, et les anémones — tes enfants aux yeux bleus, s'agenouillent pour demander que tu me sauves, — moi qui t'aime si tendrement.

La Norvège littéraire / par Jacques de Coussange ; préface de Johan Bojer ; étude sur la Norvège et la France par Charles Simond. – Paris : Louis-Michaud, 1909. – (*Encyclopédie littéraire illustrée*). – [Pp. 32-34].

L'HOMME 44

J. Lescoffier — 1952

Là-bas, l'avenir... — *L'Homme* (1844) est une version remaniée, à l'intention d'un public plus large, de *La Création, l'Homme et le Messie* (1830), l'œuvre la plus imposante de Wergeland. L'auteur a par ailleurs ajouté une ode où s'exprime sa vision des temps futurs.

Les vrais prêtres de la lumière
sont les génies, ces fils du Ciel.
On voit revivre sur leurs terres
les patriarches centenaires ;
finie, l'histoire de la vallée de larmes !

1 Wergeland, malade et couché, ne peut voir l'arbre. (N.d.t.)

inconnu, le sermon sur les abîmes de douleur !
Tous voient avec amour le beau globe terrestre,
que les anges voudraient habiter.
Du haut du ciel, il apparaît ceint et fleuri
d'une couronne de paradis.
Mais la merveille des merveilles est l'homme.
Dans la voûte de ce front, quelle noblesse ! [...]
Fait de chair et de sang,
il semble un Esprit descendu sur terre. [...]
Les générations sont belles et droites ;
l'été de la santé fleurit toutes les joues ;
chaque regard
chante en silence une musique d'allégresse !

Histoire de la littérature norvégienne / Jean Lescoffier. – Paris : Les Belles Lettres, 1952. – [Pp. 50-51].

POÈMES 45

E. Handrich, G. Høst — 1931

Napoléon. — « L'Esprit, de nature divine, est descendu dans les êtres humains pour s'élever de nouveau avec eux et pour atteindre, après une longue et pénible ascension à travers les siècles, le but de son ascension céleste, le royaume de Dieu sur la terre. [...] on voit en Napoléon l'intervention d'un esprit divin qui accélère, en temps opportun, le lent progrès de l'humanité. » (Argument de G. Høst).

Les génies sont les cygnes de la voie lactée,
ce Nil du ciel, où les étoiles claires
sont des gouttes, et les soleils
des perles qui brillent au fond du fleuve,
où les étoiles qui filent sont l'écume, qui jaillit
quand l'aile des esprits
frappe l'onde.

Nous sommes des œufs d'Esprit, pondus dans la fange ;
mais l'âme s'en dégage, comme le papillon de sa chrysalide,
et va renforcer l'armée spirituelle :
toujours plus haut, par des spirales,
s'élèvent les cohortes des esprits
vers Dieu.

Les esprits se réjouissent de ce renfort,
chaque fois qu'ils voient la grande âme vertueuse
muer et dépouiller l'enveloppe terrestre :

alors elle rejettera le péché,
comme l'aigle qui secoue le givre de ses plumes,
et elle interprétera
le poème de l'univers.

Comme le rayon qui plonge dans la glèbe humide,
et remonte, palme luisante et glauque ;
ainsi dans le corps de l'enfant
l'esprit descend et rejaillit en exploits,
qui sont de l'âme
la fleur et le fruit.

La femme qui enfante à la lueur somnolente de la lampe
écoute avec une joie frémissante
le cri de son nouveau-né ;
à peine devine-t-elle l'esprit,
descendu dans l'âme terrestre[1] de l'embryon,
comme la pluie d'or
dans le giron de Danaë.

[…]

De la brume des temps s'élança Napoléon, comme de la mer
une Délos couverte de palmiers.
La liberté fut la Latone
qui derrière les palmes de ses victoires
lui mit allègrement au monde
la gloire et le bonheur
tels Phébus et Diane.

Salut à toi, Génie détaché pour piloter l'Europe,
cette barque qui donnait de la bande.
Les nations tendirent l'oreille,
comme des enfants au bruit de l'ouragan
quand il se met à jouer avec les couronnes des pins,
et foule dans la poussière
la flèche du dôme.

[…]

Il était l'âme de l'Europe, et les nations
semblaient ses muscles, quand,
semblable à Samson, sous le temple de l'idole,

---

1 Principe de vie physique. (N.d.t.)

il ordonna à la Pyramide
dressée sur des nuques d'esclaves,
épouvantable comme la montagne derrière le brouillard :
« Croule ! ».

Il vit que son ombre pesait sur l'Europe ;
et que sa base s'étendait : sous les pierres
la Pologne gémissait.
Il vit des peuples
poussés vers la mer : il donna l'ordre,
et les vagues de héros, vagues aux reflets d'acier,
déferlèrent en avant.

Il fut comme la tempête sur les vagues, lorsque,
écumantes, elles bondirent au-dessus des brisants
de Friedland, lorsque se brisa
la première pierre d'angle, Smolensk,
lorsque la sanglante mosaïque de Moïse
leur montra par la fêlure
le bloc de marbre de Moscou.

Fut-ce un sort qui broya Napoléon sous Moscou croulant,
comme le géant dans le temple de Dagon ?
Une fatalité régna-t-elle
sur son esprit puissant, pour le précipiter
du haut du ciel comme Phaëton ?

O quelle vanité de prêter l'oreille à la harpe étoilée des sphères,
chatouillé par la peur !
de nous croire attachés à la roue constellée du ciel
comme à l'axe d'un fier triomphateur,
de nous croire emportés dans un tourbillon avec les étoiles !

C'est l'homme qui fait son destin ! Le regard courageux
sur l'avenir est la baguette lumineuse
qui décrit sa voie au destin.
Un vent de tempête se lève
quand des projets puissants se croisent :
tel est le destin !

Gunnar Høst, "*Napoléon 1827* par Henrik Wergeland". – In : *Revue des Études napoléoniennes*, année 20 (janvier 1931), pp. 6-7, 9, 13-14.

BARATACHVILI

GÉORGIEN • RUSSE **1817-1845**

Né à Tiflis dans la famille d'un noble appauvri, Nikoloz Baratachvili était, par sa mère Euthymie, le neveu de Grigol Orbéliani (cf. *PLE 11b*) et descendant d'Irakli II, que le poète évoquera dans son œuvre. Brève et précaire, son existence semble accumuler embûches, obstacles et déceptions. Mort à l'âge de vingt-sept ans, il ne pourra consacrer à son œuvre poétique qu'une douzaine d'années (1833-1845), partagées entre le gagne-pain de modestes tâches d'administration et les envols de l'imagination. N'ayant rien publié de son vivant, son sort posthume ne fera que revoir à la hausse la part princière qui lui revient dans l'histoire des lettres géorgiennes. Voici deux exemples de ces enchères tardives. Emporté par une fièvre maligne, Baratachvili meurt et est enterré à Gandja, en Azerbaïdjan. Lu dans des versions manuscrites par quelques contemporains, à peine disparu, le poète tombe dans l'oubli. Jusqu'au moment où, en 1852, puis en 1858, publiées par la revue *Tsiskari* (*L'Aurore*), les poésies de Baratachvili franchissent au compte-gouttes le seuil de l'imprimerie. Lecteurs et critiques commencent à mesurer leur portée. En 1858 également, Ilia Tchavtchavadzé lit un recueil manuscrit des poésies de Baratchvili et en subit le charme. Mais il faut attendre 1876 pour voir la première édition en volume des œuvres du poète. En 1893, ses restes sont transférés à Tiflis, au panthéon de Didoubé, avant de remonter, en 1938, au panthéon de Mtatsminda — la Sainte Montagne qui domine sa ville natale. Les signes extérieurs de la consécration bouclent leur boucle. Pour ce qui est de son message, il connaîtra au fil des ans des approches et des interprétations diverses.

À défaut d'être volumineuse et étendue dans le temps, l'œuvre poétique de Nikoloz Baratachvili, le sommet du romantisme géorgien, se veut dense et intense. Parce que dans le cadre de l'Empire, l'heure étant à la russification, le géorgien était soit marginalisé, soit délibérément écarté de l'enseignement, le jeune lycéen livre, en russe, ses premiers essais de plume au recueil manuscrit des *Fleurs du gymnase de Tiflis*. Est-ce en ces jours que l'adolescent conçoit le projet de mettre en place un organe de presse littéraire en géorgien, projet doublé de celui de la création d'un Théâtre national ? Au vu, notamment, d'une sorte de léthargie ambiante qu'il fustige dans une lettre adressée en 1841 à son oncle Grigol Orbéliani — « Tiflis demeure une ville inerte pour la raison comme pour le cœur » —, ces deux aspirations le hanteront sa vie durant.

Baratachvili n'a que 22 ans quand il compose son œuvre poétique maîtresse, *Le Destin de la Géorgie*, dont l'axe est constitué par un dialogue imaginaire de deux personnages historiques, le roi Irakli II et le magistrat Solomon Léonidzé. Initiateur du Traité de Guéorguievsk, signé en 1783, le souverain géorgien défend naturellement l'idée du protectorat de l'Empire russe sur son pays, condition de la paix et de la survie face aux menaces d'invasion des voisins musulmans, la Turquie et l'Iran. Tandis que Solomon Léonidzé proteste énergiquement contre l'intention du Roi, qu'il trouve néfaste. À ses yeux, la paix, hypothétique, perd sa justification si la rançon en est la perte de la liberté. Des questions de compatibilité entre les tempéraments russe et géorgien, de tolérance et de bonne volonté sont également évoquées. Fait significatif : de part et d'autre, les interlocuteurs en appellent constamment au cœur : leur attachement sentimental au pays, leur patriotisme est hors de cause. Reste à savoir laquelle des deux visions des choses s'appuie davantage sur l'analyse et la raison.

Il va de soi que la façon dont le débat est transcrit dans le poème ne saurait être neutre. De quel côté penche Nikoloz Baratachvili ? Un demi-siècle sépare l'illustre ancêtre du poète, qui prit la décision fatale, et le jeune investigateur de l'histoire. Or le temps écoulé a apporté plus d'un développement à l'action du premier. Sept ans avant la rédaction du *Destin de la Géorgie*, en 1832, une conjuration de la noblesse géorgienne, matée par les autorités, ne visait-elle pas à rendre à la Géorgie l'indépendance perdue ? L'amertume de cet échec se glisse entre les lignes du poème, et la sympathie de l'auteur irait plutôt vers le justicier que vers le royal ancêtre.

Les pièces lyriques de Baratachvili, elles, scrutent l'esprit et les sens, interrogent l'éternité et la solitude, la passion non partagée et l'indifférence mortifiante. Loin d'uniformiser leur portée, la transparence aérienne et la douce musicalité du vers baratachvilien apportent à ces accents poignants et à ces interrogations éternelles la dimension de possibles interprétations philosophiques. Le vers de Baratachvili se voudrait léger et pénétrant, étendant sa quête à l'infini.

Chose rare pour la littérature géorgienne, l'ensemble de l'œuvre de Baratachvili a fait l'objet d'une édition bilingue, en géorgien et en français.

Littérature géorgienne chrétienne / Joseph Karst. – Paris : Bloud et Gay, 1934. – (*Bibliothèque catholique des sciences religieuses* ; 21 bis). – [P. 147].

Le Destin de la Géorgie (Poèmes) / Nikoloz Baratachvili. – Paris : Les Éditeurs Français Réunis, 1968. – [Introduction de Serge Tsouladzé, pp. 7-14].

Alexandre Alexidzé, "Littérature géorgienne". – In : *Histoire des littératures : tome 1 : littératures anciennes, orientales et orales* / volume publié sous la direction de Raymond Queneau. – Nouvelle édition mise à jour. – Paris : Gallimard, 1977. – (*Encyclopédie de la Pléiade* ; 1). – [Pp. 650-651].

Histoire de la nation géorgienne / Kalistrat Salia. – Paris : Nino Salia, 1980. – [P. 440].

LE DESTIN DE LA GÉORGIE 46

G. Bouatchidzé, E. Guillevic — 1968

Liberté, sécurité. — Voici le fond du dialogue entre Irakli II et Solomon Léonidzé.

« Que me conseilles-tu, mon chancelier ?
Réfléchis sagement, mon fils fidèle...
À présent grandit le renom des Russes,
Leur roi est un homme sage et clément.
Depuis bien longtemps, nous sommes unis
Par un lien puissant, le lien de la foi.
Je songe à lui confier mon héritage,
Et qu'il rende la Géorgie prospère ! »

Or le chancelier, écoutant ceci,
Dévisageait le roi avec stupeur.
Il ne pouvait pas parvenir à croire

Que le cœur d'Irakli eût tant changé.
« Que dis-tu ?, osa-t-il répondre au roi,
Songe, mon seigneur, que Dieu te regarde,
Ne fais pas entendre une telle voix
Aux Géorgiens qui te vénèrent tant !
Que nous arrive-t-il d'assez cruel
Pour que nous vendions notre liberté ?

« Crois-tu, ô roi, que les Ibériens
Seraient heureux sous le règne des Russes ?
Le lien commun de la foi ne peut rien
Dans un État, lorsque sont différents
Les caractères profonds de ses peuples.
Qui sait comment la puissante Russie
S'accommodera à la Géorgie,
Comment ici se conduira le Russe,

Comment ce royaume tolérera
Ce qui convient et plaît aux Géorgiens ?
Combien alors, roi, seront-ils les justes
Dont secrètement saignera le cœur !
Qui évoquera le nom d'Irakli
Pour lequel on n'a aujourd'hui qu'éloges ?
Oh, non, renonce, roi, à ce dessein,
Ne nous donne pas ces mots à entendre.
Qu'il en décide seulement celui
Qui ne pourra gérer la Géorgie !
Tant que les Géorgiens ont Irakli,
Que bonheur pour eux soit leur malheur même ! »

« Mon Solomon, lui répondit le roi,
Crois-tu vraiment que j'ignore ces choses ?
Mais quoi de meilleur, pour le plus grand bien
De la Géorgie, puis-je imaginer ?
Je ne voudrais pas me conduire en roi
Qui verse le sang pour sa seule gloire
Je veux agir comme ferait un père
Qui désirerait installer son fils,
Dès son vivant, dans l'avenir.
La vie d'un royaume n'est pas facile
Lorsque nuit et jour on n'attend que guerre... »

Le Destin de la Géorgie (Poèmes) / Nikoloz Baratachvili. – Paris : Les Éditeurs Français Réunis, 1968. – [Pp. 125-127].

LE DESTIN DE LA GÉORGIE 47

G. Bouatchidzé, E. Guillevic — 1968

Napoléon. — Ce texte de 1838 chante le héros romantique incarné.

Napoléon parcourut la France du regard
Et dit : « Voyons ce que la royauté m'aura donné. »
Quand il vit devant lui les victimes de sa grandeur,
Il y eut comme une lueur sur son front nuageux.

« Cela suffit, se dit-il, mon désir est exaucé,
J'ai illustré mon nom pour la stupéfaction du monde,
J'ai doté de force ma bien-aimée pour l'embellir,
Des altiers j'ai fait ses esclaves qui la glorifient.

Mais dans ce corps petit mon âme ne peut pas tenir,
Puisque le destin m'a tressé la couronne de gloire
Il m'appartient à moi de l'entourer d'une auréole
Car le temps est à moi, c'est moi qui suis l'espoir du temps.

Mais qui sait, il se peut que le sort se lasse de moi
Et qu'il se mette à couronner un autre de mon nom !
Mais non, je ne crois pas que me trahisse le destin :
C'est lui qui m'éleva, que peut-il contre son disciple ?

Napoléon ne saurait tolérer aucun rival !
N'importe avec quelle force ou science que l'on gouverne,
Personne ne peut me ressembler, ne peut être moi.
Que la tombe me soit étroite, si j'ai mon égal. »

Du temps viendra avant que tous ses actes soient connus.
La mort elle-même nous le montrera sans pareil :
Le feu éteint, la mer houleuse seront les images
De son âme de feu et de son cœur, vaste océan.

Le Destin de la Géorgie (Poèmes) / Nikoloz Baratachvili. – Paris : Les Éditeurs Français Réunis, 1968. – [Pp. 41-43].

LE DESTIN DE LA GÉORGIE 48

G. Bouatchidzé, E. Guillevic — 1968

L'âme solitaire. — L'inspiration insiste davantage ici sur le besoin de communion que sur l'amertume de la solitude.

Ne te plains pas d'être orphelin
ou même d'être sans-patrie.
Est à plaindre l'âme orpheline
qui ne retrouve plus sa sœur.

Privé d'amis ou de parents,
Un cœur trouve vite le change,
mais l'âme, une fois orpheline,
se désespère à tout jamais.

Elle ne croit plus dans le monde,
elle redoute, hésite, tremble...
À qui révéler sa passion ?
À qui donner sa confiance ?

Ô solitude difficile !
Les douceurs du monde l'attirent,
mais sachant ce qu'elle perdit,
elle se délivre en pleurant.

Le Destin de la Géorgie (Poèmes) / Nikoloz Baratachvili. – Paris : Les Éditeurs Français Réunis, 1968. – [P. 53].

LE DESTIN DE LA GÉORGIE 49

G. Bouatchidzé, E. Guillevic — 1968

Couleur d'azur. — Inspiré de *La Couleur noire* d'Alexandre Tchavtchavadzé (cf. *P.L.E.* 10, pp. 933-934), la *Couleur d'azur* (1841) poursuit la quête de l'absolu dans le registre des sons et des couleurs.

J'aimais dès mon enfance
Le bleu, couleur du ciel,
La première créée
Qui n'est pas de ce monde.

À présent que mon sang
Déjà s'est refroidi,
Je jure de n'aimer
Jamais d'autre couleur.

Dans les yeux de ma belle
J'aime la couleur bleue,
Descendue de l'azur,
Elle y brille de joie.

Ma secrète pensée
Va vers le firmament,
Pour qu'à la couleur bleue
Je m'intègre, dissout.

Mourant, je ne verrai
Les larmes de mes proches,
Mais l'azur m'enverra
Sa céleste rosée.

Quand ma tombe sera
De brume enveloppée,
Qu'au ciel bleu un éclair
Vienne la sacrifier.

Le Destin de la Géorgie (Poèmes) / Nikoloz Baratachvili. – Paris : Les Éditeurs Français Réunis, 1968. – [Pp. 67-69].

LE DESTIN DE LA GÉORGIE 50

S. Tsouladzé — 1968

Mon coursier... — Ce poème est daté du 9 mai 1842.

Mon coursier en volant m'emporte dans les nues,
Aux cris du corbeau noir, oracle de malheur !
Va, mon cheval ailé, dans ta course éperdue,
Livre aux souffles de l'air ma secrète douleur !

Fends les vents et les eaux, passe le gouffre obscur,
Va, vole, raccourcis l'espace du voyage !
N'écarte pas, pour moi, puissant oiseau, l'orage,
Ne prends pas en pitié ton cavalier fourbu !

J'ai quitté ma maison, mes pairs et mes devoirs,
De celle que j'aimais, j'ai délaissé la voix ;
Où la nuit me surprend, elle se fait mon toit.
Je dévoile mon cœur à tes seules étoiles !

Les sanglots de mon cœur, je les donne à la mer,
À l'éclair admirable de ton fol élan !
Va, mon cheval ailé, dans ta course sans trêve,
Livre aux souffles de l'air mon plus secret tourment !

Qu'importe si mon corps loin des miens repose,
Si l'objet de mon cœur ne pourra me pleurer ;
Le corbeau creusera dans le sol nu ma fosse,
Et les vents, en hurlant, me viendront enterrer !

Le ciel me pleurera de larmes de rosée,
Mon deuil sera conduit par les griffons criards !
Va mon cheval, allons, dans ton vol embrasé,
Opposer au destin la force de l'espoir !

S'il le faut je mourrai, maudit, inconsolé !
Sans céder à la peur ma querelle profonde !
Va, mon cheval ailé, par les routes du monde,
Livre aux souffles de l'air ma secrète pensée !

Je n'aurai pas été l'inutile victime,
Car le chemin frayé ne s'effacera pas ;
Les poètes demain retrouveront tes pas,
Et leurs chevaux sans peur franchiront les abîmes !

Mon coursier, en volant, m'emporte dans les nues,
Aux cris du corbeau noir, oracle de malheur !
Va, mon cheval ailé, dans ta course éperdue,
Livre aux souffles de l'air ma secrète douleur !

Le Destin de la Géorgie (Poèmes) / Nikoloz Baratachvili. – Paris : Les Éditeurs Français Réunis, 1968. – [Pp. 81-83].

LE DESTIN DE LA GÉORGIE 51

G. Bouatchidzé, E. Guillevic — 1968

L'esprit du mal. — Ce poème date de 1843.

Esprit du mal, qui t'appela pour que tu sois mon guide ?
Qui t'appela pour ameuter ma raison et ma vie ?
Qu'as-tu fait de la paix de mon âme, où l'as-tu portée ?
Pourquoi tuer en moi l'aveugle foi de la jeunesse ?

Est-ce là ce que tu promis à ma vie, ma jeunesse ?
Tu disais me donner la liberté pour ici-bas,
Tu me peignais les plaisirs que j'aurais au sein des peines,
Et même l'enfer tu le transformais en paradis.

Dis-moi que sont devenues ces étonnantes promesses ?
Pourquoi as-tu brouillé, ensorcelé mes intentions ?
Où te tiens-tu ? réponds, émeutier, ne te cache pas.
En mal elle a dégénéré, ta force enchanteresse.

Maudit le jour où je me suis fié à tes promesses
Aveuglément, leur sacrifiant la voix de mon cœur !
C'est depuis ce jour que mon âme a perdu son repos,
Et que les émois des passions n'étanchent plus ma soif !

Je suis sorti de moi-même, imposteur, esprit du mal.
Que suis-je à présent dans le monde, seul, et sans attaches,
Maison mécréante, âme gémissante, cœur sans foi ?
Malheur à celui que ta main touchera, pernicieuse.

Le Destin de la Géorgie (Poèmes) / Nikoloz Baratachvili. – Paris : Les Éditeurs Français Réunis, 1968. – [P. 97].

VON DROSTE-HÜLSHOFF

ALLEMAND

1797-1848

Annette von Droste-Hülshoff occupe dans la littérature allemande une place fort originale. Elle fut longtemps tenue et passe encore parfois pour la plus grande poétesse de son pays, mais il n'est pas toujours facile de juger une création qui semble en marge de son siècle et qui pourtant l'engage sur des voies très neuves. Cette œuvre offre l'exemple d'une paradoxale rencontre entre tradition et modernité.

Par toute une partie de son être, Annette von Droste est liée à la Westphalie où elle naquit dans une famille noble des environs de Münster. Elle y reçut une éducation soignée, eut des contacts divers avec les milieux religieux de Münster et de Bonn, avec les poètes locaux et d'authentiques représentants du romantisme allemand comme Wilhelm Grimm et August Wilhelm Schlegel. Ses lectures étaient diverses et étendues. Mais il serait vain de vouloir la rattacher à des maîtres spirituels précis. Elle resta étrangère aux théories et se fondit surtout sur une expérience personnelle qui prenait chez elle des formes très intenses. Ses sources d'inspiration sont la nature, dont elle explore tous les visages, l'amitié — qu'elle prit très au sérieux —, l'amour, qui fut toujours pour elle malheureux, et d'abord peut-être la maladie qui la rongea pendant plus de vingt ans, la solitude, qu'elle retrouvait sans cesse après de rares échappées. L'humour accompagnait chez elle le sérieux, et elle discernait fort bien les aspects grotesques de son temps. Elle vécut longtemps dans un état de crise profonde, sans rapport réel avec des causes extérieures. Une nouvelle inachevée, *Ledwina*, la montre, en 1820, en proie à des rêveries morbides, et un recueil de poèmes religieux révèle, la même année, les tourments démesurés d'une foi qui s'adapte très mal à la pieuse tradition du cantique westphalien. Partagée à cette époque entre deux amis, elle connut les incertitudes du cœur, qui se transformèrent en un durable et douloureux complexe de culpabilité. On en trouve la trace, en 1834, dans deux récits en vers *L'Hospice sur le Saint-Bernard* et le *Testament du docteur*, où la quête de la foi impossible se mêle au vertige d'une faute à la fois irréelle et lancinante.

Toute une partie de son œuvre est sous le signe d'une hallucination qui persiste dans certains poèmes tardifs et qui marque la nouvelle *Le Hêtre aux juifs* (1842), mystérieux récit d'un meurtre et d'une expiation qui, sous des allures de fait divers, reflète des angoisses très personnelles. Elles alimentent aussi la deuxième partie, achevée en 1839, de ses poèmes religieux, *L'Année spirituelle*, qui mêle des exercices traditionnels à des témoignages d'angoisse très différents des rêveries religieuses du romantisme. C'est une forme négative de mystique, une expérience de la sécheresse qui, en un sens, paralyse Annette von Droste, mais qui est aussi une école de lucidité et de rigueur, et qui confère à la vision poétique une acuité et une profondeur nouvelles.

Depuis 1820, Annette von Droste résidait le plus souvent dans la demeure de Rüschhaus, tout près de Münster, et menait une existence campagnarde entrecoupée de séjours à Abbenburg, à Bonn et chez sa sœur dans le Thurgau. Son thème préféré est alors surtout la nature partout présente dans un premier recueil de poésies paru en 1838. Annette von Droste y est encore prisonnière d'une tradition idyllique et moralisante, issue du XVIIIe siècle. Son talent ne s'affirme vraiment qu'à Meersburg où elle réside en 1841-1842 chez son beau-frère von Lassberg.

Elle y noue avec le jeune écrivain Levin Schückin des liens complexes où l'amitié se mêle à un amour tardif qui ne peut se déclarer. Mais cet amour redonne une force nouvelle à son art. Meersburg signifie pour elle une libération. L'oppression du temps rongeur se transforme, dans la lumière du lac de Constance, en une ivresse de l'espace qui anime les remarquables *Images de la lande*. Elles égalent les meilleurs vers de Lenau, de Mörike, de Heine. Cette période est aussi celle des *Ballades*, composées entre 1840 et 1842. Elles offrent une gamme variée de visions, entre un fantastique encore romantique et des hallucinations très originales, et savent aussi traduire, en de saisissantes complaintes, le tragique de la pauvre humanité.

Les années suivantes, après le mariage de Schücking en 1843, la poésie d'Annette devient plus mélancolique et se transforme en une série de méditations sur elle-même, sur la fragilité du monde et des êtres. Mais elle conserve jusqu'à la fin une sérénité remarquable, au cœur même de la maladie et de la solitude.

Par la nouveauté de leurs images et de leurs musiques, par une alliance entre la mobilité des couleurs et la tension des rythmes, ces poèmes, toujours nourris d'une étonnante richesse perceptive, se distinguent des mélodies « intérieures » du romantisme, et traduisent une rencontre originale entre l'âme et les choses, dans un rêve concret que le terme de « réalisme poétique » ne suffit pas à définir. Les derniers vers d'Abbenburg et de Rüschhaus sont sous le signe d'une sorte d'épicurisme spirituel. La hantise du mal et de la faute est toujours présente, et par exemple dans trois remarquables visions religieuses achevées en 1846, deux ans avant sa mort. Mais, dans le même temps, Annette von Droste nous invite à « cueillir l'heure », à savourer les « dons » du ciel, la beauté du monde et de l'existence.

La création d'Annette von Droste illustre les vertus de la modestie de la continuité, et d'une passion qui, sous une apparente distance, ne cesse d'animer son art. Cette œuvre inégale, parfois limitée dans ses thèmes, est souvent proche des sommets du lyrisme allemand, tout en offrant, dans une époque riche en constructions souvent illusoires, un remarquable exemple d'authenticité et de lucidité.

Walter Silz, "Problems of 'Weltanschauung' in the works of Annette von Droste-Hülshoff". – In : *Publications of the Modern Language Association*, 64 (1949), pp. 678-700.

Annette von Droste-Hülshoff : ein Lebensbild / Levin Schücking. – 3. Auflage. – Stuttgart : Kœhler, 1953. – 156 p.

Le Monde religieux et poétique d'Annette von Droste-Hülshoff / Dominique Iehl. – Paris : Didier, 1965. – 553 p.

Annette von Droste-Hülshoff : Werk und Leben / Clemens Heselhaus. – Düsseldorf : A. Bagel, 1971. – 399 p.

Annette von Droste-Hülshoff : Ich und Spiegelbild : Zum Verständnis der Dichterin und ihres Werkes / Wilhelm Gössman. – Düsseldorf : Droste Verlag, 1985. – 242 p.

L'ANNÉE SPIRITUELLE 52

D. Iehl — 1998

Le dernier jour de l'année : La Saint-Sylvestre (IIe Partie). — Ce poème clôt, en 1839, la deuxième partie de *l'Année spirituelle*. C'est un amer bilan de la poétesse sur elle-même, où se mêlent le désespoir, l'impuissance, la détresse, dans le sentiment aigu d'une vie coupable et manquée, d'une fin proche, d'un échec irrémédiable. Mais une lueur d'espoir surgit à la fin, et donne un sens à l'attente. L'union d'une angoisse authentique et d'un vertige d'auto-accusation fait l'originalité de cette œuvre, et donne une dimension très neuve au lyrisme religieux d'Annette von Droste-Hülshoff.

L'année s'en va,
Le fil en sifflant se déroule
Rien qu'un instant, dernier du jour,
Et le temps, hier encore vivant,
Glissera, poussière, en sa tombe.
Silence, attente.

Profonde nuit !
Est-il encore un œil ouvert ?
Entre ces murs, seul le bruit sourd
Du temps qui se vide ! J'ai peur,
Mais je dois veiller, solitaire,
Au long de cette dernière heure

Et revoir tout,
Ce que j'ai fait, que j'ai pensé,
Qu'ont produit ma tête et mon cœur,
Et qui m'attend, garde sévère,
Au seuil du ciel. Demi-victoire !
Et lourde chute !

Le vent s'acharne
À la fenêtre. L'an s'en va
Sur les ailes de la tempête
En poussière, et non comme une ombre
Qui fond sous la paix des étoiles.
Ô pécheresse,

Un vent secret,
Ne creusait-il pas, chaque jour
Le cachot vide de ton cœur
Où s'effritait pierre après pierre,
Quand il lançait, venu du pôle,
Glacial, son souffle ?

Ma lampe va
Mourir. La mèche avide aspire
Le dernier reste de son huile.
Ma vie s'est-elle ainsi éteinte ?
La tombe m'ouvre-t-elle un creux
De noir silence ?

Et dans le cercle,
Se refermant sur cette année,
Ma vie — je le savais — s'effondre !
Et pourtant ce cœur a brûlé
Dans l'ardeur de vaines passions !
Une sueur

D'affreuse angoisse
Brûle mon corps. Mais, sous la nue,
Est-ce le halo d'une étoile ?
Serait-ce l'étoile d'amour,
Dont la lueur voilée te blâme
D'avoir si peur ?

Quel bruit se lève ?
Écoute, c'est le chant des morts !
La cloche parle, voix de bronze.
Seigneur, je t'en prie à genoux :
Aie pitié de ma dernière heure !
Morte est l'année !

Traduction inédite. — *Sämtliche Werke* / Annette von Droste ; hrsg. von Clemens Heselhaus. – München : Hanser, 1952. – [Pp. 620-621].

LES IMAGES DE LA LANDE 53

D. Iehl — 1998

La steppe. — Ce poème illustre la nouvelle qualité de la vision poétique dans *Les Images de la lande*, composées à Meersburg en 1841-1842. L'extrême précision du détail n'enlève rien à l'ampleur du regard. Comme plus tard Rimbaud dans une célèbre marine, Annette von Droste unit dans une même réalité la mer et la lande, le berger et le corsaire, les arbres et les mâts, les bras de la charrette et les canons du navire. On découvre ici une nouvelle ivresse d'espace et un sens remarquable des correspondances.

As-tu, debout sur le rivage
Vu, quand la nuit rejoint le jour,
Mélangées de pluie et de sable,

Des coulées de pluie qui se glissent,
Mille sources jaillies en fraude,
Puis, jusqu'au terme du regard,
Rien que les vagues de la mer,
Colorées de jaune lessive ?

Ici la dune, en bas la mer.
Les chariots de berger ressemblent
À des canons laissant leurs mèches
Traîner, éteintes, sur le sol.
Visent-ils le corsaire,
Au caftan déployé,
Que je puis distinguer
Dans l'océan tout jaune ?
Il semble tordre son cordage,
La dune cache son bateau.
Mais l'on voit le mât qui se dresse,
Un gigantesque pin tout sec.
De la tête du mât, les câbles
Se tendent, pareils à des branches.
Le lacis noir de la vigie
Ressemble à un nid de milans.

Traduction inédite. — *Sämtliche Werke* / Annette von Droste ; hrsg. von Clemens Heselhaus. – München : Hanser, 1952. – [Pp. 92-93].

LE HÊTRE AUX JUIFS 54

P. Brachin — 1958

Ultime désarroi. — Ce passage se situe peu avant la fin de la nouvelle. Friedrich Mergel, soupçonné de meurtre, s'est enfui avec un compagnon, Jean Personne. Il revient, vingt-huit ans plus tard, après un dur esclavage en Turquie, en se faisant passer pour Jean Personne. L'auteur suggère, avec une grande économie de moyens, tout le travail intérieur qui se fait en lui, sous une apparente passivité : la détresse, son repentir, mais aussi son regret d'avoir souffert pour rien (un autre s'est accusé du crime). Dans ce portrait mêlé, on découvre l'acuité psychologique d'Annette von Droste, son sens de l'humain, et la remarquable maîtrise de son art de conteur.

Dans l'homme ainsi revenu au pays on reconnut Jean Personne, et lui-même confirma qu'il ne faisait qu'un avec le compagnon de fuite de Frédéric Mergel.

Le lendemain il n'était bruit dans le village que des aventures de celui qui avait disparu depuis si longtemps. Chacun voulait voir le rescapé de

Turquie, et l'on s'étonnait presque qu'il eût encore l'air d'un homme comme les autres. La jeunesse ne se souvenait sans doute pas de lui, mais les vieux retrouvaient encore fort bien ses traits, si lamentablement altérés qu'ils fussent.

« Jean, Jean, comme vos cheveux sont devenus blancs ! dit une vieille femme. Et pourquoi avez-vous le cou de travers ? » — « C'est à force d'avoir porté du bois et de l'eau quand j'étais esclave » répondit-il.

« Et qu'est devenu Mergel ? Vous vous êtes bien sauvés ensemble ? »

« Assurément ; mais je ne sais pas où il est, nous nous sommes trouvés séparés. Quand vous penserez à lui, ajouta-t-il, priez pour lui, il doit en avoir besoin. »

On lui demanda comment il se faisait que Frédéric ait pris le large, puisque ce n'était pas lui qui avait tué le Juif. — « Pas lui ? » dit Jean, et il tendit l'oreille quand on lui raconta ce que le châtelain avait pris grand soin de répandre afin d'effacer cette tache du nom de Mergel. « Ainsi ce n'était pas la peine, dit-il pensivement, pas la peine de supporter tout cela ! » Il poussa un profond soupir, et s'informa à son tour de choses et d'autres.

Le Hêtre aux juifs ; scènes de la vie des montagnards westphaliens / Annette von Droste-Hülshoff ; introduction par Dominique Iehl ; traduction et notes par Pierre Brachin. – Paris : Aubier, 1958. – (*Collection bilingue des classiques étrangers. Littérature allemande*). – [P. 153].

LES DERNIERS DONS — 55

D. Iehl — 1998

Bonheur du poète. — Dans ces vers, deuxième partie d'un dyptique composé en 1843-1844. Annette von Droste précise le sens de sa création. Le lac qu'elle contemple à Meersburg cache sous la splendeur de sa surface un passé de douleur et de mort. Elle-même est pareille au chardon qu'un ver grignote, mais qui possède le pouvoir de guérir. Elle est rongée par la souffrance et par la sécheresse, qu'évoque l'image du chardon. Mais elle les offre en sacrifice aux autres ; la sécheresse devient mystique et le chardon se transforme en rose. Tel est le rôle du poète et tel est aussi son bonheur.

Rayon du ciel, suspens tes charmes,
Prométhée garde son vautour.
Sois en paix, lac étincelant ;
Les monstres veillent le trésor
Caché dans tes flancs de cristal.
Baisse ta main, prince buveur !
Au fond pourrit le blanc squelette
Du plongeur qui chercha la coupe.

Et toi, bouquet de soies qui volent,
Rose mystique du chardon,
Ne lance pas vers moi tes fils
Pour m'entourer de leur caresse !
J'entends le murmure du ver
Qui guérit, caché dans ton sein.
Faut-il donc que je sois la rose
Rongée, pour le salut des autres ?

Traduction inédite. — *Sämtliche Werke* / Annette von Droste ; hrsg. von Clemens Heselhaus. – München : Hanser, 1952. – [P. 255].

LES DERNIERS DONS 56

D. Iehl — 1998

Dans l'herbe. — Ce poème, tiré des *Letzte Gaben* et composé en 1844 à Rüschhaus, est un des sommets du lyrisme d'Annette von Droste. C'est une de ces rêveries extralucides auxquelles elle s'abandonne souvent vers la fin de sa vie. Sa conscience, ouverte à toutes les voix du monde, est traversée par un flot d'images et de présences, où la vie et la mort se rencontrent dans la même musique : poème du souvenir, sans aucun pathétique, poésie du temps qui passe et des apparences qui fuient, mais aussi poésie de l'accueil par l'amour et par le rêve. Son art poétique s'affine ici dans une ultime harmonie.

Doux repos, douce ivresse en l'herbe,
Au creux des plantes odorantes,
Flot profond, flot profond et ivre,
Quand le nuage au ciel s'efface,
Quand sur ma tête vague et lasse
Un doux rire descend, magique,
Chère, une voix pleure sa fleur,
Comme un tilleul, sur une tombe.

Quand dans mon cœur les morts, ensuite
Étirent et remuent leurs corps,
Tout doucement lâchent leur souffle
Et bougent leurs paupières creuses,
Amour mort, plaisir mort, temps mort,
Tous les trésors, dans la poussière,
Se frôlent, pudique musique,
Petite cloche au gré du vent.

Heures, plus brèves que baiser
D'un rayon sur le lac en deuil,

Que le chant de l'oiseau qui passe,
Qui d'en haut s'égrène sur moi,
Que l'éclair brillant de l'insecte
Trouant le sentier du soleil,
Que la chaude pression des mains
Prolongeant leur dernier adieu.

Et pourtant, ciel, accorde-moi
Rien qu'une chose : pour le chant
De l'oiseau libre dans l'azur,
Une âme accompagnant son vol
Qu'à tout rayon, même au plus frêle,
Je prête une frange brillante,
À la main tendue mon étreinte,
Et pour chaque bonheur mon rêve.

Traduction inédite. — *Sämtliche Werke* / Annette von Droste ; hrsg. von Clemens Heselhaus. – München : Hanser, 1952. – [Pp. 271-272].

ABOVIAN

ARMÉNIEN

1809 ? - 1848

Khatchatour Abovian est une des figures les plus marquantes de la littérature arménienne. Ses *Plaies d'Arménie* sont non seulement le premier roman écrit en arménien oriental, mais aussi l'ouvrage fondateur de la littérature arménienne moderne : il exerça une influence capitale sur la production des écrivains des générations suivantes.

Né dans l'ancien village de Kanakère (devenu aujourd'hui un quartier de la capitale d'Arménie, Erevan) probablement en 1809 (ou en 1805 ?), il commence sa scolarité dans le couvent d'Etchmiadzine ; de 1824 à 1826, il fréquente le Collège arménien Nersessian qui venait d'être inauguré à Tiflis. Il revient ensuite à Etchmiadzine. En 1829, il rencontre l'allemand Friedrich Parrott, qu'il accompagne en tant qu'interprète dans son ascension du Mont Ararat. Parrott va jouer un rôle fondamental dans la vie et la formation intellectuelle d'Abovian. Entre 1830 et 1836, grâce au soutien de Parrott, Abovian peut compléter ses études en sciences humaines (histoire, philosophie, langue et littérature allemandes) à l'université allemande de Dorpat (aujourd'hui Tartu, en Estonie), où il découvre les œuvres de Goethe, Herder, Schiller ainsi que la littérature russe. Marqué par cette influence, il commence à écrire ses premières poésies. En 1836, il s'établit à Tiflis, où il entreprend une carrière d'instituteur au service de l'État russe, tout en continuant son œuvre de lettré.

Abovian ressentait la profonde exigence de réformer l'activité littéraire et pédagogique arménienne pour s'adresser au peuple non plus en *grabar*, la langue littéraire classique, mais en *ashkharhabar* (langue moderne), la seule comprise de tous et, par conséquent, la seule capable d'éduquer les foules. Animé par cet élan, il fonde une école pour enfants arméniens et géorgiens, qu'il dirige avec sa femme (d'origine allemande). À cause de ses idées et de son activité réformatrice, il entre bientôt en conflit avec les milieux conservateurs de Tiflis, qu'il quitte pour s'établir à Erevan en 1843. Continuant à se consacrer infatigablement à l'éducation de la nouvelle génération, il est victime, à sa consternation, des persécutions et de l'incompréhension de son milieu. Le 2 avril 1848, Abovian sort de sa maison, pour ne plus y revenir. S'est-il suicidé ? A-t-il été emprisonné, exilé, assassiné par ordre des autorités russes, hostiles à ses élans populistes ? Sa disparition reste aujourd'hui encore un mystère.

La production littéraire d'Abovian est riche et multiforme. Il laisse des poésies, des pièces de théâtre (*Adelayida* ; *Feotora* ou *L'amour filial*), des contes, des nouvelles (*Agnès* ; *La fille du Turc*), des pages autobiographiques, des notes de voyage (*Voyage du Professeur Parrott et de l'écrivain Khatchatour Abovian*) et des ouvrages pédagogiques en arménien ancien et en arménien moderne oriental. Mais c'est aux *Plaies d'Arménie* que l'écrivain doit sa célébrité. Ce roman (écrit en 1840, mais publié posthume en 1858) raconte l'histoire d'un héros populaire, Aghassi, qui, à la tête d'une armée de volontaires, organise la révolte contre les Perses (notamment le khan Hassan et son frère, le gouverneur d'Erevan), qui occupaient la partie orientale de l'Arménie, imposant à la population de dures pressions fiscales. Avec ses compagnons et le soutien de l'armée russe, il libère les villes de Kars et d'Ani. À la nouvelle de l'arrestation de son père, incarcéré avec d'autres dans la forteresse d'Erevan, Aghassi se dirige vers cette ville et réussit à entrer dans la forteresse. Mais il y trouve la mort, juste au moment des retrouvailles avec son père.

Avec les *Plaies d'Arménie*, Abovian donne la parole au sentiment patriotique caractéristique de son époque. La tragédie de la patrie occupée est vécue et présentée par l'auteur comme un drame personnel. Le caractère subjectif de l'œuvre s'exprime entre autres par les fréquentes interventions à la première personne de l'écrivain qui évoque ses souvenirs familiaux, justifie les procédés de sa narration, participe aux sentiments de ses personnages, parle d'Aghassi comme d'une connaissance personnelle et interpelle très souvent son « cher lecteur ». À la manière d'un conteur, Abovian raconte dans ses *Plaies d'Arménie* les légendes populaires ; il décrit les croyances, les mœurs, les jeux, le travail, les vêtements des paysans et livre ainsi non seulement un roman mais aussi un document ethnographique. Fidèle à ses principes littéraires, pédagogiques et sociaux, il a écrit cette œuvre en arménien moderne oriental, notamment dans le dialecte kanakérien de la plaine de l'Ararat.

Khatchatour Abovian / P. H. Hakobyan. – Erevan : Éditions de l'Académie des sciences d'Arménie, 1967. – 798 p. – [En arménien].

Khatchatour Abovian / V. J. Ghazaryan. – Erevan, 1979. – [En arménien].

Khatchadour Abovian et la Renaissance littéraire en Arménie Orientale / Hrant Adjemian. – Antélias : Publication du prix littéraire Haïg et Dirouhi Serengulian, 1986. – 158 p.

Œuvres vives de la littérature arménienne / Krikor Chahinian. – Antélias : Catholicossat Arménien de Cilicie, 1988. – [Pp. 200-204].

PLAIES D'ARMÉNIE 57

Kr. Chahinian — 1988

Un héros populaire, dans la langue du peuple (Avant-propos). — Dans son célèbre avant-propos, Abovian explique les raisons qui l'ont poussé à écrire l'histoire d'Aghassi dans la langue du peuple.

Cela fait vingt ou trente ans, ô mon cher père, mon peuple bien-aimé, qu'un feu brûle mon cœur et le navre : jour et nuit, les pleurs et le deuil ne quittent pas mes yeux, les soupirs, ma bouche, ô mes amis consanguins à qui je voudrais dire ma pensée et mon souhait puis seulement passer sous terre. Je voyais tous les jours ma tombe devant moi, à toute heure, l'épée de feu de la mort tournoyait au-dessus de ma tête, à tout moment, mon amour pour vous et ma peine brûlaient mon âme, l'épuisaient ; j'entendais votre douce voix, je voyais vos charmants visages, je saisissais votre noble pensée et votre volonté, je jouissais de votre précieux amour et de votre amitié, je méditais sur votre gloire et votre grandeur perdues, je pensais aux réalisations et à la vie de nos premiers rois et princes merveilleux, aux splendeurs passées de notre patrie, de notre monde saint, à la nature sans pareille et aux faits courageux de notre excellente nation. Le mont

Massis[1] était debout devant moi et me montrait du doigt de quel monde j'étais le fils ; *le paradis* était vivant dans mon esprit et, en rêve ou en réalité, m'exposait le bon renom et l'excellence de notre pays ; Haïg[2], Vardan[3], Terdat[4], l'Illuminateur[5], même dans mon sommeil, me disaient que j'étais leur enfant ; l'Europe et l'Asie me criaient sans cesse que j'étais le fils de Haïg, le petit-fils de Noë, l'enfant d'Etchmiadzine, l'habitant du paradis ; aux champs et à l'église, dans les lieux inhabités comme chez moi, même les pierres voulaient arracher mon cœur et le mettre là où ma nation a posé le pied et le pose encore aujourd'hui ; souvent, en rencontrant un Arménien, je voulais retirer mon souffle et le lui donner. Mais, ah ! ma langue était liée, ma bouche close, mon cœur plein, ma main incapable, ma parole insuffisante. Je n'avais pas de renom pour que mes dires soient retenus ; et nos livres étaient en *grabar* et notre nouvelle langue, *sans valeur*, je ne pouvais pas exprimer en paroles les vœux de mon cœur. Je ne pouvais pas commander ; si je priais, suppliais, personne ne pouvait comprendre ma langue. Car moi aussi je voulais qu'on ne se moque pas de moi, qu'on ne dise pas « il est grossier, il est stupide, il ne sait pas ce que c'est grammaire, rhétorique, logique », moi aussi je voulais qu'on dise « oh ! il sait rédiger *si bien*, si incompréhensiblement que même le diable n'y peut piger un mot », moi aussi je voulais me montrer pour qu'on m'admire et me loue en disant que je connais fort bien l'arménien. Si d'autres connaissent une langue, moi j'en connais quelques-unes ; quels livres n'ai-je pas commencé à traduire et laissés inachevés ! j'ai tant écrit en vers et en prose en *grabar* que cela peut former un gros livre. Entre-temps, Dieu m'a confié quelques enfants que je devais éduquer. Mon cœur se fendait quand je constatais qu'ils ne comprenaient aucun livre arménien que je mettais entre leurs mains. N'importe quoi qu'ils lisaient en russe, en allemand, en français, plaisait à leur âme innocente. Je voulais souvent m'arracher les cheveux en voyant qu'ils aimaient davantage ces langues étrangères que la nôtre. Mais la raison en était très naturelle ; ils lisaient dans ces langues ce que les hommes célèbres avaient fait, ce qu'ils

1 Mont Ararat, appelé Massis par les Arméniens.

2 Haïk est le héros éponyme des Arméniens, qui se nomment eux-mêmes Haïk'.

3 Vardan Mamikonian : héros de la résistance arménienne contre les impositions de la religion mazdéenne par les Perses sassanides au milieu du Ve siècle. Il tomba avec ses mille compagnons à la bataille d'Awaraïr, en 451 P.C.

4 Terdat III [ou IV] : roi arménien de la dynastie arsacide ; il adopta le christianisme comme religion d'État au début du IVe siècle.

5 Grégoire l'Illuminateur (env. 240 - env. 326), évangélisateur de l'Arménie.

avaient dit ; ils lisaient des choses qui peuvent gagner le cœur de l'homme, parce qu'elles parlent au cœur ; qui ne les aime ? Qui ne veut pas lire des propos sur l'amour, l'amitié, le patriotisme, les parents, les enfants, la mort, le combat ? Mais si en notre langue de pareilles choses existent, qu'on me crève l'œil ! Mais alors comment faire aimer ta langue à l'enfant ? Vends des joyaux au paysan, oui, c'est très bien, mais s'il n'a pas de moyens, il n'échangera tes pierres précieuses même pas avec un morceau de pain de maïs. [...]

Les choses en étaient là et je me disais que je devais m'asseoir et, autant que mon intelligence me le permettait, louer notre nation, raconter les actes de courage réalisés par nos hommes célèbres ; mais je me demandais aussi pour qui j'allais écrire puisque le peuple ne comprendrait pas ma langue. Écrire en russe, en allemand, en français ou en *grabar*, c'était la même chose. Dix personnes pouvaient peut-être lire, mais pour cent mille, mon écrit ou un moulin à vent, ce serait la même chose. Bon sang ! quand la nation ne parle pas cette langue, ne comprend pas cette langue, même si tu versais de l'or de ta bouche, à qui pourrais-tu t'adresser ? Chacun demande ce qui lui convient. Quel profit je peux tirer de ton pilaf de riche, si je ne l'aime pas ? Tous ceux avec qui je parlais répétaient toujours que notre peuple n'aime pas le savoir, qu'il n'attache pas de prix à la lecture ; mais je voyais, moi, que [ce même peuple] qui n'aimait pas lire, faisait passer de main en main l'histoire de Robinson, le livre idiot de *La ville de cuivre*[1]. Ceci aussi je le savais bien ; toutes les nations célèbres du monde ont deux langues, *l'ancienne* et *la nouvelle*. Bon sang ! Si la langue éclairée est bonne et que même les pierres doivent se fendre et la comprendre, alors pourquoi comble-t-on le traducteur de cadeaux, de décorations, d'honneurs ? [...]

Un jour de carnaval, après avoir renvoyé mes élèves, je me suis mis à tourner et retourner dans ma tête tout ce que j'avais vu ou entendu depuis mon enfance. À la fin, mon brave Aghassi a surgi de mes souvenirs ; avec lui, cent autres braves arméniens ont levé la tête et tous voulaient que je les honore. Les autres étaient de grands hommes célèbres, beaucoup d'entre eux, encore vivants, Dieu merci ; Aghassi était pauvre et mort, que je me sacrifie à sa sainte tombe ! Je me suis dit que je ne devais pas faire de flagornerie, je l'ai choisi. Je ne pouvais plus patienter : mon cœur était monté à ma bouche. Je constatais qu'il y avait peu de gens qui s'intéres-

1 Le *Conte de la ville d'airain* (ou *de cuivre*) fait partie du recueil des *Mille et Une Nuits* et a été traduit de l'arabe en arménien à l'époque médiévale. Il a rencontré un grand succès en Arménie.

saient au livre arménien, parlaient l'arménien. Or, ce qui préserve une nation, c'est *la langue* et *la foi* ; si nous les perdons aussi, c'en est fait de nous ! La langue arménienne fuyait devant moi comme Crésus : c'est Aghassi qui a ouvert ma bouche scellée depuis trente ans. [...]

Qu'on m'appelle ignorant, désormais ; ma langue est déliée, ma chère, ma noble nation bien-aimée ! Que celui qui s'entend en logique, écrive pour ses pairs, moi, ton fils égaré, dérouté, j'écrirai pour toi.

Que celui qui a une épée, l'abatte sur ma tête, l'enfonce dans mon cœur ! Sinon, tant que j'ai une langue dans ma bouche, un cœur dans ma poitrine, je crierai à tue-tête : « Sur qui, voyons, levez-vous l'épée, vous ne connaissez donc pas la grande nation arménienne ? » Pourvu que *toi, toi,* mon excellente nation, tu aimes et acceptes ce que fait ton fils, son parler immature, comme le père aime et accepte le bégaiement de son enfant qu'il n'échange pas contre le monde entier. Quand je serai grand, nous parlerons en langue savante aussi. Aghassi est ton jeune fils ; tu [en] as beaucoup d'autres, plus grands, plus célèbres que lui. Je me prosterne devant toi ; donne-moi seulement un cœur, que je me sacrifie à ton soleil, tu verras comme j'irai les chercher et ranger devant toi, pour que toi-même tu t'étonnes : comment, je te le demande prosterné devant toi, peut-on se faire du souci quand on a des enfants pareils ? Donne-moi aussi ta sainte main à baiser, pour que tu me pardonnes, et allons auprès de notre aimable Aghassi.

Œuvres vives de la littérature arménienne / Krikor Chahinian. – Antélias : Catholicossat Arménien de Cilicie, 1988. – [Pp. 205-208, 210].

PLAIES D'ARMÉNIE 58

V. Calzolari — 1998

Ah ! la langue, la langue ! (chapitre II). — Abovian souligne encore une fois le rôle clef de la langue et de la foi comme éléments d'identification nationale. C'est en même temps une exhortation qui s'adresse aux jeunes générations arméniennes, pour qu'elles ne négligent pas leur idiome national.

Ah ! la langue, la langue ! s'il n'y avait pas la langue, à quoi l'homme ressemblerait-il ? Ce qui préserve une nation, ce qui lie les hommes les uns aux autres, ce sont la langue et la foi. Change de langue ! renie ta foi ! Avec quoi pourras-tu dire alors de quelle nation tu es ? Donne à un enfant n'importe quelle nourriture ; si douce et inestimable qu'elle soit, le lait de sa mère sera pour lui plus doux, plus doux encore que le sucre et le miel ! Même si nous vendions notre lait, personne ne le prendrait ! Si nous nous arrachions les yeux et que nous les donnions à un autre, cet autre pourrait-il les faire siens ? Au berceau, c'est dans notre langue qu'on nous a chanté la berceuse : celle-ci ne doit-elle pas rester dans notre pensée ? Admettons que tu aies acheté une nouvelle marchandise en grande quantité : dois-tu pour cela jeter l'ancienne ? Même les nations sauvages n'échangent pas leur langue rustre contre le monde entier. Oh ! que de fois as-tu entendu la voix de la musique [occidentale] ! dis-moi, te plaît-elle plus que ton *saz* et que ton *bayati*[1] ?

Il y a des hommes qui connaissent dix ou quinze langues, mais leur propre langue, ils la considèrent toujours comme la meilleure de toutes. Lorsqu'ils parlent avec leurs compatriotes, ils considèrent comme une honte le fait d'exprimer leur pensée avec une autre langue ou d'y mélanger des paroles étrangères. Mêle donc à ton *khash*[2] bien-aimé du poisson, du sucre, des bonbons, du raisin sec, du caviar, et tu verras quel goût il aura !

[...]

Je vous le dis, à vous, jeunes rejetons d'Arménie, que je puisse mourir en votre nom, comme sacrifice pour votre soleil. Apprenez dix langues, mais votre propre langue, votre propre foi gardez-les fermement. Qu'est-ce que c'est qu'une seule simple langue, qu'on ne puisse pas l'apprendre ? Ne voulez-vous donc pas, vous aussi, écrire des livres, laisser votre renom dans la nation ? Ne voulez-vous pas que vos livres aussi soient traduits par des nations étrangères, que votre nom reste à jamais perpétuel ? Même si nous connaissons le français ou l'allemand, nous ne pourrons écrire quelque chose qui gagne quelque renom parmi ces peuples, car leur pensée et leur cœur sont une chose, et les nôtres une autre encore. En plus, chez eux, il y a tellement d'écrivains, qu'on ne peut pas les compter. La langue russe est la langue de notre État, il faut que nous la considérions avant tout, ensuite, possédons notre propre langue. Votre cœur ne veut-il pas que vous écriviez des poésies ? que vous manifestiez votre pensée et votre conseil ? que les étrangers sachent que parmi nous aussi il y a eu des écrivains réputés, pour qu'ils aiment encore plus notre langue ? Que Dieu donne la vie aux parents des enfants qui sont chez moi. Leur premier souci

1 *Saz* : instrument de musique à cordes, utilisé par les troubadours arméniens ; *bayati* : genre musical oriental d'allure mélancolique.

2 Plat traditionnel à base de viande et d'entrailles d'animaux bouillis.

a toujours été que leurs enfants connaissent bien l'arménien. Que leur sainte parole ne quitte pas ma pensée, même quand je serai entré dans le tombeau.

Traduction inédite. — *Verk Hayastani* / K. Abovian ; édité par P.H. Hakobyan. – Erevan : Éditions de l'université d'Erevan, 1981. – [Pp. 126-128].

PLAIES D'ARMÉNIE 59

A. Tchobanian — 1902

La forteresse d'Erevan (chapitre II). — La traduction est due à la plume du célèbre poète arménien Archag Tchobanian, un des principaux promoteurs du mouvement arménophile français du siècle passé, auquel apportèrent un soutien actif Anatole France, Georges Clemenceau, Victor Bérard, etc.

Dressant sa tête au sommet d'une montagne rocheuse, la forteresse d'Erevan, millénaire, décrépite, regarde, impassible, comme un démon à mille têtes ; entourée de fossés, munie de tours, hérissée de créneaux, fortifiée d'une double enceinte de murailles épaisses, un pied à Konde, l'autre à Démirboulagh, une bouche béante vers le nord, l'autre vers le sud, élevant au ciel son front desséché, étalant sur le sol ses larges pans, sa face impudente fardée de badigeon, ses mille yeux de fenêtres dardés sur les alentours, enserrant entre ses deux griffes la noire et effrayante vallée du Zanghi, la chauve, muette et anthropophage forteresse cache son visage jauni à ceux qui l'aperçoivent de loin, a l'air de baisser ses yeux avides pour mieux tromper le naïf passant, pour l'attirer plus aisément dans son sein et le dévorer soudain, sourdement.

Est-ce le rusé et perfide Persan qui l'a construite ou le Turc féroce qui l'a bâtie ? nul document ne le précise. Son histoire se perd dans la nuit ; on ne sait rien d'exact à son sujet ; pendant les siècles, intrépide, hautaine, elle a conservé son insolente et puissante face de fauve, et les balles et boulets qui ont battu son dos brutal, sa face hypocrite et sa tête chenue, n'ont jamais réussi à l'ébranler ; ses bras mutilés ont de nouveau poussé, ses os broyés se sont affermis de nouveau, elle a relevé la tête, elle est ressuscitée, elle a redressé l'échine, elle s'est recampée sur ses pieds, elle a élargi et gonflé ses épaules, elle a repris sa physionomie de menace et de colère, et riant, claquant des mains, se moquant de la faiblesse, de la petitesse et de la folle audace de ceux qui avaient frappé sa tête et joué avec son ombre, elle a levé son doigt obstiné, et, enfonçant ses pieds brisés dans la bouche du Zanghi, elle est restée assise à sa place. Et le Zanghi, affolé, enragé, sans sommeil, sans repos, bat toujours la poitrine découverte, frappe le cœur mauvais de la forteresse avec le sabre sans tranchant de ses flots dégainés, avec le marteau de ses pierres charriées ; et voyant qu'il ne réussit jamais à lui arracher le poumon, à accomplir la vengeance, à la détruire, il s'en va grondant, se plaignant, se lamentant, puis adoucissant sa voix peu à peu, il se glisse, muet, au sein de Zanghibazar, il se disperse, triste et découragé, il s'éparpille, et répand mille bienfaits, mille bénédictions, puis s'égare, se perd, et ne peut même aller donner quelques nouvelles à sa charmante sœur l'Araxe, car les malheureux habitants d'Erevan, qui l'aiment d'amour, le prennent dans son chemin, l'embrassent avec tendresse, l'emmènent chez eux, pour qu'il rafraîchisse leurs cœurs brûlés avec son eau douce comme le lait, pour qu'ils y lavent leurs sueurs et qu'ils vivent par les fruits que son onde fait pousser.

La Poésie arménienne : anthologie des origines à nos jours / réalisée sous la direction de Rouben Melik. – Paris : Les Éditeurs français réunis, 1973. – [Pp. 161-162].

BLICHER

DANOIS

1782-1848

Fils de pasteur, Steen Steensen Blicher est né à Vium, dans le nord du Jutland. En 1797, il entre à l'école latine de Randers : c'est la fin d'une enfance heureuse, d'autant plus que sa mère sombre alors dans la folie, ce qui l'a terriblement marqué. Deux ans plus tard, il part faire des études de théologie à Copenhague. Il y participe à la vie mondaine, mais contracte une très grave pneumonie, qu'il va soigner dans l'île de Falster, où, de 1807 à 1809, il exerce les fonctions de précepteur. Il traduit alors les poèmes d'Ossian et lit Walter Scott : du premier il conservera une mélancolie qu'il transposera sans peine de l'Écosse au Jutland ; du second il adoptera le goût d'évoquer les siècles passés.

Après ses études, il rentre au Jutland où, en 1810, il épouse la veuve d'un pasteur, âgée de 17 ans. D'abord professeur, puis métayer, il embrasse en 1819 la carrière ecclésiastique et devient pasteur à Thorning (près de Viborg) jusqu'en 1825, puis à Spendrup (près de Randers) jusqu'en 1847.

Il a beaucoup de mal à faire vivre sa nombreuse famille, et c'est pour arrondir ses maigres ressources qu'il rédige des articles sur la chasse ou des récits sur le terroir. Sa femme, infidèle, l'amène à rompre avec elle, mais sans divorcer, dès 1827. Sur la fin de sa vie il connaîtra la misère, l'humiliation et le mépris de ses paroissiens. Il mourra un an après avoir démissionné de sa charge pastorale.

Comme poète, Blicher fait ses débuts en 1814, avec un premier recueil de *Poèmes*, suivi d'un second, en 1817, sous-titré *Six jours à travers le Jutland*. Son amour de la nature, des bêtes et des gens simples l'amène d'emblée à s'éloigner des tendances romantiques et donne un ton enjoué à son lyrisme. Alors qu'il tente de s'imposer comme poète (tant à ses yeux qu'à ceux des autres), il s'essaie au théâtre et donne trois comédies insignifiantes et une tragédie, *Johanna Gray* (1824), jouée sans succès au Théâtre Royal de Copenhague. En 1826, il rassemble ses meilleurs poèmes dans *Perce-neige* et se risque, pour la première fois, à écrire en dialecte *Le Fantassin jutlandais* (1829). Enfin neuf ans plus tard, il publie les trente poèmes des *Oiseaux migrateurs*, auquel s'ajoute *Mon chant du cygne* : l'ensemble forme une sorte d'allégorie autour de sa propre vie : enfance, premier amour, union conjugale, détresse et appel de la mort. Pour finir, l'âme se libère de la cage où elle était prisonnière. Si la poésie de Blicher, pleine de son amour pour son Jutland natal, est avant tout descriptive, elle vibre aussi de nostalgie et de la hantise du temps qui fuit.

C'est toutefois son œuvre en prose qui le rendra immortel. Une tension épique anime ses histoires jutlandaises : si le cadre en est limité, les passions et les horizons intérieurs le font éclater.

En 1824 paraissent dans *La Harpe*, une revue de Copenhague, ses deux premières œuvres en prose : *Histoires de brigands jutlandaises* et *Vieilles légendes de la grand-lande*. Le paysage verdoyant des îles danoises célébré par Oehlenschläger a désormais une contrepartie : la lande jutlandaise fait son entrée dans la littérature. Blicher, qui vit la richesse de ce patrimoine local, va désormais y puiser toute sa matière. Quelques mois plus tard, il publie dans *Moisson de lectures*, une revue d'Århus, les *Fragments du journal d'un bedeau de village*, son premier chef-d'œuvre. Quatre autres nouvelles paraîtront encore dans *Moisson de lectures*, notamment, la même année, *Le Pasteur de Thorning*, une histoire d'amour contrarié, et, en 1825, *Donna Leonora* qui a pour cadre l'Espagne de l'Inquisition.

En 1827, avec l'imprimeur S. Elmenhoff, Blicher lance *L'Aurore boréale*, une revue qui durera trois ans et livrera 26 de ses nouvelles, parmi lesquelles les fleurons de sa production. C'est d'abord, en 1827, la *Caverne des brigands*, un « récit à tiroirs » — les romantiques allemands l'avaient remis à l'honneur —, où un voyageur, arrivant au manoir d'Ansbjerg, est reçu par le garde-chasse qui lui fait, non sans humour, le récit de plusieurs histoires. En 1828, *Tardif réveil* fait le subtil portrait d'Élise, une femme sensuelle et adultère, tandis que *Las ! Tout est changé* reprend le thème du *Journal d'un bedeau de village* mais de façon plus directe : le narrateur aimait autrefois la belle Maren, mais celle-ci lui a préféré son brillant ami Ruricolus. Bien des années plus tard, alors qu'il est devenu pasteur, il les retrouve déchus et usés par la vie. Enfin, 1829 est l'année de ses trois chefs-d'œuvre : *Le Bonnetier, Le Pasteur de Vejlbye* et *La Vie des gueux.*

Le Bonnetier a pour cadre la lande jutlandaise. Le narrateur, au hasard de ses pérégrinations, arrive devant une maison qui lui est inconnue. C'est celle du bonnetier. Il est alors bien loin de soupçonner les drames qui vont se jouer derrière la porte à laquelle il frappe. *Le Pasteur de Vejlbye* fait le récit d'une erreur judiciaire du XVIe siècle, par le biais de deux journaux intimes, celui du pasteur d'Aalsøe et celui du bailli Erik Sørensen. Ce dernier, le gendre du pasteur de Vejlbye, a condamné et fait exécuter son beau-père pour le meurtre d'un ivrogne, Niels Bruus, dont on a retrouvé le corps enterré dans le jardin du presbytère. Or, il s'avérera, quand reparaîtra Niels quelques années plus tard, que Morten, rival malheureux du bailli et frère de Niels, est en réalité l'auteur de ce qui ne fut qu'une macabre plaisanterie, en l'occurrence assassine : pour se venger, Morten avait enterré un cadavre chez le pasteur. Erik Sørensen ne survivra pas à la tragédie et Niels Bruus ira se pendre sur la tombe du pasteur.

Dans *La Vie des gueux*, l'auteur, surpris par une nuit orageuse, se réfugie dans une cabane misérable qu'occupent des Tziganes. À la veillée, on lui raconte l'histoire de Linka et Peiter le cul-de-jatte. La jeune Tzigane, qui lui doit la vie, est restée très attachée à Peiter, même après qu'il eut fallu l'amputer des deux jambes pendant la guerre. Elle danse, dit la bonne aventure et mendie pour assurer leur subsistance.

En 1833-1834, Blicher publie, en quatre volumes, l'ensemble de ses nouvelles, mais il continue à en écrire : son œuvre n'en compte pas moins d'une centaine au total. En 1839, c'est *Marie* et *Quinze jours au Jutland* ; en 1841, *Les Trois Veilles de fête*. En 1842 paraît même un recueil rédigé en dialecte jutlandais : *La Chambre à tricoter*, des récits pessimistes d'amours tragiques et de destins pitoyables.

Blicher reste l'incomparable peintre du Jutland et de sa nature : la lande (comme dans *Le Bonnetier*) ou la mer du Nord (comme dans *Marie*) constituent non seulement le cadre, mais aussi toute l'atmosphère de ses plus belles nouvelles. S'il s'est efforcé d'en varier la forme — il se confond souvent avec le narrateur, intervient directement auprès du lecteur, multiplie les narrateurs, se sert de journaux intimes et de lettres — ses récits, d'une grande vérité psychologique et d'un tragique paisible, ont souvent recours aux expressions dialectales lorsque le danois ne suffit pas. Cette tendance et ses textes écrits entièrement en dialecte jutlandais lui ont valu d'être appelé le Burns danois.

Le réalisme, apparu au Danemark dans la dernière décennie du XVIIIe siècle, fut porté par Blicher à son premier apogée. Sa production littéraire mène en droite ligne au roman psychologique de J.P. Jacobsen, puis à Henrik Pontoppidan et à Herman Bang, dont le réalisme se définit aussi, comme celui de Blicher, en défiance de toute idéologie. Dans la vie et le destin de ses personnages, il cherche à exprimer la somme de son expérience personnelle, chèrement acquise dans la révolte contre l'absurdité de la vie. Si son profond pessimisme voit dans le chagrin et le malheur la constante de la condition humaine, il sait que ce sont l'amour et la joie qui donnent un sens à la vie, même s'ils échouent en peine et en solitude.

Blicher, soutenu par le goût du terroir que le romantisme avait suscité, a su ancrer dans la réalité géographique, sociale et matérielle du Jutland les passions humaines venues de la nuit des temps.

Blicher-Studier / Hans Brix. – Copenhague et Kristiania, 1916. – 168 p.

Steen Steensen Blicher : hans Liv og Værker / Johannes Nørvig. – Copenhague : Munksgaard, 1943. – 606 p.

Le Jutland dans l'œuvre de Steen Steensen Blicher / Hélène Wyss-Neel. – Caen : Centre de recherche sur les Pays du Nord, 1971. – 143 p. – (*Publications de la Faculté des lettres et sciences humaines de l'Université de Caen*).

Steen Steensen Blicher zwischen Dichtung und Wirklichkeit / Wilhelm Chraska. – Frankfurt-am-Main : P. Lang, 1986. – II-295 p. – (*Europäische Hochschulschriften. Reihe I. Deutsche Sprache und Literatur* ; 894).

PERCE-NEIGE 60

X. Marmier — 1847

À la joie. — Ce recueil fournit un échantillon des genres poétiques pratiqués au XVIIIe siècle. Certains d'entre eux sont très personnels, comme celui-ci qui évoque un des pôles de la vie selon Blicher.

Doux ange, ami de mon enfance, fidèle gardien des jours qui ne sont plus, dis-moi, où donc as-tu fui ? dis-moi, quand reviendras-tu ?

Autrefois je ne te connaissais pas ; tu me suivais, et mon âme était libre de tout chagrin, de toute sollicitude. A présent je te connais, je te chante ; pourquoi t'éloignes-tu de moi ?

Autrefois je ne t'appelais pas, et tu étais toujours là, tu jouais avec moi dans mes rêves. A présent je t'appelle, je pleure et t'invoque en vain.

Es-tu toujours dans la maison où pour la première fois tu m'appris à sourire ? Es-tu sous le vert feuillage de la prairie où mon printemps s'est si vite écoulé ?

Es-tu dans les campagnes, d'où m'enleva mon orageuse destinée, au bord de la source qui, du pied de la montagne, serpentait près de moi au milieu des fleurs ?

Es-tu dans ces myriades d'étoiles dont la douce lueur attirait mes regards vers la voûte du ciel ? Le ciel n'a-t-il plus les mêmes astres ? Son espace n'est-il plus si grand ?

La campagne n'est-elle plus verte, le ruisseau n'est-il plus limpide comme autrefois ? Ou bien est-ce moi qui ne suis plus le même ?

Doux ange, reviens encore, réveille dans mon sein les émotions heureuses, charme mon cœur par tes chants divins, fais luire à mes yeux le rayon de l'espérance !

Viens, je te cherche ; oh ! montre-toi. Je t'implore, reviens ; rends-moi mon ancien Eden, ou donne-m'en un nouveau !

[X. Marmier], "Poésies de Blicher, traduites du danois". – In : *Le Magasin Pittoresque*, 15e année (juillet 1847), p. 210.

PERCE-NEIGE 61

X. Marmier — 1847

À la douleur. — Blicher évoque ici l'autre visage de la condition humaine, opposé et complémentaire.

Toi qui courbes en silence ta tête et ta noire chevelure entremêlée d'épines, toi qui es semblable à la fleur inclinée sur sa tige, pâle et morne sœur de l'ange de la joie !

Viens-tu aussi du ciel ? Descends-tu du firmament comme la pluie, l'orage et le tonnerre ? Es-tu envoyée par le Dieu du bonheur comme le nuage qui dérobe à la terre la splendeur du soleil ?

Ne nous apportes-tu aucune consolation dans les plis de ton voile sombre, aucun sourire dans tes larmes ? Ne peux-tu agiter mon sein que par des soupirs ? Ne peux-tu toucher le cœur qu'en le blessant ?

Soit ; tu me fortifies en me faisant fléchir. Mes larmes coulent ; je te crains et cependant je t'aime, ô triste compagne de mon âme !

Oui, je t'aime, ma pâle fiancée, comme j'aime les ombres de la nuit. Sous les nuages qui t'environnent, j'entrevois les lueurs de la joie, les rayons de l'espérance.

Viens quand tu voudras, fille du ciel. Quoique mon cœur tremble, tu ne le briseras pas. De l'obscurité que tu répands autour de moi mes yeux s'élèvent vers la lumière qu'appelle mon désir.

[X. Marmier], "Poésies de Blicher, traduites du danois". – In : *Le Magasin Pittoresque*, 15e année (juillet 1847), p. 210.

POÈMES

62

L. Morel-Fatio — 1856

Entraide, patrie et charité.

La tempête agitait les flots du Cattégat ; une petite barque était en mer ; elle avait lutté toute la nuit sans espoir. Elle était conduite par un bon matelot, de ceux qui ne connaissent pas la peur. Sous les premières étreintes de la mort éclate son intrépidité danoise.

Il lutte, il lutte, et sa barque est emportée au hasard, ballottée par les vents et par les flots. Le jour vient, et il est devant un écueil, sa petite barque va s'y briser.

Il n'a avec lui qu'un enfant. Il le saisit d'un bras puissant. Allons, s'écrie-t-il, le lit mortel est prêt, à quoi bon pleurer ?

Les vagues courent à grand bruit, la barque se précipite en craquant sur les flots ; d'une main il tient l'enfant, de l'autre il s'attache au bordage.

Il aperçoit la terre, mais las ! entre elle et lui, l'abîme. Il ne touchera plus cette terre sacrée... à moins d'un miracle du ciel.

Mais voilà qu'arrive un paysan sur le rivage escarpé ; c'est Sœren Kanne. Vois cette barque, crie-t-il à son père, cette petite barque qui va périr !

Il court à ses deux chevaux attachés sur la dune, et revient au galop vers l'écueil.

Le vieux père se tord les bras, veut l'arrêter : — Mon fils, crie-t-il, tu vas noyer tes chevaux et toi-même, et la barque est perdue !

Mais Sœren Kanne est déjà monté sur le cheval de gauche ; il jette un regard vers son père : — S'il m'arrive malheur, mon père, ayez bien soin de ma Catherine !

Puis il éperonne son cheval du talon de son sabot et le lance dans la mer, pendant qu'il entraîne l'autre en le frappant du pieu qui les retenait tous deux sur la dune. Voilà les deux chevaux à la nage.

Le voilà, lui, enfoncé dans l'abîme, au milieu des flots écumants. Qui aurait pu jamais croire qu'il atteindrait la barque ?

Il galope, il galope sur les flots ; voyez-vous les oreilles des chevaux, voyez-vous leurs crinières ; il touche la barque.

Ami, monte ici promptement, et tiens ferme ton garçon par sa jaquette. — C'est fait, les voilà tous à l'ouvrage ; c'est pourtant un bien autre ouvrage que de labourer son champ !

Les vagues mugissent, les recouvrent, mais ils tiennent bon sur les chevaux, serrés l'un à l'autre. Voyez ! ils ont touché terre, les voilà qui s'élancent tous trois sur le rivage, sauvés !

A genoux tous les trois, ils font leur prière. — Maintenant, dit Sœren Kanne, venez avec moi vous mettre à l'abri... Tenez, regardez là-bas, la barque est en morceaux.

Et l'enfant pliait comme un roseau sous le vent, et le matelot frappait ses bras contre ses aisselles pour s'échauffer. — Qu'est-ce que nous pourrions bien faire pour vous remercier ? dit-il au paysan. — Me suivre et vous réchauffer, répond Sœren Kanne.

Et il soigna bien le matelot et l'enfant ; ils eurent soupe et viande chaudes, et ce fut là tout le paiement qu'il réclama, le pauvre, le brave paysan Sœren Kanne.

Ainsi devez-vous, hommes danois, vous aimer les uns les autres et vous offrir de bon cœur, dans le danger de mort, pour vous sauver mutuellement.

Ainsi devez-vous vous entr'aider, que vous labouriez la terre ou les flots. Fionie, Jutland, Seeland, c'est toute une seule famille. Que Dieu, le père commun, nous conserve fidèles et inséparablement unis !

Paysages du Nord : Belgique, Hollande, Baltique, Golfes de Bothnie et de Finlande, Laponie, Océan glacial, Îles d'Aland, Norvège, Suède, Cattégat, villes hanséatiques, etc, etc. / par L. Morel-Fatio, conservateur au Musée de la Marine, au Louvre. – Paris : Librairie de A. Courcier, 1856. – [Pp. 317-320].

FRAGMENTS DU JOURNAL D'UN BEDEAU DE VILLAGE — 63

P.-H. Tisseau — 1937

Un ange déchu. — Le journal de ce bedeau est une sobre histoire d'amour qui se refuse les grands désespoirs et se réfugie derrière la sécheresse de notations jetées çà et là sur le papier : Morten Vinge s'est vu préférer Jens, le fils du pasteur, par la belle Sophie, fille du châtelain de Thiele ; or, à la douleur toute romantique de l'amour déçu, succède le désespoir d'assister à la dégradation des deux amants, qui finiront par tomber dans le vice et la boisson. Cette histoire, où Blicher met une part de ses propres déboires, donne une vision extrêmement pessimiste de la condition humaine. Ce fut en réalité la destinée de Marie Grubbe (1643-1718), noble dame jutlandaise, qu'esquissa Holberg dans une de ses *Épîtres* et à laquelle Jens Peter Jacobsen, cinquante ans plus tard, donnera tout son lustre. L'histoire de Sophie est située ici dans la première moitié du XVIIIe siècle.

Corselidse, le 2 juillet 1744.

O, Père de compassion ! Cette coupe d'amertume me restait donc encore ! Les vieilles blessures devaient donc se rouvrir ! Oui, car telle était ta volonté. Je l'ai vue — elle ? Ah, non, pas elle ! J'ai vu un ange déchu, un démon des ténèbres : souvent j'ai souhaité la mort, mais maintenant — maintenant, j'ai la vie en horreur. Je ne peux plus écrire.

Corselidse, le 8 août 1744.

Ce n'est pas pour mon *plaisir* que je reprends la plume ; mais, si, après ma mort, ce journal tombe sous les yeux de quelqu'un, on verra comment le péché récompense ses enfants.

J'ai passé ce triste jour à me distraire en me promenant sur notre belle colline. Comme j'étais devant la barrière ouverte du jardin, je vis un homme dont le visage me semblait connu, bien qu'une épaisse barbe grisonnante et un sombre regard le rendissent méconnaissable.

— Tu es là aussi ? dit-il avec une étrange grimace.

Mon bâton m'échappa de mes mains, et je tremblai de tous mes membres :

C'était Jens !

— Grand Dieu ! Toi ? Toi ici ? Où est Mlle Sophie ?

Il proféra un gros juron :

— Ni demoiselle, ni dame : le diable a tout emporté ; mais si tu veux voir l'élue de mon cœur, elle est là en train de sarcler. Sophie ! cria-t-il, une vieille connaissance !

Elle se retourna à demi ; elle était agenouillée à trois pas de moi ; elle me regarda un instant et se remit à sarcler. Je ne surpris pas le moindre mouvement sur sa face, ce visage autrefois si charmant. Qu'il était changé ! Il paraissait jaune et pâle, ridé, usé, comme s'il n'avait jamais souri. Une capeline bordée de longues dentelles noires en lambeaux rendait la figure encore plus sombre. Des vêtements jadis fins et beaux, maintenant sales et déguenillés pendaient autour de son corps épaissi et déformé. Je sentis que j'allais me trouver mal, et nulle larme ne me vint aux yeux. L'angoisse et le dégoût s'emparèrent de moi, comme lorsqu'on voit tout à coup une vipère. Je ne pus ni parler, ni faire un mouvement.

Jens me secoua de ma torpeur.

— Elle n'est pas si belle que le jour où elle s'est glissée dans ton lit, hein !

Je frémis.

— La dorure est usée, continua-t-il, mais le bel esprit est toujours là ; elle a encore du sublime et de la malice, et pour la g..., elle sait s'en servir. Hé ! Comtesse ! Venez faire un brin de causette !

Elle se tut et fit semblant de n'avoir pas entendu, bien que Jens eût crié assez fort.

— Elle ne veut pas maintenant, reprit-il, mais quand nous serons à la maison, le caquet lui reviendra. Tu n'offres rien, Martin, en souvenir de notre vieille connaissance ?

Je lui donnai un peu d'argent et remontai au logis comme un somnambule. Mon maître était à la porte du jardin.

— Tu connais ces gens, Martin ?

— Mon Dieu oui, hélas ! Je les ai connus il y a bien longtemps.

— Ce sont de mauvaises personnes ; il est insolent, il blasphème et boit comme une éponge. Ils habitent depuis quelques années une maison près de la côte. Il pêche, et elle fait des journées au jardin. Elle doit être de bonne famille ?

Alors seulement mes larmes coulèrent et soulagèrent mon cœur oppressé. Je lui dis qui elle était, et son effroi égala ma tristesse.

Le Pasteur de Veilby et autres nouvelles jutlandaises / Blicher ; traduit du danois par P.-H. Tisseau. – Bazoges-en-Pareds (Vendée) : Chez le Traducteur, 1937. – [Pp. 97-101].

LE BONNETIER 64

J. Renaud — 1994

Le récit du drame. — Parue en janvier 1829, cette nouvelle se déroule dans l'austère lande jutlandaise et la demeure isolée de Mikkel Kræensen, un riche bonnetier. Sa fille Cécile, douce et belle, devient folle quand, après le départ d'Esben, celui qu'elle aime, pour le Holstein, son père veut la forcer à épouser Mads, un prétendant plus acceptable. Dans sa folie, elle tue Esben le jour où il rentre du Holstein, puis recouvre la raison. Mais lorsque Mads, après avoir essuyé un second refus, lui raconte le geste dont elle n'avait pas gardé souvenir, Cécile sombre dans la folle obsession du retour de celui qu'elle a égorgé. La nouvelle prend un tour d'autant plus poignant qu'elle est empreinte de l'atmosphère pesante de son cadre et est en partie contée, sur le ton de la confidence, par la mère de la jeune fille. Illustration du réalisme de Blicher, aussi bien par la description du milieu que dans la peinture des personnages, cette nouvelle est aussi éminemment symbolique : la nature n'est pas, pour l'homme, la condition de sa liberté mais celle de sa souffrance. En 1971, Knud Leif Thomsen en a réalisé une remarquable adaptation cinématographique.

« Six mois se sont écoulés ainsi et cela faisait tout au plus un an qu'Esben était parti dans le Sud, et personne n'avait eu de ses nouvelles, ni bonnes, ni mauvaises. C'est alors qu'un jour, comme nous étions assis ici, le pauvre Mikkel, Cécile et moi, Esben a franchi la porte. Il revenait tout juste de son voyage, n'était pas encore passé chez lui et ne savait pas non plus ce qu'il en était ici, jusqu'à ce qu'il pose son regard sur notre fille : alors il a remarqué que quelque chose n'allait pas.

— Tu as beaucoup tardé, lui a-t-elle déclaré, le lit de noces est prêt depuis des mois : mais dis-moi d'abord, es-tu mort ou vivant ?

— Mon Dieu, Cécile ! a-t-il dit, tu vois bien que je suis vivant.

— C'est dommage, a-t-elle répondu, parce qu'ainsi tu ne peux pas franchir la porte du paradis. Tâche de passer de vie à trépas dès que tu le pourras, car Mads Egelund attend l'occasion d'arriver le premier !

— C'est un bien triste état, a-t-il dit. Mikkel, Mikkel ! Vous nous avez causé beaucoup de tort. Je suis riche maintenant, j'ai 5 000 *daler* : mon oncle du Holstein est mort célibataire et je suis son héritier.

— Quoi ? a dit mon mari, il est regrettable que nous ne l'ayons pas su un peu plus tôt ; mais attends ! Notre fille peut encore guérir.

Esben a secoué la tête et s'est approché d'elle pour lui donner la main :

— Cécile ! a-t-il dit. Sois raisonnable ! Nous sommes vivants tous les deux et, si tu veux bien être sensée, tes parents donneront leur consentement à notre mariage.

Mais elle a mis ses deux mains derrière son dos en s'écriant :

— Écarte-toi de moi ! Qu'ai-je à faire avec toi ? Tu es un homme et je suis un ange de Dieu.

Il s'est alors retourné et s'est mis à pleurer amèrement.

— Dieu vous pardonne, Mikkel Krænsen, ce que vous avez fait aux deux pauvres pécheurs que nous sommes ! a-t-il dit.

— Calme-toi ! a dit mon mari. Cela peut s'arranger. Passe la nuit ici et voyons ce qu'elle dira demain !

C'était le soir. Un gros orage montait, il tonnait et éclairait, je n'en ai jamais vu de plus effroyable — on aurait dit la fin du monde. Esben s'est décidé à dormir chez nous et, dès que l'orage s'est calmé, il est allé se coucher à l'étage. Nous autres sommes aussi allés au lit, mais je l'ai longtemps entendu soupirer et pleurer à travers le mur. Je crois aussi qu'il priait Dieu au Ciel. Finalement, je me suis endormie moi-même. Cécile dormait dans l'alcôve, juste en face de celle de Mikkel et de la mienne ici.

Il devait être une heure du matin, ou un peu plus, quand je me suis réveillée. Dehors, tout était calme et la lune brillait à la fenêtre. Je pensais au malheur qui nous avait frappés, mais j'étais loin d'imaginer qu'il était arrivé ce que je vais maintenant vous raconter. J'ai eu l'impression d'un trop grand silence du côté de Cécile ; je ne l'entendais pas du tout respirer. Et je n'entendais pas non plus Esben. Je n'ai pu m'empêcher de penser que ce n'était pas normal. Je me suis glissée hors de mon lit et je me suis approchée de celui de Cécile. Je l'ai cherchée des yeux et à tâtons. Mais elle n'y était pas. Profondément inquiète, je me suis précipitée dans la cuisine et j'ai allumé une bougie pour monter à l'étage.

Oh ! Dieu ait pitié de nous ! Qu'ai-je découvert ? Elle était assise dans le lit d'Esben, dont la tête reposait sur ses genoux. Mais, en y regardant de plus près, j'ai vu qu'il était pâle comme la mort ; son visage et les draps étaient rouges de sang. J'ai poussé un cri et je suis tombée à genoux. Cécile m'a fait signe d'une main tandis que, de l'autre, elle lui caressait la joue. "Chut, chut ! m'a-t-elle dit, mon bien-aimé dort du sommeil du juste. Dès que vous aurez enseveli son corps, les anges emporteront son âme au paradis et c'est là que nos noces auront lieu, dans la magnificence et la joie." — Hélas, hélas ! Dieu tout-puissant ! Elle lui avait tranché la gorge — le rasoir ensanglanté gisait à côté du lit. »

Là, la malheureuse veuve enfouit son visage dans ses mains et pleura amèrement, tandis que l'horreur et la douleur m'oppressaient la poitrine. Enfin elle se ressaisit et continua son récit.

Le Bonnetier / Steen Steensen Blicher ; traduit du danois par Jean Renaud. – Nantes : L'Élan, 1994. – [Pp. 22-25].

BIÉLINSKI

RUSSE

1811-1848

Vissarion Grigoriévitch Biélinski, né à Sveaborg (aujourd'hui Suomenlinna), près d'Helsinki, était le fils d'un modeste médecin de la marine. Entré en 1829 à l'université de Moscou, il en est exclu en 1832 pour « incapacité », en réalité à cause de son drame *Dmitri Kalinine*, dirigé contre le servage. D'une extrême pauvreté, il doit vivre de sa plume au prix d'un travail forcené en collaborant à des revues littéraires, *Le Télescope* (1834-1836), *Les Annales de la Patrie* (1839-1846), *Le Contemporain* (1847-1848). En 1847, miné par la phtisie et le surmenage, il se rend à l'étranger pour se soigner. Il meurt à son retour en Russie, à Saint-Pétersbourg.

Biélinski est le premier en date des critiques littéraires russes. Il fut aussi un maître à penser pour sa génération et pour toute l'intelligentsia révolutionnaire du XIXe siècle. Il écrit à l'époque où, en l'absence de presse d'opinion, — le tsar Nicolas Ier ne tolérant aucune liberté d'expression —, la critique tend à élargir son domaine et à s'approprier tout ce qui passionne les Russes : histoire, philosophie, politique ; mais en usant d'un langage codé, la « langue d'Ésope », pour échapper à la censure. La critique littéraire prend ainsi une importance considérable : Biélinski ne se contente pas d'analyser les œuvres et d'émettre des jugements sur les écrivains russes ; dans ses *Rêveries littéraires*, il plaide pour l'avènement d'une littérature nationale, qui ne peut être à ses yeux que populaire (en jouant sur les deux sens de l'adjectif *narodnyj*), c'est-à-dire au service du peuple : pour lui, une authentique littérature russe est impensable sans la peinture du peuple, de ses souffrances et de ses aspirations. Il est l'inspirateur de l'« école naturelle », autrement dit de la littérature réaliste, dont *Le Manteau* de Gogol et *Les Pauvres Gens* de Dostoïevski seront à ses yeux parmi les meilleurs exemples.

Biélinski pallie les lacunes de sa formation grâce à une intelligence aiguë et à un sens littéraire hors du commun. Il a laissé des études classiques sur Pouchkine et Gogol. Mais le *Vissarione furioso*, comme l'appelaient ses amis, passait rapidement et avec fougue d'un extrême à l'autre, surtout dans le domaine des idées. Un hégélianisme sommaire l'amena un temps à « se réconcilier » avec la réalité russe, et même à la justifier. Mais un sursaut de « révolte existentielle », selon l'expression de Guy Planty-Bonjour, lui fit rejeter ce réel concret et « sordide » (autocratie et servage). Dans le débat entre occidentalistes et slavophiles, il se range parmi les premiers. Il devient hégélien de gauche, et, sous l'influence de Feuerbach, des *Annales de Halle* (*Hallische Jahrbücher*) de Ruge, puis des *Annales franco-allemandes (Deutsch-französische Jahrbücher)* de Ruge et de Marx, il se rapproche de l'athéisme et du matérialisme. Est-il devenu un « socialiste passionné », comme l'a dit Dostoïevski ? La question reste ouverte, car il a encore évolué à la fin de sa courte vie. Admirateur de George Sand, il a lu les socialistes français, notamment Pierre Leroux, mais il y a comme un décalage entre son socialisme prophétique à coloration chrétienne et saint-simonienne, et sa critique radicale de Hegel. Biélinski était sans doute révolutionnaire, mais, contrairement à Bakounine, il souhaitait qu'apparaisse et se développe en Russie une classe moyenne. Et, dans sa célèbre *Lettre à Gogol*, en 1847, il n'évoque ni le socialisme, ni la révolution : il ne met l'accent que sur des revendications démocratiques.

Indigné par les *Passages choisis de ma correspondance avec mes amis*, dans lesquels l'auteur des *Âmes mortes* se révélait un conservateur en religion et en politique, Biélinski fustige d'autant plus Gogol qu'il l'avait imposé comme chef de file de l'« école naturelle ». Il ne comprend pas ce qu'il considère comme un reniement. N'ayant pas le souci de la censure, puisqu'il se trouve à l'étranger, il s'exprime sans détours : comment Gogol, qui a tant contribué par ses œuvres à « faire prendre conscience d'elle-même à la Russie », a-t-il pu devenir un « champion de l'obscurantisme » et un « prédicateur du knout » ? La Russie n'a besoin ni de prêches ni de prières, mais d'instruction et du sentiment de la dignité humaine. Les questions nationales les plus actuelles sont l'abolition du servage, la suppression des châtiments corporels, le respect des lois existantes. Revendications qui annoncent ce que sera, dix ans plus tard, le programme minimum de Herzen et d'Ogarev dans leur revue éditée à Londres, *La Cloche*.

L'essentiel de sa réflexion, Biélinski l'a cependant consacré à l'esthétique et à la critique littéraire. Son œuvre comprend une soixantaine d'immenses articles et un millier de comptes rendus. Ce sont moins des analyses que des synthèses coupées de citations et de digressions. Dans ces essais chaleureux ou sarcastiques, mais toujours vibrants de passion, Biélinski fait preuve d'une intuition qui lui permet de trouver d'emblée ce qui caractérise le talent des grands classiques russes : le don d'observation de Tourguéniev, l'intelligence et l'ironie de Herzen, l'originalité absolue et l'humour de Gogol. Biélinski est aussi soucieux de théorie. Dans son esprit, il y a toujours un lien entre les questions philosophiques et littéraires : si bien qu'en partant de sa conception du monde à un moment donné, on peut comprendre ce qu'il pense d'un écrivain, et inversement. Mais la théorie n'a pas à régenter l'art : Biélinski a toujours nié que la critique puisse précéder la littérature, car celle-ci doit être considérée comme un objet qui lui est antérieur.

Pendant sa période romantique, imprégné des thèmes « schellinguiens » à la mode, Biélinski pensait que l'artiste et le savant sont des serviteurs de Dieu, que la poésie n'avait pas d'autre but qu'elle-même, et que la création artistique pouvait être assimilée à un « somnambulisme poétique ». Mais, déjà, Biélinski est confronté au problème du réel : comment, en effet, exprimer la « vie intérieure du peuple » ? L'émergence d'une littérature vraiment nationale suppose le développement du réalisme. Biélinski en prend conscience et éreinte les épigones du romantisme. Mais c'est au contact de Hegel que s'approfondit sa conception du réalisme. Au point que, même après la rupture avec la philosophie du maître de Berlin, ses vues sur l'art restent marquées par l'hégélianisme. En 1841, il reprend la définition de l'*Esthétique* de Hegel : « L'art, c'est la contemplation immédiate de la vérité, ou une pensée sous forme d'images ». Et il précise : « Le poète pense par images : il ne démontre pas la vérité, il la montre ». « Réalité immédiate », la poésie diffère de la philosophie par la forme, mais lui est identique par le contenu : l'absolue vérité. L'œuvre d'art véridique embrasse la totalité de son objet, constitue un tout harmonieux : réalité transposée et supérieure, elle est plus belle que le réel.

Vers la fin de sa vie, Biélinski cesse de considérer la poésie comme une fin en soi. En accord avec ses idées révolutionnaires, il combat même l'art pour l'art. La volonté de promouvoir un art de tendance le conduit alors à faire des concessions à l'utilitarisme, à écrire même en 1845 : « L'art aujourd'hui n'est plus un maître, mais un esclave, serviteur de fins qui lui sont étrangères ». Cela ne va pas sans une certaine simplification des œuvres : Biélinski sent bien que Gogol est un « réaliste » malgré lui, attiré par le mysticisme et menacé par l'obscurantisme ; que *Les Âmes mortes* ne sont pas une satire, mais que ce « poème », comme le dit Gogol lui-même, est un produit de son imagination et une caricature ; mais il préfère insister sur la « vérité parfaite » qu'il trouve sans la chercher ; son ardeur militante le pousse à masquer les ambiguïtés de Gogol et à mettre l'accent sur la portée sociale de son œuvre.

Dans son *Regard sur la littérature russe de 1847*, Biélinski réaffirme avec force la légitimité de l'art de tendance : « Enlever à l'art le droit de servir les intérêts sociaux, ce n'est pas l'élever, mais l'abaisser ». Cependant, il ne confond pas tendance et littérature tendancieuse : « Le poète ne doit pas être l'organe d'un parti ». Et il définit le délicat équilibre de l'art et de la tendance : « Sans aucun doute, l'art doit être avant tout de l'art, et ensuite seulement il peut être l'expression de l'esprit et de l'orientation de la société à une époque donnée ». Il récuse aussi bien les adeptes de l'art pour l'art que les partisans d'un naturalisme « édifiant et froid ». Ceux qui, après lui et comme lui, prendront parti pour une littérature au service du peuple, n'auront pas le même souci de la prééminence de l'art. Tout en se réclamant de lui, ils gauchiront sa pensée : Tchernychevski proclamera que l'art est inférieur à la réalité, et Dobrolioubov, plaçant la « vie » au-dessus de l'art, tendra à le subordonner au réel. L'utilitarisme mènera inévitablement à une dégradation, voire à une « destruction » de l'esthétique, dont le théoricien sera, non sans provocation, Dmitri Pissarev.

Hegel et la pensée philosophique en Russie, 1830-1917 / Guy Planty-Bonjour. – La Haye : Martinus Nijhoff, 1974. – [Pp. 38-60].

Belinskij and Russian Literary Criticism : The Heritage of Organic Æsthetics / Victor Terras. – Madison : The University of Wisconsin Press, 1974. – VII-305 p.

Les Penseurs russes / Isaiah Berlin ; traduit de l'anglais par Daria Olivier. – Paris : Albin Michel, 1984. – [Pp. 197-235].

Belinskij, une esthétique du théâtre : *contribution à l'histoire comparée du théâtre européen* / Peter Diener. – Lille : A.N.R.T. 1985. – 15 microfiches, 390, 475, 308, 140 f. – (*Lille-thèses* ; 85). – [Thèse de doctorat d'État, Paris VIII].

M. Mervaud, "Belinskij et la réalité". – In : *Revue des Études slaves*, LXV (1993), 3, pp. 469-491.

Eugène Lampert, « Vissarion Biélinski ». – In : *Histoire de la littérature russe. Volume 2. Le XIX*[e] *siècle. L'époque de Pouchkine et de Gogol* / ouvrage dirigé par Efim Etkind, Georges Nivat, Ilya Serman et Vittorio Strada. – Paris : Fayard, 1996. – [Pp. 878-891, et 1226 pour la bibliographie].

CORRESPONDANCE 65

Anonyme — 1948

Ciel nouveau, terre nouvelle (Lettre à Vassili Botkine, 8 septembre 1841). — Biélinski exprime avec passion sa foi en un socialisme à coloration saint-simonienne, avec des accents prophétiques. Il reste en même temps fasciné par le Christ, dont l'idéal ne cesse de le hanter, comme dans sa Lettre à Gogol. Cette traduction anonyme appartient à un recueil de textes philosophiques de Biélinski publié à Moscou en 1948 par les Éditions en langues étrangères. Comme toutes les traductions de cet ouvrage, celle du présent extrait est fidèle à l'original.

La socialité, la socialité ou la mort ! telle est ma devise. Que m'importe la vie en général quand l'individu souffre ? Que m'importe que sur terre le génie vive au ciel quand la foule rampe dans la boue ? Que m'importe que *moi* je comprenne l'idée, que dans l'art, la religion et l'histoire, le monde de l'idée me soit ouvert, si je ne puis partager tout cela avec ceux qui doivent être mes frères en humanité, mon prochain selon le Christ, et qui en raison de leur ignorance me sont étrangers et hostiles ? Que m'importe qu'il y ait une félicité pour des élus, si la masse ne se doute même pas qu'elle est possible ? Loin de moi la félicité, si parmi des milliers je dois être seul à en jouir. Je n'en veux pas si elle ne peut être également le partage de mes frères malheureux. Mon cœur saigne et se contracte douloureusement à la vue de la foule et de ceux qui la composent. La douleur, une douleur profonde s'empare de moi quand je vois dans la rue des gamins nu-pieds qui jouent aux osselets, des mendiants en loques, un cocher ivre, un soldat qui vient de monter la garde, un fonctionnaire qui se hâte, sa serviette sous le bras, un officier satisfait de lui-même, un grand seigneur plein de morgue. Quand j'ai donné un sou à un soldat, j'ai envie de pleurer : quand j'ai donné un sou à une pauvresse, je m'enfuis comme si j'avais commis une mauvaise action, comme si je craignais d'entendre le bruit de mes pas. Et dire que c'est la vie : rester assis dans la rue, en haillons, avec une expression idiote sur le visage, rassembler quelques sous pendant la journée pour les boire la nuit au cabaret — et tout le monde voit cela, et personne n'y fait attention ! Je ne sais ce qui m'arrive, mais parfois, accablé de tristesse, je regarde pendant plusieurs minutes une fille... avec son sourire sans expression, et de voir sur tout son être les stigmates de la débauche me déchire l'âme, surtout si elle est jolie. J'ai pour voisin un fonctionnaire aisé ; il s'est si bien européanisé qu'il loue un fiacre pour sa femme chaque fois qu'elle se rend au bain : je viens d'apprendre qu'il lui a cassé plusieurs dents, qu'il l'a traînée par les cheveux et l'a frappée parce que la crème de son café n'était pas bonne. Elle lui a donné six enfants, et chaque fois que je la rencontre, elle me fait pitié avec son visage pâle, défait, où la tyrannie a laissé l'empreinte de la souffrance. J'ai grincé des dents en entendant cette histoire, et j'ai songé que brûler ce scélérat à petit feu serait encore une peine trop légère. Je maudissais mon impuissance : que ne pouvais-je aller l'abattre comme un chien ! Et dire que c'est cela, la société fondée sur des principes raisonnables, la réalité ! Et que de maris, que de ménages comme ceux-là ! Que de femmes remarquables que leurs « très chers » parents ont jetées en pâture à des brutes, par calcul ou par inconscience ! Après cela, l'*homme* a-t-il le droit de s'absorber entièrement dans l'art, dans la science ! J'enrage contre tous les principes substantiels qui, sous forme de religion, paralysent la volonté de l'homme ! La négation, voilà mon Dieu. Mes héros, dans l'histoire, ce sont les destructeurs du passé : Luther, Voltaire, les Encyclopédistes, les terroristes, Byron (*Caïn*), etc. Je place aujourd'hui la raison au-dessus du raisonnable (au sens immédiat du mot, il va sans dire) : c'est pourquoi je préfère les impiétés de Voltaire à la reconnaissance de toute autorité, qu'il s'agisse de la religion, de la société et de n'importe qui ! Je sais que le moyen âge fut une grande époque, je comprends la sainteté, la poésie et la grandeur de son esprit religieux, mais je préfère le XVIIIe siècle qui vit la chute de la religion. Au moyen âge on envoyait au bûcher les hérétiques, les libres penseurs, les sorciers ; au XVIIIe siècle, on guillotinait les aristocrates, les prêtres et autres ennemis de Dieu, de la raison et de l'humanité. Mais un jour viendra, — j'en ai la conviction profonde, — un jour viendra où personne ne sera plus ni brûlé, ni guillotiné, où le criminel implorera son exécution comme une grâce, car il y verra son salut ; mais elle lui sera refusée, et la vie sera son supplice, comme aujourd'hui la mort ; alors, il n'y aura plus ni formalités, ni rites insensés, ni contrats, ni conditions pour le sentiment, ni devoirs, ni obligations, et la volonté cédera non plus à la volonté, mais au seul amour ; il n'y aura plus ni maris ni femmes, mais des amants et des amantes, et quand l'amante dira à son amant : « J'en aime un autre », il lui répondra : « Je ne puis être heureux sans toi, je souffrirai toute ma vie ; mais va avec celui que tu aimes »[1], et si, par magnanimité elle veut rester avec lui, il refusera d'accepter son sacrifice et lui dira, comme Dieu : je veux l'amour et non le sacrifice... La femme ne sera plus l'esclave de la société ni de l'homme, mais comme lui elle suivra librement ses inclinations sans perdre sa réputation, cette convention monstrueuse. Alors, il n'y aura ni riches, ni pauvres, ni rois, ni sujets : il n'y aura plus que des hommes qui seront tous frères et, comme l'a dit saint Paul, le Christ remettra son pouvoir au père. Et le père, qui sera la Raison, régnera de nouveau, mais dans un ciel nouveau et sur une terre nouvelle.

Textes philosophiques choisis / V. Biélinski. – Moscou : Éditions en langues étrangères, 1948. – [Pp. 180-182].

1 Cette situation sera vécue par des personnages du roman *Que faire ?* (1863) de Tchernychevski.

CORRESPONDANCE 66

J. Johannet — 1973

Contre l'obscurantisme (Lettre à Gogol, 15 juillet 1847). — Biélinski avait donné un compte rendu des *Passages choisis de ma correspondance avec mes amis* de Gogol dans le *Contemporain* de février 1847. Blessé par l'ironie mordante du critique, Gogol lui écrivit vers le 20 juin. Biélinski lui répondit de Salzbrunn, alors en Silésie prussienne, actuellement Szczawno-Zdrój, en Pologne. Si dans la recension du *Contemporain* le ton n'était qu'ironique, à cause de la censure, dans la *Lettre* éclate l'indignation. Le texte original a été publié pour la première fois en 1855 dans l'*Étoile Polaire* de Herzen.

[...] vous avez pris depuis tant d'années l'habitude de contempler la Russie des « lointains merveilleux où vous résidez »[1] alors qu'il n'y a rien de plus facile, la chose est bien connue, lorsqu'on est au loin, que de voir les objets tels qu'on a envie de les voir ; [...] dans ces « lointains merveilleux », vous vivez complètement étranger à eux, en vous-même, à l'intérieur de vous-même ou dans l'uniformité d'un cercle qui partage vos opinions et qui est impuissant à résister à votre influence. Voilà pourquoi vous n'avez pas remarqué que la Russie voit son salut non pas dans le mysticisme, non pas dans le piétisme, non pas dans l'ascétisme, mais dans les progrès de la civilisation, de l'instruction, de l'esprit d'humanité. Ce dont elle a besoin, ce n'est pas de prêches (elle en a assez entendus ?), ce n'est point de prières (elle en a assez ressassées), c'est de voir s'éveiller dans son peuple le sentiment de la dignité humaine, perdu depuis tant d'années dans la fange et la servitude, c'est de droits et de lois conformes non pas à l'enseignement de l'Église, mais au bon sens et à l'équité, c'est de les voir appliquer avec toute la rigueur possible. Or, au lieu de cela, elle présente le spectacle horrible d'un pays où les hommes font commerce d'hommes, sans même avoir la justification à laquelle ont recours avec une malice diabolique les planteurs américains lorsqu'ils affirment qu'un nègre n'est pas un homme ; d'un pays où les hommes s'appellent non pas par leurs prénoms, mais par des sobriquets : Vanka, Stiochka, Vaska, Palachka[2] ; d'un pays, enfin, où il n'existe aucune garantie pour la personne, l'honneur et la propriété, mais où il n'existe même pas d'ordre policier et où il n'existe que de gigantesques corporations de voleurs et de bandits de toute espèce, en uniforme. Les problèmes nationaux les plus brûlants, les plus actuels aujourd'hui en Russie sont : l'abolition du servage, la sup-

1 Allusion aux *Âmes mortes* (I, XI) : « Ô Russie ! Russie ! des lointains merveilleux où je réside je t'aperçois... ». (N.d.t.)

2 Ces « sobriquets » sont des diminutifs de prénoms : ainsi *Vanka* correspond à peu près à « Jeannot ». Bélinski jugeait leur emploi avec les inférieurs attentatoire à la dignité humaine. (N.d.t.)

pression des châtiments corporels, la mise en application la plus rigoureuse possible des lois déjà existantes. Cela, le gouvernement lui-même le ressent (il sait fort bien ce que les propriétaires fonciers font avec leurs paysans et combien chaque année ceux-ci égorgent de ceux-là), comme le démontrent ses timides et stériles demi-mesures en faveur des nègres blancs et le remplacement comique du knout à une lanière par le fouet à trois lanières. Voilà les problèmes qui alarment et occupent la Russie dans le demi-sommeil apathique où elle est plongée. Et c'est à ce moment-là qu'un grand écrivain, qui a contribué si puissamment par ses œuvres d'un art admirable et d'une vérité profonde à faire prendre conscience d'elle-même à la Russie en lui donnant la possibilité de se regarder comme dans un miroir, c'est à ce moment-là qu'il fait son apparition avec un livre dans lequel, au nom du Christ et de l'Église, il apprend à un propriétaire barbare à se faire encore plus d'argent sur le dos de ses paysans en les traitant d'« espèces de trognes mal lavées » !... Et vous voudriez que je ne m'indignasse point !... Mais si c'était à ma propre vie que vous aviez voulu attenter, même alors je ne vous aurais pas plus haï pour ces lignes honteuses... Et après cela, vous voulez qu'on croie à la sincérité de l'orientation que développe votre livre ? Non, si vous étiez effectivement empli de la vérité de l'enseignement du Christ et non pas du Diable, c'est tout autre chose que vous auriez écrit à ce propriétaire de vos adeptes. Vous lui auriez écrit que, puisque ses paysans sont ses frères en Christ et puisqu'un frère ne saurait être l'esclave de son frère, il doit, en conséquence, leur donner la liberté ou, à tout le moins, tirer profit de leur labeur de la façon qui leur sera la plus favorable, en s'avouant à lui-même au fond de sa conscience qu'il se trouve dans une fausse position vis-à-vis d'eux. Quant à l'expression « Ah ! espèce de trogne mal lavée ! », mais auprès de quel Nozdriov, auprès de quel Sobakévitch avez-vous donc été l'entendre[1], pour en faire part ainsi au monde comme d'une grande découverte, susceptible de servir au profit et à l'édification des paysans russes, qui, de toute façon, s'ils ne se lavent pas, ne le font que pour en avoir cru leurs maîtres, qui leur répétent qu'ils ne sont pas des hommes ! Et cette idée que vous vous faites de la justice nationale russe, dont vous avez trouvé l'idéal dans les mots que prononce cette sotte bonne femme dans le roman de Pouchkine,

---

1 « Espèce de trogne mal lavée » est une expression dont Gogol, au chapitre XXII des *Passages choisis [de ma correspondance avec mes amis]*, recommande l'emploi au propriétaire foncier sermonnant ses serfs.

Nozdriov et Sobakévitch sont des personnages de propriétaires fonciers dans *Les Âmes mortes*. (N.d.t.)

selon laquelle il faut fouetter l'innocent comme le coupable[1] ! Mais c'est bien là déjà une pratique fréquente chez nous, encore que le plus souvent, on se contente de ne fouetter que l'innocent, s'il n'a pas de quoi payer la rançon de son crime : être coupable sans avoir rien à se reprocher ! Et un livre comme celui-là pourrait être le résultat d'un difficile processus intérieur, d'une sublime illumination spirituelle ! Cela ne saurait être !... Ou bien vous êtes malade, et il faut vous dépêcher d'aller vous faire soigner, ou bien — je n'ose aller jusqu'au bout de ma pensée[2].

Prédicateur du knout, apôtre de l'ignorance, chevalier de l'obscurantisme et des ténèbres, panégyristes des mœurs tatares, que faites-vous ?... Regardez en dessous de vous : vous êtes au-dessus de l'abîme. Que vous appuyiez pareil enseignement sur l'autorité de l'Église orthodoxe, cela, je le comprends encore : elle fut toujours le soutien du knout et le vil complaisant du despotisme, mais le Christ, lui, que vient-il faire ici ? Qu'avez-vous trouvé de commun entre lui et n'importe quelle Église, à plus forte raison l'Église orthodoxe. Le premier il a fait connaître aux hommes la doctrine de la liberté, de l'égalité et de la fraternité ; il a scellé, ratifié par son martyre la vérité de son enseignement. Et cet enseignement fut le *salut* des hommes jusqu'au jour où il s'organisa en Église et adopta comme fondement le principe de l'orthodoxie. Quant à l'Église, elle apparaît comme une hiérarchie, partant, comme la championne de l'inégalité, l'adulatrice du pouvoir, l'ennemie et la persécutrice de la fraternité entre les hommes, ce qu'elle continue d'être jusqu'à présent. Mais le sens de l'enseignement du Christ a été révélé par le mouvement philosophique du siècle dernier. Et voilà pourquoi un Voltaire, qui par l'arme du rire a éteint en Europe les bûchers du fanatisme et de l'ignorance, est bien entendu beaucoup plus le fils du Christ, la chair de sa chair, l'os de ses os que tous vos curés, vos évêques, vos métropolites et vos patriarches, orientaux et occidentaux. Se peut-il que vous ignoriez ces choses ? Aujourd'hui pourtant, elles ne sont plus une nouveauté pour le moindre des lycéens...

Dostoïevski / Cahier dirigé par Jacques Catteau. – Paris : Éditions de l'Herne, 1973. – (*Les Cahiers de l'Herne. Série slave / Les Cahiers de l'Herne* ; 24). – [Pp. 117-119].

1 Ch. III de la *Fille du capitaine* de Pouchkine. (N.d.t.)

2 Sous-entendu : « ou bien vous êtes un vendu ». Cette insinuation reviendra souvent sous la plume de Bélinski. (N.d.t.)

COMPTE RENDU DES *MYSTÈRES DE PARIS* D'EUGÈNE SUE 67

Anonyme — 1948

Les dividendes d'une mauvaise conscience bien représentée. — Ce compte rendu a paru anonymement en 1844 dans les *Annales de la Patrie*. Tout comme en France, les *Mystères de Paris*, traduits en russe dès 1843, remportaient en Russie un immense succès. Biélinski entreprit de démystifier cette « Schéhérazade européenne ». Selon lui, le roman n'est pas à la hauteur de son idée fondamentale, « vraie et noble » : le regard d'Eugène Sue est celui d'un bourgeois pour qui le peuple est condamné au crime par l'ignorance et la misère. Il y a de bons passages et des caractères réussis (le Chourineur, la Chouette, Rigolette, les Pipelet), mais, dans l'ensemble, le roman est le « comble de l'absurdité » : les héros (comme Rodolphe et la marquise d'Harville) y jouent à faire le bien pour se divertir. Imitation manquée de Dickens, les *Mystères de Paris* multiplient les effets et sombrent dans le mélodrame et la farce.

On parle des *Mystères de Paris* jusqu'en province, et certaines revues de la capitale exaltent en phrases ronflantes le génie d'Eugène Sue et promettent l'immortalité aux *Mystères de Paris*, en laissant d'ailleurs enveloppées d'un mystère impénétrable les preuves de ce génie et les raisons de cette immortalité. Quant à nous, nous avions déjà exprimé notre opinion, — et dans la rubrique « Littérature étrangère » nous avions cité celle d'un des meilleurs critiques français contemporains, — sur *les Mystères de Paris*. Cela nous avait semblé suffisant : pouvions-nous en effet prévoir que les *Mystères de Paris* intéresseraient à ce point le public russe ? Mais puisque c'est l'affaire des revues de parler des choses auxquelles tout le monde s'intéresse, nous parlerons encore une fois des *Mystères de Paris*.

L'idée centrale du roman est à la fois vraie et noble. L'auteur a voulu donner à une société dépravée, égoïste, prosternée devant le veau d'or, le spectacle des souffrances qu'endurent les malheureux voués à l'ignorance et à la misère, et, par suite, au vice et au crime. Ce tableau, que l'auteur a tracé comme il a pu, a-t-il fait frémir une société plongée dans ses orgies mercantiles et industrielles ? Nous l'ignorons. Mais ce que nous savons, c'est qu'il l'a irritée au point que l'auteur des *Mystères de Paris* a été taxé par elle d'*immoralité* ! De nos jours, les mots « moralité » et « immoralité » sont devenus très élastiques, et rien n'est plus facile que de les attribuer arbitrairement à qui l'on veut ! Voyez, par exemple, ce monsieur qui porte avec tant de dignité sa grosse bedaine où sont engloutis le sang et les larmes de l'innocence sans appui ; son visage est si satisfait, il est si gonflé de lui-même qu'en le voyant vous avez aussitôt la certitude que ses coffres-forts sont pleins, ses coffres-forts où sont enfermés le fruit du travail non rétribué du pauvre et l'héritage de l'orphelin. Eh bien, c'est de morale qu'il parle le plus volontiers, ce monsieur à tête d'âne et au corps de taureau ; et il condamne avec une sévérité extrême ces jeunes gens dont l'*immoralité* consiste à ne point respecter des hommes de mérite (c'est-à-dire qui se sont enrichis) ; ces jeunes gens qu'il appelle des esprits forts parce qu'ils refusent de croire à des paroles qui ne sont pas confirmées par des actes. Les exemples comme celui-là se comptent par milliers, et il ne faut pas s'étonner s'il s'en trouve aujourd'hui pour appeler Socrate un fourbe, un coquin, un halluciné dangereux pour la moralité de la jeunesse. Une des particularités de notre temps, c'est que si vous vous faites le défenseur de la vérité, si vous avez un mouvement généreux, si par une action honnête vous faites comprendre spontanément, pratiquement, ce que c'est que la morale et dénoncez sans le vouloir les moralistes dépravés, on vous taxera aussitôt d'immoralité. C'est par ce mot terrible que le roman d'Eugène Sue fut également accueilli à Paris : c'est donc que l'auteur a atteint son but, que le message est arrivé à destination... *Les Mystères de Paris* ont même donné lieu à des débats à la Chambre des députés : tant leur succès a été grand...

[...]

Eugène Sue est un homme positif, en sympathie complète avec l'esprit matérialiste de la France actuelle. Il est vrai que jadis il a voulu jouer le rôle d'un Byron et qu'il s'est affublé d'un masque satanique dans des romans comme *Atar-Gull, Plick et Plock*, et *la Coucaratcha* ; mais c'est qu'alors les éditeurs et les journalistes n'accouraient pas vers lui, les mains pleines d'or. De plus, ce byronisme factice est passé de mode et l'âge a dû rendre depuis longtemps Eugène Sue raisonnable, le faire descendre de ses échasses. Il a toujours été un brave homme, au fond, mais il voulait se faire passer pour un démon de moyenne envergure ; aujourd'hui c'est un brave homme tout court, sans prétention, un honorable bourgeois au sens complet du mot, un philistin constitutionnel petit-bourgeois, et s'il pouvait devenir député, il serait un député comme il en faut aujourd'hui à la Charte. Lorsque, dans son roman, il dépeint le peuple français, il le considère en vrai bourgeois, d'une façon simpliste : c'est à ses yeux une plèbe affamée, déguenillée, vouée au crime par l'ignorance et la misère. Il ignore les vices et les vertus véritables du peuple ; il ne soupçonne pas que le peuple a un avenir que n'a plus le parti aujourd'hui triomphant et au pouvoir, parce que le peuple a la foi, l'enthousiasme, la force morale. Eugène Sue compatit aux misères du peuple ; pourquoi lui refuser la noble faculté de compatir ? — d'autant plus qu'elle lui promettait tant de profits assurés ! Il compatit, mais *comment* ? Ceci est une autre question ! Il souhaiterait que le peuple ne fût pas dans la misère, qu'il cessât d'être une plèbe affamée, déguenillée et souvent poussée au crime malgré elle, pour devenir une plèbe rassasiée, présentable et qui se conduirait bien, alors que les bourgeois, les actuels fabricants de lois, resteraient les maîtres de la France, une caste de spéculateurs hautement cultivée. Dans son roman, Eugène Sue montre que parfois les lois françaises protègent sans le vouloir la débauche et le crime. Il faut dire qu'il le fait très adroitement, et qu'il convainc. Ce qu'il ne soupçonne pas, c'est que le mal réside non dans certaines lois, mais dans tout le système de la législation française, dans toute l'organisation de la société…

Textes philosophiques choisis / V. Biélinski. – Moscou : Éditions en langues étrangères, 1948. – [Pp. 346-347, 351].

SŁOWACKI

FRANÇAIS • POLONAIS **1809-1849**

Poète, dramaturge, épistolier, auteur d'une philosophie de l'évolution, Juliusz Słowacki est, avec Adam Mickiewicz et Zygmunt Krasiński, l'un des « trois prophètes romantiques » polonais. Par la variété des thèmes et des genres qu'elle aborde, son œuvre constitue l'apogée du romantisme polonais.

Né à Krzemieniec (Volhynie), Słowacki grandit et étudie à Wilno. Très tôt orphelin de père — un lettré, professeur d'éloquence au Lycée de Krzemieniec puis de littérature à l'université de Wilno —, il sera marqué par la sensibilité sentimentale de sa mère, avec laquelle il entretiendra par la suite une abondante correspondance. Ses toutes premières œuvres, des traductions de Lamartine et de Thomas Moore (*Mélodies irlandaises*), ainsi que des poèmes au style sentimental, sont témoins de cette influence. Éduqué parmi l'élite intellectuelle, Słowacki restera très attaché aux origines nobles de sa famille, qu'il soulignera souvent dans son œuvre.

Au début de 1829, Słowacki, établi à Varsovie, est stagiaire à la Commission gouvernementale aux Recettes et au Trésor. Seul des grands poètes romantiques à avoir assisté au commencement de l'insurrection de novembre 1830, il écrit à cette occasion trois poèmes patriotiques grâce auxquelles il jouit d'une brève popularité. En 1831, il part, au nom de l'insurrection, en mission diplomatique à Londres. Il s'installe ensuite à Paris. Là, en 1832, paraissent ses *Poésies*, recueil en deux volumes de ses œuvres composées à Varsovie : il y renonce à la stylisation sentimentale pour s'orienter vers le récit poétique byronien, comme dans *Hugo*, *Jan Bielecki*, *Le Moine*, *L'Arabe*, ou vers le drame shakespearien (*Marie Stuart*, *Mindowe*), présentant des héros soumis à diverses épreuves : difficultés avec le monde et repli sur soi, trahison et vengeance, et autres manifestations du romantique « mal du siècle ».

Ce recueil qui, après l'échec de l'insurrection de novembre, continuait de proposer le modèle de l'individualisme romantique, fut mal reçu par le milieu parisien de l'émigration qui, la même année, accueillit au contraire avec bonheur la troisième partie des *Aïeux* de Mickiewicz. Critiqué et isolé, Słowacki partit pour Genève, première étape d'une longue pérégrination qui le mènera à Rome et à Naples, en Grèce, en Égypte, en Palestine (1836-1837) et à Florence pour le ramener, à la fin de 1838, à Paris, qu'il ne quittera plus.

Pendant son séjour en Suisse, le poète écrit plusieurs drames romantiques, dans lesquels domine la réflexion sur l'histoire et sur la situation politique de son temps. C'est surtout *Kordian* (1834), où il cherche à comprendre sa génération et réfléchit sur les causes de l'échec de l'insurrection. Problématique patriotique et problématique existentielle — celle de *René* et bientôt celle des *Confessions d'un enfant du siècle* d'Alfred de Musset (1836) — s'y mêlent. C'est aussi *Horsztynski* (1835, non publié), proche de *Kordian* par sa thématique existentielle, et *Balladyna* (1834, publié en 1839), une fable politique sur le thème du pouvoir tirée de légendes populaires. Ce théâtre est tout empreint de Shakespeare en qui Słowacki admire l'analyste du mal historique, le connaisseur du cœur humain, le peintre de la passion et le révélateur de la nature humaine. Dans une lettre à sa mère datée de 1834, il écrit : « Shakespeare et Dante sont à présent mes maîtresses et cela déjà depuis deux ans ». La beauté des Alpes bernoises et du lac Léman, son amour pour Marie Wodzinska, lui inspireront aussi de nombreuses pièces lyriques.

Le voyage en Orient sera aussi à l'origine de diverses œuvres, en vers et en prose, et d'une copieuse correspondance littéraire. Occasion de découvrir une nature exotique, c'est aussi une expédition dans le temps : vers les héros combattant pour la liberté de la Grèce (*Le Tombeau d'Agamemnon*), les antiques souverains de l'Égypte (*Conversation avec les pyramides*), le Christ et le Nouveau Testament (*Voyage en Terre Sainte depuis Naples*). Ce fut aussi pour le poète le moyen de prendre conscience de l'écoulement du temps et de la fragilité humaine (*Hymne. Je suis triste mon Dieu*), de méditer sur les analogies de destin entre les peuples et de confirmer la conviction, propre aux émigrés polonais de l'époque romantique, qu'ils sont condamnés à l'exil définitif. D'autres œuvres posent un diagnostic pessimiste sur l'avenir, comme le drame *Anhelli* (1838) modelé à la façon d'une parabole biblique et consacré au sort des Polonais en Sibérie, ou *Lilla Weneda* (1840), un drame d'inspiration antique et shakespearienne, qui fut comparé aux pièces de Victor Hugo et qui montre, tragiquement, que le peuple ne pourra accéder à la liberté qu'en se transformant.

Œuvre charnière, *Beniowski* (1841), poème en ottava rima bourré de digressions, proche par le genre et la forme du *Don Juan* de Byron et de l'*Eugène Onéguine* de Pouchkine, mais multiple de tons à la manière de l'Arioste, est tout à la fois le sommet et le terme de l'individualisme romantique chez Słowacki. Dépassant le type byronien du héros fasciné par sa propre solitude, le poète y annonce sa nouvelle voie, proche de Calderón — il en traduira le *Prince constant* en 1844 —, où le poète se définit comme le guide du peuple dans sa métamorphose finale.

Le catalyseur de ce changement fut la rencontre du poète avec le mystique Andrej Towiański et sa brève entrée dans la secte, qui rassemblait une partie considérable de l'émigration, dont Mickiewicz. Désormais Słowacki mettra au sommet des valeurs la simplicité, l'humilité, le sacrifice et se fixera pour devoir le perfectionnement de soi afin de secourir dignement et sagement la nation. À travers de remarquables drames historiques (*Le Prêtre Marek*, 1843 ; *Le Songe d'argent de Salomé*, 1844), dans lesquels apparaît l'idée de l'anéantissement et de la mort pour le progrès, Słowacki parvient à cristalliser un système original de pensée, la « philosophie génésique » qu'il exposera dans un traité, *La Genèse par l'esprit* (1844-1846), sa propre version du livre de la Genèse.

Système englobant la totalité de la vie, de la nature et de l'histoire cosmique, dont l'histoire de l'humanité n'est qu'un fragment, la « philosophie génésique » explique que l'esprit, qui a appelé les êtres à l'existence, les contraint à d'incessantes métamorphoses, depuis les formes primitives jusqu'à des formes de plus en plus élaborées. Le progrès se réalise ainsi à travers la destruction et la mort des formes anciennes et tend vers des formes parfaites, absolument spirituelles, symbolisées par l'utopie de la Jérusalem Solaire. Cette historiosophie mystique est présente aussi bien dans le drame *Samuel Zborowski* et le poème épique *Le Roi-Esprit* que dans la *Réponse aux Psaumes du futur*, la polémique poétique avec Krasiński. Interprétant les défaites et les souffrances de l'histoire polonaise comme des « pressions » divines contraignant le peuple à un perpétuel élan vers la liberté, Słowacki permit, à l'époque des événements révolutionnaires de 1848, de considérer avec optimisme l'avenir de sa nation et de l'Europe. Dans sa version du messianisme, où activité et action ont toujours un sens, la lutte avec le mal se réalise dans l'histoire.

Le poète mourut de tuberculose et fut enterré au cimetière de Montmartre. En 1927, ses restes furent transférés en Pologne et déposés à côté de ceux de Mickiewicz dans la crypte du Wawel, à Cracovie.

La Jeunesse de Jules Slowacki (1809-1833) : la vie et les œuvres / Jean Bourrilly. – Paris : Nizet, 1960. – 502 p.
Histoire de la littérature polonaise / Czesław Miłosz ; traduit de l'anglais par André Kozimor. – Paris : Fayard, 1986. – [Pp. 320-334].

KORDIAN 68

J. Donguy, M. Masłowski — 1996

Agir, mais à quel prix ? (Acte III, scène 4). — Ce drame en vers a été conçu comme le premier d'une trilogie qui ne fut jamais écrite. Composé pendant l'automne 1833 à Genève, il fut publié sans nom d'auteur, à Paris, l'année suivante. Inspiré des conventions scéniques du théâtre romantique français, *Kordian* a passé pendant longtemps pour un drame injouable. La première n'eut lieu qu'en 1899, à Cracovie. L'auteur a renoncé à l'action traditionnelle et a ramassé l'histoire de Kordian, le héros éponyme de la pièce, autour de quelques points culminants de sa biographie. Les notations spatiales et temporelles sont vagues. L'œuvre mise non pas sur le caractère dramatique des événements mais sur le drame intérieur de l'homme déchiré par des voix contradictoires. *Kordian* est le drame d'un être sensible affligé du « mal du siècle » à la recherche de sa place dans le monde, mais c'est aussi le drame de la patrie. La scène dont un extrait est proposé ici concerne le projet de complot qui se cristallise dans la pensée de Kordian, qui apparaît ici sous le masque d'un Cadet. Cependant le héros n'accomplira pas son action, le tsar ne sera pas assassiné. Słowacki a écrit son drame de telle sorte que l'on puisse envisager diverses raisons à l'inaboutissement de cet acte. La fin de la pièce est ouverte.

LE PRÉSIDENT

Mes amis, je me tiens devant vous avec ma tête blanchie
Et je dis : Attendez ! Mes yeux fatigués
Ont vu des grands hommes, et je vous assure solennellement
Que vous ne leur ressemblez pas ! Est-ce que vous gardez
La foi en Dieu dans votre cœur ? Au nom de Dieu
Je vous en conjure, mes amis, arrêtez ! Et vos poignards,
Échangez-les contre des épées consacrées dans les églises,
Et un jour nous ferons sonner les cloches de la résurrection
Et à leur bruit les trônes des rois chancelleront
Comme des arbres à moitié coupés.

LE CADET[1]

Je regarde le passé obscur.
J'y vois l'ombre d'une femme en deuil — Qui est-elle ?
Je regarde l'avenir — je vois mille étoiles devant moi,
Et l'ombre du passé tend ses bras vers elles ;
Ces étoiles, ce sont les poignards... Je vois notre vieux pays.

---

1 C'est Kordian, en fait.

La sagesse des gouverneurs a greffé sur un vieil arbre
Un pays jeune, les deux ont fleuri sur une seule tige
Comme deux roses distinctes par la couleur sur le même arbuste.
Comme deux chevaliers qui portent une armure identique,
Ils allaient accolés l'un à l'autre combattre l'ennemi…
Comme deux prières accueillies dans le sein de Dieu,
Inspirées d'une seule pensée — Comme deux essaims d'abeilles
Que l'apiculteur déverse dans l'enceinte d'une seule ruche…
Un jour les grands Titans du Sud
Se sont levés contre Dieu — contre les rois — contre l'esclavage.
Dieu s'est contenté de sourire sur son trône de saphir,
Mais les rois sont tombés tels des peupliers que l'on a coupés ;
La guillotine, recouverte du crêpe en haillons des victimes,
Infatigable faisait tomber son bras d'acier,
Et chaque fois qu'elle faisait un signe, la foule s'amenuisait d'une tête.
Et les rois la regardaient, car cette guillotine
Était la tragédie du peuple, et les rois les spectateurs.
La Vengeance donc ! Le tsar Catherine, la débauchée,
Nous observait de son œil meurtrier ;
Elle nous a jugés dignes de la couronne des martyrs,
Et elle a inventé le mode du martyre… Ayant ramassé le crâne
Du corps d'un Bourbon — sanglant et pâle,
Elle l'a placé sur le corps de son favori
Et nous a donné un roi qui avait la tête d'un mort.
Après, elle lui a volé son domaine funéraire
Et il n'a pas fait un geste pour se défendre… Et il n'y avait plus assez de crêpe
Pour revêtir notre mère patrie, on l'a donc coupée en trois.
Et aujourd'hui, demande à la mouette venant de Sibérie
Combien des nôtres gémissent dans les mines ? Et combien ont été égorgés ?
Et combien transformés en traîtres et avilis ?
On nous a tous liés par une chaîne à un cadavre,
Car cette terre est un cadavre. Le frère du tsar est devenu enragé,
Le tsar l'a donc jeté sur la Pologne, pour qu'il la contamine avec sa bave,
Qu'il la déchiquette avec sa dent enragée ! Vengeurs ! Conjurés !
Quand le tsar a mis sa couronne au pied de l'autel,
Il fallait lui trancher la tête avec le glaive étincelant de l'État,

L'enterrer à l'église, désinfecter l'église
Comme d'une peste turque, emmurer le portail
Et dire : « Oh Dieu ! Daigne avoir pitié du pécheur !... »
C'est tout — Rien d'autre... Maintenant le tsar est à table,
Nos dignitaires devant lui ont courbé le front,
Des reflets de rubis jaillissent de milliers de coupes,
Les torches brûlent, et la musique assourdissante
Fait tomber les plâtres des murs. Les femmes tout autour
Épanouies, fraîches, sentent bon comme les roses de Saron
Et reposent leur front sur les épaules russes.

avec force

Allons-y... Gravons en lettres de feu sur le mur
La sentence de la vengeance, de la destruction, la sentence de Balthazar.
Le tsar laissera tomber de ses mains la coupe à moitié vide,
Et les paroles inscrites avec l'éclat bleuté de nos glaives
Plus sages que la voix du prophète Daniel, la mort les traduira.
Après notre pays sera libre ! Après, ce sera la clarté du jour !
La Pologne étendra ses frontières jusqu'aux mers lointaines,
Et après la nuit des tempêtes, elle respirera, elle vivra.
Elle est vivante ! — Avez-vous examiné au fond de votre âme cette parole ?
Je ne sais pas... Mais dans ce mot seul, il y a un cœur qui bat,
Je le décompose en sons, je l'émiette en lettres,
Et dans chaque son, j'entends une voix immense !
Le jour de notre vengeance sera grand — pour des siècles !
Et le premier jour de liberté, quand la joie éclatera,
Le cri du bonheur ira frapper jusqu'au ciel,
Et les gens ensuite, mesurant la longue nuit de l'esclavage,
S'assiéront... Avec de grands sanglots, ils pleureront comme des enfants,
Et l'on entendra les pleurs de joie énormes de la résurrection.

On entend des rumeurs d'enthousiasme.

[...]

LE VIEILLARD DU PEUPLE

Combien faut-il de meurtres pour libérer le pays ?

UNE VOIX DANS LA FOULE

Le tsar...

LE VIEILLARD

Cela fait un...

UNE VOIX

La tsarine...

LE VIEILLARD

Cela fait deux...

UNE VOIX

Et ses deux frères...

LE VIEILLARD

Quatre... Continue de compter, mon frère, pour qu'on ne perde pas le nombre...

UNE VOIX

Le fils du tsar...

LE VIEILLARD

Cela fait cinq...

UNE VOIX

Et c'est tout.

LE VIEILLARD

À mort ! ! !

Et que leur sang retombe sur moi...

Kordian / Juliusz Słowacki ; traduit du polonais par Jacques Donguy et Michel Masłowski. – Lausanne : L'Âge d'Homme, 1996. – (*Classiques slaves*). – [Pp. 100-105].

POÉSIES 69

Ch. de Noire-Isle — 1881

Séparation (sur le lac de Genève). — L'autographe de cette poésie conservée dans un « keepsake » est daté avec précision : « Lac Léman, le 20 juillet 1835 ». Ces vers ne furent publiés qu'en 1851 dans les *Écrits posthumes*. L'œuvre relève du lyrisme privé et se présente comme une lettre poétique adressée à un être éloigné géographiquement mais proche du cœur de l'auteur. Ce dernier est fasciné par la nature alpestre mais une note de tristesse point dans sa voix car c'est en solitaire qu'il contemple la beauté. Adoptant un ton sincère, un peu mélancolique, il aide la destinataire à se représenter le lieu où il se trouve. Il ne le décrit pas mais s'efforce de conduire par l'imagination la personne à laquelle il s'adresse. Le problème de la destinataire de cette poésie reste entier. Le style de l'œuvre pourrait faire penser à des vers adressés à Maria Wodzinska avec laquelle Słowacki voyagea dans les Alpes et dont il fit l'héroïne de l'idylle *En Suisse* ainsi que de l'amère poésie amoureuse *Dans l'album de Maria Wodzinska*. Le fait que la destinataire ne connaisse pas les paysages alpestres permet, également, de reconnaître en elle la mère du poète.

Séparés par le sort, unis par la tendresse,
Nous rêvons au passé, le cœur plein de tristesse ;
Une blanche colombe, au vol mystérieux,
M'apporte vos soupirs et les pleurs de vos yeux,
Du fond d'ombreux massifs, sur la verte pelouse,
A mon âme jalouse.

Je connais vos pensées, et le nom de la fleur
Que berce à votre sein l'onde de la douleur,
Je vois votre beau front, rougissant sous le voile,
Et brillant, comme au ciel, dans la nue, une étoile
Qui répand sa lueur sur votre être, plus pur
Que le céleste azur.

Bien que loin du regard, et de mes yeux absente,
Vous êtes dans mon cœur, à mon esprit présente ;
Je vous cherche en idée, au milieu des bosquets,
Sous les tilleuls touffus ; je suis vos pas discrets,
Et je vois, éperdu, blanchir sous la ramée
Ma vision aimée.

Le miroir du grand lac, pure image des cieux,
Le jour, double l'éclat du soleil radieux,
Et reflète, la nuit, la lumière argentée
De la lune au zénith, d'étoiles escortée,
Qui baigne ses rayons, en un divin tableau,
Dans le cristal de l'eau.

Les Alpes tout autour, le front dans les nuages,
Dressent leurs pics neigeux au pays des orages,
Et forment au beau lac un cadre merveilleux,
Divisant deux azurs : l'onde claire, des cieux ;
Paysage enchanteur qui sépare leur cime,
De l'infini sublime.

Dans l'espace sans borne, est un astre : le mien,
Au ciel choisi par moi, pour votre ange gardien ;
Au-dessus de l'eau, à l'horizon plus sombre,
Sont deux points lumineux qui scintillent dans l'ombre ;
Ils indiquent, la nuit, à mon œil indiscret
Votre chambre au chalet.

Ces deux rouges lueurs, qui luisent dans la brume
Sur les flots agités et leur bruyante écume,
Emeuvent mon cœur plus que les astres du ciel,
Me donnant un frisson glacial et mortel,
Quand je songe, exilé du paradis sur terre,
A ma souffrance amère.

Si nous ne devons plus nous revoir ici-bas,
Si je n'ose baiser les traces de vos pas,
Oh ! du moins écoutez les accents de mon âme,
Les accords de ma lyre inspirés par ma flamme,
Les tristes et doux sons du pauvre rossignol,
Abattu dans son vol.

Poëtes illustres de la Pologne au XIXe siècle. Dernière série : Théophile Lenartowicz, Sigismond Krasinski, Jules Slowaçki, Joseph Kraszewski / [traduits par Ch. de Noire-Isle]. – Nice : chez Visconti ; Paris : Marpon & Flammarion, 1881. – [Pp. 449-451].

BENIOWSKI 70

M. Pankowski — 1965

Le Dieu des Seigneurs (Chant V). — Ce poème, dont les premiers chants furent édités à Paris en 1841, ne fut publié dans son intégralité qu'après la mort du poète. La trame simple que constituent les voyages et les nombreuses aventures de Beniowski, un jeune noble amoureux de la jeune Aniela, est le point de départ de nombreuses digressions en tous genres (confessions, réflexions, polémiques). Le narrateur, derrière lequel se cache l'auteur lui-même, est une figure de premier plan. Il passe d'un thème à l'autre, change la forme et le style de la narration, glissant du sérieux à la plaisanterie, du lyrisme à l'ironie et à la raillerie. Souvent, s'adressant au lecteur, il se moque de son propre héros, du poème et de lui-même. Le présent fragment concerne les relations entre l'Homme et Dieu et constitue une confession lyrique et sublime, où est évoqué le Dieu des êtres fiers et orgueilleux.

Ô, Dieu ! Qui ne t'aura senti dans les champs d'Ukraine
Bleuâtres, où l'âme s'enivre de tristesse ;
Quand la poussière se lève ailée, des plaines,
Ensanglantée par les Tartares, quand, sans cesse,
L'hymne du vent résonne et la nuée soudaine
Des cendres noie le soleil dans une brume épaisse,
Le rougit et le fixe sur le firmament
Tel un noir bouclier aux yeux graves et sanglants.

Qui ne t'a jamais vu sur une steppe immense,
Quand le soleil se meurt ; qui ne t'a vu, Grand Dieu —
Les tertres et les croix prennent l'apparence

Du sang flamboyant et des courbes du feu.
La mer de hautes herbes gronde, et les tombes lancent
Un cri effrayant, un sanglot douloureux ;
Les sauterelles déploient leur grand dais de crêpe,
Les tertres s'avancent et se perdent dans la steppe.

Qui ne t'a senti à travers l'épouvante
De la nature, dans la steppe, sur le mont du Calvaire,
Ou parmi les colonnes dont la grande toiture
Est faite de lune et d'essaims stellaires,
Ou dans la jeunesse, parfumée et pure ;
Ou, encore dans la fleur éphémère
Du myosotis, des pâquerettes du gazon.
Mais qui te cherche dans les prières, dans les bonnes actions…

Il te trouvera — je pense qu'il te trouvera.
Une mort paisible je souhaite aux hommes
Dont le cœur est petit. La face de Jéhovah
Lance des éclairs et se montre énorme.
Sur les bords de la terre ouverte je vois
Les os, les étendards blanchis et mornes
Des armées perdues ; dans un sol sablonneux
Gisent les amas des squelettes qui témoignent de Dieu.

Je sais qu'il n'est pas seulement le Dieu des vers
Et de ces créatures qui rampent sans peiner.
Il aime le vol des immenses oiseaux dans l'éther,
Et il ne bride guère les chevaux effrénés…

Il est plume de feu sur les casques fiers…
Un grand acte le fléchit, non une plainte, exhalée
En vain au seuil de l'église, ni les pleurs.
Je me prosterne devant Lui, c'est Lui mon Seigneur !

Anthologie de la Poésie polonaise / établie par Constantin Jelenski […]. – Paris : Éditions du Seuil, 1965. – [Pp. 138-139].

LE ROI ESPRIT

71

Ch.-Ed. Chojecki — 1864

« *Je ne suis que le glaive de Dieu* » (Chant III, XVII-XXXV ; XXXVIII-XL). — Dernier grand poème romantique de l'auteur, cette œuvre est par son thème liée à la philosophie génésique et à l'idée de la transformation de l'esprit national. Du vivant de l'auteur, seule la première rapsodie fut publiée (1847). La répartition ultérieure et le classement des variantes fut l'œuvre de plusieurs éditeurs. Les deux éditions fondamentales (étant donné le nombre de variantes qu'elles présentent et la richesse de leurs commentaires) sont celle de Jan Gwalbert et Michał Pawlikowski (1924) et celle de Juliusz Kleiner et de ses continuateurs (*Œuvres complètes* de Słowacki, 1952-1976). Le héros de l'extrait présenté, Popiel, un chef slave, est une des incarnations mythico-historiques du Roi Esprit. Menant impitoyablement son peuple sur le chemin sanglant du progrès, Popiel est un tyran cruel, mais il est le martyr de l'idée qui agit à travers lui. À la fin de sa vie, il prend conscience que la mission qui lui était assignée était terrible mais nécessaire car son action a endurci les trop douces tribus slaves gagnées par l'immobilité champêtre.

Il s'affaissait, je m'en souviens, sous l'âge ; Zoriane était son nom. Tandis que par mon ordre on le conduisait au supplice du feu, plus tranquille qu'une brebis, il passait les doigts sur les cordes de sa lyre et marchait au bûcher avec un sourire enchanteur. Loin de me maudire, et au lieu de faire puissamment vibrer sa petite lyre, il la caressait, la figure toute rayonnante, comme si c'eût été une blanche colombe dont il voulait calmer l'effroi.

Sur son bûcher, comme assis au doux murmure d'un ruisseau, il semblait vouloir dire, et par son geste et par son sourire : « ne t'effraye pas, ô ma petite lyre, la mort n'est pas un tourment, ne redoute point le meurtrier du corps. Rassure-toi, ma mignonne rassure-toi, ma sœur, ma fillette chérie. A quoi servirait donc notre sagesse si elle ne nous apprenait à mourir ?

« On t'a accueillie gracieusement dans les châteaux et les chaumières, tant que tu as été ma compagne de voyage. Montre donc aujourd'hui ta reconnaissance et ne pleure pas devant tes bourrreaux, car ils seraient capables de se réjouir de t'avoir ravi ta mélodie. Va, par la suite des temps, quand mille arcs-en-ciel viendront à briller au-dessus de ces contrées, nous ressusciterons tous deux. Nous ressusciterons avec tout un cortége de bardes aux luths d'or, dont la voix rivalisera avec celle des anges.

« Prends donc patience, ma petite lyre ! Dors ! bénis soient les éclairs lumineux et flamboyants de ce bûcher ! » Ici enlacé dans les anneaux dorés du feu il disparut. Mon âme sentit alors son maître. L'affreuse contraction de ma bouche, béante comme un abîme, la sécheresse de ma gorge ardente, le manque d'air dans ma poitrine étouffée, m'apprirent que j'appartenais déjà à l'enfer.

Haletant, je m'élançai sur mon coursier, tout gris encore des cendres, qui venaient de consumer le maître du chant. Le délire s'était emparé de moi, et une foule de mes satellites couverts d'or, d'ambre, de cuivre, d'acier et d'ailes, portant sur eux de nombreux instruments de torture, des clous, des massues, des lances et, pareils à une troupe d'archanges, se précipitèrent à ma suite dans les vagues de la Vistule, prêts à exterminer le monde entier sur leur passage, et tous montés sur des chevaux plus fougueux que l'aquilon.

Et je volais en avant de leur phalange. La tête cachée dans un vieux casque de plomb rouillé comme un capuchon, tant je ressentais intérieurement de honte d'avoir la figure plus livide que le vert de gris, le regard plus rouge que le feu du nuage qui porte la foudre, j'accourus sur les bords de la Vistule dans un château que je trouvai déjà tout ensanglanté, car il venait d'ensevelir ses cadavres mutilés. C'était le château de Svityne. Mon esprit m'y avait précédé et se baignait dans des flots de sang.

A cet aspect je fus épouvanté, car j'avais perdu le souvenir des ordres que j'avais donnés la veille. Les bourreaux, saisis de terreur, restaient là devant moi comme de pâles fantômes. « Qui donc, hurlai-je, a osé devancer ici mes volontés, qui a pénétré ici plus avide que moi du sang de Svityne ? répondez, qui a réalisé à l'égal de Dieu mes idées ?

Je dois sans doute l'attribuer à mon esprit, car la terre ne porte plus de pareils meurtriers. Qui ne se fût laissé attendrir par les âmes de ces enfants, à la vue de cette île remplie de bouleaux, d'ifs et de rossignols, de murailles de cèdre, que la voix n'a qu'à frapper pour qu'aussitôt, remplies d'échos de gémissements et de cris, elle réponde à chaque étage par la voix de Svityne, comme la boîte d'un vieil orgue en ruines.

Moi seul qui n'ai pas d'autres sentiments que celui de la rage, je suis tombé ici au point du jour, sans que rien ne m'arrête, ni le calme de ces salles, ni l'odeur de ces cèdres, ni le chant de famille que répètent les plafonds, ni la stérilité d'une misérable vengeance, ni Satan ici bas ni Dieu dans les cieux. Oh dans ces cieux, il n'y a que le vide ! égal de Dieu je me jugerai moi-même ! »

A ces mots j'enfonçai ma lance dans la muraille : que cette nuit, dis-je à mes satellites, soit consacrée au festin, pour moi comme pour vous, exécuteurs de mes crimes. Un jour de pénitence lui succèdera. Ici tout le château répondit comme une forge ardente. Entouré de la bande scélérate, je pris place au banquet, comme un cadavre ressuscité et coloré par l'ivresse.

L'orgie avait commencé. Le service de Svityne, cruches, coupes et flambeaux, couvrait la table. Des spectres, c'étaient les génies du crime, nous présentaient à boire ; drapés dans des manteaux ensanglantés, le teint à la fois verdâtre et empourpré comme celui des vampires, ils se dressaient à nos côtés sous des formes distinctes et disparaissaient dès qu'on les regardait en face.

Soudain, un page haletant se précipitant dans la salle et d'une parole rapide : « Seigneur, un signe épouvantable vient d'apparaître ; une verge flamboyante brûle dans les cieux ! » Je pâlis ; puis, croyant que c'était un fantôme qui m'annonçait ce funeste présage, j'arrachai ma lance de la muraille et j'en perçai la poitrine de l'enfant.

Alors je m'élançai sur le balcon d'où la vue dominait toute la contrée et tout le ciel qui scintillait d'une myriade d'étoiles enchaînées à une seule et immense constellation. Celle-ci, pareille à un glaive dégaîné, avait une grande escarboucle incrustée dans la poignée ; le joyau resplendissait et changeait de couleur comme un œil dans la figure invisible d'un esprit.

Le regard fixé sur cette étoile, je me mis à lutter avec elle comme avec un démon ; je lui versai tout le poison de mon cœur, je l'abreuvai de tout le venin de mon âme. Parfois, elle en pâlissait et moi après elle ; enfin je tombai sur un genou, haletant, épuisé, le corps traversé de ses rayons aigus, ainsi que tombe maint guerrier percé d'une lance meurtrière dans un tournoi.

Je venais d'apercevoir en elle un signe plus éclatant ; on eût dit un sourcillement de paupière, un éclair parti de l'œil d'un génie. A ce signe, je sentis qu'une puissance terrible, occulte, brisait à jamais mon âme. Tournant la tête vers mes gens et leur montrant le dragon fulgurant qui tordait sa queue scintillante autour de la voûte céleste, je leur dis : « Vous voyez cette comète, eh bien elle m'apporte la mort ! »

Une pâleur mortelle, une agitation fiévreuse, envahirent tout mon être. « Oui, m'écriai-je d'une voix caverneuse, j'ai enfin vaincu la nature, voilà les marques de la puissance de mon esprit sur elle. Les étoiles ont envoyé leur sœur aux frontières de leur monde pour savoir si je vivais encore, si le manteau royal couvrait encore mes épaules. J'ai rempli ma mission de roi, d'homme et d'exterminateur. Le ciel a enfin conçu de l'épouvante sur le sort de la terre et l'heure de ma mort approche.

Allez ; vous n'êtes plus des sujets de ma royale fureur mais des soldats aguerris. J'ai racheté cette nation par les flots de son sang et au-dessus de ces flots j'ai élevé son esprit qui désormais méprisera la mort. Maint villageois charmera sa veillée par le récit mélodieux de mes faits et sera fier en se rappelant avec quel courage ses aïeux allaient à la mort quand leur souverain les y envoyait.

Quant à moi je ne suis que le glaive de Dieu et je vais expier ma mission. L'abîme s'ouvrira devant moi, la foudre déchirera ma large poitrine. Comme une meute de chiens détachés de leur lesse toutes les fureurs, tous les désirs s'allumeront en moi avec l'ardeur d'un soleil ; ma figure projettera dans les airs une ombre monstrueuse ; l'amour de l'humanité purifiée dans le sang et l'ange du malheur planeront sur ma tombe.

Oui, mon âme va subir son jugement. Mais vous, vous vivrez plus tranquilles que les enfants innocents, qu'un blanc troupeau d'agneaux. Tous mes crimes ont découlé d'un seul grand principe et c'est sur moi seul qu'en retombe le fardeau. Le souvenir n'en restera que dans les sépulcres et dans la longue complainte d'un mendiant voyageur. Les ronces croîtront sur ma tombe ; un autre, un ange saura gagner l'amour de vos cœurs.

[...]

Telle fut la fin de mon existence, que longtemps les rapsodes chantèrent dans le pays. Vieux bardes ! Vous n'avez su deviner ni le mobile de mes actions ni en quoi j'étais supérieur aux Hérodes romains. Au-dessus de moi planait une idée sublime, éclatante ; une infinité de marches sanglantes me conduisaient directement au seuil du temple où s'atteint tout grand but. J'y marchais, comme un guerrier sans peur, à travers des monceaux de cadavres.

La vie vibrait dans chaque corde de mon âme, on sentait la force dans chacun de mes faits. Mieux eût valu pour moi être dans un tombeau que sur pareille voie ; mieux la lame au poing qu'avec une telle pensée dans la tête. Tôt ou tard une pluie de foudres s'abattra sur l'aigle qui regardait le soleil en face, le cou tendu vers l'avenir. Que dis-je, elles éclatent sans cesse sur ma tête.

Et cependant c'est par moi que ma nation est devenue grande, c'est moi qui lui ai donné son nom et ouvert son avenir ; poussée par ma rame sanglante, elle flotte encore sur l'Océan humain, cette Pologne, antique nef de toutes les souffrances. Une autre vague l'a souvent détournée de son chemin, et souvent son génie sacré s'est épuisé pour ne produire que des fruits terrestres, sans odeur, sans vitalité hélas ! mais ce que moi, j'ai exprimé d'elle avec son sang, c'est là ce qui l'a toujours fait sortir victorieuse de ses luttes sans fin.

La Pologne captive et ses trois poètes : Mickiewicz, Krasinski, Slowacki / Charles-Edmond Chojecki. – Leipzig : Brockaus; Londres : Trubner & Cie, 1864. – [Pp. 227-236].

POÉSIES 72

O. de Magny — 1965

« L'Ange de feu, mon ange gauche... » — Publié après la mort de Słowacki, ce poème date des dernières années de sa vie. Son lyrisme mystique met en scène le passage de l'homme dans la tombe vers une forme parfaite que symbolisent la lumière et la musique.

L'Ange de feu, mon ange gauche
D'un amour ancien effleure la fibre.
Avec toi, avec toi, où sont les mouettes blanches.
Avec toi vers les neiges de la Sibérie
Où les vents hurlent comme des hyènes
Où tu vas menant paître les rennes sur les tombes.

Ma sépulture élève des lys,
La tombe est un calice de blancheur —
Une clarté jaillit de la pierre nocturne
Dont murmure l'âme musicienne.
Mais tu rendras à la nuit la lumière
La musique au silence et l'esprit au sommeil.

Et de toi seule vers le céleste saphir
Monte la haute voix — et de ta chevelure
Diamants détachés, l'un après l'autre volent
Les étoiles de la prière au firmament.

Anthologie de la Poésie polonaise / établie par Constantin Jelenski [...]. – Paris : Éditions du Seuil, 1965. – [P. 143].

POÉSIES 73

H. Grégoire — 1918

« *Je suis triste, Seigneur...* » — Ce poème de 1836, précise Słowacki, fut écrit en mer, devant Alexandrie.

Je suis triste, Seigneur ! À l'Occident ton bras
tend pour moi l'arc-en-ciel qui d'éclairs s'irradie ;
et pour moi dans l'azur des flots, s'éteint là-bas
un soleil d'incendie...
Tu dores ciel et mer d'éclatantes lueurs...
Je suis triste, Seigneur !...

L'esprit sans aliment, le cœur sans volupté,
je porte haut la tête ainsi qu'un épi vide.
Pour d'autres, mon visage a la sérénité
de ton azur splendide.
Mais devant toi, toi seul, je découvre mon cœur :
Je suis triste, Seigneur !

Comme un petit enfant, je suis prêt à pleurer,
comme un petit enfant qui voit partir sa mère.
Le soleil qui se noie est venu m'effleurer
de sa flamme dernière.
Je sais que renaîtront l'aurore et la splendeur...
Je suis triste, Seigneur...

Aujourd'hui, sur la mer inféconde isolé
à cent milles d'un bord et de l'autre à cent milles,
blanches, j'ai vu dans l'air des cigognes voler,
passer en longues files...
J'ai vu leur vol jadis sur nos plaines en fleurs...
Je suis triste, Seigneur !

Ayant souvent rêvé sur des débris humains,
ayant presque oublié la maison de mon père,
ne sachant — pèlerin surpris dans son chemin
par l'ombre et le tonnerre —
demain dans quel tombeau m'étendre, si je meurs,
je suis triste, Seigneur.

Dieu ! tu ne verras point piliers et chapiteaux
veiller mes os blanchis au front d'un mausolée ;
mais je frémis parfois d'envier leurs tombeaux

aux cendres désolées !
Ah ! mon dernier sommeil sera sans paix — j'ai peur,
je suis triste, Seigneur !

Une enfant innocente, aux lieux où je naquis,
doit te prier pour moi, pour ma nef vagabonde, —
Ma nef ne vogue point, hélas ! vers mon pays,
en voguant par le monde. —
Je les sais impuissants, sa prière et ses pleurs —
Je suis triste, Seigneur !

Vers cet arc triomphal que tes Anges, mon Dieu !
ont dressé dans ton ciel aux feux multicolores,
des hommes dans cent ans, ayant tourné les yeux,
mourront — mourront encore —
Parce que mon néant m'abîme dans l'horreur,
je suis triste, ô Seigneur !

Les Perles de la poésie slave : Lermontov, Pouchkine, Mickiewicz / Transcriptions en rimes françaises par Henri Grégoire. – Liège : Imprimerie Bénard, 1918. – [Pp. 249-251].

PREŠEREN

ALLEMAND • SLOVÈNE **1800-1849**

Considéré généralement comme le plus grand poète slovène, France Prešeren est né à Vrba, près du romantique lac de Bled, entre le massif des Alpes Juliennes et la chaîne des Karavanke. Issu d'une vieille famille de paysans aisés de la Haute-Carniole, la région à plus fort peuplement slovène de l'Empire, il passe son enfance dans le cadre idyllique des montagnes ; puis, aidé par ses oncles prêtres, il fait ses humanités à Ljubljana, capitale des Provinces Illyriennes, pour clore ses études par un doctorat en droit à Vienne.

Sa vie amoureuse est très agitée : après quelques amourettes, il languit pour Julia Primicova, qui finira par épouser un rival plus riche et plus ambitieux. De la relation de Prešeren avec la très jeune Ana Jelovšek, qu'il n'épousera pas, naîtront trois enfants.

Sa vie professionnelle de candidat-bâtonnier est loin d'être brillante, à cause, entre autres, de sa réputation de *Freigeist* (« esprit libre »), mal vue de la police autrichienne. Il n'ouvrira son propre cabinet d'avocat, à Kranj, une petite ville de province, que quelques années avant sa mort.

Prešeren aura un peu plus de chance dans ses activités littéraires. D'abord lié, puis brouillé avec le célèbre linguiste slovène Jernej Kopitar (cf. *P.L.E.* 10, pp. 884-889), il s'attache avant tout à Mathias Čop, humaniste et ancien enseignant à l'université de Lvov, grâce à qui il approfondit sa connaissance de la littérature de l'Antiquité, de la Renaissance italienne et du romantisme européen. La rencontre avec Émile Korytko, représentant, confiné à Ljubljana, du mouvement de libération national polonais, stimule chez Prešeren un intérêt pour la littérature orale et populaire qui l'avait déjà requis quand il avait adapté l'histoire, presque mythique pour les Slovènes, de la Belle Vida. Dans les années 1830, Prešeren s'engage aussi dans la querelle orthographique liée à la revue *Kranjska Čbelica* (*L'Abeille carniolaise*) et contribue à l'adoption définitive des réformes du Croate Ljudevit Gaj, établies à partir du système de la graphie tchèque. Mais il refuse d'adhérer à l'« illyrisme », mouvement qui essaie d'uniformiser les langues croate et slovène. Avec un autre ami, Andrej Smole, il veille à la publication de l'œuvre poétique de Valentin Vodnik et de la première grande comédie en langue slovène, *La Folle Journée ou le Mariage de Matiček*, par Anton Tomaž Linhart, fortement inspirée de Beaumarchais.

Après la disparition de ces trois amis, éprouvé par les échecs amoureux et les déboires professionnels, Prešeren réussit tout de même à publier, en 1847, le recueil de ses *Poésies*. Il saluera aussi la Révolution viennoise, en mars 1848, ce « Printemps des nations » qui enterrera définitivement l'absolutisme modéré que Metternich avait inventé pour consolider la couronne des Habsbourg.

Les premiers essais de Prešeren en poésie sont liés à la ballade : il commence par traduire en slovène la célèbre *Lénore* de Bürger, et compose lui-même *Le Génie des eaux*, une ballade qui accompagne les écoliers en Slovénie depuis plus d'un siècle. Son premier poème lyrique, *Aux jeunes filles*, publié dans l'hebdomadaire ljubljanais de langue allemande *La Gazette illyrienne* (*Illyrisches Blatt*) date de 1827.

La poésie de Prešeren atteint son apogée dans la période 1830-1836. Fortement influencé par la théorie littéraire de A. W. Schlegel sur le plan intellectuel et par le style de Pétrarque sur le plan poétique, il écrira sa bouleversante élégie *Adieux à la jeunesse* et, surtout, un cycle intitulé *Les Sonnets du désespoir*. Plus légers, *Les*

Ghazels, sept poèmes amoureux, s'inspirent de la poésie arabe.

La synthèse des idéaux poétiques de France Prešeren est apportée par la célèbre *Couronne de sonnets* (1834), cycle de 15 sonnets dont l'ultime, le « magistral », reprend les premiers et les derniers vers des 14 précédents, ses initiales représentant un acrostiche offert à la bien-aimée du poète, Julia Primicova. Le cycle suit le modèle formel des couronnes de sonnets de l'Académie de Sienne. À la thématique érotique s'ajoutent, dans un heureux équilibre, les thèmes national et poétique.

L'histoire et le destin du peuple slovène seront plus tard au centre de la magnifique épopée *Le Baptême dans la Savica* où se fait sentir, une nouvelle fois, un érotisme timide et lyrique. *Le Toast*, devenu hymne national slovène après l'indépendance de 1991, joint le sentiment de l'orgueil national à l'idée de la coexistence pacifique entre les peuples.

En dépit de sa fidélité à la nation slovène, Prešeren a écrit également en allemand. Son sonnet *À la mémoire de Mathias Čop* est un véritable chef-d'œuvre.

France Prešeren est une des figures-clés de la littérature slovène. Malgré sa physionomie essentiellement romantique, il est considéré également comme un classique, notamment grâce à ses contributions dans le domaine linguistique : entre les acrobaties inaudibles de Jovan Vesel Koseski, un contemporain alors très prisé, et les croatismes de la poésie « illyrienne », il finit par imposer son dialecte carniolais comme langue slovène littéraire, ainsi qu'une expression poétique à la fois riche et claire.

Les poésies de France Prešeren ont connu des traductions dans la plupart des langues européennes, mais leur rayonnement a été sensible avant tout dans les pays slaves. Les publications en français sont relativement récentes.

France Prešeren / Henry Ronald Cooper. – Boston : Twayne, 1981. – 169 p. – (*Twayne's world authors series : a survey of the world's literature* ; 620. *Yugoslavia*).

France Prešeren : ein slowenischer Dichter 1800-1849 / Boris Paternu. – München : Slavica ; Ljubljana : Tiskarna Ljubljana, [1994]. – 323 p. –(*Geschichte, Kultur und Geisteswelt der Slowenen* ; 23).

France Prešeren : Poeta sloveno (1800-1849) / Boris Paternu. – Gorica : Mohorjeva družba, 1999. – 303 p.

LA COURONNE DE SONNETS 74

Vl. Pogačnik — 1996

Quinze chants à la fois. — La complexité formelle de la couronne autant que les richesses poétique et sémantique du texte exigeaient des virtuosités, des élégances et des disciplines que la présente traduction assume avec grand bonheur. Il fallait peut-être attendre que l'écriture poétique française appliquée ait assimilé Nerval, Baudelaire, Mallarmé et Verlaine pour que pareille tentative puisse réussir.

I

Je tresse une couronne aux Slovènes, pour toi,
Filant quinze sonnets de façon à former
Le sonnet magistral aux vers trois fois chantés
Qui lient en harmonie quinze chants à la fois.

Chacun de ces sonnets suit une même voie ;
Il sourd du magistral, puis vient s'y ressourcer ;
La fin du précédent est reprise en entrée,
Le poète est pareil au tortil qu'il emploie.

Ses pensées prennent source en un unique amour,
Et là où le sommeil de la nuit les fit siennes,
Elles vont s'éveiller quand renaîtra le jour.

Du sonnet de ma vie tu es la souveraine,
Quand je ne serai plus, retentira toujours
Un souvenir mêlant ta gloire avec ma peine.

II

Un souvenir mêlant ta gloire avec ma peine
Vibrera en ces lieux dans les siècles futurs,
Quand ma tombe précoce envahie de verdure
Bercera les douleurs qui maintenant m'aliènent.

Des filles comme toi, charmantes et hautaines,
De ces chants entendant les voix et les murmures,
Ôteront de leurs cœurs les pesantes ceintures
Par respect pour l'amour, fidélité pérenne.

Les Slovènes iront vers des temps plus radieux,
Les étoiles pour eux deviendront plus sereines,
Leurs chants entonneront des refrains plus glorieux.

Il se peut que ces vers néanmoins leur parviennent,
Pour avoir retenti en échos mélodieux ;
Le cœur les a éclos, sonnets qui fleurs deviennent.

III

Le cœur les a éclos, sonnets qui fleurs deviennent,
Et n'a pu étouffer la douleur qui l'infeste ;
Je ressemble au fervent de Leonora d'Este[1],
Au chantre qui prôna sa gloire souveraine.

1 Amour malheureux du Tasse. (N.d.t.)

Bien que la passion par ses mots se refrène,
En voilant sa jeunesse aux aurores célestes,
Cherchant en vain l'appui d'un espoir fort modeste,
Il chantera des vers qui au grand jour la mènent.

La flamme du désir me poursuit désormais,
Même si ton regard nul espoir ne m'envoie
La peur de t'offenser lie ma langue à jamais.

Le mal qui met mon cœur en constant désarroi,
Se trahit désormais dans des tourments secrets,
Inflétrissables fleurs d'un poétique émoi.

IV

Inflétrissables fleurs d'un poétique émoi,
Vous montrez ce que l'âme avait tenu caché,
Mon cœur est devenu un jardin, un verger ;
Où semeur d'élégies mon amour se déploie.

Et tu es leur soleil. Le sort s'oppose à moi,
Car je ne puis te voir, lumière adorée,
Derrière ta fenêtre, au théâtre, en les prés,
Ni même dans les bals où les robes ondoient.

Maintes fois le désir de te croiser en ville
A entraîné mes pas ; jamais je n'aperçois,
Rayonnant de beauté, ton visage gracile.

Dans cet isolement une âpre larme choit ;
Or, les chants à ta gloire ont élu domicile
À distance des lieux où le soleil flamboie.

V

À distance des lieux où le soleil flamboie,
Où glissent tes regards d'une infinie douceur,
Un seul pourtant suffit, et tout souci se meurt,
Là où l'on boit l'oubli qui aux douleurs surseoit.

Là où chaque visage est éclairé de joie,
Où s'éteint le courroux des combats intérieurs,
Là où coulent les chants déversés à plein cœur,
Les douces harmonies tout éveillées festoient.

Là où sous la rosée d'un amour noble et franc
Germe ce qui est pur en sa sève soudaine,
Comme la feuille mue par le souffle au printemps.

Les odes que j'écris d'un autre lieu me viennent,
Éloigné des printemps heureux et bienfaisants ;
Privées elles restaient de vive et frêle haleine.

VI

Privées elles restaient de vive et frêle haleine
Qui fût venue de toi, ma vaniteuse enfant,
Et ne pouvaient chanter un éloge plaisant
Voué au réconfort de nos Muses en peine.

Celles-ci avaient peur que toi, que les Slovènes
Coquettes et jolies en parlant l'allemand,
N'alliez les négliger tout en les dédaignant
Elles qui du pays sont restées Parnasiennes.

Elles prirent le deuil, esseulées, désolées,
Reléguées dans l'oubli, nos éplorées Camènes,
La foule n'admirant que les vers étrangers.

Les poétiques fleurs de nos terres slovènes
Ne poussaient jusque là qu'aux sommets des glaciers,
Recluses dans les tours des rocheuses moraines.

VII

Recluses dans les tours des rocheuses moraines,
Elles eurent le sort des mélodies d'Orphée ;
Les barbares de Thrace en restèrent charmés
L'Hémus et le Rhodope en sentirent la veine.

Plût au ciel d'accorder toute grâce aux Slovènes !
Pour attendrir leurs fils et tous ceux qui sont nés
Carniolais, Carinthiens ou d'un autre duché,
Qu'il envoie un Orphée qui à nos chants s'enchaîne.

Qu'à l'honneur du pays son feu vif nous ramène,
Soient bannies la discorde et la mauvaise foi,
Qu'il unisse à nouveau tous les peuples slovènes !

Et que la poésie chantée par lui renvoie
Les querelles d'antan, que la joie vous revienne,
Impassibles foyers où l'orage foudroie.

VIII

Impassibles foyers où l'orage foudroie,
Triste sort, Samo[1], qui vint frapper nos terres,
Quand ton esprit eut fui le tertre funéraire ;
Ta race n'y vient plus, seul le vent y tournoie.

L'éternel différend n'ajoutait que du poids
À ce joug par lequel Pépin[2] soumit nos pères ;
Dès lors on vit partout révoltes sanguinaires,
Pillages turcs et feux où Vitovec[3] guerroie.

Notre gloire n'est plus, ni le temps du bonheur ;
Et pour s'être éloignées d'actions dignes et pures
Des tendres poésies s'éteignait la douceur.

Mais à ces rudes temps certaines survécurent
Sur le Parnasse avivé poussaient encor des fleurs ;
Mes larmes, mes soupirs étaient leur nourriture.

IX

Mes larmes, mes soupirs étaient leur nourriture,
Donnée par mon Parnasse à ces roses menues ;
Si dans l'ardent amour pour toi ma larme afflue,
L'amour de la patrie d'autres sanglots endure.

Inquiet que le Slovène un jour ne se parjure,
Cessant d'aimer sa mère, âme qui en lui crut,
Inquiet que par mes feux tu ne sois pas émue,
Mon cœur s'est recouvert d'amères meurtrissures.

Et des chants du pays s'éleva le désir,
Qu'avec le tien mon nom soit célébré en cœur,
Ah, tant d'autres désirs me font encor languir,

1 Marchand franc, devenu souverain (623-658) sur les peuples slaves de Bohême, Moravie et Karantanie (unissant avant tout les Slovènes de Carinthie et de Pannonie). (N.d.t.)

2 Pépin le Bref, premier des carolingiens (751-768). (N.d.t.)

3 Jan Vitovec († 1468), noble d'origine tchèque ayant combattu aux côtés des comtes Celje (Cilli) contre les Habsbourgs. (N.d.t.)

Désirs qu'en Slovénie revienne le bonheur
Que son génie par moi s'éveille pour l'unir ;
Ils donnaient peu de force aux poésies en pleurs!

X

Ils donnaient peu de force aux poésies en pleurs
Semblables à la fleur séduite en sa jeunesse,
Par l'éclatant soleil qui rayonne en liesse
Au milieu d'un hiver précocement charmeur.

La corolle flétrie se ploie dans sa douleur,
Quand les brumes poussées par le borée se pressent,
Quand le givre assassin fait naître la détresse,
Quand la neige envahit les champs et les hauteurs.

Le soleil de ta grâce à son tour vint briller ;
Je buvais les rayons de tes regards si purs,
Les roses de l'amour germaient pour bourgeonner.

Trompées par ces rayons, ignorant leur nature,
Elles restaient au froid, pauvres abandonnées,
Captives opprimées d'une saison obscure.

XI

Captives opprimées d'une saison obscure
Que souffrit le poète en te chantant ces chants ;
La douleur, le dégoût toujours le harcelant,
Les Érynnies en cœur le prirent en capture.

Comme Oreste chez Diane, entrant par aventure,
Trouve aussitôt la paix, perdue depuis longtemps,
De même ton amour pourrait être garant
Que s'apaise ce cœur, que ce regard s'épure.

Mais l'illusion s'en va, fugace et hasardeuse
Comme un éclair perdu, l'espoir ne fut qu'un leurre,
La nuit, lorsque'il s'éteint, devient plus ténébreuse.

Le bonheur à jamais abandonna mon cœur ;
Comment les poésies seraient-elles joyeuses ?
Or vois, dans ces bourgeons, est venue la pâleur.

XII

Or vois, dans ces bourgeons, est venue la pâleur,
Leur floraison est rare et chétive et morose,
De même dans les murs de quelque ruine, encloses
Voit-on croître parfois de maladives fleurs.

Les pillardes orties et leurs assauts voleurs
Ont ravi vilement la pâture à ces roses ;
Mais qui dans un jardin avec amour les pose
Les verra refleurir d'une neuve vigueur.

De même, auprès de toi qui de mon cœur est reine,
Qui, soleil de ces fleurs, leur donnes nourriture
Mes sonnets pourraient-ils rebourgeonner sans peine ?

Ainsi pour qu'embellisse une flore future,
Et qu'aux roses flétries l'allégresse revienne,
Veuillent tes yeux verser leurs rayons doux et purs.

XIII

Veuillent tes yeux verser leurs rayons doux et purs ;
Laisse-moi contempler ta face auréolée,
L'empire de la nuit est sitôt dissipé,
L'ouragan se soumet, asservi à l'azur.

Mes chaînes, mes tourments aussitôt se fracturent
Et tombent pesamment tous mes fers martelés,
Ton secours généreux aura remédié
À toutes les douleurs, à toutes les blessures.

Mon ténébreux visage en sera ébloui,
L'espérance rendra à l'âme sa verdeur,
Mes lèvres renaîtront à des parlers exquis.

Une nouvelle vie habitera ce cœur,
En lui s'épanouiront de claires poésies,
Alors, combien plus gaies viendront les jeunes fleurs.

XIV

Alors, combien plus gaies viendront les jeunes fleurs
Après le rude hiver, au moment de l'éveil,
Quand le printemps si doux ressème ses merveilles,
Quand l'arbre en floraison se revêt de blancheur.

Le soleil d'inviter l'abeille à la chaleur,
Le berger de guetter les aurores vermeilles,
Le rossignol se plaît à chanter dans les treilles,
Et le souffle de joie par la nature affleure.

D'un semblable bonheur mes vers ne sont pas dignes,
Je le sais, et mon cœur en frissonne d'effroi
Que pour être importuns un jour ils ne t'indignent.

Voir ta grâce éclairer ces sonnets une fois !
Avec eux, apaisant mes brûlures malignes,
Je tresse une couronne aux Slovènes, pour toi.

MAGISTRAL

Je tresse une couronne aux Slovènes, pour toi,
Un souvenir mêlant ta gloire avec ma peine,
Le cœur les a éclos, sonnets qui fleurs deviennent,
Inflétrissables fleurs d'un poétique émoi.

A distance des lieux où le soleil flamboie,
Privées elles restaient de vive et frêle haleine,
Recluses dans les tours des rocheuses moraines,
Impassibles foyers où l'orage foudroie.

Mes larmes, mes soupirs étaient leur nourriture ;
Ils donnaient peu de force aux poésies en pleurs,
Captives opprimées d'une saison obscure.

Or vois, dans ces bourgeons, est venue la pâleur ;
Veuillent tes yeux verser leurs rayons doux et purs,
Alors, combien plus gaies viendront les jeunes fleurs.

Sonetni Venec = *La Couronne de sonnets* / France Prešeren ; traduit par Vladimir Pogačnik ; postface par France Bernik. – Klagenfurt ; Ljubljana ; Vienne : Éditions Mohorjeva založba, 1996.

PETÖFI

HONGROIS

1823-1849

Né d'un père boucher nommé Petrovics et d'une servante, tous deux d'origine slovaque, dans un petit bourg de la plaine hongroise, dont il chantera si souvent les beautés, celui qui devait entrer en littérature sous le nom de Sándor (Alexandre) Petöfi est considéré depuis longtemps comme une figure représentative de l'âge romantique et consacré comme tel par le canon littéraire hongrois. À la fois poète, révolutionnaire et prophète dans le sens biblique du terme, disparu à la fleur de l'âge, aide de camp du général Bem, sur un champ de bataille de la Transylvanie envahie par les armées russes, on a pu dire de lui qu'il a incarné les plus belles visions romantiques sur le génie et le destin des poètes. Du reste, aucun autre poète hongrois de son siècle ne fut autant traduit que lui.

Caractère entier, « fleur sauvage de la nature libre et fière », il mena d'abord une vie errante, tour à tour collégien, comédien et soldat. Ses dons exceptionnels, remarqués dès 1842 par son grand aîné Vörösmarty, lui permirent de se libérer vite de ce que sa poésie pouvait avoir à ses débuts de conventionnel. Son besoin d'action lui fit rejoindre plus tard à Pest une jeunesse intellectuelle dont il devint bientôt le chef de file. En 1844-1845 parut son premier recueil, ainsi que deux poèmes épiques de caractère très différent. Une savoureuse épopée burlesque, *Le Marteau du village,* sur la rivalité de deux amoureux rustiques autour d'une aubergiste bien en chair, parodiait en fait, non sans avoir atteint par ricochet l'œuvre de Vörösmarty, le genre par définition noble de l'épopée. Ce fut le premier parricide littéraire de l'histoire hongroise. *Jean le Preux* relève, en revanche, du merveilleux. Ce poème, tout en déconstruisant le thème du *soldat fanfaron*, puise largement dans la tradition folklorique et réinterprète le sens même des contes de fées.

Petöfi possédait désormais sa propre physionomie de poète et un art poétique à sa mesure. Lieu mythique et symbole de liberté, la *plaine* hongroise, avec son monde pastoral, ses espaces sans fin, son romantisme volontairement opposé à celui, plus courant, des montagnes et des ruines, en était l'image emblématique. Ce paysage, il le magnifiait aussi en prose, qu'il mania avec autant de bonheur que le vers, dans ses admirables notes et lettres de voyage. Ce romantisme sut allier la maîtrise de toutes les ressources d'une rhétorique achevée à l'exigence de simplicité et de naturel qu'enseignait la poésie populaire. « La vraie poésie, affirmait l'auteur de *Jean le Preux* à János Arany qui venait de publier son *Toldi*, est sans conteste la poésie populaire. Attachons-nous à la rendre souveraine ! Quand le peuple régnera en poésie, il ne sera plus loin de régner en politique aussi ; c'est là la tâche du siècle... »

Son succès, qui fut sans exemple jusque-là, se retourna contre lui. Une critique violemment hostile fustigeait sa vulgarité et son caractère tendancieux. Les déboires qu'il connut en même temps dans sa vie privée lui firent connaître la tentation du désespoir ; mais d'un désespoir au fond duquel on entendait gronder la révolte. La crise surmontée, le républicain démocrate se réveilla, prêt au combat. C'est en 1846 qu'il rencontra la femme de sa vie, Júlia Szendrey qu'il devait épouser en septembre 1847. La pensée allait se radicalisant, comme en témoigna l'appel adressé *Aux poètes du XIXe siècle.* À ses yeux, la mission du poète est de servir de guide au peuple dont il doit partager les luttes et les espoirs, non sans méditer les leçons de la Révolution française, dont Petöfi ne cesse d'admirer la grandeur.

À partir de la journée révolutionnaire du 15 mars 1848 dont son *Chant national* fut la *Marseillaise*, le destin du poète se confond avec celui de la nation. Aux élections législatives de juin 1848, il tenta sa chance et fut battu au terme d'une campagne de dénigrement où on l'accusa, entre autres, d'être un espion russe. Le peuple, décidément, se laisse facilement manipuler. Cette expérience est à l'origine de la vision à la fois désespérée et héroïque que véhicule *L'Apôtre*, ce long poème narratif et de confession dont le héros, un révolutionnaire venu trop tôt, est condamné à affronter la haine des puissants et l'ingratitude de la foule, avant de mourir sur l'échafaud pour une tentative avortée de régicide. L'histoire en marche ne laissa plus de repos au poète. En 1849, il dut se rendre à l'évidence : l'Europe redevenue « calme », la Hongrie « abandonnée » ne pouvait plus compter sur personne.

Après la mort de Petöfi, la légende s'est emparée de son personnage pour faire de lui soit un exilé, soit un déporté de la Sibérie. Légende tenace qui a trouvé tout récemment encore une audience, comme pour démontrer l'attachement des Hongrois de nos jours à la mémoire de leur grand poète.

Jean le Preux / Sándor Petofi ; traduction et commentaire par Guy Turbet-Delof – Paris : Presses Universitaires de France, 1954. – 139 p. – (*Collection franco-hongroise* ; 2).

Vie de Petöfi / Gyula Illyés ; traduction et préface de Jean Rousselot. – Paris : Gallimard, 1962. – 335 p. – (*Leurs figures*).

L'Irréconciliable : Petöfi, poète et révolutionnaire / études et choix de poèmes publiés pour le 150e anniversaire du poète ; avec une préface d'Aurélien Sauvageot ; directeur de publication Sándor Lukácsy. – Budapest : Corvina, 1973. – 205 p.

L'Apôtre / Sándor Petöfi ; adaptation de Jacques Gaucheron ; préface de Béla Köpeczi. – Budapest : Corvina, 1975. – 129 p.

Les Grands Aventuriers de l'histoire : les éveilleurs de peuples / Jean Mabire. – Paris : Fayard, 1982. – [Pp. 261-335].

La Littérature hongroise en France au dix-neuvième siècle / Erzsébet Hanus ; préface de Jean Luc Moreau. – Paris ; Pécs : A.D.É.F.O. ; JPTE, 1996. – 275 p. – (*Bibliothèque finno-ougrienne* ; 10).

POÈMES 75

J. Rousselot — 1971

L'Alföld. — En géographie, *alföld* (« pays bas ») désigne une plaine dont le point culminant ne dépasse pas 200 mètres. L'Alföld, avec majuscule, est le nom de la plus vaste région du bassin des Carpates.

Mornes Carpathes, que me font vos diadèmes
De pins, vos romantiques fastes étalés ?
J'ai beau vous admirer, ce n'est pas vous que j'aime,
Mon cœur ne hante pas vos monts et vos vallées.

Dans le déroulement de la Grand-Plaine immense,
Je me sens mieux chez moi. Cet univers est mien.

Mon âme d'aigle, enfin, de sa prison s'élance
Lorsque je vois ces champs qui s'allongent sans fin.

Alors je prends mon vol en songe et me déploie.
Loin, très loin de la terre, aux cieux je me hasarde,
Et l'image de la Grand-Plaine qui ondoie
De la Tisza jusqu'au Danube me regarde.

Sous un ciel de mirage agitant leurs sonnailles
Les cent troupeaux pansus de Kis-Kunság[1] s'épandent ;
À midi, quand le seau tinte sur la pierraille,
Les doubles bras du large abreuvoir les attendent.

Des hordes de chevaux roule la vague épaisse.
Leurs sabots dans le vent font jaillir des éclairs.
On entend les clameurs des gardiens qui les paissent
Et le claquement sec des longs fouets dans l'air.

À côté des hameaux, la brise, doucement,
Fait palpiter le blé en herbe où elle rôde,
Et celui-ci entoure au loin, joyeusement,
Tout le pays d'une couronne d'émeraude.

C'est ici que les oies sauvages se rassemblent
Le soir au crépuscule, au bord des marécages,
Et quand le vent se plaint dans les roseaux qui tremblent,
L'effroi les précipite en de lointains voyages.

À l'écart, au milieu de la puszta déserte,
Une auberge perdue, dont la cheminée penche ;
Allant à Kecskemét, les brigands s'y arrêtent :
Ils ont soif quand ils vont aux foires du dimanche !

Près de l'auberge, un bois de trembles nains jaunit
Sur le sable jonché de noirs chardons aigus.
C'est là que le vautour criard a fait son nid,
Afin que les enfants ne le dérangent plus.

On voit pleurer la plante aux cheveux d'orpheline[2],
Et près d'elle trembler l'échinope, si bleue.

---

1 Kis-Kunság (la Petite Coumanie) : région entre le Danube et la Tisza, pays natal du poète.

2 Le hongrois désigne du nom de « cheveux d'orpheline » la *stipa,* une plante appartenant à la famille des graminées. À l'époque de Petöfi les hommes qui entendaient s'habiller « à la hongroise » en ornaient volontiers leurs chapeaux.

À leur ombre somnole au frais et dodeline
Le lézard bariolé quand le ciel est en feu.

Plus loin, où se confond le ciel avec la terre,
Les arbres des vergers sont bleus comme l'écume.
Plus loin encor, on voit dans la pâle atmosphère,
Les clochers profiler leurs colonnes de brume.

Tu es belle pour moi, peut-être pour moi seul,
Ô ma Grand-Plaine où mon berceau s'est balancé.
Que m'enveloppe ici le drap de mon linceul,
Qu'ici l'on voie un jour mon tombeau se dresser.

Poèmes / Sándor Petőfi ; présentation et choix par Jean Rousselot. – Budapest : Corvina, 1971. – [Pp. 53-54].

JEAN LE PREUX 76

L. Pödör, A.-M. de Backer — 1980

Séparation et adieux des deux amants (Chant 4). — *Jean le Preux* est l'histoire d'un enfant trouvé et d'une pauvre orpheline qui s'aiment tendrement, que séparent la méchanceté des hommes et qui finiront par se retrouver au pays des Fées dont l'intrépide Jean sera élu roi. Petőfi a d'abord donné à son poème le titre de *Kukoricza Jancsi* (*Jeannot Maïs*), changé par l'éditeur en *Janos Vitéz* (*Jean le Preux*), titre assurément plus publicitaire. Ayant laissé s'égarer des brebis de son troupeau, Jeannot est chassé par son maître.

« Doux printemps de ma vie, c'est la dernière fois
Que ma flûte pour toi fait retentir sa voix.
C'est la dernière fois que je t'enlace, amour !
Car je dois maintenant m'éloigner pour toujours. »

Alors l'infortuné lui confie ses alarmes,
Dans le sein de l'enfant cachant ses yeux en larmes.
Il s'y blottit, l'étreint, éloignant son regard,
Pour ne lui laisser voir que des pleurs s'y égarent.

« À présent, Ilouchka, douce rose, à présent,
Dieu te bénisse, et pense à moi de temps en temps.
Quand, chassé par le vent, un chardon vagabonde,
Songe à ton pauvre amant qui erre par le monde. »

« À présent, mon Jeannot, pars s'il te faut partir !
Que Dieu suive tes pas et veuille les bénir.

Si quelque fleur jetée sous tes pas se révèle,
Songe à ta bien-aimée qui se fane comme elle ! »

Se séparant comme du rameau la verdure,
Leur cœur fut un hiver plein de sombre froidure.
Ilouchka longuement dans les larmes s'épanche,
Et Jeannot les essuie avec ses larges manches.

Il partit sans savoir où menait le chemin,
Car peu lui importait où aboutir enfin.
Des bergers près de lui sifflaient sans qu'il le sache,
Et non loin résonnaient les clochettes des vaches.

Le village déjà est bien loin en arrière.
Aucun feu de berger ne monte des clairières.
À l'ultime regard qu'il adresse après lui,
Le clocher, spectre noir, le contemple, surpris.

S'il n'avait été seul alors, à ce moment,
On l'aurait entendu soupirer longuement,
Les grues qui fendaient l'air à cet instant précis,
Volaient toutes trop haut : nulle ne l'entendit.

Ainsi cheminait-il dans la nuit de silence,
Et seul son lourd manteau bruissait en cadence.
Le poids de ce manteau lui semblait l'accabler,
Mais c'est par son cœur lourd qu'il était oppressé.

Jean le Preux / Sándor Petőfi ; traduit par László Pödör et Anne-Marie de Backer. – Budapest : Corvina, 1980. – [Pp. 16-18].

POÈMES 77

G. Vautier — 1936

Le char aux quatre bœufs. — Ce poème de 1845, qui fait penser à un fragment de journal, fut inspiré, par une excursion du poète qui eut réellement lieu, pendant un séjour à la campagne, en compagnie de la fille de ses hôtes. Ce qui donne à cette pièce son cachet particulier, c'est le contraste savamment entretenu entre l'épaisseur des choses qu'évoque le char à bœufs et l'idylle qui se noue « en haut », tout imprégnée de sentiments aériens.

L'aventure qui suit n'eut point Pest pour théâtre :
Le romanesque y est chose inconnue.
Les membres de la noble compagnie
Montèrent sur le char, et puis ils s'en allèrent.

Ils allaient sur un char, c'était un char à bœufs,
Deux paires de bovins composaient l'attelage.
Traînant le char sur la grand'route
Les quatre bœufs, lentement, avançaient.

La nuit était claire et la lune était haute,
Le pâle astre errait au milieu des nuages
Comme une femme en deuil qui, dans un cimetière,
De son époux cherche la tombe.
Le vent — marchand venu des champs voisins —
A acheté du pré le plus doux des parfums.
Traînant le char sur la grand'route
Les quatre bœufs, lentement, avançaient.

J'étais, moi aussi, de la compagnie,
Et j'étais le voisin de la petite Erzsi.
Tandis que tous les autres membres
Devisaient et chantaient gaîment,
Moi, je rêvais. Soudain, je dis à ma voisine :
« Si nous faisions choix d'une étoile ? »
Traînant le char sur la grand'route
Les quatre bœufs, lentement, avançaient.

« Si nous faisions choix d'une étoile ? »
Disais-je en rêvant à la petite Erzsi.
« L'étoile, un jour, pourra nous reconduire,
Si jamais le destin nous sépare,
Vers le souvenir de temps plus heureux. »
Et nous choisîmes une étoile.
Traînant le char sur la grand'route
Les quatre bœufs, lentement, avançaient.

Anthologie de la poésie hongroise / par Jean Hankiss et Léopold Molnos-Müller ; traductions de Eugène Bencze, Alexandre Eckhardt [...]. – Paris : Éditions du Sagittaire, 1936. – [Pp. 61-62].

POÈMES 78

Anonyme — 1851

Mes chansons. — Ce texte de 1846, qui dessine en une vision contrastée l'autoportrait lyrique de l'artiste, est, semble-t-il, la première poésie de Petőfi traduite en français. Son présentateur, un émigré hongrois, caractérisait le poète en ces termes : « Original dans ses idées, connaissant à fond tous les secrets de sa langue nationale, pas une pensée, pas un mot ne s'échappe de sa plume féconde, qui ne soit marqué au cachet du peuple dont il s'est fait à la fois le chantre et le vengeur. »

Parfois, laissant flotter ma vie
Au gré de cent pensers divers,
J'embrasse de l'œil ma patrie,
Les cieux et le vaste univers.
Alors, pour mon âme rêveuse,
Mes chansons, un vague refrain,
Sont de la lune vaporeuse
Le reflet qui brille au matin.

Pourquoi rêver ? Soyons plus sage ;
Sachons bien vivre et bien mourir ;
Écartons le sombre nuage
Qui nous dérobe l'avenir…
L'avenir ! De Dieu c'est l'affaire ;
Chansons, volez ! Gais tourbillons,
Volez ! De mon âme légère
Vous êtes les gais papillons.

Lorsque je vois gentille belle,
Je fais trêve à tous mes soucis,
Et dans l'azur de sa prunelle
Je repose mes yeux ravis.
Chansons qui, dans vos douces pauses,
Célébrez son attrait vainqueur,
Vous êtes le parfum des roses
Qui captive mon jeune cœur.
Aimé, je bois à ma maîtresse…
Et, si parfois survient l'ennui,
Dans les flots d'une douce ivresse
Je vois bientôt qu'il s'est enfui…
Chansons ! que la vie est heureuse !
Par vous sa coupe n'est que miel,
Et sur mon âme aventureuse
Vous brillez comme l'arc-en-ciel.

Mais, hélas ! tandis que mon verre
Fait résonner ses chocs joyeux,
Je vois les peuples de la terre
Rivés au boulet odieux…
Chansons ! la patrie est perdue !
Pleurez ses sombres désespoirs !

De mon âme triste, abattue,
Vous êtes les nuages noirs...

Pourquoi gémir, peuples esclaves ?
Ah ! plutôt, frappez vos tyrans.
Attendrez-vous que vos entraves
Tombent sous la rouille des ans ?
Chansons ! ma voix audacieuse
Sonne le tocsin dans les airs ;
Et de mon âme furieuse
Vous êtes les brûlants éclairs !...

La Hongrie ancienne et moderne : Histoire, arts, littérature, monuments / [...] sous la direction de M. J. Boldényi [pseudonyme de Pál Szabó]. – Paris : H. Lebrun, 1851. – [Pp. 147-148]

POÈMES 79

J. Rousselot — 1962

Une pensée me tourmente... — La mort de Petöfi, survenue probablement le 31 juillet 1849, lors d'un combat de l'armée du général Bem en Transylvanie, devait fatalement revêtir d'un caractère prémonitoire cette vision romantique (décembre 1846) d'une lutte finale pour la liberté des peuples dont l'immense champ de bataille verrait mourir le poète sous des drapeaux sanglants.

Une pensée me tourmente sans cesse :
Mourir au lit, sur un mol oreiller ?
Me faner lentement, comme l'œillet
Qu'un ver secret ronge tout à son aise ?
Me consumer comme un flambeau livide
Abandonné dans une chambre vide ?
Je ne veux pas de cette mort, mon Dieu !
Je n'en veux pas ! Je veux mourir d'un coup,
Arbre rompu par la foudre, debout,
Ou mis à bas par le vent furieux,
Ou bien rocher qui roule dans l'abîme
Dans le fracas de la nue et des cimes.
Les peuples las de se voir asservir,
Se lèveront un jour, sans prévenir,
La face en feu sous de rouges bannières
Où brillera cette devise fière :
« La liberté pour tous, sur cette terre ! »

Lorsqu'ils répandront ces mots claironnants
Partout, de l'Orient à l'Occident,
Pour le grand assaut contre les tyrans,
Alors je veux mourir au premier rang,
Et que mon cœur, au champ d'honneur déverse
À rouges flots le sang de ma jeunesse...
L'adieu joyeux qui emplira ma bouche,
Qu'il soit couvert par un fracas d'acier,
Par la trompette et le canon farouche !
Que les coursiers hennissant de triomphe
Foulent aux pieds mon cadavre et le rompent
Et qu'ils le laissent là, déchiqueté !
Enfin, mes os épars, qu'on les recueille
Lorsque viendra le jour des funérailles,
Quand aux accents des fanfares de deuil,
Sous les drapeaux de crêpe cravatés
On conduira vers leur commune tombe
Les héros morts pour toi, ô liberté du monde !

Anthologie de la poésie hongroise du XIIe siècle à nos jours / [anthologie établie par Ladislas Gara]. – Paris : Éditions du Seuil, 1962. – [Pp. 163-164].

LETTRES DE VOYAGE À FRIGYES KERÉNYI 80

I. Kelemen — 1973

Poésie de la puszta (Lettre III). — Ne pas confondre la *puszta* avec la *plaine hongroise.* Elle en fait partie, mais le mot désigne les terrains les plus arides, en général complètement dépourvus d'arbres, comme justement le *Hortobágy* au temps de Petöfi. Le Hortobágy a encore aujourd'hui une superficie de 2 000 km^2. Frigyes Kerényi fut un ami du poète. Son invitation fut à l'origine du long parcours que celui-ci fit, dans la Hongrie du Nord, entre le 1er avril et le 24 juin 1845. Ces lettres sont en fait un journal de voyage dont le texte fut aussitôt publié.

Füred lui-même est tout aussi désolé, triste, aride... des maisons qui menacent ruine, aux toits et aux cours envahis de mauvaises herbes ; des gens pâles et silencieux, des rues désertes et muettes... laissons donc là cette tombe vivante et allons, courons vers l'est, où nous attend le spectacle magnifique de la *puszta*, du Hortobágy !

Hortobágy, glorieuse plaine, tu es le front de Dieu !

Je m'arrête en ton milieu et je te contemple avec un ravissement que n'éprouve point le Suisse parmi ses Alpes, mais que seul le Bédouin connaît dans les déserts de l'Arabie. Comme je respire librement, comme mon cœur se dilate !

Combien la route du soleil est plus longue ici qu'ailleurs ! L'horizon est immense ; il ressemble à une table ronde, recouverte de la cloche de verre bleu clair du ciel que ne ternit pas le moindre nuage. C'est une journée printanière splendide.

Ici et là, par où je passe, une alouette s'élève en chantant dans les airs, comme s'élève l'araignée sur son fil.

À quelques pas de la piste, brille un petit étang bordé de joncs vert foncé et de laîches vert clair ; des vanneaux à tête huppée y couraillent et, au milieu de l'étang, haut perchée sur ses longues pattes rouges, la cigogne mélancolique marche à grands pas.

Un troupeau de bœufs broute l'herbe dans le champ voisin ; appuyé sur sa longue houlette, le bouvier se tient derrière ses bêtes et il soulève son chapeau devant nous ; il ne le fait pas par servilité comme les Allemands et les Slovaques du Nord, mais par civilité, ainsi qu'il convient à un Hongrois.

Que sont ces formes en T, au loin ? ce sont des puits à bascule, mais ils sont si loin de nous que l'on n'aperçoit pas leurs minces balanciers.

Là-bas, au bord de l'horizon, c'est l'auberge du Hortobágy, qui se dessine non pas sur le sol, mais contre le ciel... C'est un effet du mirage. Près de l'auberge, un troupeau de chevaux, également dans les airs, comme un vol de grues harassées. Cher mirage ! tu tiens les objets dans ton giron, comme une mère ses enfants.

Un calme préhistorique plane sur ce paysage muet et méditatif, comme un vieillard centenaire assis près de l'âtre, qui revit le cœur serein, les journées mouvementées qu'il a vécues.

Que la *puszta* est simple et pourtant majestueuse ! Mais comment serait majestueux ce qui n'est pas simple ?...

Le voyage à travers le Hortobágy dure plus d'une demi-journée ; or, bien que je fusse déjà venu dans ces parages à maintes reprises, je n'eus cessé de m'émerveiller. Les joues en feu, les yeux brillants, la poitrine houleuse, je regardais autour de moi ; mes compagnons de route se délectaient à me voir tant me délecter et la jeune sœur de Monsieur le curé crut devoir observer que ma future femme serait bien heureuse, si je devais l'aimer comme j'aimais la *puszta*. Ma Juliette sera donc heureuse, puisque je l'aime bien plus que la *puszta*, ô combien plus !

Nous arrivâmes à Debrecen au crépuscule. Nous passâmes près du cimetière où repose Csokonai. La brume du soir flottait autour de la statue de fonte noire du poète[1], comme un voile couleur cendre ; mon regard s'y arrêta et je pensai avec mélancolie au moment où un autre voyageur aurait des pensées de ce genre, auprès de ma tombe !

Révolté ou révolutionnaire ? Sándor Petöfi à travers son Journal, ses lettres, écrits polémiques et poèmes / Choix de textes, préface et commentaire par Béla Köpeczi. – Budapest : Corvina ; Paris : Odéon Diffusion, 1973. – [Pp. 136-138].

POÈMES 81

E. Guillevic — 1962

Fin septembre. — Júlia, qu'il venait d'épouser, inspira à Petöfi, comme l'a noté le poète Jean Rousselot, « de véritables chants d'amour » : « Odes, élégies, dithyrambes, toute la gamme des formes et des styles au service de sa première passion ! » Ce poème fut écrit pendant la lune de miel des jeunes mariés.

Le val est riche encor des fleurs de ses jardins,
Et vert le peuplier dans la fenêtre ouverte.
Mais le monde d'hiver, l'aperçois-tu qui vient ?
La neige sur la cime au loin donne l'alerte.
Encor l'été brûlant brûle mon jeune cœur,
Mais si la sève en lui monte et le renouvelle,
Déjà des fils d'argent dans mes cheveux révèlent
Que les froids de l'hiver vont montrer leur vigueur.

Car s'effeuillent les fleurs et s'enfuit notre vie...
Viens donc, ô mon aimée, te blottir sur mon sein.
Toi qui tout contre moi mets ta tête chérie
N'iras-tu te pencher sur ma tombe demain ?
Si je meurs le premier, de ces deux que nous sommes,
Mettras-tu, dans les pleurs, un linceul sur mon corps ?
Si un autre t'aimait, se pourrait-il alors
Que tu quittes mon nom pour le nom de cet homme ?

Si ce voile de veuve un jour tu le jetais,
Comme un drapeau de deuil laisse-le sur ma tombe.
Je viendrai le chercher, du noir où tout se tait,
Au cours de cette nuit où notre amour succombe,

1 Sur la tombe du poète Csokonai, on a érigé un monument de fonte en forme de cône. (N.d.t.)

Pour essuyer les pleurs versés sur notre amour,
Sur toi facilement oublieuse et parjure,
Pour panser de mon cœur l'horrible déchirure —
T'aimant même là-bas, même alors et toujours.

Anthologie de la poésie hongroise du XIIe siècle à nos jours / [anthologie établie par Ladislas Gara]. – Paris : Éditions du Seuil, 1962. – [Pp. 164-165].

JOURNAL 82

I. Kelemen — 1973

La Révolution française, ce « nouvel évangile du monde » (1848). — Entre le 15 mars, première journée révolutionnaire dont il fut l'un des protagonistes, et le 29 avril 1848, Petöfi tint à apporter son témoignage, assorti de commentaires fort critiques, sur l'actualité. Il publia son texte dès le mois de mai, sous le titre de *Pages de journal de Sándor Petöfi*. Si le poète ne le parlait pas, il lisait couramment le français et possédait un exemplaire de l'ouvrage de Saint-Just, *Esprit de la Révolution et de la Constitution de France*, dont la page de garde porte, de sa main, cette inscription : « Trésor de Sándor Petöfi, 1846 ».

Pest, le 17 mars 1848.

Ma lecture presque exclusive depuis des années, ma prière du matin et du soir, mon pain quotidien, c'est l'histoire des révolutions de France, ce nouvel évangile du monde, par lequel la liberté, nouvelle rédemptrice du monde, prêche sa parole[1]. Chaque mot, chaque lettre en sont gravés dans mon cœur, où les lettres mortes se sont animées ; redevenues vivantes, elles y sont à l'étroit ; elles se déchaînent et délirent en mon sein !

Je devrais tremper ma plume au cœur même d'un volcan, pour pouvoir décrire mes jours, le tourment de mes jours !

C'est ainsi que j'attendais l'avenir, que j'attendais l'instant où mes idées et mes sentiments sur la liberté, ces âmes damnées emprisonnées dans mon cœur, pourraient enfin s'échapper du lieu de leur supplice... Cet instant, je l'attendais ; je ne me bornais pas à espérer sa venue, mais j'y croyais fermement. La preuve en est donnée par les poèmes que j'écrivis depuis plus d'une année. Non point par raisonnement, mais par cette inspiration prophétique — ou, si vous préférez, par cet instinct animal — qui habite le poète, je voyais clairement que, jour après jour, l'Europe s'acheminait vers un bouleversement magnifique et violent. Je l'ai écrit plusieurs fois et je l'ai dit à un grand nombre de personnes. Nul ne croyait à

1 Petöfi fut un lecteur enthousiaste de l'*Histoire des Girondins* qui eut un immense retentissement en Hongrie. Son admiration ne l'empêcha pas de professer un radicalisme que Lamartine n'aurait certainement pas approuvé.

mes prophéties ; nombreux sont ceux qui ont ri de moi ; on me qualifiait en général de rêveur et de niais ; malgré cela, cette foi demeurait vivante en moi et je me trouvais dans l'état où se trouvent les bêtes à la veille d'un tremblement de terre ou d'une éclipse.

Révolté ou révolutionnaire ? Sándor Petöfi à travers son Journal, ses lettres, écrits polémiques et poèmes / Choix de textes, préface et commentaire par Béla Köpeczi. – Budapest : Corvina ; Paris : Odéon Diffusion, 1973. – [Pp. 210-211].

POÈMES 83

P. Chaulot — 1971

Adieu. — Le 10 septembre 1848, un ennemi personnel de Petöfi l'accusa publiquement de lâcheté. Quelques jours plus tard, le poète s'engagea dans l'armée, où il reçut le grade de capitaine. Envoyé en Transylvanie pour exhorter le peuple à la lutte, il s'arrêta en chemin à Erdöd (en roumain Ardud) où sa femme, retirée chez ses parents, attendait son enfant.

Le jour se lève et c'est déjà le soir,
À peine arrivé, je dois repartir,
À peine le temps de te saluer,
Qu'il faut arrêter de nous attendrir.
Que Dieu te protège, ô ma jeune femme,
Mon cœur, mon amour, ma vie et mon âme.

J'ai laissé mon luth pour prendre mon sabre.
Poète je fus, me voici soldat.
Je vois briller l'aurore boréale
Où, seule, une étoile d'or me guida.
Que Dieu te protège, ô ma jeune femme,
Mon cœur, mon amour, ma vie et mon âme.

Je ne m'en vais pas rongé d'ambition.
Mon front n'a souci du moindre laurier,
De roses couvert, roses du bonheur,
Il ne songe guère à s'en séparer.
Que Dieu te protège, ô ma jeune femme,
Mon cœur, mon amour, ma vie et mon âme.

Je ne m'en vais pas rongé d'ambition.
L'orgueil m'a quitté il y a longtemps.
J'offre à la patrie de mourir pour elle,
J'offre à la patrie des combats sanglants.

Que Dieu te protège, ô ma jeune femme,
Mon cœur, mon amour, ma vie et mon âme.

Nul ne répondrait à l'appel des armes,
J'effacerais seul cette trahison.
Mais tous ont rejoint le champ de bataille,
Je ne puis rester dans notre maison.
Que Dieu te protège, ô ma jeune femme,
Mon cœur, mon amour, ma vie et mon âme.

Devrai-je te dire avec mon adieu :
« Pense à ton mari qui se bat pour toi ? »...
Comme ce serait bien mal te connaître,
Toi qui n'as pas d'autre pensée que moi !
Que Dieu te protège, ô ma jeune femme,
Mon cœur, mon amour, ma vie et mon âme.

Je te reviendrai mutilé peut-être,
Mais tu m'aimeras comme auparavant.
Et tel aujourd'hui, mon amour j'emporte,
Tel je le rendrai, j'en fais le serment.
Que Dieu te protège, ô ma jeune femme,
Mon cœur, mon amour, ma vie et mon âme.

Poèmes / Sándor Petöfi ; présentation et choix par Jean Rousselot. – Budapest : Corvina, 1971. – [Pp. 161-162].

POÈMES 84

J. Rousselot — 1971

Horribles temps. — Accaparé par l'action, désespéré de voir la Hongrie abandonnée par l'Europe, ayant perdu ses parents au printemps, démis de ses fonctions dans l'armée au mois de mai, à la suite de ses démêlés avec la hiérarchie militaire, Petöfi ne composa que vingt poèmes dans les six derniers mois de sa vie. Celui-ci est le dernier, écrit deux ou trois semaines avant sa mort, en juillet 1849.

Horribles temps ! Horribles temps !
Et l'horreur toujours va croissant !
Tu as juré,
Ciel, on dirait,
D'exterminer tous les Hongrois !
Si nous saignons de mille endroits,

C'est que sur nous et sur nos armes,
La moitié du monde s'acharne.

Devant nous les coups et les cris !
Derrière — et c'est encore pis —
Voici la peste
Et tout le reste !
Des maux divins, peuple hongrois,
Tu as reçu ta part deux fois !
La mort à deux mains, à plein bras,
Sur tes frontières fauche ras.

Nous tuera-t-on jusqu'au dernier,
Sans qu'il en soit même épargné
Un seul qui conte
Ces temps de honte ?
S'il en est un, ce solitaire
Saura-t-il redire à la terre,
La nuit, le crime, et retracer
Comment tout cela s'est passé ?

Et s'il dit les événements
Comme ils furent, fidèlement,
Qui pourra croire
Que cette histoire
D'horreur est bien la nôtre, hélas !
On prétendra que ce sont là
Les divagations sanglantes
Nées d'une cervelle démente.

Poèmes / Sándor Petőfi ; présentation et choix par Jean Rousselot. – Budapest : Corvina, 1971. – [Pp. 171-172].

MANGAN

ANGLAIS **1803-1849**

Poète, traducteur et critique, ce fils de petit commerçant est né à Dublin, où il a passé toute sa vie. Son père négligent en affaires et bientôt ruiné, le jeune James Clarence devient, à quinze ans, commis aux écritures, puis clerc chez un homme de loi. Parallèlement à ce pensum alimentaire, il écrit des poèmes, qu'il publie dès 1818. D'un tempérament timide, mélancolique et excentrique, tôt touché par l'alcoolisme et peut-être par l'opiomanie, il restera socialement en marge tout au long de sa vie. Remarqué par l'érudit George Petrie, il entre comme copiste au département topographique du Cadastre, puis, sur recommandation également, devient aide-catalogueur à la bibliothèque de Trinity College, poste qu'il occupera tant bien que mal jusqu'en 1846. Il passera les trois dernières années de sa vie dans l'instabilité et le dénuement pour mourir, au moment de la Grande Famine, d'épuisement et du choléra.

Doté d'une première instruction solide, très ouvert, par penchant personnel, à la littérature universelle, Mangan sera constamment alimenté dans sa créativité par sa connaissance de langues étrangères, surtout de l'allemand, et de nombreuses lectures. Très intéressé par la cause indépendantiste et par la langue gaélique, à l'époque dans une situation très précaire et dont il n'eut que des notions rudimentaires, il s'informa de la littérature en gaélique notamment auprès de certains membres du mouvement de la « Jeune Irlande ».

Son œuvre, d'abord disséminée dans divers journaux et almanachs, trouvera, de 1834 à sa mort, une place régulière dans le *Dublin University Magazine*, puis dans des journaux nationalistes de Belfast et de Dublin. Un seul recueil a paru de son vivant, l'*Anthologia germanica* (1845). Son œuvre de traducteur est bien souvent de réécriture, voire d'invention libre. Bien plus, chez lui l'auteur et le traducteur sont le plus souvent convoqués en un lieu où l'art du rythme poétique, la magie verbale — sa maîtrise souveraine est là — vient se saisir d'une substance poétique qu'il assume et s'approprie en l'exaltant. Les textes qu'il a traduits sont ainsi bien plus souvent récrits, et ses propres compositions sont très souvent greffées sur des textes ou nourries de traductions existantes d'auteurs de multiples littératures : française, espagnole, italienne, portugaise, néerlandaise, turque, persane, islandaise, hongroise, arabe, suédoise, russe et, surtout, allemande.

Poète catholique au romantisme décadent, mais détaché du sentimentalisme à la Thomas Moore, James Clarence Mangan est devenu, après que son œuvre fut sauvée de l'oubli par plusieurs publications posthumes dont se chargèrent ses amis, une référence symbolique pour les auteurs anglo-irlandais des générations suivantes. Joyce, Yeats et Ó Casey l'ont ainsi salué comme l'un des fondateurs de la littérature nationale en anglais et comme l'un des initiateurs du retour aux sources de la conscience irlandaise.

James Clarence Mangan, poète traducteur : étude critique et bibliographie détaillée / par Jacques Chuto. – Lille 3 : ANRT, 1988.

The Dubliner : the lives times and writings of James Clarence Mangan / [compiled and edited] by Brendan Clifford. – Belfast : Athol books, 1988. – 176 p.

POÈMES 85

P. Rafroidi — 1972

La famine. — Elle ne suscite que la colère, cette terrible famine qui tua plus d'un million de personnes.

Amis, la tragédie sur notre sol aimé
Jadis si bienveillant, croît à chaque moment.
Sur nos champs sans moisson, on entend s'élever
La complainte du paysan.
Oyez-le qui gémit : jamais dormeur
Étouffant et luttant dans quelque rêve affreux
Contre l'Ennemi hideux
Ne vit ni ne subit si atroce terreur :
Serf sans recours, miné par la famine
Sans abri et sans pain,
Voué à l'abandon dans la fosse anonyme
Tassée chaque matin.

L'Irlande et le Romantisme : la littérature irlandaise-anglaise de 1789 à 1850 et sa place dans le mouvement occidental / Patrick Rafroidi. – Paris : Éditions Universitaires, 1972. – (*Encyclopédie universitaire. Études irlandaises* ; 1). – [P. 194].

POÈMES 86

P. Rafroidi — 1972

Brune Rosalinde. — Libre adaptation d'un original gaélique, *Roisin Dubh*, *Dark Rosaleen* est généralement interprété comme une allégorie de l'Irlande.

Tendre et brune Rosalinde !
Pourquoi pleurer, pourquoi geindre ?
Sur le vert océan, les clercs
Martèlent l'abîme, apportant
Le vin qu'en royal cadeau t'a offert
Le pape, sur l'océan vert ;
Apportent d'Espagne céans
Brune Rosalinde,
Tendre Rosalinde,
Coupe de joie, raison d'espoir,
Raison de foi, de joie, d'espoir.
Tendre et brune Rosalinde,

Par les monts et les vaux
J'ai erré pour te plaire
Hier m'a vu courant les eaux

Des lacs et des rivières.
Et sur l'Erne grondant
Mon pas fut un éclair
Car la foudre brûlait mon sang,
Brune Rosalinde,
Tendre Rosalinde,
La foudre brûlait mon sang,
La rouge foudre dans mon sang,
Ma brune Rosalinde.

Tout le jour, sans répit,
Je m'agite, ma mie,
Et jusqu'au tréfonds de mon cœur
Languis pour toi ma souveraine.
Mon cœur au plus profond de moi
Languit pour toi qui es ma reine,
Toute ma vie, mon saint des saints,
Tendre Rosalinde,
Brune Rosalinde,
T'écoute, douce qui te plains
Ma mie, ma vie, mon saint des saints,
Ma brune Rosalinde.

L'Irlande et le Romantisme : la littérature irlandaise-anglaise de 1789 à 1850 et sa place dans le mouvement occidental / Patrick Rafroidi. – Paris : Éditions Universitaires, 1972. – (*Encyclopédie universitaire. Études irlandaises* ; 1). – [P. 269].

POÈMES 87

P. Rafroidi — 1972

Le génie.

Génie ! génie ! Que d'afflictions amères
Te valent ta nature et l'homme terre à terre,
Aveugle qui ne sait entrevoir près de lui
Des esprits libérés de la mesquinerie
Dont pur est le propos comme neige aux sommets,
Le zèle dévorant, reflet du Paraclet.

L'Irlande et le Romantisme : la littérature irlandaise-anglaise de 1789 à 1850 et sa place dans le mouvement occidental / Patrick Rafroidi. – Paris : Éditions Universitaires, 1972. – (*Encyclopédie universitaire. Études irlandaises* ; 1). – [Pp. 352-354].

AUTOBIOGRAPHIE 88

P. Rafroidi — 1972

Misère d'hôpital.

Mes tourments physiques et moraux — l'épreuve du froid, de la chaleur, de la faim, de la fatigue — et cette solitude de l'esprit qui est peut-être pire que tout, finirent par provoquer en moi une fièvre qui me fit admettre à l'hôpital... Il y avait dans le service des convalescents de cette institution un pauvre enfant véritablement atteint de lèpre des pieds à la tête : et comme il n'y avait pas de lit libre, je me vis contraint de partager celui de cette misérable créature, ce que je fis sans me douter le moins du monde du résultat inévitable tant était grande mon ignorance du phénomène de la contagion. Mais plusieurs jours après mon retour de l'hôpital, ce résultat ne se montra que trop clairement sur ma personne sous la forme d'une maladie presque aussi hideuse et repoussante que celle du pauvre garçon lui-même : et bien que toutes les traces extérieures en aient depuis longtemps disparu, son retentissement moral fait encore à ce jour partie intégrante de ma constitution mentale...

L'Irlande et le Romantisme : la littérature irlandaise-anglaise de 1789 à 1850 et sa place dans le mouvement occidental / Patrick Rafroidi. – Paris : Éditions Universitaires, 1972. – (*Encyclopédie universitaire. Études irlandaises* ; 1). – [Pp. 354-355].

LENAU

ALLEMAND **1803-1850**

La vie de Nikolaus Lenau, de son vrai nom Nikolaus Niembsch von Strehlenau, fut douloureuse. Né à Csatàd, petit bourg de Hongrie (aujourd'hui en Roumanie), il perd son père à l'âge de cinq ans et voit mourir sa mère, à laquelle il était très attaché, à l'âge de 27 ans. Il ne connaît que des amours déçues, avortées ou déchirantes. Venu en Autriche, il subit comme poète la censure de Metternich, et doit trouver refuge en Souabe. Sa santé, comme son esprit, est fragile, ce qui le prédispose à des accès d'hypocondrie. Il partage le *Weltschmerz* (« mal du siècle ») et l'*Europamüde* (« lassitude européenne ») de ses contemporains romantiques. Sa vie, certes, est riche d'inspirations diverses : il lit les philosophes, les mystiques rhénans (Suso, Maître Eckhart) et les poètes, joue du violon et de la guitare ; il est habité par la steppe hongroise, les Alpes autrichiennes et l'océan qui le mena aux Amériques ; il vibre aux résistances nationales polonaise, indienne, hongroise ou tsigane. Mais cette luxuriance a son revers : le morcellement et l'errance. Errance de l'esprit : il commence diverses études (droit, médecine, philosophie, agriculture) sans jamais les achever ; il goûte à divers systèmes philosophiques sans jamais se fixer (théosophes, Spinoza, Schelling, Hegel) ; il fluctue entre l'aspiration rationnelle et l'aspiration mystique. Errance du pèlerin sans feu ni lieu : il change de demeure, de ville (Vienne, Stuttgart), de continent même (Amérique), selon les bonnes volontés qui l'accueillent, à la recherche de la paix du cœur et de l'esprit. En 1844, à la suite d'une paralysie nerveuse, générée par la syphilis, il sombre dans la folie, dont seule la mort le délivrera.

Lenau occupe une place particulière dans la littérature allemande, insuffisamment reconnue. La censure qui pesait sur ses écrits, aux accents libertaires et révolutionnaires, n'a pas encore vu s'éteindre tous ses effets. Pourtant, la quinzaine d'années que Lenau consacra à l'écriture fait de lui l'un des grands poètes lyriques de langue allemande. On lui doit des poèmes courts, tant pittoresques qu'amoureux, révolutionnaires, religieux ou philosophiques, dans lesquels la métaphore est très présente, mais également quatre longs poèmes dramatiques : *Faust* (1836, 1840), expression du sceptique qu'était Lenau, *Savonarole* (1837), expression du mystique, *Les Albigeois* (1842), expression du révolutionnaire, et *Don Juan* (1844, publié posthume en 1851).

Dans son *Faust*, Lenau use librement de ses sources : les tours de magie des *Récits populaires* de Faust, les *Faust* de Goethe (dont il conteste l'optimisme et l'apothéose sereine de l'épilogue), ou encore Spinoza et les mystiques rhénans. L'histoire campe un Faust las du doute, révolté par la finitude humaine et le mutisme de la nature qui garde jalousement ses secrets ; il se veut autonome jusque dans sa connaissance, refusant un savoir de participation avec Dieu. Il jette la Bible au feu et conclut un pacte avec le diable censé lui apporter enfin la vérité au moyen de la faute, mais aussi la gloire, la puissance, l'or et les plaisirs des sens. Pour mener Faust au désespoir, Mephisto entend suivre trois étapes : séparer Faust de Dieu, l'arracher ensuite à la nature face à laquelle Faust se définit bien plus que par rapport aux humains, pour enfin l'isoler en son moi et le faire douter de sa propre existence. L'histoire suit approximativement ces trois moments. Meurtrier, sans amour pour avoir abandonné les femmes qu'il a séduites et les enfants qu'il leur a donnés, maudissant Dieu, rejeté de la nature, enclos désormais dans son rêve, tenté par la fusion dans le grand Tout, il se suicide. En soulevant la question du Dieu personnel, qui départage christianisme et panthéisme, et en tenant l'aspiration à s'immerger dans le Dieu-Tout pour une tentation méphistophélique, ce *Faust* atteste, contre un des personnages du *Huis-clos* sartrien, que l'enfer, c'est l'absence des autres.

Après *Faust*, poème de la révolte et du doute, *Savonarole* témoigne d'un glissement vers le christianisme. Sous l'influence de ses amis théologiens Hans Martensen et Franz Baader, Lenau s'écarte du déisme et de la philosophie panthéiste dont le premier sermon du moine florentin est la réfutation, pour s'attacher à la seule foi chrétienne. Mais tout en se faisant le héraut du christianisme, Lenau, en choisissant la figure d'un Savonarole luttant jusqu'au martyre pour amener l'Église à se renouveler, luttant contre l'Églisepour la foi de l'Église, n'a pas fait taire son tempérament libertaire. Il n'a pas non plus gommé, malgré les discours de l'ascète flétrissant la complaisance dans les arts, son attirance d'artiste pour l'univers esthétique des Médicis.

Lenau laisse éclater sa révolte contre l'Église en pleine clarté dans *Les Albigeois*, poème où il met en scène la lutte des cathares contre la papauté. Si le contexte reste religieux, c'est, en effet, bien plus la lutte politique contre la papauté et les puissants que la recherche mystique qui intéresse ici Lenau qui, en 1842, affirme vouloir « écarter désormais tout le bric-à-brac théologique de ses poèmes ». Sans partager la foi des cathares, il entend sympathiser avec ces oubliés de l'histoire ; une histoire à laquelle il confère cette fois des accents hégéliens, quand il croit à la positivité de l'histoire universelle dont les progrès s'accomplissent grâce à l'esprit immanent, à travers la face négative mais nécessaire de la lutte, de la souffrance et de la mort.

Après avoir exploré les luttes collectives, Lenau revient à une figure emblématique de l'humanité. Il use, à l'égard du mythe de Don Juan, de la même liberté qu'à l'égard de celui de Faust. C'est ainsi qu'il se refuse à conclure son poème sur le dénouement traditionnel de la condamnation divine. Loin d'être coupable aux yeux de Lenau, le héros sévillan subit l'impulsion d'une force naturelle irrépressible — le *conatus* cher à Spinoza auquel revient le poète — dont on ne peut que corriger certains effets néfastes, en pourvoyant par exemple à l'avenir des femmes aimées et abandonnées, et à celui de leurs enfants. Lenau n'a toutefois pas supprimé la protestation de quelques femmes, ni la lassitude du héros choisissant, après Faust, un suicide à peine dissimulé — ce qui fait du poème une partition à deux voix.

Lenau était fasciné par les héros mythiques : Faust et Don Juan, qui se rapprochent à cette époque, mais aussi le juif errant, Ahasvérus, auquel il consacra deux poèmes. C'est notamment par ce trait qu'il s'accorde à sa génération. Il use et abuse de l'inspiration philosophique et mystique mais, en vrai poète, intègre toute influence dans l'expression lyrique. De son temps, son œuvre put le transcender : son champ d'expression a su inspirer les musiciens jusqu'à nos jours. Ils ne sont pas moins de sept cents à avoir transformé ses poèmes en *Lieder*, et parmi eux, Alban Berg, Liszt, Mendelssohn, Schönberg, Schumann, Strauss et Hugo Wolf.

Lenau et son temps / L. Roustan. – Paris : Éditions du Cerf, 1898. – 368 p.
Lenau, poète rebelle et libertaire / Jean-Pierre Hammer. – Paris : Aubier, 1987. – 196 p.

Faust ou l'Autre en question : Dieu, la femme, le mal : Étude littéraire et philosophique de l'altérité dans le mythe de Faust / Françoise Mies ; préface d'André Dabezies. – Namur : Presses Universitaires de Namur, 1994. – (*Philosophie* ; 2). – [Pp. 129-176].

AHASVERUS, LE JUIF ERRANT 89

A. Spaeth — 1968

Pitoyable maudit. — Ce poème d'environ 150 vers fut écrit en 1833, lors du voyage de Lenau en Amérique. Bien que dans *Savonarole*, Tubal, un autre juif, soit réconcilié au Christ par le martyre du dominicain florentin, la figure du juif errant, loin d'attirer les foudres du poète, suscite en lui la compassion pour la victime, pour l'homme condamné à l'errance en lequel il se reconnaît. — Dans la Puszta, la steppe hongroise, Ahasverus arrive dans un village où les vieillards pleurent la mort d'un jeune adolescent. Face au crucifix placé sur le cercueil, il se souvient.

À présent, tandis que les pâtres ferment le cercueil,
Ahasverus regarde fixement le crucifix sur le couvercle.
Des souvenirs terribles semblent surgir en son âme,
Et de ses sombres yeux jaillissent des larmes :

« Voici son image, clouée sur le cercueil,
Lui qui vers moi vint un jour, languissant et sans forces,
Lui qui jadis s'écroula devant ma maison,
Courbé sous le fardeau de la croix et de l'opprobre,
Lui qui m'adjura, le cœur angoissé, de lui accorder un court répit.
Mais moi, dans ma maudite folie, je l'ai repoussé.
À présent, la malédiction me poursuit, moi aussi,
Et toutes les tombes se ferment devant moi.
Au seuil des éléments déchaînés, je pleurais
Comme un mendiant, appelant la mort de toute mon âme.
Pourtant, j'eus beau me mettre la corde au cou,
Mon corps solide et vigoureux respirait encore.
Le feu et les flots, où des victimes sans nombre ont péri,
M'ont refusé le bonheur de mourir auquel j'aspirais.
La flamme effarouchée, je la vis reculer,
Et l'onde avec dégoût m'a rejeté sur la grève. —
Lorsque, gravissant les falaises rocheuses,
Où rien ne s'épanouit que le doux effroi de la mort,
Lorsqu'en pleurant, je lançais mes imprécations vers l'abîme :
"Ô Terre, ma mère, voici ton fils perdu !
Laisse-moi m'écraser sur ton cœur de pierre !"
Alors, un ricanement me répondit du fond du gouffre,
Les vents, sur les ailes vigoureuses de mes blasphèmes,
Me déposèrent doucement dans la vallée,

Et, toujours vivant, j'errais comme un fou entre les précipices.
"La mort ! m'écriai-je, la mort !" en fouillant le sol de mes [ongles,
"La mort !", répond en ricanant l'écho au fond des gorges.
Avec la peste, voluptueusement je m'étendis sur ma couche,
Mais c'est en vain que je l'ai serrée sur mon cœur.
La mort qui s'étale, ardente, dans la gueule du tigre,
Ou celle, plus discrète qui fleurit dans la plante vénéneuse,
Ou celle encore qui rampe en serpentant sur les sentiers des bois
Et qui guette le voyageur pour le mordre au talon,
Elle n'a point voulu de moi ![1] »

Alors, le Juif se détourna des pâtres,
Poursuivant, sans trêve, sa course errante,
Les yeux fixés sur les derniers rayons du couchant.
Les oiseaux de la lande bourdonnaient au-dessus de sa tête,
Et, comme il s'avançait dans la morne plaine,
Son ombre gigantesque se profilait
Jusqu'aux pâtres qui se signaient en priant ;
Les femmes, en la regardant, frémissaient d'angoisse.

Poèmes / Lenau ; présentés, traduits et complétés par un appendice musical par Albert Spaeth ; édité en collaboration avec J.P. Hammer. – Paris : Aubier-Montaigne, 1968. – (*Collection bilingue des classiques étrangers*). – [Pp. 291-293].

FAUST — 90

J.-P. Hammer — 1971

La mort de Faust (v. 19-61 ; 113-170). — La fin de Faust atteste combien la stratégie en trois étapes de Méphisto a été couronnée de succès. Elle montre aussi, par la métaphore du rêve, jusqu'où s'étend le monisme du héros, et comment cette conception mène au néant. Méphisto a réussi à convaincre Faust que Dieu, la Nature et sa propre existence fusionnent en un Tout, et que cette unique texture du réel n'est que rêve, évanescence — la métaphore du rêve étant ici élevée à un statut ontologique, pour dire l'inconsistance du réel. Le suicide, motivé par la nostalgie de l'anéantissement, est la manière propre à Lenau de reprendre la traditionnelle damnation de Faust.

Faust

Je me suis placé délibérément en dehors de Dieu
Et de la Nature, dans une haine pleine de fierté,
Je voulais me trouver tout entier en moi-même ;

1 La nostalgie de l'anéantissement, motivée par le désir de mettre un terme à l'errance, se retrouve dans nombre de poèmes, notamment dans *Faust* et *Don Juan*.

Quelle folie ! je ne peux le supporter.
Mon moi, creux, plein de ténèbres, sans envergure
M'entoure d'horreur comme un cercueil.
Alors que j'étais en proie au tétanos de mon égoïsme effréné,
Le Diable me jeta dans le ravin.
Vivant et plongé dans les ténèbres de la tombe,
Je me suis éveillé, j'ai ouvert grand les yeux,
Et j'ai commencé, me lamentant sans fin,
À me ronger moi-même.
Maintenant j'ai réussi à briser les barreaux de l'étouffante [prison,
Avec une passion d'une ardeur redoublée,
De mon sépulcre j'étends de nouveau les bras
Vers Dieu et vers le monde.
Vers Dieu ? — Mais non ! — je n'ai en fait qu'un seul souci :
Oublier que je ne suis qu'une créature !
Un désir insatiable
Est né au fond de moi ;
D'abord ce fut une flambée ardente,
Je voulais saisir le monde au moyen de la connaissance ;
Mais maintenant, même dans la plus grande abondance,
La connaissance ne me suffirait plus.
Même si j'apprends à penser le monde,
Il reste cependant étranger au noyau de mon être,
Un monde froidement déchiqueté et réduit à des êtres isolés
Dont aucun ne se soucie de l'autre.
Aussi longtemps qu'un baiser s'enflamme sur cette terre,
Sans que ses étincelles traversent mon âme,
Aussi longtemps qu'une douleur fait entendre sa plainte sur terre
Sans qu'elle ronge mon cœur,
Aussi longtemps que je ne serai pas omnipotent,
Je préférerais ne plus exister du tout.
Ha ! comme la mer dans sa fureur monte à l'assaut du ciel !
Comme elle résonne au fond de moi, ô mon cœur !
Je le sens, c'est le même élan
Qui vit en mon cœur
Et qui soulève les flots vers le ciel :
C'est la nostalgie de l'anéantissement ;
C'est l'impatiente querelle
Qui nous pousse à briser toutes les barrières

Et, dans la joyeuse chute de la mort,
À toutes les renverser, toutes !
[...]
Cependant mon exclusion du monde et ma solitude
Ne sont-elles pas qu'une confuse apparence ?
Oui, il en est ainsi, je suis intimement lié
À Dieu et ce, depuis toujours.
Je ne fais qu'un avec lui,
Et ce Faust n'est pas mon moi véritable.
Le Faust qui s'occupait de recherches
Et qui a conclu un pacte avec le Diable,
Sa vie et celle de tous les hommes,
La pratique du bien et du mal,
Le Diable lui-même auquel Faust s'est voué,
Tout cela n'est rien d'autre que la conscience de Dieu qui se ternit
Un rêve que Dieu fait, un rêve désordonné,
L'écume éphémère, bigarrée des profondeurs de l'océan.
Et si l'homme engendre comme Faust un enfant,
Ce n'est qu'un rêve qui se tisse à partir d'un autre ;
Dans chaque enfant, dans chaque rougeoiement de l'aube,
Dieu rafraîchit son imagination.
Et si un homme tue, comme Faust, un autre homme,
Ce n'est qu'un rêve qui en efface un autre.
Et si le goût violent et l'impatience de la recherche
S'emparent avec force d'un fils du genre humain,
Si fort que durant tout le jour jusque tard dans la nuit
Il courtise la Vérité pour qu'elle lui accorde un regard,
C'est peut-être que Dieu pressent dans son rêve
Qu'il ne fait que rêver et que le désir de s'éveiller
Effleure son rêve pendant son sommeil matinal ?
Et peut-être ne sommeillera-t-il plus longtemps ? —
Toi, esprit mauvais, viens donc ! Je me moque de toi !
Toi, esprit mensonger, je me ris de notre alliance
Que seule une apparence a conclu avec une apparence,
Entends-tu ? À compter de cette heure, nous sommes séparés !
Trop sombre et trop plein d'angoisse pour avoir une essence,
Je suis un rêve qui prend son vol et s'évade de ta geôle !
Je suis un rêve fait de joie, de crime et de douleur
Et je me plonge en rêve ce couteau dans le cœur !
(*Il se poignarde*)

Méphistophélès

Ce n'est ni toi, ni moi, ni les chaînes qui nous lient,
Mais seulement ta fuite et ton salut qui sont des rêves !
Bientôt tu vas t'en apercevoir d'une manière effroyable,
Attends seulement que les vagues de ton cœur soient taries.
Une fois écoulés les flots de ton sang
Qui a arrosé et couvert le mystère de son bruit,
Tu pourras plonger tes regards dans l'abîme,
Alors tu prendras conscience de ton être et de mon existence.
On ne m'échappe pas à si bon prix.
Toi, fol enfant qui te crois sauvé
Parce que tout à coup ta tête épouvantée
Croit pouvoir se cacher dans le giron du Vieux,
Et glisser dans son sein la pelote
Que tu as insolemment embrouillée sans avoir su la démêler.
Il ne confondra pas avec toi ce qui est mien et ce qui est sien
Pour te rendre tout frais ce bonheur qui n'est plus.
Tu n'as jamais été aussi loin de l'expiation
Que lorsque tu as voulu plein de fièvre,
Avec l'ardeur du désespoir abolir toute contradiction,
Fondre en un tout le monde et Dieu et toi-même.
C'est à cet instant-là que tu as sauté dans mes bras,
Maintenant je te tiens et te garde enlacé !

Faust / Lenau ; texte original, traduction française avec une introduction par Jean-Pierre Hammer. – Paris : Aubier-Montaigne, 1971. – (*Collection bilingue des classiques étrangers*). – [Pp. 287-289, 293-295].

DON JUAN 91

W. Thomas — 1931

Maria et Don Juan. — À la voix qui fait de l'amour une impulsion qui échappe au jugement éthique, Lenau a ajouté en contrepoint la voix de la protestation, celle de Maria, une des femmes que Don Juan a séduites et délaissées. — Pour traduire le vers rimé de Lenau, W. Thomas a choisi la prose.

Maria

Ton humeur changeante s'est refroidie. Où est ce cœur qui jadis a brûlé pour moi ? Ne suis-je pas la même que l'an passé et plus tendrement encore à toi que je ne l'étais ? [...]

Don Juan

L'amour ne se mesure pas aux jours, aux années, un moment contient l'éternité, et nous pouvons en garder le souvenir. Mais dans la vie les formes doivent changer. Adieu, et songe à moi sans rancune, puisqu'ici-bas il n'est rien d'immuable.

Maria

Pauvre homme, va porter plus loin ton dénuement ! Mon cœur te voit partir tel un mendiant, mon cœur plus riche en toutes ses souffrances que tu ne l'es avec tes paroles méchantes et fausses. Ton amour contiendrait l'éternité et pourtant il peut si bassement et si tôt s'étioler ? Ne mens donc pas. Il n'y eut en ton amour rien d'éternel, rien même d'humain ! Une honte désespérée me brûle les joues de ce que j'ai pu jadis étreindre pareille brute !

Don Juan / Lenau ; traduit et préfacé par Walther Thomas. – Paris : Aubier, 1931. – (*Collection bilingue*). – [Pp. 23-25].

OEHLENSCHLÄGER

DANOIS **1779-1850**

En 1802, la vie intellectuelle danoise se trouvait depuis un certain temps dans une impasse. Les anciennes institutions avaient perdu toute autorité et, si les idéaux de la Révolution française avaient un moment alerté une élite restreinte de nobles et de bourgeois, tout avait fini dans un moralisme sans ressort. Des personnalités stimulantes, comme les poètes P.A. Heiberg et Malte Conrad Brun, se trouvaient en exil à Paris, et Jens Baggesen poursuivait loin du Danemark son chemin sinueux vers le sublime.

À l'automne 1802, de retour d'Iéna où il avait fait la connaissance de Schelling, des frères Schlegel, de Novalis, de Tieck et de Brentano, le philosophe danois Heinrich Steffens inaugura une série de conférences qui introduisirent la philosophie romantique allemande au Danemark. Les neuf premières — les autres sont perdues —, publiées en 1803 sous le titre d'*Introduction aux conférences philosophiques*, firent l'effet d'une bombe : alors que la moralité dominante s'était fait jusqu'alors une loi de lutter contre les instincts, on voyait tout à coup les impulsions du génie, guidé inconsciemment par l'esprit universel assimilé à Dieu lui-même, légitimées et promues au rang de nouvelle autorité.

Dans le public se trouvait un jeune étudiant en droit, Adam Oehlenschläger, ou Øhlenslæger comme il écrivit alors son nom. Il doutait de tout, surtout de lui-même. Après un passage très peu réussi au Théâtre Royal de Copenhague, il s'était inscrit à la Faculté de droit, moins par conviction que pour plaire à son futur beau-père. Sa véritable passion était la poésie, qu'il concevait déjà, contre la théorie régnante mais de façon encore vague et confuse, non comme un mode d'expression particulier, mais comme un état d'esprit, un mode de vie, une vision du monde. Le discours de Steffens sur le génie confirma ses idées et ouvrit, huit ans durant, les vannes d'une inspiration explosive qui allait révolutionner la littérature danoise, en y introduisant, avec une diction et un ton nouveau, un nouvel idéal d'humanité fondé sur l'évolution harmonieuse, solidaire et organique de l'esprit et de la nature.

Après une discussion de 16 heures avec Steffens, Oehlenschläger écrivit d'un trait *Les Cornes d'or*, le poème qui marque le début du romantisme danois. Il jeta au rebut la plupart de ses textes déjà prêts pour la publication, de sorte que *Poèmes 1803*, publié à la Noël 1802, fut composé, à huit poèmes près, de textes neufs. Selon Grundtvig, le recueil fut remarqué par très peu de gens et apprécié par moins encore. Pourtant il allait faire date. Du titre jusqu'à la typographie, Oehlenschläger suivait les maîtres allemands — et quand ceux-ci revinrent aux caractères gothiques, Oehlenschläger fit de même. Comme les *Gedichte* de Schelling, *Poèmes 1803* est composé de trois parties : *Romances*, *Mélanges* suivi du drame versifié *Le Jeu de la nuit de la Saint-Jean*.

Les thèmes dominants de *Poèmes 1803* sont la nature, l'amour et la mort. Ainsi, *Le Jeu de la nuit de la Saint-Jean* raconte comment deux jeunes amoureux passent les barrières sociales — le jeune homme est d'une condition supérieure — et finissent par s'unir dans la toute-nature. L'action se déroule au cours d'une journée à *Dyrehavsbakken* — un lieu d'attractions dans la forêt au nord de Copenhague où la famille de la jeune fille a décidé de passer la journée « loin des murs étouffants » de la ville. Elle a cependant réussi à faire passer un billet au jeune homme pour lui donner rendez-vous en cachette. Le jeu de cache-cache des deux jeunes se mêle à la gaieté générale de la fête foraine qui raille gaillardement la bourgeoisie et ses opinions bornées — Oehlenschläger s'en donne à cœur joie ! Comme dans les contes, la nature constitue un espace extra-social où les normes et les règles de la société sont suspendues pour un temps. Mais au fur et à mesure que la comédie avance, la nature change de fonction : d'avoir été, au début, la coulisse, elle devient, vers la fin, mais pour les amoureux seuls, acteur : un vieux chêne, un ver luisant, la mort, sainte Kirsten, le génie de l'amour se manifestent devant eux et chantent l'union secrète de la nature. À la fin de la journée, les jeunes gens échappent à la famille et se retrouvent seuls et désespérés devant le destin que leur promettent les principes de la bourgeoisie. Alors que pour la jeune fille la mort semble la seule issue, le génie de l'amour lui révèle une autre conception de la mort : en s'abandonnant à son amour, elle « mourra » à son identité bourgeoise pour gagner une autre identité, plus vaste et plus authentique bien qu'ostracisée, celle qui appartient en propre à l'univers.

Dans les *Romances*, même dans *Les Cornes d'or*, se retrouve surtout le thème de la mort dans l'amour. Ce poème emblématique s'inspire d'un fait divers : le vol en 1802 de deux cornes d'or par un orfèvre de Copenhague. Le hasard voulut que l'orfèvre habitât le même immeuble que l'auteur. *Les Cornes d'or* transforment le vol en un mythe universel où les cornes sont le signe d'une époque où « le ciel était sur terre » et où le monde formait une unité. Depuis des siècles, l'humanité a imploré les dieux de leur envoyer un tel signe qui, lorsqu'il lui est donné, lui sera immédiatement retiré, car il n'engendre en eux que des désirs matériels.

Si le thème général de *Poèmes 1803* est l'homme dans la nature, celui d'*Écrits poétiques* (1805) est la nature dans l'homme. *Écrits poétiques* n'est pas une œuvre dans le sens habituel du mot.

Cet ensemble entend manifester l'unité de plusieurs œuvres qui, en confrontant genres et thèmes à l'instar de la poésie universelle de Friedrich Schlegel, expriment l'unité de l'univers à travers le multiple. *Écrits poétiques* comporte deux parties : la première contient une comédie, *L'Autel de Freya*, des *Romances, chants et élégies*, des poèmes de voyage (*Voyage à Langeland*) et un cercle de poèmes religieux, *Vie de Jésus-Christ répétée par le cycle des saisons*. La deuxième partie ne contient que deux textes : *La Saga de Vaulundur*, qui puise son sujet dans la mythologie nordique, et *Aladin ou la lampe merveilleuse*, qui tire le sien des *Mille et Une Nuits*.

Voyage à Langeland illustre la faculté maîtresse d'Oehlenschläger, celle de *voir*. Dans l'introduction, il distingue deux façons de voir : celle où les choses s'imposent au regard, et celle, poétique, où le regard s'impose aux choses et, du chaos apparent, fait sortir une harmonie. C'est ce regard qu'Oehlenschläger jette sur les paysages danois et qui les fait chanter. Si, dans *Promenade vespérale*, les choses semblent échapper à la vision transfiguratrice du poète et maintenir leurs aspects négatifs, le poème suivant, qui revient au même lieu, triomphe de ce qui, dans *Promenade vespérale,* demeurait rétif, et dans la nature et dans le Moi, en entraînant le démoniaque, la stérilité, l'abnégation et la mort dans le mouvement des forces productrices. Par la puissance de la vision, le bien et le mal, la vie et la mort se conjoignent : ensemble ils se fécondent mutuellement, alors que, séparés, ils se condamnaient aux oppositions d'un mythe destructeur.

Vie de Jésus-Christ répétée par le cycle des saisons développe l'évangile panthéiste du romantisme. Les poèmes y présentent la vie du Christ selon l'évolution du cycle des saisons : printemps — la naissance et l'enfance —, été — la maturité —, automne — les fruits de la vie publique —, hiver — la crucifixion.

La deuxième partie des *Écrits poétiques* introduit un élément éthique dans la notion romantique du génie : c'est parce que l'homme naturel — le génie — sait rester fidèle à lui-même, c'est-à-dire à sa nature, qu'il sort vainqueur de l'adversité, les vicissitudes de l'existence n'étant en fait que la manifestation dramatique de ses démons intérieurs.

La comédie *Aladin ou la lampe merveilleuse* est sans nul doute l'œuvre la plus audacieuse qu'Oehlenschläger ait écrite. D'abord par son sensualisme, ensuite par son sujet : un jeune vaurien y transgresse les barrières sociales pour épouser la fille du sultan. La structure dramatique de la pièce repose sur la confrontation entre la petite bourgeoisie et un monde surnaturel, ou plus exactement entre ceux qui ont le sens du mystère de la nature et ceux qui ne l'ont pas. La lampe, dit l'épilogue, est une manifestation de la force secrète : « la lumière elle-même / qui œuvre à tout ce qui est vie et bonheur ». Il s'agit de ce que Steffens et Schelling appelèrent « l'activité productive » et dont l'amour est le produit le plus noble.

Dans *La Saga de Vaulundur*, trois fils d'un roi finlandais atteignent la puberté et commencent à languir. Partant vers le Sud, ils sont retenus par des lutins qui leur chantent que le meilleur se trouve à l'intérieur et non à l'extérieur. Vaulundur les écoute tandis que les deux autres les ignorent. À ces derniers les lutins prédisent du bon temps, du mauvais temps, et la mort. À Vaulundur par contre ils prédisent du bon temps, du mauvais temps, et le temps du bonheur. Les deux frères méconnaissent leurs limites et périssent. Vaulundur, fidèle à sa nature, sort vainqueur de l'adversité.

Après *Écrits poétiques*, sa dernière œuvre proprement romantique, Oehlenschläger change d'orientation : ses *Poèmes nordiques* (1807) racontent la fin du paganisme dans le Nord, *Le Voyage de Thor au pays des géants* évoque la mythologie, la tragédie *Hakon Jarl le puissant*, la dissolution finale qui prépare l'avènement du christianisme.

Poèmes nordiques est la dernière grande œuvre d'Oehlenschläger, qui continua cependant à écrire, surtout pour le théâtre. Trois œuvres en prose rappelleront encore le jeune Oehlenschläger : la trilogie *Helge* (1814), *La Saga de Hroar* (1814) et *Hrolf Krake* (1828), auxquels il faut ajouter l'épopée *Les Dieux nordiques* (1819).

L'Âge d'or : deux conférences faites à la Sorbonne sur la littérature classique du Danemark, avec un appendice sur Victor Hugo dans les écoles danoises / F.J. Billeskov Jansen. – Copenhague : Munksgaard, 1953. – [Pp. 34-54].

Fra Oehlenschläger til Kierkegaard / Gustav Albeck, Oluf Friis, Peter R. Rohlde. – København : Politikens Forlag, 1967. – 720 p. – (*Dansk litteratur historie* ; 2).

Oehlenschlägers levnet fortalt af ham selv / Adam Oehlenschläger ; Paul Linneballe. – S.l. : Oehlenschläger Selskabet, 1974. – 2 vol.

Adam Oehlenschlägers tragediekunst / Alvhild Dvergsdal. – København : Museum Tusculanums forlag, 1997. – 320 p.

ALADIN OU LA LAMPE MERVEILLEUSE 92

J. et K. Poulsen — 1993

L'amour encore une fois sauf (Acte III). — À Ispahan (non en Chine, comme dans les *Mille et Une Nuits*), le sorcier africain Noureddin découvre l'existence d'une lampe magique que seul un être pur peut posséder. Il choisit Aladin, fils d'un pauvre tailleur, pour aller la chercher dans une grotte profonde. Aladin refuse cependant de donner la lampe à Noureddin, qui l'enferme dans la grotte. Sauvé par un anneau d'or que Noureddin lui avait donné pour se protéger mais dont il ignorait la force, Aladin rentre chez lui. Dans un premier temps, il use de la lampe pour satisfaire ses besoins en or et en nourritures exquises. C'est alors que ses yeux tombent sur la belle Gulnare, la fille du sultan Soliman. Désormais, son amour le guidera et lorsque le sultan pose les conditions du mariage, Aladin est devenu homme qui règne avec sagesse sur l'esprit de la lampe. Par ruse, Noureddin arrive cependant à lui enlever et la lampe et Gulnare. Le sultan fait jeter Aladin en prison et le condamne à mort. Encore une fois l'anneau d'or le sauvera. Il tue d'abord Noureddin, puis le frère de celui-ci, Hinbad.

GULNARE, *seule dans sa chambre*

Elle s'approche, l'heure odieuse !
Elle s'approche ; mon corps se glace.
Ô ciel, sois miséricordieux, regarde avec
bienveillance la jeune biche qui tremble
derrière le buisson ; bientôt la proie du tigre.
Regarde mes joues ! lentement fanées
telles la lune qui, jadis vermeille, quitte, pâlissant,
son horizon sécurisant, angoissée,
livide en se voyant perdue
dans l'immensité déserte du firmament. Hélas !
beau, jeune homme ! Je ne te reverrai donc
plus jamais ?
Ô, tout cela ne fut qu'un rêve, un avant-goût
De paradis. Cèdre mince et droit !
Tes cheveux ondulaient comme les feuilles du palmier
Ton œil était celui de l'antilope,
ta joue, une tulipe fraîchement éclose.
Hélas ! la lune ne brille pas aussi clair
sur le firmament du ciel que toi sur celui de l'amour.
Dans quelle montagne marche le garçon libre ?
Ton regard avait pourtant la douceur du berger
Et dans ton cœur brillait la douce flamme de l'amour.
Ô ! ce ne fut qu'un rêve doux. Tu étais
L'affectueux archange Gabriel.
Tu vins, tu m'embrassas. Ce fut un sceau
Qui me lia doucement au ciel voûté.
Israfil, le pâle et triste ange de la mort
Viendra bientôt me faire signe de le suivre.

Ah ! quelle destinée étrange que la mienne !
À peine échappée au danger, à la mort
Par un miracle descendu du ciel,
Arrachée aux bras hideux de l'époux
Pour un moment, dans ceux de l'amour —
Et à présent encore — vendue, comme une esclave
Pour un tas d'or et de pierres précieuses, à un esclave,
Un pauvre jeune et audacieux garçon.
Je ne l'ai pas vu encore. C'est bientôt l'heure.
Et toi, mon ange, qui te disais mon amant !
Si tout cela n'était pas jeu et rêverie,
Entre, mon amour, entre !
Fort comme l'éléphant, adroit comme le tigre,
Fier comme le lion, doux comme l'hyacinthe,
Brûlant comme le soleil, comme la lune, plein d'amour.
Abreuve-moi de ta douce voix
Qui chante depuis sa gracieuse grotte de roses
Comme celle des fées, depuis les cavernes de la nuit.
Serre-moi dans tes bras puissants,
Pampre frais ! laisse-moi si tendrement
auprès de la chaude source vermeille de ton cœur
Trouver la sécurité dans ton regard étoilé !

LE SULTAN entre en compagnie d'ALADIN. Suite

GULNARE, effrayée

Ô ciel ! *Elle se prosterne.*
Ange ! as-tu entendu mes prières ?
Encore une fois tu sauves la pauvre biche
Des griffes du léopard ? Ô Gabriel !
Charmant chérubin glorifié !
Encore une fois tu quittes pour moi
Le trône de la toute-puissance ? Emmène-moi
Dans ton ciel, ange ! Sans toi la terre est vide.

ALADIN *l'embrasse*

Gulnare, ma chérie. Ma douce épouse !

SOLIMAN

Ma fille ! Reprends-toi, ma fille !
Que signifie ce charabia étrange ?
Tu étais pourtant préparée.

GULNARE

Préparée ! Moi ?
Tu m'avais destinée à Aladin !

SOLIMAN

Mais c'est Aladin ici devant toi.

GULNARE

L'es-tu ?

ALADIN

Oui, mon amour !

SOLIMAN

Ressaisis-toi, ma fille !
Le chameau est déjà sellé,
prêt à porter sur une couverture de velours
son exquis fardeau au palais d'Aladin.
Ne vois-tu pas là-bas le grand immeuble en marbre,
Les torches illuminent la sombre nuit
Et dans la nuit envoient le lourd nuage d'encens : Là
se trouve ton lit de noces de fleurs couronné.

GULNARE

Et ici
Mon époux ?

ALADIN

Mon amour ! oui.

GULNARE

Et toi Aladin ?

ALADIN

Oui, ma douce !

GULNARE

Et là-bas se dresse ton palais ?

ALADIN

Non, le tien, ô la plus charmante parmi les femmes.
Là se trouve ton temple, le trône de l'amour.

GULNARE

Je ne sais si je rêve ou si je suis éveillée.
Mais si je suis éveillée je suis aux anges.
Et si je rêve encore — Ô doux rêve !
Accompagne-moi dans mon sommeil au fond du tombeau.

Ils sortent

SOLIMAN *à leur suite*

Sortez vite sur le balcon leur faire un signe
pour commencer la fête !

[Il sort]

Traduction inédite. — *Poetiske Skrifter : bind I* / Adam Oehlenschläger ; i udvalg ved F. Liebenberg. – København : Det nordiske Forlag, 1896. – [Pp. 206-210].

HAKON JARL LE PUISSANT 93

D. Soldi — 1881

Paganisme et christianisme (Acte III, scène 7). — S'inspirant, pour la composition, du drame historique *Wallenstein* de Schiller, et de Shakespeare pour les vers blancs et les scènes comiques, Oehlenschläger oppose les deux visions du monde, chrétienne et païenne, et fait mourir le héros, Hakon Jarl, d'une mort indigne dont il est pourtant partiellement responsable. Car, contrairement à un Vaulundur, il n'a pas su résister aux tentations. Ses abus de pouvoir, son infidélité envers sa concubine et sa persécution de la jeune Gudrun provoquent la révolte des paysans. Cette révolte marque, avec son attentat manqué contre l'héritier légal du trône, Olaf Tryggvesen, converti au christianisme, le début de son déclin. L'armée d'Olaf sort victorieuse de la bataille et Hakon se trouve délaissé de tous. Il cherche refuge dans la cave de Thora, qui lui pardonne tout. Il sera finalement tué par son serf, Karker, pendant qu'Olaf est proclamé roi de Norvège. Dans la scène suivante, les deux héros de la pièce se rencontrent et s'opposent.

HAKON, *sans se retourner*. — Mon fidèle Thorer, est-ce toi ? As-tu réussi, et m'apportes-tu ce que tu as promis ? Réponds.

OLAF. — Tout s'est passé comme on l'avait prévu, Seigneur. Excuse Thorer s'il ne vient pas lui-même t'apporter la tête du roi Olaf, cela lui eût été trop difficile. Thor le sait ; il avait une sorte de répugnance à venir lui-même. Je le remplace.

HAKON. — Bien, va enterrer cette tête dans la terre noire, je ne veux pas la regarder. Mes yeux ne sauraient supporter un tel spectacle, je la verrais en songe. Enterre le cadavre, serf, et va dire à ton maître qu'il se rende tout de suite auprès de moi.

OLAF. — Thorer Klaker dort.

HAKON. — Il dort ?

OLAF. — Il fait sa sieste de midi ; il s'est étendu là-bas, sous un sombre bosquet de sureaux.

HAKON. — Réveille-le (*A part.*) Dormir après un tel acte ! En vérité, Thorer, je t'admire ; tu as un rare courage. (*Haut.*) Va, serf, va le réveiller.

OLAF. — Tu ne veux donc pas d'abord voir la tête d'Olaf ?

HAKON. — Non, je t'ai dit non !

OLAF. — Seigneur Jarl, tu crois peut-être qu'elle est laide et affreuse, détrompe-toi ; la tête d'Olaf a aussi bonne mine que n'importe quelle tête du pays.

HAKON. — Va-t'en, te dis-je.

OLAF. — Non, vraiment, c'est incroyable ; on raconte que le Jarl est un héros comme il y en a peu au Nord, et dire qu'il a peur de regarder une tête coupée, inanimée. Comme tu tremblerais, Seigneur, si tu la voyais sur ses épaules !

HAKON, *se retournant en colère.* — Serf, tu oses... Où est la tête ?

OLAF, *ôtant son chapeau et écartant le manteau.* — Là, sur mes épaules, Seigneur, pardonne si je te l'apporte ainsi. Cela m'était plus commode.

HAKON. — Quoi ! Olaf ! ah ! trahison !

OLAF. — Vieillard ! épargne ton courage, ne risque pas la lutte avec Olaf. Souviens-toi qu'il porte encore sa tête saine et sauve ; ta faible force n'irait qu'à Olaf sans tête.

HAKON. — Ah ! Niflheim ! (*Il se précipite sur Olaf.*)

OLAF, *écartant l'épée de Hakon et d'une voix forte.* — Paix ! te dis-je. Remets l'épée au fourreau ! Mes hommes entourent la chaumière ; mes navires égalent en nombre les tiens. Je suis venu pour prendre possession du pays en combattant loyalement ; toi-même m'y as poussé par tes artifices. Te voilà devant moi semblable à un serf, méprisable, pris dans ton propre piège. Je ne veux pas profiter de cet avantage que le destin m'accorde. Je compte pouvoir te combattre hardiment dans une lutte égale. Ton projet, comme tu le vois, a échoué. Thorer nage dans son sang. Il me serait facile de te saisir et de t'abattre, mais j'appartiens aux enfants du Christ et je méprise l'avantage que j'ai sur toi. Choisis donc entre ces deux offres : reste Jarl à Hlade, comme tu l'étais, et jure-moi fidélité ; sinon, enfuis-toi ! Là où nous nous reverrons, il y aura du sang versé, combat à mort.

HAKON, *fier et calme.* — Je choisis ta dernière offre, Olaf ; tu m'as appelé serf et lâche, cela ne fait que provoquer un sourire sur mes lèvres. On voit que tu es bien jeune encore, Olaf, ton âge se trahit par ton orgueil, ton insolence. Regarde-moi bien dans l'œil, regarde mon front et dis si, chez un cerf, tu as jamais rencontré un tel regard ! Trouves-tu que la lâcheté et la trahison ont formé les rides de ce front ? Je t'ai attiré ici, c'est tout naturel, je savais qu'il ne fallait qu'un signe pour te faire mordre bientôt à l'appât ; je savais qu'avec la prudence de ton âge, tu mettais ta parenté avec une race éteinte au-dessus des grands exploits de Hakon Jarl ! Tu n'as attendu qu'une bonne occasion pour troubler la paix du vieillard. Et tu t'étonnes que j'aie voulu un dénouement le plus tôt possible ? Tu t'étonnes que j'aie trompé un fanatique qui méprise les grands dieux ? Tu t'étonnes que j'aie accepté le projet de mon guerrier, lorsqu'un destin hostile semblait vouloir renverser, non seulement moi-même, mais encore tous les dieux du Valhalla ?

OLAF. — Te rappelles-tu, Hakon, que tu as été chrétien ? Que tu t'es fait baptiser par l'évêque Popo, et tu as trahi ton serment ? Combien de serments as-tu trahis depuis ?

HAKON. — Maudit soit l'instant où je fus trompé par l'astucieux moine ; j'ai été dupé par un misérable artifice. Oui, il savait porter un fer ardent à la main lorsqu'elle avait été enduite d'un onguent magique.

OLAF. — Vieillard aveugle, j'ai pitié de tes cheveux argentés.

HAKON. — Garde ta pitié pour toi ! Comme tu me vois ici, tu vois la dernière étincelle de l'ancienne vigueur et de la vie des héros du Nord. Tu ne les éteindras point, jeune barbe, de tes rêves fiévreux. Je sais que les chrétiens ont pour habitude de plaindre, de convertir, d'améliorer. Nous, au contraire, avons pour principe de vous mépriser profondément, de méditer votre perte et votre mort comme ennemis des dieux et de la vie des héros ! C'est ce que fait Hakon. Voilà en quoi consiste sa lâcheté ! Par Odin et par Thor ! tes rêves pieux et nébuleux n'éteindront pas le gigantesque feu de la Norvège.

OLAF. — Bien ! c'est ce que nous verrons. Séparons-nous maintenant et malheur à toi la prochaine fois que je te rencontrerai !

HAKON. — Malheur à moi, si alors je ne t'écrase pas !

OLAF. — Les flammes du ciel t'atteindront !

HAKON. — Non, Thor avec son marteau broiera la croix !

(*Chacun de son côté.*)

Théâtre choisi / de Oehlenschlager et de Holberg ; traduction de MM. Xavier Marmier et David Soldi. – Paris : Didier et Cie, 1881. – [Pp. 65-67].

BALZAC

FRANÇAIS **1799-1850**

Le contraste est saisissant entre la place occupée par Balzac parmi les géants de la littérature universelle et l'image qu'il a laissée auprès de ses contemporains. Sans doute le phénomène s'explique-t-il très largement par la suspicion entourant encore le genre romanesque au début du XIXe siècle et aussi par le recrutement majoritairement féminin des premiers lecteurs de l'écrivain.

Le désir de réussite sociale, symboliquement présent dans la manipulation d'un patronyme qui, au départ, n'avait aucune consonance aristocratique, et la place occupée par les questions d'argent dans une vie exceptionnellement bien remplie, malgré sa relative brièveté, achevèrent de jeter le doute dans beaucoup d'esprits qui se faisaient précisément une tout autre idée du génie français.

Né dans cette région du centre de la France qui avait déjà donné l'étonnante — et tout aussi atypique — figure de Rabelais, Honoré de Balzac passera six années, de 1807 à 1813, au collège de Vendôme dont il faudra le retirer atteint d'une sorte de coma provoqué par l'abus des lectures, situation dont on trouvera l'écho dans *Louis Lambert*. Et les premières œuvres, écrites à partir de 1820, seront bien celles de quelqu'un qui a beaucoup lu et n'est pas encore parvenu à trouver sa voie, d'autant qu'une carrière de dramaturge fut la première tentation, à laquelle l'écrivain ne succombera, par la suite, qu'épisodiquement. Ce qu'on appelle les *Romans de jeunesse*, dont l'auteur s'abritera derrière des pseudonymes ou des collaborations plus ou moins réelles, reflète toutes les modes d'une époque, même si le lecteur attentif y trouvera les germes de la grande œuvre future. C'est à la fin des années 1820 que Balzac subit deux grandes influences : celle d'un genre aussi particulier qu'éphémère, la « physiologie », dont la plus célèbre est la *Physiologie du goût* de Brillat-Savarin, et celle de Walter Scott dont les traductions enchantent le public français. Dès 1829, et la paternité est cette fois clairement avouée, paraissent deux œuvres dont chacune illustre la dette balzacienne envers les prédécesseurs : la *Physiologie du mariage* et *Le Dernier Chouan* (qui deviendra plus tard *Les Chouans*) où l'influence de James Fenimore Cooper se superpose à celle de Scott, créant un type de révolté breton qui doit beaucoup aux Indiens d'Amérique. Ces deux directions sont toutefois à la base de ce qui fera l'originalité de Balzac : l'esprit de système et la méditation sur l'Histoire.

Les *Scènes de la vie privée* de 1830 forment un ensemble de récits apparaissant comme autant d'applications des théories contenues dans la *Physiologie du mariage*, et les romans et nouvelles qui vont se multiplier tendront surtout à brosser un panorama de la Restauration, même si, peu à peu, la chronologie interne aura tendance à rejoindre l'époque de l'écriture, c'est-à-dire celle de la Monarchie de Juillet. L'esprit de système va également imposer sa loi, et la recherche de l'unité se manifeste tout particulièrement dans le principe de réapparition des personnages, pour la première fois mis en œuvre, en 1834, dans *Le Père Goriot*, ce qui obligera l'écrivain à « réaménager » toute la matière romanesque publiée depuis cinq ans. La dernière étape sera la constitution officielle d'un cycle, *La Comédie humaine*, dont le plan de 1842 pose les jalons et les grandes divisions (*Études de mœurs, Études philosophiques, Études analytiques*) correspondant respectivement à l'analyse des faits, des causes et des principes.

L'*Avant-propos* de l'ensemble proclame bien les prétentions scientifiques de son auteur, l'idée première venant « d'une comparaison entre l'Humanité et l'Animalité » et faisant du romancier un classificateur à la manière de Cuvier et Geoffroy Saint-Hilaire. Mais la rêverie est au moins aussi capitale, ce qui explique, à côté de modèles proprement scientifiques, les références tout aussi importantes à ceux qui se sont révélés capables de bâtir d'énormes ensembles littéraires comme les Arabes des *Mille et Une Nuits* ou Dante auquel Balzac emprunte le titre de son cycle tout en le subvertissant. Cette construction, qu'on a comparée à une pyramide ou à une cathédrale, demeure toutefois inachevée, mais cet inachèvement est précisément capital, et nombreux sont les spécialistes estimant que, si le projet de *La Comédie humaine* avait abouti, son concepteur aurait aussitôt éprouvé le besoin de la replacer dans un ensemble plus englobant. L'inaboutissement même permet l'aération de l'univers fictionnel et y introduit la discontinuité par laquelle tout lecteur appréhende le réel. Ainsi les deux mille personnages individualisés dépassent largement l'expérience de leur créateur. C'est que, chez Balzac, le don de vision vient sans cesse en aide à celui d'observation. Sacrifier l'un des deux éléments débouche sur des interprétations erronées, Hugo et Baudelaire l'avaient compris avant d'autres critiques éventuellement moins perspicaces. Aussi ne faut-il pas s'étonner si le traitement de l'espace et du temps relève parfois du symbolique, malgré une apparente soumission au réel. Celui que d'aucuns considèrent comme le père du réalisme (et l'intérêt de la critique marxiste pour un écrivain dont les idées politiques paraissent réactionnaires par ailleurs tient à cet aspect) se fait aussi l'écho de toutes les théories les plus fumeuses de son époque, comme celles de Swedenborg et des illuministes dans *Séraphîta* ; mais il offre également, avec *La Peau de chagrin*, un roman fantastique dans la lignée d'Hoffmann et montre une étonnante prescience des ambiguïtés de l'art moderne dans *Le Chef-d'œuvre inconnu*.

Si l'arrivisme joue un rôle capital (*Illusions perdues*) et si l'argent semble mener la danse en ce temps de développement galopant du capitalisme, c'est la passion sous toutes ses formes qui anime des personnages dont l'énergie vitale tend à s'étioler pour chaque désir réalisé.

Beaucoup de lecteurs se disent rebutés par la longueur des descriptions préliminaires. Celles-ci correspondent en réalité à la mise en place des éléments qui assoient le vraisemblable et permettent au développement romanesque d'acquérir un rythme qui, dans les dernières pages, peut faire se bousculer les événements à coup d'ellipses étonnamment modernes. La même ambiguïté concerne bon nombre de jugements à propos du style de Balzac souvent accusé de lourdeur et de maladresse. C'est oublier, indépendamment de la précipitation avec laquelle beaucoup de romans et nouvelles ont été rédigés, qu'il s'agit moins du style d'un homme que de celui d'une œuvre qui se charge de dire le monde. Déjà entre 1830 et 1850 émerge ce que d'aucuns ont appelé la subversion totale du sujet et il s'agira de donner peut-être un jour leur place exacte aux *Contes drôlatiques*, au théâtre, aux *Œuvres diverses* et à une partie de la correspondance afin de découvrir de nouvelles facettes d'un prisme qui est loin d'avoir révélé tous ses secrets.

Le roman universel a, depuis 1850, franchi de nouvelles étapes, mais l'énorme majorité des textes romanesques produits dans le monde se réfèrent encore — souvent inconsciemment — à la formule balzacienne. Si la critique actuelle continue de s'intéresser à Balzac, c'est parce que son œuvre permet, mieux que toute autre peut-être, d'élucider ce qui fonde le *lisible*.

La Comédie humaine : XII. Études analytiques, ébauches rattachées à « La Comédie humaine », index, bibliographie générale, tables / Balzac ; édition publiée sous la direction de Pierre-Georges Castex ; avec, pour ce volume, la collaboration de Madeleine Ambrière-Fargeaud, Pierre Barbéris, [...]. – Paris : Gallimard, 1981. – (*Bibliothèque de la Pléiade* ; 292). – [Importante bibliographie sélective, pp. 1917-1951].

Arlette Michel, « État présent des études balzaciennes ». – In : *L'Information littéraire*, septembre-octobre ; novembre-décembre 1986, pp. 142-148 ; 205-214.

Balzac au pluriel / Nicole Mozet. – Paris : P.U.F., 1990. – 318 p. – (*Écrivains*).

Balzac contre Balzac : les cartes du lecteur / Franc Schuerewegen. – Paris : SEDES ; Montréal : Paratexte, 1990. – 183 p. – (*Présences critiques*).

« Les Travaux et les jours » d'Honoré de Balzac : chronologie de la création balzacienne / Stéphane Vachon. – [Saint-Denis] : Presses universitaires de Vincennes ; Paris : Presses du C.N.R.S. ; Montréal-Canada : Presses de l'Université de Montréal, 1992. – 336 p.

LA MAISON DU CHAT-QUI-PELOTE 94

Observation et vision extralucide. — Cette page inaugurale des *Scènes de la vie privée* est aussi celle qui, suivant immédiatement l'*Avant-propos*, ouvre le cycle de *la Comédie humaine* tel qu'il se présente dans le plan général de 1842. La rapide résolution de l'énigme posée par le titre s'efface ici au profit du souci balzacien d'être un archéologue du vieux Paris et de la savante alchimie qui, dans l'ensemble de l'œuvre, mêle subtilement observation et vision. L'« excellente vue » du jeune homme mis en scène n'est qu'un euphémisme renvoyant à l'extralucidité du romancier. La façade d'une maison, comme dans *Eugénie Grandet*, révèle déjà une part des événements qui s'y dérouleront.

Au milieu de la rue Saint-Denis, presque au coin de la rue du Petit-Lion, existait naguère une de ces maisons précieuses qui donnent aux historiens la facilité de reconstruire par analogie l'ancien Paris. Les murs menaçants de cette bicoque semblaient avoir été bariolés d'hiéroglyphes. Quel autre nom le flâneur pouvait-il donner aux X et aux V que traçaient sur la façade les pièces de bois transversales ou diagonales dessinées dans le badigeon par de petites lézardes parallèles ? Évidemment, au passage de la plus légère voiture, chacune de ces solives s'agitait dans sa mortaise. Ce vénérable édifice était surmonté d'un toit triangulaire dont aucun modèle ne se verra bientôt plus à Paris. Cette couverture, tordue par les intempéries du climat parisien, s'avançait de trois pieds sur la rue, autant pour garantir des eaux pluviales le seuil de la porte, que pour abriter le mur d'un grenier et sa lucarne sans appui. Ce dernier étage fut construit en planches clouées l'une sur l'autre comme des ardoises, afin sans doute de ne pas charger cette frêle maison.

Par une matinée pluvieuse, au mois de mars, un jeune homme, soigneusement enveloppé dans son manteau, se tenait sous l'auvent d'une boutique en face de ce vieux logis, qu'il examinait avec un enthousiasme d'archéologue. À la vérité, ce débris de la bourgeoisie du seizième siècle offrait à l'observateur plus d'un problème à résoudre. À chaque étage, une singularité : au premier, quatre fenêtres longues, étroites, rapprochées l'une de l'autre, avaient des carreaux de bois dans leur partie inférieure, afin de produire ce jour douteux, à la faveur duquel un habile marchand prête aux étoffes la couleur souhaitée par ses chalands. Le jeune homme semblait plein de dédain pour cette partie essentielle de la maison, ses yeux ne s'y étaient pas encore arrêtés. Les fenêtres du second étage, dont les jalousies relevées laissaient voir, au travers de grands carreaux en verre de Bohême, de petits rideaux de mousseline rousse, ne l'intéressaient pas davantage. Son attention se portait particulièrement au troisième, sur d'humbles croisées dont le bois travaillé grossièrement aurait mérité d'être placé au Conservatoire des arts et métiers pour y indiquer les premiers efforts de la menuiserie française. Ces croisées avaient de petites vitres d'une couleur si verte, que, sans son excellente vue, le jeune homme n'aurait pu apercevoir les rideaux de toile à carreaux bleus qui cachaient les mystères de cet appartement aux yeux des profanes. Parfois, cet observateur, ennuyé de sa contemplation sans résultat, ou du silence dans lequel la maison était ensevelie, ainsi que tout le quartier, abaissait ses regards vers les régions inférieures. Un sourire involontaire se dessinait alors sur ses lèvres, quand il revoyait la boutique où se rencontraient en effet des choses assez risibles. Une formidable pièce de bois, horizontalement appuyée sur quatre piliers qui paraissaient courbés par le poids de cette maison décrépite, avait été rechampie d'autant de couches de diverses peintures que la joue d'une vieille duchesse en a reçu de rouge. Au milieu de cette large poutre mignardement sculptée se trouvait un antique tableau représentant un chat qui pelotait. Cette toile causait la gaieté du jeune homme. Mais il faut dire que le plus spirituel des peintres modernes n'inventerait pas de charge si comique. L'animal tenait dans une de ses pattes de devant une raquette aussi grande que lui, et se dressait sur ses pattes de derrière pour mirer une énorme balle que lui renvoyait un gentilhomme en habit brodé. Dessin, couleurs, accessoires, tout était traité de manière à faire croire que l'artiste avait voulu se moquer du marchand et des passants. En altérant cette peinture naïve, le temps l'avait rendue encore plus grotesque par quelques incertitudes qui devaient inquiéter de consciencieux flâneurs.

La Comédie humaine : I. Études de mœurs : scènes de la vie privée / Balzac ; édition publiée sous la direction de P.-G. Castex ; avec, pour ce volume, la collaboration de P. Barbéris, M. Fargeaud, [...]. – Paris : Gallimard, 1976. – (*Bibliothèque de la Pléiade* ; 26). – [Pp. 39-40].

LA VENDETTA 95

Histoire et fiction. — Dans ce texte dont la tonalité s'apparente au mélodrame si cher à l'époque romantique, on voit apparaître toute une série de surdéterminations dont les plus frappantes relèvent de la physiognomonie et des stéréotypes raciaux. Très caractéristique aussi est le mélange de personnages réels et imaginaires, la discrète utilisation des uns servant à asseoir la vraisemblance des autres.

En 1800, vers la fin du mois d'octobre, un étranger, accompagné d'une femme et d'une petite fille, arriva devant les Tuileries à Paris, et se tint assez longtemps auprès des décombres d'une maison récemment démolie, à l'endroit où s'élève aujourd'hui l'aile commencée qui devait unir le château de Catherine de Médicis au Louvre des Valois. Il resta là, debout, les bras croisés, la tête inclinée, et la relevait parfois pour regarder alternativement le palais consulaire, et sa femme assise auprès de lui sur une pierre. Quoique l'inconnue parût ne s'occuper que de la petite fille âgée de neuf à dix ans dont les longs cheveux noirs étaient comme un amusement entre ses mains, elle ne perdait aucun des regards que lui adressait son compagnon. Un même sentiment, autre que l'amour, unissait ces deux êtres, et animait d'une même inquiétude leurs mouvements et leurs pensées. La misère est peut-être le plus puissant de tous les liens. L'étranger avait une de ces têtes abondantes en cheveux, larges et graves, qui se sont souvent offertes au pinceau des Carrache. Ces cheveux si noirs étaient mélangés d'une grande quantité de cheveux blancs. Quoique nobles et fiers, ses traits avaient un ton de dureté qui les gâtait. Malgré sa force et sa taille droite, il semblait avoir plus de soixante ans. Ses vêtements délabrés annonçaient qu'il venait d'un pays étranger. Quoique la figure jadis belle et alors flétrie de la femme trahît une tristesse profonde, quand son mari la regardait elle s'efforçait de sourire en affectant une contenance calme. La petite fille restait debout, malgré la fatigue dont les marques frappaient son jeune visage hâlé par le soleil. Elle avait une tournure italienne, de grands yeux noirs sous des sourcils bien arqués, une noblesse native, une grâce vraie. Plus d'un passant se sentait ému au seul aspect de ce groupe dont les personnages ne faisaient aucun effort pour cacher un désespoir aussi profond que l'expression en était simple ; mais la source de cette fugitive obligeance qui distingue les Parisiens se tarissait promptement. Aussitôt que l'inconnu se croyait l'objet de l'attention de quelque oisif, il le regardait d'un air si farouche, que le flâneur le plus intrépide hâtait le pas comme s'il eût marché sur un serpent. Après être demeuré longtemps indécis, tout à coup le grand étranger passa la main sur son front, il en chassa, pour ainsi dire, les pensées qui l'avaient sillonné de rides, et prit sans doute un parti désespéré. Après avoir jeté un regard perçant sur sa femme et sur sa fille, il tira de sa veste un long poignard, le tendit à sa compagne, et lui dit en italien : « Je vais voir si les Bonaparte se souviennent de nous. » Et il marcha d'un pas lent et assuré vers l'entrée du palais, où il fut naturellement arrêté par un soldat de la garde consulaire avec lequel il ne put longtemps discuter. En s'apercevant de l'obstination de l'inconnu, la sentinelle lui présenta sa baïonnette en manière d'*ultimatum*. Le hasard voulut que l'on vînt en ce moment relever le soldat de sa faction, et le caporal indiqua fort obligeamment à l'étranger l'endroit où se tenait le commandant du poste.

« Faites savoir à Bonaparte que Bartholoméo di Piombo voudrait lui parler », dit l'Italien au capitaine de service.

Cet officier eut beau représenter à Bartholoméo qu'on ne voyait pas le Premier consul sans lui avoir préalablement demandé par écrit une audience, l'étranger voulut absolument que le militaire allât prévenir Bonaparte. L'officier objecta les lois de la consigne, et refusa formellement d'obtempérer à l'ordre de ce singulier solliciteur. Bartholoméo fronça le sourcil, jeta sur le commandant un regard terrible, et sembla le rendre responsable des malheurs que ce refus pouvait occasionner ; puis, il garda le silence, se croisa fortement les bras sur la poitrine, et alla se placer sous le portique qui sert de communication entre la cour et le jardin des Tuileries. Les gens qui veulent fortement une chose sont presque toujours bien servis par le hasard. Au moment où Bartholoméo di Piombo s'asseyait sur une des bornes qui sont auprès de l'entrée des Tuileries, il arriva une voiture d'où descendit Lucien Bonaparte, alors ministre de l'Intérieur.

« Ah ! Loucian, il est bien heureux pour moi de te rencontrer », s'écria l'étranger.

Ces mots, prononcés en patois corse, arrêtèrent Lucien au moment où il s'élançait sous la voûte, il regarda son compatriote et le reconnut. Au premier mot que Bartholoméo lui dit à l'oreille, il emmena le Corse avec lui. Murat, Lannes, Rapp se trouvaient dans le cabinet du Premier consul. En voyant entrer Lucien, suivi d'un homme aussi singulier que l'était Piombo, la conversation cessa. Lucien prit Napoléon par la main et le conduisit dans l'embrasure de la croisée. Après avoir échangé quelques paroles avec son frère, le Premier consul fit un geste de main auquel obéirent Murat et Lannes en s'en allant. Rapp feignit de n'avoir rien vu, afin de pouvoir rester. Bonaparte l'ayant interpellé vivement, l'aide de camp sortit en rechignant. Le Premier consul, qui entendit le bruit des pas de Rapp dans le salon voisin, sortit brusquement et le vit près du mur qui séparait le cabinet du salon.

« Tu ne veux donc pas me comprendre ? dit le Premier consul. J'ai besoin d'être seul avec mon compatriote.

— Un Corse, répondit l'aide de camp. Je me défie trop de ces gens-là pour ne pas... »

Le Premier consul ne put s'empêcher de sourire, et poussa légèrement son fidèle officier par les épaules.

« Eh bien, que viens-tu faire ici, mon pauvre Bartholoméo ? dit le Premier consul à Piombo.

— Te demander asile et protection, si tu es un vrai Corse, répondit Bartholoméo d'un ton brusque.

— Quel malheur a pu te chasser du pays ? Tu en étais le plus riche, le plus...

— J'ai tué tous les Porta », répliqua le Corse d'un son de voix profond en fronçant les sourcils.

La Comédie humaine : I. Études de mœurs : scènes de la vie privée / Balzac ; édition publiée sous la direction de P.-G. Castex ; avec, pour ce volume, la collaboration de P. Barbéris, M. Fargeaud, A.-M. Meininger, [...]. – Paris : Gallimard, 1976. – (*Bibliothèque de la Pléiade* ; 26). – [Pp. 1035-1037].

ILLUSIONS PERDUES 96

Une topographie symbolique. — Les lieux expliquent les destinées humaines. Ce postulat hérité de Montesquieu et de sa théorie des climats connaîtra son apogée avec Taine. La destinée de Lucien de Rubempré s'inscrit dans la topographie symbolique des quartiers de sa ville natale. Pour la clarté avec laquelle est ici menée la démonstration, Françoise Van Rossum-Guyon l'a choisie comme exemple-type (cf. *Critique du roman : essai sur* La Modification *de Michel Butor* / Fr. Van Rossum-Guyon. – Paris : Gallimard, 1975. – 311 p. – (Collection *Tel* ; 261).

Angoulême est une vieille ville, bâtie au sommet d'une roche en pain de sucre qui domine les prairies où se roule la Charente. Ce rocher tient vers le Périgord à une longue colline qu'il termine brusquement sur la route de Paris à Bordeaux, en formant une sorte de promontoire dessiné par trois pittoresques vallées. L'importance qu'avait cette ville au temps des guerres religieuses est attestée par ses remparts, par ses portes et par les restes d'une forteresse assise sur le piton du rocher. Sa situation en faisait jadis un point stratégique également précieux aux catholiques et aux calvinistes ; mais sa force d'autrefois constitue sa faiblesse aujourd'hui : en l'empêchant de s'étaler sur la Charente, ses remparts et la pente trop rapide du rocher l'ont condamnée à la plus funeste immobilité. Vers le temps où cette histoire s'y passa, le Gouvernement essayait de pousser la ville vers le Périgord en bâtissant le long de la colline le palais de la préfecture, une école de marine, des établissements militaires, en préparant des routes. Mais le Commerce avait pris les devants ailleurs. Depuis longtemps le bourg de l'Houmeau s'était agrandi comme une couche de champignons au pied du rocher et sur les bords de la rivière, le long de laquelle passe la grande route de Paris à Bordeaux. Personne n'ignore la célébrité des papeteries d'Angoulême, qui, depuis trois siècles, s'étaient forcément établies sur la Charente et sur ses affluents où elles trouvèrent des chutes d'eau. L'État avait fondé à Ruelle sa plus considérable fonderie de canons pour la marine. Le roulage, la poste, les auberges, le charronnage, les entreprises de voitures publiques, toutes les industries qui vivent par la route et par la rivière, se groupèrent au bas d'Angoulême pour éviter les difficultés que présentent ses abords. Naturellement les tanneries, les blanchisseries, tous les commerces aquatiques restèrent à la portée de la Charente ; puis les magasins d'eaux-de-vie, les dépôts de toutes les matières premières voiturées par la rivière, enfin tout le transit borda la Charente de ses établissements. Le faubourg de l'Houmeau devint donc une ville industrieuse et riche, une seconde Angoulême que jalousa la ville haute où restèrent le Gouvernement, l'Évêché, la Justice, l'aristocratie. Ainsi, l'Houmeau, malgré son active et croissante puissance, ne fut qu'une annexe d'Angoulême. En haut la Noblesse et le Pouvoir, en bas le Commerce et l'Argent ; deux zones sociales constamment ennemies en tous lieux ; aussi est-il difficile de deviner qui des deux villes hait le plus sa rivale. La Restauration avait depuis neuf ans aggravé cet état de choses assez calme sous l'Empire. La plupart des maisons du haut Angoulême sont habitées ou par des familles nobles ou par d'antiques familles bourgeoises qui vivent de leurs revenus, et composent une sorte de nation autochtone dans laquelle les étrangers ne sont jamais reçus. À peine si, après deux cents ans d'habitation, si après une alliance avec l'une des familles primordiales, une famille venue de quelque province voisine se voit adoptée ; aux yeux des indigènes elle semble être arrivée d'hier dans le pays. Les préfets, les receveurs généraux, les administrations qui se sont succédé depuis quarante ans, ont tenté de civiliser ces vieilles familles perchées sur leur roche comme des corbeaux défiants : les familles ont accepté leurs fêtes et leurs dîners ; mais quant à les admettre chez elles, elles s'y sont refusées constamment. Moqueuses, dénigrantes, jalouses, avares, ces maisons se marient entre elles, se forment en bataillon serré pour ne laisser ni sortir ni entrer personne ; les créations du luxe moderne, elles les ignorent ; pour elles, envoyer un enfant à Paris, c'est vouloir le perdre. Cette prudence peint les mœurs et les coutumes arriérées de ces familles atteintes d'un royalisme inintelligent, entichées de dévotion plutôt que religieuses, qui toutes vivent immobiles comme leur ville et son rocher. Angoulême jouit cependant d'une grande réputation dans les provinces adjacentes pour l'éducation qu'on y reçoit. Les villes voisines y envoient leurs filles dans les pensions et dans les couvents. Il est facile de concevoir combien l'esprit de caste influe sur les sentiments qui divisent Angoulême et l'Houmeau. Le Commerce est riche, la Noblesse est généralement pauvre. L'une se venge de l'autre par un mépris égal des deux côtés. La bourgeoisie d'Angoulême épouse cette querelle. Le marchand de la haute ville dit d'un négociant du faubourg, avec un accent indéfinissable : « C'est un homme de l'Houmeau ! » En dessinant la position de la noblesse en France et lui donnant des espérances qui ne pouvaient se réaliser sans un bouleversement général, la Restauration étendit la distance morale qui séparait, encore plus fortement que la distance locale, Angoulême de l'Houmeau. La société noble, unie alors au gouvernement, devint là plus exclusive qu'en tout autre endroit de la France. L'habitant de l'Houmeau ressemblait assez à un paria. De là procédaient ces haines sourdes et profondes qui donnèrent une effroyable unanimité à l'insurrection de 1830, et détruisirent les éléments d'un durable État social en France. La morgue de la noblesse de cour désaffectionna du trône la noblesse de province, autant que celle-ci désaffectionnait la bourgeoisie en en froissant toutes les vanités. Un homme de l'Houmeau, fils d'un pharmacien, introduit chez Mme de Bargeton, était donc une petite révolution. Quels en étaient les auteurs ? Lamartine et Victor Hugo, Casimir Delavigne et Canalis, Béranger et Chateaubriand, Villemain et M. Aignan, Soumet et Tissot, Étienne et d'Avrigny, Benjamin Constant et La Mennais, Cousin et Michaud, enfin les vieilles aussi bien que les jeunes illustrations littéraires, les Libéraux comme les Royalistes. Mme de Bargeton aimait les arts et les lettres, goût extravagant, manie hautement déplorée dans Angoulême, mais qu'il est nécessaire de justifier en esquissant la vie de cette femme née pour être célèbre, maintenue dans l'obscurité par de fatales circonstances, et dont l'influence détermina la destinée de Lucien.

La Comédie humaine : V. Études de mœurs : scènes de la vie de province, scènes de la vie parisienne / Balzac ; édition publiée sous la dir. de P.-G. Castex ; avec, pour ce volume, la collaboration de R. Chollet, R. Fortassier. – Paris : Gallimard, 1977. – (*Bibliothèque de la Pléiade* ; 32). – [Pp. 150-152].

LA FILLE AUX YEUX D'OR 97

Un cercle de l'enfer. — Cette nouvelle, appartenant aux *Scènes de la vie parisienne*, aborde le sujet, tabou à l'époque, des déviances sexuelles. C'est l'occasion pour le romancier de brosser un large tableau des groupes sociaux de la capitale et de leurs rapports à l'or et au plaisir. De ces sphères et cercles attestant de la filiation entre *la Comédie humaine* et le chef-d'œuvre de Dante, émergent les figures d'artistes dont les idéaux finissent par succomber face à l'impitoyable réalité.

Au-dessus de cette sphère, vit le monde artiste. Mais là encore les visages, marqués du sceau de l'originalité, sont noblement brisés, mais brisés, fatigués, sinueux. Excédés par un besoin de produire, dépassés par leurs coûteuses fantaisies, lassés par un génie dévoreur, affamés de plaisir, les artistes de Paris veulent tous regagner par d'excessifs travaux les lacunes laissées par la paresse, et cherchent vainement à concilier le monde et la gloire, l'argent et l'art. En commençant l'artiste est sans cesse haletant sous le créancier ; ses besoins enfantent les dettes, et ses dettes lui demandent ses nuits. Après le travail, le plaisir. Le comédien joue jusqu'à minuit, étudie le matin, répète à midi ; le sculpteur plie sous sa statue ; le journaliste est une pensée en marche comme le soldat en guerre ; le peintre en vogue est accablé d'ouvrage, le peintre sans occupation se ronge les entrailles s'il se sent homme de génie. La concurrence, les rivalités, les calomnies assassinent ces talents. Les uns, désespérés, roulent dans les abîmes du vice, les autres meurent jeunes et ignorés pour s'être escompté trop tôt leur avenir. Peu de ces figures, primitivement sublimes, restent belles. D'ailleurs la beauté flamboyante de leurs têtes demeure incomprise. Un visage d'artiste est toujours exorbitant, il se trouve toujours en dessus ou en dessous des lignes convenues pour ce que les imbéciles nomment le beau idéal. Quelle puissance les détruit ? La passion. Toute passion à Paris se résout par deux termes : or et plaisir.

Maintenant, ne respirez-vous pas ? Ne sentez-vous pas l'air et l'espace purifiés ? Ici, ni travaux ni peines. La tournoyante volute de l'or a gagné les sommités. Du fond des soupiraux où commencent ses rigoles, du fond des boutiques où l'arrêtent de chétifs batardeaux, du sein des comptoirs et des grandes officines où il se laisse mettre en barres, l'or, sous forme de dots ou de successions, amené par la main des jeunes filles ou par les mains ossues du vieillard, jaillit vers la gent aristocratique où il va reluire, s'étaler, ruisseler. Mais avant de quitter les quatre terrains sur lesquels s'appuie la haute propriété parisienne, ne faut-il pas, après les causes morales dites, déduire les causes physiques, et faire observer une peste, pour ainsi dire sous-jacente, qui constamment agit sur les visages du portier, du boutiquier, de l'ouvrier ; signaler une délétère influence dont la corruption égale celle des administrateurs parisiens qui la laissent complaisamment subsister ! Si l'air des maisons où vivent la plupart des bourgeois est infect, si l'atmosphère des rues crache des miasmes cruels en des arrière-boutiques où l'air se raréfie, sachez qu'outre cette pestilence, les quarante mille maisons de cette grande ville baignent leurs pieds en des immondices que le pouvoir n'a pas encore voulu sérieusement enceindre de murs en béton qui pussent empêcher la plus fétide boue de filtrer à travers le sol, d'y empoisonner les puits et de continuer souterrainement à Lutèce son nom célèbre[1]. La moitié de Paris couche dans les exhalaisons putrides des cours, des rues et des basses œuvres. Mais abordons les grands salons aérés et dorés, les hôtels à jardins, le monde riche, oisif, heureux, renté. Les figures y sont étiolées et rongées par la vanité. Là rien de réel. Chercher le plaisir, n'est-ce pas trouver l'ennui ? Les gens du monde ont de bonne heure fourbu leur nature. N'étant occupés qu'à se fabriquer de la joie, ils ont promptement abusé de leurs sens, comme l'ouvrier abuse de l'eau-de-vie. Le plaisir est comme certaines substances médicales ; pour obtenir constamment les mêmes effets, il faut doubler les doses, et la mort ou l'abrutissement est contenu dans la dernière. Toutes les classes inférieures sont tapies devant les riches et en guettent les goûts pour en faire des vices et les exploiter.

La Comédie humaine : V. Études de mœurs : scènes de la vie de province, scènes de la vie parisienne / Balzac ; éd. publ. sous la dir. de P.-G. Castex ; avec, pour ce vol., la collab. de R. Chollet, R. Fortassier. – Paris : Gallimard, 1977. – (*Bibliothèque de la Pléiade* ; 32). – [Pp. 1049-1050 ; 1538].

1 Lutèce vient d'un mot celtique qui signifie « lieu des marais ».

LE LYS DANS LA VALLÉE 98

Romantisme et réalisme. — Le Lys dans la vallée se présente comme une longue lettre adressée par Félix de Vandenesse à Natalie de Manerville, dans laquelle il raconte son éducation sentimentale partagée, comme chez beaucoup de héros romantiques, entre un amour éthéré et une passion sensuelle. La sèche réponse de la destinataire, dont la brièveté contraste avec les longs épanchements de la confession, est une fin de non-recevoir marquant bien l'ambiguïté de la position de Balzac, à la fois témoin de tous les rêves et aspirations du romantisme et inventeur de ce qu'on a appelé, faute d'un terme plus adéquat, le roman réaliste.

À Monsieur le comte Félix de Vandenesse.

« Cher comte, vous avez reçu de cette pauvre Mme de Mortsauf une lettre qui, dites-vous, ne vous a pas été inutile pour vous conduire dans le monde, lettre à laquelle vous devez votre haute fortune. Permettez-moi d'achever votre éducation. De grâce, défaites-vous d'une détestable habitude ; n'imitez pas les veuves qui parlent toujours de leur premier mari, qui jettent toujours à la face du second les vertus du défunt. Je suis française, cher comte ; je voudrais épouser tout l'homme que j'aimerais, et ne saurais en vérité épouser Mme de Mortsauf. Après avoir lu votre récit avec l'attention qu'il mérite, et vous savez quel intérêt je vous porte, il m'a semblé que vous aviez considérablement ennuyé lady Dudley en lui opposant les perfections de Mme de Mortsauf, et fait beaucoup de mal à la comtesse en l'accablant des ressources de l'amour anglais. Vous avez manqué de tact envers moi, pauvre créature, qui n'ai d'autre mérite que celui de vous plaire ; vous m'avez donné à entendre que je ne vous aimais ni comme Henriette, ni comme Arabelle. J'avoue mes imperfections, je les connais ; mais pourquoi me les faire si rudement sentir ? Savez-vous pour qui je suis prise de pitié ? pour la quatrième femme que vous aimerez. Celle-là sera nécessairement forcée de lutter avec trois personnes ; aussi dois-je vous prémunir, dans votre intérêt comme dans le sien, contre le danger de votre mémoire. Je renonce à la gloire laborieuse de vous aimer : il faudrait trop de qualités catholiques ou anglicanes, et je ne me soucie pas de combattre des fantômes. Les vertus de la Vierge de Clochegourde désespéreraient la femme la plus sûre d'elle-même, et votre intrépide Amazone décourage les plus hardis désirs de bonheur. Quoi qu'elle fasse, une femme ne pourra jamais espérer pour vous des joies égales à son ambition. Ni le cœur ni les sens ne triompheront jamais de vos souvenirs. Vous avez oublié que nous montons souvent à cheval. Je n'ai pas su réchauffer le soleil attiédi par la mort de votre sainte Henriette, le frisson vous prendrait à côté de moi. Mon ami, car vous serez toujours mon ami, gardez-vous de recommencer de pareilles confidences qui mettent à nu votre désenchantement, qui découragent l'amour et forcent une femme à douter d'elle-même. L'amour, cher comte, ne vit que de confiance. La femme qui, avant de dire une parole, ou de monter à cheval, se demande si une céleste Henriette ne parlait pas mieux, si une écuyère comme Arabelle ne déployait pas plus de grâces, cette femme-là, soyez-en sûr, aura les jambes et la langue tremblantes. Vous m'avez donné le désir de recevoir quelques-uns de vos bouquets enivrants, mais vous n'en composez plus. Il est ainsi une foule de choses que vous n'osez plus faire, de pensées et de jouissances qui ne peuvent plus renaître pour vous. Nulle femme, sachez-le bien, ne voudra coudoyer dans votre cœur la morte que vous y gardez. Vous me priez de vous aimer par charité chrétienne. Je puis faire, je vous l'avoue, une infinité de choses par charité, tout, excepté l'amour. Vous êtes parfois ennuyeux et ennuyé, vous appelez votre tristesse du nom de mélancolie : à la bonne heure ; mais vous êtes insupportable et vous donnez de cruels soucis à celle qui vous aime. J'ai trop souvent rencontré entre nous deux la tombe de la sainte : je me suis consultée, je me connais et je ne voudrais pas mourir comme elle. Si vous avez fatigué lady Dudley, qui est une femme extrêmement distinguée, moi qui n'ai pas ses désirs furieux, j'ai peur de me refroidir plus tôt qu'elle encore. Supprimons l'amour entre nous, puisque vous ne pouvez plus en goûter le bonheur qu'avec les mortes, et restons amis, je le veux. Comment, cher comte ? vous avez eu pour votre début une adorable femme, une maîtresse parfaite qui songeait à votre fortune, qui vous a donné la pairie, qui vous aimait avec ivresse, qui ne vous demandait que d'être fidèle, et vous l'avez fait mourir de chagrin ; mais je ne sais rien de plus monstrueux. Parmi les plus ardents et les plus malheureux jeunes gens qui traînent leurs ambitions sur le pavé de Paris, quel est celui qui ne resterait pas sage pendant dix ans pour obtenir la moitié des faveurs que vous n'avez pas su reconnaître ? Quand on est aimé ainsi, que peut-on demander de plus ? Pauvre femme ! elle a bien souffert, et quand vous avez fait quelques phrases sentimentales, vous vous croyez quitte avec son cercueil. Voilà sans doute le prix qui attend ma tendresse pour vous. Merci, cher comte, je ne veux de rivale ni au-delà ni en deçà de la tombe. Quand on a sur la conscience de pareils crimes, au moins ne faut-il pas les dire. Je vous ai fait une imprudente demande, j'étais dans mon rôle de femme, de fille d'Ève, le vôtre consistait à calculer la portée de votre réponse. Il fallait me tromper ; plus tard, je vous aurais remercié. N'avez-vous donc jamais compris la vertu des hommes à bonnes fortunes ? Ne sentez-vous pas combien ils sont généreux en nous jurant qu'ils n'ont jamais aimé, qu'ils aiment pour la première fois ? Votre programme est inexécutable. Être à la fois Mme de Mortsauf et lady Dudley, mais, mon ami, n'est-ce pas vouloir réunir l'eau et le feu ? Vous ne connaissez donc pas les femmes ? elles sont ce qu'elles sont, elles doivent avoir les défauts de leurs qualités. Vous avez rencontré lady Dudley trop tôt pour pouvoir l'apprécier, et le mal que vous en dites me semble une vengeance de votre vanité blessée ; vous avez compris Mme de Mortsauf trop tard, vous avez puni l'une de ne pas être l'autre ; que va-t-il m'arriver à moi qui ne suis ni l'une ni l'autre ? Je vous aime assez pour avoir profondément réfléchi à votre avenir, car je vous aime réellement beaucoup. Votre air de chevalier de la Triste Figure m'a toujours profondément intéressée : je croyais à la constance des gens mélancoliques ; mais j'ignorais que vous eussiez tué la plus belle et la plus vertueuse des femmes à votre entrée dans le monde. Eh bien, je me suis demandé ce qui vous reste à faire : j'y ai bien songé. Je crois, mon ami, qu'il faut vous marier à quelque Mme Shandy, qui ne saura rien de l'amour, ni des passions, qui ne s'inquiétera ni de lady Dudley, ni de Mme de Mortsauf, très indifférente à ces moments d'ennui que vous appelez mélancolie pendant lesquels vous êtes amusant comme la pluie, et qui sera pour vous cette excellente sœur de charité que vous demandez. Quant à aimer, à tressaillir d'un mot, à savoir attendre le bonheur, le donner, le recevoir ; à ressentir les mille orages de la passion, à épouser les petites vanités d'une femme aimée, mon cher comte, renoncez-y. Vous avez trop bien suivi les conseils que votre bon ange vous a donnés sur les jeunes femmes ; vous les avez si bien évitées que vous ne les connaissez point. Mme de Mortsauf a eu raison de vous placer haut du premier coup, toutes les femmes auraient été contre vous, et vous ne seriez arrivé à rien. Il est trop tard maintenant pour commencer vos études, pour apprendre à nous dire ce que nous aimons à entendre, pour être grand à propos, pour adorer nos petitesses quand il nous plaît d'être petites. Nous ne sommes pas si sottes que vous le croyez : quand nous aimons, nous plaçons l'homme de notre choix au-dessus de tout. Ce qui ébranle notre foi dans notre supériorité, ébranle notre amour. En nous flattant, vous vous flattez vous-mêmes. Si vous tenez à rester dans le monde, à jouir du commerce des femmes, cachez-leur avec soin tout ce que vous m'avez dit : elles n'aiment ni à semer les fleurs de leur amour sur des rochers, ni à prodiguer leurs caresses pour panser un cœur malade. Toutes les femmes s'apercevraient de la sécheresse de votre cœur, et vous seriez toujours malheureux. Bien peu d'entre elles seraient assez franches pour vous dire ce que je vous dis, et assez bonnes personnes pour vous quitter sans rancune en vous offrant leur amitié, comme le fait aujourd'hui celle qui se dit votre amie dévouée,

« Natalie de Manerville. » — Paris, octobre 1835.

La Comédie humaine : IX. Études de mœurs : scènes de la vie de campagne / Balzac ; édition publiée sous la direction de P.-G. Castex ; avec, pour ce volume, la collaboration de Th. Bodin, J.-H. Donnard, [...]. – Paris : Gallimard, 1978. – (*Bibliothèque de la Pléiade* ; 41). – [Pp. 1226-1229].

LA PEAU DE CHAGRIN 99

L'usure de la vie (L'Agonie). — Dans son désir de globalité, le cycle balzacien tente de pratiquer tous les registres littéraires, comme ici le fantastique. La peau de chagrin est un talisman permettant à son possesseur, Raphaël de Valentin, de réaliser tous ses désirs. Mais la diminution progressive de la surface de la peau symbolise un des grands motifs de *la Comédie humaine*, l'usure de l'énergie vitale.

Il était environ minuit. À cette heure, Raphaël, par un de ces caprices physiologiques, l'étonnement et le désespoir des sciences médicales, resplendissait de beauté pendant son sommeil. Un rose vif colorait ses joues blanches. Son front gracieux comme celui d'une jeune fille exprimait le génie. La vie était en fleurs sur ce visage tranquille et reposé. Vous eussiez dit d'un jeune enfant endormi sous la protection de sa mère. Son sommeil était un bon sommeil, sa bouche vermeille laissait passer un souffle égal et pur ; il souriait transporté sans doute par un rêve dans une belle vie. Peut-être était-il centenaire, peut-être ses petits-enfants lui souhaitaient-ils de longs jours ; peut-être de son banc rustique, sous le soleil, assis sous le feuillage, apercevait-il, comme le prophète, en haut de la montagne, la terre promise, dans un bienfaisant lointain !

« Te voilà donc ! »

Ces mots, prononcés d'une voix argentine, dissipèrent les figures nuageuses de son sommeil. À la lueur de la lampe, il vit assise sur son lit sa Pauline, mais Pauline embellie par l'absence et par la douleur. Raphaël resta stupéfait à l'aspect de cette figure blanche comme les pétales d'une fleur des eaux, et qui, accompagnée de longs cheveux noirs, semblait encore plus blanche dans l'ombre. Des larmes avaient tracé leur route brillante sur ses joues, et y restaient suspendues, prêtes à tomber au moindre effort. Vêtue de blanc, la tête penchée et foulant à peine le lit, elle était là comme un ange descendu des cieux, comme une apparition qu'un souffle pouvait faire disparaître.

« Ah ! j'ai tout oublié, s'écria-t-elle au moment où Raphaël ouvrit les yeux. Je n'ai de voix que pour te dire : « Je suis à toi ! » Oui, mon cœur est tout amour. Ah ! jamais, ange de ma vie, tu n'as été si beau. Tes yeux foudroient. Mais je devine tout, va ! Tu as été chercher la santé sans moi, tu me craignais... Eh bien...

— Fuis, fuis, laisse-moi, répondit enfin Raphaël d'une voix sourde. Mais va-t'en donc. Si tu restes là, je meurs. Veux-tu me voir mourir ?

— Mourir ! répéta-t-elle. Est-ce que tu peux mourir sans moi. Mourir, mais tu es jeune ! Mourir, mais je t'aime ! Mourir ! » ajouta-t-elle d'une voix profonde et gutturale en lui prenant les mains par un mouvement de folie.

« Froides, dit-elle. Est-ce une illusion ? »

Raphaël tira de dessous son chevet le lambeau de la Peau de chagrin, fragile et petit comme la feuille d'une pervenche, et le lui montrant : « Pauline, belle image de ma belle vie, disons-nous adieu, dit-il.

— Adieu ? répéta-t-elle d'un air surpris.

— Oui. Ceci est un talisman qui accomplit mes désirs, et représente ma vie. Vois ce qu'il m'en reste. Si tu me regardes encore, je vais mourir... »

La jeune fille crut Valentin devenu fou, elle prit le talisman, et alla chercher la lampe. Éclairée par la lueur vacillante qui se projetait également sur Raphaël et sur le talisman, elle examina très attentivement et le visage de son amant et la dernière parcelle de la Peau magique. En la voyant belle de terreur et d'amour, il ne fut plus maître de sa pensée : les souvenirs des scènes caressantes et des joies délirantes de sa passion triomphèrent dans son âme depuis longtemps endormie, et s'y réveillèrent comme un foyer mal éteint.

« Pauline, viens ! Pauline ! »

Un cri terrible sortit du gosier de la jeune fille, ses yeux se dilatèrent, ses sourcils, violemment tirés par une douleur inouïe, s'écartèrent avec horreur, elle lisait dans les yeux de Raphaël un de ces désirs furieux, jadis sa gloire à elle ; mais à mesure que grandissait ce désir, la Peau, en se contractant, lui chatouillait la main. Sans réfléchir, elle s'enfuit dans le salon voisin dont elle ferma la porte.

« Pauline ! Pauline ! cria le moribond en courant après elle, je t'aime, je t'adore, je te veux ! Je te maudis, si tu ne m'ouvres ! Je veux mourir à toi ! »

Par une force singulière, dernier éclat de vie, il jeta la porte à terre, et vit sa maîtresse à demi nue se roulant sur un canapé. Pauline avait tenté vainement de se déchirer le sein, et pour se donner une prompte mort, elle cherchait à s'étrangler avec son châle. « Si je meurs, il vivra ! » disait-elle en tâchant vainement de serrer le nœud. Ses cheveux étaient épars, ses épaules nues, ses vêtements en désordre, et dans cette lutte avec la mort, les yeux en pleurs, le visage enflammé, se tordant sous un horrible désespoir, elle présentait à Raphaël, ivre d'amour, mille beautés qui augmentèrent son délire ; il se jeta sur elle avec la légèreté d'un oiseau de proie, brisa le châle, et voulut la prendre dans ses bras.

Le moribond chercha des paroles pour exprimer le désir qui dévorait toutes ses forces ; mais il ne trouva que les sons étranglés du râle dans sa poitrine, dont chaque respiration creusée plus avant semblait partir de ses entrailles. Enfin, ne pouvant bientôt plus former de sons, il mordit Pauline au sein. Jonathas se présenta tout épouvanté des cris qu'il entendait, et tenta d'arracher à la jeune fille le cadavre sur lequel elle s'était accroupie dans un coin.

« Que demandez-vous ? dit-elle. Il est à moi, je l'ai tué, ne l'avais-je pas prédit ? »

La Comédie humaine : X. Études philosophiques / Balzac ; édition publiée sous la direction de P.-G. Castex ; avec, pour ce volume, la collaboration de Th. Bodin, P. Citron, M. Fargeaud, [...]. – Paris : Gallimard, 1979. – (*Bibliothèque de la Pléiade* ; 42). – [Pp. 290-292].

LA RECHERCHE DE L'ABSOLU 100

Le secret non révélé. — Le monde appartient réellement aux idéalistes, aux artistes, aux chercheurs d'absolu. Balthazar Claës a peu à peu ruiné les siens en investissant tous ses biens dans la recherche de la pierre philosophale. C'est à l'ultime instant que le voile se déchire et le secret que le savant génial emporte dans la mort symbolise toutes ces énigmes qui font de l'étude de l'univers une conquête prométhéenne.

Vers la fin de l'année 1832, Balthazar passa une nuit extrêmement critique pendant laquelle M. Pierquin le médecin fut appelé par la garde, effrayée d'un changement subit qui se fit chez le malade ; en effet, le médecin voulut le veiller en craignant à chaque instant qu'il n'expirât sous les efforts d'une crise intérieure dont les effets eurent le caractère d'une agonie.

Le vieillard se livrait à des mouvements d'une force incroyable pour secouer les liens de la paralysie ; il désirait parler et remuait la langue sans pouvoir former de sons ; ses yeux flamboyants projetaient des pensées ; ses traits contractés exprimaient des douleurs inouïes ; ses doigts s'agitaient désespérément, il suait à grosses gouttes. Le matin, les enfants vinrent embrasser leur père avec cette affection que la crainte de sa mort prochaine leur faisait épancher tous les jours plus ardente et plus vive ; mais il ne leur témoigna point la satisfaction que lui causaient habituellement ces témoignages de tendresse. Emmanuel, averti par Pierquin, s'empressa de décacheter le journal pour voir si cette lecture ferait diversion aux crises intérieures qui travaillaient Balthazar. En dépliant la feuille, il vit ces mots, *découverte de l'absolu*, qui le frappèrent vivement, et il lut à Marguerite un article où il était parlé d'un procès relatif à la vente qu'un célèbre mathématicien polonais avait faite de l'Absolu. Quoique Emmanuel lût tout bas l'annonce du fait à Marguerite qui le pria de passer l'article, Balthazar avait entendu.

Tout à coup le moribond se dressa sur ses deux poings, jeta sur ses enfants effrayés un regard qui les atteignit tous comme un éclair, les cheveux qui lui garnissaient la nuque remuèrent, ses rides tressaillirent, son visage s'anima d'un esprit de feu, un souffle passa sur cette face et la rendit sublime, il leva une main crispée par la rage, et cria d'une voix éclatante le fameux mot d'Archimède : EURÊKA ! *(j'ai trouvé).* Il retomba sur son lit en rendant le son lourd d'un corps inerte, il mourut en poussant un gémissement affreux, et ses yeux convulsés exprimèrent jusqu'au moment où le médecin les ferma le regret de n'avoir pu léguer à la Science le mot d'une énigme dont le voile s'était tardivement déchiré sous les doigts décharnés de la Mort.

La Comédie humaine : X. Études philosophiques / Balzac ; édition publiée sous la direction de Pierre-Georges Castex ; avec, pour ce volume, la collaboration de Thierry Bodin, Pierre Citron, Madeleine Fargeaud, [...]. – Paris : Gallimard, 1979. – (*Bibliothèque de la Pléiade* ; 42). – [Pp. 834-835].

NJEGOŠ

SERBE

1813-1851

Né Rade Tomov Njegoš — selon l'usage monténégrin, le prénom et le patronyme sont suivis du nom du clan, ici Njeguši, village au-dessus de Kotor, où il est né —, il a pour précepteur, Sima Milutinović, Serbe de Sarajevo qui a étudié en Autriche puis pris part à la première insurrection serbe contre les Turcs ; auteur de poèmes romantiques épiques et d'ouvrages historiques, il aura une influence non négligeable sur son élève.

Depuis le début du XVIIIe siècle, le Monténégro est sous l'autorité, au début plus morale que réelle, des princes-évêques de la dynastie Petrović-Njegoš, dont le fondateur est Danilo (1670-1735). En 1830, Petar Ier Petrović Njegoš, qui a joué un rôle essentiel dans la formation de l'État monténégrin, désigne son neveu Rade pour lui succéder. Rade, qui n'a que 17 ans, devient moine, selon l'usage pour les princes-évêques, et prend le nom de Petar ; à 20 ans, il est métropolite du Monténégro.

Sur le plan intérieur, il renforce l'unité du pays en créant des institutions : le Sénat, une cour de justice composée des chefs de clan, une police, la première école, l'imprimerie nationale. En politique extérieure, il maintient l'alliance traditionnelle avec la Russie, puissance orthodoxe protectrice, lutte contre les Turcs dont, contrairement au prince serbe Miloš, il refuse de reconnaître la suzeraineté, surtout contre les vizirs et les agas de Herzégovine. Si Njegoš se défie de l'Autriche, qui cherche à s'établir dans les bouches de Kotor, il soutient par contre les Croates, à ses yeux le même peuple que les Serbes, et notamment le ban Jelačić.

Son expérience politique sera cependant la source de son profond scepticisme : il est déçu parfois par la Russie, voire par ceux des Monténégrins qui se laissent acheter par les Turcs. Atteint de tuberculose, il séjourne deux fois en Italie (1850 et 1851), se rend à Vienne, mais en vain : il meurt à Cetinje en octobre 1851.

Dès son adolescence, Njegoš écrit des chants inspirés de la poésie populaire, où il célèbre les combats contre les Turcs, avant de publier en 1834 un recueil original *L'Ermite de Cetinje*, où apparaissent déjà les grands thèmes de son œuvre : le destin de l'homme, étincelle céleste tombée du paradis, et celui du Monténégro, étincelle qui subsiste de la grandeur serbe après l'écrasement du royaume médiéval par les Turcs. Après avoir composé en 1835 *La Libertiade*, une histoire du Monténégro en forme d'épopée, il délaisse l'écriture pendant plusieurs années. C'est entre 1845 et 1847 qu'il compose ses chefs-d'œuvre, *La Lumière du microcosme*, *La Couronne de la montagne* et *Le Faux tsar Šćepan le Petit*.

La Lumière du microcosme, dont le titre pourrait être d'inspiration maçonnique, est une réflexion sur la lueur divine qui est en l'homme. L'ouvrage se présente comme une cosmogonie, où Dieu apparaît comme un esprit qui cherche à élaborer la matière chaotique en univers organisé, et où le combat entre Dieu et Satan signifie la lutte entre l'harmonie et le chaos, l'esprit et la nature. Synthèse de philosophie et de poésie, c'est une œuvre unique dans les littératures des pays yougoslaves.

La Couronne de la montagne, son chef-d'œuvre et la plus grande œuvre poétique serbe du XIXe siècle, est un poème dialogué de 2 819 vers, écrit en décasyllabes du même type que la poésie populaire épique (césure après le 4e pied, absence de rimes) ; quelques courts textes en prose viennent parfois expliquer le déroulement de l'action. Ce poème qui n'offre guère de progression dramatique est du « théâtre à lire », un genre lancé par Schiller et en vogue à l'époque. Fondé sur un événement supposé de l'époque de l'évêque Danilo — l'extermination des Monténégrins convertis à l'islam au cours d'une espèce de Saint-Barthélemy, une version des faits qui n'apparaît qu'avec les écrits de Sima Milutinović, en l'occurrence influencé par le *Guillaume Tell* de Schiller, et dans les textes de Petar Ier Petrović (la réalité, moins tragique et moins épique, a vu les musulmans progressivement contraints à l'exil ou à la conversion par un climat d'insécurité) —, l'œuvre met en scène des personnages qui, pour la plupart, sont historiques, mais les place dans le Monténégro du temps de Njegoš. Danilo y ressemble d'ailleurs plus à Njegoš, conciliateur cherchant à régner par l'esprit et doté d'une conscience dualiste du monde proche de la philosophie de *La Lumière du microcosme*, qu'au Danilo historique. Njegoš y introduit de plus une sorte de chœur à l'antique, censé exprimer l'opinion collective du peuple, qui évoque l'histoire serbe depuis le Moyen Âge, condamne les grands seigneurs responsables des défaites par leurs divisions, et attaque même les souverains serbes. Encore imbu des idées du siècle des Lumières, Njegoš, malgré les idées romantiques et nationales, n'a guère le culte des rois et empereurs serbes.

Le Faux tsar Šćepan le Petit, également « théâtre à lire », se fonde sur un événement historique : un aventurier s'était fait passer pour le tsar de Russie Pierre III (exécuté sur l'ordre de sa femme Catherine II) et avait réussi à devenir souverain du Monténégro entre 1767 et 1773 ! Là encore, l'essentiel de l'action est résumé dans de brefs commentaires en prose.

Njegoš est un auteur difficilement classable. Romantique, lecteur fervent de Pouchkine, de Lamartine et de Vigny, il est aussi sous l'influence de la poésie populaire épique, des grands poètes philosophes, Dante ou Milton, et du néo-classicisme. Alors que la langue littéraire serbe n'était pas encore constituée, Njegoš, usant de la langue populaire et très modérément du slavon, créa son propre style et parvint à exprimer avec limpidité des idées philosophiques complexes.

Visions historiques et politiques dans l'œuvre poétique de P.P. Njegoš / Michel Aubin. – Paris : Publications de la Sorbonne, Université de Paris IV-Sorbonne, Diffusion de Boccard, 1972. – 368 p. – (*Série internationale* ; 5).

Pierre II Petrović-Njegoš et les Français / Krunoslav J. Spasč. – Paris : Publications de la Sorbonne, Université de Paris IV-Sorbonne, Éditions Richelieu, 1972. – XVI-768 p. – (*Série internationale* ; 4).

LA COURONNE DE LA MONTAGNE 101

M. Ibrovac — 1935

Le prince-évêque Danilo face à l'islam démoniaque (1re Partie, v. 33-46, 79-81 et 84-88). — Njegoš avait d'abord songé à d'autres titres qui, tous, comportaient le mot « étincelle » — ce qui demeure au Monténégro de l'histoire glorieuse des Serbes et ce que l'homme a préservé de sa préexistence céleste. Le livre est dédié « aux cendres du père de la Serbie », c'est-à-dire à Karadjordje, chef de la 1re insurrection contre les Turcs ; la dédicace (38 vers) condamne par ailleurs sévèrement, sans le nommer, le prince Miloš Obrenović, qui avait fait tuer Karadjordje. Œuvre théâtrale destinée à la lecture, le poème n'est pas divisé en actes et en scènes, mais en trois parties. La 1re, la plus brève, sert d'exposition ; le lieu de l'action est le mont Lovćen, où les Monténégrins s'assemblent pour fêter la Pentecôte. Dans un long monologue, Danilo expose la progression de l'invasion musulmane au cours de l'histoire : il se lamente sur l'isolement et l'impuissance de son pays et soulève le problème que pose la minorité des Monténégrins convertis à l'islam. Il évoque le héros légendaire serbe de la bataille de Kosovo, Miloš Obilić, qui avait réussi à tuer le sultan Murat en sacrifiant sa vie : ce sacrifice annonce la rédemption nationale serbe de même que le sacrifice du Christ annonce la rédemption des âmes. *La Couronne de la montagne* condamne l'islam et exalte l'orthodoxie, religion naturelle et historique des Serbes : se détourner de cette religion est pour un Serbe renier sa nationalité.

PROLOGUE

(Assemblée à la veille de la Pentecôte, à Lovćen. Nuit, silence profond, tout le monde dort.)

L'ÉVÊQUE DANILO (À part.)

Voyez Satan[1] revêtu de sept pourpres,
Ceint de deux glaives et de deux couronnes[2],
Voyez le fils du Turc, avec son Coran,
Et derrière, les hordes maudites,
Qui vont ravager la terre entière
Comme les sauterelles ravagent les champs.
Sans le rempart des poitrines françaises,
Les flots arabes eussent tout englouti[3] !
Un songe infernal valut la couronne à Osman
Et lui présenta comme une pomme la belle Lune[4].
Ainsi naquit Orkhan, hôte funeste à l'Europe[5] !
Et Byzance n'est plus à présent
Que la dot de Théodora[6] :
L'étoile du noir destin l'accable.
Paléologue invite Mourad[7]
À exterminer Grecs et Serbes [...]
Après l'Asie, son antique berceau,
La tribu satanique dévora les pays,

---

1 Le sultan, ennemi de la chrétienté. (N.d.t.)

2 Emblème du pouvoir sur l'Arabie et la Perse dont fut investi, en 1058, le petit-fils de Seldjoux, le victorieux Togrul-Beg, par le khalife de Bagdad, Caïem. Ses manteaux d'honneur rappelaient les sept contrées de l'empire. (N.d.t.)

3 L'invasion arabe arrêtée par Charles-Martel en 732 et en 737. (N.d.t.)

4 Allusion à la légende qui attribue à l'interprétation d'un songe le mariage d'Osman, fondateur de l'empire turc (1299-1326), avec la fille du grand cheik Elébadie, Kamérié, « pareille à la lune » (le Croissant, emblème de l'empire turc). La pomme est un cadeau symbolique. (N.d.t.)

5 Orkhan-Ghazi, fils d'Osman (1326-1359), premier sultan qui ait établi son pouvoir en Europe . (N.d.t.)

6 Fille de Jean VI Cantucuzène, que son père donna à Orkhan pour gagner les Turcs contre Jean V Paléologue . (N.d.t.)

7 Le sultan Mourad Ier (1359-1389), fils d'Orkhan, périt à Kosovo, où s'écroula l'ancien empire serbe. (N.d.t.)

Un par jour, comme la chouette les oiseaux :
Mourad la Serbie et Bajazet la Bosnie,
Mourad l'Épire et Mahomet la Grèce,
Les deux Sélim, Chypre et l'Afrique :
Chacun son lot, il n'est rien resté !
À l'entendre, l'horreur vous saisit ;
Le monde est bien petit pour la gueule infernale,
Jamais rassasiée et jamais fatiguée ! [...]
Et moi, que ferai-je, à qui me fier ?
Peu de bras me soutiennent, ma force est fragile,
Brin de paille au gré des tempêtes,
Pauvre orphelin, seul au monde !
Mon peuple est plongé dans un sommeil de mort.
Pour essuyer mes larmes il n'est point de mère
Sur ma tête le ciel s'est fermé,
Il ne veut ni de mes pleurs ni de mes prières.
Le monde pour moi s'est fait enfer,
Et tous les hommes, malins génies.
Jour sombre[1] et sombre destinée !
Ô ma pauvre patrie ensevelie !
J'ai survécu à tous tes malheurs,
Et j'affronte à présent le plus grand...
Quand je pense au conseil d'aujourd'hui[2],
Le feu ronge mon cœur angoissé :
Des frères, hélas ! vont s'entre-égorger...
Puisse Dieu t'effacer, jour fatal
Où je vis la lumière du monde !
Cent fois maudite l'heure de l'an passé
Où, captif, les Turcs m'ont épargné !
Je n'aurais pas à tromper l'espoir de mon peuple.

Anthologie de la poésie yougoslave des XIXe et XXe siècles ; avec une introduction et des notices par Miodrag Ibrovac, professeur à l'université de Belgrade en collaboration avec Mme Savka Ibrovac, professeur agrégée de lettres. – Paris : Librairie Delagrave, 1935. – [Pp. 14-16].

1 L'évêque maudit la Saint-Vit (Guy), jour de la bataille historique de Kosovo (28 juin 1389). (N.d.t.)

2 Conseil des chefs monténégrins, orthodoxes et islamisés, qui fut la dernière tentative pour ramener les renégats à la foi des ancêtres, et dont l'insuccès probable tourmente le prince-évêque. (N.d.t.)

LA COURONNE DE LA MONTAGNE 102

D. Vékovitch — 1917

Qu'importe le fusil pour qui a la bravoure (3e Partie, v. 2737-2819). — C'est la première traduction française (hormis ce qui fut traduit de la littérature populaire orale) d'une grande œuvre de la littérature serbe, par ailleurs traduite en plus de dix langues. La 2e partie, de loin la plus longue (2 239 vers) se passe à Cetinje, lors de l'assemblée monténégrine réunie pour la Nativité de la Vierge ; Danilo tente vainement de convaincre les musulmans de revenir à la foi orthodoxe de leurs ancêtres ; l'higoumène Stefan, vieillard aveugle plein d'éloquence, montre que l'homme doit combattre de même que tout dans la nature se livre combat, élargissant la lutte entre la chrétienté et l'islam au thème du conflit éternel entre le bien et le mal et même au combat général dans la nature ; les chefs de clan jurent d'attaquer les musulmans dans tout le Monténégro au jour fixé. La 3e partie se déroule toujours à Cetinje, entre la veille de Noël et le nouvel an ; Danilo et Stefan apprennent le succès des troupes des Monténégrins orthodoxes face aux musulmans ; la scène finale présente Vuk Mandušić, personnage historique d'*uskok* de l'arrière-pays de Zadar, mort en 1648 au cours d'une bataille contre les Turcs — il apparaît aussi bien dans des chants populaires serbes recueillis par Vuk Karadžić que dans des chants croates.

(Le diacre ouvre la porte. Vouk Mandouchitch de mauvaise humeur, ses grandes moustaches noires tombent sur ses tokés[1] cassés, le djéferdar[2] brisé est dans sa main. Il s'assoit près du feu, tout couvert de sang ; il ne dit pas même : « Bonjour ». Tous s'étonnent de le voir ainsi.)

ÉVÊQUE DANILO

Qu'y a-t-il, Vouk ? tu parais effrayant !
je vois que tu viens d'une bataille sanglante,
tu as marché dans le grand feu,
Dieu sait et toi seul
si quelqu'un de là est resté vivant !
Sans difficultés les tokés ne se brisent pas,
et ne se cassent pas les djéferdars
qui sont forgés de fins fils d'acier.

VOUK MANDOUCHITCH *(Raconte tristement.)*

À Stiépan-dan[3] m'arriva une cousine
Mariée cet été à Chtitaré[4]
et me dit : « Voici les Turcs
à Chtitaté pour prendre les impôts ! »
Alors je réunis cinquante jeunes gens
et me cachai avec eux sous Chtitaré,
pour tuer les Turcs malfaiteurs.
J'entends les fusils crépitant dans Lïéchanski district[5],

---

1 Boléro sans manches, orné de plaques d'orfèvrerie.
2 Fusil fin, travaillé.
3 Stiépan-dan : jour de Saint-Étienne, le 27 décembre vieux style. (N.d.t.)
4 Chtitaré est un village à mi-chemin entre Riéka et Podgoritza. (N.d.t.)
5 Lïéchanski district, ou le champ de Lïéch, ou Lïéchko-polïé, est dans la plaine de Podgoritza. (N.d.t.)

je pense : les Turcs vont dans le pays
et veulent effrayer la raïa[1] !
c'était pourtant une vraie bataille à Progonovitché[2].
Alors j'y cours avec mes camarades,
une fois là-bas, quelle affreuse difficulté !
deux cents malfaiteurs, serviteurs des Albanais sauvages,
attaquaient la sanglante maison de Radoun.
Seul Radoun se trouvait dans la maison
avec sa femme aimée Lïoubitza ;
la femme est jeune, mais un vrai faucon,
elle charge les fusils de son maître.
Radoun tire de sa fenêtre,
il en a tué sept dans sa cour.
Mais il approchait vers sa fin :
les Turcs avaient apporté
autour de la maison de la paille et du foin,
et ont allumé de tous côtés.
La flamme montait vers le ciel
et sa maison se prenait !
Radoun tire toujours sans cesse :
il appelle au secours finement, fortement :
il appelle Baïo et Novak,
il appelle Drachko et Voukota,
et deux Vouk du village Trgniné :
Markovitch et Tomanovitch,
il appelle les vivants et les morts ;
il voit l'affreuse heure devant ses yeux !
Nos cœurs vivants se brisaient !
nous courûmes vers la maison de Radoun,
nous égorgeâmes les Turcs alentour,
nous sauvâmes Radoun de sa maison,
mais sa belle maison brûla !
Quelqu'un vint encore à notre secours
et nous chassâmes ce qui restait de Turcs
jusqu'aux Kokoti[3], en haut de Kïéchko-polïé,
nous en tuâmes quatre-vingt-trois.

---

1 Nom que les Turcs donnent à la population serbe, et plus généralement aux chrétiens, par mépris. (N.d.t.)

2 Progonovitché, village entre Chtitaré et Lïéchko-polïé. (N.d.t.)

3 Kokoti, village sur la première hauteur qui domine la plaine du Podgoritza ainsi que Lïéchko-polïé. (N.d.t.)

Dans la bataille près de la maison,
les balles cassèrent mes tokés,
et à la fin de la lutte sanglante, —
le dernier fusil turc qui éclata,
je tenais mon djéferdar devant les yeux, —
il me le brisa, qu'il perde sa tête, *(Il pleure)*
en deux moitiés, comme si c'était un roseau !
Je regrette plus mon pauvre djéferdar,
que s'il m'avait coupé une main !
Je le regrette comme un fils,
je le regrette comme un vrai frère ;
car c'était un fusil meilleur que tous les autres,
il portait bonheur et tuait bien, —
je ne le nettoyais jamais,
il était toujours net comme un miroir,
parmi mille autres fusils
tu aurais reconnu son coup quand il éclatait.
Et je suis venu vers toi, évêque,
sur la mer il y a toutes sortes d'ouvriers :
pourront-ils ressouder mon fusil ?

ÉVÊQUE DANILO

Noir Vouk, relève tes moustaches,
que je voie tes tokés sur ta poitrine,
pour que j'y compte les balles des fusils,
par combien de balles tes tokés furent-elles brisées ?
Tu ne peux lever la tête morte d'un tombeau,
tu ne peux raccommoder un djéferdar cassé.
Que ta tête soit fière sur tes épaules,
tu trouveras un autre fusil,
car dans les mains de Mandouchitch-vouk,
tout fusil sera meurtrier !

(L'évêque Danilo se lève et donne à Mandouchitch de sa chambre un bon djéferdar.)

Les Lauriers de la montagne / Pierre II Pétrovitch-Niégoch ; préface de Henri de Régnier ; traduit du serbe par Divna Vékovitch. – Paris : Berger-Levrault, 1917. – [Pp. 159-162].

LA LUMIÈRE DU MICROCOSME 103

B. Lazić — 1997

Dieu prononce sa sentence contre Satan et contre Adam (Chant 6, v. 1-170). — Le poète, créateur d'idées et par là-même plus proche de Dieu que les autres hommes, rapporte le récit tumultueux des origines du monde. Dieu veut soumettre la nature, cette force brutale, élémentaire, qui n'exclut ni les ténèbres, ni le chaos, et au sein de laquelle coexistent le bien et le mal. Lucifer se révolte contre Dieu, affirmant vouloir défendre la liberté de la nature, avec à ses côtés un complice, l'ange Adam. Dieu les vainc après un combat terrible, puis il précipite Satan aux enfers ; quant à Adam, qui s'était repenti avant la victoire finale de Dieu, il est jeté sur la Terre, où il devra, pour racheter sa faute, lutter contre le mal par la force de sa volonté. Dieu lui a enlevé le souvenir de son origine céleste, mais lui a laissé l'étincelle de la pensée, qu'il doit, par ses efforts et ses souffrances, amener à l'état supérieur d'esprit créateur pour mériter de nouveau le Ciel. *La Lumière du microcosme*, où Njegoš fait d'Adam un complice de Satan, idée qui a pour corollaire la préexistence de l'homme à la création du monde, contredit donc les enseignements de l'Église, ce qui peut sembler paradoxal de la part d'un prince-évêque. En fait, à côté de sa dimension épique de cosmogonie, *La Lumière du microcosme* est aussi l'expression lyrique de la pensée religieuse de Njegoš, qui glorifie l'esprit suprême et l'ordre cosmique. Longtemps négligée par la critique, cette œuvre riche et originale révèle l'érudition de son auteur, et une étude intertextuelle ferait apparaître des réminiscences de textes aussi variés que ceux de Platon, Dante, Milton, Vigny, Hugo et Lamartine, à côté de la poésie populaire et des apocryphes slaves.

Suite à l'éclatante victoire contre Satan
une solennelle convention s'assembla
dans le palais de l'éternel empereur :
les plus hauts archanges,
d'innombrables milliers de séraphins
et de chérubins sublimes
rendirent grâce au créateur
de sa brillante victoire
à l'encontre du prince de la détresse,
le louant d'avoir rétabli la quiétude première.

Le tout-puissant s'adressa à l'universelle assemblée
pour annoncer le châtiment d'Adam :
« j'établirai — dit-il — une planète,
non loin de l'obscure Hadès,
pour un confinement temporel pesant
d'Adam et de ses pairs.
Cette infime planète sera composée
d'éléments chaotiques et d'une obscure poussière,
j'y tempérerai les bourrasques
et donnerai l'instabilité au temps.

Je nomme *Terre* cette grossière planète.
Elle sera abondante en eau et
entièrement parsemée
de multiples végétaux :

diverses espèces animales
dans les airs, dans les eaux et sur terre
se disperseront prolifiques sur elle ;
il y aura là de paisibles bêtes
mais aussi des prédateurs
et de répugnants reptiles venimeux.

De même que, pour accroître leur malheur,
j'ai laissé au vain maître des enfers
et à ses malfaisantes légions
un vif souvenir des félicités célestes,
je prive aujourd'hui Adam
et sa légion rebelle
du bienheureux souvenir de leur foyer :
que pas un atome
n'en reste dans leurs âmes,
comme s'ils n'eussent jamais contemplé les cieux.

En signe de punition à leur révolte
je condamne leurs esprits agités
aux chaînes malpropres de la chair
durant un siècle bref :
qu'ils portent à travers la vallée des larmes
avec d'amers soupirs
les fers pesants de la tourmente ;
qu'ils s'affligent là-bas avec malédiction
sur leur terrible inconstance
par des larmes et des pleurs.

Qu'ils nourrissent leurs corps
de végétaux et de leurs semences,
d'eau fraîche et d'animaux.
Ce bref confinement sera tristesse pesante
à l'égard de leurs âmes incertaines :
ils tomberont sur terre avec pleurs,
ils vivront sur terre avec pleurs
et rejoindront avec pleurs l'éternité ;
ils seront des bourreaux les uns pour les autres
et d'eux-mêmes en particulier.

J'élèverai la mort de son obscure geôle
et l'enverrai parmi eux sur terre.

Je la revêtirai sous diverses formes :
qu'elle se précipite sur eux
en faisant d'épouvantables ravages ;
cette tyrannique souveraine
les libérera de leur joug pesant
de manière impitoyable, violente,
les ramenant — sous une forme effrayante,
selon son droit — à la vie spirituelle.

Que leurs espoirs seront incertains !
Lors même qu'ils penseront les avoir atteints
ceux-ci leur échapperont plus loin encore.
Cette nourriture fallacieuse
sera dévorée par des doutes amers :
les captifs terriens crédules
éprouveront le fouet d'horribles doutes ;
ceux-ci les mèneront en tout lieu
et en tout lieu les précéderont,
obscurcissant leurs regards vers l'avenir.

Sur terre, le visage mortel de l'homme
sera semblable à celui des anges :
seule une infime lueur d'amour céleste
offerte au jour de sa naissance
par ma grâce divine
adoucira un tant soit peu
sa destinée affligeante.
Car l'homme, en dépit de sa confusion,
reste un être doué de raison
et maître de la terre, bien qu'asservi aux chaînes.

Pareil aux autres esprits immortels,
l'homme disposera librement de sa volonté :
sur la table de son âme
deux lois en tout opposées
se feront face :
sur l'une la loi de justice
sera gravée en de saintes lignes ;
sur l'autre de tous maux
se noirciront les règles —
souvenir infernal de l'alliance avec Satan.

S'il concentre ses pensées sur ma justice,
l'homme sera en mesure
de pénétrer sans peine aucune ces deux principes :
toutefois, l'infernale malédiction de l'esprit rebelle
le retiendra captif plus souvent.
Cette lutte de la justice contre l'injustice
qui ébranla les cieux trois jours durant
sera gravée dans l'âme humaine
dans toute son abomination afin de rendre
plus incertain et plus triste son emprisonnement.

La première génération humaine
sera durement frappée par l'assassin
des âmes, Satan.
(C'est Adam qui, en premier lieu,
revêtira et portera la chair) :
le maléfique seigneur de l'insatiable enfer
induira l'engeance humaine
à l'aveugle bêtise
de vouloir blasplémer contre la céleste lumière
et adorer des noms occultes.

Les splendides rayons d'un soleil
illumineront l'orbe mobile de la terre :
les hommes seront
en mesure d'apercevoir bon nombre
de mes planètes depuis la leur ;
toutefois, les ruineuses ténèbres de Satan
les aveugleront et ces planètes
à leurs yeux ne seront nullement signes
de mon omnipotence ;
ils blasphémeront contre le nom du créateur.

Dans leur aveuglement, les hommes
créeront sur terre des milliers d'idoles :
leurs vaines divinités ne seront autres
que monstres et difformités.
Ils bâtiront des trônes impurs
à l'insensé polythéisme
sur de sordides collines
autour desquelles iront ramper

d'abominables espèces animales
à la recherche de quelque nourriture.

Les hommes, dans leur bassesse,
en viendront à cet aveuglement
sous l'emprise blasphématoire de Satan.
Mon âme délicate sera touchée
par la détresse humaine :
je vêtirai de chair humaine
mon verbe bien-aimé,
il ira porter le salut aux hommes
et éclaircir leurs sombres esprits
par les saints préceptes de ma justice.

Je suis le père et la lumière de justice !
Lorsqu'Adam et ses légions auront
accompli le terme de leur captivité,
lorsqu'ils seront tous passés, charnels,
à travers la vallée des larmes,
ceux qui auront suivi mes commandements
reviendront à leur félicité première :
les aveugles partisans du diable
iront, quant à eux, aux enfers,
vers les ténèbres des pleurs éternels.

C'est alors que la terre, théâtre de l'épouvante,
scène des plus vils sacrilèges,
berceau de la détresse humaine,
profanée par le sang des innocents,
empoisonnée par des larmes amères
dont les clameurs innocentes
iront jusqu'à la maudire au-devant de mon trône —
sera consumée au jour du jugement
en un seul instant par l'auguste flamme
de ma justice divine. »

Traduction inédite. — *Luča mikrokozma* / P.P. Njegoš. – Cetinje : Obod, 1981. – [Pp. 72-77].

BERCHET

ITALIEN **1783-1851**

Fils aîné d'une famille nombreuse, Giambattista, dit Giovanni Berchet naquit à Milan, à l'époque du gouvernement paternel de Joseph II. Sa famille, originaire de Nantua, dans l'Ain, s'était fixée en Lombardie dès le début du XVIIIe siècle. Le père, négociant en drap, entendit introduire son fils dans ses affaires. Il déchanta : le jeune homme, qui, outre le français, avait appris l'allemand et l'anglais, s'intéressait vivement à la poésie et n'avait pas de dispositions pour le commerce. Sa bonne formation classique, acquise auprès de précepteurs et dans les *scuole arcimbolde* des Barnabites, le dirigea vers une carrière publique : Milan était alors le siège du Royaume Lombardo-Vénitien, confié au vice-roi Eugène de Beauharnais.

Parallèlement, le jeune Berchet se cultive en traduisant : en 1807, c'est *The Bard* de Thomas Gray puis, pour la collection populaire d'œuvres étrangères de l'éditeur De Stefanis, une version italienne de *The Vicar of Wakefield* de Goldsmith, plusieurs fois rééditée. On lui attribue aussi une adaptation de *Der Geisterseher* de Schiller. En 1810, Giovanni est second commis à la Chancellerie du Sénat ; il taquine la muse, plutôt médiocrement, et se mêle à la vie intellectuelle de sa ville. En 1813, à l'occasion de la polémique entre « mélodistes » et « harmonistes » suscitée par la représentation de *Demetrio e Polibio* de Rossini, il prend, dans une *Lettre*, parti pour la mélodie.

Les événements allaient faire de lui un des hérauts de la cause romantique italienne.

Le traité de Vienne du 9 avril 1815 remodelant l'Europe accordait à l'Autriche le Royaume Lombardo-Vénitien, au grand dam de la noblesse et de la bourgeoisie. Pour essayer de capter la bienveillance de l'intelligentsia lombarde, Metternich chargea le très fidèle mantouan Giuseppe Acerbi (1771-1849) de lancer une revue encyclopédique, la *Biblioteca Italiana*. Le premier numéro (1er janvier 1816) s'ouvrait par la traduction d'un article de Madame de Staël, *Sur la manière et l'utilité des traductions*, où l'on pouvait lire : « Transporter d'une langue dans une autre les œuvres excellentes de l'esprit est le plus grand bénéfice qu'on puisse apporter aux lettres ; parce que les œuvres parfaites sont si peu nombreuses, et l'invention en chaque genre est si rare, que si chacune des nations modernes voulait se contenter de ses richesses propres, elle serait toujours pauvre ». Et elle conseillait aux Italiens de « traduire avec diligence nombre des récentes poésies anglaises et allemandes », souhaitant que leurs productions soient originales, vraies, utiles, agréables — exigences que Manzoni formulera également.

Cette position suscita de vives polémiques. Aux tenants de la tradition locale, souvent médiocre au demeurant, s'opposèrent Ludovico Di Breme, dans un opuscule paru le 16 septembre 1816 (voir *P.L.E.* 10, pp. 431-435), puis, le 19 septembre, Pietro Borsieri (1788-1852), avec ses *Avventure letterarie di un giorno o consigli di un galantuomo a vari scrittori* et, à la fin décembre, Berchet, qui publia *Sur le "Chasseur féroce" et sur la "Lénore" de G.A. Bürger. Lettre semi-sérieuse de Chrysostomo à son fils*, souvent considéré comme le manifeste du romantisme italien. Dans cet écrit, d'une ironie percutante, l'auteur donne à son fils, collégien en mal de poésie, les conseils de Madame de Staël : il doit se garder de rimer « selon le goût dont les savants et les pédants font aujourd'hui l'éloge », négliger les thèmes gréco-latins et la mythologie classique, retourner à l'inspiration chrétienne du Moyen Âge, considérer la poésie populaire comme la véritable poésie de son temps. Vient ensuite une exhortation, mise dans la bouche du curé du Monte Atino, « bon ami à l'âme ardente » : « Délivrez-vous une bonne fois de la vaine gloire de vous réputer le seul peuple génial d'Europe. » Recommandation est également faite de mettre fin aux querelles inutiles et de « puiser son inspiration dans les croyances, les espérances et même les illusions fantastiques du peuple. » Ce pamphlet colorait résolument le romantisme italien du patriotisme qui inspirait le Risorgimento : tonalité qui serait presque la seule de la littérature nouvelle et qui se cristalliserait deux ans plus tard dans le *Conciliatore*.

Les défenseurs de ce renouvellement œuvrèrent d'abord en ordre dispersé. Une première tentative de réunir les efforts de Berchet et de Pellico dans un journal, *Il Bersagliere*, resta sans suite. Mais un peu plus tard le futur prisonnier du Spielberg pouvait écrire à son frère : « toute disharmonie a disparu ». Le 3 septembre 1818, le *Conciliatore*, journal *in foglio* sur papier bleu, sortait son premier numéro sous la devise *Rerum concordia discors*. Berchet apparaissait comme l'élément moteur de cet organe réunissant écrivains, économistes et chefs politiques : les préoccupations morales qui seront toujours les siennes feront de lui un guide très apprécié. Berchet donna 21 articles au journal : considérations théoriques, recensions, écrits polémiques.

La censure, après avoir caviardé plusieurs numéros, en interdit la publication. Sans renoncer à l'idéal commun, chacun reprit alors la route en solitaire.

Le fonctionnaire Berchet revenait, de temps à autre, à la poésie. En 1819, *Le Chevalier brun* et *Le Château de Montfort*, d'inspiration romantique, témoignent d'une recherche de style, rarement heureuse. À propos des événements de Grèce, il écrivit, à la même époque, *I Profughi di Parga* qu'il confia à Fauriel lors d'un séjour à Paris, mais que celui-ci ne publia, traduit en prose, qu'en 1823. L'auteur s'y déchaîne contre les Anglais et reste constant dans sa pensée : on ne peut à aucun prix pactiser avec l'ennemi.

Sans avoir été personnellement inquiété, Berchet comprit que, fonctionnaire, il était suspect aux yeux des autorités autrichiennes : il prit donc le chemin de l'exil. À Paris, il fut accueilli par les marquis Arconati, rencontrés dans le salon d'Alexandre Manzoni : ce qui jusqu'alors n'avait été que contacts mondains se noua en durable amitié. Après un bref séjour en Belgique et un passage par la Hollande, il arrive à Londres le 4 mai 1822 : il y restera plus de sept ans, employé dans les bureaux de son compatriote, l'homme d'affaires Obicini. Ce séjour dans la capitale anglaise ne fut pas heureux : timide, réservé, Berchet ne se liait guère ; avec ses compatriotes, exilés comme lui, il n'entretint que des liens fort lâches ; il lui arrivait de juger sévèrement le comportement de certains d'entre eux. Ses seules joies semblent avoir été quelques escapades sur le continent et l'abondante correspondance qu'il échangea avec la marquise Arconati. Ses occupations « alimentaires » n'avaient cependant pas réussi à briser son élan poétique : il publia ses *Romanze* (qui parurent isolément) et les *Fantasie*, ses meilleurs vers, un événement dans l'histoire littéraire et la conscience nationale de l'Italie.

Dans ses *Romanze* (*Clarina*, *Il rimorso*), malgré le romantisme qui les inspire, l'auteur ne s'abandonne guère à la langueur mélancolique : sa nostalgie et sa douleur, dominées par le sentiment moral et le sens civique auquel il ne renoncera jamais, trouvent des accents rudes pour condamner l'Autriche et les parjures. Dans les *Fantasie* (1829), il oppose la rigueur des mœurs, l'amour de la patrie, le courage des Lombards qui défirent Frédéric Barberousse à Legnano (1176) à la mollesse et à la corruption des Lombards qui, au début du XIXe siècle, préoccupés d'assouvir leurs vices, se laissent insulter et spolier par des étrangers.

Bien qu'entre 1822 et 1829 les amis que Berchet avait sur le Continent aient insisté à maintes reprises pour qu'il vînt les rejoindre, il ne s'y décida qu'en juillet 1829. Invité par Fauriel — alors à Gaesbeek (Brabant) chez les Arconati — à traduire le *Romancero* espagnol, Berchet accumule le matériel et se rend à la jeune université de Bonn (fondée en 1818) où enseigne Friedrich Diez, qui vient de travailler le sujet. Recommandé par Fauriel auprès de l'historien danois de Rome Barthold-Georg Niebuhr, commensal, à l'hôtel *Zum Stern*, de l'helléniste Naecke, introduit auprès du latiniste Welcker, directeur de la bibliothèque universitaire, Berchet suit cinq à six leçons par jour (espagnol, portugais, Walter de la Vogelweide) et fréquente les salons, dont celui de W.A. von Schlegel. Ses amitiés philologiques, dont il témoignera dans un *Memorandum* (publié en 1978), le conduiront à lire les *Nibelungen* (dans l'édition de Lachmann, Bonn, 1836), Homère et même les *Udvagte Danske viser* qu'il consultera, à Paris, à la « Bibliothèque du roi » (1835).

Revenu en Belgique, il accompagne souvent les Arconati dans leurs déplacements : au château de Gaesbeek ou en leur Palais de la rue de la Régence, il achève la traduction de textes du *Romancero*, parus à Bruxelles en 1837, y ébauche une version du *Nibelungenlied*, traduit quelques *Viser* et, malgré la perfection reconnue par Madame de Staël à la traduction de Monti, s'attaque à l'*Iliade*. Son séjour à Gaesbeek marque un tournant dans son activité littéraire : revenu à son propos de 1816, il donne à connaître à ses compatriotes le trésor de la poésie populaire étrangère. Et il ne retourna que rarement à la composition originale : l'insurrection de Bologne et de Modène en 1831 lui dicte l'hymne *All'armi* ; plus tard, le 6 avril 1848, à la suite des « Cinq journées » milanaises, il écrit un *Saluto a Milano*.

En attendant patiemment les mouvements insurrectionnels qui auraient dû conduire à l'unification italienne, il voyage beaucoup. Il sert de précepteur à Carletto Arconati quand celui-ci conquiert son doctorat ès lettres à Heidelberg (12 août 1838) ; il l'avait déjà accompagné à Édimbourg en 1837. Il s'occupe aussi à soigner une santé désormais chancelante. Quand, à la mort de Carletto, fauché par le typhus (9 juin 1839), les Arconati quittent à tout jamais la Belgique, Berchet est le plus souvent à leurs côtés ; il est leur hôte quand il rentre en Piémont en 1845. Lors des « Cinq journées » milanaises, il est appelé à faire partie du Conseil d'État et du Gouvernement provisoire : on lui confie l'Instruction publique. Après Novare (1849), il est élu député au Parlement subalpin ; il y siège sur le banc des modérés : son intransigeance le fait considérer comme réactionnaire par certains de ses amis. Au cours des années suivantes, il erre sans cesse de station climatique en station climatique. Désabusé, inactif désormais, il s'éteint à Turin le jour même de son soixante-huitième anniversaire, entouré des soins affectueux des Arconati.

G. Berchet : la letteratura e la politica del Risorgimento Nazionale (1783-1851) / Ettore Li Gotti. - Florence : "La Nuova Italia", 1933. – 564 p. – (*Storici antichie moderni*).

Giovanni Berchet (23 décembre 1783-23 décembre 1851) / Comité du Centenaire Berchet. – Bruxelles : Éditions du Comité du Centenaire Berchet, 1951. – 81 p.

Studi sul Berchet / pubblicati per il primo centenario della morte. – Milano : Liceo Gimnasio Giovanni Berchet, 1952. – 455 p.

Introduzione a Berchet / Alberto Cadioli. – Bari : Laterza, 1991. – 178 p. – (*Gli scrittori* ; 27).

Il Berchet et la nuova poesia "popolare" : guida a una lettura del "Grisostomo" / Gianfranco D'Aronco. – Udine : Del Bianco, 1979. – 72 p. – (*Università degli studi di Trieste. Facoltà di Magistero* ; Terza serie).

FANTAISIES 104

R. van Nuffel — 1951

L'exilé (1re Fantaisie). — Le 28 février 1160, le cardinal Anagni, légat du pape Alexandre III, lança dans la cathédrale de Milan l'excommunication contre Frédéric Ier Hohenstaufen, qui soutenait l'antipape Victor IV. L'empereur du Saint-Empire se promit de laver l'affront. Deux ans plus tard, il entreprit le siège de Rome et accomplit sa vengeance en rasant la ville. Les principales communes lombardes (Bergame, Brescia, Crémone, Mantoue), excédées par les brutalités de la soldatesque germanique, s'unirent en une ligue à laquelle adhérèrent par la suite de nombreuses autres communes, tant de Lombardie que de Vénétie et d'Émilie. La défaite totale de Frédéric advint le 29 mai 1176, à Legnano. Les hérauts du Risorgimento, notamment Berchet, choisirent ce glorieux épisode pour susciter le courage de leurs compatriotes dans leur opposition à l'empereur François Ier.

Parmi les foules denses, au long des rues désertes en haut des monts glacés, dans les vertes vallées, au sein des brumes épaisses, sous les cieux azurés, où qu'il aille, l'exilé a toujours au cœur sa patrie.

Accueilli par les hommes libres, confiant dans ses discours ; errant parmi les esclaves, se taisant prudemment ; au milieu des travailleurs unis comme auprès des paresseux ennemis ; qu'il soit lassé, qu'il soit envieux, il a toujours au cœur sa patrie.

Il a toujours au cœur l'Italie, même si elle oublie qui l'aime et la piété, par cent souvenirs, le ramène toujours à ceux-là qui gémissent, que la terreur entoure : et vers ceux qui désiraient l'amener de l'esclavage à la liberté.

S'il dort, ses fantômes sont l'Italie ; ils vont marchant, hardis, dans son rêve ; ou, abjects, ils causent son tourment ; les spectres tirent leurs formes et leurs sentiments variables tantôt des siècles écoulés, tantôt de l'âge actuel.

L'Exilé somnolait ; c'était pleine nuit noire. Avec lui se taisait la nuit à l'entour, qui déjà pressentait l'heure froide où vient l'aube. Alors, en son esprit, il vit passer un homme.

Il a sur ses épaules mis sa capuche et revêtu la toge des anciens Florentins ; sa ceinture est de cuir, il avance l'air grave mais d'un pas amical ; ses yeux brillent de la joie d'une haute espérance ; sa parole est l'éclair : qui peut la répéter ?

Ils ont juré. Je les ai vus en Pontide, accourus des monts et de la plaine. Ils ont juré ; et les citoyens de vingt villes se sont donné la main. Oh ! spectacle de joie. Les Lombards sont unis, en une seule ligue. L'étranger teindra de son sang la bannière qu'il déploie.

La Lombarde éplorée ne s'assied plus sur la cendre de son taudis brûlé. Elle a surgi. Elle réclame une patrie à ses frères, à son mari soldat. Ils ont juré ! Vous, femmes frugales, respectées, chères à vos époux, vous, que vos fils ne regardent pas soupçonneux, c'est vous qui au fort inspirâtes l'ardeur.

Pourquoi des inconnus dont le père est d'ailleurs vivaient-ils ici comme en leur patrimoine ? Dieu ne leur donna-t-il pas une terre, une loi, un langage dont ils pussent jouir ? À chacun d'entre nous sa part fut donnée. Et à chacun suffit ce qu'il reçut en don. Maudit soit celui qui dépouille les autres. Maudit soit celui qui se laisse voler.

Debout ! Lombards ! Chacune de vos communes a sa tour ; chaque tour a sa cloche ; qu'elle sonne le tocsin. Qui a pour fief un bourg vienne avec les siens à la ville qu'il jura. Les dés sont donc jetés. Si quelqu'un encore hésitant conseille la prudence, si en son cœur il ne sent pas la victoire, celui-là, en cœur, songea à vous trahir.

Frédéric ? il n'est qu'un homme comme vous ; comme la vôtre, son épée est de fer. Ceux qui, pillant, s'en vinrent avec lui, sont tout autant que vous faits de chair mortelle. Mais il y en a mille ; ils sont des milliers ! Qu'importe ! Les mères ici ne sont-elles pas autant ? Et le bras dont aux fils elles firent présent ne vaut-il pas autant que le bras de ceux-là ?

Debout ! contre l'odieux, le hideux Allemand. Debout ! Lombards ! aiguisez vos épées. Faites vôtre la région qui est vôtre, qui est si belle et que le ciel vous donna. Gentes filles du fervent amour, que celui qui est lâche aux heures du péril n'espère plus de vous l'aumône d'un regard, qu'il finisse ses jours sans célébrer ses noces.

Vite ! aux armes ! Qui a un fer l'aiguise ; qui souffrit un outrage veuille s'en souvenir ! Chassons loin de chez nous ce troupeau de rapaces ! Abattons l'orgueil de leur fauve Seigneur. La liberté ne faut pas aux vaillants ; elle leur montre un chemin périlleux ; mais à qui place en elle sa vie, elle n'est pas le prix d'un désir impuissant.

Que l'Allemand à son tour goûte le malheur ; qu'il aspire à retrouver son foyer paternel ; mais que ce soit en vain qu'il réclame son retour ; qu'il paie ici-même douleur pour douleur. Cette terre qu'il foule avec tant d'insolence, qu'il la morde vaincu. Que vers elle il lance un ultime salut et que ce soit la plainte de l'homme qui se meurt.

Giovanni Berchet (23 décembre 1783-23 décembre 1851) / Comité du centenaire Berchet. – Bruxelles : Éditions du comité du centenaire, 1951. – [Pp. 79-81].

LETTRE SEMI-SÉRIEUSE DE CHRYSOSTOME À SON FILS 105

L. Béghin — 1999

Traduction en vers, ou en prose ? — Les premières pages de la *Lettre semi-sérieuse* contiennent quelques réflexions théoriques sur la traduction. Chrysostome, qui a traduit pour son fils deux ballades du poète allemand Gottfried August Bürger, expose les principes qui ont présidé à cette version.

Mon très cher Fils, — J'ai été surpris en vérité que toi, pensionnaire d'un collège, tu me demandes avec un désir aussi vif une traduction italienne de deux compositions poétiques de Bürger[1]. Que puis-je refuser à mon fils ? Pauvre vieillard inexpérimenté, j'ai beaucoup peiné à les traduire ; mais finalement j'en suis venu à bout.

En te complaisant, je n'avais rien d'autre à cœur que de te faire connaître Bürger ; mais je ne me suis pas résolu à altérer par des couleurs trop italiennes les traits de cet Allemand : et la traduction est en prose. Tu vois que même dans la pratique je reste fidèle à mes opinions. Et la vérité est que les exemples d'autrui me confirment chaque jour davantage dans cette attitude. Ce n'est pas, du reste, que je veuille dire que toute la poésie qu'une langue fait passer dans une autre doive se traduire en prose. Ennemi juré de quelque système exclusif que ce soit, je rirais de celui qui proposerait une loi semblable, comme je ris de Voltaire qui voulait que les vers fussent toujours traduits en vers. Les raisons qui doivent pousser le traducteur à se tenir à tel parti plutôt qu'à tel autre se trouvent dans le texte et varient en fonction de la nature et de la provenance de celui-ci.

Tous les peuples qui ont quelque littérature font de la poésie. Mais tous les peuples ne possèdent pas un langage poétique séparé du langage prosaïque. Les termes conventionnels pour l'expression du beau ne sont pas les mêmes partout. Comme la délicatesse dans la manière de sentir, la hardiesse dans la façon d'exprimer poétiquement les sensations est déterminée chez chaque peuple par des accidents dissemblables. Et cette manifestation harmonieuse d'un concept poétique, qui sera sublime à Londres ou à Berlin, apparaîtra souvent ridicule si elle est reproduite en Toscane.

Car si tu me laisses l'idée étrangère, mais que pour obéir aux inclinations de la poésie de ta patrie, tu la revêts d'habits italiens et trop différents des siens, qui pourra en conscience te saluer comme auteur ou te remercier comme traducteur ?

---

1 Il s'agit des célèbres ballades *Lénore* et *Le Chasseur féroce* de Bürger (174-1794). (N.d.t.) (Cf. *P.L.E.* IX, pp. 817-830).

Avec la prose les choses sont différentes puisque le lecteur n'oublie jamais que le livre qu'il lit est une traduction ; et il pardonne tout en raison du plaisir qu'il a de se lier d'amitié avec des inconnus et de les observer de la tête aux pieds tels qu'ils sont. Le lecteur, lorsqu'il a dans les mains une traduction en vers, ne peut pas toujours obtenir entièrement une telle satisfaction. Son esprit, partagé en deux, s'efforce tantôt de se représenter l'originalité du texte, tantôt de juger de l'habilité poétique du traducteur. Ces deux attentions ne vont pas de pair ; et la seconde l'emporte généralement ; car la première, étant celle qui est la moins directement excitée et la moins satisfaite, s'affaiblit. Et c'est alors que celui qui lit devient plus difficile ; et comme s'il examinait des vers italiens originaux, il passe au crible la moindre phrase.

Celui qui songera aux différentes circonstances qui rendent différente la façon de concevoir des idées et s'interrogera sur l'origine des diverses langues et littératures, trouvera que les peuples, même sous ce rapport, ont entre eux des degrés majeurs ou mineurs de parenté. Cela fournira au traducteur la lumière suffisante pour le mettre sur la bonne voie, où son intention sera conforme au devoir qui lui incombe : c'est-à-dire celle de nous donner à connaître le texte, non de nous offrir un ouvrage qui soit de lui.

M. Belotti entreprit de traduire Sophocle[1] ; et avant même que ne paraisse son excellent travail, qui songea qu'il se fût trompé dans le choix de l'instrument, pour avoir décidé de rédiger en vers sa traduction ?

Par contre, vois à présent, mon fils, si j'ai mal deviné lorsque je t'ai parlé il y a quelque temps d'une traduction du *Théâtre* de Shakespeare, qui devait alors sortir à Florence. M. Leoni[2] a du talent, du caractère, de l'érudition, de la finesse de jugement, il manie avec aisance l'italien, connaît bien l'anglais, bref il possède toutes les qualités pour être un excellent traducteur de Shakespeare. Mais M. Leoni a manqué son but. Ses vers sont de bons vers italiens. Mais que veux-tu ? Shakespeare est défiguré ; et nous sommes encore contraints à envier aux Français leur Le Tourneur[3]. Et pourtant M. Leoni était capable d'apaiser tout à fait cette envie !

---

1 Felice Bellotti, (1786-1858). Il traduisit en italien Eschyle, Sophocle et Euripide ainsi que les *Lusiades* de Camoens. (N.d.t.)

2 Michele Leoni (1776-1858). Traducteur boulimique, il mit en italien Homère, Virgile, Shakespeare, Schiller, Byron, Corneille, Cuvier et bien d'autres encore. Cette intense activité lui valut, en 1816, les louanges de Madame de Staël. (N.d.t.)

3 Pierre Le Tourneur (1736-1788), traducteur français de Shakespeare et de nombreux autres écrivains anglais. (N.d.t.)

De combien d'autres étais pourrait-on renforcer ce raisonnement, Dieu seul le sait. Mais pourquoi me fatiguer à démontrer que le feu brûle ? Celui qui s'obstine à le nier, grand bien lui fasse !

Et qu'on ne vienne pas dire que notre langue ne se plie pas autant que la française à une prose robuste, élégante, rapide, tendre. Ni toi ni moi ne saurons manier l'italien de belle manière ; toi parce que tu es un gamin, et moi, un vieillard honnête et rien de plus ; mais fais que cette langue trouve un artisan adroit et elle est substance dont on peut tirer n'importe quelle phrase. Mais cette substance n'est pas tout entière dans les rayons des bibliothèques. Mais ce n'est pas seulement là que la dépoussièrent ces rares cerveaux pénétrants qui n'aspirent pas à partager la gloire de Messire le Somnifère.

Traduction inédite. — *Sul Cacciatore feroce e sulla Eleonora di Goffredo Augusto Bürger : Lettera semiseria di Grisostomo al suo figliuolo* / Giovanni Berchet. – In : *I manifesti romantici del 1816* / a cura di Carlo Calcaterra. – Torino : UTET, 1951. – (*Classici italiani* ; 69). – [Pp. 267-271].

LES FUGITIFS DE PARGA 106

Cl. Fauriel — 1823

La malédiction anglaise (Le Refus, XX-XXV). — Acte d'accusation contre l'Angleterre qui avait livré Parga aux Turcs ; ses habitants ne voulant pas plier le cou au joug musulman avaient déterré leurs morts, brûlé leur ville et s'étaient réfugiés à Corfou. L'un d'eux, pris de désespoir, se jette à la mer ; un Anglais, Henry, qui passait en barque, le sauve et le rend à son épouse. Pendant qu'il se repose, celle-ci raconte à Henry l'histoire bouleversante de la patrie. L'exilé, revenu à lui, repousse son sauveur parce qu'il ne peut rien accepter de la traîtresse Angleterre. Le bienfaiteur rebuté, écrasé par la honte qui pèse sur son pays, s'en va errer par le monde sans trouver la paix.

Tel fut le serment du fugitif de Parga, serment qu'il n'a point violé. Aujourd'hui encore, il va travaillant de chaumière en chaumière, partout chéri, partout respecté. — Il mène au pâturage des troupeaux qui ne sont point à lui ; il arrose de sa sueur les sillons des champs d'autrui. Mais il lève partout le front assuré de l'homme qui ne s'est point avili dans le malheur.

L'ennui cependant, le sombre ennui s'appesantit de plus en plus, chaque jour, sur la tête de Henri. Pas un rayon de joie ne brille pour son cœur, nul doux désir n'y suscite de noble espérance. De toute bouche qui s'ouvre il craint d'entendre les accents de la plainte ou de la colère : sur chaque visage inconnu, il appréhende de lire le dédain ou la haine.

Il reconnaît le déshonneur de sa patrie, il la renie, il la fuit, et néanmoins il s'indigne de l'entendre accuser. Il la déteste, et souffre de ne pouvoir la chérir. Il parcourt l'Europe entière : infortuné ! l'Europe entière n'a point de pays où il puisse se plaire, point de pays où il n'entende maudire le sien.

Il erre dans les douces contrées où les rosiers sont toujours fleuris, sur les coteaux riants où verdoie l'olivier, à travers les riches plaines où les fleuves et les ruisseaux roulent entre les moissons et les pâturages. Mais sur les coteaux et dans les plaines, au milieu des champs et dans les villages, il entend des imprécations contre l'Angleterre ; il entend raconter ses outrages.

Il s'enfonce dans les montagnes ; mais partout, dans les tristes vallons abandonnés à la ronce, dans les abymes encombrés de sapins lancés par les torrents, sur les rocs où bondit le chamois, dans les profondeurs où gronde l'avalanche, et sur les cimes perdues où n'atteint point son fracas, partout il voit des larmes couler pour des maux que l'Angleterre a faits.

Il traverse toutes les rivières, côtoie toutes les plages, et s'aventure dans tous les sentiers. Point de cité qu'il ne visite, point de bourgade où il n'entre, toujours arrivant, toujours partant. Mais en tous lieux, devant lui, derrière lui, il entend accuser sa patrie : il ne quitte des peuples offensés par l'Angleterre, que pour courir chez d'autres peuples que l'Angleterre a trahis, chez d'autres peuples que l'Angleterre a vendus.

Les Fugitifs de Parga : *Poëme* / de J. Berchet ; traduit librement de l'italien. – Paris : Firmin Didot, 1823. – [Pp. 89-93].

GOGOL

RUSSE 1809-1852

L'œuvre de Gogol se répartit entre trois grands sujets : les contes folkloriques, les œuvres « urbaines » et les écrits didactiques. Lorsque l'inspiration romanesque se fut tarie, Gogol a essayé sa « voix de prophète ». Incompris, religieusement tourmenté, il rechercha et trouva la mort sans connaître l'apaisement.

Nicolas Vassiliévitch Gogol est né dans une famille de petits propriétaires d'Ukraine. Au lycée il fut un mauvais élève mais un lecteur assidu et un mime de grand talent. Maladif, il souffrait d'un complexe d'infériorité, était renfermé et mystificateur, mais sut se faire quelques amis fidèles. Délaissant la mise en scène qu'il adorait, il s'essaya à des œuvres décevantes et brûla son grand poème romantique, sinistre préfiguration d'une démarche future ! Délivré de ses études, il découvrit Pétersbourg et y vécut dans des conditions précaires, mais il avait une ambition formidable et croyait à son destin. Il subsista grâce à de petits emplois de fonctionnaire, tout en rassemblant des éléments pour ses contes, inspirés du folklore de sa Petite Russie natale.

Gogol compose un premier recueil, *Les Soirées du hameau,* bientôt suivi d'un autre, puis d'un roman historique, et ces livres lui apportent la gloire attendue. Le recueil *Arabesques* contient les *Nouvelles pétersbourgeoises* (1836), dont *Le Nez*, *Le Manteau* et *Le Journal d'un fou*, qui sont des œuvres majeures et des défis, tant pour les exégètes que pour les traducteurs. Il fait aussi représenter sa comédie *Le Révizor*. Elle est reçue par le public comme une critique sociale, tandis que Gogol pensait que l'œuvre devait rendre la Russie meilleure. Il part, furieux, pour un long périple en Europe dont il découvre les trésors artistiques. Le voyage doit le guérir, pense-t-il, de ses maladies digestives et morales. Il finira par s'installer en Italie.

Le chef-d'œuvre de Gogol est sans conteste son « poème » au titre paradoxal, *Les Âmes mortes*. Le sujet lui en fut soufflé, aimait-il à raconter, par Pouchkine lui-même, tout comme celui du *Révizor*. Gogol y travailla trois ans environ, séjournant à Rome la plupart du temps et l'acheva vers 1841. Il avait conçu l'œuvre comme sa *Divine Comédie* et pensait que c'était le manque d'information qui l'empêchait d'achever son poème. En réalité, lorsqu'en 1837 Pouchkine avait été tué en duel, Gogol s'était senti investi d'une nouvelle mission : celle de remplacer le grand poète-prophète défunt. Mais le travail n'avançait pas, Gogol ne voulant ou ne pouvant voir que son inspiration fléchissait, ou bien que les nouvelles idées vertueuses qui l'inspiraient étaient incompatibles avec la poursuite d'un livre aussi négatif que le premier volume des *Âmes mortes*. Peu à peu, la deuxième partie de l'ouvrage se dénature et, en 1845, Gogol jette au feu les nouveaux chapitres qu'il a déjà lus à quelques amis. Entre temps, son désir de régénérer la Russie se concrétise : il pense désormais que le bien est l'œuvre de personnes et non de lois ou de réformes sociales. Et, utilisant ses lettres à ses proches, il compose les *Extraits choisis de ma correspondance avec mes amis* (1846), un livre didactique qui suit un plan rigoureux et exprime son idéal d'édification morale. L'ouvrage est très mal accueilli par le public qui attendait avec une impatience amusée la suite des *Âmes mortes*.

Le critique Biélinsky écrit à Gogol une lettre ouverte qui a fait date, où il l'accuse d'être un réactionnaire obscurantiste. En accord avec sa vision du monde, Gogol cherche à devenir meilleur lui-même et se tourne alors vers l'idéal religieux de son enfance. Il compose les *Méditations sur la divine Liturgie*, un livre inutile, en fait : il le voulait comme un missel ; or les Russes orthodoxes n'en utilisent pas dans leur pratique liturgique. Le retour à la foi avait commencé chez Gogol vers 1836, à Rome, tandis qu'il fréquentait un milieu d'intellectuels russes émigrés. Il va former aussi le projet d'un pèlerinage en Terre Sainte, mais le remet toujours à plus tard. Il en revient déçu : je suis allé au Saint-Sépulcre « et je n'en suis pas devenu meilleur ». La *Confession d'un auteur*, petit pamphlet que l'on a retrouvé et publié après sa mort, est une apologie de son livre *Extraits de ma correspondance*. C'est aussi un texte très émouvant et peut-être l'un des rares où Gogol s'exprime par endroits avec une grande sincérité. L'on y lit toute sa souffrance d'être incompris, et de ne plus savoir où est son droit chemin à lui, l'artiste, et à Nicolas Gogol, un homme malheureux qui croit avoir perdu son âme à force de jouer avec le diable.

Revenu en Russie, Gogol s'installe comme toujours chez des amis accueillants, respectueux de son grand art et de sa détresse morale. Il envisage de décrire la conversion du héros des *Âmes mortes* à une vie de vertu. Il traverse des périodes de dépression et de mauvaise santé. Il a toujours été un hypocondriaque et entretenait avec la nourriture des rapports difficiles. Son état moral empire. Et une nuit où il n'y avait auprès de lui que son fidèle valet ukrainien, Gogol rejoue l'autodafé de sa jeunesse : poussé par le démon, prétend-il, il brûle la nouvelle partie des *Âmes mortes* et s'effondre en larmes. Il devait mourir dix jours plus tard. Depuis quelques semaines, il avait cessé de s'alimenter normalement, en partie à cause de la préparation au grand carême. Sa peur de la mort, du châtiment et de l'enfer étaient les principaux thèmes du délire de ses derniers jours. Durant ses ultimes moments de conscience, il manifesta une grande crainte de la mort proche et ne cessa de prier pour son salut.

La critique littéraire russe moderne a permis une nouvelle lecture de l'œuvre de Gogol. On a cessé de vouloir l'interpréter, selon une vision soviétique, comme le défenseur des pauvres gens et le dénonciateur de travers sociaux. Son imagination débordante le fait raconter des histoires invraisemblables qui sont un reflet de son monde intérieur, peuplé des monstres et épouvantails de son enfance. Son écriture est essentiellement « orale » et souvent rythmée ; elle offre d'étranges exemples de clichés, de morceaux de rhétorique sentimentale empruntée au XVIIIe siècle et d'incidents burlesques.

Si l'on accepte l'idée qu'un nez quitte le milieu du visage d'un quidam pour « vivre sa vie » à Pétersbourg et y connaître des aventures personnelles, on est entré dans le « réalisme fantastique » de Gogol et on va se laisser porter par ses maléfices. L'accumulation de détails, surtout olfactifs, produit un effet de chaos à peine maîtrisé. Mais le lecteur l'accepte à cause de la densité de la prose gogolienne : l'auteur se moque du personnage, ou bien il feint de sympathiser avec lui, ou bien il le ridiculise dans un langage parfaitement moderne. *Le Manteau*, longtemps considéré comme un chef-d'œuvre de pitié pour les petites gens, a pris une valeur de symbole. Certes les collègues persécutent le pauvre copiste, mais celui-ci semble vraiment le mériter par l'étroitesse et la mesquinerie de ses rêves. Comme le Tchitchikov des *Âmes mortes,* c'est un héros aux ambitions de vie végétative, tel qu'on en a vu chez d'autres petits provinciaux de Gogol. À la fin, il prend sa revanche dans les rues brumeuses de la ville et à ce moment les démons de Pétersbourg et de Gogol se déchaînent. Dans *Les Âmes mortes*, le héros est un homme aux apparences ordinaires, vêtu comme tout le monde et qui passe inaperçu. Comme pour le *Le Nez*, on accepte l'incongruité de ses activités : acheter des âmes... mortes (serfs décédés depuis le dernier recensement). Certes les « âmes » constitueront un « dossier » pour obtenir une garantie d'hypothèque. Mais à partir de cette démarche tout devient fou. Les propriétaires visités par le héros sont plus irréels les uns que les autres. En même temps Gogol ne se départit jamais de son humour : il dit par exemple d'un tricheur invétéré : « Nozdriov était en un sens un personnage historique. Jamais aucune assemblée où il se trouvait ne pouvait se passer sans qu'arrivât une histoire. » Tout comme les autres personnages de Gogol, Tchitchikov n'a pas d'épouse et les femmes du livre, lorsqu'elles apparaissent, sont des caricatures. Ainsi demeure l'énigme d'un écrivain qui n'a ni vraiment connu ni décrit les joies de l'amour et dont la vie personnelle est secrète, au point de permettre à des critiques d'errer dans « le labyrinthe de la sexualité de Gogol » ou dans les méandres de son homosexualité supposée. Notons enfin une particularité de la narration gogolienne : il n'écrit pas au nom d'un seul narrateur omniscient. Tantôt il invente un conteur dont la rhétorique est ampoulée et digressive, tantôt il tombe dans la farce, tantôt il éveille le démon qui est toujours tapi en son être intérieur. L'histoire dévie en descriptions ou en rêverie pleine d'invraisemblance, au moment précis où le héros doit accomplir une démarche décisive ou tomber dans un piège. Ces digressions ont été reprochées à l'auteur, on l'a comparé à un Sterne perdu dans des détails. En fait, nous semble-t-il, Gogol a élaboré une trame narrative personnelle afin de fuir sa propre peur. La digression, l'accumulation de détails humoristiques ou grotesques, les caricatures, tout cela égare le lecteur. Mais ce ne sont que des procédés destinés à déjouer les manœuvres de Satan et à le désorienter lorsqu'il attaque. Car alors, la peur se dissipe, la tension se relâche : le héros et avec lui le lecteur sont sauvés.

Et n'est-ce pas ce désir incessant de tromper le diable et d'être le plus fort qui a été la cause, pour Gogol, de sa mort terrifiante ? Il l'a lui-même laissée venir en espérant le salut, en priant sans cesse pour être sauvé comme un vrai chrétien, et en doutant qu'il le serait, jusqu'à la dernière minute. Car, comme un vrai croyant, il savait bien que la foi n'est jamais une certitude.

Gogol / Henri Troyat. – Paris : Flammarion, 1971. – 618 p.

Nicolas Gogol : l'homme et le poète ou les frères ennemis / Boris de Schloetzer. – Paris : Éditions de l'Herne, 1972. – 365 p. – (*Essais et philosophie* ; 8).

The Sexual Labyrinth of Nikolai Gogol / Simon Karlinsky. – Cambridge (Mass.) : Harvard University Press, 1976. – IX-333 p.

Nicolas Gogol / Vladimir Nabokov ; traduit de l'anglais par Bernard Géniès. – Marseille : Rivages, 1988. – 182 p. – (*Rivages. Littérature étrangère*).

L'École des Lettres II / dossier de Wanda Bannour et Sylvie Técoutoff. – Paris : Seuil, 1992-93. – [Wanda Bannour, "Gogol et *Les Ames mortes*", pp. 4-17 ; Sylvie Técoutoff, "*Le Manteau* de Gogol", pp. 19-37].

Exploring Gogol / Robert Alan Maguire. – Standford : University Press, 1994. – XXII-409 p.

LES SOIRÉES DU HAMEAU 107

M. Aucouturier — 1966

Une terrible vengeance (chapitre X). — Ce récit entre dans la deuxième partie des *Soirées du hameau.* Il s'agit d'une histoire embrouillée entre les deux protagonistes, Danilo et le sorcier, père de Catherine. Les événements : batailles entre Cosaques et Polonais, joutes, duels et rêves se succèdent, et c'est l'un des rares contes d'où l'humour est totalement absent. Le passage choisi est un morceau célèbre que les écoliers russes apprenaient par cœur autrefois. Il se situe juste après la mort de Danilo, au moment où Catherine va perdre la raison. Selon le code romantique, la nature participe au sombre destin des hommes. Il faut aussi rappeler que Gogol a fait de sérieuses études de peinture. La richesse picturale des descriptions de son Ukraine chérie s'en ressent. Il est entré dans la littérature russe comme un paysagiste célèbre, mais il est aussi le premier à avoir introduit dans ses tableaux des éléments troubles ou chaotiques qui en perturbent volontairement l'harmonie.

C'est merveille que de voir le Dniepr par temps calme, lorsque, dans un mouvement régulier et plein d'aisance, il roule ses pleines eaux à travers collines et forêts. Pas un clapotis, pas un grondement. On le regarde, et l'on ne sait si sa majestueuse étendue avance ou demeure immobile, et l'on pourrait croire qu'il est tout entier coulé de verre et que c'est une route verte et miroitante, immense en largeur, infinie en longueur, qui vogue et serpente à travers un univers de verdure. Alors le soleil ardent se plaît à tourner vers lui ses regards célestes et à plonger ses rayons dans la fraîcheur de ses eaux de verre, et les forêts riveraines à se refléter dans ses ondes. Ô forêts à la verte toison ! Elles viennent avec les fleurs champêtres se presser auprès de ses eaux, se penchent pour se mirer dans son sein et, ne se lassant pas d'admirer leur clair visage, elles lui sourient et lui font fête en agitant leurs branches. Mais au milieu du Dniepr elles n'osent jeter les yeux : personne, sinon le soleil et le ciel bleu n'y plonge le regard. Rares sont les oiseaux qui volent jusque-là. Le somptueux ! Pas un fleuve au monde ne l'égale. C'est merveille aussi de le voir par une chaude nuit d'été, lorsque tout est endormi, hommes, bêtes et poissons ; et c'est Dieu seul alors qui embrasse ciel et terre d'un regard majestueux et qui, d'un geste majestueux, secoue sa robe d'étoiles. Les étoiles s'allument et brillent sur le monde, et toutes ensemble se reflètent dans le Dniepr. Le Dniepr les accueille toutes dans son giron ténébreux. Pas une qui lui échappe ; à moins qu'elle ne s'éteigne dans le ciel. La sombre forêt peuplée de corbeaux endormis, et les montagnes déchiquetées depuis des temps immémoriaux se penchent sur lui, s'efforçant de le recouvrir ne serait-ce que de leur ombre interminable, mais en vain. Il n'y a rien au monde qui puisse recouvrir le Dniepr. Bleu, tout bleu, il vogue d'un cours égal entre ses rives et, en pleine nuit comme en plein jour, on le voit d'aussi loin que porte le regard humain. Se prélassant et se pressant contre ses rives où le rejette la fraîcheur de la nuit, il fait courir un instant sur ses eaux un filet argenté ; et ce filet scintille soudain comme le tranchant d'un sabre en acier de Damas : puis, tout bleu, il se rendort. Et c'est encore merveille que de le voir ainsi, et il n'y a pas de fleuve au monde qui le vaille. Et quand les nuages bleu sombre s'amoncellent dans le ciel, quand la noire forêt s'ébranle jusqu'aux racines, que les chênes craquent et que l'éclair, passant en ligne brisée parmi les nuages, illumine d'un seul coup le monde entier, c'est alors que le Dniepr est terrible ! Des montagnes d'eau surgissent, vont frapper les montagnes, reculent précipitamment, lançant des éclairs et poussant de sourds gémissements, et pleurent et sanglotent dans le lointain. Ainsi se désole la vieille mère du Cosaque, en voyant son fils partir à la guerre. Plein d'ivresse et d'entrain, il s'avance sur son cheval moreau, les poings aux hanches et le bonnet gaillardement rejeté en arrière ; elle, cependant, court en sanglotant derrière lui, saisit son étrier, cherche à retenir le mors, se tord les bras et pleure à chaudes larmes.

Œuvres complètes / Nicolas Gogol ; édition établie sous la direction de Gustave Aucouturier. – Paris : Gallimard, 1967. – (*Bibliothèque de la Pléiade* ; 185). – [Pp. 200-201].

LE JOURNAL D'UN FOU — 108

L. Viardot — 1845

Une lettre étrange (chapitre I, 3 octobre). — L'œuvre est tirée des *Arabesques*. Elle fait partie du groupe des *Nouvelles pétersbourgeoises* et Gogol y a utilisé ses expériences de petit employé de divers ministères, lorsqu'il eut quitté la maison natale, après l'achèvement de ses études secondaires au lycée de Néjine. Il en était sorti avec un rang de fonctionnaire subalterne qui lui donnait le droit de postuler un emploi de copiste, tout comme le héros du *Manteau*. Le récit commence de façon tout à fait normale, si l'on peut dire. L'auteur-narrateur décrit les détails qui font sa vie quotidienne avec agacement, une pointe d'humour et un sens aigu de sa supériorité. C'est lorsque la petite chienne de la fille du directeur apparaît que le récit bascule dans le chaos. Puis à nouveau il s'ordonne et le héros poursuit sa rédaction en prenant bien garde aux détails soignés et harmonieux qui s'insèrent dans un système devenu dédoublé : celui de la réalité décrite et celui de la fantaisie « cohérente » autrement dit de la paranoïa du héros.

13 novembre

Allons, voyons. L'écriture est assez lisible ; cependant on voit bien que c'est un chien qui écrit. Commençons :

« Ma chère Fidèle, je ne puis encore m'habituer à ton nom bourgeois ; comme si l'on n'avait pu t'en donner un plus distingué. Fidèle, Rose[1], quels

1 Ces noms sont conservés en français (N.d.t.).

noms vulgaires ! Mais laissons cela de côté... Je suis ravie que nous ayons eu l'idée de nous écrire... »

La lettre est fort bien écrite. L'orthographe y est ; la ponctuation et même la lettre *è*[1] sont à leur place. Notre chef de bureau lui-même ne saurait écrire ainsi, bien qu'il ne cesse de redire qu'il a étudié dans une université. Allons plus loin :

« Il me semble que partager ses opinions, ses impressions, ses sentiments avec un autre, est un des plus grands bonheurs qu'on puisse goûter sur la terre. »

Hum ! hum ! cette idée est extraite d'un livre traduit de l'allemand ; je ne m'en rappelle plus le titre.

« ... Je le dis d'après mon expérience, quoique je n'aie jamais été plus loin que notre porte-cochère. Ma vie se passe dans les plaisirs. Ma maîtresse, que son père nomme Sophie, raffole de moi. »

Aïe, aïe..., rien, rien, silence.

« Le papa me caresse aussi très souvent ; je prends du thé et du café à la crème. Ah ! ma chère, il faut que je te dise que je ne trouve aucun goût aux gros os à demi rongés que notre Polkan dévore à la cuisine. Il n'y a que les os de gibier qui soient supportables, encore quand personne n'en a sucé la moelle. Ce qui est encore bon, c'est de mêler ensemble plusieurs sauces, mais seulement quand elles sont sans câpres et sans légumes. Au reste, je ne connais pas de plus mauvaise habitude que celle de donner aux chiens des boulettes de mie de pain. Souvent un monsieur assis à table, qui a tenu Dieu sait quoi dans ses mains, se met à pétrir une de ces boulettes, vous appelle et vous la fourre entre les dents. Il serait impoli de refuser ; on mange avec dégoût, mais on mange. »

Que diable est-ce ? quelle bêtise !

Nouvelles russes (Tarass Boulba, Les Mémoires d'un fou, La Calèche, Un ménage d'autrefois, Le Roi des gnômes) / Nicolas Gogol ; traduction française publiée par Louis Viardot. – Paris : Paulin, 1845. – [Pp. 194-195].

---

1 Les Russes confondent souvent cette lettre avec l'*e* simple ; elle est d'ailleurs la plus rarement employée des trente-six lettres de leur alphabet, car elle ne se trouve que dans quatre-vingt-dix mots de la langue.

LA CALÈCHE 109

L. Viardot — 1845

À propos... — L'histoire met en scène des personnages haut placés dans la société russe qui ne sont réellement mus que par des intérêts de bonne chair, l'oisiveté ou la vanité. Tous sont d'une extraordinaire bêtise ! Le récit est bref et c'est la situation tout entière, dont le titre fournit l'enjeu, qui est délicieusement caricaturale. Dans le passage choisi on voit comment on peut enchaîner des faits les uns aux autres, « pour rien », pour l'amour de la bravade, « pour causer » et ce sont eux qui aboutissent à une situation ici grotesque, ailleurs tragique, comme dans *Le Manteau*, ou fatale comme dans *L'Histoire de la brouille des deux Ivan*.

La jument se nommait Agrafena Ivanovna ; puissante et hardie comme une beauté du Sud, elle retomba tout à coup sur ses quatre pieds et resta immobile.

Le général se mit à la considérer avec satisfaction, et cessa de fumer ; le colonel lui-même descendit l'escalier, et prit Agrafena Ivanovna par la tête ; le major lui caressa la jambe ; tous les autres officiers firent claquer leur langue.

Tchertokontski quitta le perron pour se placer derrière la jument. Le soldat, qui la tenait par la bride, se roidissait sur ses jambes et regardait fixement les convives, comme s'il eût voulu leur sauter dans les yeux.

— Elle est bonne, très bonne, dit Tchertokontski ; c'est un cheval qui a de belles formes : permettez-moi de savoir, Votre Excellence, — va-t-elle bien ?

— Son pas est bon ; seulement, que le diable l'emporte ! ce sot de médecin lui a donné des pilules qui la font éternuer depuis deux jours.

— Elle est très bien, mais très bien. Votre Excellence a-t-elle un équipage qui réponde à ce cheval ?

— Un équipage... mais c'est un cheval de selle.

— Je le sais bien ; mais j'ai fait cette question, Votre Excellence, pour savoir si vous avez un équipage qui réponde à vos autres chevaux ?

— Non, je n'en ai pas trop, d'équipages... Je dois convenir que je désire depuis longtemps acheter une calèche, comme celles qu'on fait aujourd'hui. J'ai écrit à ce sujet à mon frère, qui se trouve maintenant à Saint-Pétersbourg, mais je ne sais s'il pourra m'en envoyer une.

— Il me semble, Votre Excellence, observa le colonel, qu'il n'y a pas de meilleures calèches que celles de Vienne.

— Vous avez raison... pouff, pouff, pouff.

— J'ai une excellentissime calèche, Votre Excellence, une véritable calèche de Vienne, dit Tchertokontski.

— Celle dans laquelle vous êtes venu ?

— Oh non ! je me sers de celle-ci pour faire mes courses ; mais l'autre... c'est quelque chose d'extraordinaire ; elle est légère comme une plume ; et si vous vous asseyez dedans, il vous semble, avec la permission de Votre Excellence, que votre bonne vous balance dans un berceau.

— Elle est donc commode ?

— Extrêmement commode ; les coussins, les ressorts, tout y est comme sur une gravure.

— C'est bien.

— Et quelle quantité de choses on peut y emballer ! Je n'en ai jamais vu de semblable, Votre Excellence ! Quand j'étais encore au service, il y avait assez de place dans les caisses de ma calèche, pour y mettre dix bouteilles de rhum, vingt livres de tabac, six uniformes, tout mon linge et deux pipes, Votre Excellence, les plus longues pipes qu'on pût voir ; et dans les poches, à l'intérieur, vous pouvez emballer un bœuf tout entier.

— C'est bien.

— Je l'ai payée quatre mille roubles, Votre Excellence.

— Elle doit être bonne, à en juger par le prix ; l'avez-vous achetée vous-même ?

— Non, Votre excellence, je l'ai eue par hasard. Cette calèche a été achetée par un de mes amis, un camarade d'enfance, un homme rare, qui vous aurait convenu parfaitement ; nous sommes de grands amis. Ce qui est à moi est à lui, et ce qui est à lui est à moi. Je la lui ai gagnée aux cartes. Votre Excellence n'aurait-elle pas l'obligeance de me faire l'honneur de dîner chez moi demain ? vous verriez ma calèche.

Nouvelles russes (Tarass Boulba, Les Mémoires d'un fou, La Calèche, Un ménage d'autrefois, Le Roi des gnômes) / Nicolas Gogol ; traduction française publiée par Louis Viardot. – Paris : Paulin, 1845. – [Pp. 256-257].

TARAS BOULBA 110

M. Aucouturier — 1966

Cosaques ! Cosaques ! (chapitre IX). — Gogol prend ses aises avec l'histoire et ne s'embarrasse guère de contradictions dans les faits. Mais il a tout de même pris très au sérieux sa fonction de professeur assistant d'histoire à l'université de Saint-Pétersbourg, poste qu'il réussit à obtenir grâce à l'intervention d'amis influents. Il y fit un premier cours très apprécié car il l'avait préparé avec soin. Par la suite le travail énorme qu'il fournit ne suffit plus à masquer ses ignorances. Le roman lui permit de libérer sa verve, son humour et une pointe de « régionalisme ». Le passage choisi se situe juste après la mort de l'un des héros. Il a fait un discours enflammé qui inspire au narrateur un morceau de bravoure destiné à exalter encore la vaillance de Taras, le malheureux père trahi de l'histoire.

Cosaques ! Cosaques ! N'abandonnez pas la fleur de votre armée ! Voici Koukoubenko encerclé, voici qu'il ne reste plus que sept hommes du quartier de Neznamaïkov. Ils luttent à présent de leurs dernières forces ; déjà les vêtements de leur *ataman* sont tout couverts de sang. Taras en personne, le voyant en péril, s'est élancé pour lui prêter main-forte. Mais le secours est venu trop tard : une lance, déjà, s'est fichée sous son cœur avant que les ennemis qui l'entourent aient été dispersés. Il s'est affaissé doucement dans les bras des Cosaques accourus pour le soutenir, et son jeune sang a jailli à flots, semblable à un vin précieux que rapportent de la cave, dans un vase de cristal, des serviteurs imprudents ; au moment d'entrer, ils ont fait un faux pas et brisé le précieux flacon ; tout le vin s'est répandu sur le sol et le maître de céans accourt, se prenant la tête entre les mains, lui qui l'avait conservé pour le meilleur moment de sa vie, en prévision du jour où Dieu lui permettrait, au déclin de son âge, de retrouver un compagnon de sa jeunesse, afin d'évoquer avec lui les temps anciens, d'autres temps, où l'on savait autrement se réjouir... Koukoubenko promena autour de lui son regard affaibli, et dit :

« Je rends grâce à Dieu de m'avoir permis de mourir sous vos yeux, camarades ! Dieu veuille donc que nous ayons des successeurs qui nous surpassent en valeur, et que resplendisse à jamais la terre russe, aimée du Christ ! »

Œuvres complètes / Nicolas Gogol ; édition établie sous la direction de Gustave Aucouturier. – Paris : Gallimard, 1967. – (*Bibliothèque de la Pléiade* ; 185). – [P. 487].

LES ÂMES MORTES 111

H. Mongault — 1925

Un homme partout à sa place (Première partie, chapitre 1). — L'œuvre porte le sous-titre de « Poème » sur lequel on a fait beaucoup de conjectures. L'inspiration de Dante, l'exilé célèbre, n'a pas porté de fruit puisque Gogol n'a pu en faire une trilogie. Le rôle de Pouchkine est peut-être plus important : Pouchkine n'avait-il pas écrit le premier roman de la littérature russe ? Et c'était une œuvre en vers ! Et voilà que Gogol donne à son chef-d'œuvre ce sous-titre étrange. Le plan premier de toute l'intrigue est celui de l'intérêt, seul l'argent compte pour le héros, Tchitchikov. Le premier chapitre est consacré à l'arrivée du personnage dans la ville de N. Mais dès que Gogol dirige sur lui l'attention du lecteur, on comprend que Tchitchikov saura très bien s'y prendre pour accumuler les richesses qu'il convoite.

Il se révéla d'ailleurs un homme du monde accompli, sachant toujours et partout soutenir la conversation. Roulait-elle sur les haras, il parlait haras ; parlait-on chiens, il glissait quelques judicieuses remarques ; s'agissait-il d'une enquête opérée par la Cour des comptes, il se montrait au courant des péchés de dame Justice ; discutait-on billard ou punch, il s'affirmait connaisseur en billard et en punch ; vertu, il en discourait les larmes aux yeux ; douane, il traitait le sujet comme un vieux douanier. Chose remarquable, il ne se départait jamais d'une certaine gravité, et employait toujours le ton qu'il fallait. En un mot, il était partout à sa place : sa venue mit en joie tous les fonctionnaires. Le gouverneur l'appelait un homme bien intentionné ; le procureur, un homme capable ; le colonel de gendarmerie, un savant homme ; le président du tribunal, un homme instruit et respectable ; le maître de police, un digne et aimable homme ; la femme du maître de police, le plus aimable et le plus courtois des hommes. Sobakévitch lui-même — qui portait rarement des jugements favorables — rentré assez tard de la ville, dit en se couchant près de son épouse efflanquée :

— Sais-tu, mon cœur, j'ai dîné chez le maître de police, passé la soirée chez le gouverneur, et fait connaissance d'un certain Pavel Ivanovitch Tchitchikov, conseiller de collège : quel charmant garçon !

Ce à quoi son épouse répondit : Hum ! — et le poussa du pied.

Cette flatteuse opinion se maintint jusqu'au jour où une bizarre fantaisie du voyageur et une aventure que le lecteur apprendra bientôt plongèrent presque toute la ville dans la stupéfaction.

Les Aventures de Tchitchikov ou les Ames mortes / Nicolas Gogol ; poème traduit avec une Introduction et des Notes par Henri Mongault [...]. – Paris : Bossard, 1925. – [Pp. 101-102].

LES ÂMES MORTES 112

H. Mongault — 1925

La troïka russe (Première partie, chapitre 11). — On sait que Gogol a plusieurs fois pris la fuite dans des situations difficiles, notamment pour des raisons matérielles. Le besoin de reculer, l'impossibilité parfois de faire face à la réalité font partie non seulement de sa biographie, mais aussi de sa poétique ; c'est ce recul qui le pousse à grossir ou à caricaturer les traits ou les situations. Ici le héros est forcé de prendre la fuite car les habitants de la région qu'il a visitée ont fini par comprendre son escroquerie. Mais tout comme Gogol qui avouait qu'il n'était vraiment heureux qu'en voyage, la fuite inspire au personnage des réflexions lyriques qui correspondent à une vision poétique de Gogol sur sa mission et sur la Russie. La comparaison de la Russie avec une troïka est aussi un morceau d'anthologie de la littérature russe.

Les chevaux tressaillirent et emportèrent comme une plume la légère *britchka*. Sélifane se contentait de gesticuler, de crier : « Hé, hé, hé ! », rebondissant sur son siège, selon que la troïka gravissait ou descendait les côtes dont était semée la grande route, qui s'abaissait par une pente presque insensible. Tchitchikov souriait, en sursautant légèrement sur son coussin de cuir, car il aimait la course rapide.

Et quel Russe ne l'aime pas ? Pourrait-il en être autrement, alors que son âme aspire à s'étourdir, à voltiger, à dire parfois : « Que le diable emporte tout ! » Pourrait-on ne pas aimer cette course, lorsqu'on y éprouve un merveilleux enthousiasme ? On dirait qu'une force inconnue vous a pris sur son aile. On vole, et tout vole en même temps : les poteaux, les marchands qu'on rencontre assis sur le rebord de leur chariot, la forêt des deux côtés, ses sombres rangées de sapins et de pins, le fracas des haches et le croassement des corbeaux ; la route entière vole et se perd dans le lointain. Il y a quelque chose d'effrayant dans ces brèves apparitions, où les objets n'ont pas le temps de se fixer ; le ciel, les légers nuages et la lune qui passe au travers paraissant seuls immobiles. Oh ! troïka, oiseau-troïka, qui donc t'a inventée ? Tu ne pouvais naître que chez un peuple hardi ; sur cette terre qui n'a pas fait les choses à demi, mais s'est étendue comme une tache d'huile sur la moitié du monde, on se fatiguerait les yeux avant d'avoir compté sur combien de verstes ! Le véhicule est peu compliqué, dirait-on ; il n'a pas été construit avec des vis en fer, mais monté et ajusté au petit bonheur, avec la hache et la doloire, par l'adroit moujik de Iaroslav. Le voiturier ne porte pas de bottes fortes à l'étrangère ; avec sa barbe et ses moufles, il est assis Dieu sait comment ; cependant, dès qu'il se lève et gesticule en entonnant une chanson, les chevaux bondissent impétueusement, les rais ne forment plus qu'une surface continue, la terre tremble, le piéton effaré pousse une exclamation, — et la troïka fuit, dévorant l'espace… Et déjà, au loin, on aperçoit quelque chose qui troue et fend l'air.

Et toi, Russie, ne voles-tu pas comme une ardente troïka qu'on ne saurait distancer ? Tu passes avec fracas dans un nuage de poussière, laissant tout derrière toi ! Le spectateur s'arrête, confondu par ce prodige divin. Ne serait-ce pas la foudre tombée du ciel ? Que signifie cette course effrénée qui inspire l'effroi ? Quelle force inconnue recèlent ces chevaux que le monde n'a jamais vus ? Ô coursiers, coursiers sublimes ! Quels tourbillons agitent vos crinières ? On dirait que votre corps frémissant est tout oreille. En entendant au-dessus d'eux la chanson familière, ils bombent à l'unisson leurs poitrails d'airain et, effleurant à peine la terre de leurs sabots, ne forment plus qu'une ligne tendue qui fend l'air. Ainsi vole la Russie sous l'inspiration divine… Où cours-tu ? Réponds. — Pas de réponse. La clochette tinte mélodieusement ; l'air bouleversé s'agite et devient vent ; tout ce qui se trouve sur terre est dépassé, et, avec un regard d'envie, les autres nations s'écartent pour lui livrer passage.

Les Aventures de Tchitchikov ou les Ames mortes / Nicolas Gogol ; poème traduit avec une Introduction et des Notes par Henri Mongault [...]. – Paris : Bossard, 1925. – [Pp. 435-437].

LES ÂMES MORTES 113

H. Mongault — 1925

Le creuset du malheur (Deuxième partie, second fragment). — On sait que toute sa vie Gogol a projeté d'écrire une suite pour son grand poème et qu'il en a brûlé les chapitres déjà prêts, à deux, sinon à trois reprises. On continue à se perdre en conjectures pour comprendre les raisons de cet acte. Gogol a-t-il formé la conviction que cette œuvre n'avait pas les qualités de la 1re Partie ? Se sentait-il incapable de peindre la vertu comme il l'aurait souhaité ? Ou encore de revenir à la peinture de travers humains et d'un univers chaotique rempli de malice qu'il avait inventés lui faisait peur à présent ? De cette 2e Partie nous sont parvenus deux fragments, le premier d'une centaine de pages comptant quatre chapitres. Gogol y représente son héros reparti pour de nouvelles aventures et rencontrant des personnages divers dont certains sont très explicitement vertueux, d'autres d'un type un peu mixte : filous mais pas antipathiques, méchants mais pas entièrement, on ne discerne pas bien le choix de l'auteur. Et le lecteur n'arrive pas à situer ses sympathies. Sous la plume de Gogol, le genre neutre devient terne. Il y a aussi des portraits qui sont tout à fait dans la veine de la 1re Partie et l'on conçoit que Gogol ait pu avoir la fâcheuse impression de se répéter. Le deuxième fragment est moitié moins long que le premier. Au cours de ces quelque cinquante pages, Tchitchikov qui poursuit ses pérégrinations et ses rencontres avec le même but commercial, invente cette fois une affaire de faux testament qui sera découverte. Cette forfaiture le fait poursuivre par des personnalités locales qui lui infligent des sermons pour le remettre dans le droit chemin. Mais le prince-administrateur de la région le fait jeter en prison et c'est le moment où il s'y trouve seul, livré aux réflexions que voici.

Tchitchikov resta seul.

Tout son être était bouleversé et adouci. Le platine même, le plus dur des métaux, le plus résistant au feu, entre en fusion lorsque la flamme augmente dans le creuset. Si l'on actionne le soufflet et que la chaleur devienne insupportable, le métal opiniâtre blanchit et se transforme en liquide ; de même l'homme le plus ferme fond au creuset du malheur, lorsque celui-ci redouble et, d'une flamme irrésistible, s'attaque à sa nature endurcie...

« Personnellement, je ne sais pas et ne sens pas ; mais j'emploierai toute mon énergie à faire sentir aux autres. Je suis mauvais et indigne ; mais je consacrerai mes forces à inciter les autres au bien. Je suis un mauvais chrétien ; mais je tâcherai de ne pas donner de scandale. Je peinerai, je travaillerai à la sueur de mon front, je m'occuperai honnêtement, afin d'avoir une bonne influence sur autrui ! On dirait vraiment que je ne suis déjà plus bon à rien ! L'agriculture m'attire ; je possède des qualités d'économie, d'activité, de prudence, et même de persévérance. Il s'agit seulement de se décider... »

Ainsi méditait Tchitchikov, dont les facultés morales paraissaient s'éveiller, prendre conscience d'elles-mêmes. Par un obscur instinct, sa nature, semble-t-il, commençait à comprendre qu'il existe un devoir que l'homme doit et peut remplir partout sur la terre, en dépit des circonstances, des troubles, des difficultés qui l'environnent. Et la vie laborieuse, éloignée du bruit des villes et des séductions qu'a inventées par désœuvrement l'homme, oublieux du travail, cette vie commença à se dessiner si vivement à ses yeux, qu'il avait déjà presque oublié tout le désagrément de sa situation.

Peut-être même était-il prêt à remercier la Providence de ce rude coup, pourvu qu'on le relâchât et qu'on lui restituât, au moins, une partie...

Les Aventures de Tchitchikov ou les Ames mortes / Nicolas Gogol ; poème traduit avec une Introduction et des Notes par Henri Mongault [...]. – Paris : Bossard, 1925. – [Pp. 643-644].

LA CONFESSION D'UN AUTEUR 114

J. Johannet — 1967

Un projet utile et insaisissable. — Lorsque Gogol publia les *Extraits choisis de ma correspondance avec mes amis*, il fut déçu de voir que son grand dessein échappait complètement à ses lecteurs. Il avait formé un projet de retournement moral pour ses compatriotes, qui correspondait à son immense ambition et il avait la douloureuse impression d'un rêve qui s'effondrait. C'est cette déception qui affleure sans cesse dans le texte de la *Confession*. Gogol y attaque en termes voilés la plupart de ses amis, hostiles à son dernier livre, tout en se critiquant lui-même avec ardeur. Retours sur soi, retours en arrière, redites, explications et justifications, tout cela crée une impression de franchise et de grande spontanéité. Néanmoins il ne faut pas s'y laisser prendre, Gogol n'a jamais cessé d'être un mystificateur et ici, dans ce moment tragique, il calcule et sait admirablement construire la réaction d'un lecteur qu'il imagine à juste titre comme étant en grande sympathie avec sa souffrance.

J'ignorais encore à cette époque que celui qui désire servir honnêtement, au sens vrai du mot, la Russie, doit nourrir beaucoup d'amour pour elle, un amour qui ait déjà absorbé tous les autres sentiments, beaucoup d'amour aussi pour l'homme en général et qu'il doit être devenu véritablement chrétien, au plein sens du terme. Il n'est donc guère étonnant que, n'ayant eu en moi rien de tout cela, je n'aie pu servir comme je l'eusse voulu, bien que je brûlasse effectivement du désir de servir honnêtement. Mais aussitôt que j'eus senti que dans la carrière littéraire je pouvais aussi m'acquitter du service de l'État, j'envoyai tout promener : mes précédentes fonctions, Saint-Pétersbourg, la société des gens qui étaient chers à mon cœur, la Russie même, afin de réfléchir au loin et à l'écart de tous aux moyens de faire cela, d'exécuter mon ouvrage de façon telle, qu'il démontrât que j'étais, moi aussi, un citoyen de mon pays et que j'avais voulu le servir. Plus je réfléchissais à mon œuvre, plus je sentais qu'elle pouvait effectivement avoir son utilité. Plus je réfléchissais à mon œuvre, mieux je voyais qu'il ne fallait pas que je choisisse au hasard les premiers caractères venus, mais que je retinsse seulement ceux dans lesquels transparaissent le plus clairement et se sont imprimées le plus profondément nos qualités fondamentales et proprement russes. Dans mon ouvrage je désirais de préférence mettre en scène celles des plus hautes qualités de la nature russe qui ne sont pas encore appréciées de tous à leur juste mérite et celles des qualités les plus basses qui sont encore insuffisamment tournées en ridicule et stigmatisées par tout le monde. Je désirais n'y recueillir que des phénomènes psychologiques éclatants, y placer les observations que depuis longtemps et en cachette j'avais faites sur l'homme, que, sentant moi-même mon manque de maturité, je n'avais pas encore confiées à la plume, mais qui, à condition d'être fidèlement représentées, pourraient fournir la clef de bien des choses de notre vie, en un mot, je désirais que la lecture de mon œuvre fît se dresser, pour ainsi dire malgré lui, l'homme russe tout entier avec toute la diversité des richesses et des dons qu'il a reçus en partage de préférence aux autres peuples et avec toute la multitude des défauts qui se trouvent en lui, là encore de préférence à tous les autres peuples. Je pensais que la force lyrique dont j'avais en moi une grande réserve m'aiderait à représenter si bien ces mérites que l'homme russe s'embraserait d'amour pour eux, tandis que la force comique dont j'avais en moi également une grande réserve m'aiderait à représenter si vivement ces défauts que le lecteur les prendrait en haine, même s'il les retrouvait en lui-même. Mais je sentis en même temps que je ne pourrais y parvenir que quand j'aurais reconnu par moi-même ce qui, dans notre nature, est effectivement un mérite et ce qui est effectivement un défaut. Il faut avoir bien pesé et bien apprécié l'un et l'autre, il faut que ces choses soient devenues parfaitement claires pour vous-même, pour ne pas ériger en mérite ce qui est un de nos péchés ni frapper du rire, en même temps que nos défauts, ce qui est en nous un mérite. Je ne voulais pas consumer mes forces en vain. Depuis que l'on s'était mis à me dire que je riais non seulement d'un défaut, mais aussi, et entièrement, de l'homme en qui se trouve ce défaut, et non seulement de l'homme tout entier, mais aussi de l'emploi ou de la fonction même occupée par cet homme (ce que je n'avais eu même l'idée de faire), dès lors je vis qu'il fallait être extrêmement circonspect dans le maniement du rire, et cela d'autant plus que le rire est contagieux et qu'il suffit que quelqu'un d'un peu plus spirituel que les autres ait tourné en ridicule tel ou tel aspect d'une affaire pour qu'à sa suite les obtus et les sots s'en aillent tourner en ridicule tous les aspects de cette même affaire. Bref, je vis, aussi clairement que deux et deux font quatre, que, tant que je ne me serais pas défini à moi-même, avec précision et clarté, ce qui, dans la nature russe, est sublime et ce qui est bas, ce qui est notre mérite et ce qui est notre défaut, il me serait impossible de me mettre au travail ; or, pour se définir à soi-même la nature russe, il convient de connaître le mieux possible la nature de l'homme en général, et l'âme de l'homme en général : sans cette connaissance on ne saurait se placer au point de vue sous lequel vous apparaissent clairement les défauts et les mérites de chaque peuple.

Œuvres complètes / Nicolas Gogol ; édition établie sous la direction de Gustave Aucouturier. – Paris : Gallimard, 1967. – (*Bibliothèque de la Pléiade* ; 185). – [Pp. 1744-1745].

LE RÉVIZOR — 115

Pr. Mérimée — 1853

Un inspecteur général ? (Acte V, scènes VIII-IX). — Les notables d'une petite ville croient reconnaître en la personne d'un inconnu un inspecteur général (le « revizor ») venu incognito. Ils rivalisent aussitôt entre eux pour attirer ses faveurs, organisent des audiences, le flattent et l'entourent de mille soins. L'escroc a tôt fait de tirer profit de la situation mais préfère s'enfuir lorsque celle-ci devient trop compromettante. Lorsque les notables découvrent une lettre oubliée, adressée à un ami de Saint-Petersbourg, la consternation est générale.

LE DIRECTEUR. — [...] Écoutez ce que je vais vous lire, cela vaut mieux. Messieurs, permettez-moi de vous lire cette lettre.

TOUS. — Lisez, lisez.

LE DIRECTEUR, *lisant*. — « Je me hâte de te faire part, mon cher Triapitchkine, des étranges aventures qui m'arrivent. En route, je fus tondu rasibus par un capitaine d'infanterie, si bien que le maître d'hôtel, faute d'argent, voulait me faire mettre en prison, quand, à ma physionomie petersbourgeoise et à mon costume, toute la ville m'a pris pour un intendant général en tournée. Si bien que me voilà installé chez le gouverneur ; on est aux petits soins pour moi, et je fais la cour à mort à sa femme et à sa fille. Seulement, je suis indécis pour savoir par laquelle je commencerai. Je crois que ce sera par la maman, car elle paraît toute prête à tout. Te rappelles-tu nos infortunes, comment nous dînions à l'œil, et comment une fois un pâtissier me prit au collet à l'occasion de certains petits pâtés mangés au compte du roi de Prusse. Cette fois, l'aventure tourne tout différemment. C'est à qui me prètera l'argent qu'il me faut. Ce sont de drôles d'originaux. Ils te feraient mourir de rire. Tu écris des articles. Voici des portraits à ton service. D'abord le gouverneur : bête comme un âne gris...

LE GOUVERNEUR. — C'est impossible. Il n'y a pas cela.

LE DIRECTEUR. — Lisez vous-même...

LE GOUVERNEUR, lisant. — « Comme un âne gris... » C'est impossible ; c'est vous qui avez écrit cela.

LE DIRECTEUR. — Qui, moi, écrire cela !

L'ADMINISTRATEUR. — Lisez !

LE RECTEUR. — Lisez !

LE DIRECTEUR, lisant. — « Le gouverneur... bête comme un âne gris... »

LE GOUVERNEUR. — Le diable l'emporte, il faut encore qu'il recommence. Comme si c'était nécessaire !

LE DIRECTEUR, lisant. — Hum... hum... hum... « Ane gris. Le directeur des postes est un brave homme... » Ah ! il s'exprime d'une manière assez inconvenante sur mon compte.

LE GOUVERNEUR. — Lisez toujours.

LE DIRECTEUR. — Heuh ! A quoi bon ?

LE GOUVERNEUR. — Mais, le diable emporte ! quand on lit, on lit. Lisez tout.

L'ADMINISTRATEUR, prenant la lettre. — Permettez que je continue. (Il met ses lunettes et lit.) « Le directeur des postes ressemble comme deux gouttes d'eau à Mikheïef, le garçon de bureau. Ce doit être comme lui une canaille qui boit de l'absinthe.

LE DIRECTEUR. — Un polisson, qui mériterait qu'on lui donnât le fouet ! Il n'y a plus rien ?

L'ADMINISTRATEUR, lisant. — « L'Administrateur des établissements de bien... » Br... br... br...

KOROBKINE. — Pourquoi vous arrêtez-vous ?

L'ADMINISTRATEUR. — Une écriture illisible...... On voit bien que c'est un mauvais sujet.

KOROBKINE. — Donnez-moi la lettre. J'ai, je crois, de meilleurs yeux.

L'ADMINISTRATEUR, retenant la lettre. — Non, on peut passer ce passage-là. Le reste se déchiffre mieux.

KOROBKINE. — Non, permettez, je lirai bien…

L'ADMINISTRATEUR. — Et moi aussi, je lirai bien. Plus loin, c'est très-lisible.

LE DIRECTEUR. — Non, lisez tout. On a déjà lu tout ce qui est avant.

TOUS. — Donnez la lettre, Artemii Philippovitch. Lisez-la, Korobkine.

L'ADMINISTRATEUR, donnant la lettre. — A la bonne heure. Tenez… permettez. (Il met le doigt sur une ligne.) C'est à partir d'ici qu'il faut lire.

LE DIRECTEUR. — Lisez tout ! morbleu ! lisez tout.

KOROBKINE, lisant. — « L'administrateur des établissements de bienfaisance, Zemlianika , est un cochon en bonnet carré. »

L'ADMINISTRATEUR. — Cela n'a pas le sens commun. Un cochon en bonnet carré ! Qui est-ce qui a jamais vu un cochon en bonnet carré !

KOROBKINE, lisant. — « Le recteur du collège empeste l'ail. »

LE RECTEUR. — Mon Dieu ! moi qui ne mange jamais d'ail.

LE JUGE, à part. — Grâce à Dieu, il n'est pas question de moi.

KOROBKINE, lisant. — « Le juge… »

LE JUGE, à part. — Attrape ! (Haut.) Messieurs, la lettre a l'air d'être un peu longue, et à mon avis, je trouve qu'il est bien ennuyeux de lire tant de sottises.

LE RECTEUR. — Non, non.

LE DIRECTEUR. — Non, lisez toujours.

KOROBKINE, lisant. — « Le juge Liapkine-Tiapkine est du dernier *mauvais ton*[1]. » — C'est sans doute quelque mot français.

LE JUGE. — Le diable sait ce qu'il veut dire. C'est bon si cela ne veut dire que polisson. C'est peut-être quelque chose de pire.

KOROBKINE, lisant. — « Au reste tout ce monde est fort accueillant et rempli de bienveillance. Adieu, mon cher Triapitchkine. Je veux, à ton exemple, me mettre dans la littérature. On s'ennuie à la longue, mon brave, et il faut des aliments. Je m'aperçois qu'il faut se lancer dans les choses élevées. Écris-moi dans le gouvernement de Saratof, et là au château de Podkatilofka. » (Il retourne la lettre et lit l'adresse.) « Monsieur M. Ivan Vassilievitch Triapitchkine, Saint-Petersbourg, rue de la Poste, n°97, au troisième à droite. »

[…]

LE JUGE, se croisant les mains, avec un geste de surprise. — Mais comment, Messieurs, nous sommes-nous laissés refaire comme cela.

---

1 Ces mots sont en français dans l'original. (N.d.t.)

LE GOUVERNEUR, se donnant des coups à lui-même. — Et moi, moi ! vieil imbécile ! comment ai-je fait ? Vieux mouton que je suis, je suis devenu bête de vieillesse... il y a trente ans que je suis fonctionnaire : pas un marchand, pas un fournisseur n'a pu m'attraper. J'ai fait la queue aux plus déliés coquins ; des filous, des gredins si forts qui faisaient aller tout le monde, je les ai joués par-dessous la jambe. J'ai floué trois intendants... des intendants !... C'est quelque chose pourtant que des intendants...

ANNA. — Mais tout cela est impossible, Antoncha. Il est fiancé à la petite...

LE GOUVERNEUR, en fureur. — Fiancé ! Et tu ne vois pas qu'il nous a encore floués ! J'en ai plein le dos de tes fiançailles ! (Avec stupéfaction.) Non, venez tous, tout l'univers, toute la chrétienté, venez voir un gouverneur bafoué ! Appelez-le bête ! vieille bête d'escroc. (Il se donne des coups de poing.) Ah ! gros imbécile qui prend un blanc-bec, un moutard pour un homme d'importance ! Et pendant ce temps-là, le voilà, lui, sur la route qui fait sonner ses grelots ! Il va conter l'histoire au monde entier... Je serai la fable, la risée générale, et le pire, c'est que quelque barbouilleur de papier, quelque fainéant d'homme de lettres me mettra en comédie. Ah ! voilà le terrible... Cela ne ménage ni le grade, ni l'emploi, et cela trouve des imbéciles qui montrent les dents et qui applaudissent. De quoi riez-vous ? C'est de vous que vous riez. Ah ! vous... (Frappant du pied.) Ah ! si je tenais tous ces barbouilleurs de papier ! ah ! ces écrivassiers, ces maudits libéraux, cette engeance du diable ! je vous les mettrais tous dans un sac, et je les écraserais en poussière ; au diable ce qui serait dedans. (Il agite les poings et frappe du pied avec fureur. Après un moment de silence :) Je n'en reviens pas encore ! C'est sûr, quand Dieu veut nous punir, il commence par nous faire perdre le bon sens. Mais cet écervelé en quoi ressemblait-il à un inspecteur ? Lui !... comme à un moulin à vent. Et les voilà tous à dire : Un inspecteur général ! un inspecteur général ! Voyons, quel est le premier qui s'est avisé de dire que c'était un inspecteur général. Répondez.

L'ADMINISTRATEUR. — Je veux être pendu si je sais comment cela est arrivé. Nous avons eu la berlue ; c'est le diable qui nous a joués.

LE JUGE. — Qui l'a dit le premier ? Tenez, voici qui l'a dit le premier. Ce sont ces gaillards-là. (Il montre Bobtchinski et Dobtchinski.)

Les Deux Héritages, suivis de l'Inspecteur général et des Débuts d'un aventurier / par Prosper Mérimée. – Paris : Michel Lévy frères, 1853. – [Pp. 253-259].

ČELAKOVSKÝ

TCHÈQUE **1799-1852**

Frantisek Ladislav Čelakovský naquit à Strakonice, au sud de la Bohême, dans une famille d'origine modeste. Le père était menuisier, mais la mère, qui avait servi dans sa jeunesse auprès d'une famille aisée à Prague, connaissait bien l'allemand et le poussa à faire des études. La fréquentation du lycée de České Budějovice, puis de Písek, lui permit de découvrir la poésie allemande de son temps, surtout Goethe et Schiller, mais aussi les productions littéraires des milieux patriotiques tchèques : les almanachs de Puchmajer, la revue *Le Héraut Tchèque* de Jan Nejedlý, ainsi que les premières traductions de Josef Jungmann. En 1817, il quitta sa région natale pour se rendre à Prague afin d'y faire sa philosophie. Il y fut l'élève du mathématicien et philosophe Bernhard Bolzano, fréquenta les leçons de langue et littérature tchèques de Jan Nejedlý mais ne parvint jamais à terminer ses études. D'esprit indépendant, il préféra s'initier en autodidacte aux autres langues slaves et cultiver les littératures allemande, italienne et française.

Privé de titre universitaire, Čelakovský dut se contenter d'une place de précepteur, ce qui lui permit toutefois de rester à Prague à un moment de grande effervescence. C'est en effet l'époque des manuscrits de Dvůr Kralové et de Zelená Hora (1817-1818), des critiques de Šafařík et Palacký contre le système de versification proposé dans les *Débuts de la poésie tchèque* (1818) par Dobrovský, et c'est aussi le moment des *Poèmes* de Jan Kollár (1821). C'est sous ces multiples influences, ajoutées à celle des œuvres de Goethe, que Čelakovský fit ses premiers pas en poésie. Un recueil publié en 1822 sous le nom de *Poèmes divers* témoigne de ses premiers tâtonnements. On y trouve déjà cependant certaines sources d'inspiration qui seront ensuite privilégiées, comme le folklore et la littérature des autres peuples slaves.

Les chants populaires russes, serbes et croates, connus à travers les recueils de Kopitar et Karadžić, avaient été introduits très tôt en Bohême, où ils furent accueillis avec un grand intérêt. Chez Čelakovský, ils déclenchèrent une véritable passion, qui l'entraîna à publier trois volumes de *Chansons populaires slaves* (1822, 1825 et 1827), contenant soit des pièces qu'il avait recueillies lui-même en Bohême, en Moravie et en Slovaquie, soit des textes repris chez d'autres et traduits. Cet attrait pour la littérature populaire est lié, chez Čelakovský, au regard très critique qu'il portait sur les lettres de son époque, trop élitistes et provinciales à son avis et qui firent l'objet de ses attaques ironiques dans un article pamphlétaire, « la littérature des Monts des Géants » (1824).

Poussé par la nouvelle vague de russophilie qu'avaient provoquée en Bohême les récentes victoires de l'armée du Tsar sur les Turcs, Čelakovský composa en quelques mois *L'Écho des chants russes* (1829), un recueil de poèmes épiques dans lequel il fait revivre avec bonheur l'atmosphère des bylines (cf. *P.L.E.* 5, pp. 14-22), les gestes de la tradition populaire. Fort d'un succès mérité et d'une critique favorable, notamment de la part de Palacký, il entreprit de vouer au folklore tchèque une œuvre semblable. La gestation en fut plus lente, car Čelakovský prit le temps de publier des fragments afin d'en étudier l'effet sur le public, mais le résultat fut tout aussi heureux. *L'Écho des chants tchèques* (1839) est cependant d'une essence différente, lyrique, car le thème principal est ici l'univers de la campagne, le petit peuple, la nature omniprésente.

Peu de temps après les *Échos*, vit le jour un recueil de poèmes, *La Rose aux cent feuilles* (1840), composé à peu près durant la même période. Plus personnel, au sens où Čelakovský ne puise plus son inspiration dans le folklore mais dans sa propre expérience, il met en œuvre les thèmes de la passion amoureuse et de la maturité.

Lorsque le roi de Prusse promut la création d'une chaire de langues et littératures slaves à Berlin et à Breslau (Wroclaw), Čelakovský fut sollicité pour cette dernière (1842). De précepteur, il était devenu journaliste à *L'Abeille Tchèque* (1834), puis bibliothécaire chez le comte Kinský (1838), mais sa situation matérielle était restée précaire. Il accepta donc de quitter la Bohême, mais ce séjour à Breslau se transforma en un exil tragique, marqué par la maladie et la mort de sa femme. Il eut la possibilité de revenir dans son pays en 1849, lorsque fut instituée une chaire similaire à l'université de Prague, mais pour y mourir peu après.

Pendant les dernières années de sa vie, Čelakovský continua à écrire des vers, plus particulièrement des épigrammes sur le thème des fleurs. En relation avec son rôle de professeur d'université, il se voua toutefois surtout à des travaux scientifiques, dont on retiendra les suppléments au grand *Dictionnaire tchèque-allemand* de Josef Jungmann (1851) et un monumental recueil de proverbes, *La Sagesse du peuple slave* (1851).

Histoire de la littérature tchèque. Des origines à 1850 / Henri Jelinek. — Paris : Éditions du Sagittaire, 1930. – 409 p.

L'ÉCHO DES CHANTS TCHÈQUES 116

J. Gaucheron — 1987

Toman et la fée. — Placée en tête du recueil, cette ballade était l'un des morceaux préférés de Čelakovský, comme il l'avoue dans sa correspondance.

À la veille de la Saint-Jean,
sa sœur dit à Toman :
« Où veux-tu aller cher frère
à cette heure tardive du soir,
sur ton cheval bien sellé
et si joliment harnaché ? »

« Il faut que j'aille à Podhájí
chez le forestier, voir ma mie,
un souci soudain m'a saisi.
À l'aube attends-moi je reviens.
Passe-moi, ma sœur, passe-moi
une chemise neuve en toile fine,
et ma veste couleur de rose. »

Une étincelle a jailli sous le pas du cheval.
La sœur appelle encore son frère :
« Écoute mon conseil, mon petit Toman,
ne traverse pas le bois de chênes.
Fais plutôt le détour par Svatá Hora
que je n'aie pas à te pleurer,
fais le détour par les champs,
que mon cœur n'ait pas de peine. »

Toman a évité le bois de chênes,
il a pris le bon chemin.
À Podhájí, chez le forestier,
à la maison nouvelle, partout des bougies ;
la chambre est pleine d'invités,
et toute emplie de bavardages.

Toman, en proie à la tristesse,
de son cheval regarde les fenêtres :
la jeune fille est amoureuse,
elle sourit à son fiancé ;
le père négocie le mariage,
la mère s'occupe du ménage.
Ils ont bu et festoyé,
à merveille ils s'entendaient,
personne alors ne prenait garde
qu'un cheval dehors hennissait,
qu'un jeune homme soupirait.

Seule, la jeune promise
tout à coup se mit à rougir :
son esprit enfin s'éveille,
elle parle bas à sa sœur cadette.
La sœurette se lève de table
et sort en hâte devant la porte :
« Ton amie, mon pauvre Toman,
te dit adieu pour toujours ;
elle sera la femme d'un autre.
On ne peut plus te voir chez nous,
nous avons d'autres invités,
cherche ton bonheur ailleurs. »

Toman fit virer son cheval,
s'élança dans les vastes champs,
serra les dents, fronça les sourcils ;
tout s'assombrit autour de lui.
À minuit la lune se coucha.
À peine trouvait-il son chemin.

Tantôt galopant, tantôt d'un pas traînant,
il approchait du bois de chênes.
« Toutes les étoiles luisent,
jolies, à travers les ténèbres,
pourquoivous, mes jeunes années,
vous perdez-vous dans les ténèbres ? »

Il galope, galope à travers le bois,
les feuilles bruissent sur sa tête,
du fond de la nuit souffle la bise,
le hibou hulule dans la vallée ;
le cheval a l'œil luisant,
le cheval dresse ses oreilles.
Soudain à travers la broussaille,
un cerf s'élance de la clairière,
sur le cef, jupe retroussée,
galope une fée des forêts ;
sa robe est presque verte,
presque noire sa chevelure
et sur son petit chapeau
brille un ruban fait de lucioles.

Trois fois, comme une flèche,
elle a fait le tour du cheval.
Puis, à côté de Toman,
elle se met à son pas avec grâce :
« Beau garçon, ne pleure pas tant,
jette ta peine dans le vent.
L'une a pu te trahir,
une autre vaudra cent fois mieux.
Beau garçon, ne pleure pas tant,
jette ta peine dans le vent. »
Ainsi doucement chantait,

dans les yeux le regardait
la fée des forêts, montée sur un cerf,
Toman sent son cœur tout remué.

Toman et la fée, côte à côte,
galopent, galopent ensemble
sur la mousse dans la vallée,
avec grâce elle se met à son pas :
« Beau garçon, penche-toi, penche-toi,
en avant, en avant cours avec moi.
Si tu trouves mes joues roses,
je puis t'offrir mille plaisirs,
Penche-toi, beau garçon, penche-toi,
en avant galope avec moi ! »
Comme la fée ainsi chantait,
elle pressait la main de Toman ;
tout le corps de Toman
fut envahi de volupté.

La fée et Toman, côte à côte,
galopent, galopent toujours
le long de la rivière, au long des rochers,
avec grâce elle épouse son pas :
« Beau garçon, tu m'appartiens !
Viens jusque chez moi, ô viens !
Dans ma maison qui est sous terre
tu ne voudras plus revoir la lumière.
Beau garçon, tu m'appartiens,
viens juque chez moi, ô viens ! »

Comme la fée ainsi chantait,
elle embrassait le cavalier
et sur les lèvres le baisait.
Le cœur de Toman exulte de joie,
il lâche bride, choit du cheval
sous les rochers, au fond du val.

Le soleil s'est levé au-dessus des montagnes.
Le cheval rentre dans la cour,
tristement il piaffe, il hennit,

annonçant la mauvaise nouvelle.
La sœurette court à la fenêtre
et lève les bras au ciel :
« Frère, ô mon cher petit frère
où donc as-tu perdu la vie ? »
où donc as-tu perdu la vie ? »

Anthologie de la poésie tchèque et slovaque – Paris : Messidor/Poésie, 1987. – (*Collection UNESCO d'œuvres représentatives ; série européenne*). – [Pp. 28-31].

JOUKOVSKI

RUSSE

1783-1852

Né dans le gouvernement de Toula, Vassili Joukovski est le fils naturel d'un riche gentilhomme campagnard, Afanassi Bounine, et d'une prisonnière turque capturée lors de la prise de Bender (1770) et ramenée de Bessarabie par des paysans-vivandiers désireux de l'offrir en cadeau à leur seigneur. Dès la naissance de l'enfant, son père le fait adopter par Andreï Joukovski, un nobliau désargenté qui vit sous son toit. Durant toute sa jeunesse, le jeune Vassili souffre de sa position ambiguë dans la famille Bounine, où sa mère, qui fait fonction d'économe, se situe à mi-chemin entre les maîtres et les domestiques. Il éprouve alors un grand sentiment de solitude (« j'étais seul, toujours seul... »). Inscrit en 1797 à la *Pension pour jeunes nobles* de l'université de Moscou, il y termine ses études en 1800.

À la différence des milieux intellectuels de Saint-Pétersbourg, qui vont encore rester pour longtemps sous l'influence du XVIIIe siècle français, le monde universitaire moscovite est beaucoup plus ouvert aux courants littéraires qui se sont déjà propagés dans une bonne partie de l'Europe, le sentimentalisme et le préromantisme, annonciateurs de l'esthétique romantique. C'est là pourquoi, d'ailleurs, Moscou deviendra par la suite le grand foyer du romantisme russe : c'est, en effet, de son université que sortiront plus tard Tiouttchev et Lermontov, pour ne citer qu'eux.

Pour mesurer l'importance du rôle joué par Joukovski dans l'histoire des lettres russes, il suffit de se rappeler l'état de celles-ci à la jonction du XVIIIe et du XIXe siècle. Elles sont une sorte de champ clos où s'affrontent deux tendances inconciliables : d'un côté, les partisans de la nouvelle langue littéraire — beaucoup plus fluide et élégante — forgée et mise en circulation par Karamzine ; de l'autre, ceux qui la refusent et entendent rester fidèles aux canons de Lomonossov. Du point de vue linguistique, les premiers (auxquels on donnera bien plus tard le nom de *karamzinistes*) apparaissent donc comme des novateurs, et les autres (que les spécialistes modernes appellent *chichkovistes*, d'après le nom du président de l'Académie des sciences d'alors) comme des archaïsants. Mais, au regard de l'histoire littéraire, c'est absolument le contraire : le camp des karamzinistes est très en retard sur celui de ses adversaires qui, eux, suivent le grand mouvement tectonique qui a d'ores et déjà commencé à faire basculer toute l'Europe dans l'âge romantique. Ce qui fait toute l'originalité de Joukovski, c'est qu'il va constituer, à lui tout seul, l'avant-garde russe de cette évolution tout en adoptant, dès ses débuts, la langue de Karamzine et en la portant à un tel niveau de perfection qu'il apparaîtra bien vite comme son meilleur défenseur : autrement dit, il réussit à réaliser dans son œuvre la synthèse des éléments novateurs des deux courants opposés, ce qui fera de lui à la fois le plus célèbre des karamzinistes et l'introducteur du romantisme en Russie.

Il est significatif, à cet égard, que l'une des premières œuvres qu'écrit Joukovski soit *Le Cimetière campagnard* (1801), traduction de la fameuse élégie de Gray, qui a été, une cinquantaine d'années plus tôt, l'un des textes fondateurs du sentimentalisme européen. En fait, ce qui se manifeste dès cette époque, chez le jeune poète, et ne cessera de s'accentuer par la suite, c'est la place déterminante dévolue dans ses vers à l'expression du sentiment authentiquement personnel et de l'émotion intime. C'est cette propriété de son écriture qui fera dire plus tard à Biélinski :

« Avant Joukovski, en Russie, personne ne se doutait que la vie d'un homme pût être étroitement liée à sa poésie et que ses œuvres pussent être aussi sa meilleure biographie ».

C'est d'ailleurs cette montée en puissance du lyrisme pur qui va déterminer l'évolution très rapide de Joukovski vers le romantisme. Elle se fera en quelques années : en premier lieu par le truchement d'une série d'œuvres originales telles que *Le Soir* (1806), remarquable élégie qui, abstraction faite de ses toutes dernières strophes encore tributaires de clichés sentimentalistes, atteint une intensité poétique et un degré de musicalité inconnus jusque-là en Russie ; mais aussi par le biais de traductions, fort nombreuses — trop même, selon Pouchkine, qui eût préféré voir leur auteur mieux affirmer son individualité artistique —, et qu'il y a néanmoins lieu de considérer comme des variations profondément personnelles sur des textes étrangers (principalement des ballades anglaises et allemandes) dont le choix n'est rien moins que fortuit : à l'examen, en effet, ils apparaissent généralement comme de simples prétextes permettant à Joukovski d'épancher en toute pudeur ses sentiments les plus secrets. Loin d'occuper une place subalterne dans sa production, ces transpositions font directement écho à ses œuvres originales, les éclairent souvent et constituent avec elles une véritable chronique du drame sentimental dont est alors marquée sa vie intérieure.

Il s'agit, en l'occurrence, de l'amour parfaitement partagé mais irréalisable qu'il éprouve, depuis 1805, pour Maria Protassova, l'une des filles de sa demi-sœur (née Bounina), amour auquel cette dernière s'oppose de plus en plus, jusqu'au veto définitif (1811). Cette expérience douloureuse sous-tend la poésie de Joukovski durant ces six années et en détermine la thématique principale, celle de la fatalité tragique qui prive l'individu d'un bonheur à première vue parfaitement accessible : ce thème récurrent se manifeste dans plusieurs « traductions » — notamment dans *Lioudmila* (1808), adaptation très libre de la *Lénore* de Bürger, dont Joukovski donnera d'ailleurs une deuxième version, fort différente, dans une autre ballade, *Svétlana* (1812) —, mais qui trouve son expression la plus achevée et la plus saisissante dans *Le chanteur* (1811). Dans cette élégie, Joukovski est en même temps celui qui, avec des accents pathétiques, évoque le destin tragique du poète disparu, et celui qui est à présent dans la tombe après avoir proclamé, la veille de sa mort, la tragédie de sa destinée : « Connaître le bonheur, y voler en esprit, Mais voir s'ouvrir un gouffre entre soi-même et lui... ».

L'année 1811 marque une étape importante sur l'itinéraire spirituel de Joukovski. Se manifeste alors dans son œuvre la ligne de force qui ne cessera de s'amplifier : un dépassement du tragique qui plonge ses racines dans une attitude philosophique. C'est là ce qui l'amène à traduire *Nostalgie* (*Sehnsucht*), l'une des dernières et des plus belles poésies de Schiller, écrite à peine huit ans auparavant (1803). Ce qui l'a attiré dans cette œuvre, qu'il transpose magistralement en *Désir*, c'est la vision du monde qu'elle propose : le poète se trouve au bord d'un fleuve tumultueux qui le sépare d'un monde paradisiaque qu'il rêve d'atteindre, bien qu'il le sache inaccessible. C'est là, transposé en termes conformes à la cosmologie grecque, le motif de la caverne platonicienne : du fond de sa captivité terrestre, l'homme peut percevoir les reflets du monde supérieur. Ce thème de la consolation philosophique va peu à peu s'imposer à l'esprit de Joukovski et devenir sa source d'inspiration principale. On le retrouve dans deux célèbres poèmes de 1814, totalement originaux. Dans *La harpe éolienne*, l'une de ses ballades les plus parfaites, il reprend le thème du bonheur inaccessible en l'associant à celui de la victoire sur la fatalité (exilé pour l'amour qui le lie à la fille du roi, le chanteur laisse sa harpe à sa bien-aimée en lui prédisant que lorsque viendra pour lui la dernière heure, son instrument se mettra à jouer magiquement ; et lorsque cette prophétie se réalise, la princesse sent venir l'instant de sa délivrance et s'éteint bientôt pour le rejoindre dans la mort). Et dans *Théon et Eschine*, le poète expose ce qui est à présent son credo : les brefs instants de bonheur que l'homme peut connaître ici-bas ne sont que le reflet fugace de la réalité lumineuse qui l'attend dans l'au-delà.

Ce motif platonicien de la captivité terrestre réapparaîtra fréquemment par la suite sous sa plume, en particulier dans deux œuvres de 1819, une ballade intitulée précisément *Le prisonnier* et une impressionnante méditation philosophique, *L'ineffable*, qui peut être considérée comme l'un des chefs-d'œuvre du genre dans le romantisme européen. C'est de la même ferveur idéaliste que participent deux autres poèmes aussi célèbres qu'inspirés, *Lalla Rookh* (1821), d'après Th. Moore, et *Le mystérieux visiteur* (1824), où Joukovski tente de faire partager, par tout un jeu de formules allusives et de sonorités incantatoires, la magie de ces instants fugitifs où, imperceptiblement associée à l'image de sa bien-aimée perdue, l'essence de la poésie se révèle à lui comme la messagère d'une transcendance inexprimable.

Cependant, dans les années qui suivent, sa veine poétique semble s'épuiser. Ses vers sont de moins en moins nombreux et de moins en moins personnels. On y trouve surtout des traductions (principalement d'auteurs allemands : Herder, Gœthe, Uhland), de plus en plus précises, c'est-à-dire, en fait, de moins en moins riches de cet apport si original qui faisait le charme et la valeur incomparables de sa production antérieure dans ce domaine. Ce fléchissement paraît résulter de la conjonction de deux éléments. Tout d'abord, l'alourdissement de ses fonctions officielles à la cour. Après y avoir été « lecteur » de l'impératrice mère Maria Fiodorovna (la veuve de Paul Ier), il y devient, en 1826, précepteur du prince héritier (le futur Alexandre II), ce qui accapare désormais la majeure partie de son temps. L'autre facteur, probablement plus décisif encore, a été la mort, en 1823, de Maria Protassova (épouse Moyer depuis 1815) qui semble avoir rapidement tari en lui la source du lyrisme pur.

Sans doute connaîtra-t-il dix ans plus tard un regain de créativité, mais celle-ci ne s'exercera pratiquement plus que dans le domaine de la traduction et, qui plus est, presque exclusivement dans le registre épique : c'est ainsi que voient le jour, notamment, *Lenora* (1831) nouvelle version, parfaitement fidèle cette fois, de la *Lénore* de Bürger, *Ondine* (1837) de Friedrich de La Motte-Fouqué, *Roustem et Zorab* (1844-1847), d'après l'adaptation par Rückert d'un extrait du *Livre des Rois* de Fîrdûsi, *l'Odyssée* d'Homère (1844-1847).

Après avoir abandonné ses fonctions à la cour (1839) et s'être marié, en 1841, avec la fille d'un de ses amis allemands, le peintre Gerhart von Reutern (1785-1858), il passe les onze dernières années de sa vie hors de Russie, d'abord à Düsseldorf, puis à Baden-Baden, où il meurt.

Même si, du fait de ses tendances peu compatibles avec les canons du réalisme socialiste, l'œuvre de Joukovski a été discrètement tenue sous le boisseau à l'époque soviétique, elle occupe une place essentielle dans la poésie russe. Pour l'estimer à sa vraie valeur, il suffit de ne pas oublier la phrase fameuse — et profondément juste — de Biélinski : « Sans Joukovski, nous n'aurions pas eu Pouchkine ». Innombrables sont ceux qui, depuis l'*Âge d'or* jusqu'à la Révolution bolchevique, l'ont tenu pour un grand maître de poésie et se sont, tels Tiouttchev, Lermontov, Fet ou Polonski, nourris de son héritage, voire directement réclamés de lui, comme Blok, qui n'hésitait pas à dire que, par sa musicalité, il avait été son premier « inspirateur ».

V.A. Žukovskij : Poezija čuvstva i « serdečnogo voobraženija » / A.N. Veselovskij. – Saint-Pétersbourg, 1904. – 312 p.

V.A. Joukovski et le préromantisme russe / Marcelle Ehrhard. – Paris : Honoré Champion, 1938. – 444 p.

Ilya Serman, "Vassili Joukovski (1783-1852)". – In : *Histoire de la littérature russe. Vol. 2 : L'époque de Pouchkine et de Gogol* / Ouvrage dirigé par Efim Etkind, Georges Nivat, Ilya Serman et Vittorio Strada. – Paris : Fayard, 1996. – [Pp. 156-174].

POÉSIES 117

Fr. Cornillot — 1999

Le chanteur. — Écrite en 1811, cette élégie fut publiée pour la première fois dans le *Messager d'Europe* (1813, N° 7-8).

Surplombant une eau pure, ombré de frondaisons,
Voyez-vous, mes amis, ce tertre de gazon ?
Doucement l'onde y bruit en baignant son rivage ;
Doucement le zéphyr va berçant les feuillages ;
À l'arbre, une couronne, une lyre, en hauteur...
Mais ce tertre, ô amis, n'est, hélas, qu'un tombeau !
Du chanteur c'est ici que reposent les os...
    Le malheureux chanteur !

Il avait l'âme tendre, était simple de cœur,
Mais ne fut ici-bas qu'une éphémère errance ;
À peine éclos, il prit en haine l'existence
Et attendit sa fin avec trouble et langueur ;
Et cette fin, il l'atteignit très jeune, dans la fleur,
Et put goûter alors le sommeil éternel...
Ta vie fut un instant, mais un instant cruel,
    Ô malheureux chanteur !

Il chanta l'amitié, l'amicale tendresse,
Mais son fidèle ami périt dans la jeunesse ;
Il a chanté l'amour, mais triste était son chant :
De l'amour, il connut seulement les tourments !
Or, tout est consommé, c'est la fin des douleurs...
Et ton âme à présent a trouvé le repos ;
Tu dors du long sommeil, et calme est ton tombeau,
    Ô malheureux chanteur !

À l'heure vespérale, ici, près du ruisseau,
Il dit son dernier chant d'une voix si plaintive :
« Ô monde magnifique où en vain j'ai éclos,
Adieu à tout jamais ! En mon âme naïve,
Je rêvais du bonheur : c'est la fin d'une erreur ;
Tout est perdu pour moi, fais silence, ô ma lyre,
Et toi, gagne au plus tôt le havre où tu aspires
Ô malheureux chanteur !

Qu'est la vie quand elle est dénuée d'attirance ?
Connaître le bonheur, y voler en esprit,
Mais voir s'ouvrir un gouffre entre soi-même et lui ;
Espérer à toute heure en craignant l'espérance...
Ô refuge des cœurs éperdus de malheur,
Tombeau, voie la plus sûre emmenant au repos,
Quand voudras-tu enfin accueillir dans ton clos
Le malheureux chanteur ?

Et le chanteur n'est plus... On n'entend plus sa lyre...
Toute trace de lui s'est enfuie pour toujours ;
Des hauteurs aux vallons, tout le pleure alentour ;
Le silence est partout... Seuls de calmes zéphyrs
Vont berçant doucement sa couronne qui meurt
En soufflant par moments par-dessus son tombeau,
Et la lyre leur fait tristement un écho...
Le malheureux chanteur !

Traduction inédite. — *Sobranie sočinenij* / V.A. Žukovskij. – Moscou : Leningrad : Goslitizdat, 1959. – [Tome 1, pp. 109-111].

POÉSIES 118

Fr. Cornillot — 1995

Désir. — Composé en 1811 d'après la *Sehnsucht* (*Nostalgie*) de Schiller (1803), ce poème fut, comme le précédent, publié dans le *Messager d'Europe* (1813, N° 7-8).

Remplis-toi de lumière, ô vallée des brouillards !
Déchirez, denses ombres, vos voiles blafards !
Où trouver l'échappée de l'ultime espérance ?

Où mon âme ira-t-elle chercher renaissance ?
Je peux voir resplendir des collines là-bas,
Revêtues d'un manteau constellé d'asphodèles...
Ah ! pourquoi, me créant, Dieu m'a-t-il privé d'ailes ?
Que ne puis-je voler vers ces collines-là !

Là résonnent des lyres les chœurs harmonieux,
Là se trouve le havre apaisant du silence ;
Et de là les zéphyrs au vol preste et heureux
Font flotter du printemps jusqu'à moi les fragrances.
Là, parmi les rameaux des ombrages profonds,
Des fruits luisent qui gardent de l'or l'apparence ;
Là, jamais l'on n'entend tournoyer l'aquilon,
Sur les prés et les cimes de ces éminences.

Ô sommet où culmine le rêve enchanteur !
Comme tout brille là de vernales splendeurs !
Comme l'âme se sent devenir plus vivante,
Bercée là par l'haleine des roses naissantes !
Il suffit d'y courir, d'y voler... vain désir !
Il n'est point de chemins rejoignant ces rivages :
Devant moi coule un fleuve rapide et sauvage,
Parsemé de rochers dont l'aspect fait frémir.

J'aperçois un esquif, mais n'y vois aucune naute...
Embarquons !... Remettons au destin notre sort...
Telle une aile, sa voile s'élève bien haute,
L'aviron ressurgit du semblant de la mort...
Il faut croire aux avis que nos cœurs nous fournissent ;
Il n'est pas de moyen que le ciel garantisse ;
Un prodige peut seul nous montrer notre route
Vers ce lieu merveilleux qui de loin nous envoûte.

Le Nautonier de la suprême nostalgie : Tiouttchev et l'Europe des renaissants du « matin chaste » : du Bellay, Young, Schiller, Mallarmé / François Cornillot. – Paris : Éditions Librairie du Globe, 1995. – [Pp. 43-45].

POÉSIES 119

Fr. Cornillot — 1999

L'ineffable (fragment). — Écrit en 1819, ce *fragment* ne fut publié que huit ans plus tard, dans *Monument des muses de la patrie*, édité pour l'année 1827 par Boris Fiodorov (Saint-Pétersbourg, 1827).

Qu'est notre langue humaine auprès de la Nature ?
Quelle aisance est la sienne à semer la beauté
D'un geste nonchalant parmi les créatures,
Faisant, sous le divers, voir l'Un de tous côtés !
Mais, d'elle, qui jamais a pu fixer l'image ?
Et l'inspiration ne peut que par instants
En saisir à grand-peine un seul trait au passage...
Qui saurait restituer dans du mort le vivant ?
En rendant le créé dans des mots recréable ?
Soumettre à l'expression l'essence inexprimable ?
Seul le cœur vous connaît, vénérables mystères.
N'advient-il pas souvent — le soir, lorsque la terre,
Majestueuse, subit sa transfiguration
Et que l'âme perçoit, débordant d'émotion,
Le prophétique effet d'une vision si forte
Qui jusqu'en l'infini à présent la transporte —
Que nous faille le cœur, d'une douleur étreint,
Que, voulant retenir la beauté qui s'envole,
À ce qui est sans nom nous rêvions d'en mettre un
Et que l'art, impuissant, soit privé de parole ?
Ce que notre œil perçoit, ces flamboyants nuages,
Dans leur vol à travers les hauteurs somnolentes,
Et ce frémissement des eaux étincelantes,
Les grandioses visions de ces nobles rivages
Brûlant dans l'incendie d'un merveilleux couchant,
Ces tableaux lumineux à l'aspect si touchant,
La pensée les saisit aisément, la sylphide,
Il est des mots pour dire où leur beauté réside
Mais ce à quoi est liée cette beauté brillante,
Cette chose si vague et qui nous émeut tant,
Cette voix émanant d'une vie envoûtante
Et que notre âme seule à percevoir s'entend,
Cet élan qui toujours au lointain nous entraîne,
Ce salut qui du fond du passé nous parvient
(Tel un souffle léger qui nous viendrait soudain

Des natales prairies où vivaient la fleur reine
De la *sainte jeunesse* et de l'espoir la flamme),
Ce murmure inconnu rappelant à nos âmes
Les joies d'un passé cher ainsi que ses souffrances,
Cette entité sacrée qui descend des hauteurs,
Cette présence au monde de son Créateur,
Qui peut les exprimer ? Très haut l'âme s'élance,
En un soupir unique elle embrasse l'immense
Et le seul parler clair est alors le silence.

Traduction inédite. — *Sobranie sočinenij* / V.A. Žukovskij. – Moscou : Leningrad : Goslitizdat, 1959. – [Tome 1, pp. 336-337].

RADIČEVIĆ

SERBE

1824-1853

Branko Radičević est né à Slavonski Brod (Est de la Croatie), dans une famille de la bourgeoisie aisée. Son père, employé des douanes, s'intéressait à la littérature et avait même traduit *Guillaume Tell* de Schiller ; sa mère, disparue alors qu'il n'avait que 9 ans, était issue d'une famille de riches commerçants de Vukovar.

Radičević suit la scolarité typique des jeunes Serbes de Hongrie appartenant à l'élite cultivée : il fréquente l'école primaire serbe, puis allemande, à Zemun, va au fameux lycée serbe de Sremski Karlovci et achève ses études secondaires à Timişoara, avant de s'inscrire à la Faculté de droit à Vienne. Il va y découvrir le romantisme allemand et, plus largement, européen : ses auteurs préférés sont Uhland et Byron. Toujours à Vienne, il se lie d'amitié avec Vuk Karadžić, qui lui fait découvrir la poésie populaire serbe. Cette double influence sera présente dans toute son œuvre.

Délaissant le droit, il mène joyeuse vie dans la capitale, lit et écrit. Ayant investi dans une édition à compte d'auteur, il connaît des difficultés d'argent qui l'amènent à rentrer chez lui en 1848. Après plusieurs séjours à Belgrade, il reçoit une aide financière du prince de Serbie Mihailo Obrenović, ce qui lui permet de commencer, cette fois sérieusement, des études de médecine, à nouveau à Vienne. Mais il meurt de tuberculose avant d'avoir terminé. En 1883, ses restes seront transportés de Vienne au mont Stražilovo, près du Danube et de Sremski Karlovci, où il est enterré.

On distingue parfois un premier romantisme serbe, qui s'exprime par ces fortes individualités que sont Vuk Karadžić et Njegoš, d'un second, plus tardif et davantage lié aux écrivains européens, mais qui se différencie de ceux-ci par une certaine vitalité, un certain optimisme : la lutte pour la libération nationale laisse peu de place aux états dépressifs des modèles de l'Ouest. Ce second romantisme est essentiellement le fait des Serbes de Hongrie, plus précisément de Voïvodine, parmi lesquels Branko Radičević est le premier et le plus illustre. Avec son premier recueil de poésies (1847), qui sera suivi de deux autres (1851 et 1862, posthume), il est le créateur de la poésie serbe moderne en langue populaire, débarrassée de toutes les influences du slavon et de l'imitation servile de la poésie populaire. Le recueil de 1847 marque un tournant décisif en consacrant le triomphe des réformes linguistiques de Vuk Karadžić : on peut parler de la poésie serbe avant et après Branko, dont l'immense popularité lui vaudra d'être couramment appelé par son seul prénom, comme Dositej (Obradović) et Vuk (Karadžić).

Branko est avant tout un grand lyrique. Certaines de ses poésies sont proches d'une conception animiste, ou panthéiste du monde. Parfois nettement influencées par les chants populaires lyriques « féminins » (d'ordinaire chantés par des femmes), elles exposent une intrigue fort simple, dont les protagonistes sont un couple de jeunes gens. Dans ses poèmes plus complexes, sans construction narrative, la tonalité élégiaque domine, et surtout le motif de la séparation et des adieux.

Branko s'est essayé, mais avec moins de bonheur, au genre épique, où ses modèles sont, là encore, Byron et la poésie populaire serbe. Parmi ses grandes compositions, les plus talentueuses sont celles qui sont entièrement lyriques, tels *Les Adieux des étudiants*.

Les poèmes satiriques de Radičević, dirigés surtout contre les néo-classiques et les adversaires de Vuk Karadžić, comme le long poème inachevé *L'Inconnue*, tableau humoristique et réaliste de la vie des étudiants serbes à Vienne, montrent que son talent aurait pu s'exercer dans de multiples directions s'il n'était pas mort si jeune.

LES ADIEUX DES ÉTUDIANTS 120

M. Ibrovac — 1935

La ronde des peuples yougoslaves (v. 362-365, 370-371, 412-437 et 442-457). — Ce long poème de 737 vers, composé en 1844, est sans doute l'œuvre la plus connue et la plus populaire de Branko. Elle est placée sous le signe d'un triple adieu : au pays natal, aux amis d'école, à la jeunesse. Adieux et souvenirs se mêlent comme deux thèmes musicaux. Le poète, contemplant le paysage des environs de Karlovci, du Danube au mont de Stražilovo, se laisse aller à des digressions lyriques, dont chacune constitue comme une poésie en soi. La métrique est celle du décasyllabe de la poésie populaire épique, à ceci près que Radičević utilise les rimes et qu'il y mêle des vers plus courts, tétrasyllabes, octosyllabes, donnant ainsi une vivacité de rythme et une gaîté dans l'évocation de la jeunesse et des plaisirs, qui contrastent avec la dominante élégiaque du poème. Le *kolo,* la ronde des écoliers, avec son rythme endiablé de danse folklorique, amène l'évocation des grands héros de l'histoire nationale, avant de devenir la ronde symbolique des peuples-frères yougoslaves. Extrêmement célèbre, ce moment du poème figurait dans toutes les anthologies scolaires de l'ex-Yougoslavie comme symbole même de l'idée qui avait présidé à la naissance de ce pays. On peut regretter que le traducteur, comme souvent lorsqu'il traduit des poèmes assez longs, omette délibérément des vers. L'esprit de l'original est cependant préservé.

Pan, pan ! petite tamboura[1], vibre joyeuse
Fais résonner, frère, les cordes endiablées !
Ici aujourd'hui, où serons-nous demain ?
Formons la ronde, allons, secouez-vous ! [...]
Ohé ! frère ; vibrez, cordes ; pressons les pas, —
Ohé ! Ce sont les étudiants qui dansent. [...]
    Kolo, kolo,
    Tourbillonnant,
    Ronde fougueuse,
    Ensorcelée,
    Entrelacée
    Et brodée,
    Bariolée
    Et fleurie !
    Par ici, frères, de toutes parts,
    Que la danse nous réunisse !
Toi, Servien[2], âme ardente,
Tu émerveilles le monde !
Croate, tu es sans reproche,
Et non d'hier, mais de tout temps !
Ô Bosniaque, gloire ancienne,

1 Sorte de guitare. (N.d.t.)
2 Serbe de la Serbie proprement dite. (N.d.t.)

Cœur intrépide et tête dure ;
Tu ressembles au silex
Où se cache la flamme vive !
Herzégovinien, roc de granit,
Qui jamais a pu t'ébranler ?
Tu es rapide comme l'éclair...
Ô Syrmien, lame tranchante,
À toi seul — cent héros !
Monténégrin, petit tzar,
Qui donc n'est fier de toi ? [...]
Ô Dalmate, ô faucon,
Fils magnifique d'une mer splendide !
Et toi, illustre Ragusain,
Sur nous encore tu rayonnes
Par tes chants d'autrefois
Pleins de gloire et de douceur !
Slavonien élancé !
Ô Banatin si léger !
Ô Batchvan[1], salut ! salut !
Notre chanteur endiablé !
Et vous autres au bord du Danube,
Et vous aussi près de la Drave,
Vous tous, de par ici, de par là-bas,
Accourez à notre kolo,
Nouons la ronde ensemble,
C'est Dieu Tout-Puissant qui la bénit !

Anthologie de la poésie yougoslave des XIXe et XXe siècles / avec une introduction et des notices par Miodrag Ibrovac, professeur à l'université de Belgrade ; en collaboration avec Mme Savka Ibrovac, professeur agrégée de lettres. – Paris : Librairie Delagrave, 1935. – [Pp. 35-37].

POÉSIES 121

M. Ibrovac — 1935

Quand je pensais mourir. — *À l'heure de la mort* est le titre que M. Ibrovac a choisi pour ce poème qui, écrit en 1845, semble exprimer un pressentiment presque obsessionnel de la mort chez le jeune poète. Les adieux à la vie, à la poésie, sont d'un lyrisme où la tonalité élégiaque ne laisse nulle place à la légèreté et à l'insouciance de la jeunesse.

1 Habitant de la Batchka (Bačka), région de l'ancienne Voïvodie serbe. (N.d.t.)

Déjà les feuilles jaunissent aux arbres,
Elles jaunissent et jonchent la terre ;
Jamais plus je ne les verrai
Reverdir !
La tête se penche, le visage se ternit,
La fièvre a vidé mes yeux,
Le bras s'affaisse, le corps s'épuise,
Et sous moi fléchissent les genoux.
Voici l'heure du départ…

Adieu, vie, mon beau rêve !
Adieu, aurore, adieu, jour éclatant !
Adieu, monde, paradis ravi —
Un autre séjour m'attend !
Oh ! si je t'avais aimé avec moins d'ardeur,
J'aurais pu jouir encore de ton soleil,
Entendre tes tonnerres et tes orages,
Admirer le chant de tes rossignols,
De tes sources et de tes rivières. —
Mais le flot de ma vie est tari !

Ô mes chansons, pauvres orphelines,
Enfants chéries de mes jeunes années !
J'aurais voulu décrocher l'arc-en-ciel,
Vous revêtir de toutes ses couleurs,
J'aurais voulu vous parer de brillantes étoiles,
Vous illuminer des rayons du soleil…
Mais, à peine paru, l'arc-en-ciel s'est évanoui,
Les étoiles brillantes se sont éteintes,
Et le soleil, sitôt levé,
A disparu du ciel !
Tout ce que je rêvais pour vous n'est plus.
Votre père vous laisse en guenilles !

Anthologie de la poésie yougoslave des XIXe et XXe siècles / avec une introduction et des notices par Miodrag Ibrovac, professeur à l'université de Belgrade ; en collaboration avec Mme Savka Ibrovac, professeur agrégée de lettres. – Paris : Librairie Delagrave, 1935. – [Pp. 37-38].

GOTTHELF

ALLEMAND **1797-1854**

En choisissant un pseudonyme qui fait référence au prophète Jérémie et invoque l'assistance du Dieu biblique, l'auteur bernois Albert Bitzius proclame l'inspiration religieuse de son activité littéraire. Fils de pasteur, né à Murten, Bitzius a lui-même été, de 1832 à sa mort, pasteur de Lützelflüh, une paroisse de campagne dans l'Emmental. Bien qu'enracinée dans ce terroir, son œuvre, qui a été très vite connue et appréciée en Allemagne, n'est pas celle d'un écrivain régionaliste. L'écriture est d'abord pour lui un prolongement de la prédication, et la volonté de rappeler au respect de « l'ordre de Dieu » ses contemporains tentés par « l'esprit du temps » le pousse à prendre parti avec véhémence dans les querelles politiques et religieuses qui accompagnent, de 1830 à 1848, le mouvement de « régénération» et de modernisation de la Confédération helvétique. La perspective théologique de l'auteur donne un horizon universel à la réalité locale et rurale représentée dans son œuvre, où il se constitue un langage original et savoureux, combinant la langue de la Bible, l'allemand littéraire et le dialecte du terroir bernois. De multiples réflexions et comparaisons confèrent constamment une signification exemplaire au réalisme volontiers trivial et truculent de ses scènes de genre de la vie paysanne.

Les romans rustiques de Gotthelf ne sont pas des idylles. Victime dès l'enfance de l'égoïsme de la société paysanne, le narrateur du *Miroir des paysans* (*Der Bauernspiegel,* 1837), dont le nom deviendra le pseudonyme de l'auteur, est un exclu et un révolté. Après avoir servi dans la garde suisse du roi Charles X, il cherche vainement une fonction qui lui permettrait de communiquer à son entourage paysan les leçons de son expérience. *Souffrances et joies d'un maître d'école* (*Leiden und Freuden eines Schulmeisters,* 1839) montre la condition précaire et humiliante à laquelle des paysans durs et bornés réduisent leur maître d'école, finalement soutenu et guidé par un pasteur éclairé. Les romans suivants mettent davantage l'accent sur le progrès moral et spirituel des protagonistes. Dans *Uli le valet* (*Uli der Knecht,* 1841) un jeune valet de ferme apprend, sous la conduite d'un maître avisé et pieux, à construire sa personnalité et à diriger son existence ; accédant à l'autonomie dans *Uli le fermier* (*Uli der Pächter,* 1847), il doit surmonter des tentations et des épreuves qui lui enseignent à ne pas se laisser obnubiler par le souci de ses intérêts matériels. La riche ferme de Liebiwyl, dans *L'Argent et l'âme* (*Geld und Geist,* 1844), est le modèle d'une communauté dont la prospérité est garantie par l'affection et le respect mutuels ; menacée de l'intérieur par l'amour-propre, puis de l'extérieur par la rapacité d'un mauvais riche, l'harmonie est régénérée par l'esprit d'amour au prix d'un douloureux effort des personnages sur eux-mêmes. Le roman le plus complexe de Gotthelf est *Anne Bäbi Jowäger* (1844), d'abord conçu comme une dénonciation des méfaits des guérisseurs : l'histoire tragicomique d'une paysanne obtuse et despotique suscite un profond débat entre un sage pasteur et un médecin héroïque sur les relations de la science et de la religion.

D'autres romans s'orientent vers une représentation polémique et satirique du libéralisme radical de l'époque, stigmatisé comme un « Évangile de la chair ». *Les Voyages d'un compagnon en Suisse* (*Jakobs des Hanwerksgesellen Wanderungen durch die Schweiz,* 1847) décrit l'itinéraire et la désillusion d'un compagnon allemand abusé par les promesses utopiques des idéologies révolutionnaires.

Esprit du temps et esprit bernois (*Zeitgeist und Bernergeist,* 1849) oppose le bon ordre d'une maison attachée à la tradition chrétienne et la désagrégation d'une famille gagnée par la spéculation politique et l'irréligion. Toutefois, Gotthelf sait aussi représenter dans un registre comique plein de verdeur, dans *La Fromagerie de Bêtenjoie (Die Käserei in der Vehfreude,* 1849), la perturbation des structures traditionnelles du village par des formes modernes d'organisation et de production. L'écriture foisonnante de Gotthelf ne pouvait, de son propre aveu, s'épanouir pleinement que dans l'ampleur élastique de la forme romanesque.

Mais ce sont des récits plus courts, généralement destinés à des almanachs ou des revues, qui ont fait l'objet du plus grand nombre de traductions. La représentation du monde paysan y prend souvent une forme humoristique, par exemple dans *L'Héritage du cousin Hans Joggeli* (*Hans Joggeli der Erbvetter,* 1846), où un riche et sage original, chez qui la piété n'exclut pas la malice, joue dans son testament un bon tour à une parenté intéressée. L'un des meilleurs récits de Gotthelf, *Elsi l'étrange servante* (*Elsi die seltsame Magd,* 1843), est pourtant une œuvre tragique : renfermée en elle-même par souci de préserver une dignité blessée, l'héroïne ne peut laisser parler son cœur qu'en sacrifiant sa vie dans un moment exceptionnel, lors de l'invasion française de 1798. Parmi les récits tirés des légendes bernoises, le plus justement célèbre est *L'Araignée noire* (*Die schwarze Spinne,* 1842). La narration oppose et relie à la fois le présent paisible d'une scène de baptême et le passé terrifiant de la légende. Dans l'araignée démoniaque, qui a jadis répandu la mort dans toute la contrée, se concentre la force latente du Mal, périodiquement déchaînée par l'orgueil et l'égoïsme des hommes, mais conjurée par l'abnégation et la confiance dans la toute-puissance de Dieu.

Jérémie Gotthelf : sa vie et ses œuvres / Gabriel Muret. – Gap : Vollaire, 1912. – 496 p.
Jeremias Gotthelf : eine Einführung in seine Werke / Walter Muschg. – Bern : Francke, 1954. – 251 p.
Jeremias Gotthelf (Albert Bitzius) / Karl Fehr. – Stuttgart : Metzler, 1967. – 104 p.
Jeremias Gotthelf (1797-1854) : le romancier et son temps / Pierre Cimaz. – Lille : Atelier National de Reproduction des Thèses, 1984. – 997 p. – [Traduction allemande : *Jeremias Gotthelf (1797-1854 : der Romancier und seine Zeit* / Pierre Cimaz. – Tübingen : Francke, 1998. – 572 p.].
Gotthelf im Zeitgeflecht : Bauernleben, industrielle Revolution und Liberalismus in seinen Romanen / Hanns Peter Holl. – Tübingen : Niemeyer, 1985. – 291 p.

LE MIROIR DES PAYSANS 122

J. Sandoz — 1894

Sans famille (chapitre VIII). — À la mort de son père, un pauvre fermier endetté, le petit Jérémie, âgé de huit ans, est placé par la commune chez un paysan. Dans ce passage, il fait pour la première fois la cruelle expérience de l'exclusion, qui se répétera à différents moments de son histoire.

Les premiers jours, on me laissa à peu près faire ce que je voulais, pour m'accoutumer à la maison et m'empêcher d'avoir de l'ennui. Je ne demandais pas mieux. J'avais plaisir à être dans l'écurie avec les vaches et les chevaux. Une seule chose me chagrinait, c'est qu'au lieu de m'appeler par mon nom de baptême, on me disait simplement : le garçon. Ce n'est que plus tard que j'ai su qu'un enfant plaçé comme je l'étais perd son nom pour devenir le garçon de la ferme, c'est-à-dire une créature qui n'appartient plus à personne au monde, mais fait partie intégrante du domaine où on l'entretient.

Quand je jouais avec les enfants, je devais presque toujours leur céder, mais j'étais bon garçon et je le faisais volontiers, tant j'étais heureux de me trouver avec d'autres enfants et de pouvoir m'amuser avec eux ! Cependant, dès le troisième soir, je me sentis atteint au cœur d'une blessure qui dès lors se rouvrit toujours, ne se cicatrisa jamais et fit de moi un homme tout à fait à part. J'étais déjà tout apprivoisé et tout gai, quand, ce soir-là, j'aperçus le paysan assis devant l'écurie, comme mon père avait l'habitude de le faire. Je n'étais pas loin de là à jouer, et le second des garçons était auprès de son père. Cette vue me séduisit, une impulsion instinctive me poussa vers le paysan, je grimpai sur ses genoux, et je lui demandai :

— Papa ! m'aimes-tu aussi ?

Avant même qu'il eût pu me répondre, le gamin m'avait fait descendre, m'avait repoussé et m'avait dit : « Ce n'est pas ton papa ! Tu n'es que le garçon ». Les autres enfants accoururent, me chassèrent à leur tour en me répétant : « Tu n'es que le garçon. Ce n'est pas ton papa. Tu n'en as point. »

Le paysan s'amusa cordialement de voir que ses enfants l'aimaient tellement qu'ils ne souffraient pas qu'il fût aussi mon papa. Il ne remarqua pas que j'étais ébranlé dans tout mon être, et que de grosses larmes coulaient sur mes joues.

Le Miroir des paysans / Jérémias Gotthelf ; traduction de J. Sandoz. – Chaux-de-Fonds : Zahn, 1894. – [Pp. 43-44].

L'ARAIGNÉE NOIRE 123

B. Briod — 1979

L'omniprésence du mal et de la mort. — Selon la légende racontée par le grand-père le jour du baptême de son petit-fils, les paysans de cette région, accablés de corvées par des seigneurs tyranniques, ont jadis accepté un pacte avec le diable, mais n'ont pas tenu l'engagement de lui livrer un nouveau-né non baptisé. Le démon s'est alors vengé sous la forme d'une araignée répandant partout la « mort noire ».

Tantôt nulle part, tantôt ici, tantôt là, tantôt dans la vallée, tantôt sur les hauteurs, — on pouvait l'attendre partout ; elle se glissait entre les herbes, tombait du plafond, sortait de terre. En plein midi, les gens à table autour de leur bouillie d'avoine, elle surgissait au bas bout, les yeux étincelants, et avant que personne ait eu le temps de se sauver de terreur, elle avait déjà frôlé toutes les mains et trônait au haut de la table, sur la tête du père de famille, tenant l'assistance sous son regard et observant les mains qui se mettaient à noircir.

La nuit, elle se laissait tomber sur le visage des dormeurs ; de jour, on la retrouvait dans la forêt, elle poursuivait ses victimes jusque dans les étables. Personne ne pouvait l'éviter, elle était partout et nulle part, — rien ne servait de veiller, et le sommeil n'était pas mieux préservé. Alors qu'on se croyait le plus en sûreté, en plein air, au sommet d'un arbre, un frisson de feu vous passait dans le dos, des pattes comme autant de braises se posaient sur la nuque, et l'araignée était là qui vous narguait par-dessus l'épaule. L'enfant au berceau, le vieillard à son lit de mort, elle n'épargnait personne, et jamais on n'avait connu pareille mortalité et jamais la mort n'avait été un supplice aussi effroyable. Mais pis encore que la mort même et plus effroyable était la peur panique où les jetait cette araignée qui régnait partout et ne s'arrêtait nulle part, et au moment ou l'on se croyait le plus en sécurité, surgissait soudain et vous plantait dans les yeux le feu mortel de son regard.

L'Araignée noire ; [précédé de] *Elsi, l'étrange servante ; Barthy, le vannier* / Jérémias Gotthelf ; traduit par Blaise Briod. – Lausanne : L'Âge d'Homme, 1979. – (*Poche Suisse* ; 5). – [Pp. 221-222].

ELSI, L'ÉTRANGE SERVANTE 124

A. Clément-Rochat — 1894

Les tourments d'un cœur secret. — Fille d'un riche meunier qui a dilapidé sa fortune et fait faillite, Elsi est devenue servante chez des paysans loin de sa patrie. Se refusant à révéler, avec son identité, le déshonneur de sa famille, elle ne peut se résoudre à répondre à l'amour du paysan Christen. L'irruption des troupes françaises et le danger auquel s'expose Christen la feront sortir trop tard de sa réserve obstinée, dans une explosion de violence.

La jeune fille se livrait un violent combat en son cœur, mais elle ne pouvait se résoudre à révéler son secret. Oh ! si Christen avait pu voir les larmes que versait Elsi dans ce combat ! comme elle soupirait et priait, il n'aurait pas été si irrité, il aurait peut-être, dans un amour plus intense, découvert le triste secret, mais Dieu cache souvent aux yeux des autres les sentiments qui nous animent le plus vivement.

L'idée de partir, de s'enfuir dans les ténèbres de l'inconnu, comme elle s'était enfuie de son village, hantait souvent l'esprit d'Elsi, mais elle n'avait pas la force de le faire. Elle se disait que les gens imagineraient toute sorte de mal d'elle si elle s'enfuyait comme un voleur, ou pis encore ; mais il y avait autre chose qui la retenait et qu'elle ne s'avouait pas à elle-même, aussi la pauvre fille souffrait-elle beaucoup. Le bonheur le plus désiré était là, tout près d'elle, mais un spectre se plaçait toujours entre elle et ce bonheur, comme pour l'en séparer éternellement ; et ce spectre les yeux d'autrui ne le voyaient pas. Elle n'osait laisser éclater son cœur et devait supporter les plus amers reproches, comme si elle eût elle-même chassé ce bonheur par sa fierté et son dédain.

Elsi, l'étrange servante / Jérémias Gotthelf ; traduction de Adrien Clément-Rochat. – Chaux-de-Fonds : Zahn, 1894. – [Pp. 258-259].

L'ARGENT ET L'ÂME

125

P. Buchenel — 1901

L'alliance de la terre et du ciel (1re partie). — Cette première partie du roman décrit la mésentente qui s'introduit dans un couple de riches paysans. Restée seule un dimanche après-midi, la femme, Anneli, fait, le cœur lourd, le tour de son beau domaine. Elle a alors une vision de l'union féconde du ciel et de la terre qui la conduit à surmonter son amour-propre pour parvenir à la réconciliation.

Elle acheva la revue de ses richesses horticoles, trouvant toutes choses abondantes et de belle venue, et quand elle eut atteint le penchant de la colline voisine de la maison et qu'elle les embrassa d'un coup d'œil, elle se sentit près de bondir de joie, car jamais elle n'avait vu ses cultures aussi belles ; elle se dit qu'il n'y avait guère une plus belle ferme au monde.

Mais déjà les pensées tristes accouraient comme viennent dans les années pluvieuses les ondées, plus abondantes après les éclaircies de soleil. « Et dire que tout cela est à nous, pensa-t-elle, et que nous pourrions être des gens parfaitement heureux ! Et maintenant à quoi en sommes-nous ? Il n'y a pas de marchands d'écuelles et de faiseurs de pinces à lessive qui soient plus à plaindre que nous, non pas en fait de misère, puisque nous avons assez pour nous et pour nos enfants, mais le mal est ailleurs, c'est au dedans que nous souffrons !... »

Elle s'assit à terre et laissa ses regards errer au loin sur les campagnes couvertes d'abondantes récoltes aussi loin que l'œil pouvait atteindre, depuis le fond de la vallée jusque là-haut au pied des avant-monts ; elle vit le ciel abaisser sa vaste coupole sur les cimes neigeuses rangées en immense demi-cercle ; elle admira cette alliance du ciel avec la terre, union féconde qui se résout en riches bénédictions, qui produit la lumière du soleil, qui prépare les pluies fertilisantes et la rosée mystérieuse, qui donne essor à la vie cachée dans les profondeurs de la terre.

L'Âme et l'argent ou une réconciliation / Jérémias Gotthelf ; traduction de P. Buchenel. – Neuchâtel : Zahn, 1901. – [P. 149].

L'HÉRITAGE DU COUSIN HANS JOGGELI 126

A. Steinlen — 1864

Convoitises et illusions autour d'un original énigmatique. — Le récit décrit les convoitises suscitées par l'héritage d'un riche paysan sans postérité. Nullement dupe des démonstrations d'affection de parents éloignés, Hans Joggeli laisse jusqu'à la fin planer le doute sur ses dernières volontés, révélées dans un testament ironique et inattendu.

Se trouver en tête dans son testament, c'est ce que beaucoup se souhaitaient à eux-mêmes de tout leur cœur. L'héritage en valait la peine, car il ne se composait pas seulement d'une antique batterie de cuisine, de quelques vieux bas, de souliers sans semelles et d'autre bric-à-brac, mais d'une magnifique ferme, à bon droit nommée le Nidleboden (terre de crême), et de capitaux dont personne ne connaissait le revenu. Il devait cependant se monter très-haut, car s'il mourait un père de famille, dont on examinât juridiquement la succession, on trouvait d'ordinaire qu'il était débiteur du paysan de Nidleboden. On discutait beaucoup pour savoir si le régisseur avait fait, oui ou non, un testament ; mais on ne pouvait parvenir à s'en assurer. Cette incertitude entretenait l'espérance des amateurs et augmentait leur zèle pour capter les bonnes grâces de Hans Joggeli. Celui-ci n'avait ni frères ni sœurs, ni proches parents. La concurrence était d'autant plus libre, la parenté d'autant plus grande. Il avait des cousins et des cousines aussi nombreux que les grains de sable au bord de la mer. Mais ce n'était pas étonnant ; car on savait faire remonter la parenté, sinon jusqu'à Adam, du moins jusqu'à Noé, de manière à lui causer souvent la plus grande surprise.

Le Nidleboden prit ainsi l'aspect d'un lieu de pèlerinage fameux, où l'on voit arriver des centaines de pèlerins. Cousin Hans Joggeli était le saint dont on se disputait la faveur, et jamais en vain, car il ne laissait personne sans espérance. Mais quels yeux et quelles grimaces faisait un de ces pèlerins, qui se croyait exaucé et s'en retournait joyeusement chez lui, lorsqu'il rencontrait sur sa route des allants, des venants qui pouvaient lui enlever la faveur tant espérée. Entre la bonté de Dieu et celle d'un homme, il y a une bien grande différence. La bonté de Dieu est infinie et assez grande pour tous, mais la bonté d'un homme est bornée et bien petite, et peu ont de quoi s'en réjouir. Cousin Hans Joggeli laissait faire, ne repoussant personne, prenant ce qu'on lui donnait, et agissant, du reste, comme bon lui semblait.

L'Héritage du cousin Hans Joggeli / Jérémias Gotthelf ; traduit de l'allemand par Aimé Steinlen. – Lausanne : Meyer, 1864. – [Pp. 16-17].

ULI, LE FERMIER

127

J. Sandoz — 1894

Le tribunal de Dieu (chapitre XIX). — L'ancien valet Uli, devenu fermier du domaine de la Glungge, a l'esprit obnubilé par les soucis d'argent et se laisse entraîner par l'appât du gain à conclure un marché douteux. L'acheteur abusé perd le procès qu'il a intenté à Uli, mais l'orage de grêle qui surprend Uli au retour du tribunal et ravage ses terres est interprété par lui comme un jugement de Dieu : le désastre provoque chez lui une crise salutaire.

Il était arrivé à un petit promontoire, où le chemin tournait pour descendre vers la Glungge et d'où l'œil pouvait embrasser tout le domaine. Quelque chose l'atteignit de nouveau, et cette fois en plein visage ; il fit un saut en arrière ; un gros grêlon était à ses pieds. Et tout d'un coup le nuage noir creva ; des torrents de grêle ruisselèrent du ciel sur la terre. L'atmosphère s'obscurcit, le fracas devint si étourdissant qu'il absorba le bruit du tonnerre. Uli eut peine à chercher un refuge sous un cerisier qui lui protégea le dos, fourra ses mains sous ses habits, inclina le plus possible sa tête sur sa poitrine, et dut rester dans cette position, heureux encore d'avoir l'abri d'un arbre, car il était impossible de songer à aller plus loin.

Il était là, courbé sous son arbre, à peine sûr de sa vie au milieu du bruissement de ces masses de grêle, comme attaché au pilori, en face de ses champs si splendides peu d'instants auparavant, cachés maintenant à ses yeux par le nuage qui portait la dévastation dans ses flancs. Il était comme stupéfié, incapable de lier deux idées ; pareil à un agneau sur le banc où on va l'égorger, il n'avait plus qu'un inexprimable sentiment de son néant, un tremblement du corps et de l'âme, qui lui fit presque perdre connaissance, pour se transformer ensuite en une prière à moitié inconsciente. Cette épouvante lui venait d'un sentiment vague que la main du Tout-Puissant était sur lui.

Uli, le valet de ferme et Uli, le fermier / Jérémias Gotthelf ; traduction de J. Sandoz. – Chaux-de-Fonds : Zahn, 1894. – [Pp. 419-420].

GARRETT

PORTUGAIS **1799-1854**

Né à Porto et mort à Lisbonne, plus connu sous le nom d'Almeida Garrett, João Baptista Leitão da Silva, est non seulement le plus important des écrivains romantiques portugais, mais également l'un des plus grands noms de la littérature lusophone. Personnalité riche et complexe, touche-à-tout de génie — à la fois poète, dramaturge et romancier —, il fut également juriste, journaliste, diplomate et homme politique. Ayant largement pris sa part dans les combats qui opposèrent libéraux et absolutistes après la révolution libérale de 1820, il mena par ailleurs des recherches très approfondies sur le patrimoine culturel de son pays, fut l'auteur d'un traité sur l'éducation et le fondateur d'un Conservatoire et d'un Théâtre National jusque-là inexistants, mais aussi un dandy à l'élégance tapageuse et un amoureux impénitent aux aventures nombreuses et souvent scandaleuses...

Formé au moule classique des humanités gréco-latines et de la lecture des auteurs du Grand Siècle français, il commença très tôt à écrire de la poésie, dans le style bucolique et gourmé alors en vigueur au Portugal. En 1821, il publie un poème intitulé *Portrait de Vénus*, une histoire de la peinture en vers, dont certains passages, considérés comme licencieux, lui valent un procès, à l'occasion duquel il plaidera sa cause avec un stupéfiant brio. La révolution lui inspire également un hymne patriotique et la tragédie *Catão*, largement inspirée du *Caton* d'Addison. En 1823, un coup d'État conservateur abolit la Constitution de 1822 et Garrett, comme bon nombre d'autres libéraux, est obligé de s'exiler en Angleterre, puis en France. Son séjour britannique sera déterminant pour lui sur le plan littéraire : il s'enthousiasme pour les écrits de Shakespeare, Byron et Walter Scott et découvre la poésie des vieilles ballades conservées par la tradition populaire. C'est de cette époque que date son *Camões* — long poème tour à tour épique, lyrique et mélodramatique, inspiré par la figure du grand poète portugais de la Renaissance —, publié à Paris en 1825 et que l'on considère comme le texte marquant le début du romantisme au Portugal. C'est encore durant son séjour en France qu'il conçoit deux autres poèmes : *Dona Branca* (sur le thème des amours tragiques d'une infante portugaise et d'un chef maure aux temps de la Reconquête) et *Adozinda* (développement d'une romance populaire traditionnelle).

Un court répit libéral lui ayant permis en 1828 de retrouver pour un temps son pays natal, il se voit bientôt obligé de reprendre le chemin de l'exil vers l'Angleterre, où sera publié son premier recueil de poésie, *Lírica de João Mínimo* (*Lyrique de Jean le Petit*) — dont lui-même condamnera sévèrement plus tard l'artificialité et le conventionnalisme.

De retour à Lisbonne, après avoir participé à l'expédition militaire qui, en 1833, reprit le pouvoir aux absolutistes, il se sépare de sa femme — épousée 14 ans plus tôt — et s'éprend d'une jeune fille d'origine française, Adélaïde Pastor Deville, qui meurt peu après, lui laissant une fille — illégitime aux yeux de la société, ce qu'il vécut comme un drame qui l'obséda toute sa vie. Mais cela ne l'empêcha pas de participer très activement à la vie politique de son pays, qui traversait alors une période extrêmement agitée, ni de s'atteler à la création d'un répertoire théâtral proprement portugais, publiant rien de moins que huit pièces en l'espace de sept ans, notamment *Um Auto de Gil Vicente* (dont l'action se situe à l'époque fastueuse de la première moitié du XVIe siècle), *O*

Alfageme de Santarém (qui fait référence à des événements historiques datant de la fin du Moyen Âge, mais constitue, en fait, une prise de position vis-à-vis de la situation politique contemporaine), la comédie *A Sobrinha do Marquês* (fortement teintée d'anticléricalisme) et, surtout, *Frei Luís de Sousa*, une pièce fondée sur l'histoire véridique d'un célèbre écrivain dominicain (1555-1632). Parallèlement, parurent en librairie son roman *Voyages dans mon pays*, où se fait clairement sentir l'influence de Sterne et de Xavier de Maistre, le premier volume du *Romanceiro* (recueil de ballades, chansons et romances traditionnelles dont il opéra un relevé systématique à travers tout le pays, trente années durant) et son deuxième livre de poésie, *Fleurs sans fruit*. Ce livre sera suivi huit ans plus tard — un an avant sa mort — d'un troisième recueil, *Feuilles d'automne*, largement inspiré par sa passion tumultueuse et tardive pour une belle vicomtesse d'origine espagnole.

Inégale et multiforme, à l'image de sa personnalité complexe, l'œuvre laissée par Almeida Garrett se ressent beaucoup des intentions généreusement didactiques que lui assignait son auteur. Elle compte néanmoins un authentique chef-d'œuvre, *Frei Luís de Sousa*, qui tient à la fois du drame et de la tragédie ; une œuvre en prose extrêmement originale et qui constitue le premier roman portugais moderne, *Voyages dans mon pays* — où le récit d'un voyage effectué par l'auteur au cœur du Portugal profond, en 1843, est prétexte à toutes sortes de digressions, à la fois pénétrantes et humoristiques, sur la politique, la philosophie, la morale, la religion, la société portugaise du temps, et même à un court roman d'amour dans le plus pur style romantique ; et quelques-unes parmi les plus belles pages de la poésie lyrique en langue portugaise. Dans ce genre, c'est son dernier recueil, *Feuilles d'automne*, qui donne toute la mesure de son talent. L'amour, jusque-là simple prétexte à des exercices de style sans grande originalité, y devient le thème central d'un art envisagé comme l'exutoire d'une passion funeste et fatale — avouée, déclarée, proclamée avec une impudeur frisant parfois la provocation —, et hanté par une dialectique de chute et d'élévation fortement marquée par la notion chrétienne de péché. La plupart des poèmes sont autant de dialogues, ou fragments de dialogues, où seule se fait entendre la voix du sujet poétique, mais où se laisse deviner la présence de l'Autre auquel s'adresse le discours. L'intensité des sentiments et la véhémence à laquelle le poète se laisse parfois entraîner le portent à ponctuer son texte de plaintes, de gémissements ; en cela, Garrett se révèle profondément innovateur sur le plan formel. Il est, en effet, le premier au Portugal à avoir ainsi rapproché la langue littéraire de la langue parlée et, par ailleurs, l'un des poètes qui ont le mieux su tirer parti des ressources musicales qu'offre la langue portugaise.

O Teatro de Garrett / Andrée Crabbé Rocha. – 2e édition – Lisboa ; Coimbra : Coimbra Editora, 1954.

Comemoração do Primeiro Centenário do visconde de Almeida Garrett (1854-1954). – Lisboa : Ministério da Educação Nacional, 1959. – 542 p.

Almeida Garrett : l'intime contrainte / R. A. Lawton. – Paris : Didier, 1966. – 574 p.

Ronald W. Sousa, "A Poet Returned, Rebirth of a Nation". – In : *The Rediscovered, Major Writers in the Portuguese Literature of National Regeneration* . – The Pennsylvania State University, 1981.

FRÈRE LUÍS DE SOUSA 128

Cl.-H. Frèches — 1972

Tragiques retrouvailles (Acte II, scènes 13-15). — Dom João de Portugal, noble portugais qui s'était embarqué avec les troupes lusitaniennes parties reconquérir, sous les ordres du jeune roi Dom Sebastião, les places-fortes d'Afrique du Nord, a été donné pour mort au cours de la bataille d'Alcácer-Quibir, dans laquelle ont péri, en 1578, toute la noblesse portugaise et le roi lui-même. Sa femme, Dona Madalena de Vilhena, après des années d'attente et de recherches infructueuses, a épousé Dom Manuel de Sousa Coutinho, qu'elle aimait déjà en secret du vivant de Dom João ; une fille, Maria, est née de cette union, qui, à treize ans, montre une sensibilité maladive, aiguisée par la tuberculose. Seul Telmo, le vieux serviteur, resté fidèle à la mémoire de son ancien maître, espère qu'il est toujours vivant et qu'un jour, il reviendra ; et cette conviction peuple la maison de noirs présages. Or un jour, se présente un pèlerin arrivant de Terre Sainte... On découvrira qu'il s'agit de Dom João et toute la famille se verra condamnée à la dissolution et à la ruine. Manuel et Madalena se retireront dans les ordres et, le jour même de leur prise d'habit, Maria mourra devant ses parents, de chagrin et « de honte ».

SCÈNE XIII

MADALENA, JORGE et MIRANDA qui revient avec LE PÈLERIN

MIRANDA

(De la porte.) Voici le pèlerin.

MADALENA

Qu'il entre. Quant à vous, Miranda, revenez à l'endroit où je vous ai mandé de rester. Partez sur-le-champ. Faites comme je vous dis.

JORGE

(S'approchant de la porte de droite.) Entrez, mon frère, entrez. *(Le Pèlerin entre lentement.)* Voici Madama Madalena de Vilhena. C'est bien la dame à qui vous vouliez parler ?

LE PÈLERIN

Elle-même.
(Sur un signe de Frei Jorge, Miranda se retire.)

SCÈNE XIV

MADALENA, JORGE et LE PÈLERIN

JORGE

Vous êtes Portugais ?

LE PÈLERIN

Comme les meilleurs, j'espère en Dieu.

JORGE

Et vous venez ?...

LE PÈLERIN

Du Saint-Sépulcre de Jésus-Christ.

JORGE

Vous avez visité tous les Lieux Saints ?

LE PÈLERIN

Je ne les ai pas visités. J'y suis resté vingt ans bien comptés.

MADALENA

Vous avez mené sainte vie, brave Pèlerin.

LE PÈLERIN

Plût à Dieu ! j'ai beaucoup souffert de la faim et ne l'ai pas supportée avec patience. On m'a fréquemment torturé et je ne l'ai pas toujours enduré en levant les yeux vers Celui qui avait tellement pâti pour moi en ces lieux... Je voulais prier et méditer les mystères de la Sainte Passion qui s'y effectua... Or, les passions mondaines et le souvenir des êtres qui portaient mon nom selon la chair s'emparaient de mon cœur et de mon âme, sans leur permettre de rester en Dieu ni dans ce pays, tout entier à Lui. Oh ! non, je me méritais pas de résider à l'endroit où je me trouvais. Vous voyez bien que je n'ai pas su y mourir.

JORGE

Eh bien ! c'est que Dieu voulait vous ramener au pays de vos ancêtres. Quand Il le voudra, vous mourrez en paix dans les bras de vos enfants.

LE PÈLERIN

Je n'ai pas d'enfants, mon père.

JORGE

Au sein de votre famille...

LE PÈLERIN

Ma famille ? Je n'ai plus de famille.

MADALENA

On a toujours des parents, des amis...

LE PÈLERIN

Des parents ?... Les plus proches, ceux qu'il m'importait de retrouver... ont profité de ma mort, en ont fabriqué leur bonheur. Ils vont jurer qu'ils ne me connaissent pas.

MADALENA

Peut-il y avoir des gens assez mauvais, assez vils pour cela ?

LE PÈLERIN

Nécessité fait loi. Dieu leur pardonnera, s'Il le peut !

MADALENA

Ne faites pas de jugement téméraire, brave Pèlerin.

LE PÈLERIN

Je n'en fais pas. Pour les parents, j'en sais plus que je ne le souhaitais. Quant aux amis, j'en ai eu un. Je compte sur lui.

JORGE

Vous n'êtes plus si malheureux.

MADALENA

De mon côté, tout ce qu'il m'est possible de faire pour vous, tout le secours, toute l'hospitalité que je puis vous réserver… comptez sur moi, bon vieillard, et sur mon mari qui se fera une joie de vous protéger…

LE PÈLERIN

Vous ai-je déjà demandé quelque chose, Madame ?

MADALENA

Oh ! pardonnez-moi si je vous ai offensé, ami.

LE PÈLERIN

Il n'y a d'offenses véritables que celles qui atteignent Dieu. Demandez-lui pardon à Lui : il ne manquera pas de vous l'accorder.

MADALENA

Sûrement, frère. Il aura pitié de moi.

LE PÈLERIN

Oui.

JORGE

(Coupant la conversation.) Bon vieillard, vous prétendiez apporter un message à cette dame. Remettez-le lui sans tarder, vous avez besoin d'aller vous reposer…

LE PÈLERIN

(Souriant avec amertume.) Vous voulez me rappeler que j'abuse de la patience de qui m'écoute ? Vous avez bien fait, mon père. J'allais l'oublier…

peut-être aurais-je totalement oublié le message pour lequel je suis venu… Je suis si vieux et si changé par rapport à ce que j'étais !

MADALENA

Laissez, laissez, peu importe : je brûle de vous entendre. Vous me direz votre commission, quand vous voudrez… tout à l'heure… demain…

LE PÈLERIN

Il faut que ce soit aujourd'hui. Il y a trois jours que je ne dors ni ne me couche ; que je n'ai même pas reposé ma tête ; mes pieds ne se sont arrêtés ni de jour ni de nuit, pour parvenir ici aujourd'hui, pour vous remettre mon message… et mourir ensuite… quitte à mourir ensuite. Car j'ai fait serment… il y a un an aujourd'hui… Quand on m'a libéré, j'ai prêté serment sur la pierre sainte du Sépulcre du Christ…

MADALENA

Vous étiez donc captif à Jérusalem ?

LE PÈLERIN

Oui. Ne vous ai-je pas dit que j'y ai vécu vingt ans ?

MADALENA

Sans doute, mais…

LE PÈLERIN

Mais voici le serment que j'ai fait : avant un an, je serais en votre présence et je vous dirais de la part de qui m'a envoyé…

MADALENA

(Atterrée.) Qui vous a envoyé, brave homme ?

LE PÈLERIN

Un homme, un homme d'honneur… à qui seul je dois ma liberté… à personne d'autre… j'ai juré d'exécuter sa volonté et je suis venu.

MADALENA

Comment s'appelle-t-il ?

LE PÈLERIN

Son nom ni celui de sa famille, il ne l'a révélé à personne, en captivité.

MADALENA

Mais enfin, dites-moi…

LE PÈLERIN

Ses mots sont écrits dans mon cœur, avec les larmes de sang, que je lui ai vu pleurer. Plusieurs fois elles sont tombées sur mes mains ; elles ont coulé sur mes joues... Personne d'autre que moi ne le consolait... Mon Dieu ! Comment pourrais-je oublier ses paroles ?

JORGE

Homme, achevez !

LE PÈLERIN

Je finis tout de suite : j'ai souffert, parce qu'il a lui aussi beaucoup souffert. Voilà ses paroles : « Allez trouver Dona Madalena de Vilhena. Dites-lui ceci : un homme à qui elle fut très chère... se trouve vivant ici... pour son malheur... Il n'a pu s'échapper ni donner de ses nouvelles depuis vingt ans qu'on l'a emmené en captivité. »

MADALENA

(Avec une extrême anxiété.) Que Dieu me tienne en sa miséricorde ! Et cet homme... cet homme... Jésus ! Cet homme était-il... cet homme avait-il été... d'où l'avait-on amené ?... d'Afrique ?

LE PÈLERIN

Oui.

MADALENA

Captif ?

LE PÈLERIN

Oui.

MADALENA

Portugais ? fait prisonnier à la bataille de ?...

LE PÈLERIN

D'El Ksar El Kebir.

MADALENA

(Épouvantée.) Mon Dieu, mon Dieu ! Pourquoi la terre ne s'ouvre-t-elle pas sous mes pieds ? Pourquoi ces murs ne s'écroulent-ils pas pour m'ensevelir à l'instant ici même ?

JORGE

Taisez-vous, Dona Madalena. La miséricorde de Dieu est infinie. Espérez. Pour moi, je doute, je ne crois pas... Ces sortes de choses ne se doivent point croire à la légère.

(Il réfléchit, puis, vite, comme si une idée lui était soudain venue.) Oh ! divine inspiration... *(s'approchant du pèlerin.)* Vous connaissez bien cet homme, pèlerin ? N'est-ce pas ?

LE PÈLERIN

Comme moi-même.

JORGE

Si vous le voyiez... même vêtu d'une autre façon... moins âgé — en peinture, disons — vous le reconnaîtriez ?

LE PÈLERIN

Comme si je me voyais moi-même en un miroir.

JORGE

Cherchez parmi ces portraits et dites-moi s'il y en a un qui peut être le sien.

LE PÈLERIN

(Sans chercher, désignant aussitôt le portrait de Dom João.) Celui-là.

MADALENA

(Avec un cri d'effroi.) Ma fille, ma fille, ma fille, ma fille !... *(La voix creuse, le ton grave.)* Je suis... tu es... nous sommes perdues, déshonorées... infâmes ! *(Autre cri du cœur.)* Oh ! ma fille, ma fille !... *(Elle fuit, épouvantée, en hurlant.)*

SCÈNE XV

JORGE et LE PÈLERIN qui a suivi Madalena des yeux.
(Il se tient debout au milieu de la pièce, l'air sévère et effrayant.)

JORGE

Pèlerin, pèlerin, qui es-tu ?

LE PÈLERIN

(Désignant du bourdon le portrait de Dom João.) Personne !

(Frère Jorge tombe prostré sur le sol, les bras étendus devant la tribune.)

Frei Luís de Sousa : drame / Almeida Garrett ; introduction, traduction de Claude-Henri Frèches. – Paris : Fondation Calouste Gulbenkian : Presses Universitaires de France, 1972. – (*Poètes et prosateurs du Portugal* ; 6). – [Pp. 110-119].

FEUILLES D'AUTOMNE 129

Chr. Pâris Montech — 1996

Cet enfer de l'amour (VIII). — Cette composition est une parfaite illustration de la teneur et du ton des plus beaux poèmes d'amour du recueil *Folhas Caídas*. L'évocation des affres et des tourments de la passion amoureuse donne au poète l'occasion de s'interroger sur lui-même et sur l'origine d'un sentiment qui le domine complètement. Mais l'impression de naturel et de spontanéité qui se dégage du texte ne doit pas tromper : elle est le fruit d'un travail d'élaboration très poussé — toute l'organisation (strophique, métrique, rythmique, sémantique) du poème reposant sur le nombre 3, synthèse de la séquence existentielle constituée par l'*avant* et l'*après*, précédant et faisant suite au moment décisif constitué par la *rencontre*.

Cet enfer d'un amour si extrême,
En mon âme qui l'a mis ?... je ne sais ;
Cette flamme qui conforte et consume
Qui est la vie — et qui détruit la vie —
Comment s'est-elle ainsi embrasée,
Quand — ah ! quand s'éteindra-t-elle enfin ?

Ne sais pas, ne sais plus : le passé,
L'autre vie qui autrefois fut la mienne,
Était un songe peut-être... — rien qu'un songe —
D'un sommeil si paisible la rêvai !
Que ce rêve était doux et plaisant...
Qui m'en vint éveiller brusquement ?

Seulement me souviens qu'un matin
Je passai... Le soleil brillait tant !
Mes regards qui erraient sans destin
Rencontrèrent son regard si ardent.
Que fit-elle, moi, que fis-je ? — Je ne sais,
Mais de vivre en cette heure commençai...

Plaisir et souffrance : [anthologie] / Almeida Garrett ; préface [et] traduction du portugais par Christine Pâris Montech. – Bordeaux : L'Escampette, 1996. – [P. 47].

FEUILLES D'AUTOMNE 130

Chr. Pâris Montech — 1996

Plaisir et souffrance (X). — Ce poème, d'une extrême sobriété, suggère de façon saisissante comment l'excès même de plaisir, de bonheur et de plénitude peut paradoxalement rejoindre la souffrance et la prescience du néant.

Si je suis heureux, chère âme,
De cette immense tendresse
Dont me comble ton amour ?
— Non. Ah ! non ; le cœur me faut ;
De bonheur mon âme succombe :
Tant de plaisir m'est souffrance.

J'ai mal à l'âme ; une tristesse
Vague, inerte et sans raison,
Sur mon cœur s'appesantit.
Absorbé par ta beauté,
Ne sais si je meurs ou vis,
Car ma vie s'est arrêtée.

Tout mon être ne suffit pas
À contenir ce plaisir
Inondant mon cœur sans fin.
J'en tremble et, délirant,
Je sens que s'épuise en moi
Ou la vie — ou la raison…

Plaisir et souffrance : [anthologie] / Almeida Garrett ; préface [et] traduction du portugais par Christine Pâris Montech. – Bordeaux : L'Escampette, 1996. – [P. 49].

FEUILLES D'AUTOMNE 131

Chr. Pâris Montech — 1996

Les cinq sens (XVI). — Le grand amour d'Almeida Garrett pour les femmes le porta à aborder très franchement le thème de l'érotisme. Témoin ce poème, très riche en synesthésies — en cette première moitié de XIXe siècle, annonce du symbolisme —, premier texte poétique portugais où apparaisse le mot « baiser ».

Elles sont belles — je le sais, toutes ces étoiles,
Mille couleurs — délicates ornent ces fleurs ;
Mais je n'ai, mon amour, pas d'yeux pour elles :
    Dans l'univers entier
    Ne vois d'autre beauté
    Sinon la tienne — la tienne !

Envoûtant — est certainement le doux chant
Nostalgique — qui s'élève des ombrages.
Oui, sans doute ; mais des trilles du rossignol
        Point n'entends la mélodie
        Et ne goûte d'autre harmonie,
        Sinon la tienne — la tienne !

Il s'exhale — de la brise frôlant les fleurs,
Délicate — effluve de parfum champêtre.
Point ne la sens : mon âme ne perçoit,
        Ne respire, ne ressent
        Rien, sinon le doux arôme
        Qui vient de toi — de toi.

Savoureux — sont ces fruits mûrs et pulpeux,
Un délice — de pur nectar est leur chair :
Mais je sens la faim, la soif… assoiffés,
        Affamés sont mes désirs,
        Avides… mais de baisers,
        De toi seule — oui, de toi !

Moelleuse — est, certes, l'herbe luisante
De la couche — accueillante où je m'étends ;
Mais auprès de toi, dis-moi, qui pourrait
        Goûter d'autres caresses,
        Toucher d'autres délices
        Sinon les tiens — les tiens !

Toi — ah ! toi seule — mes cinq sens confondus,
        Tous en un réunis,
        Écoutent, sentent, respirent ;
        En toi, pour toi délirent,
        En toi est mon destin,
        Ma vie repose en toi ;
        Et quand viendra la mort,
        Que je meure par toi.

Plaisir et souffrance : [anthologie] / Almeida Garrett ; préface [et] traduction du portugais par Christine Pâris Montech. – Bordeaux : L'Escampette, 1996. – [Pp. 57-58].

FEUILLES D'AUTOMNE 132

Chr. Pâris Montech — 1996

Barque belle. — L'intérêt de Garrett pour la poésie orale de tradition populaire le porta à faire siennes les formes métriques et strophiques propres aux *cantigas* (chansons) et romances héritées du Moyen Âge : c'est ainsi que *Barca bela* — l'un de ses plus beaux poèmes — pourrait, par sa forme, être assimilé à une *cantiga* traditionnelle, n'était sa plurivalence significative.

Pêcheur à la barque belle,
Où t'en vas-tu avec elle,
Qui est si belle,
Ô pêcheur ?

Ne vois-tu pas que l'étoile
Là-haut dans le ciel se voile ?
Ferle ta voile.
Ô pêcheur !

Prends garde : à tes filets veille,
Car la sirène chante belle...
Garde-toi d'elle,
Ô pêcheur.

Qu'en tes rets point ne s'emmêle,
Car voiles et rames tu perds,
Si elle t'appelle.
Ô pêcheur.

Pêcheur à la barque belle,
Hâte-toi, fuis bien loin d'elle,
Fuis bien loin d'elle,
Ô pêcheur !

Plaisir et souffrance : [anthologie] / Almeida Garrett ; préface [et] traduction du portugais par Christine Pâris Montech. – Bordeaux : L'Escampette, 1996. – [P. 66].

ATTERBOM

SUÉDOIS **1790-1855**

Pour réagir contre l'école d'imitation française qui avait été en honneur à la cour de Gustave III, la Suède littéraire avait besoin d'un chef de file audacieux et sensible à l'idéalisme qui soufflait d'Allemagne. Le terrain, préparé au siècle précédent par Lidner, Thorild et Franzén, était propice au romantisme spéculatif et mystique introduit au Danemark en 1802 par Henrik Steffens et représenté à Upsal par le professeur de philosophie Benjamin Höijer. C'est Per Daniel Amadeus Atterbom, tôt initié à la littérature allemande, qui assuma ce rôle de chef de file et qui devint l'âme de l'école « phosphoriste » dont le foyer était la ville universitaire d'Upsal.

Atterbom, né en Östergötland, s'y rendit en 1807 pour entreprendre ses études. Avec quelques camarades, il créa la société littéraire *Musis amici* qui prendra en 1808 le nom d'*Aurora*. Ses jeunes membres, qui n'étaient pas tous poètes, voulaient ni plus ni moins révolutionner la littérature et surtout damer le pion à l'*establishment* culturel de l'époque. En 1809 parut à Stockholm le premier numéro du journal *Polyfem* qui prit pour cible le classicisme gustavien. Atterbom y donna les preuves de sa veine satirique avant de créer un an plus tard avec Palmblad la revue *Phosphoros* qui donna le nom au cénacle.

Les premiers poèmes des Phosphoristes permirent au public de redécouvrir une versification nouvelle qui rompait avec l'alexandrin. Le premier numéro de *Phosphoros* contenait par exemple un poème d'Atterbom qui est peut-être la première *canzone* en langue suédoise. Le poème intitulé *Runes commémoratives*, où Atterbom célèbre son foyer paternel et se remémore les moments heureux de son enfance, est écrit en vers blancs, mètre qui était tombé en désuétude depuis plus d'un siècle et qui allait connaître une nouvelle fortune grâce à Atterbom et Tegnér notamment. Mais la revue *Phosphoros* n'ouvrait pas ses colonnes uniquement à la poésie : on y fit paraître des traductions d'Eschyle, d'Homère et de Pindare, ainsi que des essais philosophiques. Atterbom venait en effet de lire le dialogue d'inspiration platonicienne *Bruno* de Schelling et il avait suivi le cours de propédeutique philosophique dispensé par Höijer à Upsal.

Le cycle poétique *Les Fleurs*, qui commença à paraître dans la nouvelle revue *Calendrier poétique* (1811-1822) et ne sera achevé qu'en 1837, réalisa l'heureuse synthèse de la nouvelle versification et de la *Naturphilosophie* schellingienne réduite à son minimum. Chaque poème porte le nom d'une fleur qui symbolise un état d'âme, un tempérament. On perçoit dans ce cycle une subtile composition à deux plans où alternent sensualité et chasteté, résignation au réel et refus du réel, construction antithétique qui traverse toute la poésie d'Atterbom et qui reflète sa propre cyclothymie (laquelle est d'ailleurs illustrée par le poème au titre évocateur *Allegro et Adagio*).

Dans la féerie poétique *L'Oiseau bleu* dont quelques scènes commencèrent à paraître dans le *Calendrier poétique* de 1814 et qui, bien que remaniée jusqu'en 1843, resta inachevée, Atterbom brosse son autoportrait dans le personnage assez sombre de Deolätus, poète et nécromancien qui connaît le mystère de la Création car la Poésie, principe premier de l'univers, permet d'accéder à une vision du monde idéal dont la phénoménalité n'est que le reflet imparfait. Dans cette allégorie métaphysique on retrouve, schématisée, l'ambivalence ontologique du système de l'Identité de Schelling, mais comme dans le reste de la production poétique d'Atterbom, c'est surtout la théorie esthétique qui prévaut sur la spéculation purement philosophique.

Celle-ci fit l'objet d'une longue série d'articles au cours de la querelle avec les classiques, Leopold et Wallmark notamment, qui se vida du côté phosphoriste dans le *Svensk Litteraturtidning* (1813-1825). L'Ancienne École accusait les Phosphoristes d'athéisme et de panthéisme. Atterbom et ses camarades répondirent aux invectives, essayant tant bien que mal — et en se fourvoyant par moments — de démontrer la compatibilité de la doctrine schellingienne avec le christianisme. Cette querelle, pour lassante qu'elle fût, eut au moins l'avantage de leur faire assimiler leurs théories d'emprunt à force de démonstration. Épuisé car n'étant pas homme de polémique, le chef des Phosphoristes partit pour l'Italie et l'Allemagne, où il rencontra Schelling, Jacobi et Baader. À son retour en Suède en 1819, il traversa une période dépressive qui lui valut ces paroles célèbres de Geijer : « le chagrin est péché, car le noyau de l'existence est félicité ! »

Atterbom, qui était maladif et hypocondriaque comme Tegnér, fuyait par l'imagination dans les pays au climat plus clément. On connaît une de ses lettres adressées à Afzelius dans laquelle il décrit son pays par ces mots : « Cette terre de pierre, cette triste Suède n'a sans doute jamais été destinée par la nature à être le séjour des poètes. » Aussi n'est-ce pas un hasard si l'action de *L'Oiseau bleu*, et de son chef-d'œuvre, *L'Île de la félicité*, se déroule là où les cyprès poussent et les orangers fleurissent. Tout comme la première féerie, *L'Île de la félicité*, conçue entre 1821 et 1827 et publiée en deux étapes (en 1824 et 1827, réédition remaniée en 1854), est brochée sur le canevas d'une fable racontée par Madame d'Aulnoy, bien qu'Atterbom crût s'inspirer d'une fable suédoise ! Le modèle est emprunté aux *Märchenspiele* de Ludwig Tieck ; l'œuvre est divisée en cinq aventures qui remplissent au total plus de 500 pages. La trame en est fort simple : le jeune roi Astolf aimé de sa cousine Svanvit fuit son peuple pour jouir de trois siècles de jouvence et de voluptés esthétiques aux côtés de la belle Felicia qui règne sur l'île de la félicité. Pris de remords, il revient chez son peuple pour un court moment et fait la connaissance de la république hyperboréenne et de ses politicailleurs démagogues, parodie à outrance du radicalisme politique de l'époque libérale. Astolf meurt après avoir vainement tenté de restaurer son ancien royaume.

Dans *L'Île de la félicité*, Atterbom avait fait d'étonnantes prouesses de versification : le gros du récit est écrit en vers blancs, les dialogues amoureux et solennels en octaves, les exhortations de la mère de Felicia sont déclamées, ainsi que les tragédies grecques, en trimètres iambiques. Les chants et les ballades qui scandent les aventures d'Astolf ont été composés en d'autres mètres, variés et exotiques. La morale de cette histoire a été interprétée comme une retraite par rapport aux excès d'esthétisme caractéristiques de la poésie phosphoriste. Au retour de son voyage, Atterbom avait en effet distingué la poésie, cette « fantasmagorie de l'imagination », de la religion, laquelle est la seule à permettre de contempler la lumière divine. Cette attitude, qui plut à Tegnér, finit par réconcilier le chef des Phosphoristes avec les Gustaviens. Toutefois, le véritable motif de cette réconciliation est à chercher dans la menace que représentait leur ennemi commun, le libéralisme, implanté en Suède dès 1830 par le biais du journal *Aftonbladet*.

Atterbom n'avait plus le cœur à la polémique. En 1828, il obtint une chaire de philosophie théorique à l'université d'Upsal, en 1835 une chaire d'esthétique et de littérature moderne ; en 1839, il fut élu à l'Académie suédoise. Dans ses *Études de l'histoire et des systèmes de la philosophie*

(1835), il s'éloigna de son ancien maître Schelling et se rallia à la philosophie religieuse de Friedrich Schlegel. En 1837 et 1838, il remania et édita en deux volumes ses *Poésies complètes* que son ami Geijer, passé au camp des libéraux, éreinta gentiment. Atterbom n'allait jamais se remettre de ces « caresses d'ours ». Il se consacra à la fin de sa vie à la critique littéraire dans *Voyants et poètes suédois* (1841-1855), ouvrage influencé par Sainte-Beuve qui réunit de brillantes études historiques, psychologiques et esthétiques d'auteurs suédois des XVIIe et XVIIIe siècles qui célébraient ce qu'on a coutume d'appeler la « suédicité ». Par ces études, Atterbom accomplit une œuvre de pionnier pour l'historiographie littéraire moderne de Suède, faisant ainsi pendant aux efforts de Geijer dans le champ historique.

Mais si on considère sa production poétique, c'est peut-être le cycle des *Fleurs* qui est passé le plus facilement à la postérité en inspirant le lyrisme suédois, de Stagnelius à Karlfeldt. Les Allemands ont traduit quelques-unes des œuvres d'Atterbom et, en 1944, Hilding Rosenberg monta *L'Île de la félicité* avec des décors signés par Isaac Grünewald. Aujourd'hui il n'est plus lu, ni en Suède ni ailleurs. Il n'est même pas cité. Déjà à son époque son œuvre, trop hermétique, ne connut guère le succès qu'il attendait. Ceci est vrai aussi des autres Phosphoristes dont l'engouement pour l'idéalisme allemand se traduisit par une enflure du langage, qui n'était pas naturelle au goût suédois, et un excès d'ésotérisme qui les priva nécessairement de l'audience du grand public. Les esprits fatigués par la poésie cryptique réclamaient alors un art plus proche de la vie. Atterbom n'aura que mépris pour les Lamartine et les Hugo, capables seulement à ses yeux d'un pseudo-romantisme immoral qui se vautre dans le désespoir et la débauche.

Atterboms livs- och världsåskådning i belysning av den transcendentala idealismen / H. Frykenstedt. – Lund : Gleerup, 1951-52. – 2 vol., 320 p., 350 p.

Atterbom : En levnadsteckning / E. Tykesson. – Stockholm : Norstedts & Söner, 1954. – 313 p.

K. Aspelin, "En äldre mästare : Atterboms stora insats". – In : *Poesi och verklighet : 1. några huvudlinjer i 1830-talets svenska kritikerdebatt* / Kurt Aspelin. – Lund : Berlingska Boktryckeriet, 1967. – [Pp. 61-106, avec un résumé en français].

Morgonrodnadens stridsmän / L. Vinge. – Lund : Gleerup, 1978. – 232 p. – [Résumé en allemand].

H. Engdahl, "Från liv till bild". – In : *Den romantiska texten : en essä i nio avsnitt* / Horace Engdahl. – Stockholm : Bonniers, 1986. – [Pp. 126-154].

P.D.A. Atterboms sagospel Lycksalighetens ö som initiatoriskt drama / K. Bak. – Stockholm : Almqvist & Wiksell, 1987. – 332 p.

POÉSIES 133

J.-Cl. Lambert — 1971

Runes commémoratives. — Dans ce poème de jeunesse en vers blancs publié dans *Phosphoros*, Atterbom évoque avec nostalgie les moments heureux de son enfance. Le souvenir, force qui sauve de l'inanité et de la paralysie des sens lorsque l'imagination fait défaut, est une catégorie centrale de sa poésie. Mais le présent extrait est intéressant sous un autre rapport : l'auteur y présente la nature sous des dehors tout à fait romantiques, rappelant *La Montagne aux runes* de L. Tieck et *Les Disciples à Saïs* de Novalis. C'est, en effet, à l'époque de ces « runes du souvenir » (traduction littérale du titre) qu'Atterbom s'était initié à la philosophie allemande de la nature, qui allait marquer toute sa poétique. Dans son anthologie, J.-Cl. Lambert range par erreur cet extrait sous la rubrique *L'Île de la félicité*.

Saisissant son sceptre de pavot, la Nuit
Serra le doux Sommeil sur un sein
Et sur l'autre le Rêve plus doux encore.
Puis elle monta sur son char de lune,
Et dépassant les nuages odorants,
Ses roues argentées la portèrent dans la vallée.
Elle cria alors à tous[1] : Montrez votre secret !
Soyez heureux ! Demain il faudra
Se cacher à nouveau dès le jour !
Et voici que des monts couronnés de pins
Descendirent les géants pour se battre ;
S'ils trébuchaient, les nains riaient
Au fond des forges, où dans les salles
De l'éternel minuit illuminé
Par mille lampes de cristal,
Trônent somnolents devant leur rouge trésor,
Les antiques maîtres[2] du Minerai...

Anthologie de la poésie suédoise / Choix, traduction, introduction et notes par Jean-Clarence Lambert. – Paris : Éditions du Seuil, 1971. – (*Collection UNESCO d'œuvres représentatives*). – [P. 165].

L'ÎLE DE LA FÉLICITÉ 134

J.-Cl. Lambert — 1971

Svanevit (Première aventure). — Le « Chant de Svanvit » clôt la première « aventure » de *L'Île de la Félicité*, féerie poétique publiée entre 1824 et 1827. Le roi des Hyperboréens Astolf a abandonné sa fiancée Svanvit (qui signifie « d'une blancheur de cygne ») pour aller à la rencontre de Felicia qui règne sur l'île de la félicité et lui promettra une jeunesse éternelle. Svanvit, elle, chante la flétrissure, la fuite du temps, la mélancolie. Toute la poésie d'Atterbom est une subtile composition à deux plans qui reflète sa propre cyclothymie et l'ambivalence de sa conception ontologique du monde.

Doucement, très doucement
Endors-toi malgré le vent, malgré la neige,
Petite et seule —
Il est temps de mourir,
Sur le lac, dans le val rôde le froid,
Doucement, très doucement.

---

1 L'original dit « aux choses », ce qui devrait être conservé dans la traduction car dans ce contexte « naturphilosophique », il s'agit bien de *choses* qui s'animent à la tombée de la nuit.

2 L'original dit « les princes », nuance importante si on veut rendre quelque chose de la mythologie germanique. Tieck, dans *Les Elfes*, parle d'un « roi des métaux ».

Le temps, le temps fuit,
Voici déjà l'heure ultime,
Repose, ô repose —
Tu te faneras comme tant d'autres.
Mon cœur ! Que veux-tu donc ?
Reposer, ô reposer.

Tout va sombrer dans l'ombre :
Ce qui fut plaisir ou souffrance —
Oublier, ô oublier :
C'est la loi du Soleil.
Sache dans la paix de la nuit
Oublier, ô oublier.

Apaise-toi !
La neige est ta meilleure amie.
Il est bon de dormir :
Le printemps ne viendra pas.
Cœur ! Pourquoi battre encor ?
Apaise-toi !

Non, ne parle plus :
Que ton âme soit ce simple soupir !
N'écoute plus !
La vie a pris congé de toi.
« Dors bien, bonne nuit, petite ! »
Ne parle plus, ne parle plus.

Anthologie de la poésie suédoise / Choix, traduction, introduction et notes par Jean-Clarence Lambert. – Paris : Éditions du Seuil, 1971. – (*Collection UNESCO d'œuvres représentatives*). – [P. 166].

VOYANTS ET POÈTES SUÉDOIS 135

W. Fovet — 1999

Carl Michael Bellman (*Bellman* : chapitre II). — Ce passage est emprunté au deuxième chapitre du portrait et de l'étude que P. D. A. Atterbom consacra au Villon suédois Carl Michael Bellman (1740–1795) dans son ouvrage *Voyants et poètes suédois*. Il célèbre l'humeur joyeuse, mais aussi tapageuse, et la générosité du poète. Les anciens manuels de littérature en Suède avaient coutume de le reproduire.

C'est avec la même désinvolture et insouciance à l'égard de la conduite de son ménage que Bellman s'acquittait en vérité de son métier de poète. Mais il était guidé ici par un puissant instinct artistique qui l'autorisait à régner sur des ressources inépuisables. La réflexion, la théorie, l'intention de *fabriquer* quelque chose de beau, l'examen, la préparation de longue haleine, le désir de briller et de défrayer la chronique — tout cela était loin de sa pensée ; ou bien ne faisait tout au plus que frôler incidemment et rarement son âme. Ce n'est que vers la fin de sa carrière qu'il lui vint à l'idée qu'il était peut-être un Hogarth de la poésie, lequel était sommé de se rendre utile en qualité de sermonneur caricaturiste. Pourtant, jusqu'à son dernier moment, son seul et véritable objectif de littérateur était de s'amuser soi-même — et d'amuser ses bons amis. Certes, il jouait aussi seul à seul de la cithare en chantant

> — — — *"comme chante l'oiseau*
> *logé sous les feuillages".*[1]

Mais une quelconque vie de reclus ne plaisait jamais, ni à la longue, tout à fait à sa muse. Elle était d'un commerce résolument agréable ; et en son for intérieur, bien que souvent inconsciemment, le plaisir de bientôt pouvoir se produire en un cercle intime accompagnait chacun de ses nouveaux mouvements d'inspiration. Nous savons bien qu'il composa maints poèmes dans sa chambre et à la faveur du silence de la nuit, et bien d'autres encore au cours de ses promenades matutinales dans les parcs aux alentours de Stockholm, parmi lesquels il avait coutume de préférer le bois de Solna. On l'entendait aussi, par de belles matinées printanières, au milieu des chênes du jardin zoologique, assis tout seul et à l'écart, en train de chercher la veine d'une quelconque création nouvelle en pinçant les cordes de sa cithare[2]. Même cela n'arrivait que rarement sans qu'il se réjouisse à la pensée des petites fêtes, joyeuses assemblées de porteurs de toasts, parmi lesquelles on était habitué à attendre de lui le comble de la joie. Pour elles seules, il composait aussi les morceaux les plus circonstanciés figurant dans ses écrits, dont le but était tantôt d'être lus à haute voix, tantôt d'être récités au milieu de ces sociétés enjouées sous une forme à mi-chemin du chant et de la lecture.

C'est pourquoi ce n'est que dans de tels banquets qu'Apollon s'emparait de lui par toute la force de sa fascination. Car, d'une part, ses poèmes naissaient souvent immédiatement en leur sein ; d'autre part, là était en

---

1 Joueur de harpe dans le *Wilhelm Meister* de Goethe. (Note de l'Auteur).

2 Un fonctionnaire qui vivait encore dans la capitale en 1852 parvint de la sorte, lors d'une promenade de bonne heure, à assister à la naissance du premier jet du chant « Vila vid denna källa ». (Note de l'Auteur) [= « Reposons-nous auprès de cette source », premier vers de l'Épître de Fredman n° 82. (N.d.t.)].

tout cas le seul endroit où il élargissait le pouvoir envoûtant de la poésie au mariage indissoluble de celui de la musique et de la mimique. Il possédait en effet une agréable voix, un vaste savoir de l'art musical et un rare talent de comédien. De ce dernier, qu'il avait également manifesté dans des théâtres d'amateurs en recueillant l'approbation générale[1], il faisait un usage parfait et total lorsqu'il évoquait en chantant ses personnages poétiques dans l'imagination de ses auditeurs. La manière de son chant était d'ailleurs celle qui est aujourd'hui passée de mode, qui était généralement en vigueur au cours de *son* époque glorieuse, pourvue de nombreuses notes dites d'agrément et de notes superflues qu'il apposait à sa guise ; mais parcourue à tous égards d'une riche et belle expression que venait favoriser sa voix d'une force pas inhabituelle mais cuivrée, souple et toujours sûre d'elle-même. Quand il jouissait de toute sa santé, on ne le voyait jamais hostile à venir participer à des cercles de ce genre, qu'il aimait, ou à s'y faire prier : si l'inspiration s'emparait de lui, il était aussitôt prêt à saisir sa cithare et à chanter sur le sujet désiré : sur n'importe quel thème qu'on lui indiquait. Il fermait alors les yeux pour ne pas être dérangé par les objets extérieurs ; jusqu'à ce que les vagues mélodieuses qui portaient les objets intérieurs et les révélaient aient eu le temps de prendre une allure que rien ne pouvait refréner ni troubler. C'est ainsi qu'il chanta souvent à la cour, pour son roi : comme cette fois où ce dernier le convia à faire le portrait chanté de ses deux anciens gouverneurs, les comtes *Tessin* et *Scheffer*, deux messieurs d'humeur et de manière d'être fort différentes ; il le fit sur le champ, à l'admiration de tout le monde et au plaisir très sensible du monarque. Gjörwell[2], qui est une personne digne de foi, raconte qu'il a lui-même entendu comment, en une autre occasion, il représenta la scène finale d'un service religieux qui venait de s'achever dans une église de village, avec le jeu d'orgue du sacristain *pro exitu*, et grâce aux sons de sa cithare et de sa voix évoqua avec clarté la façon dont les paroissiens refermaient les petites portes de leurs bancs, sortaient en trottinant dans l'allée et se disaient au revoir. Plus souvent pourtant, on lui permettait, ce qui était légitime, de décider lui-même de son sujet. On ne saurait s'imaginer aucune autre réciprocité plus géniale, en toute cette matière, que celle du roi et du poète. « Comment allez-vous,

---

1 On raconte qu'un de ses rôles préférés était celui du charlatan dans *L'occasion fait le larron*. (Note de l'Auteur) [C'est le premier vaudeville suédois (1783) dû à la plume du dramaturge Karl Israel Hallman (1732–1800). (N.d.t.)].

2 Publiciste et fonctionnaire auprès de la Bibliothèque Royale. (N.d.t.)

Bellman ? » demanda celui-là lors d'une rencontre fortuite : « Vous m'avez tout l'air de ne pas être en mesure de trouver ne serait-ce qu'une seule rime ». Le poète s'inclina et répondit aussitôt :

Vide est mon écrin,
ma lyre est en pièces ;
mais sur mon verre pourtant
est écrit le nom de Gustave en lettres d'or.

Un soir d'automne à Haga, à l'époque où le roi Gustave y séjournait alors qu'il vivait les temps les plus difficiles de sa vie déjà avancée, il lui vint à l'idée de convoquer Bellman. On dépêcha une estafette avec l'ordre de rechercher le chasse-soucis et de l'amener, dans quelque état qu'il puisse être, sur l'heure à Haga. On trouva Bellman au jardin zoologique, et non sans être pris de vin ; il avait lui-même l'impression qu'il n'était guère présentable. Mais rien n'y fit : on le porta dans un carrosse royal, alla chercher sa cithare et le tout fut transporté en direction du château de plaisance. Là-bas, on l'assit à une tablette sur laquelle était servi du champagne, il but, chanta quelques chansons, but encore mais fut ensuite surpris par un sommeil qui l'obligea à s'affaisser sur sa chaise la tête presque en avant. Le roi le laissa tranquille et se rendit à son dîner. Une fois ce repas terminé et retrouvant son hôte encore endormi, il s'exclama : « Je me demande ce que Bellman dirait si je le réveillais maintenant et exigeais de lui une chanson en mon honneur ». En un clin d'œil le poète se mit debout, se frotta les yeux et répondit : « Eh bien, voilà ce qu'il dirait, Bellman ! », sur quoi il se mit à chanter aussitôt ces belles paroles d'une portée certaine sur l'air de la vieille chanson de Marlborough :

Sous un ciel lourd, les nuages nocturnes
courent au-dessus de Haga,
et les étoiles brillent d'un éclat si faible,
et la forêt s'obscurcit puis s'évanouit,
ô, roi! que ton repos est cher :
va, roi, prendre ton repos ;
en toute quiétude, repose-toi à Haga !
Quand les sphères laisseront poindre la lumière,
tu gouverneras ton peuple avec clémence.

Épuisé par cet effort, il retomba de tout son poids sur sa chaise, dans la position précédente ; on le reconduisit endormi à son domicile, en lui glissant un petit souvenir dans la poche.

Au demeurant, il n'était aucunement nécessaire qu'il ait une cithare ou un autre instrument de musique véritable à portée de la main, pour qu'il chante. Car il savait aussi imiter le son de toutes sortes d'instruments avec une ressemblance surprenante ; tantôt avec sa bouche, tantôt en tapotant de diverses façons de ses doigts sur des verres ou un plateau de table, tantôt en soufflant dans des cannes ou autres ustensiles ; et accompagner de la sorte, tout seul et parfaitement, ses morceaux de chant. On l'entendait aussi fréquemment chercher la mélodie d'une chanson, avant qu'il ne l'ébauche, en travaillant de ses doigts, tantôt avec douceur, tantôt avec dureté, comme on vient de l'indiquer ; de même que pour les accords préliminaires, d'abord incertains et épars puis s'ordonnant bientôt de mieux en mieux. Cette habitude, qui durait quelques minutes, sur quoi il levait aussitôt la tête et la voix, s'appelait « *opérer* » dans le langage technique des amis qu'il fréquentait. Lorsqu'ils voyaient qu'il en avait le cœur, ou qu'il était dans son « élément », ils poussaient une petite table devant lui, sur laquelle se trouvaient quelques bouteilles d'un vin exquis, et criaient : « opère, Bellman ! ». Il arrivait souvent aussi qu'autour des bouteilles, lesquelles à vrai dire étaient là plutôt comme emblèmes que comme choses indispensables aux besoins du poète[1], on posât encore sur la table toutes sortes d'objets destinés à servir d'outils sonores. On pourra juger de son adresse à cet égard par cette anecdote : au cours d'un voyage, alors que précipitamment il se rendit compte qu'il n'avait aucun denier sur lui, il acheta pour quelques schillings le fouet du postillon et, en soufflant ensuite dans le manche, il en fit sortir une série de marches et de polkas si ravissantes que le cocher, qui crut avoir vendu un des instruments les plus chers au monde pour un morceau de pain, déborda de joie quand Bellman, arrivé à sa destination, lui offrit le fouet pour payer sa course. En général, son art réjouissant était facile à solliciter quand les quémandeurs étaient ses amis ou simplement des personnes qui lui semblaient agréables. Dans ce dernier cas — même en rencontrant des gens tout à fait inconnus — il était rare que le *poète* tarde à révéler son talent ; à tout le moins par une joyeuse composition spontanée. C'est une telle composition que *Skjöldebrand*, par exemple, qui se rendait en Scanie en 1774, arracha au poète lorsqu'il eut l'occasion de faire sa connaissance à Liljeholmen, en sortant tout juste de Stockholm. Bellman s'y était rendu à pied, son cheval s'étant arrêté, fortrait, à proximité de la colline de Ny-

---

1 Attendu que, maintes fois, il n'en consomma qu'une quantité assez faible. (Note de l'Auteur).

boda. C'était un dimanche. Lorsque le jeune guerrier lui demanda la raison de sa mésaventure, il obtint en réponse un visage souriant et ce quatrain :

Le jour de repos de notre Seigneur,
je me repose ainsi que mon égal ;
le cheval, il est couché dans un fossé,
et moi je me délasse à Liljeholmen.

Et, ce faisant, ils lièrent connaissance dans la meilleure des formes. Mais on pouvait tout aussi bien, dans les cas contraires, se voir en butte à de cinglantes rebuffades. Il était déconseillé à tous ceux qui ne possédaient pas le secret de le disposer favorablement de l'importuner en lui réclamant son don de chanteur ; et encore davantage d'insister ; il arrivait alors presque toujours qu'on avait droit à une réplique caustique, et même souvent à un sarcasme sanglant. C'est l'expérience que fit Filenius, l'arrogant et querelleur évêque de Linköping, qui un beau jour, le Parlement était en session, se trouva avec Bellman et l'enjoignit de lui faire entendre un échantillon de son chant : « Soit ! », répondit finalement le poète et le gratifia d'un poème de trois strophes, dont la première et la plus douce était conçue en ces termes :

Je veux chanter une chanson,
quand le vin a le goût le plus agréable :
le diable mit un jour un prêtre
sur une balançoire.
Il le poussa en avant et en arrière,
et bien qu'il fût au Parlement,
il l'emporta pourtant.

Une autre fois, il éconduisit un sergent de ville, qui se disait dans la nécessité d'« entendre Bellman chanter », par les mots suivants, accommodés au vieil air de « Moi, pauvre Lapon » :

Un père avait trois enfants,
ils étaient tous des canailles ;
deux furent pendus avec de la ficelle,
le troisième devint sergent de ville.

Souvent, on l'entendait aussi se plaindre, au cours de dîners et soupers dans les cercles, que des gens riches voulaient l'employer comme bouffon. Ses soupçons n'étaient pas dénués de fondement ; il existait dans la haute société de Stockholm un cercle pas trop restreint qui, ayant une assez mauvaise idée de la poésie et des poètes, le considérait, lui en particulier, d'un point de vue nullement respectueux ; on estimait qu'il devait être pour tout un chacun le bouffon de la Cour qu'il était censé être pour le roi. De tels desseins ne pouvaient cependant être formés que par ceux qui ne le connaissaient pas de près : car, au fond, même à la fleur de son âge il n'était ni un boute-en-train ni même un mondain au commerce divertissant, dans l'acception habituelle de ces mots. Puisque même parmi ses amis il lui arrivait maintes fois d'être taciturne, distrait, mal en train jusqu'à ce qu'un incident quelconque, que deux ou trois verres de vin ou de punch venaient encourager, éveillât sa vivacité et son inspiration, il était d'autant plus certain qu'on le trouvait insociable dans ces cercles où les gens auraient préféré le traiter en bateleur, appelé à exhiber ses artifices. Lui qui aimait chanter en bras de chemise et le gilet déboutonné en compagnie de ses amis et devant son roi en personne, avait pour cette raison coutume, en de telles réunions, de prendre un air guindé et de s'accoutrer du costume de cour le plus soigné afin de s'attirer un peu de respect et de rappeler qu'il n'était pas une réplique de Lasse Lucidor[1]. En revanche, au milieu d'amis intimes, on tardait rarement à le sentir d'humeur à plaisanter, composer, chanter et ce la moitié de la nuit, voire des nuits entières ; jusqu'à ce qu'il s'affaissât, épuisé, telle une sibylle ou une pythie.

Traduction inédite. — *Valda Skrifter* / P.D.A. Atterbom ; utgivna av Fredrik Böök. – Stockholm : Bonniers Förlag, 1928. – (*Svenska siare och skalder*). – [Vol. 4, pp. 419-425].

1 Pseudonyme de Lars Johansson (1638-1674), auteur suédois de chansons à boire et de chansons grivoises, mort d'un coup de couteau lors d'une rixe dans un estaminet de Stockholm. (N.d.t.)

CHARLOTTE, EMILY & ANNE BRONTË

ANGLAIS 1816-1855 / 1818-1848 / 1820-1849

Filles du pasteur Patrick Branwell Brontë et de sa femme Maria, Charlotte, Emily et Anne Brontë sont toutes trois nées à Thornton, dans le Nord de l'Angleterre. Elles grandissent entourées de deux sœurs plus âgées, Elizabeth et Maria, et d'un frère, Branwell. Peu de temps après la naissance de la plus jeune, Anne, la famille déménage pour Haworth, un petit village retiré du Yorkshire. La mère meurt en 1821 ; le pasteur convainc alors sa belle-sœur de s'installer chez lui pour s'occuper de ses enfants. En 1824, les quatre filles plus âgées sont envoyées dans un pensionnat pour filles de pasteurs désargentés, à Cowan Bridge. Les conditions dans lesquelles les enfants y sont éduquées sont épouvantables. Elizabeth et Maria y tomberont gravement malades et devront rentrer chez elles pour y mourir. L'épisode formera la base de la première partie de *Jane Eyre* de Charlotte Brontë. À partir de là, les quatre enfants survivants resteront un long moment sans recevoir d'enseignement régulier, manifestant cependant un vif besoin les uns des autres. Les enfants lisent énormément et écrivent dès leur plus jeune âge des récits fantastiques. Quand Branwell reçoit une boîte de petits soldats, ils se mettent à créer, deux par deux, un monde peuplé de héros et d'héroïnes. Emily et Anne écrivent le récit de Gondal, Charlotte et Branwell celui d'Angria : autant de récits inspirés par les guerres napoléoniennes et habités par des héros romantiques.

En 1831, Emily est à nouveau envoyée à l'école, Charlotte y va pour la première fois. Le choix cette fois tombe sur Roe Head. Charlotte s'y plaira et y demeurera même pour y donner quelque temps des leçons. Emily, quant à elle, y dépérira et devra rentrer chez elle. Après une brève période au cours de laquelle Emily donne des leçons tandis qu'Anne et Charlotte s'engagent comme gouvernantes, les trois sœurs décident — comme tant de jeunes femmes intelligentes issues d'une classe moyenne appauvrie — de fonder leur propre école pour gagner leur vie. Pour être en mesure de dispenser aux fillettes une formation générale, il leur faut améliorer leur français. Elles pensent d'abord aller à Paris, mais la ville est trop chère, et elles optent pour un second choix, Bruxelles. Emily et Charlotte s'inscrivent ensemble au Pensionnat Héger. La période bruxelloise (1842-1843) sera d'une importance cruciale pour l'œuvre de Charlotte, mais aura une influence nettement moindre sur celle d'Emily. Charlotte y tombe amoureuse de son professeur de français, l'époux de la directrice, Constantin Héger, un homme qui apprécie son talent et l'encourage à écrire. En novembre 1842, les deux sœurs sont rappelées inopinément chez elles car leur tante vient de mourir. Charlotte retournera ensuite seule en Belgique pour y enseigner dans le pensionnat. Son amour pour Héger restera sans réponse et elle rentrera seule et malheureuse à Haworth. Cette expérience affective nourrira chacun de ses romans.

L'école des Brontë à Haworth ne récolte aucun succès et les sœurs continuent à écrire. En 1845, elles décident de réunir leurs poèmes en un volume et de l'éditer. Par crainte de la critique, elles se choisissent les pseudonymes masculins de Currer (Charlotte), Ellis (Emily) et Acton (Anne) Bell. Les *Poèmes* paraissent en 1846 mais ne suscitent que peu ou pas de réactions. Peu après, les trois sœurs tentent, sous les mêmes pseudonymes, de faire paraître un roman. Les manuscrits d'Anne et d'Emily sont acceptés ; celui de Charlotte est refusé. Sa deuxième œuvre, *Jane Eyre*, sera néanmoins promptement publiée (plus vite encore que les romans de ses sœurs) par l'éditeur qui lui réservera un accueil enthousiaste. La popularité de ce roman lancera la carrière des sœurs. La période de succès sera hélas courte pour Emily car elle meurt un an plus tard, n'ayant jamais pu accepter la mort de son frère Branwell. Anne fait paraître un second roman avant de mourir. À la seule Charlotte il sera accordé de vivre encore quelques années aux côtés de son père. Elle épouse le pasteur Arhur Bell Nicholls en 1854 mais meurt des suites de sa première grossesse.

Des trois sœurs, c'est Charlotte qui aura pu le mieux bâtir sa carrière : après *Jane Eyre* (1847), elle écrira *Shirley* (1849) et *Villette* (1853). *Le Professeur* (1857) sera publié posthume. L'œuvre de fiction de Charlotte Brontë est pour une grande part autobiographique. Son expérience de gouvernante, d'élève et de professeur à Bruxelles alimente largement sa thématique, de même que son opposition à la situation de la femme au XIXe siècle, considérée par les féministes comme un des jalons majeurs du mouvement d'émancipation des femmes, encore que sa présentation du mariage comme but ultime de la vie s'accorde peu avec le point de vue dominant du féminisme moderne. La célébrité d'Emily Brontë repose sur un roman génial (*Les Hauts de Hurle-Vent*) et sur quelques poèmes. Les personnages de Cathy et de Heathcliff sont tels qu'ils font figure de mythe moderne. Mais surtout la forme de l'écriture et le jeu des diverses perspectives de la narration qui y est mis en œuvre en font un roman de loin en avance sur son temps. La poésie d'Emily Brontë a été redécouverte et à nouveau appréciée ces dernières années. Les romans d'Anne Brontë, *Agnès Grey* (1847) et *La Dame du manoir de Wildfell* (1848) sont en général tenus pour inférieurs. De récentes adaptations cinématographiques de quelques-uns des romans des Brontë ont donné un nouvel élan à leur fortune.

The Life of Charlotte Brontë / Elizabeth Gaskell ; with an introd. by Winifred Gérin. – London : Dent, 1974. – XIX-411 p. – [1re édition : London, 1857].

The Madwoman in the Attic / Gilbert, Sandra M. and Susan Gubar. – New Haven : Yale University Press, 1979. – XIV-719 p.

Charlotte Brontë : the evolution of Genius / Winifred Guérin. – Oxford : Oxford University Press 1988. – XVI-617 p. – [1re édition : Oxford, 1967].

Emily Brontë : heretic / Stevie Davies. – London : Women's Press, 1994. – 274 p.

Charlotte Brontë : a passionate life / Gordon Lyndall. – London : Chatto and Windus, 1994. – X-418 p.

Anne Brontë / Maria H. Frawley. – New York : Twayne, 1996. – 171 p. – (*Twayne's English authors series* ; 524).

ANNE BRONTË — LA DAME DU MANOIR DE WILDFELL 136

P. Verdier, J.-C. Lullien — 1951

Sacré, conventions et passion (chapitre 46). — Pour se protéger, elle et son fils, Helen a fui son mari alcoolique, Arthur Huntington, et loué Wildfell Hall sous le faux nom de Madame Graham. Gilbert Markham, qui est tombé amoureux d'elle, jaloux du jeune propriétaire du château, Frederick Lawrence — en réalité le frère d'Helen — a agressé et blessé ce dernier. Pour dissiper, aux yeux de Gilbert, les soupçons qui pourraient peser sur elle, Helen donne son journal intime à lire à Gilbert. Celui-ci, dans l'extrait ci-dessous, rapporte la scène où Helen, après lui avoir livré son passé, lui oppose sa vertu et l'impossibilité de leur amour.

J'entrai dans le salon, refermant la porte derrière moi. Hélène se trouvait là, devant le feu, épuisée par tant de chagrins. Je jetai le manuscrit sur la table en la regardant bien en face. Inquiète et pâle, elle me fixa de ses yeux sombres et brillants avec un regard si fervent qu'il me retint comme un charme.

— L'avez-vous lu ? murmura-t-elle. Et le charme fut rompu.

— Je l'ai lu entièrement, dis-je en m'avançant dans la pièce, et je veux savoir si vous me pardonnez, si vous pouvez me pardonner ?

Elle ne répondit pas, mais ses yeux étincelèrent et une faible rougeur couvrit son visage. Comme j'avançais vers elle, elle s'éloigna brusquement et se dirigea vers la fenêtre. Elle n'était pas en colère, j'en étais sûr. Elle voulait seulement cacher son trouble. Elle me tendit la main sans tourner la tête et mumura d'une voix qu'elle essayait de rendre ferme :

— Pouvez-vous me pardonner ?

Il m'eût paru un abus de confiance de porter cette main de lis à mes lèvres, aussi je me contentai de la presser doucement dans la mienne et je répondis en souriant :

— Oui, de tout cœur, vous auriez dû me dire cela plus tôt. Quel manque de confiance !

— Oh ! non, s'écria-t-elle en m'interrompant brusquement, ce n'est pas cela. Ce n'est pas un manque de confiance en vous. Mais si je vous avais raconté une partie de mon histoire, j'aurais dû tout vous dire, afin d'excuser ma conduite. Il m'était permis de reculer devant une telle révélation.

La contraction de ses lèvres et son agitation trahissaient la violence de ses sentiments.

« Me pardonnez-vous ? Je sais que j'ai eu tort, mais comme d'habitude j'ai payé mon erreur et je devrai payer jusqu'au bout.

Elle prononça ces derniers mots d'une voix si angoissée que j'en fus profondément bouleversé. Je portai sa main à mes lèvres et la baisai à plusieurs reprises, car mes larmes empêchaient toute autre réponse. Elle me permit ces caresses ardentes sans résistance et sans ressentiment. Puis, se détournant brusquement, elle fit deux ou trois pas dans la chambre. Finalement, elle s'arrêta devant le feu et, se tournant vers moi, elle dit avec calme :

« Il a fallu que j'y sois obligée. Gilbert, vous devez partir, pas immédiatement, mais bientôt et ne plus jamais revenir.

— Plus jamais, Hélène ? Au moment même où je vous aime plus que tout !

— C'est précisément pour cette raison que nous ne devons plus nous revoir. J'ai pensé que cette entrevue était nécessaire, du moins, me suis-je persuadé qu'il en était ainsi, afin que nous puissions nous pardonner. Mais il n'y a aucune raison d'en provoquer une autre. Je quitterai cet endroit dès que j'aurai les moyens de chercher un autre asile. Nos relations doivent cesser ici.

— Cesser ici ! J'appuyai mon front contre la haute cheminée. J'étais désespéré.

— Vous ne devez pas revenir.

Sa voix tremblait légèrement mais son calme apparent m'exaspérait étant donné la terrible sentence qu'elle venait de prononcer.

« Vous devez comprendre pourquoi je vous dis cela et vous rendre compte qu'il est préférable que nous nous séparions immédiatement. Il est dur de se dire adieu et vous devriez m'aider !

Elle s'arrêta un instant. Je demeurai muet.

« Promettez-moi de ne jamais revenir, continua-t-elle. Si vous revenez, vous me chasserez d'ici avant que je sache où trouver un autre lieu de refuge.

Je me retournai nerveusement :

— Mais, Hélène, je ne puis envisager une séparation définitive avec autant de calme et de résignation que vous. Ce n'est pas pour moi une question d'opportunité. C'est une question de vie ou de mort !

Elle resta silencieuse. Ses lèvres pâles frémirent et ses doigts tremblèrent d'agitation.

J'avais dit une chose cruelle et injuste, mais je voulais la convaincre, à n'importe quel prix :

— Écoutez, Hélène ! — ma voix était douce et basse et je n'osais la regarder — cet homme n'est pas votre mari ! Devant Dieu, il a perdu tout droit à...

Elle saisit violemment mon bras et m'interrompit :

— Non, Gilbert ! N'essayez pas de ces arguments, aucun démon ne pourrait me torturer de la sorte !

— Bien, bien ! Et je posai doucement ma main sur la sienne, presque aussi alarmé de sa véhémence que honteux de mon inconduite.

— Au lieu d'agir en ami sincère, de m'aider de toutes vos forces, vous ne trouvez rien de mieux que de lutter contre moi, quand vous savez que...

Se jetant dans le vieux fauteuil, elle s'arrêta brusquement et se cacha le visage dans ses mains.

— Pardonnez-moi, Hélène ! implorai-je. Je ne prononcerai jamais plus une autre parole à ce sujet. Mais ne pouvons-nous nous rencontrer en amis ?

— Cela n'ira pas.

Elle secoua tristement la tête, puis leva les yeux sur moi avec un regard de doux reproche qui semblait dire : « Vous devez le comprendre aussi bien que moi ! »

— Que devons-nous faire alors ? m'écriai-je avec passion. Mais je continuai sur un ton plus doux : « Je ferai tout ce que vous désirez, mais ne dites pas que cette entrevue sera la dernière ! »

— Mais pourquoi ? Ne savez-vous donc pas que chaque fois que nous nous verrons, l'idée de la séparation définitive sera plus pénible, que ces rencontres ne feront que resserrer les liens qui nous unissent ?

La Dame du manoir de Wildfell / Anne Brontë ; roman traduit de l'anglais par Pierre Verdier et J.-C. Lullien. – Liège : Le Club du Livre du mois, 1951. – [Pp. 327-329].

CHARLOTTE BRONTË — JANE EYRE 137

Ch. Maurat — 1964

Un immense désir d'évasion (chapitre X). — Orpheline, Jane Eyre est élevée par ses oncle et tante Reed. Après la mort de son oncle, sa tante fait tout pour lui rendre la vie amère et, pour finir, l'envoie dans un pensionnat pour filles pauvres de pasteurs, Lowood Institution. Avec les autres enfants, elle y souffre de terribles privations, conséquences des règles « religieuses », bornées jusqu'à la démence, établies par le directeur, le Révérend Brocklehurst. À Lowood, Jane se fait cependant quelques vraies amies, la jeune Helen Burns et son professeur principal, Miss Temple. La mort de plusieurs enfants, à la suite d'un dur hiver, ayant attiré l'attention de la communauté sur les fautes de Brocklehurst, le régime de l'Institut s'adoucit.

J'allai à ma fenêtre, l'ouvris et regardai dehors. Ici les deux ailes du bâtiment, le jardin ; là les limites de Lowood, l'horizon de collines. Mon regard, indifférent à tout le reste, s'arrêta au loin, sur les sommets bleus que je désirais tant franchir ! Tout ce qui était encadré par leurs rochers et leurs bruyères me semblait une prison, une terre d'exil. Je suivis des yeux la route blanche qui serpentait à la base de la montagne pour disparaître dans une gorge entre deux hauteurs. Comme j'eusse aimé la suivre plus loin ! Je me souvins du temps où j'avais parcouru cette même route en diligence ; je revoyais la descente de la colline au crépuscule ; un siècle semblait s'être écoulé depuis le jour où j'étais arrivée à Lowood, que je n'avais jamais quitté : j'y avais passé toutes mes vacances. Mrs. Reed ne m'ayant jamais fait venir à Gateshead ; et ni elle, ni personne de sa famille n'était venu m'y voir. Je n'avais échangé avec le monde extérieur ni lettre ni message ; je ne connaissais de l'existence que les règlements de l'école, ses obligations, ses habitudes, son esprit, ses visages, ses voix, son langage, son uniforme, ses préférences, ses antipathies. Tout cela ne me satisfaisait plus ! En un après-midi, la lassitude me vint de la routine de huit années. Je désirais la liberté, je soupirais après elle ; pour obtenir cette liberté je murmurai une prière qui sembla s'évanouir dans le vent qui soufflait alors faiblement. Sans la poursuivre, je fis une supplication plus humble : celle d'être gratifiée d'un changement, d'un stimulant mais elle aussi parut se perdre dans le vaporeux éther. Alors, m'écriai-je à demi désespérée : « Que me soit au moins accordée une autre servitude ! »

Jane Eyre, Les Hauts de Hurle-Vent, Agnès Grey / Charlotte, Emily et Anne Brontë ; introduction, notices, notes et bibliographie de Sylvère Monod ; traductions de Charlotte Maurat, Frédéric Delebecque, Ch. Romey et A. Rolet. – Paris : Librairie générale française, 1997. – (*La Pochothèque. Les Classiques modernes*). – [Pp. 101-102].

CHARLOTTE BRONTË — JANE EYRE 138

J. Castier — 1947

D'égale à égal (chapitre XXIII). — À sa sortie de Lowood, Jane entre à Thornfield Hall, comme gouvernante chez Mr Rochester. Cet homme plus âgé la prend en confiance et, peu à peu, tombe amoureux d'elle. Socialement, il y a entre eux une grande distance et, de surcroît, Mr Rochester est déjà marié avec une femme devenue folle et qu'il cache dans sa demeure. Ici, Jane, confrontée à la déclaration d'amour de Rochester, entend souligner, avec une franchise peu commune et, pour l'époque, d'une manière audacieuse, que les femmes, même les moins avantagées, sont aux yeux de Dieu les égales des hommes.

— Ma fiancée ! Quelle fiancée ? Je n'en ai pas, de fiancée !

— Mais vous en aurez une.

— Oui, j'en aurai une ! J'en aurai une.

Il serra les dents.

— Alors, il faut que je parte ; vous l'avez dit vous-même.

— Non : il faut que vous restiez ! Je le jure ; et le serment sera tenu !

— Moi, je vous dis qu'il faut que je parte ! répliquai-je, surexcitée presque jusqu'à la frénésie de la passion. Croyez-vous que je puisse rester ici, pour n'être plus rien pour vous ? Croyez-vous que je sois un automate, une machine privée de sentiments ? Et que je puisse supporter de me voir arracher des lèvres ma bouchée de pain, de voir vider violemment ma coupe de sa goutte d'eau vive ? Croyez-vous, parce que je suis pauvre, obscure, laide et petite, que je sois privée d'âme et de cœur ? Vous vous trompez ! J'ai autant d'âme que vous, et largement autant de cœur ! Et si Dieu m'avait douée de quelque beauté et de beaucoup de richesses, j'aurais fait en sorte qu'il vous fût aussi difficile, à vous, de me quitter, qu'il l'est maintenant à moi de vous quitter, vous. Je ne vous parle pas, à présent, par le truchement des usages, des conventions, ni même de la chair mortelle : c'est mon esprit qui s'adresse à votre esprit, absolument comme si nous étions, l'un et l'autre, passés par la tombe, et debout aux pieds de Dieu, égaux — comme nous le sommes !

— Comme nous le sommes ! répéta Mr Rochester. Ainsi, ajouta-t-il, m'encerclant de ses bras, me pressant sur sa poitrine, appuyant ses lèvres sur les miennes ; ainsi, Jane !

— Oui, monsieur, ainsi, répondis-je ; et pourtant non pas ainsi ; car vous êtes un homme marié, ou l'équivalent d'un homme marié, et marié à une personne qui vous est inférieure, à une personne pour laquelle vous n'éprouvez pas de sympathie, que je ne crois pas que vous aimiez véritablement, car je vous ai vu et entendu la railler. Moi, je rejetterais avec dédain une telle union ! c'est pourquoi je vaux mieux que vous !... Laissez-moi partir !

— Où cela, Jane ? En Irlande ?

— Oui, en Irlande. J'ai dit ce que j'avais sur le cœur, et je puis maintenant aller n'importe où.

— Jane, restez tranquille, ne vous débattez donc pas comme un oiseau sauvage et affolé qui déchire ses propres plumes dans la rage de son désespoir.

— Je ne suis pas un oiseau, et il n'y a pas de filet dans lequel je sois prise : je suis un être humain libre, avec une volonté indépendante, que je mets à présent en œuvre pour vous quitter. »

D'un nouvel effort, je repris ma liberté, et fus debout devant lui.

« Et ce sera votre volonté qui décidera de votre sort, dit-il. Je vous offre ma main, mon cœur, et une part de tout ce que je possède.

— Vous jouez une farce, dont je me contente de rire.

— Je vous demande de traverser la vie à mon côté, d'être mon second moi et ma meilleure compagne terrestre.

— Pour un tel destin vous avez déjà fait votre choix, et il faut que vous vous y teniez.

— Jane, taisez-vous quelques instants ; vous êtes surexcitée ; moi aussi, je me tairai. »

Une bouffée de vent s'engouffra le long de l'allée de lauriers et frémit parmi les branches du marronnier ; elle s'en fut, s'en fut au lointain imprécis ; elle s'éteignit. Le chant du rossignol fut alors la seule voix de cette heure : en l'écoutant, je pleurai de nouveau. Mr Rochester resta assis, immobile, me regardant d'un air doux et sérieux. Il s'écoula quelque temps avant qu'il parlât ; il dit enfin :

« Venez à côté de moi, Jane, que nous nous expliquions et nous comprenions.

— Je ne retournerai jamais à côté de vous : j'en suis arrachée, maintenant, et je ne peux pas y revenir.

— Mais, Jane, c'est comme épouse que je vous appelle : c'est vous seule que j'ai l'intention d'épouser. »

Je me tus : je croyais qu'il se moquait de moi.

« Venez, Jane, venez ici.

— Votre fiancée est entre nous.

Il se leva, et, d'un pas, il m'atteignit.

— Ma fiancée est ici, dit-il, m'attirant de nouveau à lui, parce que mon égale est ici, et celle qui me ressemble. Jane, voulez-vous m'épouser ?

Jane Eyre / Charlotte Brontë ; traduction de Jules Castier. – Paris : Stock, 1947. – [Pp. 383-385].

CHARLOTTE BRONTË — SHIRLEY 139

Ch. Romey, A. Rolet — 1864

Condition sociale de la femme célibataire (chapitre XX). — *Shirley* est un plaidoyer encore plus féministe que *Jane Eyre*. Ici, le personnage de Shirley, dont le modèle est Emily Brontë, plaide pour la reconnaissance de la place des femmes non mariées dans la société. Dans l'Angleterre victorienne, en effet, des milliers de « vieilles filles » étaient, socialement, comptées pour rien.

« Personne, continua-t-elle, personne n'est à blâmer pour l'état dans lequel se trouvent les choses, autant du moins que je puis le voir, et je ne pourrais dire, après y avoir beaucoup réfléchi cependant, comment elles pourraient être améliorées ; mais je sens qu'il y a quelque chose de mal quelque part. Je crois que les femmes non mariées devraient avoir plus à faire, de plus intéressantes et surtout plus profitables occupations, qu'elles n'en possèdent maintenant. Et, lorsque je parle ainsi, je ne crois nullement offenser Dieu par mes paroles ; je ne crois pas être impie ou impatiente, irréligieuse ou sacrilége. Ce qui me console, du reste, c'est de penser que Dieu a compassion de bien des douleurs et entend bien des soupirs, auxquels les hommes ferment leurs oreilles ou qu'ils regardent avec un air de mépris impuissant. Je dis *impuissant*, car je vois qu'aux peines que la société ne peut guérir, elle défend ordinairement de s'exprimer, sous peine de son mépris : ce mépris est une espèce de manteau de clinquant qui recouvre sa faiblesse difforme. Les gens n'aiment pas qu'on leur rappelle des maux qu'ils ne peuvent ou ne veulent guérir ; car le sentiment de leur propre incapacité, ou de l'obligation où ils sont de faire des efforts qui ne leur plaisent pas, trouble leur quiétude et leur satisfaction d'eux-mêmes. Les vieilles filles, comme les pauvres sans asile et sans travail, ne doivent demander ni une place ni une occupation dans la société : cela trouble les heureux et les riches ; cela trouble les parents. Voyez les nombreuses familles de filles du voisinage : les Armitage, les Birtwhistle, les Sykes. Les frères de ces filles ont tous un commerce ou une profession ; ils ont quelque chose à faire. Leurs sœurs n'ont aucun emploi terrestre, si ce n'est le soin de la maison et la couture ; aucun plaisir terrestre, si ce n'est d'improfitables visites ; aucune espérance, dans toute leur vie à venir, de rien de meilleur. Cet état de stagnation fait décliner rapidement leur santé ; elles ne sont jamais bien portantes, et leur esprit et leurs idées se rétrécissent prodigieusement. Le grand désir, le seul but de chacune d'elles, est d'être mariée, mais le plus grand nombre ne le seront jamais. Elles mourront comme elles vivent maintenant. Elles passent leur vie à dresser des plans et à tendre des piéges pour attraper des maris. Les gentlemen les tournent en ridicule ; ils n'ont pas besoin d'elles et ne font d'elles aucun cas : ils disent, je les ai entendus plusieurs fois le dire avec un rire moqueur, que le marché matrimonial est encombré. Les pères disent la même chose et se mettent en colère lorsqu'ils remarquent les manœuvres de leurs filles : ils leur ordonnent de demeurer à la maison. Que veulent-ils qu'elles fassent à la maison ? Si vous le demandez, ils répondent : coudre et faire la cuisine : ils attendent qu'elles fassent cela, et cela seulement, de bon cœur, régulièrement, sans aucune plainte, pendant toute leur vie, comme si elles n'avaient aucun germe de facultés pour rien autre chose ; doctrine aussi raisonnable à soutenir que celle qui prétendrait que les pères n'ont aucunes facultés pour manger la cuisine que font leurs filles ou porter les vêtements qu'elles cousent. Est-ce que les hommes pourraient vivre ainsi eux-mêmes ? Ne seraient-ils pas bientôt fatigués ? Et, lorsqu'ils ne recevraient aucun soulagement dans leur fatigue, mais seulement des reproches à sa moindre manifestation, est-ce que leur fatigue ne finirait pas par se changer avec le temps en frénésie ? Lucrèce, filant à minuit au milieu de ses suivantes, et la femme vertueuse de Salomon, sont souvent citées comme les modèles de ce que le sexe (comme ils disent) devrait être. Je n'en sais rien ; Lucrèce, j'ose le dire, était une fort digne sorte de personne, ressemblant beaucoup à ma cousine Hortense Moore ; mais elle faisait veiller ses servantes fort tard. Je n'aurais pas aimé être au nombre de ses filles. Hortense se conduirait absolument de même envers moi et Sarah, si elle le pouvait, et nous ne pourrions le souffrir ni l'une ni l'autre. La « femme vertueuse » avait toute sa maison sur pied à minuit ; elle servait le déjeuner avant une heure du matin ; mais elle avait autre chose à faire que de filer et de distribuer des portions : elle était manufacturière, elle fabriquait de la toile et la vendait ; elle s'occupait d'agriculture, elle achetait des domaines et plantait des vignes. Cette femme était une ménagère : c'était ce que nos matrones appellent une femme habile. En somme, je la préfère de beaucoup à Lucrèce ; mais je crois que ni M. Armitage ni M. Sykes n'eussent eu l'avantage sur elle dans un marché ; cependant je l'aime. « La force et l'honneur étaient ses vêtements ; elle possédait la confiance de son époux. La sagesse parlait par sa bouche ; sur sa langue était la loi de douceur : ses enfants croissaient en la bénissant ; son mari aussi chantait ses louanges. » Roi d'Israël, votre modèle de la femme est un admirable modèle ! mais sommes-nous, de nos jours, élevées pour lui ressembler ? Hommes du Yorkshire ! vos filles atteignent-elles à ce royal modèle ? Pouvez-vous leur donner un champ dans lequel leurs facultés puissent s'exercer et se développer ? Hommes d'Angleterre ! regardez vos pauvres filles, dont beaucoup s'étiolent autour de vous, dévorées par la consomption, ou, ce qui est pire, dégénérant en aigres vieilles filles, envieuses, médisantes, misérables, parce que la vie est pour elles un désert, ou, ce qui est le pire de tout, réduites à chercher par la coquetterie et de méprisables artifices à gagner par le mariage cette position que l'on refuse au célibat. Pères de famille, ne pouvez-vous changer cet état de choses ?

Shirley et *Agnès Grey* / par Currer Bell ; romans anglais traduits par MM. Ch. Romey et A. Rolet. – Paris : L. Hachette, 1864. – [Tome 1, pp. 355-357].

EMILY BRONTË — LES HAUTS DE HURLE-VENT 140

F. Delebecque — 1925

L'amour, racine et dépassement de l'individuation (chapitre IX). — Dans *Wuthering Heights*, roman dont la critique ne cesse de se préoccuper, encore et toujours, en raison de sa complexité, de ses soubassements et de sa richesse d'invention, la relation entre Catherine Earnshaw et son frère adoptif Heathcliff est centrale. Les sentiments tout spéciaux qu'ils éprouvent l'un pour l'autre — d'un soi, l'autre — trouvent ici à s'exprimer.

— Lui, tout à fait abandonné ! Nous séparer ! s'écria-t-elle avec indignation. Qui nous séparerait, je vous prie ? Celui-là aurait le sort de Milon de Crotone ! Aussi longtemps que je vivrai, Hélène, aucun mortel n'y parviendra. Tous les Linton de la terre pourraient être anéantis avant que je consente à abandonner Heathcliff. Oh ! ce n'est pas ce que j'entends... ce n'est pas ce que je veux dire ! Je ne consentirais pas à être Mrs Linton à ce prix-là. Il sera pour moi tout ce qu'il a toujours été. Edgar devra se défaire de son antipathie et le tolérer, tout au moins. Il le fera, quand il connaîtra mes vrais sentiments pour Heathcliff. Nelly, je le vois maintenant, vous me considérez comme une misérable égoïste. Mais n'avez-vous jamais eu la pensée que, si Heathcliff et moi nous mariions, nous serions des mendiants ? Tandis que, si j'épouse Linton, je puis aider Heathcliff à se relever et le soustraire au pouvoir de mon frère.

— Avec l'argent de votre mari, Miss Catherine ? Vous ne le trouverez pas aussi souple que vous y comptez. Bien que ce ne soit guère à moi d'en juger, il me semble que c'est le plus mauvais motif que vous ayez encore allégué pour devenir la femme du jeune Linton.

— Pas du tout, c'est le meilleur ! Les autres n'intéressaient que la satisfaction de mes caprices, et aussi celle d'Edgar. Mais celui-là intéresse quelqu'un qui réunit en sa personne tout ce que je ressens pour Edgar et pour moi-même. C'est une chose que je ne puis exprimer. Mais sûrement vous avez, comme tout le monde, une vague idée qu'il doit y avoir, en dehors de vous, une existence qui est encore vôtre. À quoi servirait que j'eusse été créée, si j'étais tout entière contenue dans ce que vous voyez ici ? Mes grandes souffrances dans ce monde ont été les souffrances de Heathcliff, je les ai toutes guettées et ressenties dès leur origine. Ma grande raison de vivre, c'est lui. Si tout le reste périssait et que lui demeurât, je continuerais d'exister ; mais si tout le reste demeurait et que lui fût anéanti, l'univers me deviendrait complètement étranger, je n'aurais plus l'air d'en faire partie. Mon amour pour Linton est comme le feuillage dans les bois : le temps le transformera, je le sais bien, comme l'hiver transforme les arbres. Mon amour pour Heathcliff ressemble aux rochers immuables qui sont en dessous : source de peu de joie apparente, mais nécessité. Nelly, je *suis* Heathcliff ! Il est toujours, toujours dans mon esprit ; non comme un plaisir, pas plus que je ne suis toujours un plaisir pour moi-même, mais comme mon propre être. Ainsi, ne parlez plus de notre séparation ; elle est impossible, et…

Elle s'arrêta et se cacha le visage dans les plis de ma robe. Mais je la repoussai violemment. Sa folie avait mis ma patience à bout.

Les Hauts de Hurle-Vent / Emily Brontë ; traduction de Frédéric Delebecque. – Paris : Nouvelle Librairie Nationale, 1925. – (*Les Cahiers de la Victoire* ; IV). – [Pp. 114-116].

EMILY BRONTË — POÈMES : LE CAHIER “E.J.B.” 141

Cl. Malroux — 1995

Non, mon âme n'est pas une lâche… (31). — Daté du 2 janvier 1846 : il s'agirait du dernier poème écrit par Emily Brontë.

Non, mon âme n'est pas une lâche,
Une qui tremble dans la sphère tourmentée du monde.
Je vois briller les splendeurs du Ciel
Et la Foi brillant à leur égal m'arme contre la Peur

Ô Dieu en mon sein
Toute-puissante, toujours présente Déité
Vie, qui en moi a repos
Comme en toi, Vie qui ne Meurs, j'ai pouvoir

Vaines sont les mille croyances
Qui agitent le cœur humain, indiciblement vaines,
Aussi inaptes qu'herbes fanées
Ou sur l'océan infini la plus futile écume

À semer le doute en un être
Si fort attaché à ton infinité,
Si sûrement ancré
Au roc immuable de l'Immortalité

D'un amour étreignant l'espace
Ton esprit anime les années éternelles
Il pénètre et là-haut plane,
Transforme, soutient, dissout, crée et fait croître

Si Terre et lune étaient disparues
Si soleils et univers cessaient d'être
Et que toi seul demeures[1]
Il pénètre et là-haut plane,
Toute Existence en toi existerait.

Il n'y a point place pour la Mort
Ni d'atome qu'elle ait force d'annuler
Puisque Tu es l'Être et le Souffle
Et que ce que tu es, rien jamais ne le peut détruire.

Cahiers de poèmes / Emily Brontë ; traduit de l'anglais et présenté par Claire Malroux. – Paris : José Corti, 1995. – (*Collection romantique* ; 55). – [Pp. 127-129, 207 pour la note].

1 On a rapproché ces vers de la célèbre déclaration de Cathy à propos d'Heathcliff dans *Wuthering Heights* : « Si tous les autres périssaient et que *lui* demeurât, je continuerai à exister ; et si tous les autres demeuraient et qu'il fût anéanti, l'Univers me deviendrait profondément étranger, j'aurais l'impression de ne pas en faire partie ». (*Wuthering Heights*, 1, 9) (N.d.t.)

MICKIEWICZ

FRANÇAIS • POLONAIS **1798-1855**

Adam Mickiewicz, consacré de son vivant génie universel, ne se laisse pas enfermer dans le cadre de la seule littérature. Il le dépasse par ses activités politiques et scientifiques, qui remplirent une grande partie de sa vie. Le qualificatif de « poète romantique » ne lui sied pas non plus, à moins qu'on ne désigne par là sa vie très orageuse (« Des larmes pures, pressées, j'ai versées / Sur mon enfance rustique, angélique ; / Sur ma jeunesse inspirée et leurrée ; / Sur mon âge viril, âge du naufrage ; / Des larmes pures, pressées, j'ai versées » [traduction de Roger Legras]). Rien n'y manqua en effet : son enfance plutôt idyllique, « angélique » et « rustique », sa jeunesse « glorieuse, orageuse » et son âge mûr « faîte des défaites ».

Né dans l'ancien grand-duché de Lituanie, à Zaosie, près de Nowogródek (aujourd'hui en Biélorussie), Mickiewicz est issu d'une famille de la petite noblesse, appauvrie mais très attachée à son patrimoine et à ses traditions. Le passage, en 1812, de l'armée napoléonienne constitue un des événements les plus marquants de l'enfance du poète. Ce « plus beau printemps » de sa vie trouvera un écho, bien des années plus tard, dans *Monsieur Thadée*.

Ses années universitaires à Wilno sont bouillonnantes. À côté de l'étude très rigoureuse des langues classiques, Mickiewicz fait partie de cercles estudiantins (entre autres la Société des Philomathes, les « amis du savoir ») et de clubs patriotiques clandestins dont l'action est dirigée contre la Russie, qui occupe alors une grande partie de l'ancien État polonais. Ces années sont néanmoins propices à la création littéraire et Mickiewicz publie deux volumes de poésies (Wilno, 1822 et 1823).

Il devient ensuite professeur au lycée de Kowno, non loin de Wilno. Mais en 1823, victime d'une vague d'arrestations menée par les autorités tsaristes contre les associations de jeunesse en Lituanie, il est jeté en prison. L'année suivante, il est envoyé en Russie, où il séjourne sous surveillance. En 1829, il obtient de quitter le pays et prend le chemin de l'exil. Il séjournera en Allemagne, en Italie, en Suisse et surtout en France. Plus jamais il ne reverra la Pologne. Le séjour russe s'est toutefois révélé bénéfique pour la maturation intellectuelle et artistique du poète. Mickiewicz y a rencontré de grands artistes, dont Pouchkine, et plusieurs jeunes révolutionnaires, et il y a écrit les *Sonnets de Crimée* (1826), pièces lyriques finement ciselées qui charmèrent par leur nouveauté et leur atticisme.

En exil, Mickiewicz mènera une existence animée et riche en engagements à la fois scientifiques, politiques et littéraires. Par deux fois il se voit offrir une chaire universitaire : en 1839, celle de littérature latine à l'Académie de Lausanne ; un an plus tard, il occupe, au Collège de France, la chaire de langues et littératures slaves créée spécialement pour lui. Son enseignement parisien lui permet non seulement de faire montre de ses connaissances mais aussi d'exposer ses options politiques, ce qui conduit le gouvernement français à lui retirer son poste en 1844, comme d'ailleurs à Quinet et à Michelet. L'éphémère Deuxième République manifestera, elle aussi, une certaine méfiance à l'égard du poète polonais et rejette, en 1851, sa demande de naturalisation. Le dernier poste offert à Mickiewicz pendant son séjour parisien sera celui de bibliothécaire à l'Arsenal.

À côté de son activité savante, Mickiewicz s'implique dans de nombreuses causes politiques, toujours en faveur des peuples opprimés. Dans ce but il organise une Légion polonaise, engagée d'abord contre l'Autriche, puis contre la Russie pendant la guerre de Crimée. C'est d'ailleurs alors qu'il recrutait des hommes qu'il mourra du choléra à Constantinople.

La période proprement romantique de Mickiewicz ne s'étend que sur dix années et compte les deux volumes publiés à Wilno. Le premier, *Ballades et romances* (1822) comprend des pièces basées sur des motifs folkloriques mais traduit aussi le credo poétique de Mickiewicz (*Romantisme*, *Ode à la jeunesse*). Ces poèmes, dénués de toute sentimentalité, sont caractérisés par la bonne humeur, l'enjouement et le trait d'esprit. Les *Sonnets de Crimée* et les sonnets érotiques marquent un tournant dans la production.

Le calme, l'apaisement de la maturité ne viennent qu'à Paris, dans les années 1830. C'est à cette époque que mûrissent les deux œuvres majeures du poète : *Les Aïeux* et *Monsieur Thadée*.

Le titre du drame *Les Aïeux* renvoie à ces rites funéraires populaires d'Europe orientale qui consistaient à évoquer les morts et à leur offrir de la nourriture. Le drame de Mickiewicz, composé en plusieurs fois, n'est en réalité qu'une suite de scènes évoquant les emprisonnements de 1823, les procès des accusés, les attitudes de la jeunesse polonaise en révolte contre le tsar ainsi que celles des Russes. À côté de cette dimension historique, l'ouvrage recourt au surnaturel et met en scène anges et mauvais esprits. Impressionnée par la force virile de l'œuvre, George Sand a écrit : « Ces peintures sont telles que ni Byron, ni Goethe, ni Dante n'eussent pu les tracer » (*Revue des Deux Mondes*, décembre 1839). Au cours de la domination russe en Pologne, puis durant la période du stalinisme, la représentation de ce drame fut interdite.

Considéré comme un chef-d'œuvre de la poésie épique, *Monsieur Thadée* (1834) connut aussitôt un accueil enthousiaste et donna lieu à de multiples traductions dont quelques-unes en vers. Le temps historique du récit — l'année 1812, apogée du culte de Napoléon —, la puissante peinture de la vie de la petite noblesse campagnarde polonaise, les caractères peints avec humour et verve, la bienveillance souriante et la tendresse manifestées par Mickiewicz à l'égard de l'ancien grand-duché de Lituanie, cadre géographique du récit, ont contribué, aussi bien que la trame du poème, au succès de l'ouvrage.

La production lyrique du dernier Mickiewicz est peu abondante mais particulièrement précieuse et encore très largement appréciée. Il s'agit de poésie métaphysique, dans le sens le plus élevé du terme, où le poète s'est imposé des rigueurs formelles presque excessives afin d'éviter les pièges de la grandiloquence et du verbalisme. De ces contraintes naquirent des pièces très courtes, proches de la maxime ou de l'aphorisme.

Mickiewicz a aussi écrit en français, des articles politiques destinés à la *Tribune des peuples*, un journal qu'il éditait à Paris, et ses cours au Collège de France sur les littératures slaves. Paradoxalement, c'est la partie la plus polonaise de son œuvre, *Les Aïeux* et *Monsieur Thadée*, qui lui conserve son rayonnement international.

A. Mickiewicz, philosophe mystique : les sociétés secrètes et le messianisme européen après la révolution de 1830, avec des documents inédits / Édouard Krakowski. – Paris : Mercure de France, 1935. – 323 p.

Adam Mickiewicz, au carrefour des romantismes européens : essai sur la pensée du poète / Léon Kolodziej. – Aix-en-Provence : Ophrys, 1966. – 570 p. – (*Publications des Annales de la Faculté des Lettres d'Aix-en-Provence* ; N.S. 51).

Adam Mickiewicz / une étude de Léon Kolodziej avec un choix de poèmes [...], une chronologie biographique [...]. – Paris : Seghers, 1970. – 189 p. – (*Poètes d'Aujourd'hui* ; 195).
Lumières et romantisme : énergie et nostalgie de Rousseau à Mickiewicz / Jean Fabre. – Nouvelle édition revue et augmentée. – Paris : Klincksieck, 1980. – XIX-427 p. – (*Bibliothèque française et romane. Série C. Études littéraires* ; 7).

SONNETS DE CRIMÉE 142

Ed. Marek — 1969

Les steppes d'Akerman. — Akerman est une ville de Bessarabie, en Ukraine, à l'embouchure du Dniestr. Mickiewicz parcourut ces steppes au cours d'une excursion qu'il fit à Odessa. Ainsi, ce premier sonnet rattaché au cycle n'est pas, d'un point de vue géographique, criméen comme les dix-sept autres.

Me voici embarqué dans l'immensité d'un océan sans eau,
Mon char plonge dans la verdure et vogue tel un canot ;
Dans les flots des prés bruissants, sous une averse de fleurs,
Je contourne les îlots corallins du cornouiller.

Déjà le crépuscule tombe, nulle part ni chemin, ni tertre.[1]
Je regarde le ciel, je cherche les astres, guides de l'esquif ;
Là-bas, est-ce un nuage qui luit ? Est-ce l'aube qui point ?
Non, c'est le Dniester, fanal d'Akerman, qui brille.

Halte-là ! — Quel calme ! J'entends les grues qui volent au loin ;
La prunelle du faucon ne saurait les atteindre.
J'entends sur un brin d'herbe, un papillon se balancer ;

De son poitrail lisse un serpent frôle une tige de fleur.
Dans ce silence, je tends l'oreille avec une telle ardeur
Que j'entendrais une voix de Lithuanie. — Partons ! personne ne
[m'appelle.

Les Sonnets de Crimée ; *Le Faris* / Adam Mickiewicz ; présentation, traduction et notes d'Edmond Marek. – Lausanne : L'Âge d'Homme, 1969. – (*Classiques slaves*). – [P. 43].

1 En polonais « kurhan ». C'est un tumulus funéraire, assez élevé pour servir de point d'orientation au voyageur égaré dans ces steppes. (N.d.t.)

ODES 143

P.-N. Bonaparte — 1864

À une mère polonaise.

Mère du Polonais ! lorsque tu vois la trace
Du génie ennoblir le regard de ton fils ;
Quand son front juvénile a rayonné d'audace,
Tu reconnais le sang des héros du pays.

Et quand, morne, inclinant sa tête intelligente,
Il fuit ses compagnons et déserte leurs jeux
Pour écouter la voix du vieillard qui lui chante
Le surprenant récit des hauts faits des aïeux,

Quel vain amusement est-il qui lui convienne ?...
Regarde la Madone, et tombe à ses genoux.
Sa douleur inouïe est égale à la tienne,
Et le fer qui la frappe a pour toi d'autres coups.

Car, tandis que la paix fera faiblir le monde,
Et que peuples et rois et cultes s'allieront,
Ton fils, que l'on provoque à la lutte inféconde,
Succombera martyr, sans résurrection.

Dans un antre écarté commande-lui qu'il aille,
Comme un reptile impur, ramper, et méditer,
Rongé par la vermine, étendu sur la paille,
Dans un air vicié, souffrir et végéter.

Là, dévoré de haine, il apprendra sous terre
A cacher sa pensée aux abîmes sans fond,
A tuer par des mots entourés de mystère,
A cuver le venin avec le calme au front.

Avec la Croix, salut de notre espèce humaine,
Jésus, encore enfant, parut dans Nazareth ;
O mère ! que ton fils s'habitue à la peine,
Que ses maux à venir lui servent de jouet ;

La chaîne avait meurtri ses mains dès son enfance ;
Qu'il apprenne à traîner l'infâme tombereau ;
Qu'il arrive sans honte au pied d'une potence ;
Qu'il brave, en ricanant, la hache du bourreau !

Car ils sont loin ces jours où la chevalerie,
Aux lieux saints, de son sang arrosait les sillons ;
Et ces jours ne sont plus, qu'une libre patrie
Consacrait aux exploits de ses fiers bataillons.

Livré sans défenseur à des juges parjures,
Les espions vendront sa tête mise à prix.
Ses épreuves seront un cachot, des tortures,
Et son dernier champ-clos le fossé d'un glacis.

Vaincu, pour monument il aura sur sa tombe,
Au lieu de croix, les bras décharnés du gibet,
Et le tribut qu'on donne à celui qui succombe,
D'une larme éphémère et d'un banal regret.

Traduction libre de "Do matki Polki" de Mickiewicz / [Pierre-Napoléon Bonaparte]. – Paris : Impr. de P. Dupont, 1864. – [Pp. 3-7].

LES AÏEUX 144

J. Donguy, M. Maslowski — 1992

Improvisation (3e partie, scène II). — L'élan de la puissance créatrice dont le poète est plein lui donne la mesure et l'expression débordantes de l'absolue co-inhérence de son esprit, du monde et de Dieu.

KONRAD (après un long silence)

Seul ! Eh, qu'importe le public, suis-je là pour le public ?
Où est l'homme qui embrassera toute la pensée de mon chant,
Qui saisira du regard tous les éclairs qui l'illuminent ?
Malheur à qui fatigue pour la foule sa langue et sa voix :
La langue ment à la voix, et la voix trahit la pensée ;
La pensée s'envole de l'âme, impétueuse, avant d'être cassée par les mots,
Les mots engloutissent la pensée et vibrent au-dessus de la pensée
Comme le sol au-dessus d'une rivière souterraine.
Aux vibrations du sol, les hommes découvriront-ils la profondeur du cours d'eau,
Et devineront-ils où il va ?

Le sentiment circule dans l'âme, il s'enflamme, s'embrase,
Comme le sang dans ses passages profonds, invisibles ;
Les gens ne pourront lire mes sentiments dans mon chant,
Qu'autant qu'ils peuvent voir le sang sur mon visage.

Mon chant, tu es l'étoile aux confins du monde !
Et même si le regard terrestre était envoyé vers toi comme messager,
Même s'il empruntait des ailes de verre il ne parviendrait pas jusqu'à toi,
Il se briserait contre ta voie lactée ;
Il devinerait qu'il y a là des soleils
Mais pas leur nombre, ni leur taille.

Vous, mes chants, vous n'avez pas besoin des yeux et des oreilles humaines :
Naviguez dans les abîmes de mon âme,
Brillez dans ses hauteurs,
Comme des rivières souterraines, comme des étoiles invisibles.

Toi, Dieu, toi, nature, prêtez-moi attention.
Voici une musique et un chant dignes de vous.
Moi le maître !
Moi, le maître, je tends les mains !
Je les étends jusqu'au ciel et je pose mes mains
Sur les étoiles comme sur les cercles de verre d'un harmonica,
Et avec un mouvement tantôt lent, tantôt rapide,
Je fais tourner les étoiles avec le souffle de mon esprit.
Des millions de sons en coulent ; ces millions de tonalités,
C'est moi qui les ai produites, je connais chaque tonalité,
Je les accorde entre elles, je les divise, je les unis,
Je les mêle en arcs-en-ciel, en accords, en strophes,
Et je les déverse en sons et en grappes d'éclairs.

J'ai relevé mes mains, je les ai posées sur les rebords du monde,
Et les cercles de l'harmonica ont cessé leurs vibrations.
Je chante seul, j'entends les vibrations de mon chant...
Elles se prolongent comme les rafales du vent
Qui soufflent à travers l'océan des foules humaines,
Qui gémissent comme la douleur, qui grondent comme l'orage,
Et les siècles les accompagnent sourdement.
Chaque parole retentit et étincelle à la fois
Dans mes oreilles et dans mes yeux.
Ainsi le vent, quand il soulève les vagues,
J'entends son vol d'après ses sifflements,
Je le vois dans son accoutrement de nuages.
Un tel chant est digne de Dieu, est digne de la nature !
C'est un chant grandiose, le chant qui est création.
Un tel chant, c'est la puissance, la vaillance,

Un tel chant, c'est l'immortalité !
Je sens en moi l'immortalité, je crée l'immortalité,
Que pourrais-tu faire de plus grand, Dieu ?
Regarde, seul, je sors ces pensées de moi-même,
Je les incarne dans des mots, ils volent,
Ils se dispersent dans le ciel,
Ils roulent, ils jouent, ils brillent ;
Déjà au loin, je les sens encore,
Je jouis de leurs charmes
Je sens avec ma main leurs rondeurs,
Je devine avec ma pensée leurs mouvements :
Je vous aime, mes enfants prophétiques !
Mes pensées ! Mes étoiles !
Mes sentiments ! Mes souffles orageux !
Je me tiens parmi vous comme un père au milieu de sa famille,
Vous êtes tous les miens !

Je vous foule aux pieds, tous les poètes,
Tous les sages et tous les prophètes,
Que le monde entier révérait.
S'ils revenaient maintenant avec les créations de leur esprit,
S'ils entendaient et ressentaient en eux-mêmes la justesse
De toutes les louanges, de tous les applaudissements
Et de tous les feux de la gloire quotidienne
Qui enflamment de rayons leurs couronnes de lauriers ;
Eh bien malgré toute cette musique de louanges, tout ce décor de lauriers
Ramassés à travers tant de siècles et tant de générations,
Ils ne ressentiraient pas leur bonheur, leur puissance
Comme moi je le sens dans cette nuit solitaire :
Quand je chante seul en moi-même,
Je ne chante que pour moi,
Oui !... je suis sensible, je me sens fort et maître de ma pensée.
Jamais comme en cet instant mes sens n'ont été aussi aiguisés...
Ce jour est mon zénith, c'est aujourd'hui qui donnera toute la mesure de ma puissance,
Aujourd'hui je saurai si je suis le plus grand de tous, ou
seulement le plus orgueilleux ;
Aujourd'hui, c'est un jour marqué par le destin,
Je vais de toutes mes forces étendre les ailes de mon esprit...
C'est le moment où Samson, prisonnier,

Aveugle méditait au pied d'une colonne.
Je vais quitter mon corps, et mon esprit solitaire va s'élancer dans le ciel.
— J'ai besoin de m'envoler,
Je volerai au-delà de la ronde des planètes et des étoiles,
J'arriverai aux confins de la nature près du Créateur.

Les Aïeux / Adam Mickiewicz ; traduit du polonais par Jacques Donguy et Michel Maslowski. – Lausanne : L'Âge d'Homme, 1992. – [Pp. 200-202].

MONSIEUR THADÉE 145

Chr. Ostrowski — 1845

L'intérieur (Livre I). — Retour à la maison de l'enfance. La prose de la traduction conserve assez heureusement la marque de l'élan poétique.

Lithuanie, ô ma patrie ! il en est de toi comme de la santé : on ne t'apprécie à ta juste valeur qu'après t'avoir perdue ! Si je vois et décris aujourd'hui ta beauté dans tout son éclat, c'est que je te pleure, ô mon pays !

Vierge Marie ! toi qui défends la sainte montagne de Czenstochowa et règnes sur la porte Ostra dans Vilna ![1] toi qui protéges le château de Novogrodek et son peuple fidèle ! jadis au berceau, lorsque ma mère éplorée m'eut voué, mourant, à tes autels, tu me rendis la santé par un miracle ; je soulevai aussitôt ma paupière appesantie, et je pus le même jour aller sans appui, dans ta sainte chapelle, remercier Dieu de la vie que tu m'avais rendue : par un miracle non moins grand, daigne ramener les proscrits au sein de leur patrie absente. Cependant laisse fuir mon âme désolée vers ces collines boisées, vers ces verdoyantes savanes qui s'étendent au loin sur les deux rives du bleu Niemen, vers ces champs diaprés de froment aux gerbes d'or, de seigle aux épis argentés, avec le colza couleur d'ambre, le sarrazin neigeux, la sarriette aux teintes virginales, le tout liséré çà et là d'une verte ceinture de poiriers au feuillage muet.

C'était dans un site pareil, au bord d'un ruisseau sans nom, sur une colline couronnée de bouleaux, que s'élevait jadis une maison de seigneur, avec ses murailles en bois et ses fondements de briques rouges. Les

1 La sainte vierge Marie, reine de Pologne et grande-duchesse de Lithuanie, a plusieurs tableaux miraculeux en Pologne. Les plus renommés sont celui de *Czenstochowa*, petite ville fortifiée dans le palatinat de Kalisz, et celui de la *porte Ostra*, dans Vilna, objet d'un culte particulier pour les Lithuaniens. Le premier était peint d'après nature, par saint Luc, évangéliste ; selon la tradition populaire. Il en est d'autres encore d'une moindre célébrité, comme ceux du château à *Novogrodek*, de *Zyrovieç* et de *Borun*. (N.d.t.)

blanches parois s'apercevaient de loin, d'autant mieux que leur couleur contrastait avec la sombre verdure des peupliers qui la garantissaient des vents de l'automne. L'habitation était peu spacieuse, mais commode et bien tenue ; il y avait près de là une vaste grange et trois meules de blé, qui n'avaient pu trouver place sous les hangars, et qui témoignaient de la fécondité du sol. Au grand nombre des monceaux de blé entassés le long ou en travers des sillons, et aussi pressés que les étoiles du ciel, à la quantité des charrues ouvrant dès le matin le sein de cette terre noire et fertile, qui sans doute appartenait à la maison blanche, et dont les immenses carrés étaient cultivés avec autant de luxe que les plates-bandes d'un jardin, on devinait une ferme où régnaient l'ordre et l'abondance. Les portes de l'enclos, toutes larges ouvertes, annonçaient l'hospitalité des habitants et semblaient inviter le voyageur à venir s'y reposer des fatigues de la route.

Le jeune seigneur était justement arrivé dans un briska[1], attelé de deux chevaux ; et après avoir fait le tour de l'enceinte, il était descendu devant le perron. Les chevaux, abandonnés à eux-mêmes, s'étaient mis à brouter le gazon, en ramenant lentement la voiture vers la porte. Il n'y avait personne à la maison, car l'entrée principale était close, et le verrou était mis extérieurement. Le jeune homme n'alla pas s'adresser aux domestiques de la ferme ; il ouvrit lui-même, se précipita dans la maison, la parcourut avec attendrissement : il y avait si long-temps qu'il ne l'avait vue ! Envoyé dans une ville lointaine pour faire ses études, il venait alors d'en atteindre le terme. Ses yeux attendris passaient avidement en revue, comme de vieilles connaissances, les antiques parois : c'étaient les mêmes meubles, les mêmes tapisseries, objets de ses enfantines admirations, mais moins grands, moins beaux qu'autrefois ; les mêmes portraits à la muraille : c'était Kosciuszko dans sa cape brune de Cracovie[2], les yeux levés au ciel et le sabre dans les deux mains. C'est dans cette attitude qu'il avait fait le serment de chasser du sol polonais les trois despotes, ou sinon d'expirer sur son glaive brisé. Plus loin, c'était Reytan[3] en costume polonais, triste après la liberté perdue. Il dirigeait contre sa poitrine la pointe d'un couteau ; devant lui étaient ouverts le *Phédon* et la *Vie de Caton*.

---

1 Ce mot, de même que bourka, chapka, kourtka, wiltchoura, konik (bidet), etc., est devenu français depuis 1812. (N.d.t.)

2 Thadée Reytan fut, en 1793, le chef de l'opposition nationale contre la faction moscovite des Poninski. Grand citoyen comme Caton, il mourut de la même manière. (N.d.t.)

3 Deux hommes de guerre ont porté vers la fin du dernier siècle, le costume du peuple, la capote grise : Kosciuszko et Napoléon. (N.d.t.)

Puis c'était Jasinski[1], beau et pensif jeune homme, et, près de lui, Korsak, son inséparable compagnon. Debout sur les remparts de Praga, tous deux, fauchant les ennemis et pressant du pied des monceaux de kalmoucks, ils regardaient l'incendie de Praga qui les environnait. C'était encore, à l'entrée de l'alcôve, la même vieille horloge à carillon dans sa châsse en bois ; aussitôt, plein d'une joie enfantine, le voyageur en tira le cordon pour entendre la marche bien-aimée de Dombrowski. Puis il se mit à parcourir la maison en cherchant la chambre qu'il avait habitée dix ans auparavant ; il entre, il recule avec un regard de surprise et de peine : « Ici la demeure d'une femme ! Qui donc serait-elle ? son vieil oncle n'était point marié, et sa jeune tante habitait Pétersbourg. Peut-être la femme de charge ? Un piano ! des livres et des notes de musique, le tout négligemment épars ! Mais quel aimable désordre ! Elles devaient être jeunes et jolies, les mains qui les avaient ainsi dispersées ! » Tout auprès, une robe blanche, étendue sur le dossier d'un fauteuil, semblait attendre sa maîtresse, et, sur les fenêtres, des pots bigarrés de géraniums, de giroflées, de reines-marguerites et de violettes, répandaient leurs parfums.

Œuvres poétiques complètes II : Sonnets, Thadée Soplitza, Poésies / Adam Miękiéwicz ; traduction nouvelle [...] par Christien Ostrowski. – 2e édition. – Paris : Charpentier, 1845. – [Pp. 27-29].

MONSIEUR THADÉE 146

Ch. Dobzinsky — 1965

L'année 1812 (Livre XI). — L'arrivée des armées napoléoniennes dans leurs uniformes divers et colorés est conjointe au retour bigarré des différentes espèces d'oiseaux qui rendent le printemps à la Pologne.

Belle année ! qui t'a vue chez nous a gardé de toi souvenance
Le peuple t'appelle toujours l'année verte de l'abondance
Le soldat « l'année de la guerre », et les vieillards qui te vénèrent

---

1 Après l'insurrection de Kracovie, le 24 mars, et celle de Varsovie, le 17 avril 1794, Vilna fit la sienne le 23 du même mois.
Deux compagnies, dont l'une était à peine formée, secondées par quelques habitants, suffirent pour désarmer une garnison de trois mille hommes et pour faire quinze cents prisonniers, le général Arseniew à la tête ; et tout cela grâce aux dispositions du jeune colonel Jacques Iasinski, excellent ingénieur et républicain intrépide. Après ce coup de main, unique dans l'histoire, Iasinski livra trois batailles consécutives en rase campagne ; celle de Niemenczyn contre Lewis, celle de Polany contre Deïoff, et celle de Sioly contre Nicolas Zouboff. Quand Iasinski fut rappelé auprès du généralissime Kosciuszko, on déféra le commandement de la Lithuanie au général Wielhorski, et le 12 août Vilna dut se rendre aux Russes malgré des efforts inouïs.
L'héroïque Iasinski périt le 4 novembre 1794, sur les remparts de Praga, avec Korsak, Grabowski et vingt mille habitants égorgés par Souvarow. (N.d.t.)

Aiment encor parler de toi : tu vis dans les chants populaires.
Depuis longtemps un météore avait annoncé ta venue
Une rumeur te précédait parmi les foules dans la rue,
Avec le soleil printanier les âmes des Lithuaniens
S'emplissaient de pressentiments étranges, comme avant la fin
Du monde : une attente où l'angoisse était pourtant mêlée de joie.

Quand on fit sortir le bétail, au printemps, la première fois
On vit que, tout maigre qu'il fût, tout affamé d'un hivernage,
Il ne courait point aussitôt à l'herbe tendre des pacages
Qui déjà revêtait la terre : il se couchait sur le sol dur
Et mugissait, en ruminant son hivernale nourriture.

Et les paysans qui poussaient le soc dans les premiers sillons
Ne fêtaient pas comme toujours la fin de cet hiver si long,
Ils ne chantaient point et semblaient plus nonchalants dans leur travail.
On les aurait dit oublieux des récoltes et des semailles.
Ils retenaient à chaque pas les chevaux attelés, les bœufs,
Et du côté de l'Occident tournaient des regards anxieux,
Comme si, de ce côté-là, quelque miracle dût sortir ;
Avec crainte ils voyaient déjà des troupes d'oiseaux revenir,
Déjà la cigogne accourait, volait à son pin familier,
Ses ailes blanches déployées, précoce étendard printanier.
Derrière elles, par bataillons criards, venaient les hirondelles
Qui s'assemblaient autour des eaux, becquetant la boue sous le gel
Du sol, pour bâtir leur abri. Et vers le soir dans les sous-bois
On entendait le chuchotis des bécasses. Des troupeaux d'oies
Sauvages planaient vers le ciel, au-dessus des frondaisons basses,
Et s'abattaient en jacassant quand elles se sentaient trop lasses,
Pour se reposer en plein champ. Tandis que les grues gémissaient
Sans cesse, dans les profondeurs du ciel bleu qui s'obscurcissait ;
Les veilleurs de nuit, s'étonnant d'un tumulte inaccoutumé,
Se demandaient d'où provenait ce chahut dans le monde ailé,
Et quelle tempête chassait de si bonne heure les oiseaux.

Mais voici de nouveaux troupeaux, des bouvreuils et des étourneaux,
Ou bien, dirait-on, des pluviers. De plumets de couleur parés
Et de fanions étincelants, ils se dispersent dans les prés,
Resplendissent sur les coteaux et tombent partout de la nue…
Des cavaliers ! Uniformes étrangers, armes inconnues !

Régiments après régiments. Au centre, comme une coulée
De neige fondue, se répand par tous chemins le défilé
Des cohortes bardées de fer. Les forêts tout d'un coup ruissellent
De shakos noirs, et les rangées de baïonnettes étincellent,
Et se déploie la fourmilière immense de l'infanterie.
Tous vers le nord ! En ce printemps où tous les oiseaux s'apparient
On dirait qu'à leur suite accourt le peuple des contrées lointaines,
Qu'il s'est mis en marche avec eux, déferlant comme eux sur nos plaines,
Poussé par une force inconcevable et comme par instinct.

Jour et nuit, hommes et canons, aigles, chevaux, soir et matin
Coulent à flots. Ici et là le ciel s'illumine et rougeoie,
La terre tremble et l'on entend gronder les foudres par endroits.

La guerre ! la guerre ! Il n'est pas sur la terre lithuanienne
Un arpent où ce grondement d'apocalypse ne parvienne,
Dans les forêts, le paysan dont les ancêtres et le père
Sont morts sans même avoir franchi de leur domaine la frontière,
Qui n'entendit jamais du ciel d'autre cri que celui du vent,
Sur la terre d'autre clameur que celle des bêtes hurlant,
Lui qui n'a vu d'autres humains que ceux, familiers, des bois,
Il voit à présent dans le ciel d'étranges lueurs qui flamboient ;
La forêt s'emplit d'un fracas : il entend le bruit de l'obus
Cherchant sa route à travers bois, ainsi qu'une bête perdue
Qui déchire branches et troncs ! Ancêtre barbu, un bison
Frémit au milieu de la mousse, hérisse sa forte toison,
Se soulève à demi, se dresse sur ses pattes de devant,
Et secouant sa barbe aux longs poils, regarde avec étonnement
Les fourrés soudain éventrés, les décombres fumants du bois :
C'est le projectile égaré dont le métal ardent tournoie,
Serpente, siffle, éclate enfin comme un tonnerre. L'animal
Pour la première fois de sa vie pris de panique détale
Et court s'abriter aussitôt dans la profondeur des broussailles.
De quel côté — demandent les garçons — livre-t-on la bataille ?
Ils saisissent les armes, les femmes lèvent les bras aux cieux ;
Ils sont certains de la victoire et crient, des larmes dans les yeux :
Dieu est avec Napoléon ! Napoléon est avec nous !
Ô printemps ! Bienheureux celui qui t'a vu paraître chez nous
Printemps béni de cette guerre, ô printemps de grande abondance !
Ô printemps ! Bienheureux celui qui a connu ton opulence,

Ta terre où l'herbe et les blés ont fleuri, et l'homme a resplendi,
Printemps riche d'événements, et de tant d'espoirs alourdi,
Je te vois encore aujourd'hui, beau rêve nocturne, chimère,
Moi qui — né dans la servitude, et dès le berceau mis aux fers —
N'ai vécu au cours de ma vie qu'un printemps comme celui-là.

Anthologie de la poésie polonaise (1400-1980) / Constantin Jelenski, en collaboration avec Zofia Bobowicz. – Nouvelle édition. – Lausanne : L'Âge d'Homme, 1981. – (Collection *Classiques slaves*). – [Pp. 125-127].

LE LIVRE DES PÈLERINS POLONAIS 147

La Pologne malade (XX, 1-10).

Une femme était tombée en léthargie, et son fils appela des médecins.

Les médecins dirent tous : Choisissez l'un d'entre nous pour la traiter.

L'un des médecins dit : Je la traiterai selon la méthode de Brown. Mais les autres répondirent : C'est une mauvaise méthode ; qu'elle reste plutôt en léthargie et meure, que d'être traitée selon Brown.

Le second dit : Je la traiterai selon la méthode d'Hanneman. Les autres répondirent : Cette méthode est mauvaise ; qu'elle meure plutôt que d'être traitée selon la méthode d'Hanneman.

Alors le fils de la femme dit : Traitez-la de façon ou d'autre, pourvu que vous la guérissiez. Mais les médecins ne voulaient point s'accorder, ils ne voulaient se rien céder l'un à l'autre.

Le fils alors, de douleur et de désespoir, s'écria : ô ma mère ! Et la mère, à la voix de son fils, se réveilla et fut guérie. On chassa les médecins.

Il y en a parmi vous qui disent : Que la patrie reste plutôt dans la servitude que de se relever par l'aristocratie ; et d'autres : Qu'elle reste ainsi plutôt que de se relever par la démocratie ; et d'autres encore : Qu'elle reste ainsi plutôt que d'avoir ces frontières-ci ou ces frontières-là. Ce sont tous des médecins, non des fils, et ils n'aiment point leur mère la Patrie.

Je vous le dis en vérité : Ne cherchez point quel sera la gouvernement en Pologne ; qu'il vous suffise de savoir qu'il sera meilleur que tous ceux que vous connaissez ; ne vous inquiétez pas de ses frontières, car elles seront plus grandes qu'elles ne furent en aucun temps.

Chacun de vous a dans son âme le germe des lois à venir, et la mesure des frontières à venir.

Plus vous améliorerez et agrandirez votre âme, plus vous améliorerez vos lois et agrandirez vos frontières.

Chefs-d'œuvre poétiques suivis du Livre de la nation polonaise et des pèlerins polonais / Adam Mickiewicz ; traduits par lui-même et par ses fils avec une notice [...] par Ladislas Mickiewicz. – Paris : Éditions Bossard, 1924. – [Pp. 427-428].

KIERKEGAARD

DANOIS **1813-1855**

L'œuvre haute et grave de ce Danois, couramment appelé « le père de l'existentialisme » moderne, le seul véritable philosophe que nous ait donné le Nord, conserve quelque chose d'exemplaire. Non seulement parce qu'elle ne s'explique pas si l'on omet de faire droit à ce que l'on appelle, là-bas, le « radicalisme » ou l'« absolutisme » d'une pensée qui n'admet pas les compromis, également parce qu'elle ne s'entend pas si l'on fait abstraction de ses positions anti-hégéliennes et de sa totale détestation d'une religion assise et trop souvent hypocrite qui substituait la paille des mots au grain des choses, mais encore en raison de la parfaite correspondance entre la pensée et une vie tout entière vouée à la défense de la vérité. À cet acharnement qu'il aura mis à exiger une sincérité et un engagement absolus, il perdra la santé et la vie. Trois mots résument son inspiration : subjectivité, engagement, authenticité. En notant bien que le christianisme qu'il défend n'est pas celui des mystères joyeux, mais la face tragique du Christ en agonie, on aura bien garde aussi de ne pas séparer, en Søren Kierkegaard, le poète extrêmement attentif aux ressources de sa langue, du penseur appliqué à rendre un sens à la foi. Il aura passé sa vie brève à travailler dans l'inquiétude vers une plus grande ardeur, à atteindre une véritable probité (*redelighed*) spirituelle et à témoigner d'une religion pour laquelle il vaudrait la peine de vivre et mourir.

Le point de départ de la réflexion de ce bourgeois copenhaguois issu d'une riche famille de commerçants, qui entre dans la vie en faisant des études de théologie pour devenir pasteur, tient à la découverte de la subjectivité totale de l'être humain — en quoi, en effet, il préfigure l'existentialisme moderne : « Il s'agit de découvrir une vérité qui soit vérité *pour moi* ». Cela l'oppose, d'emblée, aux systèmes objectifs (Platon), historiques (Hegel) ou dépersonnalisants (les matérialismes). Il demeurera l'homme seul (*den enkelte*) qui entend faire droit à sa vocation (*kald*) dans toute son exigence de vérité, ce par quoi il exercera une influence déterminante sur tous les plus grands écrivains du Nord, comme Brandes, Ibsen, Strindberg, etc.

Il va donc s'engager, après la tragique découverte du péché mortel qu'aurait commis son père (qui aurait violé celle qu'il épousera ensuite, la mère du philosophe, et qui aurait maudit Dieu) dans la recherche passionnée et tremblante (l'un de ses ouvrages les plus pathétiques s'intitulera *Crainte et tremblement*, 1843) dont il exposera les étapes, en 1845, dans *Stades sur le chemin de la vie*. Pour l'heure, c'est dans son plus célèbre ouvrage, *Ou bien... Ou bien* (*Enten... eller*, 1843), édité sous plusieurs pseudonymes en ses diverses parties, qu'il s'efforce de déterminer où pourrait se trouver « un point où jeter l'ancre ». Il cherchera d'abord cet ancrage dans ce qu'il appelle le « stade esthétique » de la vie, c'est-à-dire la volonté de consommer dans l'instant les potentialités de sa subjectivité. Sous les trois figures du Juif Errant, Ahasverus (qui est l'aventure perpétuelle), de Faust (le doute) et de don Juan (la sensualité), Kierkegaard montre que cette fuite constante hors de soi-même que ces trois noms symbolisent ne peut qu'aboutir au désespoir, constatation que sa thèse sur le *Concept d'ironie* socratique ne parvient pas à tirer d'une épuisante tautologie.

Le « stade éthique » tente alors, après la mort du père du philosophe, de projeter dans un avenir perpétuellement renouvelé les angoisses et la quête d'absolu. En même temps, Kierkegaard se fiance à une petite bourgeoise de Copenhague, Regine Olsen, union qu'il rompra bientôt parce qu'il voit bien que l'amour humain ne peut se plier à ses exigences d'absolu. *La Reprise* (1843) échoue devant la vaine espérance de regagner le temps perdu ; *Crainte et tremblement* médite douloureusement sur le sacrifice d'Abraham ; et les *Miettes philosophiques* font porter l'accent sur le paradoxe proprement scandaleux de l'existence du Christ, à la fois Dieu et homme. Il faut choisir — d'où, ou bien... ou bien (qui manque, assurément, de nuance) : soit le refus de l'existence des deux pôles opposés Bien et Mal, soit leur acceptation. Il n'existe pas d'échappatoire.

Aussi faut-il s'engager dans le « stade religieux », c'est-à-dire adopter ce point de vue transcendant où Bien et Mal sont perçus ensemble et où est dominée enfin une antinomie crucifiante. Mais pour ce faire, il faut résolument opter pour le religieux, pour Dieu, faire le saut (*Spring*) — Pascal, auquel cet esprit est étroitement apparenté, parlerait de « pari » — qui vous plonge dans la reconnaissance de l'Absolu. *Le Concept d'angoisse* (1844) insouligne le fait que, l'homme étant angoisse, elle-même source du péché, s'établit une nouvelle fois l'absolue nécessité d'un choix qui vous prive, certes, des joies de l'existence tout en vous promettant une vie supérieure.

Ces vues se doublent, comme inévitablement, de critiques d'une violence extrême contre l'Église danoise officielle (les évêques Mynster et Martensen, en particulier) enfermée dans ses rites et ses discours creux, mais qui *ne vit pas* ce christianisme tragique. Il exprime ces diatribes dans toute une série de pamphlets d'une férocité rare, intitulés *L'Instant* (neuf livraisons, en 1855) qui lui vaudront, bien entendu, les anathèmes de tous les bien-pensants. *La Maladie à la mort* (1849), comprenons : la maladie (refus de choix) qui vous mène inexorablement à la négation de vous-même, avait déjà stigmatisé quiconque ne cherche pas le repos dans la Rédemption : seul, le Christ peut apporter un secours véritable à des consciences qui ne vivent que dans le relatif. Voilà « le sérieux absolu ».

On doit insister sur cet acharnement à trouver une vérité qui fasse vivre l'individu, celle pour laquelle il est fait, dans une perspective bien luthérienne ou, mieux, calviniste. D'autre part, cet acharnement à approfondir la subjectivité pour y retrouver le sujet transcendant et absolu avec lequel elle se trouve dans une relation paradoxale mais nécessaire a, en soi, quelque chose d'admirable. Il y a là une sorte de sacerdoce de l'Idéal qui force le respect : « Celui qui combat pour l'existence suprême doit se priver des joies suprêmes de l'existence » : autre façon de dire que le seul véritable problème qui puisse se poser à l'être humain est bien celui de sa vocation authentique.

Pensée dont le climat comme naturel est l'excès, mais il faut la situer aussi dans son contexte : ce contre quoi s'insurge Kierkegaard, c'est le romantisme embourgeoisé qu'il avait connu et souffert. Jaspers, Gabriel Marcel, Heidegger, et même Sartre ont retenu, chacun à sa façon, cette rage de stigmatiser les sépulcres blanchis. Concluons avec Jean Wahl : « Kierkegaard nous enseigne l'art des contraires dans la vie ; et si l'esprit est non pas toujours ni surtout synthèse, mais lutte entre des contraires maintenus dans leur pureté, et en même temps, effort pour penser ce qui les dépasse et réside au-dessus d'eux, s'il est conçu comme le monologue devant la réalité qui l'excite, l'attire et ne lui répond pas, la pensée de Kierkegaard est une de celles où s'est manifesté le mieux le caractère de l'Esprit ».

Études kierkegaardiennes / Jean Wahl. – 2e édition – Paris : Vrin, 1949. – 645 p. – (*Bibliothèque d'histoire de la philosophie*). – [Suivi d'extraits en français du *Journal* de Kierkegaard].].

Kierkegaard et la philosophie existentielle : "vox clamantis in deserto" / Léon Chestov ; traduit du russe par T. Rageot et B. de Schloezer. – 3e édition – Paris : Vrin, 1972. – 385 p. – (*Bibliothèque des textes philosophiques*).

Histoire et absolu : essai sur Kierkegaard / Jacques Colette. – Paris : Desclée, 1972. – 281 p. – (*L'athéisme interroge*).

Sens et répétition : essai sur l'ironie kierkegaardienne / Henri-Bernard Vergote. – Paris : Éditions du Cerf, 1982. – 2 vol.

F.J. Billeskov-Jansen, "Les études kierkegaardiennes en France". – In : *Le Texte et l'Idée*, numéro spécial (1990), pp. 215-227.

Lectures philosophiques de Søren Kierkegaard : Kierkegaard chez ses contemporains danois / textes de J.L. Heiberg, H.L. Martensen, P.M. Møller... [et al.] ; traduits du danois et présentés par H.B. Vergote. – Paris : P.U.F., 1993. – XII-339 p. – (*Philosophie d'aujourd'hui*).

Kierkegaard et la non-philosophie / Jacques Colette. – Paris : Gallimard, 1994. – 239 p. – (*Tel* ; 238).

Le Secret de Kierkegaard / catalogue d'accompagnement à l'exposition "Søren Kierkegaard", Paris, octobre 1996. – Copenhague : Ministère danois de l'éducation, 1996. – 126 p.

OU BIEN... OU BIEN — 148

P.-H. Tisseau, rev. El.-M. Tisseau — 1970

Discours d'un extatique (1re Partie : *Diapsalmata*). — Ce qui contrarie l'âme humaine, c'est qu'elle se consume à établir la nécessité, ou la contingence, d'un choix fondamental. Il faudrait, comme le préconisait Spinoza, *tout* envisager *sub specie æternitatis*. De la sorte, les catégories de la nécessité et de la contingence seraient abolies.

Marie-toi, tu le regretteras ; ne te marie pas, tu le regretteras également[1] ; marie-toi ou ne te marie pas, tu regretteras l'un et l'autre ; que tu te maries ou que tu n'en fasses rien, tu le regretteras dans les deux cas. Ris des folies du monde, tu le regretteras ; pleure sur elles, tu le regretteras également ; ris des folies du monde ou pleure sur elles, tu regretteras l'un et l'autre ; que tu ries des folies du monde ou que tu pleures sur elles, tu le regretteras dans les deux cas. Crois une jeune fille, tu le regretteras ; ne la crois pas, tu le regretteras également ; crois une jeune fille ou ne la crois pas, tu regretteras l'un et l'autre ; que tu croies une jeune fille ou que tu n'en fasses rien, tu le regretteras dans les deux cas. Pends-toi, tu le regretteras ; ne le fais pas, tu le regretteras également ; pends-toi ou non, tu regretteras l'un et l'autre ; que tu te pendes ou que tu n'en fasses rien, tu le regretteras dans les deux cas. Tel est, Messieurs, le résumé de tout l'art

1 Dans son propre exemplaire de *Ou bien... ou bien*, Kierkegaard renvoie à Diogène Laërce qui attribue ce mot à Socrate (*Vie des philosophes*, II, 33). Ce même thème sera développé dans *Divers propos sur le mariage*, 2e partie des *Stades sur le chemin de la vie*.

de vivre. Ce n'est pas seulement par intermittences que j'envisage tout *æterno modo*, comme dit Spinoza[1] ; je suis constamment *æterno modo*. Beaucoup croient aussi vivre de la sorte quand, après avoir fait l'une ou l'autre de ces choses, ils unissent ou médiatisent ces contraires. Mais ils sont dans l'erreur, car l'éternité véritable ne se trouve pas derrière une alternative, mais devant. Leur éternité serait donc aussi une douloureuse succession dans le temps, puisqu'ils auront à consumer un double regret. Ma règle de conduite est alors d'intelligence facile, puisque je n'ai qu'un seul principe fondamental que je ne prends même pas pour point de départ. Il faut distinguer entre la dialectique de succession propre à l'alternative et celle, fondée sur l'éternité, que j'indique ici. Quand je dis par exemple que je ne pars pas de mon principe, le contraire de mon assertion n'est pas la proposition affirmative ; mon assertion exprime simplement de façon négative mon principe, ce par quoi il se conçoit lui-même en opposition avec un départ ou un non-départ de lui. Je ne pars pas de mon principe ; car si je le faisais, je le regretterais, et si je m'en abstenais, je le regretterais également. Si donc il semblait à tel ou tel de mes honorables auditeurs qu'il y a pourtant quelque chose à retenir de mes propos, il prouverait simplement par là qu'il n'a pas le cerveau philosophique ; et s'il y trouvait du mouvement, il prouverait la même chose. En revanche, pour les auditeurs capables de me suivre, malgré l'inertie où je suis, je vais maintenant exposer la vérité éternelle grâce à laquelle cette philosophie reste enfermée en elle-même sans en reconnaître d'autre au-dessus d'elle. Si, en effet, je partais d'un principe, je ne pourrais plus m'arrêter ; car si je ne m'arrêtais pas, je le regretterais, et si je m'arrêtais, je le regretterais également, etc. Mais du moment que je ne pars jamais, je peux toujours m'arrêter ; car mon départ éternel est mon arrêt éternel. L'expérience a montré que la philosophie n'a aucune difficulté à commencer. Loin de là, puisqu'elle commence avec rien[2] et qu'elle peut donc toujours commencer. En revanche, ce qui semble difficile pour elle, et pour les philosophes, c'est de s'arrêter. J'ai aussi évité cette difficulté ; car si l'on croyait qu'en cessant maintenant, je cesse réellement, on montrerait que l'on n'a pas la moindre idée de la spéculation. Car je ne m'arrête pas maintenant : je me suis arrêté au moment où j'ai commencé. Ma philosophie a donc l'excellen-

1 Voir Spinoza, *Ethica* V, 40 schol. : « (Apparet quod) mens nostra, quatenus intelligit, æternus cogitandi modus sit » [Il apparaît que notre âme, en tant qu'elle connaît, est un mode éternel du penser]. Mais Kierkegaard a ici en vue une autre formule célèbre du même philosophe : *sub specie æternitatis* [sous la catégorie de l'éternité] ; c'est là, pour Spinoza, la seule connaissance véritable.

2 Voir Hegel, *Wissenschaft der Logik*, II, début (Jub. Ausg. IV 69 *sq.*).

te qualité d'être brève et d'être irréfutable ; car si quelqu'un me contredit, je suis fondé à le traiter de fou. Le philosophe est donc constamment *æterno modo* et, comme feu Sintenis[1], il n'a pas vécu seulement certaines heures pour l'éternité.

Ou bien... ou bien ; La reprise ; Stades sur le chemin de la vie ; La maladie à la mort / Søren Kierkegaard ; édition établie par Régis Boyer. – Paris : Éditions Robert Laffont, 1993. – (*Bouquins*). – [Pp. 45-47].

OU BIEN... OU BIEN 149

P.-H. Tisseau, rev. El.-M. Tisseau — 1970

« *Tout est symbole* » (1re Partie : *Le journal du séducteur*). — L'idée même de l'amour et les belles images qui s'y associent sont plus séduisantes que l'amour en soi !

Le 24 septembre

La nuit est calme — minuit moins le quart. À la porte de la ville, le veilleur lance sa sonnerie sur la campagne comme une bénédiction et Blegdam en renvoie l'écho. Il rentre, sonne de nouveau, l'écho résonne, plus lointain. — Tout dort paisiblement, sauf l'amour. Levez-vous, puissances secrètes de l'amour, rassemblez-vous dans cette poitrine ! La nuit est plongée dans le silence qu'un oiseau solitaire interrompt de son cri et de son battement d'ailes en effleurant les champs couverts de rosée sur le revers du glacis : lui aussi, sans doute, se hâte à un rendez-vous ! *Accipio omen*[2] [J'accepte le présage] ! Comme toute la nature est pleine de présages ! Je tire augure du vol des oiseaux, de leurs cris, des bonds éperdus des poissons à la surface du lac, de leur plongée dans les profondeurs, d'un aboiement lointain, du roulement d'une voiture, d'un bruit de pas, là-bas. Nul revenant à mes yeux à cette heure nocturne ; je ne vois pas ce qui a été, mais ce qui va venir ; je le vois au sein du lac, dans le baiser de la rosée, dans la brume qui s'épand sur la terre dont elle voile l'étreinte féconde. Tout est symbole ; et moi, je suis un mythe de moi-même, car n'est-ce pas une sorte de mythe que ma course à cette rencontre ? Peu importe qui je suis ; tout ce qui appartient au monde fini et temporel est oublié ; seul

---

1 Ch. F. Sintenis (1750-1820), théologien et prédicateur allemand, auteur d'un livre de piété intitulé *Stunden für die Ewigkeit gelebt*, Berlin 1791-1792). Il existait de ce livre une traduction danoise, publiée en 1795 sous le titre : *Timer, levede for Evigheden* [Heures vécues pour l'éternité] et rééditée en 1798.

2 CICÉRON, *De divinatione*, I, 103.

demeure l'éternel, la puissance de l'amour avec ses désirs nostalgiques et sa félicité. — Mon âme est tendue comme un arc ; mes pensées sont comme des flèches dans le carquois, sans venin, mais prêtes à infuser leur poison dans le sang. Mon âme est forte, saine, joyeuse, elle m'est présente[1] comme un dieu. — — Cordélia ! La nature l'a faite belle ; je t'en rends grâces, nature merveilleuse ! Comme une mère tu as veillé sur elle. Je te rends grâces de tes soins. Elle était inaltérée, je vous remercie, humains à qui elle doit cette ingénuité. Son développement a été mon œuvre : bientôt je vais jouir de ma récompense. — Que n'ai-je rassemblé pour l'instant que voici ! Mort et enfer, s'il m'échappait ! — Je ne vois pas encore ma voiture. — J'entends un fouet claquer : c'est mon cocher. — Roule un train d'enfer, crève tes chevaux, mais pas une seconde avant le but.

Le 25 septembre.

Pourquoi pareille nuit ne peut-elle se prolonger ? Si Alectryon[2] a pu oublier sa mission, pourquoi le soleil ne le peut-il aussi, par compassion ? Mais c'est fini et je souhaite ne plus jamais la voir. Quand une jeune fille a tout donné, elle est faible : elle a tout perdu ; car si l'innocence est chez l'homme un moment négatif, elle est l'essence même de la nature féminine. Toute résistance est désormais impossible et il n'est beau d'aimer que le temps des obstacles ; une fois ce temps révolu, l'amour n'est plus qu'habitude et faiblesse. Je désire perdre tout souvenir de mes relations avec elle ; elle a perdu tout parfum et les temps ne sont plus où le chagrin d'une jeune fille abandonnée par son amant infidèle la transformait en héliotrope[3]. Je ne veux pas lui faire mes adieux ; rien ne me répugne comme les pleurs et les supplications d'une femme qui changent tout sans néanmoins avoir de sens. Je l'ai aimée ; désormais, elle ne peut plus m'occuper. Si j'étais un dieu, je ferais pour elle ce que Neptune fit pour une nymphe : je la métamorphoserais en homme[4].

Il vaudrait vraiment la peine de savoir si l'on ne peut se dégager d'une jeune fille en exaltant sa fierté au point qu'elle s'imagine être elle-même lasse des relations. Ce pourrait être un épilogue fort intéressant en soi, au

1 Au sens fort du mot latin *præsens* : puissant, efficace.

2 [...] Chargé de faire le guet pendant les rencontres nocturnes d'Arès et d'Aphrodite, Alectryon s'endormit et le soleil surprit les deux amants.

3 Voir OVIDE, *Métamorphoses*, IV, 234 [...]. Tel fut le sort de Clytie : après qu'Apollon, dieu du soleil, l'eut abandonnée, elle fut transformée en héliotrope — fleur toujours tournée vers le soleil — afin de ne jamais perdre de vue som amant. Ce passage est à rapprocher d'une lettre non datée à Régine, où Kierkegaard se compare lui-même à l'héliotrope : voir *Breve og Aktstykker*, n°19.

4 Voir OVIDE, *Métamorphoses* XII, 189. [...] La nymphe s'appelait Caïns ; elle devint Caïneus.

point de vue psychologique, et qui, de plus, enrichirait l'expérimentateur de maintes observations d'ordre personnel.

Ou bien... ou bien ; La reprise ; Stades sur le chemin de la vie ; La maladie à la mort / Søren Kierkegaard ; édition établie par Régis Boyer. – Paris : Éditions Robert Laffont, 1993. – (*Bouquins*). – [Pp. 372-374].

LA REPRISE 150

N. Viallaneix — 1990

Le poète, exception antérieure aux exceptions religieuses (2e Partie). — Dans sa montée vers l'absolu de Dieu, l'homme adopte une démarche de type poétique : il part d'une situation donnée qu'il « reprend » (d'où le titre *La Reprise* — comme on parle de reprise dans le monde du théâtre — et non *La Répétition*) en l'élevant chaque fois d'un degré afin de déboucher, pour finir, sur une « issue proprement religieuse ».

Ce livre offrira éventuellement au commun des critiques l'occasion rêvée de mettre en lumière par le menu que ce n'est ni une comédie, ni une tragédie, ni un roman, ni une épopée, ni une épigramme, ni une nouvelle. Il trouvera encore impardonnable qu'on cherche en vain à dire 1, 2, 3 ; il comprendra difficilement la marche suivie, puisqu'elle est l'inverse[1]. La visée du livre ne lui conviendra pas non plus, assurément ; car les critiques expliquent communément l'existence de manière à réduire à néant le général aussi bien que le particulier. C'est surtout demander beaucoup trop au commun des critiques que de s'intéresser à un combat dialectique où l'exception fait irruption dans le général, à la procédure longue et très compliquée où l'exception combat jusqu'au bout pour se défendre comme justifiée ; car l'exception injustifiée se reconnaît précisément à ce qu'elle veut éluder le général. Cette lutte est très dialectique et infiniment nuancée ; elle présuppose, comme condition, une promptitude absolue dans la dialectique du général ; elle requiert la rapidité dans la reproduction des mouvements ; en un mot, elle est aussi difficile que de frapper mortelle-

1 [...] Exposé typiquement kierkegaardien du rapport « dialectique » du « général » (*det Almene*) et de l'*Unique*, le « particulier » (*det Enkelte*), « l'exception » (*Undtagelsen*). Il met en œuvre une dialectique tout à fait opposée à celle de Hegel ; d'où l'ironie à propos de la méthode logique lu « Système », où le développement de tous les concepts se fait selon le schéma : 1. thèse, position ; 2. antithèse, négation ; 3. synthèse, médiation ou unité (« 1-2-3 »...). La dialectique kierkegaardienne, au contraire, tient face à face les opposés ; elle accomplit des mouvements d'oscillation de l'un à l'autre (ici chacun des termes opposés est repris dix-neuf fois). La « réconciliation » consiste, non pas à étouffer les différences (la « rupture », *Brydning*, demeure), mais à maintenir *ensemble* les opposés, à les faire sonner ensemble, comme dans un accord musical. Ainsi, par rapport à la dialectique hégélienne, la marche à suivie est « inverse » : l'accord se devine dès « l'ouverture », comme ce doit ête le cas dans un opéra. La construction de la pensée est donc musicale ; on y chercherait en vain une progression linéaire logique. (N.d.t.)

ment un homme tout en le laissant vivre ! D'une part, l'exception et de l'autre, le général ; la lutte elle-même est un prodigieux conflit entre la colère et l'impatience du général à cause de tout le tumulte que l'exception occasionne, et son amoureuse prédilection pour l'exception ; en fin de compte, le général se réjouit malgré tout d'une exception, autant que le ciel d'un pécheur qui se repent, préféré à quatre-vingt-dix-neuf justes[1]. D'autre part, l'exception combat avec son indocilité, son défi, sa faiblesse et sa morbidité. Au total c'est une rupture où le général rompt avec l'exception, en luttant corps à corps avec elle et en la fortifiant par cette rupture. Si l'exception ne tient pas ferme dans l'adversité, le général ne l'aide pas, tout aussi peu que le ciel aide un pécheur qui ne peut supporter la douleur du repentir. L'exception, énergique et capable de conclure, rejeton du général, bien qu'en lutte avec lui, maintient sa position. Leur rapport est le suivant : l'exception pense le général en même temps qu'elle se pense elle-même pour s'examiner à fond ; elle travaille pour le général en se travaillant à fond elle-même ; elle s'explique le général en s'expliquant elle-même. L'exception explique par conséquent le général et elle-même ; et si on veut étudier correctement le général, il suffit de chercher du regard autour de soi une exception justifiée ; elle fait tout voir bien plus nettement que le général lui-même. L'exception justifiée est réconciliée dans le général : le général, dès son fondement, est en polémique contre l'exception ; il ne veut pas, en effet, laisser remarquer sa prédilection pour elle avant que l'exception ne le force, pour ainsi dire, à l'avouer. Si l'exception n'a pas cette puissance, elle n'est pas justifiée et c'est pourquoi le général se montre fort astucieux en ne laissant rien remarquer trop tôt. Quand le ciel aime un pécheur plus que quatre-vingt-dix-neuf justes, le pécheur ne le sait pas dès le commencement ; au contraire, il ne ressent que la colère du ciel, jusqu'à ce qu'enfin il force le ciel, pour ainsi dire, à parler franchement.

À la longue, on se lasse des sempiternels papotages sur le général et encore le général, repris de manière si fade qu'ils lassent jusqu'à la nausée. Mais il y a les exceptions. Si on ne peut les expliquer, on ne peut davantage expliquer le général. D'ordinaire, on ne remarque pas la difficulté, parce qu'on ne pense pas le général avec passion, mais avec une commode superficialité. L'exception, au contraire, pense le général avec l'énergie de la passion.

---

1 Cf. Luc 15, 17. (N.d.t.)

Quand on le fait, un nouvel ordre de préséances apparaît et si la pauvre exception est tout de même bonne à quelque chose, elle obtient de nouveau, comme la jeune fille du conte de fées, sacrifiée par une marâtre, gloire et honneur.

Un poète est une exception de ce genre ; il constitue le passage vers les exceptions proprement aristocratiques : les exceptions religieuses. Un poète est communément une exception. On se réjouit d'ordinaire de son apparition et de ses productions. Je pense donc qu'il valait aussi la peine de permettre à un tel homme de naître. Le jeune homme, auquel j'ai permis de naître est un poète[1]. Je ne peux faire davantage ; je peux tout au plus, en effet, aller jusqu'à concevoir et produire un poète grâce à ma pensée, mais je ne peux devenir moi-même poète ; aussi bien mon intérêt est-il ailleurs. Je me suis occupé de ma tâche de manière purement esthétique et psychologique. Je m'y suis appliqué ; mais toi, mon cher lecteur ! si tu y regardes de plus près, tu verras facilement que je ne suis qu'un esprit serviable, bien loin d'être indifférent envers ce jeune homme, comme pourtant il le redoute. Il y a là un malentendu que j'ai provoqué pour l'amener ainsi à se découvrir. Chacun de mes mouvements n'était que pour l'éclairer ; je l'ai eu constamment *in mente* [dans ma pensée] ; chacune de mes paroles se rapporte à lui, ou alors je suis un ventriloque. Même quand la plaisanterie et l'espièglerie semblent se débrider sans aucun égard, c'est par égard pour lui ; même quand tout finit en humeur noire, c'est un signe qui le concerne, qui concerne un état d'âme en lui. Pour cette raison, tous les mouvements s'effectuent de manière purement lyrique et ce que je dis doit être obscurément compris en lui ; ou encore grâce à ce que je dis, on doit le mieux comprendre. Ainsi ai-je fait pour lui ce que j'ai pu, comme maintenant, cher lecteur, je m'efforce de te servir en étant derechef un autre[2].

---

1 Le jeune homme est donc une invention de Constantin Constantius. Il s'ensuit que Kierkegaard s'est scindé lui-même en deux. D'une part, Constantin, qui « s'intéresse » uniquement à « l'esthétique et à la psychologie », qui est donc philosophe ; d'autre part, un poète. La troisième instance, le religieux, est absente. Elle se retrouvera dans l'Abraham de *Crainte et Tremblement*, paru le même jour que *La Reprise*. Cependant, elle est déjà pressentie, puisque le poète « constitue le passage vers… les exceptions religieuses ». (N.d.t.)

2 Cette dernière phrase a été ajoutée plus tard […]. Kierkegaard sentit sans doute que son portrait définitif de Constantin n'était pas tout à fait accordé à celui qu'il avait précédemment proposé. « Lyrique », c'est-à-dire subjectif, qui exprime des sentiments intimes, qui concerne « l'individualité ». (N.d.t.)

La vie d'un poète commence dans une lutte avec l'existence tout entière ; il s'agit de trouver un apaisement ou une justification. Dans la première lutte, en effet, il doit toujours perdre et, s'il vainc du premier coup, c'est qu'il n'a pas de justification. Mon poète trouve maintenant sa justification dans l'absolution que lui donne l'existence, à l'instant où il veut, pour ainsi dire, se réduire lui-même à néant[1]. Son âme y gagne maintenant un écho religieux. C'est bien ce qui le porte, bien que n'arrivant jamais à percer. La joie dithyrambique de sa dernière lettre en est un exemple ; cette joie, en effet, se fonde sans aucun doute sur une tonalité affective religieuse comme un secret qu'il ne peut expliquer, alors que ce secret l'aide à expliquer la réalité de manière poétique[2]. Il explique le général comme reprise et pourtant il comprend lui-même la reprise d'une autre manière ; car, tandis que la réalité devient la reprise, la reprise devient pour lui la seconde puissance de sa conscience. Il a eu ce qui appartient essentiellement à un poète : une inclination amoureuse ; mais la sienne est tout à fait équivoque : heureuse, malheureuse, comique, tragique[3]. Par rapport à la jeune fille, tout peut devenir comique, car, lorsqu'il éprouvait surtout de la sympathie, sa souffrance se trouvait pour une grande part dans celle de l'aimée. Si donc, sur ce point, il était dans l'erreur, alors le comique prédomine. Mais s'il regarde à lui-même, en ce cas c'est le tragique qui se présente, tout comme lorsqu'en un autre sens il pense l'aimée dans la perspective de l'idée. De toute cette inclination amoureuse, il a gardé une idéalité dont il peut donner telle ou telle expression, mais qui reste toujours dans le registre de la tonalité affective, parce qu'il n'atteint aucune réalité effective[4] ! Il y a bien en lui un fait de conscience,

---

1 « Absolution » de *at absolvere*, à la fois « conclure » et « passer un examen ». Le poète est défini comme l'exception. Sa vie « commence dans une lutte avec l'existence tout entière », dans laquelle « il doit perdre ». Il est écrasé, en effet, par la réalité puisque, en tant qu'exception, il ne saurait s'y conformer. Cependant, lorsque le poète dont il est question ici (« mon poète ») est sur le point de succomber, de « se réduire à néant » (par exemple, en se suicidant, comme semblait le prévoir le projet primitif), l'existence « l'absout », le reçoit à son examen. En effet, les fiançailles de « sa » jeune fille sont interprétées comme un « orage » qui le remet à flot en lui restituant ses dons poétiques. (N.d.t.)

2 « Tonalité affective » (*Stemming*). Cet élément religieux de la sensibilité, disposition ou sentiment, est un phénomène intérieur, qui ne peut « percer », c'est-à-dire trouver d'expression extérieure. Il reste donc « secret ». Mais il n'en aide pas moins le jeune homme à s'exprimer « de manière poétique ». (N.d.t.)

3 [...] La reprise, pour le jeune homme, consiste à se retrouver lui-même, à reprendre son activité poétique librement, une fois achevée son « histoire d'amour », qui devient une « inclination amoureuse » (*Førelskelse*), une simple amourette !

« Éprouvait » (*var afficeret*) : était affecté. « Sur ce point », c'est-à-dire la souffrance de la jeune fille : c'était « une erreur », puisqu'elle était en train de se fiancer à nouveau ! (N.d.t.)

4 Le jeune homme est étranger à toute « réalité effective » (*Facticiteit*) ; il est inapte à vivre sur le terrain des faits. Il demeure dans « le registre de la tonalité affective » (*i Stemming*), c'est-à-dire

mais ce n'en est pas un, c'est une élasticité dialectique, qui le rend productif dans le registre des tonalités affectives. Tandis que cette productivité se manifeste à la surface de son être, quelque chose d'indiciblement religieux le porte. Ainsi, dans ses premières lettres, surtout dans certaines d'entre elles, le mouvement approchait de très près une issue proprement religieuse. Cependant, à l'instant où la suspension provisoire est levée, il se ressaisit, mais comme poète, et le religieux s'effondre, c'est-à-dire devient un indicible substratum.

S'il avait eu un soubassement religieux plus profond, il ne serait pas devenu poète. Tout aurait eu un sens religieux. L'aventure dans laquelle il est empêtré aurait vraiment eu du sens pour lui ; mais comme l'obstacle serait venu des sphères supérieures, il aurait eu du même coup une tout autre autorité, quoique payée d'une souffrance encore plus douloureuse ; il aurait alors agi tout autrement, avec une inflexibilité et une logique de fer ; le gain aurait été un fait de conscience auquel il aurait pu s'en tenir constamment et qui ne serait jamais devenu pour lui équivoque, mais qui aurait été pur sérieux, parce qu'il l'aurait posé lui-même, en vertu d'un rapport à Dieu. À l'instant même, toute la question de la finitude serait tombée dans l'indifférence ; la réalité proprement dite, au sens le plus profond, ne lui aurait fait ni chaud ni froid. Il aurait alors, sur le plan religieux, épuisé toute la terrible suite logique qu'entraînait cette aventure. Même si la réalité se montrait toute différente, rien d'essentiel ne changerait pour lui, pas plus que, le pire se produisant ne l'aurait, pour l'essentiel, plus terrifié qu'il ne l'était déjà. Il comprendrait alors, avec la crainte et le tremblement religieux, mais aussi avec foi et confiance, ce qu'il avait fait depuis le début et ce qui, en toute logique, s'ensuivrait obligatoirement, même si cette obligation devait provoquer des choses extraordinaires. Pour le jeune homme, au contraire, en tant que poète, il est précisément caractéristique de ne pouvoir jamais éclaircir ce qu'il a fait, de manière correcte. C'est que précisément il veut à la fois le voir et ne pas le voir dans le domaine extérieur et visible, ou plutôt voulant le voir dans ce domaine il veut donc à la fois le voir et ne pas le voir. Un individu religieux, au contraire, repose en lui-même et dédaigne tous les enfantillages de la réalité.

---

de la sensibilité, du sentiment. Il n'atteint donc le fait qu'en « idée », comme « fait de conscience » (*Bevidstheds-Faktum*) ou pseudo-fait qui ne produit que « l'élasticité dialectique » lui permettant d'exprimer « l'idéalité » de la sensibilité, en le rendant de plus belle poète. Il s'éloigne d'autant de « l'exception religieuse » que semblait annoncer ses premières lettres : il reste assigné à la place du poète, « exception justifiée », mais sur un plan inférieur. (N.d.t.)

Mon cher lecteur ! tu comprends maintenant que l'intérêt se porte sur le jeune homme, tandis que je suis une personne qui s'efface, comme l'accouchée, devant l'enfant qu'elle met au monde. Et tel est bien le cas ; car je l'ai pour ainsi dire mis au monde et c'est pourquoi je prends la parole en qualité d'adulte. [...]

Ton dévoué
Constantin Constantius

La Reprise / Kierkegaard ; traduction, introduction, dossier et notes par Nelly Viallaneix. – Paris : Flammarion, 1990. – (*GF* ; 512). – [Pp. 170-176, pp. 217-219 pour les notes].

LA MALADIE À LA MORT 151

P.-H. Tisseau, rev. El.-M. Tisseau — 1971

Le noble courage du chrétien (Préambule). — Il faut avoir le courage de comprendre que ce qui mène à la mort de notre corps, quelque terrible que ce soit, n'est pas une maladie, mais la condition *sine qua non* et joyeusement acceptée de notre accès à la vrai vie éternelle.

« Cette maladie n'est pas à la mort » (Jn XI, 4). Et pourtant, Lazare mourut ; comme les disciples se trompaient sur le sens des mots que Christ prononça ensuite : « Lazare, notre ami, s'est endormi, mais je vais le réveiller » (XI, 11), il leur dit ouvertement : « Lazare est mort » (XI, 14.) Ainsi, Lazare est mort, et pourtant cette maladie n'était pas à la mort ; il était mort, et pourtant cette maladie n'est pas à la mort. Nous savons bien aujourd'hui que Christ pensait au miracle qui devait amener les contemporains, « s'ils croyaient, à voir la gloire de Dieu » (XI, 40), au miracle par lequel il réveilla Lazare des morts ; si bien que « cette maladie » non seulement n'était pas à la mort, mais, suivant la prédiction de Christ, « pour la gloire de Dieu, afin que le fils de Dieu fût glorifié par elle » (XI, 4) : mais même si Christ n'avait pas réveillé Lazare, ne demeure-t-il pas aussi pleinement vrai que cette maladie, la mort même, n'est pas à la mort ? Lorsque Christ s'approche du tombeau et crie d'une voix forte : « Lazare, sors ! » (XI, 43), il éclate que « cette » maladie n'est pas à la mort. Mais même si Christ n'avait pas dit cela, le simple fait que Lui, « la résurrection et la vie » (XI, 25), s'approche du tombeau, ne signifie-t-il pas que cette maladie n'est pas à la mort ; la présence de Christ ne signifie-t-elle pas que *cette* maladie n'est pas la mort à la mort ! Et de quel secours eût-il été pour Lazare d'être réveillé des morts, puisqu'il devait pourtant finir un jour par mourir ; de quel secours ce réveil eût-il été pour lui, si Christ n'était pas Celui qui est la résurrection et la vie pour quiconque croit en Lui ! Non ; ce n'est pas parce que Lazare fut réveillé des morts que l'on peut dire que *cette* maladie n'est pas à la mort ; elle n'est pas à la mort, parce que Lui, il est là. Car, humainement parlant, la mort est la fin de tout, et pour nous tous, il n'y a d'espoir qu'aussi longtemps qu'il y a de la vie. Mais chrétiennement parlant, la mort n'est nullement la fin de tout ; elle aussi n'est qu'un petit événement au sein de ce qui est tout, la vie éternelle ; et du point de vue chrétien, la mort comporte infiniment plus d'espérance qu'il n'y en a à nos yeux dans la vie la plus débordante de santé et de vigueur.

Ainsi, du point de vue chrétien, la mort n'est même pas « la maladie à la mort » et moins encore tout ce que nous appelons ici-bas dans la temporalité souffrance, détresse, maladie, misère, tribulations, adversités, tourments, peines morales, tristesses, chagrins. Et quand tous ces maux accableraient et tourmenteraient au point de nous faire dire, ou du moins à celui qui souffre : « C'est pire que la mort » — tous ces maux, toutes ces choses qui, sans être maladie, peuvent y être comparées, ne sont cependant pas, du point de vue chrétien, la maladie à la mort.

Tel est le noble courage avec lequel le christianisme a enseigné au chrétien à envisager toutes les choses de la terre et de ce monde, y compris la mort. Il semble presque que le chrétien puisse s'enorgueillir de cette fière élévation au-dessus de tout ce que nous appelons malheur, au-dessus de ce que nous appelons le plus grand des maux. Mais le christianisme a encore découvert une misère dont l'homme naturel ne sait rien ; et cette misère, c'est la maladie à la mort. La chose que l'homme naturel, lorsqu'il a énuméré tous les maux et n'en connaît plus d'autres à nommer, tient pour le suprême sujet d'épouvante, est pour le chrétien une plaisanterie. Tel est le rapport de l'homme naturel et du chrétien, il est semblable à celui de l'enfant et de l'adulte : l'homme compte pour rien ce qui fait trembler l'enfant. Celui-ci ignore ce qui est terrible : l'adulte le sait et tremble en le voyant. L'imperfection de l'enfant, c'est d'abord d'ignorer ce qui est terrible, et ensuite, conséquence naturelle, de trembler devant ce qui ne l'est pas. De même aussi pour l'homme naturel : il ignore ce qui est vraiment terrible, sans être pour cela dispensé de trembler ; non : il tremble devant ce qui ne l'est pas. De même le païen dans son rapport avec Dieu : il ne connaît pas le vrai Dieu ; bien plus, il adore une idole comme Dieu.

Seul le chrétien sait ce qu'il faut entendre par maladie à la mort. Il a reçu comme chrétien un courage inconnu de l'homme naturel, et il l'a reçu en apprenant à craindre ce qui est plus terrible encore que la mort. C'est toujours ainsi que l'homme prend courage ; dans la crainte d'un grand danger, l'homme a toujours le courage d'en affronter un moindre ; dans la crainte infinie d'un seul danger, il semble que les autres ne comptent pas. Mais la chose terrible que le chrétien a appris à connaître, c'est « la maladie à la mort ».

Ou bien... ou bien ; La reprise ; Stades sur le chemin de la vie ; La maladie à la mort / Søren Kierkegaard ; édition établie par Régis Boyer. – Paris : Éditions Robert Laffont, 1993. – (*Bouquins*). [Pp. 1203-1204].

VÖRÖSMARTY

HONGROIS

1800-1855

Troisième enfant d'un gentilhomme peu fortuné dont la mort l'obligea, dès l'âge de dix-sept ans, à gagner sa vie comme précepteur, Mihály Vörösmarty connut une jeunesse studieuse et difficile. Ce poète, dont l'imagination visionnaire serait l'une des qualités maîtresses, puisa ses premières notions de poésie dans des manuels de poétique du XVIIIe siècle, rédigés en latin par des auteurs pour qui la poésie était une affaire de métier et l'imitation de la nature un principe l'emportant sur toute autre conception de l'art. Il se débarrassa assez vite du carcan de ce classicisme étroit, ayant assimilé une esthétique fondée sur une nouvelle philosophie du sujet et marquée par la découverte de certains modèles proprement littéraires : un Shakespeare revisité dans l'esprit romantique, le siècle d'or espagnol exploré à la suite des préromantiques allemands, le baroque hongrois enfin, avec Zrínyi et sa *Détresse de Sziget.* L'histoire contemporaine ne fut certainement pas étrangère à cette évolution : en Europe, la guerre d'indépendance grecque et la crise de la Sainte-Alliance, en Hongrie, la résistance de la noblesse contre l'absolutisme des Habsbourgs. Or, cette noblesse, pour justifier ses droits héréditaires et ses revendications, avait besoin de la caution de l'histoire. C'est à ce besoin que répondit la *Fuite de Zalán* (1825), inspirée à la fois de Virgile, du Tasse et d'Ossian, épopée nationale en hexamètres et en dix chants, depuis longtemps attendue, glorification en ces temps d'éveil des nationalités, de la « conquête du pays » par les Hongrois d'Árpád. Le poème était teinté d'un spleen byronien qui l'éloignait en fait de ce qu'on attendait d'une épopée nationale. Le succès fut néanmoins immédiat et d'autant plus remarquable que Vörösmarty s'était servi du hongrois renouvelé des « néologues ».

D'une méditation plutôt amère sur le sens de l'histoire sortit *Csongor et Tünde* (1831), ce conte philosophique travesti en féerie dramatique, à la fois réécriture du mythe de Sisyphe et une première tentative dans la littérature hongroise d'embrasser en une seule vision l'histoire humaine et les parcours possibles — antinomiques — de la quête du bonheur, le tout s'inscrivant dans la circularité d'une seule journée cosmique. Parti à la recherche de la fée Tünde, sa bien-aimée qu'une méchante sorcière a séparée de lui, le prince Csongor doit éviter les pièges que cette dernière lui tend mais aussi résister, arrivé à un carrefour symbolique de son itinéraire, aux discours de séduction de trois Voyageurs : le Marchand, le Monarque et le Savant qui font l'éloge de la Richesse, du Pouvoir et de la Science. Les amants finissent par se retrouver avec l'aide de puissances surnaturelles, mais ce dénouement heureux sera précédé du monologue de la Nuit sur l'inévitable retour des êtres au néant. Un couple de serviteurs, hauts en couleurs, accompagne les protagonistes et tempère par l'humour ce que cette vision aurait de trop sombre.

Vörösmarty, en 1828, s'engagea dans la carrière des lettres comme rédacteur de revue et décida de vivre désormais de sa plume. Élu membre de l'Académie hongroise en 1832, directeur de la revue *Athenæum* de 1837 à 1844, critique théâtral et, surtout, poète unanimement reconnu, il acquit une autorité qui fit de lui une figure de père aux yeux des contemporains. Son ode patriotique, l'*Exhortation* (1836), devint le second chant national à côté de l'*Hymne* de Kölcsey. Ses *Réflexions dans une bibliothèque* (1844) ont posé, d'après Rousseau mais pour aboutir à des conclusions néanmoins différentes, le problème de savoir « si les livres ont fait avancer le progrès ». Sa réponse, tout en s'inspirant du mythe de Sisyphe, affirme la nécessité d'avoir foi dans le sens de l'action, du moins quand elle vise le redressement de la nation. Depuis toujours partisan des réformes, élu député en 1848, il resta fidèle à ses engagements jusqu'au bout.

Vörösmarty peut être rapproché à la fois de Mickiewicz et, sur le plan proprement poétique, des premiers romantiques allemands. Il traduisit *Jules César* et le *Roi Lear* de Shakespeare, et sut manier l'ironie romantique. Mais ce fut aussi un poète de l'amour. Laura, de vingt-cinq ans plus jeune que lui, qu'il épousa en 1843, lui inspira quelques-uns des plus beaux morceaux de la poésie amoureuse hongroise. Il dut se cacher quelque temps pour échapper à la répression après la débâcle de 1849 dont il évoqua plus tard le cauchemar en images apocalyptiques (*Préface*). Ce Vörösmarty-là, rongé de maladie et menacé de folie, est une figure tragique, en proie à ses démons intérieurs, à un désespoir à peine tempéré par l'incertaine vision d'un avenir *peut-être* meilleur, comme le laisse entendre son poème testamentaire, *Le Vieux Tzigane*.

Un poète hongrois : Michel Vörösmarty / Ignace Kont. – Paris : F. R de Rudeval, 1903. – 73 p.

J. Reményi, "Mihály Vörösmarty". — In : *Slavonic and East European Review*, vol. XXII (1953-1954), pp. 352-363.

Mihály Szegedy-Maszák, "Le rêve et la vision dans la poésie de Vörösmarty". – In : *Acta Litteraria Academiæ Scientiarum Hungaricæ* / Magyar Tudományos Akadémia (ed.). – Budapest : Akadémiai Kiadó, 1976. – [Vol. XVIII, pp. 267-278].

László Orosz, "Mihály Vörösmarty". – In : *Histoire de la littérature hongroise des origines à nos jours* / sous la direction de T. Klaniczay. – Budapest : Corvina, 1980. – [Pp. 184-197].

CSONGOR ET TÜNDE 152

J. Hankiss, L. Molnos-Muller — 1936

Monologue de la Nuit (Acte V). — S'inspirant du récit versifié d'Albert Gergei, *Argirus,* Vörösmarty donne à cette « belle histoire » du XVIe siècle une dimension philosophique dont ce monologue est la meilleure illustration.

Ténèbres et Néant existèrent, je fus,
Nuit silencieuse, déserte, inhabitée,
Et j'accouchai de l'univers, mon propre fils.
Dans un rayon de toute-puissance, le monde
Se leva de mon sein, s'en alla ébranler
Les immenses déserts du Rien illimité.
Ce monstre gigantesque avec ses mille têtes,
Le Tout se fit. La lune et les astres, merveilles
Du firmament furent des pèlerins errants
À travers l'aérien et l'incommensurable.

L'antique somnolence immobile cessa,
Le corps partit, la force nouvelle agissait
Et de mouvement et d'action enrichie,
L'espace et le temps virent se peupler leur vide.
Terre et Mer en luttant se partagèrent enfin
L'ancestral héritage de l'air refoulé,
Puis l'océan cessa de rouler sa fureur
Vers le ciel qu'il avait assailli de ses vagues
(Le ciel sourit alors du sein des profondeurs).
Comme une fiancée, aussi gaie, aussi belle,
La terre se vêtit d'une robe de fleurs,
La poussière se mit à remuer, la bête
Se fit, sable animé à la tête royale ;
L'homme aussi fut créé et propagea sa race
Pieuse et perfide, assassine et glorieuse.
Ténèbres et Néant existent, moi je suis,
Nuit funèbre, me dérobant à la lumière.
Le vermisseau, bulle de savon d'un moment,
Périt sans que sa vie ait su qu'elle existait.
Ni l'aile ni la griffe ne peuvent préserver
L'oiseau ni l'animal ; l'arbre bardé d'écorce
Est abattu un jour par le lourd poids des siècles,
L'homme monte, son âme, fleuve de lumière,
Reflète en son miroir tout l'univers immense.
C'est avec un délice indicible qu'il lève
Le regard et le fixe avec étonnement
Sur le sol, sur le ciel... Vite fuit sa jeunesse,
Après quelques étés, il est vieilli, débile,
Mort sans avoir vécu, tel le fils de la mouche ;
Tant qu'il respire, d'un désir inextinguible
Il lui faut s'agiter, souffrir, savoir, rêver ;
Il pense travailler avec ses mains mortelles
À l'immortel ouvrage, et quand il disparaît,
L'œuvre de vanité repose sur sa cendre,
Des montagnes de pierres brillent sur ses tombes.
Bigarrée de ses mille signes magnifiques,
La raison à la force érige une colonne.
Mais où seront la pierre et signes et colonne,
Quand terre et mer à jamais seront disparues ?
Las ! les jours sortiront de leurs sentiers, rentrant

L'un dans l'autre, en un tas désormais écroulé.
Le Tout s'évanouit sur ses dernières ruines
Et ce monde si beau, tristement consumé,
Trouvera là sa fin où il a commencé.
Ténèbres et Néant seront : moi, je serai,
Nuit silencieuse, déserte, inhabitée.

Anthologie de la poésie hongroise / par Jean Hankiss et Léopold Molnos-Muller ; traductions de Eugène Bencze, Alexandre Eckhardt [...]. – Paris, Éditions du Sagittaire, 1936. – [Pp. 54-55].

CSONGOR ET TÜNDE — 152 bis

R. Richard — 1980

Monologue de la Nuit (Acte V). — Le choix du lexique conceptuel — le Rien, le Tout, le néant, le monde, l'Univers — ne donne pas seulement au texte des couleurs poétiques particulières : il engage le sens philosophique du poème et configure, pour le lecteur, l'univers de référence du poète. Le traducteur, quant à lui, doit être aussi informé que possible de la situation et de la pensée du poète pour choisir les termes qui rendront avec authenticité le point de vue et le propos de l'auteur.

Ténèbres et Néant étaient. Et moi j'étais,
Moi, l'aride et paisible nuit inhabitée,
Et j'enfantai, et mon enfant, ce fut le monde.
Dans un rayonnement tout-puissant, la lumière
Surgit des profondeurs de mon sein, ébranlant
Les solitudes désertiques du néant.
Et le grand monstre aux mille têtes, l'Univers,
S'avançant, se dressa. La lune et les étoiles,
Ces merveilles du ciel, commencèrent d'errer
Aux incommensurables frontières de l'air.
Ce fut la fin du vieux repos dans le sommeil,
Et le corps s'ébranla, la force neuve agit,
Et d'actes et de mouvements en abondance
Se peuplèrent l'espace désert et le temps.
Mer et terre se partagèrent dans leur lutte
Ce qui appartenait à l'origine à l'air.
La mer mit une trève aux fureurs de ses vagues
Et leur assaut fit place au sourire du ciel.
Comme une fiancée en sa joie et beauté,
La terre revêtit une robe de fleurs.
La poussière se mit en branle, et l'animal,

Et le grain de sable animé au chef royal,
L'homme, fut, et perpétua sa race : juste,
Perfide, meurtrière et glorieuse aussi...
Ténèbres et Néant sont. Moi aussi, je suis,
Moi la funèbre Nuit qui la lumière fuis...
Le ver périt, qui est la bulle de l'instant,
Dont l'existence se refuse à la mesure.
L'oiseau n'est pas sauvé par ses ailes, non plus
Que par ses griffes l'animal, et le fier arbre
Calleux est jeté bas par le fardeau des siècles.
L'homme surgit, son âme est fleuve de lumière
Où l'univers entier se mire en sa grandeur.
Ô délice indicible, il lève le regard,
Et son audace admire et la terre et le ciel.
Mais sa jeunesse est vite passée : impotent,
Décrépit après un ou deux étés déjà,
Il n'est plus, n'a pas plus été qu'un moucheron.
Un immense appétit l'anime tant qu'il vit.
Il fouille, réfléchit, croit savoir, veut agir,
De sa mortelle main pense faire immortel
Ouvrage, et même alors qu'il est hors de combat
La vanité paraît encore sur ses cendres,
Sur ses tombeaux brillent des montagnes de pierre,
De mille signes bariolés et splendides
À la force l'esprit érigeant une stèle.
Mais où seront la pierre, et les signes, les stèles,
Quand il ne sera plus de terre ni de mer ?
Les soleils fatigués quitteront leurs sentiers
Et se mêleront dans leur chute. L'Univers
Disparaîtra, et sur ses ruines ultimes
Déclinant, la belle lumière s'éteindra.
Où elle eut son commencement sera sa fin.
Ténèbres et Néant seront. Et je serai,
Moi, l'aride et paisible Nuit inhabitée.

Histoire du Prince Tchongor et de la fée Tündè : pièce en cinq actes / Michel Vörösmarty ; traduite du hongrois par Roger Richard ; préface de Jean Gergely. – Paris : Publications Orientalistes de France, 1980. – (*D'étranges pays*). – [Pp. 135-136].

EXHORTATION 153

J. Rousselot — 1962

Un peuple menacé de mort ? — Cette ode aux accents pathétiques avait frappé à la fois par l'évocation du glorieux passé de la nation, l'exaltation de ses luttes héroïques pour l'indépendance, et par la vision de son éventuel « engloutissement » au milieu des peuples, vision destinée non pas à décourager les Hongrois, mais au contraire à les raffermir dans leur fidélité au pays natal.

Reste fidèle à ta patrie,
Hongrois, c'est ton berceau.
De sa chair elle t'a nourri
Et sera ton tombeau.

Au vaste monde, ailleurs qu'en elle,
Pas de place pour toi.
À vivre et mourir là, t'appelle
Ton destin quel qu'il soit.

Oui, sur ce sol où tes ancêtres
Ont tant de fois saigné,
Où se rattache un millénaire
Par tant de noms sacrés.

Ici, luttèrent les armées
Du valeureux Árpád ;
Là, les chaînes furent brisées
Par les bras d'Hunyad[1]

Ici, ta sanglante bannière
Liberté, fut brandie ;
Là, en des combats sanguinaires,
Les meilleurs ont péri.

Regarde : après tant d'infortune,
De luttes entre nous,
Survit notre mère commune
Elle est toujours debout.

Cette nation, vaste monde,
T'appelle sans rougir :
Mille ans de souffrance profonde
Serait-ce pour mourir ?

---

1 Allusion à Jean Hunyadi (1387 ? - 1456), homme de guerre hongrois qui remporta de mémorables victoires sur les Turcs dont il repoussa les armées jusqu'au mont Balkan.

Que pour rien aient saigné leur vie
Tant de fidèles cœurs ?
Que tant d'âmes pour la patrie
Soient mortes de douleur ?

Se peut-il que tant de pensées
D'ardeur, de volonté,
Pour rien les voulut dépensées
Quelque fatalité ?

Ils viendront, ils doivent venir,
Enfin, les temps meilleurs
Auxquels tant des nôtres aspirent
En priant de tout cœur !

Ou bien — s'il faut ainsi qu'on aille —
Ce sera le charnier
Glorieux, et les funérailles
D'un peuple tout entier !

Les peuples viendront sur le tertre
Qui recouvre l'un d'eux,
Et l'on verra des millions d'êtres,
Des larmes plein les yeux.

Ô Hongrois, demeure fidèle
À ta chère patrie.
Si tu tombes, toi qui vis d'elle,
Tu l'auras pour abri.

Au vaste monde, ailleurs qu'en elle,
Pas de place pour toi.
À vivre et mourir là, t'appelle
Ton destin quel qu'il soit.

Anthologie de la poésie hongroise du XIIe siècle à nos jours / [anthologie établie par Ladislas Gara]. – Paris : Éditions du Seuil, 1962. – [Pp. 144-146].

POÈMES 154

J. Gacon — 1962

Rêverie (1843). — Ce texte fut écrit au moment même où Vörösmarty, soutenu par la famille de la jeune fille, venait d'obtenir la main de Laura : celle-ci, tout en le vénérant, ne lui cédait qu'à son corps défendant. Le poète, couvert de lauriers, était parfaitement conscient qu'il remportait une victoire à la Pyrrhus. Mais le « désir tardif » fut plus fort que le reste. Éloquence farouche et douloureuse que ces protestations d'amour, qui en disent long sur l'angoisse de celui qui, naguère encore, affirmait qu'au « crépuscule de l'âge », « la raison interdit d'aimer ».

Pour ton amour,
Mon esprit je l'altérerais,
J'en saccagerais toutes les pensées,
Ses inventions, rêveuses contrées,
Mon âme en pièces je mettrais,
Pour ton amour.

Pour ton amour,
Sur une cime me ferais
Arbre, et me vêtirais de vert feuillage,
Souffrirais l'éclair, l'ire de l'orage,
Et puis chaque hiver je mourrais,
Pour ton amour.

Pour ton amour,
Roc sous le mont je me ferais,
Me consumerais d'ardeur souterraine,
Et déchiré d'inextinguibles peines,
En silence je souffrirais,
Pour ton amour.

Pour ton amour,
J'irais demander au Bon Dieu
De me redonner mon cœur mis en pièces,
Puis l'ornant de vertus, de noblesse,
Je viendrais te l'offrir, joyeux,
Pour ton amour.

Anthologie de la poésie hongroise du XIIe siècle à nos jours / [anthologie établie par Ladislas Gara]. – Paris : Éditions du Seuil, 1962. – [Pp. 148-149].

PRÉFACE 155

Fr. Gachot — 1962

L'histoire vécue comme un cataclysme. — Ce texte de 1850 devait servir de préface à un recueil de poèmes anciens qui rappelèrent au poète l'atmosphère confiante de l'ère des Réformes.

Quand j'écrivis ces vers, le ciel était serein.
Tout alors verdissait dans les champs et les bois,
L'homme actif imitait la fourmi diligente,
Peinant de ses deux bras et l'esprit en alerte,
Flammes de la pensée, ardents espoirs du cœur,
Cependant que la paix, épongeant la sueur
De son front, s'apprêtait à le récompenser
Du fruit de son labeur dans la nature en fête
Ivre de la splendeur de ses vastes richesses.

La nature vibrait, joyeuse, dans l'attente
De transmettre d'échos en échos le message
Annonçant que venait de naître un nouveau monde
Plus beau que l'ancien, plus pur dans son éclat.
Partout on entendit, de l'abîme au sommet,
Le Verbe retentir ; et l'univers entier
Pendant quelques instants s'arrêta dans sa ronde.
Le cataclysme vint après un grand silence
Terrifiant, faisant voler au ciel les têtes,
Torturant, piétinant sauvagement les cœurs.
Et son souffle, acharné à tarir toute vie,
Éteignit des esprits jusqu'aux moindres lueurs.
En traits de feu, zébrant la face du ciel sombre,
Des éclairs par milliers désignaient les victimes
De l'atroce fureur qui emportait les dieux.
Tel un monstre farouche au comble de la rage,
Sans arrêt le malheur hurlait dans sa démence,
Laissant partout derrière soi l'horrible trace
Des charniers d'où montaient, lugubres, vers la nue,
Les malédictions des peuples déchirés.
La misère a posé sa tête décharnée
Sur les villes qu'avait dévastées l'incendie.
Maintenant c'est l'hiver, la neige, le silence
Et la mort. D'un seul coup la terre a vu blanchir
Son chef et la vieillesse a pénétré ses membres,
Non peu à peu, ainsi que vieillit l'homme heureux,

Brusquement, comme Dieu quand il eut créé l'homme,
Cet amalgame impur d'une bête et d'un dieu.
Se prenant à trembler devant un tel ouvrage
Il devint un vieillard, miné par le chagrin.

Quand viendra le printemps, cet habile coiffeur
Dont l'art est d'ajuster sa perruque de fleurs
Sur le crâne ridé de notre vieille terre,
Et que, libre du gel glaçant ses yeux de verre,
Celle-ci s'enduira de fards et de parfums
Pour s'exhiber dans sa jeunesse mensongère,
Demande-lui, à cette impudente coquette :
Réponds-nous, qu'as-tu fait de tes malheureux fils ?

Anthologie de la poésie hongroise du XIIe siècle à nos jours / [anthologie établie par Ladislas Gara]. – Paris : Éditions du Seuil, 1962. – [Pp. 149-150].

LE VIEUX TZIGANE 156

P. Chaulot — 1962

Autoportrait de l'artiste en vieux Tzigane. — « On retrouvera dans les sept strophes du *Vieux Tzigane* (1854) tous les grands thèmes du romantisme : la Chute, le Mal, le Déluge, le Paradis perdu, l'éternel retour, la condition humaine chancelant entre le ciel et l'enfer, les héros prométhéens, hommes de la révolte. Sur un fond noir se détache, en vives couleurs, l'ironie romantique. [...] Et comment ne pas souligner le rôle de la musique, doublement présente... Le *Vieux Tzigane* gratte son violon, mais la structure du poème, son rythme — de *l'allegro furioso* au *lento maestoso* — pourrait évoquer Liszt [...]. Non pas, certes, le Liszt des trop faciles *Rhapsodies hongroises,* mais bien plutôt celui de la *Sonate* ou de l'admirable *Faust-Symphonie*. » (Gyula Sipos).

TZIGANE[1], vas-y ! ton verre est payé[2].
Cesse de rester planté bras ballants !
Eau claire et pain sec doublent nos soucis,
Au vin de ta coupe arrache tes chants !
Notre vie, vois-tu, bat comme un pendule,
Du gel qui nous mord au feu qui nous brûle.
Joue, profites-en, plus vite, plus fort !

1 En Hongrie, les tziganes n'apparaissent en groupes que depuis le XVe siècle. « Tzigane » dans le sens de « musicien tzigane » est attesté depuis la fin du XVIIIe siècle. Depuis le milieu du XIXe siècle, la musique tzigane est intimement liée à la musique populaire hongroise avec laquelle pourtant on ne doit pas la confondre.

2 Pour sa version en décasyllabes, Paul Chaulot a estimé que la césure après la cinquième syllabe traduirait mieux le caractère incantatoire du poème. (N.d.t.)

Demain ton archet sera du bois mort.
Au cœur les tourments, au verre l'ivresse...
Attaque, tzigane, et noie ta tristesse !

Qu'il se rue, ton sang, comme l'eau des chutes,
Que danse en ton crâne épais ta cervelle,
Qu'au fond de tes yeux brille une comète,
Que vibre ta corde au souffle rebelle !
La musique en soit un jet de grêlons.
De l'homme est perdue toute semaison !
Joue, profites-en, plus vite, plus fort !
Demain ton archet sera du bois mort.
Au cœur les tourments, au verre l'ivresse...
Attaque, tzigane, et noie ta tristesse !

À l'orage prends ses mugissements,
Ses plaintes, ses pleurs, ses cris de détresse !
Il arrache l'arbre, il fend le navire,
Contre ce qui vit, hargneux il se dresse.
La guerre aujourd'hui lâche tant de reîtres[1]
Qu'aux Lieux Saints frémit le tombeau du Maître !
Joue, profites-en, plus vite, plus fort !
Demain ton archet sera du bois mort.
Au cœur les tourments, au verre l'ivresse...
Attaque, tzigane, et noie ta tristesse !

Ce soupir feutré qui donc l'a poussé,
Quel est cet effroi, cette chevauchée,
Quel moulin d'enfer crache ses sanglots,
Quelles folles mains dans le ciel nichées
Martèlent sa voûte ? Un archange noir,
Une armée vaincue en quête d'espoir ?
Joue, profites-en, plus vite, plus fort !
Demain ton archet sera du bois mort.
Au cœur les tourments, au verre l'ivresse...
Attaque, tzigane, et noie ta tristesse !

Entends s'élever de notre planète
Les ardents appels de l'homme insoumis.
Entends les échos des coups fratricides,

---

1 Allusion à la guerre de Crimée qui se poursuit depuis 1853.

Et des orphelins, écoute les cris.
Entends frissonner le vol du vautour :
Prométhée attend de nouveau son tour.
Joue, profites-en, plus vite, plus fort !
Demain ton archet sera du bois mort.
Au cœur les tourments, au verre l'ivresse...
Attaque, tzigane, et noie ta tristesse !

Ah ! livrée soit-elle aux eaux d'amertume,
Cette morne terre, aveugle pauvresse !
Que la purifie un nouveau déluge,
De tant de forfaits, de fausses richesses,
Et que l'arche vogue enfin sur cette onde
Pour que de ses flancs naisse un autre monde !
Joue, profites-en, plus vite, plus fort !
Demain ton archet sera du bois mort.
Au cœur les tourments, au verre l'ivresse...
Attaque, tzigane, et noie ta tristesse !

Attaque ! Mais non, laisse en paix tes cordes !
Un jour paraîtront des joies souveraines ;
Nous aurons encor des fêtes sur terre,
Passés les combats et leur poids de haine.
En cette paix-là, quel enchantement
Pour les dieux prêtant l'oreille à ton chant !
Danse, dansera ton archet de joie...
Du temps tes soucis deviendront la proie,
Un vin d'allégresse emplira ton cœur.
Tu joueras, tzigane, à tous les bonheurs.

Quinze poètes français [...] présentent "Le Vieux Tzigane" (1854) du poète hongrois Mihály Vörösmarty / Textes recueillis et commentés par Ladislas Gara ; avec la collaboration de Gyula Sipos. – Paris : Le Pont traversé, 1962. – [Pp. 77-79].

NERVAL

FRANÇAIS

1808-1855

Il était digne de Novalis par la pureté des traits, du message.

Gérard Labrunie, qui se mua, progressivement, et selon un rythme complexe, en Gérard de Nerval, est né à Paris. Unique enfant du docteur Étienne Labrunie et de Marie-Antoinette-Marguerite Laurent, il fait tôt l'apprentissage de la solitude. Le père, en effet, engagé dès juin 1808 comme médecin dans la Grande Armée, se trouve bientôt, accompagné de sa femme, en Allemagne et en Autriche. Gérard, mis en nourrice à Loisy, hameau de Mortefontaine dans le Valois, ne connaîtra jamais sa mère, décédée le 29 novembre 1810 en Silésie. Élevé à Mortefontaine dans la famille de son grand-oncle, il ne reverra son père qu'au printemps de 1814. Une quarantaine d'années plus tard, commentant ces retrouvailles empreintes d'émotion chez le père, l'enfant devenu adulte n'a qu'un souvenir : « ... tu me fais mal ! » Il est déjà un exilé.

Ce même Valois de l'enfance sert de cadre à *Sylvie*, composée dans la douleur, publiée le 15 août 1853, et qui reste mystérieuse ; elle s'achève sur l'évocation d'un deuil, — d'un bonheur perdu. On se rappellera aussi que l'adulte, après les mois d'internement qui suivirent sa première grande crise (1841), a recueilli en ces mêmes régions les chansons et légendes qui allaient peut-être lui rendre la sérénité.

Le père, qui a ouvert, à Paris, un cabinet médical au 72 de la rue Saint-Martin, prend bientôt avec lui son fils, dont nous savons alors peu de chose. Le docteur Labrunie n'est pas riche : en 1815, il figurera, au registre du ministère de la Guerre, sur la liste de « Messieurs les Officiers venant de Russie » qui ont, à ce titre, bénéficié d'une avance financière.

De 1822 à 1827, l'enfant fréquente le collège Charlemagne. Il loge tantôt chez son père, tantôt chez un maître d'institution, Barbette, établi aux environs du domicile paternel et du collège. Les succès scolaires n'obsèdent pas Gérard. Terminant sa classe de Philosophie en 1827, il ne deviendra un médiocre bachelier ès lettres que le 10 août 1829, sans que mathématiques et physique figurent à son programme. — Même si la vraie vie est ailleurs, il est singulier de voir cet esprit « toujours lucide », comme le soulignera Baudelaire, et qui, dès avant 1829, s'était investi dans les arcanes du *Faust* de Goethe, tenir à si peu de prix certaines ouvertures sur le monde des idées.

Ce n'est pas que l'ambition ait manqué au jeune homme : Tampucci, un garçon de salle rencontré au collège, publie, en juin 1827, une *Épître à M. Gérard*, et confirme son admiration dans un volume de *Poésies* paru en 1832 et 1833. Les premiers vers, édités ou non par un Gérard dont la modestie n'est certes pas le fort, sont médiocres. Certains, qui portent la marque autographe « 13 ans 1/2 », permettent sans doute de comprendre que les rêves du père de voir un jour son fils médecin ont dû tôt se heurter à une fin de non-recevoir.

Entre-temps, un événement considérable s'est produit, dont le héros ne mesurera sans doute l'importance qu'après plus de vingt ans. Le 28 novembre 1827, la *Bibliographie de la France* enregistre la publication de *Faust*, traduction de Gérard (celui-ci, à l'époque, n'est pas encore bachelier...). Les mystères, ici, s'accumulent pour l'historien soucieux de clarté. Certes, Gérard, aidé par son père, s'était quelque peu initié à la langue allemande. Certes, dès 1823, ladite *Bibliographie* avait mentionné les deux traductions — dont l'étudiant a pu s'aider — d'Albert Stapfer et de Louis de Sainte-Aulaire.

Mais lorsque Goethe, au sommet de sa gloire, déclare à Eckermann, le 3 janvier 1830, qu'il ne peut plus lire *Faust* en allemand ; « mais, dans cette traduction française, chacun des détails reprend sa fraîcheur, sa nouveauté, son esprit », Gérard ignore qu'il vient de recevoir la reconnaissance la plus prestigieuse de la vocation littéraire à laquelle il a tout sacrifié, avant de nous en léguer les tardifs chefs-d'œuvre.

Il est significatif que la matière allemande marque la première réussite de Gérard. Non seulement, il reviendra sur *Faust* (notamment en 1835, 1840, 1850, 1852), en le modulant ou le complétant, mais il publiera en 1830 un précieux volume de *Poésies allemandes*, en 1840 un *Choix de ballades et poésies [allemandes]*, en 1848 *Les Poésies de Henri Heine*, en 1852 *Lorely. Souvenirs d'Allemagne* (intégrant *Léo Burckart*) ; quant à la ballade *Lénore* de Bürger (cf. *P.L.E.* 9, pp. 824-830), il en fournira huit traductions (quatre en vers et quatre en prose). — La raison de cette fidélité à la terre germanique, peut-être faut-il la chercher dans une tardive confidence de *Promenades et souvenirs* à propos de sa mère.

Les cendres de Marguerite Victoire Laurent, grand-mère maternelle de Gérard, ont été transférées, le 11 septembre 1836, du cimetière Montmartre au clos Nerval. La progressive autant qu'irrégulière évolution du patronyme Labrunie trouverait-elle ici un début d'explication ? C'est, en tout cas, du 15 décembre 1836 que date, dans un document public (le *Figaro*), la première mention de « Gérard de Nerval », auteur annoncé du *Canard de Vaucanson*, — qui ne parut jamais.

Mais il est entendu que, s'il ignore jusqu'en 1850 le témoignage de Goethe, Gérard n'en est pas moins conscient de ses ambitions à soi (on songe à la date tardive de son baccalauréat). Aussi bien, la fondation à grands frais, en 1835, du *Monde dramatique*, où il investira une importante part de l'héritage reçu des grands-parents maternels, entre-t-elle dans le fil de la vision. Que la ruine succède bientôt à la création, et condamne, pour quinze ans et plus, au métier de chroniqueur et à la pauvreté, c'est, d'une façon, dans la logique du rêve, ou de la volonté (mal éclairée) de puissance. — Un siècle d'exégèse, ignorant ou feignant d'ignorer la faiblesse des arguments, a fait reposer cette ruine sur le culte de Jenny Colon, et fait de cette théâtreuse une moderne Béatrice. Les travaux, purement philologiques, de Christine Bomboir et de Michel Brix ont signé la fin de cette légende. « Jenny Colon n'a été pour [Gérard] qu'un prétexte offert à la curiosité des badauds » (Claude Pichois, *Album Nerval*).

La première femme qu'il ait aimée, même si elle lui fut néfaste et perfide, c'est bien cette Marie Pleyel — alias la Pandora —, rencontrée à Vienne le 22 décembre 1839, et qui ne le lâchera plus, à sa proie attachée. Muni d'une lettre de recommandation du tout-puissant Janin, l'un des rédacteurs du *Journal des Débats*, Gérard, alors en mission littéraire, fait, à l'ambassade de France, la connaissance de la pianiste, ancienne fiancée de Berlioz, épouse répudiée de Camille Pleyel. L'épisode viennois, limité à quelques semaines, laissera des marques indélébiles, visibles, à quelques semaines de la fin, dans *Pandora* (31 octobre 1854). Gérard est rentré de Vienne en mars ou au début d'avril 1840. Le 14 mai, Marie Pleyel écrit à Jules Janin : « [...] quand j'étais triste de ne pas recevoir de vos nouvelles, [Gérard] me consolait avec une parfaite bonté. Je lui ai écrit avant-hier ». Si la lettre est parvenue à son destinataire, elle ne figure pas dans la documentation aujourd'hui connue, — comme demeure introuvable tout éventuel brouillon glissé dans un volume : le 29 avril 1874, Marie Pleyel a, par devant maître Delporte, notaire à Bruxelles, dicté un testament où elle léguait ses livres à Jean Dumon, son ancien collègue au conservatoire (les recherches effectuées pour suivre le sort de ces livres n'ont pas abouti). Marie Pleyel est décédée à Bruxelles le 30 mars 1875. Elle est enterrée au cimetière de Laeken, où reposait déjà la Malibran. — Que Gérard ait ou non reçu le message adressé, le 12 mai 1840, par la pianiste, il la retrouve en fin d'année à Bruxelles, où s'organise la représentation de *Piquillo* ; voilà du moins ce qu'il écrit, le 23 décembre, à son père. Au terme de la lettre : « Adieu mon cher papa et à quelques jours d'ici ». Il rentre à Paris le 6 janvier 1841. Le 7 mars, la *Revue de Paris* publie *Les Amours de Vienne*, ajoutant en note que l'auteur a été « frappé subitement par une maladie violente [...] ». L'internement, qui a commencé vers le 20 février, se prolongera, moyennant quelques rémissions, jusqu'en novembre. L'« ami » Janin, dès le 1er mars, y était allé d'un très long article dans son journal, pour y saluer — et sceller à jamais — la folie de Gérard, qui demandera en vain réparation. Est-ce sous l'influence du choc, et comme pour narguer le thuriféraire, que le « dément » créera, dans le secret, des sonnets — avant-goût des *Chimères* — sans équivalent dans la poésie française ?

Que Gérard ne se soit jamais remis de la blessure viennoise, il suffit, pour s'en rendre compte, d'observer, d'abord, la chronologie de 1849 : l'interruption définitive, après le 16 mai, du *Marquis de Fayolle* dans le feuilleton du *Temps*, pourrait avoir une cause psychique : la présence à Paris de Marie Pleyel. — Mais un argument sans doute plus décisif est perceptible en 1853 : après avoir publié *Sylvie* le 15 août, Gérard connaît, du 24 au 26, une crise d'égarement ; transporté à bout de forces à l'hôpital de la Charité, et, le 27, chez le Dr Émile Blanche à Passy, il y restera jusqu'à la fin de septembre, avant de rentrer, quelques jours plus tard, jusqu'au 27 mai 1854 ; or, le 14 novembre précédent, il écrivait à Dumas, rencontré par lui le 11, à la Comédie-Française, au cours d'une sortie : « [...] vous m'avez demandé trois articles sur trois jours de ma vie que vous avez qualifiés vous-même par ce titre TROIS JOURS DE FOLIE [...] ». Ces trois jours, qui apparemment désignent les 24, 25 et 26 août précédents, Nerval va, sans avertir, les transmuer dans les trois jours (30 et 31 décembre 1839, 1er janvier 1840) vécus jadis à Vienne, en compagnie de Marie Pleyel, à l'occasion du carnaval.

En contraste avec cette figure de la négation, peut-être une autre présence apparaît-elle. Un être discret et pur, l'épouse trompée et indulgente d'Arsène Houssaye, Stéphanie Bourgeois, dont le chemin a souvent accompagné celui de Gérard, et dont la mort à trente-trois ans, le 12 décembre 1854, a précédé de peu celle du poète, survenue le 26 janvier 1855. — « Je ne t'ai pas connue... mais je t'aime et t'aimerai pendant l'éternité ! » La confidence, si confidence il y a (puisqu'il s'agit, en fait, de la traduction, sans doute voulue inexacte, d'une ballade d'Uhland), est posthume. Nous sommes, bien sûr, en pleine hypothèse, dans le respect de celui qui s'en est allé en silence ; sauf que, malade lui-même et quittant l'amie qu'il avait voulu revoir, il confie au mari volage : « Votre femme est trop jeune pour mourir, mais si elle mourait, ne la laissez point partir sans lui demander grâce de vos torts si vous en avez eu envers elle, car vous ne vous consoleriez jamais sans le pardon ».

— Comment comprendre, en remontant la chronologie, cette double postulation du mal et du bien ? La difficile genèse des *Filles du Feu* (volume enregistré le 28 janvier 1854) montre que le retrait de *La Pandora* au profit de *Sylvie* traduit peut-être l'incompatibilité des deux nouvelles. Elle enseigne surtout que, sans *Pandora* (« O Jupiter ! quand finira mon supplice ? »), qui prolonge et durcit *La Pandora*, il n'y aurait pas eu d'*Aurélia*. C'est pourquoi la rencontre majeure est celle du mal : elle commence en 1839 et s'achève d'autant moins qu'aucune présence ne pouvait panser la blessure. *Pandora* se termine sur un supplice sans espoir. *Aurélia*, née d'une réflexion sur les rapports entre le rêve et la vie, se donne une fin, un exutoire, mais ignore le noyau central, où le récit semble avoir « pris feu » : dans le manuscrit Z (cf. *Œ.C.* t. III), les feuilles initiales de ce qu'on suppose avoir été la « Deuxième partie » ont été retirées ; celles qui les remplacent comptent parmi les plus graves de l'œuvre : elles concernent prioritairement la question religieuse.

Est-ce pour en finir avec ses phantasmes que Gérard, vers la fin de 1842, s'embarque à Marseille pour l'Égypte ? De ce voyage il a fourni la relation, d'abord en feuilletons, et puis sous la forme de deux volumes (*Les Femmes du Caire*, *Les Femmes du Liban*) ; ils seront édités au cours des années 1847-1848. À ces deux premiers livres Nerval ajoutera *Les Nuits du Ramazan*, texte publié, lui aussi, d'abord en feuilletons, avant de constituer, joint aux deux titres susdits, l'important *Voyage en Orient* (1851), qui pose avec acuité la question de la liberté religieuse. — Depuis qu'il a pu être informé, en août 1850, du jugement de Goethe, Nerval prend conscience de sa mission d'écrivain. Cette conscience paraît s'accentuer, d'abord avec *Les Faux Saulniers* (date du dernier feuilleton : 22 décembre 1850), où il assume des risques politiques et financiers ; ensuite avec *Les Illuminés* (1852), qui se situent à mi-parcours entre le portrait et la charge, et se départissent mal d'une certaine aura de scepticisme, comme si l'auteur se sentait lui-même mal à l'aise, incertain. *Contes et facéties* (1852) exprime, avec quelque sourire, un univers plus léger. Le lecteur passe insensiblement au monde, combien précieux, de *Petits châteaux de Bohême* (1853), savant mélange de prose et de poèmes : Nerval profite de ces derniers pour rendre discrètement à Houssaye, en les supprimant, quelques-uns des vers que le directeur-propriétaire de *L'Artiste* lui avait sans doute « suggérés » dans *La Bohême galante* (1851). — Même si la chronologie doit un peu souffrir du décalage, rien n'est beau comme *Les Nuits d'octobre* (1852), où Nerval fait un sort à Dante et à Mozart, ainsi qu'aux figures et aux âmes les plus minées de ce monde où la misère a la pudeur de son nom. À pas feutrés, les *Promenades et souvenirs* (1854-1855) nous emmènent une dernière fois au « Domaine mystérieux », dont Gérard n'est pas revenu.

Restent (on les voudrait hors du temps, puisqu'elles ne vieilliront jamais) *Les Filles du Feu* (1854), vestales qui s'achèvent, ou s'accomplissent ? ou se couronnent ? en *Chimères*, dont nul ne connaît l'exacte genèse, sinon que maintes ont vu le jour — entendons la lumière — dans la nuit. À qui souhaiterait tailler ces diamants, on rappellera qu'*El Desdichado* a provoqué, à lui seul, environ cent cinquante exégèses, et demeure intact.

Études nervaliennes et romantiques. – Namur : Presses universitaires de Namur, 1978 –> . – 11 vol. parus.

Nerval ou l'incendie du théâtre / Gabrielle Malandain. – Paris : José Corti, 1986. – 261 p.

Le Récit nervalien / Jacques Bony. – Paris : José Corti, 1990. – 449 p.

Lieven D'hulst, "La Deuxième édition du *Faust* traduit par Nerval (1835)". – In : *Équinoxe* (Kyoto), n° 8 (1991), pp. 43-49.

L'École du désenchantement / Paul Bénichou. – Paris : Gallimard, 1992. – 615 p.

Gérard de Nerval / Claude Pichois et Michel Brix. – Paris : Fayard, 1995. – 504 p.

Les Déesses absentes / Michel Brix. – Paris : Klincksieck, 1997. – 288 p.

Philologie et exégèse / Jean Guillaume. – Louvain ; Namur : Peeters : Société des Études classiques, 1998. – 230 p.

CORRESPONDANCE 157

Distance respectueuse ([Paris] Ce 5 mars 1841). — Nerval, interné depuis les environs du 20 février 1841, a reçu la visite de son père. Ce dernier, au cours de l'entretien, aura sans doute renouvelé les reproches qui visaient la mauvaise orientation (entendons : l'orientation littéraire) prise par le fils. Blessé, celui-ci répond avec violence et dignité.

Mon cher papa,

[...] Malheureusement au milieu de tant de personnes qui me sont favorables, tu parais être le seul (je le dis à toi seul) qui ait conservé des préventions contre ma conduite et mon avenir. Sans apprécier ici cette idée, je te prie, dans mon intérêt, de la cacher au moins aux gens que tu pourrais voir, puisque toutes les précautions ont été prises pour qu'on eût bonne idée de moi sur tous les points. J'ignore jusqu'à quel point mon peu de goût pour la profession de docteur a pu me mal placer dans ton esprit, mais je crois le mal (si c'en est un) irréparable désormais, et nous avons dit bien des fois là-dessus des paroles qui semblaient devoir être les dernières. Je conçois le chagrin que tu as pu en éprouver il y a une douzaine d'années. Mais tous les chagrins s'usent à la longue et j'ai été surpris pendant ma maladie (car j'ai toujours eu toute connaissance, même quand je ne pouvais pas parler) de t'entendre faire part de ces détails à des personnes qui n'avaient nul besoin de les connaître. Ce n'est point là un avis que je me permets de te donner, c'est une exposition loyale de ma situation nouvelle, qui du reste a commencé depuis deux ou trois années. Comme je sais que tu serais obligé de te gêner pour me donner quelque nouvelle aide d'argent, je te répète qu'il est inutile de me faire faire des habits. J'ai dit ce qu'il me fallait, et ils sont commandés. Je te prierai même, lorsque j'aurai pu sortir, de reprendre la somme que tu m'as donnée pour mon séjour dans la maison de Mme Saint-Marcel. Je t'en suis grandement obligé, et si je n'avais pas été pris au dépourvu par le mal, on n'aurait pas eu besoin de te tourmenter de cela, puisque, Dieu merci, je sais depuis quelques années suffire pleinement à mes besoins par mon travail. Reçois donc et mes remerciements sincères et l'espérance qu'à moins d'un coup aussi inattendu je n'aurai jamais besoin de déranger tes habitudes. [...]

Ton fils bien respectueux et bien affectionné

Gérard Labrunie.

Œuvres complètes I. / Gérard de Nerval ; édition publiée sous la direction de Jean Guillaume et de Claude Pichois [...]. – Paris : Gallimard, 1989. – (*Bibliothèque de la Pléiade* ; 89). – [Pp. 1369-1370].

ESSAIS ROMANESQUES 158

Un roman à faire (Troisième lettre). — Nerval a quitté la clinique en novembre 1841. Pendant un an on ne sait où ni de quoi il vit. Le 24 ou le 25 décembre 1842, il publie dans *La Sylphide* (dont la date est incertaine) *Un roman à faire*, composé d'une introduction et de six lettres. La troisième, qui rapporte une aventure vécue à Naples, pourrait emprunter une géographie fictive, et se rapprocher de maints thèmes graves (tels que l'amour, le sacré), dont il sera explicitement question beaucoup plus tard, dans *Pandora*.

Mourir, grand Dieu ! pourquoi cette idée me revient-elle à tout propos, comme s'il n'y avait que ma mort qui fût l'équivalent du bonheur que vous promettez ! La mort ! ce mot ne répand cependant rien de sombre dans ma pensée. Elle m'apparaît couronnée de roses pâles, comme à la fin d'un festin ; j'ai rêvé quelquefois qu'elle m'attendait en souriant au chevet d'une femme adorée, après le bonheur, après l'ivresse, et qu'elle me disait : « Allons, jeune homme ! tu as eu ta part de joie en ce monde, à présent viens dormir, viens reposer dans mes bras. Je ne suis pas belle, moi, mais je suis bonne et secourable, et je ne donne pas le plaisir, mais le calme éternel... »

... Où donc cette image s'est-elle déjà offerte à moi ? Ah ! je vous l'ai dit, c'était à Naples, il y a trois ans. J'avais fait rencontre à la Villa Reale d'une femme qui vous ressemblait, une très bonne créature, dont l'état était de faire des broderies d'or pour les ornements d'église ; je la reconduisais chez elle, bien qu'elle me parlât d'un amant qu'elle avait dans les gardes suisses et qu'elle tremblait de voir arriver. Pourtant elle ne fit pas de difficulté de m'avouer que je lui plaisais davantage... Que vous dirai-je ? il me prit la fantaisie de m'étourdir pour tout un soir, et de m'imaginer que cette femme, dont je comprenais à peine le langage, était vous-même, descendue à moi par enchantement ! Pourquoi vous tairais-je toute cette aventure, et la bizarre illusion que mon âme accepta sans peine, surtout après quelques verres de lacryma-christi mousseux que je lui fis apporter au souper ? La chambre où j'étais entré avait quelque chose de mystique par le hasard ou le choix singulier des objets qu'elle renfermait. Une madone noire, couverte d'oripeaux, et dont mon hôtesse était chargée de rajeunir l'antique parure, figurait sur une commode, près d'un lit aux rideaux de serge verte ; une figure de sainte Rosalie, couronnée de roses violettes, semblait plus loin protéger le berceau d'un enfant endormi ; les murs, blanchis à la chaux, étaient décorés de vieux tableaux des quatre éléments, représentant des divinités mythologiques. Ajoutez à cela un beau désordre d'étoffes brillantes, de fleurs artificielles, de vases étrusques ; des miroirs entourés de clinquant, qui reflétaient vivement la lueur de l'unique lampe de cuivre, et sur une table un traité de la divination et des songes, qui me fit penser que ma compagne était un peu sorcière ou bohémienne pour le moins. Une bonne vieille, aux grands traits solennels, allait et venait, nous servant (je crois que ce devait être sa mère), et moi, tout pensif, je ne cessais de regarder sans dire un mot à celle qui me rappelait si fort votre souvenir.

[...] Ô Dieu ! je ne sais quelle profonde tristesse habitait mon âme, mais ce n'était autre chose que la pensée cruelle que je n'étais pas aimé. J'avais vu comme le fantôme du bonheur, j'avais usé de tous les dons de Dieu, j'étais sous le plus beau ciel du monde, en présence de la nature la plus parfaite, du spectacle le plus immense qu'il soit donné aux hommes de voir ; mais à trois cents lieues de la seule femme qui existât pour moi et qui ignorait jusqu'à mon existence. N'être pas aimé et n'avoir pas l'espoir. C'est alors que je fus tenté d'aller demander compte à Dieu de ma singulière existence. Il n'y avait qu'un pas à faire ; à l'endroit où j'étais, la montagne était coupée comme une falaise. La mer grondait au bas, bleue et pure ; ce n'était plus qu'un moment à souffrir. Oh ! l'étourdissement de cette pensée fut terrible. Deux fois je me suis élancé, et je ne sais quel pouvoir me rejeta vivant sur la terre que j'embrassai. Non, mon Dieu ! vous ne m'avez pas créé pour mon éternelle souffrance ; je ne veux pas vous outrager par ma mort. Mais donnez-moi la force, donnez-moi le pouvoir, donnez-moi surtout la résolution qui fait que les uns arrivent au trône, les autres à la gloire, les autres à l'amour !

Œuvres complètes I. / Gérard de Nerval ; édition publiée sous la direction de Jean Guillaume et de Claude Pichois [...]. – Paris : Gallimard, 1989. – (*Bibliothèque de la Pléiade* ; 89). – [Pp. 695-697].

ARTICLES 159

Paradoxe et vérité (*L'Artiste*, 2 juin 1844).

Les philosophes sont ceux qui se plaignent le plus de l'ingratitude, parce qu'ils ne font pas le bien pour lui-même ou pour être agréables à Dieu, mais le considèrent comme un prêt qu'il faut leur rendre et dont ils sont portés à s'exagérer la valeur.

Je suis persuadé que si l'on ne changeait pas, les amours seraient éternelles ; mais chacun se transforme de son côté ; on n'a plus ni les habitudes, ni l'humeur, ni la figure même d'un autre temps : comment donc conserverait-on les mêmes affections ?

Je ne demande pas à Dieu de rien changer aux événements, mais de me changer relativement aux choses ; de me laisser le pouvoir de créer autour de moi un univers qui m'appartienne, de diriger mon rêve éternel au lieu de le subir. Alors, il est vrai, je serais Dieu.

Ne mettez jamais en lutte les sentiments avec l'intérêt : la délicatesse est si délicate ! C'est un pot de fer contre une bulle de savon.

En vérité, le monde où nous vivons est un tripot et un mauvais lieu, et je suis honteux en songeant que Dieu m'y voit.

Le Christ, dont la parole fut *égalité*, ne choisit ses apôtres ni parmi les puissants, ni parmi les riches, ni parmi les forts ; il les prit même simples[1] d'esprit et les illumina de son souffle, pour montrer que si l'intelligence est maîtresse du monde, c'est comme provenant du ciel. [...]

Il est clair que dès que vous établissez l'argent comme base de la société, du pouvoir et des honneurs, dès que vous en faites un honneur et une vertu, il n'y a plus d'honneur et de vertu qui ne se compensent par lui. L'or sera le représentant des choses morales, comme il l'est déjà des choses matérielles ; on aura dans la poche la représentation d'une vertu, d'un bienfait, d'un mérite, comme on a celle d'un champ ou d'une maison. [...]

Je ne vois pas de raisons pour que la race humaine aille s'améliorant ; au contraire, mais que les caractères se perfectionnent, c'est possible. Plus d'esprit, moins de cœur. Où vous voyez les lois mieux observées, croyez qu'elles sont mieux éludées, et que moins il y a de fripons aux galères, plus il y en a dehors.

Œuvres complètes I. / Gérard de Nerval ; édition publiée sous la direction de Jean Guillaume et de Claude Pichois [...]. – Paris : Gallimard, 1989. – (*Bibliothèque de la Pléiade* ; 89). – [Pp. 809-811].

LES NUITS D'OCTOBRE 160

Le rotisseur (X). — Dans une thématique toujours plus intérieure, s'approchant des abîmes, ténébreux ou lumineux, qui marquent les grandes œuvres de la fin, Nerval part du réalisme pour le mieux dépasser.

Ô jeune fille à la voix perlée, — tu ne sais pas *phraser* comme au Conservatoire ; — tu ne *sais pas chanter*, ainsi que dirait un critique mu-

1 « Simples » paraît signifier « sans déguisement, sans malice » (dixième sens donné par Littré).

sical... Et pourtant ce timbre jeune, ces désinences tremblées à la façon des chants naïfs de nos aïeules, me remplissent d'un certain charme ! Tu as composé des paroles qui ne riment pas et une mélodie qui n'est pas *carrée* ; — et c'est dans ce petit cercle seulement que tu es comprise, et rudement applaudie. On va conseiller à ta mère de t'envoyer chez un maître de chant, et dès lors te voilà perdue... perdue pour nous ! — Tu chantes au bord des abîmes, comme les cygnes de l'Edda. Puissé-je conserver le souvenir de ta voix si pure et si ignorante, et ne t'entendre plus, soit dans un théâtre lyrique, soit dans un concert, — ou seulement dans un café chantant !

Adieu, adieu, et pour jamais adieu !... Tu ressembles au séraphin doré du Dante, qui répand un dernier éclair de poésie sur les cercles ténébreux — dont la spirale immense se rétrécit toujours, pour aboutir à ce puits sombre où Lucifer est enchaîné jusqu'au jour du dernier jugement.

Et maintenant passez autour de nous, couples souriants ou plaintifs... « spectres où saigne encore la place de l'amour ! » Les tourbillons que vous formez s'effacent peu à peu dans la brume... La *Pia*, la *Francesca* passent peut-être à nos côtés... L'adultère, le crime et la faiblesse se coudoient, sans se reconnaître, à travers ces ombres trompeuses.

Œuvres complètes III / Gérard de Nerval ; édition publiée sous la direction de Jean Guillaume et de Claude Pichois ; avec, pour ce volume, la collaboration de Jacques Bony, Michel Brix, Lieven D'hulst, Vincenette Pichois, Jean-Luc Steinmetz, Jean Ziegler et le concours d'Antonia Fonyi. – Paris : Gallimard, 1993. – (*Bibliothèque de la Pléiade* ; 397). – [Pp. 325-326].

SYLVIE 161

Adrienne ; Dernier feuillet (II, XIV). — Adrienne, qui semble cristalliser l'attention de Nerval, possède un homonyme dans *L'École des ménages*, pièce de Balzac qui ne fut jamais représentée, mais à la lecture de laquelle Nerval assista en mars 1839. Alors que Balzac est décédé le 18 août 1850, Nerval évoque, le 7 octobre suivant, cette pièce et son héroïne moralement exemplaire. Le problème se pose, désormais, d'un éventuel rapport entre le personnage féminin repris à Balzac par Nerval, et Louise-Marie d'Orléans, elle aussi moralement exemplaire, décédée le 11 octobre 1850. Ce texte parut dans la *Revue des Deux Mondes*, 15 août 1853.

J'étais le seul garçon dans cette ronde, où j'avais amené ma compagne, toute jeune encore, Sylvie, une petite fille du hameau voisin, si vive et si fraîche, avec ses yeux noirs, son profil régulier, et sa peau légèrement hâlée !... Je n'aimais qu'elle, je ne voyais qu'elle — jusque-là ! À peine avais-je remarqué, dans la ronde où nous dansions, une blonde, grande et belle, qu'on appelait Adrienne. Tout d'un coup, suivant les règles de la danse, Adrienne se trouva placée seule avec moi au milieu du cercle. Nos tailles étaient pareilles. On nous dit de nous embrasser, et la danse et le chœur tournaient plus vivement que jamais. En lui donnant ce baiser, je ne pus m'empêcher de lui presser la main. Les longs anneaux roulés de ses cheveux d'or effleuraient mes joues. De ce moment, un trouble inconnu s'empara de moi. — La belle devait chanter pour avoir le droit de rentrer dans la danse. On s'assit autour d'elle, et aussitôt, d'une voix fraîche et pénétrante, légèrement voilée, comme celles des filles de ce pays brumeux, elle chanta une de ces anciennes romances pleines de mélancolie et d'amour, qui racontent toujours les malheurs d'une princesse enfermée dans sa tour par la volonté d'un père qui la punit d'avoir aimé. La mélodie se terminait à chaque stance par ces trilles chevrotants que font valoir si bien les voix jeunes, quand elles imitent par un frisson modulé la voix tremblante des aïeules.[...]

J'oubliais de dire que le jour où la troupe dont faisait partie Aurélie a donné une représentation à Dammartin, j'ai conduit Sylvie au spectacle, et je lui ai demandé si elle ne trouvait pas que l'actrice ressemblait à une personne qu'elle avait connue déjà. « À qui donc ? — Vous souvenez-vous d'Adrienne ? »

Elle partit d'un grand éclat de rire en disant : « Quelle idée ! » Puis, comme se le reprochant, elle reprit en soupirant : « Pauvre Adrienne ! elle est morte au couvent de Saint-S***, vers 1832. »

Œuvres complètes III / Gérard de Nerval ; édition publiée sous la direction de Jean Guillaume et de Claude Pichois ; avec, pour ce volume, la collaboration de Jacques Bony, Michel Brix, Lieven D'hulst, Vincenette Pichois, Jean-Luc Steinmetz, Jean Ziegler et le concours d'Antonia Fonyi. – Paris : Gallimard, 1993. – (*Bibliothèque de la Pléiade* ; 397). – [Pp. 541, 568-569].

PANDORA 162

Amour fatal. — Publiée par Dumas dans *Le Mousquetaire* du 31 octobre 1854, *Pandora* montre combien le souvenir de Marie Pleyel, rencontrée à Vienne à la fin de 1839, et à Bruxelles un an plus tard (à quelques semaines du long internement de 1841), était demeuré puissant chez Nerval. Si l'extrait cité peut étonner par son aura maléfique, rappelons qu'un inédit révélé en 1976 lors de la vente Marsan pourrait justifier ce pouvoir du mal : « Un moment je fus prêt à céder aux enlacements dangereux de ses caresses lorsqu'il me sembla la reconnaître pour l'avoir déjà vue au commencement des siècles. » (T. III, p. 661).

Sur quoi je retournai à mon petit logement de Leopoldstadt, où je ne pus dormir de la nuit. Je la voyais dansant toujours avec deux cornes d'argent ciselé, agitant sa tête empanachée, et faisant onduler son col de dentelles gaufrées sur les plis de sa robe de brocart.

Qu'elle était belle en ses ajustemens de soie et de pourpre levantine, faisant luire insolemment ses blanches épaules, huilées de la sueur du monde. Je la domptai en m'attachant désespérément à ses cornes, et je crus reconnaître en elle l'altière Catherine, impératrice de toutes les Russies. J'étais, moi, le prince de Ligne, — et elle ne fit pas de difficultés de m'accorder la Crimée, ainsi que l'emplacement de l'ancien temple de Thoas. — Je me trouvai tout à coup moelleusement assis sur le trône de Stamboul.

— Malheureuse ! lui dis-je, nous sommes perdus par ta faute, et le monde va finir ! Ne sens-tu pas qu'on ne peut plus respirer ici ? L'air est infecté de tes poisons, et la dernière bougie qui nous éclaire encore tremble et pâlit déjà au souffle impur de nos haleines... De l'air ! de l'air ! Nous périssons !

— Mon seigneur, cria-t'elle, nous n'avons à vivre que sept mille ans. Cela fait encore mille cent-quarante... [...]

Je n'ai revu la Pandora que l'année suivante, dans une froide capitale du Nord. Sa voiture s'arrêta tout à coup au milieu de la grande place, et un sourire divin me cloua sans force sur le sol. — Te voilà encore, enchanteresse, m'écriais-je, et la boîte fatale, qu'en as-tu fait ?

— Je l'ai remplie pour toi, dit-elle, des plus beaux joujoux de Nuremberg. Ne viendras-tu pas les admirer ?

Mais je me pris à fuir à toutes jambes vers la place de la Monnaie. — Ô fils des dieux, père des hommes ! criait-elle, arrête un peu. C'est aujourd'hui la Saint-Sylvestre comme l'an passé... Où as-tu caché le feu du ciel que tu dérobas à Jupiter ?

Je ne voulus pas répondre : le nom de Prométhée me déplaît toujours singulièrement, car je sens encore à mon flanc le bec éternel du vautour dont Alcide m'a délivré.

Ô Jupiter ! quand finira mon supplice ?

Œuvres complètes III / Gérard de Nerval ; édition publiée sous la direction de Jean Guillaume et de Claude Pichois ; avec, pour ce volume, la collaboration de Jacques Bony, Michel Brix, Lieven D'hulst, Vincenette Pichois, Jean-Luc Steinmetz, Jean Ziegler et le concours d'Antonia Fonyi. – Paris : Gallimard, 1993. – (*Bibliothèque de la Pléiade* ; 397). – [Pp. 661, 663].

AURÉLIA 163

Percevoir l'au-delà (*Seconde partie* I, VI). — Le texte a paru, sans indication de « Première partie », dans la *Revue de Paris* du 1er janvier 1855 ; il devait, normalement, se prolonger dans le numéro suivant, publié le 15 du même mois. — En fait, dès avant le 1er janvier, Nerval était gravement atteint dans son équilibre et dans ses facultés créatrices, comme s'il était devenu incapable de diriger son rêve, aux fins d'analyse. Sorti trop tôt de clinique (grâce à des interventions aussi maladroites qu'amicales), il se cherche dans la douleur. — On connaît mal la chronologie de préparation de la « Première partie » (deux termes absents, on l'a dit, dans la livraison du 1er janvier). Ce qui est sûr, en revanche, c'est la mort, le 12 décembre 1854, de Stéphanie Houssaye, l'hôtesse accueillante autant qu'aimée, et dont Nerval suivra, en pleurant, le convoi menant à l'église de la Madeleine. Est-ce cette figure chère, et l'espoir de la retrouver un jour, qui ont dicté les lignes, aujourd'hui initiales — mais qui semblent remplacer des pages retirées — de la « Seconde partie » (deux termes cette fois bien présents sur le manuscrit) ?

Eurydice ! Eurydice !

Une seconde fois perdue !

Tout est fini, tout est passé ! C'est moi maintenant qui dois mourir et mourir sans espoir. — Qu'est-ce donc que la mort ? Si c'était le néant... Plût à Dieu ! Mais Dieu lui-même ne peut faire que la mort soit le néant.

Pourquoi donc est-ce la première fois, depuis si longtemps, que je songe à *lui ?* Le système fatal qui s'était créé dans mon esprit n'admettait pas cette royauté solitaire... ou plutôt elle s'absorbait dans la somme des êtres : c'était le dieu de Lucrétius, impuissant et perdu dans son immensité.

Elle, pourtant, croyait à Dieu, et j'ai surpris un jour le nom de Jésus sur ses lèvres. Il en coulait si doucement que j'en ai pleuré. Ô mon Dieu ! cette larme, — cette larme... Elle est séchée depuis si longtemps ! Cette larme, mon Dieu ! rendez-la moi !

Lorsque l'âme flotte incertaine entre la vie et le rêve, entre le désordre de l'esprit et le retour de la froide réflexion, c'est dans la pensée religieuse que l'on doit chercher des secours ; — je n'en ai jamais pu trouver dans cette philosophie, qui ne nous présente que des maximes d'égoïsme ou tout au plus de réciprocité, une expérience vaine, des doutes amers ; elle lutte contre les douleurs morales en anéantissant la sensibilité ; pareille à la chirurgie, elle ne sait que retrancher l'organe qui fait souffrir. — Mais pour nous, nés dans des jours de révolutions et d'orages, où toutes les croyances ont été brisées ; — élevés tout au plus dans cette foi vague qui se contente de quelques pratiques extérieures et dont l'adhésion indifférente est plus coupable peut-être que l'impiété ou l'hérésie, — il est bien difficile, dès que nous en sentons le besoin, de reconstruire l'édifice mystique dont les innocents et les simples admettent dans leurs cœurs la figure toute tracée. « L'arbre de science n'est pas l'arbre de vie ! » Cependant, pouvons-nous rejeter de notre esprit ce que tant de générations intelligentes y ont versé de bon ou de funeste ? L'ignorance ne s'apprend pas. [...]

« Ô Mort où est ta victoire ? » puisque le Messie vainqueur chevauchait entre nous deux ! sa robe était d'hyacinthe soufrée et ses poignets ainsi que les chevilles de ses pieds étincelaient de diamants et de rubis. Quand sa houssine légère toucha la porte de nacre de la Jérusalem nouvelle, nous fûmes tous les trois inondés de lumière. C'est alors que je suis descendu parmi les hommes pour leur annoncer l'heureuse nouvelle.

Je sors d'un rêve bien doux ; j'ai revu celle que j'avais aimée transfigurée et radieuse. Le ciel s'est ouvert dans toute sa gloire, et j'y ai lu le mot *pardon* signé du sang de Jésus-Christ.

Œuvres complètes. III / Gérard de Nerval ; édition publiée sous la direction de Jean Guillaume et de Claude Pichois ; avec, pour ce volume, la collaboration de Jacques Bony, Michel Brix, Lieven D'hulst, Vincenette Pichois, Jean-Luc Steinmetz, Jean Ziegler et le concours d'Antonia Fonyi. – Paris : Gallimard, 1993. – (*Bibliothèque de la Pléiade* ; 397). – [Pp. 722-723, 746-747].

PROMENADES ET SOUVENIRS 164

Juvenilia - Chantilly (IV, VIII). — Les pages introductives évoquaient le drame affectif de l'enfant. Proche de l'autre bord, l'adulte se retourne.

Aujourd'hui mon grand-père repose avec sa femme et sa plus jeune fille au milieu de ce champ qu'il cultivait jadis. Sa fille aînée est ensevelie bien loin de là, dans la froide Silésie, au cimetière catholique polonais de Gross-Glogau. Elle est morte à vingt-cinq ans des fatigues de la guerre [...].

La fièvre dont elle est morte m'a saisi trois fois à des époques qui forment, dans ma vie, des divisions régulières, périodiques. Toujours, à ces époques, je me suis senti l'esprit frappé des images de deuil et de désolation qui ont entouré mon berceau [...].

J'avais sept ans, et je jouais, insoucieux, sur la porte de mon oncle, quand trois officiers parurent devant la maison ; l'or noirci de leurs uniformes brillait à peine sous leurs capotes de soldat. Le premier m'embrassa avec une telle effusion que je m'écriai : « Mon père !... tu me fais mal ! » De ce jour mon destin changea. [...]

À quoi bon maintenant revoir ce château démeublé qui n'a plus à lui que le cabinet satirique de Watteau et l'ombre tragique du cuisinier Vatel se perçant le cœur dans un fruitier ! J'ai mieux aimé entendre les regrets sincères de mon hôtesse touchant ce bon prince de Condé qui est encore le sujet des conversations locales. Il y a dans ces sortes de villes quelque chose de pareil à ces cercles du purgatoire de Dante immobilisés dans un seul souvenir, et où se refont dans un centre plus étroit les actes de la vie passée. — « Et qu'est devenue votre fille qui était si blonde et gaie, lui ai-je dit ; elle s'est sans doute mariée ? — Mon Dieu oui, et depuis elle est morte de la poitrine... » J'ose à peine dire que cela me frappa plus vivement que les souvenirs du prince de Condé. Je l'avais vue toute jeune, et certes je l'aurais aimée, si à cette époque je n'avais eu le cœur occupé d'une autre... Et maintenant voilà que je pense à la ballade allemande : *La Fille de l'hôtesse*, et aux trois compagnons dont l'un disait : « Oh ! si je l'avais connue, comme je l'aurais aimée ! » — et le second : « Je t'ai connue, et je t'ai tendrement aimée ! » — et le troisième : « Je ne t'ai pas connue... mais je t'aime et t'aimerai pendant l'éternité ! »

Encore une figure blonde qui pâlit, se détache et tombe glacée à l'horizon de ces bois baignés de vapeurs grises...

Œuvres complètes. III / Gérard de Nerval ; édition publiée sous la direction de Jean Guillaume et de Claude Pichois ; avec, pour ce volume, la collaboration de Jacques Bony, Michel Brix, Lieven D'hulst, Vincenette Pichois, Jean-Luc Steinmetz, Jean Ziegler et le concours d'Antonia Fonyi. – Paris : Gallimard, 1993. – (*Bibliothèque de la Pléiade* ; 397). – [Pp. 680-681 et 690].

TEXTES DIVERS 165

Idéal. — Ces lignes graves, laissées manuscrites par Nerval, restent conséquentes avec le profil moral esquissé par les dernières grandes œuvres.

Elle ne te choisira qu'à condition que tu sois celui qui l'aurait aimée le plus, car les mariages sont marqués au ciel. [...]

S'entretenir d'idées pures et saines pour avoir des songes logiques. Prenez garde à l'impureté qui effarouche les bons esprits et qui attire les divinités fatales. Quand vos rêves sont logiques ils sont une porte ouverte ivoire ou corne sur le monde extérieur. —

Qu'est-ce qu'une pureté qui n'est qu'ignorance et qui cesse devant la connaissance du mal. —

Œuvres complètes. III / Gérard de Nerval ; édition publiée sous la direction de Jean Guillaume et de Claude Pichois ; avec, pour ce volume, la collaboration de Jacques Bony, Michel Brix, Lieven D'hulst, Vincenette Pichois, Jean-Luc Steinmetz, Jean Ziegler et le concours d'Antonia Fonyi. – Paris : Gallimard, 1993. – (*Bibliothèque de la Pléiade* ; 397). – [P. 770].

LES CHIMÈRES 166

Artémis. — « [Mes sonnets] ne sont guère plus obscurs que la métaphysique d'Hégel [...]. » (T. III, p. 458).

La Treizième revient... C'est encor la première ;
Et c'est toujours la seule, — ou c'est le seul moment :
Car es-tu reine, ô toi ! la première ou dernière ?
Es-tu roi, toi le seul ou le dernier amant ?...

Aimez qui vous aima du berceau dans la bière ;
Celle que j'aimai seul m'aime encor tendrement :
C'est la mort — ou la morte... Ô délice ! ô tourment !
La rose qu'elle tient, c'est la *Rose trémière.*

Sainte napolitaine aux mains pleines de feux,
Rose au cœur violet, fleur de sainte Gudule :
As-tu trouvé ta croix dans le désert des cieux ?

Roses blanches, tombez ! vous insultez nos dieux :
Tombez fantômes blancs de votre ciel qui brûle :
— La sainte de l'abîme est plus sainte à mes yeux !

Œuvres complètes. III / Gérard de Nerval ; édition publiée sous la direction de Jean Guillaume et de Claude Pichois ; avec, pour ce volume, la collaboration de Jacques Bony, Michel Brix, Lieven D'hulst, Vincenette Pichois, Jean-Luc Steinmetz, Jean Ziegler et le concours d'Antonia Fonyi. – Paris : Gallimard, 1993. – (*Bibliothèque de la Pléiade* ; 397). – [P. 648].

HAVLÍČEK-BOROVSKÝ

TCHÈQUE **1821-1856**

La vie et l'œuvre de Karel Havlíček-Borovský marquent la fin du romantisme sentimental dans la Renaissance du peuple tchèque au XIXe siècle ; il y a un « avant Havlíček » et un « après Havlíček », cet « après » se prolongeant jusqu'à nos jours : Havlíček a été en effet le premier à douter du panslavisme aveugle vénérant en la Russie des Tsars, en la Russie tout court, la libératrice de tous les Slaves (qu'on lise ses études-reportages, *Images de la Russie*, fruit de son séjour à Moscou en 1843-1844).

Fondateur du journalisme tchèque moderne et député à la Diète de Vienne (1848-1849), Havlíček dut payer cher son intransigeance de démocrate libéral : enlevé la nuit par la police autrichienne, il fut assigné à résidence à Brixen, dans le Tyrol (1852-1855). Rentré en Bohême, il mourut de phtisie. Un mythe est né de cette trajectoire fulgurante auréolée du martyre.

Ses activités de journaliste dans *Le Journal du Peuple* et dans l'hebdomadaire *Le Slave* sont à l'origine de deux essais sur la déontologie du journalisme et sur l'attitude du peuple tchèque envers l'Église romaine : l'*Esprit du Journal du Peuple* et *Épîtres de Kutná Hora* ; ces deux livres-manifestes sont parus en 1851.

En tant que critique littéraire, Havlíček fit preuve d'un véritable tempérament, s'élevant contre le patriotisme pleurnichard de ses prédécesseurs. Quant à son œuvre de poète, elle a pour thème majeur le refus de la tutelle autrichienne. Cette confrontation aux contingences politiques fait la force de sa poésie de combat, nullement sa faiblesse. Ses épigrammes, pleines de sarcasmes, fustigent le mal, typiquement « vieille Autriche », de la collusion de l'Église catholique et de l'État des Habsbourgs. Son grand poème inachevé, *Le Baptême de saint Vladimir* (composé en 1848-1856), ridiculise l'Église et la religion au service du pouvoir despotique. Les *Élégies tyroliennes* (1852) racontent son voyage forcé et sa détention au Tyrol. Le poème *Le Roi Lávra* (1854) transpose, sous le couvert d'une histoire irlandaise, le récit sur les oreilles du roi Midas dans le milieu tchèque. Ces trois poèmes pèchent peut-être par une étroitesse de vue et de compréhension — le sentiment religieux y est systématiquement réduit par un anticléricalisme à la Voltaire — mais leur ironie fait honneur à la gouaille populaire tchèque.

Grâce aux traductions réalisées par Havlíček, le lecteur tchèque put connaître Gogol et son réalisme amer.

Maître à penser, et à agir, des démocrates républicains, Havlíček fut une référence constante pour les meilleurs hommes politiques tchèques, dont Masaryk, le fondateur et premier Président de la République tchécoslovaque.

T.I.V. Thomas, "Karel Havlicek and the Constitutional Question, 1849-1851". – In : *Slavonic and Easteuropean Review*, LII (1974), 129, pp. 566-583.

The Russian journey of Karel Haliček Borovsky / Michael Henry Heim. – München : O. Sagner, 1979. – 194 p. – (*Slavistische Beiträge* ; 128).

Karel Havlíček, 1821-1856 : a national liberation leader of the Czech renascence / Barbara K. Reinfeld. – Boulder, Colo. : East European monographs ; New York : Columbia University Press, 1982. – 135 p. – (*East European monographs* ; 98).

Der k.k. Dissident Karel Havlček, 1821-1856 / Georg J. Morava. – Wien : Österreichischer-Bundesverlag, 1985. – 246 p. – (*Ein Österreich-Thema aus dem Bundesverl.*).

ÉPIGRAMMES 167

J. Látal — 1998

Prière tchèque. — Les épigrammes de Havlíček furent dédiées « à l'Église, au Roi, à la Patrie, aux Muses et au monde ». La langue de Havlíček et sa versification alerte rejoignent le corps et l'esprit de la chanson et du proverbe populaires : paroles rimées, laconiques, incendiaires.

Saint Jean Népomucène,
que ton bras nous protège,
fais que Dieu nous accorde ce qu'Il t'a donné :
une langue qui dans la tombe jamais ne pourrira !

Traduction inédite.

ÉPIGRAMMES 168

J. Látal — 1998

Le gouvernement autrichien.

Motto : *Cui simile est austriacum regimen* ?
Réponse : *Missæ de requiem* — à la messe des morts
Nullum Gloria — pas de Gloria
Nullum Credo — pas de confiance
Longum offertorium — faudra-t-il toujours donner ?
Et in fine nulla benedictio — à la fin, tout ira au diable !

Traduction inédite.

ÉPIGRAMMES 169

J. Látal — 1998

Prière sceptique.

Ô Dieu !
Si tu es ? !
Protège mon âme !
Si j'en ai ? !

Traduction inédite.

ÉPIGRAMMES 170

J. Látal — 1998

Raison tardive.

Si tu bats le briquet,
alors dans l'amadou, jamais dans une bouillie.
L'amour de la patrie
ne prêche pas au chameau.

Traduction inédite.

ÉPÎTRES DE KUTNÁ HORA 171

J. Látal — 1998

Contre l'oppression cléricale (chapitre XXX).

Vous me demandez quelle est la raison qui pousse les gouvernements actuels, surtout les gouvernements absolutistes, à s'afficher en fervents protecteurs du christianisme, du même christianisme qu'ils avaient jadis furieusement persécuté, en envoyant ses fidèles à la geôle, en les traînant sur l'échafaud, après avoir voué son fondateur, comme un criminel, à une mort infamante. Serait-ce possible que dès lors leur conduite se soit corrigée et devenue meilleure ? Que non : les gouvernements sont ce qu'ils étaient, mais le christianisme n'est plus le même. Ceux qui gouvernent ont avec astuce occulté son essence sous une écorce dure et calleuse, en collant dessus : robes écarlates, couvre-chefs de toutes formes, latins de toute prononciation, petites bougies, dîmes et casuels, huiles saintes, célibat obligatoire, obéissance aveugle, missionnaires de saint Alphonse de Liguori, contes de fée, miracles loufoques, pharisaïsme, bondieuseries à vendre et à acheter ; il y en a un tel amoncellement que Notre Seigneur Jésus, s'il venait de nouveau, serait obligé de tresser des lanières et de les faire siffler en disant : « Cette maison est la maison de mon Père, mais vous en avez fait une caverne de bandits. »

Quelle chose curieuse que cette sollicitude avec laquelle un certain parti politique prend soin du Bon Dieu, afin que personne ne lui fasse mal. Dieu n'est-il pas assez puissant pour s'occuper de lui-même ? aurait-il besoin de vous, ô hypocrites ? ou bien vous a-t-il élevés à la dignité de ses plénipotentiaires et secrétaires ici-bas ? Il est évident que votre zèle pour lui et pour la religion ne jette guère de la flamme pure, que son véritable objet, c'est vous-mêmes et vos maîtres ; toutes les fois que vous parlez Dieu et religion, votre verbiage n'a d'autre but que de faire briller avec plus d'éclat le rôle des adjoints de Dieu sur la terre, autorité usurpée au Seigneur. Ou bien croyez-vous que nous n'avons pas depuis longtemps percé à jour votre tactique ? Aujourd'hui, vous claironnez combien grand, combien puissant est le Seigneur, pour pouvoir demain affirmer au nom de la foi : « Dieu l'ordonne », au lieu de : « C'est nous-mêmes qui le voulons ». Ô bigots hypocrites ! celui qui honore Dieu avec sincérité et pour de vrai, le fait en secret et de façon désintéressée, en accomplissant sa volonté, et n'étale pas devant le monde sa dévotion et son orthodoxie ; ni ne s'adonne à la pratique de la religion comme s'il s'agissait d'une affaire lucrative, qu'on peut au besoin céder à bail aux créatures subalternes.

Si vous voulez vraiment adorer Dieu et montrer aux autres votre fidélité à la foi, craignez Dieu, tremblez à la pensée qu'Il punira tout un chacun parmi les oppresseurs et les escrocs, de même qu'Il n'oubliera pas de châtier celui qui approuve l'oppression et la fourberie ; respectez scrupuleusement la parole donnée et soyez de bons administrateurs des biens d'autrui, sans jamais consentir aux brimades inutiles, ayant pour origine soit le bon plaisir, soit la malveillance. Lorsque vous prescrivez — au nom de Dieu et à sa place — des devoirs et obligations, et quand le monde, en vous observant, se rend compte que vous n'en faites jamais qu'à votre tête et pour votre profit : comment pourra-t-on croire votre piété sincère ? Ou alors, seriez-vous assez obtus pour imaginer que le monde soit demeuré au point qu'il ne subodore pas votre supercherie et continue d'ignorer que la vraie religion n'a que faire de vos missionnaires liguriens, des chapelets, du latin, du célibat de caserne au sujet duquel vous ne tarissez pas d'éloges, etc. ?

Traduction inédite.

ETTINGER

YIDICH **Env. 1801 - 1856**

Shloyme Ettinger, que Max Weinreich a surnommé « le bisaïeul de la littérature yidich », est né à Varsovie dans une famille aisée qui comptait de nombreux rabbins, notables et commerçants. Tôt orphelin, il est élevé par son oncle, à Lublin, où il apprend l'allemand. Marié, selon la tradition, à l'âge de quinze ans, il poursuit ses études talmudiques auprès de ses beaux-parents, à Zamosc. Après avoir tenté, sans succès, de s'installer comme commerçant à son compte, il entreprend des études de médecine à Lemberg (Lvov, aujourd'hui Lviv). Au soir de sa vie, mettant en pratique l'idéologie du retour à la terre prônée par les réformateurs juifs, Ettinger s'adonnera à l'agriculture.

Véritable amoureux du yidich, Ettinger a écrit ses œuvres, très appréciées, dans une langue très pure. Ses écrits — des fables, des épigrammes et sa pièce *Serkele* —, n'ont cependant pu circuler, pour des raisons de censure, que sous forme manuscrite, parmi ses amis. *Serkele*, son chef-d'œuvre, sera publié posthume, en 1861, à Johannisberg (Prusse) et créé, en 1862, au séminaire rabbinique de Jitomir, avec la participation du jeune Abraham Goldfaden, le futur dramaturge yidich. Z. Turkow en fera une mise en scène décisive à Varsovie, en 1923, avec R. Kaminska dans le rôle principal.

Comédie larmoyante à la Lessing, *Serkele*, d'un style très vif et très enlevé, est aussi une comédie de caractères où chaque personnage s'exprime dans un parler correspondant à ses origines et à son rang. Charge contre le conservatisme et l'hypocrisie, elle ne contient cependant aucune pointe antireligieuse.

On rapporte un des bons mots d'Ettinger, laché au chevet d'un de ses patients : « À quoi bon attraper le typhus ? Lisez plutôt ma *Serkele* ».

Shmul Rojansky, "Shloyme Ettinger un zayn baytrog far der yidisher literatur". – In : *Komedye, lider, meshulim un katzovelekh* / Shloyme Ettinger ; araynfir un redaktzye fun Shmul Rojansky. – Buenos Aires : Ateneo literario en el IWO, 1965. – (*Musterverk fun der yidisher literatur*). – [Pp. 11-32].

Vagabond Stars : A World History of Yiddish Theater / Nahma Sandrow. – New York : Limelight Edition, 1986. – [Pp. 26-32].

SERKELE **172**

N. Weinstock — 1997

Chuintements de rire (Acte V, scènes 1 et 2). — Dovid Guthartz (« l'Étranger »), qui a confié sa fille à sa sœur Serkele, revient à Lemberg incognito. Il s'exprime en un yidich fortement germanisé qui contraste avec la langue savoureuse de l'aubergiste Reb Shmelke, dont le yidich lituanien, saupoudré d'expressions polonaises inverse les consonnes *s* et *ch*.

L'ÉTRANGER, *seul, assis sur un banc devant la porte, à moitié déshabillé encore partiellement revêtu d'une tenue de voyage à l'allemande*[1]. — Je suis

1 C'est-à-dire à l'occidentale, par opposition à l'accoutrement traditionnel des juifs d'Europe de l'Est.

extraordinairement fatigué. Quel voyage ce fut donc ! Jour et nuit par voie de terre et en bateau sans la possibilité de prendre un moment de repos... Grâces soient cependant rendues au Tout-Puissant, me voici de retour après six ans dans ma patrie... Comme tout me paraît donc changé, amélioré, on pourrait même dire embelli... Les rues — comme elles sont devenues propres, les maisons — comme elles sont charmantes et coquettes ! Mon Dieu, l'enveloppe correspond-elle au contenu ? Bizarre, oui, c'est vraiment bizarre qu'après tellement d'années de souffrances, qu'après avoir tant langui et soupiré après ce trésor de mon cœur, je n'ai su obtenir la moindre nouvelle avérée à son sujet. (*Il se tait un moment, plongé dans ses réflexions*). Chère enfant ! Qu'est-il advenu de toi ici durant mon absence ? Ta santé a-t-elle prospéré en proportion de ma fortune ? Ô, ma gracieuse enfant ! De quoi peux-tu bien avoir l'air à présent ? Le tendre bourgeon verdoyant s'est-il épanoui en un jeune tronc prometteur ? Ressembles-tu, conformément au vœu de ton père qui t'aime par-dessus tout, à sa chère Rachel, sa feue épouse inoubliable ? Ou bien... (*Il reste assis, plongé dans ses tristes pensées. Puis, se ressaisissant brusquement*). Non ! Non ! Dispersez-vous, pensées infernales ! Ô, bienveillant Créateur, qui m'a si souvent assisté dans le besoin, Père céleste qui règne sur toutes les Créatures ! Prive-moi de tous tes bienfaits, de la santé, de la vie, prends tout, oui tout, mais ne m'ôte pas cette chère et belle enfant ! (*Il se tait pendant un instant*).

REB SHMELKE, *venant de la rue, canne en main. S'apprête à entrer dans l'auberge mais s'arrête en apercevant l'Étranger.* — Ah, bon !... Le Cheigneur béni choit-Il m'a envoyé un hôte (*Il se découvre et s'incline très bas devant l'Étranger*). Nous chaluons Cha chénéreuche Cheigneurie. Comment che porte Cha Chérénité ?[1]

L'ÉTRANGER, *ne s'est pas encore aperçu de la présence de Reb Shmelke et poursuivant son monologue.* — Que deviendraient mon bonheur, ma vie sans cet enfant ?

REB SHMELKE, *en aparté, à voix basse.* — Ah ! Ah ! Ch'est donc un Allemand !

L'ÉTRANGER, *se retourne et aperçoit Reb Shmelke.* — Seriez-vous par hasard le propriétaire de ces lieux ?

REB SHMELKE, *s'étant rapproché de l'Étranger, s'incline à nouveau comme précédemment. Reste debout devant l'Étranger. Puis s'adressant à lui, très*

---

1 En polonais dans le texte.

rapidement. — Oui, Votre Cheigneurerie ! Votre Grâche est vraiment La bienvenu sez moi ! Que plairait-il à Votre Alteche de commander ? Une petite sambre bien coquette, sarmante, repeinte et claire, une étable magnifique, du foin bien frais ? De l'avoine de qualité, d'exchellents mets et boichons, tout che que déchirera Votre Grâche ? Ou bien un bon verre d'hydromel à l'anchienne, un délichieux verre de vin, tout che qu'il y a d'exchellent — chelon le vœu de Votre Grâche ! Votre Grâche n'a qu'à commander ! Et de chuite, chur l'heure, on courra vous apporter du thé, du café, un bon punch revigorant, une liqueur, un fromage chuiche, un hareng mariné, un rôti hongrois, un poichon fumé, tout che que Votre Grâche déchire, elle peut l'obtenir auprès du gros Smelke Troyniks et à un prix dérichoire, comme le voudra Votre Grâche ! Votre Grâche n'a qu'à commander !

L'ÉTRANGER, *à lui-même et à voix basse.* — Il est singulièrement réjouissant que cet homme ne m'ait pas reconnu sous cet accoutrement ! (*À haute voix, s'adressant à Reb Shmelke*). Vous faites erreur, cher Reb Shmelke. Je suis un Juif.

REB SHMELKE, *s'empresse de se recoiffer.* — Un bon petit Juif ? (*À lui-même et à voix basse*) Que mes caussemars ch'emparent de chon echprit chi je n'avais pu jurer que ch'était un gentilhomme polonais ! (*S'asseyant à côté de l'Étranger et lui serrant la main*). Solem aleykhem[1] ! D'où venez-vous ? Où vous rendez-vous ?

Traduction inédite. — *Komedye, lider, mesholim un katsoveselekh* / Shloyme Ettinger ; Araynfir un redaktzye fun Shmul Rujansky. – Buenos Aires : Ateneo Literario en el IWO, 1965. – (*Musterverk fun der yidisher literatur*). – [Pp. 238-241].

1 *Sholem aleykhem* : « La paix soit avec vous », salutation juive traditionnelle.

POPOVIĆ

SERBE

1806-1856

Jovan Sterija Popović est né à Vršac, petite ville de Voïvodine. Son père, aroumain hellénisé qui avait serbisé son nom de Papas en Popović, était un commerçant aisé. Sa mère, fille du peintre serbe Nešković, communiquera à son fils le goût des livres et de la culture, si bien que, contre la volonté de son père qui voulait faire de lui un négociant, J. S. Popović continuera ses études : après l'école de Vršac, ce sera le lycée de Sremski Karlovci, puis Timişoara et l'université de Budapest, où il découvre le théâtre allemand et les grands auteurs dramatiques, dont Shakespeare et Molière. Il commence à écrire des poèmes, en slavon hybride, à la gloire des peuples des Balkans (Bulgares, Grecs, etc.) en lutte contre les Turcs, puis des drames historiques à thématique nationale serbe. Il participe en 1826 à la fondation de la *Matica srpska* (Société littéraire serbe, qui joue encore aujourd'hui un rôle important, notamment pour les dictionnaires), qui publiera ses premiers drames et romans. En 1830, il revient à Vršac, où il enseigne le latin, puis, après avoir passé à Bratislava des examens pour être avocat, il se consacre à ce nouveau métier tout en écrivant des pièces, dont des comédies, qui sont jouées par des troupes d'amateurs.

En 1840, il est invité en Serbie pour enseigner le droit à Kragujevac, alors capitale du prince Miloš. L'année suivante, il est nommé directeur au Ministère de l'Éducation à Belgrade, devenue nouvelle capitale, et s'emploie dès lors à développer l'instruction publique à tous les niveaux. Il participe à la fondation de la Société de littérature (qui deviendra l'Académie serbe des sciences). Ses rapports avec Vuk Karadžić sont tendus car, s'il reconnaît que la langue populaire doit être la langue littéraire, il souhaite toutefois continuer à l'enrichir en recourant au slavon, voire aux grandes langues européennes (« Si le simple peuple, déclare-t-il, a le droit d'enrichir la langue, pourquoi dénier ce droit aux personnes instruites ? »). Et il n'adopte pas l'orthographe proposée par Karadžić. Par ailleurs, il travaille à la création de deux théâtres (de la Douane et du Cerf), pour lesquels il écrit des drames historiques sur le Moyen Âge serbe et traduit *Les Fourberies de Scapin*, *Hernani*, et *Angelo tyran de Padoue*.

L'hostilité de la nouvelle génération des intellectuels de Serbie à l'égard des Serbes venus d'Autriche-Hongrie, traités de « Souabes », pousse Popović à repartir en 1848 pour Vršac. Il va y être témoin des conflits entre les Hongrois, qui cherchent à arracher leur liberté aux Autrichiens, et les Serbes, qui veulent s'émanciper des Hongrois. Partisan de l'entente avec les Hongrois, J. S. Popović, qui ne partage pas le nationalisme effréné de ses compatriotes, est sévèrement jugé par eux, mais n'en doit pas moins prendre avec eux le chemin de l'exil pour Belgrade, lorsque Vršac est prise par les Hongrois au printemps de 1849. Il revient peu après l'écrasement des Hongrois par les Autrichiens et épouse une riche veuve, dont la fortune va lui permettre de se consacrer désormais à l'écriture. Il restera à Vršac jusqu'à sa mort, composant, outre une comédie sur les événements de 1848, *Les Patriotes*, des articles satiriques et un recueil de poésies, *Davorije*, fait de chants patriotiques, épiques ou tristes, dont le « lyrisme objectif » choque les romantiques exaltés de l'époque.

Reflet des divers courants littéraires de son temps, l'œuvre de J. S. Popović résiste aux classifications : si sa poésie est souvent rattachée au néo-classicisme, son œuvre romanesque est rapportée au sentimentalisme (à l'exception de son *Roman sans roman*, étonnamment moderne), ses drames historiques au préromantisme, ses comédies et sa prose humoristique, au réalisme.

Les textes qui ont le mieux résisté au temps sont ses poèmes de la maturité (*Davorije*), ses comédies et son *Roman sans roman*, dont le héros s'appelle Roman et dont le titre est en soi un programme d'antiroman. Dans cette œuvre parodique, humoristique et satirique — à la Cervantès —, où la fable et l'action sont tout à fait secondaires, J. S. Popović règle ses comptes avec les romans sentimentaux et d'aventures chevaleresques, y compris les siens.

Si, du vivant de Popović, ses drames historiques nationaux, mélanges de substance populaire serbe et de tragédie shakespearienne, ont été plus appréciés que ses comédies, seules ces dernières se jouent encore actuellement. On y distingue des comédies moliéresques, des comédies courtes (*Sympathie et antipathie, Le Destin d'une raison, La Conciliation ou l'avocat, Tromperie pour tromperie, L'Âne magique*) et des comédies mettant en scène la vie conjugale de couples mariés par intérêt (*La Femme méchante, Le Mari acariâtre* et *Mariage et vie maritale*). Ses comédies moliéresques, sans être des imitations, sont en lien avec Molière : *À menteur, menteur et demi* évoque *Les Précieuses ridicules* ; *La Courge qui se donne de grands airs* tient à la fois du *Bourgeois gentilhomme*, de *La Comtesse d'Escarbagnas* et des *Femmes savantes* ; *L'Avare ou Kir Janja* remonte à *L'Avare*. Deux pièces sont à classer à part : l'une traite du milieu belgradois (*Belgrade autrefois et maintenant*, la seule pièce qui ne se déroule pas dans les petites villes de Voïvodine) ; l'autre, *Les Patriotes* (publiée seulement en 1909), fait la satire des pseudo-patriotes serbes de 1848.

Dans ses comédies, Popović se fait le peintre de la bourgeoisie *biedermeier* de la Voïvodine de l'époque. Ses pièces, synthèses de comédie et de satire, reposent en général sur le conflit entre une société patriarcale encore liée à la terre et les nouvelles valeurs d'une génération appartenant à la couche de la société urbaine la plus européanisée. Le lieu de l'action est d'ordinaire le cercle familial, où les femmes sont souvent à la fois les porteuses des aspirations élevées et les figures comiques, le comique provenant surtout du caractère et du parler des personnages. Les dénouements des pièces s'écartent souvent des conventions de la comédie : souvent teintés de mélancolie, ils font place à la réflexion plutôt qu'au rire et à la catharsis comique.

Le « père du théâtre serbe » reste l'un des auteurs dramatiques les plus joués en Serbie de nos jours encore et l'un des deux ou trois écrivains de théâtre les plus importants dans l'histoire de la littérature serbe.

LA COURGE QUI SE DONNE DE GRANDS AIRS 173

P.-L. Thomas — 1998

Je me suis ennoblie, je ne vous connais plus (Acte 1, scène 2). — Une première version de la pièce a été composée en 1830, mais seule la seconde (1838) nous est restée. Devenue l'un des plus grands types du répertoire serbe, Fema, « la courge qui fait l'importante », « la gourde devenue aiguière », « l'idiote ennoblie », veuve à qui son mari cordonnier a laissé une fortune coquette, entend bien profiter de sa richesse et de sa liberté pour « être dans le vent », s'habiller à la dernière mode (de Paris, bien sûr), imposer dans sa maison un sabir fait de français, d'allemand (voire d'anglais), le tout plus ou moins déformé (*comme il faut / mi-ko-fo* et autres *imprétinences...*), et régenter sa maison comme il lui sied, pour que tout autour d'elle soit « noble ». Sa fille Evica va être sommée d'adopter une conduite digne de la grande dame qu'est devenue sa mère et de trouver un parti plus présentable que le brave artisan Vasilije, avec qui elle était fiancée et que Fema, exaspérée par sa rusticité, va mettre à la porte séance tenante.

VASILIJE : Je vous souhaite un bon matin, patronne.

FEMA : Qu'est-ce que c'est que ce porc ? (*Faisant des mines*) Mon cher, où as-tu donc appris cette épiquette[1] d'entrer chez les noblesses[2] sans frapper, sans complament[3] ? Sais-tu que je peux appeler les domestiques sur-le-champ et te faire jeter par eux à la rue ?

VASILIJE : Je ne sais ce que vous dites, patronne.

FEMA : Riftig, riftig[4], il cherche une dénommée « patronne ».

VASILIJE : Qu'est-ce que cela ? Evica, qu'a donc ta mère ?

FEMA : Mon cher, ce n'est pas Evica, mais Fräulein mam'zelle. Chez les noblesses on ne dit pas tu , mais chère madame.

VASILIJE : Pour l'amour du ciel, où suis-je ?

FEMA : Tu t'es trompé de maison, mon cher. Tu cherchais peut-être des gens du commun, et tu t'es retrouvé chez les noblesses.

VASILIJE : Mais pourtant je ne suis pas fou ; combien de fois suis-je venu alors que le défunt patron était encore en vie.

FEMA : Riftig, je me le rappelle, quand il voulait te prendre comme domestique.

VASILIJE : Quel domestique, alors que vous m'avez promis Evica ?

FEMA : Quoi, t'avoir promis mam'zelle ? C'est de la grossièreté. Jokan, Jokan[5], kommt bischen her, wirft den grossier hinaus[6].

VASILIJE : Voyons, ne plaisantez pas, patronne, je suis venu vous demander quels vêtements nous aurions pour Evica.

FEMA (*mettant ses mains sur ses hanches*) : Dis-moi, je te prie, à qui penses-tu parler ?

VASILIJE : N'êtes-vous donc point Fema, l'épouse du défunt maître cordonnier Pera ?

FEMA : Moi, l'épouse d'un cordonnier, avec de tels vêtements une cordonnière ? Ah, c'est à faire pleurer de chagrin même les pierres !

VASILIJE : Mais, pour l'amour du ciel, combien de fois m'avez-vous appelé votre gendre ?

---

1 Français « étiquette » déformé. (N.d.t.)

2 En français dans le texte. (N.d.t.)

3 Français « compliment » déformé. (N.d.t.)

4 Allemand « richtig » déformé. (N.d.t.)

5 Jovan, l'apprenti du défunt mari de Fema, est reconverti en laquais « noble » et rebaptisé Jean, Hans ou Johann — déformé en Jokan. (N.d.t.)

6 En allemand déformé dans le texte (« venez un peu ici et jetez ce grossier dehors ; « grossier » est en serbe). (N.d.t.)

FEMA : Toi, mon gendre, avec ces coudes troués ? Je me sens à l'instant prise de fièvre.

VASILIJE : Mais pour l'amour du ciel, patronne...

FEMA : Que trois cents diables t'emportent, je ne suis aucunement ta patronne... Disparais hors de ma vue sur-le-champ, ne viens pas empester la pièce avec tes vêtements.

VASILIJE : Douce patronne...

FEMA (*le saisit par la main*) : Hors de ma maison, cherche des patronnes chez ton père, et pas chez les noblesses. Pouah ! (*Elle le lâche soudain*) Pouah ! je me suis empuanti la main ! (*Elle souffle sur sa main, puis l'essuie avec son mouchoir*) À présent il faut que je la lave trois jours, pour la remettre en noblesse.

VASILIJE : Patronne, ce n'est pas bien de votre part.

FEMA (*se précipite sur lui, puis se ressaisit*) : Disparais de ma maison, puisque je te le dis, ou je vais appeler les gendarmes sur l'heure.

VASILIJE : Je ne m'attendais pas à ce que vous me fassiez chasser par les gendarmes.

FEMA : Par les gendarmes, assurément, c'est par les gendarmes qu'on fait chasser ceux qui touchent à l'honneur des noblesses. (*À Evica*) Que restes-tu plantée là au lieu de le mettre dehors ?

EVICA : Mais, douce maman, c'est notre Vasa.

FEMA : Notre Vasa, espèce de rustaude ! Tu veux l'embrasser ? (*À Vasilije*) Disparais hors d'ici !

VASILIJE : Pour l'amour du ciel, patronne, avez-vous un cœur ?

FEMA (*s'avance vers lui, puis se ressaisit*) : Oh, que ne puis-je m'approcher de lui, pour le chasser moi-même. Mais attends, effronté ! (*Elle prend son éventail et s'en sert pour le repousser*) Hors de ma maison !

VASILIJE : Douce patronne, un mot encore seulement.

FEMA : Déguerpis, dehors ! (*Elle le repousse*) Espèce d'effronté, il m'a gâté mon éventail. À présent je n'ai plus qu'à l'offrir à Ančica.[1]

EVICA : Ah !

FEMA : Qu'es-tu là à soupirer ? Rustaude, tu es prête à suivre n'importe qui, et tu ne regardes pas ce qui est noble. C'est moi qu'il faut regarder, si tu veux faire quelque chose de toi, et pas n'importe quel détritus.

Traduction inédite. — *Celokupna dela 1* / Jovan Sterija Popović. – Beograd : Narodna prosveta, 1927. – [Pp. 153-156].

1 Servante de Fema, qui sait complimenter sa maîtresse et en tirer profit. (N.d.t.)

LA COURGE QUI SE DONNE DE GRANDS AIRS 174

P.-L. Thomas — 1998

Madame la philosophe (Acte 2, scène 7). — Un bon parti pour Evica pourrait être le poète-philosophe Svetozar Ružičić, dont la parente Sara, par ses flatteries et en baragouinant quelques mots français et allemands, a su s'insinuer dans les bonnes grâces de Fema au point de prendre ses repas à l'œil chez celle-ci. Mais la riche veuve ne serait-elle pas prête à convoler elle-même en justes noces avec Ružičić ? Dans cette scène, comme souvent dans la pièce, le comique est fondé essentiellement sur la langue : à la langue populaire de Fema, mêlée sous l'influence de Sara de phrases et de mots étrangers déformés et employés à contre-temps, répondent les tirades truffées de slavonismes de Ružičić, incompréhensibles pour le commun des mortels et destinées à prouver l'élévation de sa culture et de son rang social. Il ne faut pas oublier que le slavon d'Église était, encore au XVIIIe et jusqu'au début du XIXe siècle, la langue littéraire serbe, et que la langue populaire ne s'est pas absolument imposée lorsque Sterija Popović écrit sa pièce ; moins intransigeant à l'égard du slavon que Vuk Karadžić, Sterija dénonce ici surtout l'usage qu'en fait un aventurier pour impressionner à bon compte un entourage crédule.

SARA : À propos[1], comment puis-je vous appeler, déesse, grâce, comtesse ou baronne, je ne puis me résolver[2].

FEMA : Comi faut ![3] Je ne sais ce que vous entendez par là.

SARA : Ah, regardez comme vous avez de la chance, comme vous êtes à lo bon air[4]. Monsieur le philosophe, mon cousin, qui aurait pu se marier à Paris, mon cousin donc, je m'en glorifie, a décidé, pourrez-vous deviner ? Il a décidé...

FEMA : D'épouser ma fille...

SARA : Oh, laissez là Fräulein, c'est un fruit encore vert.

FEMA : C'est sotte qu'elle est, et pas verte ; je regrette bien qu'elle soit ma fille,... mais qu'y faire... qu'a donc décidé monsieur le philosophe ?

SARA : Regardez comme c'est merveilleux, je puis vous saluer le bon ton[5], vous êtes l'épouse de monsieur le philosophe.

FEMA : Oh ! (*Elle se laisse tomber sur une chaise*)

SARA : Elle va s'évanouir. Vite, Hoffmansche Tropfen[6]. (*Elle prend un flacon sur le rebord de la fenêtre et l'approche du nez de Fema*)

FEMA (*doucement*) : Ai-je bien montré comment les noblesses se conduisent ?

SARA : Même ma comtesse n'aurait pu mieux faire.

---

1 En français dans le texte. (N.d.t.)

2 *Rezolviram* de l'original est aussi un barbarisme en serbe. (N.d.t.)

3 C'est l'une des expressions favorites de Fema, qu'elle emploie à tort et à travers. (N.d.t.)

4 Français « à la bonne heure » déformé ; Sara a travaillé autrefois comme cuisinière chez un comte où elle a appris quelques expressions françaises et allemandes dont elle se sert pour éblouir Fema, tout en les déformant elle aussi. (N.d.t.)

5 En français dans le texte. (N.d.t.)

6 En allemand dans le texte : gouttes du médecin Frédéric Hoffmann dites « liqueur de Hoffmann », mélange d'éther et d'alcool. (N.d.t.)

FEMA (*changeant de pose*) : Monsieur de[1] philosophe, vous le pensez donc vraiment ?

RUŽIČIĆ : Je descends des nuées être par toi comblé.

FEMA : Oh, oh ! (*À voix basse à Sara*) Comment soupire-t-on en français ?

SARA : À la bonne air.

FEMA : Alabounar, alabounar[2], monsieur le philosophe, je suis faible, je ne pourrai pas...

SARA (*à voix basse*) : Ne tergiversez pas, qu'il n'aille pas se fâcher.

FEMA (*brusquement*) : J'accepte, monsieur vilosophe[3], croyez-le, j'accepte. Je voulais seulement vous montrer comment font les noblesses, mais j'accepte... Ah, je m'évanouis de nouveau de joie, quand je pense comme mes voisines vont ramper devant moi, qu'elles vont m'appeler chère madame la philosophe, tandis que je les regarderai de haut, pour bien montrer que je leur suis supérieure.

SARA : Nous irons tous les jours en voiture à quatre chevaux.

FEMA : Je ne fréquenterai pas n'importe qui. Qui es-tu ? — Je suis votre frère, votre oncle maternel ou paternel. — Es-tu aussi vilosophe ? Es-tu gentilhomme ? — Non. — Hors de ma vue ! Si tu étais de ma famille, tu serais toi aussi vilosophe comme moi.

SARA : Voyez-vous ce qu'est l'éducation ?

RUŽIČIĆ : Celle qui lui donne de tels transports d'extase est une muse bienfaisante. Nous serons perpétuellement dans la société des déesses et des grâces.

FEMA : Je serai avec elles à tu et à toi.

SARA : Très juste, très juste !

FEMA : Comment s'adresse-t-on à une amie en français ?

SARA : Ma chère[4].

FEMA : Et je leur demanderai comment vous allez, ma chèrée[5], comment vous avez dormi, quand vous irez en promenade, qui vous a fait la cour[6].

---

1 Fema introduit la préposition serbe correspondant au français *de* ou à l'allemand *von*. (N.d.t.)

2 Après Fema qui déforme « heure » en « air », Fema, par une réétymologisation cocasse, aboutit presque à un nom d'une petite ville de Voïvodine, Alibunar, (« le puits d'Ali »). (N.d.t.)

3 Le nom serbe *vila* « fée, divinité des eaux et des bois », joue certainement ici dans la déformation. (N.d.t.)

4 En français dans le texte. (N.d.t.)

5 Fema déforme ce que vient de lui dire Sara. (N.d.t.)

6 Ce dernier mot est en français dans le texte. (N.d.t.)

RUŽIČIĆ : Point de tapage. Le favori des muses et des grâces est seulement Apollon.

SARA : Et nous ses compagnes, très juste, très juste, très juste.

FEMA : Et alors on apporte du punch, de la limonade.

RUŽIČIĆ : Rustres ! Ce n'est pas du punch qu'il y a, mais du nectar et de l'ambroisie.

SARA : Du punch, mon frère[1], du punch, de l'ausbruch[2], du tokay, de la loumounade[3], de la barbarasse[4], remarquable[5] ! Nous allons avoir tout cela dès aujourd'hui, n'est-ce pas, madame de Mirić[6], et monsieur le philosophe va déjeuner avec nous ?

FEMA : Méquarable, je vais tout de suite préparer de la rébarbarasse.[7]

SARA : Tout juste, tout juste ! (*À l'oreille*) Mais le fiancé va-t-il recevoir un présent ?

FEMA : Alabounar, il est resté suffisamment de choses de mon défunt mari. (*Elle exécute une révérence cocasse et sort*)

SARA : Alors, comment vous plaît-elle ?

RUŽIČIĆ : Une magicienne méchante a transformé la beauté d'Hélène en la laideur d'Hécube.

SARA : Voyez quelle grande différence entre elle et sa fille.

RUŽIČIĆ : *Un jour le doux temps viendra*
Où la fée enlèvera
D'Hécube tout ce poids-là
Et une Grâce en fera.
Alors pourra (hum !) le soleil
Regarder son teint vermeil
Dans les si beaux yeux d'Hélène,
Bondissant à perdre haleine
Il se verra lui gaîment
Et en sera tout content.

Traduction inédite. — *Celokupna dela 1* / Jovan Sterija Popović. – Beograd : Narodna prosveta, 1927. – [Pp. 189-192].

1 En français dans le texte. (N.d.t.)
2 En allemand dans le texte. (N.d.t.)
3 C'est ici Sara qui déforme le mot. (N.d.t.)
4 Autre nom de boisson que donne Sara. (N.d.t.)
5 En français dans le texte. (N.d.t.)
6 C'est le « titre de noblesse » que donne Sara à Fema. (N.d.t.)
7 Une fois de plus, Fema déforme les mots qu'elle vient d'entendre Sara prononcer. (N.d.t.)

L'AVARE OU KIR JANJA 175

P.-L. Thomas — 1998

Adieu, mon cher argent ! (Acte 3, scène 1). — Ce n'est qu'après une interruption de sept ans, due à son travail et à sa mauvaise santé, que Popović revient à la comédie en publiant *L'Avare* (1837). Cette comédie est, de toutes, la plus aisément comparable à une pièce de Molière. « J'ai écrit *L'Avare* pour les Serbes comme Molière l'avait fait pour les Français », a déclaré l'écrivain. Comme Harpagon en français, Kir-janja[1] est entré dans la langue serbe pour désigner un avare. Dans la lignée de Plaute et de Molière, Kir Janja est l'héritier d'Euclion et d'Harpagon. Mais, alors que le héros de Plaute avait trouvé un trésor, que celui de Molière s'était enrichi par un négoce habile et une économie immodérée, celui de Popović va de catastrophe en catastrophe, se faisant voler par des aventuriers et des faussaires, prêtant à taux usuraire à un compatriote qui fait faillite, et perdant la partie face à un coureur de dot sans scrupules. Par ailleurs, comme l'a observé un critique, « Harpagon est aussi un amoureux, car il est Français », alors que Kir Janja est un époux jaloux. Tandis qu'Harpagon est strict et sévère, Kir Janja apparaît tantôt naïf, tantôt circonspect et rusé. Harpagon réussit à recouvrer son trésor, alors que l'avare de Popović sera trompé par tous, car dans ses contacts avec les gens il perd la faculté d'envisager réellement la situation. Kir Janja est un type social bien ancré dans l'espace et le temps, la Voïvodine du début du XIXe siècle, où il représente la couche des Cincars (membres d'une communauté ethnique d'origine roumaine dispersée à travers les Balkans, notamment en Grèce et en Macédoine, dont le nom vient du chiffre cinq, qu'ils prononcent « tsints », et qui a pris en serbe un second sens : « commerçant mesquin et âpre au gain ») de la population urbaine, isolés dans un milieu serbe où ils ont réussi financièrement, mais qu'ils n'acceptent que très lentement de reconnaître comme le leur, où ils se sentent peu sûrs, tant pour les coutumes que pour la langue. Popović n'a pas construit, comme certains le pensaient à tort, son personnage en pensant à son propre père, même s'il a reproduit le parler, émaillé de grécismes, de ce dernier, aboutissant à un véritable *code mixing* où le recours au grec découle très finement de la situation : lorsque Kir Janja est ému, chaque fois qu'il s'adresse à Dieu ou à son argent. Quand il est seul avec son argent, il parle avec lui, ce qui donne l'un des plus beaux monologues du répertoire comique serbe. Ses adieux à ses ducats et son intention de se suicider par un moyen qui ne coûte rien donnent au comique un arrière-goût de tristesse et une note inattendue de tragique au personnage.

JANJA (*seul, il traverse la pièce de long en large*) : Janja, Janja, tu es né sous une mauvaise étoile ! Janja, tu vas périr comme Bélisaire, dont parlent les sages Grecs. Ta grange s'est écroulée et tes précieux chevaux ont été tués[2]. Tu as laissé moisir ton maïs alors qu'il valait si cher[3]. Les youpins t'ont dérobé vingt florins d'argent ainsi que l'obligation de la banque Rothschild valant mille florins d'argent et qui appartient à Kir Dima[4]. C'est une perte irréparable. Que vas-tu devenir maintenant ? Un malheureux qui mendie[5] sur ses vieux jours, et qu'on appellera, comme diraient les sages Grecs, Janja le nécessiteux ? Tu demanderas l'aumône, mais comme personne ne te donnera rien, tu finiras par mourir de faim. Et quand Kir Dima viendra récla-

1 *Kir* vient du grec et signifie « monsieur », « maître ». (N.d.t.)

2 Pour faire des économies, Kir Janja a construit une grange peu solide, qui s'est effondrée sur ses chevaux. (N.d.t.)

3 Kir Janja a stocké son maïs pour spéculer à la hausse, au point de devoir le jeter après qu'il a moisi. (N.d.t.)

4 Compatriote *cincar* et ami de Kir Janja, dont la faillite sera le coup de grâce pour celui-ci. (N.d.t.)

5 En grec dans le texte : *iros*. (N.d.t.)

mer son obligation, que lui donneras-tu ? Il va t'intenter un procès et tu vas te retrouver à la rue ! Holà, holà ! Janja, attends un peu ! C'est un grand, un très grand malheur ! Tu as déjà la tête sous l'eau. Tu essayes de te débattre, ouf, ouf, mais l'eau te submerge, plouf, plouf ! C'est fini, tu es déjà noyé, déjà tu touches le fond. Il vaut mieux que je mette fin à mes jours. Comment faire ? Je vais charger mon fusil et puis, pan ! Janja s'est tué ! Allez, examinons son cadavre ! Oh là là, ce n'est pas une bonne idée. Acheter une corde ? Non, les temps sont trop durs ! Gloire à Dieu[1], je sais ce que je vais faire ! Je vais voler à Juca[2] un peu de sa crème à blanchir le visage pour m'empoisonner. Ça ne coûte rien et ça ne fait pas de bruit. Autant mourir, autant disparaître, puisque la vie m'est impossible ! Adieu, monde de verdure, tu as un goût amer pour moi à présent ! Ah, Janja ne te verra plus ! Adieu, mes affaires ! Janja va se tuer ! Ah, c'est là-bas que je voudrais mourir. (*Il montre le coffre*) Je veux voir encore une fois mes amours ! (*Il ouvre le coffre*) Mes beaux ducats jaunes, mes chers écus blancs, adieu ! Janja va vous laisser tranquilles pour que vous n'alliez pas au procès. Hé quoi ! Je vais mourir avec vous, mes amours. (*Il referme le coffre*) Maintenant, que je cache la clé, pour que personne ne prenne mon cher argent. (*On entend quelqu'un frapper à la porte*)

JANJA : Qui est-ce ?

JUCA (*derrière la scène*) : Ouvrez !

JANJA : Que veux-tu ?

JUCA : Ouvrez, j'ai à vous parler.

JANJA : Je ne peux pas, j'ai du travail. (*À part*) Il faut vite que je m'empoisonne avant qu'elle n'enfonce la porte, la scélérate ![3]

JUCA : Ouvrez donc ! Le vinaigre s'est abondamment écoulé ![4]

JANJA : Pauvre de moi ![5] (*Il ouvre vite la porte*)

Traduction inédite. — *Celokupna dela 1* / Jovan Sterija Popovič. – Beograd : Narodna prosveta, 1927. – [Pp. 129-130].

1 En grec dans le texte : *doksa si o theos*. (N.d.t.)

2 Jeune épouse de Kir Janja. (N.d.t.)

3 Dans le texte original *skilji*, altération du mot grec *skilos* (« chien », terme récurrent dans le texte). (N.d.t.)

4 Cette nouvelle mésaventure est due encore une fois à l'avarice de Janja, qui n'a pas voulu acheter de nouveau robinet pour son tonneau de vinaigre. (N.d.t.)

5 En grec dans le texte : *kaimeno*. (N.d.t.)

LES PATRIOTES 176

P.-L. Thomas — 1998

Des « patriotes girouettes » (Acte 2, scènes 3 et 4). — Peinture des événements de 1848-1849 en Voïvodine, où Serbes et Hongrois, qui ont en principe des intérêts communs face aux Autrichiens, finissent par s'affronter militairement, *Les Patriotes* est une satire violente contre les prétendus patriotes serbes, prêts à retourner leur veste suivant que les troupes serbes ou hongroises semblent l'emporter. Des personnages peu recommandables aux noms évocateurs, le juriste Žutilov (« jaune »), congédié pour fautes professionnelles, les commerçants en faillite Smrdić (« puant ») et Šerbulić (« serpent », à partir d'un nom roumain) et le poète exalté mais arriviste Lepršić (« volage ») proclament leur attachement tantôt à leur peuple serbe, tantôt aux Hongrois. Lorsque l'arrivée de troupes de Serbie leur permettra de s'emparer du pouvoir, ils en profiteront pour s'enrichir en rançonnant leurs adversaires et en pillant les caisses municipales, avant de s'enfuir à Belgrade lors du retour des troupes hongroises. L'honnête et modéré Gavrilović, porte-parole de l'auteur, se voit sans cesse accusé de trahison envers la patrie par ces caméléons politiques.

ŠERBULIĆ et SMRDIĆ (portant des cocardes serbes),
MILČIKA[1], LEPRŠIĆ (avec une grande cocarde serbe)

LEPRŠIĆ *(chante)* : *Debout, Serbes mes frères,*
La liberté appelle ![2]

ŠERBULIĆ : Triste liberté que la nôtre !

LEPRŠIĆ : Quoi, et vous êtes Serbe ? N'avez-vous pas honte !

ŠERBULIĆ : Il va y avoir des enquêtes pour les registres[3].

LEPRŠIĆ : Ha, ha, ha ! Qu'est-ce qui vous vient à l'esprit !

SMRDIĆ : C'est l'entière vérité.

LEPRŠIĆ : Une enquête sur les registres hongrois dans la Voïvodine serbe ?... Savez-vous que la Voïvodine a été proclamée ?[4]

ŠERBULIĆ: Comment ?

LEPRŠIĆ : L'assemblée s'est tenue à Karlovci. On a élu un patriarche et un voïvode... Pourquoi ne criez-vous pas « vivent » ?

ŠERBULIĆ : Et si cependant les Hongrois s'en prennent à nous ici à cause des registres ?

---

1 Fille de Žutilov, elle cherche avant tout un bon parti à épouser et s'adapte aisément aux vues des « patriotes ». (N.d.t.)

2 Popović s'autoparodie ici : il est en effet lui-même l'auteur de ce chant patriotique, composé pour la pièce allégorique *Le Rêve de Kraljević Marko*; dès la représentation à Belgrade en 1847, ce chant était devenu une sorte de « Marseillaise serbe » chez les Serbes de Hongrie. (N.d.t.)

3 La première manifestation ouverte d'antagonisme des Serbes de Voïvodine envers les Hongrois avait été de brûler les registres des églises, comportant les actes de baptême, qui devaient être écrits en hongrois depuis 1844, y compris dans les localités serbes. (N.d.t.)

4 L'assemblée représentant les Serbes de Voïvodine, élue par des membres du clergé, de la population civile et des soldats des Confins militaires (zone tampon dépendant directement de Vienne et créée dès le XVIe siècle pour protéger l'Empire autrichien des attaques turques), se réunit en mai 1848 à Sremski Karlovci et proclama la « Voïvodine serbe » en élisant un patriarche, Josif Rajačić, et un voïvode ou chef militaire de la « nation armée », Stevan Šupljikac ; il s'agissait d'obtenir l'autonomie par rapport aux Hongrois en restant loyaux vis-à-vis de Vienne. (N.d.t.)

LEPRŠIĆ : Ha, ha, ha ! Trente mille Serbes de Serbie arrivent à notre secours, et aussi sept millions de ducats.

ŠERBULIĆ : Sept millions de ducats !

LEPRŠIĆ : Eh bien, quelle est notre situation à présent ? Vous voyez là la politique russe. L'empire slave, et rien d'autre !

ŠERBULIĆ : Si la Russie s'en mêle, alors tout va bien.

LEPRŠIĆ : Vous doutez encore ? Dites-moi, la Serbie oserait-elle envoyer de l'aide si la Russie ne l'avait pas ordonné ?

ŠERBULIĆ: Je suis un peu rassuré à présent.

LEPRŠIĆ : Je vous le dis : l'empire slave.

ŠERBULIĆ : Il faut qu'il en soit ainsi. Pourvu seulement qu'il n'y ait pas soudain d'enquête.

LEPRŠIĆ : Qu'avez-vous à rêver d'une enquête ? Nous avons un voïvode, la Voïvodine est proclamée, il ne reste plus qu'à mettre un étendard sur l'église, et l'affaire est terminée !

ŠERBULIĆ : Qui veut le faire n'a qu'à l'y dresser ; pour moi, je sais que je ne me mêlerai plus de telles affaires.

LEPRŠIĆ : Quoi, quoi ?

ŠERBULIĆ : Ces registres me sont restés en travers de la gorge.

LEPRŠIĆ : C'est une trahison envers la nation !

ŠERBULIĆ : Que ce soit n'importe quoi, en tout cas je ne le ferai pas seul.

LEPRŠIĆ : Ah, Miloš Obilić[1], l'entends-tu ? Ô Serbe, ô Serbe, n'insulte pas les cendres de tes ancêtres !

ŠERBULIĆ : Mais êtes-vous inconscient ? Que je dresse l'étendard pour me faire pendre ensuite !

LEPRŠIĆ : Cela n'est rien ; aucun sacrifice n'est trop cher pour la nation.

ŠERBULIĆ : Merci bien...

SMRDIĆ : Ma foi, moi non plus je ne m'y risquerais pas.

LEPRŠIĆ : Fils renégats de vos ancêtres, c'est moi qui le dresserai !

SMRDIĆ : Vous, vous pouvez bien, puisque vous avez appris le droit et que vous savez vous défendre.

LEPRŠIĆ : Je veux l'empire de Dušan[2], et avec de tels patriotes, la serbité irait à sa perte.

---

1 Nom supposé du héros légendaire serbe qui réussit à tuer le sultan turc Murat à la bataille de Kosovo (28 juin 1389), avant d'être exécuté par les Turcs. (N.d.t.)

2 Avant-dernier souverain de la dynastie serbe médiévale des Nemanjići, le roi Dušan prit le titre d'empereur en 1346 ; il agrandit considérablement l'État serbe aux dépens de l'Empire byzantin en conquérant la Macédoine et une grande partie de la Grèce ; ayant élevé l'archevêque de l'Église autocéphale serbe au rang de patriarche, il se fit proclamer « empereur des Serbes et des Grecs » ; il projetait même la conquête de Constantinople avec l'aide de Venise, mais mourut avant d'avoir

ŠERBULIĆ: Je suis réellement un vrai Serbe, et vous verrez comment j'agirai, dès qu'arriveront les Serbes de Serbie.

SMRDIĆ : Attendez que nous maîtrisions mieux la situation, monsieur Lepršić, que nous nous habituions un peu. Voyez-vous, les Serbes de Serbie non plus ne seraient pas des héros s'ils n'avaient souvent des révoltes[1].

LEPRŠIĆ : Cela aussi, c'est la vérité.

LES MÊMES, ŽUTILOV (avec une cocarde hongroise)

LEPRŠIĆ: Qu'est-ce donc que cela ? Ha, ha, ha !

ŠERBULIĆ : Est-ce là du patriotisme ?

LEPRŠIĆ : Monsieur Žutilov ! Un Serbe ! Ha, ha, ha !

ŽUTILOV : Qu'y a-t-il, chers messieurs ?

LEPRŠIĆ : N'avez-vous pas honte de mettre une cocarde hongroise ?

ŽUTILOV : Vous allez la mettre, vous aussi.

SMRDIĆ : Dieu nous en préserve !

LEPRŠIĆ : Je me ferais plutôt couper le bras.

ŽUTILOV : Savez-vous que l'armée[2] arrive demain ?

LEPRŠIĆ : Mais c'est une bonne chose : au moins y aura-t-il du butin pour les Serbes de Serbie.

ŽUTILOV : Laissez les Serbes de Serbie, Dieu seul sait quand ils arriveront, alors que ceux-ci seront chez nous demain. Autre chose : on va enquêter sur les registres ; alors abandonnons là la nation.

LEPRŠIĆ : Quoi, une telle vilenie ? Pour rien au monde, que l'étendard serbe soit dressé !

ŽUTILOV : Si vous, vous voulez le dresser, vous pouvez le faire à vos risques et périls. Mais je conseillerais de prendre patience jusqu'à ce que l'aide nous parvienne.

ŠERBULIĆ : C'est ce que je disais aussi.

LEPRŠIĆ : Donc personne ne se joindra à moi ?

SMRDIĆ : Mais quel intérêt y a-t-il à le placer aujourd'hui si c'est pour l'enlever demain ?

---

pu se lancer dans cette entreprise. Les grands féodaux serbes allaient dépecer son royaume en profitant de la faiblesse de son fils Uroš. L'empire de Dušan représente donc le sommet de la puissance serbe dans l'histoire. (N.d.t.)

1 Allusion notamment aux deux grandes insurrections serbes du début du XIXe siècle, dont la première (1804-1813), menée par Karadjordje, fut écrasée par les Turcs, et la seconde, menée par Miloš Obrenović à partir de 1815, devait mener à l'autonomie de la principauté de Serbie, puis à la formation d'un État indépendant. (N.d.t.)

2 Les Hongrois. (N.d.t.)

ŠERBULIĆ : L'étendard n'a qu'à se déployer pour l'instant dans les Confins militaires[1], où sont tous les soldats.

SMRDIĆ : Alors que nous, nous pourrions nous faire rosser à coups de bâtons.

LEPRŠIĆ : Pour que vous vous persuadiez combien j'aime l'entente[2], eh bien, je consens à tout ; et c'est pour l'amour de vous que j'enlève cette cocarde.

ŠERBULIĆ : C'est très judicieux, car les Hongrois auraient été fort offensés.

SMRDIĆ : Je dis la même chose.

(Ils enlèvent tous leurs cocardes)

ŠERBULIĆ : Ne serait-il pas bon que nous mettions des cocardes hongroises, comme monsieur Žutilov ? Puisque de toute façon nous sommes Serbes ! Et les Hongrois, quand ils verront leurs cocardes, n'iront peut-être même pas faire d'enquête sur les registres.

LEPRŠIĆ : C'est aller un peu loin, mais le patriotisme autorise tout. Aussi allons-nous procéder ainsi : placer sous nos vêtements les cocardes serbes, car nos cœurs respirent serbe, et à l'extérieur nous mettrons les odieuses cocardes hongroises, pour marquer combien ils nous ont opprimés !

ŠERBULIĆ : Vive monsieur Lepršić ! Vraiment un garçon intelligent !

LEPRŠIĆ (*attachant sa cocarde*) : Attendez que vienne l'empire de Dušan, et alors, vous verrez !

Traduction inédite. — *Celokupna dela 2* / Jovan Sterija Popović. – Beograd : Narodna prosveta, 1930. – [Pp. 93-96].

1 Zone tampon dépendant directement de Vienne et créée dès le XVIe siècle pour protéger l'Empire autrichien des attaques turques. (N.d.t.)

2 L'État médiéval serbe ayant été conquis par les Turcs à cause des divisions et de la mésentente entre les seigneurs serbes, la devise serbe allait être : « Seule l'entente sauve les Serbes ». (N.d.t.)

HEINE

ALLEMAND 1797-1856

De tous les écrivains allemands de la première moitié du XIXe siècle, Heine est sans conteste l'un de ceux dont les écrits ont le mieux survécu aux épreuves du temps et, en notre siècle, à celles de la période hitlérienne, qui les réduisit au sort des *samizdats*. Depuis, ils ont été réédités, traduits, étudiés, — sans que l'on soit parvenu à en épuiser l'exceptionnelle richesse (plus de 8 000 titres de et sur Heine entre 1945 et 1975). Son œuvre porte aujourd'hui le sceau de l'auteur génial au destin tragique, exilé et excentrique, juif et allemand, allemand et français, images qui font de lui l'un des parangons de la modernité esthétique et idéologique.

Fils aîné d'un commerçant juif de Düsseldorf, Heine suit le cursus des enfants bourgeois de la Rhénanie, alors occupée par la France. Les réformes de l'enseignement le familiarisent avec la langue et la littérature françaises, cependant que sa grande passion des traditions et légendes du Rhin, jointe à sa curiosité naturelle pour les succès et revers de l'épopée napoléonienne, dessinent les traits forts mais contradictoires de sa personnalité. Sans dissimuler le désenchantement accompagnant la prise de conscience de son destin singulier, inclassable et pour cela même marginal, il assume très tôt la condition qui est la sienne, mais afin de la transformer en levier de sa vocation profonde d'interprète des altérités mal comprises.

Il ne peut se plier aux contraintes de l'enseignement, quitte le lycée sans avoir obtenu le certificat, accepte divers emplois, sans enthousiasme et sans succès. Poussé par sa famille qui le convainc d'entreprendre des études de droit, il prend une inscription à Bonn, et poursuit ses études à Berlin, puis à Göttingen. Déjà l'accaparent la philosophie (Hegel) et surtout la littérature. En 1817, il fait paraître des poèmes, réunis en recueil en 1822 sous le simple titre de *Poésies* (*Gedichte*). Le succès est immédiat : la critique salue en elles l'union insolite d'un lyrisme à la fois grave et populaire, et d'une ironie corrosive qui désarticule les topoï des genres poétiques traditionnels. En 1823 paraît le cycle poétique *Intermezzo lyrique*, suite de brèves plaintes d'amour qui inspireront le compositeur Schumann. La gloire littéraire ainsi que le titre de docteur en droit obtenu en 1825 lui confèrent l'autonomie sociale et intellectuelle à laquelle il avait aspiré depuis son adolescence. La même année, il se convertit au protestantisme et adopte le prénom de Heinrich.

Commence, inspirée par la tradition de la *Bildung* (« Formation »), une suite de pérégrinations en Allemagne, en Angleterre et en Italie ; elles forment la substance des *Tableaux de voyage* (*Reisebilder*, 1826-1827), l'une des grandes réussites européennes du récit de voyage romantique. Heine rénove le genre d'après l'exemple du *Voyage sentimental* de Sterne, mêlant narrations, descriptions, réflexions, histoires, et envolées autobiographiques ou lyriques d'une manière apparemment gratuite, cependant que les subsume et les unifie la figure de l'auteur. Le ton mordant de certains passages suffit à réveiller la censure allemande, qui finira par s'acharner sur la plus grande partie de l'œuvre de Heine. Mais le goût du polémiste s'en trouve attisé, qui transforme la censure en instrument d'une parodie devenue procédé littéraire. Ainsi, le chapitre XII du *Tambour Legrand*, l'un des *Tableaux de voyage*, ne compte qu'une seule page où ne figurent, en deux lignes espacées par des points, que quatre mots : « Les censeurs allemands... imbéciles ». Ce sera surtout comme journaliste que Heine développera sa verve de « contrebandier » de la pensée commune.

De 1827 date également le *Livre des Chants* (*Buch der Lieder*), première synthèse de ses recueils antérieurs, qui marque la fin provisoire de sa production lyrique. Heine se tourne en effet vers la prose critique et y confirme son talent d'observateur implacable de l'actualité politique et culturelle, par des chroniques sur la France (*Französische Zustände,* 1832) destinées à la *Gazette d'Augsbourg* et réunies en 1833 sous le titre *De la France* ; l'année suivante, c'est au tour de l'Allemagne et de sa littérature, présentées aux lecteurs français dans *De l'Allemagne* (*Zur Geschichte der Religion und Philosophie in Deutschland* et *Geschichte der neuen schönen Literatur in Deutschland*). Ces textes font de Heine l'un des principaux représentants de la Jeune-Allemagne, mouvement qui voulait rompre avec les principes esthétiques du « Temps de Goethe » (*Goethezeit*), en même temps qu'il opposait au conservatisme politique et clérical une attitude plus libérale, ouverte aux réalités contemporaines. À l'apogée du romantisme, Heine ne craint pas de fustiger ses principaux représentants. À ses yeux, les frères Schlegel, Novalis, Tieck, Brentano et bien d'autres incarnent un passéisme favorable à la doctrine de l'art pour l'art : « Mais qu'était donc l'école romantique en Allemagne ? Rien d'autre que le réveil de la poésie du Moyen Âge, telle qu'elle se manifeste dans ses chants et dans ses œuvres de peinture et d'architecture, par ses arts et sa vie privée ». Cette correction apportée à l'image que le livre *De l'Allemagne* de Madame de Staël (1814) avait popularisée en France, ne convaincra pas les milieux lettrés.

Pendant ce temps, les rapports avec les autorités se détériorent : le 10 décembre 1835, la Diète de Francfort décrète la poursuite en justice de la Jeune-Allemagne. Mais Heine avait, depuis 1831, pris le chemin de la France, séduit par les promesses qui avaient suivi les Trois Glorieuses. Il lui faudra déchanter, alors que l'amitié solide qu'il noue avec nombre d'artistes et d'écrivains (dont Gérard de Nerval, le principal traducteur de ses poésies), le confortent dans son rôle d'intermédiaire culturel. Il continue de publier ses œuvres en Allemagne et en France, où il surveille de près les traductions. En 1840, il donne un chef-d'œuvre de critique polémique, qui voue aux gémonies le chef de file de la Jeune-Allemagne, Louis Boerne. Suivent, en 1843 et 1844, deux poèmes à la facture épique, mais affichant leur portée politique : *Atta Troll. Une nuit d'été* et *Germania. Conte d'hiver.*

La santé du poète décline à partir de 1845 : atteint d'une paralysie progressive, c'est sur son *Matratzengruft* (« matelas-tombeau ») qu'il poursuit son œuvre. En 1851 paraît *Romanzero*, un nouveau recueil de poésies. Il réunit aussi ses derniers articles sur la France, rédigés pendant les années 1840, dans un volume intitulé *Lutèce* (1855) : son voltairianisme latent y cède à l'appel d'un Dieu intime. À la même époque, il prépare la première édition complète de ses œuvres, qui paraîtra en français à partir de 1855 ; il n'en verra pas l'achèvement.

Écrivain écartelé entre la France et l'Allemagne, Heine s'est évertué sa vie durant à nouer entre les deux pays un dialogue interculturel, agençant d'une manière exceptionnellement douée ses talents de philosophe, de conteur, de poète et de journaliste, tendu vers une synthèse inspirée d'une seule et même idée, consignée dans le testament spirituel de l'auteur (1851) : « La grande affaire de ma vie était de travailler à l'entente cordiale entre l'Allemagne et la France et à déjouer les artifices des ennemis de la démocratie qui exploitent à leur profit les animosités et préjugés internationaux. Je crois avoir bien mérité autant de mes compatriotes que des Français ».

Signaturen zu Heinrich Heine und seinem Werk / Benno von Wiese. – Berlin : Erich Schmidt, 1976. – 251 p.

Heine-Handbuch : Zeit, Person, Werk / Gerhard Höhn. – Stuttgart : J.B. Metzlersche Verlagsbuchhandlung, 1987. – XV-446 p.

Heinrich Heine : un intellectuel moderne / Gerhard Höhn. – Paris : Presses Universitaires de France, 1994. – 190 p.

Heinrich Heine und die Romantik / herausgegeben von Markus Winkler. – Tübingen : Max Niemeyer Verlag, 1997. – 232 p.

LE LIVRE DES CHANTS 177

G. de Nerval — 1848

Badineries romantiques (X, XII, XIV-XV). — Composées en 1822 et 1823, et recueillies dans *Le Livre des chants*, les 65 poésies d'amour qui composent l'*Intermezzo lyrique* se jouent des procédés de la sentimentalité romantique, par un va-et-vient subtil d'élans prometteurs, voire pathétiques, et du prosaïsme le plus trivialement anti-illusionniste. Nerval les traduisit en collaboration étroite avec le poète, en une prose poétique soucieuse d'exactitude, et consciente des écarts entre les prosodies allemande et francaise.

Dans les eaux du Rhin, le saint fleuve, se joue, avec son grand dôme, la grande, la sainte Cologne.

Dans le dôme est une figure peinte sur cuir doré ; sur le désert de ma vie elle a doucement rayonné.

Des fleurs et des anges flottent au-dessus de Notre-Dame ; les yeux, les lèvres, les joues ressemblent à ceux de ma bien-aimée.

[...]

Oh ! ne jure pas, et embrasse-moi seulement ; je ne crois pas aux serments des femmes. Ta parole est douce, mais plus doux encore est le baiser que je t'ai ravi. Je te possède, et je crois que la parole n'est qu'un souffle vain.

Oh ! jure, ma bien-aimée, jure toujours : je te crois sur un seul mot. Je me laisse tomber sur ton sein, et je crois que je suis bien heureux ; je crois, ma bien-aimée, que tu m'aimeras éternellement et plus longtemps encore.

[...]

Le monde est stupide, le monde est aveugle ; il devient tous les jours plus absurde : il dit de toi, ma belle petite, que tu n'as pas un bon caractère.

Le monde est stupide, le monde est aveugle, et il te méconnaîtra toujours : il ne sait pas combien tes étreintes sont douces et combien tes baisers sont brûlants.

Ma bien-aimée, il faut que tu me le dises aujourd'hui : es-tu une de ces visions qui, aux jours étouffants de l'été, sortent du cerveau du poète ?

Mais non : une si jolie petite bouche, des yeux si enchanteurs, une si belle, si aimable enfant, un poète ne crée pas cela.

Des basiliques et des vampires, des dragons et des monstres, tous ces vilains animaux fabuleux, l'imagination du poète les crée.

Mais toi, et ta malice, et ton gracieux visage, et tes perfides et doux regards, le poète ne crée pas cela.

Gérard de Nerval, "Les poésies de Henri Heine". – In : *Revue des Deux Mondes,* XIII (1848), pp. 918-919.

LE RETOUR 178

H.-Fr. Amiel — 1876

La Lorelei. — Recueil de poésies composées en 1823-1824, incorporées en 1827 au *Livre des chants*, *La Lorelei* est la deuxième pièce du recueil : cette ballade populaire adaptée d'une légende rhénane jouit d'une renommée universelle, qu'elle doit en partie à sa mise en musique par Schubert.

Mon cœur, pourquoi ces noirs présages ?
Je suis triste à mourir.
Une histoire des anciens âges
Hante mon souvenir...

Déjà l'air fraîchit, le soir tombe,
Sur le Rhin, flot grondant ;
Seul, un haut rocher qui surplombe
Brille aux feux du couchant.

Là-haut, des nymphes la plus belle,
Assise, rêve encor ;
Sa main, où la bague étincelle,
Peigne ses cheveux d'or.

Le peigne est magique. Elle chante,
Timbre étrange et vainqueur ;
Tremblez, fuyez ! la voix touchante
Ensorcelle le cœur.

Dans sa barque, l'homme qui passe,
Pris d'un soudain transport,
Sans le voir, les yeux dans l'espace,
Vient sur l'écueil de mort.

L'écueil brise, le gouffre enserre
Et nacelle et nocher...
Et voilà le mal que peut faire
Lorley sur son rocher.

Les Étrangères : poésies / traduites de diverses littératures par H.-Fréd. Amiel. – Paris : Sandoz et Fischbacher, [1876]. – [Pp. 65-66].

LE RETOUR 178 bis

J.-P. Lefebvre — 1993

La Lorelei.

Je ne sais pas d'où vient cette grande tristesse
En moi, ni ce qu'elle veut dire ;
Un conte d'autrefois que je ne cesse
D'entendre dans mon souvenir.

L'air fraîchit, c'est l'heure où descend l'ombre
Et le Rhin court paisiblement,
Le couchant fait à la montagne sombre
Un sommet d'or étincelant.

Tout en haut du rocher la plus belle des filles
Est merveilleusement assise sur le bord,
Sa parure d'or scintille,
Elle peigne ses cheveux d'or.

Les peigne avec un peigne d'or
Et chante, ses cheveux peignant,
Une chanson, un air étrange et fort,
Mélodieux et violent.

Le marinier sur son fragile esquif,
Ça lui fait mal sauvagement,
Ses yeux ne voient pas les récifs,
Ils sont là-haut éperdument.

L'onde, je crois, finalement
Engloutit l'homme et sa nacelle
Et c'est la Lorelei, c'est elle
Qui les a perdus par son chant.

Anthologie bilingue de la poésie allemande / Édition établie par Jean-Pierre Lefebvre. – Paris : Gallimard, 1993. – (*Bibliothèque de la Pléiade* ; 401). – [P. 685].

TABLEAUX DE VOYAGE 179

P.-A. Specht, H. Heine — 1834, 1856

Les montagnes du Harz (1826). — Ce premier tome des *Tableaux de voyage* raconte la marche qui conduit le narrateur des montagnes du Harz à la Thuringe. Le récit, largement autobiographique, entrelace anecdotes, descriptions et force commentaires sur les lieux et les personnes. Il débute par une présentation aigre-douce de l'université et des citadins de la ville de Göttingen, où Heine avait terminé ses études de droit ; cette fin devient ici un point de départ.

La ville de Goettingue, célèbre par ses saucissons et par son université, appartient au roi de Hanovre, et contient neuf cent quatre-vingt-dix-neuf feux, diverses églises, une maison d'accouchements, un observatoire, une prison, une bonne bibliothèque, et une taverne municipale, où la bière est aussi fort bonne. Le ruisseau qui passe devant la ville s'appelle la *Leine*, et l'on s'y baigne pendant l'été. L'eau en est très froide et si large en quelques endroits, que mon ami Luder dut réellement prendre un furieux élan quand il la franchit d'un saut. La ville en elle-même est belle, et ne plaît jamais autant que lorsqu'on la regarde par le dos. Elle doit exister depuis bien longtemps, car, lorsque j'y fus immatriculé et bientôt après relégué, il y a de cela plus de cinq ans, elle avait déjà le même aspect grisonnant et posé, et elle était déjà complètement pourvue d'huissiers, de caniches, de dissertations, de thés dansants, de blanchisseuses, de *compendia*, de pigeons rôtis, d'ordres de Guelfes, de carrosses de promotion, de têtes de pipes, de conseillers auliques, de conseillers de justice, de conseillers de légation et de relégation, et d'autres farceurs. On trouve même des gens qui prétendent que la ville a été bâtie à l'époque des migrations des peuples, et que chaque tribu allemande y a laissé alors un exemplaire brut de ses membres, et que c'est de là que descendent tous les Vandales, Frisons, Souabes, Teutons, Saxons, Thuringiens, etc., etc., qu'on voit encore aujourd'hui, par hordes et distingués par la couleur de leurs bonnets et de leurs garnitures de pipe, flâner dans la Weender-Strasse à Goettingue, se battre journellement entre eux sur les sanglants champs de bataille de la Rasenmühle, du Ritschenkrug et de Bovden[1], races qui ont conservé les mœurs et les usages du temps de la grande migration des peuples, et sont gouvernées en partie par leurs *ducs*, qu'ils appellent *coqs*, en partie par leur code gothique, qu'on nomme *Comment*[2], et qui mérite une place *in legibus barbarorum*.

En général, les habitants de Goettingue sont partagés en étudiants, et professeurs, en philistins[3] et en bétail, quatre états entre lesquels la ligne de démarcation n'est pourtant rien moins que tranchée. Celui du bétail est le plus considérable. Rapporter ici les noms de tous les étudiants et de tous les professeurs ordinaires et extraordinaires serait trop long ; d'ailleurs, je ne me rappelle pas en ce moment les noms de tous les étudiants, et parmi les professeurs il en est qui n'ont pas de nom du tout. La quantité de philistins de Goettingue doit être très grande, comme le sable, ou, pour mieux dire, comme la boue aux bords de la mer. En vérité, quand je les voyais, le matin, avec leurs figures sales et leurs blancs mémoires à payer, plantés devant la porte du sénat académique, je pouvais à peine comprendre comment Dieu avait pu créer tant de semblables canailles.

On peut lire fort à son aise de plus amples détails sur la ville de Goettingue dans la topographie de K.F.H. Marx[4]. Quoique j'aie les plus grandes obligations à l'auteur, qui était mon médecin, et me donnait peu de médecines, je ne puis cependant recommander sans restriction son ouvrage, et je dois le blâmer de ce qu'il n'a pas contredit avec assez de sévérité l'opinion erronée que les dames de Goettingue ont de très grands pieds. Pour ma part, je me suis occupé depuis plus d'un an d'une sérieuse réfutation de cette erreur ; j'ai suivi, dans ce but, un cours d'anatomie comparée, compulsé et annoté les ouvrages les plus rares de la bibliothèque, étudié pendant des heures entières les pieds des dames qui passaient dans la rue de Weend, et, dans la dissertation savante qui contiendra le résultat de ces études, je parle 1° des pieds en général, 2° des pieds chez les anciens, 3° des pieds des éléphants, 4° des pieds des dames de Goettingue ; 5° je récapitule tout ce qui a déjà été dit sur ces pieds au cabaret Ulric ; 6° je considère ces pieds dans leurs rapports, et m'étends aussi, à cette occasion,

---

1 Localités des environs de Göttingen.

2 Termes de l'argot des étudiants ; le « coq » est le chef des étudiants.

3 Nom donné par les étudiants à toute personne étrangère à l'Université.

4 Karl Friedrich Heinrich Marx (1796-1877) : professeur de médecine à Göttingen à l'époque où Heine y fut étudiant, auteur d'un ouvrage intitulé *Göttingen d'un point de vue médical, physique et historique* (1824).

sur le mollet, le genou, *et cœtera*, et, enfin, 7° si je puis trouver un format de papier assez grand, je joindrai à ma brochure quelques lithographies, avec le *fac-simile* des pieds des dames de Goettingue les plus distinguées.

Historisch-kritische Gesamtausgabe der Werke / Heinrich Heine ; herausgegeben von Manfred Windfuhr. – Hamburg : Hoffmann und Campe, 1973. – [Tome VI, pp. 234-235].

DE LA FRANCE 180

P.-A. Specht, H. Heine, G. Hohn, B. Morawe — 1833, 1857, 1994

L'esprit républicain (Extrait de la IXe lettre). — *De la France* parut en 1833 dans une traduction de P.-A. Specht, révisée par Heine en 1857 ; les passages anciennement censurés seront rétablis par G. Hohn et B. Morawe. Heine dessine ici une image désabusée de la Monarchie de Juillet, incapable de surmonter la médiocrité du « juste-milieu » entre le pouvoir royal et celui du peuple. Il deviendra en France le modèle d'un genre nouveau, la *Juliliteratur*, littérature suscitée par l'avènement de Louis-Philippe, adoptant la forme du reportage et du témoignage d'Allemands pour la plupart établis à Paris.

Le royalisme d'un peuple consiste, au fond, en ce qu'il respecte les autorités, croit aux personnes qui représentent ces autorités et, dans cette persuasion, s'attache aussi à la personne. Le républicanisme d'un peuple gît, au fond, en ce que le républicain ne croit à aucune autorité, ne respecte que les lois, demande incessamment compte aux représentants de ces lois, les observe avec défiance, les contrôle, ne s'attache jamais aux personnes et, bien plus, quand celles-ci s'élèvent au-dessus du peuple, s'applique sans relâche à les rabaisser par la contradiction, le soupçon, le sarcasme et la persécution.

L'ostracisme était, sous ce rapport, l'institution la plus républicaine, et cet Athénien qui votait pour le bannissement d'Aristide, parce qu'on le nommait toujours le juste, était le républicain par excellence. Il ne voulait pas que la vertu fût représentée par une seule personne, que la personne vint à la fin à être plus considérée que la loi ; il craignait l'autorité d'un nom... Cet homme était le plus grand citoyen d'Athènes, et le silence que l'histoire garde sur son nom est ce qui le caractérise le plus. Oui, depuis que j'étudie les républicains français dans leurs écrits et dans leur histoire, je reconnais partout comme signes caractéristiques cette défiance à l'égard de la personne, cette haine contre l'autorité d'un nom. Ce n'est pas un mesquin amour d'égalité qui fait que ces hommes haïssent les grands noms : nullement ; ils craignent que les citoyens porteurs de ces noms n'en abusent contre la liberté, ou, par faiblesse et par condescendance, ne laissent d'autres en abuser au mépris de la liberté. C'est pourquoi tant de héros populaires de la liberté furent exécutés pendant la révolution, parce qu'on redoutait, au moment du péril, une fâcheuse influence de leur autorité. C'est pourquoi j'entends encore aujourd'hui plus d'une bouche professer la maxime républicaine : qu'il faut ruiner toutes les réputations libérales, parce qu'elles pourraient exercer, au moment le plus décisif, l'influence la plus préjudiciable, comme on l'a vu naguère par La Fayette, à qui l'on doit « la meilleure république ».

Je viens peut-être d'indiquer en passant la raison pour laquelle on trouve aujourd'hui si peu de réputations saillantes en France : on les a déjà détruites en grande partie. Depuis la plus auguste personne jusqu'à la plus basse, il n'y a plus ici d'autorités. Depuis Louis Philippe Ier jusqu'à Auguste, chef des claqueurs, depuis le grand Talleyrand jusqu'à Vidocq, depuis Gaspard Debureau, le célèbre Pierrot du théâtre des Funambules, jusqu'à Hyazinth de Quelen, archevêque de Paris, depuis M. Staub, maître tailleur, jusqu'à de Lamartine, le pieux bouquetin, depuis Guizot jusqu'à Paul de Kock, depuis Cherubini jusqu'à Biffi et depuis Rossini jusqu'au plus chétif badaud — personne, de quelque profession qu'il soit, ne jouit ici d'une considération incontestée ; et il ne s'agit pas seulement de croyance aux personnes, mais à tout ce qui existe.

Oui, le plus souvent, on ne doute même pas, car le doute suppose déjà une croyance. Il n'y a pas d'athées ici ; on n'a pas conservé pour le bon Dieu assez de respect pour se donner la peine de le nier. La vieille religion est radicalement morte, elle est déjà tombée en dissolution, la « majorité des Français » ne veut plus entendre parler de ce cadavre, et se tient le mouchoir devant le nez quand il est question de l'Église. La vieille morale est également trépassée, ou plutôt elle n'est plus qu'un spectre qui, dans aucun cas, n'apparaît pas pendant la nuit. En vérité, quand je considère ce peuple comme il se soulève quelquefois et brise sur la table qu'on nomme autel les poupées consacrées et déchire le velours cramoisi du siège qu'on appelle trône, et demande de nouveau pain et de nouveaux jeux, et trouve plaisir à voir jaillir des blessures de son propre cœur le sang audacieux de la vie, alors il me semble que ce peuple ne croit même plus à la mort.

De la France / Henri Heine ; texte établi et présenté par Gerhard Hohn et Bodo Morawe. – Paris : Gallimard, 1994. – [Pp. 167-169].

L'ÉCOLE ROMANTIQUE 181

P. Pénisson — 1997

Mutation d'époque (Livre troisième, III). — Dans cette version remaniée (1835) de son *De l'Allemagne*, Heine n'entend pas seulement présenter au public français sa propre histoire de la littérature allemande, il veut lui donner, de plus, au lendemain de la mort de Goethe (1832), et à destination des lecteurs d'outre-Rhin, une analyse critique et programmatique de la littérature contemporaine. Un tel chassé-croisé interculturel nourrit l'ambition européenne de Heine, lequel se disait « cosmopolite incarné ».

L'histoire de la littérature est tout aussi difficile à retracer que celle de la nature. Dans les deux cas, on en reste aux manifestations particulièrement marquantes. Mais de même qu'en un petit verre d'eau est contenu tout un monde d'animaux extraordinaires qui montrent la toute-puissance de Dieu aussi bien que les bêtes les plus grosses, de même un infime almanach des muses peut parfois contenir une infinité de tout petits poètes qui paraissent au placide chercheur tout aussi intéressants que les éléphants les plus grands de la littérature. Dieu est grand !

La plupart des historiens de la littérature nous offrent vraiment une histoire littéraire comme si c'était une ménagerie bien en ordre, et ils nous montrent soigneusement séparés les poètes lyriques à la mamelle, les poètes lyriques volants, les poètes aquatiques dramatiques, les amphibies en prose, qui écrivent des romans terrestres et maritimes, des mollusques humoristiques, etc. D'autres au contraire font une histoire de la littérature pragmatique, ils commencent avec les sentiments originels de l'humanité qui se sont développés à diverses époques pour trouver enfin une forme artistique. Ils commencent *ab ovo* comme l'historien qui commence la guerre de Troie par l'histoire de l'œuf de Léda. Et il agit aussi sottement qu'elle. Car je suis convaincu que si l'on eût fait de cet œuf de Léda une omelette, Hector et Achille se seraient cependant rencontrés aux portes Scées et auraient chevaleresquement combattu. Les grands faits et les grands livres ne naissent point de petits détails mais sont nécessaires, ils vont avec les parcours du soleil, de la lune et des étoiles et peut-être naissent-ils de leur influence sur la terre. Les faits ne sont que les produits des idées... mais comment arrive-t-il qu'à certaines époques certaines idées l'emportent si fortement pour transformer de la façon la plus étonnante toute la vie des hommes, leurs us et coutumes, leurs pensées et leurs écrits ? Il est peut-être temps d'écrire une astrologie littéraire et d'expliquer l'apparition de certaines idées et de certains livres dans lesquels elles se manifestent à partir de la constellation des étoiles.

Ou bien l'émergence de certaines idées ne répond-elle qu'aux besoins momentanés des hommes ? Cherchent-ils toujours les idées avec lesquelles ils puissent justifier chacun de leur désir ? En fait, les hommes sont en leur plus intérieure essence autant de doctrinaires. Ils trouvent toujours une doctrine qui excuse leurs renoncements et leurs envies. Les jours maigres et mauvais, où la joie se fait assez dure à atteindre, ils vénèrent le dogme de l'abstinence et prétendent que les raisins de la terre sont amers. Que si les temps se font plus propices, les gens désireront atteindre jusqu'aux beaux fruits de ce monde, et alors une doctrine heureuse voit le jour qui revendique pour cette vie toutes les douceurs et le droit entier et inaliénable de jouir. Nous approchons-nous de la fin du temps des jeûnes du christianisme et le bonheur point-il avec l'âge doré de ce monde ? Comment l'heureuse doctrine va-t-elle dessiner le futur ?

L'image de son avenir se trouve déjà dans le cœur des écrivains d'un peuple et un critique qui découperait avec un couteau assez bien affûté le poète nouveau pourrait, comme avec des entrailles augurales, très aisément prophétiser quelle forme l'Allemagne va prendre. À cette fin, je dépècerais volontiers, tel un Calchas littéraire, quelques-uns de nos récents poètes, si je ne craignais point de voir en leurs entrailles bien des choses sur lesquelles je ne puis ici m'exprimer. On ne peut en effet parler de notre récente littérature allemande sans pénétrer le très profond domaine de la politique. En France, où les auteurs à succès cherchent à se tenir écartés du mouvement politique actuel, au-delà même de l'éloge, on peut juger des beaux esprits du jour et ne pas parler du jour lui-même. Mais outre-Rhin, les auteurs littéraires se jettent avec zèle dans le mouvement du jour, d'où ils étaient tenus éloignés pendant longtemps. Vous autres Français, vous êtes restés pendant cinquante ans constamment sur vos jambes et vous êtes maintenant fatigués. Nous, les Allemands, au contraire, nous étions demeurés à nos tables de travail et commentions les vieux classiques, nous aimerions maintenant nous donner un peu de mouvement.

L'École romantique / Heinrich Heine ; traduction, notes et postface par Pierre Pénisson ; avec la collaboration de Ole Hansen-Løve et Théo Leydenbach. – Paris : Les Éditions du Cerf, 1997. – [Pp. 105-107].

KIRÉIEVSKI

RUSSE **1806-1856**

Issu d'une vieille famille de l'aristocratie terrienne, Ivan Vassiliévitch Kiréievski est né à Dolbino (gouvernement de Toula) dans un milieu éclairé : son père, traducteur d'œuvres de littératures étrangères, s'intéresse aussi à la chimie et à la physique. Quand ce dernier meurt, en 1812, sa veuve, très au fait du romantisme allemand, confie l'éducation de ses enfants à Vassili Joukovski. Elle se remarie avec Alexei Elagin, un intellectuel tout empreint de Kant qui deviendra pour Ivan Vassiliévitch un véritable ami. En 1822, la famille s'installe à Moscou et tient un des meilleurs salons cultivés de la ville. Déjà très au courant des littératures française et allemande, Kiréievski suit à l'université des cours de littérature classique, participe au cercle des « Amis de la sagesse », puis, après la défaite des « décembristes », se retrouve, en 1827, avec son frère Pierre notamment, le futur folkloriste, autour des *Nouvelles de Moscou*, où il publie, en 1828, des « Remarques sur la nature de la poésie de Pouchkine ». En 1830, il séjourne à Berlin où il assiste aux cours de Hegel et de Schleiermacher, puis, à Munich, à ceux de Schelling, qui l'enthousiasme : il y approfondit la *Naturphilosophie* allemande. Revenu en Russie, il fonde, avec Joukovski et Khomiakov notamment, la revue philosophique et littéraire *L'Européen*, dont il espère faire un forum de réflexion pour l'intelligentsia russe, mais qui, soupçonnée de subversion, est bientôt interdite par le tsar lui-même.

Son mariage avec Nathalie Petrovna Arbénéva (1834), l'influence de son frère Pierre et celle d'Alexis Khomiakov, son parent, l'amènent, vers 1839, à prendre ses distances face à l'occidentalisme et à concevoir que les valeurs traditionnelles de la Russie sont, précisément, ce qui manque à l'Europe pour retrouver la cohérence de sa véritable essence. En 1844, en pleine querelle avec les occidentalistes, qui disposent des *Annales de la patrie*, Kiréievski prend la direction du *Moscovite*, revue des slavophiles où il donnera son *Aperçu de l'état actuel de la littérature*. Dans ce vaste tour d'horizon, la littérature ne se définit plus selon les critères génériques, devenus normatifs en Occident, du concept renaissant de Belles-Lettres, mais selon des perspectives, largement culturelles et anthropologiques, où prédominent les valeurs de sens et de civilisation telles que les ont illustrées et défendues, par l'expression écrite, l'intelligence humaine de Dieu, du monde, de la nature et de l'homme.

Mais la direction de la revue lui pèse au point qu'il y renonce et se retire à Dolbino, où il se consacre alors principalement aux éditions patristiques du monastère d'Optino tout proche, conscient de contribuer ainsi aux fondements du renouveau de la culture intégrale. En 1852, Kiréievski rédige, pour la revue qu'Ivan Aksakov vient de fonder, un long article, *Du caractère de la culture européenne et de ses rapports avec la culture russe*, où il fait de l'opposition, à ses yeux foncièrement théologique, entre Orient et Occident, une espèce de clé herméneutique pour tout trait de civilisation. Cet article ne paraîtra pas, arrêté par la censure.

En 1855, à l'avènement de Nicolas Ier, les slavophiles créent *Les Propos Russes*, revue dirigée par Kochelev. En 1856, Kiréievski lui destine *Sur la nécessité et la possibilité de nouveaux principes en philosophie*, un bilan critique de la pensée occidentale où il établit les prodromes d'une philosophie que sa mort, à Saint-Pétersbourg, l'empêchera de mener à son plein accomplissement.

Premier théoricien et véritable inspirateur de la doctrine slavophile, Kiréievski a tenté de penser, à partir de l'antagonisme observé entre le rationalisme triomphant de l'Occident et le souci d'intégralité spirituelle de l'Orient, une philosophie de la culture totalisant les requêtes de l'une et l'autre de ces visions du monde. La synthèse espérée lui a paru impliquer l'intégration et la subordination des vues « occidentales » aux conceptions « orientales ».

Les temps semblaient mûrs en effet pour que la tradition russe tente une semblable restauration de l'unité spirituelle de l'Europe. Avec la victoire contre Napoléon, la Russie était devenue le contre-poids oriental de l'« équilibre européen ». Après avoir connu les Lumières et les séductions, aux yeux de beaucoup finalement insuffisantes, de la Raison souveraine, elle s'était enthousiasmée pour la philosophie allemande, dans laquelle elle avait vu — c'est ce que Kiréievski verra surtout en Schelling — le moyen adéquat d'intellectualiser les évidences spirituelles de sa conscience collective et de ce qui lui paraissait l'élan natif de son génie national. Il parut ainsi nécessaire à Kiréievski, face aux occidentalistes, de définir la place de la Russie dans l'équilibre et l'idéal européens d'une manière qui ne soit ni exclusivement ni principalement politique, en raison, précisément, de la conviction que le génie russe était celui qui, en Europe, au plus haut niveau d'évidence et d'excellence, pouvait répondre à toutes les exigences intellectuelles et matérielles de la modernité européenne, depuis les aspirations mystiques jusqu'aux réalités individuelles, en passant par les structures intermédiaires de l'organisation politique et sociale. C'est l'idéal de la *Sobornost*.

La conscience russe de la mission de la Russie en Europe, dont l'heure providentielle semblait avoir sonné, sera le fondement de la réflexion, historique et spéculative, de Kiréievski. Or cette conscience est enracinée dans et remonte à l'Église orthodoxe, qui, face aux Églises occidentales, n'est rien d'autre, selon lui, que le véhicule historique et la vivante présence du christianisme conservé dans son intégrité originelle. Et cette intégrité, Kiréievski la verra fondée, d'une part, dans la continuité patristique de l'Orthodoxie russe et, d'autre part, présentée en quelque sorte comme la quintessence et la source de l'authenticité patristique, dans l'expérience, renaissante dans la Russie de son temps, de la spiritualité hésychaste. Accomplie en perfection, cette spiritualité aboutit à l'expérience directe de Dieu, à la contemplation de la lumière incréée et à l'épanouissement de l'intelligence intégrale, ferment d'une connaissance analogue aux modes d'identification et de canonisation de la doctrine chrétienne imputés aux Pères de l'Église et aux Conciles.

Peu abondante, l'œuvre de Kiréievski tient, au total, en deux volumes. Ses conceptions cependant et le débat intellectuel où elles se sont situées éclairent les enjeux et les positions que l'on retrouvera presque partout dans le XIXe siècle russe, et, pour ne citer que lui, dans la formation des évidences fondatrices du monde de Dostoïevski.

Ivan Kiréievski et la naissance du slavophilisme / François Rouleau ; préface d'Alain Besançon. – Namur : Culture et vérité, 1990. – VI-324 p. – (*Horizon* ; 2).

Andrei Zoubov, "Ivan Kiréievski". – In : *Histoire de la littérature russe : Le XIXe siècle : L'époque de Pouchkine et de Gogol* / Ouvrage dirigé par Efim Etkind, Georges Nivat, Ilya Serman et Giorgio Strada. – Paris : Fayard, 1996. – [Pp. 977-988, 1229-1230 pour la bibliographie].

APERÇU SUR L'ÉTAT ACTUEL DE LA LITTÉRATURE 182

Fr. Rouleau — 1988

Nouvelle définition de la littérature.

Il fut un temps où lorsqu'on disait littérature on entendait généralement les belles-lettres ; à notre époque, les belles-lettres ne constituent qu'une part insignifiante de la littérature. Aussi devons-nous avertir les lecteurs que, désirant présenter l'état actuel de la littérature en Europe, nous devrons malgré nous porter plus d'attention aux œuvres de philosophie, d'histoire, de philologie, d'économie politique, de théologie, etc. qu'aux belles-lettres proprement dites.

[...]

[...] maintenant le rapport entre les belles-lettres et la société s'est modifié ; des grands poètes qui entraînaient tout derrière eux, il n'en est pas resté un seul ; [...].

[...] on dit que la littérature a été remplacée par d'autres intérêts parce que nous sommes devenus plus réalistes ; si, auparavant, nous pourchassions un vers, une phrase, un rêve, eh bien ! maintenant nous cherchons l'essentiel, la science, la vie. [...]

De nos jours, les belles-lettres ont été remplacées par une littérature journalistique. Il ne faut pas penser que le caractère journalistique appartienne aux seules publications périodiques : il s'étend à toutes les formes de la production littéraire, à de très rares exceptions près.

En effet, où que nous regardions, partout la pensée est soumise au flux des circonstances, le sentiment est ajusté aux intérêts de parti, la forme est adaptée aux exigences de l'instant. Le roman s'est transformé en une statistique des mœurs ; la poésie en vers de circonstance[1] ; l'histoire, après avoir été l'écho du passé, essaye d'être en même temps le miroir du présent, ou bien la justification de telle ou telle conviction sociale, la référence en faveur de telle ou telle façon de voir contemporaine ; la philosophie, tout en vaquant à la contemplation la plus abstraite des vérités éternelles, s'emploie continuellement à les mettre en rapport avec l'instant qui

[1] Déjà Goethe avait prévu cette orientation, et vers la fin de sa vie il affirmait que la vraie poésie est une poésie de circonstance (Gelegenheits-Gedicht). — Au reste Gœthe comprenait cela à sa manière. Pendant la dernière époque de sa vie, la plupart des occasions poétiques qui suscitèrent son inspiration furent un bal à la cour, un divertissement masqué, ou bien l'anniversaire de quelqu'un. Dans tout le recueil de ses œuvres il n'est guère resté de traces du destin de Napoléon et de l'Europe qu'il a bouleversée. Goethe était le poète universel, le plus grand et probablement le dernier poète de la vie individuelle, laquelle ne s'était pas encore fusionnée en une seule conscience avec la vie de toute l'humanité.

passe ; même les œuvres théologiques en Occident, pour la plupart, sont suscitées par quelque circonstance accessoire de la vie extérieure. Au sujet du seul évêque de Cologne[1] on a écrit plus de livres que sur la cause de l'incroyance régnante que déplore tant le clergé en Occident.

Au reste, cette tendance commune des esprits à se tourner vers les faits concrets, vers les intérêts du jour, n'a pas pour source les seuls avantages personnels, ou les buts lucratifs, comme d'aucuns le pensent. Bien que les avantages particuliers soient aussi liés avec les problèmes sociaux, l'intérêt commun envers ces derniers ne provient pas de ce seul calcul. Pour la plupart, c'est simplement un intérêt né d'une sympathie. L'esprit est éveillé et dirigé de ce côté. L'idée de l'homme a évolué jusqu'à s'unir avec l'idée de l'humanité. C'est une tendance d'amour et non de profit. L'homme veut savoir ce qui se passe dans l'univers, dans la destinée de ses semblables qui n'ont souvent pas le moindre rapport avec lui. Il veut savoir seulement pour participer par la pensée à la vie commune, pour sympathiser avec elle du sein même de son propre cercle limité.

Malgré tout, ce n'est pas sans raison, semble-t-il, que beaucoup se plaignent de cette considération excessive accordée à l'instant présent, de cet intérêt dévorant pour les événements quotidiens, pour le côté extérieur et pratique de la vie. Une telle orientation, pensent-ils, n'étreint pas la vie, elle en touche seulement l'aspect extérieur, la surface non essentielle. La bale, certes, est nécessaire, mais seulement pour la conservation du grain, sans lequel elle n'est que balayure ; il se peut que cet état des esprits soit à comprendre comme état transitoire ; mais il serait absurde de le comprendre comme un état de plus haut développement. [...]

Au reste, remarquons que les problèmes proprement politiques, les problèmes de gouvernement, qui ont si longtemps agité les esprits en Occident, commencent désormais à passer au second plan des mouvements intellectuels, et, bien qu'aux yeux d'un observateur superficiel il puisse sembler qu'ils possèdent encore leur force d'antan parce que, comme autrefois, ils continuent à occuper la majorité des cerveaux, cette majorité cependant est déjà une majorité rétrograde ; elle ne constitue plus l'expression du siècle ; les penseurs d'avant-garde ont définitivement passé dans une autre sphère : le domaine des questions sociales, où la première place n'est plus occupée par la forme extérieure, mais par la vie interne de la société dans ses relations réelles, essentielles.

---

1 Mgr Clément Auguste von Droste-Vischering, archevêque de Cologne. Sa dispute avec le gouvernement prussien se termina par l'incarcération de l'archevêque le 20 novembre 1837. (N.d.t.)

J'estime superflu de faire une réserve pour dire que, en parlant d'orientation vers les questions sociales, je n'entends pas ces systèmes monstrueux qui sont connus dans le monde plus par le bruit qu'ils produisent que par le sens de leurs doctrines inconsidérées : ces phénomènes sont intéressants en tant que symptômes, mais en eux-mêmes ils sont inconsistants. Non, l'intérêt pour les questions sociales, qui remplace l'ancienne préoccupation exclusivement politique, cet intérêt je ne le vois pas dans tel ou tel phénomène, mais dans l'orientation d'ensemble de la littérature européenne.

Essais philosohiques / Ivan Kiréievski ; traduction et introduction de François Rouleau, s.j. – Paris : Lethielleux ; Namur : Culture et Vérité, 1988. – (*Le Sycomore*). – [Pp. 49-52].

CULTURE EUROPÉENNE ET CULTURE RUSSE 183

Fr. Rouleau — 1988

Raison et foi dans la tradition romaine. — Ce texte, paru dans le *Recueil de Moscou* en 1852 se présentait comme une lettre au comte E.E. Komarovski.

Cependant, ces trois éléments constitutifs des premiers débuts de la civilisation européenne, éléments étrangers à la Russie : l'Église romaine, le monde de la Rome antique et la forme de gouvernement issue de la conquête, déterminèrent tout le cycle du développement ultérieur de l'Europe, — comme trois points dans l'espace déterminent la circonférence qui passe par eux.

L'influence des restes encore vivants, l'influence des vestiges de l'ancienne civilisation romaine qui avaient survécu à sa destruction, se faisait sentir sur la civilisation occidentale alors en train de naître et cette influence était universelle. En pénétrant les structures les plus fondamentales des relations sociales, les lois, la langue, les mœurs, les coutumes, les premiers développements des sciences et des arts européens, la Rome antique devait involontairement communiquer, plus ou moins, à toutes les relations de l'homme occidental ce caractère particulier qui la distinguait des autres peuples ; et ce caractère particulier de tout l'ensemble des relations dont l'homme est le centre, devait nécessairement pénétrer ce qu'on pourrait appeler la composition interne de sa vie, en transformant plus ou moins toutes les autres influences, selon sa direction dominante.

Pour cette raison, le trait spécifique principal de Rome, qui était son caractère intellectuel, devait trouver aussi son reflet dans un trait spécifique intellectuel de l'Occident. Mais si nous voulions exprimer en une seule phrase cette spécificité dominante de la civilisation romaine, alors nous ne nous tromperions pas, semble-t-il, si nous disions que le pli distinctif de l'esprit romain consistait justement en ce que, chez lui, la ratiocination extérieure prenait le pas sur ce qui est l'essence interne des choses.

C'est ce caractère que nous présente, de toute évidence, la vie sociale et familiale de Rome lorsque, avec logique et sans remords, elle défigure les relations naturelles et morales des gens, pour suivre de l'extérieur la lettre d'une loi dont l'expression était accidentelle. Ce même caractère marque aussi la poésie chez les Romains, poésie qui visait à un perfectionnement artistique de formes extérieures d'inspiration étrangère. Nous pouvons constater la même chose au sujet de leur langue, qui a écrasé sous l'harmonie artificielle des constructions grammaticales la liberté naturelle et la spontanéité vivante des mouvements de l'âme. Ce même caractère, nous le voyons jusque dans les fameuses lois romaines elles-mêmes, dans lesquelles l'harmonie de la formulation extérieure est portée à un degré si étonnant de perfection logique, associé à une aussi surprenante absence d'équité interne. Ce même enchaînement extérieur des idées au détriment de la vivante plénitude intérieure du sens, la religion romaine nous le présente aussi, elle qui derrière les rites extérieurs a presque oublié leur valeur de mystère, — cette religion romaine qui était une collection de toutes les divinités du monde païen, divinités hétérogènes, voir contradictoires, extérieurement juxtaposées, intérieurement en contradiction, en même temps que conciliées selon la logique en un seul culte symbolique, où, sous le couvert d'un lien philosophique, se dissimulait une intime absence de foi. Ce même caractère d'orientation rationalisante, nous le remarquons aussi dans les mœurs des Romains, où l'on prisait tellement l'activité extérieure de l'homme, et où l'on faisait si peu de cas du sens intérieur de cette activité ; où l'orgueil était une vertu ; où la conviction logique personnelle d'un chacun était l'unique guide de ses actes ; où à cause de cela chaque personne se concevait non seulement comme une réalité à part, mais encore comme une réalité différente des autres personnes et qui n'admettait avec elles d'autres relations que les relations déduites logiquement des conditions extérieures de vie.

Voilà pourquoi le Romain ne connaissait presque pas d'autre lien entre les hommes que le lien des intérêts communs : d'autre unité que l'unité du parti. [...] En un mot, dans tout ce qui caractérise le Romain, dans toutes les sinuosités de son activité intellectuelle et spirituelle, nous voyons un trait commun unique : l'harmonie extérieure de ses concepts logiques lui était plus essentielle que ce qui est vraiment essentiel, et, si l'on peut s'exprimer ainsi, l'équilibre intérieur de son existence était perçu par lui uniquement dans l'équilibre des concepts de la raison raisonnante ou bien de l'activité formelle extérieure.

Le christianisme, bien entendu, dès le premier instant de son apparition au sein du monde païen, s'opposait à cette tendance du Romain à la cupidité égoïste et à la ratiocination présomptueuse. En orientant l'activité principale de l'esprit vers l'intégrité intérieure de l'existence, le christianisme non seulement s'opposait à tout entraînement passionnel, fût-il décoré de beaux prétextes, mais encore, faisant accéder l'intelligence jusqu'au foyer vivant de la conscience de soi, il luttait également contre cet état de désagrégation spirituelle où la ratiocination unilatérale se détache des autres formes de l'esprit et pense atteindre la vérité par une liaison extérieure de concepts. Si d'un côté, pour cette sagesse rationalisante extérieure, la prédication chrétienne paraissait folie, de l'autre, — vue des hauteurs de la doctrine chrétienne, — cette ratiocination arrogante laissait apparaître la misère de son inconsciente cécité. Aussi, durant les premiers siècles de l'Église, voyons-nous, chez les théologiens du monde romain lui-même, des attaques fréquentes contre le mensonge de la manière païenne de philosopher.

[...] aucun, semble-t-il, des Pères de l'Église, anciens ou nouveaux, ne s'est distingué par un tel amour pour l'enchaînement logique des vérités que le Bienheureux Augustin, le « Docteur de l'Occident » par excellence. Quelques-unes de ses œuvres se présentent comme une seule chaîne de syllogismes, chaîne de fer, rivée sans rupture possible d'anneau en anneau. Pour cette raison, peut-être se laissa-t-il parfois entraîner trop loin à la poursuite de l'harmonie extérieure, sans remarquer le caractère unilatéral interne de sa pensée ; si bien que, au cours des dernières années de sa vie, il a dû lui-même écrire des rétractations sur quelques-unes de ses affirmations antérieures.

Mais si ce spécial attachement du monde romain à l'enchaînement extérieur des concepts n'était déjà pas sans danger pour les théologiens romains lorsque l'Église romaine était encore partie vivante de l'Église Universelle, lorsque la conscience commune de tout le monde orthodoxe gardait chaque caractère particulier dans un légitime équilibre, on comprend, dès lors, qu'après la sécession de Rome ce caractère particulier de l'esprit romain devait prendre une prépondérance décisive parmi les traits qui marquent la doctrine des théologiens romains. Il se peut même que ce caractère romain particulier, cette ratiocination à l'état séparé, cette propension excessive à l'enchaînement extérieur des concepts ait été une des causes principales de la défection même de Rome. Évidemment, ce n'est pas le lieu ici d'analyser les causes ou les circonstances de cette défection. L'esprit romain de domination fut-il le ressort caché de ses principaux artisans, ou y eut-il d'autres causes ? Toutes les hypothèses peuvent faire l'objet d'une discussion ; mais ce qui ne fait l'objet d'aucun doute, c'est le prétexte même de cette défection : l'addition nouvelle d'un dogme à l'ancien symbole[1], addition qui, allant à l'encontre de l'antique tradition et de la conscience commune de l'Église, ne se justifiait que par les déductions logiques des théologiens occidentaux.

Si nous faisons ici une mention spéciale de cette circonstance, c'est parce qu'elle peut, mieux que les autres, nous expliquer le caractère de la civilisation occidentale, dans laquelle, dès le IXe siècle, la ratiocination abstraite de Rome avait pénétré l'enseignement même des théologiens, en détruisant par son caractère unilatéral l'intégrité harmonieuse de la « théoria » intérieure.

À partir de ce point de vue, il nous devient loisible de comprendre pourquoi les théologiens occidentaux, avec toute leur bonne conscience rationalisante, n'ont pu voir l'unité de l'Église que sous la forme d'une unité extérieure de l'épiscopat ; pourquoi ils ont pu attribuer aux actes extérieurs de l'homme cette importance essentielle ; pourquoi, étant donné les dispositions intérieures de l'âme et les insuffisances de ces actes extérieurs, ils n'ont conçu d'autre moyen de salut pour l'âme qu'une période déterminée en purgatoire ; pourquoi, enfin, ils ont pu attribuer à certaines personnes un surplus de mérites pour des actes extérieurs, et imputer ce surplus à compenser l'indigence des autres, et ce, pour de simples actes extérieurs, accomplis au profit extérieur de l'Église[2].

De cette façon, ayant soumis la foi aux déductions logiques de la raison raisonnante, l'Église occidentale, dès le IXe siècle, a jeté en son sein l'incoercible semence de la Réforme : la Réforme, en effet a placé l'Église

1 À savoir l'addition du *Filioque* au Credo ou Symbole de foi de Nicée.

2 Sont énumérées ici quelques-unes des principales divergences qui séparent le christianisme occidental de l'oriental : l'unité juridictionnelle de l'Église catholique, la théorie des mérites et celle du purgatoire, la doctrine des actes surrérogatoires et de la réversibilité des mérites.

occidentale devant le tribunal de cette même raison logique que ladite Église avait elle-même élevée au-dessus de la conscience commune de l'Église universelle ; et dès ce moment, un homme qui réfléchissait pouvait apercevoir Luther derrière le Pape Nicolas Ier, comme, à entendre les catholiques romains, un homme du XVIe siècle qui réfléchissait pouvait déjà derrière Luther prévoir Strauss[1].

Essais philosohiques / Ivan Kiréievski ; traduction et introduction de François Rouleau, s.j. – Paris : Lethielleux ; Namur : Culture et Vérité, 1988. – (*Le Sycomore*). – [Pp. 108-111].

PRINCIPES NOUVEAUX EN PHILOSOPHIE 184

Fr. Rouleau — 1988

Foi et raison dans l'Église orthodoxe.

Dans l'Église Orthodoxe, les rapports de la raison et de la foi sont tout à fait différents de ce qu'ils sont dans l'Église Romaine et dans les confessions protestantes. Cette différence consiste entre autres choses en ce que, dans l'Église Orthodoxe, la Révélation divine et la pensée humaine ne se confondent pas : les limites entre l'humain et le divin ne sont transgressées ni par la doctrine de l'Église, ni par la science. Quelque effort que la pensée croyante fasse pour concilier raison et foi, elle ne prendra jamais aucun dogme de la Révélation comme une simple déduction de la raison, jamais elle ne reconnaîtra à une déduction de la raison l'autorité d'un dogme révélé. Les frontières demeurent fermes et inviolables.

Aucun patriarche, aucune assemblée d'évêques, aucune considération profondément pensée par un savant, aucune puissance, aucun élan de ce que l'on appelle l'opinion générale de quelque époque que ce soit, ne peuvent ajouter un nouveau dogme, ni transformer un dogme antérieur, ni attribuer à son interprétation l'autorité de la Révélation divine, et faire passer ainsi pour sainte doctrine de l'Église une explication de la raison humaine, ou encore faire intervenir l'autorité des inébranlables et éternelles vérités de la Révélation dans le domaine des sciences sujettes au développement, au changement, aux erreurs, et relevant du jugement personnel de chacun.

Tout élargissement de la doctrine de l'Église au-delà des limites de sa tradition échappe par le fait même au domaine de l'autorité de l'Église, et

1 En 1835, sa *Vie de Jésus* avait réduit les événements évangéliques à l'ordre du symbole.

se présente comme une opinion particulière, plus ou moins plausible, mais toujours soumise au jugement de la raison. Et quel que soit l'auteur de cette nouvelle opinion, que les siècles antérieurs n'avaient pas connue, fût-elle l'opinion d'un peuple entier, fût-elle l'opinion de la majeure partie des chrétiens d'une époque donnée, si elle voulait se faire passer pour dogme de l'Église, elle s'exclurait elle-même de l'Église par cette prétention. Car l'Église Orthodoxe ne délimite pas la conscience qu'elle a de soi à telle ou telle époque, si supérieure en intelligence que puisse se considérer cette époque par rapport aux précédentes ; mais l'ensemble de tous les siècles chrétiens, présent et passés, forme une unité indivisible, vivant éternellement pour cet ensemble : l'assemblée des fidèles, liés par une unité de conscience autant que par une communion de prière.

Une telle inviolabilité des limites de la Révélation divine, en garantissant la pureté et la fermeté de la foi dans l'Église Orthodoxe, d'une part protège son enseignement des interprétations indues de la raison naturelle, d'autre part protège la raison d'une intervention indue de l'autorité ecclésiastique. En sorte que pour un chrétien orthodoxe sera toujours également incompréhensible et qu'il soit possible de brûler Galilée[1] en raison du désaccord de ses opinions avec les conceptions de la hiérarchie ecclésiastique, et qu'il soit possible de rejeter l'authenticité d'une épître apostolique, sous prétexte de l'incompatibilité des vérités qu'elle exprime avec les conceptions de tel homme ou de telle époque.

Mais plus les frontières de la Révélation divine sont clairement indiquées, plus elles sont fermement gardées, et plus fort est le besoin pour la pensée croyante de concilier les conceptions de la raison avec les enseignements de la foi. Car la vérité est une, et l'activité de la raison a pour loi constante et pour impulsion fondamentale la tendance à prendre conscience de cette unité.

La raison croyante tendra vers la vérité divine de façon d'autant plus plénière et exacte qu'elle sera plus libre et plus sincère dans ses mouvements naturels.

Pour un penseur orthodoxe l'enseignement de l'Église n'est pas un vain miroir qui renvoie à chacun ses propres traits, il n'est pas un lit de Procuste qui, par mutilations, réduit les personnes vivantes à une dimension conventionnelle unique ; mais il est le suprême idéal, le seul vers lequel peut tendre la raison croyante, la limite ultime de la pensée la plus

1 Kireievski semble confondre Galilée et Giordano Bruno. (N.d.t.)

haute, l'étoile qui guide, qui brille au plus haut des cieux, et, se réfléchissant dans le cœur, éclaire pour la raison le chemin vers la vérité.

Mais, pour concilier raison et foi, il ne suffit pas à ce penseur orthodoxe d'organiser les notions rationnelles conformément aux positions de la foi, de choisir celles qui concordent avec elles, d'exclure celles qui leur sont contraires, et de purifier ainsi la raison de toute contradiction avec la foi.

Si la relation de la pensée orthodoxe et de la foi était limitée à une telle activité négative, cette relation aurait abouti au même résultat qu'en Occident. Les notions en désaccord avec la foi et les notions en accord avec la foi, du moment qu'elles provenaient de la même source et de la même méthode, auraient eu un droit identique à être admises, et à la base même de la conscience de soi se serait produite cette scission morbide qui, tôt ou tard, mais de façon inévitable, aurait fait dévier la pensée hors de la foi.

Or c'est en ceci justement que consiste la différence capitale de la pensée orthodoxe : elle cherche non pas à organiser des concepts séparés conformément aux exigences de la foi, mais elle cherche à hausser la raison au-dessus de son niveau habituel, elle tend à élever la source même de l'intellection, la méthode même de la pensée jusqu'à un consentement harmonieux avec la foi.

Pour cette élévation de la raison, la première condition est qu'elle s'efforce de réunir en un tout indivisible toutes les forces séparées, qui, dans l'état habituel de l'homme, se trouvent éparpillées et opposées les unes aux autres ; qu'elle ne reconnaisse pas sa faculté logique et abstraite comme unique organe de l'intelligence du vrai ; qu'elle ne considère pas la voix du sentiment enthousiaste, lorsqu'il se trouve en désaccord avec les autres forces de l'esprit, comme une promulgation infaillible de la vérité ; qu'elle ne regarde pas les suggestions du sens esthétique séparé, indépendamment des autres concepts, comme un guide sûr pour l'intelligence de la suprême structure du monde ; (que même le jugement intérieur d'une conscience, plus ou moins purifiée, ne soit pas accepté, sans l'accord des autres facultés intellectuelles, comme verdict définitif d'une justice suprême) ; et même qu'elle ne considère pas l'amour qui gouverne son cœur, si cet amour est coupé des autres exigences de l'esprit, comme un guide infaillible pour atteindre le bien suprême ; mais qu'elle cherche sans cesse au fond de l'âme cette racine intérieure de l'intellection, où toutes les puissances séparées fusionnent en une seule vision intellectuelle, vitale et intégrale.

Et pour la compréhension de la vérité dans ce rassemblement de toutes les forces de l'âme, la raison ne va pas, quand une pensée comparaît devant elle, l'amener successivement et séparément devant le tribunal chacune de ses facultés séparées, en s'efforçant de concilier en une seule sentence générale tous leurs verdicts. Mais, dans la réflexion intégrale, toutes les cordes de l'âme à chacun de ses mouvements doivent être entendues en un accord complet, fondu en un seul son harmonieux.

Point de concentration vivant et commun de toutes les forces séparées de la raison au tréfonds de l'âme, la conscience intérieure, cachée à l'esprit humain dans son état ordinaire, mais accessible à qui la cherche[1], et seule capable d'atteindre la vérité suprême, cette conscience élève sans cesse la façon même de penser de l'homme ; cette façon de penser humilie la suffisance rationnelle de l'homme sans gêner la liberté des lois naturelles de sa raison ; au contraire, elle renforce son autonomie et du même coup la soumet librement à la foi. Alors elle considère toute pensée qui s'écarte de la source la plus haute de l'intellection comme une connaissance incomplète, et par conséquent inexacte, qui ne peut pas servir à exprimer la vérité suprême, bien qu'elle puisse être utile à sa place subordonnée, et même être quelquefois un degré que doit nécessairement franchir une autre connaissance demeurée à un degré encore inférieur.

Voilà pourquoi le libre développement des lois naturelles de la raison ne peut être dommageable pour la foi du penseur orthodoxe. Le croyant orthodoxe peut se laisser contaminer par l'incroyance, et cela uniquement par suite du manque d'une civilisation extérieure originale, mais il ne peut pas, comme le penseur des autres confessions, être amené à l'incroyance par le développement naturel de sa raison. Car ses concepts fondamentaux au sujet de la foi[2] le protègent de ce malheur.

La foi pour lui n'est pas une notion aveugle, qui reste à l'état de *foi* uniquement parce qu'elle n'est pas développée par la raison naturelle, et que la raison doit *élever* au rang de *connaissance*, en analysant ses composantes et montrant ainsi qu'il n'y a rien en elle de spécifique, rien que l'on ne pourrait trouver dans la conscience de la raison naturelle même sans la Révélation divine. Elle n'est pas non plus une autorité extérieure, devant laquelle la raison doit devenir aveugle ; elle est l'autorité à la fois extérieure et intérieure, la faculté suprême de la raison, vivifiante pour l'intel-

1 C'est l'état de conscience inhérent à l'*hesychia*.

2 Cela implique que la foi de l'Église universelle, envisagée dans sa plénitude, soit de la qualité et de la nature spirituelle de l'*hesychia* et que tout fidèle qui y communie en participe.

ligence. Pour la foi le développement de la raison naturelle ne sert que de degré, et, du seul fait qu'elle surpasse l'état ordinaire de l'intelligence, elle fait comprendre à celle-ci qu'elle s'est écartée de son intégrité originelle et par cette comprénhension elle la pousse à revenir à un degré d'activité supérieur. Car un croyant orthodoxe sait que, pour atteindre la vérité intégrale, il faut la raison intégrale, et la recherche de cette intégrité constitue la tâche constante de sa réflexion.

Avec de telles convictions, tout l'enchaînement des principes fondamentaux de la raison naturelle, qui peuvent servir de points de départ à tous les systèmes possibles de pensée, se révèle inférieur à la raison croyante, tout comme dans l'existence de la nature extérieure tout l'enchaînement des diverses créatures organiques se révèle inférieur à l'homme, lequel parmi tous les degrés de l'évolution est seul capable de connaissance intérieure de Dieu et de prière.

Se trouvant à ce degré suprême de la pensée, le croyant orthodoxe peut facilement et sans danger comprendre tous les systèmes de pensée provenant de degrés inférieurs de la raison, et voir leurs limites en même temps que leur vérité relative. Mais pour une pensée située à un degré inférieur, le degré supérieur est incompréhensible et semble irrationnel. Telle est la loi de l'esprit humain en général.

Si la pensée fondamentale du croyant orthodoxe est indépendante des systèmes inférieurs qui peuvent se présenter à son intelligence, cette indépendance ne constitue pas la propriété exclusive des seuls théologiens instruits : on la trouve, pour ainsi dire, dans l'atmosphère même de l'Orthodoxie. Car si peu développés que soient les concepts rationnels du croyant, chaque orthodoxe reconnaît au tréfonds de son âme que la vérité divine ne peut pas être embrassée par les considérations de la raison ordinaire, et qu'elle exige une vision supérieure, un regard spirituel, qui s'acquiert non par une science extérieure, mais par l'intégrité intérieure de l'être[1].

C'est pourquoi l'orthodoxe cherche la véritable Théologie là où il pense trouver aussi une vie pure et intégrale, qui lui garantit l'intégrité de la raison, et non pas là où ne s'édifie qu'une formation scolaire.

C'est aussi la raison pour laquelle très rares sont les cas où un croyant orthodoxe a perdu la foi uniquement à la suite de tels ou tels raisonnements logiques, capables de changer ses concepts rationnels. Le plus souvent l'incroyance le séduit, elle ne le convainc pas. Il ne perd pas la foi

1 C'est ainsi que la conscience individuelle, quelque limitée qu'elle soit — et la rationalité naturelle est une des mesures de cette limitation —, s'élève et s'élargit par la conscience ecclésiale.

en raison de difficultés intellectuelles, mais par suite des tentations de la vie ; et par ses considérations rationnelles il ne cherche qu'à justifier à ses propres yeux l'apostasie de son cœur[1]. Dès lors l'incroyance se renforce en lui au moyen de tel ou tel système rationnel qui se substitue à sa foi antérieure, en sorte qu'il lui est désormais difficile de retourner de nouveau à la foi, s'il n'a d'abord déblayé la route pour sa propre raison.

Mais, tant qu'il croit avec son cœur, le raisonnement logique est pour lui sans danger. Car pour lui il ne saurait être question d'une réflexion oublieuse de l'intégrité intérieure de l'intelligence, oublieuse de ce foyer de la conscience de soi où se trouve le lieu réel de la vérité suprême, et où ce n'est pas la seule raison abstraite, mais tout le complexe des forces de l'intelligence et de l'âme, qui imprime à la pensée qui se présente à la raison un sceau commun d'authenticité, — tout comme au Mont Athos chaque monastère ne possède qu'une partie du sceau qui, à l'assemblée générale des supérieurs des monastères, une fois réunies ensemble les diverses parties, constitue le seul sceau authentique de l'Athos.

Pour cette raison dans la pensée du croyant orthodoxe se trouve toujours réunie une double activité : tout en veillant à développer son entendement, il veille en même temps à la méthode même de sa réflexion, en s'efforçant constamment d'élever la raison jusqu'à un niveau où elle puisse se sentir en accord avec la foi.

La conscience intérieure, ou parfois simplement le sentiment obscur, de cette ultime et jamais atteinte frontière de l'esprit, accompagne inséparablement chaque mouvement de sa raison, chaque respiration de sa pensée si l'on peut dire. Et s'il est un jour possible que se développe une civilisation originale dans le monde orthodoxe croyant, il est évident que ce caractère propre de la pensée orthodoxe, qui provient d'un rapport spécial de la raison avec la foi, devra déterminer l'orientation maîtresse de cette civilisation.

Seule une pensée de ce genre peut avec le temps libérer la vie intellectuelle du monde orthodoxe des influences déformantes d'une culture étrangère, tout comme du joug suffocant de l'ignorance, l'une et l'autre également contraires à la culture orthodoxe. Car le développement de la réflexion, qui donne tel ou tel sens à toute la vie intellectuelle ou, pour mieux dire, le développement de la philosophie, est conditionné par la réunion des deux pôles opposés de la pensée humaine : celui où cette pensée

---

1 Le cœur est le lieu central de l'être vivant, ouvert à toutes les influences, susceptible de les accueillir comme de les écarter. L'*hesychia* prépose la conscience intégrale à la paix du cœur.

s'attache aux plus hauts problèmes de la foi, et celui où elle s'occupe du développement des sciences et de la civilisation extérieure.

La philosophie n'est pas une science parmi les autres, et elle n'est pas la foi. Elle est le bilan général, le fondement commun de toutes les sciences et le guide de la pensée entre les sciences et la foi.

Essais philosohiques / Ivan Kiréievski ; traduction et introduction de François Rouleau, s.j. – Paris : Lethielleux ; Namur : Culture et Vérité, 1988. – (*Le Sycomore*). – [Pp. 164-169].

SOLOMOS

GREC • ITALIEN **1798-1857**

Lorsque Dionysios Solomos naît à Zante, les Îles Ioniennes, possession vénitienne pendant des siècles, sont devenues le jouet des puissances en guerre. Les Anglais en resteront maîtres (1815) et Solomos mourra sans voir la fin de leur protectorat. L'italien y restera longtemps la langue courante de l'aristocratie, à laquelle Solomos appartient. On l'envoie donc à dix ans (déjà orphelin de père) étudier au lycée catholique de Crémone. De bons maîtres lui enseignent l'éloquence et la poétique classique. En ville, où tout est prétexte à réunion littéraire, il se fait remarquer dès l'adolescence. On lit dans ces réunions d'innombrables sonnets, souvent religieux, et des pièces de circonstance, *Odes funèbres*, où les anges accompagnent l'âme du mort en route vers le ciel, *Prises de voile* en l'honneur d'une nouvelle nonne, *Premières Messes*, à l'occasion d'une ordination. Tout cela se retrouvera longtemps chez Solomos, le bon et le mauvais, en italien d'abord, puis en grec. Il se montrera fidèle aussi, sa vie durant, au vocabulaire poétique, d'origine néoplatonicienne, alors en honneur en Lombardie.

Puis Solomos va faire son droit à Pavie. Pendant ces quelques années, à Milan, à Crémone, et à Lodi, il rencontre un nombre étonnant de littérateurs connus, certains de premier plan. Si au lycée il a appris que comme les prophètes d'Israël le poète était un guide, il apprend à la ville, où on souffre du joug autrichien, qu'on lutte aussi pour son pays par ses vers. Ces leçons ne seront pas perdues.

À son retour en Grèce en 1818, il semble pourtant les avoir oubliées. La bonne société de Zante applaudit le brio du jeune homme. Il est si fier de son talent d'improvisateur qu'il publie un recueil de *Rime improvvisate* (1822), de peu de valeur. La guerre d'indépendance le réveille, et la rencontre du futur historien Spyridon Tricoupis, qui l'exhorte à écrire en grec. Entre 1823 et 1826, il met en chantier plusieurs ouvrages dans cette langue : un *Hymne à la Liberté*, aujourd'hui hymne national, une *Ode sur la mort de Byron*, un *Dialogue sur la langue*, en prose, entre le poète et Tricoupis, un poème romantique en plusieurs chants, *Lambros*, vrai mélodrame. Tout ce qu'il entreprend a des modèles ou des références en Europe. C'est qu'il désire montrer à l'Europe, justement, que la Grèce nouvelle est déjà capable de rivaliser avec elle sur son propre terrain : c'est sa contribution à la lutte. Il n'imagine pas encore que la Grèce puisse avoir une voix originale.

Ces écrits sont loin d'être négligeables. Ils montrent beaucoup de métier, un sens du tableau, une culture déjà grande. Avant la fin de la décennie, l'auteur sera pourtant devenu plus maître de sa langue. Ses modèles viennent toujours d'Italie : il écrit deux *Odes funèbres*, une prise de voile, *À une Nonne*, et surtout, en prose biblique, *La Femme de Zante*, directement inspirée d'un virulent pamphlet latin de Foscolo (*Hypercalypsis*). Pourtant rien ne paraît plus grec : certains y voient même le texte fondateur de la prose démotique.

La Femme de Zante, retravaillée pendant des années, est restée en chantier. C'est le sort de presque toutes les œuvres citées jusqu'ici. Solomos n'achèvera pratiquement plus rien jusqu'à sa mort. Il a laissé des brouillons peu lisibles où, à partir d'un canevas en italien, sont sans cesse remises sur le métier les mêmes « unités lyriques » de quelques vers, sans jamais aboutir à une rédaction définitive. On imagine les problèmes rencontrés par Jacques Polylas, le premier éditeur (1859).

Pour expliquer cet inachèvement, on a invoqué avec raison l'extrême difficulté de l'entreprise : Solomos a créé en fait une langue poétique fondée sur le grec commun ; en même temps, il a cherché à créer un « genre nouveau », ni classique ni romantique. Mais aussi, comme il modifie son projet sans arrêt en y incluant de nouvelles scènes ou de nouveaux acquis culturels, il semble qu'un facteur psychologique soit en jeu, qui l'empêche de conclure.

Solomos quitte Zante pour Corfou en 1828. En 1833, il envisage en secret un recueil où le Bien s'opposera au Mal. On en possède le manuscrit. S'y trouvent à peine ébauchées de violentes attaques contre tel ou tel, et deux pièces plus avancées : l'*Empoisonnée dans l'Hadès*, fondée sur un fait divers italien, où le « paysage sentimental » des romantiques allemands devait jouer un grand rôle, et surtout *Le Crétois* qui, comme Solomos lui-même l'écrit, est « le poème de l'Amour divinisé », qui « prend sa source dans la Métaphysique ». Ce souci métaphysique apparaît aussi dans le titre *Les Assiégés libres*, donné à un projet de poème sur le siège de Missolonghi, sujet patriotique s'il en fut. Née d'un bref essai lyrique de 1826, l'idée se coule plus tard dans le moule du décapentasyllabe rimé des poètes crétois, puis repart, plus tard encore, en vers sans rimes. Chemin faisant, elle s'efforce d'intégrer l'idéalisme allemand au fonds néoplatonicien. Le manuscrit qui fait connaître le titre porte en épigraphe (et en français) cette phrase du néoplatonicien Origène : « Le Père embrasse tout ce qui existe, le Fils est borné aux seuls êtres intelligents, et l'Esprit aux seuls élus ». Cela peut surprendre, s'agissant d'un poème patriotique sur un sujet d'histoire contemporaine.

Quant au bref *Carmen seculare* (1851) qui emprunte son titre à un poème d'Horace célébrant la grandeur de Rome, il est donc aussi, sans nul doute, un poème patriotique.

L'évolution de Solomos s'arrête ici. Il laisse peu de vers de valeur ; mais leur nouveauté, leur sonorité, leur mystère aussi, justifient le titre de poète national donné à leur auteur.

J. Psichari, "Le Poète Dionysios Solomos". – In : *Revue Bleue*, (mars 1907), 40 p.

A. Mirambel, "L'art et la philosophie de Solomos". – In : *Mercure de France*, (août 1958), pp. 644-666.

Formation poétique de Solomos : 1815-1833 / Louis Coutelle. – Athènes : Hermès, 1977. – 544 p.

[La bibliographie, très abondante en grec, est très limitée en français].

DIALOGUE SUR LA LANGUE 185

L. Coutelle — 1997

Liberté nouvelle pour la langue (Début). — La simplicité du ton et de la langue étaient choses rares dans la Grèce d'alors. Si le parallèle entre lutte pour la liberté et lutte pour la langue paraît aujourd'hui outré, il ne l'était pas alors. Le dernier passage expose de façon simpliste le problème alors brûlant de la langue, qui n'a finalement été résolu que de nos jours.

L'Ami — Après tant de discours, tu t'es mis à rêver en regardant vers la Morée.

Le Poète — Mais toi aussi tu t'es mis à rêver, car tu ne me disais mot. Il est probable que nous pensions aux mêmes choses, toi et moi [...]. Il s'en

faut encore de quatre heures avant que les eaux s'assombrissent, et si tu veux, nous pouvons nous asseoir sur cette pierre et recommencer. [...]
L'AMI – Te voilà encore prêt à regarder vers la Morée et à te taire. Mais moi j'ai le moyen de te faire parler quand je veux.
LE POÈTE – J'ai compris : tu veux qu'on parle de la langue. Est-ce que j'ai autre chose en tête que la liberté et la langue ? L'une a commencé à marcher sur les têtes des Turcs, et l'autre va bientôt marcher sur celles des savantissimes, et puis se donnant le bras elles avanceront sur le chemin de la gloire, sans jamais regarder en arrière si quelque Savantissime croasse ou si quelque Turc aboie : parce que pour moi ils sont pareils. [...]
LE POÈTE – Qu'en dis-tu ? Jusqu'à quand cela va-t-il durer ? Un peuple d'un côté qui parle d'une certaine façon, et quelques individus de l'autre qui espèrent faire que le peuple parle une langue à eux ?

Traduction inédite. — *Œuvres complètes* / Dionysos Solomos ; édition critique par Linos Politis. – Athènes : Icaros, 1955. – [Tome II, pp. 11-12].

LA FEMME DE ZANTE 186

L. Coutelle — 1997

Les femmes de Missolonghi (chapitre 3).

Et il advint en ces jours que les Turcs assiégeaient Missolonghi, et souvent tout le jour et parfois toute la nuit Zante tremblait de la forte canonnade.

Et certaines femmes de Missolonghi allaient circulant, et demandaient pour leurs maris, pour leurs enfants, pour leurs frères et sœurs qui faisaient la guerre.

Au début, elles avaient honte de sortir et attendaient l'obscurité pour tendre la main, car elles n'en avaient pas l'habitude.

Et elles avaient des serviteurs, et avaient en de nombreuses plaines et chèvres et brebis et bœufs en nombre.

Elles regardaient donc souvent par la fenêtre, impatientes de voir le soleil se coucher pour sortir.

Mais quand les besoins se firent trop grands, elles perdirent la honte, et couraient tout le jour.

Et quand elles étaient lasses elles s'asseyaient sur le rivage et écoutaient, car elles craignaient que tombe Missolonghi.

Et les gens les voyaient courir par les croisements, les carrefours, les maisons, les étages et les sous-sols, les églises et les chapelles, en demandant.

Et elles recevaient de l'argent, des tissus pour les blessés.

Et personne ne leur disait non, car les demandes des femmes étaient le plus souvent accompagnées par les coups de canon de Missolonghi et la terre tremblait sous nos pieds.

Et les plus pauvres sortaient leur obole et la donnaient, et faisaient leur signe de croix en regardant vers Missolonghi et en pleurant.[1]

Traduction inédite. — *Œuvres complètes* / Dionysos Solomos ; édition critique par Linos Politis. – Athènes : Icaros, 1955. – [Tome II, p. 37].

LES ASSIÉGÉS LIBRES 187

L. Coutelle — 1997

Invocation liminaire. — Ces vers constituaient sans doute le début du poème. Dans l'*Hymne à la Liberté*, Solomos jeune chantait des faits réels : le passage de l'Acheloos, la prise de Tripolitsa, le suicide des femmes souliotes. Ici, les personnages et les faits sont imaginaires. Des vies anonymes sont unies dans des scènes diverses qui aboutissent à un sacrifice commun, par lequel elles arrivent par delà la mort à une « liberté » qui est l'union avec leur créateur. Cette recherche de l'Unité (ou Harmonie universelle) est désormais le souci principal de l'auteur. En témoigne, entre autres, une phrase du néoplatonicien Marsile Ficin qu'il recopie et commente dans les manuscrits : *Composita in Simplicia resolvuntur, Simplicia multa in Unum Simplicissimum.* La nature a sa part dans ce concert : « Le Père embrasse tout ce qui existe... » (Origène).

Mère[2], dans la douleur magnanime, et la gloire
Bien qu'au sein du mystère tes fils vivent toujours
Dans la pensée et dans le rêve, quelle grâce pour ces yeux,
— Ces yeux-ci — de te voir dans le bois désert
Qui vient de mettre autour de tes pieds immortels
[Vois] des feuilles de Pâques, des feuilles des Rameaux !
Ton pas divin je ne l'ai entendu, ni vu,
Ô sereine, comme le ciel et tous ses charmes
Dont on voit tant de parts, et dont tant sont cachées.
Mais, Déesse, ne puis-je entendre, moi, ta voix
Et aussitôt au monde grec en faire don ?
Gloire à sa pauvre pierre et à son herbe sèche.

* * *

1 Dans le chapitre 4, elles iront tendre la main chez la Femme de Zante, qui les jettera dehors. (N.d.t.)

2 Cette « Déesse Mère » paraît être l'Idée archétype de la Grèce. (N.d.t.)

— Œuvres et paroles, pensées, je suis là et regarde.
Des fleurs, dix mille fleurs qui cachent l'herbe,
Blanches, bleues, rouges, elles appellent l'essaim d'or.
Par là avec nos frères, ici avec la mort.
Au point du jour souvent, à l'heure de midi
Quand la mer s'assombrit, quand foisonnent les astres
Tressaillent les rivages, les flots et les rochers.
« Cheval arabe et calcul français, balle turque et boulet anglais ;
Un océan en guerre vient battre la cabane.
Hélas, bientôt à découvert restent de rares poitrines.
Tu es donc immortel, tonnerre qui jamais ne te calmes ? »
Ainsi parle le marin étranger, courbé sur sa proue qui tressaille.
Les îles alentour prennent peur, prient et pleurent
Et dans l'encens et les cierges reçoivent leur peine
Le temple à voûte en croix et la pauvre chapelle.
La haine a pourtant fait entendre aussi sa voix :
« Femme, ton hameçon, file ailleurs le jeter ».

Traduction inédite. — *Œuvres complètes* / Dionysos Solomos ; édition critique par Linos Politis. – 2e édition. – Athènes : Icaros, 1961. – [Tome I, pp. 238-239].

CARMEN SECULARE 188

L. Coutelle — 1997

À la grandeur de la Grèce. — L'unité dans la multiplicité, c'est-à-dire l'harmonie universelle, était déjà le souci principal de l'auteur dans les manuscrits des *Assiégés libres*.

Dehors se soulevait le sein ; mais au dedans
Fleurit avec ses lys le monde virginal.
C'est l'aube ; brillant d'un doux éclat comme au début du monde
Et elle tenait ses pieds tout blancs dans sa rosée.
— Elle tient dans l'herbe ses cierges, cierges en morceaux,
Le ciel s'unit à la terre dans son beau regard.
— Ce n'est pas une humble herbette, ce n'est pas un buisson :
Comme des sources l'arbre étend en l'air ses branches.
N'y cherche pas d'oiseau, n'y attends pas de verdure :
Car s'il a de nombreuses feuilles, sur chaque feuille est un esprit.
Le grand arbre tout entier résonne et resplendit
De tous les accords de l'art, des lumières du ciel.

— Interdits, terre, mer et ciel voient le prodige,
Le grand chandelier dans le temple de la nature,
Et mille milliers d'étoiles accordent leurs lumières diverses,
Mille milliers de cantiques parlent et n'en font qu'un.
Sous l'arbre la bergerette faisait sa prière :
Les astres se sont hâtés de l'accueillir, comme la terre le soleil.
Les Séraphins ont connu la profondeur de l'amour,
Et le Paradis tout entier devient double Paradis.
Qui eût dit, pierre, qu'un jour naîtrait de toi une rose ?
— Mais où sont maintenant ces pieds blancs ?
Où est le sein charmant qui contient de tels mondes ?
La fille est dans la vigne et joue avec son agneau.

Traduction inédite. — *Œuvres complètes* / Dionysos Solomos ; édition critique par Linos Politis. – 2e édition. – Athènes : Icaros, 1961. – [Tome I, pp. 262-263].

HYMNE À LA LIBERTÉ 189

Cl. Fauriel — 1825

Dithyrambe sur la liberté (strophes 1-16). — Fauriel et ses contemporains considérèrent l'Hymne comme un dithyrambe, où sont permis un certain désordre et une certaine obscurité. Mais aucun Grec n'a jamais nommé l'Hymne ainsi. Une suite de tableaux présente les événements des premières années de la guerre d'indépendance. Suit une exhortation à la concorde ; puis un appel aux puissances européennes (158 strophes de 4 heptasyllabes rimés). La traduction, fort ampoulée, n'est pas fidèle. Elle est attribuée à Stanislas Julien par la *Revue Encyclopédique* de janvier 1825, p. 14.

Je te reconnais au tranchant de ton glaive redoutable ; je te reconnais à ce regard rapide dont tu mesures la terre.

Sortie des ossements sacrés des Hellènes, et forte de ton antique énergie, je te salue, je te salue, ô Liberté !

Depuis long-temps tu gisais dans la poudre, couverte de honte, abreuvée d'amertume, et tu attendais qu'une voix généreuse te dît : « *Sors de la tombe !* »

Combien il tardait ce jour tant desiré ! Partout régnait un morne silence ; les cœurs étaient glacés de crainte, et comprimés par l'esclavage.

Malheureuse ! il ne te restait que la triste consolation de redire tes grandeurs passées, de les redire d'une voix entrecoupée de sanglots.

De jour en jour tu attendais le cri de l'indépendance, et tu te meurtrissais le sein dans ton désespoir.

Tu te disais : Ah ! quand repousserai-je de ma tête le poids de l'infortune ! Et, d'en-haut, l'on te répondait par des pleurs, des gémissements et des chaînes.

Alors tu élevais ton regard obscurci par les larmes ; et sur ta robe découlaient des flots de sang, le sang des Grecs !

Sous un vêtement ensanglanté, tu sortis, je le sais, d'un pas furtif et silencieux, pour aller mendier l'assistance des nations étrangères.

Seule tu as entrepris ce voyage pénible, seule tu es revenue : qu'il est difficile d'ouvrir les portes où frappe la main de la misère !

L'un versa dans ton sein quelques larmes généreuses, mais nulle consolation. L'autre vingt fois te promit du secours, et te rendit victime d'une horrible déception.

D'autres, hélas ! ravis de tes malheurs, s'écriaient : *Va chercher tes enfants... Va*, disaient les cruels !

Tu recules d'horreur, et, d'un pas rapide, tu vas fouler la pierre ou le gazon qui porte encore les traces immortelles de ta gloire.

Tu inclines languissamment ta tête chargée de douleurs, comme le malheureux qui heurte à la porte de l'opulence, et pour qui la vie n'est qu'un pénible fardeau.

Oui : mais maintenant pleins d'une noble ardeur, tous tes enfants combattent en héros, et cherchent avec un infatigable courage la victoire ou la mort.

« Sortie des ossements sacrés des Hellènes, et forte de ton antique énergie, je te salue, je te salue, ô Liberté ! »

Chants populaires de la Grèce moderne : Tome II : chants historiques, romanesques et domestiques / recueillis et publiés, avec une traduction française, des éclaircissements et des notes par C. Fauriel. – A Paris : Chez Firmin Didot : Chez Dondey-Dupré, 1825. – [Pp. 439-443].

ÉLOGE DE FOSCOLO 190

J. Peretti — 1966

Est, est ; non, non. — Il n'est pas de bonheur pour les grands hommes, qui n'aspirent qu'à la paix, par la rigueur et la vertu.

Il ne fut pas heureux, Messieurs ! Parce qu'on ne peut appeler bonheur le plaisir qu'éprouvent de tels hommes à produire des chefs-d'œuvre artistiques et à être loués par autrui ; il semble que le bonheur consiste plutôt en une faculté qui permet de sentir le plus possible et d'une manière suivie. Voilà pourquoi les mêmes qualités qui le font apparaître merveilleux et digne d'envie empêchent, dis-je, la fragilité humaine de jouir de cette parcelle de félicité qui peut lui échoir ici-bas. Ugo disait qu'il voulait trouver la paix dans cette petite île qu'il aima toujours[1] ; s'il y était venu et eût pénétré dans cette enceinte où nous sommes, quelques-uns se seraient souvenus de Dante qui, las des malheurs, de la gloire et de la vie, entra dans une église de son pays et, fixant les yeux sur les Images saintes, répondit à un humble moinillon qui lui demandait ce qu'il voulait : la Paix.

Il avait au plus haut point le sentiment de la justice et, invoquant pour elle des raisons vraies, solides et nobles, il se souciait peu de blesser qui que ce fût. Il n'enviait point ceux qui voulaient s'élever, mais les aidait. Il mettait en garde les médiocres qui s'aventuraient en haute mer à la poursuite de l'art, et les chassait par ses cris vers le rivage qu'ils avaient quitté si étourdiment ; mais quand il était témoin d'un déni de justice, ses cris redoublaient. Car aussi bien lui que le monde auquel il s'en prenait pouvaient être représentés, dirons-nous pour nous servir au moins d'une expression de la science des autres, par deux lignes parallèles de direction contraire, courant très rapidement de sorte qu'elles s'éloigneraient continuellement l'une de l'autre si elles voyageaient éternellement. C'est ainsi que par excès de zèle parfois, il n'atteignait pas le but qu'il s'était proposé en parlant ; la faute en revient à son tempérament bouillant et enclin à exalter l'art, qu'il lui fut très difficile de maintenir, en d'autres circonstances, dans ce juste milieu où nos vertus ont l'habitude de se cantonner. Il cultivait l'amitié avec passion et ne la subordonnait jamais à l'intérêt. Ainsi, chaque fois qu'ils recevaient une lettre de lui, ses amis retrouvaient son image aussi bien dans les paroles sincères qu'ils y lisaient que dans la figure qu'y avait imprimée son cachet : celle d'un lion endormi

---

1 Zante.

sur ses pattes tendues en avant, dans une attitude de prompte défensive. Et il n'était pas rare qu'il se réveillât, levât la tête, regardât autour de lui et rugît. Ce généreux animal, image de l'autre dont le rugissement se tut avec la mort, portait comme inscription les justes paroles que je trouve écrites sur ce cercueil ; écoutez-les car elles résonnent bien haut :

Est, est ; non, non.

On ne peut pas dire que ces mots dans la bouche de Foscolo, comme on l'a dit pour d'autres paroles, soient l'Épigraphe de la vie sur les portes d'un cimetière. Car ceux qui l'ont entendu parler à ses disciples, à ses professeurs, aux savants, aux puissants, et même à Celui qui maintenant dort dans la glèbe de Sainte-Hélène, ont dû répéter en leur for intérieur : *Est, est ; non, non*. Cependant, le spectacle de la misère l'apitoyait très facilement et enflammait sa charité, la vraie, celle de l'homme qui se dépouille de ses vêtements pour les donner, en pensant ensuite aux paroles de l'Ecclésiaste : « Ne rejette pas la prière du malheureux et ne détourne pas les yeux du misérable. N'afflige pas le cœur du pauvre ; ne tarde pas à secourir ceux qui sont dans l'angoisse ; et Dieu tiendra compte de ta bonne action comme il chérit la pupille de ses yeux ». Si nous sommes satisfaits d'avoir prononcé ici-même de telles paroles, qui conviennent toutes à la sainteté de ce lieu, nous le sommes encore plus de penser qu'Ugo Foscolo écrivit dans sa notice sur Didyme que la Bible était le seul livre qu'il lût toujours d'un bout à l'autre. Depuis quelque temps il était pris d'un certain dégoût de tout ; or, la science des médecins nous apprend que les souffrances de l'esprit se portent sur le foie, dont il eut à se plaindre avant de mourir. Mais cette aspiration à la justice, ce désir de se rendre toujours utile par son intelligence, et même, si l'on veut, cette passion extrême qu'il apportait pour y parvenir, ne l'auront abandonné qu'avec la vie.

Éloge de Foscolo et autres textes / Solomos ; traduits de l'italien par Joseph Peretti [...] et présentés par Octave Merlier. – 2e édition. – Tolentino : Fidelfo, 1966. – [Pp. 50-53].

AKSAKOV

RUSSE **1791-1859**

Serge Aksakov est, dans la littérature russe du XIXe siècle, une curieuse exception, comme un îlot à part dont la candide fraîcheur étonne. Il publie ses œuvres majeures au milieu du siècle, à un moment où les idées commencent d'encombrer les livres. Or chez lui la sensibilité l'emporte de loin sur la réflexion intellectuelle et l'interrogation sociale ou politique ne le touche que peu ; tout en peignant avec beaucoup d'objectivité les hommes de son temps et l'ordre qui règle leurs rapports, il est, à l'évidence, plus enclin à parler de la nature, vers laquelle le porte un sentiment très fort. Les auteurs qu'il côtoie sont jeunes, alors qu'il a soixante ans déjà quand il se décide à écrire pour de bon. Les premiers écrits de Gogol, dont le réalisme chatoyant est une brusque révélation pour Aksakov, le font se détourner d'un classicisme obsolète et du sentimentalisme à la Karamzine qui, jusque-là, avaient en lui un ardent défenseur contre l'influence occidentale et la percée du romantisme, auquel il se sentait parfaitement étranger. Et c'est Gogol, rencontré en 1832, et auquel il a consacré de très intéressants souvenirs, qui le poussera, en 1847, à explorer sa mémoire, à évoquer les êtres et les paysages de sa lointaine province d'Orenbourg, où il a passé ses jeunes années. Presque aveugle, Aksakov dicte alors les textes qu'il ne peut plus écrire, qu'il sait désormais importants et qui lui apporteront, auprès de ses contemporains certes, mais aussi aux yeux de la postérité, une certaine gloire.

Serge Timoféiévitch Aksakov est né à Oufa, dans une vieille famille de hobereaux peu fortunés. Il passe dans ce monde lointain et encore sauvage toute son enfance, découvrant, émerveillé, l'étendue fabuleuse de la steppe, les mœurs si étranges des nomades, tandis qu'un père très simple lui révèle le charme de la pêche et qu'une mère, elle beaucoup plus cultivée, lui donne très tôt le goût des livres.

En 1805, il entre à l'université de Kazan, puis après de brèves études, devient fonctionnaire à Pétersbourg, où il s'intéresse au monde du théâtre, écrit un peu pour diverses revues, tout en traduisant Schiller et Molière. En 1827, il se retrouve censeur à Moscou, ce qui ne correspond guère à son esprit tolérant, d'où les ennuis que lui vaudra, en 1832, son refus de blâmer la revue *L'Européen* de Kiréïevski. En 1839, à la mort de ses parents, dont il hérite un peu de bien, il peut enfin prendre sa retraite. Sa vie va maintenant se partager entre sa maison de Moscou — devenue un des centres de la vie littéraire, un lieu aussi où ses fils, Ivan surtout, entendent défendre leur foi « slavophile » face à des visiteurs « occidentalistes » comme Ivan Tourguéniev —, et sa propriété d'Abramtsévo, acquise en 1843, à une cinquantaine de kilomètres de là, et où il va maintenant le plus souvent écrire.

En 1834, il a publié un court récit, *La Tempête de neige*, qui a été remarqué, tant était nouvelle la façon dont il peignait la force de la nature. Ce texte fut apprécié par Pouchkine qui, on le sait, dépeindra une semblable tourmente dans *La Fille du capitaine* (1836) et par Tolstoï, auteur lui aussi d'un récit intitulé *La Tempête de neige* (1856), qui sera d'ailleurs salué par Aksakov, ce dernier se considérant comme un spécialiste en la matière. Il faut encore souligner l'intérêt de deux récits qui reçurent un accueil très favorable : *Mémoire d'un pêcheur* (1847) et *Mémoires d'un chasseur de la province d'Orenbourg* (1852). Son ami Gogol l'applaudit alors, lui écrivant même qu'il souhaitait que les personnages des *Âmes mortes* fussent aussi vivants que ses oiseaux.

Ces récits n'étaient qu'un prologue. Encouragé par ce soudain succès, Aksakov écrivit alors ses deux grands livres, *Une chronique de famille* (1856) et *Les Années d'enfance du petit-fils Bagrov* (1858), auxquels il doit sa renommée.

Dans *Une chronique de famille*, Aksakov évoque, de façon pittoresque, la vie de ses grands-parents et de ses parents en ces marches de l'Empire où tout l'étonne. Des personnages se détachent : son grand-père, homme très bon, mais au rude caractère et parfois un peu despote, en qui D. Mirski n'a pas tort de voir un patriarche aux dimensions bibliques ; sa mère, intelligente, cultivée et aspirant à une autre vie que celle que lui offrent ce lieu perdu et un bien terne mari ; l'inquiétant Kouroliessov, abusant jusqu'à la cruauté de ses privilèges de maître. Très attaché, au fond, aux traditions patriarcales qui ont baigné son enfance, Aksakov, tout en étant capable de montrer, dans un souci de vérité, les excès auxquels se livrent certains propriétaires, à aucun moment ne dénonce le servage, contrairement à ce qu'avait fait, en 1847, son ami Ivan Tourguéniev avec ses *Récits d'un chasseur*. Quoi qu'il en soit, le livre aura un grand succès et les critiques, situant Aksakov dans le sillage de Pouchkine, le considéreront désormais comme un auteur qui compte.

Les Années d'enfance du petit-fils Bagrov confirment ce talent. Dans un style limpide, le vieil homme y revit son enfance enchantée : les espaces infinis, où s'épanouissaient tant de fleurs, où passaient tant de bêtes et d'oiseaux, les champs couverts de blés dorés, les forêts séculaires, l'eau si pure d'une rivière qu'un prêtre bénissait, cependant que les saisons se succédaient, idéalement contrastées, que couronnait le miracle absolu du printemps. Un livre qui sera, lui aussi, fort apprécié et qu'on rapprochera d'une autre *Enfance*, celle de Tolstoï (1852), ce qui fera dire à Sylvie Luneau : « Tolstoï est l'achèvement de ce qu'Aksakov a commencé ».

Serge Aksakov est un conteur doué et ses récits ont beaucoup de charme. On est toutefois étonné — et c'est là, sans doute, la faiblesse de ses livres — que cet homme qui a si longtemps observé la vie, en des temps et des lieux différents, ne se révolte jamais contre rien, ni contre les injustices de la société russe où il vit, ni, au-delà, contre le sort fait à l'homme. Jusqu'au bout de son âge, la même joie simple d'exister le porte. Et son œuvre, attachante certes, mais aussi un peu fade, exprime bien ce trop tranquille consentement à la vie.

E. Tolstaïa, "Serge Aksakov". – In : *Histoire de la littérature russe. Le XIXe siècle. 1. L'époque de Pouchkine et de Gogol* / ouvrage dirigé par Efim Etkind, Georges Nivat, Ilya Serma et Vittorio Strada. – Paris : Fayard, 1996. – [Pp. 834-843].

UNE CHRONIQUE DE FAMILLE 191

S. Luneau — 1946

Un maître généreux. — Aksakov évoque ici son grand-père, Stépane Mikhaïlovitch, homme juste et bon, aimé de tous, en dépit de ses brusques colères.

Debout, sur la digue, Stépane Mikhaïlovitch contemplait le large étang immobile qui s'étendait tel un miroir entre ses rives en pente douce ;

les poissons jouaient et sautaient à tout instant hors de l'eau ; mais mon grand-père n'était pas un pêcheur. « Il est temps de rentrer, Aricha[1] ; l'ancien doit m'attendre », dit-il. [...]

Stépane Mikhaïlovitch ne s'était pas trompé : le maire de sa commune les attendait sur le perron, et il n'était pas seul, mais accompagné d'un petit nombre de femmes et de paysans. L'ancien avait déjà vu le maître, savait qu'il était de joyeuse humeur, et en avait fait part à quelques paysans ; ceux d'entre eux qui avaient des requêtes sortant de l'ordinaire à adresser à mon grand-père, profitèrent de l'occasion, et tous furent satisfaits : mon grand-père donna du blé à un paysan qui ne lui avait pas encore payé une vieille dette, bien qu'il eût pu le faire ; à un autre, il promit de marier son fils avant l'hiver et à une autre fille que celle qu'il lui avait assignée lui-même ; il autorisa une femme de soldat coupable, qu'il avait ordonné de chasser du village, à vivre comme par le passé chez son père, etc. Et ce ne fut pas tout : il fit passer à la ronde un gobelet d'argent, d'une contenance supérieure à celle d'un verre de kvass, plein d'eau-de-vie fabriquée à la maison.

Une chronique de famille / Serge Aksakov ; traduction de Sylvie Luneau. – Paris : Gallimard, 1946. – (*Les Classiques russes*). – [Pp. 51-52].

UNE CHRONIQUE DE FAMILLE 192

S. Luneau — 1946

Un maître cruel et mauvais. — Autre portrait, celui de Kouroliessov qui, violent et cruel, abuse de tous ses droits.

Petit à petit, le bruit se répandit et se renforça que le commandant, non seulement était un peu rude, comme on disait auparavant, mais même cruel, que lorsqu'il avait gagné ses villages, surtout ceux de la province d'Oufa, il y buvait et s'abandonnait à la débauche ; qu'il s'était créé là-bas une société à lui, avec laquelle il s'enivrait, qu'il s'y livrait à toutes les frénésies ; que le pire était que, lorsqu'il était ivre, il se battait férocement sans la moindre raison et que deux ou trois hommes avaient déjà passé dans l'autre monde sous ses coups ; que les officiers de police et les juges des deux districts où se trouvaient ses nouveaux villages étaient tous de son côté, qu'il graissait la patte aux uns, faisait boire les autres, mais les

1 Il s'agit de l'épouse de Stépane Mikhaïlovitch.

intimidait tous ; que les petits fonctionnaires et nobles tremblaient devant lui comme la feuille, car celui qui avait l'audace d'agir ou de parler contrairement à sa volonté, il l'enlevait en plein jour, le mettait dans une cave ou dans la fosse d'un séchoir à grains et l'y faisait mourir de froid et de faim, au pain et à l'eau ; il les fustigeait même parfois sans pitié avec un certain « chat »[1]. Ces bruits étaient non seulement exacts, mais en dessous de la vérité ; la réalité dépassait de beaucoup la timide renommée.

Une chronique de famille / Serge Aksakov ; traduction de Sylvie Luneau. – Paris : Gallimard, 1946. – (*Les Classiques russes*). – [Pp. 74-75].

LES ANNÉES D'ENFANCE DU PETIT-FILS BAGROV 193

S. Luneau — 1957

Premier printemps à la campagne (XVII). — Pour l'enfant, la magie du printemps.

Le dégel vint brusquement, au beau milieu de la quatrième semaine du grand carême. La neige se mit à fondre avec rapidité et l'eau apparut partout. L'approche du printemps à la campagne me fit une impression extraordinaire, irritante. J'éprouvais une émotion d'un genre particulier, que je n'avais encore jamais ressentie. Ceci était dû pour une grande part à mes conversations avec mon père et avec Evséitch qui se réjouissaient de l'arrivée du printemps, en chasseurs, en hommes élevés à la campagne et passionnément amoureux de la nature ; ils ne s'en rendaient pas nettement compte eux-mêmes et n'employaient jamais les mots dont je viens de me servir. Trouvant en moi les marques d'un vif intérêt, ils s'abandonnaient au plaisir de me décrire la fonte des neiges sur les collines, les ruisseaux qui couraient à leur surface, puis se déversaient dans l'étang ; les hautes eaux se répandraient aux alentours, le poisson remonterait dans les champs et on l'attraperait au filet et à la nasse ; puis les oiseaux arriveraient ; les alouettes commenceraient à chanter, les marmottes se réveilleraient et se mettraient à siffler, assises sur leurs pattes de derrière au fond de leurs terriers ; les prés se revêtiraient de verdure, ainsi que les forêts et les buissons où s'égosilleraient les rossignols… Ces paroles simples mais pleines d'amour se gravaient profondément dans mon âme, y fai-

1 Le « chat » était l'instrument de torture préféré de Michel Maximovitch. Ce n'était pas autre chose que des courroies prolongées par sept lanières de cuir, à l'extrémité desquelles était un nœud. À Parachino, même après la mort de Kouroliessov, on conserva quelque temps, sans l'employer bien entendu, cette arme horrible et je l'ai vue moi-même, lorsque la propriété échut au fils de Stépane Mikhaïlovitch. Ce « chat » fut brûlé. (Note de l'auteur).

saient vibrer des cordes inconnues et y éveillaient des sentiments ignorés, lourds et doux. Nous étions les seuls, mon père, Evséitch et moi, à contempler sans tristesse les toits et les murs noirs des maisons, les rameaux dépouillés des arbres, la boue, les tas de neige sale, les flaques d'eau trouble, le ciel gris, le brouillard humide, la neige et la pluie qui tantôt ensemble, tantôt tour à tour se déversaient des nuages bas et sombres.

Enfermé dans la maison, car par temps humide on ne me laissait même pas sortir sur le perron, j'observais néanmoins les progrès du printemps. Dans chaque pièce, presque à chaque fenêtre, des objets ou des lieux me servaient de points de repère pour mes observations : de la nouvelle pièce, c'est-à-dire de notre chambre à coucher, on apercevait d'un côté le mont Tcheliaiev dont le sommet rond et abrupt se dénudait progressivement, de l'autre, un coin du Bougourousslane, dont les glaces avaient fondu depuis longtemps, et la rive opposée ; du salon, la terre apparaissait en plaques noirâtres sur le mont Koudria, particulièrement aux abords d'un lac de source de forme circulaire, où l'on mettait à tremper le chanvre ; de la galerie, miroitait une flaque d'eau qui inondait le bois aux freux ; des chambres de ma grand'mère et de ma tante, on apercevait l'enclos de battage sur la haute colline et, à sa surface, une multitude de terriers de marmotte qui, chaque jour, émergeaient davantage de la neige. Les plaques de terre boueuse s'élargissaient et s'allongeaient, le lac du bois se remplissait et, filtrant à travers la palissade, l'eau apparaissait déjà entre les plates-bandes de choux dans notre potager. Je notais tout cela avec une attention minutieuse et célébrais chaque progrès du printemps comme une victoire !

Du matin au soir, je courais d'une chambre à l'autre, me plaçant à mes postes d'observation. La lecture, l'écriture, les jeux avec ma sœur, et même mes entretiens avec ma mère, tout m'était sorti de l'esprit. Ce que je ne pouvais voir moi-même, mon père, Evséitch, les servantes ou les valets m'en faisaient part.

Une chronique de famille : II : L'Enfance de Serge Bagrov / Serge Aksakov ; traduit et préfacé par Sylvie Luneau. – 2e édition. – Paris : Gallimard, 1957. – (*Les Classiques russes*). – [Pp. 270-271].

DE QUINCEY

ANGLAIS **1785-1859**

Élevé à Bath, puis envoyé dans un collège à Manchester, Thomas de Quincey s'enfuit à dix-sept ans pour se rendre à pied à Londres. De santé fragile, il recourt à l'opium à la fois pour calmer ses douleurs et pour stimuler son imagination, mais rapidement, il ne peut plus s'en libérer.

Il s'installe dans la région des Lacs, à Grasmere, où il se marie et fréquente les poètes romantiques Wordsworth, Coleridge et Southey. Il écrit dans les revues littéraires, *Blackwood's Magazine, The Quarterly Review* et *The London Magazine* où il publie anonymement, en 1821, *Les Confessions d'un opiomane anglais,* récit autobiographique dont une version augmentée paraît en 1856, la même année que les *Esquisses autobiographiques.* Esprit original, excentrique, il mène une vie difficile et fuit les créanciers. L'œuvre de cet érudit, d'une très grande variété, comporte principalement des essais, mais aussi des traductions, notamment des écrits de Kant qu'il admirait, et même des romans d'inspiration gothique comme *Klosterheim* (1832) ou encore *La Roue du malheur* et *Justice sanglante.*

Parmi ses œuvres les plus célèbres figurent *Les Confessions,* suivies de *Suspiria de profundis* et de *La Malle-poste,* où se déploient ses visions labyrinthiques. Dans *De l'Assassinat considéré comme un des beaux-arts* (1827), se manifestent son humour et son goût du paradoxe.

Sa fréquentation des grands écrivains, de Milton et Shakespeare à Goethe et Schiller, inspire ses études littéraires et esthétiques comme *Sur le heurt à la porte dans "Macbeth"* (1823) ou *Les derniers jours d'Emmanuel Kant* (1827). Dans les *Lettres à un jeune homme dont l'éducation a été négligée* (1823), sorte de manifeste éducatif, De Quincey définit deux grands types de littérature, la littérature de connaissance, factuelle, analytique, et la littérature de puissance, qui transfigure le monde. Les écrits que l'on peut dire historiques, comme *Les Césars* (1832), *La Révolte des Tartares* (1837), *Jeanne d'Arc* (1847), *La nonne militaire d'Espagne* (1847), *Les Sociétés Secrètes* (1847), *Judas Escariote* (1853), témoignent de la diversité de son intérêt, avec un goût particulier pour l'Antiquité et les premiers temps du christianisme. Il propose une théorie de l'Histoire dans laquelle il distingue la forme narrative, celle qui fait appel à la froide intelligence discursive et la forme philosophique, ou scénique, qui enseigne par l'exemple et permet l'émotion.

Lorsqu'il meurt, en 1859, il a organisé, selon une certaine chronologie, la publication de l'ensemble de ses œuvres qui sera reprise plus tard dans une édition complètes en quatorze volumes (1853-60).

Thomas de Quincey : la vie, l'homme, l'œuvre / Françoise Moreux. – Paris : P.U.F., 1964. – 624 p. – (*Publications de la Faculté des Lettres et Sciences Humaines de Paris. Série Recherches* ; 12).

The Opium-Eater : a life of Thomas De Quincey / Grevel Lindop. – London : Dent, 1981. – XIV-433 p.

Les derniers jours de Thomas De Quincey / John Ritchie Findlay ; traduit de l'anglais par Michèle Hechter. – Paris : Le Promeneur, 1996. – 86 p. – (*Le cabinet des lettres*).

ESQUISSES AUTOBIOGRAPHIQUES 194

É. Dayre — 1994

La chambre mortuaire (chapitre II, *L'affliction de l'enfance*). — L'expérience précoce de la mort, alors que de Quincey n'a que six ans au moment de la disparition de sa sœur, semble l'avoir invité à une fuite dans l'imaginaire et déterminé sa vie d'écrivain.

Le lendemain de la mort de ma sœur, tandis que le doux temple de son cerveau demeurait encore inviolé par la main scrutatrice de l'homme, je me décidai à la voir une fois encore. Pour rien au monde je n'aurais voulu qu'on le sache, ni n'aurais souffert qu'un témoin m'accompagne. Je n'avais jamais entendu parler de sentiments qui prennent le nom de « sentimentaux », ni rêvé d'une telle possibilité. Mais la peine, même chez un enfant, hait la lumière et fuit le regard des hommes. La maison était assez grande pour posséder deux escaliers ; et par l'un d'entre eux, je savais qu'aux alentours de la mi-journée, quand tout serait calme (car les gens de la maison mangeaient vers une heure), je pourrais me glisser subrepticement jusqu'à sa chambre. J'imagine que ce fut une heure après le soleil de midi que j'atteignis la porte de la chambre ; elle était fermée mais la clé n'était pas retirée. En entrant, je refermai la porte si doucement que, bien qu'elle ouvrît sur un hall qui avait la hauteur de tous les étages, aucun écho ne parcourut les murs silencieux. Puis, en me retournant, je vis le visage de ma sœur. Mais on avait déplacé le lit dont le dos maintenant me faisait face. Rien ne rencontra mon regard qu'une fenêtre large et grande ouverte à travers laquelle le zénith du plein été déversait des torrents de splendeur. Le temps était sec, les profondeurs azurées semblaient être les types mêmes de l'infini, et il était impossible que l'œil contemple, ou que le cœur conçoive aucun symbole plus pathétique de la vie et de la gloire de cette vie.

Accordez-moi quelques instants de pause au moment où j'aborde un souvenir qui affecte tellement mon esprit, pour mentionner que, dans *Les Confessions de l'opium*, je me suis efforcé d'expliquer la raison pour laquelle la mort, toutes choses égales par ailleurs, affecte plus durant l'été qu'à n'importe quel autre moment de l'année — au moins, dans la mesure où les accidents du paysage ou de la saison sont susceptibles de la modifier en quelque manière. Comme je le suggérai alors, la raison s'en trouve dans l'opposition entre la luxuriance tropicale de la vie estivale, et la stérilité glaciale de la tombe. Nous voyons l'été, et nos pensées hantent le tombeau ; la gloire nous entoure, l'obscurité nous habite ; et, les deux se heurtant, chacun exalte l'autre pour en accentuer le relief. Mais dans mon cas, il existait même une raison plus subtile pour que l'été ait ce pouvoir intense de vivification du spectacle ou des pensées mortuaires. Et, à m'en souvenir, je suis frappé par la vérité du fait qu'un nombre plus grand de nos pensées et de nos sentiments les plus profonds passent en nous au travers de combinaisons complexes d'objets *concrets,* nous sont transmis en tant qu'*involutions* (s'il m'est permis de forger une telle expression) au cours d'expériences composites impossibles à démêler, qu'il ne nous en vient directement et sous leurs formes proprement abstraites.

[...] De la lumière somptueuse je me détournai pour regarder le cadavre. Le doux corps de l'enfant était là, étendu ; là, ce visage d'ange ; et, comme les gens aiment à se l'imaginer habituellement, on disait dans la maison que ses traits n'avaient subi aucun changement. Était-ce le cas ? Le front, à la vérité — son front noble et serein était peut-être le même ; mais les paupières glacées, l'ombre qui semblait en émaner, les lèvres de marbre, les mains roidies, posées paume contre paume, comme pour répéter les suppliques de l'angoisse finale — pouvait-on prendre cela pour de la vie ? S'il en avait été ainsi, pourquoi donc ne couvrais-je pas ses lèvres célestes de larmes et de baisers sans fin ? Mais il n'en était *point* ainsi. Je restai interdit un instant ; un respect sacré, et non une crainte, s'abattit sur moi ; et tandis que je restais debout, un vent solennel se leva — le plus triste qu'oreille humaine ait jamais entendu. C'était un vent qui aurait pu balayer les champs de l'immortalité pendant mille siècles. De nombreuses fois depuis lors, les jours d'été, à peu près quand le soleil est le plus chaud, j'ai remarqué que le même vent se levait et faisait entendre le même son grave, caverneux, solennel, *memnonien*[1], mais plein de sainteté : dans ce monde, c'est le seul grand symbole audible de l'éternité. Et trois fois dans ma vie, il s'est trouvé que j'ai entendu le même son dans les mêmes circonstances — à savoir par un jour d'été, alors que j'étais debout entre une fenêtre ouverte et un corps défunt.

Instantanément, quand mon oreille perçut cette vaste intonation éolienne, quand mon œil s'emplit de la plénitude dorée de la vie, avec le ciel et ses pompes au-dessus de moi ou la gloire des fleurs à mes pieds, et, en arrière, quand je tournai mon regard pour le poser à nouveau sur la glace qui figeait le visage entier de ma sœur, instantanément une sorte de transe s'empara de moi. Il me sembla qu'une voûte s'ouvrait au zénith de l'azur lointain, un puits qui semblait s'élever à l'infini. En esprit, je m'éle-

1 Dans une longue note, l'auteur évoque les sons étranges produits au lever du soleil par le colosse Memnon, qu'il compare à l'écho amplifié du sang dans un stéthoscope.

vai comme sur de grandes vagues qui remontaient pour toujours cette percée ; et ces grandes vagues semblaient poursuivre le trône de Dieu ; mais voilà que *celui-ci* courait aussi devant nous et fuyait continuellement. La fuite et la poursuite semblaient continuer interminablement. Le gel amassait le gel, quelque vent Sarsar de la mort semblait m'empêcher d'avancer ; quelque puissante relation entre Dieu et la mort luttait obscurément pour se déployer à partir de leur terrible antagonisme ; et, dans mes rêves, d'obscures significations continuent encore à requérir et à tourmenter l'oracle déchiffreur qui est en moi. Je dormis ; combien de temps, je ne le sais pas : lentement je retrouvai possession de moi-même ; et quand je me réveillai, je me retrouvai comme auparavant, debout près du lit de ma sœur.

Esquisses autobiographiques / Thomas de Quincey ; traduit de l'anglais par Éric Dayre. – Paris : José Corti, 1994. – (*Domaine romantique*). – [Pp. 69-74].

LES CONFESSIONS D'UN OPIOMANE ANGLAIS 195

Al. de Musset — 1828

Visions sous l'empire de l'opium (IVe Partie). — Ce passage sur Piranèse et les visions architecturales de De Quincey est tiré d'une traduction très libre faite par Musset, à l'âge de dix-huit ans.

Quelques années après, comme je regardais les *Antiquités de Rome* de Piranesi[1], M. Coleridge, qui était à côté de moi, me décrivit une suite de tableaux de cet artiste, appelés ses rêves, et qui ne sont autre chose que de semblables visions pendant un accès de fièvre. Quelques-uns (je parle toujours d'après le récit de M. Coleridge) représentaient de vastes salles gothiques : sur le plancher étaient semées toutes sortes de machines, des câbles, des poulies, des roues, des leviers, des catapultes, etc., etc. Et sur le côté des murs on apercevait un plateau ; et, s'aidant à grimper sur ce plateau, Piranesi lui-même ; suivez l'édifice un peu plus haut, et vous voyez qu'on arrive à un précipice escarpé, sans aucune balustrade ; et cependant aucun moyen de retourner sur ses pas. Il faut descendre au fond des abîmes. Quoi qu'il arrive à l'infortuné Piranesi, vous le supposez pour le moins à la fin de ses tourments et de ses efforts. Mais levez les yeux et voyez une seconde échappée plus haute encore ; et encore Piranesi sur le

1 Giovanni Battista Piranesi (1707-1778), architecte, dessinateur et graveur italien. Il entreprit, et son fils Francesco (1748-1810) continua, une série d'albums représentant les *Antiquités de Rome*, d'Étrurie, de Grèce, etc. Œuvre immense qui contient près de deux mille planches. (N.d.t.)

bord de l'abîme. Levez encore les yeux, et encore Piranesi sur un plateau plus élevé ; et ainsi de suite, jusqu'à ce qu'on le perde dans les voûtes ténébreuses des salles. Avec le même pouvoir de s'agrandir et de se multiplier, l'architecture s'introduisit dans mes songes. Dans les derniers temps de ma maladie surtout ; et je voyais des cités et des palais que l'œil ne trouva jamais que dans les nuages[1]. [...]

À mon architecture succèdent des rêves de lacs, d'étendues immenses d'eau ; ils me tourmentèrent tellement que je craignis (quoique cela doive paraître bien hasardé à un médecin) que quelque affection de semblable nature n'altérât mon cerveau, et que l'organe sentant ne se prît lui-même ainsi pour objet. Je souffris horriblement de la tête pendant deux mois ; et jusque-là, jamais pareille chose ne m'était arrivée ; j'en pouvais dire ce que le dernier lord Oxford disait de son estomac, qu'elle était capable de survivre au reste de mon corps. Je n'y avais encore senti ni migraine ni douleur, excepté ces rhumatismes causés par ma propre folie. Je résistai pourtant, quoique voyant fort bien à quoi je m'exposais.

Les eaux changèrent de caractère ; au lieu de lacs transparents, brillants comme des miroirs, ce furent maintenant des mers et des océans. Et il se fit encore un changement plus terrible, qui me promettait de longs tourments, et qui ne me quitta, en effet, qu'à la fin de ma maladie. Jusqu'alors la face humaine s'était mêlée à mes songes, mais non d'une manière absolue, sans aucun pouvoir spécial de m'effrayer. Mais alors ce que j'appellerai la tyrannie de la face humaine vint à se découvrir : peut-être dois-je l'attribuer à quelques événements de ma vie à Londres. Quoi qu'il en soit, ce fut maintenant sur les flots soulevés de l'océan, que la face humaine commença de se montrer ; la mer était comme pavée d'innombrables figures, tournées vers le ciel ; pleurant, désolées, furieuses, se levant par milliers, par myriades, par générations, par siècles ; mon agitation était sans bornes ; mon âme s'élançait vers les flots.

Œuvres complètes en prose : Romans, nouvelles, contes, mélanges, textes inédits / Musset ; édition établie par Maurice Allem et Paul-Courant. – Paris : Gallimard, 1971. – (*Bibliothèque de la Pléiade* ; 49). – [Pp. 55-57].

1 Ici Quincey cite quelques vers du grand poète Wordsworth, qui décrivent une vision réellement apparue dans les nuages mais qui reflète volontiers ses propres rêves. Il s'agit du poème *Excursion*, publié en 1814, qui connut aussitôt un immense retentissement. (N.d.t.)

LES CONFESSIONS D'UN OPIOMANE ANGLAIS 195 bis

Ch. Baudelaire — 1860

Tortures de l'opium (IVe Partie). — *Les Confessions* inspirent Baudelaire, qui en présente une traduction librement adaptée. Cet extrait montre comment le passage sur Piranèse est brièvement résumé.

D'étonnantes et monstrueuses architectures se dressaient dans son cerveau, semblables à ces constructions mouvantes que l'œil du poète aperçoit dans les nuages colorés par le soleil couchant. Mais bientôt à ces rêves de terrasses, de tours, de remparts, montant à des hauteurs inconnues et s'enfonçant dans d'immenses profondeurs succédèrent des lacs et de vastes étendues d'eau. L'eau devint l'élément obsédant. Nous avons déjà noté, dans notre travail sur le hachisch, cette étonnante prédilection du cerveau pour l'élément liquide et pour ses mystérieuses séductions. Ne dirait-on pas qu'il y a une singulière parenté entre ces deux excitants, du moins dans leurs effets sur l'imagination, ou, si l'on préfère cette explication, que le cerveau humain, sous l'empire d'un excitant, s'éprend plus volontiers de certaines images ? Les eaux changèrent bientôt de caractère, et les lacs transparents, brillants comme des miroirs, devinrent des mers et des océans. Et puis une métamorphose nouvelle fit de ces eaux magnifiques, inquiétantes seulement par leur fréquence et par leur étendue, un affreux tourment. Notre auteur avait trop aimé la foule, s'était trop délicieusement plongé dans les mers de la multitude, pour que la face humaine ne prît pas dans ses rêves une part despotique. Et alors se manifesta ce qu'il a déjà appelé, je crois, *la tyrannie de la face humaine*. « Alors sur les eaux mouvantes de l'Océan commença à se montrer le visage de l'homme ; la mer m'apparut pavée d'innombrables têtes tournées vers le ciel ; des visages furieux, suppliants, désespérés, se mirent à danser à la surface, par milliers, par myriades, par générations, par siècles ; mon agitation devint infinie et mon esprit bondit et roula comme les lames de l'Océan. »

Œuvres complètes I / Charles Baudelaire ; texte établi, présenté et annoté par Claude Pichois. – Paris : Gallimard, 1975. – (*Bibliothèque de la Pléiade* ; 1). – [Pp. 482-483].

LES CONFESSIONS D'UN OPIOMANE ANGLAIS 195 ter

P. Leyris — 1962

Les souffrances de l'opium (IVe Partie). — Cette traduction de Pierre Leyris est la plus fidèle au texte original.

Voici bien des années, comme j'étais penché sur les *Antiquités romaines* de Piranèse, M. Coleridge, qui se tenait près de moi, me décrivit une série de planches du même artiste intitulées *Rêves* et reproduisant les visions qu'il eut au cours d'un délire de la fièvre. Quelques-unes d'entre elles (je ne fais que décrire de mémoire d'après ce que m'en dit M. Coleridge) représentaient de vastes salles gothiques, sur le plancher desquelles s'élevaient toutes sortes d'engins et de machines, roues, câbles, poulies, leviers, catapultes, etc., qui exprimaient une énorme force déployée ainsi qu'une énorme résistance vaincue. Vous aperceviez un escalier qui grimpait le long des murs, et sur lui, montant à tâtons, Piranèse lui-même : suivez les marches un peu plus haut, et vous constatez qu'il s'arrête soudain abruptement, sans nulle balustrade, n'offrant à celui qui eût atteint son extrémité d'autre voie que les profondeurs béantes. Quoi qu'il doive advenir du pauvre Piranèse, vous supposez du moins que ses peines se termineront là nécessairement, de quelque manière. Mais levez les yeux : voici, plus haut encore, une seconde volée de marches, sur laquelle on aperçoit de nouveau Piranèse, mais cette fois au bord même de l'abîme. Levez de nouveau les yeux : voici une volée de marches plus aériennes encore, avec le pauvre Piranèse, toujours peinant pour les gravir ; et ainsi de suite, jusqu'à ce que l'escalier inachevé et Piranèse se perdent l'un et l'autre dans les hauteurs obscures de la salle. C'est avec la même faculté de se développer et de se répéter à l'infini que mon architecture procédait dans les rêves. En fait, au premier stade de ma maladie, leurs splendeurs étaient surtout architecturales, et je contemplais un déploiement de cités et de palais tel que n'en vit jamais l'œil éveillé, si ce n'est dans les nuages.

[...]

À mes architectures succédèrent des rêves de lacs et d'étendues d'eau argentées : elles me hantèrent de telle sorte que je craignais (il se peut que les médecins trouvent cela ridicule) qu'un état ou qu'une tendance hydropique du cerveau fût ainsi en train de *s'objectiver* (pour employer un mot métaphysique) par une *projection* de l'organe sentant. Pendant deux mois, je souffris fort de la tête, partie de mon organisme qui, jusqu'alors, avait été si complètement exempte de la moindre faiblesse (physiquement parlant) que j'avais coutume d'en dire, comme feu Lord Oxford de son estomac, qu'elle survivrait vraisemblablement au reste de ma personne. Auparavant, je n'avais jamais éprouvé fût-ce une migraine ou le moindre mal de tête, à l'exception des douleurs rhumatismales causées par ma propre folie. Cependant, je surmontai cette attaque, quoiqu'elle ait dû me faire côtoyer un grand danger.

Les eaux changèrent de caractère : de lacs translucides qu'elles étaient, brillants comme des miroirs, elles devinrent des océans et des mers. Alors se produisit un terrible changement qui, se déroulant lentement, tel un parchemin, pendant de longs mois, me promit une torture permanente ; et, en effet, elle ne me quitta plus que mon cas ne fût résolu. Jusqu'alors la face humaine avait été souvent mêlée à mes rêves, mais non de manière despotique ni sans aucun pouvoir spécial de me tourmenter. Mais à présent, ce que j'ai appelé la tyrannie de la face humaine commença à s'exercer. Peut-être est-ce une part de ma vie londonienne qui en fut cause. Quoi qu'il en soit, sur les eaux mouvantes de l'Océan commença à se montrer le visage de l'homme : la mer m'apparut pavée d'innombrables têtes tournées vers le ciel : des visages furieux, suppliants, désespérés, se mirent à danser à la surface, par milliers, par myriades, par générations, par siècles : mon agitation devint infinie, et mon esprit bondit et roula comme les lames de l'Océan.

Les Confessions d'un opiomane anglais ; Suivies de Suspiria de profundis et de la Malle-poste anglaise / Thomas de Quincey ; traduction de Pierre Leyris. – Paris : Gallimard, 1962. – (*Les Classiques anglais*). – [Pp. 134-135, 136-137].

SUR LE HEURT À LA PORTE DANS *MACBETH* 196

G. Macé — 1987

Le temps suspendu. — De Quincey commente le moment où dans la pièce de Shakespeare l'on entend frapper trois coups à la porte après l'assassinat du roi : évocation d'un moment d'horreur et de suspension du temps, comme dans *De l'Assassinat considéré comme un des beaux arts*.

Si l'on a jamais été témoin d'*une crise d'évanouissement d'une fille, d'une épouse ou d'une sœur, peut-être a-t-on observé que le moment le plus touchant, en un tel spectacle, est quand un soupir ou un tressaillement annoncent le retour ou un recommencement de la vie suspendue*[1]. Ou encore, si jamais on fut présent dans une vaste métropole *le jour que quelque grande idole nationale était menée en pompe funéraire à sa tombe et s'il arriva que marchant près de l'itinéraire suivi par elle on sentît puissamment, dans le silence et la désertion des rues et la stagnation de toute affaire courante, le profond intérêt qui de ce moment-là était en possession du cœur de*

1 Les passages en italique sont repris de *La Fausse Entrée des Sorcières dans Macbeth* de Mallarmé (1897). (N.d.t.)

l'homme — Si tout à coup on entendit le calme mortel rompu par le bruit des roues détalant de la scène et faisant savoir que la vision transitoire venait de se dissoudre, on reconnaîtra qu'à aucun moment ne fut son sentiment de suspens complet et de pause quant à tout intérêt humain si plein et si émouvant qu'à ce moment que cesse le suspens et que le train de la vie soudain reprend. C'est le contre-coup d'une action quelle qu'elle soit, qui en donne la mesure et permet de l'appréhender. Maintenant, transposez ceci sur la scène de *Macbeth*. Là, comme je l'ai dit, le reflux du cœur humain et l'entrée en scène de l'esprit infernal devaient être exprimés de façon tangible. Un autre monde a fait irruption ; les meurtriers sont soustraits à l'atmosphère des choses humaines, des intentions humaines, des désirs humains. Ils sont transfigurés : lady Macbeth n'appartient plus à son sexe, elle est « désexuée » ; Macbeth a oublié qu'il est né d'une femme ; ils sont tous deux conformes à l'idée qu'on se fait des démons ; et c'est le monde des démons, en effet, qui nous est soudain révélé. Mais comment faire partager un pareil événement, comment le faire toucher du doigt ? Afin qu'un autre monde puisse faire irruption, celui-ci doit disparaître pour un temps. Les meurtriers et le meurtre doivent être mis en quarantaine — coupés par un abîme incommensurable du flot ordinaire des affaires humaines — enfermés à double tour dans quelque profond repaire : il doit être manifeste à nos yeux que le monde de la vie courante est soudain suspendu — mis en sommeil — en transe — précipité dans une épouvantable trêve : il faut que le temps soit annihilé ; que soit aboli tout lien avec les choses extérieures ; et tout doit s'abstraire dans une profonde syncope, dans un suspens des passions terrestres. *Il s'ensuit que quand l'acte est accompli, quand parfaite l'œuvre de ténèbres, alors le monde de ténèbres se dissipe comme un spectacle de nuages : le heurt à la porte se fait entendre et donne à savoir que débute la réaction : l'humain exerce son reflux sur l'infernal : le pouls de la vie commence à battre encore : et le rétablissement des faits communs au monde dans lequel nous vivons, soudain nous rend sensibles profondément à la terrible parenthèse qui les avait suspendus.*

O sublime poète ! Tes œuvres ne sont pas comme celles des autres hommes, purement et simplement de grandes œuvres d'art ; elles sont aussi semblables aux phénomènes de la nature, au soleil et à la mer, aux étoiles et aux fleurs ; semblables au gel et à la neige, à la pluie et à la rosée, à la tempête de grêle et au tonnerre, que nous devons étudier dans l'entière soumission de nos facultés, et dans la foi absolue qu'il ne peut rien y avoir en eux en trop ou en moins, rien d'inutile ou d'inerte — mais que, plus nous avancerons dans la voie de nos découvertes, plus nous verrons les preuves d'une cohérence et d'un projet, là où l'œil distrait n'avait vu que hasard !

Sur le heurt à la porte dans Macbeth / Thomas de Quincey ; [édition et traduction par] Gérard Macé. – Montpellier : Fata Morgana, 1986. – (*En miroir*). – [Pp. 19-23].

LA RÉVOLTE DES TARTARES 197

L. Abensour, A. Grieve — 1984

Phase ultime de l'exode. — Ce passage décrit l'arrivée des Kalmouks en Chine, leur terre d'origine, après une longue errance à travers les steppes de l'Asie, loin de la domination des Tsars. Il illustre le caractère scénique de la conception de l'Histoire chez de Quincey.

Par un beau matin de l'automne 1771, K'ien Long, empereur de Chine, se livrait à ses divertissements dans une région frontalière sauvage, située à l'extérieur de la Grande Muraille. Sur des dizaines d'hectares, le pays était inhabité, mais riche en bois de haute futaie et en gibier de toute sorte. Au centre de cette région déserte, l'empereur avait construit un splendide pavillon de chasse, où il se rendait chaque année pour se distraire et se reposer des charges du gouvernement. Entraîné par la poursuite du gibier, il s'était écarté du pavillon d'environ quatre-vingts lieues, suivi à une certaine distance par une escorte assez importante, et chaque nuit il établissait son campement dans un endroit différent, jusqu'à ce qu'il fût enfin arrivé au bord des immenses déserts du centre de l'Asie[1]. Il se tenait par hasard à l'entrée de sa tente, jouissant du soleil matinal, quand soudain monta à l'ouest un vaste nuage qui par degrés se gonflait, s'élevait et semblait lentement s'épandre sur toute la face du ciel. Peu à peu, cette vaste nappe de brume commença à s'épaissir à l'horizon et à déferler en vagues houleuses. La suite de l'empereur se rassembla de toutes parts. Les trompettes d'argent retentirent à l'arrière, et des clairières et des chemins forestiers les yagers, mi-chasseurs, mi-cavaliers, qui composaient l'escorte impériale arrivèrent au trot vers la tente. On se perdit en conjectures pour deviner la cause du phénomène, et l'intérêt qu'il suscitait continua d'augmenter au fur et à mesure que la simple curiosité se transformait en angoisse devant un danger inconnu. Tout d'abord, il fut

1 Tous ces détails proviennent d'un long document officiel sur la migration des Kalmouks, écrit en chinois par l'empereur lui-même. Des passages de ce document furent traduits par des missionnaires jésuites. L'empereur y indique longuement toutes les raisons de sa conduite et les principaux événements. (Note de l'auteur.)

imaginé que d'immenses troupeaux de daims ou d'autres animaux de la chasse avaient été dérangés sur leurs territoires par les déplacements de l'empereur, ou peut-être encore par des bêtes sauvages à la recherche de leur proie, et faisaient un détour pour pénétrer de nouveau dans la forêt à des endroits plus reculés, à l'abri de tout danger. Mais la lente progression du nuage et la régularité de son avance écartèrent cette hypothèse. Au bout de deux heures, le phénomène était parvenu, selon les estimations, à moins de deux lieues des spectateurs, bien que le calcul de la distance, appliqué aux étendues infinies des déserts tartares, fût difficile et même fallacieux. Pendant l'heure suivante, quand la douce brise du matin eut quelque peu fraîchi, le nuage de poussière s'amplifia et prit l'apparence d'immenses draperies aériennes, dont les lourds pans retombaient du ciel sur la terre ; et en certains endroits, là où les tourbillons de la brise agitaient les plis de ces rideaux aériens, apparaissaient des déchirures qui prenaient parfois la forme d'arches, de portails et de fenêtres par lesquels commençaient à se dessiner faiblement les têtes des chameaux « surmontés » de formes humaines[1] et, par moments, le mouvement d'hommes et de chevaux qui s'avançaient en un déploiement désordonné, puis, à travers d'autres ouvertures ou perspectives, dans le lointain apparaissait l'éclat d'armes polies. Mais parfois, alors que le vent faiblissait ou se calmait, toutes ces ouvertures aux formes variées dans le voile funèbre de la brume se refermaient, et pour un instant la procession tout entière disparaissait, tandis que le fracas grandissant, les clameurs, les cris et les gémissements qui montaient de myriades d'hommes furieux révélaient, dans une langue qu'on ne pouvait méconnaître, ce qui se passait derrière cet écran de nuage.

C'était en réalité l'armée des Kalmouks, alors à la dernière extrémité de l'épuisement, bien près d'atteindre la phase ultime de la privation et de l'accablement fatal, au-delà de laquelle peu d'entre eux, s'il en fut, pouvaient survivre, mais aussi pour leur bonheur, approchant à vive allure (au sens littéral du terme) de l'ultime phase de leur long pèlerinage où ils trouveraient une hospitalité à la mesure de la magnificence royale et une pleine protection contre leurs ennemis.

La Révolte des Tartares ou la Fuite du Khan des Kalmouks et de son peuple hors des territoires russes jusqu'aux confins de la Chine / Thomas de Quincey ; traduit de l'anglais par Liliane Abensour et Ann Grieve. – Arles : Actes Sud, 1984. – [Pp. 75-77].

1 Cf. Milton, *Le Paradis reconquis*. (Note de l'auteur.)

KRASIŃSKI

FRANÇAIS • POLONAIS

1812-1859

Poète, dramaturge, romancier, épistolier, Zygmunt Krasiński naît à Paris dans une famille de l'aristocratie. Tôt orphelin de mère, il est soumis à la puissante influence de son père, figure remarquable mais contestée de la vie politique et culturelle de la Pologne d'après les partages. Général de Napoléon, il deviendra, après sa défaite, un fidèle serviteur du tsar dans le Royaume de Pologne.

Bien qu'il n'ait jamais accepté les positions pro-russes de son père, le poète lui céda souvent et dans sa vie publique et dans sa vie privée. Ainsi, étudiant à Varsovie, il refuse, par solidarité avec son père, de participer à une manifestation patriotique et se fait boycotter par ses camarades ; c'est aussi par obéissance qu'il épouse, en 1843, Éliza Branicka, en dépit de sa liaison avec Delphine Potocka, à laquelle il restera cependant fidèle presque jusqu'à la fin de sa vie.

En 1829, il quitte Varsovie pour Genève afin d'y continuer ses études de droit. Par la suite, il ne fera plus que de brefs séjours en Pologne et passera la majeure partie de sa vie à l'étranger, passant de l'Italie à la France, à l'Autriche et à l'Allemagne, toujours vers de nouveaux lieux de résidence, dans des stations balnéaires où il se soigne, dans des lieux retirés où il rencontre Delphine Potocka. Ces voyages nourriront une correspondance, littérairement très riche, où s'exprime la personnalité du poète.

Enfant prodige admiré dans le salon classicisant de son père, Krasiński s'est mis très tôt à écrire. Sa première œuvre en prose est un roman historique influencé par le roman gothique anglais et le roman frénétique français. À Genève, il se lie d'amitié avec Henry Reeve, un poète anglais, plus tard diplomate, et découvre le romantisme européen. C'est là aussi qu'il élabore ses conceptions historiosophiques, en lisant Michelet, Ballanche et Joseph de Maistre. De Genève, date sa correspondance, en français, avec Reeve retourné en Angleterre et des *Fragments* autobiographiques, de thématique angoissée. C'est alors aussi qu'il tente de transposer en polonais les expériences de la prose poétique de Chateaubriand ainsi que les contes et romans frénétiques de Victor Hugo, de Jules Janin, de Charles Nodier. Toutes ces recherches laisseront des traces dans la prose poétique d'*Irydion* (1836).

Le séjour à Genève est également pour le poète un temps de douloureuse maturation patriotique. Cédant aux recommandations de son père, qui n'y voyait que révolte sociale et jacobine, il ne participe pas à l'insurrection de novembre 1830, déclenchée alors qu'il est à Rome. Les lettres écrites à cette époque ainsi que le fragment conservé du roman *Adam Szaleniec* (1831) témoignent des hésitations et du drame intérieur du poète qui sera tourmenté toute sa vie par une honte qui tournera en névrose et ira jusqu'à des états mélancoliques. Dans sa correspondance, il parle de sa « fausse » situation, dans laquelle il voit même l'essence de son destin.

Très sensible au mal du siècle, à la menace de la mort et à la peur du néant, Krasiński, que le désespoir ne quitte guère, voit sa vie intérieure partagée entre découragements et espoirs, sentiments d'échec et de délivrance. Convaincu d'être destiné à vivre un tournant de l'histoire et à observer le déclin du vieux monde, proche en cela de *René* et des *Mémoires d'outre-tombe* de Chateaubriand, il donne à voir dans ses meilleures œuvres, *La Comédie non divine* (1835) et *Irydion* (1836), les moments de crise, de catastrophe et de dégénérescence de la vie, ce qui lui vaudra l'appellation de « poète des ruines ».

La Comédie non divine pose d'importantes questions pour le romantisme tout entier : l'histoire est-elle l'œuvre de l'homme, ou manifeste-t-elle le plan de Dieu ? un Dieu d'amour ou le Dieu d'une catastrophe apocalyptique ? La figure du Christ, qui apparaît à la fin du drame, n'en lève pas l'ambiguïté : elle peut certes annoncer un renouveau du christianisme, mais plus probablement encore le règne apocalyptique d'un dieu-vengeur. Dans *Irydion*, ce n'est pas la catastrophe mais le salut qui constitue l'idée directrice. Illustrant la pensée palingénésique, qui envisage la transformation du sujet et de la société en marche vers le salut, mais en en refusant la violence, le héros de Krasiński, désireux de se venger de la Rome païenne et matérialiste qui a assujetti la Grèce, sa patrie, est sauvé, mais il doit expier ses péchés et perfectionner en lui les vertus chrétiennes, car la révolte et la soif de revanche, même patriotiques, sont immorales et hors du plan divin. En plus de ses significations universelles, *Irydion* comdamne l'insurrection de novembre 1830.

Dans les années 1840, Krasiński placera l'idée de salut au centre de sa pensée messianique (*Trois pensées de Ligenza*, 1840 ; *L'Aube*, 1843 ; *Les Psaumes du futur* 1845, augmentés en 1848). Dans son messianisme, différent de celui de Mickiewicz ou de Słowacki (celui-ci donna une *Réponse aux Psaumes du futur*), ce n'est pas la souffrance et le sacrifice innocent qui constituent le mérite, mais bien la fidélité au christianisme vivant dans le passé nobiliaire de la Pologne, une Pologne non idéalisée mais qui a pour mission de sauver non seulement son propre peuple, mais le monde entier, de l'effusion de sang et des morales de la haine, dominantes en Europe depuis la Révolution française. Est seule messianique la grande transformation de la politique et de l'histoire par le principe chrétien de l'amour (*Introduction* aux *Psaumes...*). L'action, selon l'auteur, est, par nature, spirituelle et clairement antirévolutionnaire.

L'insurrection paysanne menée contre la noblesse en Galicie en 1846, signe avant-coureur de la vague révolutionnaire du Printemps des Peuples (1848), fut pour le poète une dure épreuve. Ses espoirs de voir advenir l'ère du perfectionnement spirituel par l'amour chrétien et la solidarité des classes furent réduits à néant : le drame vécu alors par le poète trouve son expression dans sa correspondance. Dans un style frénétique, utilisant à nouveau des images de destruction universelle, il voit dans les événements de 1848 se réaliser la vision de la révolution qu'il avait décrite dans la *Comédie non divine*.

Mort à Paris, Krasiński est enterré dans la propriété familiale d'Opinogóra, non loin de Varsovie, où, dans un palais néo-gothique, se trouve actuellement le Musée du romantisme.

Histoire de la littérature polonaise / Czesław Miłosz ; traduit de l'anglais par André Kozimor. – Paris : Fayard, 1986. – [Pp. 334-340].

LA COMÉDIE NON DIVINE 198

Cl. Backvis — 1948

L'ancien et le nouveau Régime (IIIe Partie). — Ce drame en prose n'est pas divisé en actes mais en quatre parties précédées chacune par une introduction d'un caractère méditatif et écrite en prose poétique. L'allusion à la *Divine Comédie* de Dante définit le monde représenté par Krasiński comme non divin. Les valeurs traditionnelles n'y ont plus cours et n'ont pas été remplacées. On y assiste à la lutte idéologique entre les chefs des deux camps ennemis, l'aristocratie et le peuple. Il résulte de cet affrontement qu'il n'y aura pas de retour au merveilleux ordre ancien de la chevalerie chrétienne, mais qu'on ne peut croire non plus à la construction d'un nouvel ordre révolutionnaire. En effet, le peuple est seulement capable de détruire. Le principal héros du drame, le comte Henri (l'Homme), inspiré par l'honneur, attend l'épreuve de la guerre, bien qu'il sache qu'elle ne peut rien résoudre positivement. Novatrice, la *Comédie non divine* occupe une position exceptionnelle dans le théâtre européen de l'époque. Prophétique en tant qu'elle traite de la venue d'une ère de révolutions sociales, elle met en scène un univers sans héros et, en cela, très moderne.

Une salle allongée. Des portraits de dames et de chevaliers sont partout suspendus aux murs. Dans le fond une colonne qui porte un écusson avec un blason. Le Mari est assis devant un guéridon de marbre qui supporte une lampe, deux pistolets, un sabre et une montre. En face un autre guéridon avec des coupes d'argent et des hanaps.

LE MARI. — Jadis à la même heure, au milieu de dangers menaçants et de pensers semblables, le Génie de César s'est montré à Brutus. Et moi aussi j'attends aujourd'hui une vision de ce genre. Dans un instant sera devant moi un homme sans nom, sans aïeux, sans ange gardien, qui a su s'extraire du néant et qui peut-être commencera une nouvelle époque, si je ne le rejette pas en arrière, si je ne le plonge pas à nouveau dans le néant. Mes pères, inspirez-moi de cet esprit qui vous a fait les maîtres du monde, greffez dans ma poitrine vos cœurs de lion, que l'auguste majesté de vos tempes se répande sur mon front. Que la foi dans le Christ et dans son Église, aveugle, impitoyable, brûlante, qui fut l'inspiration de vos œuvres terrestres et l'espérance de votre gloire éternelle au ciel, pénètre en moi — et je massacrerai, je brûlerai vos ennemis, moi, le fils de cent générations, l'ultime héritier de vos pensées et de vos actes, de vos vertus et de vos fautes.

(Douze heures sonnent.)

Maintenant je suis prêt. *(Il se lève.)*

UN SERVITEUR EN ARMES *(entrant)*. — Monsieur, l'homme qui devait se présenter est arrivé et il attend.

LE MARI. — Qu'il entre.

(Le serviteur sort.)

PANCRACE *(entrant)*. — Je vous salue, comte Henri. Ce mot de « comte » résonne étrangement dans ma gorge. *(Il s'assied, il enlève son manteau et son bonnet de la liberté et il fixe les yeux sur la colonne armoriée.)*

LE MARI. — Je te remercie de ce que tu aies eu confiance dans ma maison. *(Il prend une coupe, y boit et la tend à* PANCRACE.*)* À ton tour de boire, mon hôte.

PANCRACE. — Si je ne me trompe, ces signes rouges et bleus, s'appellent blason dans le langage des morts. On en voit de moins en moins à la surface de la terre. *(Il boit.)*

LE MARI. — Avec l'aide de Dieu tu en verras bientôt des milliers.

PANCRACE *(cessant de boire)*. — Voilà bien la vieille noblesse, toujours sûre de soi, orgueilleuse, entêtée, florissante d'espoir — et sans un sou, sans armes, sans soldats, s'imaginant se défendre par des airs menaçants, comme dans la fable le mort qui essaie d'impressionner le cocher du corbillard à la porte du cimetière, croyant ou feignant de croire en Dieu — parce qu'il lui est difficile de croire en soi-même. Mais montrez-moi donc les foudres envoyées du ciel pour vous défendre et les escadrons d'anges qui volent à votre secours ! *(Il boit.)*

LE MARI. — Tu peux rire de tes propres paroles. L'athéisme est une vieille formule et je m'attendais à quelque chose de neuf de ta part.

PANCRACE. — Tu peux rire de tes propres paroles. J'ai une foi plus puissante, plus gigantesque que la tienne. Le gémissement arraché par le désespoir et la douleur à des millions d'êtres, la faim des artisans, la misère des campagnards, le déshonneur de leurs femmes et de leurs filles, l'abaissement de l'humanité subjuguée par le préjugé, par la crainte et par une résignation animale, voilà ma foi, et mon Dieu pour aujourd'hui c'est ma pensée, qui leur dispensera pour des siècles le pain et l'honneur. *(Il boit et jette la coupe.)*

LE MARI. — J'ai mis ma force en Dieu qui a accordé la puissance à mes pères.

PANCRACE. — Et toute ta vie tu as été le jouet du démon. D'ailleurs j'abandonne ce problème aux théologiens, s'il vit encore dans cette région un pédant exerçant ce métier. Aux réalités, aux réalités !

LE MARI. — Que désires-tu de moi, sauveur des peuples, citoyen-Dieu ?

PANCRACE. — Je suis venu parce que je voulais te connaître, ensuite te sauver.

LE MARI. — Je te suis reconnaissant pour le premier désir — quant au second abandonne-le à mon sabre.

PANCRACE. — Ton sabre n'est que du verre, ton Dieu est un fantôme. Tu es condamné par la voix de milliers d'hommes, enserré par les bras de milliers d'hommes — il vous reste quelques arpents de terre qui suffiront à peine à vos tombeaux, vous ne pouvez plus vous défendre vingt jours. Où sont vos canons, vos équipements, vos vivres ? et finalement où est votre vaillance ? Si j'étais toi, je sais ce que je ferais.

LE MARI. — J'écoute. Vois comme je suis patient.

PANCRACE. — Eh bien donc, moi, comte Henri, je dirais à PANCRACE : D'accord. Je licencie ma troupe, la seule qui me reste, je ne vais pas à la rescousse de la Sainte-Trinité — et en revanche je conserve mon nom et mes biens dont tu me garantis l'intégrité par ta parole. Quel âge astu, Comte ?

LE MARI. — Trente-six ans, citoyen.

PANCRACE. — Encore quinze ans tout au plus, car des hommes comme toi ne vivent pas longtemps ; ton fils est plus près du tombeau que de la jeunesse. Une seule exception ne nuira pas à la masse. Sois donc le dernier comte dans ces plaines, règne jusqu'à ta mort dans la demeure de tes ancêtres, fais peindre leurs portraits et sculpter leurs blasons — pour ce qui est de ces misérables, n'y pense plus. Que l'arrêt du peuple s'accomplisse sur ces gredins. *(Il se verse une deuxième coupe.)* À ta santé, dernier comte.

LE MARI. — Tu m'offenses par chacune de tes paroles, il semble que tu essaies de me métamorphoser en esclave pour le jour de ton triomphe. Cesse ce jeu, car je ne puis te rendre la pareille. La protection de ma parole d'honneur te couvre.

PANCRACE. — Voici que le saint honneur, l'honneur du chevalier, a fait son entrée en scène. C'est une guenille bien fanée sur l'étendard de l'humanité. Oh ! je te connais, je te pénètre — tu es plein de vie et tu t'allies aux mourants, parce que tu veux t'abuser, tu veux croire encore aux castes, aux ossements des bisaïeules, au mot « patrie » et ainsi de suite — mais dans les tréfonds de ton âme tu sais toi-même que tes frères méritent le châtiment et, après le châtiment, l'oubli.

LE MARI. — Tandis que toi et les tiens vous méritez autre chose ?

PANCRACE. — La victoire et la vie. Je ne reconnais qu'une loi et devant elle je fléchis la nuque — selon cette loi l'univers atteint des cercles toujours plus élevés. Elle est votre perte et maintenant elle crie par ma voix : Vous qui êtes usés, vous qui êtes vermoulus, vous qui êtes repus de boisson et de nourriture, cédez la place aux jeunes, aux affamés et aux forts. Mais je désire te sauver, toi seul.

LE MARI. — Puisses-tu périr misérablement pour cette pitié que tu affiches ! Moi aussi je connais ton monde et je te connais — j'ai observé parmi les ombres de la nuit les danses de la canaille sur les nuques de laquelle tu te hisses vers les hauteurs, j'ai vu tous les vieux crimes du monde habillés de neuf et entraînés dans une nouvelle sarabande, mais leur point d'aboutissement est le même qu'il y a mille ans, la débauche, l'or et le sang. Et toi, tu n'étais pas là, tu n'avais pas daigné descendre parmi tes enfants, car au fond de ton âme tu les méprises — quelques instants encore et, si la raison ne t'abandonne pas, tu te mépriseras toi-même. Cesse de me tourmenter. *(Il va s'asseoir sous son blason.)*

PANCRACE. — Mon univers n'a pas encore pris son essor dans la plaine — d'accord. Il n'a pas encore pris les proportions d'un géant, il a encore faim de pain et de confort — mais le temps viendra *(il se lève, se dirige vers* LE MARI *et s'appuie sur la colonne armoriée)* mais le temps viendra où il se comprendra soi-même et dira de soi : J'existe — et il n'y aura pas d'autre voix au monde qui puisse également répondre : J'existe.

LE MARI. — Et ensuite ?

PANCRACE. — De la génération que je façonne dans la force de ma volonté il naîtra un peuple suprême, le plus haut, le plus énergique. La terre n'a pas encore vu de tels hommes. Ce sont des hommes libres, les maîtres de la terre d'un pôle à l'autre. Et elle, elle n'est plus qu'une seule ville florissante, une seule demeure, un seul chantier de richesses et de travail.

LE MARI. — Tes paroles mentent, mais ton visage impassible et pâle ne sait pas feindre l'inspiration.

PANCRACE. — N'interromps pas, car il y a des hommes qui m'ont demandé à genoux des mots pareils et je ne les leur ai pas accordés. Là réside un Dieu qui ne connaîtra plus la mort, un Dieu arraché par le travail et la souffrance des siècles aux voiles qui le couvraient, conquis dans son ciel par ses propres enfants, ceux mêmes que jadis il avait répandus sur la terre — et eux maintenant ils ont ouvert les yeux et atteint la vérité — le Dieu de l'humanité s'est révélé à eux.

LE MARI. — À nous il s'est révélé depuis des siècles et l'humanité a été sauvée par lui.

PANCRACE. — Elle a de quoi se réjouir d'un tel salut — deux mille ans de misère qui se sont écoulés depuis sa mort sur la croix !

LE MARI. — J'ai vu cette croix, blasphémateur, dans la vieille, vieille Rome — à ses pieds gisaient les débris de forces bien plus puissantes que les tiennes, cent dieux semblables au tien traînaient dans la poussière et n'osaient pas dresser vers lui leur tête mutilée — et elle, elle se dressait sur les hauteurs, elle étendait ses bras sacrés vers l'Est et vers l'Ouest, elle baignait son front dans les rayons du soleil — on voyait bien clairement que c'est elle qui règne sur le monde.

PANCRACE. — Vieille histoire, vide comme le fracas de ton blason. *(Il heurte l'écusson.)* Mais j'ai lu autrefois tes pensées. Si donc tu sais atteindre jusqu'à l'infini, si tu aimes la vérité et si tu l'as sincèrement cherchée, si tu es un homme à l'image de l'humanité et non à la ressemblance des chansons de nourrice, ne rejette pas cet instant qui peut te sauver. Le sang que nous allons verser tous deux aujourd'hui, demain il n'en restera plus trace — je te le dis pour la dernière fois, si tu es celui que tu semblais être jadis, lève-toi, quitte cette demeure et viens avec moi.

LE MARI. — Tu es le frère cadet de Satan. *(Il se lève et se promène de long en large.)* Vaines rêveries — qui donc les réalisera ? Adam est mort dans le désert, nous ne rentrerons pas au paradis.

PANCRACE *(à part)*. — J'ai glissé le doigt sous son cœur, j'ai atteint le nerf de la poésie.

LE MARI. — Le progrès, le bonheur du genre humain — et moi aussi jadis j'y ai cru — oh ! voici, prenez ma tête, pourvu seulement que... C'est fini. Il y a cent ans, il y a deux siècles, un accord paisible pouvait encore — mais maintenant, je sais — maintenant il faut s'entremassacrer, car maintenant il n'est plus question pour eux que d'un changement de race.

La Comédie non-divine / Sigismond Krasinski ; introduction et traduction de Claude Backvis. – Liège : Solédi, 1948. – (Collection *Bibliothèque internationale* ; 5). – [Pp. 101-109].

CORRESPONDANCE 199

Le rêve et la vie (7 avril 1833, Varsovie). — La correspondance est l'autre part majeure de l'œuvre de Krasiński. Dans ses 3 500 lettres conservées, souvent très longues, la réflexion que l'écrivain mène sur sa propre existence joue un rôle essentiel. Il écrit ici à Henry Reeve.

MON CHER HENRY,

Les rêves de notre imagination, les illusions qui sont notre manière d'être quand nous sommes jeunes, sont des faussetés, si nous voulons considérer l'analyse pratique de ce monde ; mais, vues d'un peu plus haut, elles deviennent la vérité d'un monde supérieur, où tout est synthèse, où l'éternelle analyse de sueur et de sang ne se trouve pas. Dans nos rêveries, dans ces sublimes conceptions, qui pourtant doivent paraître si souvent ridicules à la masse, nous ne sentons jamais les plus simples difficultés, notre front est prêt à braver la foudre du ciel ; mais s'il nous faut faire seulement deux pas, dire quelques mots, enfin aborder la vie terrestre dans ses accidents journaliers, nous tombons de fatigue, et pourtant, je le jure, j'aurais assez de force pour traverser le désert du Sahara avec mon amante, si mon amante était ce qu'est mon rêve. Que veut dire tout cela ? Cela veut dire que jadis, au temps qui précéda la chute de l'homme, le monde était gouverné par des lois correspondantes à celles qui aujourd'hui se réveillent parfois dans notre âme, et qu'après que nos destinées seront accomplies, le monde de nouveau reviendra à ces mêmes lois. Ainsi, rêver, c'est être d'un autre monde, mais ce n'est pas être ignorant ou fou. Il n'y a folie que si nous pensons pouvoir appliquer les lois de nos rêveries ou de notre synthèse à l'analyse d'ici-bas ; mais chacun est forcé de tomber dans cette erreur au commencement. Les uns y restent, et ce sont des êtres faibles, incomplets, mais pleins de douce poésie et de malheurs. Les autres, ayant reconnu leur jeunesse et ne comprenant pas ce sublime avertissement du Ciel, s'imaginent que tout est fini, que le vrai monde, c'est la misère et l'analyse. Ce sont aussi des êtres faibles et incomplets, qui finissent par la corruption du matérialisme. Il y a peu d'hommes qui aient assez de force pour supporter les peines et les obstacles, pour se décider à entrer de front dans la vie pratique, la seule qui mène à quelques résultats, et pour conserver tout ensemble une foi inébranlable dans les promesses qui leur ont été faites au jour de leur délire, quand ils entrevoyaient des sphères lumineuses, que depuis ils n'ont jamais pu atteindre. Eux seuls, ils feront quelque chose. Les illusions donc sont un symbole : il faut savoir les allier aux faits. De prime abord, nous rejetons le positif, nous vivons de la vie de l'esprit pur ; cela ne peut durer longtemps. Il faut que l'homme se reconstitue, que l'âme s'amalgame avec le corps, et, si cette transformation s'opère dans l'individu, elle s'opérera aussi dans sa poésie. Les images prendront plus de coloris ; tout chez lui deviendra caractéristique ; il ira fouiller au fond de la tradition ; il ne passera plus ses jours à écouter des anges, à évoquer des démons, mais il sera homme par excellence : il comprendra ses frères, et parfois il s'adressera au monde supérieur, comme on s'adresse au souvenir d'une amante ou au pressentiment d'une félicité. Alors les hommes le comprendront et lui diront : « Salut ! » Je ne me sens pas de capacité pour ce rôle. La société a une puissance terrible de répulsion pour moi. Chaque contact avec un être humain me rend froid et m'enlève toute mon inspiration. Je ne suis fort que quand je suis seul. Malheur à moi ! Je ne puis m'habituer à l'indigne usage que font mes prochains de tout ce qu'il y a de beau et de grand, pour vernir tout ce qu'il y a de laid et d'abject. L'amour, la gloire, l'affection, ne veulent dire que ce seul mot : intérêt. La phrase qui peint le mieux l'organisme de la société est : « C'est plus qu'un crime, c'est une faute. » Au moins puis-je me réfugier encore dans le sanctuaire de l'amitié. Ma foi en elle ne sera jamais ébranlée.

Correspondance de Sigismond Krasinski et de Henry Reeve / Préface de M. Joseph Kallenbach. – Paris : Ch. Delagrave, 1902. – [T. II, pp. 45-47].

L'AUBE DU GRAND JOUR 200

Ch.-Ed. Chojecki — 1864

Prologue (I). — Cette méditation programmatique sur la destinée est tout imbue du modèle dantesque.

Chassé par l'ennemi de la terre de mes aïeux, je me vis obligé de fouler les champs de peuples étrangers, et d'écouter de loin les hurlements de ces satans qui rivèrent leurs chaînes au corps de mon pays natal.

De mon vivant, comme le Dante, j'ai passé par l'enfer.

Je crus d'abord, que Dieu miséricordieux était fier pour les superbes, mais fidèle aux croyants ; j'espérais que bientôt s'abattraient les anges vengeurs et que ce tombeau qui s'élève au milieu du monde, et sur lequel pèse la main d'un bourreau géant, viendrait crouler. Mais les jours passaient, les années fuyaient et en vain, la lumière luttait avec la force aveugle de la nuit ; le soleil ne venait pas briller sur le mausolée sacré, et la terre se dégradait de plus en plus. C'est alors que mon âme tomba dans ce vide du doute, où toute lumière se change en une nuit éternelle, où pourrissent comme des cadavres les chefs-d'œuvre du courage, où les victoires séculaires gisent en ruine, et où tous ces jours infortunés se résument en une inscription : « ici, il n'y a plus d'espoir ! »

« Hélas j'ai vécu, oui longtemps vécu dans cet abîme, tourmenté par un désespoir sans bornes et sans répit, et la mort ne sera pour moi qu'un second trépas. Oui, comme le Dante, de mon vivant, j'ai passé par l'enfer ! Mais aussi à mon secours accourut ma dame, dont le regard effraie les esprit infernaux, un ange ami m'a sauvé de l'abîme, et moi aussi j'ai eu ma Béatrice.

Oh toi, belle également, tu n'as pas voulu élever tes ailes au-dessus des ténèbres de notre planète, pour t'asseoir dans les cieux, loin de moi, loin de mes douleurs, toi, également belle mais plus chrétienne encore.

Là, où la souffrance croît, où brille une larme éternelle, tu as mieux aimé rester avec ton frère sur la terre. La même couronne d'épines ceignait nos deux fronts, le sang de mes mains rougissait les tiennes ; nous puisions ensemble à la même source des poisons infernaux, ô ma Béatrice ! Et cependant mes plaintes confondues avec tes soupirs, éclatèrent en chants de triomphe. De deux douleurs cimentées par une union spirituelle, s'éleva une seule voix — cette voix, ce fut le bonheur !

Ah ! par ton regard, comme dans mon cœur revinrent le bonheur de la foi et la force de l'espérance ! C'est ainsi que de sombres nuages gros de larmes célestes, alors qu'ils s'entrechoquent en un moment suprême au sein des sphères aériennes, font aussi jaillir comme une foudre la lumière et changent le brouillard en temple d'or du Seigneur.

C'est donc par ton nom que je commencerai mon chant, ô ma sœur ! Sois à tout jamais unie à moi par la même chaîne de souvenirs et de sentiments. Nous mourrons ici, mais le chant immortel, fidèle à tous deux, reviendra un jour pour veiller comme un ange gardien sur nos tombeaux ! Et peut-être sonnera l'heure où ressuscités tous deux, non plus dans l'âge du corps mais dans le grand cycle des esprits, nous surgirons unis par la chaîne de ses accords, pareils à deux esprits bienheureux, tous deux purs, saints et radieux.

La Pologne captive et ses trois poètes : Mickiewicz, Krasinski, Slowacki / Charles-Edmond Chojecki. – Leipzig : Brockaus ; Londres : Trubner & Cie, 1864. – [Pp. 95-97].

ALEXANDER VON HUMBOLDT

ALLEMAND • FRANÇAIS **1769-1859**

Né à Berlin, le baron Friedrich Wilhelm Karl Heinrich Alexander von Humboldt, le frère cadet de Wilhelm (1767-1835), le futur linguiste, passe sa jeunesse dans le château familial de Tegel. Son père, qui appartient à la noblesse prussienne de robe et d'épée, ouvert aux idées des philosophes et aux écrivains, meurt alors qu'Alexandre n'a que neuf ans. Il le laisse dans le « château de l'ennui » (*Schloss Langweil*) avec une mère distante et puritaine, issue d'une famille française huguenote. L'éducation des deux enfants est confiée à des précepteurs qui leur donnent une formation humaniste. Alexandre, peut-être pour se distinguer de son brillant aîné, s'adonne à l'histoire naturelle. Cependant, il éprouve de grandes difficultés à assimiler les notions de base les plus élémentaires. Lenteur intellectuelle et vide affectif marquent son enfance et son adolescence.

À l'université de Francfort-sur-l'Oder, puis à celle de Göttingen (1787-1789), il finit pourtant par acquérir de solides connaissances en physique et en chimie, en commerce international, en archéologie et en histoire naturelle. Quelques rencontres et événements vont alors métamorphoser le jeune Humboldt. C'est d'abord Karl Ludwig Wildenow (1765-1812), qui lui transmet sa passion pour la botanique, et le naturaliste Georg Forster (1754-1794), qui lui donne envie de voyager, comme il l'a fait lui-même avec le capitaine Cook. Après s'être extasié devant le magnifique herbier du botaniste anglais Joseph Banks (1743-1820) lors d'un séjour à Londres, Humboldt arrive à Paris, en pleine Révolution. Séduit, il restera toujours fidèle aux idées révolutionnaires.

Pour l'heure, il opte pour l'Académie de commerce de Hambourg, puis pour l'Académie des Mines de Freiberg (1791-1792). En devenant ingénieur puis inspecteur des Mines (1793-1794) il répond aux attentes de sa mère et de son précepteur. Il en profite pour faire de nombreuses excursions et publier des travaux de chimie, de minéralogie et de botanique. Il acquiert une certaine notoriété pour ses découvertes et ses inventions techniques. La mort de sa mère en 1796 le libère de ses engagements et lui laisse une rente confortable. Il décide alors, en février 1797, d'abandonner sa charge d'inspecteur principal des mines et de parcourir l'Europe (Vienne, Salzbourg, les Alpes d'Italie, Venise). Il continue à accumuler des données en histoire naturelle, géographie, météorologie, physique, chimie. Après une occasion manquée de visiter l'Égypte, il retourne à Paris en 1798 où il rencontre les plus grands savants de l'époque (Cuvier, Jussieu, Desfontaines, Lamarck, Chaptal, Delambre, Laplace, etc.), fréquente le Jardin des Plantes, l'Observatoire, donne des conférences à l'Institut. Brillant homme de salon, Humboldt est aussi à l'aise parmi les érudits qu'il le sera bientôt dans la forêt amazonienne ou sous l'écrasant soleil des tropiques.

Il manque de peu une opportunité, partir avec Bougainville, finalement remplacé par le capitaine Baudin, qui embarquera seulement en 1800. En effet, la date de départ est constamment repoussée par manque de moyens et à cause du congrès de Rastadt. L'échec des négociations d'avril 1799 se solde par le non-règlement de la question de la rive gauche du Rhin. Avec l'attentat des hussards autrichiens contre les représentants français, les guerres qui vont ensanglanter l'Europe s'annoncent.

Attendant de meilleurs augures, Humboldt fait une rencontre décisive en la personne du botaniste rochelais Aimé Bonpland (1773-1858), chirurgien de marine de vingt-cinq ans, qui partage les mêmes envies de voyage, la même passion pour la science et les mêmes idées politiques que lui. Les deux amis, devenus inséparables, caressent alors l'espoir de rejoindre l'expédition d'Égypte commandée par Bonaparte. Mais le navire qui doit les emmener à Alger reste bloqué en raison d'avaries, puis les autorités tunisiennes s'opposent à l'entrée des ressortissants français, en représailles à la campagne d'Égypte. Ils se dirigent alors vers le sud, traversent la Catalogne en 1798, toujours mus par l'espoir de partir, vers les colonies américaines cette fois. Chemin faisant, ils en profitent pour faire des relevés topographiques et des observations naturalistes.

La position du père de Humboldt, qui a été chancelier de Frédéric-Guillaume, ouvre les portes de la cour du roi Charles IV au jeune baron. C'est le seul moyen pour lui et son ami d'obtenir la permission royale de parcourir librement les colonies espagnoles, ainsi que les indispensables recommandations pour les vice-rois et gouverneurs.

Munis de ces précieux documents, les deux jeunes savants embarquent enfin sur le *Pizzaro* qui lève l'ancre du port de La Corogne, le 5 juin 1799. Les îles Canaries se profilent enfin, puis commence l'ascension du Teyde, volcan dont le cratère brûlant culmine à 3 715 m. Les voyageurs sont accueillis chaleureusement par le gouverneur de Cumana (Venezuela) le 16 juillet. Ils découvrent, émerveillés, les plantes exotiques, les animaux étranges et les coutumes des Indiens, mais sont révoltés par le spectacle de la vente des esclaves. Après deux mois passés à Caracas, Humboldt et Bonpland partent, le 7 février 1800, vers les plaines et les forêts inconnues, afin de vérifier que le Casiquiare fait bien communiquer les bassins de l'Orénoque et de l'Amazone, par le Rio Negro. Après une périlleuse exploration de 2 500 km, Humboldt, toujours en pleine forme, consigne leur arrivée à Angostura (Ciudad Bolivar) le 13 juin 1800. Ils séjournent à Cuba, se rendent à Carthagène puis gagnent Santa Fé de Bogotá où une réception extraordinaire attend les deux voyageurs. Humboldt, déjà célèbre, continue à explorer la région, tandis que Bonpland, qui souffre de malaria, se remet lentement. Après deux mois de repos pour l'un, d'activité débordante pour l'autre, ils partent pour Quito où ils séjournent pendant six mois.

Après le Pichincha (4 776 m.) commence la célèbre ascension du Chimborazo (6 267 m.). Mais ils sont arrêtés par une crevasse à 5 878 m. Après cet exploit — ce volcan des Andes passe alors pour être le sommet du monde — Humboldt connaît véritablement la gloire. Il va réaliser, à partir de l'étude de l'étagement de la végétation sur les pentes du volcan, une gravure restée célèbre qui pose les bases de la géographie botanique moderne.

Le voyage se poursuit : Lima, Guayaquil, Acapulco (mars 1803), Mexico, La Havane. De son séjour au Mexique, Humboldt laisse un *Essai politique sur le royaume de la Nouvelle Espagne,* réunissant des données géographiques, politiques et économiques. Il y attire l'attention sur les risques représentés par les structures économiques et sociales coloniales. Les guerres civiles qui vont marquer l'histoire de l'Amérique latine au XIXe siècle lui donneront raison. À Philadelphie, il rencontre le président des États-Unis Thomas Jefferson, dont il admire le libéralisme.

L'importance de ses travaux sur l'Amérique fait de Humboldt le second découvreur de ce continent. Il ramène plus d'informations que toutes les autres expéditions réunies ! En effet, à Bordeaux, le 3 août 1804, 35 caisses de collections sont déchargées, de nombreux carnets sont ramenés, avec des données que toute une longue vie ne suffira pas à exploiter. Un herbier de 6 000 échantillons différents est offert au Muséum de Paris, dont près du quart est inconnu ! Par ailleurs, le caractère exceptionnel de ce voyage est également dû au fait qu'Humboldt en a été à la fois l'initiateur, le chef scientifique et le commanditaire.

De retour à Paris fin août 1804, Humboldt reprend rapidement ses activités scientifiques et mondaines. Avec Bonpland, il classe les collections et met en ordre les données en vue de les publier.

De ce voyage il tire aussi un *Essai sur la géographie des plantes,* publié en 1807 mais déjà présenté en janvier 1805 à Paris devant la Classe des sciences physiques et mathématiques, qui a remplacé l'Académie royale des sciences. Dans cet *Essai*, il propose aux botanistes de rattacher la distribution géographique des végétaux aux facteurs liés à l'altitude et à la latitude, détermine des formations végétales en fonction de leur physionomie, les relie à l'histoire humaine. Il met également en évidence, grâce à des mesures de températures, un courant froid océanique venu de l'ouest qui heurte la côte du Chili central (au nord du 40e parallèle) et longe les rives de l'Amérique du sud jusqu'au nord du Pérou : il s'agit du courant de Humboldt, célèbre actuellement à cause des perturbations provoquées par le phénomène *el niño*.

En 1805 Humboldt part avec le géologue allemand Leopold von Buch (1774-1863) et le physicien et chimiste français Gay-Lussac (1778-1850), rencontré à la Société d'Arcueil, pour l'Italie où il fait l'ascension du Vésuve. De retour à Paris en 1807, tandis qu'est publié *Ansichten der Natur* (1808), traduit immédiatement sous le titre *Tableaux de la Nature*, il consacre une grande partie de son temps à la rédaction et à l'édition de ses notes de voyage. L'ensemble, terminé en 1834, comprend quatorze titres en trente volumes. L'entreprise est ruineuse, d'autant que l'invasion de la Prusse et de la Silésie par les armées napoléoniennes et la mise à sac du château familial de Tegel privent les Humboldt de leurs revenus. Entre temps, Bonpland qui est reparti pour l'Amérique équinoxiale après la chute de l'Empire, a abandonné son travail. Humboldt lui devra cependant l'essentiel des travaux de botanique.

La décomposition de l'Europe affecte beaucoup Humboldt qui se lance alors dans une nouvelle activité, diplomatique, tiraillé par son attachement à la France et à la Prusse, nations devenues ennemies. Pressé par le roi qui comprend mal son entêtement à rester en France, il se rend à Berlin où il favorise l'essor des sciences exactes, négligées jusque-là. Ses cours à l'université, à partir de 1827, connaissent un immense succès. Ils serviront de base à la rédaction de *Cosmos*, commencé à l'âge de 74 ans et jamais terminé. Entre 1831 et 1847, le roi de Prusse confie à Humboldt la mission diplomatique de renforcer les liens avec la France, ce qui l'amène, à sa grande satisfaction, à revenir fréquemment à Paris et à y séjourner pendant de longues périodes.

Pourtant, entre Berlin et Paris, Humboldt ne renonce pas à un vieux rêve : voyager en Asie centrale. Avec le biologiste C.G. Ehrenberg et le minéralogiste C. Rose, il part pour Saint-Pétersbourg en 1829, invité par le tsar Nicolas Ier qui espère tirer profit de la visite de savants d'envergure européenne. À partir de Moscou, l'expédition de six mois leur fera parcourir 15 000 km à travers la Russie et la Sibérie. La richesse du sous-sol (cuivre, or, platine, diamant) est impressionnante.

Conservant une activité intellectuelle intense jusqu'à sa mort, Humboldt est au sommet de la gloire. Des funérailles nationales lui sont données, l'Europe et l'Amérique le pleurent. Cependant, il tombe vite dans l'oubli. L'Allemagne célébrera surtout son frère Guillaume. C'est seulement à partir de 1945 que son pays, libéré du national-socialisme, redécouvre ce savant cosmopolite, cet aristocrate prussien, démocrate et francophile.

Humboldt est désormais reconnu comme un des plus grands naturalistes voyageurs. Cet esprit encyclopédique est passé à la postérité pour avoir fondé la géographie botanique, pour avoir permis des avancées importantes en géographie physique, en géologie, en archéologie, en océanographie, en anthropologie, en ethnologie, en botanique, en zoologie, en climatologie et en météorologie. Très influencé par Maupertuis, Diderot, d'Alembert, Buffon et Condorcet, sa vision du monde est proche de celle des encyclopédistes. Sa perception unitaire du « grand tout » le conduisit à mettre au point une méthode de recherche qu'il qualifie lui-même d'empirisme raisonné, qui devait permettre de découvrir les grandes lois de l'univers.

Lettres américaines d'Alexandre de Humboldt (1798-1807) [...] / publiées avec une introduction et des notes par le Dr. E.T. Hamy [...]. – Paris : E. Guilmoto, 1905. – XXXIX-309 p.

Alexandre de Humboldt, historien et géographe de l'Amérique espagnole (1799-1804) / Charles Minguet. – Paris : Institut des Hautes Études de l'Amérique latine, 1969. – 693 p.

Voyages dans l'Amérique équinoxiale / Alexandre de Humboldt ; introduction, choix de textes et notes. – Paris : Maspero, 1980. – 2 vol. – (*La Découverte* ; 23-24).

Humboldt, l'explorateur / Pierre Gascar. – Paris : Gallimard, 1985. – 205 p.

Humboldt : 1769-1859 : un savant démocrate / par Douglas Botting ; traduit de l'anglais par Martine Dupouey ; préface de Roger Brunet [...]. – Paris : Belin, 1988. – 295 p. – (*Un Savant, une époque*). – [1re édition 1973].

Le Pêcheur d'orchidées : Aimé Bonpland 1773-1858 / Philippe Foucault. – Paris : Seghers, 1990. – 333 p. – (*Etonnants voyageurs*).

Humboldt : savant-citoyen du monde / Jean-Paul Duviols et Charles Minguet. – Paris : Gallimard, 1994. – 144 p. – (*Découvertes Gallimard* : 199).

ESSAI SUR LA GÉOGRAPHIE DES PLANTES 201

Préface. — Humboldt rappelle les conditions de son voyage en Amérique équinoxiale avec Bonpland, et les domaines des recherches qu'il y a conduites. Cet extrait témoigne de l'esprit encyclopédique de ce grand savant.

Éloigné de l'Europe depuis cinq ans, ayant parcouru des pays dont plusieurs n'avoient jamais été visités par des naturalistes, j'aurois dû me hâter peut-être de publier la relation abrégée de mon Voyage aux tropiques, et la série des phénomènes qui se sont successivement présentés à mes recherches. J'aurois pu me flatter que cet empressement seroit approuvé par le public, dont une partie a marqué l'intérêt le plus généreux, tant pour ma conservation personnelle que pour le succès de mon expédition. Mais j'ai pensé qu'avant de parler de moi-même et des obstacles que j'ai eu à vaincre dans le cours de mes opérations, il vaudroit mieux fixer les regards des physiciens sur les grands phénomènes que la nature présente dans les régions que j'ai parcourues. C'est leur ensemble que j'ai considéré dans cet essai. Il offre le résultat des observations qui se trouvent développées en détail en d'autres ouvrages que je prépare pour le public.

J'y embrasse tous les phénomènes de physique que l'on observe tant à la surface du globe que dans l'atmosphère qui l'entoure. Le physicien qui connoît l'état actuel de la science, et surtout celui de la météorologie, ne s'étonnera pas de voir un si grand nombre d'objets traités en si peu de feuilles. Si j'avois pu travailler plus long-temps à leur rédaction, mon ouvrage n'en seroit devenu que moins étendu encore ; car un tableau ne doit présenter que de grandes vues physiques, des résultats certains et susceptibles d'être exprimés en nombres exacts.

C'est depuis ma première jeunesse que j'ai conçu l'idée de cet ouvrage. J'ai communiqué la première esquisse d'une Géographie des plantes, en 1790, au célèbre compagnon de Cook, M. Georges Förster, à qui l'amitié et la reconnoissance m'avoient étroitement lié. L'étude que j'ai faite depuis de plusieurs branches des sciences physiques, a servi à étendre mes premières idées. Mon voyage aux tropiques m'a fourni des matériaux précieux pour l'histoire physique du globe. C'est à la vue même des grands objets que je devois décrire, c'est au pied du Chimborazo, sur les côtes de la mer du Sud, que j'ai rédigé la plus grande partie de cet ouvrage. J'ai cru devoir lui laisser le titre d'*Essai sur la Géographie des Plantes* ; car toute dénomination moins modeste, en découvrant davantage l'imperfection de mon travail, l'auroit aussi rendu moins digne de l'indulgence du public.

C'est pour le style surtout que je dois réclamer cette indulgence : forcé depuis long-temps à m'exprimer en plusieurs langues qui ne sont pas plus les miennes que la françoise, je n'ose espérer de m'énoncer toujours avec cette pureté de style que l'on pourroit exiger dans un ouvrage écrit dans ma propre langue.

Le tableau que je présente aujourd'hui a été dressé sur mes propres observations et sur celles de M. Bonpland. Réunis par les liens de l'amitié la plus intime, travaillant ensemble depuis six ans, partageant les souffrances auxquelles le voyageur est nécessairement exposé dans des pays incultes, nous avons résolu que tous les ouvrages qui sont le fruit de notre expédition, porteront nos deux noms à la fois.

C'est dans la revue de ces ouvrages, dont je m'occupe depuis mon retour de Philadelphie, que j'ai eu à recourir souvent aux hommes célèbres qui m'honorent de leurs bontés. M. Laplace, dont le nom est au-dessus de mes éloges, a bien voulu marquer l'intérêt le plus flatteur tant pour les travaux que j'ai rapportés que pour ceux auxquels j'ai cru me devoir livrer depuis mon arrivée en Europe. Éclairant et vivifiant, pour ainsi dire, par la force de son génie, tout ce qui l'entoure, sa bienveillance m'est devenue aussi utile qu'elle l'est pour tous les jeunes gens qui l'approchent.

Si c'est une jouissance pour moi de lui payer le tribut de mon admiration et de ma reconnoissance, l'amitié m'engage à remplir des devoirs non moins sacrés. M. Biot a bien voulu m'honorer de ses conseils dans la rédaction de cet ouvrage. Réunissant la sagacité du physicien à la profondeur du géomètre, son commerce est aussi devenu pour moi une source féconde d'instruction : malgré le grand nombre de ses occupations, il a bien voulu calculer les tables des réfractions horizontales et de l'extinction de la lumière, jointes à mon tableau.

Les faits que j'ai énoncés sur l'histoire des arbres fruitiers sont tirés de l'ouvrage de M. Sickler, qui réunit, ce qui se trouve si rarement ensemble, une grande érudition et des vues très-philosophiques.

M. Decandolle m'a fourni des matériaux intéressans sur la Géographie des plantes des Hautes-Alpes : M. Ramond m'en a communiqué sur la Flore des Pyrénées : j'en ai tiré d'autres des ouvrages classiques de M.Wildenow. Il étoit important de comparer les phénomènes de la végétation équinoxiale avec ceux que présente notre sol européen. M. Delambre a bien voulu enrichir mon tableau de plusieurs mesures de hauteurs qui n'ont jamais été publiées. Un grand nombre de mes observations barométriques ont été calculées par M. Prony d'après la formule de M. Laplace, en ayant égard à l'influence de la pesanteur. Ce savant respectable a même eu la bonté de faire calculer sous ses yeux plus de quatre cents de mes mesures de hauteur.

Je travaille en ce moment à la rédaction des observations astronomiques que j'ai faites dans le cours de mon expédition, et dont une partie a été présentée au Bureau des longitudes pour en faire examiner l'exactitude. Il seroit imprudent de publier auparavant, soit les cartes que j'ai dressées sur l'intérieur du continent, soit la relation même de mon voyage ; car la position des lieux et leur hauteur influent sur tous les phénomènes des régions que j'ai parcourues. J'ose me flatter surtout que les observations de longitude que j'ai faites pendant la navigation sur l'Orénoque, le Cassiquiaré et le Rio-Negro, intéresseront ceux qui s'occupent de la géographie de l'Amérique méridionale. Malgré la description exacte que le P. Caulin a donnée du Cassiquiaré, les géographes les plus modernes ont jeté de nouveaux doutes sur la communication qui existe entre l'Orénoque et la rivière des Amazones. Travaillant sur les lieux, je ne devois pas m'attendre qu'on me reprocheroit avec amertume[1] d'avoir trouvé dans la nature le cours des rivières et la direction des montagnes très-différens de ce qu'indique la carte de la Cruz ; mais c'est le sort des voyageurs de déplaire lorsqu'ils obervent des faits qui sont contraires aux opinions reçues.

Après la rédaction du volume astronomique, celle de mes autres travaux pourra suivre rapidement ; et ce ne sera qu'après avoir publié les fruits de mon dernier voyage que je m'occuperai d'une nouvelle entreprise que j'ai projetée, et qui pourra répandre le plus grand jour sur la météorologie et les phénomènes magnétiques.

Je ne puis publier cet essai, premier fruit de mes recherches, sans offrir l'hommage de ma reconnoissance profonde et respectueuse au gouvernement qui m'a honoré d'une protection si généreuse pendant le cours de mes voyages : jouissant d'une permission qui n'a jamais été accordée à aucun particulier, vivant pendant cinq ans au milieu d'une nation franche et loyale, je n'ai connu dans les colonies espagnoles d'autres obstacles que ceux que présente la nature physique. Le souvenir de cette bienveillance du gouvernement restera aussi perpétuellement gravé dans mon ame que les marques d'affection et d'intérêt dont toutes les classes des habitans m'ont honoré pendant mon séjour dans les deux Amériques.

Essai sur la géographie des plantes / Alexander von Humboldt. – Paris : Schoell ; Tubingue : Cotta, 1807. – [Pp. V-XII].

1 Géographie moderne de Pinkerton, trad. par Walkenaer ; tome 6, pp. 174-177.

KHOMIAKOV

ANGLAIS • FRANÇAIS • RUSSE **1804-1860**

Alexis Stépanovitch Khomiakov vécut dans l'équilibre organique de la société patriarcale, qui fut balayée lors des grandes mutations du monde moderne. S'il en perçut certains craquements, il n'eut toutefois pas le génie apocalyptique d'un Dostoïevski.

Ancien officier de hussards, ce hobereau aisé, esprit inventif en poésie comme en technique, grand chasseur — à damer le pion à Tourguéniev —, fut médecin — il mourut pour avoir soigné le choléra de ses paysans —, théoricien de la philosophie slavophile, et le premier théologien russe. Partant de la conscience théologique et ecclésiale de la Russie de son temps, alors au degré presque zéro, il sut fonder sa pensée sur le thème de la liberté, alors qu'il subissait les persécutions et l'index de la censure tâtillonne du régime autoritaire de Nicolas Ier.

Au XIXe siècle, deux courants de pensée antagonistes tissent la toile de fond de la société russe. D'un côté, le camp des « occidentalistes », partisans du voltairianisme et des idées libérales des Encyclopédistes, introduits sous le règne de Catherine II : à leurs yeux, le salut de la Russie, arriérée dans tous les domaines, réside exclusivement dans l'imitation de l'Occident. D'un autre côté, les slavophiles restent fidèles à l'héritage culturel et spirituel de leur pays, capable de rivaliser avec celui de l'Occident, voire de le supplanter. Selon eux, il appartient à la Russie de se pencher sur le sens de son passé, et, après avoir dégagé les contours de son propre visage, d'apporter au trésor culturel de l'humanité une contribution originale, non point une greffe d'importation étrangère, cause de rupture entre l'intelligentsia et le peuple, mais un apport des traditions, de la sagesse, du mode d'exister — le *byt* — de la communauté vivante et pensante de la nation. Dans sa visée historiosophique, la démarche se veut dialectique. D'emblée, Khomiakov se consacre à une méditation constante sur les destinées historiques de l'Europe occidentale et de sa patrie, et repousse toute idée de synthèse superficielle entre un Orient, jugé méconnu, et un Occident, dont il a une connaissance approfondie pour en avoir inventorié les richesses, mais qui le laisse partagé entre l'admiration — l'Occident est pour lui « le pays des saintes merveilles » — et le désir tenace, non dépourvu à l'occasion d'injustice, d'en critiquer certains des traits les plus négatifs.

Vers le milieu du XIXe siècle, occidentalistes et slavophiles se séparent irrémédiablement, en dépit de leurs traits communs : idéalisme sincère, amour de la patrie, connaissance solide de la civilisation occidentale. Le fond du débat tourne autour des valeurs religieuses : c'est un des premiers grands débats, dans l'histoire de l'humanité, entre l'athéisme et la foi, funeste clivage dont la Russie ne s'est jamais relevée.

En mai 1848, l'Encyclique des patriarches orientaux, en réponse à une lettre du pape Pie IX, affirmait que « l'infaillibilité du dogme chrétien ne dépend pas d'un ordre hiérarchique, il est confié à la garde de la totalité du peuple de l'Église, qui est le corps du Christ. [...] La connaissance de la vérité est donnée à l'amour mutuel ». Le magistère d'infaillibilité ne repose donc ni sur un homme seul, ni sur la conscience personnelle, mais sur la totalité du corps ecclésial animé par le principe de charité. Cette Encyclique renforça chez Khomiakov la vision de la « symphonicité », ou conciliarité ecclésiale — la *sobornost* —, et marqua le point de départ de l'école de la théologie moderne russe.

Khomiakov voit dans la *sobornost* le réceptacle collectif de l'Esprit de grâce, qui est le garant de l'unique vérité révélée aux hommes il y a deux mille ans, et garant de l'unité dans la continuité historique. Cet Esprit de grâce est avant tout Esprit de liberté. L'appartenance à la *sobornost* entraîne une exigence d'amour librement partagé, car librement donné.

Ces textes, où est affirmée la primauté de la liberté du chrétien, ont amené certains à taxer Khomiakov d'indifférence envers l'institution hiérarchique, voire de tendances protestantisantes, ce qui est inexact. Sa pensée veut maintenir un équilibre certes difficile entre le pôle de la conciliarité et celui de la personne. En s'agrégeant à la *sobornost* l'homme ne se fond pas dans un magma collectif, ni ne s'arroge le droit de juger de tout. L'homme est avant tout un être en communion : seul, il est impuissance totale, mais il accède à sa plénitude personnelle en s'unissant à la vérité unique révélée au corps tout entier. Quand l'homme tombe, il tombe seul, mais il ne peut se sauver qu'avec les autres.

Tendant à l'unité, au rassemblement, la pensée du slavophile se réclame de l'organicité. Celle-ci semble absente des préoccupations du XXe siècle, où l'atomisation de la vie et de la nature compromet la vision des ensembles. Dans la vision organique d'une totalité, chacune des parties concourt à l'harmonie intégrale. La force qui les anime est interne, elle implique que la loi, morale, sociale ou spirituelle, doit être l'émanation de la volonté libre. La liberté n'est pas un droit octroyé de l'extérieur (par l'État) mais un fardeau assumé de l'intérieur. Dieu n'impose pas sa loi du haut de sa puissance, il attend de l'homme la réponse non d'un esclave, mais d'un ami auquel il s'adresse dans son for intérieur.

La vision organique, la totalité de vie partagée en commun, qui est la clé de voûte de la pensée slavophile, enveloppe tous les aspects de l'existence. Cette pensée est fondamentalement anti-individualiste. Incapable de s'élever en solitaire dans la sphère de l'esprit, l'homme a besoin des autres pour accomplir sa fin. Tous sont responsables pour tous. Ce thème de la responsabilité, où se reflète la fraternité universelle des hommes pécheurs, parcourt toute l'histoire de la spiritualité russe, depuis les saints martyrs Boris et Gleb, en passant par Dostoïevski et jusqu'à Soljénitsyne.

Khomiakov enseigne à prendre au sérieux l'Église comme lieu d'appartenance au Corps du Christ, à réciter le Credo non comme des paroles banalement répétées, mais comme l'expression d'une doctrine de vie, à s'ouvrir à la culture non pour se fondre dedans, mais pour la comprendre à la lumière de la foi, pour y déceler une quête, peut-être l'illuminer de l'intérieur. Les slavophiles sont enfants de l'Église : elle représente pour eux le lieu de l'être créé. Cette conviction, au cœur de la doctrine, jaillit, dans le cas de Khomiakov, d'une expérience rayonnante de vie.

A.S. Khomiakov et le mouvement slavophile / A. Gratieux. – Paris : Éditions du Cerf, 1939. – 2 vol. – (*Unam Sanctam* ; 5-6).

The Doctrine of the Unity of the Church in the Works of Khomyakov and Möhler / S. Bolshakoff. – London : SPCK, 1950. – XIV-334 p.

Russkie mysliteli i Evropa [Les Penseurs russes et l'Europe] / B. Zenkovsky. – Paris : YMCA Press, 1955. – 279 p.

An Introduction ot Nineteenth-Century Russian Slavophilism : Volume 1 : A. S. Xomjakov / P. Christoff. – La Haye : Mouton, 1961. – 301 p.

Aleksej Khomjakov i Ivan Kireevskij / T. I. Blagova. – Moskva : Vysšaja Škola, 1995. – 351 p.

L'ÉGLISE EST UNE... 202

R. Tandonnet — 1953

Unité de l'Église (§ 9). — L'Église est un corps divino-humain, qui englobe toutes les créatures depuis la création du monde et jusqu'à la fin des temps. La prière d'intercession maintient, nourrit la communion entre les vivants et les morts.

Nous savons que si l'un de nous tombe, il tombe seul ; mais nul ne se sauve seul. Celui qui se sauve, se sauve dans l'Église, en tant que membre de l'Église et en union avec tous ses autres membres. Si quelqu'un croit, c'est dans la communion de la foi ; s'il aime, c'est dans la communion de l'amour ; s'il prie, c'est dans la communion de la prière. Ainsi nul ne peut-il espérer en sa propre prière, et chacun, lorsqu'il prie, implore l'intercession de toute l'Église, non point comme s'il doutait de l'intercession du Christ, seul médiateur, mais avec la conviction que toute l'Église prie toujours pour tous ses membres. [...]

De même que chacun de nous réclame les prières de tous, de même chacun aussi doit à tous ses propres prières, aux vivants comme aux morts, et même à ceux qui ne sont pas encore nés ; car quand nous prions (comme nous le faisons avec toute l'Église) pour que le monde parvienne à l'intelligence de Dieu, nous prions non seulement pour les générations présentes, mais aussi pour celles que Dieu appellera encore à la vie. Nous prions pour les vivants, afin que soit sur eux la grâce du Seigneur, et pour les morts, afin qu'ils deviennent dignes de voir la face de Dieu.

Le Mouvement slavophile à la veille de la Révolution. Dmitri A. Khomiakov, suivi du traité d'Alexis Stépanovich Khomiakov *L'Église est une* / A Gratieux. – Paris : Éditions du Cerf, 1953. – (*Unam Sanctam* ; 25). – [Pp. 235-236].

À PROPOS DE HUMBOLDT 203

M. Evdokimov — 1998

Un avenir messianique (184 a). — L'auteur appelle ses compatriotes non seulement à une unité de pensée mais à une communauté de vie reliée à un savoir universel. La Russie pouvait ouvrir une voie nouvelle à une humanité fragmentée. Ce texte a une étrange résonance dans le monde actuel.

Un long combat intellectuel nous attend. L'engourdissement de l'esprit ne saurait se dissiper subitement, les convictions évoluent avec lenteur, et les habitudes contractées durant plus d'un siècle et demi changent avec encore plus de lenteur. La seule tâche à la portée des hommes d'aujourd'hui est celle de l'auto-éducation. Nous ne sommes pas destinés à être les interprètes de la pensée russe ; qu'il nous suffise de rendre nos esprits capables de l'accueillir. Un meilleur destin attend les générations futures, qui seront capables d'exprimer en plénitude les forces et les principes spirituels qui servent de fondement à la Sainte Russie orthodoxe. Mais pour que cela soit possible il faut que la vie de chacun soit en complet accord avec la vie de tous, qu'il n'y ait point de division ni chez les individus, ni dans la société. La pensée individuelle ne peut être forte et féconde que si la pensée de la communauté se développe avec force ; la pensée de la communauté n'est possible que là où un savoir supérieur et des hommes capables de l'incarner sont reliés à tout le reste du corps social par les liens d'un amour libre et intelligent, et où les forces intellectuelles de chaque individu séparé sont vivifiées par la sève porteuse des énergies intellectuelles et morales qui circule au sein de son peuple. L'histoire appelle la Russie à prendre la tête de ce savoir universel ; elle lui en donne le droit de par l'universalité et la plénitude de ses principes, et un droit attribué à un peuple par l'histoire, est une obligation imposée à chacun de ses membres.

Traduction inédite. — *Polnoe sobranie sočinenij* / A.S. Khomiakov. – Moscou : Tipografija Lebedeva, 1861. – [T. I, pp. 173-174].

L'ÉGLISE LATINE ET LE PROTESTANTISME... 204

Qu'est-ce que l'Église ? — Dans ce recueil d'articles écrits en français, *L'Église latine et le protestantisme au point de vue de L'Église d'Orient*, Khomiakov se lance dans un essai de théologie comparée, où il glisse également des idées philosophiques qui lui sont chères. Féru des idées romantiques de son temps, il ne voit dans le système de Hégel qu'une philosophie desséchée par la raison, à laquelle il oppose la foi vivante, qui est le mode de connaissance à la lumière de l'Esprit, une connaissance étonnamment ouverte et tolérante.

Les temps sont graves parce que la réflexion et l'analyse ont sapé les fondements sur lesquels reposent depuis des siècles l'orgueil, l'apathie ou l'ignorance des hommes. Je dit l'orgueil ; car la philosophie rationaliste, par une suite de déductions sévères dont la gloire appartient à l'Allemagne, est parvenue dans l'école de Hégel à prouver, sans le vouloir, que la raison seule, ne connaissant que les rapports des choses et non les choses elles-mêmes, arrive au néant quand elle prétend se passer de la foi qui est la connaissance intime des choses. C'est ainsi que l'analyse a brisé l'orgueil humain et le force à demander à la foi ce que la raison logique seule ne peut pas lui donner. Je dis l'apathie et l'ignorance ; car l'âme humaine, ne recevant plus la foi comme un héritage légué par une habitude aveugle, lui a demandé ses titres, c'est-à-dire l'harmonie intérieure et vivante de ses positions, et les a trouvés faux. Elle a vu le rationalisme dans ce qui se disait être la foi. [...]

[...] Le mystère de la liberté morale dans le Christ et de l'union du Sauveur et de la créature intelligente n'a pu être dignement révélé qu'à la liberté de l'intelligence humaine et à l'idée de l'amour mutuel que l'Esprit de Dieu est venu consommer et couronner au grand jour de la Pentecôte, quand les langues de feu s'allumèrent sur les têtes des disciples réunis dans l'espoir, dans la prière et dans l'adoration. En effet, la foi qui sonde les mystères divins n'est pas une croyance : elle est une connaissance. Mais elle n'est pas non plus une connaissance semblable à celles que nous avons du monde extérieur : elle est une connaissance intérieure semblable à celle que nous avons des faits de notre propre vie intellectuelle. Elle est donc un don de la grâce divine : elle est la présence de l'Esprit de vérité dans nous-mêmes. Or, l'union de l'homme terrestre avec son Sauveur est toujours imparfaite : elle ne devient parfaite que dans la région où l'homme dépose son imperfection dans la perfection de l'amour mutuel qui unit les chrétiens les uns aux autres. Là, l'homme ne se repose plus sur ses propres forces, qui ne sont que faiblesses ; il ne compte plus sur sa propre individualité ; il ne compte que sur la sainteté du lien d'amour qui l'unit à ses frères, et son espérance ne peut pas le tromper : car ce lien, c'est le Christ lui-même qui fait la grandeur de tous, de l'humilité de chacun.

[...]

L'Église, c'est la révélation de l'Esprit Saint à l'amour mutuel des chrétiens, et cet amour qui les ramène au Père par son verbe incarné, Jésus notre Seigneur. La mission divine de l'Église n'est pas seulement de sauver les âmes ou de perfectionner les existences individuelles : elle est encore de garder la vérité des mystères révélés pure, intacte et complète à travers toutes les générations comme une lumière, comme une mesure, comme un jugement. Les liens secrets qui unissent l'Église terrestre au reste de l'humanité ne nous ont point été révélés : nous n'avons donc ni le droit, ni le désir de supposer une condamnation sévère qui serait démentie par la bonté divine. Les paroles de l'Esprit de Dieu dans l'épître de saint

Paul aux Romains et dans le récit de la conversion du centurion nous permettent au contraire de nourrir de douces espérances pour tous nos frères, quelles que soient les erreurs de leurs doctrines. Nous savons bien que hors du Christ et sans amour pour le Christ, l'homme ne peut point être sauvé : mais en ce cas il ne s'agit pas de sa révélation historique, ainsi que le Seigneur nous l'a dit. Le Christ n'est pas seulement un fait ; Il est une loi ; Il est une idée réalisée ; et tel homme qui, par les décrets de la Providence, n'a jamais seulement entendu parler du Saint qui souffrit en Judée, adore l'essence même de notre Sauveur dont il n'a pas le bonheur de bénir le nom divin. Celui qui aime la justice, n'aime-t-il pas le Christ ? Celui qui est prêt à sacrifier son bonheur et sa vie pour ses frères, n'imite-t-il pas le Maître unique qui est la perfection de l'amour et du sacrifice ? Celui qui reconnaît la sainteté de la loi morale, et dans l'humilité de son cœur reconnaît aussi son extrême infériorité devant l'Idéal, n'a-t-il pas élevé dans son âme un autel pour le juste, devant lequel se prosterne l'armée des intelligences célestes ? La connaissance lui manque : mais il aime celui qu'il ignore, comme les Samaritains adoraient Dieu sans le connaître. Ou plutôt ne l'aime-t-il pas sous d'autres noms : car justice, compassion, charité, amour, sacrifice, enfin tout ce qui est vraiment humain, grand et beau, tout ce qui est digne de respect, d'imitation ou d'adoration, tout cela ne présente que les différentes formes du nom de notre Sauveur. D'autres ont entendu prêcher sa loi, mais présentée sous un faux jour, et n'ont pu démêler la vérité du mélange d'erreurs sous lequel elle se présentait, tout en appartenant à cette même vérité par tous leurs désirs et par toutes leurs aspirations. Toutes les sectes chrétiennes enfin ne renferment-elles pas dans leur sein des hommes qui, malgré l'erreur de leurs doctrines, le plus souvent héréditaires, rendent hommage par leurs pensées, par leurs paroles, par leurs actions, par leur vie tout entière à celui qui mourut pour ses frères coupables ? Tous, depuis l'idolâtre jusqu'au sectaire, sont plus ou moins plongés dans l'ombre : mais tous voient luire au milieu des ténèbres quelques rayons de la lumière éternelle, révélée par des moyens divers. Ces rayons sont faibles et insuffisants ; ils sont toujours prêts à s'éclipser dans la nuit du doute : mais ils émanent de Dieu et du Christ et viennent tous se concentrer dans le soleil de vérité qui luit pour l'Église.

L'Église latine et le protestantisme au point de vue de l'Église d'Orient / A.S. Khomiakov. – Londres : Gregg International, 1969. – [Pp. 85-86, 265-266, 267-269]. – [1re édition : Lausanne et Vevey, 1872].

CORRESPONDANCE 205

M. Evdokimov — 1999

Le divers, l'un et le vrai. — En janvier 1848, alors que Rome songeait à renforcer l'autorité du Souverain Pontife selon un processus qui aboutira en 1870 à la proclamation du dogme de l'infaillibilité, le pape Pie IX envoie une Encyclique aux patriarches d'Orient où il préconise leur « soumission » au siège romain. Le 6 mai 1848, les patriarches répliquent par une fameuse Encyclique où ils affirment que le gardien de la vérité n'est pas représenté par une hiérarchie autoritaire mais par le peuple chrétien pris dans son entier, vivant de l'amour mutuel. Cette idée, théologiquement juste mais pas toujours vérifiée par l'histoire, confirma Khomiakov dans la justesse de sa vision de la collégialité ou *sobornost*. Voici sa réaction enthousiaste dans une lettre écrite en anglais au diacre anglican William Palmer.

Vous avez depuis longtemps constaté que la différence entre l'Église d'Orient et toutes les communautés d'Occident, qu'elles soient romaines ou qu'elles procèdent de Rome sous la forme de Protestations, ne consiste pas tant dans la divergence entre tels dogmes pris en soi ou tels articles du Credo, que dans une conception autre qui n'a encore jamais été clairement définie ni exprimée. Cette différence réside dans une approche différente de la notion d'Église elle-même. J'ai tenté, dans quelques essais épars [...] de clarifier et d'expliciter cette différence ; or toutes les explications émanant d'un homme seul et, qui plus est, un laïc, étaient dépourvues de la moindre autorité et ne pouvaient passer pour une expression sérieuse de ce que l'Église pense d'elle-même. Elles se heurtèrent tout naturellement à des mises en question et à des désaveux, d'autant plus que, je dois le confesser, elles tranchaient sur les nombreuses définitions de l'Église et de son essence élaborées par tels de nos théologiens dont la formation, je le crains, s'est faite sous l'influence des courants de pensée de la théologie de l'Occident qui tendent à s'imposer dans les universités russes. Les expressions utilisées par un Synode composé de trois patriarches et de vingt-huit évêques font très fortement autorité et on peut les considérer, maintenant qu'elles ont été reproduites en Russie avec l'accord des autorités ecclésiastiques, comme ayant presque autant de poids que les décisions d'un concile œcuménique de l'Église d'Orient. [...]. « Le pape se leurre grandement s'il pense que, pour nous, la hiérarchie ecclésiastique se pose comme la gardienne du dogme de l'Église. Il en va tout autrement. La règle constante et la vérité infaillible du dogme chrétien ne relèvent pas d'un quelconque ordre hiérarchique : le dogme est gardé par la totalité du *peuple* de l'Église qui est le Corps du Christ » [...]. Je cite de mémoire le passage rédigé ainsi : « Aucun ordre hiérarchique, aucune autorité suprême ne peuvent être considérés comme exprimant avec certitude la vérité. La connaissance de la vérité est donnée à l'amour mutuel ». On ne saurait demander des éclaircissements plus sûrs et plus hiérarchiques (c'est-à-dire du pouvoir sacramentel et disciplinaire), et l'on jette ainsi les bases essentielles qui nous différencient de la conception romaine ; le don de la connaissance immuable, qui n'est rien d'autre que la foi, est attribué non aux individus, mais à la totalité du corps ecclésial, et se présente comme un corollaire du principe moral de l'amour mutuel. Cette position est diamétralement opposée à l'individualisme et au rationalisme sur lesquels se fondent toutes les doctrines protestantes. Je suis heureux de dire que, de mon point de vue, une des bases essentielles de notre catéchisme est ainsi établie avec fermeté et en bonne et due forme ; je suis porté à penser que ce fait confine au miracle, si je prends en compte l'ignorance crasse et peut-être l'affaissement moral du clergé grec, ainsi que le penchant au despotisme spirituel que je ne puis m'empêcher de suspecter chez nos hommes d'Église davantage savants et éclairés. [...] J'espère que vous ne me blâmerez pas pour mon style assez triomphaliste ; la joie ressentie par nous à la lecture de cette Encyclique fut d'autant plus intense qu'elle était inattendue.

Traduction inédite. — *Russia and the English Church* / W.-J. Birkbeck. – London : Rivington, 1895. – [Pp. 93-95].

ÉPÎTRE AUX SERBES 206

V. et J.-C. Marcadé — 1988

Unanimité, tolérance, responsabilité, liberté. — Quelques mois avant de mourir, Khomiakov rédige une *Épître aux Serbes* (1860), qui sera contresignée par les principaux représentants du mouvement slavophile russe de la première moitié du XIXe siècle. On y trouve un résumé des principaux thèmes longuement médités tout au long de sa vie, dont trois sont donnés ici : le *mir* (« commune rurale »), le châtiment avec le refus de la peine de mort, et la liberté. Il reprend ainsi le problème de l'agriculture (que la Russie n'a toujours pas surmonté) ; de la compassion à l'égard du criminel ; de la liberté comme fardeau. Ces deux derniers thèmes ne cesseront de hanter la pensée religieuse russe (Dostoïevski, Berdiaev, etc.).

Là où l'assemblée villageoise ou citadine règle les affaires, se cultive dès le plus jeune âge dans l'homme une conception de la légalité et de la justice, se développe un jugement raisonnable et est détruite l'indifférence à l'égard de la cause commune qui est funeste et très courante dans les autres peuples. L'assemblée du *mir* est pour le peuple une école qui est plus grande que toute l'éducation livresque et n'est remplacée par aucune sagesse livresque. C'est par les assemblées du *mir* qu'ont été sauvés l'esprit et la raison des paysans russes, malgré l'esclavage dans lequel les a entraînés une loi injuste. Il est souhaitable que l'assemblée décide des affaires par une sentence unanime. Tel était de toute antiquité l'usage slave. Par les Allemands, s'est transmis aux Slaves l'usage de compter les voix, comme si la sagesse et la justice appartenaient toujours à la majorité des voix, alors qu'en réalité la majorité dépend très souvent du hasard. Réfléchissez encore au fait que là où les affaires sont réglées par la majorité, disparaît chez les gens ou du moins est affaibli le désir de convaincre ses frères et par conséquent est affaiblie l'aspiration elle-même à l'entente en conscience et en raison. Quand il n'est plus possible d'obtenir une décision unanime, il vaut mieux transmettre l'affaire à un arbitre qui jouit de la faveur de toute l'assemblée. La conscience et la raison d'un homme honoré par la confiance de tous est plus sûre que le jeu au décompte des voix. Chez les Anglais, dans les tribunaux criminels, l'unanimité des jurés est exigée pour la condamnation et leurs tribunaux sont estimés par le monde entier. [...]

[...] Dans le jugement légal et criminel soyez miséricordieux : souvenez-vous que dans chaque crime particulier il y a une plus ou moins grande faute de la société qui n'a pas assez protégé ses membres de la tentation première ou qui ne s'est pas souciée de leur éducation chrétienne dès le plus jeune âge. Ne punissez pas de mort le criminel. Il ne peut plus se défendre et un peuple courageux doit avoir honte de tuer celui qui est sans défense ; pour le chrétien c'est un péché de priver un homme de la possibilité de se repentir. Depuis fort longtemps la peine de mort a été abolie sur notre terre russe et maintenant elle nous répugne tous et n'est pas admise dans la procédure générale du jugement criminel. Une telle miséricorde est la gloire de la race slave orthodoxe. [...] Nous disons : soyez miséricordieux dans les châtiments mais que votre miséricorde soit raisonnable. Il vaut mieux une peine d'apparence sévère, mais qui frappe le vrai criminel, qu'une peine faussement légère, mais qui tombe sur sa famille. Dans un tel châtiment, il y a beaucoup plus d'iniquité que de miséricorde. Beaucoup cherchent à obtenir que le châtiment ne soit pas humiliant pour le criminel et pensent qu'en cela ils suivent l'esprit de philanthropie. C'est une grande erreur. Tout châtiment (hormis l'édification spirituelle) est humiliant par le fait même qu'il exerce une violence sur l'homme ; mais son honneur est déjà détruit par le crime, et le châtiment, qui est la conséquence du crime, a comme but le redressement et n'ajoute rien au déshonneur : car l'homme ne se déshonore pas par ce qu'il subit contre sa volonté mais par ce qu'il fait par sa volonté. [...]

[...] La liberté qui est un très grand bienfait pour les peuples, leur impose en même temps de grands devoirs, car beaucoup leur est pardonné au moment de l'esclavage, à cause de cet esclavage même, et est excusé par l'influence dévastatrice du joug étranger. La liberté rend deux fois plus grande la responsabilité des hommes et des peuples devant les hommes et devant Dieu. D'autre part, le bonheur et la prospérité surabondent en tentations, et beaucoup de ceux qui ont conservé leur dignité dans les malheurs, et se sont laissé séduire au moment où le malheur apparent s'est éloigné d'eux, ont attiré sur eux des calamités pires que celles dont ils s'étaient déjà défaits, ayant mérité le châtiment divin. Tous les malheurs extérieurs et fortuits peuvent être facilement vaincus ; souvent même, pour éprouver la force nationale, ils affermissent encore celle-ci et l'éduquent pour sa gloire future ; mais les vices et les faiblesses qui se sont glissés dans la vie et l'âme du peuple, dédoublent son essence intérieure, sapent en lui tout principe vivant, deviennent pour lui une source de maladies incurables et préparent sa perte pendant les années qui semblent être les plus florissantes de sa prospérité et de sa réussite. [...]

[...] Nous disons : préservez la liberté des opinions et préservez-la non seulement du pouvoir mais de vous-mêmes. Que chaque opinion s'exprime, quelque contraire qu'elle vous soit ! Si elle est juste, elle se répandra pour le bien commun ; si elle est mensongère, elle sera dénoncée également pour le bien commun : car la vérité est toujours plus raisonnable que le mensonge. Qu'arrive-t-il là où les opinions, par peur, ne s'expriment pas ? Les opinions justes périssent car elles aiment la lumière, et les mensongères qui aiment les ténèbres, n'étant pas dénoncées, s'accroissent comme une plaie cachée et contaminent les sources même de la vie. Écoutez tout jusqu'au bout, dénoncez l'injustice et vous vaincrez par votre foi dans la force de la Vérité qui vient de Dieu.

Khomiakov / N. Berdiaev ; traduction française par V. et J.-C. Marcadé. – Lausanne : L'Âge d'Homme, 1988. – [Pp. 191, 189, 168, 192].

CHEVTCHENKO

RUSSE • UKRAINIEN **1814-1861**

Né serf à Moryntsy (aujourd'hui district de Zvenihorod, région de Kiev), tôt orphelin de mère, puis de père, Taras Chevtchenko, entre, encore enfant, chez un peintre. À l'âge de 14 ans, il devient domestique d'un propriétaire terrien, Engelhardt, qu'il accompagne, entre l'automne 1828 et le début de 1831, à Vilnius, où il est témoin de l'insurrection polonaise. En 1831, il est à Saint-Pétersbourg avec Engelhardt qui, espérant faire de lui son peintre attitré, le confie en apprentissage, pour quatre ans, au peintre artisan Chyriaev. Durant l'été 1836, Chevtchenko rencontre le peintre ukrainien I. Sochenko et, par son entremise, d'autres compatriotes qui, au printemps 1838, avec le peintre russe K. Brullov et le poète V. Joukovski, rachètent sa liberté. Introduit dans le monde de la peinture et de la science, Chevtchenko s'inscrit à l'Académie des Beaux-Arts où il est l'élève préféré de Brullov. À son talent de portraitiste s'ajoute la parfaite maîtrise de la gravure, de l'art graphique et de l'illustration.

Kobzar, son premier recueil, alors de huit poèmes, paraît en 1840. Puis ce sera *Les Haïdamaks* en 1841. Dans la société ukrainienne, c'est le succès, alors que la critique russe accuse le jeune poète d'écrire en « langue paysanne ».

En 1843, Chevtchenko visite la région de Kiev (Kyïv en ukrainien) et de Poltava. À la suite de ce voyage, il écrit *La Tombe profanée*, où il accuse de façon poignante l'exploitation de l'Ukraine par la Russie. Il donne, parallèlement, une série de peintures, *L'Ukraine pittoresque*. En 1844, il publie *Hamalia* et écrit *Le Songe*, qui marque le début de son engagement contre le régime tsariste.

Au printemps 1845, à la fin de ses études à l'Académie des Beaux-Arts de Saint-Pétersbourg, Chevtchenko revient pour la seconde fois en Ukraine où il est accueilli en poète national. Travaillant à la Commission archéologique de Kyïv, il voyage à travers l'Ukraine, recueille les traditions populaires, peint et décrit les monuments. Écrit à l'automne 1845 avec une dédicace politique à Pavel Šafařík, *Jean Hus*, ou *L'Hérétique* évoque un passé qui dénonce la réalité présente de l'autocratie russe, aussi abusive que l'Église romaine et l'Inquisition le furent avec le héros tchèque. Tombé gravement malade à la fin de 1845, il écrit un *Testament* où il appelle la nation ukrainienne au soulèvement : ce texte et d'autres, qu'il consignera dans son cahier-album *Trois étés* (1843-1845), circuleront sous le manteau.

Au printemps de 1846, Chevtchenko est à Kyïv où il devient membre de la Confrérie « Cyrille et Méthode », une société secrète où il est introduit par l'historien Nicolas Kostomarov. Dénoncé en mars 1847, il est arrêté et transféré à Saint-Pétersbourg où il subit les interrogatoires avec courage : *Trois étés* lui vaut vingt-cinq ans de service militaire en Sibérie, comme simple soldat, et, sur sa condamnation, une note personnelle de Nicolas Ier : « Sous le contrôle le plus sévère et avec l'interdiction totale d'écrire et de peindre ». Dans la forteresse d'Orenbourg cependant Chevtchenko trompe la surveillance : il peint et écrit dans de petits cahiers.

Au printemps de 1848, Chevtchenko est associé à une mission d'exploration des bords de la Mer d'Aral et séjourne sur l'île de Kos-Aral où il réalise de nombreux dessins, sépias, aquarelles, et où il écrit plus de soixante-dix poèmes, notamment *Les Tsars*, *Tytarivna*, *Maryna*, *Sotnyk*. Au cours de son exil, la lyrique de Chevtchenko a élargi le spectre de ses thèmes et de ses genres : lyrisme autobiographique, paysagisme, lyrique politique et philosophique. Un de ses plus longs poèmes d'exil, *Les Tsars* (1848), se fait l'écho des événements révolutionnaires en Europe : dans ce texte, le recours au style burlesque et l'usage parodique qui est fait du lexique solennel et pathétique appellent à l'anéantissement du tsarisme. Arrêté à nouveau en avril 1850, Chevtchenko, après six mois d'emprisonnement, est envoyé à la forteresse de Novo-Petrovsk sur la presqu'île de Manguychlak où il passera les sept années les plus dures de sa vie. La surveillance sévère, la souffrance morale et l'épuisement physique ne l'empêchent cependant pas de poursuivre clandestinement son activité artistique et littéraire. C'est à cette époque qu'appartient sa prose écrite en langue russe sur des thèmes ukrainiens riches de données autobiographiques.

Ce n'est qu'en 1857, deux ans après la mort de Nicolas Ier, que les démarches des amis de Chevtchenko aboutissent à sa libération. Durant six mois encore, interdit de séjour à Saint-Pétersbourg et à Moscou, il vit à Nijni Novgorod : il y écrit *Néophytes*, *Le Bienheureux*, et le triptyque *Destin*, *Muse* et *Gloire*. Dans *Néophytes*, sous le sujet de la persécution des chrétiens par Néron, se devinent les persécutions des mouvements de libération nationale et sociale par le tsarisme russe. Chevtchenko, après un bref passage à Saint-Pétersbourg, obtient de se rendre en été en Ukraine. Arrêté peu après pour la troisième fois, il est sommé de revenir à Saint-Pétersbourg. Loin d'avoir entamé l'inspiration poétique de Chevtchenko, les épreuves semblent l'avoir renouvelée, comme dans son poème *Marie*, le sommet de sa production d'exil.

Sa dépouille mortelle fut transférée, selon ses dernières volontés, près de Kaniv (Ukraine), où sa tombe est devenue un lieu de pèlerinage pour les Ukrainiens du monde entier.

En poésie, Chevtchenko a laissé aussi bien des œuvres lyriques d'une grande profondeur que des poèmes épiques et dramatiques. Dès ses débuts littéraires, il s'est préoccupé de réalités sociales, comme dans *Catherine*, un poème marqué tout au long par une profonde tension dramatique, où est évoqué le destin émouvant et tragique d'une jeune fille ukrainienne séduite par un officier moscovite. *Hamalia* est également animé par un souci d'émancipation nationale, mais c'est surtout le cas pour le poème historico-héroïque des *Haïdamaks*, sommet du romantisme révolutionnaire de Chevtchenko, qui relate le tragique soulèvement populaire de 1768-1770. Son œuvre satirique, notamment *Le Songe*, s'en prend avec sarcasme à la cruauté et au despotisme russe et lance un appel à sa destruction. Divers traits satiriques émaillent aussi l'élan politique du *Grand Caveau*. Quant au poème *Caucase*, qui éveilla la conscience nationale des peuples slaves voisins autant que celle des Ukrainiens, il ressortit tout à la fois au poème lyrico-satirique, à la méditation politique et à l'ode héroïque : Chevtchenko s'y insurge contre la politique d'oppression de la Russie et appelle les peuples soumis au soulèvement révolutionnaire.

Dans l'histoire de l'Ukraine, Chevtchenko, peintre et poète national, occupe une place unique, qui lui vaut d'exercer, aujourd'hui encore, une influence vivante et pénétrante sur tous les Ukrainiens.

Marie Scherrer, "Ševčenko : le poète national de l'Ukraine". – In : *Revue des Études Slaves*, tome 44 (1965), pp. 89-107.

T. H. Ševčenko franzuskoju movoju (1847-1967) : Bibliografičnyi pokažčyk [= T.H. Ševčenko en langue française (1847-1867)] / Mykhailo Gres'ko. – Lviv, 1967. – 43 p.

Arkady Joukovsky, "Chevtchenko en France : études et traductions". – In : *Square Taras Chevtchenko à Paris 29 mars 1969* / Plaquette publiée par le Comité Commémoratif Taras Chevtchenko à Paris ; présentée par A. Joukovsky. – Paris : Éditions PIUF, 1969. – [Pp. 31-50].

Shevchenko and the Critics 1861-1980 / edited by George S.N. Luckyj ; translated by Dolly Ferguson and Sophia Yurkevich ; introduction by Bohdan Rubchak. – Edmonton : Canadian Institute of Ukrainian Studies ; Toronto : Buffalo ; London : University of Toronto Press, 1980. – XI-522 p.

Taras Chevtchenko, un grand poète ukrainien 1814-1861 / Léonid Novitchenko ; traduit du russe [...] et de l'ukrainien [...] par Marcel Ferrant. – Paris : UNESCO, 1982. – 134 p. – (*Éminentes personnalités de la culture slave*).

Taras Shevchenko : a Life / Pavlo Zaitsev ; edited, abridged and translated with an introduction by George S.N. Luckyj. – Toronto : University of Toronto Press : for the Shevchenko Scientific Society, 1988. – X-284 p.

KOBZAR 207

E. Guillevic — 1964

La folle (v. 1-12). — Écrite à Saint-Pétersbourg en 1837, cette ballade d'inspiration populaire et fantastique, qui évoque l'histoire d'une femme qui perd la raison à la suite d'un envoûtement, fut d'abord publiée dans l'almanach *Lastivka* en 1841. C'est le premier texte écrit par l'auteur. Les douze premiers vers, très connus en Ukraine, sont devenus une chanson populaire.

Il mugit et gémit, le large Dniepr ;
Au-dessus de lui hurle un vent puissant
Qui courbe jusqu'à terre les grands saules,
Soulève les flots, on dirait des monts.
À cette heure-là, la lune encore pâle
Sortait un peu de derrière un nuage
Comme une nacelle dans la mer bleue
Qui tantôt émerge et tantôt s'enfonce.
Les troisièmes coqs n'avaient pas chanté,
Personne encore ne faisait de bruit ;
Dans le bosquet s'appelaient les hulottes
Et de temps en temps le frêne grinçait.

Tarass Chevtchenko / Maxime Rilsky, Alexandre Deïtch. – Paris : Pierre Seghers, 1964. – (*Poètes d'aujourd'hui* ; 110). – [P. 163].

KOBZAR 208

É. Scherrer — 1964

Ivan Pidkova. — Ce chant historique, écrit à Saint-Pétersbourg en 1839, exalte ce chef cosaque zaporogue du XVIe siècle, qui conduisit une expédition contre le sultan d'Istanbul.

À V.I. Sternberg

Jadis en Ukraine
Les canons grondaient.
Jadis les Zaporogues
Savaient s'imposer,
S'imposer, conquérir
Gloire et Liberté.
Tout a passé. Seules dans les steppes
Les hautes tombes demeurent.
Ces tombes si hautes
Où reposent à jamais
Les corps blancs des cosaques,
Enveloppés de pourpre.
Les hautes tombes dans les steppes,
Noires comme des montagnes,
Parlent avec le vent de la liberté.
Témoins de la gloire d'antan,
Elles s'adressent au vent,
Tandis que le petit-fils
À travers la rosée
Porte sa faux et reprend leur chant.
Jadis en Ukraine le malheur dansait
Le chagrin à l'auberge
Faisait passer à la ronde
L'hydromel et l'eau de vie,
Jadis en cette Ukraine
Il faisait bon vivre !...
Évoquons ces temps-là
Le cœur en sera soulagé.

Au-delà des lagunes, de noirs nuages
Voilent le soleil et le ciel,
La mer bleue, tel un fauve,
Rugit, hurle et gémit,
Elle s'engouffre dans le Dniepr...
« Holà ! les gars, à vos barques !

La mer roule ses flots,
Nous partons en course ! »
Les Zaporogues se pressent en foule,
Les barques couvrent la lagune.
« Roule tes flots, ô mer ! »
Entonnent les Zaporogues.
Autour d'eux les vagues bouillonnent,
Hautes comme des montagnes,
Ciel et terre ont disparu.
Le cœur défaille, mais la tempête
Est complice des Zaporogues.
Ils rament en chantant,
Les mouettes les accompagnent.
À leur tête leur otaman[1]
Les conduit à sa guise :
Il arpente la barque,
À sa bouche sa pipe éteinte,
Il regarde de tous côtés
En quête de butin.
Roulant sa moustache noire,
Rejetant sa longue mèche,
Il lève son bonnet, les barques s'arrêtent.
« Que l'ennemi périsse !
Ce n'est pas à Synope[2], seigneurs,
Vaillants compagnons,
Mais au sultan en personne
Que nous rendrons visite ».
« D'accord, père-otaman »
Répondent-ils en hurlant.
« Merci à vous » il remet son bonnet.
À nouveau la mer bouillonne,
À nouveau le long de la barque
L'otaman reprend sa marche,
En silence il regarde les vagues.

Taras Chevtchenko 1814-1861 : sa vie et son œuvre / Kalena Uhryn et Arkady Joukovsky. – Paris : Édition PIUF, 1964. – [Pp. 80-81].

1 Plus généralement écrit « hetman » : c'est le titre des chefs cosaques.

2 Synope ou, plus souvent, Sinope : ville de la Turquie d'Asie, sur une petite presqu'île de la mer Noire, alors capitale du pachalik du même nom.

KOBZAR 209

K. Uhryn — 1964

Le Testament. — Écrit le 25 décembre 1845 à Pereiaslav, ce poème fut publié pour la première fois en 1859 à Leipzig. Au XIXe siècle, il remplit le rôle d'hymne national ukrainien.

Quand je mourrai, enterrez-moi
En dressant ma tombe
Au cœur des steppes infinies
De ma chère Ukraine.
Pour que je voie les champs immenses,
Le Dniepr et ses falaises
Et pour que je puisse entendre
Son grondement puissant.
Quand de l'Ukraine il portera
Jusqu'à la mer bleue
Le sang ennemi, alors
J'abandonnerai
Montagnes et prairies et m'envolerai
Vers Dieu pour prier.
Mais jusque là,
Dieu m'est inconnu.
Enterrez-moi. Mais vous — Debout !
Brisez vos chaînes
Et abreuvez la Liberté
Avec le sang des ennemis.
Puis, dans la grande famille,
La famille libre et nouvelle,
N'oubliez pas de m'évoquer
À voix basse, tendrement.

Taras Chevtchenko 1814-1861 : sa vie et son œuvre / Kalena Uhryn et Arkady Joukovsky. – Paris : Édition PIUF, 1964. – [P. 5].

KOBZAR 210

E. Guillevic — 1964

Le Caucase. — Dans ce poème dédié à Jacob de Balmain (ou de Ballemain), peintre et officier, ami de Chevtchenko, tombé au Caucase dans les rangs de l'armée russe en combattant les Tcherkesses, l'auteur dresse un réquisitoire contre la Russie et ses visées impérialistes et prend la défense des peuples soumis à l'Empire. Écrit le 28 novembre 1845 à Pereiaslav, publié en 1859 à Leipzig, cet hymne au courage des peuples asservis les assimile à Prométhée.

À mon ami très cher Jacob de Balmain

Qui changera ma tête en fontaine
et mes yeux en source de larmes
que je pleure jour et nuit les tués ?...
(Jérémie, 9, 1)

Un massif montagneux entouré de nuages,
Tout couvert de chagrin, tout arrosé de sang.

Depuis les temps immémoriaux
Un aigle y châtie Prométhée,
Chaque jour lui frappe les côtes,
Chaque jour lui brise le cœur.
Il le brise mais ne peut boire
Le sang vivant — le cœur revit
Et de nouveau se met à rire.
Notre âme ne peut pas mourir,
La liberté ne meurt jamais.
Même l'insatiable ne peut
Pas labourer le fond des mers,
Pas enchaîner l'âme vivante,
Non plus la parole vivante,
Diffamer la gloire de Dieu,
Du Dieu très grand.

Ce n'est pas nous qui discuterons avec toi,
Ce n'est pas nous qui jugerons de tes affaires.
Il nous faut seulement pleurer, pleurer, pleurer,
Il ne faut que pétrir notre pain quotidien
Et la sueur mêlée à du sang et des larmes.
Notre vérité dort, on dirait qu'elle est ivre,
Et pendant ce temps-là nos bourreaux nous maltraitent.

Quand se réveillera-t-elle ?
Quand iras-tu Te reposer ;
Dieu fatigué, nous laissant vivre ?
Nous croyons en Ta force, Ô Dieu,
Et nous croyons en Ton esprit.
La vérité se lèvera !
La liberté se lèvera !
Tous les langages te loueront
Pour tous les siècles à venir.

Mais les rivières pour l'instant
Coulent toutes pleines de sang.

Tarass Chevtchenko / Maxime Rilsky, Alexandre Deïtch. – Paris : Pierre Seghers, 1964. – (*Poètes d'aujourd'hui* ; 110). – [Pp. 121-122].

KOBZAR 211

Princesse de Tokary, Ch. Tillac — 1933

Cela m'est bien égal. — Écrit en mai 1847 à la forteresse-prison Pierre-et-Paul à Saint-Pétersbourg et publié pour la première fois dans l'édition du *Kobzar* de 1867.

Que je vive — ou ne vive — en Ukraine ;
Qu'un ami — de mes pleurs — se souvienne,
Ou m'oublie — étranger — en ce val :
Cela m'est bien égal !...

Loin des miens — et bien loin — de l'Ukraine,
Loin de tout — que je meure — à la peine,
Qu'au tombeau — soit mon rêve — et son mal :
Cela m'est bien égal !...

Sans laisser — une trace — en Ukraine,
(Ô pays — glorieux — sous la chaîne !)
Qu'en exil — mes sanglots — ne s'exhalent :
Cela m'est bien égal !...

À son fils — ne dira — pas le père :
"Il est mort — prions Dieu — pour l'Ukraine !"
Que ce fils — prie ou non — sur ma dalle :
Cela m'est bien égal !...

Mais qu'un jour — je la voie — cette Ukraine,
Assoupie — par la Ruse — et la Haine,
Tout à coup — dans le feu — mise à mal !...

Que j'entende — et ses cris — et son râle !
Cela ne m'est égal, cela ne m'est égal !
Hélas ! Cela ne m'est égal !...

La Vie d'un peuple : l'Ukraine / Roger Tisserand. – Paris : Librairie orientale et américaine, 1933. – [Pp. 233-234].

KOBZAR 212

F. Mazade — 1920

Le soir, ou *Sous les cerisiers*. — Ce poème lyrique, parmi les plus beaux de l'auteur, fut écrit en 1847, en prison à Saint-Pétersbourg.

C'est la maison que les cerisiers environnent.
Autour des cerisiers, les hannetons bourdonnent,
Les hommes du labour reviennent peu à peu ;
Et les filles en chœur chantent et papillonnent.
Cependant que la mère attend devant le feu.

La famille est déjà réunie : elle dîne,
L'étoile du berger au levant s'illumine.
Une des filles sert la soupe et puis le pain,
La mère va prêcher la pieuse doctrine,
La voix du rossignol la fait taire soudain.

Les tout petits enfants ont sommeil, et la mère
Les couche doucement dans la nuit presque claire.
Et s'endort elle-même à côté d'un berceau.
Et seuls restent encore sonores, sur la terre,
Des filles, les chansons et le chant de l'oiseau.

France-Ukraine, 5 mai 1920, p. 95.

KOBZAR 213

M.-Fr. Jacamon — 1964

Marie. — Ce poème, écrit entre le 27 octobre et le 11 novembre 1859 à Saint-Pétersbourg, fut publié à Prague dans l'édition de 1878 du *Kobzar*.

Je mets tout mon espoir
En toi, mon paradis radieux,
En ta miséricorde.
En toi, Ô Mère,
Je mets tout mon espoir.
Sainte parmi tous les saints
Ô toute bonne, immaculée
Je te prie et je pleure et sanglote !
Regarde, ô vierge, tes fils

Que voici dépouillés et aveugles
Esclaves. Donne-leur la force
De ton enfant martyr
Afin qu'ils puissent porter
Leurs chaînes qui sont leur croix
Jusqu'au bout du chemin
Baignés d'une digne sueur ! Je te supplie !
Reine du ciel et de la terre !
Écoute-les gémir et envoie-leur
Une fin heureuse, ô clémente !
Et moi, qui n'ai point l'âme rancunière
Quand les pauvres villages de nouveau fleuriront
En un psaume calme et joyeux je chanterai
La louange de ta sainte gloire.
Mais maintenant les pleurs, les larmes, la tristesse
D'une âme malheureuse, un pauvre
Te les donne pour sa dernière offrande...

Taras Chevtchenko 1814-1861 : sa vie et son œuvre / Kalena Uhryn et Arkady Joukovsky. – Paris : Édition PIUF, 1964. – [P. 104].

KOBZAR 214

E. Guillevic — 1964

N'est-il pas temps, mon amie... — Ce dernier poème de Chevtchenko, écrit les 14 et 15 février 1861 à Saint-Pétersbourg, dix jours avant sa mort, témoignent de son courage, de sa résignation devant la fin inéluctable, de ses regrets de quitter le monde, de sa soif de vivre. Ils sont adressés à une jeune fille qui offrait à Chevtchenko sa tendresse, sa compassion et son sourire.

N'est-il pas temps, mon amie,
Pas temps, ma pauvre voisine,
De cesser enfin d'écrire
Des poèmes inutiles,
De nous mettre à préparer
Les voitures pour le long
Voyage vers l'autre monde
Où nous reposer chez Dieu ?
Fatigués, vieillis nous sommes
Et devenus raisonnables.
C'en est bien assez pour nous,
Allons maintenant dormir,

Allons donc nous reposer
À la maison maintenant...
Et que la maison est gaie,
Sûrement que tu le sais !
N'y allons pas encore,
Restons, ô mon amie ;
Il est encore tôt,
Marchons, asseyons-nous
Et regardons le monde,
Amie, regardons-le.
Voyons comme il est large,
Comme il est haut et gai,
Comme il est clair, profond.
Marchons donc, mon étoile,
Montons dans la montagne,
Reposons-nous là-haut
Et, pendant ce temps-là,
Les étoiles, tes sœurs,
Tes sœurs qui n'ont pas d'âge,
Vogueront, brilleront.
Donc ma sœur attendons,
Donc attendons un peu,
Épouse vénérée,
Et par nos bouches pures
Ensemble prions Dieu
Et puis nous partirons
Au loin tout doucement
Par la route qui passe
À travers le Léthé[1],
Ce lieu sombre et sans fond.
Bénis-moi, mon amie,
Pour que ma juste gloire
Je la tienne de toi...

Tarass Chevtchenko / Maxime Rilsky, Alexandre Deïtch. – Paris : Pierre Seghers, 1964. – (*Poètes d'aujourd'hui* ; 110). – [Pp. 107-108].

1 Dans la mythologie grecque, fleuve des Enfers qui apportait l'oubli aux âmes des morts.

NIEVO

ITALIEN **1831-1861**

Ippolito Nievo est l'auteur le plus représentatif du second romantisme italien. Sa vie brève et intense coïncida tout entière avec la période du *Risorgimento*, et son activité littéraire alla de pair avec son engagement personnel en faveur de la cause nationale.

Né à Padoue d'un père magistrat originaire de Mantoue et d'une mère vénitienne, Adélaïde Marin, dans une famille d'opinions libérales et de sentiments patriotiques, il séjourna souvent pendant son enfance dans le Frioul, à Colloredo de Montalbano, dans un château appartenant à sa famille maternelle. Ce lieu champêtre, qui le marqua profondément, devait devenir le décor privilégié de la plupart de ses nouvelles et de ses romans. L'amitié de son grand-père maternel, qui avait été membre du Grand Conseil de la République de Saint-Marc, compta aussi beaucoup pour lui.

Par ses ascendants, Ippolito Nievo se sentira à la fois frioulan, vénitien et lombard avant de se considérer comme italien. Sa première participation à l'action politique eut lieu en 1848, lorsqu'il prit part aux manifestations patriotiques et désira, vainement, aller combattre pour Venise, alors insurgée contre le pouvoir autrichien. Une fois la guerre terminée, Nievo entreprit des études de droit à l'université de Padoue, tout en collaborant à plusieurs revues et journaux littéraires. De cette période date sa passion pour sa cousine Bice Melzi d'Eril (mariée à Carlo Gobio), qui sera plus ou moins tolérée par sa famille et servira de modèle aux amours de ses personnages principaux.

À vingt ans, Nievo écrit un texte satyrique, l'*Anti-aphrodisiaque pour l'amour platonique*, mais c'est en 1855 qu'il commence à publier son œuvre narrative. Ce seront tout d'abord les nouvelles qui devaient composer le recueil *Il Novelliere campagnolo*, des textes mettant en scène la société paysanne et se voulant populaires. Y dominent des thèmes comme le sentiment de la nature et l'enfance, dans un monde où les personnages populaires sont idéalisés, et où les drames sentimentaux débouchent sur d'heureux dénouements. Le thème patriotique, présent dans la nouvelle *L'Avvocatino*, lui valut des démêlés avec la justice autrichienne.

Viennent bientôt s'y ajouter les premiers romans, *Une histoire du temps passé : Ange de bonté* (1855) et *Il Conte pecorajo* (1856), qui, dans l'esprit de l'auteur, devaient former un diptyque historique allant de la fin du XVIIIe siècle (à Venise) au début du XIXe siècle (dans le Frioul) ; les protagonistes sont des jeunes filles angélisées qui connaissent les joies de l'amour après bien des malheurs. L'intrigue du *Barone di Nicastro* (1857) en revanche est construite autour d'un personnage masculin. Nievo écrit aussi des tragédies (*I Capuani*, *Spartaco*), et des vers (*Le Lucciole*) avant de s'atteler, entre décembre 1857 et août 1858, à la rédaction de son chef-d'œuvre, *Mémoires d'un Italien : Les Confessions d'un octogénaire*, qui n'est cependant pas publié de son vivant : dès 1859 en effet, Nievo s'engage dans les préparatifs, puis dans les combats de la Seconde guerre de l'Indépendance italienne, en s'enrôlant dans les Chasseurs à cheval de Garibaldi, expérience qui lui inspirera des vers (*Gli Amori garibaldini*). L'armistice de Villafranca déçoit cruellement son espoir de voir la Vénétie libérée, et lui dicte des essais politiques (*Venezia e la libertà d'Italia*, *Frammento sulla rivoluzione nazionale*). Au printemps 1860, il est à nouveau prêt à partir avec Garibaldi, revêt la chemise rouge et participe à toutes les batailles pour la libération de la Sicile. Il assume les fonctions d'Intendant de l'administration garibaldienne et meurt dans le naufrage du bateau qui devait le ramener au nord.

La renommée de Nievo est liée aux *Mémoires d'un Italien* qui, autobiographie fictive, raconte la vie d'un octogénaire, Carlino Altoviti. À la fois roman historique et roman de formation, il retrace les vicissitudes d'un « héros » qui se présente non comme un individu d'exception mais comme un Italien « moyen », pouvant prétendre à représenter un peuple tout entier. Les étapes de la vie de ce personnage coïncident en effet avec les phases principales de l'histoire italienne de 1775 à 1858 : son enfance au sein du microcosme féodal du château de Fratta correspond à l'époque révolue de l'Ancien Régime, et sa jeunesse aventureuse à la période révolutionnaire inaugurée par l'arrivée des Français dans la péninsule. De 1796 à 1799, Carlino assiste d'abord à la chute de la Sérénissime, décadente et avilie, et se bat ensuite aux côtés des républicains contre les forces de la réaction ; puis il se range et fait carrière dans l'administration. Mais lorsque Napoléon se proclame empereur des Français et roi d'Italie, Carlino abandonne ses fonctions et se réfugie dans sa région natale, où il se consacre à la vie familiale sous l'Empire et la Restauration. Il retournera sur la scène de l'Histoire pour participer aux insurrections du *Risorgimento*, et connaîtra le sort des patriotes italiens : l'emprisonnement et l'exil. Toutefois, les *Mémoires d'un Italien* ne sont pas seulement un roman historique et patriotique. C'est aussi un grand roman d'amour : la passion entre Carlino et Pisana est l'autre composante fondamentale de l'ouvrage. Belle et sensuelle, romantique et volage, tyrannique et généreuse, Pisana est un personnage complexe qui détonne dans la littérature romantique italienne.

La liaison adultère qui unit le couple, sujet scandaleux pour l'époque, a longtemps pesé sur le succès du livre, édité tout d'abord dans des versions censurées. D'autres thèmes traversent également cette œuvre foisonnante, le sentiment de la nature et l'enfance des protagonistes. L'auteur joue aussi sur plusieurs registres représentatifs et stylistiques, en campant de nombreux personnages dans des milieux très divers : c'est ainsi que la société qui se réunit dans le château de Fratta est composée de types comiques sinon caricaturaux, dont l'existence est réglée par un cérémonial figé et ridicule. Le déclin de l'oligarchie vénitienne est décrit sur un ton sarcastique, alors que les patriotes qui se battent pour la liberté et l'indépendance de l'Italie apparaissent sous les traits de l'héroïsme le plus sublime. La composition romanesque souffre de ces ruptures et de certains développements peu réalistes et trop marqués, tout comme de longueurs (surtout dans la 2e Partie) ; néanmoins son unité est assurée par le ton du narrateur, qui tout en se montrant sentencieux et moralisateur, évoque tour à tour les épisodes de son passé avec détachement et nostalgie, ironie et tendresse.

Ippolito Nievo : Stile e ideologia / Folco Portinari. – Milano : Silva, 1969. – 236 p.

Norbert Jonard, "*Le Confessioni d'un Italiano* et les problèmes de l'autobiographie". – In : *Atti dell 'Istituto Veneto di Scienze, Lettere ed Arti*, tome CXXXV (1976-1977), pp. 287-304.

Pier Vincenzo Mengaldo, "Appunti di letteratura sulle *Confessioni* di Nievo". – In : *Rivista di Letteratura Italiana*, II, n° 3 (1984), pp. 465-518.

Introduzione a Nievo / Marinella Colummi Camerino. – Bari ; Roma : Laterza, 1991. – 160 p.

Ritratto di Nievo / Marcella Gorra. – Firenze : La Nuova Italia, 1991. – 294 p.

Mariella Colin, "La France et les Français vus par les *Confessioni d'un Italiano* : la République et l'Empire à l'épreuve du Risorgimento". – In : *L'Altérité française. Stéréotypes et représentations italiennes de l'altérité française* : Actes du Colloque du 26 septembre 1997. – Rennes : Publications de l'Université de Rennes, 1999. – [Pp. 145-155].

UNE HISTOIRE DU TEMPS PASSÉ : ANGE DE BONTÉ 215

M.-A. Glomeau — 1920

La décadence vénitienne (chapitre I). — L'histoire de Morosina se déroule à Venise au XVIIIe siècle, dans une république décadente et corrompue dont les habitants, et tout particulièrement les femmes, semblent avoir perdu toute pudeur et toute vertu.

Les bonnes dames vénitiennes s'étaient profondément incarnées dans le XVIIIe siècle. L'opulence les avait conduites au vice, à la frivolité : toutes avaient marché du même pas vers les mauvaises habitudes et la contagion était universelle. Les hontes privées couraient dans toutes les bouches populaires, et la pudeur publique n'avait aucun moyen de salut dans cette ruine de l'ordre moral.

L'apologue, par lequel le monde se compare à une scène de théâtre, obtenait une nuance de vérité dans ces ignobles vers de terre. Tout se passait à la vue de tous, si bien que la fausse magnificence allait de pair avec la plus vulgaire laideur ; les dames et les chevaliers s'habillaient effrontément de leurs propres vilenies, et s'en glorifiaient dans les loges de théâtres, et jusque sous les galeries de marbre des Procuraties. Cependant parmi de si nombreuses turpitudes, ils ne perdirent pas deux qualités que possédait l'antique Venise intègre, c'étaient la vivacité de l'esprit et la bonté de l'âme. Mais la première, charme infini, quand elle est encouragée par la vertu réelle et la saine connaissance, s'était changée en un masque de déchéance ; la seconde, reléguée dans la médiocrité de la vie privée, se confondait facilement avec un vulgaire amour de la tranquillité. Ainsi par un miracle de perversion l'unique vertu de laquelle puisse sortir une régénération future, n'était digne ni de fierté, ni d'estime. Cette progression continue de la gangrène à travers les organes (il n'en pouvait être autrement depuis que l'incurie du gouvernement avait tari de ce milieu, tout effort nécessaire et toute force politique), devait évidemment corrompre les fonctions vitales de la République. Il s'ensuivit, par l'immoralité des actes publics et la malhonnêteté des hommes politiques, qui péchèrent plus par lâcheté que par scélératesse, qu'une certaine solidarité de vices s'établit entre dirigeants et dirigés, de laquelle était prohibée toute franche désobéissance aux lois ; et les générations se succédèrent ainsi, toujours plus abjectes. L'autorité était tombée du sommet de la vertu à la plus cynique impudence. Il est naturel qu'en de telles conditions, les âmes se soient tournées vers l'intérêt particulier ; mais la décadence de cette époque, conseillait surtout à la pensée de fuir les calmes réflexions et les conversations sérieuses, source de remords importuns, et de ne rechercher que le plaisir où la raison se tait et s'égare elle-même pour exciter les sens. [...] Les femmes y régnèrent et détinrent l'autorité, nous le savons pour l'avoir entendu dire de la bouche même des vieillards qui, après avoir échappé à la corruption générale, par un geste d'honnêteté, se retrempèrent dans l'adversité et envièrent sincèrement notre jeunesse grave et réservée. Ceci pourtant n'était pas la racine du mal, ni le mal lui-même, car, l'histoire le démontre, le culte de la femme fut jadis un facteur de civilisation. Hélas, le prix seul accordé aux femmes par les mœurs brutales des hommes, les induisaient à se complaire dans les plus pernicieux attraits !

Une histoire du temps passé, ou Ange de bonté / Roman vénitien traduit pour la première fois de l'italien par Marie-Anne Glomeau. – Paris : Maurice Glomeau, s.d. [1920]. – [Pp. 13-15].

MÉMOIRES D'UN ITALIEN 216

H. Valot — 1968

Préambule (chapitre I). — Dans un court texte préliminaire, le narrateur présente au lecteur les raisons qui l'ont poussé à rédiger ses mémoires. Dans cette introduction se trouve établie la jonction entre le genre autobiographique, très en vogue au XVIIIe siècle, et le genre historique né au XIXe siècle. L'inspiration nationale et patriotique est tout aussi présente.

Je suis né Vénitien le 18 octobre 1775, fête de saint Luc l'Évangéliste, et je mourrai Italien par la grâce de Dieu, quand le décidera la Providence qui gouverne mystérieusement le monde.

C'est là toute la morale de ma vie. Comme elle est l'œuvre des temps et non la mienne, l'idée m'est venue d'écrire simplement cette action des temps sur l'existence d'un homme et, par là, de me rendre utile à ceux qui bénéficieront des efforts qui sont actuellement tentés.

En cette année de grâce 1858, j'ai quatre-vingts ans passés, mais mon cœur reste plus jeune peut-être qu'il ne le fut au cours d'une jeunesse tumultueuse et d'une maturité accablée. J'ai beaucoup vécu et j'ai beaucoup souffert. Mais, au milieu des tribulations qui semblent parfois bien lourdes à notre inconstance autant qu'à notre faiblesse, je n'ai jamais manqué de certaines consolations que les hommes méconnaissaient trop souvent, alors qu'elles élèvent l'âme vers la sérénité et vers l'espérance, quand le souvenir nous les restitue ce qu'elles furent : d'invincibles talismans contre l'infortune. J'entends par là ces affections et ces convictions qui, loin de se modeler sur les contingences de la vie, les dominent et même en font le champ de batailles fécondes.

Ma nature, mon esprit, ma première éducation et le déroulement de mon destin furent, comme toute chose humaine, tissés de bien et de mal et, si je ne craignais qu'on ne m'accusât de modestie excessive, je dirais, en parlant de mes mérites, que le mal s'y rencontra plus souvent que le bien. Rien de tout cela ne serait curieux ni digne d'être conté si ma vie ne se situait à califourchon sur deux siècles qui resteront à jamais mémorables, surtout dans l'histoire d'Italie. En effet, ce fut alors que portèrent leurs premiers fruits les spéculations politiques qui, du XIVe au XVIIIe siècle, s'inspirèrent des œuvres de Dante, Machiavel, Filicaia, Vico et de tant d'autres que ma culture médiocre et ma quasi-ignorance littéraire ne me permettent point à cette heure d'utiliser. Le hasard — d'aucuns diraient la malchance — qui m'a fait vivre ces années-là m'a donc poussé à écrire ce que j'ai vu, senti, fait et éprouvé, de ma première enfance au début de la vieillesse, lorsque les injures de l'âge, la condescendance que j'éprouve envers mes cadets, une sagesse longuement acquise et, disons-le aussi, les malheurs qui se sont répétés ces dernières années m'ont ramené vers la demeure champêtre où j'avais assisté au dernier acte, bien grotesque, du grand drame de la féodalité. Par rapport à l'histoire, ce récit sans prétention vaut en importance la note qu'aurait pu tracer, en marge d'un manuscrit très ancien, une main anonyme, mais contemporaine. L'activité personnelle d'un homme qui ne manqua pas de générosité au point de se retrancher en elle-même face aux misères publiques, mais qui, pourtant, ne fut ni assez stoïque pour les affronter délibérément, ni assez sage ou hautaine pour les négliger et les mépriser, cette activité, dis-je, me semble en quelque sorte refléter celle de la nation qui l'a absorbée, comme une goutte de pluie signale en tombant la direction de l'averse. Le récit des événements de ma vie sera donc un exemple des innombrables destins individuels qui, entre la décomposition du vieux régime et le rafistolage d'un nouveau, composèrent la grande aventure nationale de l'Italie.

Mémoires d'un Italien : Les Confessions d'un octogénaire / Ippolito Nievo ; traduction d'Henriette Valot ; introduction de Paul Bédarida. – Paris : Klincksieck, 1968. – [Pp. 19-20].

MÉMOIRES D'UN ITALIEN 217

H. Valot — 1968

Amours enfantines (chapitre I). — L'amour entre Carlino et Pisana enfants présente déjà tous les traits de la future passion qui les unira adultes, sans que le mariage vienne jamais la couronner. Le caractère des deux protagonistes est dessiné : Pisana capricieuse, tyrannique et volubile, Carlino soumis et fidèle.

Pisana était une petite espiègle, remuante et un brin ombrageuse, avec de longs cheveux et de grands yeux châtains. On prétend que les femmes ne sont jamais vraiment enfants et qu'elles viennent au monde avec l'instinct de la coquetterie et de la malice ; Pisana le prouvait assez car à trois ans elle possédait déjà l'art de jouer de son charme enfantin et connaissait parfaitement son pouvoir de séduction.

Je ne me couchais jamais sans me pencher sur le berceau de la petite pour la contempler à loisir, et elle restait sous mes regards, ses grands yeux clos, un petit bras sur les draps, l'autre autour de la tête, comme un angelot endormi. Mais tandis que je savourais ces délices, elle entr'ouvrait tout à coup les paupières, puis, s'asseyant sur son lit, elle me giflait allègrement, tout heureuse de s'être moquée de moi. Tout cela se passait sans doute lorsque Faustina[1] tournait les yeux, ou qu'elle oubliait la consigne de la comtesse qui tenait à mettre une respectueuse distance entre sa fille et moi, puisque toute familiarité avec elle m'était interdite. Pour moi, il y avait les enfants de Fulgenzio[2], qui me semblaient plus abominables encore que leur père ; je ne négligeais donc jamais l'occasion de leur jouer des tours, surtout lorsqu'ils rapportaient qu'ils m'avaient vu embrasser la petite comtesse Pisana ou la prendre dans mes bras pour la porter de la crèche aux brebis aux bords de la pêcherie. Cependant, la petite fille, que les réprimandes ne touchaient pas plus que moi, continuait à m'aimer et à recourir à moi, le cas échéant, au lieu d'appeler Faustina ou Rosa, la « bonne aux clefs », c'est-à-dire la lingère. J'étais aussi heureux que fier de trouver quelqu'un à qui je me croyais indispensable, et il fallait entendre le ton important que je prenais en disant à Martino[3] : — Donne-moi donc un joli bout de ficelle, que je le porte à Pisana ! — car j'osais l'appeler ainsi avec lui, tandis que je l'appelais la petite comtesse avec les autres.

Pourtant ces satisfactions n'étaient pas sans mélange et je vérifiai, dès mon enfance, la véracité du proverbe qu'il n'y a pas de roses sans épi-

1 La gouvernante de Pisana. (N.d.t.)

2 Le sacristain. (N.d.t.)

3 Le vieux valet qui a élevé Carlino. (N.d.t.)

nes. Quand, par hasard, les châtelains des environs arrivaient en visite avec leurs enfants attifés de jabots tuyautés et de chapeaux à plumes, Pisana me laissait aussitôt de côté pour faire la coquette avec eux. Je me mettais à bouder, dès que je la voyais trottiner, la tête penchée comme un petit oiseau, pour mieux les séduire par son petit babil tout de grâce et de désinvolture. [...] Il est vrai qu'une fois les invités partis, Pisana se plaisait à nouveau à jouer la grande dame avec moi, mais la mauvaise humeur que me causaient ces infidélités tardait à se dissiper ; tout en restant incapable de me détacher d'elle, je commençais à trouver ses caprices trop nombreux et trop dure sa tyrannie. La méchante ne s'en souciait guère, elle avait sans doute flairé de quelle pâte j'étais fait : je redoublais de soumission et d'attachement à mesure que croissaient ses exigences car, chez certains êtres, le dévouement à celui qui les tourmente est plus profond que la gratitude qu'ils éprouvent pour ceux qui font leur bonheur.

Mémoires d'un Italien : Les Confessions d'un octogénaire / Ippolito Nievo ; traduction d'Henriette Valot ; introduction de Paul Bédarida. – Paris : Klincksieck, 1968. – [Pp. 46-47].

MÉMOIRES D'UN ITALIEN 218

H. Valot — 1968

La rencontre de Carlino avec Bonaparte (chapitre X). — En 1796, l'armée française commandée par le général Bonaparte arrive en Italie, attendue avec les plus vifs espoirs par les patriotes italiens. Mais l'image des forces républicaines donnée par le texte de Nievo est négative : les soldats de la liberté sont des pillards et leur passage est cause de crimes et de dévastations. Carlino se rend chez le général pour lui demander que justice soit faite, mais en vain. Bonaparte se révèle déjà le politicien cynique et opportuniste qui, par la suite, n'hésitera pas à céder Venise à l'Autriche par le traité de Campo-Formio.

Le général en chef Napoléon Bonaparte (on l'appelait ainsi à cette époque-là) était installé au palais Florio. Je demandai un entretien, en prétextant d'importantes communications que j'avais à faire sur de graves événements qui s'étaient produits dans la région, et comme il tirait déjà les ficelles des mécontents (ce que j'appris plus tard), l'audience me fut facilement accordée. Le général était aux mains de son valet de chambre qui le rasait. Il ne lui déplaisait pas alors de se montrer sous l'image d'un simple mortel et il affectait une simplicité à la Caton, ce qui de prime abord m'encouragea. Il était maigre et gracile, avec un visage mobile et nerveux ; de longs cheveux plats lui tombaient sur le front et sur les tempes et lui couvraient la nuque jusqu'au col de son uniforme. Il ressemblait tout à fait au beau portrait qu'a laissé de lui le peintre Appiani et qui se trouve actuellement à la Villa Melzi, à Bellagio, cadeau du Premier Consul président au vice-président, suprême flatterie du loup à l'agneau. Il était même plus fluet, au point qu'on lui aurait donné bien peu de temps à vivre, et il joignait ainsi l'auréole du martyr à la gloire du libérateur. Il sacrifiait sa vie au bien des peuples ; qui donc se serait refusé à lui sacrifier la sienne ?

— Que voulez-vous, citoyen ? me dit-il sur un ton abrupt en s'essuyant les lèvres à la dentelle de la serviette.

— Citoyen général, répondis-je en m'inclinant à peine pour ne pas effaroucher sa simplicité républicaine, ce que je viens vous dire est de la plus grande importance et, de plus, fort délicat.

— Parlez sans crainte, observa-t-il en m'indiquant son valet de chambre. Mercier entend l'italien à peu près autant que mon cheval.

— Alors, repris-je, je parlerai avec la candeur d'un homme qui croit en la justice de celui qui combat précisément pour le triomphe de la justice et de la liberté. Un épouvantable délit a été commis il y a trois jours, au château de Fratta, par quelques bersagliers français. Pendant que le gros de la troupe pillait d'une façon tout à fait arbitraire les greniers publics et le trésor de Portogruaro, une poignée d'hommes, qui s'étaient sans doute égaillés, a envahi une maison patricienne, outragé et martyrisé une dame impotente plus que centenaire qui est morte d'horreur et de désespoir.

— Voilà comment la sérénissime Seigneurie pousse mes soldats à l'exacerbation ! s'exclama le général en bondissant. On raconte au peuple que ce sont des assassins et, quand ils arrivent, tout le monde se sauve, tout le monde abandonne les maisons. Comment voulez-vous que cette manière de les accueillir les prédispose à l'humanité et à la mesure ? Et bien ! je vais vous dire : il va falloir que je rebrousse chemin un instant pour me débarrasser de cette vermine qui m'agace ! [...] Bergame, Brescia et Crème se sont déjà séparées de Venise, et cette stupide oligarchie qui ne sait que tromper s'apercevra finalement que ses véritables ennemis ne se trouvent pas dans les rangs français. L'heure de la liberté sonne ; il faut se lever et combattre pour elle ou bien se laisser écraser.

Mémoires d'un Italien : Les Confessions d'un octogénaire / Ippolito Nievo ; traduction d'Henriette Valot ; introduction de Paul Bédarida. – Paris : Klincksieck, 1968. – [Pp. 306-307].

MÉMOIRES D'UN ITALIEN 219

H. Valot — 1968

La fin des institutions de la République de Saint-Marc (chapitre XI). — Le 12 mai 1797, le Grand Conseil vénitien vota l'abolition de son système de gouvernement. Pour la description de cette séance dramatique, Nievo s'est largement inspiré d'ouvrages historiques tels que l'*Histoire d'Italie* de Botta (*Storia d'Italia dal 1789 al 1814* / Carlo Botta. – Parigi : G. Didot il maggiore, 1824 ; *Histoire d'Italie* / Carlo Botta. – Paris : P. Dufart, 1824) ou l'*Histoire de la République de Venise* de Cappelletti (*Storia della repubblica di Venezia dal suo principio sino al suo fine* / Giuseppe Cappelletti. – Venezia : G. Antonelli, 1850-1855).

Il était environ huit heures trois quarts quand la cloche du Grand Conseil sonna et quand je m'acheminai vers l'Escalier des Géants. Si pressés qu'ils fussent de commettre le grand matricide, MM. les aristocrates ne consentirent pas, ce matin-là, à s'arracher un quart d'heure plus tôt aux délices de leur couche. Il y avait à l'heure prescrite cinq cent trente-sept membres, nombre insuffisant pour valider une délibération qui exigeait la présence de six cents votants. La plupart des conseillers tremblaient de peur et d'impatience ; ils avaient hâte d'en finir, de s'en retourner chez eux, d'ôter leur toge, emblème désormais dangereux d'un empire déchu. D'aucuns affectaient des airs radieux et tranquilles : c'étaient les traîtres ; d'autres, qui sacrifiaient généreusement leur inscription au Livre d'Or au droit d'être de libres citoyens, rayonnaient d'une joie profonde. Agostino Frumier[1] et moi, nous nous assîmes parmi eux, en nous tenant la main. Dans un coin de la salle, une vingtaine de patriciens, drapés dans leur toge, se tenaient raides et silencieux. Quelques vieillards vénérables qui n'assistaient plus depuis longtemps au Grand Conseil étaient venus offrir à la patrie le secours impuissant de leur dernier suffrage ; avec eux, quelques hommes encore jeunes et quelques braves gens qui s'inspiraient sans aucun doute des sentiments magnanimes de leur aïeul, de leur père, de leur beau-père. [...]

Des susurrements, des frémissements indistincts parcouraient les différents groupes ; seuls le silence et l'accablement régnaient dans ce coin sombre. Au-dehors, le peuple se soulevait, les navires rentraient désarmés ; les derniers pelotons d'Esclavons s'embarquaient ; contre tout usage, des gardes surveillaient les issues du palais. Que de funestes présages ! Ah ! que le sommeil de la mort est inexorable, puisque les capitaines de l'ancienne République, ses héros et ses doges ne surgirent pas de leurs tombeaux !

---

1 Jeune aristocrate vénitien, fils du beau-frère du comte de Fratta. (N.d.t.)

Pâle et tremblant, le Doge se leva, face au Grand Conseil souverain auquel il osait proposer une lâcheté sans précédent. Il venait de lire les conditions rédigées par Villetard[1] qui allaient au-devant des désirs du Directoire et qui apaiseraient Bonaparte. Il y souscrivait par ignorance et les défendait par veulerie, sans soupçonner un instant que Villetard, qui trahissait par nécessité, promettait ce que personne — et Bonaparte moins que tout autre — n'avait l'intention de tenir. Lodovico Manin marmotta quelques mots sur la nécessité d'accepter ces conditions, sur l'inutilité, sinon l'impossibilité, de toute résistance, sur la magnanimité du général Bonaparte, sur les espoirs qu'on fondait en un avenir meilleur grâce aux réformes envisagées. Enfin, et sans vergogne, il proposa d'abolir le vieux système de gouvernement et d'instaurer la démocratie. Pour un délit infiniment moins grave Marin Faliero était monté sur l'échafaud. Lodovico Manin continuait sans désemparer à se couvrir de honte, à déshonorer le Grand Conseil et la patrie, et personne n'eut le courage de lui arracher le manteau ducal et de lui fracasser le front sur le pavé où tant de ministres de rois et de légats pontificaux avaient courbé la tête. Moi-même, j'avais pitié de lui, moi qui ne voyais dans l'avilissement et la peur d'un doge que le triomphe de la liberté et de l'égalité.

Mémoires d'un Italien : Les Confessions d'un octogénaire / Ippolito Nievo ; traduction d'Henriette Valot ; introduction de Paul Bédarida. – Paris : Klincksieck, 1968. – [Pp. 332-334].

1 Secrétaire de la Légation française à Venise. (N.d.t.)

ELIZABETH BARRETT ET ROBERT BROWNING

ANGLAIS

1806-1861 / 1812-1889

Même si, déjà connue pour sa poésie, Elizabeth Barrett n'épousa Robert Browning qu'à un moment passablement avancé de sa courte vie, c'est sous le nom d'Elizabeth Barrett Browning qu'elle reste dans les mémoires. Robert Browning, pour sa part, dont l'œuvre poétique, tant que vécut sa femme, fut éclipsée par elle, est à présent celui qu'on lit le plus volontiers.

Le point de départ de la relation entre Robert Browning et Elizabeth Barrett est une lettre du 10 janvier 1845, qu'il lui écrivit en hommage à son œuvre poétique qu'il avait lue avec admiration et en remerciement pour la généreuse mention qu'Elizabeth avait faite de son œuvre dans son poème « Les Fiançailles de Lady Géraldine ». À l'époque, Elizabeth Barrett, qui souffrait de tuberculose, vivait quasiment emprisonnée par un père tyrannique. Sa vie sociale se ramenait à une vaste correspondance avec des collègues écrivains et à quelques-unes de leurs visites. Robert Browning se plia d'abord à ce schéma, mais bientôt les deux poètes tombèrent passionnément amoureux l'un de l'autre et, passant outre la défense formelle du père, s'enfuirent en Italie en 1846, où ils furent d'heureux époux jusqu'à la mort d'Elizabeth.

L'un et l'autre poètes de la vie, poètes d'énergie plus que de réflexion, Elizabeth et Robert se sont trouvés unis dans une même passion, par un même engagement, même si les fondements et les sources de leur dynamisme sont nettement différents.

Elizabeth Barrett, pour sa part, a surtout marqué par une œuvre poétique moralement vouée au présent, et comme auteur de poèmes d'amour au lyrisme intense. Dans cette veine, les *Sonnets portugais* sont l'œuvre la plus forte. Dans ce recueil publié en 1850 elle sonde la condition de l'amour humain et les relations de pouvoir qui y sont impliquées. Comme « poète engagé », son œuvre principale est sans conteste *Aurora Leigh* (1857), un long roman en vers blancs étudiant, du point de vue féminin, les responsabilités de la littérature dans la société où elle s'exerce. Pendant son séjour en Italie, Elizabeth enrôla également sa poésie au service du nationalisme italien ; là aussi, comme il apparaît très clairement dans l'élégie « Mère et poète », son intention est de s'adresser à ses contemporains d'une voix délibérément féminine.

Si la poésie d'Elizabeth Barrett Browning peut être qualifiée d'écriture engagée, l'œuvre de Robert, à son sommet du moins, doit être principalement qualifiée de poétiquement engagée. Car la véritable énergie de Browning ne s'épuise pas en tentatives pour définir ou défendre une position personnelle ; au contraire, elle s'investit dans un processus poétique d'auto-effacement. Après le dur accueil critique de sa première œuvre, *Pauline*, œuvre intense et personnelle, Browning passa un temps considérable à tenter de réaliser cet auto-effacement, d'abord dans un drame en vers (*Paracelse*, 1835), ensuite dans des écrits destinés en fait à la scène. En tant que pièces de théâtre, *Strafford* (1837) et les drames suivants de Browning ne furent singulièrement pas des réussites, mais, en les composant, l'auteur se rapprocha de son innovation la plus importante, le « monologue dramatique », où un homme, à la première personne, « parle » sa vie. Cette forme nouvelle allait devenir extrêmement importante dans la poésie moderne, en tant, précisément, que véhicule de la modernité : l'exemple le plus célèbre en est peut-être « The Love Song of J. Alfred Prufrock » de T.S. Eliot. La lecture de cette poésie exige, crucialement, que soit accompli le juste et difficile équilibre entre l'interprétation du texte comme expression du poète en personne et celle, tout également juste, ou fausse, du texte comme simple monologue de scène, à une distance respectable à la fois du poète et du lecteur. Les monologues dramatiques les plus célèbres de Browning sont des pièces assez courtes et acérées : « L'Amant de Porphyrie » (1836) et « Ma dernière duchesse », toutes deux republiées dans ses *Drames lyriques* (1842). D'autres exemples, plus longs, figurent dans les volumes *Hommes et femmes* (1855) et *Dramatis Personæ* (1864). *L'Anneau et le livre* (1868-1869), reconnu comme son *magnum opus*, est un long poème constitué d'une suite complexe de monologues dramatiques donnant la chronique d'un crime passionnel commis dans la Rome du XVIIe siècle. Bien qu'à ses débuts les excentricités stylistiques de Browning et ses thématiques désarçonnantes aient constitué un obstacle pour beaucoup de lecteurs, dès la fin des années 1860, il fut largement reconnu comme poète de premier ordre, et passa la fin de sa vie comblé de gloire littéraire, et produisant très abondamment.

Robert et Elizabeth Browning : portraits, suivis de quelques autres / André Maurois. – Paris : Grasset, 1955. – (*La meilleure bibliothèque*). – [Pp. 7-44].

L'Univers imaginaire de Robert Browning / Bernard Brugière. – Paris : Klincksieck, 1979. – 510 p. – (*Études anglo-saxonnes*).

Robert et Elizabeth Browning ou la Plénitude de l'amour humain / Charles Du Bos ; préface de Bernard Brugière. – Paris : Klincksieck, 1982. – 177 p.

Elizabeth Barrett Browning : a biography / Margaret Forster. – London : Chatto & Windus, 1988. – XIV-402 p.

Robert Browning / Joseph Bristow. – New York : Harvester Wheatsheaf, 1991. – XIII-178 p. – (*Harvester new readings*).

Critical Essays on Robert Browning / Mary Ellis Gobson. – New York : Hall, 1992. – IX-275 p. – (*Critical essays on British literature*).

Elizabeth Barrett Browning / Marjorie Stone. – Houndmills : Macmillan, 1995. – 254 p. – (*Women Writers*).

Robert Browning / John Woolford and Daniel Karlin. – London : Longman, 1996. – XI-340 p. – (*Studies in eighteenth- and nineteenth- century literature*).

ELIZABETH BARRETT BROWNING — POÈMES DE 1844 220

Al. Savine — 1905

À George Sand : une reconnaissance. — Témoignage de son admiration pour George Sand, qu'Elizabeth Barrett Browning défendit passionnément contre la critique hostile.

Véritable génie mais vraie femme, tu renies avec un dédain masculin ta nature féminine, et tu brises, pour les rejeter, les parures et les bracelets que portent en leur captivité de plus faibles femmes. Ah ! vain renoncement ! ce cri de révolte s'éteint sous les sanglots d'une voix de femme abandonnée. Ta chevelure de femme, ô ma sœur, est restée tout entière, et elle flotte en désordre sur tes épaules, comme une force à l'agonie, elle dément ton nom masculin, et pendant que devant le monde, tu brûles dans le feu d'un poète, nous voyons sans cesse à travers la large flamme, battre ton cœur de femme. O cœur, bats plus purement, d'un essor plus haut, jusqu'à ce que Dieu te délivre de tout sexe sur la rive céleste, à laquelle aspirent en toute pureté les esprits exempts d'incarnation.

Poèmes et Poésies / Elisabeth Barrett Browning ; traduction de l'anglais et étude par Albert Savine. – Paris : P.-V. Stock, 1905. – (*Bibliothèque cosmopolite* ; 2). – [P. 282].

ELIZABETH BARRETT BROWNING — SONNETS PORTUGAIS 221

L. Jungelson — 1994

Puisque tu as le pouvoir... (39).

Puisque tu as le pouvoir et la grâce
De regarder au-delà de mon masque,
(Que les années ont blanchi sous leurs pluies),
Et de voir le vrai visage de mon âme,
Témoin pâle et las du cours de la vie ! —
Puisque avec foi et amour tu saisis,
Au-delà de la torpeur de cette âme,
L'ange patient attendant une place
Dans les cieux ! — puisque ni péché ni peine,
Ni le joug de Dieu, ni la mort voisine,
Ni tout ce dont les autres se détournent,
Ni tout ce qui me retourne en moi-même,
Rien ne te rebute... Cher, apprends-moi à
Répandre la gratitude, comme toi, le bien.

Sonnets portugais et autres poèmes / Elizabeth Browning ; traduction et présentation de Lauraine Jungelson. – Édition bilingue. – Paris : Gallimard, 1994. – (*Collection Poésie* ; 281). – [P. 109].

ELIZABETH BARRETT BROWNING — AURORA LEIGH 222

Anonyme — 1890

Rien ne vaut le présent (Livre V). — Au début du Livre V de ce *Künstlerroman*, les protagonistes échangent leurs réflexions sur la fonction de la littérature à leur époque.

À en croire les critiques, l'épopée serait morte avec Agamemnon et les dieux nourris par les chèvres. Je n'en veux rien croire. Je ne pourrai jamais me persuader, comme Payne Knight, que les héros d'Homère mesuraient douze pieds de haut. C'étaient de simples hommes : les cheveux de son Hélène grisonnèrent comme ceux d'une miss Smith quelconque, et le fils d'Hector pleurait à la vue d'un panache, tout comme le vôtre, l'autre jour, à la vue d'un dindon. Tous les héros actuels sont aussi de simples hommes, tous les hommes des héros possibles ; chaque siècle, héroïque dans ses proportions, a une double face, regarde en arrière et en avant, attend une aurore et réclame une épopée.

Oui, mais chaque siècle semble bien peu héroïque aux âmes qui y vivent (demandez plutôt à Carlyle ce qu'il en pense). Le nôtre, par exemple, le nôtre ! les penseurs le méprisent, les poètes sont nombreux qui dédaignent d'y toucher du bout du doigt ; ils voient en lui un siècle d'étain, métal mélangé, alliage argenté, — un âge d'écume, rebut d'un passé plus riche ; siècle de rapiéçages faits à de vieilles souquenilles ; âge de transition n'ayant sens que par son infériorité vis-à-vis de l'avenir, s'il plaît à Dieu. Voilà qui est erroné, à mon avis, et les pensées fausses inspirent de pauvres poèmes.

Chaque siècle est mal jugé par ceux qui y vivent : ils l'ont vu de trop près. Supposons que le rêve de Xerxès eût été réalisé et le mont Athos taillé en statue colossale. Les paysans occupés à ramasser des broussailles dans le creux de son oreille n'en auraient pas plus deviné la forme humaine que les chèvres qui broutaient autour d'eux. Il aurait fallu qu'ils s'en éloignassent de plusieurs milles avant que l'image géante leur apparût avec son profil net, sa grande bouche murmurant vers le ciel des chants silencieux, et nourrie du sang des soleils couchants ; son torse grandiose ; sa main gigantesque laissant échapper une rivière aux flots d'argent et la répandant généreusement sur les campagnes environnantes. Il en est de même des temps où nous vivons : plus nous avançons, plus leur grandeur croissante nous échappe.

Les poètes devraient jouir d'une double vision, afin de voir les choses rapprochées avec une netteté aussi parfaite que s'ils se plaçaient à un point de vue éloigné et les choses éloignées avec autant de profondeur que s'ils y touchaient. Efforçons-nous d'atteindre à cet idéal. Je n'ai point de confiance dans le poète qui ne distingue ni caractère ni gloire dans son époque, et se croit obligé de rouler son âme à cinq cents ans en arrière, par-dessus fossés et ponts-levis, dans la cour d'un château-fort, pour chanter — non un lézard ou un crapaud ayant vécu dans ces fossés, je le lui pardonnerais plus volontiers — mais quelque chef noir moitié chevalier, moitié voleur de moutons, quelque belle dame moitié servante, moitié reine, aussi momifiés l'un et l'autre que les poèmes faits avec leurs chevaleresques ossements : rien d'étonnant à cela, la mort enfante la mort.

S'il y a place pour les poètes dans ce monde un peu encombré (et je crois qu'il y en a) leur seule mission est de représenter leur siècle — non celui de Charlemagne — ce siècle si vivant, si fiévreux, à la fois batailleur et menteur, qui mêle les aspirations les plus hautes aux calculs les plus positifs, ce siècle fou qui dépense plus de passion, plus d'ardeur héroïque entre les glaces de ses salons que Roland et ses chevaliers à Roncevaux. L'artiste commet une erreur funeste en reculant devant les choses du temps présent, en voulant substituer le pittoresque aux mœurs de son temps, la toge à l'habit noir. Le roi Arthur lui-même était un personnage très ordinaire pour la reine Guinevere, et Camelot (sa résidence du Somersetshire) semblait aussi plat aux ménestrels ses contemporains qu'une rue de Londres au poète de nos jours.

Ne reculons devant rien. Sachons toujours saisir et rendre en chants brûlants le côté véritablement épique de notre époque aux puissantes artères, aux seins palpitants ; afin que nos arrière-neveux puissent en retrouver l'empreinte dans cette lave pétrifiée, la toucher d'une main respectueuse en disant : Regardez, regardez les mamelles que nous avons tous sucées ; cette poitrine semble battre encore, ou du moins elle fait battre la nôtre ; c'est ici l'art véritable, qui sait représenter et perpétuer la véritable vie.

Quelle est la meilleure forme pour les poèmes ? Pensons moins aux formes et à tout ce qui est extérieur. Fiez-vous à l'esprit pour créer la forme comme fait la nature souveraine, autrement vous emprisonnerez l'esprit au lieu de l'incarner. Du dedans au dehors — c'est la règle dans la vie, ce doit l'être aussi dans l'art, qui est encore la vie.

Aurora Leigh / Élisabeth Barrett Browning ; traduit de l'anglais avec l'autorisation de Robert Browning. – Paris : Nouvelle librairie parisienne : Albert Savine éditeur, 1890. – [Pp. 160-162].

ROBERT BROWNING — L'AMANT DE PORPHYRIE 223

P. Alfassa, A. Gilbert de Voisins — 1922

L'amant de Porphyrie. — Dans un de ses premiers poèmes dramatiques, Browning laisse paraître ce qu'il a de plus dérangeant, s'exprimant d'une voix qui, à la fin du poème, résonne de trop près pour être douce.

La pluie a commencé de bonne heure cette nuit, — le vent morose s'est éveillé bientôt, — a, par méchanceté, découronné les ormes — et fait ce qu'il a pu pour tourmenter le lac. — J'écoutais, le cœur prêt à se briser, — quand dans ma chambre se glissa Porphyrie : aussitôt — elle mit à la porte la froidure et l'orage ; — elle s'agenouilla, rendit à l'âtre morne — sa flamme et à toute la maison sa chaleur. — Cela fait, elle se leva, de ses épaules — retira le manteau et le châle trempés, — posa ses gants salis, enleva — son chapeau, et laissa retomber sa chevelure humide. — Après quoi, elle vint s'asseoir à mon côté — et m'appela. Comme nulle voix ne répondit, — elle mit autour de sa taille mon bras, — et dénuda sa douce épaule blanche, — et repoussa toute sa jaune chevelure, — et, se penchant sur moi, elle appuya ma joue sur son épaule — et la couvrit de toute sa jaune chevelure, — me disant tout bas combien elle m'aimait. — Elle était trop faible, malgré les efforts de son cœur, — pour que la passion qui s'y débattait s'affranchît — de l'orgueil, que se défissent des liens sans importance, — et qu'elle se donnât à moi pour toujours ; — mais la passion parfois prenait le dessus, — et le joyeux festin de cette nuit n'avait pas empêché — qu'elle se rappelât quelqu'un de si pâle — par amour pour elle, — et sans espoir. — Alors, elle était venue à travers le vent et la pluie. — Soyez sûr que je levai mon regard sur ses yeux — avec fierté, très grande fierté ; je savais enfin — que Porphyrie m'adorait ; la surprise — gonflait mon cœur et grandissait sans cesse — tandis que je délibérais sur ce qu'il fallait faire. — À ce moment elle était à moi, à moi, belle, — et parfaitement pure et bonne... Je trouvai — une chose à faire : de toute sa chevelure — en un long cordon jaune j'entourai — trois fois son petit cou, — et l'étranglai. Elle ne souffrit pas ; — je suis tout à fait sûr qu'elle ne souffrit pas. — Comme un bouton de fleur fermé sur une abeille, — prudemment j'ouvris ses paupières ; de nouveau — rirent les yeux bleus sans tache. — Et puis je desserrai la tresse — autour de son cou ; sa joue, une fois encore, — rougit sous mon baiser brûlant. — Je redressai sa tête comme avant, — seulement, cette fois, c'est mon épaule à moi qui soutint — sa tête, qui sur cette épaule penche encore : — la souriante et rose petite tête, — si heureuse d'avoir atteint son suprême désir, — d'avoir chassé d'un coup tout ce qu'elle méprisait, — et de m'avoir gagné par contre, moi, son amour ! — L'amour de Porphyrie... Elle n'avait pas deviné comment — son seul désir chéri serait exaucé. — Et maintenant, nous sommes encore assis côte à côte, — tout le long de la nuit nous n'avons pas bougé, — et jusqu'ici Dieu n'a pas dit une parole !

Poèmes / de Robert Browning ; traduits par Paul Alfassa et Gilbert de Voisins et précédés d'une étude sur sa pensée et sa vie par Mary Duclaux. – Paris : Grasset, 1922. – (*Les Cahiers verts* ; 12). – [Pp. 148-150].

ROBERT BROWNING — L'ANNEAU ET LE LIVRE 224

G. Connes — 1959

L'anneau - Le livre (I). — À partir du « livre jaune », recueil d'archives relatives à un procès criminel (l'affaire Franceschini) tenu à Rome à la fin du XVIIe siècle, acheté par hasard pour une lire à Florence, Robert Browning construit une œuvre complexe dans laquelle les principaux protagonistes interviennent tour à tour, en une suite de monologues. Au fil des différents récits, qui, en une sorte de spirale, retracent les mêmes événements, il est donné aux faits un relief de plus en plus important. Browning conçoit son œuvre, construite sur des faits historiques, comme un travail d'alchimie ou d'orfèvrerie : en ajoutant à l'or un autre métal, il devient possible de le ciseler, après quoi on dissout l'alliage pour obtenir l'œuvre parfaite (image de l'anneau).

Vous voyez cet anneau ? C'est un travail exécuté à Rome, réalisé par l'habile imitateur Castellani[1], sur le modèle de ces bagues étrusques qu'on découvre, par quelque heureux matin, après un avril ruisselant, qu'on découvre, vivantes, semblables à des étincelles, sur des pentes, parmi les racines déterrées des figuiers faisant toit aux tombes antiques, à Chiusi ; vous voyez, c'est mou, et, pourtant, net comme des arêtes de joyaux taillés. Il y a un tour de main, me disent les gens du métier ; un procédé éprouvé, et un seul, qui met les éclats d'or pur, comme fut ceci — simples exsudations de la mine, aussi vierges que la larme ovale, fauve, qui pend au bord de la ruche quand les rayons mûrs débordent — en état de supporter la dent de la lime et le coup du marteau ; puisqu'il faut bien que le marteau élargisse le cercle, et que la lime le bosselle finement de fleurs de lis, avant que la chose ne prenne forme d'anneau, propre à être porté. Et voici le tour : l'artiste, pour ainsi dire, fond la cire avec le miel ; il mélange l'or à un alliage d'or, et, donnant aux deux la consistance voulue, produit une masse malléable, puis fait son ouvrage. Mais l'ouvrage terminé, quand la chose est devenue anneau, oh ! alors, on fait retour à l'état

1 Fameux orfèvre de Rome. (N.d.t.)

natif. Il suffit d'un jet, dessus, de l'acide brûlant qui convient, et aussitôt l'alliage, dégagé, s'enfuit en fumée ; tandis que, se suffisant maintenant à elle-même, la forme subsiste, cercle hardi, joliesse parée de lis ; cet or qu'elle était, est, sera toujours : la nature originelle, avec de l'art en plus — pas un carat perdu, et un anneau gagné. Qu'est-ce à dire ? Mettons que ce soit là une figure, un symbole ; le signe de quelque chose. Passons à la chose signifiée.

Vous voyez ce vieux livre, jaune, carré, que je lance en l'air, que je rattrape, que je fais tourner en le tenant par ses plats de vélin ridé ? c'est du fait à l'état brut, sécrété par la vie humaine, quand des cœurs palpitaient fort, des cerveaux battaient, inondés par la montée du sang, il y a deux siècles. Voyez-le vous-même. Ce livre, je l'ai trouvé, j'en ai donné une lire[1], juste huit pence anglais, lorsqu'une Main — c'était bien de la prédestination ! — toujours levée au-dessus de mon épaule, me poussa un jour, un jour dont le souvenir reste ardent parmi tant de jours précipités dans le silence, me faisant traverser une place de Florence, encombrée de baraques, bourdonnante et flamboyante, en plein midi et en plein marché ; jusqu'au marbre, œuvre de Baccio — mais oui, la table de base du piédestal sur lequel est installé, menaçant, Jean des Bandes Noires, à la lance dressée, entre le palais et l'église — le Riccardi, où ils ont vécu, ceux de sa race, et San Lorenzo, où ils reposent[2]. Ce livre, c'est juste sur le seuil du palais qui, destiné aux flâneries de la valetaille des Médicis, sert maintenant aux revendeurs pour y étaler leur marchandise, parmi le bric-à-brac de la dévastation, les cadres de tableaux dont le blanc se montre à travers la dorure usée, les porte-miroir ébréchés, les têtes d'anges en bronze qui furent jadis des boutons fixés à des coffres (et qu'on maniait lorsque les dames du vieux temps faisaient des choix de brocarts), les dessins modernes à la craie, les études de nu, les échantillons de pierre, de jais, de breccia[3], de porphyre, des polis et des bruts ; divers bustes ahurissants, en terre cuite (cassés, le Ciel soit loué !), l'épave d'une tapisserie, orgueilleuse entreprise tissée à une époque où les rouges et les bleus étaient vraiment des rouges et des bleus, et qu'on offre maintenant en guise de confort (étant donné le prix effroyable des tapis) aux pieds nus en route pour le lit

1 Browning raconta un jour qu'en faisant mine de marchander il l'aurait eu pour une demi-lire. (N.d.t.)

2 La piazza di San Lorenzo ; d'un côté le palais Riccardi, résidence des Médicis ; de l'autre, l'église inachevée de San Lorenzo, où sont leurs tombes ; au milieu, la statue de Jean de Médicis, communément appelé Giovanni delle Bande nere, par Baccio Bardinelli. (N.d.t.).

3 En italien dans le texte ; sorte de conglomérat. (N.d.t.)

sur la scagliola[1] glaciale ; puis, une pile d'exemplaires de gravures en brun, à deux *crazie* la pièce, qu'une conque placée dessus empêche de s'envoler — semant la place des œuvres d'un seul et même maître, l'imaginatif Siennois qui excelle dans les arrière-plans scéniques (personne d'entre vous ne connaît son nom ni sa gloire[2], et personne ne s'en porte plus mal) ; c'est parmi tout ça — oh ! il y avait aussi un Léonard, pour rien, s'il se trouvait être, comme on l'annonçait, cette Joconde dont une copie contente le Louvre — parmi tout ça, que j'ai trouvé ce livre ! Cinq compères se tenaient debout sur ses flancs, à sa gauche et à sa droite, comme plis tentants — un Spicilegium[3] aux pages cornées ; la touchante histoire de *La Frêle Dame à la Fleur*[4], par Dumas le jeune ; Horace vulgarisé à l'usage des écoles ; la Vie, la Mort et les Miracles de saint Quelqu'un ; de saint Quelqu'un d'Autre les Miracles, la Mort et la Vie ; avec celui-ci ; un coup d'œil au titre du dos, et « Vendeur ! » m'écriai-je ! Une lire, il était à moi.

L'Anneau et le livre (= The Ring and the Book) / Robert Browning ; traduction de Georges Connes ; avant-propos de René Lalou. – Paris : Gallimard, 1959. – (*Les Classiques anglais*). – [Pp. 147-149, 687 pour les notes].

ROBERT BROWNING — L'ANNEAU ET LE LIVRE 225

G. Connes — 1959

Le Pape (X). — L'*Anneau et le livre* apparaît comme une difficile et complexe recherche de la vérité, particulièrement explicite dans le monologue du Pape.

Si Innocent pouvait encore douter, ce serait, non de ce que lui montre son intelligence, mais de la force supérieure qui a fait son intelligence ce qu'elle est...

Voilà la façon dont je vois ; dont je décide sur tous, tant qu'ils sont, assemblés pour que je les juge ; et, tandis que je décide, aucun doute ne m'effleure ; la sphère humaine ne laisse pas d'être sombre, difficile ; mais le regard devient acéré, à l'usage ; je découvre la vérité, je fais le départ entre le soleil et l'ombre comme peut le faire quelqu'un qui n'est qu'un homme, sans rien du don du lynx[5] dans ses yeux absolument normaux ;

1 En italien dans le texte ; autre sorte de pierre artificielle employée pour les sols. (N.d.t.)
2 Browning le dira plus loin ; c'est Ademollo. (N.d.t.)
3 Une anthologie. (N.d.t.)
4 *La Dame aux camélias*. (N.d.t.)
5 *Enéide*, VIII, 314-315. (N.d.t.)

même, si l'idée populaire à mon sujet est juste, quelqu'un dont l'intelligence est presque décrépite. Qu'importe ! à force de rude labeur et de bonne volonté, d'habitude, aussi, qui donne la vue à l'aveugle au bout de ses doigts exercés, je discerne, en vérité, et j'ose décréter en conséquence, quel que puisse être le risque d'erreur. D'où vient, donc, ce frisson entièrement nouveau, rapide, qui me glace, cette crainte aiguë qui s'insinue en moi, nuage venu d'un quartier dont je soupçonnais à peine l'existence dans le ciel que je scrute toutes les nuits ? qu'est-ce donc qui fait se relâcher la tension des nerfs, qui sape la force du ressort remonté de l'acte qui doit être et sera, qui réduit la montagne, la masse de toute ma force virile, encore il y a peu de temps globe compact, en un instant, avec un frémissement de terreur, en poussière ? Tandis que je demeure inébranlable, avance sans crainte en ce monde, juge et arbitre en cette vie, touche et tolère, ou bien supprime, décide : « Ceci convient, et cette chose-là est déplacée », mon flambeau, à la main, m'éclairant plus qu'il ne faut... et si se faisait entendre une voix qui me raille ? « Fais le fier ! fais l'espion ! va porter dans tous les recoins la lumière de ton intelligence ! fais le bon maître de maison, oblige valet et servante à des tâches prolongées jusqu'à la mi-nuit, contrôle leur ouvrage, et ne lésine point sur le salaire dû à tout digne ouvrier ; mais paie des fers et du fouet le moindre manquement, sur aucun point, qui t'apparaîtra nettement, heureux homme qui lèves la lumière, te lamentes sur quiconque est dans les ténèbres, si hardi avec tous ceux qui sont sous toi. Et si, maintenant que l'endroit est si bien nettoyé, tu cherchais l'aventure pour ton propre compte ? Quitte le sol du rez-de-chaussée, monte sur le toit, cherche autour de toi, la lumière des cieux supérieurs, la flamme qui a allumé en toi la flamme qui trouve à reprendre chez Guido Franceschini, à son dam ! Et si, là-haut, dans le domaine de la lumière, tu ne retrouvais pas les signes accoutumés ? si tu observais une éclipse ? est-ce que tu vas continuer à fixer le sol sans lever une paupière, inébranlable dans ta prérogative superbe, dans le pouce de discernement qui t'est donné — sans regarder une seule fois en face ce doute dans la sphère qui t'est supérieure, cette obscurité dont la sensation s'impose ? »

L'Anneau et le livre (= The Ring and the Book) / Robert Browning ; traduction de Georges Connes ; avant-propos de René Lalou. – Paris : Gallimard, 1959. – (*Les Classiques anglais*). – [Pp. 578-579, 703 pour la note].

ROBERT BROWNING — HOMMES ET FEMMES 226

L. Cazamian — 1938

Une sérénade à la villa. — Ce poème, apparemment récité par un amant rejeté, est un exemple caractéristique de la conception fondamentale qu'avait Browning de la vie humaine, comprise comme une obéissance vigoureuse à un optimisme inconditionnel.

C'est moi que vous entendîtes hier soir
Quand il ne se leva point de lune,
Ni, pour percer la tente du ciel
Tirée et tendue, la moindre planète :
La vie était morte, et morte la lumière.

Pas un scintillement de luciole,
Pas une lueur de ver luisant.
Quand les grillons cessèrent de crier,
Quand les hiboux firent trêve un moment,
Vous entendîtes de la musique : c'était moi.

La terre endormie se retourna douloureusement,
Le révéla d'un soupir orageux[1] ;
Trouant le ciel pour entrer et sortir,
Un éclair ! — Là où il rompit la voûte,
Pareilles à du sang, quelques gouttes de pluie.

Mes mots exprimèrent ce qu'ils purent,
O mon amour, mon tout, mon élue !
Le chant soutenait au mieux les vers,
Et quand le chant eut fait de son mieux,
Je laissai le reste à mon luth.

La nuit s'avançait ; l'orient était gris,
Blanche, la large face des fleurs de ciguë ;
Bientôt viendrait un autre jour ;
Avant que la première de ses lourdes heures
Ne m'eût trouvé, j'avais disparu.

Qu'advint-il de tous les espoirs,
Des paroles, du chant, et du luth aussi ?
Dites que ceci vous a frappée : « Quand la vie à tâtons,

---

1 L'interprétation de « *suspired for proof* » n'est pas certaine, car les habitudes du langage appelleraient plutôt « *in proof* », si le sens est celui qui est ici proposé. Mais il semble difficile de comprendre autrement le passage. (N.d.t.)

Faible, cherchera le sentier où tombait
La lumière, en dernier, sur les pentes du soir,

« Un seul ami sur le sentier se trouvera
Pour garder mes pas de l'erreur ;
Comptant la nuit pour jour à cause de moi,
Patient au cours des longues veilles,
Dévoué surtout quand nul n'est témoin. »

Ne dites point — comme un pressentiment me l'annonce —
« Ainsi le pis trouve encore son pire !
Quand la vie trébuche sous un double fardeau,
Mieux vaut l'imprécation d'un maître
Qu'une telle musique par les chemins !

« Quand nulle lune ne succède au soleil,
Que le voile de minuit ne peut être percé
D'aucune étoile, même la plus petite,
Tandis que des gouttes, là où passa l'éclair,
Montrent que l'orage final est commencé —

« Quand la luciole cache son point de lumière,
Quand les voix du jardin sont muettes
Dans les ténèbres épaisses et chaudes —
Une autre voix aura-t-elle quelque vertu,
Cette forme sera-t-elle, où les autres sont abolies ?

« Un fléau a-t-il plus de droit à durer
Parce qu'il offre une aide maladroite ?
Ne peut-on même mourir en paix ?
Fermant les yeux sur sa jeunesse,
Ce visage est-il le dernier qu'on voie ? »

Oh, que votre villa était noire,
Fenêtres closes et obstinées !
Comme le jardin me refusait le gazon
Là où j'étais — la grille de fer
Grinça des dents pour me laisser passer !

Hommes et femmes (= Men and Women) : Poèmes choisis / R. Browning ; traduit, avec une introduction par Louis Cazamian. – Paris : Fernand Aubier-Éditions Montaigne, 1938. – (*Collection bilingue des classiques étrangers*). – [Pp. 147-151].

NĚMCOVÁ

TCHÈQUE

1820-1862

Femme d'une beauté éblouissante, aux origines incertaines (fille naturelle de celle qui est devenue plus tard l'épouse du vieux Talleyrand ?), Božena Němcová passa son enfance en Bohême orientale, à proximité du château appartenant à Wilhelmine de Sagan, l'une des égéries au Congrès de Vienne ; les parents de Božena — parents putatifs ? — étaient au service de cette princesse. Là, elle fut élevée par sa grand-mère présumée, personnification de la sagesse populaire. Le récit intitulé *La Grand-mère* (1855), écrit au moment le plus pénible de la vie de Božena, est placé sous la protection de cet ange tutélaire : son auteur y a déployé toutes les richesses intrinsèques de la langue littéraire tchèque : rythme discret, mais envoûtant, mélodie du langage parlé, lexique d'une clarté aristocratique, mais puisé dans l'usage populaire.

La correspondance de Božena Němcová est le cri d'une femme rejetée par le monde environnant, en lutte contre la misère et la maladie ; d'une épouse incomprise par son mari, bon patriote, mais homme dur, fonctionnaire subalterne mal vu de ses supérieurs et poursuivi par la malchance.

À part *La Grand-mère*, cette invitation au voyage dans un rêve enfantin, rappelant les proses nervaliennes, Němcová écrivit des récits à thèmes sociaux. Ses héroïnes, *Baruška* (1853), *Rozárka* (1855), *Bára la Sauvage* (1856), sont peintes avec le pathos de George Sand, mais transposé au registre tchèque.

Němcová est aussi l'auteur de nombreux contes de fée qui, par leurs sources et par le style, appartiennent au patrimoine national.

La critique d'hier soulignait le rôle de Němcová dans la création du conte réaliste. Il ne faut pas oublier qu'elle avait frayé aux prosateurs tchèques le chemin de la mémoire et de la vision poétique.

Tři studie : Božena Němcová, Karel Sabina, Julius Zeyer / Julius Fučík [...]. – Praha : Československý spisovatel, 1973. – 143-5 p. – (*Kritické rozhledy. Malá Řada* ; 4).

Le Siècle de Kafka : Nemcová, Avenarius, Masaryk, Kubin... / [sous la direction de Yasha David]. – Paris : Centre Georges Pompidou : [Bibliothèque publique d'information], 1984. – 294 p.

LA GRAND-MÈRE

227

J. Látal — 1998

Affectionnée (Introduction).

Loin, loin est le jour où, pour la dernière fois, j'ai contemplé ce cher visage, empreint de paix, où j'ai embrassé cette face pleine de rides, plongé mon regard dans le bleu de ces yeux où l'amour se mirait, et la bonté ; loin, loin est le jour où ses mains, tremblant d'âge, m'ont béni pour la dernière fois — elle n'est plus, ma gentille petite vieille ! Loin est le jour où sous la terre froide elle s'en est allée dormir.

Mais pour moi, elle n'est pas morte ! Son portrait est gravé en moi, ses couleurs restent fraîches ; tant que mon âme vivra, elle aussi sera vivante.

Si j'étais peintre de talent, je dirais autrement ta gloire, ma chère grand-mère ; mais ce croquis tracé par ma plume, plaira-t-il ? et à qui ? comment le savoir ?

Tu disais souvent : « Il n'y a pas d'homme qui sache plaire à tout le monde. » S'il se trouve quelque lecteur pour lire ce que j'écris sur toi avec le même plaisir que je ressens en l'écrivant, cela suffira.

Traduction inédite.

LA GRAND-MÈRE 228

J. B. Koppova — 1881

Ne rien laisser perdre (I).

Ce jour de la cuisson du pain était une fête pour les enfants : ils recevaient chacun de la galette et de la tarte aux prunes ou aux pommes, ce qui ne se faisait pas auparavant. Mais il leur fallait s'habituer à faire attention aux miettes de pain : « Les miettes appartiennent au feu » disait grand'mère en essuyant la table, et elle les jetait au feu. Un des enfants en laissait-il tomber par terre, elle l'obligeait à les ramasser : « On ne doit pas, ajoutait-elle, marcher sur les miettes ; car on dit que les âmes du purgatoire en pleurent. » Elle se fâchait aussi de voir couper le pain inégalement, prétendant que « celui qui ne s'accommode pas bien du pain, ne s'accommode pas avec les gens. » Un jour Jeník demandait à grand'mère de lui couper, au long du pain, un peu plus de la croûte qu'il aimait davantage ; mais elle n'en fit rien et lui dit : « N'as-tu pas entendu dire que quand on fait ces entailles au pain, ce sont les talons du bon Dieu qu'on entaille ? Ne t'habitue pas à choisir dans le manger, quel qu'il soit. » Et le petit monsieur Jeník dut renoncer à son morceau favori.

Un morceau de pain qui se trouvait de reste, des croûtes que les enfants n'avaient point consommées entraient dans la poche de grand'mère, qui les jetait aux poissons en passant près de l'eau, les émiettait aux fourmis, ou les donnait aux oiseaux de la forêt, quand elle y allait avec les enfants ; bref, elle n'en laissait pas perdre une seule bouchée, et leur faisait toujours cette monition : Appréciez le don de Dieu ; sinon, c'est mal ; et celui qui ne l'apprécie point, Dieu le châtiera sévèrement. » Si un enfant laissait tomber à terre le pain de ses mains, il était obligé à le ramasser et à le baiser, comme par manière de demande de pardon. Pareillement, si elle trouvait quelque grain de pois, tombé par terre, elle le ramassait elle-même et en baisait le calice ; toutes choses qu'elle demandait aux enfants de faire aussi.

Trouvait-elle, sur son chemin, une petite plume d'oie : « Ramasse-là, disait-elle à Barounka, en la lui montrant. » — Et Barounka, qui parfois n'était pas diligente à se baisser pour si peu : « Mais, grand'mère, répondait-elle, qu'est-ce que c'est qu'une plume ! » Elle en était reprise aussitôt : « Tu devrais plutôt penser, mon enfant, qu'à force d'en mettre une à côté d'une autre, cela finit par en faire beaucoup ; puis, souviens-toi du proverbe : « Pour une plume, la bonne ménagère sauterait par-dessus une haie. »

Grand'Mère / par Božena Němcová ; traduit du tchèque par Jos. Bož. Koppova. – Prague : Propriété de l'Auteur, 1881. – [Pp. 10-12].

LA GRAND-MÈRE 229

J. B. Koppova — 1881

Être et paraître : une bonne leçon (XV).

« Pareille chose m'est aussi arrivée une fois, dit à son tour Beyer de sa voix grave. Je devais faire une livraison de gibier à la direction des revenus. J'allai à la chasse. Une chevrette se présente au bout de mon fusil. C'était un bel animal, avec des membres aussi réguliers que s'ils eussent été faits au tour. Elle regardait joyeusement par le bois. La compassion me gagnait le cœur. Mais je pensai : que cette sensibilité de ma part n'était que folie, et je tirai. Mais mon bras avait tremblé, le coup n'avait porté que dans les jambes de la chevrette qui tomba, sans pouvoir s'enfuir. Mon chien s'élançait déjà sur elle ; mais je le retins ; il y avait en moi quelque chose qui m'empêchait de lui laisser faire du mal. Je m'avançai auprès d'elle, et je ne peux pas vous dire avec quelle expression de douleur elle fixa sur moi son regard ; regard de supplication et de plainte tout ensemble. Je tirai bien vite mon couteau et le lui plongeai dans le cœur ; ses membres se contractèrent, elle était morte. Je fondis en larmes, et depuis ce temps — Ah bien ! pourquoi aurais-je honte ? »

« Papa ne veut jamais tirer sur une chevrette, » s'empressa de dire Orlik.

« Tu as dit la vérité, mon enfant. Toutes les fois que je vise, j'ai sous les yeux la chevrette blessée et son regard suppliant ; je crains de la manquer et je préfère la laisser courir.

« Vous ne devriez tuer que les méchantes bêtes, et laisser en repos les bonnes, dont la mort fait de la peine, » dit le petit Guillaume, qui avait les yeux remplis de larmes.

« C'est que nul animal n'est si bon qu'il ne soit aussi méchant ; de même qu'il n'en est pas de si méchant qu'il ne soit encore bon. Et il en va ainsi des hommes mêmes. C'est une erreur de penser que l'animal à face douce et pacifique, doive être bon aussi de nature ; et quel animal dont la figure ne nous revient pas doive conséquemment être méchant. Le visage est parfois trompeur dans le monde. Il arrive assez souvent qu'on se console plus facilement de ce qui déplaît ; tandis qu'au contraire on n'est pas sans regret de la beauté qui a plu ; en sorte qu'on devient injuste à l'égard de ce qui a déplu. Je me suis trouvé une fois à Königgraetz avant l'exécution de deux meurtriers. L'un des deux était un bel homme, l'autre était laid, impoli, sauvage. Le premier avait tué son camarade, parcequ'il le soupçonnait d'avoir séduit sa fiancée. L'autre appartenait à une famille de notre pays ; j'allai le voir après son jugement, pour lui demander dans sa prison s'il n'avait pas à faire dire quelque chose au pays, auquel cas je m'en chargerais avec plaisir. Il me regarda en éclatant d'un rire sauvage ; puis il hocha la tête en disant : « Moi faire dire quelque chose, à qui ? saluer qui donc ? Je ne connais personne. Il se retourna de moi se couvrit le visage de ses mains et resta quelque minutes absorbé dans ses pensées. Puis il se leva subitement et se plaçant devant moi, les bras croisés. Feriez-vous bien, me dit-il ce que j'ai à vous demander ? » Oui ! lui répondis-je, c'est avec grand plaisir que je le ferais et je lui tendis la main. À ce moment son visage prit une expression de si poignante douleur que j'eusse tout fait pour l'obliger. Sa figure avait perdu tout ce qu'elle avait eu jusqu'alors de repoussant ; et ne pouvait éveiller en autrui d'autre sentiment que celui de la compassion jointe à l'intérêt. Il faut qu'il ait alors lu bien avant dans mon cœur, car il me prit la main, la pressa et me dit d'un ton ému. Si, il y a trois ans, vous m'eussiez ainsi tendu la main je ne serais pas ici. Mais pourquoi n'ai-je pas [*sic*] rencontré que des gens qui m'ont foulé dans la poussière ; qui se moquaient de ma laideur et qui m'abreuvaient d'absinthe et de poison ? Ma mère ne m'aimait pas ; mon frère m'a repoussé ; ma sœur a rougi de moi, et celle dont je croyais être aimé, et pour laquelle j'avais hasardé ma vie ; celle dont un seul aimable sourire m'eut paru préférable à la jouissance du ciel ; celle pour l'amour de laquelle j'ai regretté de n'avoir pas dix vies pour les lui sacrifier toutes ; eh bien ! celle-là même ne faisait que se railler de moi ; et quand je voulus savoir d'elle, ce que tout le monde disait de moi, elle me fit chasser de sa porte par son chien. » Puis cet homme à l'air si farouche pleura comme un enfant. Un instant après il essuyait ses larmes, me prenait la main, et ajoutait à une voix basse : « Quand vous irez dans le district forestier de Marschovitz, descendez dans le val sauvage, au-dessus du gouffre s'élève un pin solitaire ; portez-lui mon salut ; saluez aussi de ma part les oiseaux sauvages qui volent autour du pin ; et saluez encore les hautes montagnes. À l'ombre des rameaux du pin solitaire j'ai passé des années entières ; je lui disais ce que je n'ai dit à personne ; et là, je n'étais pas la pauvre misérable que je suis. — Il dit, et sans prononcer une parole de plus, et sans plus me regarder, il se tint coi sur son banc. Je partis rempli de compassion pour lui ; les hommes maudissaient, exécraient la laide figure : « il avait bien, celui-là, mérité la mort. »

La scélératesse, ajoutaient-ils, se peignait dans son regard ; il ne veut voir ni prêtre, ni personne ; tire la langue au monde, et s'en va à la mort comme à une fête. Quant à cet autre meurtrier qui avait le visage bien fait, ils le plaignaient ; ils achetaient la complainte qu'il avait composée dans sa prison et tout le monde désirait que grâce lui fût faite, parce qu'il avait tué son camarade par jalousie ; au lieu que le laid avait tué sa fiancée par pure méchanceté, elle qui, disait-on ne lui avait jamais fait de mal ; et puis, il avait commis encore d'autres meurtres. C'est ainsi que chacun juge d'après son propre sentiment ; autant de têtes, autant de jugements. L'un voit la chose d'une manière ; l'autre, d'une autre, et c'est pourquoi il est difficile de décider si les choses sont vraiment ainsi, sans pouvoir être autrement. Dieu seul connait le monde, il voit et lit dans les replis les plus secrets du cœur d'un homme et le juge ; il connait le langage des animaux, il voit clairement devant lui le calice de la plus humble fleurette ; il connait la voie du moindre escarbot ; le bruit du vent se règle d'après son commandement ; et les eaux coulent par où il leur a assigné la route.

[...]

Tous les regards restèrent attachés sur m. Beyer, jusqu'à ce qu'enfin grand'mère rompit le silence ainsi : « Vous avez raison, monsieur Beyer, c'est un plaisir de vous entendre ; et c'est beau comme une explication des vérités religieuses. Mais il est temps que cette jeunesse prenne le repos de la nuit. Votre fils se trouve sans doute fatigué du voyage et vous aussi, nous aurons le jour de demain pour nous dire le reste. »

Grand'Mère / par Božena Němcová ; traduit du tchèque par Jos. Bož. Koppova. – Prague : Propriété de l'Auteur, 1881. – [Pp. 319-323].

CORRESPONDANCE 230

J. Látal — 1998

Lettre à son mari (13 juin 1857). — Admirable méditation sur l'amour, les désillusions et les vicissitudes paradoxales de la vie conjugale.

[...] Moi aussi, je voudrais t'avoir avec moi, lorsque je sors seule ou avec les enfants, je me sens souvent si esseulée, alors je languis après toi, mais j'ai appris à me passer de beaucoup de choses, même de celle-là. D'autre part, je me dis, si tu étais là, on retomberait bientôt dans nos vieilles ornières, ce serait de nouveau l'incompréhension, alors je me réjouis d'être au moins maîtresse de moi-même. — En réalité, ce n'est pas ainsi que je pense, je voudrais partager ce fardeau, en échange de mon indépendance, mais étant donné les circonstances, je dois le porter seule, et je le porte. En plus, la vie que je mène ici est plus légère que celle de mainte religieuse, mais par moments, sans que j'y sois pour rien, je désire pouvoir te sentir là, près de moi, poser ma tête sur ta poitrine et pleurer un peu. Je sais que malgré tout mon seul refuge est là, tout le reste m'indiffère. Tu me répétais toujours, et tu le crois bien, qu'à mes yeux, toi, tu n'étais jamais rien — que dans mon âme vivent d'autres idéaux — mais tu te trompes, au moins en partie. Certes, j'avais autrefois un idéal de mari, de même qu'un idéal d'union conjugale — je ne le nie pas. — Le premier était pour moi un exemple de perfection et de beauté, la vie en commun était comme le ciel même. — Eh oui, j'étais jeune, sans expérience, élevée dans la nature, abandonnée à moi-même. Personne n'a pris la peine de s'occuper de mes fantaisies, ni de me montrer le monde du vrai point de vue. C'est ma fantaisie exubérante qui m'a amenée vers toi, et toi-même, tu ne fus attiré que par l'aspect extérieur, et, peut-être, par mon caractère primesautier. Si tu avais eu alors la tête que tu as aujourd'hui pour me connaître comme j'étais, tu aurais fait de moi une autre femme. Je t'aurais aimé, et mes idéaux, à côté de toi, je les aurais oubliés. Hélas, il en fut autrement, nous en avons souffert tous les deux. Depuis ma jeunesse, je porte dans mon âme comme une greffe le besoin de m'instruire, le désir d'atteindre quelque chose de supérieur et de meilleur que je n'ai jamais rencontré autour de moi, de même que le dégoût de tout ce qui est bas et grossier. C'était cela, mon bonheur, mais aussi mon malheur, la raison de notre désunion. — Bien sûr, si j'avais eu une juste connaissance du monde et de moi-même, cela ne serait jamais arrivé. Peu de femmes respectent la majesté du mariage autant que je le faisais, ce respect, je continue de le lui rendre, mais pour y croire, la foi n'y est plus. Où peut-on la voir, cette majesté ? — Tout y est apparence, mensonge, obligation, privilèges d'esclavagiste — bref, goujaterie. — Mon cœur n'aspirait qu'à être aimé d'un grand amour, j'en avais besoin comme une fleur a besoin de la rosée — c'est en vain que je l'ai cherché pour l'avoir tel qu'il devait être d'après l'idée que je m'en étais fait. J'aurais voulu avoir un mari digne d'être adoré, homme supérieur, pour lui, j'étais prête à sacrifier ma vie, mais je n'ai rencontré que des tyrans grossiers, l'homme-despote. — Ma ferveur s'est glacée — fini le respect ; l'aversion et l'amertume ont envahi mon cœur. Telle était ma vie, je me suis repliée sur moi-même, comme lorsque j'étais jeune fille, et mes vieux idéaux ont de nouveau pris place au fond de mon âme. Mon corps, vous l'avez eu, mes actes, ma sincérité, non pas mes aspirations qui donnaient vers les lointains, jusqu'où, je l'ignorais moi-même. De toutes mes forces, je voulais remplir le vide de mon cœur, mais avec quoi, je ne savais pas. L'idée m'est venue que cela ne pouvait se faire que par l'amour d'un homme — aujourd'hui, je sais que cela est faux. J'étais mécontente de moi, divisée contre moi-même. Mon unique joie, c'était mes enfants, pourtant, leur amour inconscient ne pouvait pas me satisfaire. — J'aurais voulu être meilleure, vivre dans le vrai, et le monde m'a condamnée au mensonge. Mon Dieu, combien de luttes m'a coûté la religion ; à présent, tout est loin de moi, à cet égard, mon âme est en paix. — À l'idéal patriotique, je me suis donnée corps et âme, je croyais que c'était lui qui allait assouvir ma soif. Même pas celui-là ; certes, comme le temps passait, il est devenu ma ferme conviction et le but de mes activités, tandis qu'avant, c'était plutôt une fantaisie de plus, inconsciente et romantique. Le monde, j'ai fini par le connaître, j'ai compris que la perfection absolue n'y existe guère. La convoitise du cœur m'a souvent trompée ; — je prenais pour de l'or ce qui n'était que de la boue. Voilà mes apprentissages : je brûlais et continuais de chercher une personnification de mon idéal. — Des admirateurs, j'en ai eu plus d'un — tel sut plaire par son esprit, tel autre par son corps, tel par son courage, tel autre par son intelligence, mais quand même en eux tous, je n'ai pas trouvé l'objet digne de mes aspirations : un homme que je saurais librement adorer. — Tous avaient leurs faiblesses, l'auréole roule par terre, et voilà que c'étaient des mâles ordinaires, pas un seul d'entre eux je n'aurais choisi pour mari. Cet espoir repose dans mon âme comme une goutte qui ne s'écoule ni ne se dessèche, la pérennité de son éclat est semblable à l'éclat d'un diamant ; n'est-ce pas l'élan vers la Beauté infinie, vers le Bien, qui relève l'homme de la poussière, lui fait ouvrir les bras et embrasser la nature et l'univers entier en les pressant contre son cœur, élan qui finalement pousse l'homme sur le chemin du Calvaire ? — Cette soif va de pair avec l'amour, le vrai amour, non pas pour une seule personne, mais pour tout être humain, pour l'humanité entière, amour qui, sans demander d'être récompensé, trouve sa récompense en lui-même, amour qui est un effort constant de devenir toujours meilleur, toujours plus proche de la Vérité ? Voilà mon paradis, mon bonheur, le but de ma vie que je ne veux pas manquer. C'est lui qui me fortifie, qui est ma force et ma joie, sans lui, qu'est-ce que je deviendrais ? — Mais le monde ne va pas te louer pour de tels idéaux : je sais bien que ce qu'il y a dans l'homme de plus beau, le monde le condamne ; la vraie nature de l'homme est pour le monde un péché. Qui ne suivra pas le troupeau dans sa course à la mangeoire, crucifié sera ; le martyre, voilà le lot qu'on lui réserve. Mais il vaut mieux être martyr que vil fainéant qui ignore le prix de sa vie tout en continuant à vivre sans savoir pourquoi. Si cet amour, cette poésie n'était pas en moi, pourrais-tu seulement imaginer notre vie conjugale ? — Je serais alors joliment bien tournée, moi qui avais perdu toute confiance en ton cœur et tout respect pour toi ; si je n'étais pas rentrée dans un meilleur sens, il aurait fallu vivre de la sorte. J'avoue qu'absent, tu me paraîs plus vivable, plus d'une fois je me suis surprise à te désirer, toi-même tu dois le ressentir de la même façon. Lorsqu'on est collé l'un à l'autre avec ses besoins, tant honnêtes que répugnants, la vie devient d'une banalité écœurante. Plus de désir, plus de poésie, il n'y a que l'habitude et la nécessité qui vous lient — voilà ce que je n'accepte pas. Je ne pourrais pas supporter un homme, si je l'avais dans mes jupes. J'envie les couples aisés et aristocratiques qui ont la chance de pouvoir se rendre réciproquement désirables. Tu sais bien que j'ai souvent de ces idées étranges ; les maîtriser, je ne saurais pas. Si, je saurais, je sais me maîtriser ; mais alors, tout se passe sans joie ! Je voudrais qu'entre nous deux, il y ait de la joie en tout ce que nous faisons, au lieu de cette froide satisfaction que donne une tâche prescrite et accomplie. — C'est Goethe qui dit : « Qu'est-ce que le devoir ? — Le devoir, c'est ce que l'homme s'impose à lui-même ». Mais il y a des choses qu'on ne peut pas s'imposer. Des fois, j'aurais bien voulu te contenter sur un certain point, hélas, dans ce cas-là, pas de loi, pas de « tu dois », pas de menaces ni de prières qui vaillent sans un embrasement des deux cœurs. — C'est justement dans ces circonstances que les hommes devraient oublier leur supériorité de possesseurs et se comporter en amoureux envers les femmes qu'ils estiment. C'est là qu'il faut scrupuleusement ménager le sentiment d'autrui en évitant toute grossièreté. Je crois, du moins, qu'un tel comportement préserve du dépérissement, jusqu'à un âge avancé, la fraîcheur de mainte union conjugale.

Qu'en penses-tu ? — Une fois de plus, je me suis mise à papoter de choses qu'il serait préférable que je taise devant toi. Ce qui est écrit, est écrit — cela te servira à mieux connaître les cachettes de ta femme — où elle dissimule ses secrets — et si cette nuit la comète nous balaie, au moins sauras-tu à beaucoup de paroles ajouter de la musique.

Traduction inédite.

UHLAND

ALLEMAND **1787-1862**

Presque oublié aujourd'hui, hormis dans sa patrie souabe, mais considéré, à partir des années 1820 et pendant un demi siècle, non seulement en Allemagne mais aussi en France et en Grande-Bretagne, comme le romantique allemand « sain », affranchi du mysticisme, des déviances morales et des opinions politiques réactionnaires, alliant un patriotisme sans pathétisme, une fierté civique et des sentiments libéraux, Ludwig Uhland fut connu jusqu'à la première guerre mondiale comme un des poètes les plus réputés d'Allemagne et même de toute l'Europe. Son lyrisme, par la beauté de sa forme et la profondeur du sentiment, rayonna en Europe dans plusieurs littératures nationales ; ses drames, peu représentés et tenus pour des lectures scolaires en Allemagne, écrits dans une belle langue mais pauvres en action, furent largement appréciés, singulièrement *Ernst, Duc de Souabe*. Édouard Schuré, dans son *Histoire du Lied ou la Chanson populaire en Allemagne* (1868), reflète cette appréciation : « Uhland est un caractère essentiellement germanique, ferme jusqu'à l'entêtement, sincère jusqu'à la naïveté, très rude au dehors, très sensible au fond, parlant peu et bien, vénérant la religion et le roi, mais défendant jusqu'à la mort les droits du peuple. » Et Marguerite Wieser remarque que la fortune de Hölderlin, Eichendorff, Brentano et Mörike en France au siècle dernier est très inférieure au rayonnement de Uhland. Ainsi, des poèmes de Uhland sont traduits par Gérard de Nerval, Sainte-Beuve, Xavier Marmier, Blaze de Bury, Alfred Michiels, Eugène Borel, Sébastien Albin, Fidèle Delcroix, Nicolas Martin, Maximin Buchon et beaucoup d'autres, parmi lesquels des Alsaciens (Schuré) et des Suisses (Paul Gautier et Marc Monnier). Dans la critique, Uhland s'impose, de son vivant, par les études de Heine, de Ludwig Börne et Edgar Quinet, après sa mort par les commentaires de J.J. Weiss, d'Albert Lefaivre, de Challemel-Lacour et de Saint-René Taillandier.

Si Uhland commence à composer des vers dès 1800, il ne trouve son propre ton lyrique qu'en 1805. Un peu plus tard, il s'adonne à la ballade, inspiré par Goethe, par la collection *Le Cor enchanté de l'enfant* et par les épopées en moyen haut allemand. Un premier recueil de ses poèmes paraît en 1815 (réédité en 1820 et 1826). De son vivant paraîtront, à un rythme de plus en plus soutenu, 43 rééditions de ses poésies complètes, sans compter les nombreuses publications partielles. En 1866 paraît la cinquantième édition ; en 1875 la soixantième. C'est le plus grand succès pour un recueil poétique dans le XIXe siècle allemand. Et cependant, hormis deux brèves éruptions créatrices, en 1829 et en 1834, d'où sortent quelque 30 poèmes, dont plusieurs chefs-d'œuvre, la production lyrique de Uhland est pratiquement terminée en 1815. De 1815 à 1817, ses « poèmes patriotiques » sont d'un publiciste engagé dans les controverses à propos de la Constitution du Wurtemberg.

L'enthousiasme des contemporains du poète se manifesta très tôt. Varnhagen von Ense, en 1808, juge ses *lieder* d'une valeur égale à ceux de Goethe, et Fouqué lui adresse le plus bel éloge romantique en disant qu'il fait des vers comme « le peuple lui-même ».

Si Goethe, dans ses *Conversations avec Eckermann*, récuse la politisation de la poésie de Uhland, Heine salue cette conversion dans son *École romantique* (1836). Quant à Eichendorff, catholique et conservateur, qui loue dans son *Histoire de la littérature poétique d'Allemagne* (1857) l'œuvre de Uhland, « où culmine le lyrisme romantique », il reconnaît, en dépit de cet engagement politique qu'il regrette, que Uhland « touche déjà aux temps modernes par ses *lieder* politiques ».

Si la renommée de Uhland fut européenne, sa vie s'est déroulée dans un cadre géographique étroit, entre Stuttgart, la capitale du Wurtemberg et sa ville universitaire. Né à Tübingen dans un milieu bourgeois, petit-fils d'un professeur d'histoire et fils du secrétaire académique de Tübingen, il fréquente le collège de sa ville natale, puis étudie, dès 1804, à l'université, le droit pour gagner sa vie — il est reçu avocat en 1808 —, et la littérature par intérêt. Étudiant, il évolue avec Justinus Kerner au centre d'un cercle acquis aux idées romantiques. Au printemps 1810, il soutient sa thèse de doctorat sur une question de droit romain, puis passe huit mois à Paris, où il se préoccupe plus de manuscrits en vieil allemand et en vieux français que d'étude du code Napoléon. À son retour, il est d'abord avocat à Tübingen, puis, de 1812 à 1814, secrétaire (non rémunéré) au Ministère de la Justice du Wurtemberg, puis à nouveau avocat. Défenseur de la Constitution contre les violations du roi du Wurtemberg, il vit durant des années dans la gêne, dépendant du soutien de ses parents. Marié en 1820 avec une jeune fille fortunée de Stuttgart, il est, de 1820 à 1826 et de 1833 à 1838, membre de l'Assemblée des États et un des meneurs de l'opposition libérale.

Une série de poèmes immortels datent de ces années difficiles, après 1810 : des *lieder*, des poèmes méditatifs, des ballades, des romances, des sonnets, des octaves et des gloses, traitant principalement de la nature, de la chevalerie du Moyen Âge, de légendes populaires, de la patrie, d'amour et d'amitié. Quelques-uns de ces *lieder* deviendront, grâce à de nombreuses adaptations musicales, des chansons populaires, comme *Le Bon Camarade*, souvent chanté en guise de plainte funèbre pour les soldats tombés au champ d'honneur. En 1818 et 1819, il publie aussi deux drames historiques : *Ernst, Duc de Souabe* et *Louis le bavarois.*

À côté de ses activités politiques, assumées davantage par conscience que par goût, Uhland se consacre de plus en plus à des études d'histoire littéraire. Avec l'essai *De l'épopée en vieux français* (1812), salué par W. Grimm, il compte parmi les fondateurs des études romanes. En 1822, c'est la première biographie de *Walther von der Vogelweide* et, en 1836, la première étude approfondie consacrée à un dieu nordique, *Le Mythe de Thor d'après les sources nordiques*. En 1844 et 1845, il donne *Anciennes chansons populaires en haut allemand et bas allemand avec essai et notes*, le premier recueil de chansons populaires établi selon la méthode scientifique. Enfin, entre 1856 et 1861, paraissent dans la revue *Germania* quelques travaux sur les légendes souabes, la tradition des chansons populaires et les légendes héroïques allemandes, fragments d'ouvrages inachevés. L'ampleur de l'œuvre savante de Uhland ne prit sa réelle mesure qu'avec l'édition posthume des 8 volumes de ses études inédites, *Les Écrits d'Uhland sur l'histoire de la poésie et de la légende*, procurée par W.L. Holland, A. von Keller et F. Pfeiffer (Stuttgart : Cotta, 1865-1873). On peut y lire la belle *Histoire de la poésie allemande au Moyen Âge*, une conférence donnée à l'université de Tübingen en 1830 pendant la brève carrière de professeur de Uhland (1830-1832). D'autres cours traitent du *Nibelungenlied*, de l'*Histoire de la poésie allemande au XV*e *et XVI*e *siècle* et de l'*Histoire des légendes des peuples germains et romains*.

Happé une fois de plus par la politique en 1848, le chercheur défend à nouveau les principes démocratiques et favorables à une grande Allemagne ; ses discours contre l'empire héréditaire et contre l'exclusion de l'Autriche de l'union fédérale allemande sont célèbres. Après l'échec de la Révolution il vit jusqu'à sa mort, en chercheur indépendant, dans sa maison de Tübingen.

Uhland : Leben, Dichtung, Forschung / Hermann Schneider. – Berlin : E. Hofmann, 1920. – X-527 p.
Schwäbische Romantik : Studie zur Charakteristik des Uhland-Kreises / Heinz Otto Burger. – Stuttgart : Kohlhammer, 1928. – 181 p.
La Fortune d'Uhland en France / Marguerite Wieser. – Paris : Nizet, 1972. – 288 p.
Ludwig Uhland und die Romantik / Hartmut Fröschle. – Köln : Böhlau, 1973. – 358 p.

BALLADES ET POÈMES LYRIQUES 231

G. de Nerval — 1830

La sérénade. — Publiée par Gérard de Nerval le 29 décembre 1830 dans le *Cabinet de Lecture*, cette sérénade n'est autre que la traduction de *Das Ständchen* (composé en octobre 1810, publié dans le *Morgenblatt für gebildete Stände* le 19 octobre 1815). « Cet appel de l'au-delà, cette irruption du rêve dans la réalité, cette maladie qui obéit à la vocation de la mort promettant la délivrance — tout cela marque Nerval même plus qu'Uhland » (Marguerite Wieser, *op. cit.*, p. 24).

— Oh ! quel doux chant m'éveille ?
— Près de ton lit je veille,
Ma fille ! et n'entends rien...
Rendors-toi, c'est chimère !
— J'entends dehors, ma mère,
Un chœur aérien !...

— Ta fièvre va renaître.
— Ces chants de la fenêtre
Semblent s'être approchés.
— Dors, pauvre enfant malade,
Qui rêves sérénade...
Les galants sont couchés !

— Les hommes ! que m'importe
Un nuage m'emporte...
Adieu le monde, adieu !
Mère, ces sons étranges,
C'est le concert des anges
Qui m'appellent à Dieu !

Œuvres complètes. III / Gérard de Nerval ; édition publiée sous la direction de Jean Guillaume et Claude Pichois ; avec la collaboration de Jacques Bony, Michel Brix, Lieven d'Hulst... [*et al.*]. – Paris : Gallimard, 1993. – (*Bibliothèque de la Pléiade* ; 397). – [Pp. 444-445].

BALLADES ET POÈMES LYRIQUES 232

Éd. Schuré — 1868

Le fils de la montagne. — Cette adaptation réussie et poétique de *Des Knaben Berglied*, un poème frais et énergique rédigé en juin 1806 et publié dans le *Musenalmanach* de 1808 combine l'expérience de la nature avec les motifs de la liberté individuelle et du patriotisme.

Je suis le pâtre, enfant des monts !
A mes pieds les plus fiers donjons ;
Je vois du jour le premier feu,
Je reçois son dernier adieu ;
Je suis le fils de la montagne !

Au berceau du torrent d'azur,
Dans le roc je bois son flot pur.
Il s'élance et mugit plus bas,
Je cours le saisir dans mes bras.
Je suis le fils de la montagne !

Ma maison forte est ce rocher.
L'orage ne peut l'arracher,
Qu'il hurle du nord au midi,
Plus haut ma maison retentit.
Je suis le fils de la montagne !

Gronde à mes pieds, nuage en feu !
Je suis debout dans le ciel bleu.
Siffle ouragan ! je te connais,
Passe et laisse mon trône en paix ;
Je suis le fils de la montagne !

Quand pour la guerre le tocsin
Élèvera son cri d'airain,
Là-bas, je serai dans mon rang
Pour brandir mon glaive en chantant :
Je suis le fils de la montagne !

L'Histoire du Lied, ou la Chanson populaire en Allemagne, avec une centaine de traductions en vers et sept mélodies / par Édouard Schuré. – Paris : Librairie internationale : A. Lacroix : Verbœckhoven et Cie, 1868. – [Pp. 467-468].

BALLADES ET POÈMES LYRIQUES 233

X. Marmier — 1869

Le Dimanche du Berger. — D'un caractère religieux et solennel, *Schäfers Sonntagslied*, écrit en novembre 1805 et publié dans le *Musenalmanach* de 1807, fut mis en musique par Mendelssohn-Bartholdy, C. Kreutzer et d'autres.

C'est le jour du Seigneur. La cloche dans les airs,
Chante l'hymne d'amour et l'hymne d'espérance.
Puis à ces sons pieux succède un long silence.
L'église est toute pleine et les champs sont déserts.

Auprès de mon troupeau, dans la vaste prairie,
Je me mets à genoux, et je prie avec foi.
Dans le monde bien loin, ainsi qu'autour de moi,
En ce même moment tout se recueille et prie.

Quel calme dans ces lieux ! quelle paix en mon cœur !
L'horizon est si pur, et la terre est si belle !
On dirait, à cette heure auguste et solennelle,
Que le ciel va s'ouvrir. C'est le jour du Seigneur.

Dernières Glanes / Xavier Marmier. – Paris : Simon Raçon et Cie, 1869. – [Pp. 13-14].

BALLADES ET POÈMES LYRIQUES 234

A. Michiels — 1839-1840

La malédiction du chanteur. — Achevé en décembre 1814 et publié dans les *Gedichte* en 1815, aimé par Nerval qui le fit passer dans le *Choix de ballades et poésies*, en appendice à sa traduction du *Faust* (1814) de Goethe, *Des Sängers Fluch* est considéré comme un chef-d'œuvre depuis Marmier et Börne. En voici la meilleure adaptation française, où « Michiels remplace les quatrains à rimes plates de l'original par des strophes de cinq alexandrins aux rimes embrassées, croisées ou redoublées... Ses strophes, adornées de détails pittoresques et de périphrases classiques, n'atteignent pas cependant à la puissance de l'original où le rythme majestueux et le vocabulaire expressif annoncent la démarche inéluctable du destin, la chute du pouvoir temporel du roi par la force de la parole éternelle du poète. » (M. Wieser, *op. cit.*, p. 89).

I

Autrefois un château couronnait ces hauteurs :
Il dominait la terre, il dominait les vagues ;
Des jardins embaumés l'environnaient de fleurs
Et le chant des oiseaux s'y mêlait aux bruits vagues
Des sources où le ciel reflétait ses couleurs.

Victorieux et fier de ses vastes domaines,
Un monarque habitait ses murailles hautaines.
L'épouvante siégeait sur son front ténébreux :
Ses regards étaient pleins de sentences prochaines,
Ses paroles de sang et de meurtres ses jeux.

Deux ménestrels voulant fléchir ce cœur sauvage,
Se mirent en chemin. L'un d'eux, blanchi par l'âge,
Et le luth sous le bras, pressait un noir coursier.
De blonds cheveux de l'autre entouraient le visage,
Et, quoique sans monture, il suivait le premier.

« Mon fils, dit le vieillard, il y va de la gloire.
Implore ton patron, cherche dans ta mémoire
Les plus beaux de nos chants ; mon fils, prépare-toi.
Nos noms des ans lointains braveraient l'ombre noire,
Si jamais nous pouvons toucher l'âme du roi. »

II

La foule se pressait dans la salle éclatante.
Au milieu des vapeurs que répand le sandal,
Sombre comme les feux du pôle boréal,
Le monarque trônait. Près de lui, bienveillante,
La reine avait l'éclat de la lune naissante.

Le vieillard préluda. Sous ses doigts assurés
Les notes s'épanchaient en rythmes inspirés.
A ces graves accords, à ces flots d'harmonie,
Comme l'ange du soir aux cantiques sacrés,
Le disciple mêlait sa voix jeune et hardie.

Pâle d'émotion, il chantait tour à tour
L'âge d'or, le printemps, les grâces de la femme ;
Il chantait la vertu, la dignité de l'âme,
Tout ce qui fait du cœur brûler la sainte flamme,
Tout ce qui dans l'esprit allume un noble amour.

Le courtisan cessa de railler, de sourire ;
Le guerrier insolent courba son front hautain
Devant le Dieu du ciel. Pour la reine, un délire
De joie et de douleur l'oppressait, et sa main
Aux deux chanteurs jeta la rose de son sein.

« Vous séduisez ma femme et ce peuple imbécille, »
Dit le roi furieux, tremblant de tout son corps ;
Et son glaive soudain fendit l'air trop docile.
Le jeune homme tomba. De sa poitrine habile
Le sang jaillit au lieu de célestes accords.

Et le morne auditoire en voyant apparaître
L'orage inattendu s'enfuit comme un troupeau.
Le jeune homme expira dans les bras de son maître.
Le vieillard l'entoura des plis de son manteau,
Le mit sur son cheval et quitta le château.

III

Mais quand il fut devant la porte extérieure,
Il s'arrêta, saisit son divin instrument,
La harpe sans égale et la brisa sur l'heure
Aux angles d'un pilier ; puis d'un air menaçant
Il étendit le bras vers l'antre du tyran :

« Malheur à toi ! dit-il, caverne impitoyable !
Qu'une douce chanson ne te charme jamais ;
Que tout bruit dans tes murs devienne lamentable ;
Sois le séjour des pleurs et des cris, ô palais !
Jusqu'au jour où le temps couchera dans le sable

Tes infâmes créneaux, sur lesquels planera
L'esprit de la vengeance. Et vous, brillants parterres,
L'aspect de ce cadavre aux livides paupières,
Desséchera vos fleurs et vos eaux salutaires
Et le désert sur vous peu à peu s'étendra.

Malheur à toi, surtout, meurtrier du poète !
Que la gloire jamais ne couronne ta tête !
Que la haine se lève et s'attache à tes pas !
Sois maudit ! que ton nom ne te survive pas !
Qu'il ressemble aux vains bruits qu'emporte la tempête ! »

Il se tut, et le ciel châtia l'assassin.
Le palais maintenant n'a plus pierre sur pierre ;
Comme pour attester sa richesse première,
Une colonne encor se dresse tout entière ;
Mais elle croulera peut-être avant demain.

Les jardins ont fait place à des landes arides ;
Nul arbre n'y répand son ombre ; les ruisseaux
Ont suspendu le cours de leurs ondes limpides.
Et banni des vieux lais qui chantent les héros,
Le nom du roi maudit n'a pas trouvé d'échos.

Études sur l'Allemagne, renfermant une Histoire de la peinture allemande / par Alfred Michiels. – Paris : W. Coquebert, 1840. – [Tome I, pp. 407-410].

HISTOIRE DE LA POÉSIE ALLEMANDE AU MOYEN ÂGE 235

H. Roland — 1998

Aspect du Moyen Âge (Introduction). — Lorsqu'A. von Keller édita en 1865 cette conférence donnée en 1830, il l'estimait toujours actuelle, conjonction réussie entre l'enthousiasme romantique pour le Moyen Âge, le zèle scientifique mis à en recueillir l'héritage, une interprétation intuitive et une expression claire, voire poétique.

Les considérations livrées ici porteront sur les phénomènes de cette tranche de l'histoire universelle qu'on appelle le Moyen Âge. L'histoire générale a retenu de cette période qu'elle fut celle des grandes migrations, ou encore celle qui s'étend du déclin de l'Empire romain d'Occident jusqu'au début de la Réforme, du Ve au XVe siècle. [...]

Le Moyen Âge européen naît du conflit et de la fusion des univers païen germanique et romain chrétien. La race des Germains, jeune et vigoureuse, fait voler en éclats l'Empire romain décadent et fonde sur ses décombres des États particuliers, nouveaux. Toutefois, la culture des vaincus — non pas encore la culture littéraire mais bien celle qui relève de la vie en société — exerce rétrospectivement son pouvoir sur celle des vainqueurs. Et c'est justement au sein de la décadence du monde ancien que s'allume une nouvelle lumière spirituelle : le christianisme devant l'éclat rayonnant duquel se prosternent les conquérants païens. Et les forces intellectuelles qui ont, depuis le combat et la conciliation de ce vaste antagonisme, bâti une ère nouvelle, sont celles-là dont la grande vigueur a présidé à la formation scientifique, qui précède le Royaume de la pensée, celles-là qui stimulent avec prédilection la faculté poétique, les forces de la fantaisie et de l'âme. Tous les phénomènes majeurs du Moyen Âge témoignent de ce caractère empreint de fantaisie et d'âme. Considérons les Croisades, qui ont pu émouvoir les peuples pendant des siècles : les mobiles politiques sous-jacents ne sont pas suffisants, à nos yeux, pour susciter un élan de cette ampleur. C'est une foi imprégnée de fantastique qui anime les impulsions religieuses de ces pèlerinages guerriers. Et même les situations les plus paisibles des systèmes politico-ecclésiaux établis portent cette marque caractéristique. Les *Antiquités juridiques allemandes* de J. Grimm nous ont, il y a peu, parfaitement démontré la présence de la poésie dans le droit germanique, son élément sensible, le caractère expressif et plein d'âme de ses formes et de ses symboles, attesté depuis les temps les plus reculés du Moyen Âge jusqu'à notre époque. Par-dessus le tribunal de pierre, on aperçoit le tilleul en fleurs. L'Empire médiéval romain-germanique se révéla bien plus souvent une image éclatante, dans les mentalités, qu'un pouvoir, dans la réalité. La hiérarchie de l'Église romaine, celle qui porte le plus l'empreinte du calcul, n'aurait jamais pu devenir si puissante sans la foi enthousiaste de ses fondateurs et des peuples qui l'ont honorée. Enfin, la foi religieuse même qui a rendu possible ce règne, le christianisme du Moyen Âge, fut essentiellement façonnée par la fantaisie. La mise en avant de la pensée en relation avec les objets de la foi fut une caractéristique fondamentale du commencement des Temps Modernes, qui s'exprima d'abord et surtout dans le Protestantisme. [...]

En chaque individu et en chaque génération d'êtres humains, il nous faut reconnaître la fin en soi. Leur course ne sillonne pas seulement la marche du temps à la surface de la terre, cette course horizontale est en permanence recoupée par une autre voie, qui mène vers le haut. Tenons-nous en uniquement aux événements de l'histoire telle qu'elle nous est ouverte et comparons attentivement le produit intellectuel des époques, et il deviendra clair que chacune a développé sa propre teneur, que chacune a emprunté à l'autre quelque chose, que la formation la plus harmonieuse et la plus vaste n'a malgré tout jamais fermé le cercle de la vie intellectuelle et que le germe divin que contient l'humanité est inépuisable dans la diversité de ses développements. Telle fut aussi la période du Moyen Âge, qu'on a autrefois appelée une nuit de 1 000 ans. Cette nuit-là fut toutefois étoilée. Des constellations s'y élevèrent et en descendirent, invisibles lorsque le soleil de midi luit sans ombre tout droit sur la tête des hommes.

Traduction inédite. — *Werke : 3. Geschichte der deutschen Poesie im Mittelalter* / Uhland ; herausgegeben von Hartmut Fröschle et Walter Scheffler. – München : Winkler, 1981. – [Pp. 5-8].

LE MYTHE DE THOR D'APRÈS LES SOURCES NORDIQUES 236

H. Roland — 1998

Le bon Thor (Conclusion). — Bien qu'elle fût par la suite scientifiquement critiquée, et dépassée dans des questions de détail, cette synthèse, vivement menée, fit longtemps autorité.

Thor est le fils qu'Odin engendra avec Jörd. Il représente, comme nous l'avons remarqué plus haut, le rapport de l'esprit divin à la terre et appartient au cercle des dieux nordiques, dont l'unité repose sur Odin, le père commun de la dynastie des Ases. La nature de Thor ne se laisse pas réduire à son attribut de maître du tonnerre. Toutefois, on accepte que la croyance en lui provient de ce phénomène sensible et que c'est à partir de là qu'elle s'est approfondie et étendue. Le tonnerre dans tout son sublime, l'orage avec ses horreurs et ses bienfaits annonçaient l'existence d'un dieu et l'éclair s'abattant alluma pour lui le feu du sacrifice. L'idée de ce dieu s'étendit alors et le contenu qu'il incarnait se fit plus riche, mais le marteau du tonnerre demeura son emblème extérieur ; chaque chant de la grande hymne à Thor se ferme sur le même refrain, celui de la flamme tombant d'en haut comme un coup sur la tête des géants. Même si on conçoit sa nature dans son acception la plus large et dans le rapport à Odin, ce sont toujours les mêmes éléments qui se dessinent : c'est dans Odin que se manifeste l'esprit créateur et dans Thor la force de l'abri. Odin médite et cherche ; il œuvre à l'enthousiasme poétique et guerrier. Thor travaille sans relâche et stimule le zèle. De toutes les divinités nordiques, Thor a la personnalité la plus marquée à cause de cette tendance à œuvrer au bien commun et donc de l'étroite amitié qui le lie à ce peuple qui exige un dieu compréhensible. De tous les Ases il est le plus humain, le plus aimé, le plus bienveillant ; il est le « cher ami » de ceux qui le vénèrent. Beaucoup de noms propres de Norvège et d'Islande sont filialement composés sur base de son nom. Il favorise l'élément démocratique dans la vie politique du vieux Nord, de même que — des deux tendances divergentes de la vie en société des Germains — la communauté populaire sédentaire et le franc-alleu face au régime de la suite et à la féodalité. Alors qu'Odin règne sur les lignées royales des héros et qu'il veille sur les nobles, Thor reste auprès du peuple et ne dédaigne pas les serfs. Alors que les apparitions d'Odin se font toujours sur un arrière-plan sombre et horrible, les légendes de Thor ont un supplément d'innocente plaisanterie, même dans les chants dont le style est élevé. Dans toute son intimité, le peuple vient à la rencontre de son être protecteur. Quand il cultive les champs avec eux, il sert à point de divertissement à ceux qui, lorsque l'atmosphère est à l'allégresse, tirent sur sa barbe rouge. Cela ne nuit pas à l'amour car on en a d'autant plus d'affection pour lui. On trouve encore des traces de cette fidélité à l'époque de la conversion au christianisme : l'Islandais Helgi croit au Christ et il dénomme ainsi son domaine d'après lui ; toutefois, lors de toutes les entreprises importantes, il en appelle à l'assistance de Thor. À d'autres qui se détournent des vieilles divinités, Thor apparaît en rêve plein de reproches et de menaces, ou alors avec l'émouvante demande de bien vouloir déplacer son image depuis le temple qui n'est plus sûr jusque dans la profondeur de la forêt. Au Danemark, on évoque encore à l'heure actuelle le proverbe du premier mois de printemps, lorsque Thor et sa barbe longue incitent les enfants à franchir les murs. Cette relation intime a sans conteste aussi son côté sublime : le même Thor qui se rapproche tellement des gens, est le dompteur de tous les éléments en rage, qui fait grandir jusqu'au ciel la force des Ases depuis le déluge qui enfle. Un peuple qui reconnaît son proche ami dans le son du tonnerre se montre bien d'un esprit vigoureux.

Traduction inédite. — *Werke : 4. Wissenschaftliche und poetologische Schriften, politische Reden und Aufsätze* / Uhland ; herausgegeben von Hartmut Fröschle et Walter Scheffler. – München : Winkler, 1984. – [Pp. 306-307].

DISCOURS POLITIQUES 237

H. Roland — 1998

Discours contre l'exclusion de l'Autriche de la Confédération germanique. — Prononcé le 26 octobre 1848 au Parlement de la grande Allemagne siégeant dans l'église Sant-Paul de Francfort, ce discours, comme les rares autres de Uhland, fit forte impression par sa clarté et son caractère figuré. Ici comme ailleurs, l'orateur plaidait en faveur d'une confédération germanique unissant l'Allemagne et l'Autriche et s'insurgeait contre l'idée d'une « petite » Allemagne, sous la houlette de la Prusse.

Messieurs ! On nous a envoyés ici pour fonder l'unité allemande. On ne nous a pas envoyés pour délier de l'Allemagne de grands territoires et de vastes populations. Ces territoires furent à travers l'histoire terre de l'Empire allemand ; ils furent aussi terre de la Confédération germanique dans les jours troublés de cette union. Seule la souveraineté étrangère, seule l'époque du pire des affronts ont déchiré l'Allemagne. Maintenant que le jour de la liberté, que le jour de l'honneur se lève, il ne nous revient pas de mutiler notre patrie de nos propres mains. [...]

On a pu dire que l'Autriche avait l'importante et providentielle vocation d'être puissante vers l'Est et de lui apporter l'*Aufklärung* et la civilisation. Mais comment l'Autriche allemande pourrait-elle exercer ce pouvoir si elle est elle-même vaincue ? Comment pourrait-elle briller et instruire si elle se retrouve étouffée et éclipsée ? Quoi qu'il en soit, l'Autriche peut-elle avoir la vocation d'être une lanterne pour l'Est alors qu'elle a une vocation plus proche et plus haute : celle d'être une artère au cœur de l'Allemagne. L'Autriche était avec nous au sein de la Confédération germanique. Le poids de la diplomatie autrichienne a pesé sur cette union, sur nous, sur tous les tressaillements de liberté dans chaque État allemand. Et pourtant nous ne nous serions pas défaits de l'Autriche. Nous savions ce que nous lui devions. Et à présent elle nous serait arrachée ? Alors qu'elle vient de se rapprocher de nous, jeune comme un aigle, fraîchement blessée par les combats de mars et de mai, pour sceller une nouvelle alliance dans la liberté ? On prétend que les vieux murs sont d'autant plus indestructibles que la chaux y a été éteinte avec du sang. — L'Autriche a mélangé dans le mortier le sang de son cœur pour rebâtir la liberté allemande. L'Autriche doit être et demeurer avec nous dans la nouvelle assemblée politique de l'église Saint-Paul. [...]

Traduction inédite. — *Werke : 4. Wissenschaftliche und poetologische Schriften, politische Reden und Aufsätze* / Uhland ; herausgegeben von Hartmut Fröschle und Walter Scheffler. – München : Winkler, 1984. – [Pp. 703-706].

MUNCH

NORVÉGIEN **1810-1863**

Marquée par une intense activité de recherche et de création, la « percée nationale » des années 1840 et 1850 permit à la Norvège de s'affranchir de la tutelle culturelle danoise en retrouvant les fondements de son identité perdue. Et, parmi ceux qui en furent les principaux artisans, sans doute faut-il au tout premier chef mentionner l'historien Peter Andreas Munch. Au-delà de sa propre spécialité, cet homme d'une fécondité et d'une érudition confondantes voulut restituer à ses compatriotes l'intégralité de leur passé et, pour ce faire, stimulant d'autres chercheurs ou apportant sa contribution spécifique, il s'intéressa aussi à de nombreux autres domaines comme la linguistique, la géographie, le folklore, la mythologie et l'histoire des civilisations.

Enseignant d'histoire à l'université d'Oslo de 1837 à sa mort, puis simultanément directeur des archives de Norvège à partir de 1861, il se proposa d'abord de ressusciter et de réhabiliter l'histoire de l'ancienne Norvège, totalement négligée, voire dénigrée à l'époque danoise. Et, dans cette entreprise, un de ses grands mérites fut, en premier lieu, d'aller aux sources. Effectuant de longs séjours d'études dans plusieurs grandes villes d'Europe, en particulier à Rome où il devint un familier de la Bibliothèque Vaticane, il s'attacha d'abord à retrouver et à faire paraître plusieurs recueils de documents originaux dont la connaissance était indispensable à la compréhension profonde de l'histoire norvégienne, tels *Les Anciennes Lois de Norvège* (1847) ou *Recueils norvégiens* (1852-1860). Dans le même temps, il publia des études sur l'ancien royaume de Norvège, comme *Description historico-géographique du royaume de Norvège au Moyen Âge* (1849), qui annonçaient son œuvre majeure *L'Histoire du peuple norvégien* (1851-1863). Dans les huit gros volumes qui composent celle-ci, Munch retrace le destin de la Norvège de ses plus lointaines origines à 1397, l'année cruciale où, acceptant d'entrer dans l'union de Kalmar avec les autres pays nordiques, la nation norvégienne aliéna une liberté qu'elle devait seulement retrouver plus de quatre siècles plus tard. Comme l'indique le titre même de l'ouvrage, l'auteur, ne voulant pas réduire l'histoire de la Norvège à celle de ses souverains, brosse dans toute sa diversité un tableau complet du pays durant cette longue période. Confronté à cette tâche, ne retenant des travaux de ses prédécesseurs que ceux dont il avait lui-même pu vérifier l'exactitude et se fondant sur la somme considérable de documents qu'il avait retrouvés, il fit œuvre de pionnier. De nos jours encore, c'est un indispensable ouvrage de référence pour qui s'intéresse au Moyen Âge norvégien. De surcroît, cette révélation des trésors de l'histoire norvégienne allait être une source d'inspiration exceptionnellement féconde pour plusieurs auteurs norvégiens, en particulier Ibsen et Bjørnson qui y puisèrent la matière de leurs drames de jeunesse.

D'une extrême rigueur scientifique, Munch n'en était pas moins imprégné du romantisme national de l'époque. Son ambition, comme il l'écrivait dans son premier article, était de « généraliser la connaissance de ces grands ancêtres, de l'ancienne constitution de Norvège, laquelle était si remarquable pour son temps, voire presque parfaite ». Et, dans l'avant-propos de *L'Histoire du peuple norvégien*, il précise bien qu'il entend faire pièce aux historiens des autres pays nordiques enclins à valoriser leur pays aux dépens de la Norvège. Avec Rudolf

Keyser (1803-1864), l'autre personnage marquant de ce que l'on a appelé « l'école historique norvégienne », il veilla ainsi, avec une vigilance toute particulière, à ce que la Norvège rentrât en possession de son ancien patrimoine. Ce fut spécialement le cas pour la langue et la littérature norroises auxquelles on prêtait jusqu'alors une indistincte origine « nordique ancienne » et dont il montra qu'elles étaient en fait spécifiquement norvégo-islandaises.

À cette ancienne langue norvégienne, Peter Andreas Munch portait un intérêt passionné, et il aurait souhaité en faire le fondement du renouveau linguistique norvégien. Certes, proche de Welhaven (cf. pp. 914-918), il reconnaissait pleinement l'apport du danois à la culture norvégienne tout en combattant vigoureusement une « norvégianisation » progressive qui ne pouvait, selon lui, qu'abâtardir la langue et conduire à la formation d'un hybride. Néanmoins, il pensait que la Norvège devait se doter d'une nouvelle langue écrite aussi proche que possible du norrois, et il ne ménagea aucun effort pour orienter ses contemporains dans ce sens. Ainsi parvint-il à influencer Magnus Brostrup Landstad (1802-1880) lorsqu'en 1853 celui-ci publia un recueil de *Ballades norvégiennes* qui fit date. De surcroît, il réussit, au moins partiellement, à convaincre Ivar Aasen, le créateur du Landsmaal (cf. O.A. Vinje, pp. 783-786) d'adopter une orthographe archaïsante, plus proche de l'ancien norvégien. Il était toutefois à contre-courant d'une évolution qui se dessinait déjà. Depuis cette époque, le bokmål d'origine danoise, l'ancien Riksmål, s'est effectivement norvégianisé au fil du temps, tandis que le landsmål d'Ivar Aasen, l'ancien landsmål, s'est avant tout développé sur la base des formes dialectales les plus utilisées. À terme, il ne paraît d'ailleurs pas exclu que la Norvège parvienne quelque jour à réaliser son unité linguistique.

HISTOIRE DU PEUPLE NORVÉGIEN 238

É. Eydoux — 1998

Justification du projet (Avant-propos). — Après s'être excusé de solliciter l'attention et la bienveillance du public par une œuvre d'une telle importance, Munch s'arrête sur les raisons qui l'ont incité à prendre cette initiative, en mentionnant d'abord celles dont il avait déjà fait état dans son appel à souscription.

J'y ai souligné qu'il était souhaitable, pour ne pas dire nécessaire, de faire paraître un ouvrage où seraient prises en considération les importantes améliorations apportées ces derniers temps à la recherche portant sur l'histoire de notre patrie, un ouvrage qui pourrait être globalement accessible au public, lequel disposerait alors d'une présentation exhaustive de l'histoire de notre pays et, plus particulièrement, de notre peuple. Par ailleurs, j'ai fait valoir qu'« un historien norvégien épris de sa patrie et de sa discipline pouvait à bon droit céder à la tentation d'essayer de composer une histoire complète de la patrie et, par là-même, combler la lacune qui s'est fait jour dans notre jeune littérature. » Enfin, j'ai fait ressortir que, cette lacune ne paraissant guère pouvoir être comblée d'une autre manière, il n'y avait pas lieu de s'étonner que j'aie cédé à ladite tentation. À ceci s'ajoutent d'autres considérations justifiant que l'on fasse paraître dès que possible une histoire du peuple norvégien qui, non seulement continuerait de prendre en compte les résultats des recherches les plus récentes, mais serait écrite dans une perspective nationale norvégienne ; et ce, bien qu'on puisse redouter qu'une telle œuvre n'atteigne pas la perfection qu'elle pourrait atteindre si sa parution était repoussée d'une génération. En effet, tout autour de nous, dans les pays voisins, on publie d'importants ouvrages sur l'histoire nationale. Et, partout, les historiens cherchent à mettre en valeur ce qui peut magnifier leur propre nationalité. La situation politique qui a été celle de la Norvège plusieurs siècles durant l'a exposée, plus que d'autres nations, à voir sa nationalité oubliée et sa participation aux grands événements de l'histoire mondiale, soit ignorée, soit présentée sous un jour fallacieux. Et il serait à craindre que cet oubli, cette ignorance ou cette présentation fallacieuse ne se perpétuent et ne se renforcent à l'occasion de cette rivalité historique qui se fait jour actuellement si ne se manifestait pas un historien norvégien qui, en rassemblant et publiant tout ce qu'ont révélé les recherches anciennes et nouvelles sur l'histoire de sa patrie, ne cherchât à combattre les fausses représentations qui ne manqueraient sans doute pas de se répandre si on laissait le champ libre aux étrangers.

Traduction inédite. — *Det norske folks histories* / fremstillet af P.A. Munch. – Christiania : Chr. Tønsbergs Forlag, 1852. – [Første Deel, Førsten Bind, pp. III et IV].

BELLI

ITALIEN 1791-1863

Né et mort à Rome, issu d'une famille à la modeste aisance acquise dans la gestion des biens des Chigi et des Rospigliosi, Giuseppe Gioachino Belli perd très tôt son père et doit, pour vivre, pratiquer à son tour la comptabilité dans les services des Domaines de la période napoléonienne. À 25 ans, il se laisse épouser par une veuve plus âgée avec qui il connaîtra, sans heurts mais peut-être sans excès d'enthousiasme, vingt années de vie commune aisée, tout en poursuivant dans l'administration pontificale une carrière honorable. Plusieurs voyages, faits partiellement pour affaires, l'amènent à Milan où il découvre l'œuvre de Porta, et à Florence où il aurait rencontré Leopardi, tandis qu'à Rome, outre l'Académie Tibérine dont il est un membre assidu, il fréquente le salon de Zénaïde Wolkonsky où il rencontre Romains et étrangers, notamment Gogol. En 1849, les troubles accompagnant l'avènement de la République romaine l'inquiètent profondément : le souvenir des tristes répercussions qu'avait eues pour sa famille la République de 1798 lui fait considérer avec hostilité la tentative de Mazzini. Après le retour de Pie IX, Belli, devenu Président de l'Académie Tiburtine puis censeur des théâtres, se montre très vigilant dans cette charge en matière de « morale politique ».

Son œuvre présente deux volets, en italien et en dialecte, d'un volume considérable : en italien, il accumule depuis l'âge de 15 ans des compositions de toute sorte, avec en particulier de nombreuses adaptations de textes sacrés, qu'il continuera à produire jusqu'en 1852. Sa production en dialecte commence plus tard (1817) et très timidement pour s'arrêter définitivement en 1849, après des éclipses en 1837-1839 et 1842, mais le résultat est très important : les trois volumes de l'édition la plus autorisée (par G. Vigolo, Mondadori, en 1952) rassemblent 2 279 sonnets... Et il ne s'agit pas ici d'une importance seulement numérique, car c'est cette œuvre en dialecte qui assure à G.G. Belli la place éminente qu'il occupe, et où, pour Rome, il ouvre la voie à des épigones talentueux, comme Pascarella et Trilussa.

Belli a 36 ans quand un ami établi à Milan lui fait découvrir l'œuvre de Porta, disparu depuis peu. La rencontre est décisive : après trois voyages consécutifs à Milan, Belli se lance en 1830 dans la production en dialecte et, durant les sept années suivantes, écrit 1 950 sonnets, quelques-uns étant d'ailleurs des traductions de Porta. Dites à l'Académie ou dans le salon Wolkonsky, ces pièces ne connaissent qu'une diffusion orale, à part une publication très partielle et très expurgée en un recueil (1839) où un critique dit avoir retrouvé ce mélange de sérieux et de comique « que pratiquait [Carlo] Gozzi ».

Pourquoi cette discrétion ? Parce que, de 1831 à 1846, c'est le pontificat immobiliste de Grégoire XVI, pape aux idées étroites, qui ne trouve rien à répondre aux grandes aspirations libérales dans ses États arriérés et dans une Rome « grande ville de province traversée d'étrangers » (Sainte-Beuve). Or Belli, fonctionnaire du gouvernement pontifical, et qui, après la disparition de sa femme, a besoin de son salaire pour vivre, ne souhaite pas voir publier des textes dans lesquels il se fait souvent l'écho d'un mécontentement diffus dans les milieux populaires. C'est pourquoi, l'âge venant, il dépose entre les mains d'un prélat de ses amis un recueil manuscrit de 2 000 sonnets (1839). La mort de Grégoire XVI, ce pape qu'il dit plaisamment regretter (« J'l'aimais bien parc'qu'y m'donnait envie d'en dir'du mal ») et l'avènement de

Pie IX le rassurent un instant, mais bien vite, inquiet de l'écho romain des mouvements du *Risorgimento,* il demande par testament (1849) à son fils de détruire son œuvre en dialecte, ne voulant pas que le public connaisse des textes « semés de maximes, de pensées et de paroles répréhensibles ». Sans doute aurait-il voulu supprimer *Une vie de chien,* sonnet féroce imaginant l'existence de Grégoire XVI, un des derniers écrits du vivant de celui-ci et le seul à connaître aussitôt la renommée : « Qui c'est qui parle avec Dieu Tout-Puissant ? Qui donn' l'absolution à tant d' fils de pute ? Qui c'est qui distribue les indulgences par paquets ? Et qui va en carrosse bénir les gens ? // Et qui c'est qui lui compte ses sous ? Qui l'aide à créer les cardinaux ? Les impôts, pardieu, c'est pas lui qui les fait ! // Rien que l' travail d' forçat d' déchirer toute l'année des suppliques et d' les j'ter en p'tits morceaux dans sa corbeille !... ».

Son œuvre en dialecte lui semble dangereuse, non seulement pour l'écho qu'elle donne à certains mouvements classiques de mécontentement, mais aussi par la forme adoptée, car le dialecte romain de Belli, le *romanesco* n'a pas la « dignité » sociale et linguistique du vénitien de Gozzi, voire du milanais de Porta. C'est la langue de la classe la plus populaire, comme il le précise dans l'introduction de l'édition expurgée de 1839 : « J'ai décidé de laisser un monument de ce qu'est aujourd'hui la plèbe de Rome. [...] Nos gens du peuple n'ont aucun art, ni oratoire, ni poétique, comme aucune plèbe n'en eut jamais. Tout sort spontanément de leur nature, toujours vivante et énergique parce qu'elle a été laissée libre dans le développement de qualités non factices. » Son propos est d'« exposer les phrases du Romain telles qu'elles sortent aujourd'hui de la bouche du Romain, sans ornement, sans altération... » Cela justifie des tournures parfois « peu chastes », excusant par avance grossièretés et obscénités.

Auparavant cependant, il glisse cette remarque pertinente : « Je dirais de leurs idées et de leurs habitudes, je dirais de leur façon de parler ce que l'on peut voir de leurs physionomies ». Le dialecte mis par Belli dans la bouche de ses héros est représentatif du caractère profond du petit peuple de Rome, l'immense orgueil qu'il tire de ses origines et de sa ville. Le Romain est persuadé de descendre du peuple qui a dominé le monde, quitte à en résumer l'histoire de façon expéditive (on la connaît « quand on sait que toutes les femmes sont des putains, et les hommes une bande de voleurs »). Il est familier de vestiges que le monde entier vient admirer, et vit en étroite symbiose avec un Saint-Siège centre de la catholicité. À ces divers titres, il a une tradition de fierté sans nuances qui éclate dans son caractère, ses attitudes, son langage, et il est significatif que le « masque » du Romain dans la *Commedia dell'arte* porte le nom de *Rugantino* (« le petit arrogant »).

Belli nous représente ce plébéien orgueilleux, mal embouché, en qui s'associent superstition et violence brutale, fier de son Pape-Roi qu'il est prêt à défendre contre les révolutionnaires, même s'il lui arrive de fronder les aspects quotidiens du pouvoir temporel. Il le campe dans le cadre de la Ville éternelle, dominé par un pouvoir qui est en même temps hiérarchie d'une religion. Cette dernière est omniprésente : ses fastes sont parfois un dérivatif à ses maux, non la réponse à ses angoisses qui sont celles du poète, sa mélancolie, son pessimisme viscéral.

G.G. Belli romano, italiano ed europeo : atti del II Convegno internazionale di studi belliani, Roma, 12-15 novembre 1984 / a cura di Riccardo Merolla. – Roma : Universita degli studi « La Sapienza » ; Bonacci : Provincia di Roma, Assessorato pubblica istruzione e cultura, 1985. – 431 p.

Introduzione a Belli / Marcello Teodonio. – Roma : G. Laterza, 1992. – 195 p. – (*Gli scritori* ; 32).

SONNETS 239

G. Luciani — 1997

L'aducation. — Pour traduire le *romanesco* de Belli, destiné expressément à représenter avec un souci « vériste » avant la lettre la langue de la plèbe romaine, le traducteur a opté pour un français parlé et vulgaire, mais sans référence à un argot précis. Il a respecté, dans ce sonnet du 4 septembre 1830, la déformation populaire du titre et le ton du petit peuple, orgueilleux et jouant volontiers du couteau.

Fils, oublie jamais les conseils d' ton papa : fais gaff', te laiss' jamais marcher su' les pieds. Si qué'qu'un vient te donner un' claque, là, aussi sec, donne-z-y-en deux.

Et puis si qué'qu'enfant d' cochon v'nait t' faire un brin de sermon, dis-y : « Moi, d' ces raisons, j' m'en tape : chacun a qu'à s'occuper d' ses oignons ».

Quand tu joues la chopine[1] à la mourre[2], ou aux boules, bois tout, mon fils ; et à ces enfoirés, leur en laiss' pas mêm' un' goutte.

Et puis c't'aussi un' bonn' chose d'êt' chrétien : pour ça tu dois toujours avoir en poche ton couteau affûté et ton chap'let.

Traduction inédite. — *Sonetti* / Giuseppe Gioacchino Belli ; a cura di G. Vigolo. – Milano : Mondadori, 1978. – [P. 19].

SONNETS 240

G. Luciani — 1997

La création du monde. — Outre la familiarité avec laquelle le petit peuple traite Dieu, confondu avec Jésus-Christ, on notera le pessimisme existentiel qui anime ce texte du 4 octobre 1831.

L'année qu' Jésus-Christ a pétri le monde, pass'que pour l' pétrir, y'avait déjà la pâte, il a voulu l'f air' vert, gros et tout rond, comm' un' bell' pastèque bien mûre.

Il a fait un soleil, un' lune et un' mappemonde, mais des étoiles tu peux dir' un tas : en haut des oiseaux, des bêt' au milieu, et des poissons au fond : il planta les plantes, et puis, il a dit : « Suffit ! »

J'oubliais d' dir' qu'il a créé l'homme, et avec l'homm' la femme, Adam et Ève ; et y leur a défendu d' toucher un' pomme.

---

1 Dialecte *bucale* (italien : *boccale*) : environ 2 litres. (N.d.t.)

2 *Morra* : jeu spécifiquement italien entre deux joueurs qui se montrent rapidement les doigts d'une main en criant un nombre qui, pour gagner, doit être égal à la somme des doigts levés. (N.d.t.)

Mais sitôt qu'y les a vus la manger, nom de dieu, Y'a crié d' tout' sa voix : « Hommes à venir, v'sêt' foutus ».

Traduction inédite. — *Sonetti* / Giuseppe Gioacchino Belli ; a cura di G. Vigolo. – Milano : Mondadori, 1978. – [P. 37].

SONNETS 241

G. Luciani — 1997

Le pape (26 novembre 1831). — Peut-on parler ici d'anticléricalisme ? Ou ne s'agit-il pas plutôt d'esprit frondeur envers le pouvoir temporel, mêlé à Rome à l'autorité spirituelle ?

Dieu veut pas que l' Pap' y s' marie, pour pas mett' au mond' d'aut' papillons[1] : sans ça, les Cardinaux, les pauv' gars, y z'auraient qu' des queues à ramasser.

Mais l' Pap' peut comm' y veut lier et délier tous les nœuds, serrés ou pas, y peut nous escommunier, nous bénir, et nous frapper tous à tir' larigot.

Et en plus d' ce truc qu'y délie et qu'y lie, y port' deux clefs pour nous donner avis qu'ici c'est lui qu'ouvr' et qui ferm' la boutique.

Cett' tiare qui r'ssemble à un beignet[2], ça veut dire qu' c'est lui qui command' et qu'y s'en fout sur terre, au purgatoire et en paradis.

Traduction inédite. — *Sonetti* / Giuseppe Gioacchino Belli ; a cura di G. Vigolo. – Milano : Mondadori, 1978. – [P. 61].

SONNETS 242

G. Luciani — 1997

Le pense-bête. — Plus qu'à proprement parler anticlérical, ce sonnet du 20 janvier 1832 semble marqué par son humour noir et surréaliste dans sa conclusion.

Tu t'rappell' ce prêt' minable qu'allait chez les gens fair' la class', avec un surtout de gross' laine, et là su'l bréchet les deux pans d'un rabat ?

---

1 Dialecte *Papetto* : jeu sur le mot qui peut vouloir dire, comme ici, « petits papes » mais qui, à l'époque, s'emploie surtout dans le peuple pour désigner la pièce d'une lire romaine. (N.d.t.)

2 Dialecte *Zuppriso* : en italien moderne, *suprì*, mets populaire romain, beignet de riz frit après addition de fromage dont la cuisson produit des fils qui ont fait plus tard baptiser de ce nom les écouteurs annexes des téléphones. (N.d.t.)

Ç'ui qu'on voyait avec ses grand' quilles à chaq' enterr'ment où y avait quéqu'chose à gratter[1] ? qu'allait dîner à l'Auberg' du Soleil[2], et qui dépensait jamais plus d' trois sous ?

Eh ben, on l'a r'trouvé hier, pendu par un lacet à c' crochet qui y tenait l' Christ à la tête d' son lit.

Et pour dir' s'il avait envie d'jouer à ce p'tit jeu-là, dis-toi qu' la veille, en pense-bête, il avait mêm' fait un nœud à son mouchoir.

Traduction inédite. — *Sonetti* / Giuseppe Gioacchino Belli ; a cura di G. Vigolo. – Milano : Mondadori, 1978. – [P. 87].

SONNETS 243

G. Luciani — 1997

Les plaisirs (29 novembre 1832). — Parmi les menus plaisirs du petit peuple romain, il y avait le vin.

Y'a pas d' plaisir plus chouett', quand tu crèves de soif, qu' d'aller boir' un' fillette. Moi, j' bois de l'aub' naissant' au soir minuit et un peu plus tard.

Et j' me mettrais l' cul sur des orties plutôt qu' renier cett' p'tit' goutt'. Sans eau bénite, oui, mais sans vin... sans vin, moi ? Non, Dieu m'en garde !

Même si Dieu n'avait rien fait d'aut', y faudrait l' remercier à deux genoux, et envoyer fair' fout' tout le reste.

Suffit d' pas trop perd' la m'sure. Si c'est péché d' prend' une bell' cuite, c't'un péché tout au plus licit'-et-honnêt'[3].

Traduction inédite. — *Sonetti* / Giuseppe Gioacchino Belli ; a cura di G. Vigolo. – Milano : Mondadori, 1978. – [P. 136].

1 Gratter la grosse chandelle, c'est-à-dire le reste de cire des cierges. (N.d.t.)

2 Ambigu : peut aussi bien signifier « manger en pleine rue ». (N.d.t.)

3 Deux adjectifs à dire d'une seule émission de voix. (Note de Belli).

SONNETS 244

G. Clerico — 1994

La vie de l'homme. — Daté de Rome, 18 janvier 1833, ce sonnet exprime tout le pessimisme de Belli.

Neuf mois empuanti[1]. Puis, dans les langes,
Croûtes de lait, bisous et grosses larmes.
Puis panier roulant, brassière et lisières,
Bourrelet au chef et couches aux fesses.

Puis le tourment de l'école commence,
L'abécédé, le fouet, les engelures,
Le caca sur la chaise, et la rougeole,
La scarlatine, un peu de variolette[2].

Viennent après, métier, jeûne et labeur,
Loyer, prison, dettes, gouvernement,
Et l'hôpital, et le con de m'amie.

L'été le soleil, en hiver la neige…
En tout dernier lieu, que Dieu nous bénisse,
Arrive la mort, et l'enfer au bout.

Anthologie bilingue de la poésie italienne / Préface par Danielle Boillet et Marziano Guglielminetti ; édition établie sous la direction de Danielle Boillet […]. – Paris : Gallimard, 1994. – (*Bibliothèque de la Pléiade* ; 410). – [Pp. 1157, 1669 pour la note].

SONNETS 245

G. Luciani — 1997

Le cafetier philosophe. — Au café, lieu de rencontre, voire de réflexion pour le petit peuple, le patron expose sa philosophie pessimiste. (22 janvier 1833).

En c' monde les hommes y sont pareils à des grains d' café dans l' moulin : un d'abord, un ensuite, et un aut' après, tous tant qu'y sont pourtant vont à un mêm' destin.

Souvent y changent de place, et souvent l' gros grain chass' le tout petit, et y s' bousculent tous su' l'entrée d' la meul' qui les écrase en fin' poussière.

1 Autre traduction : « dans le noir ». (N.d.t.)

2 Synonyme de la varicelle ou petite vérole volante. (N.d.t.)

Et les homm' comm' ça vivent en ce monde, mélangés par la main du hasard, qui les fait tourner tous en rond

Et en s' remuant tous, çui-là fort et l'aut' pas, sans jamais rien comprend', y descendent au fond pour tomber dans l' gosier de la mort.

Traduction inédite. — *Sonetti* / Giuseppe Gioacchino Belli ; a cura di G. Vigolo. – Milano : Mondadori, 1978. – [P. 211].

SONNETS 246

G. Luciani — 1997

La tournée des charcuteries. — Les modestes plaisirs de la table se mêlent à ceux d'une esthétique très matérielle, et la religion est mise à toutes les sauces. Une longue note de Belli à ce sonnet du 5 avril 1833 explique en détail cette tradition romaine qui faisait que, le soir du jeudi et du vendredi saints, les charcutiers apportaient un soin particulier à leur vitrine.

Des charcut'ries qui font tout' leur grand étalage pour Pâques, cell' de Blaise à la Rotonde[1] est c't' année la plus chouett' qu'on trouv' à Rome.

Des colonn' de fromages, qui peuv' bien êt' cent sinon plus, soutienn' une alcôv' tout' brodée de saucisses, et là y a des tas d'animaux d'un' form' inconnue.

Parmi eux, y a en haut un Moïse en saindoux, la matraque levée comme un sergent d' ville, au sommet d'une montagn' d' jambon.

Et en d'sous, pour aiguiser la faim, y a un Christ et un' Madone en beurre dans un' bell' grotte d' saucisson.

Traduction inédite. — *Sonetti* / Giuseppe Gioacchino Belli ; a cura di G. Vigolo. – Milano : Mondadori, 1978. – [Pp. 246-247].

SONNETS 247

G. Luciani — 1997

Les croque-morts. — Dans ce monde simple de lutte pour la vie, les appétits s'expriment sans fard, avec une sorte de cynisme naïf, brodant sur le thème du *Mors tua, vita mea*... (18 mars 1834)

Et quelles affair' tu veux fair' ? Y meurt personn' ; ce p'tit coup d' malaria est d'jà fini : tous cramponnés à cett' putain d' vie... Avec ça, va fair' l' croque-mort avec amour !

---

1 Dialecte *la Ritonna* : terme populaire pour désigner le Panthéon. (N.d.t.)

Mon pauv' drap noir ! Il est là à moisir. Et si on continue comme ça, et si l' Seigneur y donn' pas tout d' suit' une idée lumineuse à qué'qu' docteur, la profession d' croque-mort est fichue.

La bonne année, ce fut en dix-sept[1]. Alors oui, dans c' métier-là, y f'sait bon viv', les morts pleuvaient par charr'tées.

Suffit. Qui sait ! Mathieu a dit hier soir qu'un croque-mort d' ses amis y écrit qu'y a qué'ques espoirs avec c' choléra[2].

Traduction inédite. — *Sonetti* / Giuseppe Gioacchino Belli ; a cura di G. Vigolo. – Milano : Mondadori, 1978. – [P. 301].

SONNETS 248

G. Clerico — 1994

La mort et sa traîne. — Pour tous, quels que soient le discours ou l'habit, l'éternité est longue et fait frémir !

On n'sort pas d'là : ou nous somm's jacobins[3],
Ou nous croyons à la Loi du Seigneur.
Si l'on y croit, minables ou fringués[4],
La mort est un pas qui vous glac' le cœur.

On court au théâtre, on court les banquets,
On fait l'amour, on hante les tavernes,
On traficote, on planqu' ses picaillons,
On fait feu de tout bois... et puis l'on meurt !

Et après ? Après, les ennuis arrivent.
Après, y'a l'autre vie, un autre monde,
Qui dur' toujours et qui n' finit jamais !

Et ce « jamais », d'y penser, ça t' ravage !
Bref, bien ou mal, à flot ou par le fond,
Ell' s'éternis' c'te chienn' d'éternité !

Anthologie bilingue de la poésie italienne / Préface par Danielle Boillet et Marziano Guglielminetti ; édition établie sous la direction de Danielle Boillet [...]. – Paris : Gallimard, 1994. – (*Bibliothèque de la Pléiade* ; 410). – [Pp. 1161, 1669 pour les notes].

---

1 1817, année d'une épidémie de typhus. (N.d.t.)

2 En 1837, le choléra atteignit Rome. (N.d.t.)

3 Terme utilisé ici pour « mécréants ». (N.d.t.)

4 Égalité devant la mort de ceux qui sont bourgeoisement vêtus et de ceux qui portent de typiques habits plébéiens. (N.D.t.)

ALEXANDRE SOUTSOS

FRANÇAIS • GREC **1803-1863**

S'ils n'apparaissaient pas au lendemain de l'Indépendance hellénique, sans doute les frères Alexandre et Panayotis Soutsos n'occuperaient-ils pas une place aussi importante dans la littérature grecque. Plutôt que de souligner leur relative médiocrité, il convient de se demander ce que leurs positions politiques et les écrits qui les exprimaient représentaient pour leurs contemporains.

Alexandre Soutsos a joué le rôle favori de l'écrivain romantique — Victor Hugo le reprendra en France —, celui du défenseur intransigeant des libertés, fustigeant depuis son exil le tyran au pouvoir. Cette attitude fut sans doute suggérée à Soutsos par son origine sociale et sa culture française. Né à Arnavut Köy, près de Constantinople, dans une grande famille phanariote — deux de ses oncles ont régné sur les Principautés roumaines — il a connu de près l'exercice du pouvoir et a adhéré sincèrement aux idéaux libéraux des Lumières. Le fait qu'il ait été très jeune privé de ses parents, la perte de son frère Dimitrios, mort héroïquement au début de la guerre d'Indépendance (1821), et l'absence de présence féminine auprès de lui ont sans doute contribué à aigrir son caractère. Dans la France de la Restauration où il fit ses études, il entra en contact avec l'opposition frondeuse des écrivains républicains comme le chansonnier Béranger, dont il fit son modèle. Il transposa cette opposition dans la réalité grecque de l'époque.

Après s'être essayé à l'histoire (*Histoire de la Révolution grecque*, en français, Paris, 1829), au théâtre comique à la manière de Molière avec *O Asotos* (*Le Prodigue*, 1830), et à l'épopée patriotique avec *I tourkomachos Ellas* (*La Grèce combattant les Turcs*, 1850), il trouve sa voie dans la poésie de satire politique. Même si la forme qu'il adopte est, à l'imitation de Béranger, celle de la chanson, sa critique est grave. Il a conscience de défendre la liberté, en particulier celle de la Presse. Déçu par Capodistria, puis par le roi Othon, il se déchaîne contre eux avec une rare violence, allant jusqu'à présenter Mavromichalis, l'assassin de Capodistria, sous les traits d'un tyrannoctone. Mais sa poésie a aussi des accents de tendresse, quand il parle du sort, comparable à celui de nos demi-solde, des anciens combattants de 1821. Dans ses meilleurs moments, Alexandre Soutsos fait penser au Hugo des *Orientales* et des *Châtiments*.

En dehors de ses poésies de combat, réunies en 1833 dans le volume *Panorama de la Grèce*, c'est principalement *O Exoristos tou 1831* (« L'Exilé de 1831 », 1835), la seconde œuvre romanesque parue dans la Grèce indépendante, qui retient aujourd'hui l'attention, en raison de son ampleur (282 pages) et d'un certain réalisme — un peu caricatural — dans la description de la société grecque d'après la Révolution. Sans le savoir, Soutsos ouvre la voie aux romans satiriques ou critiques de Grigorios Palaiologos et de Pavlos Calligas.

Malgré le titre pompeux de poète national qui lui fut décerné, il n'est pas certain qu'Alexandre Soutsos se concevait lui-même comme un créateur ; il se voyait plutôt comme la victime de la grande cause au service de laquelle il s'était mis. C'est ce qu'il dit dans une lettre écrite à son frère quelques jours avant sa mort : « Je fus la pierre de la fronde que le Très-Haut a lancée sur la tête de deux tyrans. Leur tête fut brisée et moi je suis resté à terre, dans la poussière, comme la pierre. »

Marquis Queux de Saint Hilaire, "Alexandre Soutzos, le poète national de la Grèce moderne. Sa vie et ses œuvres". – In : *Annuaire de l'Association pour l'encouragement des Études grecques en France* 8 (1874), pp. 407-440.

Panos Moullas, "Alexandre Soutsos". – In : *Satire et politique dans la Grèce moderne*. – Athènes : Éditions de la Société d'Études de la Civilisation néohellénique et de Culture Générale, 1979. – [Pp. 46-70]. – [En grec].

PANORAMA DE LA GRÈCE 249

H. Tonnet — 1998

Le soldat mendiant son pain. — Dans ce texte de juin 1831, Alexandre Soutsos traite, sur un ton à la fois ému et indigné, un thème qui lui est commun avec Béranger, la misère des anciens combattants.

(Alors que Jean Capodistrias distribuait sans compter la richesse nationale à ses indicateurs et à ses aventuriers de ministres, il tolérait que les défenseurs de la patrie soient privés du pain quotidien. Plusieurs Grecs furent témoins du conseil méprisant que le satrape donna à un soldat mutilé au combat qui lui demandait une pension : « Trouve-toi un crincrin, lui répondit-il, tu en joueras dans les rues et tu demanderas l'aumône. »)

Un vieux soldat, avec à la main une sébile de mendiant,
appuyé sur son bâton et le sac à l'épaule
disait à un petit enfant qui lui montrait la route :
« Ne cours pas si vite, mon petit, car je ne peux te suivre ;
Tu es bien heureux... d'avoir encore tes yeux.
Tu as de solides petites jambes et tu cours comme un lapin...
Moi j'ai perdu la vue devant Missolonghi
et un boulet m'a emporté une jambe.

Où sommes-nous mon enfant ?... Est-ce la nuit ?... Est-ce le jour ?
— C'est la nuit... Et nous approchons de Nauplie, petit père.
— De Nauplie ! — Qu'as-tu, vieillard, à pleurer ? — Je me
[rappelle mon vieux temps...
Je songe à ce que j'étais alors et à ce que je suis devenu...
À Nauplie !!! C'est moi qui, le premier, le sabre entre les dents,
ai bondi dans le fort Palamède ;
Alors je me glissais de rocher en rocher, souple comme le serpent,
et aujourd'hui c'est avec peine que je traîne mon corps lourd
[comme la mort.

Je suis aveugle et ne peux voir les belles montagne de Grèce,
et le soleil de la liberté ne brille pas à mes yeux...

Belles plaines couvertes d'arbres et arrosées de sang,
maintenant ici d'autres hommes passent une existence paisible.
Moi seul, pour vivre, je dois courir et mendier ;
je passe mes nuits dans des églises abandonnées et à la belle
[étoile.
On me chasse de partout.
Je suis un étranger en Grèce, étranger dans ma propre maison.

Le monde entier a changé aujourd'hui
en Grèce, les enfants ne connaissent pas leur père ;
Ils ont oublié les sacrifices et les luttes des anciens,
et tous n'ont d'autre dieu que l'Argent.
C'est en vain que je cherche un ami
des temps anciens de l'héroïsme.
Les uns sont morts, les autres vivent oubliés de tous.
Où que je m'arrête, on me bouscule, on se moque de moi.

Étrangers, ne vous moquez pas de mes yeux crevés,
de ma jambe mutilée ;
J'étais le meilleur soldat de notre grand Botzaris.
Ma vieille fustanelle que vous voyez en morceaux,
est un cadeau de Karaïskakis, elle me couvre de gloire.
Ce sabre qui me pend au côté,
bien qu'il ne soit orné ni d'or ni de coraux,
est un souvenir de l'amitié de l'amiral Tombazis.

Héros illustres !
Même si vous êtes morts,
vous vivez dans la mémoire du monde, vous vivez dans notre
[mémoire.
Et ils sont morts, même s'ils vivent encore, tous ces citoyens
[indignes
qui marchent sur vos tombes,
et voudraient hériter du fruit de vos sacrifices,
alors qu'ils laissent les pères et les défenseurs de la patrie
mendier leur pain dans les villes et dormir la nuit sur les pierres
[dures.

Traduction inédite. — *Panorama tis Ellados i Sylloyi Poikilon piimation* / A. Soutsos. – Nauplie, 1833. – [Pp. 20-22].

L'EXILÉ DE 1831

250

H. Tonnet — 1998

À l'auberge de Méniditsa. — Première étape dans le voyage « initiatique » de l'Exilé à travers la Grèce des premiers temps de l'Indépendance. Description réaliste de lieux et de gens au lendemain de la Révolution grecque. On est loin ici de l'idéalisation romantique.

L'Exilé, entrant à Méniditsa, trouva la ville occupée par à peine dix pauvres familles. L'unique hôtel où il descendit consistait en une seule et unique pièce spacieuse, à moitié cuisine et à moitié dortoir. Le toit laissait entrer la pluie librement et sortir la fumée étouffante du foyer allumé en permanence. Le seul objet d'ameublement était une vieille natte jetée là pour accueillir tous les voyageurs à la suite, comme le catafalque du cimetière qui reçoit sans faire de différence tous les morts les uns après les autres.

L'hôtelier courut à sa rencontre avec empressement. C'était un dimanche soir et, comme vous le supposez peut-être, la maîtresse de maison ne portait pas ses habits de tous les jours. Tous ses doigts étaient chargés d'anneaux d'argent et de cuivre ; un collier, ou pour parler plus précisément, une chaîne où étaient enfilés des besants et diverses pièces turques, ne parvenait pas à cacher son cou tout décharné ; des sandales rouges attiraient l'attention sur ses pieds qui n'avaient pas été lavés depuis des années ; quant à son vêtement, il ne brillait pas, bien sûr, par son élégance et sa propreté. L'Exilé entra dans ce bouge comme un condamné, il s'assit. Peu après arrivèrent le patron et le curé de la paroisse qui ne savait pas lire ; vint enfin un très vieil habitant de Méniditsa. Agréable compagnie ! La conversation porta d'abord sur le beau temps qu'il faisait et les nouvelles, puis l'on en vint rapidement à la politique. En Grèce, du notable au portefaix, la politique est une manie endémique. Et souvent des bergers du Parnasse et du Taygète arrêtent les passants sur les chemins pour leur demander si les rois en Europe sont en paix ou font la guerre. C'est en vain que l'Exilé restait silencieux et répondait à peine d'un rare « non » et d'un plus rare « oui ».

— Grâce à Dieu ! les mauvais jours sont passés, dit le curé en s'adressant à la compagnie ; assis dans un coin à l'écart, il tripotait son chapelet, accompagnant chaque grain de ses patenôtres de cette exclamation : « Grâce à Dieu ! » Maintenant les chrétiens se rassemblent à l'église, grâce à Dieu !, et chaque samedi, ils envoient des offrandes, avec des cierges et de l'encens, grâce à Dieu ! — Maintenant nous pouvons semer et moissonner, dit l'hôtelier. Les tireurs de couteau ne viennent plus boire mon vin et défoncer mon tonneau. Je n'ai pas beaucoup de tête, mais je prévois que nous ne profiterons pas longtemps de cette tranquillité. Si Léopold... — « Au nom de Dieu, s'écria la maîtresse de maison d'une voix rauque, laisse là ta politique ; tu n'es qu'un prophète de malheur ; fais plutôt ton signe de croix en remerciant le Seigneur de t'avoir permis de profiter de ta petite femme sans avoir à t'inquiéter tout le temps. Longue vie à notre Gouverneur[1]. Notre honneur ne court plus aucun danger, même si nous sommes jolies à croquer. [...]

Interrompant cette conversation, l'Exilé demanda de quoi écrire à Nauplie. Mais pourquoi chercher des ustensiles aussi inutiles que de l'encre et un porte-plume dans l'auberge de Méniditsa. Un charbon en guise de crayon et le mur blanchi à la chaux de l'hôtel ne suffisaient-ils pas pour le registre des affaires et les opérations arithmétiques de monsieur l'hôtelier ? — Tu veux un encrier, mon fils ? demanda le curé à l'Exilé. J'en ai un sur moi, grâce à Dieu ! C'est avec cela que j'inscris dans mon registre les âmes des chrétiens dont je fais mention à la messe. Si tu veux sauver ton âme, mon fils, tu peux, grâce à Dieu, acheter le trésor éternel, pour seulement deux pièces. »

« Je t'écris, ma chère Aspasie, d'un hôtel sombre et misérable à Méniditsa ; je t'écris et la plume tremble dans ma main... Au moment où je fus exilé de Nauplie, le gouvernement de ce Corfiote sauvage ne m'a même pas laissé le temps de te faire mes adieux. Après deux mois de navigation pénible, souvent au milieu des tempêtes, j'aboutis finalement au golfe Maliaque et j'y trouvai presque toute la Grèce armée contre la tyrannie. Je t'écris aujourd'hui, prêt à m'engager moi aussi dans la carrière de cette nouvelle lutte de libération nationale. »

Traduction inédite. — *L'Exilé de 1831 : Histoire tragi-comique* / A. Soutsos ; introduction de Loukia Droulia. – Athènes : Fondation Costas et Hélène Ouranis, 1994. – [Pp. 71-75]. – [En grec].

1 Capodistria. (N.d.t.)

HEBBEL

ALLEMAND **1813-1863**

Friedrich Hebbel naît à Wesselburen (Holstein danois), dans une famille de protestants pauvres. Son père, un ouvrier maçon, l'élève sévèrement, comme le montre un fragment auto-biographique émouvant, *Mon enfance*. Longtemps, la Bible fut son unique lecture : elle a laissé des traces profondes dans son œuvre.

Orphelin de père à 14 ans, il est, jusqu'à 22 ans, l'écrivain public de sa paroisse. Autodidacte forcené, solitaire, violent, souvent au bord du sadisme, mais fasciné par la scène et passionné par la pensée, il a l'idée d'envoyer à une revue de Hambourg ses premiers essais, qui éveillent l'intérêt d'un médiocre écrivain, Amalia Schoppe, qui fait une collecte pour permettre au jeune poète de passer un an à la ville. Il vit alors en ménage, sans amour, avec Élise Lensing, une couturière de neuf ans son aînée, qui l'aide et lui voue un amour éperdu. Ennemi de toute chaîne et enfermé dans un tourment qui l'oppose au monde entier, il a déjà la conception tragique de l'existence qui inspirera son théâtre. À Hambourg, il se plonge dans l'étude pour être admis à l'université et commence à écrire son volumineux *Journal* qu'il tiendra sa vie durant et qui est, comme sa correspondance, peut-être plus durable que ses drames.

En 1836, il étudie le droit à Heidelberg, puis se rend à Munich où il approfondit les grands tragiques, Eschyle, Shakespeare et Schiller. La liaison qu'il a avec la fille du menuisier chez qui il loge ne lui donne cependant pas la paix : il ne voit jusqu'alors dans la femme qu'un moyen de parvenir à la connaissance de soi. Ce n'est que plus tard, dans ses drames, qu'il comprendra qu'elle est capable de se venger des offenses qui lui sont faites et que naîtront ces extraordinaires figures de femmes, images renversées de celles qui ont traversé sa vie.

De retour à Hambourg, Gutzkow l'emploie quelque temps à rédiger comptes rendus et articles pour son *Telegraph für Deutschland*. En 1841 paraît, écrite en quelques semaines, sa première tragédie, *Judith*, qui, représentée à Berlin, lui vaut la réputation, mais non la richesse. Le thème du viol y occupe la première place. Entretemps, il a un fils d'Élise, alors qu'il aime une autre femme. Un autre drame, *Geneviève* (1843), traite, comme *Judith*, de la manière dont une femme supérieure, blessée dans sa dignité féminine, se comporte à l'égard de celui qui l'a outragée. Son théâtre ainsi qu'un recueil de *Poèmes* lui gagnent la faveur du roi de Danemark, qui l'invite à Copenhague et lui accorde une bourse qui lui permet de se rendre à Paris, où il rencontre Heine et le penseur politique Arnold Ruge. Très intéressé par la philosophie de l'histoire et de l'art, il entre dans la mouvance hégélienne, sensible dans son essai *Mon opinion sur le drame* (1843-1844) et dans la préface de *Marie-Madeleine* (1844). Hebbel y oppose les deux conceptions du tragique qu'a connues l'histoire de l'humanité : celle des Grecs, où l'individu est abaissé par les forces morales qu'il combat, et celle, protestante, de Shakespeare, dont les personnages sont conduits par leur action à écraser ce qui les entoure.

C'est à Paris également que Hebbel se fait le rénovateur du drame bourgeois avec *Marie-Madeleine* (1844), la dernière pièce allemande du genre. Inspiré des misères connues à Munich, composé sous l'influence du *Faust* et des *Affinités électives* de Goethe et rappelant *Kabale und Liebe* de Schiller, ce drame pose le problème de la jeune fille séduite et abandonnée. C'est une tragédie cruelle qui montre aussi comment la probité trop rigide d'un père amène la ruine de toute une famille. La pièce, jouée à Leipzig, rendit Hebbel célèbre.

De Paris, il gagne l'Italie, passe un an à Rome (1844-1845), puis, après Naples, rentre à Vienne, sans un sou. C'est là pourtant que sa vie bascule : il y rencontre Christine Enghaus, actrice célèbre du théâtre de la Hofburg, qu'il épouse en 1846 et qui sera une excellente interprète de son œuvre. Les débuts du mariage sont perturbés par les récriminations d'Élise, que Christine accueille. Après quelque temps de vie à trois, Élise repart pour Hambourg, où elle mourra en 1854. Hebbel trouve alors une certaine stabilité et quelque sérénité : rien ne lui manque, ni l'affection, ni la célébrité, ni l'aisance.

Les années viennoises sont très fécondes : des fantaisies dramatiques, la publication en 1848 de ses poèmes de jeunesse dédiés à Uhland, des tragédies comme *Hérode et Marianne* (1850), tirée de la Bible et de Flavius Josèphe, *L'Anneau de Gygès* (1856). Dans *Agnès Bernauer* (1855), une tragédie historique, la fille d'un barbier, Agnès, surnommée l'ange d'Augsbourg à cause de sa beauté et de sa bonté, a le malheur de plaire au duc héritier de Bavière, qui l'épouse malgré la résistance du duc régnant. Pour éviter à son pays une succession roturière, ce dernier fait noyer Agnès dans le Danube. Ayant accompli ce qu'il croit être son devoir, il renonce à la dignité ducale et se retire dans un couvent. Tout en se montrant plein de compassion pour l'innocente victime, Hebbel défend ici le principe du sacrifice de l'individu à l'intérêt public.

En 1863, sa trilogie autour des *Nibelungen*, une œuvre vaste où l'on a voulu voir son chef-d'œuvre, lui vaut la consécration suprême du prix Schiller. À travers *Siegfried à la peau de corne*, *La Mort de Siegfried* et *La Vengeance de Krimhild*, Hebbel renouvelle le vieux Chant en le dramatisant. De cette époque datent aussi quelques poèmes et ballades parmi lesquels l'étrange *Enfant de la lande*.

Hebbel a peint des hommes dont la destinée est la conséquence nécessaire de leur caractère et des conditions de leur existence. Le tragique a toujours pour origine une volonté ou une morale individuelle très forte qui se brise contre la loi générale, celle du monde ou d'un milieu social particulier. La lutte entre les sexes participe aussi à cette vision tragique du monde : l'intrigue repose très souvent sur ce conflit, où la volonté de l'homme de dominer, de ne voir en la femme qu'un objet, suscite en elle la révolte, le meurtre ou le suicide. Judith, Geneviève, Agnès Bernhauer, Rhodope dans *L'Anneau de Gygès*, Brunhild et Krimhild dans les *Nibelungen*, tantôt avec délicatesse, tantôt avec une indomptable énergie, défendent toutes leur dignité morale et leur intégrité physique. Hebbel s'est ainsi fait de la pudeur féminine un scrupuleux analyste. — Profondément pessimiste, Hebbel ajouta à ses expériences personnelles de la misère l'influence de Hegel et de Schopenhauer.

Friedrich Hebbel, dramatiste et critique / Paul Bastier. – Paris : Larose, 1907. – CCVI-279 p.

Hebbel : sa personnalité et son œuvre lyrique / Louis Brun. – Paris : Alcan, 1914. – 114 p.

Centenaire de la mort de Friedrich Hebbel / [éd. par] Henri Plard. – Paris : Didier, 1963. – (*Études germaniques : revue trimestrielle de la Société des études germaniques* ; 72). – [Pp. 397-522].

Friedrich Hebbel / herausgegeben von Helmut Kreuzer, Roland Koch *et alii*. – Darmstadt : Wissenschaftliche Buchgesellschaft, 1989. – VIII-445 p. – (*Wege der Forschung* ; 642).

Hebbels dramatische Phantasie : Versuche einer kategorialen Analyse / Volker Nolle. – Bern : Franck Verlag, 1990. – 506 p.

MARIE-MADELEINE 251

L. Brun — 1942

Fatalité, scrupule et angoisse (Acte I, scène 4). — Claire vit dans un milieu pauvre et de mentalité étriquée. Amoureuse d'un jeune homme parti à l'université et qui la laisse sans nouvelles, elle se croit oubliée et, à la demande de sa mère, se fiance à Léonard. Quand l'étudiant revient, Léonard, qui voit Claire toujours amoureuse de son rival, couche avec elle afin de contraindre son attachement. Soumise aux contraintes de l'ordre établi, la jeune fille a accompli, dans la honte, la volonté de son fiancé.

CLAIRE. — Ô Léonard, ce n'était pas bien ce que tu as fait !
LÉONARD. — Comment, pas bien ? De chercher à m'attacher l'être qui m'est le plus cher, c'est-à-dire toi, par le lien le plus fort ? Surtout au moment où je courais le risque de le perdre ! Crois-tu que je ne voyais pas les œillades que tu échangeais avec le clerc ? Ah ! ça a été un beau jour de fête pour moi ! C'est moi qui te mène au bal, et...
CLAIRE. — Quand tu auras fini de m'offenser ! Oui, je regardais le clerc. Quelles raisons aurais-je de le nier ? Mais seulement à cause de sa moustache, qu'il a laissée pousser à l'Université, et qui lui... (*elle s'arrête*).
LÉONARD. — Et qui lui va si bien n'est-ce pas ? C'est ce que tu voulais dire ! Ah, les femmes ! Une belle moustache de sous-officier vous plaît toujours, même sur la figure la plus falote. Moi, je déteste la binette poupine de ce freluquet. Je lui en veux, je ne m'en cache pas. Il m'a assez longtemps barré la route. Était-il assez ridicule, avec sa forêt de cheveux lui cachant le museau comme un lapin blanc tapi derrière le fourré !
CLAIRE. — Je n'ai encore pas fait son éloge. Pourquoi le dénigres-tu ?
LÉONARD. — Tu as l'air de t'intéresser toujours beaucoup à lui !
CLAIRE. — Nous avons joué ensemble étant enfants. Et après... après, tu sais bien !
LÉONARD. — Oh oui, je sais ! Et c'est justement pour ça que...
CLAIRE. — Et donc, le revoyant pour la première fois depuis si longtemps, il était bien naturel que je le regarde et que je m'étonne de le voir si grand et... (*elle s'arrête*).
LÉONARD. — Pourquoi as-tu donc rougi lorsqu'il t'a regardée à son tour ?
CLAIRE. — Je croyais qu'il regardait le grain de beauté que j'ai à la joue gauche, pour voir s'il n'avait pas grossi. Tu sais bien que chaque fois qu'on me fixe je me figure ça et qu'alors je rougis toujours. Il me semble que le grain de beauté grandit à vue d'œil pendant qu'on le regarde !
LÉONARD. — Dis ce que tu voudras ! Ce qu'il y a de sûr, c'est que la colère m'a pris, et je me suis dit : dès ce soir, je vais la mettre à l'épreuve ! si elle veut être ma femme, elle sait qu'elle ne risque rien. Mais si elle ne veut pas, alors...

Marie-Madeleine / Friedrich Hebbel ; traduction et préface de Louis Brun. – Paris : Aubier-Éditions Montaigne, 1973. – (*Collection bilingue des classiques étrangers*). – [Pp. 57-59].

JUDITH 252

G. Gallimard, P. de Lanux — 1911

Majesté de la force, héroïsme de la fragilité (Acte V). — Comme le Livre de Judith, dans la Bible, *Judith* raconte comment l'armée du roi de Babylone Nabuchodonosor, commandée par Holopherne, assiège la ville juive de Béthulie, en Samarie. Les habitants ont perdu tout espoir et tout courage, quand se manifeste une jeune et belle veuve, Judith — ce nom signifie « la Juive » —, qui leur reproche leur lâcheté et s'offre à les sauver. Elle se pare de ses plus beaux atours, se rend dans le camp des assiégeants et séduit Holopherne. Restée seule avec lui, elle lui tranchera la tête.

HOLOPHERNE

Tuer Holopherne ; éteindre la foudre qui menace d'incendier le monde ; étouffer en germe une immortalité, faire d'un homme aux débuts audacieux, un burlesque vantard, en mettant fin trop tôt à sa carrière. Ô ce doit être tentant ! C'est s'emparer des rênes du destin. Une telle entreprise me séduirait moi-même ! si je n'étais ce que je suis. Mais faire de grandes choses par de petits moyens, commencer par tresser un filet pour capturer le lion dans sa propre magnanimité, et puis tomber sur lui pour le tuer, oser l'action en éludant à l'avance le danger à force de lâcheté et de malice, n'est-ce pas Judith, que c'est fabriquer des dieux avec de la crotte, et tu dirais : fi ! si ton meilleur ami s'y prenait ainsi contre ton pire ennemi ?

JUDITH

Tu es grand, et les autres sont petits. (À part) Dieu de mes pères, protège-moi contre moi-même, que je ne sois point obligée d'adorer ce que je déteste. C'est un homme…

HOLOPHERNE, à un valet

Prépare ma couche. (Le valet sort) Vois-tu, femme, ces deux bras se sont plongés dans le sang jusqu'aux coudes, chacune de mes pensées engendre l'horreur et la dévastation, ma voix donne la mort ; le monde m'apparaît misérable, il me semble être né pour le détruire, afin que quelque chose de meilleur le puisse remplacer. Les hommes me maudissent, mais leur malédiction ne reste point attachée à mon âme, qui, remuant ses ailes, la secoue comme une poussière ; il faut donc bien que j'aie raison. « Ô Holopherne, tu ne sais pas ce que l'on souffre ! » gémissait, une fois, un homme que je faisais rôtir sur un gril ardent. « En vérité je n'en sais rien, » fis-je en me couchant à ses côtés. N'admire pas, c'était une folie.

JUDITH, à part

Assez, assez ! il faut que je le tue si je ne veux pas m'agenouiller devant lui.

HOLOPHERNE

La force, la force ! voilà ! Qu'il vienne, celui qui me résistera, celui qui me jettera bas. Je soupire après lui ! C'est monotone, de ne pouvoir rien estimer que soi-même. Il pourra m'écraser dans un mortier, et, s'il lui plaît, boucher avec cette bouillie le trou que j'ai fait au monde. Mon épée creuse toujours et toujours plus profond ; si les cris de détresse n'éveillent pas le Sauveur, c'est qu'il n'y en a point. L'ouragan parcourt les airs, il voudrait connaître son frère. Les chênes qui semblent le braver, il les déracine, les tours, il les renverse, la terre, il la soulève de ses gonds. Il comprend alors que son égal n'existe pas, et, de dégoût, il s'endort. Nabuchodonosor est-il mon frère ? Il est mon maître, à coup sûr. Peut-être jettera-t-il ma tête aux chiens. Grand bien leur fasse la nourriture ! Peut-être est-ce moi qui jetterai ses entrailles aux tigres d'Assyrie. Alors — oui, alors je saurai que je suis la mesure du pouvoir humain, et pendant une éternité je resterai, aux yeux éblouis des hommes, une divinité inaccessible, environnée d'horreur ! Ô le dernier moment, le dernier ! que n'est-il déjà venu ! « Venez tous, à qui j'ai fait du mal, m'écrierai-je, vous que j'ai mutilés, vous à qui j'ai arraché vos femmes, vos filles, venez et inventez pour moi des tortures ! Tirez-moi le sang et faites-le moi boire. Taillez la chair de mes reins et donnez-la moi à manger ! » et quand ils croiront m'avoir fait souffrir le pire, je leur nommerai quelque chose de pire encore et les prierai en grâce de ne point m'en priver, quand ils seront autour de moi stupéfaits et frissonnants et moi, malgré tous mes tourments, leur souriant dans la mort et le délire, alors je leur crierai d'une voix de tonnerre : « À genoux, car je suis votre Dieu, » et je fermerai les lèvres et les yeux et je mourrai, immobile et secret.

JUDITH, tremblante

Et si le ciel lance sur toi sa foudre, pour t'anéantir ?

HOLOPHERNE

Alors, comme si je l'y avais invité moi-même, je tendrai la main et l'éclair mortel me vêtira d'une lugubre majesté.

JUDITH

Horreur ! Épouvante ! Mes sentiments et mes pensées s'entrecroisent comme des feuilles mortes. Homme effroyable, tu t'imposes entre moi et mon Dieu. Ce serait l'instant de prier, et je ne le peux pas !

HOLOPHERNE

Prosterne-toi et adore-moi !

JUDITH

Ah ! J'y vois clair de nouveau ! Toi ? tu te targues de ta force. Ne sens-tu pas qu'elle s'est transformée ? qu'elle est devenue ton ennemie ?

HOLOPHERNE

Je me réjouis d'entendre quelque chose de neuf.

JUDITH

Tu crois que ton destin est d'affronter l'univers ; et si elle n'était là que pour se dompter elle-même ? mais tu en as fait l'aliment de ta fureur, tu es le cavalier que ses coursiers dévorent.

HOLOPHERNE

Oui, oui, la force est appelée à se détruire. Ainsi parle la sagesse qui n'est point la force. Me battre avec moi-même, faire trébucher ma jambe droite contre ma jambe gauche plutôt que de fouler la fourmilière voisine. Ce fou dans le désert qui se battait contre son ombre, et qui s'écria lorsque la nuit vint à tomber : « Me voici vaincu, mon ennemi est devenu grand comme le monde, » — ce fou était vraiment très raisonnable, n'est-ce pas ? Ô montrez-moi donc le feu qui s'éteindrait lui-même ! Vous ne le trouvez pas ? Montrez-moi donc celui qui se nourrirait lui-même ? Ne le trouvez-vous pas davantage ? Dites-moi alors s'il convient à l'arbre de porter un jugement sur le feu qui le dévore ?

JUDITH

Je ne sais si l'on peut rien te répondre. Où était le siège de mes pensées, maintenant c'est le vide et les ténèbres. Mon cœur même, je ne le comprends plus.

HOLOPHERNE

Tu aurais le droit de rire de moi. On ne cherche pas à faire entendre de telles choses à une femme.

JUDITH

Apprends à faire cas de cette femme ! Elle est devant toi pour t'assassiner ! Et elle te le dit !

HOLOPHERNE

Et elle me le dit pour se rendre l'acte impossible ! Ô lâcheté qui se tient pour grandeur ! Mais tu n'y penses que parce que je ne t'emmène pas au lit avec moi ! Pour me protéger de toi, je n'ai qu'à te faire un enfant !

JUDITH

Tu ne connais pas de Juive ! Tu ne connais que des créatures qui se sentent heureuses dans leur avilissement le plus profond.

Judith : tragédie en cinq actes / Friedrich Hebbel ; traduite de l'allemand par Gaston Gallimard et Pierre de Lanux. – Paris : Éditions de la N.R.F. : Marcel Rivière & Cie, 1911. – [Pp. 114-119].

SIEGFRIED À LA PEAU DE CORNE 253

R. Dhaleine — 1949

L'airain de la virginité (Prologue, scène 4). — Ayant aperçu Kriemhild à la fenêtre, Siegfried désire l'épouser et demande sa main à Gunther, frère de Kriemhild et roi des Burgondes. Ce dernier lui propose un marché : Siegfried épousera Kriemhild s'il l'aide à conquérir la farouche reine vierge d'Islande, Brunhild. Siegfried déconseille d'abord l'expédition, puis y consent. Il parviendra, grâce à sa cape magique, à faire triompher Gunther de la reine en prenant sa place aux moments décisifs.

GUNTHER. — Encore une fois, sois le bienvenu ! et je m'estimerais heureux si je réussissais à t'attacher à moi autrement que pour une visite fugitive. Mais que pourrais-je donc t'offrir ? Même si je te donnais mon bras droit, dont j'achèterais volontiers les services de ton bras gauche, tu dirais non, cela ne te suffirait sans doute pas.

SIEGFRIED. — Prends garde, je mendierai plus tôt que tu ne crois !

GUNTHER. — Quelle que soit la demande, elle est d'avance accordée.

SIEGFRIED. — Je te remercie de cette parole. Je ne l'oublierai jamais, mais je te rends tout de suite ta promesse, car mes souhaits sont plus présomptueux que tu ne le soupçonnes. J'étais modéré lorsque je ne demandais que ton royaume.

GUNTHER. — Tu ne me feras pas peur.

SIEGFRIED. — As-tu peut-être entendu parler de mes trésors ? Eh bien, c'est certain, tu n'as pas à trembler pour ton or et ton argent. J'en ai tant, que j'aimerais mieux le donner que le traîner à la maison. Mais à quoi bon ? Ce que je voudrais acheter ne sera jamais à vendre.

GUNTHER. — Qu'est-ce ?

SIEGFRIED. — Tu ne le devines pas ? C'est un autre visage que celui-ci !

GUNTHER. — As-tu déjà éprouvé la force de l'ancien ?

SIEGFRIED. — Oui, sur ma mère ! Et avec bonheur, car il lui plaît.

GUNTHER. — Rien d'autre ?

SIEGFRIED. — Assurément. Ne l'as-tu donc pas remarqué ? Une jeune fille nous regardait d'en haut dans la cour, et lorsque, secouant les boucles d'or qui, comme un rideau, lui couvraient les yeux, elle m'aperçut parmi vous, elle se retira plus vite que moi, dans le royaume des nains, lorsque soudain, la terre que mon pied venait de fouler s'est contractée en un visage qui me montrait les dents !

GUNTHER. — C'est simple pudeur ! Pousse plus loin ta tentative. Et si tu manques de répondants, je te rendrai ce service, mais tu me rendras la pareille, car ma sœur Kriemhild ne doit pas partir, avant que Brunhild ait fait ici son entrée.

SIEGFRIED. — Quel nom prononces-tu là, ô roi ? C'est la vierge du nord que tu penses épouser, dont les veines bouillonnent d'airain liquide ? Ô laisse là cette pensée !

GUNTHER. — Pourquoi ? N'en est-elle pas digne ?

SIEGFRIED. — Pas digne ! Sa gloire remplit le monde ! Mais nul ne pourra la vaincre en combat singulier, sauf un, et celui-là ne la choisira jamais !

GUNTHER. — Ainsi, je devrais renoncer par peur à la demander ? Quelle honte ! Bien plutôt la mort immédiate de sa main que mille années de vie avec ce sentiment avilissant d'impuissance.

SIEGFRIED. — Tu ne sais pas ce que tu dis. Est-ce une honte pour toi d'être brûlé par le feu, d'être entraîné au fond de l'eau ? Eh bien, elle est tout entière comme ces éléments, et il n'existe qu'un seul homme qui pourrait la subjuguer et la garder à son gré, ou la donner à d'autres, mais voudrais-tu la tenir de qui ne serait ni son père, ni son frère ?

GUNTHER. — Je veux d'abord voir ce dont je serai capable moi-même !

SIEGFRIED. — Tu ne réussiras pas, tu ne peux réussir. Elle te fera mordre la poussière, et ne crois pas que la douceur habite en sa poitrine d'airain ; ou que peut-être, dès qu'elle t'aura aperçu, elle renoncera au combat ! Elle ignore un tel sentiment ; elle lutte pour défendre sa virginité, comme si sa vie entière en dépendait et, telle la foudre qui n'a pas d'yeux ou le lac qui n'entend pas les cris, elle anéantit sans pitié tout chevalier qui veut dénouer sa ceinture de vierge. Donc, renonce à elle, quitte cette pensée si tu ne veux la recevoir des mains d'un autre, si tu ne veux la recevoir de moi-même !

GUNTHER. — Et pourquoi ne le ferais-je pas ?

SIEGFRIED. — Pose-toi la question à toi-même ! Je suis prêt à t'accompagner si tu me promets ta sœur en récompense, car c'est uniquement pour elle que je suis venu, et si j'avais conquis ton royaume au jeu, tu l'aurais racheté en me la donnant.

HAGEN. — Comment penses-tu donc t'y prendre ?

SIEGFRIED. — Il me faudra subir de lourdes épreuves ! Elle lance la pierre comme moi, et la suit à la course si loin qu'elle vole, elle brandit la lance et transperce à cent pas une septuple couche d'airain, et encore d'autres exploits sont par elle accomplis. Mais qu'importe ? partageons-nous la besogne, à moi le travail, à lui les gestes !

HAGEN. — Il prendra l'élan, et c'est toi qui lanceras et qui sauteras ?

SIEGFRIED. — Oui, c'est ainsi que je l'entends ! et de plus, je le porterai.

HAGEN. — Folie ! Comment sera-t-il possible de la tromper ainsi ?

SIEGFRIED. — Grâce au capuchon qui une fois déjà, m'a dérobé à ses regards.

Les Nibelungen / Friedrich Hebbel ; traduction et préface de Raymond Dhaleine. – Paris : Aubier-Éditions Montaigne, 1949. – (*Collection bilingue des classiques étrangers*). – [Pp. 91-95].

AGNÈS BERNAUER 254

L. Roustan — 1920

Le seul crime d'exister. — Dans cette pièce, qui rappelle de loin *Le Prince de Hombourg* et *La Petite Catherine de Heilbronn* de Kleist, l'ordre du monde, constamment mis en péril par le tragique originel qui sépare l'humanité et dont la différence des sexes est un symbole, justifie qu'on lui sacrifie un individu. Ce triomphe de la raison d'État coïncide en politique avec la période bismarckienne.

PREISING (*entre*).

AGNÈS (*va au devant de lui*). — Que m'apportez-vous ?

PREISING. — Ce que vous voudrez vous-même.

AGNÈS. — Ce que je veux moi-même ? Oh ne raillez pas ! Vous ne m'ouvrirez plus cette porte sombre qu'on a si fortement verrouillée derrière moi.

PREISING. — Je le ferai, si vous vous soumettez.

AGNÈS. — Et qu'exigez-vous de moi ?

PREISING. — Je suis ici au nom du duc de Bavière (*Agnès fait un mouvement pour reculer*), mais je suis sincère avec vous et mon illustre maître n'est pas non plus votre ennemi.

AGNÈS. — Pas mon ennemi ? Alors comment me trouvai-je ici ?

PREISING. — Vous connaissez la situation. Le duc Ernst est vieux et son trône restera vide, si Dieu l'appelle à lui ou si son fils unique doit y monter. Or Albrecht ne pourra jamais vous y faire asseoir et puisqu'il ne veut pas se séparer de vous, il faut vous séparer de lui.

AGNÈS. — Moi ! Me séparer de lui ! plutôt de moi-même !

PREISING. — Vous le devez ! Croyez-moi, croyez en un homme qui connaît déjà votre destinée comme Dieu et qui voudrait encore la changer ! Vous ne pouvez avoir de défiance pour moi ; pourquoi serais-je venu, si votre sort ne me tenait pas à cœur ? Il n'était certainement pas besoin de mon bras ; vous avez vu comme j'étais superflu et quel usage j'ai fait de mon épée. Je dégaînai comme les autres parce que vous me faisiez pitié ; à présent je viens vous trouver dans la prison, dans ce vestibule de la mort, parce que seul je peux encore vous aider ; mais, je vous le répète : vous le devez.

AGNÈS. — Vous avez sauvé ce pauvre être qui naguère a risqué sa vie pour moi, je dois croire que vos intentions sont droites, mais vous êtes homme et ne savez pas ce que vous exigez. Non, non ! pas cela ! jamais, éternellement jamais !

PREISING. — Ne soyez pas trop prompte, je vous en conjure ! Sans doute c'est pour vous un dur sacrifice, mais si vous vous y refusez, c'est vous-même — pouvez-vous encore en douter, après tout ce qui est arrivé aujourd'hui ? — qui serez sacrifiée. Oui, je vais peut-être plus loin que je ne dois, en vous posant même une condition, et je le fais à mes propres risques.

AGNÈS. — Vous voulez me faire peur, mais vous n'y réussirez pas ! (*Elle se tient à une table*). Je ne m'effraie pas si facilement, ce tremblement de mes genoux vient encore de la surprise ! Mon Dieu ! d'abord ces trompettes, puis ces épées sanglantes et ces morts ! Mais pour moi je ne crains rien, je ne suis pourtant pas entre les mains de brigands et le duc Ernst est aussi juste que sévère ! (*Elle s'assied*). Ne me regardez pas ainsi, si je viens de me sentir si étrangement remuée, c'est que Törring mort s'est présenté tout d'un coup devant ma pensée, mais c'est déjà passé. (*Elle se relève*). D'ailleurs que pourrait-il bien m'arriver ? Un scélérat lui-même, tant que le juge ne l'a pas condamné est aussi en sûreté dans sa prison que si les anges de Dieu veillaient sur lui, et moi je n'ai pas encore même aperçu le mien ! Non, non, ce n'est pas ainsi que mon époux a parlé de son père, pour que je puisse croire ceci ! Mais même s'il en était ainsi, si la mort — c'est impossible, je le sais, entièrement impossible — mais si elle était déjà vraiment à la porte et qu'elle comptât mes paroles, je ne pourrais jamais agir autrement !

PREISING. — La mort est à la porte, elle viendra quand je m'en irai, que dis-je ? elle frappera, si je tarde trop longtemps ! Regardez donc la grille du côté du pont ! Que voyez-vous ?

AGNÈS. — Le peuple se presse, quelques-uns lèvent les mains vers le ciel, d'autres regardent fixement le Danube à leurs pieds ; il n'y est tombé pourtant personne ?

PREISING (*attachant sur elle son regard*). — Personne encore !

AGNÈS. — Dieu du ciel ! Vous ai-je bien compris ? (*Preising fait signe de la tête*). Et quel crime ai-je commis ?

PREISING (*élève en l'air la sentence de mort*). — Troublé l'ordre établi, divisé le père et le fils, rendu le prince étranger à son peuple, créé une situation où il ne peut plus être question de crime et d'innocence, mais seulement de cause et d'effet ! C'est ainsi que parlent vos juges — car le sort qui vous attend a été déjà depuis de longues années suspendu sur votre tête par des hommes sans peur et sans reproche, et Dieu lui-même a confirmé la dure sentence en appelant à lui le jeune prince qui seul en retardait l'exécution.

Anthologie de la littérature allemande des origines au XXe *siècle* / traduction et extraits des principaux poètes et prosateurs ; introduction historique et notices par Ludovic Roustan. – Paris : Delagrave, 1920. – (*Collection « Pallas »*). – [Pp. 315-318].

THACKERAY

ANGLAIS **1811-1863**

William Makepeace Thackeray a commencé sa carrière artistique comme peintre et dessinateur, avec une prédilection pour le croquis et la caricature et un talent marqué pour la satire humoristique. Ces dispositions se retrouveront, et dans les illustrations qu'il exécuta lui-même pour ses romans, et dans son écriture où il développe un humour perçant et acerbe, mais souvent bon enfant. Son ironie désinvolte, à l'opposite de l'idéal victorien de sincérité et de sérieux dans l'art (*earnestness*), entend critiquer la vanité des hommes, particulièrement celle des écrivains, dont l'autorité est constamment sapée. Dans ses écrits satiriques, mais ailleurs aussi bien, il a fréquemment recours à des apartés et autres commentaires métatextuels, qui ont pour effet de créer la distance critique et de décourager la confiance aveugle dans le narrateur.

Contemporain, admirateur et rival de Dickens, qui l'admirait tout en regrettant le manque de sérieux de son écriture, Thackeray mit en doute, à l'époque avec quelque éclat, le rôle didactique de la littérature : pour lui, la littérature est trop liée à la futilité et au caractère éphémère de la vie pour servir la moralité.

Très variée, l'œuvre de Thackeray comprend de la poésie burlesque, de la critique d'art et des romans. Son œuvre journalistique, où il exerça avec acuité sa critique subversive des mœurs de son époque, est faite de contributions à *Fraser's*, *Bentley's*, *The Morning Chronicle*, *The New Monthly* et *Punch*. Dans *The Yellowplush Papers* (1837-1838), il offre au lecteur les mémoires d'un valet de pied quasi-illettré qui décrit les déboires de ses maîtres dans un texte qui est une transcription phonétique de l'anglais ou du français, souvent très drôle. *Catherine* (1839) parodie les romans « Newgate » — romans à sensation décrivant les vies criminelles d'assassins et de voleurs — qu'excécrait Thackeray. En 1844, *Barry Lindon* met en scène le personnage d'un escroc — le narrateur du roman — qui se condamne lui-même aux yeux du lecteur à travers le récit de ses méfaits. Ses auto-justifications peu convaincantes créent une ironie puissante. *The Book of the Snobs* (1846-1847) est, avec *Vanity Fair*, son œuvre la plus célèbre. Dans *Mr. Punch's Prize Novelists*, c'est une nouvelle parodie de ses confrères écrivains, notamment Disraëli et Mrs. Gore.

Mais c'est en 1848 que Thackeray déploie pour la première fois tous ses talents avec *Vanity Fair*, son chef-d'œuvre. Il y brosse un tableau de la foire aux vanités de la société britannique, à travers l'histoire de l'ascension sociale d'une malicieuse demi-mondaine, Becky Sharp (elle-même une parodiste brillante). Ce roman est dans l'esprit et le sillage de Bunyan, de Fielding et d'Hogarth.

Après *Vanity Fair*, la tonalité générale des romans change et la satire cède la place à une approche plus conventionnelle et moralisante. Selon certains critiques, John Carey par exemple, *Pendennis* (1848-1850), *The Newcomes* (1853-55), *The Virginians* (1857-59), *Lovel The Widower*, *The Adventures of Philip* et *Denis Duval* (1860-1863) manquent de la vitalité et du brio de *Vanity Fair*, œuvre où, en début de carrière littéraire, Thackeray n'avait pas eu peur de s'attaquer aux valeurs consacrées de la société victorienne. D'autres commentateurs, au contraire, comme Gordon N. Ray, considèrent que les œuvres d'après 1848 ont acquis le poids et la mesure de la maturité. Quoi qu'il en soit, il est certain que l'on n'y retrouve jamais la lucidité et l'éclat de *Vanity Fair*, à l'exception, peut-être, de *Henry Esmond* (1852). Ce roman historique, dont l'action se déroule au XVIIIe siècle, en illustre les valeurs — la royauté, la classe sociale, la fidélité, la moralité et l'amour — mais peu à peu les démasque et les dénonce comme chimériques.

Satirique et relativisant, Thackeray, par ses stratégies de subversion et de remise en question, amorce certains traits de la modernité.

Thackeray [A Biography] : The Uses of Adversity (1811-1846) : The Age of Wisdom (1847-1863) / Gordon N. Ray. – London : Oxford University Press, 1955. – XIII-523 p.

Thackeray, Prodigal Genius / John Carey. – London and Boston : Faber and Faber, 1977. – 208 p. – (*Faber paperbacks*).

Fiction and Repetition : Seven English Novels / J. Hillis Miller. – Cambridge Mass. : Harvard University Press, 1982. – VI-250 p.

Maurice Chrétien, "Miroirs de *Vanity Fair*". – In : *Études anglaises*, t. XLV, 4 (1992), pp. 424-431.

Sara Thornton, "Icônes et iconoclasmes". – In : *Cahiers Victoriens et Édouardiens*, 35 (avril 1992), pp. 217-231.

Sara Thornton, "Becky Sharp : le clignotement d'une présence". – In : *Q/W/E/R/T/Y : Arts, Littératures et Civilisations du Monde Anglophone*, octobre 1992, pp. 119-128.

Maurice Chrétien, "De Finibus". – In : *Cahiers Victoriens et Édouardiens*, 38 (octobre 1993), pp. 17-30.

LE LIVRE DES SNOBS 255

G. Guiffrey — 1865

Ce que les snobs admirent (chapitre V). — « Nous allons voir maintenant combien il est difficile, même aux mortels du plus haut rang, d'échapper aux influences du Snobisme. » (p. 28). Itinéraire d'un Lord.

Ses parents, pensant qu'il était bon de le faire passer par les épreuves de l'éducation publique, l'envoyèrent en pension dès ses plus jeunes années. Le petit lord tomba d'abord entre les mains du révérend Otto Rose, docteur en théologie et directeur de l'institut préparatoire de Richmond-Lodge pour les jeunes gens appartenant à la noblesse et aux premières familles du pays. Ce respectable instituteur porta les premiers coups à son jeune élève par ses flatteries exagérées. Il ne manquait jamais de le présenter aux parents qui venaient voir leurs enfants, de nommer avec orgueil et satisfaction son bon ami et excellent protecteur le marquis de Bagwig. Lord Buckram était la réclame vivante de la maison ; sa présence y attira un si grand nombre d'élèves, qu'il fallut ajouter une aile de plus à Richmond-Lodge pour un dortoir de trente-cinq lits garnis de couvertures de percale blanche. Mistress Rose avait le plus grand soin de prendre avec elle le petit lord quand elle sortait pour ses visites dans sa voiture à un cheval, ce qui faisait mourir de jalousie la femme du recteur et de l'officier de santé.

Le petit Rose et lord Buckram ayant, un beau jour, été surpris pendant qu'ils dévalisaient ensemble le verger, le docteur administra une vigoureuse correction à l'héritier présomptif de son nom, pour s'être permis de détourner le jeune lord du sentier de la vertu. Lorsque le jeune lord quitta l'école, la séparation ne se fit pas sans larmes ; et lorsqu'il arrivait au docteur de recevoir des visites dans son cabinet de travail, on voyait toujours sur son bureau traîner quelque lettre portant l'adresse du noble marquis de Bagwig.

À Eton, du moins, la puissance magique de la canne contribua à extirper les germes de Snobisme qui se développaient déjà chez lord Buckram. Les coups, en effet, s'y distribuent avec une aveugle impartialité. Mais là encore il se forma autour du jeune lord une petite cour d'intrigants en herbe qui étaient toujours sur ses pas : le jeune Crésus lui prêta vingt-trois souverains tout neufs qu'il avait pris dans la caisse paternelle. Le jeune Snaily faisait ses devoirs et cherchait à être invité chez lui ; mais le jeune Bull lui administra une rossée qui se prolongea bien pendant vingt-cinq minutes, et Buck fut puni plusieurs fois, le tout à son plus grand avantage, pour n'avoir pas bien ciré les souliers de Smith, son patron d'école. Les enfants ne sont pas tous des flatteurs au matin de la vie.

Mais ce fut surtout à l'Université que se forma autour de lui un essaim de courtisans. Les professeurs le cajolaient ; le régent lui prodiguait les compliments les plus lourds et les plus gauches ; le doyen ne remarquait jamais son absence à la chapelle et faisait la sourde oreille quand il s'élevait du tapage du côté de sa chambre. Nombre de jeunes gens, très-honnêtes du reste, car c'est toujours parmi les plus honnêtes habitants de Baker-Street que le Snobisme est en honneur, bien plus encore que dans aucune partie de l'Angleterre, s'attachaient à lui comme des sangsues. Alors plus que jamais Crésus lui prêtait de l'argent, et Buckram ne pouvait sortir à cheval avec sa meute sans que Snaily, d'une nature plus que timide, fût en selle, tout prêt à l'accompagner dans les courses les plus périlleuses. Le jeune Rose entra au même collège. Ce fut le seul motif qui put déterminer son père à se séparer de lui.

Il dépensait tout un quartier de sa pension à donner un seul dîner à Buckram ; mais ils savait qu'on excuserait infailliblement ses dépenses lorsqu'il aurait à alléguer un pareil prétexte, et il voyait toujours arriver un bon de six livres en réponse à la lettre où il avait parlé de Buckram. Je ne voudrais pas raconter tous les rêves fantastiques qui fermentaient dans le cerveau de mistress Podge et de miss Podge, la femme et la fille du directeur du collège de lord Buckram ; mais ce respectable fonctionnaire poussait trop loin le sentiment de sa condition inférieure pour penser un seul instant que sa fille pût aspirer à devenir la femme d'un grand seigneur : il se hâta donc de la marier au professeur Crab.

Quand lord Buckram eut pris ses grades littéraires, car l'Université, cette *alma mater*, est aussi entachée de Snobisme que tout autre [*sic*], et s'agenouille devant les lords à la suite de la foule ; quand lord Buckram alla chercher dans les voyages le complément indispensable de toute bonne éducation, vous ne croiriez jamais de combien de dangers il fut alors assailli et combien de cotillons se mirent à lui courir sus. Lady Leach et ses filles le suivirent de Paris à Rome et de Rome à Bade. Miss Leggitt fondit en larmes sous ses yeux quand il lui signifia sa résolution de quitter Naples, et elle alla s'évanouir dans les bras de sa maman. Le capitaine Mac-Dragon de Mac-Dragonstown, du comté de Tipperary, alla le provoquer à s'expliquer sur ses intentions au sujet de sa sœur miss Amalia Mac-Dragon de Mac-Dragonstown, et lui déclara qu'il ne périrait que de sa main s'il n'épousait pas cette pure et belle jeune fille, qui peu après, se laissa se conduire à l'autel par M. Muff de Cheltenham. Si beaucoup de constance et quarante mille livres sterling en beaux écus sonnants avaient pu quelque chose sur lui, miss Lydia Crésus serait certainement maintenant lady Buckram. Le comte Torowski fut enchanté de la prendre à moitié prix, comme chacun sait dans le grand monde.

Le lecteur ne serait peut-être pas fâché de faire maintenant connaissance avec l'homme qui produisit de si cruels ravages dans le cœur de tant de femmes, et qui fut de la part de ses semblables l'objet de si prodigieuses adulations. Faire ici son portrait serait tomber dans les personnalités, et le *Punch*[1], comme chacun sait, ne se permet jamais de pareilles escapades. D'ailleurs, qu'importe en somme de savoir quelle espèce d'homme il est, quelles sont les qualités qui décorent sa personne ?

Figurez-vous à votre gré un jeune seigneur aux instincts littéraires, auteur de poésies dont la faiblesse ne le cède qu'au ridicule ; les Snobs se chargeront d'épuiser les éditions de son livre ; les libraires qui n'ont pas voulu de mes *Chants de l'âme* ni de mon grand poëme épique à quelque prix que ce fût, lui donneront pour ses œuvres ce qu'il voudra bien fixer.

1 Ces textes parurent d'abord, en effet, dans le *Punch*.

Imaginez encore un gaillard d'humeur joyeuse et qui n'a d'autre plaisir que d'arracher les marteaux des portes cochères, de fréquenter les cabarets et de rosser les agents de police ; le public ne manquera pas, avec sa bonhomie ordinaire, de trouver ces distractions de son goût, et de déclarer qu'il est au fond le meilleur fils du monde. Imaginez encore, si vous le voulez, un sportsman passionné pour les jeux et les courses, qui a de la vocation pour l'escroquerie, et qui se passe de temps à autre le plaisir de plumer un pauvre pigeon ; le public lui pardonnera encore, soyez-en sûr ; bien des honnêtes gens lui feront la cour ; eh ! mon Dieu ! toute cette foule stupide ne ferait-elle pas la cour à un voleur de profession, s'il avait eu le soin de se précautionner à l'avance d'une place à la Chambre des Lords ? Imaginez-vous encore que c'est un imbécile ; d'après notre glorieuse constitution, il sera bon de reste pour gouverner. Supposez enfin, si cela vous plaît, que c'est un brave garçon à l'âme bien placée ; alors tant mieux pour lui ! mais il pourrait aussi bien arriver que ce fût un âne, et il n'en recueillerait pas moins de marques de respect ; ou bien un malotru, et sa popularité serait universelle : ou bien un coquin, et on vous trouverait une foule d'excuses en sa faveur. Les Snobs auront toujours quelque prétexte pour lui brûler l'encens. Les Snobs mâles lui rendront tous les honneurs qu'ils doivent à son rang, et les Snobs femelles auront pour lui de doux regards, si laid que la nature l'ait bâti.

Le Livre des Snobs / par W. M. Thackeray ; traduit de l'anglais avec l'autorisation de l'auteur par Georges Guiffrey. – Paris : Hachette, 1865. – [Pp. 30-33].

LA FOIRE AUX VANITÉS 256

L. Molitor — 1956

Apartés d'auteur (1re Partie, chapitre I).

L'honnête Jemina avait à surveiller les comptes, les lessives, les raccommodages, les puddings, la vaisselle, l'argenterie et les domestiques. Mais pourquoi parler d'elle ? Il est probable que nous ne la rencontrerons plus jamais, et la grande grille en fer, une fois refermée, ne se rouvrira plus pour la laisser pénétrer à nouveau, non plus que sa redoutable sœur, dans le petit monde de notre histoire.

Mais comme au contraire nous verrons beaucoup Amelia, il est bon d'apprendre à la connaître dès maintenant. C'était une des meilleures créatures qui eussent jamais vécu ; et c'est un honneur aussi bien dans la vie que dans les romans — surtout dans les romans, où l'on rencontre tant de misérables de la pire espèce — c'est un bonheur qu'une personne aussi bonne et sincère puisse nous accompagner tout le temps. Elle ne sera pas notre héroïne ; aussi n'ai-je pas l'intention de faire son portrait. Au vrai, son nez était peut-être un peu trop court et ses joues beaucoup trop rondes et trop rouges pour convenir à une héroïne ; mais son visage rayonnait de santé, les sourires les plus exquis se dessinaient sur ses lèvres, et ses yeux brillaient d'un éclat fait tout à la fois de bonté et de joie, si ce n'est évidemment lorsqu'ils se remplissaient de larmes, ce qui arrivait bien trop souvent ; car la sotte pleurait lorsque mourait un canari ou une souris que le chat avait attrapée, ou lorsqu'elle s'attendrissait sur la fin d'un roman, aussi absurde fût-il. Quant à lui adresser une parole méchante, à supposer qu'il se trouvât un cœur assez endurci pour cela, tant pis pour lui ! Même l'austère miss Pinkerton, cette femme aux airs de déesse, cessa bientôt de la réprimander, et, bien que le sentiment lui fût aussi étranger que l'algèbre, elle donna à tous les professeurs l'ordre de traiter miss Sedley avec la plus grande douceur, la sévérité lui étant nuisible.

Le jour du départ arrivé, miss Sedley, partagée entre ces deux habitudes de rire et de pleurer, ne sut vraiment quelle attitude prendre. Elle était heureuse de retourner chez elle, et encore plus malheureuse de quitter l'école. Durant les trois jours précédents, la petite Laura Martin, l'orpheline, la suivit partout comme un petit chien. Elle dut faire et recevoir au moins quatorze présents, faire quatorze promesses solennelles d'écrire chaque semaine. « Envoyez-moi votre lettre à l'adresse de mon grand-père, le comte de Dexter », lui dit miss Saltire dont, entre parenthèses, les vêtements étaient fort râpés. « Ne vous occupez pas des jours où part le courrier, ma chérie, mais écrivez-moi tous les jours », insistait miss Swartz avec ses cheveux laineux, aussi exaltée qu'affectueuse. Quant à la petite Laura Martin, elle prit la main de son amie et lui dit, en levant vers elle ses yeux pleins d'admiration : « Amelia, quand je vous écrirai, je vous appellerai maman. »

Tous ces détails j'en suis sûr, Jones qui lit ce livre les déclarera idiots, vulgaires, insignifiants et ultra-sentimentaux. Parfaitement. J'imagine Jones en ce moment, le visage assez rouge après avoir mangé sa côte de mouton et bu une demi-bouteille de vin ; il prend son crayon et souligne d'un gros trait les mots *idiots*, *insignifiants* et ajoute dans la marge une remarque personnelle : *exact*. Car c'est un homme de génie qui ne s'attache qu'aux choses élevées et qui, dans la vie comme dans les romans, n'admire que le grand et l'héroïque. Il aurait donc mieux fait de se renseigner au préalable et d'aller chercher ailleurs ce qui l'intéresse.

La Foire aux vanités / par W.M. Thackeray ; traduit de l'anglais par Lucienne Molitor. – Verviers : Gérard, 1956. – (*Collection Marabout Géant* ; 54). – [Pp. 10-11].

LES HUMORISTES ANGLAIS DU XVIIIE SIÈCLE 257

E. Rocart — 1945

Équité des jugements du public. — Le plus souvent, les écrivains n'ont que ce qu'ils méritent. Thackeray est tout entier dans la logique démocratique du succès et de la sanction du plébiscite.

Le monde ne méprise-t-il pas un homme parce qu'il est écrivain ? Je suppose que si des gens désirent un bouffon, ils le toléreront aussi longtemps qu'il les amusera, mais ce bouffon ne doit pas s'attendre à être considéré comme un égal. Y a-t-il une garde d'honneur réservée à l'auteur du dernier roman ou du dernier poème ? Quelle est la durée de ce règne ? Quand un autre potentat le dépossédera-t-il de son trône ? Et le souverain déchu se retire, grommelle et se lamente publiquement de voir la littérature méprisée. Si le capitaine A. n'est plus invité aux parties de lady B., il n'en concluera pas que l'armée est méprisée ; si lord C. ne demande plus au conseiller D. de venir dîner, le conseiller D. n'ira pas dire partout que le barreau est insulté. L'écrivain ne plaira pas à la société s'il y entre avec tant de soupçons ; s'il se doute de la réception qui lui sera réservée comment pourra-t-il tenir haut la tête et regarder franchement ce monde envers lequel il éprouve tant de soupçons ? Vient-il là pour trouver une place ? S'imagine-t-il qu'il doive devenir ambassadeur comme Prior, ou secrétaire d'État comme Addison ? Du coup, c'en est fini de ses prétentions à l'égalité ; il cherche un patron et la main qu'il serre n'est pas celle d'un ami. Traitez cet homme comme il le mérite ; riez de ses bouffonneries et donnez-lui un dîner et un *bonjour*[1] ; moquez-vous de sa suffisance, de ses absurdes prétentions à la supériorité et de ses airs grotesques de martyr ; moquez-vous de ses flatteries et de ses plans ; donnez à dîner au farceur et payez le mercenaire si vous en avez besoin ; faites un profond salut au

1 En français dans le texte. (N.d.t.)

grand homme incompris[1] et au martyr bruyant, et montrez-lui la porte. Le public, le grand public, cet agrégat d'expériences possède autant de bon sens que de bonne humeur ; il découvre la prétention comme il a confiance en un cœur loyal ; dans son ensemble, il est aimable ; étant si avisé et si clairvoyant, il ne peut être qu'aimable. À un écrivain qui prétend : « Le public méprise ma profession », de toutes mes forces, je lui crie ; « Non ! non et non ! » Il est possible que le public vous ignore — comme il est possible qu'un brave garçon tombe dans le parcours de la course ou périsse inconnu au milieu du combat — mais dans la majorité des cas, il vous traite selon vos mérites. Si vous lui rendez service, il ne sera pas ingrat ; si vous voulez lui plaire, il vous plaira ; si vous rampez devant lui, il le remarquera et vous méprisera ; il vous rendra votre gaieté avec bonne humeur ; vos faiblesses ne le laisseront pas indifférent et quant à vos mérites, il les reconnaîtra avec bonne grâce ; bref il vous donnera la place qui vous revient.

Les Humoristes anglais du XVIIIe siècle / W.M. Thackeray ; première traduction française par Eugène Rocart. – Bruxelles : Éditions « La Boétie », 1945. – [P. 183].

1 En français dans le texte. (N.d.t.)

VIGNY

FRANÇAIS **1797-1863**

Né à Loches, Alfred de Vigny a connu une enfance à la fois solitaire et choyée, entre un père âgé, le chevalier Léon de Vigny, qui lui a transmis le respect du passé aristocratique, et une mère plus jeune, mais plus austère, qui lui a appris à la fois le raffinement et le sens du devoir. C'est elle qui a d'abord assuré son éducation, avant l'entrée à la Pension Hix (1807), puis au lycée Bonaparte. De ce temps des collèges il gardera le souvenir d'une « couleur sombre » (*Journal*), lié au sentiment d'une destinée injuste. En 1814, de solides appuis lui permettront d'entrer comme lieutenant dans le corps très aristocratique des Compagnies Rouges ; et il poursuivra, après les Cent Jours, jusqu'en 1827, une carrière militaire sans éclat, marquée, surtout, par la vie de garnison à Pau, où il rencontrera Lydia Bunbury, sa future épouse.

Depuis 1820, il s'est lié d'amitié avec V. Hugo, et il fréquente le cénacle de la *Muse Française* qui, en 1824, applaudit à la publication d'*Éloa* — poème ambigu, qui lui vaudra une certaine réputation d'« angélisme », alors même que la chute d'Éloa — ange féminin, séduit par Satan dont elle a eu pitié — manifeste déjà sa propension à la révolte métaphysique, dont, du reste, d'autres poèmes, composés vers le même temps (*Le Déluge*, *La Prison*, *Moïse*) confirment qu'elle constituera l'un des thèmes majeurs de son œuvre. Les *Poèmes antiques et modernes*, publiés en 1826, et, la même année, le roman de *Cinq-Mars*, élargissent des cénacles au grand public sa réputation d'écrivain engagé dans ce que Jules Marsan a appelé « la bataille romantique » ; et la représentation du *Maure de Venise* (adaptation d'*Othello*) au Théâtre Français, le 24 octobre 1829, a, selon le mot de V. Hugo, « ouvert la brèche » qui a permis, l'année suivante, le succès d'*Hernani*.

Les années 1830 sont la période la plus intense de sa production littéraire, à commencer par la rédaction de deux poèmes, *Paris* et *Les Amants de Montmorency*, tous deux visiblement marqués par l'influence de Lamennais et des Saint-Simoniens, et par la publication dans la *Revue des Deux Mondes* d'un fragment romanesque, *L'Almeh* (1831). On retrouvera dans *Stello* (1832) et dans *Servitude et grandeur militaires* (1835) sa prédilection pour les récits brefs, à valeur symbolique, où il exprime sa vision pessimiste de la condition humaine, ses méditations sur la solitude du poète et sur la destinée inexorable de l'homme prisonnier du devoir et de l'honneur. Mais c'est encore le théâtre qui lui vaut ses meilleurs succès : après *La Maréchale d'Ancre* (1831) et *Quitte pour la peur* (1833), le drame de *Chatterton*, tiré d'un des trois récits de *Stello*, connaît en 1835 un véritable triomphe, auquel n'est pas étranger le talent de Marie Dorval, dans le rôle de Kitty Bell (leur liaison, fort orageuse, a commencé en 1831, et c'est pour elle qu'il a conçu ce rôle). Deux ans plus tard, en 1837, la mort de sa mère suscite une crise morale et religieuse dont le *Journal* a conservé l'aveu ; et à partir de 1838, date de sa rupture avec Marie Dorval, les tribulations de sa vie amoureuse (il n'y a pas eu que Marie Dorval), les tracas financiers, puis les multiples candidatures à l'Académie Française, l'ont, peu à peu, définitivement décidé à la retraite dans son domaine charentais, au Maine-Giraud.

Retraite, mais non vraiment « tour d'ivoire » comme le voudrait la légende. Il sera — en dépit des ordonnances du Docteur Noir dans *Stello* — parfois tenté par l'action politique : *Lettre aux Députés* en 1841, candidatures à la députation en Charente en 1848 et 1849, ralliement à l'Empire en 1852 (il sera reçu par l'Empereur aux Tuileries et à Compiègne en 1854 et 1856) ; ses aventures amoureuses sont loin d'être terminées (Louise Colet, Augusta Froustey), et ne l'empêcheront pas, du reste, de soigner avec dévouement sa femme malade. Il est vrai qu'il publie peu, et que certains de ses poèmes resteront inédits jusqu'à sa mort, comme par exemple *La Colère de Samson*, écrit en 1839. Ses publications, il les réserve à la *Revue des Deux Mondes* : en 1843, *La Sauvage*, *La Mort du loup*, *La Flûte* ; en 1844, *Le Mont des oliviers* et *La Maison du berger* ; en 1854, *La Bouteille à la mer*. Le recueil des *Destinées*, qui devait finalement réunir l'ensemble de ses « poèmes philosophiques », ne sera publié qu'en 1864 par les soins de Ratisbonne, son exécuteur testamentaire. Le *Journal d'un poète*, publié en 1867 par le même Louis Ratisbonne (non sans quelques cisaillements du texte), puis les *Mémoires inédits*, publiés en 1958 par Jean Sangnier, enfin la *Correspondance* encore en cours de publication (sous la direction de Madeleine Ambrière) apportent à la connaissance de l'homme et de son œuvre des documents de plus en plus précis et de plus en plus susceptibles de révéler le vrai visage de Vigny, « tel qu'en lui-même enfin ».

La Pensée poétique et sociale d'Alfred de Vigny / P. Flottes. – Paris : Les Belles Lettres, 1927. – XVI-360 p.

La Pensée religieuse et morale d'Alfred de Vigny / Georges Bonnefoy. – Paris : Librairie Hachette, 1944. – XXIII-462 p.

Vigny : l'homme et l'œuvre / Pierre-Georges Castex. – Paris : Boivin, 1952. – 176 p. – (*Connaissance des lettres* ; 34).

L'Imagination d'Alfred de Vigny / François Germain. – Paris : José Corti, 1961. – 582 p.

Alfred de Vigny / Marc Eigeldinger. – Paris : Seghers, 1965. – 190 p. – (*Écrivains d'hier et d'aujourd'hui* ; 19).

Vigny par lui-même / Paul Viallaneix. – Paris : Éditions du Seuil, 1964. – 189 p.

Vigny et sa fortune littéraire / Pierre Flottes. – Bordeaux : G. Ducros, 1970. – 168 p.

André Jarry, "Vigny 1979". – In : *Romantisme*, n° 25-26 (1979), pp. 217-241.

ÉLOA 258

Séduction (Chant II, v. 136-154). — Avec la révolte romantique, comme l'a remarqué Camus, « Le Satan de Milton renaît dans toute sa gloire ». V. Hugo rêvera d'une *Fin de Satan* et d'un Satan pardonné. Vigny, au chant II d'*Éloa*, chante les bienfaits de Satan, et raconte la séduction de l'Ange par un Satan prestigieux, présenté, ici, comme le consolateur, celui qui, dans la misère d'une création manquée et d'une condition humaine abandonnée de son créateur, verse le baume des illusions, des « secrètes amours » et de la « volupté des soirs ».

« Je suis celui qu'on aime et qu'on ne connaît pas.
Sur l'homme j'ai fondé mon empire de flamme
Dans les désirs du cœur, dans les rêves de l'âme,
Dans les liens des corps, attraits mystérieux,
Dans les trésors du sang, dans les regards des yeux.

C'est moi qui fais parler l'épouse dans ses songes ;
La jeune fille heureuse apprend d'heureux mensonges ;
Je leur donne des nuits qui consolent des jours,
Je suis le Roi secret des secrètes amours.
J'unis les cœurs, je romps les chaînes rigoureuses,
Comme le papillon sur ses ailes poudreuses
Porte aux gazons émus des peuplades de fleurs
Et leur fait des amours sans périls et sans pleurs.
J'ai pris au Créateur sa faible créature ;
Nous avons, malgré lui, partagé la Nature :
Je le laisse, orgueilleux des bruits du jour vermeil,
Cacher des astres d'or sous l'éclat d'un Soleil ;
Moi, j'ai l'ombre muette, et je donne à la terre
La volupté des soirs et les biens du mystère. [...] »

Œuvres complètes / Alfred de Vigny ; préface, présentation et notes de Paul Viallaneix. – Paris : Éditions du Seuil, 1965. – [P. 45].

STELLO 259

Chénier à la guillotine (chapitre XXXV). — Appelé au chevet du poète Stello, qui croit pouvoir conjurer son spleen par l'engagement dans l'action politique, le Docteur Noir prescrit sa première ordonnance, qui est celle de l'abstention ; car le poète, quel que soit le régime politique, est voué à périr victime de ses illusions et de l'indifférence des hommes. Tel fut le sort des trois poètes Gilbert, Chatterton et Chénier. La Préface de *Cinq-Mars* (1826) revendiquait pour le narrateur le droit de substituer, à la « vérité du fait », la « vérité de l'art ». Ici, le Docteur Noir raconte à Stello les derniers moments du poète André Chénier. Le récit, très stylisé — et qui fait alterner, grâce au truchement de la « longue-vue », la vision d'ensemble de la foule et la vision en raccourci de la charrette qui emporte André Chénier vers la guillotine —, met en évidence la solitude tragique du poète condamné à une mort aussi absurde qu'injuste.

Avec mes yeux, j'avais vu l'ensemble du tableau ; pour voir le détail, je pris une *longue-vue*. La charrette était déjà éloignée de moi, en avant. J'y reconnus pourtant un homme en habit gris, les mains derrière le dos. Je ne sais si elles étaient attachées. Je ne doutai pas que ce ne fût André Chénier. La voiture s'arrêta encore. On se battait. Je vis un homme en bonnet rouge monter sur les planches de la Guillotine et arranger un panier.

Ma vue se troublait : je quittai ma lunette pour essuyer le verre et mes yeux.

L'aspect général de la place changeait à mesure que la lutte changeait de terrain. Chaque pas que les chevaux gagnaient semblait au peuple une défaite qu'il éprouvait. Les cris étaient moins furieux et plus douloureux. La foule s'accroissait pourtant et empêchait la marche plus que jamais, par le nombre plus que par la résistance.

Je repris la longue-vue et je revis les malheureux embarqués qui dominaient de tout le corps les têtes de la multitude. J'aurais pu les compter en ce moment. Les femmes m'étaient inconnues. J'y distinguai de pauvres paysannes, mais non les femmes que je craignais d'y voir. Les hommes, je les avais vus à Saint-Lazare. André causait en regardant le soleil couchant. Mon âme s'unit à la sienne ; et tandis que mon œil suivait de loin le mouvement de ses lèvres, ma bouche disait tout haut ses derniers vers :

Comme un dernier rayon, comme un dernier zéphyre
Anime la fin d'un beau jour,
Au pied de l'échafaud, j'essaie encor ma lyre.
Peut-être est-ce bientôt mon tour.

Tout à coup un mouvement violent qu'il fit me força de quitter ma lunette et de regarder toute la place, où je n'entendais plus de cris.

Le mouvement de la multitude était devenu rétrograde tout à coup.

Les quais, si remplis, si encombrés, se vidaient. Les masses se coupaient en groupes, les groupes en familles, les familles en individus. Aux extrémités de la place, on courait pour s'enfuir, dans une grande poussière. Les femmes couvraient leurs têtes et leurs enfants de leurs robes. La colère était éteinte… Il pleuvait.

Qui connaît Paris comprendra ceci. Moi, je l'ai vu. Depuis, encore, je l'ai revu dans des circonstances graves et grandes.

Aux cris tumultueux, aux jurements, aux longues vociférations, succédèrent des murmures plaintifs qui semblaient un sinistre adieu, de lentes et rares exclamations dont les notes prolongées, basses et descendantes, exprimaient l'abandon de la résistance et gémissaient sur leur faiblesse. La Nation, humiliée, ployait le dos et roulait par troupeaux entre une fausse statue, une Liberté qui n'était que l'image d'une image, et un réel Échafaud teint de son meilleur sang.

Ceux qui se pressaient voulaient voir ou voulaient s'enfuir. Nul ne voulait rien empêcher. Les bourreaux saisirent le moment. La mer était calme, et leur hideuse barque arriva à bon port. La Guillotine leva son bras.

En ce moment plus aucune voix, plus aucun mouvement sur l'étendue de la place. Le bruit clair et monotone d'une large pluie était le seul qui se fît entendre, comme celui d'un immense arrosoir. Les larges rayons d'eau s'étendaient devant mes yeux et sillonnaient l'espace. Mes jambes tremblaient : il me fut nécessaire d'être à genoux.

Là je regardais et j'écoutais sans respirer. La pluie était encore assez transparente pour que ma lunette me fît apercevoir la couleur du vêtement qui s'élevait entre les poteaux. Je voyais aussi un jour blanc entre le bras et le billot, et quand une ombre comblait cet intervalle, je fermais les yeux. Un grand cri des spectateurs m'avertissait de les rouvrir.

Trente-deux fois je baissai la tête ainsi, disant une prière désespérée, que nulle oreille humaine n'entendra jamais, et que moi seul j'ai pu concevoir.

Après le trente-troisième cri, je vis l'habit gris tout debout. Cette fois je résolus d'honorer le courage de son génie en ayant le courage de voir toute sa mort : je me levai.

La tête roula, et ce qu'il *avait là* s'enfuit avec le sang.

Œuvres complètes / Alfred de Vigny ; préface, présentation et notes de Paul Viallaneix. – Paris : Éditions du Seuil, 1965. – [Pp. 340-341].

CHATTERTON 260

« L'égoïste par excellence, le juste selon la loi » (Acte I, scène II). — Le « drame » de *Chatterton* reprend les thèmes de *Stello* : « le martyre perpétuel du poète », « l'homme spiritualiste étouffé par une société matérialiste ». Dans cette scène, qui oppose l'industriel anglais John Bell à une délégation d'ouvriers, sous l'œil lucide du Quaker, se manifeste un autre aspect de l'art de Vigny : l'acuité de son regard sur l'actualité des problèmes sociaux et sur la montée du « capitalisme » dans la société industrielle du XIXe siècle. On n'est ici qu'en 1835 : la modernité de Vigny n'en apparaît que plus frappante.

Le Quaker, John Bell, un groupe d'Ouvriers.

LE QUAKER, *regardant arriver John Bell* : Le voilà en fureur... Voilà l'homme riche, le spéculateur heureux ; voilà l'égoïste par excellence, le juste selon la loi.

JOHN BELL : *Vingt ouvriers le suivent en silence et s'arrêtent contre la porte. Aux ouvriers, avec colère.* Non, non, non, non ! — Vous travaillerez davantage, voilà tout.

UN OUVRIER, *à ses camarades* : Et vous gagnerez moins, voilà tout.

JOHN BELL : Si je savais qui a répondu cela, je le chasserais sur-le-champ comme l'autre.

LE QUAKER : Bien dit, John Bell ! tu es précisément beau comme un monarque au milieu de ses sujets.

JOHN BELL : Comme vous êtes quaker, je ne vous écoute pas, vous ; mais si je savais lequel de ceux-là vient de parler ! Ah ! l'homme sans foi que celui qui a dit cette parole ! Ne m'avez-vous pas tous vu compagnon parmi vous ? Comment suis-je arrivé au bien-être que l'on me voit ? Ai-je acheté tout d'un coup toutes les maisons de Norton avec sa fabrique ? Si j'en suis le seul maître à présent, n'ai-je pas donné l'exemple du travail et de l'économie ? N'est-ce pas en plaçant les produits de ma journée que j'ai nourri mon année ? Me suis-je montré paresseux ou prodigue dans ma conduite ? — Que chacun agisse ainsi, et il deviendra aussi riche que moi. Les machines diminuent votre salaire, mais elles augmentent le mien ; j'en suis très fâché pour vous, mais très content pour moi. Si les machines vous appartenaient, je trouverais très bon que leur production vous appartînt ; mais j'ai acheté les mécaniques avec l'argent que mes bras ont gagné : faites de même, soyez laborieux, et surtout économes. Rappelez-vous bien ce sage proverbe de nos pères : *Gardons bien les sous, les shellings se gardent eux-mêmes*. Et à présent, qu'on ne me parle plus de Tobie : il est chassé pour toujours. Retirez-vous sans rien dire, parce que le premier qui parlera sera chassé comme lui de la fabrique, et n'aura ni pain, ni logement, ni travail dans le village.

Ils sortent.

LE QUAKER : Courage, ami ! je n'ai jamais entendu au Parlement un raisonnement plus sain que le tien.

JOHN BELL *revient encore irrité et s'essuyant le visage* : Et vous, ne profitez pas de ce que vous êtes quaker pour troubler tout, partout où vous êtes. — Vous parlez rarement, mais vous devriez ne parler jamais. — Vous jetez au milieu des actions des paroles qui sont comme des coups de couteau.

LE QUAKER : Ce n'est que du bon sens, maître John ; et quand les hommes sont fous, cela leur fait mal à la tête. Mais je n'en ai pas de remords ; l'impression d'un mot vrai ne dure pas plus que le temps de le dire : c'est l'affaire d'un moment.

JOHN BELL : Ce n'est pas là mon idée : vous savez que j'aime assez à raisonner avec vous sur la politique ; mais vous mesurez tout à votre toise, et vous avez tort. La secte de vos quakers est déjà une exception dans la chrétienté, et vous êtes vous-même une exception parmi les quakers. — Vous avez partagé tous vos biens entre vos neveux ; vous ne possédez plus rien qu'une chétive subsistance, et vous achevez votre vie dans l'immobilité et la méditation. — Cela vous convient, je le veux ; mais ce que je ne veux pas, c'est que, dans ma maison, vous veniez, en public, autoriser mes inférieurs à l'insolence.

LE QUAKER : Eh ! que te fait, je te prie, leur insolence ? Le bêlement de tes moutons t'a-t-il jamais empêché de les tondre et de les manger ? — Y a-t-il un seul de ces hommes dont tu ne puisses vendre le lit ? Y a-t-il dans le bourg de Norton une seule famille qui n'envoie ses petits garçons et ses filles tousser et pâlir en travaillant tes laines ? Quelle maison ne t'appartient pas et n'est chèrement louée par toi ? Quelle minute de leur existence ne t'est pas donnée ? Quelle goutte de sueur ne te rapporte un shelling ? La terre de Norton, avec les maisons et les familles, est portée dans ta main comme le globe dans la main de Charlemagne. — Tu es le baron absolu de ta fabrique féodale.

JOHN BELL : C'est vrai, mais c'est juste. — La terre est à moi, parce que je l'ai achetée ; les maisons, parce que je les ai bâties ; les habitants, parce que je les loge ; et leur travail, parce que je le paie. Je suis juste selon la loi.

LE QUAKER : Et ta loi est-elle juste selon Dieu ?

Œuvres complètes / Alfred de Vigny ; préface, présentation et notes de Paul Viallaneix. – Paris : Éditions du Seuil, 1965. – [Pp. 574-575].

JOURNAL D'UN POÈTE 261

Anéantir l'espérance (1824). — Publié, non sans coupures et omissions, par Louis Ratisbonne, en 1867, le *Journal d'un poète* offre un recueil de notes, réflexions, projets de poèmes, qu'il y aurait lieu de compléter par les *Mémoires inédits* (révélés en 1958) et par la *Correspondance*, actuellement en cours de publication. On notera, dans cette page, la violence avec laquelle s'exprime la tentation de la révolte métaphysique. L'image de la condition humaine présentée comme prisonnière vient, au départ, de saint Paul, et Vigny l'avait retrouvée chez Pascal ; mais la Grâce, qui libère de la prison du mal, est ici absente, et Vigny, retournant les thèmes chrétiens, ne réserve que sarcasme à l'égard du « dieu geôlier », et propose, avant tout, d'« anéantir l'espérance au cœur de l'homme ».

Voici la vie humaine.

Je me figure une foule d'hommes, de femmes et d'enfants, saisis dans un sommeil profond. Ils se réveillent emprisonnés, ils s'accoutument à leur prison et s'y font de petits jardins. Peu à peu, ils s'aperçoivent qu'on les enlève les uns après les autres pour toujours. Ils ne savent ni pourquoi ils sont en prison, ni où on les conduit après, et ils savent qu'ils ne le sauront jamais.

Cependant, il y en a parmi eux qui ne cessent de se quereller pour savoir l'histoire de leur procès, et il y en a qui en inventent les pièces ; d'autres, qui racontent ce qu'ils deviennent après la prison, sans le savoir.

Ne sont-ils pas fous ?

Il est certain que le maître de la prison, le gouverneur, nous eût fait savoir, s'il l'eût voulu, et notre procès et notre arrêt.

Puisqu'il ne l'a pas voulu et ne le voudra jamais, contentons-nous de le remercier des logements plus ou moins bons qu'il nous donne, et, puisque nous ne pouvons nous soustraire à la misère commune, ne la rendons pas double par des querelles sans fin. *Nous ne sommes pas sûrs de tout savoir au sortir du cachot, mais sûrs de ne rien savoir dedans.*

* * *

Que Dieu est bon, quel geôlier adorable, qui sème tant de fleurs qu'il y en a dans le préau de notre prison ! Il y en a (le croirait-on ?) à qui la prison devient si chère, qu'ils craignent d'en être délivrés ! Quelle est donc cette miséricorde admirable et consolante qui nous rend la punition si douce ? Car nulle nation n'a douté que nous ne fussions punis, — on ne sait de quoi.

* * *

Il faut surtout anéantir l'espérance dans le cœur de l'homme.

Un désespoir paisible, sans convulsions de colère et sans reproches au ciel, est la sagesse même.

Dès lors, j'accepte avec reconnaissance tous les jours de plaisirs, tous les jours même qui ne m'apportent pas un malheur ou un chagrin.

Poésies et Journal d'un poète / Alfred de Vigny ; d'après l'édition définitive et l'édition Louis Ratisbonne [...]. – Paris, s.d. – (*Collection des grand classiques français et étrangers*). – [Pp. 237-238].

LES DESTINÉES 262

La Mort du loup (I, 37-III, 84). — Écrit en 1838 au Maine-Giraud, et publié en 1843 dans la *Revue des Deux Mondes*, ce poème — dont on a avec raison remarqué qu'il ne saurait être un authentique récit de chasse —, substitue lui aussi, à la vérité des faits, la vérité du symbole. Le poète, bouleversé par la honte, oppose à la criminelle culpabilité du chasseur la grandeur stoïque et silencieuse du loup. Les dernières paroles donnent à son message une signification qu'il y a lieu de ne pas méconnaître : le silence et la fierté n'excluent nullement la nécessité pour l'homme de « faire énergiquement sa longue et lourde tâche ». Le pessimisme de Vigny est tout de même un pessimisme actif.

[...] Le Loup vient et s'assied, les deux jambes dressées
Par leurs ongles crochus dans le sable enfoncées.
Il s'est jugé perdu, puisqu'il était surpris,
Sa retraite coupée et tous ses chemins pris ;
Alors il a saisi, dans sa gueule brûlante,
Du chien le plus hardi la gorge pantelante
Et n'a pas desserré ses mâchoires de fer,
Malgré nos coups de feu qui traversaient sa chair
Et nos couteaux aigus qui, comme des tenailles,
Se croisaient en plongeant dans ses larges entrailles,
Jusqu'au dernier moment où le chien étranglé,
Mort longtemps avant lui, sous ses pieds a roulé.
Le Loup le quitte alors et puis il nous regarde.
Les couteaux lui restaient au flanc jusqu'à la garde,
Le clouaient au gazon tout baigné dans son sang ;
Nos fusils l'entouraient en sinistre croissant.
— Il nous regarde encore, ensuite il se recouche,
Tout en léchant le sang répandu sur sa bouche,
Et, sans daigner savoir comment il a péri,
Refermant ses grands yeux, meurt sans jeter un cri.

II

J'ai reposé mon front sur mon fusil sans poudre,
Me prenant à penser, et n'ai pu me résoudre
À poursuivre sa Louve et ses fils qui, tous trois,
Avaient voulu l'attendre, et, comme je le crois,
Sans ses deux louveteaux, la belle et sombre veuve
Ne l'eût pas laissé seul subir la grande épreuve ;
Mais son devoir était de les sauver, afin
De pouvoir leur apprendre à bien souffrir la faim,
À ne jamais entrer dans le pacte des villes
Que l'homme a fait avec les animaux serviles
Qui chassent devant lui, pour avoir le coucher,
Les premiers possesseurs du bois et du rocher.

III

Hélas ! ai-je pensé, malgré ce grand nom d'Hommes,
Que j'ai honte de nous, débiles que nous sommes !
Comment on doit quitter la vie et tous ses maux,
C'est vous qui le savez, sublimes animaux !
À voir ce que l'on fut sur terre et ce qu'on laisse,
Seul le silence est grand ; tout le reste est faiblesse.
— Ah ! je t'ai bien compris, sauvage voyageur,
Et ton dernier regard m'est allé jusqu'au cœur !
Il disait : « Si tu peux, fais que ton âme arrive,
À force de rester studieuse et pensive,
Jusqu'à ce haut degré de stoïque fierté
Où, naissant dans les bois, j'ai tout d'abord monté.
Gémir, pleurer, prier est également lâche.
Fais énergiquement ta longue et lourde tâche
Dans la voie où le Sort a voulu t'appeler,
Puis, après, comme moi, souffre et meurs sans parler ».

Œuvres complètes / Alfred de Vigny ; préface, présentation et notes de Paul Viallaneix. – Paris : Éditions du Seuil, 1965. – [Pp. 100 et 102].

LES DESTINÉES 263

Le Mont des Oliviers. — Ce poème, comme *Le Christ aux oliviers* de Nerval, a sans doute pour point de départ une lecture du *Songe* de Jean-Paul Richter, interprété à travers l'écran de Mme de Staël. Mais tandis que Nerval s'arrête à l'inquiétude, dans la vision d'un monde qui chancelle et d'un Dieu qui se meurt, Vigny, persévérant dans le procès du Créateur (après *Eloa, Le Déluge, Moïse*), reprend le récit évangélique pour l'orienter dans le sens d'un refus délibéré. La strophe du Silence, qui clôt le poème, était restée inédite, en 1844, lors de la publication du poème dans la *Revue des Deux Mondes* ; c'est elle qui formule de façon décisive ce refus de la Foi et de l'Espérance, et qui justifie le « dédain » de l'homme révolté contre un Dieu sans amour.

I

Alors il était nuit, et Jésus marchait seul,
Vêtu de blanc ainsi qu'un mort de son linceul ;
Les disciples dormaient au pied de la colline.
Parmi les oliviers, qu'un vent sinistre incline,
Jésus marche à grands pas en frissonnant comme eux ;
Triste jusqu'à la mort, l'œil sombre et ténébreux,

Le front baissé, croisant les deux bras sur sa robe
Comme un voleur de nuit cachant ce qu'il dérobe
Connaissant les rochers mieux qu'un sentier uni,
Il s'arrête en un lieu nommé Gethsémani.
Il se courbe, à genoux, le front contre la terre ;
Puis regarde le ciel en appelant : « Mon Père ! »
— Mais le ciel reste noir, et Dieu ne répond pas.
Il se lève étonné, marche encore à grands pas,
Froissant les oliviers qui tremblent. Froide et lente
Découle de sa tête une sueur sanglante.
Il recule, il descend, il crie avec effroi :
« Ne pouviez-vous prier et veiller avec moi ? »
Mais un sommeil de mort accable les apôtres.
Pierre à la voix du maître est sourd comme les autres.
Le Fils de l'homme alors remonte lentement ;
Comme un pasteur d'Égypte, il cherche au firmament
Si l'Ange ne luit pas au fond de quelque étoile.
Mais un nuage en deuil s'étend comme le voile
D'une veuve, et ses plis entourent le désert.
Jésus, se rappelant ce qu'il avait souffert
Depuis trente-trois ans, devint homme, et la crainte
Serra son cœur mortel d'une invincible étreinte.
Il eut froid. Vainement il appela trois fois :
« Mon Père ! » Le vent seul répondit à sa voix.
Il tomba sur le sable assis et, dans sa peine,
Eut sur le monde et l'homme une pensée humaine.
— Et la Terre trembla, sentant la pesanteur
Du Sauveur qui tombait aux pieds du Créateur. [...]

[...]

III

Ainsi le divin Fils parlait au divin Père.
Il se prosterne encor, il attend, il espère...
Mais il renonce et dit : « Que votre volonté
Soit faite et non la mienne, et pour l'Éternité ! »
Une terreur profonde, une angoisse infinie
Redoublent sa torture et sa lente agonie.
Il regarde longtemps, longtemps cherche sans voir.
Comme un marbre de deuil tout le ciel était noir ;

La Terre sans clartés, sans astre et sans aurore,
Et sans clartés de l'âme ainsi qu'elle est encore,
Frémissait. — Dans le bois il entendit des pas,
Et puis il vit rôder la torche de Judas.

Le silence

S'il est vrai qu'au Jardin sacré des Écritures,
Le Fils de l'homme ait dit ce qu'on voit rapporté ;
Muet, aveugle et sourd au cri des créatures,
Si le Ciel nous laissa comme un monde avorté,
Le juste opposera le dédain à l'absence
Et ne répondra plus que par un froid silence
Au silence éternel de la Divinité.

Œuvres complètes / Alfred de Vigny ; préface, présentation et notes de Paul Viallaneix. – Paris : Éditions du Seuil, 1965. – [Pp. 104-105].

KARADŽIĆ

SERBE

1787-1864

Vuk Karadžić est né à Tršić, en Serbie occidentale (alors sous domination ottomane), dans une famille de paysans aisés. Son prénom Vuk (« le loup ») lui aurait été donné pour le protéger des forces maléfiques après la mort en bas âge de plusieurs frères et sœurs aînés. Alors que son père le destine au commerce, Vuk veut poursuivre ses études et se rend dans ce but en Autriche-Hongrie, à Karlovci (Voïvodine). Mais c'est l'époque de la première insurrection serbe contre les Turcs (1804-1813) ; rentré en Serbie en 1807, il est secrétaire de Jakov Nenadović, l'un des chefs des insurgés, puis au Sénat, avant de travailler dans l'enseignement et les douanes. L'écrasement de l'insurrection le conduit à Vienne, alors un foyer culturel serbe important, où il écrit un article sur les causes de l'échec de l'insurrection, que va lire le philologue slovène Jernej Kopitar (cf. *P.L.E.* 10, pp. 884-889), censeur auprès du gouvernement autrichien pour les publications slaves. Les deux hommes se rencontrent et se lient d'amitié. Kopitar, passionné de littérature orale, pousse Karadžić à recueillir des chants populaires (1814-1815), et à rédiger une grammaire (1814) et un dictionnaire (1818) du serbe parlé. Alors même que le dictionnaire suscite des polémiques chez les Serbes de Hongrie et que Karadžić connaît des difficultés financières, sa renommée s'étend, surtout grâce à ses recueils de poésie populaire, à travers l'Europe, de la Russie à l'Allemagne : Gœthe, qui a traduit des chants épiques d'un volume de Vuk, le reçoit à Weimar.

En 1828, Karadžić retourne en Serbie, où il va être nommé président du tribunal de Belgrade. Mais le despotisme, plus oriental qu'éclairé, du prince serbe Miloš Obrenović le pousse dès 1832 à repartir en Autriche, où il publiera une critique acerbe du régime serbe, ce dont Miloš lui gardera longtemps rancune : l'orthographe de Vuk sera ainsi interdite en Serbie jusqu'en 1859. Karadžić est par contre en bons termes avec Njegoš, prince-évêque du Monténégro, où il se rend pour étudier les coutumes et recueillir des chants, ainsi qu'avec les Croates du mouvement illyrien, avec lesquels il signe en 1850 à Vienne un accord visant à donner aux Serbes et aux Croates une langue littéraire identique avec une orthographe commune à travers les deux alphabets, cyrillique et latin. Les années 1850 voient le triomphe de ses réformes linguistiques, adoptées par les poètes romantiques serbes de la jeune génération. Jusqu'à la fin de sa vie il continue ses voyages d'études en Croatie, au Monténégro et en Serbie. C'est à Vienne qu'il meurt : ses restes seront transportés à Belgrade en 1897.

On peut distinguer trois aspects essentiels dans l'activité multiforme de Vuk Karadžić, tous trois marqués par le romantisme de l'époque : la réforme du serbe, les idées nationales, le rassemblement d'œuvres de littérature orale.

Au début du XIXe siècle, les écrivains serbes continuaient à utiliser un mélange chaotique de langue populaire et de slavon d'Église, même après Dositej Obradović (cf. *P.L.E.* 10, pp. 303-309), qui avait usé du serbe populaire, en rationaliste soucieux de l'utile. Quant à Karadžić, c'est en romantique qu'il entendra défendre l'âme du peuple par sa langue. Fondée sur son parler maternel, la première édition de son dictionnaire ne compte que 26 000 mots ; la deuxième, beaucoup plus riche (47 000 mots), utilise les connaissances acquises lors de ses nombreux voyages d'études. Préoccupé d'établir une langue authentiquement autochtone, il en élimine les emprunts de l'allemand, du hongrois, du russe et du slavon. Dans sa traduction du Nouveau Testament (1847), il se montre toutefois plus souple, recourant aux néologismes, voire au slavon russe, pour les termes abstraits inconnus de la langue populaire. Mais cette traduction sera condamnée par l'Église orthodoxe serbe, inquiète de voir dans les travaux de Karadžić la menace d'une disjonction entre la culture serbe et la tradition orthodoxe, le risque d'un éloignement de la Russie, protectrice naturelle des Serbes, et la tentation d'un rapprochement avec les catholiques autrichiens et les Églises uniates. L'Église et les écrivains conservateurs s'opposent pareillement aux réformes orthographiques de Karadžić, qui adapte l'alphabet cyrillique à la phonétique serbe (« écris comme tu parles et lis comme c'est écrit ») en introduisant de nouvelles lettres et notamment — ô hérésie ! — la lettre latine **j** (qui rend un son identique à celui que marque en français **y** dans *yeux*) : ce **j** ne semble rien de moins que « la faucille du diable » à ses détracteurs.

Pour Karadžić, ces écrivains serbes de Hongrie et d'Autriche, qui persistent à mêler serbe parlé, slavon russe et « slavoserbe », sont devenus, sous l'influence des langues et cultures étrangères où ils évoluent, étrangers à leur propre peuple et ignorants de leur propre culture, qu'ont au contraire su préserver les Serbes de Turquie vivant en milieu rural, sans école ni lien avec le monde cultivé. Ce mythe rousseauiste et romantique d'une culture nationale préservée dans une vie vertueuse et proche de la nature se retrouve à l'origine des idées nationales de Karadžić, où s'inscrivent ses travaux d'ethnographe (*Coffret pour l'histoire, la langue et les coutumes des Serbes des trois religions*, 1849 ; *Vie et coutumes du peuple serbe*, 1867). Historien, Karadžić est l'un des premiers Serbes à comprendre l'intérêt de l'histoire contemporaine : projetant une histoire de la première insurrection serbe, il laissera plusieurs biographies de chefs de l'insurrection, et fournira à l'historien allemand Léopold von Ranke les matériaux pour *Die Serbische Revolution*.

En Karadžić l'écrivain a été éclipsé par le collecteur de contes, proverbes et chants populaires, dont il publiera de nombreux volumes (cf. *P.L.E.* 7, pp. 5-15). S'attachant à trouver les meilleurs chanteurs et conteurs possibles à travers les contrées qu'il parcourt inlassablement, il recueillera une littérature orale non encore « contaminée » par la littérature écrite, à une époque où, dans la lignée de Herder et des frères Grimm, les textes sont transcrits fidèlement, avec une rigueur toute scientifique. Sa classification de la poésie populaire orale reste valable de nos jours : chants « féminins » lyriques et chants « masculins » épiques, ces derniers étant divisés en chants non historiques et en chants des temps anciens (autour du thème central de la bataille de Kosovo de 1389), des temps moyens (sur les combats, principalement contre les Turcs, des bandits d'honneur (haïdouques) et des combattants *uskoks* des Confins militaires) et des temps nouveaux (la libération du Monténégro et les deux insurrections serbes du XIXe siècle).

Par son envergure, l'œuvre de Vuk Karadžić, fondateur de la langue serbe moderne, domine toute la littérature serbe de son temps.

The Life and Times of Vuk Stefanovic Karadžić (1787- 1864) : Literacy, Literature and National Independence in Serbia / Donald Wilson. – Oxford : Clarendon, 1970. – X-416 p.

CHANTS POPULAIRES SERBES 264

A. Dozon — 1859

La chute de l'empire serbe (v. 1-46). — Ce chant tiré du *Cycle du Kosovo* est d'une importance extrême dans la poésie épique populaire car il établit la dimension mythique et mystique de la bataille de Kosovo dans l'histoire serbe. Comme souvent dans les chants serbes, le début utilise la construction dite de l'antithèse slave (à laquelle ont parfois recouru des poètes français, Victor Hugo notamment) : question (parfois, comme ici, affirmation), puis négation, pour arriver enfin à la découverte et à l'établissement de la vérité. On remarquera que dans cette traduction, comme dans la suivante, le traducteur s'est limité à la première moitié du texte (46 vers sur 93). La seconde partie montre la bataille elle-même, passant en revue les principaux combattants serbes qui, malgré leur bravoure, périssent les uns après les autres. Il semblerait ainsi y avoir une opposition entre la première partie, le choix du royaume des cieux, et la seconde, le combat pour garder le royaume terrestre. En fait l'unité du chant vient de l'identification entre les valeurs spirituelles de la première partie et les exploits guerriers de la seconde : c'est la mort au champ d'honneur qui ouvre la voie de l'éternité, du royaume céleste et donc de la victoire finale. Par là même, la bataille de Kosovo s'identifie à l'Apocalypse, fin du monde, mais aussi, au sens originel, révélation, avec l'avènement du royaume de Dieu et la Parousie du Christ. Auguste Dozon, diplomate qui connaissait le russe, le serbo-croate, le bulgare et aussi l'albanais, a été le premier à traduire les chants serbes à partir des originaux, son illustre devancière Élise Voïart (*Chants populaires des Serviens*, 1834) ayant travaillé à partir de traductions en allemand. Il recherche avant tout la fidélité au texte original ; ainsi, à chaque vers décasyllabique du texte serbe correspond une ligne dans la traduction française.

Un oiseau gris, un faucon, arrive à tire-d'ailes
du Lieu saint, de Jérusalem,
et il porte une légère hirondelle…
Ce n'est point un oiseau gris, un faucon,
mais bien saint Élie ;
et ce n'est point une légère hirondelle qu'il porte,
mais une lettre de la mère de Dieu ;
il l'apporte au tzar[1], à Koçovo,
et sur ses genoux la laisse tomber.
Voici ce que la lettre annonce au tzar :

« Lazare, (né d'une) illustre race,
« pour quel empire te décideras-tu ?
« Veux-tu l'empire du ciel,
« ou l'empire de la terre ?
« Si tu choisis l'empire terrestre,
« fais seller les chevaux, et resserrer les sangles ;
« guerriers ! ceignez vos sabres,
« puis ruez-vous sur les Turcs,
« et leur armée tout entière périra ;
« si tu choisis l'empire céleste,
« érige un temple à Koçovo,

1 Lazare Gréblianovitch est tantôt appelé tzar [« César »], tantôt knèze [« prince »]. Il prenait ordinairement ce dernier titre, par humilité, dit-on, bien qu'il eût été sacré tzar en 1376. (N.d.t.)

« n'y pose point des fondements de marbre,
« mais seulement de soie et d'écarlate,
« puis fais communier l'armée et range la en bataille ;
« tout entière elle succombera,
« et toi, prince, avec elle tu périras. »

Lorsque le tzar a lu ces mots,
il songe, il roule bien des pensées :
« Ô mon Dieu, que faire et à quoi me résoudre ?
« Pour quel empire me décider ?
« Sera-ce pour l'empire céleste,
« ou pour l'empire de la terre ?
« Si c'est la terre que je choisis,
« l'empire de ce monde est pour peu de temps,
« tandis que celui du ciel dure dans les siècles des siècles. »

Le tzar a préféré l'empire du ciel
à celui de la terre ;
il érige à Koçovo un temple,
il n'y pose point des fondements de marbre,
Mais seulement de soie et d'écarlate,
puis il mande le patriarche de Serbie,
avec douze puissants évêques,
et l'armée communie, et se range en bataille.
À peine le prince avait-il ordonné l'armée,
que les Turcs se ruèrent sur Koçovo. [1]

Poésies populaires serbes / traduites sur les originaux avec une introduction et des notes par Auguste Dozon, chancelier du consulat général de France à Belgrade. – Paris : E. Dentu, 1859. – [Pp. 44-46].

CHANTS POPULAIRES SERBES 265

L. D'Orfer — 1916

Marko Kraljević reconnaît le sabre de son père. — Parmi les chants populaires épiques serbes liés à l'époque de la bataille de Kosovo, Vuk Karadzic a recueilli 25 textes consacrés à Marko Kraljevic (« fils de roi »). Il sagit au départ d'un personnage historique, né en 1331, fils du grand seigneur Vukašin Mrnjavčević, évoqué dans le chant présenté ici ; ce dernier, après la mort du grand empereur serbe Dušan, avait profité de la faiblesse du nouvel empereur Uros pour régner sur l'ouest et le sud de la Macédoine, mais avait été tué à la bataille de la Marica contre les Turcs (1371). À la mort de son père, Marko devient souverain d'un territoire réduit dont la ville principale est Prilep, mais doit reconnaître la

1 Je supprime la suite de ce chant comme offrant peu d'intérêt. (N.d.t.)

suzeraineté du sultan turc dont il est en fait vassal et aux côtés duquel il doit même combattre contre les chrétiens. C'est d'ailleurs au cours d'une bataille menée par le sultan Bajazet contre le seigneur valaque Mircea que Marko périt à Rovine en 1395. La tradition populaire orale a transformé le personnage, plutôt insignifiant historiquement, en un colosse, grand mangeur et buveur, redresseur de torts, défenseur de la veuve et de l'orphelin, protecteur des chrétiens contre les Turcs, combattant intrépide affrontant des adversaires aux forces surnaturelles et s'opposant même à son propre père pour défendre l'empereur légitime Uroš, tout cela n'ayant rien à voir avec la réalité historique. Les chants consacrés à Marko (très nombreux puisque, outre ceux recueillis par Vuk Karadzč, on en trouve dans les littératures orales croate, macédonienne, bulgare et slovène) utilisent souvent des *topoï*. Ainsi, dans ce chant, le thème du sabre que nul ne réussit à sortir de son fourreau hormis le preux chevalier. Intéressante est par ailleurs la position ambiguë de Marko vis-à-vis des Turcs : vassal du sultan, il est en même temps présenté comme son fils adoptif, mais un fils qui n'hésite pas à lui désobéir (*Marko boit du vin pendant le ramadan* est le titre d'un des chants du cycle), voire à lui faire peur, mais que le sultan couvre d'or pour se ménager ses bonnes grâces. — Léo D'Orfer, peut-être parce qu'il publie son anthologie de chants épiques serbes en pleine première guerre mondiale, lui donne pour titre *Chants de guerre de la Serbie*. La dédiant au prince héritier de Serbie, le futur roi Alexandre, il y présente dans sa préface Marko Kraljević comme le « Roland des Slaves du Sud. » Un bon quart de l'anthologie est consacré à « l'épopée de Marko Kraljević » avec 10 chants (les mêmes qu'avait traduits Auguste Dozon, qui en avait présenté 12), dont celui-ci, intitulé simplement *Le sabre*.

De bonne heure s'est levée une jeune fille turque. Avant l'aube et le jour blanc, elle lave de la toile dans les eaux de la Maritza.

Les eaux avaient été limpides jusqu'au lever du soleil, mais dès qu'il eut paru, elles se troublèrent et arrivaient fangeuses et sanglantes. Ensuite elles roulèrent des chevaux et des kalpaks[1], et vers le milieu du jour des combattants blessés. Enfin elles apportèrent un guerrier, qu'elles entraînaient ballotté au milieu du courant.

En apercevant la jeune fille au bord du fleuve, le guerrier l'adjura au nom de Dieu.

— Belle fille, dit-il, ma sœur en Dieu, lance-moi une pièce de toile, et retire-moi des eaux de la Maritza : je te comblerai de bienfaits.

La jeune fille entendit cet appel en Dieu. Elle lança au guerrier une pièce de toile et l'attira jusque sur la rive.

Le guerrier avait reçu dix-sept blessures. Il portait un vêtement magnifique. Un sabre forgé longeait sa cuisse, et ce sabre avait une triple poignée ornée de trois superbes gemmes : ce sabre valait trois villes impériales.

— Jeune Turque, ô ma sœur, qui demeure avec toi, dans ta blanche maison ?

— J'ai ma vieille mère, et aussi mon frère, Moustaf-Aga.

— Ma sœur, va dire à ton frère, Moustaf-Aga, de m'emporter dans ta blanche maison. Sur moi j'ai trois mesures d'or, chacune de trois cents

1 (Mot d'origine turque). Coiffure militaire, qui pouvait être un casque de métal ou un bonnet à poil, parfois en fourrure de martre ou de zibeline (on trouve dans des dictionnaires français les orthographes *kalpack* et *colback*).

jaunes ducats. De l'une, je te ferai présent. J'en donnerai une autre à ton frère et je garderai la troisième pour moi, afin de faire panser mes graves blessures. Si Dieu me permet de guérir, je ferai ta fortune, et aussi la fortune de ton frère.

La jeune fille turque court vers la blanche demeure :

— Mon frère, Moustaf-Aga, dit-elle, j'ai trouvé dans la Maritza un guerrier blessé, dans la Maritza, la froide rivière. Il a sur lui trois mesures d'or, chacune de trois cents jaunes ducats. De l'une il veut me faire présent. Il veut t'en donner une autre, et garder pour lui la troisième, afin de panser ses graves blessures. Ne cherche pas à violer ma promesse, ni à tuer ce héros blessé, mais apporte-le dans notre blanche maison.

Le Turc court à la rivière, et, voyant le guerrier blessé, il se prend à considérer le sabre forgé, le saisit, tranche la tête du héros, le dépouille de ses superbes habits, et revient dans la blanche demeure.

La jeune fille l'avait précédé. Quand elle vit ce qu'il avait fait, elle dit à Moustaf-Aga :

— Mon frère, que Dieu te le rende ! Comment as-tu donné la mort à mon pobratime[1] ? Et pourquoi t'es-tu parjuré ? Pourquoi donc ? Est-ce pour un sabre forgé ? Fasse Dieu que ce sabre puisse t'abattre la tête !

Et, cela dit, elle s'enfuit dans sa chambre.

Il y avait peu de temps écoulé, lorsqu'arriva un firman[2] du Sultan des Turcs, qui enjoignait à Moustaf-Aga de rejoindre l'armée. Moustaf s'y rendit, portant à sa ceinture le sabre forgé.

À son arrivée à l'armée impériale, petits et grands examinèrent le sabre et nul ne pouvant le tirer du fourreau, il alla de mains en mains, jusqu'à celles de Marko Kralievitch : et, pour lui, le sabre sortit de lui-même de sa gaîne.

Marko le considéra et vit gravés sur la lame trois noms chrétiens : l'un était le nom de Novak, qui l'avait forgé, le second, le nom du roi Voukachine, et le troisième, son propre nom, celui de Marko Kralievitch.

Marko demande à Moustaf-Aga :

— Par Dieu ! jeune Turc, d'où te vient ce sabre tranchant ? L'as-tu acheté à force d'or, ou l'as-tu gagné à la guerre ? Ton père te l'a-t-il légué ou ta femme te l'a-t-elle apporté comme part de son héritage ?

---

1 (Mot dérivé de *brat*, « frère »). Frère d'élection, souvent à la suite d'une cérémonie comportant l'« échange des sangs ».

2 (Mot d'origine persane, passé en turc). Édit émanant d'un souverain musulman.

— Par Dieu, giaour Marko, puisque tu m'interroges, je te répondrai avec franchise.

Et il lui raconta ce qui s'était passé.

Le Kralievitch lui dit alors :

— Pourquoi, Turc (que Dieu te le rende) n'as-tu point pansé ses blessures ? Je te ferais obtenir, à cette heure, des agalouks[1] de notre auguste Sultan.

— Ne te moque point, giaour Marko, répond Moustaf ; si tu pouvais obtenir des agalouks, tu commencerais par les obtenir pour toi. Mais rends-moi ce sabre.

Marko de Prilep brandit alors le sabre, et, d'un coup, abat à terre la tête de Moustaf-Aga.

On rapporta ce fait au Sultan, qui envoya des serviteurs mander par devant lui Marko. Chacun des serviteurs arrivait et l'appelait. Mais Marko ne soufflait mot et restait assis à boire du vin noir. Puis, quand ça l'ennuya de boire, il mit sa peau de loup à l'envers, saisit sa lourde masse et pénétra dans la tente du Sultan.

La colère de Marko était terrible.

Il avait gardé ses bottes et s'était assis sur un tapis, regardant de travers le Sultan, pendant que de ses yeux coulaient des larmes de sang.

Le Sultan recula, en voyant que Marko avait posé devant lui sa lourde masse. Et Marko s'avança tant que le Sultan se trouva acculé au mur.

Le souverain, portant alors sa main à sa poche, en tira cent ducats, qu'il donna à Kralievitch.

— Va, Marko, lui dit-il, va boire du vin à ta guise ! Et pourquoi ce violent courroux ?

— Ne m'interroge pas, Sultan, mon père d'adoption, répondit-il. J'ai reconnu le sabre du roi, mon père, et Dieu lui-même l'eût placé entre tes mains, que contre toi aussi grande eût été ma colère !

Chants de guerre de la Serbie : Étude, traductions, commentaires / Léo D'Orfer ; préface de M. Milenko R. Vesnitch, Ministre de Serbie à Paris, Correspondant de l'Institut. – Paris : Payot, 1916. – [Pp. 107-111].

1 (Mot d'origine turque). Titre, puis propriétés terriennes d'un aga ou agha, officier de la cour du sultan.

CONTES POPULAIRES SERBES 266

L. Huibner Fuzellier, R. Fuzellier — 1987

Le palais entre ciel et terre. — Jernej Kopitar avait montré à Vuk Karadžić les indications de Jacob Grimm pour recueillir les contes populaires allemands et l'avait engagé à en faire autant pour les contes serbes. Dès 1821, Karadžić édite un premier recueil (avec 12 contes et 166 devinettes), où il s'efforce, comme il le fera dans les suivants, de conserver la pureté de la langue et la simplicité de la narration. La deuxième édition (1853), dédiée « à l'illustre Allemand Jacob Grimm », comporte 50 contes (dont celui présenté ici), qui seront traduits en allemand par l'une des filles de Karadžić, Wilhelmine, et édités avec une préface de J. Grimm. Deux éditions posthumes (1870 et 1897) introduiront 20 contes supplémentaires et une série de « contes humoristiques ». Divna Vékovitch, avec la collaboration de M. Ginier, publiera, aux Éditions internationales, en 1934, préfacé par M. Spalaïkovitch, ministre de Yougoslavie en France, un pot-pourri de 37 contes pris dans les différentes éditions originales, parfois adaptés plus que traduits. Le présent conte y est intitulé *Château dans les nuages.* Il est intéressant de souligner que Vuk Karadžić l'a recueilli de la bouche même du prince Milos, qui l'avait entendu de ses nourrices. On y retrouve les thèmes classiques des trois frères dont seul le plus jeune est courageux, et de la princesse enlevée par un monstre. Quant au recueil établi par L. et R. Fuzellier, il est à ce jour la seule traduction intégrale d'une des œuvres de Vuk Karadzič. Alors que les textes des « petites » littératures sont si souvent malmenés en traduction, on a ici affaire à un travail en tous points remarquable, doté d'une préface, d'un appareil de notes et d'une bibliographie qui en font une véritable édition critique. Classés dans l'ordre des différentes éditions originales, et incluant les brèves histoires publiées dans les *Proverbes populaires serbes*, et même à titre d'exemple dans le *Dictionnaire serbe* de Vuk Karadžić, les contes bénéficient d'une traduction alliant fidélité à l'original et élégance du français.

Il était une fois un tsar, qui avait trois fils et une fille. Il la gardait comme la prunelle de ses yeux, enfermée dans sa chambre[1]. Quand la princesse eut grandi, un soir, elle pria son père de lui permettre une promenade devant le palais, en compagnie de ses frères. Le père consentit ; mais à peine était-elle sortie à la porte de château, qu'un dragon[2] fondait

1 En fait, il s'agit plutôt du « Kavez », appartement des femmes dans les maisons turques. (N.d.t.)

2 Les dragons tiennent une place de choix dans les contes populaires serbes. Au-delà des différents termes qui les désignent, on peut les diviser en trois groupes : les *dragons-météorites*, les *dragons-hommes* et les *dragons-serpents*. Les vrais dragons — semblables à ceux d'autres littératures — apparaissent rarement dans la tradition populaire serbe, et ils s'apparenteraient plutôt aux *dragons-serpents*. En fait, les trois groupes s'entremêlent. Et leur point commun, c'est que, au fond, ce ne sont pas des créatures foncièrement et totalement méchantes. Selon les croyances et l'imagination de chaque région, leur aspect change notablement. Les *dragons-météorites* : on peut les identifier à un phénomène céleste, et, de ce fait, ils apparaissent la nuit. Ils volent à travers le ciel. Ils sont lumineux et produisent des sifflements et d'énormes bruits. Dans le conte de « Basch Tchélik », on signale ce vacarme, et, à leur venue, le château s'illumine. Ces manifestations sont celles-là même qui annoncent les météores, assimilés par le peuple à des êtres surnaturels. Le dragon est aussi la personnification de l'éclair. Les *dragons-hommes* : ils sont très nombreux. Plusieurs des héros des poèmes épiques serbes sont chantés comme dragons, ou fils de dragons : Zmaj Ognjeni Vuk, Milos Obilč, Kraljević Marko. En Serbie orientale, on pensait que certains individus étaient des dragons. Plus ces dragons sont jeunes, plus forts ils sont ; et le nouveau-né qui n'a pas encore été allaité est le plus fort de tous. Ils ne sont pas nuisibles, sauf dans des cas particuliers : ainsi, s'ils demeurent au même endroit, la sécheresse commence. Ce sont des amants exceptionnels, et de grands amoureux, qui ont volontiers des rapports avec des femmes jeunes et belles. Quelquefois, il existe aussi des dragons femmes : des sortes d'incubes ; on reconnaît leurs amants à leur épuisement et à leur pâleur. Bien entendu, une femme peut avoir un enfant d'un dragon : il porte le nom de « dragonnet ». Le dragon est donc très souvent un être anthropomorphe, pensant et agissant comme un homme. Il s'en différencie par sa force exceptionnelle. Mais aussi par le pouvoir qu'il a de voler, et de se métamorphoser. Également par le fait que son esprit peut quitter son corps, pour aller lutter contre d'autres dragons. Le dragon de la mythologie

sur elle, l'arrachait à ses frères et l'emportait jusque dans les nuages. Les frères se précipitèrent chez leur père pour lui annoncer le malheur et demander la permission d'aller à la recherche de leur sœur. Le père les autorisa à partir, et leur donna à chacun un cheval, et tout l'équipement nécessaire au voyage. C'est ainsi qu'ils se mirent en route.

Après une longue chevauchée, ils se trouvèrent devant un palais, qui n'était ni en plein ciel ni sur la terre. Ils se dirent que peut-être leur sœur était là-haut, dans ce palais ; et sur le champ, ils se concertèrent pour trouver le moyen d'y monter. Après maintes réflexions et maints conciliabules, ils tombèrent d'accord : il fallait tuer un de leurs chevaux et faire des lanières de son cuir. À une extrémité de ces lanières mises bout-à-bout, ils attacheraient une flèche, qu'ils décocheraient vers le palais. Ils pourraient ainsi grimper le long de la corde.

Les deux frères cadets demandèrent à leur aîné de tuer son cheval, mais il refusa ; le second, aussi, se déroba ; alors le plus jeune sacrifia le sien. Il tailla de nombreuses lanières dans son cuir, y attacha une flèche et la décocha en direction de la demeure. Puis, quand il fallut grimper le long de la corde, les deux aînés refusèrent, mais le plus jeune se dévoua. Parvenu tout là-haut, il entreprit de parcourir les pièces une à une ; et ainsi il entra dans une chambre où sa sœur était assise, occupée à épouiller[1] le dragon qui dormait, la tête sur ses genoux. Quand elle aperçut son frère, elle prit peur ; et, à voix basse, le supplia de s'enfuir avant le réveil du dragon. Mais il s'y refusa, prit sa masse, et asséna un grand coup sur la tête du dragon. Celui-ci, à travers son sommeil, marmonna, en montrant l'endroit où il avait reçu le coup :

— Quelque chose m'a piqué, juste à cet endroit-là.

À ces mots, le prince le frappa pour la seconde fois ; et le dragon dit à la jeune fille :

— On m'a encore piqué, ici.

Le frère pour la troisième fois brandissait sa masse, quand sa sœur lui désigna le ventre du dragon, où le prince porta un coup mortel. La jeune fille rejeta le monstre de ses genoux, se précipita vers son frère et se

serbe n'est donc pas, comme le pensait Vuk Karadzić, le même être que le « Drache » ou le « Lindwurm » allemands, ou le « draco » latin. C'est un être à part, inconnu même des mythologies des autres peuples slaves. Seule la mythologie albanaise connaît un être identique. Certains pensent que le dragon-homme pourrait représenter un ancêtre mythique. (N.d.t.)

1 Cette activité représente un moment de détente, dans cette société ancienne. C'est aussi une nécessité, une réalité de la vie quotidienne. En effet, les populations étaient infestées de parasites. « L'été, lors de fêtes, on pouvait voir quantité de femmes couchées au soleil, posant leurs têtes sur les genoux de leurs compagnes et se faisant épouiller par celles-ci ». (Tihomir Dordević). (N.d.t.)

jeta dans ses bras. Elle lui prit la main et le guida à travers toutes les salles.

Dans la première, se trouvait un cheval[1] noir[2] attaché à son râtelier, et tout harnaché d'argent pur. Ensuite elle le conduisit dans une seconde salle où un cheval blanc[3] était à son râtelier, et tout harnaché d'or pur. Dans la troisième salle elle lui fit admirer, près de son râtelier, un cheval gris[4], au harnachement orné de pierres précieuses.

Plus loin, ils entrèrent dans une pièce où une jeune fille, assise près d'un métier en or, brodait avec du fil d'or. De là, ils passèrent dans une seconde chambre où une seconde jeune fille filait du fil d'or. Dans la troisième, une troisième jeune fille tressait des colliers de perles, pendant que, sur un plateau d'or, une poule d'or[5], accompagnée de ses poussins, picorait des perles.

Quand il eut tout visité, le prince retourna dans la chambre où gisait le dragon mort ; il le traîna et jeta le corps au bas du palais. Et, à la vue de ce hideux cadavre, ses frères frémirent d'horreur.

---

1 Le cheval, dans la tradition populaire serbe, apparaît en relation avec les démons du monde d'en-bas. Ainsi les âmes des pécheurs, des sorcières, les cauchemars et les loups-garous se transforment-ils en chevaux. Le cheval noir représente un démon chtonien, doté du pouvoir de découvrir les trésors, ou les vampires. Et le fait qu'un cheval est censé ne jamais marcher sur la tombe d'un vampire démontre bien la nature chtonienne de l'animal. C'est le cheval qui, selon les croyances populaires, mène les âmes des morts. (N.d.t.)

2 La couleur noire a souvent, selon les croyances populaires, un pouvoir magique. D'abord un pouvoir protecteur : elle sert d'antidote contre les démons, les esprits, les êtres néfastes et les sortilèges. Ainsi, un poignard noir (à fourreau noir) l'emporte sur toutes les autres armes tranchantes. Mais la valeur de cette couleur est ambiguë, car elle est également maléfique et inquiétante. Ainsi les démons du monde des morts sont-ils noirs. Le loup-garou peut se changer en cheval noir. Le sang du pécheur est noir, et des corbeaux en naissent. Mais une sorcière fuit devant les os d'un chien noir. Et dans le passé, pour le peuple, le noir n'était absolument pas signe de deuil. Le mouton que l'on sacrifie pour l'âme d'un mort ne doit pas être noir. Et si, après le nouvel an, le premier agneau que l'on aperçoit est de cette couleur, c'est un mauvais signe. (N.d.t.)

3 Autrefois, dans les coutumes populaires, le blanc était une couleur de tristesse. Selon une légende, la mère du Christ aurait déposé des œufs blancs sur la tombe de son fils, en signe de deuil : et, lors de la Résurrection, ces œufs devinrent rouges. C'est pour commémorer ce miracle que, chez les orthodoxes, on peint ainsi les œufs de Pâques. Sur une fresque du monastère de Lioubostinia (Ljubostinja), la princesse Militsa (Milica) porte le voile blanc des veuves (son mari, Lazare, avait été tué en 1389, à Kossovo). D'ailleurs, en Serbie de l'est, le blanc est encore la couleur du deuil. Il peut être aussi le signe de la vieillesse : les femmes âgées portent des fichus blancs. Le blanc est censé posséder de grandes vertus. On couvre le malade atteint d'une fièvre d'une cape blanche, et ainsi vêtu, au coucher du soleil, il va chercher la guérison à une croisée de chemins. Pour le rôti de Noël, on prépare un porcelet de cette couleur. Il est de bon présage d'apercevoir, au Jour de l'An, un papillon ou un agneau blancs. Le blanc est une couleur magique : les fées portent des voiles blancs ; les loups-garous ont des suaires blancs ; les morts montent des chevaux blancs. Et une jeune fille peut chasser la maladie à l'aide d'un balai blanc. (N.d.t.).

4 Cette couleur représentait le mystère et l'incertitude. (N.d.t.).

5 La poule et les poussins en or se retrouvent dans des contes à travers l'Europe entière. Les Lombards conservaient dans une église de Monza de tels animaux, dons de la reine Théodolinde. (N.d.t.)

Puis le benjamin fit descendre d'abord sa sœur, et, ensuite, les trois jeunes filles, l'une après l'autre, et chacune avec son ouvrage. Et pendant qu'elles descendaient, il décida laquelle d'entre elles serait destinée à chacun de ses frères ; et quand la troisième, celle qu'accompagnaient la poule et les poussins, fut descendue, il se la destina à lui-même.

Ses frères étaient jaloux de son courage : ils l'enviaient d'avoir retrouvé leur sœur et de l'avoir délivrée. Alors, pour l'empêcher de descendre, ils tranchèrent la corde.

Dans un pré, gardant ses moutons, ils trouvèrent un jeune berger. Ils le déguisèrent à la ressemblance de leur frère, et l'emmenèrent chez le tsar. Par des menaces, ils défendirent à leur sœur et aux jeunes filles de parler à quiconque de leur crime.

Quelque temps plus tard, le plus jeune prince, resté dans le palais, apprit que ses frères et le berger allaient épouser les trois jeunes filles. Et le jour même des noces de l'aîné, il monta le cheval noir et, au moment où les mariés sortaient de l'église, sur son coursier qui volait, il surgit, et, de sa masse, frappa son frère dans le dos, et le désarçonna. Puis, il repartit, et vola jusqu'au palais.

Quand il apprit les noces du second, de nouveau, il se trouva devant l'église, sur le cheval blanc, et de sa masse frappa son frère dans le dos, et le désarçonna ; aussitôt après, il s'envola vers le palais.

Enfin quand il apprit que le berger allait épouser la jeune fille qu'il s'était destinée, le prince monta le cheval gris ; en volant, il apparut en plein milieu de la noce qui sortait de l'église, frappa le berger sur la tête et l'étendit raide mort. Tous les invités s'apprêtèrent à se jeter sur lui. Mais, loin de fuir, il fit front. Il révéla qu'il était le plus jeune prince ; et que ses frères, par jalousie, l'avaient abandonné dans le palais, où il avait trouvé sa sœur et tué le dragon. La princesse et les jeunes filles confirmèrent son récit. De tant d'injustice le tsar s'indigna, et immédiatement exila ses deux fils. En revanche, il maria le benjamin avec la jeune fille que celui-ci s'était choisie, et en fit l'héritier de tout son empire.

Contes populaires serbes / Vouk Karadjitch ; traduction, préface et notes de Ljiljana Huibner Fuzellier et Raymond Fuzellier. – Lausanne : L'Âge d'Homme, 1987. – [Pp. 34-36].

COFFRET POUR L'HISTOIRE... DES SERBES DES TROIS RELIGIONS 267

M. Grmek, M. Gjidara, N. Šimac — 1993

Serbes, tous et partout. — Tel est le titre que Vuk Karadžić donne au premier des textes figurant dans ce recueil ethnographique. Partant de l'observation philologique des différences significatives entre les trois grands dialectes kajkavien, čakavien et štokavien (différenciés notamment par la façon de dire *quoi ?*, il impute, tout à fait dans l'esprit du romantisme, une nation à chacun de ces dialectes : pour lui, en gros, les locuteurs kajkaviens sont slovènes, les čakaviens croates et les štokaviens... serbes (alors qu'en fait il existe des Croates locuteurs des trois dialectes en question). Poussant l'identification entre peuple, nation et langue jusqu'à ses ultimes limites, il considère que tous les locuteurs štokaviens sont serbes, quelle que soit leur confession, orthodoxe, catholique ou musulmane, et quel que soit leur propre sentiment d'appartenance nationale. Réciproquement, il lui semble impossible que des locuteurs de trois dialectes différents (kajkavien, čakavien et štokavien) puissent prétendre faire partie d'une même nation croate. Il convient toutefois de replacer cet article dans le contexte de la période romantique avant de chercher à tout prix à y voir une tentative avant la lettre de purification ethnique, comme le font Grmek, Gjidara et Šimac ; dans leur recueil *Le Nettoyage ethnique : Documents historiques sur une idéolgie serbe*, ils utilisent en effet les textes les plus divers, y compris des poésies populaires, pour tenter de démontrer le caractère séculaire de l'idéologie du nettoyage ethnique chez les Serbes, ce qui relève parfois de l'anachronisme (on pourrait aussi bien utiliser les chansons de geste pour montrer la cruauté innée des Français !). Leur ouvrage a toutefois le mérite de présenter pour la première fois au lecteur francophone des textes qui n'avaient jamais été traduits auparavant. L'extrait qui suit représente à peu près le sixième de l'article intégral, mais en fait le tiers si l'on ne tient pas compte des explications purement philologiques de la seconde partie du texte, que du reste les traducteurs ont laissées de côté.

Quand les Églises se séparèrent et que le problème principal, le souci majeur devint : qui ira avec qui, les Serbes se trouvèrent juste au milieu entre Rome et Constantinople. La majorité du peuple vivant au voisinage ou en rapport avec Constantinople, resta avec les Grecs, tandis que les gens de la côte se rattachèrent aux Romains. On ne pouvait pas faire autrement. En considérant en outre que les gens de la côte non seulement haïssaient leurs frères plus forts et plus puissants demeurant au-delà des montagnes, mais que, en tant que gens de la mer et voisins de l'Italie, ils avaient des raisons d'être fiers (en particulier les citoyens de Dubrovnik), et qu'à l'époque les gens, ayant abandonné récemment leur ancienne religion, n'étaient pas encore aussi fermement chrétiens qu'aujourd'hui, on comprend bien qu'ils aient immédiatement saisi l'occasion de se séparer complètement. Pour le faire aussi radicalement que possible, ils ont non seulement accepté peu à peu l'écriture latine, mais ils ont abandonné leur nom national. Il est encore plus facile d'en trouver la cause chez ceux de confession turque. Le peuple albanais est petit par rapport au peuple serbe, et, en tant que peuple des montagnes, il pouvait toujours vivre avec plus de liberté et d'égalité. Ils n'avaient ni alphabet propre ni livres rédigés dans leur propre langue ; la religion chrétienne ne s'est jamais vraiment enracinée chez eux. On peut ainsi aisément comprendre pourquoi les Albanais islamisés ne se distinguent pas de leurs autres frères et qu'ils tiennent tous plus compte de leur langue et de leurs coutumes que de la religion, à laquelle, encore aujourd'hui, ils n'accordent que peu d'attention. En Bosnie, tout a dû être différent. Grâce aux livres, aux popes et aux moines, aux églises et aux monastères, les Serbes étaient même alors beaucoup plus pieux que les Albanais. Il y avait probablement chez eux plus de citadins, qui se distinguaient des gens du peuple. L'Histoire nous apprend que ce sont les seigneurs qui ont accepté en premier lieu la foi turque ; certains d'entre eux ont même gardé leur ancien nom de famille, par exemple *Kulini, Vidajići, Ljubovići, Brankovići, Todorovići, Filipovići*, etc. Si les seigneurs se distinguaient des gens simples de leur propre peuple, avec lesquels ils fréquentaient la même église et communiaient au même calice, quoi de plus naturel que maintenant, en acceptant non seulement une autre religion mais aussi une autre langue et une autre écriture, ils aient tenu à se distinguer davantage. C'est ainsi qu'ils ont non seulement rejeté leur ancien nom de « Serbes », lié à la religion chrétienne et à leur ancien mode de vie, mais qu'ils ne voulaient pas que leurs serfs chrétiens (*raja*) continuent à s'en honorer. Ils les appelèrent donc *Vlasi*. Comme, avant leur conversion, ces nouveaux Turcs étaient des chrétiens pieux, ils furent aussi pieux dans leur nouvelle religion ; il se peut qu'aujourd'hui, dans tout l'islam, il n'y ait pas d'hommes aussi pieux que les Bosniaques. La preuve en est leur insoumission actuelle au sultan Mahmoud et leur haine pour ses nouveaux règlements et ses réformes.

« À mon avis, c'est à peu près ainsi que les Serbes romains et turcs ont perdu leur nom national. Quoi qu'il en soit, la haine a maintenant faibli. Tous les gens raisonnables, aussi bien chez les Serbes grecs que chez les Serbes romains, reconnaissent qu'ils appartiennent à un peuple unique et s'efforcent d'éradiquer ou du moins de réduire autant que possible l'intolérance religieuse. Ceux de confession romaine éprouvent encore des difficultés à s'appeler Serbes, mais ils s'y feront probablement peu à peu, car s'ils refusent d'être Serbes, ils n'auront aucun nom national. S'ils se déclarent les uns Slavoniens, les autres Dalmates, les autres encore Ragusains, ils utilisent le nom des lieux qu'ils habitent, sans que cela indique une appartenance nationale. S'ils se déclarent Slaves, cela englobe les Russes, les Polonais, les Tchèques, et tous les autres peuples slaves. S'ils se déclarent Croates (*Hrvati*), je dirai que la justice donne ce droit d'abord aux čakaviens[1], qui sont probablement le reste des Croates de Porphyrogénète[2] et dont la langue se distingue peu du serbe (elle est plus près du serbe que de tout autre dialecte slave[3]), et en deuxième lieu aux Croates d'*aujourd'hui*[4], qui vivent dans les districts de Zagreb, de Varaždin et de Križevci. La patrie de ces derniers a pris le nom de Croatie (*Hrvatska*) seulement après la bataille de Mohács[5] en 1526 (jusqu'alors, elle s'appelait Slavonie supérieure[6]). La langue de ces Croates est une sorte d'intermédiaire entre le carniolien (*kranjski*) et le serbe. Je ne sais donc pas comment on pourrait appeler ainsi nos frères de confession romaine qui vivent par exemple dans le Banat ou en Batchka, ou dans le Srijem et en Slavonie, ou en Bosnie et en Herzégovine, ou à Dubrovnik, qui parlent tous la même langue que le serbe. Si quelqu'un disait que certains d'entre eux pourraient s'appeler « Croates » parce qu'ils disent *i* là où, dans le slavon, il y a *ě* (*jat*), par exemple *dire, vira, sime*, etc. ; mais que feraient alors les habitants de Dubrovnik, de Konavlje, de Perast, de Dobrota et tous les autres qui ne connaissent pas cette différence ? En outre, si cette différence dans le parler suffisait à empêcher ceux qui disent *dite, vira, sime* de s'appeler Serbes, comment admettre que les čakaviens (qui disent *dite, vira, sime*), les kekaviens (qui disent *dete, vera, seme*) et les štokaviens évoqués plus haut (qui disent *dijete, vjera, sjeme*) puissent, tous ensemble, s'appeler Croates ? S'ils se déclarent Illyriens (*Iliri, Ilirci*), c'est un nom mort et obscur qui aujourd'hui ne signifie plus rien. Tous les historiens démontrent aujourd'hui que les anciens Illyriens n'étaient pas des Slaves, et qu'ils utilisaient ce nom uniquement parce qu'ils habitaient un pays qui s'appelait l'Illyrie. Tous les autres peuples qui vivent aujourd'hui dans l'Illyrie ancienne (par exemple les Bulgares, les Albanais, les Aroumains,

---

1 L'un des trois dialectes de la langue croate, parlé surtout sur la côte adriatique, les deux autres étant le štokavien et le kajkavien. Les Croates de la région de Zagreb, par exemple, parlent le kajkavien. (N.d.t.)

2 Dans la suite de l'ouvrage, Karadžić présente de façon incorrecte le témoignage historique de l'empereur byzantin Constantin Porphyrogénète.

3 Si cette différence de nom n'existait pas, et si ceux de confession romaine portaient le nom de « Serbes », notre peuple aurait eu une position beaucoup plus forte dans l'Empire d'Autriche, car il aurait eu alors ses propres barons, comtes et princes. Ayant adopté la confession romaine et étant restés sans nom national, ces derniers ne cherchaient qu'à se fondre le plus rapidement possible aux Allemands ou aux Hongrois. Toutefois, cela aurait été un grand dommage pour notre religion, car cela aurait permis de convertir nos gens au catholicisme. (Note de Karadžić).

4 Mot souligné par Karadžić. (N.d.t.)

5 Sur le champ de Mohács, en Hongrie méridionale, les Turcs ont remporté, le 29 août 1526, une victoire décisive contre l'armée magyaro-croate ; le roi Louis II Jagellon y trouva la mort. Une grande partie de la Hongrie fut occupée par les Turcs ; le parlement croate, réuni à Cetin, choisit pour roi un Habsbourg, Ferdinand Ier, futur empereur. (N.d.t.)

6 L'auteur commet ici un faux historique afin de renforcer son argumentation. (N.d.t.)

etc.) auraient pu s'appeler ainsi. J'ignore comment les noms *Illyrier, illyrisch*, ont pu entrer, il y a une centaine d'années, dans les chancelleries autrichiennes, mais ils ne se rapportent qu'aux Serbes de confession grecque qui vivent en Hongrie. Sur ce point, les Hongrois méritent une mention particulière et des éloges, car ils appellent *Rac* (de *Racianus*, originaire de Raška) tous ceux qui parlent le serbe et, s'ils apprennent qu'Untel est de confession romaine, ils l'appellent alors *papišta Rac.*

« Quant à ceux de confession turque, on ne peut pas encore leur demander ce qu'ils pensent de cette parenté, mais si l'on construisait chez eux des écoles, même en langue turque, ils apprendraient immédiatement et reconnaîtraient qu'ils ne sont pas Turcs mais Serbes. Quelqu'un qui ne connaîtrait pas bien ces matières pourrait dire que le nom « Serbes » vient de la Serbie actuelle, comme par exemple Slavonien de Slavonie, Herzégovien de Herzégovine, Monténégrin de Monténégro, etc., mais celui qui connaît un peu l'histoire des Slaves doit savoir que les Serbes sont venus dans nos pays avec ce nom et l'ont donné à ce territoire. Ce qui aujourd'hui est l'extrémité méridionale de la Serbie (Kosovo et Metohija) était autrefois son centre, les extrémités arrivant du Danube à l'Archipel et de l'Adriatique à la Macédoine. Je suis persuadé que ce nom *Srbija* est une création récente, postérieure à la chute de l'Empire serbe, car je ne crois pas que l'on puisse trouver quelque part que l'un de nos rois ou empereurs s'appelait roi ou empereur de Serbie au lieu de roi ou empereur des Serbes.

Le Nettoyage ethnique : Documents historiques sur une idéologie serbe / rassemblés, traduits et commentés par Mirko Grmek, Marc Gjidara et Neven Šimac. – Paris : Fayard, 1993. – [Pp. 44-47].

MADÁCH

HONGROIS 1823-1864

Le jeune Imre Madách subit deux influences déterminantes : celle du romantisme et celle du libéralisme. Né dans une famille noble, fonctionnaire de son état, il participa à la vie politique de sa province et, en 1848, quoique malade, à la guerre d'indépendance, chargé dans son comitat du ravitaillement de l'armée. En 1852, il fut condamné à un an de prison pour avoir caché le secrétaire de Kossuth. Malheureux dans sa vie conjugale, il divorça à sa sortie de prison. Poète lyrique et auteur d'une demi-douzaine de drames, son nom reste attaché à son poème dramatique, *La Tragédie de l'homme* (1859-1860) qu'on peut rapprocher du *Caïn* de Byron et du *Faust* de Goethe. Mais Madách, à l'écoute de ses propres expériences et des philosophies du siècle, en particulier le positivisme, transforme le genre : au lieu d'une vision unitaire de l'histoire humaine, il y introduit le principe d'alternance et de contestation.

L'œuvre se compose de 15 tableaux dont les trois premiers et le dernier empruntent leurs motifs au livre de la Genèse. Ces tableaux entrent dans une dialectique dont la raison d'être est d'emblée explicitée : tandis que le Seigneur contemple, satisfait, son œuvre, Lucifer qui prétend représenter le Néant, attribue l'acte créateur à la rivalité qui les oppose et exige sa part. Il obtient les deux arbres interdits dont il entend user pour arracher l'homme à la création. Lorsque Adam et Ève, ne pouvant approcher de l'arbre de Vie, prennent conscience de leur condition de mortels, Lucifer les plonge dans le sommeil pour leur montrer en une suite de « rêves » ce qui les attend et pour les persuader que la création est une faillite et le néant préférable à l'être.

Dans ces rêves successifs, Adam, poussé par le besoin de comprendre et de donner un sens à son existence, suit un itinéraire dont chaque étape l'enrichit d'une nouvelle expérience. Lucifer, qui le conduit dans sa quête, le prive chaque fois d'une hypothèse téléologique. Jeune pharaon bâtisseur de pyramide, assoiffé de « gloire éternelle » car privé justement de l'éternité, il comprend à la fois la vanité de toute prétention humaine à la divinité et le scandale de l'esclavage dont il finit par proclamer l'abolition. Miltiade à Athènes, accusé de corruption par les « démagogues », il subit les effets pernicieux de la liberté. S'abandonnant au plaisir des sens, au milieu des Romains de la décadence, il découvre la loi d'amour des chrétiens, avant de reparaître à Constantinople, en héros des Croisades, mais accusé d'hérésie par des patriarches pourvoyeurs de bûchers. On le voit ensuite à Prague, en Kepler qui cherche refuge dans la science, persuadé que tout le mal vient de l'ignorance. Le huitième tableau introduit un songe dans le songe : Adam dont les idéaux restent les mêmes, rêvant d'une humanité régénérée sous le règne de la Raison, se trouve Place de Grève, à Paris, changé en Danton, d'abord acclamé par la foule, puis accusé de trahison et guillotiné. À son réveil, Adam persiste dans son espoir d'un monde meilleur qu'il croit trouver à Londres, cité-modèle du capitalisme et de la libre concurrence. La leçon sera amère : ce monde n'a aucun respect pour la dignité humaine et fait trop bon marché des valeurs humaines. Adam, vieilli, est introduit alors dans l'univers uniformisé et utilitaire d'un phalanstère livré au pouvoir des savants, où l'on voit Michel-Ange fabriquer des chaises et Platon garder des bœufs. Faute de pouvoir proposer d'autres buts à atteindre, Lucifer envoie alors Adam dans le cosmos pour y anéantir son corps et s'emparer de son esprit. Mais Adam retournera sur la terre qui n'est plus qu'une planète refroidie avec quelques Esquimaux pour habitants. Aussi à son réveil est-il prêt au suicide pour empêcher l'Histoire de se mettre en marche. Trop tard. Ève lui confiant qu'elle attend un enfant, Adam comprend que l'événement a valeur de signe : il révèle le sens divin de l'existence. À ce moment-là s'éclaire, rétrospectivement, le rôle d'Ève dans l'histoire. Femme d'esclave en Égypte, elle a su émouvoir le pharaon ; à Rome, elle s'est souvenue du paradis perdu ; c'est elle qui a fait appel au respect de la dignité humaine dans le Paris révolutionnaire. C'est elle enfin qui incite Adam, découragé, à reprendre la lutte. L'histoire de Lucifer qui est celle de la Raison, garde sa valeur, toute relative. À côté d'elle, s'accomplit l'histoire du Seigneur qui transcende et la raison, et l'existence terrestre.

Cette œuvre, traduite en une trentaine de langues, n'avait pas été destinée à la scène. Elle figure cependant depuis plus d'un siècle au répertoire des théâtres hongrois et on l'a bien des fois représentée sur les scènes étrangères.

André Lebois, "Madách et la *Tragédie de l'Homme*". – In : *Annales de l'Université de Toulouse-le Mirail*, N.S. 11, 2 (1975), pp. 66-89.

Béla G. Németh, "Imre Madách". – In : *Histoire de la littérature hongroise des origines à nos jours* / sous la direction de T. Klaniczay. – Budapest : Corvina, 1980. – [Pp. 269-276].

Imre Madách / Dieter P. Lotze. – Boston : Twayne publishing, 1981. – 173 p.

LA TRAGÉDIE DE L'HOMME 268

R. Richard — 1960

Lucifer ou le pouvoir de séduction du doute (Deuxième tableau). — Adam et Ève sont dans le Paradis Terrestre. Au milieu, l'Arbre de la Science du Bien et du Mal et l'Arbre de la Vie Éternelle. « Par les portes ouvertes du ciel la gloire rayonne, et l'on entend, très douce, l'harmonie des chœurs des anges. Soleil resplendissant. » L'arrivée de Lucifer est annoncée par un tourbillon, le couple est saisi de frayeur. Le dialogue s'engage près de l'Arbre de la Science.

LUCIFER : Vous voici tout éberlués ! (*À Ève qui veut fuir*) Oh ! reste, charmante femme ! Laisse-moi t'admirer un instant. (*Ève s'arrête et peu à peu reprend courage*). *À part.* Ce modèle sera reproduit à des millions d'exemplaires. *Haut.* Adam, tu as peur ?

ADAM : De toi, être vil ?

LUCIFER, *à part* : Et voici le digne ancêtre de cette fière race des hommes. *Haut.* Je te salue, esprit mon frère.

ADAM : Dis-moi, qui es-tu ? Viens-tu d'en bas, ou d'en haut ?

LUCIFER : D'où tu voudras. Chez nous, c'est tout un.

ADAM : Je ne savais pas qu'il y avait des hommes en dehors de nous.

LUCIFER : Oh, oh ! Il y a encore bien des choses que tu ne sais pas, et que tu ne sauras jamais. Crois-tu que le pieux vieillard t'ait tiré du limon pour partager le monde avec toi ? À toi de le louer, à lui de t'entretenir. Il te dit : prends ceci, garde-toi de cela. Te protège et te guide comme un mouton. Il est bien impossible que tu éprouves le besoin de la conscience.

ADAM : La conscience ? Est-ce que je n'aurais pas la conscience des choses ? Est-ce que je ne sens pas la bénédiction du soleil, la douce joie de vivre, et la grâce infinie de mon Dieu qui a fait de moi le dieu de cette terre ?

LUCIFER : Cela, le ver qui mange les fruits avant toi le croit peut-être aussi, et l'aigle qui fond sur l'oiselet. Et qu'est-ce donc qui te met au-dessus d'eux ? Une étincelle tremblote en vous, vibration d'une force inconnue. Ainsi les vagues du ruisseau scintillent un instant et retombent dans les grises profondeurs de leur lit commun. Il y aurait bien quelque chose : la pensée encore engourdie en toi à ton insu. La pensée pourrait t'émanciper, en te permettant de t'en remettre à tes propres forces pour choisir entre le bien et le mal, de disposer toi-même de ton sort. Elle t'affranchirait de la providence. Mais, semblable au ver de fumier, peut-être préfères-tu végéter dans le cercle restreint et moelleux de ton univers, et consumer ton existence dans l'ignorance. C'est chose fort commode que la résignation dans la foi. Ce qui est noble, mais malaisé, c'est de se tenir debout sur ses propres jambes.

ADAM : Les grandes choses que tu dis me donnent le vertige.

ÈVE : Moi, cela m'enthousiasme. Cela est si neuf et si beau !

LUCIFER : Mais la science ne suffirait encore pas pour qu'elle prenne corps en des œuvres grandioses... il faudrait aussi l'immortalité. Que peut donc accomplir une vie bornée ? Ces deux arbres recèlent tous ces biens, et ce sont ces deux-là que vous interdit votre créateur. Tu seras aussi savant que Dieu si tu goûtes de celui-ci. Et cet autre rendra éternel le charme de ta jeunesse.

ÈVE : Notre créateur est cruel !

ADAM : Mais si tu nous trompais ?

Le ciel s'éclaircit un peu.

CHŒUR CÉLESTE : Malheur au monde en proie à la tentation
De la Négation !

LA VOIX DU SEIGNEUR : Homme, prends garde !

ADAM : Qu'est-ce encore que cette voix ?

LUCIFER : C'est le vent qui agite les branches… Éléments, aidez-moi à vous conquérir l'homme ! *Tourbillon, la lumière du ciel s'obscurcit.* Ces deux arbres m'appartiennent.

ADAM : Qui es-tu donc ? Tu nous ressembles.

LUCIFER : Regarde l'aigle planer dans les nues, et la taupe fouiller la terre : un horizon différent les enceint. Le monde des esprits échappe à tes regards, et l'homme est ce qui t'apparaît le plus haut. Le chien aussi a le chien pour idéal supérieur, et il t'honore en te prenant pour compagnon. Mais de même que tu le méprises de tout ton haut et joues pour lui le rôle de destin, jetant sur lui, à l'instar d'un dieu, bénédiction ou malédiction, de même nous vous regardons avec dédain, fiers que nous sommes d'appartenir au monde des esprits.

ADAM : Tu serais donc l'un de ceux-là ?

LUCIFER : Eh oui. Et parmi les forts le plus puissant de tous. Là-haut, je me tenais près du trône de Dieu. Et de sa gloire la plus belle j'ai eu la part qui m'était due.

ADAM : Mais pourquoi n'es-tu pas resté dans le ciel glorieux ? Pourquoi, sur ce monde de poussière, es-tu venu nous rejoindre ?

LUCIFER : J'en avais assez d'occuper la seconde place, de la monotonie de la vie régulière, et de cet imbécile chœur céleste aux voix puériles qui ne cesse de louer, et ne trouve rien mal. Ce que je désire, c'est la lutte, la disharmonie d'où naît une nouvelle force, un monde nouveau où l'âme dans sa solitude peut être grande. M'y suive qui se sent assez brave.

ADAM : Dieu a dit qu'il nous punirait si nous choisissions une autre route que celle qu'il nous a fixée.

ÈVE : Et pourquoi nous punirait-il ? S'il nous a fixé cette route, il nous a en même temps faits tels qu'aucun penchant coupable ne puisse nous en dévoyer. Ou bien pourquoi nous eût-il placés au-dessus du gouffre, la tête prise de vertige, voués à la perdition ? Si le péché fait partie de ses plans comme la tempête des jours ensoleillés, qui dira la tempête plus coupable parce qu'elle gronde que le soleil dont la chaleur répand la vie ?

LUCIFER : Et voici le premier philosophe ! Une longue lignée te suivra, belle sœurette, qui par des millions de voies remettra cela en discussion. Nombreux sont ceux qui s'égareront dans la folie. Beaucoup feront demi-tour avec effroi, pas un seul ne touchera au port. Renoncez donc à raisonner. Toute chose a tant de faces que quiconque les examine toutes et à fond en sait moins qu'au premier instant, et n'a pas le temps d'en venir à la décision. Le raisonnement est la mort de l'action.

ÈVE : Je vais cueillir un de ces fruits.

ADAM : Dieu les a maudits. *Lucifer ricane.* Mais tu peux en cueillir. Qu'il advienne de nous ce qu'il doit advenir. Soyons aussi savants que Dieu.

Ève, puis Adam goûtent le fruit de l'Arbre de la Science du Bien et du Mal.

ÈVE : Et surtout éternellement jeunes.

LUCIFER : Par ici, par ici. L'arbre de l'immortalité, c'est celui-ci. Mais pressez-vous !

Il les attire devant l'autre arbre. Un chérubin armé d'un glaive de feu leur barre le chemin.

LE CHÉRUBIN : Arrière, pécheurs !

LA VOIX DU SEIGNEUR : Adam, Adam ! Tu m'as abandonné, à mon tour je t'abandonne. Vois ce que tu peux réduit à toi seul !

ÈVE : C'en est fait de nous !

LUCIFER : Vous perdez courage ?

ADAM : Ne le crois pas ! Ce n'est que le frisson du réveil... Partons d'ici, femme ! N'importe où, partons ! Ce lieu nous est déjà étranger et désert.

CHŒUR CÉLESTE : Versez, Esprits, versez vos larmes fraternelles.
Le mensonge est vainqueur, et la Terre est perdue !

La Tragédie de l'homme / poème dramatique d'Imre Madách ; préface de Marcel Benedek ; traduit du hongrois par Roger Richard. – Deuxième édition revue et corrigée. – Budapest : Corvina, 1964. – [Pp. 32-40].

LA TRAGÉDIE DE L'HOMME 269

Ch. de Bigault de Casanove — 1896

Le pari de l'espoir face à la tentation du suicide (Quinzième tableau). — Adam, au moment de se réveiller, s'interroge : « Ai-je rêvé, ou est-ce maintenant que je rêve ? Et est-ce au fond autre chose qu'un rêve, cette existence qui pénètre un instant la matière morte pour finalement se désagréger avec elle ? À quoi bon cette éphémère conscience, si c'est seulement pour montrer les épouvantements du non-être ? »

ADAM : Arrête ! Une pensée me traverse l'esprit. — Dieu, je puis te braver toi-même encore. Quoique le destin me dise cent fois : Tu vivras jusque-là ! j'éclaterai de rire, et, s'il me plaît, je ne vivrai pas. Ne suis-je pas seul encore dans le monde ? Devant moi ce rocher, et au bas l'abîme : un saut en guise de dernier acte... et je crie : la comédie est finie ! *Adam s'avance vers le rocher, Ève sort sur la porte.*

LUCIFER : Ah ! finie, finie, quelle expression absurde ! Tout moment n'est-il pas à la fois fin et commencement ? Est-ce pour cela que tu as ouvert les yeux pendant des milliers d'années ?

ÈVE : Adam, pourquoi m'as-tu quittée ainsi furtivement ? Ton dernier baiser était bien froid, et maintenant encore le souci ou la colère est peint sur ton front, tu me fais grand peur…

ADAM, *continuant à s'avancer vers le rocher* : Pourquoi me suis-tu, pourquoi épies-tu mes pas ? L'homme, le maître du monde, a encore autre chose à faire qu'à s'adonner à de vaines caresses. Une femme ne comprend pas cela, et n'est qu'un embarras. *S'attendrissant.*
Que n'as-tu sommeillé encore un peu ? Maintenant j'aurai bien plus de peine à accomplir le sacrifice que je suis contraint de faire à l'avenir.

ÈVE : Peut-être te sera-t-il plus facile, si tu m'écoutes ; ce qui, en effet, était douteux jusqu'ici est certain maintenant : l'avenir.

ADAM : Que veux-tu dire ?

ÈVE : Je le sais, ton front s'illuminera de joie quand je t'aurai parlé à l'oreille. Mais approche : oh ! Adam, je me sens mère.

ADAM, *tombant à genoux* : Tu m'as vaincu, Seigneur. Me voici couché dans la poussière, c'est en vain que je lutte sans toi et contre toi : élève-moi ou frappe-moi, je t'ouvre ma poitrine.

LUCIFER : Ver ! As-tu oublié ta grandeur, dont tu m'es redevable ?

ADAM : Je n'en ai que faire ! C'était une illusion vaine ; ceci, c'est le repos !

LUCIFER : Et toi, femme insensée, dis, de quoi te vantes-tu ? Ton fils a été conçu dans le péché, dès l'Éden. C'est par lui que tout péché et toute misère viendront sur cette terre.

ÈVE : Si Dieu le veut, un autre sera conçu dans la misère, qui rachètera le péché, en apportant au monde la fraternité.

LUCIFER : Tu te révoltes contre moi, esclave ? Brute, relève-toi de la poussière ! *Il pousse Adam du pied.*

Le ciel s'entr'ouvre : le Seigneur apparaît transfiguré, entouré d'anges.

LE SEIGNEUR : Esprit, dans la poussière ! En ma présence il n'y a pas de grandeur.

LUCIFER, se courbant : Maudit, maudit !

LE SEIGNEUR : Relève-toi, Adam, ne désespère pas ; tu vois, je te rends ma faveur.

LUCIFER, à part : À ce que je vois, c'est une scène de famille qui va se dérouler ; c'est beau peut-être pour les âmes sentimentales, mais infiniment ennuyeux pour les gens raisonnables. Le mieux pour moi est de m'en aller. *Il se dispose à quitter la scène.*

LE SEIGNEUR : Lucifer ! J'ai aussi un mot à te dire, reste donc. Et toi, mon fils, expose ce qui te tourmente ainsi.

ADAM : Seigneur ! je suis obsédé par des visions horribles — et j'ignore ce qu'elles contenaient de vrai. Oh ! dis, dis-moi quelle est la destinée qui m'attend. D'étroites limites enferment-elles toute mon existence que mon âme, au milieu de ses luttes, passe au filtre comme du vin, pour que finalement tu le verses à terre et que le sable l'absorbe ? Ou bien as-tu destiné le noble esprit à quelque chose de mieux ? Ma race marchera-t-elle en avant, afin qu'en s'ennoblissant de plus en plus, elle approche davantage ton trône ? Ou bien, semblable à la brute attachée à la roue d'un moulin, périra-t-elle à la peine, sans jamais pouvoir sortir du cercle dans lequel elle tourne ? Une récompense est-elle réservée à cette noble poitrine dont les plaies saignantes excitent les railleries de la foule pusillanime ? Explique-moi tout cela et je supporterai avec reconnaissance mon sort, quel qu'il soit ; je ne puis que gagner au change, car cette incertitude est un enfer.

LE SEIGNEUR : Ne m'interroge pas davantage sur le mystère que, dans sa bonté, la main de Dieu a caché à tes regards curieux. Si tu voyais que ton âme ne fait que séjourner un instant sur cette terre et qu'au delà l'immortalité l'attend, il n'y aurait plus de mérite à souffrir ici-bas. Si tu voyais ton âme s'en aller en poussière, quel stimulant aurais-tu pour renoncer, au nom de grandes idées, aux jouissances du moment fugitif ? Désormais, au contraire, ton avenir brillant à travers un brouillard, quand tu ploieras un instant sous le poids de ton existence, tu ne tarderas pas à être relevé par le sentiment de l'infini. Et si l'orgueil de ce sentiment te transporte, le court espace que tu as à vivre te modérera. Et la grandeur et la vertu seront assurées à jamais.

LUCIFER, *ricanant* : En vérité, la carrière dans laquelle tu entres est glorieuse ! Ainsi donc tu auras pour guide la vertu et la grandeur ? Deux mots qui ne deviendront une réalité pour toi que si la superstition, le préjugé et l'ignorance font sentinelle auprès d'eux. — À quoi bon d'ailleurs entreprendre quelque chose de grand avec l'homme, pétri de boue et d'un rayon de soleil, pygmée en fait de science et grand pour l'aveuglement !

ADAM : Oh, ne raille pas, Lucifer, ne raille pas. J'ai vu de quoi se compose vraiment ta science, c'était là bien froid pour mon cœur. Mais, Seigneur, qui me redressera, afin que je reste dans la bonne voie ? Tu m'as enlevé la main qui me guidait, quand j'ai goûté au fruit de l'arbre de la connaissance.

LE SEIGNEUR : Ton bras est fort — ton cœur haut placé : le champ, qui t'appelle à l'œuvre, est infini, et, si tu y prends bien garde, une voix résonnera doucement sans relâche à ton oreille, qui t'avertira de revenir en arrière et te relèvera. Tu n'auras qu'à la suivre. Et si, dans le tumulte de ta vie agitée, la voix céleste se tait tout à coup, l'âme plus pure de cette faible femme, plus hors des atteintes de la souillure de l'égoïsme, l'entendra ; en traversant son cœur, la voix se transformera et en poésie et en chant. Avec ces deux auxiliaires, la femme se tiendra à ton côté aussi bien dans la bonne que dans la mauvaise fortune, génie consolateur et souriant. Et toi aussi, Lucifer, anneau dans mon univers, continue ton œuvre : ta froide science et ta négation insensée seront le levain qui fait fermenter, et, bien que pour un moment elles fassent chanceler l'homme, — peu importe ! — il ne tardera pas à revenir dans la bonne voie. Mais ton expiation n'aura pas de fin, tu seras condamné à toujours voir que ce que tu souhaites détruire devient un germe nouveau de belles et de nobles choses.

CHŒUR DES ANGES : Être libre de choisir entre le bien et le mal, — quelle grande idée, — et savoir cependant que nous avons — pour bouclier la grâce divine. — Courage donc, et ne regrette pas si la foule est ingrate ; — en effet, ne te propose pas pour but sa reconnaissance, — n'envisage que l'estime de toi-même, quand tu fais de grandes choses, — aie honte d'agir autrement ; — et le sentiment de cette honte — clouera à terre l'homme vil, — élèvera, au contraire, l'homme glorieux. — Mais dans ta route majestueuse — ne te laisse pas éblouir par cette illusion, — que ce que tu fais, c'est pour la gloire — de Dieu que tu l'as fait, — et qu'il a besoin justement de toi — pour l'accomplissement de ses desseins : — c'est bien plutôt lui qui t'honore, quand — il te permet d'agir à sa place.

ÈVE : Ah ! Je comprends ce chant, grâces soient rendues à Dieu !

ADAM : J'en ai le pressentiment, moi aussi, et je m'y conformerai. Mais cette fin ! si seulement j'en perdais le souvenir !

LE SEIGNEUR : Je te le dis, homme : lutte et aie confiance !

La Tragédie de l'Homme / Emerich Madách ; traduit du hongrois par Ch. Bigault de Casanove. – Paris : Société du Mercure de France, 1896. – [Pp. 247-254].

LANDOR

ANGLAIS • LATIN 1775-1864

Walter Savage Landor naquit à Warwick, fils aîné d'une famille liée à la fois aux professions libérales (son père était médecin) et à la *gentry* terrienne. Dès ses années d'études, à Rugby, puis à Oxford, il manifesta les traits de caractère qui allaient former son image pour tous ses contemporains : celle d'un excentrique au caractère à la fois généreux et impétueux, voire emporté, excessif dans l'éloge comme dans la critique, imprévisible dans ses opinions comme dans sa conduite. Étudiant à Trinity College à partir de 1793, il se fit dans cette citadelle Tory une réputation de « jacobin enragé ». Il dut quitter l'université sans diplôme après un incident pour lequel il refusa tout accommodement avec les autorités. Après avoir passé quelques années entre Londres, où il fit des débuts sans suite dans le journalisme politique (du côté des whigs de tendance radicale) et les plaisirs de Bath, il se lança dans l'achat sur avance d'héritage, et en partie sur hypothèques, du domaine entourant les ruines de l'abbaye de Llanthony, dans le Monmouthshire. Sa gestion aventureuse, ses querelles avec les fermiers, ses procès contre ses débiteurs, tout ce qui fournit plus tard à Charles Dickens les éléments d'une caricature, du reste bienveillante, avec le personnage de Boythorn dans *Bleak House*, le réduisit vite à la banqueroute. Il fut contraint en 1813 de s'exiler en Italie avec une rente modeste, et une jeune épouse qui avait espéré un avenir plus brillant. Il résida à Florence, puis dans une villa de Fiesole, et retourna en Angleterre en 1835 après sa rupture avec sa femme. En 1858, après avoir eu l'imprudence de tomber dans les pièges d'une intrigante et de sa jeune protégée de seize ans, mais surtout d'avoir voulu se venger par des accusations publiques qui lui valurent la menace d'un procès en diffamation, il dut à nouveau quitter Bath. Il retourna à Florence, où sa solitude fut adoucie par la protection amicale de Robert Browning, et y mourut.

Cette longue existence, dans laquelle l'écriture fut une passion constante, mais ni exclusive ni professionnelle, lui confère une position un peu spéciale dans les mouvements littéraires de son temps, sur lesquels il exerça néanmoins une influence non négligeable. Sa première œuvre importante, en 1798, fut *Gebir* (*Gebirus* dans la version latine qu'il composa sans doute dans le même élan). Ce poème narratif en sept chants, composé dans le vers non rimé de Milton, a pour trame un récit légendaire dont le sujet est l'union projetée entre la jeune reine d'Égypte et le prince Gebir, envahisseur venu d'Ibérie, que la faction nationaliste et religieuse assassinera. Il rompt avec les conventions stylistiques de la *poetic diction* ; son choix d'un style très dense, et par là souvent obscur, en font l'un des poèmes les plus difficiles de la langue anglaise. Surtout, en faisant de l'union des deux protagonistes une renonciation à la colonisation conquérante et un appel à la réconciliation des peuples, il entend renouveler le genre héroïque, en en rejetant l'inspiration guerrière, pour y associer le romanesque et le politique, et y introduire les thèmes de l'humanitarisme moderne. Mais cette inspiration est loin d'être unifiée. L'inquiétude se mêle à son enthousiasme pour la France révolutionnaire, et les éloges en forme de prophétie adressés à Bonaparte seront, dans l'édition de 1803, reniés par une note qui constate sa trahison de l'idéal de liberté des peuples. Du reste, dès 1798, une intrigue pastorale entre Tamar, frère du roi, et une nymphe fait contrepoids à l'élan politique, et met en valeur la vie privée, à l'écart des remous de l'histoire. L'œuvre resta peu connue, mais elle fut admirée par De Quincey, qui se crut longtemps « monogebiriste », et aussi par Southey qui s'en inspira dans *Thalaba*, de même que par le jeune Shelley, dont les œuvres, notamment *La Reine Mab* et dans une moindre mesure *Promethée délivré*, portent la trace de son influence.

Landor écrivit ensuite des poèmes dramatiques, faits pour être lus et non représentés, dont l'un au moins, *Le Comte Julien* (1812) a beaucoup d'intensité dramatique et stylistique. Dans la tragédie légendaire du Comte, qui lutta contre la tyrannie du roi Roderigo, qui avait violé sa fille, en appelant les Arabes dans sa patrie, Landor retrouve la situation des patriotes espagnols de son temps, condamnés pour se libérer de leurs rois à s'appuyer sur une armée étrangère qui, de libératrice, deviendra occupante.

Son œuvre en prose est surtout faite des séries successives des *Conversations imaginaires d'hommes de lettres et d'hommes d'État* (1824, 1828, 1829), qui sont soit de brèves scènes dramatiques tirées de l'histoire, soit des dialogues entre personnages historiques ou contemporains, autant de confrontations d'idées sur des sujets variés, de la politique et de la morale à la littérature et à la philologie. Dans les *Conversations* du premier type, il élabore une prose imagée et cadencée, suivant un rythme plus libre que celui du vers, mais visant aux mêmes effets d'harmonie expressive, dont certains passages, pour le mouvement « esthétique » de la fin du siècle, serviront de référence et auront leur place dans toutes les anthologies.

Il revint à la poésie vers la fin de sa vie, avec les *Helléniques*, publiées dans l'édition qui en 1846 rassemblait l'ensemble de ses œuvres, puis séparément en 1847, mais avec l'addition des *Idylles héroïques*, traduites ou adaptées des poèmes latins qu'il avait récemment composés. L'inspiration, comme les titres l'indiquent, est grecque (Théocrite) autant que latine (Ovide et ses *Héroïdes*). Ce sont de brefs poèmes, associant en général narration et dialogue, qui ont pour sujets des scènes bucoliques, ou des épisodes romanesques se déroulant en marge des grandes légendes. C'est la définition que Landor donne de *eidullion* : « image réduite tirée de quelque chose de grand ». Ce genre de l'idylle tiendra une place importante dans la renaissance de la poésie d'inspiration hellénisante, de Tennyson à Arnold, pendant la seconde moitié du siècle. À propos de *L'Hamadryade*, Swinburne, lui-même grand admirateur de la poésie grecque et se proclamant disciple de Landor, affirme que c'est une œuvre « plus pure et meilleure, du point de vue le plus élevé où l'art puisse se placer, que ces fricassées et ragoûts d'ancien et de nouveau que sont *Œnone* ou *Ulysse* [de Tennyson] », car on y retrouve l'esprit authentique du naturalisme païen.

Toutefois, les vers de Landor restent surtout présents dans les anthologies, et vivants dans les mémoires, par les brefs poèmes lyriques qu'il a composés tout au long des années.

Walter Savage Landor : a Biography / Robert Henry Super. – New York : New York University Press, 1954. – XV-654 p.

Landor : a Replevin / Malcolm Elwin. – London : Macmillan, 1958. – 502 p.

L'Œuvre de Walter Savage Landor / Pierre Vitoux. – Paris : Presses Universitaires de France, 1964. – 471 p. – (*Publications de la Faculté des lettres et sciences humaines de l'Université de Montpellier* ; 21).

Landor's Poetry / Robert Pinsky. – Chicago : The University of Chicago Press (Ill.), 1968. – IX-179 p.

GEBIR 270

P. Vitoux — 1998

Prophétie de la Nymphe (VI, 187-238). — Arrivée en vue de la Corse avec Tamar, frère pasteur de Gebir le conquérant, la nymphe annonce la naissance future de Bonaparte, le libérateur des peuples.

« Regarde là-bas », s'écria la nymphe sans lui répondre. « Regarde là-bas ! ». Tamar regarda et vit deux îles, où les vagues venaient blanchir sur les grèves désertes. Puis elle continua. « Celle qui nous est la plus proche, les Nymphes elles-mêmes en connaissent à peine l'existence par la Renommée. Mais vois la plus lointaine : c'est là qu'un jour naîtra, de la race de Tamar, selon le décret du destin, un mortel digne de louange immortelle. Il me semble que déjà, malgré ses sommets qui menacent le Ciel, la Trinacrie s'incline devant ma Corse. »

Tamar, qui l'écoutait toujours saisi d'émerveillement, n'avait jamais pensé à une descendance : il serra avec transport dans ses bras sa jeune épouse, dont les lèvres prophétiques s'animèrent de plaisir. Mais la pensée lui vint aussi de ses ancêtres et de sa patrie. Lorsqu'il vit apparaître sur la mer grise les hauteurs de Gibraltar, tristement il s'écria : « Rocher protecteur de l'Ibérie, selon l'arrêt de Jupiter qui te couronne de ses nuages porteurs de foudre, je salue tes falaises aux arêtes vives et nues. Bien que le rayon du Printemps n'effleure pas ton front pour le couronner de fleurs, je te salue pourtant, je salue ces lits de pierres où le Courage et la Vertu ont si souvent reposé. »

La nymphe dit, avec un tendre sourire, « L'homme est inconstant, et ne peut être heureux s'il n'a pas de regrets ! Mais j'avoue que moi aussi, regardant en arrière, j'ai senti dans mon cœur l'harmonie, ou plutôt la vibration d'une émotion trop douce pour le chagrin et trop forte pour la joie. Mais je me suis volontairement abandonnée à ce moment de déraisonnable faiblesse, et il me laisse apaisée, après la secousse de l'émotion, et les larmes où je me suis noyée. Mais toi, ne pleure pas : quelles raisons de regret aurais-tu ? Ne regrette pas ton pays, les souterrains abominables, les cachots et les portes barrées qui repoussent le jour. Gebir, pour généreux, juste, et humain qu'il soit, a respiré les vapeurs empoisonnées qui montent dans ses forteresses. Ô Roi, puisses-tu trouver le repos en Égypte. Et toi, Tamar, ne convoite pas le pouvoir. En un chœur terrifiant, les Fléaux, les Souffrances et la Mort, frappant du pied le sol glissant des palais, font résonner à travers le monde leur inanité sonore. Mais enfin l'Heure arrive, malgré les efforts de la Guerre pour la retenir, qui doit unir dans la Justice les paysans de l'Ibérie, et faire en Égypte régner les bergers dans l'Égalité. Je préférerais quitter sous le fouet la terre la plus riante plutôt que d'y ramper soumise. Même si le cercle de ma prison, pour autant qu'une nymphe puisse être gardée prisonnière, devait être de coraux et de perles, je n'en serais pas consolée. Les bontés pressantes du Pouvoir multiplient les blessures à la fierté, et les barreaux de la cage. Le Ciel me garde de ces soins paternels qui me frappent et meurtrissent jusqu'à ce que j'embrasse le fouet et proclame à travers les larmes que je suis heureuse. Plutôt, pour mes péchés, être séparée de l'amour et recluse dans les profondeurs de l'onde ».

Traduction inédite. — *The Complete Works* / of Walter Savage Landor ; ed. by T.E. Welby and S. Wheeler. – London : Chapman and Hall : 1933. – [Volume XIII : *Poems* I, pp. 40-41].

LE COMTE JULIEN — 271

P. Vitoux — 1998

La plainte de Covilla (II, 2, v. 99-136). — La fille du comte Julien est déchirée entre le souvenir de la violence subie de la part du roi d'Espagne et l'amour de son pays.

COVILLA. — Ô Ciel ! Soutiens-moi, en cette trop dure épreuve, ou abandonne-moi tout à fait pour me laisser sans vie ! Il me croit infidèle.

JULIEN. — Il ne peut pas croire autre chose.

COVILLA. — Dis-lui, dis-lui tout, quand je serai morte — Il en mourra lui aussi, et nous serons réunis. Il saura tout quand ces tristes yeux seront clos. Ah ! Pourquoi pas avant ? Dois-je lui apparaître comme la plus vile des femmes, Ô juste Ciel, faut-il qu'il en soit ainsi ? Toute la terre résonne de mon nom, je suis perdue, méprisée, et rien ne peut exprimer ma douleur et ma honte. Non, ce n'est pas un fantôme impalpable, une illusion, un rêve dont on s'éveille envahie de terreur ; je suis moi seule l'objet du combat que l'Espagnol et le Maure se livrent, et ils arrachent la flèche de mon cœur saignant pour en percer celui de mon père, dont ils ont tous deux également peur.

JULIEN. — Nous voici maintenant hors d'atteinte, invulnérables, les seuls peut-être de la race humaine pour qui la vie n'a plus d'attraits ni la mort de terreurs.

COVILLA. — Déchue, sans personne pour me plaindre, me croire, m'entendre, j'aurais dû mourir bien plus tôt. Seigneur compatissant ! Abandonne-moi à mes souffrances, mais soutiens ma foi en toi ! Et toi, mon père, protège-moi de la vue du monde, et de la tienne, et de ta tendresse qui a fait jaillir dans le désert de mon malheur une fontaine de larmes qui autrement m'auraient fait éclater le cœur — me libérant à jamais. Alors peut-être une guerre cruelle n'aurait pas déchiré l'Espagne, saccagé ses cités et ses autels, et fait peser sur toi le danger ! Hâte-toi de fuir avant le dernier terrible conflit qui décidera si nous devons vivre sous l'empire de l'étranger.

JULIEN. — Ou sous celui dont la tyrannie a précipité la malédiction sur son peuple. Mon enfant, mon enfant, cesse de me presser, ne me parle pas de la guerre, oublie notre pays.

COVILLA. — L'oublier ? Que reste-t-il comme consolation aux malheureux, que reste-t-il d'autre à ceux dont les regrets nourrissent la douleur ? Est-ce que je puis, est-ce que je dois chasser de ma mémoire tout ce qui m'a été cher et sacré, toutes les joies de l'innocence et de la paix ?

Traduction inédite. — *The Complete Works* / of Walter Savage Landor ; ed. by T.E. Welby and S. Wheeler. – London : Chapman and Hall : 1933. – [Volume XIII : *Poems* I, pp. 177-178].

CONVERSATIONS IMAGINAIRES 272

P. Vitoux — 1998

Ésope et Rhodopè. — Ce texte est de toutes les anthologies, celle par exemple de Saintsbury, et de plus récentes comme l'*Oxford Book*, ou le *Penguin Book of English Verse*. La présente traduction s'efforce de rendre le développement progressif et l'enchaînement des images.

Laodamie est morte ; Hélène est morte ; Léda, l'aimée de Jupiter, les a précédées.

Mieux vaut, quand l'heure est arrivée, reposer en terre au lieu de prolonger notre veille, et de nous accrocher avec obstination à ce que nous sentons s'effriter sous notre poids, pour retarder la chute inévitable.

Nous pouvons jouir du présent tant que nous n'éprouvons pas l'affaiblissement et le déclin : mais le présent, comme une note en musique, ne vaut qu'en ce qu'il se rattache à ce qui le précède et à ce qui doit le suivre. Il n'y a pas de champs d'amarantes de ce côté-ci de la tombe ; il n'y a pas de voix, Oh Rhodopè, qui ne s'éteigne bientôt, même la plus mélodieuse : pas de nom, même répété avec insistance par l'amour passionné, dont l'écho à la fin ne s'affaiblisse.

Traduction inédite. — *The Complete Works* / of Walter Savage Landor ; ed. by T.E. Welby and S. Wheeler. – London : Chapman and Hall : 1927. – [Vol. I, pp. 14-15].

HELLÉNIQUES 273

B. Buisson — 1916

L'Hamadryade. — « Dans ces traductions ou adaptations, on s'est permis d'abréger, d'allonger çà et là, de changer même l'ordre des idées, mais on s'est efforcé de n'en point omettre d'essentielles et de conserver toujours à l'original, sous une forme aussi française que possible, son caractère, sa couleur, son esprit. Peut-être certains juges reconnaîtront-ils que cette libre façon de traduire est encore la plus fidèle. » (Au lecteur).

Raikos put revenir souvent au rendez-vous…
Les dieux à ses amours paraissaient favorables ;
La dryade et l'éphèbe étaient inséparables.
Pourtant il arriva qu'il ne vint pas, un jour,
Retenu malgré lui. La dryade, étonnée
Elle-même, attendit, inquiète à son tour,
Et trouva longue aussi, bien longue la journée.
Il vint la consoler vite le lendemain.
Comme il allait partir, elle lui prit la main,
Et dit : « J'ai dans ma ruche une jolie abeille
Qui me comprend, et qui m'obéit à merveille.
Par son bourdonnement elle ira t'avertir
Que libre est la forêt, qu'à venir je t'invite,
Alors à son appel tu te rendras bien vite ;
Et si jamais un jour (jour de malheur pour moi,
Mais aussi, crois-le bien, jour de malheur pour toi),
Tu sens que c'est fini, que notre amour te lasse,
Ô mon pauvre Raikos, ou, si tu sens ma place
Prise par quelqu'un d'autre en ton cœur inconstant,
Tu n'auras qu'à chasser de la main mon abeille ;
Elle s'en reviendra me le dire à l'oreille,
Et moi je comprendrai mon destin à l'instant.
— Veux-tu me tourmenter encore, nymphe cruelle ?
Peux-tu douter de moi ? — Non, Raikos, répond-elle ;
Accueille mon abeille alors, matin ou soir ;
Dès que tu l'entendras, accours, accours me voir. »

Il était trop heureux près de l'enchanteresse,
Pour ne pas accourir aussitôt, sans délai,
Dès que la messagère du chêne l'appelait.
Y songez-vous, mortels ? avoir une maîtresse
Qui garde sans déclin sa première beauté !
Oh ! privilège heureux de la divinité !

Et qui garde toujours sa virginale grâce !
Ah ! que n'en est-il pas ainsi pour notre race ?
Si quelqu'un dit : « Pourtant, il faut bien quelque jour,
On se lasse de tout, que l'on se rassasie
Même du pur bonheur, même de l'ambroisie »,
Jamais d'Hamadryade il n'a connu l'amour.

Par un beau soir d'été, l'Hamadryade tendre
Éprouva tout à coup, sans pouvoir plus attendre,
L'impatient désir de revoir son Raikos ;
En cette saison chaude et parfumée, Éros
Se plaît à chatouiller les amoureuses âmes
Des nymphes, paraît-il, comme des simples femmes.
Au bois, dans le rucher, tout dort profondément…
Mais n'importe : il lui faut son Raikos ; elle éveille
La fidèle et toujours obéissante abeille,
Et l'envoie à la hâte appeler son amant.
L'insecte part, ainsi que sa maîtresse ordonne,
Et bientôt tout autour du jeune homme bourdonne.
Les dés en main il est absorbé par son jeu,
Avec son père à qui propice est la fortune.
Il ne reconnaît pas cette abeille importune,
L'écarte d'un coup brusque. Hélas ! il faut si peu
Pour froisser, pour briser une aile si légère !
Le croyant irrité, la pauvre messagère
S'enfuit meurtrie et veut retourner droit au bois.
Mais volant à grand'peine, il lui faut maintes fois
S'arrêter, épuisée, et se poser en route.
La nymphe cependant languit, se trouble et doute
D'un amant qui s'attarde, et qu'en vain elle attend.
Que peut-il faire ? Pleine d'inquiétude,
Elle écoute : tout est silence et solitude.
Elle en est convaincue : il doit être inconstant…
À la fin elle voit venir, l'aile froissée,
L'abeille à demi-morte et durement chassée.
Hélas ! c'était donc vrai ! l'abandon est certain ;
Elle croit accompli son funeste destin.
Son cœur se rompt : un cri lugubre et lamentable
Retentit dans le bois, de Raikos entendu ;
Entendu de lui seul ; il court, l'effroi l'accable,
Il court droit au vieux chêne : il le trouve fendu

Du haut en bas, et sec. Plus une feuille verte,
Plus un rameau vivant… il a causé la perte,
La mort, il le comprend, de celle qui l'aimait.
Il s'accuse, il l'appelle et gémit et supplie.
Mais, hélas ! tout est vain. En proie à la folie,
En proie au désespoir, il tombe inanimé.

Son père le trouva blanc et froid comme marbre,
Étendu sur la mousse, au pied du fatal arbre.

Les gens de la campagne, en souvenir de lui,
Visitent au printemps cette forêt antique,
Et posent miel et fleurs sur un autel rustique.
Cet usage pieux dure encore aujourd'hui.

Les Helléniques de Landor et autres poèmes avec des lettres inédites de Swinburne / Benjamin Buisson. – Paris : Alphonse Lemerre, 1916. – [Pp. 29-31].

HELLÉNIQUES 273 bis

P. Vitoux — 1998

L'Hamadryade. — On appréciera, par comparaison, cette traduction en prose.

Rhaicos. — « Inconstante ! » dit-il, « Si une loi sévère te lie, ou ton caprice plus fort que les plus dures lois, fais-moi désormais connaître quand je puis espérer le fruit de l'amour qui ne pousse pour moi qu'ici. » Et après ces paroles, il cueillit le fruit sur sa tige flexible.

L'Hamadryade. — « Impatient Rhaicos ! Pourquoi interrompre ainsi la réponse que j'étais prête à te donner ? Il y a une abeille que j'ai nourrie, qui connaît mes pensées et accomplit mes désirs : je te l'enverrai comme messagère. Si un jour tu m'es infidèle, séduit par une autre, ne me le confesse pas, mais chasse mon abeille : alors je connaîtrai mon sort, et pleurerai sur toi, car le malheur sera aussi ta destinée. Mais chaque fois que mon cœur me persuadera de déposer ses soucis sur le tien et de l'apaiser au rythme de tes battements, attends-toi à la voir, que ce soit le matin ou le soir, à quelque heure où les bois offrent un abri sûr. »

Jour après jour, les Heures les virent heureux, et saison après saison, et les années passèrent sans mettre un terme à leur bonheur. Celui qui prétend que l'Amour toujours se rassasie de plaisirs les plus doux, ceux mêmes auxquels il aspirait naguère, celui-là n'a jamais, par Zeus ! connu l'amour d'une Hamadryade.

Les nuits étaient devenues plus longues, et peut-être les Hamadryades au milieu de leurs bois les trouvent-elles alors mornes et solitaires. L'une d'elles, par malheur, l'éprouva ainsi, et appela son abeille fidèle. C'était l'heure où toutes les abeilles devraient dormir, et toutes dormaient, sauf la sienne. Elle partit en mission pour rapporter cette flamme que la bise de l'hiver ne souffle pas, que la pluie ou la neige n'éteint pas, la flamme que des yeux aimants tournent vers des yeux qui aiment en retour, jusqu'à ce que toute vision s'efface.

Rhaicos était assis au foyer de son père. La table entre eux deux n'était pas chargée des fruits que l'automne offrait alors à profusion, ni de gâteaux anisés, ni de vin odorant ; un damier y était déplié, le vieux Thallinos savourait son triomphe au jeu, et le fils réfléchissait, absorbé, dépité de sa déconfiture. Un bourdonnement se fit entendre à son oreille, il eut un geste brusque de la main, et le bruit disparut. La pauvre abeille revint (mais pas avant la pleine lumière du matin). Elle trouva l'Hamadryade la tête posée sur son bras engourdi, et lui montra une aile à moitié détachée, les nervures endommagées de l'autre, et des marques que seul l'œil d'une Hamadryade peut percevoir.

À cette vue, sa tête sans force s'affaissa, ses bras retombèrent, et un cri aigu s'élança jusqu'à l'antique demeure de Thallinos. Il ne l'entendit pas : son fils, lui, l'entendit, et se précipita aussitôt vers les bois. L'arbre n'avait plus d'écorce, plus de feuilles vertes, le tronc était fendu en son milieu. À partir de ce jour, aucun mot, aucun murmure ne vint flatter l'oreille de Rhaicos, pas même le bruissement d'une aile d'insecte. Pendant toute une année, nuit et jour, les bûcherons et les bergers entendirent des cris de désespoir ; car il refusa de quitter ce lieu déserté, se lamenta, et mourut.

Ne t'étonne pas, visiteur, de trouver le lait et le miel placés selon les rites sur la pierre creusée.

Traduction inédite. — *The Complete Works* / of Walter Savage Landor ; ed. by T.E. Welby and S. Wheeler. – London : Chapman and Hall : 1933. – [Volume XIV : *Poems* II, pp. 289-290].

POÈMES D'AMOUR ET D'AMITIÉ 274

P. Vitoux — 1998

À Ianthè. — Ce sont des poèmes de circonstance et d'émotion, qui s'inscrivent dans la longue tradition du développement du « lieu commun » (ici, la poésie qui immortalise l'amour en défiant le temps et la mort), et où la concision invite à la réticence expressive et à la fusion du sentiment dans l'image.

Après la ruine de Troie, Hélène vit encore, et Alceste ressuscite parmi les ombres. C'est la Poésie qui les évoque, c'est elle qui a le pouvoir de donner aux mortelles la jeunesse immortelle.

Bientôt l'Oubli couvrira d'une ombre qui s'épaissit la troupe joyeuse et fière qui peuple les collines, alors que pendant bien des étés à venir les amants nous salueront, toi et moi.

Ne verse pas de larme sur la beauté qui pâlit, cesse de soupirer sur l'éclat qui s'éteint ; une ombre se dressera parmi les décombres, un nom, Ianthè, ne mourra pas.

Traduction inédite. — *The Complete Works* / of Walter Savage Landor ; ed. by T.E. Welby and S. Wheeler. – London : Chapman and Hall : 1935. – [Volume XV : *Poems* III, p. 376].

RÜCKERT

ALLEMAND 1788-1866

Rückert lui-même compara son œuvre à un tapis aux pièces et aux fils multiples et chatoyants. L'image s'applique très diversement à une œuvre singulière et mixte qui participa autant du travail de l'orientaliste que de la création du poète, indissociables au point de former le fil et la trame d'une seule étoffe, ruinée dès qu'on les sépare.

Fils d'un avocat de Schweinfurt, Friedrich Rückert étudie, de 1805 à 1808, le droit et la philologie à Würzburg et à Heidelberg, et se passionne bientôt pour les langues classiques. En 1811, il obtient, à l'université d'Iéna, le titre de Privatdozent, avec une thèse audacieuse consacrée à la mythologie grecque orientale. Il séjourne ensuite à Hanau, Würzburg et Bettenburg où il enseigne dans les gymnases. Partisan fervent de l'Entente antinapoléonienne, il essaie, en 1809 déjà, puis à nouveau en 1814, de se faire accepter dans l'armée autrichienne, mais en vain : il est refusé pour constitution trop fragile. Rückert adresse alors à Napoléon en fuite 74 sonnets railleurs réunis sous le titre *Geharnischte Sonette* (*Les Sonnets cuirassés*), qui lui valent aussitôt la réputation de poète patriotique. À partir de 1815, il assume la direction du *Morgenblatt für gebildete Stände* (*Journal du matin pour les classes cultivées*), de Cotta, puis, de 1822 à 1825, du *Frauentaschenbuch* (*Carnet féminin*). Mais bientôt il se tourne résolument vers les langues et les littératures orientales et développe son extraordinaire sens des langues. La rencontre décisive qu'il fait, au retour d'un voyage en Italie, du célèbre orientaliste Joseph von Hammer-Purgstall, à Vienne en 1818, le conforte dans cette passion. Auprès de ce dernier, il ajoute à ses connaissances d'hébreu et de syriaque ses premières notions de persan et d'arabe. Il donne bientôt un recueil de 44 *Ghazels*, (1819), d'après Djalāl Al-Dīn Rūmi (1207-1273), transposant avec aisance la forme persane dans la langue allemande.

Malgré son goût marqué pour l'indépendance, Rückert, marié avec Louise Wiethaus-Fischer depuis 1821 et père de famille, obtient en 1826 une chaire de langues orientales à l'université d'Erlangen. Il quitte néanmoins celle-ci en 1841, à l'appel du roi de Prusse Frédéric-Guillaume IV, pour Berlin où il comptera parmi ses élèves quelques futurs orientalistes célèbres, comme l'indianiste Max Müller, ou Paul de Lagarde. Mais cette vie citadine le lasse ; Rückert s'évade autant qu'il le peut dans son domaine de Neuses-Coburg, où il finit par se retirer en 1848, jusqu'à sa mort.

D'abord connu pour ses ardeurs patriotiques, reconnu ensuite comme poète et traducteur et enfin comme savant et érudit, Rückert ne cessera de mener de front ses activités, aussi peu cloisonnées que possible, de poète, de traducteur et de philologue. Dès sa thèse défendue à Iéna, Rückert reconnaît à la langue allemande la faculté d'assimiler et de rendre tous les idiomes étrangers : il semble n'avoir eu de cesse de vouloir le démontrer... En effet, Rückert, qui s'attache avant tout à une transmission vivante des littératures lointaines qu'il étudie, aborde et traduit avec le même bonheur les littératures hindoue, perse et arabe (principalement), mais se penche aussi sur l'hébreu (il traduit les *Petits Prophètes* en 1831) et même le chinois (il donne, à partir d'une traduction latine, un livre de chants chinois qu'il intitule *Stimme des chinesischen Volkes* [*Voix du peuple chinois*], par claire référence à *Stimme der Völker in Liederen* [*Chansons de tous les peuples*, littéralement : *Voix des peuples en chansons*] de

Herder). Lorsqu'il étudie le sanscrit, au cours de la période féconde d'Erlangen, il propose notamment, en 1837, la traduction de l'histoire d'amour mystique *Gitagovinda* (et, déplorant l'absence d'un bon instrument, réalise sans tarder un dictionnaire du sanscrit...). Durant la période berlinoise, il se lance dans l'adaptation de diverses œuvres du lyrique perse Saadi (env. 1213-1292). De l'arabe, il propose une traduction partielle du *Coran*, et donne une édition neuve des *Maqāmāt* de Harīrī, qu'il traduit ensuite avec brio en prose rimée, se jouant des allitérations, jeux de mots et de rythmes.

Mais Rückert n'en reste pas là. Constamment s'opère en lui, à la faveur d'un don poétique spécifiquement lié à la langue, un glissement qui l'entraîne depuis la découverte, l'édition ou la traduction et l'assimilation jusqu'à l'appropriation et la recréation. À partir d'un texte oriental, Rückert forme une œuvre neuve qui conserve l'esprit de l'original. Il adapte et traduit ; il adopte et contraint au filtre exigeant du raffinement oriental sa propre création qui en hérite la virtuosité formelle. Son appétit de connaissances linguistiques n'a d'égale que sa gourmandise de formes neuves dont il habille ses innombrables poèmes. Après avoir été séduit, en Italie, par la sicilienne, il fait siennes diverses formes orientales comme le ghazel ou le maqām. Sa prédilection pour les jeux sur les sonorités, les jeux de mots, les acrostiches, les palindromes, les rimes enchaînées, transforme certains de ses poèmes en de purs exercices de doigtés — ce qu'on ne manquera pas de lui reprocher.

Incapable de se limiter, Rückert publie de nombreux volumes poétiques, parmi lesquels les *Östlichen Rosen* (*Roses d'Orient*, 1822), qu'il dédie à Goethe, comprenant des imitations de Hafiz, *Gesammelte Gedichten* (*Poèmes réunis*, 1834-1838), *Haus- und Jahreslieder* (*Chants de chez soi et du fil de l'an*, 1838), *Liebesfrühling* (*Printemps d'amour*, 1844) ; et encore *Die Weisheit des Brahmanen* (*La Sagesse du Brahmane*, 6 vol., 1836-1839) en alexandrins rimés, œuvre dans laquelle perce sa connivence avec la pensée orientale, et des recueils de sentences et de quatrains à la manière orientale, ainsi qu'un *Poetischen Tagesbuch* (*Journal poétique*, 1860). À l'exception de curieuses incursions dans le domaine dramatique (avec, notamment, un drame sur Napoléon), Rückert ne s'attache pas aux grandes formes, et se consacre à la poésie bien plus qu'à la prose.

Enrichissement mutuel, ou plutôt entrave mutuelle de la poésie et du travail d'érudition refusant à l'une comme à l'autre un véritable envol ? S'il n'a pas donné aux philologues la somme historique que sa connaissance des littératures orientales aurait pu lui dicter, Rückert aura fait œuvre précieuse d'éditeur et de traducteur. Démesurée et souvent inégale, son œuvre poétique, très lue à son époque, demeure, quant à elle, essentiellement saluée pour son tour de force et la subtilité d'un esprit qui dompte l'expression poétique plus qu'il ne l'exalte. La postérité retiendra surtout les poèmes auxquels s'attachèrent nombre de compositeurs, parmi lesquels Schubert, Schumann, Brahms et Mahler. Néanmoins, la présence de Rückert reste encore sensible, quoique souvent modeste ou secrète, jusque dans des œuvres littéraires du XXe siècle : Herman Hesse avouera combien la lecture de *Die Weisheit des Brahmanen* aura joué un rôle décisif dans la construction de son roman *Le Jeu des perles de verre*.

Friedrich Rückert : Geist und Form der Sprache / Helmut Prang. – Wiesbaden : [selbstverlag der] Stadt Schweinfurt, 1963. – 350 p.

Annemarie Schimmel, “Friedrich Rückert”. – In : *Deutsche Dichter des 19. Jahrhunderts : Ihr Leben und Werk* / Unter Mitarbeit zahlreicher Fachgelehrter ; herausgegeben von Benno von Wiese. – 2., überarbeitete und vermehrte Auflage. – Berlin : Erich Schmidt Verlag, 1979. – [Pp. 53-76].

Friedrich Rückert im Spiegel seiner Zeitgenossen und der Nachwelt : Aufsatze aus der Zeit zwischen 1827 und 1986 / hrsg. von Wolfdietrich Fischer. – Wiesbaden : in Komm. bis O. Harrassowitz, 1988. – X-372 p. – (*Zwischen Orient und Okzident* ; 1).

CHANTS FUNÈBRES POUR DES ENFANTS MORTS 275

J.-P. Lefebvre — 1993

Tu es une ombre le jour... (3, 10). — Familier des formes complexes, Rückert s'en dégage cependant parfois dans l'expression la plus sincère et la plus touchante, ainsi dans les *Kindertotenlieder*, parus posthumes, en 1872, et que lui inspira la mort de ses deux plus jeunes enfants, durant la période d'Erlangen. Mahler, qui y trouvera une consonnance à son propre drame, donnera à cinq d'entre eux un relais musical célèbre.

Tu es une ombre le jour,
Et dans la nuit une lumière ;
Tu vis dans ma complainte
Et ne meurs pas dans mon cœur.

Où que je plante ma tente,
Tu habites tout contre moi ;
Tu es mon ombre le jour,
Et dans la nuit ma lumière.

Où que de toi je m'enquière,
J'entends parler de toi,
Tu vis dans ma complainte
Et ne meurs pas dans mon cœur.

Tu es une ombre le jour,
Et dans la nuit une lumière,
Tu vis dans ma complainte
Et ne meurs pas dans mon cœur.

*

Je t'aimais fort, ma fillette !
Et, maintenant que je t'ai enterrée,
Je me reproche de ne t'avoir
Pas plus fort encore aimée.

Je t'aimais beaucoup, beaucoup plus,
Que je voulais te le montrer ;
Trop rarement mon dur silence
T'a fait quelque signe d'amour.

Je t'ai aimée très fort, si fort,
Même quand je t'ai gourmandée ;
Qu'il te soit deux fois rendu
L'amour qu'encore je te dois.

Trop souvent sous la discipline
Se cachait l'amour paternel.
J'avais déjà le fruit en tête,
Au lieu d'être heureux de la fleur.

Ah, si j'avais su que le vent
Si tôt défeuillerait la fleur !
J'aurais dû faire à mon enfant
Ce que voulait son petit cœur.

Mais il fallait que, sur un signe,
Tu fasses ce que, moi, je voulais.
Tu as bu l'amer, ah, comme
Je me repens d'avoir dis : « Bois ! »

Ta bouche tordue par la mort
S'est ouverte sur mon ordre.
On n'a fait qu'allonger l'agonie,
En te versant ce breuvage.

Mais toi, étranglée par la mort,
Tu cajolais encore ton père,
Tes yeux défaillants l'ont regardé,
Tes mains mourantes l'ont caressé.

Anthologie bilingue de la poésie allemande / édition établie par Jean-Pierre Lefebvre. – Paris : Gallimard, 1995. – (*Bibliothèque de la Pléiade* ; 401). – [Pp. 631-635].

PARABOLES 276

H.-Fr. Amiel — 1876

La Citerne. — H.-Fr. Amiel rend ici, dans un style alerte, une parabole au cadre oriental et à la leçon universelle.

Un Syrien, vers Kharazmo,
A pied conduisait un chameau.
La bête, qu'un mot guide et touche,
Par malhasard devient farouche,
Se cabre et montre un œil si blanc,
Que son maître s'enfuit tremblant.
Un puits est dans le voisinage,
Mais l'animal est plein de rage.
Le chamelier, perdant l'esprit,
Sent le souffle qui le poursuit
Et dans la citerne s'élance.
De l'entonnoir aux flancs obscurs,
La ronce tapissait les murs,
Et l'homme, accroché, s'y balance.
Aux branches qu'il a pu saisir
Il se cramponne ; et de gémir.
Qu'aperçoit-il en haut ? La bête,
Dent féroce, allongeant la tête
Pour le happer par le turban.
Et que voit-il en bas ? Misère !
Un monstre à gueule horrible et fière
Dont le rictus béant espère
Voir bientôt le pendu tombant.
Est-ce tout ? Non. Le pauvre hère
Qui déjà n'ose plus bouger
Découvre un troisième danger.
La ronce a de faibles racines,
Hélas ! et deux souris voisines,
Le nez en l'air se laissent voir.
L'une a manteau blanc, l'autre noir.
Et chacune à son tour grignote,
Et ronge et lime et sape et frotte.
Grain à grain tombe le terreau
Sur l'hydre affamée et, vers l'eau,
Le buisson déraciné penche :

Affreux périls de toutes parts !
Lui, cheveux dressés, lèvre blanche,
Ne sait où jeter les regards.
Plus d'espoir. Mais, sur une branche
De l'arbuste qui tremble aux yeux,
Des mûres, fruits délicieux,
Brunissent. Devant ces merveilles
Promettant douceurs non-pareilles,
Alléché, notre homme anxieux,
Se calme et songe à gourmandise.
Et le redoutable chameau,
Et le cruel dragon de l'eau,
Et les souris au fin museau
S'effacent pour sa convoitise.
Laissant le chameau tenailler,
Laissant la grand'gueule bâiller,
Laissant les souris limailler,
Il porte la main sur les baies.
Et les mûres ayant bon goût,
Il y revient, il mange tout,
Et s'égaye, oubliant du coup
Ses terreurs qui furent si vraies.

Mais quel est cet homme à lier,
Dis-tu, quel est ce chamelier
Qu'un rien distrait, qu'un rien console ?
— Je connais cet homme frivole,
C'est toi. — Mais pas du tout. — Mais si.
— Mais non. — Mais oui. — Comment ? — Voici :
Quel est donc ce chameau farouche
Qui maltraite son conducteur,
Sinon la vie ? Et le croqueur,
Le monstre dont la vaste bouche
Nous attend tous, juste ou pécheur,
Quel est-il donc, sinon la tombe ?
Et ce réseau du buisson vert,
Voilant à l'homme qui succombe,
De la mort, l'abîme entr'ouvert,
Qu'est-il, si ce n'est la Nature ?
Et le couple des deux souris,
Usant tes fragiles appuis

De leur incessante morsure,
N'est-ce pas la nuit et le jour ?
Et cette baie appétissante,
Qui leurre, attire, enivre et tente,
Tu peux la nommer à ton tour,
Toi, qu'on voit, âme insouciante,
Cueillir le même fruit, au seuil
Du gouffre, ton futur cercueil ?

Les Étrangères : poésies / traduites de diverses littératures par H.-Fréd. Amiel. – Paris : Sandoz et Fischbacher, [1876]. – [Pp. 121-125].

ALMQVIST

FRANÇAIS • SUÉDOIS **1793-1866**

Ce grand romantique suédois, très injustement méconnu en dehors de son pays, personnage aussi haut en couleur qu'inquiétant, incarne parfaitement le Romantisme flamboyant.

Issu d'un milieu de haute aristocratie, sa jeunesse dorée et ses études de lettres à l'université d'Upsal ne semblent pas le prédestiner à une carrière littéraire. Cependant, il donne très tôt dans le « götiscisme », ce mouvement de renaissance des antiquités nordiques qui connaîtra une belle faveur au XIXe siècle. Et il aborde ce qui sera le sujet de toute son œuvre, les problèmes de l'amour et du couple, dans *Qu'est-ce que l'amour ?* (1816) où l'on décèle sans peine une influence profonde de Swedenborg. Puis, marqué, cette fois, par le roman noir anglais, c'est *Murnis ou les récits des morts* (1819), œuvre si bizarre qu'elle ne sera publiée intégralement qu'en 1960, tant sa volonté de scandaliser et son goût du scabreux y éclatent.

C'est le départ d'une production aussi frénétique qu'impressionnante. Passionné de pédagogie, Carl Jonas Love Almqvist propose une thérapeutique « douce » des criminels qui, en général, ne sont tels qu'à cause de leur éducation et de leur milieu (*Du traitement des criminels*, 1821) tandis qu'*Amorina : la vie et les hauts-faits de la folle demoiselle* (1822), livre chaotique et fantasque, met en scène, pour la première fois, un personnage d'androgyne qui reparaîtra, Tintomara : les autorités refusent la publication d'un ouvrage qui ne sera édité, en 1839, qu'expurgé.

Mais les théories rousseauistes préoccupent Almqvist. Il décide de mener la vie saine et primitive du « bon sauvage » en épousant une authentique paysanne et en se faisant fermier : double entreprise qui, faut-il le préciser, échouera rapidement. Revenu à Stockholm, il essaie de vivre de sa plume et conçoit, en 1832, l'idée de rassembler tout ce qu'il compose dans une publication qui paraîtra d'abord en in-12 sous le titre général de *Livre de l'Églantine* (14 vol., 1832-1842). C'est la pire fatrasie que l'on puisse imaginer : s'y côtoient des manuels scolaires de grammaire, d'orthographe, de dessin linéaire, de calcul — car la fibre pédagogique continue de vibrer en lui — et aussi toutes sortes d'essais comme *L'Exécrateur de Dieu* (1832) au titre éloquent, ou d'étranges récits comme *L'Ermitage* (1833). Paraît dans la série un premier chef-d'œuvre de grande envergure, *Les Joyaux de la reine* (1834), roman historique dans le goût picaresque, centré sur le meurtre du roi Gustave III mais dont le « héros » est cet androgyne Tintomara (encore appelé Azouras) qui répand involontairement le malheur et la mort parmi ses amants ou amantes. Walter Scott n'est pas loin, mais nous pouvons aussi bien retenir la personnalité hors normes de l'auteur que les figures qu'il met en scène. Le volume suivant, en 1834, contient une variation sur le thème de Don Juan où nous pouvons lire ce qui passe aisément pour une profession de foi : « Je peins de la sorte, Madame, parce que c'est de la sorte qu'il me plaît de peindre ».

Au cours des années qui suivent, ce sont d'autres essais romanesques, une grammaire grecque, une thèse, en latin, sur François Rabelais et l'extraordinaire pamphlet politique intitulé *Fondements du mécontentement européen* qui préfigure nos essais modernes d'ethno-psychologie, tandis que *L'Urne* est un récit parfaitement scandaleux pour démontrer qu'aucun serment ne saurait lier l'homme libre. Le volume 10 propose une œuvre pré-socialiste, la méditation sur *La Signification de la pauvreté suédoise* et 1838 voit la publication de *Sara* (titre de la traduction française ; le suédois, *Det går an* a le sens de : « c'est possible, cela peut se faire »), petit roman qui, à lui seul, aura assuré la gloire de l'auteur. C'est une sorte de charte du féminisme, fondé sur l'émancipation *matérielle* de la femme et sur une totale franchise dans les relations entre les amants : vues révolutionnaires qui prennent d'autant plus de poids qu'elles sont défendues par le charmant personnage de Sara Videbeck, une des réussites les plus délicates de cet auteur décidément capable de tous les tons, styles et genres.

Parallèlement, Almqvist est entré dans la véritable politique en collaborant au grand journal libéral *Aftonbladet*. Cela ne signifie pas qu'il ait abandonné *Le Livre de l'Églantine* : nous lisons, dans le volume 20, une attaque en règle contre le capitalisme (*Qu'est-ce que l'Argent* ?) de même qu'un traité de géographie mondiale qui passe pour l'ancêtre de nos modernes traités de géopolitique. Puis des difficultés tant matérielles que politiques obligent Almqvist à modifier sa formule : *Le Livre de l'Églantine*, à partir de 1839, va paraître en in-8 (3 volumes en tout) où nous trouvons la même disparate toujours, avec des écrits para-théologiques (*Isidore de Tadmor*, 1839, et sa continuation, *Marjam*, qui est une hargneuse satire de l'Église officielle) ou de violentes diatribes de la bureaucratie (*Ormus et Ariman*) et un roman arthurien en vers, *La Chasse d'Arthur*.

Mais Almqvist a passé les bornes depuis trop longtemps : les autorités ecclésiastiques le jugent et l'admonestent officiellement. Il se donne de l'air, voyage un peu mais n'en continue pas moins de publier ses brûlots. Il est donc relevé de toutes ses fonctions, ce qui ne l'empêche pas de publier un roman historique fort réussi (*Gabriele Mimanso*, sur la tentative d'assassinat de Louis-Philippe, 1841) et le tome I et unique d'un *Dictionnaire de la langue suédoise dans son état présent* ! Pourchassé de toutes parts, il publie tout de même un délicieux recueil de poèmes intitulé, en français, *Songes* (1849) après avoir diffusé ses *Fantaisies libres pour piano-forte* (1848).

Mais il est passible de graves poursuites pour tentative d'empoisonnement ainsi que pour faux et tentative de corruption. L'affaire est ténébreuse, mais il doit prendre la fuite et nous le retrouvons aux États-Unis en 1853. Il y passera 14 ans sous divers noms d'emprunt, vivant d'expédients. Le 17 juillet 1865, il débarque à Brême, hâve et malade : c'est là qu'il mourra. On voit que sa vie est certainement le plus fantastique de ses écrits. Encore n'avons-nous fait qu'en donner une rapide idée.

Évidemment, on pourra toujours l'accuser d'étrangeté, d'ambiguïté : au demeurant, son œuvre colossale décourage l'analyse systématique, d'autant que ce swedenborgien extatique est allé fort loin dans l'anti-religieux, que cet ascète ivre de pureté a exalté l'amour libre et un érotisme débridé, que ce romantique de bazar a ouvert la voie à un réalisme quasi populiste, etc. Sensibilité à fleur de peau ? Totale inadaptation de ce grand seigneur à son époque ? Ou, plus sûrement sans doute, prescience admirable de tous les vents de l'esprit qui vont secouer le paysage littéraire ? Car une chose est incontestable : C.J.L. Almqvist a ouvert toutes grandes les voies de la modernité et certaines de ses idées peuvent passer, encore aujourd'hui, pour révolutionnaires !

Carl Jonas Love Almqvist / Kurt Aspelin. – Stockholm : Bonnier, 1965. – 309 p. – (*Sveriges litteratur* ; 8).

Régis Boyer, "Carl Jonas Love Almqvist : le romantisme ambigu de *Songes*". – In : *Études germaniques*, n° 3 (juillet-septembre 1975), pp. 265-282.

Stil och struktur i C.J.L. Almqvists Amorina / Lars Melin. – Stockholm : Almqvist och Wiksell, 1976. – 210 p. – (*Acta Universitatis Stockholmiensis. Stockholm studies in Scandinavian philology* ; N.S. 12).

Carl Jonas Love Almqvist : liv och verk / Bertil Romberg. – Stockholm : Ordfront, 1993. – 340 p.

Tre fruar och en mamsell : om C.J.L. Almqvists tidiga 1840-talsromaner / Lars Burman. – Hedemora : Gidlund, 1998. – 254 p. – (*Almqviststudier* ; 2). – [Avec un résumé en anglais].

Frédéric Monneyron, "Le mythe de l'androgyne dans *Drottningens juvelsmycke* de C.J.L. Almqvist". – In : *Orbis litterarum*, 53 (1998), pp. 217-230.

SARA 277

R. Boyer — 1981

L'amour suffit (7e chapitre). — Sur le bateau qui l'emmène vers le Nord, depuis Stockholm, Albert, jeune sergent en permission, fait la connaissance de la jeune Sara Videbeck qui a repris en mains les affaires de son père, maître verrier à Lidköping. Au fil du voyage, ils se découvrent l'un l'autre. Maître du jeu, l'indépendante Sara explique au sergent dérouté que le schéma classique du mariage n'est pas forcément la formule qui convient à l'amour.

— Puisqu'il se trouve que tu as de l'affection pour moi, et moi pour toi, nous avons donc cela en commun ? C'est beaucoup, cela, Albert. Et c'est plus que ce qu'ont bien des gens. Mais si nous nous avisons d'avoir également en commun une quantité d'autres choses inutiles, je vais te dire ce qui s'ensuivra. Si tu prenais ma petite maison, mon gagne-pain, mon mobilier et mon argent — ce n'est pas grand-chose, mais c'est tout ce que je peux avoir ou recevoir — eh bien !, je ne te cacherai pas que je pourrais me mettre à devenir ennuyeuse. Car tu ne t'entends peut-être pas à t'occuper de ces choses-là ? Je devine que tu ne le sais pas encore toi-même, puisque tu n'as pas essayé d'avoir une maison et un métier : du moins, je ne le sais pas. Et il est très possible que mon inquiétude soit injuste et que tu t'occupes très bien de tout ; pourtant, cette inquiétude, Albert… oui, je te dirai que, dès que tu remarquerais de telles choses chez moi, tu deviendrais furieux. Alors, je m'en irais toute seule en remâchant mes pensées secrètes ; tantôt je penserais t'avoir fait tort ; tantôt je trouverais que je pourrais bien avoir raison tout de même, au moins pour une chose ou une autre. Ces combats et ces souffrances de cœur et d'âme gaspilleraient un temps qui pourrait être employé à faire des acquisitions, des profits. Et que le temps fût perdu, ce serait tout de même le moins important. Mais, Albert, je me rendrais méchante. Tu me trouverais agaçante, d'abord une fois ou l'autre, puis plus souvent. Par là, tu deviendrais toi-même méchant. Ou bien, si tous les deux nous refoulions ces désagréments et qu'il ne nous reste plus qu'à avaler, comme on dit, alors, à la place, c'est le mécontentement qui s'insinuerait dans la moelle et l'os, qui consumerait la santé et nous déclinerions d'âme et de corps. Alors nous pourrions bien nous mettre à prendre les eaux de Lund ou peut-être à gaspiller notre argent à prendre des bains de boue, comme j'ai entendu raconter que l'on fait à Porla ou Loka : de ces choses qui n'ont guère d'effet quand on est dans une mauvaise passe. Et puis autre chose, Albert, que je veux également que tu notes bien. À cause de ces souffrances, mon teint s'altérerait, mes yeux pâliraient et je deviendrais plus laide que je suis. Tu n'aurais jamais le cœur de me le dire, mais tu le penserais souvent. Je serais, certes, assez sensée pour le découvrir moi-même et je m'isolerais dans mes idées noires sur ce que tu penserais de moi : et ce que tu ne me dirais jamais, je l'imaginerais quand même, je le devinerais toute seule. Par là, je dormirais plutôt mal et j'irais, encore plus ridée de jour en jour, oui, Albert, il n'y a pas de limites à la laideur quand on commence de la sorte, je l'ai vu chez les gens. Et comment en irait-il pour toi ? Tu chercherais, si tu étais à l'égal des meilleurs, à me consoler par de douces paroles ; mais quelles que soient tes intentions, cela sonnerait un peu vide à mes oreilles, étant donné que je remarquerais tes diverses façons de mentir pour me faire plaisir. Cela ne ferait qu'empirer l'affaire qui ne s'améliorerait pas. Et tu te fatiguerais certainement, toi aussi, car tu es un être humain, Albert, toi comme moi. Et même, tu te fatiguerais sans doute de moi, moins pour la dégradation de mon corps que pour l'agacement, l'ennui et toute la méchanceté que j'aurais dans l'âme ; peut-être que la souffrance me rendrait, moi aussi, insensée et sournoise pour finir, en sorte que je serais encore plus insupportable. Et ce qu'on a coutume de dire des promesses et des serments n'est que paroles vides puisque personne ne tient, en fin de compte, ce qui n'est pas tenable : je parle de l'amour profond du cœur pour une personne, le seul estimable, mais qui, sans secours, disparaît, si cette personne estime en son for intérieur être devenue insupportable. Je viens de décrire comment je pourrais te devenir intolérable : il pourrait bien advenir de même que tu me deviennes insupportable. Quelle espèce de consolation y a-t-il alors dans la parole donnée ? On reste dans son malheur et on porte un nom. C'est comme un titre sans fonction. C'est comme une enseigne sur une boutique, et quand on entre dans cette boutique, pour y demander la marchandise dont parle l'enseigne, il n'y en a pas. Que fait-on alors ? eh bien ! on sort fâché et on se moque de l'enseigne. N'y a-t-il pas de quoi rire ? Il m'a souvent fallu observer cela avec chagrin chez autrui, et cela ne me plaît pas. Je ne souhaite pas que toi ou moi ayons à éprouver cela. Si tu m'aimes dans l'âme, — je suis contente et cela me suffit, pour tout le reste, je me débrouillerai toute seule, enjouée, satisfaite et diligente ; je dormirai bien la nuit et serai belle le jour ; je le sais et tu le verras. Mais si tu ne m'aimes pas... à quoi sert tout le reste, et qu'ai-je à faire de tout le reste ? Le plus profitable et le meilleur pour nous, c'est uniquement que l'amour suffise. Et il se peut qu'il prenne fin tout de même, peut-être : mais au moins, il faut éviter tout ce qui, de façon prévisible, vous contrariera, ou pourra vous déplaire, et perdra l'amour au lieu de lui venir en aide.

— Mais, Sara, si nous sommes des personnes bonnes et sensées, comme je pense que nous le sommes tous les deux, nous devons bien dès le début en être capables... et ensuite continuer... et je pense que nous ne devrions pas nous compter parmi les malheureux exemples que tu as présentés.

— Si nous sommes des personnes bonnes et sensées comme j'espère qu'avec l'aide de Dieu nous le sommes peut-être... alors, Albert, que faut-il davantage ? Il nous suffit, sans plus, de faire l'un pour l'autre, et envers tous les autres, ce qui découle de la bonté et du bon sens, dans toute notre mesure. Qui peut empêcher cela ? Réfléchis bien... si nous sommes bons et sensés, le plus urgent n'est-il pas que nous continuions à l'être et que nous nous aimions ? Et il faut que ce soit le fait. Mais surtout, il faut éviter tout ce qui peut nous corrompre, nous rendre méchants, idiots et stupides. Ce que devient un homme, c'est toujours l'affaire de Dieu et il y en a beaucoup qui peuvent tomber. Mais au moins ne devons-nous pas instaurer entre nous un état de choses dont il y a toutes chances pour qu'il nous emplisse le cœur de venin et le cerveau de nuages brumeux. D'autres peuvent appeler cela une épreuve ; mais moi, j'appelle cela une méchante et déraisonnable entreprise, on ne devrait pas s'y soumettre mutuellement à bon droit. Car si Dieu lui-même inflige à quelqu'un un tourment qui ne se peut éviter, il faut le supporter patiemment, c'est une épreuve ; mais les humains peuvent s'abstenir de ces mauvaises initiatives : elles sont évitables et doivent être évitées, il n'y a pas à les tenir pour des épreuves, surtout que, le plus souvent, elles mènent en enfer, où, sans doute, aucune institution amicale ne devrait vouloir entraîner ses membres. Mais si tu ne penses pas comme moi, Albert, tu as ton entière liberté, et...

Sara / Carl Jonas Love Almqvist ; roman traduit du suédois par Régis Boyer. – Toulouse : Éditions Ombres, 1995. – (*Petite Bibliothèque Ombres* ; 48). – [Pp. 123-127]. – [Traduction revue pour la présente édition].

LE LIVRE DE L'ÉGLANTINE — LES JOYAUX DE LA REINE 278

É. Balzamo — 1996

La mort dans l'âme (Livre X, scène IX). — Ferdinand et Clas Henrik, tous deux impliqués dans le complot qui a abouti à l'assassinat du roi Gustave III, au cours d'un bal masqué donné à l'opéra la nuit du 16 mars 1792, se cachent sous un faux nom près de la forêt de Kolmården, dans la baie de Bråviken, où ils vivent de leur chasse et de leur pêche. Non loin de là, au château de Stavsjö, se sont réfugiées les deux sœurs Amanda et Adolphine, éprises des deux jeunes nobles, folles de chagrin après leur disparition et les malentendus qui l'ont entourée. Elles ont trouvé réconfort auprès de Lazuli, jeune compagnon engagé à leur départ de Stockholm, et qui n'est autre que Tintomara fuyant les soupçons qui pèsent sur elle après le vol des joyaux de la reine. Tintomara, se promenant dans la forêt environnante, a rencontré les deux jeunes hommes, qui ont fait de lui leur compagnon de chasse et de jeu. L'un et l'autre soupçonnent néanmoins en secret Tintomara d'être une fille. Victor (Ferdinand) obtient de son jeune compagnon qu'il revête un court instant un habit féminin. La surprise est vive, et dévoile le drame en cours. Tintomara, homme ou femme, l'être qui, dit-on, aurait servi d'appât dans les couloirs de l'Opéra pour y attirer le roi Gustave III, sème la mort parmi ses amants et amantes.

Kolmården. Un endroit à quelque distance du précédent.

FERDINAND : Pas de réponse, que dois-je en penser ? Tintomara a eu assez de temps pour se changer. Mais c'est un espiègle. Tout de même, quelle lubie de ma part ! Il est bien possible que je me sois trompé dans mes suppositions. Tiens ! Qui est-ce qui marche là-bas entre les arbres ? Une bergère ? Une jolie jupe à rayures... un fichu blanc, fort propre... une taille fine... une allure digne et posée... La tête basse... Qui ça peut être ? Elle se garde de m'approcher. Aurait-elle peur ?

Tintomara, portant une nouvelle tenue, apparaît à distance.

FERDINAND : Singulière aventure ! J'attends à tout moment le signal pour me diriger à l'ouest, pour rencontrer mon compagnon de chasse déguisé en fille. Et voilà qu'au même instant vient de l'est une autre jeune fille, une vraie. Laquelle choisir ? Essayons de nous approcher de cette promeneuse, douce et mélancolique. Le fichu est une coiffure très seyante pour une paysanne ; dommage seulement qu'il cache presque tout le visage. Mais le peu qu'il laisse voir n'en est que plus charmant. Qu'elle est gracieuse ! — Bonjour, ma fille, n'aie pas peur, approche-toi. As-tu perdu quelque chose dans ces parages ? Tu avances lentement, les yeux baissés.

TINTOMARA : Perdu ?

FERDINAND : Une belle voix... de fort jolis pieds... Ne reste pas si loin.

TINTOMARA : Dois-je m'approcher ?

FERDINAND : Cette voix ! Et le peu que je puis distinguer sous le fichu ! Peut-il exister deux visages... deux êtres aux antipodes l'un de l'autre… Pourquoi t'es-tu arrêtée, ma fille ? Est-ce à moi de venir vers toi ? C'est fait. N'aie pas peur d'un chasseur. Bonjour.

TINTOMARA : Bonsoir.

FERDINAND : Un regard franc. — Donne-moi ta main ! Qu'est-ce que ça peut te faire ? — Bonsoir ? En effet, les ombres des arbres obscurcissent la forêt. Où vas-tu ?

TINTOMARA : Où vais-je ?

FERDINAND : Personne au monde n'a d'yeux comme les tiens, excepté un seul être. Tu es une gentille jeune fille, et je t'aiderai volontiers si tu cherches quelque chose. Relève un peu ton fichu, permets-moi de regarder ton front et tes joues. Tu n'as rien à craindre… il n'y a aucun danger… aucun.

TINTOMARA : Arrange mes vêtements à ta guise.

FERDINAND : À ma guise ? Enlève donc ce fichu, il fait chaud dans ce bocage.

TINTOMARA : Volontiers. C'est bien toi qui as eu l'idée…

FERDINAND : Ciel et forêts ! Que vois-je ?

TINTOMARA : Ce que tu désirais, n'est-ce pas ?

FERDINAND : Tintomara !

TINTOMARA : Es-tu content, Victor ? Ce déguisement te plaît-il ou faudrait-il qu'il soit différent ?

FERDINAND : Déguisement ? Non, c'est ton apparence véritable ! Tout le confirme : ton allure, tes mains, ton…

TINTOMARA : La robe n'est pas à moi, mais elle me va bien.

FERDINAND : Quelle métamorphose ! Jeune fille céleste… éclaire-moi… pas seulement l'habit, mais toute ta démarche… si digne, si fine, si majestueuse… tes allures… le triste éclat de tes yeux…

TINTOMARA : Un chagrin m'oppresse, Victor.

FERDINAND : Tintomara, quelle idée ai-je eue ! Et quelle idée as-tu eue, toi, de venir du côté d'où je ne t'attendais guère !

TINTOMARA : Où veux-tu que nous allions à présent ?

FERDINAND : Là où sont restés nos fusils et le coq de bruyère.

TINTOMARA : Tiens-moi par la main, Victor !

FERDINAND : Tu trembles ?

TINTOMARA : Dépêchons-nous ! vite !

FERDINAND : Dois-je croire mes yeux ? Jamais l'azur de ton regard n'a encore brillé d'un éclat si… si… immense ! Ou alors… est-ce une larme ?

TINTOMARA : Peut-être.

FERDINAND : Pour la grâce de Dieu, merveilleuse inconnue, épanche-toi. Je te connais depuis peu ; dans ces contrées, tu séjournes incognito, sous un nom d'emprunt — cela m'intrigue de plus en plus. Pardonnez en outre cette hardiesse à un étranger, noble jeune fille... Comment dois-je vous appeler ? Je ne voudrais guère forcer votre secret, mais vous trouverez en moi une aide, un soutien dans votre malheur. Je suis effrayé par ce que je viens de faire ! Qui que vous soyez, ne m'en veuillez pas de cette plaisanterie malséante.

TINTOMARA : Pardonne-moi, Victor, si je t'ai fait de la peine.

FERDINAND : Je suis confondu, abasourdi... Tintomara (puis-je t'appeler encore par ce prénom qui est devenu la musique de mon âme ?), ai-je bien entendu : Tintomara consent à me tutoyer ? Nous vivons par des temps si troubles que je soupçonne quelque grand mystère que j'ignore et qui se cache ici. Peut-être qu'en ce moment je plie mes genoux devant une dame de haute naissance — la plus haute...

TINTOMARA : Relève-toi, Victor.

FERDINAND : À qui que puisse appartenir cette main délicate que mes lèvres osent effleurer, sache que je ne suis pas un misérable. Confie-moi ton chagrin, autant qu'il est nécessaire pour qu'on puisse y remédier et te venir en aide, noble jeune fille !

TINTOMARA : Oh malheur !

FERDINAND : Ne nous méprise pas, parce que nous vivons au bord de la mer. Un événement terrible, que je ne puis nommer, m'empêche de te dire qui nous sommes, moi et mon ami de la Carrière de marbre. Mais sois-en sûre, je suis un gentilhomme, je ferai tout pour toi... Tout ! Et peut-être saurai-je me rendre utile. Quel est ce malheur ?

TINTOMARA : Victor !

FERDINAND : Non, ne dissimule pas ton chagrin ; il se lit clairement sur chaque trait de ton visage. J'y reconnais encore le compagnon féerique qui remplissait les bois de ses bonds légers, ses tours et ses plaisanteries, de ses airs d'un charme ô combien insondable... Et pourtant tout a changé ! Un voile palpitant t'enveloppe, comme tissé de très fines ténèbres... Ton regard céleste me toise de haut, si doux, si suave — et pourtant si terrifiant ! Au nom de Dieu, révèle-moi la cause de ta tristesse !

TINTOMARA : Relève-toi, Victor. Je regrette infiniment...

FERDINAND : Quoi donc ?

TINTOMARA : Tu m'aimes.

FERDINAND : Le mot foudroyant !

TINTOMARA : Mets-toi debout, Victor, et laisse-moi te poser une question, te raconter quelque chose.

FERDINAND : Tintomara, qu'y a-t-il encore à demander, à raconter ?

TINTOMARA : Connais-tu Mannerhjelm, le beau ?

FERDINAND : Herman Adolphe Mannerhjelm ? Ce malheureux qui, à cause d'une sorcière, s'est engagé sur le chemin qui l'a mené à la mort ? Si je le connaissais ! Désespéré, il a fini par dérober une perle de la coiffure de celle qui avait refusé son amour. Il l'a écrasée, dissoute dans un verre de vin et avalée ; il en est mort. Était-ce un de tes proches ? Désires-tu le venger ?

TINTOMARA : As-tu connu Hedensköld ?

FERDINAND : Le jeune baron Hedensköld ? celui qui, sur son destrier anglais, s'est précipité sur la grille du parc à Haga et qui s'est fracassé le crâne ? Il l'aurait fait à cause d'une sirène malfaisante — il y en a tant à Stockholm ! Le pauvre ! Est-il de la famille ? Que veux-tu que je fasse ?

TINTOMARA : As-tu entendu parler de Séverin Nichols ?

FERDINAND : Le neveu de Zacharias Nichols ? Bien sûr : lui aussi a augmenté le nombre des victimes. On a trouvé son corps du côté de Strömborg le lendemain du soir où il avait en vain imploré les grâces d'un joli fantôme, à l'Opéra.

TINTOMARA : Cette sorcière, cette sirène malfaisante, ce fantôme sont tous la même personne.

FERDINAND : Affreuse créature.

TINTOMARA : N'as-tu jamais su qui c'était ?

FERDINAND : Non, je n'ai jamais voulu m'approcher de ce rebut vénéneux ni même en entendre parler.

TINTOMARA : Comment a-t-elle réussi à perdre tous ces individus ?

FERDINAND : Attirés par ce bourreau aux traits enchanteurs, ils se sont retrouvés sur un lit de supplice, propulsés par la jalousie sur l'échafaud que de leurs propres mains ils avaient dressé, car...

TINTOMARA : Car ?

FERDINAND : Elle ne les aimait pas.

TINTOMARA : Victor. *Elle*, c'est moi.

FERDINAND : Tintomara ! ! !

TINTOMARA : Cette sorcière, cette sirène malfaisante, ce fantôme... regarde-moi !

FERDINAND : Dieu éternel !
TINTOMARA : Adieu Victor, adieu. — Hélas, je ne t'aime pas.

Le Joyau de la reine / Carl Jonas Love Almqvist ; traduit du suédois et présenté par Élena Balzamo. – Paris : J. Corti, 1996. – (*Collection romantique* ; 66). – [Pp. 285-291].

LE LIVRE DE L'ÉGLANTINE — LA PAUVRETÉ SUÉDOISE 279

T. Hammar — 1911

Être pauvre signifie en être réduit à soi-même (Livre X). — L'erreur serait de prendre au pied de la lettre, en dépit du ton à la fois dégagé et convaincu, ce célèbre passage qui sera resté dans une sorte de catalyseur de la social-démocratie suédoise dont tout le monde connaît la réussite. En fait, Almqvist s'y livre à un exercice dans lequel il est passé maître, la manipulation désinvolte d'un humour au second degré ou d'une ironie d'autant plus cinglante qu'elle passe d'abord inaperçue. Ce texte demeure l'une des plus violentes satires qui ait jamais été faites de la Suède, et Strindberg, disciple d'Almqvist, s'en souviendra souvent.

Or il y a une seule chose — une chose très grande — à laquelle le Suédois, entre tous les Européens, a été voué : c'est la pauvreté. Si seulement nous pouvions en apprendre l'usage ! Elle nous tient tous ici plus ou moins ; mais beaucoup d'entre nous s'accommodent mal du caractère essentiel que Dieu nous a donné. Le Suédois est pauvre. S'il accepte cela, il a trouvé le point central de sa nationalité, et il est invincible.

Être pauvre signifie en être réduit à soi-même.

Pour que mes lecteurs ne tirent pas de là des conclusions que je suis loin de vouloir suggérer, je fais observer tout de suite que je n'ai point dit que la pauvreté fût une chose à rechercher, un but à atteindre. Mais lorsqu'on se trouve dans la situation d'être pauvre, c'est alors qu'on ne peut compter sur rien de terrestre que sur soi-même. Ne pas sombrer, mais rester debout, trouver en soi-même et développer organiquement toute la force nécessaire, c'est *savoir* être pauvre. Le savoir de la bonne manière, avec une liberté, une activité et une indépendance entières, trouver en soi-même une ressource inépuisable et y puiser avec habileté, ingéniosité et rapidité les moyens de se tirer d'affaire dans toutes les circonstances, cette faculté est l'essence même de l'esprit suédois tel que Dieu et notre propre nature l'ont fait. *Savoir être pauvre lorsqu'il le faut*, sans peur et sans péril, l'aspect de nos paysages même nous l'enseigne, mais ce n'est pas seulement ici-bas la situation de notre corps, c'est aussi celle de notre âme.

En Suède il n'est point question de rechercher la pauvreté. Elle est une dot de la nature ; elle n'est point le but ; elle est la source. Être pauvre n'est point une coquetterie politique ou religieuse, c'est la situation du Suédois dans le monde. S'il s'entend soi-même dans cette nature, il possède assez de force. Voilà de quoi le paysan suédois est capable par-dessus tout, et voilà ce que les classes élevées ont besoin d'apprendre si elles veulent atteindre le tréfonds du caractère national suédois.

Cette faculté de se trouver fort dans la pauvreté constitue un des secrets, bien que souvent profondément caché, du caractère suédois. Tout ce qui semble y contredire est une greffe importée de l'étranger, cultivée et répandue dans le pays par les gens des classes élevées, qui en grande partie tirent leur origine d'ancêtres étrangers et en général font assez piteuse figure dans leur pauvreté, donnant ainsi une nouvelle preuve de leur présent manque de caractère national. Le paysan suédois par contre n'a pas de peine à être pauvre. Il peut bien travailler et amasser, mais ordinairement il gaspille ce qu'il a amassé. « Les Suédois vivent au-dessus de leurs moyens » est devenu un proverbe. Le Suédois n'est presque jamais laborieux au sens français et allemand ; encore moins économe à l'instar du Russe et du Juif. Alors que l'étranger thésaurise pour posséder l'argent, le Suédois l'amasse pour le dépenser. La pauvreté est son état normal, l'aisance un état intérimaire, la richesse un petit jeu auquel il s'adonne de temps en temps.

Thésauriser pour gaspiller et très souvent *sans jouissance*, sans intention, cela frise l'absurde, c'est suédois. On fait ainsi lorsque la pauvreté est la condition naturelle, la richesse une plaisanterie. On est alors indépendant non seulement de l'argent, mais, qui plus est, on est même indépendant du fruit que l'on a coutume d'en attendre : la jouissance. Cela, aucun étranger ne le comprendra... Mais lorsque le Suédois s'est bien compris dans ce secret de son caractère, il a là une force qui, tout en présentant l'apparence de la faiblesse et de la légèreté, n'en est pas moins le contraire, et le rendra libre d'une façon merveilleuse. Ceux-là mêmes qui parfois se permettent de sourire de lui en demeurent stupéfaits.

La première erreur à éviter à ce propos serait de supposer que je soutiens comme bien ou comme nécessaire pour le Suédois de gaspiller sans profit ce qu'il aura économisé. Non. Il pourra très bien le garder. Mais il *doit être ainsi fait qu'il puisse l'abandonner*. Cela peut paraître une chicane de mots, mais il n'en est rien. Pouvoir tout abandonner, c'est par cette liberté d'esprit, par ce détachement qui s'étend non seulement à la fortune même, mais à son fruit, la jouissance, que le Suédois conserve son caractère distinctif « *de toujours savoir être pauvre* ». Il a alors la force de pouvoir à chaque instant se redresser, détaché de tous les liens, s'appuyant exclusivement sur sa propre personne et sur rien autre au monde. À ces instants il sent Dieu en dedans de lui et la terre entière au-dessous de lui. À le voir ainsi, peut-être vous paraîtra-t-il loqueteux et sale ; mais il porte haut la tête et regarde autour de lui avec les yeux d'un homme qui est chez soi partout et non nulle part. Ce ressort, cette souplesse qui lui permettent de se détacher de la richesse, voilà la vraie noblesse du sang suédois.

Anthologie des écrivains suédois contemporains / par T. Hammar. – Paris : Bibliothèque Larousse, 1911. – [Pp. 6-8].

LE LIVRE DE L'ÉGLANTINE — LA PAUVRETÉ SUÉDOISE 280

T. Hammar — 1911

L'églantine (Livre X). — Exactement dans la ligne de l'extrait précédent, mais appliqué, cette fois, à la nature du Nord, le regard porte le même jugement à la fois péjoratif (« pauvre ») et racé (« noble »).

Jetons un regard sur la flore du Nord. Notre presqu'île possède-t-elle une rose ? Indigène et originaire du pays, nous en avons une qu'en langue ordinaire on appelle églantine, bien que de la même dynastie de fleurs que la rose des pays chauds.

L'églantier mérite qu'on le contemple de près, — il est caractéristique du Nord. Regardez sa petite fleur rose pâle et respirez-en la senteur extraordinairement fine, presque faible, la plus noblc pourtant qui flotte dans l'air. Il n'a aucune richesse luxuriante de feuillage ; ce n'est pas la rose méridionale gonflée de sève, rouge ardent, image de la volupté, ni non plus le capiteux parfum narcotique, frère de l'ambre, du musc et de tous les encens de l'Orient. L'églantier montrera certes pendant sa courte floraison un assez grand nombre de ses petites fleurs pauvres de pétales ; il est vigoureux bien que mince et possède autant d'épines que sa parente du Sud et de l'Orient. Mais il est l'incarnation de la pauvreté, de la grâce sauvage et de la chasteté. Il est l'expression de toute notre nature du Nord, fondue en un symbole.

Anthologie des écrivains suédois contemporains / par T. Hammar. – Paris : Bibliothèque Larousse, 1911. – [Pp. 9-10].

RIEMANN

ALLEMAND

1826-1866

Chaque discipline a ses héros et, bien au-delà, quelques êtres de légende au génie surnaturel. Le mathématicien et physicien Bernhard Riemann appartient à cette dernière catégorie. À preuve, ce qu'écrivaient de lui les très grands géomètres Kronecker et Weierstrass, rapporteurs pour sa nomination à l'Académie de Berlin au début de 1866, à quelques jours de sa mort : « Cependant, nous devons simultanément souligner que ses méthodes, non moins que ses résultats, méritent l'admiration des experts et que, dans des conclusions et des énoncés séparés des travaux mentionnés, on trouve un trésor d'observations importantes et fécondes. Une fois clairement décrits non seulement le rare don de M. Riemann, mais aussi la place exceptionnelle que son nom ne manquera pas d'occuper dans l'histoire de la science, il y a toute raison de le récompenser de la plus haute distinction académique, savoir son élection comme membre étranger. »

Né à Breslenz, dans le royaume de Hanovre, Bernhard Riemann est fils de pasteur. Après des études secondaires où déjà ses talents multiples de mathématicien éclatent, il entre à l'université de Göttingen (1846), d'abord, selon le désir de son père, en théologie, puis bientôt en mathématique (1847-1849). La présence d'un fabuleux Gauss ne l'y retient pas et, de 1849 à 1851, il se rend à Berlin, où enseignent des géomètres de premier plan (Dirichlet, Jacobi, Steiner). De retour à Göttingen, il s'initie notamment à la physique, sous la direction de Wilhelm Weber, l'un des grands physiciens de ce temps.

Son *Inauguraldissertation* (1851), un des monuments de son œuvre, est suivie, en 1854, par ses deux mémoires d'habilitation (publiés tous deux en 1867) : *Sur la représentabilité d'une fonction par une série trigonométrique* et *Sur les hypothèses qui servent de fondement à la géométrie*. À la suite d'une nouvelle étude fondamentale, sur les fonctions abéliennes (1857), Riemann est nommé professeur à Göttingen (1858), succédant à Dirichlet, lui-même successeur de Gauss. En novembre 1859, paraît ce qui sera peut-être le plus fameux de ses travaux, son mémoire sur le nombre de nombres premiers inférieurs à un nombre donné. Peu après son mariage (1862), il ressent de nouveau les symptômes du mal ancien qui devait l'emporter. Il se soigne en Italie, où il rencontre divers mathématiciens de premier plan, tels Betti ou Beltrami. Il y décède le 20 juin 1866 au cours de l'un de ses séjours à Selasca, au bord du Lac Majeur, où il repose : il n'avait pas quarante ans.

Il est commode, quoique un peu artificiel, de distinguer deux pans dans l'œuvre de Riemann : ses travaux de mathématiques pures, et ses recherches de physique mathématique. Entre les deux, la transition est ménagée, au carrefour des mathématiques, de la théorie de la connaissance, de l'épistémologie et de la physique, par son article *Sur les hypothèses qui servent de fondement à la géométrie*, qui sera publié en 1867 par Richard Dedekind, qui est aussi son premier éditeur et biographe.

Ce mémoire de 1854, qui ne contient ni développement analytique ni formule, présente l'espace comme le lieu de rencontre de l'extériorité et de l'intériorité et fait de lui le médiateur par excellence entre les mathématiques et leurs applications à la physique. Ce n'est qu'en 1861, à l'occasion d'un mémoire pour le Grand Prix de l'Académie des Sciences, que Riemann développera certains aspects de la partie mathématique de ce travail, qui constitue le fondement de la discipline appelée depuis « géométrie riemanienne ».

À l'origine de ses *Hypothèses* on note au moins deux trains de réflexions.

D'abord les réflexions liées à l'intérêt constant de Riemann pour les questions de physique, en particulier son effort d'unification des grandes catégories par lesquelles la nature se manifeste : « Mon travail principal concerne une nouvelle interprétation des lois connues de la nature — leur expression au moyen de nouveaux concepts fondamentaux — par laquelle l'utilisation des données expérimentales sur les actions réciproques entre chaleur, lumière, magnétisme et électricité rend possible la recherche de leurs connexions. J'y fus conduit principalement par l'étude des œuvres de Newton, Euler et, d'un autre côté, Herbart. » (*Fragments à contenu philosophique*).

Le second train de réflexions vient de la pensée philosophique de Riemann. Disciple de Herbart (1776-1841) en ce domaine (un ami de Fichte et l'un des successeurs de Kant à Koenigsberg [1809], puis professeur à Göttingen de 1834 à 1841), Riemann reprend certains aspects de son épistémologie : l'idée que les concepts sont des produits évolutifs ; et aussi la nécessité d'élaborer pour chaque discipline un concept central, qui en éclaire toute la structure, exigence au cœur même du grand mémoire de 1854. Le concept de « variété » est en effet l'élément émergeant et fédérateur de l'idée d'espace, élément fédérateur lui-même, issu, au moins partiellement, de l'épistémologie de la physique de Riemann. Riemann a peut-être aussi une dette envers la *Naturphilosophie* selon laquelle — à l'opposé du mécanisme — la Nature constitue un Tout animé, une avec l'Esprit, un système unique et dynamique, où les forces se métamorphosent de multiples façons. Schelling et les siens croyaient ainsi à une force unique, dont les manifestations étaient l'électricité, le magnétisme, la chaleur, la lumière, la gravité. Riemann, qui s'est intéressé aux travaux, proches de la *Naturphilosophie*, du psychologue Gustav Theodor Fechner (1802-1887), écrit en effet : « De même que Fechner dans son *Nana* cherche à prouver que les plantes ont une âme, de même le point de départ de ses considérations dans son *Zend-Avesta* est l'étude de l'âme des astres. La méthode dont il se sert n'est pas l'abstraction de lois générales par l'induction et leur application et leur vérification dans l'explication de la Nature, mais l'analogie. Il compare la Terre avec notre propre organisme, dont on sait qu'il est animé. » (*Fragments à contenu philosophique*).

Dans les *Hypothèses* de 1854 on est en présence d'un cas évident d'interférence entre un projet philosophique et une recherche scientifique, comme cela fut le cas pour la *Naturphilosophie*. Cette interférence est peut-être liée aux programmes des universités allemandes, où les études de sciences sont précédées par des leçons de philosophie, alors qu'en France les scientifiques manifestent souvent pour la philosophie une réserve qui peut aller jusqu'au mépris.

Si la géométrie, d'Euclide pratiquement jusqu'à la fin du XIXe siècle, n'a pas parlé d'espace, c'est qu'en fait, elle n'en avait pas vraiment besoin. L'espace était affaire de philosophie. C'est ce qui permettait à Kant d'affirmer, dans la *Critique de la raison pure*, que l'espace est une pure intuition : « En effet, on ne peut d'abord se représenter qu'un espace unique, et, quand on parle de plusieurs espaces, on n'entend par là que les parties d'un seul et même espace. [...] Il est essentiellement un. » (Traduit par A. Tremesaygues et B. Pacaud, Paris : P.U.F., 1994, p. 56). Et si l'espace n'était pas conçu comme l'affaire du philosophe, il pouvait éventuellement être celle du physicien, le rapport entre l'espace et la géométrie étant celui de contenant à contenu. C'est à cet état de choses que s'oppose de front le travail de Riemann.

Par les perspectives qu'a ouvertes la lignée qui va de Gauss à von Helmholtz en passant par Riemann, la géométrie analytique, jusqu'alors simple servante de la géométrie ou de l'algèbre, est devenue un moyen puissant d'investigation de l'espace en tant que tel, et l'a transporté dans le champ de la recherche positive. Auparavant, l'édification de la géométrie sur la base exclusive de grandeurs empêchait tout recours à l'intuition proprement spatiale, exigeant seulement la connaissance précise des propriétés analytiques nécessaires à la construction géométrique. L'approche nouvelle — c'est dans cette perspective qu'a travaillé von Helmholtz — était en particulier appropriée à l'analyse de questions fondamentales pour la théorie de la connaissance, notamment celle de la nature, de l'origine et de la valeur des axiomes de la géométrie, question à laquelle Kant avait donné sa réponse, mais que les géomètres récuseront désormais, précisément à partir des informations fournies par le traitement analytique du problème de l'espace.

Ainsi, au cours de ses recherches, Riemann sera conduit à attribuer à chaque variété une expression mathématique (un « tenseur ») qui, dans le cas des surfaces de notre espace ordinaire, correspond au concept intuitif de courbure introduit par Gauss en 1827. Cependant, si dans ces espaces généralisés, ce concept de « courbure » conserve son nom, il perd en revanche toute signification intuitive. Le maintien de l'appellation a été, du reste, à l'origine d'un profond malentendu, obstacle à la libre application de ces théories à notre espace physique. De nombreux philosophes, mais aussi des mathématiciens et des physiciens, notamment dans les années 1870, se sont en effet violemment opposés aux idées de Riemann et de von Helmholtz, arguant qu'un espace courbe à trois dimensions ne se pouvait concevoir.

Pour bien comprendre la théorie, nouvelle, de l'espace chez Riemann, il s'agit de prêter une extrême attention à la terminologie qu'il utilise, une terminologie qui a dû se frayer un chemin dans les disciplines connexes et, parallèlement, rénover, radicalement parfois, la sémantique d'un lexique existant. Ainsi, chez Riemann, le mot « espace » (*Raum*) signifie-t-il toujours l'espace physique ; et la discipline qui s'en occupe, c'est la géométrie. Dans les cas les plus généraux, Riemann parle de « variété *n* fois étendue » et de l'étude de ses relations métriques.

L'importance décisive de l'œuvre de Riemann pour l'histoire de la pensée est soulignée par R. Narasimhan, dans sa Préface des récentes *Gesammelte mathematische Werke* : « Il est rare qu'une centaine d'années après, l'œuvre d'un homme, ses idées et ses méthodes soient étudiées et utilisées par les spécialistes dans la forme même où il les a laissées. Les mathématiques de Riemann possèdent cette qualité de permanence à un degré étonnant. » ; et encore : « Personne n'est capable d'analyser complètement l'œuvre de Riemann, son développement et son influence sur les mathématiques courantes. ».

Erhard Scholz, "Herbart's influence on Bernhard Riemann". – In : *Historia mathematica* 9 (1982), pp. 413-440.

Gesammelte mathematische Werke, wissenschaftlicher Nachlass und Nachtrage / Bernhard Riemann ; nach der Ausgabe von Heinrich Weber und Richard Dedekind neu herausgegeben von Raghavan Narasimhan. – Berlin ; New York [etc.] : Springer, 1990.

Bernhard Riemann (1826-1866) : Wendepunkte in der Auffassung der Mathematik / Detlef Laugwitz. – Basel ; Boston ; Berlin : Birkäuser, 1996. – (*Vita mathematica* : Br 10).

SUR LES HYPOTHÈSES QUI SERVENT DE FONDEMENT À LA GÉOMÉTRIE 281

J. Houël, rev. J.-Cl. Pont — 1968/1998

Plan de cette étude (I-II). — Destiné à un public non spécialisé, le texte de cette leçon d'habilitation, épreuve passée devant les professeurs ordinaires de la Faculté pour obtenir le droit de dispenser des cours payants au titre de *Privatdocent*, ne contient pas de formules. Malgré cela, les textes de Riemann ne sont pas faciles. — Les révolutions, en histoire des mathématiques, appartiennent à deux ordres. Il y a les révolutions techniques, dans lesquelles un théorème nouveau, une notion originale débloquent une situation qui s'enlisait : elles sont d'ordinaire tonitruantes et ponctuelles. Et puis, plus profondément, il y a les révolutions conceptuelles, épistémologiques, voire métaphysiques : silencieuses, il faut longtemps pour en percevoir les effets. Par ces révolutions conceptuelles, les habitudes mentales du mathématicien se modifient, de nouveaux schèmes plus ou moins conscients s'installent, qui confèrent une certaine unité aux manières d'écrire et de penser d'un temps. Un système de valeurs et de représentations est reconnu par une communauté scientifique, qui y trouve sa cohésion : un nouvel espace mental se constitue ; des façons de penser et de sentir différentes succèdent, peu à peu, aux anciennes.

On sait que la géométrie admet comme données préalables non seulement le concept de l'espace, mais encore les premières idées fondamentales des constructions dans l'espace. Elle ne donne de ces concepts que des définitions nominales, les déterminations essentielles s'introduisant sous forme d'axiomes. Les rapports mutuels de ces données primitives restent enveloppés de mystère ; on n'aperçoit pas bien si elles sont nécessairement liées entre elles, ni jusqu'à quel point elles le sont, ni même a priori si elles peuvent l'être.

Depuis Euclide jusqu'à Legendre, pour ne citer que le plus illustre des réformateurs modernes de la géométrie, personne parmi les mathématiciens ni parmi les philosophes n'est parvenu à éclaircir ce mystère. La raison en est que le concept général des grandeurs de dimensions multiples, comprenant comme cas particulier les grandeurs étendues, n'a jamais été l'objet d'aucune étude. En conséquence, je me suis posé d'abord le problème de construire, en partant du concept général de grandeur, le concept d'une grandeur de dimensions multiples. Il ressortira de là qu'une grandeur de dimensions multiples est susceptible de différents rapports métriques, et que l'espace n'est par suite qu'un cas particulier d'une grandeur de trois dimensions. Or il s'ensuit de là nécessairement que les propositions de la géométrie ne peuvent se déduire des concepts généraux de grandeur, mais que les propriétés par lesquelles l'espace se distingue de toute autre grandeur imaginable de trois dimensions, ne peuvent être empruntées qu'à l'expérience. De là surgit le problème de rechercher les faits les plus simples au moyen desquels puissent s'établir les rapports métriques de l'espace, problème qui, par la nature même de l'objet, n'est pas complètement déterminé ; car on peut indiquer plusieurs systèmes de faits simples, suffisants pour la détermination des rapports métriques de l'espace. Le plus important, pour notre but actuel, est celui qu'Euclide a pris pour base. Ces faits, comme tous les faits possibles, ne sont pas nécessaires ; il n'ont qu'une certitude empirique, ce sont des hypothèses. On peut donc étudier leur probabilité, qui est certainement très considérable dans les limites de l'observation, et juger d'après cela du degré de sûreté de l'extension de ces faits en dehors de ces mêmes limites, tant dans le sens des immensurablement grands que dans celui des immensurablement petits.

I. Concept d'une grandeur de n *dimensions*

En essayant maintenant de traiter le premier de ces problèmes, relatif au développement du concept d'une grandeur de dimensions multiples, je me crois d'autant plus obligé de solliciter l'indulgence des lecteurs, que je suis moins exercé dans les travaux philosophiques de cette nature, dont la difficulté réside plutôt dans les concepts que dans la construction, et qu'à l'exception de quelques brèves indications données par M. Gauss dans son second Mémoire sur les résidus biquadratiques, dans les *Gelehrte Anzeigen* de Goettingue et dans son Mémoire de jubilé, et de quelques recherches philosophiques de Herbart, je n'ai pu m'aider d'aucun travail antérieur.

Les concepts de grandeur ne sont possibles que là où il existe un concept général qui permette différents modes de déterminations. Suivant qu'il est, ou non, possible de passer de l'un de ces modes de déterminations à un autre d'une manière continue, ils forment une variété[1] continue ou une variété discrète ; chacun de ces modes de détermination s'appelle dans le premier cas un point, dans le second un élément de cette variété. Les concepts dont les modes de détermination forment une variété discrète sont si fréquents que, étant donnés des objets quelconques, il se trouve toujours, du moins dans les langues cultivées, un concept qui les comprend (et les mathématiciens étaient par conséquent en droit, dans la théorie des grandeurs discrètes, de prendre pour point de départ la condition que les objets donnés soient considérés comme de même espèce). Au contraire les occasions qui peuvent faire naître les concepts dont les modes de détermination forment une variété continue, sont si rares dans la vie ordinaire, que les lieux des objets sensibles et les couleurs sont à-peu-près les seuls concepts simples dont les modes de détermination forment une variété

---

1 L'idée de variété généralise les notions intuitives de courbes, surfaces, volumes, espace. Dans les cas les plus habituels, une variété est définie à partir de l'espace numérique à n dimensions.

plusieurs fois étendue. C'est seulement dans les hautes mathématiques que les occasions pour la formation et le développement de ces concepts deviennent plus fréquentes.

Une partie d'une variété, séparée du reste par une marque ou par une limite, s'appelle un quantum. La comparaison des quanta au point de vue de la quantité s'effectue, pour les grandeurs discrètes, au moyen du dénombrement ; pour les grandeurs continues au moyen de la mesure. La mesure consiste dans une superposition des grandeurs à comparer ; il faut donc, pour mesurer, avoir un moyen de transporter la grandeur qui sert d'étalon de mesure pour les autres. Si ce moyen manque, on ne pourra alors comparer entre elles deux grandeurs, que si l'une d'elles est une partie de l'autre, et encore dans ce cas ne pourra-t-on décider que la question du plus grand ou du plus petit, et non celle du rapport numérique. [...]. Dans cette branche générale de la théorie des grandeurs étendues, où l'on ne suppose rien de plus que ce qui est déjà renfermé dans le concept de ces grandeurs, il nous suffira, pour notre objet actuel, de porter notre étude sur deux points, relatifs, le premier à la génération du concept d'une variété plusieurs fois étendue, le second au moyen de ramener les déterminations de lieu dans une variété donnée à des déterminations de quantité, et c'est ce dernier point qui doit faire clairement ressortir le caractère essentiel d'une étendue de n dimensions. [...]

Les déterminations métriques exigent l'indépendance entre les grandeurs et le lieu, ce qui peut se réaliser de plusieurs manières. L'hypothèse qui s'offre d'abord, et que je développerai ici, est celle dans laquelle la longueur des lignes est indépendante de leur position, et où par suite chaque ligne est mesurable au moyen de chaque autre. La détermination de lieu étant ramenée à des déterminations de grandeurs, et la position d'un point dans la variété donnée n fois étendue étant, par suite, exprimée au moyen de n grandeurs variables $x_1, x_2, x_3, ..., x_n$, la détermination d'une ligne reviendra à ce que les quantités x soient données comme des fonctions d'une variable. Le problème consiste alors à établir une expression mathématique de la longueur d'une ligne, et à cet effet il faut considérer les quantités x comme exprimables en unités. Je ne traiterai ce problème que sous certaines restrictions, et je me bornerai d'abord aux lignes dans lesquelles les rapports entre les accroissements dx des variables x correspondantes varient d'une manière continue. On peut alors concevoir les lignes décomposées en éléments, dans l'étendue desquels les rapports des quantités dx puissent être regardés comme constants, et le problème revient alors à établir pour chaque point une expression générale de l'élément linéaire ds partant de ce point, expression qui contiendra ainsi les quantités x et les quantités dx. J'admettrai, en second lieu, que la longueur de l'élément linéaire, abstraction faite des quantités du second ordre, reste invariable, lorsque tous les points de cet élément subissent un même déplacement infiniment petit, ce qui implique en même temps que, si toutes les quantités dx croissent dans un même rapport, l'élément linéaire varie également dans ce même rapport. [...]

Pour l'espace, si l'on exprime la position du point en coordonnées rectangulaires, on a $ds = \sqrt{\sum (dx)^2}$; l'espace est donc compris dans ce cas le plus simple de tous. Le cas le plus simple après celui-là comprendrait les variétés dans lesquelles l'élément linéaire serait exprimé par la racine quatrième d'une expression différentielle du quatrième degré. L'étude de cette classe plus générale n'exigerait pas des principes essentiellement différents, mais elle prendrait un temps assez considérable, et ne contribuerait pas beaucoup, relativement, à éclaircir la théorie de l'espace, d'autant plus que les résultats ne pourraient s'exprimer géométriquement. [...]

Les variétés dans lesquelles l'élément linéaire peut, comme dans le plan et dans l'espace, se ramener à la forme $\sqrt{\sum (dx)^2}$, ne forment donc qu'un cas particulier des variétés que nous étudions ici, elles méritent un nom spécial, et j'appellerai, en conséquence, les variétés dans lesquelles le carré de l'élément linéaire peut se ramener à une somme de carrés de différentielles complètes, variétés planes. [...]

Ce terme est évidemment = 0, lorsque la variété représentée est plane, c'est-à-dire, lorsque le carré de l'élément linéaire est réductible à $\sqrt{\sum (dx)^2}$ et il peut, par conséquent, être considéré comme la mesure de la quantité dont la variété s'écarte de la planarité en ce point et dans cette direction superficielle. En le multipliant par – 3/4, il devient égal à la quantité que Gauss a appelée la mesure de courbure d'une surface. Pour déterminer les rapports métriques d'une variété à n dimensions, susceptible d'une représentation sous la forme supposée, on a trouvé tout à l'heure que $n\ (n-1) : 2$ fonctions du lieu sont nécessaires ; si donc on donne en chaque point la mesure de la courbure suivant $n\ (n-1) : 2$ directions superficielles, on pourra déterminer par leur moyen les rapports métriques de la variété, pourvu seulement qu'entre ces valeurs il n'existe pas des relations identiques, relations qui effectivement n'existent pas en général.

[...] Dans la manière de concevoir les surfaces, aux rapports métriques intrinsèques, dans lesquels on n'a à considérer que les longueurs des chemins tracés sur ces surfaces, se mêle toujours l'idée de leur position relativement aux points placés en dehors d'elles. Mais on peut faire abstraction des rapports extérieurs, lorsqu'on fait subir à ces surfaces des changements tels que les longueurs des lignes qui y sont situées restent invariables, c'est-à-dire, lorsqu'on les suppose flexible sans extension, et que l'on considère comme de même espèce toutes les surfaces ainsi obtenues. Ainsi, par exemple, des surfaces cylindriques ou coniques quelconques seront regardées comme équivalentes à un plan, parce qu'elles peuvent s'y appliquer par simple flexion, leurs rapports métriques intrinsèques demeurant invariables, et toutes les propositions qui concernent ces rapports, c'est-à-dire toute la planimétrie, continuant à subsister. Elles sont, au contraire, essentiellement non-équivalentes à la sphère, qui ne peut pas se transformer sans extension en un plan. D'après la recherche précédente, les relations métriques intrinsèques, dans une grandeur à deux dimensions, lorsque l'élément linéaire peut s'exprimer par la racine carrée d'une expression différentielle du second degré, comme cela arrive dans les surfaces, sont caractérisées en chaque point par la mesure de courbure. [...]

Œuvres mathématiques I / Riemann ; traduites par L. Laugel ; avec une préface de Hermite et un discours de Félix Klein. – Nouveau tirage. – Paris : A. Blanchard, 1968. – [Pp. 280-291]. – [Traduction de J. Houël, revue par Jean-Claude Pont pour la présente édition].

SUR LES HYPOTHÈSES QUI SERVENT DE FONDEMENT À LA GÉOMÉTRIE 282

J. Houël, rev. J.-Cl. Pont — 1968/1998

Application à l'espace (III). — La propriété fondamentale de notre espace est, croit-on, que ses points forment une chose — plus techniquement, on pourrait dire une grandeur, une multiplicité — à trois dimensions. Une autre croyance s'y ajoute généralement, que cet espace est euclidien, ce qui se traduit par le fait que les mesures de distance vérifient le théorème de Pythagore, ou, dans le langage des mathématiciens, que le carré de la distance de deux points s'exprime par l'intermédiaire d'une forme quadratique des coordonnées relatives des deux points. Ces idées communes, longtemps tenues pour le fond même de la raison, Riemann les critique et les généralise. Selon lui, il y a place pour diverses espèces d'espaces à trois dimensions et il appartient à l'expérience seule de désigner celle qui est appropriée à nos activités et à nos besoins. Il nie que la métrique de l'espace — à laquelle se rapportent les mesures que l'on y peut envisager — soit indépendante de son contenu, à savoir des phénomènes physiques auxquels cet espace sert de cadre. Dans la perspective traditionnelle, la métrique était fixée dès l'abord, a priori, et le réel entrait dans l'espace comme « en une raison locative », selon la profonde métaphore de Hermann Weyl. Dans l'idée de Riemann, la détermination de la mesure se fonde sur des considérations relatives à des régions infiniment petites, à l'image des actions de contact de la physique.

Après cette étude sur la détermination des rapports métriques d'une grandeur de *n* dimensions, on peut maintenant indiquer les conditions suffisantes et nécessaires pour la détermination des rapports métriques de l'espace, lorsqu'on admet comme hypothèses que les lignes sont indépendantes de leur position, et que l'élément linéaire est exprimable par la racine carrée d'une expression différentielle du second degré, c'est-à-dire que l'espace est une grandeur plane dans ses parties infinitésimales. Elles peuvent d'abord s'exprimer en demandant que la mesure de courbure en chaque point soit nulle suivant trois directions superficielles, et par suite les rapports métriques de l'espace sont déterminés, si la somme des angles d'un triangle est partout égale à deux droits. Si l'on suppose, en second lieu, comme Euclide, une existence indépendante de la position, non seulement pour les lignes, mais encore pour les corps, il s'ensuit de là que la mesure de courbure est partout constante, et alors la somme des angles est déterminée dans tous les triangles, lorsqu'elle l'est dans un seul. [...]

Il nous reste maintenant à examiner comment, à quel degré et avec quelle extension ces hypothèses sont confirmées par l'expérience. À ce point de vue, il existe entre les simples rapports d'étendue et les rapports métriques cette différence essentielle, que dans les premiers, où les cas possibles forment une variété discrète, les résultats de l'expérience ne sont, à la vérité, jamais complètement certains, mais ne sont pas inexacts ; tandis que, dans le second où les cas possibles forment une variété continue, toute détermination de l'expérience reste toujours inexacte, quelque grande que puisse être la probabilité de son exactitude approchée. Cette circonstance devient importante lorsqu'il s'agit d'étendre ces déterminations empiriques au-delà des limites de l'observation dans l'immensurablement grand ou dans l'immensurablement petit ; car les seconds rapports peuvent évidemment devenir de plus en plus inexacts, dès que l'on sort des limites de l'observation, tandis qu'il n'en est pas de même des premiers.

Lorsqu'on étend les constructions de l'espace à l'immensurablement grand, il faut faire la distinction entre l'illimité et l'infini ; le premier appartient aux rapports d'étendue, le second aux rapports métriques. Que l'espace soit une variété illimitée de trois dimensions, c'est là une hypothèse qui s'applique dans toutes nos conceptions du monde extérieur, qui nous sert à compléter à chaque instant le domaine de nos perceptions effectives et à construire les lieux possibles d'un objet cherché, et qui se trouve constamment vérifiée dans toutes ces applications. La propriété de l'espace d'être illimité possède donc une plus grande certitude empirique qu'aucune autre donnée externe de l'expérience. Mais l'infinité de l'espace n'en est en aucune manière la conséquence ; au contraire, si l'on suppose les corps indépendants du lieu, et qu'ainsi l'on attribue à l'espace une mesure de courbure constante, l'espace serait nécessairement fini, dès que cette mesure de courbure aurait une valeur positive, si petite qu'elle fût. En prolongeant suivant des lignes de plus courte distance les directions initiales situées dans un élément superficiel, on obtiendrait une surface illimitée de mesure de courbure constante, c'est-à-dire une surface qui, dans une variété plane de trois dimensions, prendrait la forme d'une surface sphérique, et qui serait par conséquent finie.

Œuvres mathématiques I / Riemann ; traduites par L. Laugel ; avec une préface de Hermite et un discours de Félix Klein. – Nouveau tirage. – Paris : A. Blanchard, 1968. – [Pp. 294-296]. – [Traduction de J. Houël, revue par Jean-Claude Pont pour la présente édition].

SUR LES HYPOTHÈSES QUI SERVENT DE FONDEMENT À LA GÉOMÉTRIE 283

J. Houël, rev. J.-Cl. Pont — 1968/1998

Une révolution conceptuelle. — L'immense célébrité du mémoire *Sur les hypothèses qui servent de fondement à la géométrie* est en partie due au destin peu prévisible des idées qu'il contient. C'est en effet à partir de l'outil mathématique développé sur la base de ces conceptions, par Riemann d'abord en 1861, puis par plusieurs mathématiciens de premier plan dans les années 1870, qu'Einstein, et ceux qui l'aidèrent à mathématiser ses idées, élaborèrent la relativité générale au début du XXe siècle. Ce mémoire de 1854 prépare un changement fondamental, relevant lui aussi de la révolution conceptuelle, à la fois pour les mathématiques et pour la théorie de la connaissance : la séparation qui s'installe et se renforce entre la géométrie discours sur l'univers et la géométrie système logique. Ce mouvement n'est certes pas le fait du seul Riemann. Mais c'est à lui que référence est faite. Le mot *hypothèse* du titre donne déjà le ton : la géométrie ne sera pas entendue dans le sens kantien de l'expression d'une connaissance a priori, mais bien comme une science aux rapports immédiats et étroits avec la réalité.

Les questions sur l'immensurablement grand sont des questions inutiles pour l'explication de la nature. Mais il en est autrement des questions sur l'immensurablement petit. C'est sur l'exactitude avec laquelle nous suivons les phénomènes dans l'infiniment petit, que repose essentiellement notre connaissance de leurs rapports de causalité. Les progrès des derniers siècles dans la connaissance de la nature mécanique dépendent presque seulement de l'exactitude de la construction qui est devenue possible grâce à l'invention de l'analyse de l'infini, et aux principes simples découverts par Archimède, par Galilée et par Newton et dont se sert la physique moderne. Mais dans les sciences naturelles, où les principes simples manquent encore pour de telles constructions, on cherche à reconnaître le rapport de causalité en suivant les phénomènes dans l'étendue très-petite, aussi loin que le permet le microscope. Les questions sur les rapports métriques de l'espace dans l'immensurablement petit ne sont donc pas des questions superflues.

Si l'on suppose que les corps existent indépendamment du lieu, la mesure de courbure est partout constante, et il résulte alors des mesures astronomiques qu'elle ne peut être différente de zéro ; dans tous les cas, il faudrait que sa valeur réciproque fût une surface en présence de laquelle la portée de nos télescopes serait comme nulle. Mais si cette indépendance entre les corps et le lieu n'existe pas, alors des rapports métriques reconnus dans le grand on ne peut rien conclure pour ceux de l'infiniment petit ; alors la mesure de courbure de chaque point peut avoir suivant trois directions une valeur arbitraire, pourvu que la courbure totale de toute portion mesurable de l'espace ne diffère pas sensiblement de zéro ; il peut s'introduire des rapports encore plus compliqués, lorsqu'on ne suppose plus que l'élément linéaire puisse être représenté par la racine carrée d'une expression différentielle du second degré. Or il semble que les concepts empiriques, sur lesquels sont fondées les déterminations métriques de l'étendue, le concept du corps solide et celui du rayon lumineux, cessent du subsister dans l'infiniment petit. Il est donc très-légitime de supposer que les rapports métriques de l'espace dans l'infiniment petit ne sont pas conformes aux hypothèses de la Géométrie, et c'est ce qu'il faudrait effectivement admettre, du moment où l'on obtiendrait par là une explication plus simple des phénomènes.

La question de la validité des hypothèses de la Géométrie dans l'infiniment petit est liée avec la question du principe intime des rapports métriques dans l'espace. Dans cette dernière question, que l'on peut bien encore regarder comme appartenant à la doctrine de l'espace, on trouve l'application de la remarque précédente, que, dans une variété discrète, le principe des rapports métriques est déjà contenu dans le concept de cette variété, tandis que, dans une variété continue, ce principe doit venir d'ailleurs. Il faut donc, ou que la réalité sur laquelle est fondée l'espace forme une variété discrète, ou que le fondement des rapports métriques soit cherché en dehors de lui, dans les forces de liaison qui agissent en lui.

La réponse à ces questions ne peut s'obtenir qu'en partant de la conception des phénomènes vérifiée jusqu'ici par l'expérience, et que Newton a prise pour base, et en apportant à cette conception les modifications successives, exigées par les faits qu'elle ne peut pas expliquer. Des recherches partant de concepts généraux, comme l'étude que nous venons de faire, ne peuvent avoir d'autre utilité que d'empêcher que ce travail ne soit entravé par des vues trop étroites, et que le progrès dans la connaissance de la dépendance mutuelle des choses ne trouve un obstacle dans les préjugés traditionnels.

Ceci nous conduit dans le domaine d'une autre science, dans le domaine de la Physique, où l'objet auquel est destiné ce travail ne nous permet pas de pénétrer aujourd'hui.

Œuvres mathématiques I / Riemann ; traduites par L. Laugel ; avec une préface de Hermite et un discours de Félix Klein. – Nouveau tirage. – Paris : A. Blanchard, 1968. – [Pp. 296-297]. – [Traduction de J. Houël, revue par Jean-Claude Pont pour la présente édition].

BAUDELAIRE

FRANÇAIS

1821-1867

À la fin du XXe siècle, Charles Baudelaire est trop connu pour qu'il soit nécessaire de le présenter longuement. Victor Hugo, poète officiel de la troisième République, a vu, vivant et mort, s'élever peu à peu celui à qui il avait montré quelque condescendance, mais en qui il avait su reconnaître le créateur d'« un frisson nouveau ». Il n'est pas question d'abaisser l'un pour donner sa vraie place à l'autre. Cependant, il est de fait que pour les nouvelles générations, au moins depuis le milieu de ce siècle, Hugo passe pour le tenant d'un progrès dont trop d'événements horribles obligent à douter, et pour un champion du discours en vers. Pour apprécier le contraste, il suffit de penser à ce que Hugo aurait pu écrire sur le thème de *La Cloche fêlée* — et sa cloche aurait-elle été fêlée ? — et d'étudier l'étonnante hallucination qui organise *Les Sept Vieillards*, poème dédié à l'aîné et dont le cadet disait qu'il croyait avoir ainsi « réussi à dépasser les limites assignées à la Poésie ». D'autres, Rimbaud le premier, iront plus loin encore, mais il était impossible entre 1840 et 1865 d'aller au-delà de ces limites, en pratiquant la poésie en vers.

Baudelaire est, en effet, le Janus de la poésie française. Il regarde le passé tout en se tournant vers l'avenir. D'Homère et d'Eschyle à Sainte-Beuve, le poète de *Joseph Delorme*, et à Hugo, précisément, il a tout lu, tout assimilé, saluant les poètes de la décadence latine en introduisant *Franciscæ meæ laudes* dans *Les Fleurs du Mal*. Il admire Malherbe et Boileau comme Byron et Tennyson, les baroques et les libertins du début du XVIIe siècle comme Gautier et Banville.

La première édition des *Fleurs du Mal* (1857) rend compte de ces immenses lectures ainsi que de ses expériences personnelles : difficultés familiales, amours déçues ou glorifiées, postulations vers Dieu ou vers Satan, découverte de la nature tropicale pendant le voyage de 1841-1842 jusqu'à l'île Maurice et La Réunion. Cette édition est condamnée par le tribunal correctionnel pour atteinte à la morale : six poèmes doivent être retranchés. Il lui faut composer de nouvelles pièces. Les cent poèmes de l'édition de 1857 deviennent cent vingt-six dans la seconde édition originale des *Fleurs du Mal* (1861) qui contient une nouvelle section, *Tableaux parisiens*, où est évoquée plutôt que décrite la capitale qui a vu naître Baudelaire. Mais déjà celui-ci s'était tourné vers une nouvelle forme poétique, le poème en prose, où il va traduire la poésie des métropoles modernes qui naît de « la fréquentation des villes énormes » et « du croisement de leurs innombrables rapports ». Ainsi se constituent les éléments du *Spleen de Paris* qu'il augmente pendant le triste séjour auquel il se condamne à Bruxelles d'avril 1864 à mars 1866 et dont on le ramènera à Paris hémiplégique ; lui, le magicien du verbe, réduit à quelques mots, il agonisera pendant plus d'une année. *Le Spleen de Paris* n'était pas achevé, mais l'œuvre apportait « le miracle d'une prose poétique, musicale sans rythme et sans rime, assez souple et assez heurtée pour s'adapter aux mouvements lyriques de l'âme, aux ondulations de la rêverie, aux soubresauts de la conscience ».

Les Paradis artificiels (1860) consacrés au hachisch et à l'opium, adaptation, pour la seconde partie, des *Confessions* de Thomas De Quincey, sont l'un des ouvrages les plus justes qu'on ait écrits sur les drogues, parfois adjuvants de la création, le plus souvent causes destructrices de la volonté, sans laquelle l'inspiration ne peut prendre forme. Si l'on ajoute aux œuvres publiées en volumes, de son vivant ou après sa mort (*Le Spleen de Paris*), les *Salons* (1845, 1846, 1855, 1859), *Le Peintre de la vie moderne* (Constantin Guys) et d'autres éléments de critique artistique, les articles de critique littéraire et l'essai sur *Richard Wagner et Tannhäuser à Paris* (1861), hommage rendu à un pair, on voit qu'une vie traversée de misères et de chagrins n'a pas empêché Baudelaire, qui a échappé à l'esclavage, pourtant rentable, du journalisme, de constituer une œuvre cohérente qui, de Verlaine et de Mallarmé à Pierre Jean Jouve et à Yves Bonnefoy, n'a cessé de féconder les lettres françaises.

Charles Baudelaire / Claude Pichois et Jean Ziegler. – Paris : Fayard, 1996. – Nouvelle édition. – 740 p.

LES FLEURS DU MAL 284

Le mauvais moine (*Spleen et Idéal*, IX).

Les cloîtres anciens sur leurs grandes murailles
Étalaient en tableaux la sainte Vérité,
Dont l'effet, réchauffant les pieuses entrailles,
Tempérait la froideur de leur austérité.

En ces temps où du Christ florissaient les semailles,
Plus d'un illustre moine, aujourd'hui peu cité,
Prenant pour atelier le champ des funérailles,
Glorifiait la Mort avec simplicité.

— Mon âme est un tombeau que, mauvais cénobite,
Depuis l'éternité je parcours et j'habite ;
Rien n'embellit les murs de ce cloître odieux.

Ô moine fainéant ! quand saurai-je donc faire
Du spectacle vivant de ma triste misère
Le travail de mes mains et l'amour de mes yeux ?

Œuvres complètes. I / Baudelaire ; texte établi, présenté et annoté par Claude Pichois. – Paris : Gallimard, 1975. – (*Bibliothèque de la Pléiade* ; 1). – [Pp. 15-16].

LES FLEURS DU MAL 285

Réversibilité (*Spleen et Idéal*, XLIV).

Ange plein de gaieté, connaissez-vous l'angoisse,
La honte, les remords, les sanglots, les ennuis,
Et les vagues terreurs de ces affreuses nuits
Qui compriment le cœur comme un papier qu'on froisse ?
Ange plein de gaieté, connaissez-vous l'angoisse ?

Ange plein de bonté, connaissez-vous la haine,
Les poings crispés dans l'ombre et les larmes de fiel,
Quand la Vengeance bat son infernal rappel,
Et de nos facultés se fait le capitaine ?
Ange plein de bonté, connaissez-vous la haine ?

Ange plein de santé, connaissez-vous les Fièvres,
Qui, le long des grands murs de l'hospice blafard,
Comme des exilés, s'en vont d'un pied traînard,
Cherchant le soleil rare et remuant les lèvres ?
Ange plein de santé, connaissez-vous les Fièvres ?

Ange plein de beauté, connaissez-vous les rides,
Et la peur de vieillir, et ce hideux tourment
De lire la secrète horreur du dévouement
Dans des yeux où longtemps burent nos yeux avides ?
Ange plein de beauté, connaissez-vous les rides ?

Ange plein de bonheur, de joie et de lumières,
David mourant aurait demandé la santé
Aux émanations de ton corps enchanté ;
Mais de toi je n'implore, ange, que tes prières,
Ange plein de bonheur, de joie et de lumières !

Œuvres complètes. I / Baudelaire ; texte établi, présenté et annoté par Claude Pichois. – Paris : Gallimard, 1975. – (*Bibliothèque de la Pléiade* ; 1). – [Pp. 44-45].

LES FLEURS DU MAL 286

Le beau navire (*Spleen et Idéal*, LII).

Je veux te raconter, ô molle enchanteresse !
Les diverses beautés qui parent ta jeunesse ;
        Je veux te peindre ta beauté,
Où l'enfance s'allie à la maturité.

Quand tu vas balayant l'air de ta jupe large,
Tu fais l'effet d'un beau vaisseau qui prend le large,
        Chargé de toile, et va roulant
Suivant un rythme doux, et paresseux, et lent[1].

Sur ton cou large et rond, sur tes épaules grasses,
Ta tête se pavane avec d'étranges grâces ;
        D'un air placide et triomphant
Tu passes ton chemin, majestueuse enfant.

Je veux te raconter, ô molle enchanteresse !
Les diverses beautés qui parent ta jeunesse ;
        Je veux te peindre ta beauté,
Où l'enfance s'allie à la maturité.

Ta gorge qui s'avance et qui pousse la moire,
Ta gorge triomphante est une belle armoire
        Dont les panneaux bombés et clairs
Comme les boucliers accrochent des éclairs ;

Boucliers provocants, armés de pointes roses !
Armoire à doux secrets, pleine de bonnes choses,
        De vins, de parfums, de liqueurs
Qui feraient délirer les cerveaux et les cœurs !

Quand tu vas balayant l'air de ta jupe large,
Tu fais l'effet d'un beau vaisseau qui prend le large,
        Chargé de toile, et va roulant
Suivant un rythme doux, et paresseux, et lent.

---

1 Dans cette strophe et dans la suivante le rythme est lui-même ralenti par les *a* ouverts et les *a* nasalisés. Sous la plume d'un très grand poète l'alexandrin et l'octosyllabe se prêtent à tous les effets.

Tes nobles jambes, sous les volants qu'elles chassent,
Tourmentent les désirs obscurs et les agacent,
Comme deux sorcières qui font
Tourner un philtre noir dans un vase profond.

Tes bras, qui se joueraient des précoces hercules,
Sont des boas luisants les solides émules,
Faits pour serrer obstinément,
Comme pour l'imprimer dans ton cœur, ton amant.

Sur ton cou large et rond, sur tes épaules grasses,
Ta tête se pavane avec d'étranges grâces ;
D'un air placide et triomphant
Tu passes ton chemin, majestueuse enfant.

Œuvres complètes. I / Baudelaire ; texte établi, présenté et annoté par Claude Pichois. – Paris : Gallimard, 1975. – (*Bibliothèque de la Pléiade* ; 1). – [Pp. 51-52, pp. 927-928 pour la note].

LES FLEURS DU MAL 287

L'invitation au voyage (*Spleen et Idéal*, LIII).

Mon enfant, ma sœur,
Songe à la douceur
D'aller là-bas vivre ensemble !
Aimer à loisir,
Aimer et mourir
Au pays qui te ressemble !
Les soleils mouillés
De ces ciels brouillés
Pour mon esprit ont les charmes
Si mystérieux
De tes traîtres yeux,
Brillant à travers leurs larmes.

Là, tout n'est qu'ordre et beauté,
Luxe, calme et volupté.

Des meubles luisants,
Polis par les ans,
Décoreraient notre chambre ;
Les plus rares fleurs
Mêlant leurs odeurs
Aux vagues senteurs de l'ambre,
Les riches plafonds,
Les miroirs profonds,
La splendeur orientale,
Tout y parlerait
À l'âme en secret
Sa douce langue natale.

Là, tout n'est qu'ordre et beauté,
Luxe, calme et volupté.

Vois sur ces canaux
Dormir ces vaisseaux
Dont l'humeur est vagabonde ;
C'est pour assouvir
Ton moindre désir
Qu'ils viennent du bout du monde.
— Les soleils couchants
Revêtent les champs,
Les canaux, la ville entière,
D'hyacinthe[1] et d'or ;
Le monde s'endort
Dans une chaude lumière.

Là, tout n'est qu'ordre et beauté,
Luxe, calme et volupté.

Œuvres complètes. I / Baudelaire ; texte établi, présenté et annoté par Claude Pichois. – Paris : Gallimard, 1975. – (*Bibliothèque de la Pléiade* ; 1). – [Pp. 53-54, p. 930 pour la note].

1 Substance précieuse, d'un bleu tirant sur le violet, utilisée dans la liturgie biblique. Comme pour *or*, Baudelaire peut faire allusion et à la substance et à sa couleur.

LES FLEURS DU MAL 288

La musique (*Spleen et Idéal*, LXIX).

La musique souvent me prend comme une mer !
Vers ma pâle étoile,
Sous un plafond de brume ou dans un vaste[1] éther,
Je mets à la voile ;

La poitrine en avant et les poumons gonflés
Comme de la toile,
J'escalade le dos des flots amoncelés
Que la nuit me voile ;

Je sens vibrer en moi toutes les passions
D'un vaisseau qui souffre ;
Le bon vent, la tempête et ses convulsions

Sur l'immense gouffre
Me bercent. D'autres fois, calme plat, grand miroir
De mon désespoir[2] !

Œuvres complètes. I / Baudelaire ; texte établi, présenté et annoté par Claude Pichois. – Paris : Gallimard, 1975. – (*Bibliothèque de la Pléiade* ; 1). – [P. 68, pp. 965-966 pour les notes].

---

1 La musique fait naître en Baudelaire des visions d'espace : « Aucun musicien n'excelle, comme Wagner, à *peindre* l'espace et la profondeur, matériels ou spirituels », lit-on dans l'essai sur Wagner (t. II, p. 785).

2 Baudelaire, qui a beaucoup lu *Vie, Poésies et Pensées de Joseph Delorme* et qui a connu les affres de la difficulté créatrice, n'aura pas oublié ce beau poème de Sainte-Beuve :

LE CALME
Souvent un grand désir de choses inconnues,
D'enlever mon essor aussi haut que les nues,
De ressaisir dans l'air des sons évanouis,
D'entendre, de chanter mille chants inouïs,
Me prend à mon réveil ; et voilà ma pensée
Qui, soudain rejetant l'étude commencée,
Et du grave travail, la veille interrompu,
Détournant le regard comme un enfant repu,
Caresse avec transport sa belle fantaisie
Et veut partir, voguer en pleine poésie.
À l'instant le navire appareille : et d'abord
Les câbles sont tirés, les ancres sont à bord,
La poulie a crié ; la voile suspendue
Ne demande qu'un souffle à la brise attendue,
Et sur le pont tremblant tous mes jeunes nochers
S'interrogent déjà vers l'horizon penchés.

LES FLEURS DU MAL 289

La cloche fêlée (*Spleen et Idéal*, LXXIV).

Il est amer et doux, pendant les nuits d'hiver,
D'écouter, près du feu qui palpite et qui fume,
Les souvenirs lointains lentement s'élever
Au bruit des carillons qui chantent dans la brume.

Bienheureuse la cloche au gosier vigoureux
Qui, malgré sa vieillesse, alerte et bien portante,
Jette fidèlement son cri religieux,
Ainsi qu'un vieux soldat qui veille sous la tente !

Moi, mon âme est fêlée, et lorsqu'en ses ennuis
Elle veut de ses chants peupler l'air froid des nuits,
Il arrive souvent que sa voix affaiblie

Semble le râle épais d'un blessé qu'on oublie
Au bord d'un lac de sang, sous un grand tas de morts,
Et qui meurt, sans bouger, dans d'immenses efforts.

Œuvres complètes. I / Baudelaire ; texte établi, présenté et annoté par Claude Pichois. – Paris : Gallimard, 1975. – (*Bibliothèque de la Pléiade* ; 1). – [Pp. 71-72].

Adieu, rivage, adieu ! Mais la mer est dormante,
Plus dormante qu'un lac ; mieux vaudrait la tourmente !
Mais d'en haut, ce jour-là, nul souffle ne répond ;
La voile pend au mât et traîne sur le pont.
Debout, croisant les bras, le pilote, à la proue,
Contemple cette eau verte où pas un flot ne joue,
Et que rasent parfois de leur vol lourd et lent
Le cormoran plaintif et le gris goéland.
Tout le jour il regarde, inquiet du voyage,
S'il verra dans le ciel remuer un nuage,
Ou frissonner au vent son beau pavillon d'or ;
Et quand tombe la nuit, morne, il regarde encor
La quille où s'épaissit une verdâtre écume,
Et la pointe du mât qui se perd dans la brume.

LES FLEURS DU MAL 290

L'héautontimorouménos (*Spleen et Idéal*, LXXXIII).

À J. G. F.

Je te frapperai sans colère
Et sans haine, comme un boucher,
Comme Moïse le rocher !
Et je ferai de ta paupière,

Pour abreuver mon Sahara
Jaillir les eaux de la souffrance.
Mon désir gonflé d'espérance
Sur tes pleurs salés nagera

Comme un vaisseau qui prend le large,
Et dans mon cœur qu'ils soûleront
Tes chers sanglots retentiront
Comme un tambour qui bat la charge !

Ne suis-je pas un faux accord
Dans la divine symphonie,
Grâce à la vorace Ironie[1]
Qui me secoue et qui me mord ?

Elle est dans ma voix, la criarde !
C'est tout mon sang, ce poison noir !
Je suis le sinistre miroir
Où la mégère se regarde.

Je suis la plaie et le couteau !
Je suis le soufflet et la joue !
Je suis les membres et la roue,
Et la victime et le bourreau !

Je suis de mon cœur le vampire,
— Un de ces grands abandonnés
Au rire éternel condamnés,
Et qui ne peuvent plus sourire[2] !

Œuvres complètes. I / Baudelaire ; texte établi, présenté et annoté par Claude Pichois. – Paris : Gallimard, 1975. – (*Bibliothèque de la Pléiade* ; 1). – [Pp. 78-79, 987-988 pour les notes].

---

1 C'est avec Baudelaire que l'ironie entre dans la poésie française.

2 Ce qui fait de l'Héautontimorouménos un frère des grands maudits du romantisme, de Melmoth entre autres.

LES FLEURS DU MAL 291

Les sept vieillards (*Tableaux parisiens*, XC).

À Victor Hugo.

Fourmillante cité, cité pleine de rêves[1],
Où le spectre en plein jour raccroche[2] le passant !
Les mystères partout coulent comme des sèves
Dans les canaux étroits du colosse puissant.

Un matin, cependant que dans la triste rue
Les maisons, dont la brume allongeait la hauteur,
Simulaient les deux quais d'une rivière accrue,
Et que, décor semblable à l'âme de l'acteur,

Un brouillard sale et jaune inondait tout l'espace,
Je suivais, roidissant mes nerfs comme un héros
Et discutant avec mon âme déjà lasse,
Le faubourg[3] secoué par les lourds tombereaux.

Tout à coup, un vieillard dont les guenilles jaunes
Imitaient la couleur de ce ciel pluvieux,
Et dont l'aspect aurait fait pleuvoir les aumônes,
Sans la méchanceté qui luisait dans ses yeux,

M'apparut. On eût dit sa prunelle trempée
Dans le fiel ; son regard aiguisait les frimas,
Et sa barbe à longs poils, roide comme une épée,
Se projetait, pareille à celle de Judas[4].

Il n'était pas voûté, mais cassé, son échine
Faisant avec sa jambe un parfait angle droit,
Si bien que son bâton, parachevant sa mine,
Lui donnait la tournure et le pas maladroit

---

1 Admirable coup d'archet initial que cet alexandrin, en forme de chiasme et d'accent circonflexe, distribuant autour de la césure le mot *cité* répété. Les outils de comparaison (*comme, Simulaient, semblable*) constituent d'abord l'image en une allégorie. Paris devient la ville d'Ys.

2 Au sens où les prostituées abordent les passants.

3 Les faubourgs par leur aspect lépreux et désolé s'accordent au côté spleenétique de l'âme de Baudelaire.

4 C'est du Juif errant que Baudelaire dessine le portrait ou plutôt la caricature. Par la complainte populaire, puis par les livres d'Edgar Quinet et d'Eugène Sue, Isaac Laquédem ou Ahasvérus était devenu un mythe du XIXe siècle.

D'un quadrupède infirme ou d'un juif à trois pattes[1].
Dans la neige et la boue il allait s'empêtrant,
Comme s'il écrasait des morts sous ses savates,
Hostile à l'univers plutôt qu'indifférent[2].

Son pareil le suivait : barbe, œil, dos, bâton, loques,
Nul trait ne distinguait, du même enfer venu,
Ce jumeau centenaire, et ces spectres baroques
Marchaient du même pas vers un but inconnu.

À quel complot infâme étais-je donc en butte,
Ou quel méchant hasard ainsi m'humiliait ?
Car je comptai sept fois, de minute en minute,
Ce sinistre vieillard qui se multipliait !

Que celui-là qui rit de mon inquiétude,
Et qui n'est pas saisi d'un frisson fraternel,
Songe bien que malgré tant de décrépitude
Ces sept monstres hideux avaient l'air éternel !

Aurais-je, sans mourir, contemplé le huitième[3],
Sosie inexorable, ironique et fatal,
Dégoûtant Phénix, fils et père de lui-même ?
— Mais je tournai le dos au cortège infernal.

Exaspéré comme un ivrogne qui voit double,
Je rentrai, je fermai ma porte, épouvanté,
Malade et morfondu, l'esprit fiévreux et trouble,
Blessé par le mystère et par l'absurdité !

---

1 Allusion à l'énigme posée par le Sphinx à Œdipe.

2 Le Juif errant est pour Baudelaire un Rebelle qui se refuse au devoir d'Amour.

3 Si un souvenir littéraire est à l'origine de cette hallucination, on pensera avec l'édition Crépet-Blin aux huit rois suivis du spectre de Banquo, qui apparaissent dans la scène des sorcières de *Macbeth* (IV, 1) et notamment à ces vers :

Another yet ! A seventh ! I'll see no more :
And yet the eighth appears, who bears a glass
Which shows me many more ; [...].

« Un autre encore ! Un septième ! Je ne veux plus rien voir et pourtant le huitième apparaît, porteur d'un miroir qui m'en montre beaucoup d'autres ; [...]. »

Vainement ma raison voulait prendre la barre ;
La tempête en jouant déroutait ses efforts,
Et mon âme dansait, dansait, vieille gabarre[1]
Sans mâts, sur une mer monstrueuse et sans bords[2] !

Œuvres complètes. I / Baudelaire ; texte établi, présenté et annoté par Claude Pichois. – Paris : Gallimard, 1975. – (*Bibliothèque de la Pléiade* ; 1). – [Pp. 87-88, pp. 1012, 1014 pour les notes].

LE SPLEEN DE PARIS 292

Le vieux saltimbanque (XIV).

Partout s'étalait, se répandait, s'abaudissait le peuple en vacances. C'était une de ces solennités sur lesquelles, pendant un long temps, comptent les saltimbanques, les faiseurs de tours, les montreurs d'animaux et les boutiquiers ambulants, pour compenser les mauvais temps de l'année.

En ces jours-là il me semble que le peuple oublie tout, la douleur et le travail ; il devient pareil aux enfants. Pour les petits c'est un jour de congé, c'est l'horreur de l'école renvoyée à vingt-quatre heures. Pour les grands c'est un armistice conclu avec les puissances malfaisantes de la vie, un répit dans la contention et la lutte universelles.

L'homme du monde lui-même et l'homme occupé de travaux spirituels échappent difficilement à l'influence de ce jubilé populaire. Ils absorbent, sans le vouloir, leur part de cette atmosphère d'insouciance. Pour moi, je ne manque jamais, en vrai Parisien, de passer la revue de toutes les baraques qui se pavanent à ces époques solennelles.

Elles se faisaient, en vérité, une concurrence formidable : elles piaillaient, beuglaient, hurlaient. C'était un mélange de cris, de détonations de cuivre et d'explosions de fusées. Les queues-rouges[3] et les Jocrisses convulsaient les traits de leurs visages basanés, racornis par le vent, la pluie et le soleil ; ils lançaient, avec l'aplomb des comédiens sûrs de leurs effets, des bons mots et des plaisanteries d'un comique solide et lourd comme ce-

1 Baudelaire dans ses différentes versions a hésité entre gabarit (graphie adoptée par Littré et par le *Dictionnaire général*) et gabarre (qui peut passer pour la graphie étymologique et historique).

2 L'assimilation de l'homme ou de son esprit à un navire démâté est, comme le montre l'édition Crépet-Blin, traditionnelle depuis Pétrarque. Mais Baudelaire, grâce à l'hallucination qu'il a su éprouver et communiquer, passionne l'image.

3 Paillasses dont la perruque est terminée par une queue nouée d'un ruban rouge.

lui de Molière. Les Hercules, fiers de l'énormité de leurs membres, sans front et sans crâne, comme les orangs-outangs, se prélassaient majestueusement sous les maillots lavés la veille pour la circonstance. Les danseuses, belles comme des fées ou des princesses, sautaient et cabriolaient sous le feu des lanternes qui remplissaient leurs jupes d'étincelles.

Tout n'était que lumière, poussière, cris, joie, tumulte ; les uns dépensaient, les autres gagnaient, les uns et les autres également joyeux. Les enfants se suspendaient aux jupons de leurs mères pour obtenir quelque bâton de sucre, ou montaient sur les épaules de leurs pères pour mieux voir un escamoteur éblouissant comme un dieu. Et partout circulait, dominant tous les parfums, une odeur de friture qui était comme l'encens de cette fête.

Au bout, à l'extrême bout de la rangée de baraques, comme si, honteux, il s'était exilé lui-même de toutes ces splendeurs, je vis un pauvre saltimbanque, voûté, caduc, décrépit, une ruine d'homme, adossé contre un des poteaux de sa cahute ; une cahute plus misérable que celle du sauvage le plus abruti, et dont deux bouts de chandelles, coulants et fumants, éclairaient trop bien encore la détresse.

Partout la joie, le gain, la débauche ; partout la certitude du pain pour les lendemains ; partout l'explosion frénétique de la vitalité. Ici la misère absolue, la misère affublée, pour comble d'horreur, de haillons comiques, où la nécessité, bien plus que l'art, avait introduit le contraste. Il ne riait pas, le misérable ! Il ne pleurait pas, il ne dansait pas, il ne gesticulait pas, il ne criait pas ; il ne chantait aucune chanson, ni gaie ni lamentable, il n'implorait pas. Il était muet et immobile. Il avait renoncé, il avait abdiqué. Sa destinée était faite.

Mais quel regard profond, inoubliable, il promenait sur la foule et les lumières, dont le flot mouvant s'arrêtait à quelques pas de sa répulsive misère ! Je sentis ma gorge serrée par la main terrible de l'hystérie, et il me sembla que mes regards étaient offusqués par ces larmes rebelles qui ne veulent pas tomber.

Que faire ? À quoi bon demander à l'infortuné quelle curiosité, quelle merveille il avait à montrer dans ces ténèbres puantes, derrière son rideau déchiqueté ? En vérité, je n'osais ; et, dût la raison de ma timidité vous faire rire, j'avouerai que je craignais de l'humilier. Enfin, je venais de me résoudre à déposer en passant quelque argent sur une de ses planches, espérant qu'il devinerait mon intention, quand un grand reflux de peuple, causé par je ne sais quel trouble, m'entraîna loin de lui.

Et, m'en retournant, obsédé par cette vision, je cherchai à analyser ma soudaine douleur, et je me dis : Je viens de voir l'image du vieil homme de lettres qui a survécu à la génération dont il fut le brillant amuseur ; du vieux poète sans amis, sans famille, sans enfants, dégradé par sa misère et par l'ingratitude publique, et dans la baraque de qui le monde oublieux ne veut plus entrer !

Œuvres complètes. I / Baudelaire ; texte établi, présenté et annoté par Claude Pichois. – Paris : Gallimard, 1975. – (*Bibliothèque de la Pléiade* ; 1). – [Pp. 295-297, p. 1319 pour la note].

CRITIQUE MUSICALE 293

Richard Wagner : ouverture de Tannhäuser (III).

Tannhäuser représente la lutte des deux principes qui ont choisi le cœur humain pour principal champ de bataille, c'est-à-dire de la chair avec l'esprit, de l'enfer avec le ciel, de Satan avec Dieu. Et cette dualité est représentée tout de suite, par l'ouverture, avec une incomparable habileté. Que n'a-t-on pas déjà écrit sur ce morceau ? Cependant il est présumable qu'il fournira encore matière à bien des thèses et des commentaires éloquents ; car c'est le propre des œuvres vraiment artistiques d'être une source inépuisable de suggestions. L'ouverture, dis-je, résume donc la pensée du drame par deux chants, le chant religieux et le chant voluptueux, qui, pour me servir de l'expression de Liszt[1], « sont ici posés comme deux termes, et qui, dans le finale, trouvent leur équation ». Le *Chant des pèlerins* apparaît le premier, avec l'autorité de la loi suprême, comme marquant tout de suite le véritable sens de la vie, le but de l'universel pèlerinage, c'est-à-dire Dieu. Mais comme le sens intime de Dieu est bientôt noyé dans toute conscience par les concupiscences de la chair, le chant représentatif de la sainteté est peu à peu submergé par les soupirs de la volupté. La vraie, la terrible, l'universelle Vénus se dresse déjà dans toutes les imaginations. Et que celui qui n'a pas encore entendu la merveilleuse ouverture de *Tannhäuser* ne se figure pas ici un chant d'amoureux vulgaires, essayant de tuer le temps sous les tonnelles, les accents d'une troupe enivrée jetant à Dieu son défi dans la langue d'Horace. Il s'agit

1 Dans son livre sur *Lohengrin et Tannhäuser*.

d'autre chose, à la fois plus vrai et plus sinistre. Langueurs, délices mêlées de fièvre et coupées d'angoisses, retours incessants vers une volupté qui promet d'éteindre, mais n'éteint jamais la soif ; palpitations furieuses du cœur et des sens, ordres impérieux de la chair, tout le dictionnaire des onomatopées de l'amour se fait entendre ici. Enfin le thème religieux reprend peu à peu son empire, lentement, par gradations, et absorbe l'autre dans une victoire paisible, glorieuse comme celle de l'être irrésistible sur l'être maladif et désordonné, de saint Michel sur Lucifer.

Œuvres complètes. II / Baudelaire ; texte établi, présenté et annoté par Claude Pichois. – Paris : Gallimard, 1976. – (*Bibliothèque de la Pléiade* ; 7). – [P. 794, p. 1465 pour la note].

BRIANTCHANINOV

RUSSE **1807-1867**

Dimitri Alexandrovitch Briantchaninov, le futur évêque Ignace, naquit dans une famille de la vieille noblesse de la province de Vologda, au nord de la Russie. Malgré une santé très fragile, il fit à Saint-Pétersbourg de si brillantes études d'ingénieur du génie militaire qu'il fut remarqué par le grand-duc héritier Nicolas.

La voie du monachisme, qu'il choisit en 1831, était franchement insolite dans ces milieux et son choix, mûri à Optina, sous la guidance du saint starets Lev, fit scandale dans la haute société. Le tsar Nicolas Ier en personne — ce monarque absolu qui intervenait dans la vie privée de ses sujets — y était opposé. Mais Briantchaninov tint bon. Il fut tonsuré moine, puis ordonné diacre et prêtre par l'évêque de Vologda. Ignace, d'abord nommé dans ce diocèse, au monastère Notre-Dame (fondé au XVe siècle par le pieux boyar Grégoire Lopotov) qui tombait en ruines, fut promu, sur protection de l'empereur, archimandrite et supérieur d'un autre monastère à restaurer, la *poustynia* [« désert », ou ermitage] de Saint-Serge, près de Saint-Pétersbourg, souvent fréquenté par de hautes personnalités. En 1857, le même Nicolas Ier l'envoya, contre son gré, dans un territoire nouvellement conquis, en le nommant évêque du Caucase et de la mer Noire avec résidence à Stavropol : il occupa ce poste quelques années. En 1861, sa santé devenant de plus en plus chancelante, il demanda à être mis hors cadre et se retira au monastère Saint-Nicolas de Babaiévo, dans la province de Kostroma, près de la Volga. Il y mourut.

L'évêque Ignace ne fut jamais très populaire : il n'avait qu'un cercle étroit de disciples ascètes. Par choix, et de tempérament, Ignace Briantchaninov était un solitaire. Bien que son œuvre n'ait pas été destinée au grand public, certains de ses écrits (les *Essais ascétiques*, *La Prédication ascétique*, *Offrande au monachisme contemporain* [traduit en français sous le titre *Les Miettes du Festin*], *Patérikon*, *Parole sur la mort*), furent pourtant plusieurs fois réédités.

La théologie de Briantchaninov, profondément marquée par l'idéalisme allemand à la façon de Schelling, comporte des traits gnostiques et reflète, notamment dans son pessimisme, des influences manifestes du romantisme philosophique et littéraire. Il fut ainsi amené à nier toute la spiritualité catholique et à combattre la spiritualité occidentale.

L'évêque Ignace du Caucase a été canonisé par le Concile de l'Église russe en 1988 ; il est fêté le 30 avril.

La Prière de Jésus selon l'évêque Ignace Briantchaninov / Émile Simonod. – Barberaz (Chambéry) : Éditions Présence, 1976. – 183 p. – [Contient une anthologie de textes de l'évêque Ignace].

Les Miettes du Festin : introduction à la tradition ascétique de l'Église d'Orient / Ignace Briantchaninov ; traduit par le hiéromoine Syméon. – Sisteron : Éditions Présence, 1979. – 341 p. – (*Le Soleil dans le Cœur* ; 13).

Approches de la Prière de Jésus / Ignace Briantchaninov ; traduit par le hiéromoine Syméon. – Bégrolles-en-Mauges : Abbaye de Bellefontaine, 1983. – 239 p. – (*Spiritualité Orientale* ; 35).

ESSAIS ASCÉTIQUES 294

Fr. Lhoest — 1996 / 1999

Le jardin en hiver (1843, au « désert » de Saint-Serge). — C'est l'un de ces tableautins très courts qui forment la matière des *Essais ascétiques*. Les arbres dénudés qui se couvriront de feuilles au printemps évoquent pour l'auteur la fameuse prophétie des ossements desséchés qui se couvriront de chair (cf. Ézéchiel, 37, qu'il entendait lire chaque année à la fin des matines du Samedi-Saint). Briantchaninov donne ici une méditation sur la résurrection et la vie.

En 1829, j'ai passé l'hiver au « désert » de Plochtchansk[1]. Aujourd'hui encore, il y a là, dans le jardin, une cabane de bois un peu à l'écart, où j'ai vécu avec un camarade. Par temps paisible, les jours clairs et ensoleillés, je sortais sur le perron, je m'asseyais sur un banc et je contemplais le vaste jardin. Sa nudité était couverte d'un voile de neige : tout reposait alentour dans un grand silence, paisible, mort et grandiose. Ce spectacle me plut : il accaparait mon regard pensif, qui tentait d'en percer le mystère.

Un jour où je contemplais ainsi le jardin, soudain, un voile me tomba des yeux : devant mon âme s'ouvrit le Livre de la nature, celui-là même qui fut donné à notre premier père Adam, le livre qui, comme la Divine Écriture contenait les paroles de l'Esprit. Qu'ai-je lu dans le jardin ? Une leçon forte sur la résurrection des morts, un enseignement qui me représentait une forme de résurrection. Car si nos yeux n'étaient pas accoutumés à voir la nature se réveiller au printemps, cela nous semblerait prodigieux, parfaitement incroyable. Les choses coutumières ne nous étonnent pas : en voyant le miracle, nous semblons déjà ne plus le voir ! Je regarde les branches dénudées des arbres, et elles me disent avec conviction, dans leur langage mystérieux : « nous nous réveillerons, nous nous couvrirons de feuilles et nous nous ornerons de fleurs et de fruits. Est-ce que vraiment les ossements desséchés des hommes ne reprendront pas vie à l'époque de leur printemps ? »

Mais si, ils reprendront vie, ils se recouvriront de chair : sous leur nouvel aspect ils entreront dans une vie nouvelle et dans un monde nouveau. Les arbres qui ont perdu leur sève n'ayant pu supporter un gel rigoureux sont coupés au début du printemps et transformés en bois de chauffage. Ainsi les pécheurs qui ont perdu leur vie en Dieu seront rassemblés au dernier jour de ce siècle, en prémices du jour éternel à venir, et jetés dans le feu qui ne s'éteint pas.

1 Monastère cénobitique dans le diocèse d'Orel, entre les villes de Sevsk et de Dimitrov, à quarante kilomètres de chacune d'elles.

Si l'on pouvait trouver un homme ignorant des transformations produites par le changement des saisons, si on conduisait cet errant dans le jardin, qui repose, magnifique, pendant l'hiver, d'un sommeil de mort, si en lui montrant les arbres dénudés on lui racontait la splendeur dont ils se pareront au printemps, pour toute réponse, il vous regarderait et il vous sourirait, incrédule ! Ainsi la résurrection des morts semble incroyable pour les ratiocineurs qui errent dans les ténèbres de la sagesse de ce siècle, sans reconnaitre la toute-puissance de Dieu et Sa sagesse multiforme qui peut être contemplée mais non atteinte par des constructions intellectuelles. À Dieu rien n'est impossible : il n'y a pas de miracles pour Lui. La pensée humaine est faible : ce que nous n'avons pas l'habitude de voir nous apparaît comme irréalisable. Les œuvres de Dieu que nous contemplons constamment mais d'un œil indifférent, sont des prodiges, de grands miracles, inaccessibles à l'entendement.

Et chaque année en se renouvelant, la nature répète — en le peignant mystérieusement et prophétiquement, devant les yeux de toute l'humanité — l'enseignement sur la résurrection des morts.

Traduction inédite. — *Asketiceskie opyty* / Svjatitel Ignatij Brjancaninov. – 2e éd. Sankt-Peterburg, 1886. – Moskva : Pravilo Very, 1993. – [Pp. 177-178].

NEGRUZZI

ROUMAIN 1808-1868

Issu de ce que le poète Vasile Alecsandri a appelé la noblesse de deuxième classe, « nombreuse... mais limitée dans les aspirations de son ambition », Constantin Negruzzi, à la différence de beaucoup de ses semblables, n'a pas fait ses études en Occident. S'il eut des précepteurs pour lui enseigner le grec et le français, il se débrouilla tout seul pour apprendre à lire le roumain, à l'époque écrit en caractères cyrilliques. Littérairement précoce, comme plus d'un de ses contemporains, il produisit ses premiers textes dès 1821-1823, alors qu'il séjournait avec sa famille en Bessarabie — partie de la Moldavie occupée par les Russes en 1812 — fuyant les troubles provoqués par l'Étérie, une société secrète militant pour la libération des chrétiens, surtout les Grecs, soumis à l'empire ottoman. Il ne se fit cependant connaître par le livre qu'en 1835, avec la traduction d'un mélodrame, *Trente ans ou la vie d'un joueur*, de Victor Ducange et M. Dinaux. D'autres traductions suivirent, d'Antioche Cantémir, de Molière, de Pouchkine et, surtout, de Victor Hugo : *Marie Tudor*, *Angelo, tyran de Padoue* (1837), *Ballades* (1845, 1863).

Solidaire des plus jeunes d'entre les écrivains de sa génération, il a préparé avec eux l'Union de la Moldavie et de la Valachie (1859), mais a manifesté une certaine réticence à l'égard de la révolution de 1848. Équilibré, méthodique et prudent, obligé de travailler dans l'administration pour s'assurer une existence stable, il a laissé la politique au second plan. Il n'a quitté que très rarement Iaşi, la capitale de la Moldavie, près de laquelle se trouvait son domaine de Trifesti où il édifia son œuvre.

Bien qu'il ait écrit dans tous les genres, Negruzzi reste le premier grand prosateur de la littérature roumaine moderne ; une anthologie de son œuvre, *Péchés de jeunesse*, parue en 1857, reconnaît implicitement la moindre valeur de ses vers et de son œuvre théâtrale, qui les intitule ironiquement *Nielle et chardon*.

Zoé, sa première nouvelle, est d'un romantisme ténébreux : situations mélodramatiques, typologie sommaire de personnages antithétiques, narrateur raisonneur. Dans *Une course de chevaux*, deux récits s'opposent : une histoire d'amour semblable à celle de *Zoé*, une autre qui la renverse dans le registre réaliste et humoristique. Les héros y sont des désabusés, de la famille de Childe Harold ou d'Onéguine, suscitant des passions, mais incapables d'y répondre. En 1840, paraît dans la revue *Dacia literara* (*La Dacie littéraire*), dont l'Introduction est le manifeste du romantisme roumain, la nouvelle *Alexandru Lapusneanul*, inspirée de la chronique de Grigore Ureche. Conflit violent progressant impétueusement et traversé par les explosions passionnelles des personnages, il met en scène Lapusneanul, un héros romantique, démoniaque et sadique, et sa femme, la délicate Ruxanda, construite en antithèse. Si Lapusneanul est un politicien habile, lucide et conscient de sa mission, c'est l'Histoire, soumise au destin, qui dicte les actes des personnages et régit le drame. Monstrueux mais véridiques, comme dans les drames historiques de Shakespeare, ces héros sont les premiers à instaurer, dans la littérature roumaine, une vision réaliste de l'histoire, même si l'impersonnalité de la narration relève encore du classicisme.

La nature profonde de Negruzzi se révèle pleinement dans ses *Lettres*, réunies dans l'anthologie de 1857 sous le titre *Noir sur blanc : Lettres à un ami*. Ces *Lettres* fictives, adressées à des amis fictifs, sont un pot-pourri de petites études d'histoire, de notes philologiques, d'évocations du passé, d'esquisses de mœurs, d'articles de critique littéraire, de souvenirs de voyage. Point d'unité dans cet ensemble, si ce n'est celle de la formule artistique. Les *Lettres* de Negruzzi sont en réalité les premiers essais en date de la littérature roumaine, dissertations où la personnalité de l'écrivain se manifeste en toute liberté. Courtes, d'une concentration sans effort, elles revèlent un écrivain maître de son expression, revigorant des mots anciens ou faisant appel à des néologismes, au gré des nécessités de sa voix singulière.

L'Influence des romantiques français sur la poésie roumaine / N.I. Apostolescu. – Paris : Librairie Ancienne Honoré Champion, 1909. – [Pp. 150-169].
Costache Negruzzi : Viata si opera lui / E. Lovinescu. – Bucarest : Editura Minerva, 1913. – 367 p.
Les Écrivains réalistes en Roumanie, comme témoins du changement du milieu du XIXe siècle / N. Iorga. – Paris : J. Garnier, 1925. – [Pp. 14-17].
Histoire de la littérature roumaine / Petre V. Hanes ; préface de Mario Roques. – Paris : Ernest Leroux, 1934. – [Pp. 104–115].
C. Negruzzi / Al. Piru. – Bucarest : Editura Tineretului, 1966. – 140 p.
Constantin Negruzzi / Liviu Leonte. – Bucarest : Editura Minerva, 1980. – 256 p.
Introducere in opera lui Constantin Negruzzi / G. Dimisianu. – Bucarest : Editura Minerva, 1984. – 144 p.

ALEXANDRU LAPUSNEANUL 295

J.-E. Voinesco — 1855

Une proie livrée à la vindicte populaire. — Le prince Lapusneanul, trahi par les boyards pendant son premier règne (milieu du XVIe siècle), les invite à un repas de « réconciliation », au cours duquel sa garde massacre quarante-sept d'entre eux. Les serviteurs rescapés avertissent les familles et incitent la foule à manifester son mécontentement au sujet des impôts et des abus du pouvoir. Lapusneanul lui sacrifiera Motzoc, mais mourra empoisonné, quatre ans plus tard, par deux jeunes boyards qui avaient échappé au massacre. C'est la première fois que la foule, personnage collectif, paraît dans la prose roumaine.

Le bruit de l'émeute parvint jusqu'à Lapuchneano, qui envoya l'intendant des prisons s'informer de la cause du tumulte. L'intendant sortit.

« Eh ! vornic[1] Motzok, demanda le prince, dis-moi, n'ai-je pas bien fait de me débarrasser de ces méchants, de purger le pays d'une telle lèpre ?

— Oui, sans doute ; Votre Altesse a agi avec une haute sagesse. Moi-même, depuis longtemps, je voulais lui donner le conseil que... mais sa prudence m'a prévenu. Certes vous avez eu raison de vous débarrasser de ces méchants, attendu que... Certainement... Enfin, il est hors de doute...

1 Grand dignitaire qui s'occupait des affaires intérieures du pays et avait aussi des responsabilités en justice.

— L'intendant tarde bien à revenir, interrompit Lapuchneano. Je suis presque tenté d'ordonner qu'on tire à coups de canons sur cette vile multitude. Qu'en penses-tu, Motzok ?

— Sans doute, Monseigneur ! Faites jouer la mitraille. Quel malheur, après tout, que quelques centaines de vilains meurent, lorsque tant de boyards ont péri ? Oui, qu'on les tue ; mais qu'on les tue là, tous sans miséricorde.

— J'étais sûr d'avance de ta réponse, reprit le prince avec une aigreur mal contenue. Voyons pourtant d'abord ce qu'ils veulent. »

Pendant ce temps l'intendant était monté sur la plate-forme du palais, d'où faisant signe au peuple, il s'écria à haute voix : « Braves gens, Son Altesse le prince m'envoie pour m'informer de ce que vous voulez. Que lui demandez-vous ? Pourquoi venez-vous comme des séditieux ? »

À cette demande, la foule demeura interdite. Comme toujours, le rassemblement n'avait point eu d'objet ; le peuple s'était porté au palais sans savoir lui-même pourquoi il y était, ni ce qu'il voulait. Alors des groupes se formèrent pour délibérer sur ce qu'on demanderait au prince. Enfin plusieurs voix crièrent de différents côtés :

« Qu'il diminue les impôts ! — Plus de corvées, plus de redevances !

— Qu'on ne nous opprime plus, qu'on ne nous dépouille plus !

— Nous sommes ruinés, nous n'avons plus d'argent ! — Motzok nous a tout pris. Motzok ! Motzok ! c'est lui qui nous dépouille ; c'est lui qui donne des mauvais conseils au prince. Qu'il meure !

— Qu'il meure, oui, qu'il meure ! Nous voulons la tête de Motzok ! » Ces dernières paroles, qui répondaient au sentiment général, furent comme une étincelle électrique. Toutes les voix s'unirent pour ne former qu'un cri : Motzok ! nous voulons la tête de Motzok !

« Eh bien ! qu'y a-t-il, que veulent-ils ? demanda le prince à l'intendant le voyant venir.

— La tête du vornic Motzok.

— Comment ? qu'est-ce ? s'écria celui-ci en faisant un bond comme s'il avait marché sur un serpent, tu as mal entendu, ami, ou si tu veux rire, tu choisis mal ton temps. Que signifient ces paroles ? qu'ont-ils à faire avec ma tête ? Non, ce n'est pas possible, tu es sourd, te dis-je, tu as mal entendu.

— Au contraire, dit le prince, c'est qu'il a très-bien entendu. Écoute plutôt toi-même, d'ici tu peux distinguer leurs cris. »

Et, en effet, les soldats résistant faiblement, n'avaient pu empêcher le peuple d'escalader les murs du haut desquels il criait à tue-tête :

« Qu'on nous livre Motzok ! nous voulons la tête de Motzok !

— Malheur, malheur à moi ! s'écria alors le lâche. Sainte Vierge ! ne m'abandonnez pas, je suis perdu ! Quel malheur ai-je donc fait, à ces gens-là ? Vierge Marie, sauvez-moi de ce péril, et je jure de vous faire bâtir une église, de passer le reste de mes jours dans le jeûne, de monter en argent votre image miraculeuse qui est au monastère de Neamtzo. Et vous, Monseigneur, tout-puissant Seigneur ! n'écoutez pas ces rustres, ces vilains ; faites tirer sur eux ; qu'ils meurent tous. Je suis un grand boyard, moi ; eux ne sont que des vilains.

— Vilains, oui, mais nombreux, répondit Lapuchneano avec un grand sang-froid. Tuer un si grand nombre d'hommes pour un seul, ne serait-ce pas commettre un grand péché ? Je t'en fais juge toi-même. Va donc mourir pour le bien de la patrie, ainsi que tu t'en vantais lorsque tu vins me dire que le peuple ne me voulait pas et ne m'aimait pas. Je suis charmé que ce soit lui qui se charge aujourd'hui de te payer les services que tu m'as rendus autrefois, alors que tu vendis mes troupes à Antoine Sekeli, et m'abandonnas pour passer dans les rangs de Tomche.

— Infortuné ! infortuné ! s'écria Motzok en s'arrachant la barbe, car il comprit aux paroles du tyran qu'il n'y avait plus de salut pour lui. Du moins, accordez-moi le temps de faire mes dernières dispositions ; ayez pitié de ma femme et de mes enfants ; laissez-moi aller me confesser. »

Et il pleurait, il se lamentait, il sanglotait.

« Assez ! lui cria Lapuchneano, ne te lamente pas comme une femme ; sois donc courageux, sois un vrai Roumain. À quoi bon, d'ailleurs, aller te confesser ! Que dirais-tu à ton confesseur ? Que tu es un brigand et un traître ? Toute la Moldavie le sait. Allons ! qu'on l'emmène et qu'on le livre au peuple. Qu'on dise à celui-ci que c'est ainsi que le prince Alexandre récompense les oppresseurs et les voleurs du pays. »

L'intendant des prisons et le capitaine des lefedgis[1] le saisirent immédiatement et se mirent à l'entraîner ; l'infortuné boyard criait en se débattant de toutes ses forces ; mais que pouvaient ses mains affaiblies par l'âge contre quatre bras vigoureux ? Il s'efforçait en vain de s'affermir sur ses pieds. Il trébuchait à chaque pas contre les cadavres de ses compagnons, et glissait dans le sang qui commencait déjà à se figer sur les

1 Mercenaires.

dalles. Enfin, ses forces l'abandonnant, il fut entraîné par les satellites du tyran qui le hissèrent, plus mort que vif, sur la plate-forme, et le précipitèrent au milieu de la foule.

L'infortuné boyard tomba dans les serres de l'hydre aux mille têtes, qui, en un clin-d'œil, le mit en morceaux.

« C'est ainsi que le prince Alexandre récompense les oppresseurs et les voleurs du pays ! s'étaient écriés les envoyés du tyran.

— Vive notre prince ! » répondit la foule, et, satisfaite de cette victime, elle se dispersa.

Les Doinas : poésies moldaves / de V. Alexandri ; traduites par J.E. Voinesco ; précédées d'une introduction par M. Georges Bell et augmentées de trois nouvelles pièces et de deux morceaux en prose. – Deuxième édition. – Paris : Joël Cherbuliez, 1855. – [Pp. 147-151].

UNE COURSE DE CHEVAUX 296

F. Dumas — 1998

Horreur et bonheur du temps qui passe (Épilogue). — Publiée dans la revue *Dacia literará* en 1840, cette nouvelle clôt l'étape romantique et mélodramatique de l'œuvre de Negruzzi, commencée avec *Zoé* (1837). Il y a deux récits dans *Une course de chevaux* : les amours malheureuses d'Ipolit et Olga, et l'histoire des relations du narrateur et de Madame B. Incomprise et abandonnée par Ipolit, Olga se suicidera ; Ipolit, puni par le destin, deviendra aveugle. Apparemment, de semblables relations lient le narrateur et Madame B., mais c'est une illusion : Madame B. est une coquette, incapable d'une affection durable, et le narrateur se console vite des trahisons de sa bien-aimée. À l'atmosphère ténébreuse du premier récit s'oppose la seconde narration, écrite sous le signe de la lucidité et de l'ironie. L'épilogue surprend, dans le même esprit réaliste et humoristique, qui dénonce les ravages du temps sur ces deux protagonistes.

N.B. 22 ans avaient passé depuis que je n'étais plus allé en Bessarabie, lorsque l'hiver dernier, notre gouvernement me chargea d'une mission à Kichinev. J'allais voir, enfin, des lieux chers, des parents et des amis que je n'avais plus revus depuis 22 ans. Une vie d'homme ! Pendant le voyage, tous les souvenirs de jeunesse me revenaient à l'esprit et j'avais l'impression de voir Meleli à cheval et Madame B. valsant avec l'officier de lanciers.

C'était le matin, quand je suis entré dans la ville. Je suis allé chez mon ancien propriétaire où m'attendait la première déception.

Au lieu du vieil homme de 1835, si roux et si gai, je fus accueilli par un Allemand sec et flegmatique, qui s'occupait de l'estaminet.

J'ai pris un fiacre et je visitai la ville, que j'ai trouvée plus grande, mais pas plus belle.

À la fin, je décidai d'aller chez Madame B. Je ne sais pas pourquoi, dès que j'ai décidé cela, mon cœur se mit à battre, et j'éprouvai une certaine inquiétude. C'était, peut-être, à cause d'un souvenir du temps passé ? Je ne crois pas. Tant de temps s'était écoulé, tant de choses s'étaient passées que cela ne pouvait être qu'à cause de cette impression de la jeunesse, qui reste pour toujours dans l'âme humaine.

Un serviteur m'annonça. J'entrai assez étonné dans un salon où m'attendait une autre déception. Je trouvai une vieille femme ridée, entourée par des chiens et des chats qui, après m'avoir poliment invité à m'asseoir à côté d'elle, me proposa une prise de tabac. Je n'aurais jamais deviné que cette vieille qui portait des lunettes et prisait du tabac était la belle dame B., jadis la gloire de Kichinev.

— Comment ça, ma chère dame, tu portes des lunettes ?

— Tu as perdu tes cheveux ?

— Tu prises du tabac ?

— Tu as perdu tes dents ? etc., etc.

Après une discussion si prosaïque, pendant laquelle on se regardait l'un l'autre, nous avons fini par rire nous-mêmes de nous, et par nous consoler des exploits espiègles du temps. J'ai passé deux semaines gaies dans la capitale de la Bessarabie, où j'ai été très bien accueilli et reçu de façon très cordiale.

1857, mai

Traduction inédite. — *Opere, 1 Pacatele tineretelor* / C. Negruzzi ; édition critique, étude introductive, commentaires et variantes par Liviu Leonte. – Bucarest : Editura Minerva, 1974. – [P. 46].

LETTRES 297

F. Dumas — 1998

Recette contre la curiosité (II). — Negruzzi ironise ici la mentalité de province. À l'époque, Iasi était la capitale de la Moldavie.

L'un des inconvénients les plus fâcheux de la vie de province est la curiosité éveillée par tout habitant de Iaşi, dès qu'il est obligé, par malheur, de quitter sa ville pour aller dans le pays. À peine descendu du fiacre, une foule de curieux entoure le postillon.

— T'es venu avec qui ?

— Avec un boyard. (Pour le postillon, tous ceux qui ne sont pas des paysans sont des boyards.)

— Comment il s'appelle ?

— Je ne sais pas.

— D'où il vient ?

— De la station d'avant. Et, satisfait de l'avoir roulé, le postillon laisse le curieux chercher d'autres personnes pour lui donner plus de renseignements.

Pendant ce temps, l'habitant de la capitale se couche et dort tranquillement, sans savoir que sa venue a suscité une véritable révolution. Mais le bourg bouillonne jusqu'au soir, lorsque tous les provinciaux se rassemblent pour jouer la préférence. Ils ne parlent que du nouveau-venu ; ils chuchotent, ils parlent, ils inventent, ils s'imaginent.

— Est-ce qu'il est marié ? — Est-il jeune ? — Est-il vieux ? — Qu'est-ce qu'il cherche ? Qu'est-ce qu'il veut ? Il est venu pour faire quoi ? — Est-ce qu'il parle français ? — Comment s'appelle-t-il ? — Il appartient à quelle famille ? — Il habitera là ? — Est-ce qu'il connaît la nouvelle contredanse ? — et... et... En les écoutant, on enrage de dépit.

Je parlais justement, il n'y a pas longtemps, avec un jeune ami de cette fâcheuse maladie de province qui persécute les pauvres habitants de Iaşi.

— J'ai trouvé une recette, m'a-t-il répondu, grâce à laquelle j'ai échappé à cela. Il y a trois mois, j'ai dû aller dans la bourgade de... Dès mon arrivée, j'ai préparé un grand repas auquel j'ai invité tous les magnats de la bourgade, les grands, les moyens et les petits ; des hommes, des femmes, des vieilles, des jeunes filles, etc.

Ils en ont été un peu étonnés, mais ils sont tous venus. Nous avons mangé, nous avons bu et, quand j'ai vu qu'ils voulaient partir, je leur ai dit de patienter un peu et, montant sur une chaise, debout, je leur ai tenu le discours suivant :

« Messieurs les boyards, mesdames et mesdemoiselles !

« Je suis de Iaşi.

« Je loue une maison dans le quartier de Pacurari.

« Je vis des revenus d'un petit domaine.

« Je m'appelle B. B.

« Je suis venu ici pour échapper à la boue de Iaşi, et j'y resterai un mois.

« Il y a trois ans que mon père est mort, et sept ans que ma mère est morte.

« J'ai une sœur qui est mariée en Bucovine, qui prend à bail des terres à l'année, qui a une distillerie avec une machine, et un oncle à Bucarest qui habite 751 Podul Mogosoaiei.

« Je suis célibataire, et je n'ai pas l'intention de me marier.

« Je ne cherche pas de travail.

« Je ne fais pas de politique, et je n'ai aucune opinion.

« Je ne suis ni bon, ni mauvais. Je vais rarement à l'église. Je ne reçois personne, et je ne rends visite à personne. Je parle peu. Je ne connais pas les danses, la mazurka ou la valse. Je ne joue pas aux cartes.

« J'ai l'habitude de me coucher à sept heures et de me lever à onze heures.

« Je me rase trois fois par semaine.

« L'hiver je porte une veste chaude et des chaussures doublées de fourrure.

« J'ai deux fracs, trois vestons et quatre pantalons.

« Messieurs les boyards, mesdames, mesdemoiselles !

« Ne soyez pas méfiants, c'est dans votre intérêt que je vous dise tout cela, pour ne plus vous donner la peine de l'apprendre.

« Je vous salue, et tous mes respects ! »

Comme j'ai trouvé l'idée de ce jeune homme très originale et très juste, je te la communique, car elle peut t'être utile là où tu te trouves. Adieu !

Traduction inédite. — *Opere, 1 Pacatele tineretelor* / C. Negruzzi ; édition critique, étude introductive, commentaires et variantes par Liviu Leonte. – Bucarest : Editura Minerva, 1974. – [Pp. 215-216].

STIFTER

ALLEMAND **1805-1868**

Né à Oberplan, actuellement Horni Plana, un petit village de la Forêt de Bohême, dans l'actuelle République Tchèque, région que l'on a également appelée les Sudètes, Adalbert Stifter est le fils d'un marchand de lin et de chanvre, mort accidentellement en 1817. L'absence du père, qui trouvera plus tard son expression artistique dans l'œuvre littéraire, crée d'abord une situation difficile pour la famille. Adalbert, le plus doué intellectuellement des cinq enfants que doivent élever leur mère et leur grand-père, est envoyé faire ses études secondaires à l'école (*Lateinschule*) du monastère bénédictin de Kremsmünster, en Haute-Autriche ; il y reçoit une éducation marquée et par la foi et par l'esprit de la tradition joséphiste ouverte aux sciences et aux arts ; les bâtiments mêmes de l'abbaye lui donnent un exemple de la richesse ornementale du baroque. En 1826, il entame à Vienne des études de droit qu'il ne mènera jamais à leur terme. Dans la capitale de l'Empire autrichien à l'époque de la Restauration et du *Vormärz*, ces années qui ont précédé la violente secousse de 1848, il mène tout d'abord une vie instable, hésitant entre la littérature, l'entrée dans un métier « bourgeois » et la peinture. Il a laissé une œuvre picturale fort appréciable, tant par sa quantité (environ 160 dessins et tableaux répertoriés) que par sa qualité : elle rappelle le romantisme tout en annonçant par certains traits la peinture impressionniste. Il fréquente les milieux intellectuels, est admis dans les salons aristocratiques, notamment celui de la princesse de Schwarzenberg, en tant qu'artiste et comme précepteur : de 1843 à 1846 il enseigne au propre fils de Metternich les mathématiques et la physique.

C'est en 1840 qu'il publie sa première nouvelle, *Le Condor*, dans la *Wiener Zeitschrift für Kunst, Literatur, Theater und Mode*, une revue où sont rassemblés, comme son nom l'indique, aussi bien des textes littéraires et que des informations générales sur la vie culturelle et artistique. C'est à Vienne, dans des revues, des almanachs, des publications au large public, pour qui la littérature est plus un moyen de distraction qu'un champ de réflexion esthétique et philosophique, que Stifter fait paraître toutes ses œuvres jusqu'en 1848. Mais, parallèlement, à partir de 1844, il rassemble les textes déjà publiés, en les remaniant parfois très profondément, et les publie sous le titre de *Studien* (*Études*), les inscrivant dans une entreprise de recherche artistique. Six volumes paraissent ainsi entre 1844 et 1850.

Quand éclate la crise de 1848-1849, qui emporte le système de Metternich et menace la cohésion de l'Empire des Habsbourg, Stifter, qui se définit comme « un homme de mesure et de liberté », n'hésite pas à s'engager contre le désordre révolutionnaire. Il se met, en tant qu'inspecteur des écoles à Linz, au service du gouvernement Bach qui tente d'asseoir l'autorité du jeune empereur François-Joseph en renouant avec une politique inspirée du despotisme éclairé. En collaboration avec un jeune collègue, Johannes Aprent, Stifter compose un manuel destiné aux écoles secondaires, qui porte un titre bien révélateur : *Livre de lecture destiné à développer la culture humaniste* (*Lesebuch zur Förderung humaner Bildung*), recueil de textes littéraires choisis en fonction de critères rationalistes et humanistes. Ce manuel ne sera d'ailleurs pas retenu par l'administration scolaire. Déçu par les tracas quotidiens de sa fonction, il met son art au service de ses convictions politiques et morales : en 1853, il applique encore une fois sa méthode de seconde publication, après révision et refonte, de textes déjà parus, mais, au lieu de les rassembler sous le titre *Études*, il les définit, dans une intention évidente de provocation, comme *Pierres de couleur* (*Bunte Steine*), objets minuscules et sans valeur que ramassent les enfants, et il les fait précéder d'une Préface qui affirme tout un programme. En 1857 paraît un roman, *Après l'été* (*Der Nachsommer*), où Stifter reprend délibérément la tradition du roman d'éducation, s'inspirant à la fois de Goethe et de Novalis : le héros s'appelle Heinrich, comme chez Novalis, sa bien-aimée Nathalie, comme dans *Wilhelm Meister*. En 1865-1867 il publie un volumineux roman historique, *Witiko*, chronique et épopée de l'histoire du Royaume de Bohême au XIIe siècle. En 1868, la rédaction de sa dernière grande œuvre, *Les Cahiers de mon arrière-grand-père* (*Die Mappe meines Urgroßvaters*), une nouvelle qu'il n'a cessé de réécrire toute sa vie (1re version publiée en 1841-1842) est interrompue par sa mort volontaire : malade, selon toute apparence, d'une cirrhose du foie, il se tranche la gorge pour mettre fin à ses souffrances.

On a parfois voulu voir en Stifter, pour l'en louer ou l'en blâmer, le prophète d'un moralisme étroit, d'une philosophie « bourgeoise », voire « philistine », comme disent les Allemands, et on l'a rattaché à ce mouvement artistique et idéologique que, faute de mieux, on a baptisé *Biedermeier*, empruntant à l'ébénisterie un terme qui désigne à peu près ce que, en France, on appellerait le style Louis-Philippe. Il s'inscrit en fait dans le grand mouvement qui, sur les décombres du romantisme, tente de rebâtir un rationalisme, fondé sur la volonté et sur l'éthique, sur les grandes valeurs des Lumières.

Stifter connaît et évoque sans cesse les profondeurs troubles du psychisme humain, ses angoisses et ses violences, ce que, un jour, il a défini comme la « disposition de fauve » (*die tigerartige Anlage*) de tout être humain, et aussi la terreur qu'inspire le spectacle de la nature pénétrée de divin ; *Les Grands Bois* s'achèvent sur l'évocation désespérée de la forêt toujours belle, toujours radieuse dans sa virginité originelle, traversée par les ombres transitoires des humains, nature resplendissante qui, dans *Cristal de roche* (*Bergkristall*) apporte à deux enfants perdus dans la montagne la révélation d'une beauté divine, donc à la fois sublime et inhumaine. *Les Carnets de mon arrière-grand-père* s'ouvrent sur la résolution morale du rédacteur d'un journal intime, qui prend pour ligne de conduite la conviction que Dieu est indifférent au destin des hommes : il en tire la décision « d'être un homme », c'est-à-dire de vivre selon une éthique fondée sur le respect de l'autre et la maîtrise de soi. C'est à cette éthique que s'élève le personnage central des *Carnets*, et c'est elle aussi qu'apprend Heinrich Drendorf au cours de son éducation, qui le conduira, comme son modèle Wilhelm Meister, à découvrir la sérénité et la stabilité de l'existence dans l'acceptation des conventions sociales, qui seules peuvent créer un monde accordé à l'homme. Dans *Witiko*, histoire et politique définissent le domaine dans lequel doit s'affirmer la valeur morale. C'est certainement cela que Nietzsche, qui fut un des grands admirateurs de Stifter, a décelé en lui, cette volonté de fonder, au-delà du silence de Dieu et de l'absurdité du monde, une sphère, esthétique et morale, de l'humain.

Adalbert Stifter : introduction à la lecture de ses nouvelles / Jean-Louis Bandet. – Paris : G. Klincksieck, 1974. – 364 p. – (*Publications de l'Université de Haute-Bretagne* ; 3).

Le Château des fous / Adalbert Stifter ; introduction par J.-L. Bandet ; traduction par Alain Coulon. – Paris : Aubier, 1978. – 245 p. – (*Collection bilingue*).

Adalbert Stifter / Martin and Erika Swales. – Cambridge : Cambridge University Press, 1984. – XII-251 p. – (*Anglica germanica* ; Series 2).

Adalbert Stifter heute : Londoner Symposium 1983 / hrsg. von Johannes Lachinger, Alexander Stillmark und Martin Swales. – Linz : Adalbert-Stifter-Institut des Landes Oberösterreich ; London : Institute Germanic Studies, University of London, 1985. – VII-167 p. – (*Publications of the Institute of Germanic Studies, University of London* ; 33 ; *Schriftenreihe des Adalbert-Stifter-Institutes des Landes Oberösterreich* ; 35).

Adalbert Stifter : sein Leben und Werk / Peter A. Schœnborn. – Bern : Francke Verl., 1992. – XVIII-564 p.

LES CARNETS DE MON ARRIÈRE-GRAND-PÈRE 298

J.-L. Bandet — 1998

Péril en montagne (version de 1841). — Cette nouvelle, que Stifter a plusieurs fois remaniée, raconte comment un jeune homme, Augustinus, vient, après avoir terminé ses études de médecine à Vienne, s'installer dans son pays natal. Il y fait la connaissance d'un vieil homme, désigné comme le colonel, et s'éprend de sa fille Margarita. De fausses apparences le conduisent à croire que Margarita le trompe, et il tente de se suicider. Le colonel lui raconte alors comment, autrefois, il a causé indirectement la mort de sa femme, la mère de Margarita. Peu après la naissance de leur fille, les jeunes époux partent pour une promenade en montagne.

Savez-vous ce que, en haute montagne, on appelle une glissière à bois ? Ce sont des conduites faites de troncs d'arbres évidés, dans lesquelles on fait glisser le bois coupé jusque dans les vallées. Elles sont souvent lancées au-dessus de crevasses rocheuses, et il arrive qu'elles les surplombent de très haut sur des distances assez longues. C'était un bel après-midi de septembre, nous étions montés si haut, qu'elle avait pu fixer à mon chapeau quelques petites tiges d'edelweis, mais, sur le chemin du retour, trompés par la similitude des falaises et des crevasses dans la montagne, nous errâmes à tel point que moi-même, et elle plus encore, étions complètement désorientés dans cette contrée, si bien que, nous confiant au hasard, nous descendîmes jusqu'en bas d'un éboulis, nous attendant à chaque instant à le voir s'interrompre brusquement sur un mur abrupt. C'est bien ce qui arriva ; après avoir contourné un rocher, nous vîmes soudain devant nous le ciel bleu ; en face de nous, un mur de rocher, éclairé par le soleil couchant, brillait d'une faible lueur rougeâtre ; mais il y avait aussi, telle un pont vertigineux et attirant, une glissière à bois suspendue au-dessus de l'abîme. Je me sentis pâlir, et regardai ma compagne, mais ses traits exprimaient plus la joie que l'appréhension, et je me gardai bien d'éveiller son imagination ; si en effet il nous fallait passer de l'autre côté, elle ne serait en sécurité que si elle avait confiance. Et aussi nous avions souvent déjà traversé de tels chemins et sentiers sans éprouver le moindre vertige ; mon premier mouvement d'angoisse disparut aussitôt. Il ne nous restait plus qu'à savoir si la gouttière était en état de supporter le poids de nos deux corps. Elle venait d'être utilisée, comme le montraient, à son extrémité, des marques de bois récemment abattu que l'on avait fait descendre par ce moyen ; en effet elle portait sur sa face intérieure des éraflures toutes fraîches, et il y avait encore, à proximité, les blocs et les perches que l'on utilise d'ordinaire pour faire rouler les troncs, et les traces de pas toutes fraîches et d'autres marques, celles qui, à vrai dire, nous avaient entraînés à descendre le long de l'éboulis, semblaient avoir la même origine. Il devenait de plus en plus urgent de prendre une décision, car la falaise opposée brillait d'un éclat de plus en plus rouge, mais aussi de plus en plus haut, et la vallée était déjà envahie pas les ombres humides et froides du soir.

Alors que nous hésitions et réfléchissions, nous entendîmes sur le côté, dans un fossé dont nous n'avions auparavant pas remarqué la présence, des craquements et des froissements, comme si quelqu'un marchait ; en effet nous en vîmes sortir quelques secondes plus tard un homme que, au premier coup d'œil, nous reconnûmes pour un de ces bûcherons qui pratiquent dans la montagne leur dangereux et pénible métier. Il portait sur son dos un sac de cuir et des crampons d'escalade, une casserole de fer était accrochée à sa ceinture et il tenait à la main la longue canne des montagnards, munie d'une pointe de fer et d'un crochet. Il fut visiblement étonné de trouver des êtres humains en ces lieux et nous contempla fixement d'un regard surpris. Je me sentis soulagé d'un immense poids et m'empressai de lui demander si la gouttière pouvait servir de pont. « Mais bien sûr », répondit-il, « il y a à peine une heure que tous mes camarades, au nombre de cinq, sont passés de l'autre côté, moi seul j'ai dû faire demi-tour, car j'avais oublié les instruments de cuisine à l'endroit où nous avions fait du feu. Vous allez voir tout de suite que les autres ne sont pas loin, nous sommes convenus d'un signal. » Sur ces mots il poussa ce grand cri joyeux par lequel les montagnards s'appellent, si fortement que l'écho résonna dans toutes les falaises et tous les ravins, et, quelques secondes plus tard, nous entendîmes le même cri, assourdi, venant d'au-delà de la falaise qui nous faisait face. J'exprimai le désir de franchir aussitôt la gouttière en sa compagnie, ce qu'il accepta volontiers. Et c'est ainsi que nous nous engageâmes sur ce pont périlleux, qui s'étendait devant nous, si lourd de sens, si mystérieux, comme une ligne fragile, comme une corde vertigineusement tendue dans l'indistincte pénombre. Je précédais ma femme, lui la suivait, car il pensait être plus apte à lui porter secours, s'il lui arrivait quelque chose. Nous portions l'alpenstock de telle façon que j'en tenais une extrémité, lui l'autre, afin d'apaiser par ce fantôme de garde-fou l'imagination de ma femme ; elle avait insisté pour porter elle-même son petit chien. Et c'est ainsi que, flottant entre le ciel et la terre, nous entreprîmes la traversée ; le but et la fin de notre chemin, la falaise que nous brûlions d'atteindre, de l'autre côté, brillait doucement d'un éclat pourpre, un silence de mort régnait dans l'air vespéral, seul se faisait entendre le bruit assourdi et rythmé de nos pas ; j'étais empli d'un sentiment de terreur, à n'entendre que les pas du montagnard, dans ses lourdes chaussures ferrées, et non ceux de ma femme, et, à l'idée que mon épouse, cet être adoré, fragile, que j'avais attiré ici, marchait derrière moi, il me semblait que, si je pouvais me retourner ne fût-ce qu'une fois, tout irait bien ; mais je n'osais pas le faire, de peur de faire bouger l'alpenstock, de rompre le rythme de notre marche. Soudain, à trois pas à peine de l'extrémité de la gouttière, j'entendis notre compagnon crier : « Asseyez-vous » — je me retournai aussitôt — mais je ne vis que notre compagnon, je ne vis pas mon épouse — un éclair d'épouvante traversa mon esprit — mais mon cœur se refusait désespérément à l'admettre — comme dans un rêve infernal je ne voyais que lui, que lui, que lui, et tout était plongé dans un tel silence de mort — une seconde seulement j'eus encore conscience — puis les murailles rocheuses se mirent à se mouvoir, à tourner et à basculer, les sapins oscillaient, montaient et descendaient comme les cierges d'un lustre, et, dans le flamboiement pourpre d'un incendie infernal le reflet du soleil couchant embrasa la cime de la falaise que nous avions si ardemment désiré atteindre.

Traduction inédite. — *Erzählungen in der Urfassung* / Adalbert Stifter ; hrsg. von Max Stefl. – Augsburg, 1953. – [Pp. 188-190].

LES CARNETS DE MON ARRIÈRE-GRAND-PÈRE 299

J.-L. Bandet — 1998

Une forêt de glace et de neige vierge (version de 1847). — Dans cette deuxième version de la nouvelle, le docteur Augustinus raconte comment, après avoir surmonté sa déception amoureuse et son désespoir, il se consacre tout entier à sa mission de médecin. Une année, au cours d'un hiver particulièrement rude, il doit affronter les périls de la neige et de la glace pour se rendre, en compagnie de son valet Thomas, au chevet de l'un de ses malades. Ce texte présente aussi un intérêt particulier : c'est sans doute de lui que s'est inspiré Franz Kafka pour écrire son court récit *Un médecin de campagne*.

Quand nous arrivâmes à l'endroit où nous devions entrer sous la voûte des arbres, Thomas s'arrêta. Nous apercevions devant nous un pin au tronc très élancé, courbé en cerceau, et faisant au-dessus de notre route un arc, comme ceux que l'on érige pour l'entrée solennelle d'un empereur. On ne saurait dire la splendeur de la masse de glace qui était accrochée aux arbres. Ils étaient tels des candélabres, d'où pendaient d'innombrables cierges renversés, plus gros que ceux que l'on a jamais vus. Tous ces cierges brillaient d'un éclat argenté, les candélabres eux-mêmes étaient d'argent, et n'étaient pas toujours droits, certains penchaient dans divers sens. Nous savions maintenant ce qu'était le bruissement que nous avions auparavant entendu dans les airs ; il n'était plus dans les airs, il était sur nous. Il se faisait entendre sans discontinuer dans toute la profondeur de la forêt : c'étaient les rameaux et les branches qui se brisaient et tombaient à terre. C'était d'autant plus effrayant que tout restait immobile ; aucune branche, aucune aiguille ne bougeait, et ce n'était que quand, après avoir détourné notre regard, nous le reportions sur un arbre courbé, que nous pouvions voir que les aiguilles de glace le faisaient pencher un peu plus vers le sol. Nous étions immobiles, nous regardions, — qui pourrait dire si c'était par admiration, ou par peur de pénétrer dans cet espace inconnu ? Peut-être que notre cheval partageait en un certain sens notre impression, car, levant précautionneusement les pieds, le pauvre animal fit reculer notre traîneau par à-coups.

Tandis que nous étions là à regarder — nous n'avions encore échangé aucune parole — nous entendîmes à nouveau le bruit de chute que nous avions déjà entendu ce même jour à deux reprises. Maintenant nous savions parfaitement ce que c'était. Il y avait d'abord un craquement sec, qui ressemblait presque à un cri, puis un souffle bref, un bruissement ou un bruit de frôlement, et enfin le grondement sourd du choc que faisait un immense tronc d'arbre en s'abattant sur le sol. Ce craquement se répandait comme un frémissement dans toute la forêt, à travers les couches épaisses de feuilles qui assourdissaient le bruit ; on entendait encore un tintement et un cliquetis, comme si on mélangeait et agitait d'immenses quantités de verre — et puis tout redevenait comme avant, les troncs se dressaient l'un à côté de l'autre, rien ne bougeait, et le bruissement continuait tandis que tout restait immobile. C'était un spectacle étrange quand, tout près de nous, un rameau ou une branche ou un morceau de glace tombait à terre ; on ne voyait pas d'où il tombait, on n'apercevait qu'un bref éclair, on entendait parfois le choc de la chute, on n'avait pas vu la branche se redresser brusquement, débarrassée de son fardeau, et l'immobilité persistait après avoir été un instant interrompue.

Nous comprîmes que nous ne pouvions pas pénétrer dans la forêt. Il pouvait y avoir quelque part en travers de notre chemin un arbre couché avec tous ses branchages, que nous ne pourrions pas franchir, et qu'il nous aurait aussi été impossible de contourner, car les arbres sont tout proches l'un de l'autre, emmêlent leurs rameaux, et la neige atteignait l'enchevêtrement des basses branches. Si alors nous faisions demi-tour, et que nous voulions revenir sur le chemin par lequel nous étions venus, et si, dans l'intervalle, un autre arbre s'était abattu en travers, nous serions pris entre les deux. La pluie continuait sans interruption, nous étions nous-même recouverts de givre, à tel point que nous ne pouvions faire le moindre mouvement sans briser la carapace qui pesait sur nous, le traîneau était alourdi, enfoui sous la glace, notre alezan portait lui aussi un fardeau — si dans les arbres la charge s'accroissait d'une once, tout pouvait s'écrouler, les troncs eux-mêmes pouvaient se briser, les aiguilles de glace acérées pouvaient tomber comme des masses, nous pouvions d'ailleurs en voir plusieurs sur notre chemin qui s'ouvrait devant nous et, tandis que nous étions restés là, nous avions entendu à nouveau, au lointain, des coups sourds. Quand nous regardions dans la direction d'où nous étions venus, nous ne pouvions voir, dans les champs, dans toute la contrée, ni un homme, ni un seul être vivant. Nous étions, moi, Thomas et l'alezan, seuls dans l'immensité de la nature.

Traduction inédite. — *Studien* / Adalbert Stifter. – München : Winckler Verl., 1975. – [Bd. 1, pp. 466-467].

APRÈS L'ÉTÉ 300

J.-L. Bandet — 1998

Vertu civique, hasard et vocation (chapitre 1). — Dans les premières pages du roman, le jeune Heinrich Drendorf, au sortir de l'adolescence, médite sur ce que peut être une vocation.

Certains affirment que c'est pour le bien de l'humanité qu'ils sont devenus commerçants, médecins, ou qu'ils sont entrés au service de l'État ; mais, le plus souvent, cela n'est pas vrai. S'ils n'ont pas été entraînés par une vocation naturelle, ils ne font que dissimuler, en disant cela, une raison moins glorieuse : ils voient dans leur état un moyen de gagner de l'argent, des biens, de subvenir à leurs besoins. Souvent c'est sans avoir réfléchi plus avant à leur choix qu'ils ont embrassé ce métier, ou ils y ont été conduits par la force des choses, et ils invoquent le bien de l'humanité que, à les entendre, ils auraient recherché, pour ne pas avouer leur faiblesse. Il en est encore d'autres, qui parlent sans cesse du bien public. Ce sont ceux qui n'ont pas mis leurs propres affaires en ordre. Ils sont toujours en difficulté, ils ne connaissent qu'ennuis et désagréments, et ce à cause de leur propre légèreté ; et ils n'ont rien de plus aisé que d'accuser l'état de la société de ce dont ils souffrent et de dire que, en réalité, ils ne pensent qu'au bien de la patrie, et qu'ils créeraient, dans cette patrie, le meilleur des ordres possibles. Mais quand se présente réellement le moment où la patrie les investit d'une mission, il en advient de leur patrie comme il en est autrefois advenu de leurs propres affaires. Dans les temps de troubles ces gens-là se montrent les plus égoïstes, souvent aussi les plus féroces. Mais nul ne peut non plus douter qu'il existe des hommes que Dieu a dotés de l'instinct social et à qui il a accordé un don particulier pour la société. C'est poussés par leur personnalité profonde que ceux-là se vouent aux affaires de la société, et ce sont aussi eux qui font là preuve du jugement le plus sûr, ils trouvent plaisir à les organiser et sacrifient souvent leur vie à leur vocation. Mais tandis qu'il font ainsi le sacrifice de leur vie, que cela dure longtemps ou un seul instant, ils éprouvent de la joie, car ils se sont abandonnés à leur instinct profond.

Et Dieu ne nous a pas non plus assigné l'utilité comme but de nos actions, que ce soit l'utilité pour nous ou l'utilité pour les autres ; il a doté la pratique de la vertu d'un charme particulier, il a conféré une beauté propre aux objets que les âmes nobles tentent d'atteindre. Qui fait le bien parce que son contraire est mauvais pour l'espèce humaine est bien bas sur l'échelle de la moralité. Il n'hésiterait pas à commettre le péché, s'il trouvait ainsi un avantage pour lui-même ou pour l'humanité. Cette sorte de gens sont aussi ceux qui admettent que tous les moyens sont justifiés, et qui font le mal pour leur patrie, leur famille ou pour eux-mêmes. On a vu en eux des hommes d'État, quand ils étaient au faîte de leur puissance, mais ce ne sont que des caricatures d'hommes d'État, et l'avantage provisoire qu'ils ont atteint n'a été qu'un faux avantage, qui, le jour du jugement, s'est révélé être un funeste destin.

Traduction inédite. — *Der Nachsommer* / Adalbert Stifter ; hrsg. von Max Stefl. – Augsburg, 1953. – [P. 15].

ABDIAS 301

Th. Al. Karr — 1860

Innocence foudroyée et souffrante sagesse (XIX-XXI).

On était au temps de la moisson. Par une après-midi qui paraissait excessivement chaude à tout autre, Ditha monta sur un coteau formant la lisière d'un champ de blé que son père avait fait faucher la veille. Elle avança jusqu'à l'extrémité supérieure : elle avait là un champ de lin qui avait été ensemencé tard, afin qu'elle jouît une seconde fois du spectacle de la floraison. Tant que le blé avait été debout, il n'avait été possible d'y arriver que par des détours. — Seule, elle était montée à travers les chaumes et l'on voyait de loin la blancheur de sa robe éclairer ses formes élancées. Les valets d'Abdias l'avaient aperçue, montant par le champ de blé, tandis que, par le même chemin, ils revenaient à la maison, de crainte de l'orage ; mais ils ne s'étaient pas davantage mis en peine de leur jeune maîtresse. Seulement, un peu plus tard, l'un d'eux, voyant Abdias qui paraissait chercher sa fille, lui dit qu'elle devait être sur la colline. Effectivement il la cherchait, car le manteau de nuages, d'abord léger et presque transparent, était devenu plus épais et se déployait peu à peu sur une plus vaste étendue du ciel, bien que la plus grande partie conservât sa belle couleur bleue et que le soleil ne cessât pas d'envoyer des rayons plus chauds encore. Ayant reçu par le domestique ce renseignement sur sa fille, il monta par le même champ de blé où nous l'avons vue, l'aperçut debout sur la lisière du lin, et se dirigea vers elle ; le champ était d'un bout à l'autre en fleur, et sur les petits pétales frémissants que ne caressait aucun zéphyr, un grand nombre d'insectes se reposait.

— « Que fais-tu donc ici, Ditha ? demanda Abdias.

— Je contemple mon lin, répondit la jeune fille. Vois, hier il n'y avait pas une seule fleur et aujourd'hui elles sont toutes ouvertes. Je crois que le calme et la chaleur en ont hâté l'épanouissement.

— Ne vois-tu pas ces nuages au ciel ? ils viennent sur nous ; il faut vite nous en aller à la maison, sinon tu seras mouillée et cela te rendra malade.

— Je vois les nuages, mais ils ne viendront pas encore si tôt que nous n'ayons bien le temps de redescendre ; d'ailleurs quand ils arriveraient plus rapidement qu'ils ne promettent, je ne serais pas mouillée pour cela : car j'entrerai dans une de ces maisons construites en gerbes, je m'y assiérai, et je verrai les gouttes argentées descendre sur ces tiges dont il ne reste plus debout qu'un petit morceau fauché. Et pendant ce temps il fera sec et chaud où je serai... »

Abdias regarda vers l'occident, et, dans le fait, la dernière prévision de l'enfant semblait devoir se réaliser : les nuages venaient plus vite qu'on ne l'eût d'abord présagé. La muraille uniforme et faiblement colorée qui, tout à l'heure encore, s'élevait à l'occident, s'était dissoute et séparée en globes qui, suspendus au ciel et entourés de blanc, changeaient à tout moment de couleur. Au-dessous, un reflet gris rougeâtre bordait l'horizon.

Abdias reconnut qu'ils parviendraient difficilement chez eux avant la pluie, et que le conseil de Ditha serait peut-être le meilleur. [...]

Ditha avait son enjouement dans les jours d'orage. Elle se tournait vers le couchant :

« Que c'est magnifique ainsi ! disait-elle ; que c'est indiciblement magnifique ! Que Dieu est grand dans ses œuvres ! et que tu es bon d'être venu me retrouver, ô mon père ! parce que tu es là avec moi, cela me plaît encore mieux. »

Abdias avait formé dans leur abri un siège de gerbes ; il entra s'asseoir. Ditha, avec l'amour du mystère particulier aux enfants, alla s'installer avec lui dans la petite maisonnette jaune. L'espace laissé libre du côté de l'orient leur permettait de voir à leurs pieds une petite partie des chaumes, puis un petit morceau du champ de lin, et là-haut les voiles gris et aériens qui se déployaient sur le ciel ; ils entendaient chanter l'alouette, toujours au-dessus du lin. Le tonnerre continuait à être éloigné, bien que les nuages eussent déjà rempli tout le ciel et, après avoir dépassé leurs têtes, se fussent beaucoup avancés vers le levant.

Ils causaient dans leur cachette.

« Ne crois-tu pas comme moi, demandait Ditha, que les nuages ne sont pas extrêmement épais, et que certainement ils ne nous enverront pas des gouttes trop grosses et trop lourdes ? Cela me ferait de la peine si elles renversaient les belles fleurs de mon lin, qui ne sont ouvertes que d'aujourd'hui.

— Je pense que même de lourdes gouttes ne pourraient pas détacher les pétales bleus de ton lin, précisément parce qu'ils ne sont ouverts que d'aujourd'hui et qu'ils tiennent solidement, dit Abdias.

— J'aime beaucoup le lin, reprit Ditha après un moment de silence. Il y a bien longtemps, quand le triste voile noir était encore sur ma tête[1],

1 = « quand j'étais aveugle ». La nouvelle raconte l'histoire d'une jeune fille, née aveugle, qui recouvre la vue par miracle, et qui, un jour, est foudroyée par l'orage.

Sara m'en a raconté bien des choses, sur ma demande, mais je ne les comprenais pas alors ; maintenant je les comprends et je les ai moi-même observées. C'est un ami de l'homme, que le lin, me disait Sara, et je sais maintenant qu'il en est ainsi. D'abord, cette plante porte ses belles fleurs bleues sur sa petite tige verte ; puis, quand elle est morte et préparée par l'air et par l'eau, elle nous donne ces souples fils d'un gris argenté, dont les hommes font ce tissu qui est le plus véritablement leur habitation, du berceau jusqu'à la tombe, comme disait encore Sara. Et vois-tu, Sara avait bien raison : il est si merveilleux, ce lin, qu'il devient comme une neige éblouissante ; puis, quand les enfants sont tout petits, comme j'étais, on les met dedans et on leur en enveloppe les membres. — Sara a donné beaucoup de lin à sa fille, quand elle s'est mariée : plus une fiancée est riche, à ce qu'elle me racontait, plus on lui donne une grande montagne de cette neige. — Nos domestiques portent les blanches manches de lin sur leurs bras nus. — Et quand nous sommes morts, tu sais, ils nous enveloppent dans des draps blancs... Mais pourquoi parais-tu triste de mes paroles, ô mon bon père ? Le corps n'est jamais si bien que dans ce vêtement... lorsque l'âme est au ciel. »

Elle se tut tout à coup. Il sembla à Abdias qu'il avait vu une douce lumière sur la gerbe, et il pensa que Ditha avait sa lueur des jours d'orage, d'autant plus qu'il avait vu auparavant les extrémités de ses rubans et de ses cheveux se dresser.

Mais elle n'avait pas eu sa lueur. Lorsqu'il regarda, tout était déjà passé. Un craquement bref et sourd avait suivi l'éclair. Ditha se penchait sur une gerbe : elle était morte.

Il ne tombait pas une goutte de pluie ; seulement les nuages glissaient, comme un voile rapidement tiré, sur le ciel.

Le vieillard ne fit pas entendre un son. Il regardait fixement ce qui était devant lui, et ne croyait pas que cette chose pût être sa fille.

Elle avait les yeux fermés, et cette bouche qui parlait tout à l'heure était devenue muette.

Il la secoua, il lui parla, mais elle retomba de ses mains : elle était bien morte.

Lui-même n'avait pas éprouvé la plus légère commotion. Rien au monde n'indiquait qu'un orage eût passé en ce lieu. Les coups de tonnerre suivants furent aussi éloignés que l'avaient été les premiers ; il ne passait pas sur le lin un souffle d'air, et l'alouette chantait toujours.

Alors Abdias se leva, chargea machinalement la jeune morte sur ses épaules et l'emporta à la maison.

Deux bergers qui le rencontrèrent furent surpris de le voir avancer par le vent qui s'était élevé durant sa marche, et épouvantés de la manière dont retombaient sur son épaule la tête et le bras de l'enfant.

Le lendemain, Ditha était enveloppée dans le blanc vêtement de la tombe. Sur son cercueil reposait la couronne de celles auxquelles une union terrestre n'a pas ôté le droit de nommer le Christ leur époux.

On dit dans le pays que, trente ans après la mort de Ditha, Abdias vivait encore. Il s'asseyait devant sa maison et il regardait le ciel.

Les Soirées germaniques offertes à la jeunesse / par Melle Thérèse Alphonse Karr ; contes et nouvelles tirés d'auteurs allemands (M. Hartmann, A. Stifter, B. Auerbach). – Paris : Théodore Lefèvre, s.d. [1860] – [Pp. 197-204].

LES GRANDS BOIS 302

H. Thomas — 1943

Ruine au milieu des bois (VII). — Une atmosphère mêlée de nostalgie de la paix et d'inéluctable tragique se dégage de cette scène de retrouvailles qui clôt la nouvelle.

Dans une vallée aux vertes prairies se dressait une puissante tour quadrangulaire, environnée des ruines du bâtiment qui l'avaient entourée. Elle n'avait plus de toit, et les portes dans ses murs d'enceinte étaient détruites ; elle était telle qu'on la voit de nos jours, si ce n'est que les pierres dénudées de ses murailles n'avaient pas pris encore la couleur grise et vétuste qu'elles ont maintenant ; elles étaient encore revêtues de chaux et de crépi, mais leur blancheur était salie par les affreuses marques de l'incendie, qui, partant des fenêtres, se dirigeaient vers le haut, semblables à des panaches de comète. On pouvait voir aussi dans la muraille extérieure plus d'une profonde blessure. Le gazon environnant avait disparu et ressemblait à une aire longtemps piétinée, sillonnée de profondes ornières, et couverte, çà et là, par des arbres calcinés, ou par les débris d'instruments inconnus. Le ciel pur et parfaitement tranquille où brillait un doux soleil de novembre, regardait cet endroit de mort. On n'eût pas trouvé l'ombre d'un ennemi aux environs, mais aucun autre être vivant non plus n'était présent, à des lieues à la ronde. Les chaumières étaient incendiées et le bourg de Friedberg en ruine. Et cependant un mince filet de fumée bleue montait de la ruine vers l'azur sombre, comme si quelqu'être humain eût vécu dans ces lieux. Mais que dis-je — on vit même passer à travers la prairie, qui n'était pas encore couverte de neige, mais déjà durcie par le gel, un cavalier qui galopait vers la ruine. Il poussa son cheval dans le portail béant, par-dessus l'éboulis des moellons, en descendit, l'attacha à la tringle du treillis de fer d'une fenêtre au rebord de laquelle le verre fondu pendait encore comme de la glace salie, puis s'éloigna rapidement et entra dans la tour par la grande porte à demi obstruée. Là, par les portes et les fenêtres incendiées, des couloirs et des salles semblaient le contempler au passage, lugubres et qu'il ne reconnaissait pas, et dont les profondeurs soufflaient un air inhospitalier. Bientôt cependant il découvrit un escalier de bois, charpenté dans des arbres encore frais et recouverts de madriers équarris. Il le gravit, et arriva dans un couloir et dans une antichambre dont le plafond ne s'était pas effondré. Comme il franchissait ce passage obscur, il aperçut un vieil homme qui s'y tenait debout, mais il ne fit pas attention à lui, et frappa à la porte de la chambre. Un visage de femme se montra dans le guichet entre-bâillé.

— Suzanna, dit doucement l'étranger, puis-je entrer ?

La servante ouvrit aussitôt la porte, lui fit traverser la salle et ouvrit en face une autre porte qui donnait dans une chambre plus grande, également préservée. Il entra. L'une des deux figures vêtues de noir qui y étaient assises se leva aussitôt et vint à sa rencontre en disant :

— Soyez le bienvenu, chevalier, du fond du cœur.

Il attacha sur ses traits pâlis ses sombres yeux à l'éclat triste. Oui, c'était bien Clarissa qu'il avait devant lui, et dont un noir vêtement de deuil enveloppait à plis tombants la belle silhouette. Johanna était assise à l'écart, levant vers le chevalier un visage pâle comme l'albâtre sous le voile noir, et les larmes qui débordaient sur ses joues se succédaient plus rapidement depuis qu'elle le voyait et qu'elle cherchait des mots pour le saluer. Lui aussi demeura quelques instants sans parler, une sombre et belle tristesse répandue sur ses traits, regardant la fenêtre que bouchait du mauvais papier, et incapable de dire un mot, cependant que Clarissa se taisait, ses lèvres, ses cils, frémissant en vain dans leur effort pour contenir les larmes. Elle lui avança un siège, mais il s'approcha de Johanna et saisit sa main, qu'il pressa doucement et fermement dans la sienne.

— Vous êtes là, dit celle-ci, éclatant enfin en sanglots. Enfin, voici que quelqu'un est là.

— Ne soyez pas fâchées contre moi, répondit-il ; depuis cinq jours seulement je suis libre, et je les ai passés à galoper presque sans arrêt pour vous trouver.

— Vous étiez donc prisonnier ?

— J'étais prisonnier, sinon vous ne seriez pas restées si longtemps sans secours. Mais me voici, et, je vous en supplie, prenez tout ce que je suis, tout ce que j'ai, pour vous aider et vous servir. Mon château sur le Danube, il est vrai, a été incendié lui aussi, et plus complètement encore que celui-ci, mais cela ne fait rien, je n'en ai pas besoin, et je ne le rebâtirai pas tant que la paix ne sera pas revenue dans le pays. Mais j'ai conservé quelques ressources, et nous allons les employer d'abord à remettre cette demeure en état d'être habitée. Nous ne risquons plus guère de voir l'ennemi revenir par ici, car il n'a pu passer qu'au prix de difficultés extrêmes, et sans grand profit. Ils ont tous à présent pris leurs quartiers d'hiver.

Levant vers lui son regard où l'amitié brillait à travers la mélancolie, Clarissa lui tendit la main en disant : Ainsi vous êtes le premier, comme toujours, à venir à notre secours, vous envers qui j'ai toujours été si ingrate.

— N'y pensons plus, Clarissa, répondit-il, l'œil plein d'une flamme triste, n'y pensons plus ; ces choses sont passées, et je ne suis rien que votre frère et cousin.

Les Grands Bois et autres récits / Adalbert Stifter ; traduction de Henri Thomas. – Paris : Gallimard, 1943. – (*Les classiques allemands*). – [Pp. 122-124].

PANAYOTIS SOUTSOS

FRANÇAIS • GREC **1806-1868**

Les contemporains des deux frères, Panayotis et Alexandre Soutsos, les associaient dans une égale admiration. La postérité reconnaît aujourd'hui que seul Panayotis avait un véritable tempérament d'écrivain. Il lui manquait cependant, comme à beaucoup d'écrivains romantiques de ce temps, un vrai sens politique qui lui aurait fait éviter les excès d'enthousiasme et d'exécration.

Panayotis Soutsos fut dans sa vie bien plus sincèrement romantique que beaucoup d'écrivains français auxquels on peut être tenté de le comparer. Né près de Constantinople, à Arnavut Köy, dans une riche famille princière et profitant au début de sa vie de hautes protections, il perdit tous ses emplois par fidélité à ses idées politiques et connut bien des malheurs : deux fois veuf, il fut abandonné par sa dernière femme et mourut dans la misère.

Comme son frère Alexandre et selon une conception typiquement romantique, il ne séparait pas la littérature de l'action politique et patriotique. Plus que l'influence de Lamartine qu'il a subie durant sa jeunesse à Paris, c'est sûrement l'exemple d'Adamantios Coray qui a été déterminant dans ce domaine. Tout comme Coray, il écrivit des textes enflammés contre le « tyran » Capodistria. Il fera de même, avant 1862, contre le roi Othon, dont pourtant il avait salué le règne avec enthousiasme — « Le berger d'Argolide se réjouit de l'arrivée de notre roi Othon » (1832).

L'apport considérable de Panayotis Soutsos aux lettres grecques modernes se concentre dans la première partie de sa vie. Son contact fécond avec les littératures européennes pendant sa période de formation (1820-1829), en France et en Italie, et son installation à Nauplie au lendemain de l'indépendance, — il y tint avec son frère et sa sœur un salon littéraire — en font un temps la personnalité littéraire la plus en vue. Il procède alors, dans l'esprit des Lumières grecques, à une rapide assimilation des grands traits du romantisme français dans les lettres grecques. Ce n'est pas un hasard si ses premiers poèmes (*Odes d'un jeune Grec*, 1828) sont des œuvres lamartiniennes en français. En quelques années, Soutsos rédige le premier poème romantique, le premier roman grec moderne, se met en tête de réformer la langue littéraire et publie un journal (*Ilios*) où il soutient, entre autres, des théories socialistes utopiques.

Le mouvement poétique lancé par Panayotis Soutsos, qui formera la première École athénienne, se maintiendra sans se rénover durant un demi-siècle. La formule du roman sentimental romantique qu'il inaugure connaîtra beaucoup d'imitateurs avant de tomber dans une défaveur durable dont il n'est sorti que tout récemment. Quant à sa tentative de création d'une nouvelle langue littéraire — une forme simple de grec ancien, *Nea Scholi tou grafomenou logou*, (*Nouvelle école de la langue parlée*, 1853) —, elle fut immédiatement combattue dans *Ta Soutsia* (*La Langue de Soutsos*, 1853), une œuvre anonyme attribuée à Constantin Asopios, et n'eut aucun succès.

Panayotis Soutsos inaugure sa carrière par un recueil de poèmes patriotiques, *Asmata polemistiria* (*Chants guerriers*, 1827). Plus tard, il reprendra dans *I Kithara* (*La Cithare*, 1835) des poèmes de jeunesse d'inspiration anacréontique qui se rattachent à l'école d'Athanase Christopoulos (cf. *P.L.E.* 10, pp. 947-949). Mais son premier long poème authentiquement romantique, *O Odiporos* (*Le Voyageur*, écrit dès 1827 et publié en 1831), est à la fois dramatique et narratif. Il développe sous forme dialoguée une histoire typiquement romantique. Le Voyageur, dont nous ne connaîtrons pas le nom, et Rallou, issus de familles aristocratiques de Constantinople, doivent se marier, mais la guerre de l'indépendance hellénique les sépare. Rallou, qui croit son fiancé mort, doit quitter sa ville natale. Après avoir parcouru le monde, le Voyageur se retire au couvent. Les deux fiancés se retrouvent, mais, à la suite d'un malentendu, ils meurent tous les deux au moment où ils découvrent qu'ils n'ont jamais cessé de s'aimer. Ce long poème lamartinien, avec ses tristes évocations de la nature sauvage et ses interrogations religieuses et philosophiques, rend un son entièrement nouveau dans les lettres grecques.

L'action romanesque du *Voyageur* annonce déjà celle du premier roman de la Grèce indépendante, *Léandre* (1834). Il s'agit d'un roman par lettres dont les modèles immédiats sont *Les Souffrances du jeune Werther* de Goethe, connu dans une version française, et *Les Dernières Lettres de Jacopo Ortis* de Ugo Foscolo. L'action est ici plus vraisemblable mais repose toujours sur une forte idéalisation de la vertu des personnages.

Après 1834, Panayotis Soutsos ne fait plus que se répéter. Il refait *Le Voyageur* dans *O Agnostos* (*L'Inconnu*, 1842) et récrit *Léandre* sous une forme exacerbée et encombrée de digressions religieuses dans *Charitini ou la beauté de la religion chrétienne, antidote contre les divagations d'Ernest Renan contre la divinité de Jésus Christ* (1864).

La sensibilité romantique est tout entière dans *Le Voyageur* et la poésie grecque ne pourra progresser qu'en revenant très momentanément à une forme classique impeccable (*Voyage de Dionysos* d'Alexandre Rhizos Rangavis) ou en se tournant vers une langue et une thématique paysannes (poésie de la génération de 1880). La poésie romantique de Panayotis Soutsos est à la fois un début et une fin.

Panayotis Soutsos / Yannis Léfas. – Athènes, 1991. – 259 p. – [En grec].

H. Tonnet, "Sources européennes de *Léandre* (1834) de Panayotis Soutsos". – In : *Actes du Ier Congrès International de Littérature Comparée,* Athènes, Éditions Vomos, 1995. – [Pp. 555-565].

LE VOYAGEUR 303

H. Tonnet — 1998

L'homme, la Nature et Dieu. — Léandre et Coralie se sont connus et aimés durant leur enfance constantinopolitaine. Léandre doit partir se battre pour l'indépendance de la Grèce. Lorsqu'il retrouve Coralie à Athènes, elle est mariée et mère d'un enfant ; les deux jeunes gens s'aperçoivent que cette situation n'a rien changé à leurs sentiments. Léandre voyage dans la Grèce indépendante et y découvre la corruption du monde politique. Coralie meurt, minée par la contradiction entre son devoir et sa passion amoureuse. Léandre se suicide.

(*Le Voyageur, assis sur un rocher. Le jour commence à peine à poindre et l'on entend de temps en temps une cloche sonner.*)

Vois-tu cette rivière
qui coule toute troublée ?
Vois-tu ce roseau
sec et courbé ?

Je suis ce roseau,
cette rivière est ma vie
et mon avenir, ce sont les sables
de ce désert desséché.
Comme elle est troublée et noire, Voyageur, l'eau de ta vie qui s'écoule.
Les montagnes au milieu des nues sont tes seules compagnes.
Dans des plaines solitaires tes amis t'ont abandonné.
Et les lèvres de ta fidèle amante sont désormais closes par la mort.
Tout a changé, la nature, les hommes et le temps.
Mais le Créateur n'a pas changé ; Lui seul jamais ne change.
Tous les hommes t'ont traîtreusement
tendu des pièges trompeurs.
Mais Lui seul est éternellement
ton père et ton protecteur.
Comme la fumée de l'encens pur devant Sa face,
tu dois vivre au milieu des parfums en Son temple saint.
Le Phénix mélodieux, avant de voir sa mort,
va chercher dans les montagnes de l'Arabie une terre que nul n'a foulée.
Il sent déjà sa fin
et se prépare un tombeau dans des forêts desséchées et odorantes. [...]

(*Plongé dans ses pensées le Voyageur s'adresse au mont Athos.*)

Athos couvert de glaces ! je te contemple, étonné.
J'admire ta taille gigantesque.
Jusqu'au plus profond de la terre tu étends tes racines,
et au plus noir Tartare tu rejoins le ciel.
Tu es dans la Nature aussi ancien que le premier homme.
Tu fus le premier à recevoir la vie, et tu seras le dernier
à présenter ta nuque au couperet du Temps sanguinaire.
À tes pieds tu vois rouler la poussière des siècles.
Aucun déluge n'a lavé ton front
et la mer baise tes talons avec respect...

(*Il reste quelques instants sans parler puis il continue en montrant les rochers.*)

Ô Nature ! tant de tes enfants, privés de vie et de sentiment,
vivent des siècles et vivront des siècles autant que toi, Nature !
Et celui qui découvre l'énigme de tes mystères,
l'homme de cette terre... comme il vit peu, comme il meurt vite !

Traduction inédite. — *Poésies* / Panayotis Soutsos. – Nauplie : Imprimerie nationale, 1831. – [Vol. I, p. 3]. – [En grec].

LÉANDRE 304

H. Tonnet — 1998

Le « vague des passions » (Lettre 22). — Dans le Prologue, l'auteur résume l'intrigue du roman : « [...] Le héros de l'histoire s'appelle Léandre : il est de caractère sévère, a l'âme indépendante et les sentiments enflammés. Il ressent au milieu de la société ce dégoût habituel qu'inspirent ses exigences, ses préjugés et ses conventions. C'est pourquoi les premières lettres de Léandre ont quelque chose de stoïque, d'âpre et de sarcastique, contre toutes les sociétés. Se rendant de Nauplie à Athènes, ville où affluent tant de familles de Grecs de l'étranger, il y trouve Coralie qui vient juste d'y arriver. Coralie est une jeune femme avec laquelle il a été élevé ; mais il la trouve mariée et mère d'un petit enfant. Les premières impressions amoureuses, que le temps n'a pu effacer, renaissent chez les deux jeunes gens encore plus fortes. Tous les charmes magiques des premiers jours de l'amour sont décrits par l'auteur avec exactitude. Mais ce dernier n'en reste pas moins un farouche gardien des règles de la bonne moralité. Il nous montre en Coralie une femme vertueuse et pitoyable et en Léandre un homme qui respecte la sainteté de l'hyménée. Comme nous l'avons dit, Coralie est charmée. Elle garde cependant assez de force sur son cœur pour obliger Léandre à quitter Athènes. Mais elle tombe malade, et la lutte qui oppose ses devoirs à ses sentiments ronge progressivement son existence. [...] L'existence de Dieu, l'immortalité de l'âme, l'amour de la vie des champs, la passion de la liberté, voilà quels sont les sentiments et les idées de Léandre. Les levers du soleil et de la lune, la sérénité du printemps, les hautes montagnes, les tempêtes, voilà les images qui forment le cadre de *Léandre*. » — Dans la lettre qui suit, est exprimé le « vague des passions » en des termes qui, bien sûr, rappellent Chateaubriand.

Le même. D'Athènes, le 12 janvier 1834.

Elle n'est pas encore revenue. Peux-tu m'expliquer, mon ami, ma mélancolie ? Peux-tu m'expliquer le trouble de mon cœur ? Que me manque-t-il donc, qui m'empêche de combler l'abîme de mon existence ? Je gravis la montagne, je descends dans la vallée et de tristes impressions m'environnent. La feuille morte chassée par le vent, la chaumière qui fume, les eaux du lac où siffle le roseau flétri, tout, tout me plonge dans la mélancolie.

J'aperçois les oiseaux migrateurs qui poursuivent leur voyage au-dessus de ma tête. Ah, les terres inconnues, les horizons lointains qu'ils vont atteindre ! Pourquoi ne suis-je pas un oiseau migrateur moi aussi ? Oh, désirs illimités !... Oh, imagination enflammée et sans frein ! Comment, mon ami, te représenter la multitude de mes noires impressions ? As-tu vu les vagues des épis de blé poussées par le vent ? As-tu vu les torrents qui se précipitent de rocher en rocher ?

Traduction inédite. — *Léandre* / Panayiotou Soutsou ; avec introduction de Georges Véloudis. – Athènes : Fondation Costas et Hélène Ouranis, 1996. – [Pp. 98-99]. – [En grec].

THORODDSEN

ISLANDAIS **1818-1868**

Si l'on excepte les nouvelles de Jónas Hallgrímsson, les Islandais n'avaient plus cultivé la prose de fiction depuis les sagas. C'est à Jón Thoroddsen, juriste, homme politique et auteur, par ailleurs, de poèmes pleins de grâce et d'humour, que revient la paternité du premier roman islandais avec *Garçon et fille* (*Piltur og stúlka*), publié vers 1850.

La décision d'écrire un roman décrivant la vie dans la campagne islandaise n'a en soi rien qui puisse surprendre puisque c'était un thème favori des romantiques et que Thoroddsen, en homme cultivé, était au fait des tendances de son temps. Il connaissait les romans paysans danois de l'époque, et sa bibliothèque comportait les œuvres de Dickens et de Scott, qu'il lisait avec beaucoup de plaisir. Si la critique s'accorde en général pour reconnaître entre Scott et Thoroddsen une parenté spirituelle, elle ne peut s'avancer davantage. Même si ces deux auteurs ont en commun le goût des personnages de la campagne hauts en couleurs, dont ils s'attachent à restituer le parler, les attitudes et l'habillement, il se pourrait tout aussi bien que Thoroddsen ait acquis ce goût du tableau psychologique réaliste et précis par sa fréquentation des sagas islandaises.

C'est cette galerie de personnages pittoresques qui fait, sur fond d'idylle, l'intérêt de *Garçon et fille* : la commère Gróa á Leiti et Bardhur á Búrfelli, le paysan pingre dont le grenier à provisions est décrit en termes homériques, sont devenus proverbiaux en Islande.

Homme et femme (*Madhur og kona*, 1876), le dernier roman de Thoroddsen, marque un progrès par rapport à *Garçon et fille*. Non pas dans l'intrigue, aussi faible, mais par tous les éléments que Thoroddsen, dans son rêve d'une « épopée nationale », avait glanés dans tous les milieux de la société islandaise. Cela nous vaut quelques inoubliables portraits comiques. De plus, ce dernier roman fait une part plus large aux croyances et superstitions populaires, que le romancier a peut-être puisées dans les recueils de contes publiés par son beau-frère Jón Árnason.

La préférence manifeste de Thoroddsen pour les personnages excentriques plutôt que pour les héros, de même que sa veine humoristique, qui excelle à dénoncer la réalité, fait de lui un auteur à part parmi les romantiques, tandis que son idéologie interdit d'en faire un réaliste.

History of Icelandic Prose Writers 1800-1940 / Stefán Einarsson. – Ithaca : Cornell University Press, 1948. – [Pp. 41-48].

Islands litteratur efter sagatiden / Bjarni M. Gislason. – Copenhague : Aschehoug dansk forlag, 1949. – [Pp. 42-43].

Íslensk bókmenntasaga III / Árni Ibsen et alii. – Reykjavík : Mál og Menning, 1996. – [Pp. 533-541].

GARÇON ET FILLE 305

O. Gouchet — 1999

Idylle enfantine (chapitre 1). — Dans une vallée islandaise, une petite rivière sépare deux paroisses brouillées entre elles. Le destin veut que les enfants de deux fermiers puissants et ennemis, dont les fermes se font face de part et d'autre du cours d'eau, se lient d'amitié, puis, peu à peu, d'amour. Le roman raconte les embûches et les traverses que les deux jeunes gens devront affronter à cause des manœuvres de leurs entourages respectifs avant de pouvoir se retrouver. L'extrait suivant, qui se situe tout au début du récit, s'ouvre sur une dispute des parents de la petite Sigrídhur à propos d'Ormur, le frère de cette dernière. Le père trouve que son fils est un fainéant, la mère prend sa défense. Son mari lui reproche de toujours soutenir son fils...

— Comme toi la défense de Sigga[1].

— Ce n'est encore qu'une enfant, et on ne peut s'attendre à ce qu'elle puisse faire grand chose.

— Elle pourrait quand même garder les moutons pendant la journée, cette gamine, c'est ce que je devais faire à son âge, et j'ai besoin de Gudhrún avec moi à la ferme.

Les deux époux se querellèrent à ce sujet quelque temps, mais la discussion se termina ainsi : Ormur sortirait dans l'enclos avec son père et on lui confierait quelques sommets de tertres pour qu'il s'exerce. Quant à la petite Sigrídhur, il lui fallut pour la première fois marcher tranquillement derrière le bétail le long du parcours des animaux, l'âme assez triste et sa gamelle à la main. Elle était alors dans sa neuvième année et paraissait plutôt petite pour son âge. Avant que la petite ne partît, sa mère lui murmura à l'oreille :

— Tu seras battue, coquine que tu es, si tu rentres trop tôt ce soir ou si tu perds la moindre bête !

Gudhrún, la servante, fut envoyée avec elle pour lui montrer à quel endroit elle devait paître les moutons.

— Et ne t'avise pas de pleurnicher, fillette, lui dit Gudhrún, tu n'as pas à avoir peur des alfes de la vallées, ils ne te feront aucun mal !

Ces paroles de consolation n'eurent pas d'autre effet que de rappeler à Sigrídhur toutes les histoires qu'elle avait entendues sur Álfhól[2] et Draugahvamm[3]. C'étaient les noms de deux lieux-dits de la vallée. Un petit moment plus tard, les moutons eurent parcouru le chemin et lorsqu'ils furent parvenus à l'endroit où les versants verdoyants s'élargissaient, ils

1 Diminutif de Sigrídhur. (N.d.t.)

2 « Colline de l'Alfe ». Les alfes sont des entités surnaturelles liées aux morts. Le folklore les confondra peu à peu avec les elfes. (N.d.t.)

3 « Repli des Fantômes ». (N.d.t.)

s'égaillèrent sur les bosses et dans les creux et entreprirent de brouter l'herbe fleurie.

— Ici, ma petite Sigga, tu n'as qu'à laisser faire le troupeau, dit Gudhrún, mais il te faut veiller à ce qu'il ne disparaisse pas derrière le sommet, en revanche il n'y a pas de danger à ce qu'il aille sur l'autre versant. Ne le garde pas groupé, car ça ne sert à rien. Lorsque l'ombre atteint cette cavité là-bas, il est temps pour toi de rassembler les bêtes, et prends garde qu'aucune ne reste en arrière dans les creux du terrain ; méfie-toi de la grande Bílda, elle a l'habitude de s'échapper par le ravin, elle me l'a fait deux fois, si bien que j'ai dû grimper à sa poursuite dans la montagne jusqu'aux fientes des aigles. Ne lance pas trop tôt Lubbi[1] sur tes brebis, il risque de les mordre… et au revoir !

— Oh, ne me laisse pas toute seule, ma chère Gunna[2], s'écria la petite Sigrídhur à deux doigts de pleurer, je me meurs de peur et d'ennui !

— Ne commence pas à te lamenter, ma fille, dit Gudhrún en s'arrachant à son étreinte.

Elle se mit à courir à toutes jambes et disparut en un clin d'œil. La poitrine de la petite Sigrídhur se gonfla alors d'un tel sanglot qu'elle eut l'impression d'être bien près d'exploser. Les larmes coulaient le long de ses joues. Sa vue se troubla et ses pieds ne purent plus supporter le poids de son corps. Elle tomba à genoux là où elle se trouvait, s'affaissa face contre terre et pleura bruyamment. Elle finit par être si fatiguée de pleurer qu'elle s'endormit et rêva qu'elle voyait venir à elle un homme vêtu de blanc qui lui essuyait les yeux en lui disant : « Jésus Christ réconforte les bons enfants qui pleurent. » Là-dessus, elle s'éveilla, et il se fit qu'elle passa ses mains sur ses joues et constata qu'elles n'étaient pas mouillées, mais légèrement douloureuses et assez chaudes. Elle ressentait aussi un vague mal à la tête. Sa poitrine était plus légère, son cœur n'éclatait plus de sanglots et ses petits yeux bleus brillaient encore. Qui serait arrivé dans le repli de terrain où Sigrídhur était assise et aurait regardé ses yeux, se serait dit à part soi : Comment se fait-il que le soleil béni, qui a brillé toute la journée, n'ait pas réussi à sécher les perles de rosée de ces deux bleuets, les plus beaux de tout ce versant ?

La crainte et le tremblement qui s'étaient emparés de la petite Sigrídhur avant qu'elle ne s'endormît, avaient depuis longtemps disparu ou

1 Le chien. (N.d.t.)
2 Diminutif de Gudhrún. (N.d.t.)

bien n'avaient plus le loisir de la reconquérir, car elle réfléchissait à ce qui lui était apparu en rêve. Elle s'installa ensuite sur le versant, se mit en devoir de dire ses prières, les récitant sans discontinuer, et il lui sembla en tirer quelque réconfort. Lorsque cela eut duré un certain temps, elle entendit tout à coup des chiens aboyer de l'autre côté de la vallée. Elle se mit sur ses pieds et monta sur une hauteur proche du versant et regarda autour d'elle. Dans la vallée, tout était calme et vide. Le soleil commençait à baisser dans le ciel, et les ombres du soir, à descendre le versant ouest. Elles étaient bien proches d'atteindre la fameuse cavité. Sigrídhur s'aperçut qu'elle avait dormi un temps étonnamment long, et ce que Gudhrún lui avait dit lui revint à l'esprit : il lui fallait rassembler les bêtes lorsque l'ombre atteignait la cavité. Mais tandis qu'elle songeait à cela, son regard parcourut la rivière et se posa sur un repli du terrain. Il y avait une colline au milieu de ce creux et au sommet de cette colline, un rocher gris. Sigrídhur eut l'impression qu'un jeune garçon vêtu de noir en sortait et qu'il disparaissait plus vite que l'œil ne pouvait suivre ce repli. Sigrídhur n'interpréta pas cela comme un bon présage et ne désira rien plus que de quitter la vallée. Son cœur se mit à battre de peur dans sa poitrine et, au même moment, elle entendit héler un troupeau, de l'autre côté de la vallée, d'une voix si forte que les deux versants en retentissaient. Toute la journée, le Lubbi de Sigrídhur était resté couché non loin de la fillette, la tête posée sur ses pattes avant, mais lorsqu'il entendit les appels résonner dans les rochers, il se dressa d'un bond, s'ébroua, pointa les oreilles, prit soudain sa course et disparut en un instant du champ de vision de sa maîtresse. Les moutons refluèrent du pâturage et se regroupèrent tous près de la pente. Sigridhur se hâta de les compter, et il n'en manquait aucun. Tandis qu'elle comptait, l'ombre était descendue jusqu'à la cavité. La petite fille poussa le troupeau sur le chemin du retour et atteignit la bergerie à l'heure habituelle de la traite du soir, et pas une seule brebis ne manquait. Les gens estimèrent que la petite Sigrídhur s'était bien acquittée de sa tâche pour la première fois qu'elle gardait les moutons.

Le lendemain, lorsqu'elle dut mener paître les bêtes, elle ne se mit pas en route le cœur triste comme la veille. Pourtant elle ne put s'empêcher, en chemin, de penser au peuple des alfes de la vallée et au garçon noir comme un mouton qu'elle avait vu le jour d'avant. Lorsqu'elle atteignit la pente où elle s'était tenue la veille, elle s'assit, joignit les mains et se mit à dire ses prières. Lorsqu'elle les eut récitées un petit moment, elle suivit des yeux la rivière. Elle vit alors un troupeau dense longer l'autre rive, et derrière ce troupeau marchait un tout petit garçon, à peu près de la même taille que celui qu'elle avait aperçu la veille, mais il n'était pas vêtu de la même façon : il portait un pantalon blanc et un tricot noir, avec, sur la tête, un bonnet à rayures. Sigrídhur le regarda attentivement un moment puis se dit à elle-même : Ce garçon-ci ne saurait être un enfant d'alfe, ce doit être un jeune berger.

Depuis la pente où se trouvait la fillette, la distance était courte jusqu'à la rivière. Celle-ci n'était pas large en cet endroit où elle tombait entre deux pointes rocheuses qui s'élevaient quelque peu au-dessus des rives. Sigrídhur s'avança sur la pointe qui était de son côté de la rivière et se tint là. Les moutons, broutant de ci, de là, s'éloignaient peu à peu du garçon, mais il les suivit un petit bout de chemin. Et lorsqu'il fut parvenu en face de l'endroit où Sigrídhur se tenait au bord de la rivière, il jeta un coup d'œil alentour et vit qu'une fille pas très grande se trouvait là.

Il s'arrête pour la regarder un instant, puis court jusqu'à la rivière, hèle Sigrídhur et lui demande comment elle s'appelle.

— Je m'appelle Sigga Bjarnadóttir.

— Tu gardes les moutons à Tunga ?

— Oui. Et toi, comment t'appelles-tu ?

— Je me nomme Indridhi de Hól et, comme toi, je garde les moutons.

— Tu ne t'ennuies pas, assis là tout seul ?

— Oh non, pas tellement s'il fait beau. Mais où est ton abri ?

— Je n'ai pas d'autre abri que la maison là-bas. Et toi, tu as une maison ?

— Oui, ici, dans ce creux, c'est là que je passe la journée à bricoler. Elle est si grande que nous pourrions nous y tenir debout tous les deux. Dommage que tu ne puisses pas venir chez moi, nous aurions pu jouer ensemble, car je vois que tu es du même âge que moi — ou bien est-ce que tu ne t'ennuies pas toute la journée, toi qui n'as pas de cabane ?

— Si, je m'ennuie épouvantablement, dit Sigrídhur, et puis j'ai tellement peur des alfes qu'on dit habiter la vallée.

— À mon avis, répondit Indridhi, il n'y a pas d'alfes ici. En as-tu vu le moindre ?

— Oui, hier, j'ai vu un garçon tout noir tellement laid sortir de ce rocher gris là-bas, dans ce repli de terrain.

— Ce n'est pas un rocher gris, c'est ma cabane, là-bas, sur la colline ! Et c'est sans doute moi que tu as aperçu. Mais maintenant, il faut que j'aille rassembler mes moutons un peu plus loin. Ensuite, je reviendrai te voir, parce que ça m'amuse de te parler.

Ce furent les premiers échanges entre Sigrídhur et Indridhi. Après cela, ils se virent et se parlèrent chaque jour au bord de la rivière, et il ne fallut pas longtemps pour qu'ils devinssent bons amis. Le matin, lorsqu'ils amenaient le troupeau au pâturage, ils se rendaient à la pointe rocheuse, chacun sur sa rive, se saluaient et se disaient les nouvelles. Pendant la journée, lorsque le temps était beau, ils restaient assis à converser par-dessus la rivière, se racontaient mutuellement des histoires et en discutaient. Chacun d'eux prenait plaisir au commerce de l'autre. Sigrídhur pleurait si Indridhi arrivait plus tard que d'habitude dans la vallée, mais sautait et jouait de joie lorsqu'elle le voyait venir. Il en allait semblablement pour Indridhi : il trouvait long et ennuyeux tout instant où il lui fallait se passer de Sigrídhur.

C'est ainsi que l'été passa et Sigrídhur avait tellement pris goût à garder les moutons qu'il lui était presque impossible d'être ailleurs que dans la vallée et qu'elle se réjouissait chaque matin d'y aller. Un beau jour, à l'automne, son père lui dit qu'elle n'avait plus à mener paître les moutons, car désormais ils ne seraient pas traits plus d'une fois par jour. Sigrídhur ne jugea pas cette nouvelle bonne et elle pria son père de lui permettre de se rendre, dans la journée, dans la vallée pour chercher telle ou telle chose sans importance qu'elle avait laissée dans la cabane, et pour saluer son ami Indridhi. Et son père le lui permit. Sigrídhur descendit à la rivière comme à l'accoutumée et grimpa sur la pointe rocheuse dans l'intention d'y attendre Indridhi. Mais ce même jour on avait cessé de mener paître les moutons, à Hól, et Indridhi ne vint pas. Sigrídhur attendit longtemps, mais dut finalement s'en retourner sans plus de succès, et elle quitta la vallée le cœur presque aussi triste que lorsqu'elle s'en était allée garder les moutons pour la première fois.

Traduction inédite. — *Piltur og stúlka* / Jon Thoroddsen. – Copenhague : [sans mention d'éditeur], 1850. – [Pp. 11-13].

VAN LENNEP

FRANÇAIS • NÉERLANDAIS **1802-1868**

Né dans une famille aisée d'Amsterdam, Jacob van Lennep suit la voie de ses ancêtres paternels en étudiant le droit à Leyde et à Amsterdam, où il obtient le titre de docteur en 1824. Il se marie la même année et s'installe comme avocat dans sa ville natale. Suppléant (1826) puis avocat général du fisc en 1829, il sera ensuite Procureur du roi pour la Hollande-Septentrionale et membre de la Seconde Chambre des États Généraux de 1853 à 1856. Il mourra à Oosterbeck, près de Arnhem.

Sur le plan littéraire, Jacob van Lennep profite aussi d'une heureuse hérédité : fils du philologue et poète David Jacob van Lennep, il évolue dans un milieu intellectuel et culturel privilégié. Enfant prodige, il lit et écrit dès l'âge de trois ans : à treize ans, il a lu la plupart des grands écrivains néerlandais et européens.

Durant ses études, il est attiré par le renouveau religieux du Réveil, subit l'influence de Bilderdijk (cf. *P.L.E.* 10, pp. 680-686) et de son élève Isaac Da Costa (cf. *P.L.E.* 10, pp. 1065-1071) et, dans ce cadre, traduit en 1827 le poème d'inspiration religieuse de Louis Racine sur *La Grâce* (1720). Très vite cependant il se dégage de cet entourage calviniste intransigeant qui s'oppose à sa nature profonde, à son goût de la plaisanterie et au milieu libéral et franc-maçon dont il est issu.

Abandonnant la grâce chrétienne, Jacob van Lennep se voue alors à la poésie romantique et, fortement influencé par Byron et Scott, il publie, de 1828 à 1831, quatre poèmes épiques, rassemblés sous le nom de *Légendes néerlandaises*, dans lesquels il fera revivre le Moyen Âge néerlandais. Si ce nouveau genre de la poésie épique ne doit pas être surestimé — van Lennep l'abandonna lorsqu'il reconnut son maître en Nicolaas Beets, tout comme Scott s'était effacé de la scène poétique après l'avènement de Byron —, il convient de lui reconnaître le mérite d'avoir arrêté la veine des anciens poèmes didactiques.

Durant la période de la Révolution belge, Jacob van Lennep présente avec succès quelques pièces de circonstance dont *Le Village sur la frontière* (1830), un drame au lyrisme patriotique. L'auteur confirmera son talent de dramaturge, notamment dans *La Dame de Wardenburg* (1859), qu'il traduisit lui-même en français.

L'essentiel de son œuvre est cependant constitué par le roman historique à la Walter Scott. Bien plus que les romantiques allemands, trop exaltés au goût des Néerlandais, et plus que les Français, trop révolutionnaires et amoraux, ce sont les Britanniques qui influencèrent les Pays-Bas. Ainsi, le père de Jacob lui-même se prononce-t-il, dans un discours du 30 janvier 1827, en faveur du roman historique et suscite-t-il par là, outre les traductions de l'auteur écossais, son imitation dès 1829 par Margaretha Jacoba de Neufville, puis par Aernout Drost, par Jan Frederik Oltmans et surtout par son fils Jacob, qui, s'il avait pu trouver plus tôt un éditeur pour *Le Fils adoptif* (1833), déjà écrit en 1827, ne se serait pas fait devancer par Neufville et Drost, qu'il dépassera d'ailleurs sous tous rapports par la suite.

Le Fils adoptif se déroule à l'époque de la guerre des quatre-vingts ans (opposant les Pays-Bas et l'Espagne de 1568 à 1648, interrompue de 1609 à 1621) et des conflits religieux (opposant les arminiens ou remontrants aux contre-remontrants à partir d'un désaccord entre les théologiens protestants Gomarus et Arminius au sujet de la prédestination) qui soulevèrent les Pays-Bas, et relate l'histoire de Joan, qui, après avoir découvert qu'il n'est que le fils adoptif du baron Van Reede, part à la recherche de ses origines, participe à son insu à un complot contre le prince Maurice (Maurice de Nassau, Prince d'Orange qui succéda à son père, Guillaume le Taciturne), et épouse finalement Ulrica, la fille de son tuteur dont il s'était épris.

Dans son second succès, *La Rose de Dekama* (1836), le romancier traite du Moyen Âge, comme Scott dans son *Ivanhoe*, auquel d'ailleurs divers détails du roman font penser. Il y dépeint l'expédition et l'échec du comte Guillaume IV de Hollande-Hainaut contre la Frise alliée à l'évêque d'Utrecht, Jean d'Arkel. Le conflit politique et militaire y est à nouveau doublé d'une intrigue amoureuse où trois rivaux s'affrontent pour conquérir le cœur de la belle Madzy, la Rose de Dekama.

Lorsque les *Aventures de Ferdinand Huyck* voient le jour en 1840, Jacob van Lennep a atteint l'apogée de son art. L'histoire, qui met en scène le fils du chef de la police d'Amsterdam rentrant au pays natal après un voyage de deux ans, est plus rocambolesque que jamais. Bien qu'il n'y présente aucune figure historique ni aucun fait marquant de l'histoire, Jacob van Lennep y donne une très convaincante image du passé et une description pittoresque de la vie patricienne dans la Hollande du XVIIIe siècle qui n'est pas sans rappeler *Sara Burgerhart* de Betje Wolff et Aagje Deken. Ainsi, *Ferdinand Huyck* ouvre, aux Pays-Bas, la voie au roman bourgeois.

Comme son modèle écossais, le roman historique de van Lennep fait la part belle à l'intrigue et aux procédés traditionnels du roman d'aventures : le voyage, l'amour, le secret, le duel, l'emprisonnement, la fuite, motifs propices à créer des effets de surprise et de suspense. De même, alors qu'il se contente de silhouetter les figures historiques et ne s'en sert que pour le décor, il donne la préférence aux personnages fictifs, bien souvent des types : jeune premier fougueux, noble et vaillant chevalier, belle héroïne irréprochable, rival amoureux tenace, adversaire militaire courageux, etc.

De 1838 à 1844, van Lennep écrit aussi une série de douze histoires plus courtes, *Nos ancêtres*, dans lesquelles il présente chronologiquement divers épisodes de l'histoire des Pays-Bas, de la venue de César sur l'île des Bataves jusqu'à la fin du XIIIe siècle.

Lorsque la vogue du roman historique vient à décliner, l'écrivain passe — tout comme A.L.G. Bosboom-Toussaint — au roman de mœurs et publie, en 1865, *Les Aventures de Nicolas Zevenster*, l'histoire mouvementée d'un enfant trouvé le soir de la Saint-Nicolas. Certains passages de ce roman, considérés comme frivoles et licencieux, lui valurent maintes critiques.

Écrivain savant et vulgarisateur, Jacob van Lennep écrivit également des grammaires populaires, des livres d'histoire pour adultes et pour enfants, collabora à plusieurs revues et almanachs et donna de nombreuses traductions. Il travailla également à la première édition des poèmes de De Schoolmeester (pseudonyme de Gerrit van de Linde) et est également à l'origine de la première édition, en 1860, du célèbre *Max Havelaar* de Multatuli (cf. *PLE 11b*). Il divisa l'ouvrage en chapitres, l'annota et l'épura à sa guise, s'efforçant de faire de ce pamphlet un roman. Il essaya d'en limiter la diffusion à un public restreint, ce qui lui valut un procès intenté par Edouard Douwes Dekker, que ce dernier perdit. Jacob van Lennep donna aussi, de 1855 à 1869, une édition remarquable de Vondel, dont il fit également ériger une statue. Et il consacra à son père et son grand-père *La Vie de MM. Corneille et David Jacob van Lennep* (1861-1862) qui comporte, outre de précieux renseignements biographiques, des poèmes et autres écrits de leurs mains.

Jacob van Lennep fut, de son vivant, couvert de titres et comblé d'honneurs. Autorité littéraire et auteur à succès, le « Scott hollandais » fut traduit en allemand, en anglais, en français. Grand conteur, admirable tisserand d'intrigues, styliste conjoignant l'érudition, la plaisanterie, l'imagination, l'esprit, les jeux subtils de langage, la truculence et l'éloquence, il souffre des défauts du genre pratiqué : manque de profondeur psychologique des personnages, facticité des dialogues, longueur des descriptions, digressions.

Aujourd'hui, ses meilleurs romans continuent d'être réédités, mais essentiellement à l'usage des adolescents.

Verbeelding en historie : Verschijningsvormen van de Nederlandse historische roman in de negentiende eeuw / Willem Drop. – Utrecht : HES Publishers, 1979. – 344 p. – (*Utrechtse herdrukken* ; 3).

LA ROSE DE DEKAMA 306

A.-J.-B. Defauconpret — 1840

Tensions d'amour et de mort (chapitre XVI). — Lorsqu'il surprend Déodat déclarant son amour à la belle Madzy, la jalousie de Renaud atteint son paroxysme et le pousse à commettre l'irréparable : fou de rage, il frappe de sa dague son ami d'enfance et s'enfuit le laissant pour mort. Déodat survivra néanmoins à ses blessures, tout comme il sortira indemne de l'effroyable guerre contre la Frise, permettant ainsi un dénouement heureux.

A la première explosion de la fureur du comte, Madzy avait fait quelques pas en arrière ; et quand Guillaume se fut éloigné, et qu'elle vit ses amis occupés d'une conversation sérieuse, elle resta à quelque distance sans attirer l'attention de personne. Elle fut effrayée par l'approche subite d'un ours brun, qui passa gravement entre elle et les hérauts ; cet animal s'étant sans doute ennuyé à son poste près d'un buffet, et ayant voulu se distraire par une promenade. Elle se sauva dans un sentier qui était derrière elle ; et quand elle eut vu quelques domestiques chasser l'ours à coups de bâton, elle cherchait [*sic*] à rejoindre ses amis, quand elle rencontra Déodat à l'entrée du sentier.

« Un seul mot, » lui dit le chevalier, « un seul mot, noble demoiselle. Je sens que le lieu et le moment sont mal choisis, mais la nécessité m'y contraint, et c'est la dernière fois que je vous importunerai. »

— « Chevalier, je suis la fiancée de Serp Adélen, et je ne puis vous écouter. Souffrez que j'aille rejoindre mon tuteur. »

— « Un seul instant ! rappelez-vous que demain je dois avoir avec votre fiancé un combat à outrance. »

— « Je ne le sais que trop. — Rien ne peut-il l'empêcher ? »

— « Rien. L'âme de Serp Adélen est trop fière pour plier. Il a insulté le comte, et il ne voudra faire aucune excuse. J'aurais donné ma vie pour ne pas avoir à lever la lance contre un homme qui vous est cher, comme je le vois aujourd'hui. Mais ce n'est plus pour me venger que je vais le combattre, c'est pour soutenir la cause de mon maître, qui l'a confiée à mon bras et à mon honneur. Je me déshonorerais aux yeux de toute la chevalerie, si je refusais ce combat, ou si je ne m'y comportais pas comme on doit l'attendre d'un brave chevalier. — Trouvez-vous quelque moyen de m'en dispenser ? »

Madzy ne répondit rien. Son cœur saignait, mais elle sentit que Déodat avait raison, et elle baissa les yeux.

« C'est ce dont je désirais vous convaincre, afin que vous n'ayez aucun reproche à me faire quand on me verra paraître dans la lice et m'y acquitter de mon devoir. Maintenant, si le sort des armes veut que ce soit Adélen qui succombe, vous pourrez me haïr ; mais vous devrez avouer que je ne pouvais agir autrement. »

— « Si cette assurance peut contribuer à votre bonheur… »

— « Mon bonheur ! il n'en est plus pour moi depuis qu'Adélen vous a présentée au comte comme sa fiancée. — Ai-je besoin de vous dire que je vous aime ? Ne l'avez-vous pas vu ? Cet amour ne s'est-il pas identifié avec mon être dès le premier instant ? Vainqueur ou vaincu dans le combat de demain, puis-je nourrir le moindre espoir que vous soyez jamais à moi ? Ne suis-je donc pas condamné au malheur pour toute ma vie ? »

Tout en parlant ainsi, ils avançaient dans le sentier, et ils se trouvèrent bientôt dans le taillis. Déodat, dans l'ardeur de sa passion, avait saisi la main de Madzy, et elle ne l'avait pas retirée, car tout son sang refluait vers son cœur, et elle n'avait pas la force de faire un seul mouvement. Elle sortit bientôt de cette sorte d'anéantissement.

« Au nom du ciel, chevalier, » dit-elle, « laissez-moi ! je ne dois pas vous écouter plus long-temps. — On nous a peut-être vus ensemble. — Peut-être on nous épie. — Ah ! »

Elle poussa un cri étouffé ; Renaud était à côté d'eux, pâle, et les yeux étincelans de fureur.

Depuis qu'il avait trouvé un rival dans Déodat, il avait été dévoré de cette jalousie qui embrase le sang, qui pervertit l'entendement, qui ne laisse place dans le cœur ni à l'équité ni à la raison, et qui rend incapable de réfléchir et de juger. Cette jalousie avait trouvé de nouveaux alimens dans l'honneur dont son frère d'armes s'était de nouveau couvert pendant le tournoi, et dans le choix que le comte avait fait de lui pour son champion. Une semaine auparavant, ces deux circonstances l'auraient transporté de plaisir, mais alors elles n'étaient pour lui qu'un nouvel aiguillon à l'envie et à la vengeance ; car les caractères ardens, comme était celui de Renaud, ne connaissent pas de milieu entre l'amour et la haine. Il était arrivé plus tard à la fête, il ne savait rien de ce qui s'était passé entre le comte et Adélen ; mais en s'approchant du comte, il l'avait entendu dire à la comtesse :

« Cette jeune fille n'aura jamais pour époux cet insolent Frison. Si Déodat remporte demain la victoire, elle sera la récompense de sa valeur, ou elle entrera dans un couvent. »

Cette phrase avait suffi à Renaud. Transporté de rage et hors de lui, il avait cherché partout Déodat, et il venait de le rencontrer, tenant la main de Madzy. Dès que Déodat l'aperçut, il lâcha la main de la belle frisonne et voulut parler à son ancien ami, mais celui-ci ne lui en laissa pas le temps.

« Tu ne tromperas plus ma franchise et ma confiance, ami faux et perfide ! » s'écria-t-il ; « voici le châtiment de ta trahison. »

Tout en prononçant ces mots, il avait tiré sa dague, et l'avait enfoncée dans le sein de Déodat.

La Rose de Dékama : roman historique du XIVe siècle / par J. van Lennep ; traduit du hollandais par MM. A.-J.-B. Defauconpret et André Dubourcq. – Paris : H. Cousin : Ve Legras Imbert et Cie, 1840. – [Tome premier, pp. 349-353].

AVENTURES DE FERDINAND HUYCK 307

L. Wocquier, D. van Lennep — 1858

Un homme qui vient de loin (chapitre XXXV). — Ici, Jacob van Lennep lève le voile sur le passé de celui qui est tour à tour Bos, Van Beveren, baron Van Lintz, comte de Talavera et le pirate Don Manoël. En fait, l'auteur s'est inspiré de deux personnages historiques : le Baron van Linz, à qui Louis-Napoléon confia une mission délicate en vue d'un rapprochement avec le roi de France de retour au pays, et un patricien de Groningue, Ripperda, qui, comme le héros mis en scène, devint Grand d'Espagne et tenta d'entrer au service de la Russie, mais ne fut jamais pirate ! Ce mystérieux héros relate lui-même à Ferdinand les faits marquants de sa vie et les divers revirements causés par l'intolérance religieuse.

« Je suis issu d'une noble famille du comté de Zutphen, le plus jeune et aujourd'hui le seul survivant d'un grand nombre d'enfants. Mon père, le baron Van Lintz, n'ayant pas assez de fortune pour soutenir dignement sa position dans le grand monde, et exclu de plus des charges importantes par la religion catholique qu'il professait, vivait tranquillement dans ses terres. Comme mes frères, je semblais destiné à mener la vie simple et paisible de gentilhomme campagnard ; le sort en décida autrement. Ma mère, qui était de la religion dominante, avait, à la Haye et ailleurs, des parents influents ; ceux-ci, voyant en moi des dispositions plus qu'ordinaires, l'engagèrent à donner plus de soins à mon éducation qu'à celle de mes frères, et se chargèrent de contribuer aux dépenses nécessaires. Tout en répondant à leur attente par mes rapides progrès, et en acquérant une expérience des hommes et des choses qui me fut utile dans la suite, je n'éprouvai pas la moindre envie de devenir, comme ils le désiraient, un savant. Je penchais davantage vers la vie de marin, fantaisie assez étrange chez un homme né dans une province éloignée du littoral, mais qui fut confirmée par les excursions que je fis dans la mer du Nord, durant un assez long séjour que je fis chez mon oncle de Murel. Celui-ci fut le seul qui approuvât ma vocation.

« En dépit de mes autres parents, qui trouvaient ridicule que je fisse choix d'une carrière qui ne me promettait aucun avenir à cause de ma religion, je fus nommé cadet de marine, grâce à mon oncle ; après deux années de service, soit grâce aux démarches de mes protecteurs, soit grâce à ma bonne conduite, je fus promu au grade de lieutenant de vaisseau. Tout cela était bel et bon ; mais une fois parvenu à ce grade, la barrière s'abaissa devant moi et les absurdes lois de ce pays m'empêchèrent de jamais la franchir.

« Sur ces entrefaites, je fis à Amsterdam la connaissance des filles du capitaine en retraite Reefzeil. Je devins amoureux de la cadette et bientôt je fus payé de retour. Mais la différence de religion fut un obstacle dont mes parents auraient tenu peu de compte (ma mère étant aussi de la doctrine réformée), mais qui était insurmontable aux yeux du père Reefzeil, protestant orthodoxe s'il en fut jamais. Au désappointement que j'en ressentis, vinrent se joindre encore les déboires que j'éprouvais tous les jours en voyant des officiers, plus jeunes et moins habiles que moi, me devancer uniquement parce qu'ils appartenaient à l'église dominante. Au début de ma carrière, je ne m'étais pas préoccupé de ce favoritisme, mais quand j'en ressentis moi-même les conséquences, il me devint odieux. Ma naissance me donnait accès dans les premières sociétés ; je fis la connaissance de l'envoyé d'Espagne, et celui-ci me fit entrevoir les plus belles perspectives, si je pouvais me résoudre à entrer au service de Sa Majesté Catholique. Cette proposition me sourit d'autant plus qu'elle me suggéra le moyen d'arriver à l'accomplissement de mes plus ardents souhaits, la possession de ma chère Cornélie et une plus haute position dans la société. Je la décidai à fuir avec moi et, après avoir envoyé ma démission, je l'épousai secrètement dans la chapelle de l'ambassadeur, et, muni par lui d'excellentes lettres de recommandation, je partis avec ma femme pour l'Espagne, où je trouvai bon accueil. Comme il y avait disette de bons officiers de marine, je ne tardai pas à obtenir le commandement d'un brick de guerre. Tout alla au gré de mes désirs : j'eus le bonheur de rendre d'importants services à ma nouvelle patrie, et j'obtins bien vite un avancement. Le hasard me donna une mission diplomatique, et un traité avantageux conclu avec le Portugal me fit monter dans les faveurs du roi. Je devins amiral, grand d'Espagne, chevalier de la Toison d'Or, comte de Talavera, bref je ne vis plus que peu de gens qui fussent mes égaux : le roi seul était placé plus haut que moi. Mon seul chagrin, c'était que ma femme n'eût pu partager les honneurs qui me tombaient en partage : peu de temps après mon arrivée en Espagne, elle était morte, après m'avoir donné une fille.

« Il va sans dire que ma prospérité avait éveillé l'envie de maint Espagnol, et que l'on chercha à me faire tomber du piédestal sur lequel j'étais monté. Le roi recevait tous les jours de secrètes dénonciations. On me nommait bourreau d'argent, usurpateur : bref, on m'accusait d'une foule de crimes, accusations que j'aurais pu facilement réfuter, si je les eusse connues, mais contre lesquelles je ne pouvais me défendre, tant qu'elles restaient dans l'ombre. Pendant bien longtemps le roi tint bon compte des intrigues de mes ennemis : mais il se mit enfin à chanceler, et sa confiance en moi diminua. Il me chargea d'une mission au Mexique. Cet éloignement était un exil, mais il fallait bien obéir.

« Je jugeai prudent de me mettre en garde contre les événements, et, à cet effet, j'envoyai en Hollande plusieurs papiers importants et quelques documents qui pouvaient servir à ma justification et par lesquels étaient compromises plusieurs notabilités espagnoles, avec ordre de les déposer entre les mains d'un notaire, et sous la condition qu'on ne les remît à personne, sans une autorisation écrite de ma main. Je partis donc pour le Mexique accompagné de ma fille, qui avait été élevée dans un couvent après la mort de sa mère. Mon absence laissa le champ libre à mes calomniateurs, qui ne négligèrent rien pour en profiter. Après un séjour de six mois dans le nouveau monde, un navire m'apporta la nouvelle que j'étais rappelé en Espagne pour justifier ma conduite. Je dus obéir ; mais à peine à bord du vaisseau qui devait me transporter, on me demanda mon épée et je fus traité comme prisonnier. En route, notre navire fut attaqué et pris par des pirates. Tout l'équipage fut passé par le fil de l'épée et je ne dus mon salut et celui de ma fille qu'à cette circonstance qu'un des pirates, qui avait autrefois servi sous mes ordres, me reconnut. Pendant qu'on me conduisait dans la retraite des corsaires, mon oncle de Murel et ses récits se présentèrent à mon esprit. Je résolus de me venger de cette Espagne qui m'avait traité avec tant d'ingratitude et de mener désormais la vie d'un roi de la mer du Nord. Mon protecteur, à qui j'avais fait part de mes projets, m'approuva, et lorsque nous fûmes débarqués et qu'il eût révélé aux pirates mon nom, l'odieux traitement dont j'avais été victime en récompense de mes services, et ma résolution de me joindre à eux, je fus unanimement élu comme leur chef. Je passe sous silence tout ce que j'ai fait pendant les années que j'ai passées dans la mer de Maracaïbo ; il suffit de dire que je me vengeai des outrages dont l'Espagne m'avait abreuvé, et le brave capitaine qui fume sa pipe en bas pourrait vous raconter combien le nom de Don Manoël fut redouté dans le golfe du Mexique et dans la mer des Antilles. »

Aventures de Ferdinand Huyck / Jacob van Lennep ; roman hollandais traduit par L. Wocquier et D. Van Lennep. – Paris : L. Hachette, 1858. – [Pp. 424-427].

LAMARTINE

FRANÇAIS

1790-1869

Né dans les bouleversements de la fin du XVIIIe siècle, Alphonse-Marie-Louis de Lamartine fait partie d'une génération qui va devoir prendre conscience des problèmes de la France, singulièrement de ceux qu'a posés l'échec de Napoléon. Il lui sera essentiel d'affirmer que l'« action » poétique, comme il le dit en 1848, n'est point séparable de la politique, que cette dernière est même « la plus sublime de toutes les poésies ». L'écrivain doit être capable de mettre en valeur une nouvelle société qui sera « évangélique », dans l'exacte mesure où Lamartine voit dans cette « vérité évangélique » l'affirmation de la raison, qui est « divine aussi ». Cet effort pour établir un rapprochement entre la raison et la religion sera ainsi au centre de toute son action. Il s'agit avant tout de surmonter l'épreuve sanglante de la Révolution, de mettre fin à « ces jours de douleur, de silence et d'effroi » dont le poète parle dans la deuxième époque de *Jocelyn*. Et dans le *Voyage en Orient* (1835), Lamartine va rappeler que l'histoire de France est l'évocation de « ce qu'il y a de plus humain et de plus divin en l'homme ».

Il n'est alors pas étonnant de voir Lamartine se lancer rapidement dans la vie politique et même de s'efforcer de donner une réalité nouvelle à la politique française en y associant les idéaux de cette vérité « évangélique » qu'il prônera en 1848. Lamartine renonce d'ailleurs rapidement à sa carrière de diplomate (1830), se lance dans le combat quotidien et échoue trois fois à la députation (Bergues, Toulon, Mâcon) en septembre 1831. Il faudra attendre 1833 pour le voir élu à Bergues. En 1837 il est député à la fois de Bergues et de Mâcon, représente le parti du « mouvement » face à celui de la « résistance » et son discours au banquet de Mâcon, le 4 juin 1843, offre une définition de la « démocratie organisée » qui « se compose [...] de toutes les forces de l'État ». Lamartine contribue ainsi largement à la réflexion politique qui débouchera sur la Révolution de 1848. *L'Histoire des Girondins* (1847) témoigne de cette entrée de Lamartine dans le camp de l'opposition. En février de cette même année 1848, il devient ministre des Affaires étrangères pour deux mois. À l'élection présidentielle du 10 décembre 1848, il eut moins de 18 000 voix. Et le coup d'État du 2 décembre 1851 mit fin à sa carrière politique. En 1826, Lamartine avouait qu'il avait « la tête plus pleine de politique que de poésie » et il dira qu'il n'est qu'« un politique égaré dans la poésie ». Tout le problème est là et toute approche de l'œuvre de Lamartine suppose que l'auteur des *Méditations poétiques* soit d'abord considéré comme le représentant d'une nouvelle génération d'écrivains qui n'établissent pas de rupture entre leur action dans la vie publique et la création poétique.

En fait, la poésie est le reflet d'un « dolorisme » qui n'est point simplement produit d'une imagination tournée vers l'évocation d'une tristesse personnelle, mais volonté d'affirmer que « tout est vide », comme Lamartine l'expliquera en 1831 dans son livre *Sur la politique rationnelle*. Dans sa *Réponse aux adieux de Sir Walter Scott à ses lecteurs* (1832), il ira plus loin et précisera que « le poète est homme par les sens » et ensuite « homme par la douleur ». La réalité ne se laisse saisir que dans cette étroite relation entre le sentiment de la présence de Dieu et l'incapacité à se détacher du « mortel ». Dans *Novissima Verba* Lamartine résumera cette expérience sur laquelle repose toute sa vision d'un monde où l'effroi est maître en affirmant que le poète a « vu, pensé, senti, souffert ». Le deuil est bien au centre de son discours, qu'il s'agisse tant des *Méditations* (1820), des *Harmonies* (1830), recueil de poésies dans lequel se trouve justement *Novissima Verba,* que de *Jocelyn* (1836), histoire de la destinée humaine en neuf époques dans laquelle *La Chute d'un ange* (1838) devait trouver sa place de choix.

Sentir, c'est, pour Lamartine, avant tout essayer de redonner à l'homme sa place dans un monde qui est divisé profondément entre l'appel du divin et l'enchaînement à la terre ainsi qu'il est décrit dans le Chant II du *Childe Harold* de Byron. Lamartine a d'ailleurs raconté, dans la *Vie de Byron* parue dans le *Constitutionnel* du 26 septembre au 2 décembre 1865, sa lecture de *Childe Harold.* La « méditation » lamartinienne est expression d'un « enthousiasme » qui ne se laisse définir qu'à partir de cet écartèlement entre deux mondes. La vie est un lent « tarissement » que traduit une sensation de mort et à laquelle s'oppose justement la volonté de voir « ciel » et « nature ». La dédicace au *Dernier chant du pèlerinage d'Harold* fait ainsi écho à *La Poésie sacrée* dans les *Méditations poétiques* et l'aspiration vers les cimes, vers la « céleste patrie » décrite dans *L'Isolement* devient l'objet des contemplations du poète partagé entre ses deux destinations : expérience unique de la solitude sur laquelle il reviendra tout au long de son œuvre poétique. À la recherche de Dieu, de la « céleste pensée », le poète s'interpose entre l'homme et Dieu, il « offusque l'homme » en l'empêchant de percevoir directement l'image divine (*La Solitude*) et, sur terre, il éprouve un « besoin de silence et de solitude » qu'il rappelle à de nombreuses occasions. Car il lui faut percevoir le chant de la nature, un chant composé de « voix confuses et perdues » au milieu de cette nature qui, elle, est devenue « sanctuaire », lieu où « tout est voix ».

La poésie lamartinienne est donc un regard qui tente de saisir les traces du divin. Elle rejoint l'attitude adoptée par L.-A. de Bonald dans sa *Théorie du pouvoir politique et religieux dans la société civile* (1796) selon laquelle « l'homme sent en lui-même l'existence d'un être qui *pense,* qui *veut*, qui *aime,* qui *craint* ». Dans *L'Infini dans les cieux,* Lamartine parlera des « cieux » comme d'« un livre entr'ouvert ». Le poète est là pour saisir cet instant profond et fragile.

Lamartine : le livre du centenaire / études recueillies et présentées par Paul Viallaneix. – Paris : Flammarion, 1971. – 375 p.

Un génie en fragments : Lamartine / Antoine Court, M. Carmen Figuerola, Claude Foucart... [et al.]. – Lleida : Pages, 1992. – 182 p. – (*L'Ull Critic* ; 2).

Relire Lamartine aujourd'hui : actes du colloque international, Mâcon, juin 1990 / [organisé par le] Centre de recherches révolutionnaires et romantiques de l'Université Blaise-Pascal (Clermont II) ; recueillis et présentés par Simone Bernard-Griffiths et Christian Croisille [...]. – Paris : Nizet, 1993. – 350 p.

DERNIER CHANT DU PÈLERINAGE D'HAROLD 308

Dédicace. — Le poème fut achevé en février 1825 et la *Dédicace* fut écrite en mars de la même année. Lamartine tient compte du succès connu en France par le poète anglais mort en 1824 à Missolonghi. Tout en empruntant à Byron bien des éléments poétiques, il développe certaines de ses grandes images, notamment celle de la fragilité des sensations humaines et de l'ascension vers la sérénité divine au sein de descriptions dont le style est empreint de néo-classicisme.

Te souviens-tu[1] du jour où, gravissant la cime
Du Salève[2] aux flancs azurés,
Dans un étroit sentier qui pend sur un abîme
Nous posions en tremblant nos pas mal assurés ?
Tu marchais devant moi. Balançés par l'orage,
Les rameaux ondoyants du mélèze et du pin,
S'écartant à regret pour t'ouvrir un passage,
Secouaient sur ton front les larmes du matin ;
Un torrent sous tes pieds s'écroulant en poussière,
Traçait sur les rochers de verdâtres sillons,
Et, de sa blanche écume où jouait la lumière,
Élevait jusqu'à nous les flottants tourbillons.
Un nuage grondait encore
Sur les confins des airs, à l'occident obscur,
Tandis qu'à l'orient le souffle de l'aurore
Découvrait la moitié d'un ciel limpide et pur,
Et dorait de ses feux le voile qui colore
Des vagues du Léman l'éblouissant azur !
Tout à coup, sur un roc, dont tu foulais la cime,
Tu t'arrêtas : tes yeux s'abaissèrent sur moi ;
Tu me montrais des doigts les flots, les monts, l'abîme,
La nature et le ciel… et je ne vis que toi !…

Ton pied léger semblait s'élancer de sa base ;
Ton œil planait d'en haut sur ces sublimes bords ;
Ton sein, oppressé par l'extase,
Se soulevait sous ses transports,
Comme le flot captif qui, bouillant dans le vase
S'enfle, frémit, s'élève et surmonte ses bords.

Sur l'angle d'un rocher ta main était posée ;
Par l'haleine des vents goutte à goutte essuyés,
Tes cheveux trempés de rosée,
Distillaient lentement ses perles à tes pieds.

Des cascades l'écume errante
Faisait autour de toi, sur un tapis de fleurs,
De son prisme liquide ondoyer les couleurs,
Et, d'une robe transparente,

1 Le poète s'adresse à une femme sans citer, par discrétion, son nom.
2 Le Salève, en Savoie, est une montagne proche de Genève.

Semblait t'envelopper dans ses plis de vapeurs !
Tu ressemblais... Mais non, toute image est glacée.
Rien d'humain ne saurait te retracer aux yeux ;
Rien... qu'une céleste pensée,
Qui, durant un songe pieux,
Sur ses ailes de feu dans les airs balancée,
Et du sein d'un cœur pur vers Dieu même élancée,
S'élève, et plane dans les cieux !

Je te vis ; je jurai de consacrer la trace
De ce trop rapide moment,
Et de graver ici ton nom... Ta main l'efface
De ce fragile monument.
Un jour, quand je te verrai lire
Ces vers dont un regard est le seul avenir,
Si tes yeux attendris ne peuvent retenir
Une larme aux sons de ma lyre,
Ah ! qu'au moins tu puisses te dire :
« Ces chants qui m'ont ému, c'est moi qui les inspire,
Et sa muse est mon souvenir ! »

Œuvres poétiques complètes / Lamartine ; texte établi, annoté et présenté par Marius-François Guyard. – Paris : Gallimard, 1963. – (*Bibliothèque de la Pléiade* ; 165). – [Pp. 195-196].

PREMIÈRES MÉDITATIONS POÉTIQUES 309

L'enthousiasme. — Cette méditation est la description de cette vertu du poète dans laquelle vont se mêler les allusions à la verticalité, à l'aigle-génie reflet de l'invisible, et la description d'un monde volcanique proche des idées de Léopold von Buch (1774-1853) et du plutonisme ambiant : un curieux mélange de tradition néo-classique et d'une poésie de « deuil ».

Ainsi, quand l'aigle du tonnerre
Enlevait Ganymède aux cieux,
L'enfant, s'attachant à la terre,
Luttait contre l'oiseau des dieux ;
Mais entre ses serres rapides
L'aigle pressant ses flancs timides,
L'arrachait aux champs paternels ;
Et, sourd à la voix qui l'implore,

Il le jetait, tremblant encore,
Jusques aux pieds des immortels.

Ainsi quand tu fonds sur mon âme,
Enthousiasme, aigle vainqueur,
Au bruit de tes ailes de flamme
Je frémis d'une sainte horreur ;
Je me débats sous ta puissance,
Je fuis, je crains que ta présence
N'anéantisse un cœur mortel,
Comme un feu que la foudre allume,
Qui ne s'éteint plus, et consume
Le bûcher, le temple et l'autel.

Mais à l'essor de la pensée
L'instinct des sens s'oppose en vain ;
Sous le dieu, mon âme oppressée
Bondit, s'élance, et bat mon sein.
La foudre en mes veines circule :
Étonné du feu qui me brûle,
Je l'irrite en le combattant,
Et la lave de mon génie
Déborde en torrents d'harmonie,
Et me consume en s'échappant.

Muse, contemple ta victime !
Ce n'est plus ce front inspiré,
Ce n'est plus ce regard sublime
Qui lançait un rayon sacré :
Sous ta dévorante influence,
À peine un reste d'existence
À ma jeunesse est échappé.
Mon front, que la pâleur efface,
Ne conserve plus que la trace
De la foudre qui m'a frappé.

Heureux le poète insensible !
Son luth n'est point baigné de pleurs,
Son enthousiasme paisible
N'a point ces tragiques fureurs.
De sa veine féconde et pure
Coulent, avec nombre et mesure,

Des ruisseaux de lait et de miel ;
Et ce pusillanime Icare,
Trahi par l'aile de Pindare,
Ne retombe jamais du ciel.

Mais nous, pour embraser les âmes,
Il faut brûler, il faut ravir
Au ciel jaloux ses triples flammes.
Pour tout peindre, il fait tout sentir.
Foyers brûlants de la lumière,
Nos cœurs de la nature entière
Doivent concentrer les rayons ;
Et l'on accuse notre vie !
Mais ce flambeau qui nous envie
S'allume au feu des passions.

Non, jamais un sein pacifique
N'enfanta ces divins élans,
Ni ce désordre sympathique
Qui soumet le monde à nos chants.
Non, non, quand l'Apollon d'Homère,
Pour lancer ses traits sur la terre,
Descendait des sommets d'Éryx,
Volant aux rives infernales,
Il trempait ses armes fatales
Dans les eaux bouillonnantes du Styx.

Descendez de l'auguste cime
Qu'indignent de lâches transports !
Ce n'est que d'un luth magnanime
Que partent les divins accords.
Le cœur des enfants de la lyre
Ressemble au marbre qui soupire
Sur le sépulcre de Memnon ;
Pour lui donner la voix et l'âme,
Il faut que de sa chaste flamme
L'œil du jour lui lance un rayon.

Et tu veux qu'éveillant encore
Des feux sous la cendre couverts,
Mon reste d'âme s'évapore
En accents perdus dans les airs !

La gloire est le rêve d'une ombre ;
Elle a trop retranché le nombre
Des jours qu'elle devait charmer.
Tu veux que je lui sacrifie
Ce dernier souffle de ma vie !
Je veux le garder pour aimer[1].

Œuvres poétiques complètes / Lamartine ; texte établi, annoté et présenté par Marius-François Guyard. – Paris : Gallimard, 1963. – (*Bibliothèque de la Pléiade* ; 165). – [Pp. 33-36].

NOUVELLES MÉDITATIONS POÉTIQUES 310

La solitude. — La confrontation du poète avec la nature lui permet de découvrir dans la solitude ce moment exceptionnel qui lui permet de s'élever jusqu'au divin autour duquel tout se reconstruit. Il est difficile de dire si cette poésie fut composée en 1815 ou à la fin de 1821.

Heureux qui, s'écartant des sentiers d'ici-bas,
À l'ombre du désert allant cacher ses pas,
D'un monde dédaigné secouant la poussière,
Efface, encor vivant, ses traces sur la terre,
Et, dans la solitude enfin enseveli,
Se nourrit d'espérance et s'abreuve d'oubli !
Tel que ces esprits purs qui planent dans l'espace,
Tranquille spectateur de cette ombre qui passe,
Des caprices du sort à jamais défendu,
Il suit de l'œil ce char dont il est descendu !...
Il voit les passions, sur une onde incertaine,
De leur souffle orageux enfler la voile humaine.
Mais ces vents inconstants ne troublent plus sa paix ;
Il se repose en Dieu, qui ne change jamais ;
Il aime à contempler ses plus hardis ouvrages,
Ces monts, vainqueurs des vents, de la foudre et des âges,
Où dans leur masse auguste et leur solidité,
Ce Dieu grava sa force et son éternité.
À cette heure où, frappé d'un rayon de l'aurore,
Leur sommet enflammé que l'Orient colore,
Comme un phare céleste allumé dans la nuit,

1 Il s'agirait de Lena de Larche.

Jaillit étincelant de l'ombre qui s'enfuit,
Il s'élance, il franchit ces riantes collines
Que le mont jette au loin sur ses larges racines,
Et, porté par degrés jusqu'à ses sombres flancs,
Sous ses pins immortels il s'enfonce à pas lents :
Là, des torrents séchés le lit seul est sa route,
Tantôt les rocs minés sur lui pendent en voûte,
Et tantôt, sur leurs bords tout à coup suspendu,
Il recule étonné ; son regard éperdu
Jouit avec horreur de cet effroi sublime,
Et sous ses pieds, longtemps, voit tournoyer l'abîme !
Il monte, et l'horizon grandit à chaque instant ;
Il monte, et devant lui l'immensité s'étend
Comme sous le regard d'une nouvelle aurore ;
Un monde à chaque pas pour ses yeux semble éclore !
Jusqu'au sommet suprême où son œil enchanté
S'empare de l'espace, et plane en liberté.
Ainsi, lorsque notre âme, à sa source envolée,
Quitte enfin pour toujours la terrestre vallée,
Chaque coup de son aile, en l'élevant aux cieux,
Élargit l'horizon qui s'étend sous ses yeux ;
Des mondes sous son vol le mystère s'abaisse,
En découvrant toujours, elle monte sans cesse
Jusqu'aux saintes hauteurs d'où l'œil du séraphin
Sur l'espace infini plonge un regard sans fin.

Salut, brillants sommets ! champs de neige et de glace !
Vous qui d'aucun mortel n'avez gardé la trace ;
Vous que le regard même aborde avec effroi,
Et qui n'avez souffert que les aigles et moi !
Œuvres du premier jour, augustes pyramides
Que Dieu même affermit sur vos bases solides !
Confins de l'univers, qui, depuis ce grand jour,
N'avez jamais changé de forme et de contour !
Le nuage, en grondant, parcourt en vain vos cimes,
Le fleuve en vain grossi sillonne vos abîmes,
La foudre frappe en vain votre front endurci ;
Votre front solennel, un moment obscurci,
Sur nous, comme la nuit, versant son ombre obscure,
Et laissant pendre au loin sa noire chevelure,
Semble, toujours vainqueur du choc qui l'ébranla,

Au dieu qui l'a fondé dire encor : Me voilà !
Et moi, me voici seul sur ces confins du monde !
Loin d'ici, sous mes pieds la foudre vole et gronde,
Les nuages battus par les ailes des vents
Entrechoquant comme eux leurs tourbillons mouvants,
Tels qu'un autre Océan soulevé par l'orage,
Se déroulent sans fin dans des lits sans rivage,
Et devant ces sommets abaissant leur orgueil,
Brisent incessamment sur cet immense écueil.
Mais, tandis qu'à ses pieds ce noir chaos bouillonne,
D'éternelles splendeurs le soleil le couronne :
Depuis l'heure où son char s'élance dans les airs,
Jusqu'à l'heure où son disque incline vers les mers,
Cet astre, en décrivant son oblique carrière,
D'aucune ombre jamais n'y souille sa lumière,
Et déjà la nuit sombre a descendu des cieux
Qu'à ces sommets encore il dit de longs adieux.

Là, tandis que je nage en des torrents de joie,
Ainsi que mon regard, mon âme se déploie,
Et croit, en respirant cet air de liberté,
Recouvrer sa splendeur et sa sérénité.
Oui, dans cet air du ciel, les soins lourds de la vie,
Le mépris des mortels, leur haine, ou leur envie,
N'accompagnent plus l'homme et ne surnagent pas :
Comme un vil plomb, d'eux-même[1] ils retombent en bas.
Ainsi, plus l'onde est pure, et moins l'homme y surnage,
....
À peine de ce monde il emporte une image !
....
Mais ton image, ô Dieu, dans ces grands traits épars,
En s'élevant vers toi grandit à nos regards.
Comme au prêtre habitant l'ombre du sanctuaire,
Chaque pas te révèle à l'âme solitaire :
Le silence et la nuit, et l'ombre des forêts,
Lui murmurent tout bas de sublimes secrets ;
Et l'esprit, abîmé dans ces rares spectacles,
Par la voix des déserts écoute tes oracles.
....

1 Dans l'édition orginale : « eux-mêmes ».

J'ai vu de l'Océan les flots épouvantés,
Pareils aux fiers coursiers dans la plaine emportés,
Déroulant à ta voix leur humide crinière,
Franchir en bondissant leur bruyante barrière[1],
Puis soudain, refoulés sous ton frein tout-puissant,
Dans l'abîme étonné rentrer en mugissant.
J'ai vu le fleuve, épris des gazons du rivage,
Se glisser flots à flots, de bocage en bocage,
Et dans son lit voilé d'ombrage et de fraîcheur,
Bercer en murmurant la barque du pêcheur ;
J'ai vu le trait brisé de la foudre qui gronde
Comme un serpent de feu se dérouler sur l'onde ;
Le zéphyr embaumé des doux parfums du miel,
Balayer doucement l'azur voilé du ciel ;
La colombe, essuyant son aile encore humide,
Sur les bords de son nid poser un pied timide,
Puis d'un vol cadencé fendant le flot des airs
S'abattre en soupirant sur la rive des mers.
J'ai vu ces monts voisins des cieux où tu reposes,
Cette neige où l'aurore aime à semer ses roses,
Ces trésors des hivers, d'où par mille détours
Dans nos champs desséchés multipliant leur cours,
Cent rochers de cristal, que tu fonds à mesure,
Viennent désaltérer la mourante verdure !
Et ces ruisseaux pleuvant de ces rocs suspendus,
Et ces torrents grondant dans les granits fendus,
Et ces pics où le temps a perdu sa victoire...,
Et toute la nature est un hymne à ta gloire !

Œuvres poétiques complètes / Lamartine ; texte établi, annoté et présenté par Marius-François Guyard. – Paris : Gallimard, 1963. – (*Bibliothèque de la Pléiade* ; 165). – [Pp. 135-138].

1 Variante : « carrière ».

ODOÏEVSKI

RUSSE

1804-1869

Vladimir Fiodorovitch Odoïevski est né à Moscou d'un père noble et d'une serve affranchie. De 1816 à 1822, il fréquente la célèbre École de la Noblesse de l'université de Moscou où écrivains et savants en vue l'initient aux grands courants de la culture russe et européenne, plus particulièrement aux nouvelles idées de la philosophie allemande. En 1823, avec Dmitri Vénévitinov, il fonde la Société de Philosophie, dont certains membres vont marquer de leur empreinte la culture russe. Pour rendre le terme de « philosophie », il est significatif qu'Odoïevski utilise le vieux mot russe *ljubomudrie*, « amour de la sagesse » plutôt qu'un calque de « philosophie », en cours dans la plupart des langues occidentales. Effrayés cependant par l'insurrection avortée des décembristes (1825), Odoïevski et ses amis interrompent leurs activités et détruisent tous les documents qui s'y rapportent. En 1826, Odoïevski entre au service du gouvernement à Saint-Pétersbourg ; il y demeurera jusqu'en 1862. Continuant à populariser la philosophie transcendantale de Schelling notamment, il fait de la suprématie de l'art un des traits dominants de la tradition philosophique russe, la détournant de son intérêt initial pour la pensée française des Lumières, et la libérant de tout lien de dépendance avec l'Orthodoxie. En fin de compte, c'est l'attrait pour la pensée allemande plutôt que pour la pensée française qui déterminera le cours de l'histoire russe.

Bien qu'il n'ait rien publié de 1844 à 1869, Odoïevski demeure au centre de la vie intellectuelle pendant plus de 45 ans. Homme d'une érudition considérable, dont les intérêts multiples embrassent aussi bien la musique et la littérature que les réformes sociales et économiques, il connaît la plupart des écrivains et des personnages littéraires, de l'enfance de la littérature russe à sa maturité, et jusqu'aux principaux romans de Dostoïevski et de Tolstoï. Il résume à lui seul le type de l'intellectuel russe de haute culture chez qui la tradition nationale cohabite harmonieusement avec une culture européenne récemment acquise.

Ce ne fut cependant pas dans l'atmosphère raréfiée de la philosophie abstraite à l'allemande qu'Odoïevski marqua la culture russe de son empreinte. Alors qu'il était membre de la Société de Philosophie, il fonda *Mnémosyne* (du grec *mnèmosynè*, « mémoire »), almanach littéraire et philosophique dans lequel, en 1824-1825, il publia les œuvres de ses contemporains ainsi que ses propres écrits. À l'instar de ses maîtres allemands, Odoïevski attribuait une valeur suprême à l'art, et en particulier à la poésie, le sommet des belles-lettres. Ce fut toutefois en prose, domaine à l'époque en pleine phase d'élaboration, qu'il publia durant les vingt années de son activité créatrice. Principal représentant de ce qui allait être connu sous le nom de romantisme philosophique, il fut à son époque sans égal, à l'exception de Nicolas Gogol, par la richesse de son imagination.

Les récits publiés dans des revues ou dans le recueil des *Contes bigarrés* (1833) valurent à Odoïevski une grande renommée au cours des années 30 du XIXe siècle. Gogol lui-même n'aborda pas des sujets aussi variés : la musique, la philosophie, l'art, la science, l'administration, l'aventure, la haute société, l'absurde, le futur ou la vie rurale. Il fut un des rares écrivains russes de son époque à être connu à l'étranger grâce à des traductions de certaines de ses œuvres en allemand (1838, 1839) et en français (*Le Décaméron russe, histoires et nouvelles traduites des meilleurs auteurs par* M.P. Douhaire, 1853). En 1844, il publia trois volumes d'*Œuvres*, qui comprenaient *Les Nuits russes*, l'ouvrage qui lui assura une gloire durable. Puis ce fut le silence. Sa renommée déclina alors que l'époque du grand roman russe commençait. L'art d'Odoïevski était peut-être trop personnel, ou impuissant à créer des personnages et des histoires crédibles ; ou peut-être abordait-il des questions maudites.

L'attirance de l'écrivain pour l'idéalisme de Schelling, ses idées politiques généralement conservatrices et son indifférence aux exigences du réalisme critique n'étaient pas faites pour susciter l'intérêt des chercheurs soviétiques pendant la période stalinienne. Mais les rééditions de ses livres au cours des 40 dernières années ont rendu à Odoïevski la place qu'il occupait dans les années 30 du XIXe siècle, celle d'un prosateur original et doué dont les récits ont permis aux Russes de se familiariser avec la littérature, la culture, l'histoire, la musique, la science et la philosophie européennes (les éditions modernes sont accompagnées de nombreuses notes explicatives). Son œuvre nourrit le désir d'une littérature sérieuse, développa une vaste gamme de techniques romanesques, promut le russe contemporain et prépara la voie aux illustres successeurs.

Les Nuits russes ne sont pas un roman au sens traditionnel mais un recueil hétérogène de récits, publiés pour la plupart au cours des années 1830 et encadrés par des dialogues entre un Faust russe et ses amis, de discours philosophiques, d'un Préambule et d'un Épilogue de l'auteur, le tout réparti sur neuf nuits. Philosophes, penseurs, monarques, écrivains, musiciens et scientifiques de toutes les époques depuis l'Antiquité apparaissent au cours de ces nuits selon une tradition narrative allant de Platon, du *Décaméron* et des *Mille et Une Nuits* jusqu'à Hoffman. Les récits, qui possèdent leur propre développement thématique, permettent une subtile interaction entre discours philosophique et fiction créatrice. Les thèmes entremêlés du bonheur, de la suprématie de l'art, en particulier de la musique et de la poésie, du rôle de l'artiste (Bach et Beethoven en sont les grands maîtres), de l'incapacité du langage à exprimer les émotions humaines, de l'inspiration, de l'épistémologie, de l'utilitarisme, de la société marchande, du destin des nations, de la Russie et l'Occident, compensent le manque de développement des personnages et de progression narrative qui caractérisent le roman traditionnel.

Vittorio Strada, "Vladimir Odoïevski". – In : *Histoire de la littérature russe. Le XIXe siècle : 1 : L'époque de Pouchkine et de Gogol* / ouvrage dirigé par Efim Etkind, Georges Nivat, Ilya Serman et Vittorio Strada. – Paris : Fayard, 1996. – [Pp. 461-471,et 1213 pour la bibliographie].

CONTES BIGARRÉS 311

A.-M. Tatsis-Botton — 1998

Du danger que courent les jeunes filles à se promener en groupe sur la Perspective Nevski. — « En lisant cette œuvrette, les gens intelligents ne taxeront pas l'auteur de nationalisme aigri. Qui comprend la valeur de l'éducation occidentale peut aussi comprendre ses abus. » (Remarque de l'auteur).

« Comment, Mademoiselle ! vous voulez déjà nous quitter ? Avec votre permission, je vais vous raccompagner ». — « Monsieur, je ne voudrais pas que quelqu'un d'aussi poli se mette en peine pour moi. » — « Vous plaisantez, Mademoiselle ». (*Manuel pour la conversation* par Madame de Genlis, p. 375.)

Ce jour-là, il faisait soleil à Pétersbourg ; une foule de jeunes filles marchait sur la Perspective Nevski ; elles étaient onze, ni plus, ni moins, toutes plus belles les unes que les autres ; il y avait aussi trois mamans, dont, hélas, on ne pouvait pas dire la même chose. Les jolies petites têtes tournaient à tous les vents, les pieds légers piétinaient le granit poli, mais toutes s'ennuyaient : elles ne s'étaient que trop vues, elles n'avaient que trop bavardé et ri ensemble : à présent elles étaient mortellement fatiguées les unes des autres ; ce qui ne les empêchait pas de se tenir par la main sans se lâcher en marchant en rangs serrés comme des nonnettes ; c'est l'habitude chez nous : une fille se laissera périr d'ennui plutôt que de donner le bras à un homme, sauf s'il a le bonheur d'être son frère, son oncle ou — sort plus enviable encore — qu'il ait fêté ses quatre-vingts ans ; car « que diraient nos mamans ? » Ah, ces mamans ! attendez un peu que je m'en occupe ! j'étalerai au grand jour leurs turpitudes ! j'éplucherai leur code de bonne conduite et je leur prouverai qu'il n'est ni écrit par la nature, ni dicté par le bon sens ! Elles se mêlent de ce qui ne les regarde pas, et nos jeunes filles s'ennuient, se fanent, tant et si bien qu'elles finissent par ressembler à leurs mamans, à la grande satisfaction de ces dernières ! Attendez un peu ! Vous allez voir !

Quoi qu'il en soit, notre petite troupe allait bon train sur la Perspective Nevski, et maints passants s'arrêtaient pour regarder ces jeunes beautés ; mais quant à s'approcher, personne ne s'y risquait — d'ailleurs, comment l'aurait-on pu ? Une maman devant, une maman derrière, une maman au milieu — l'horreur !

Tiens ! Fraîchement débarqué sur la Perspective Nevski, un étranger entreprenant avait suspendu une enseigne étincelante ! Par les carreaux on voyait luire des fumées légères, des vapeurs ; toutes les couleurs de l'arc-en-ciel défilaient, un satin doré cascadait sur du velours, et de jolies poupées vêtues de duvet hochaient la tête sous leurs cloches de verre. Les deux premières jeunes filles s'arrêtèrent tout net, firent un quart de tour et hop ! bondirent sur l'escalier de fonte ; deux autres suivirent, puis deux autres, et enfin la boutique fut envahie de jeunes beautés. Elles examinèrent tout, admirèrent, et cela prit du temps. Il y avait de quoi : le patron était vif, portait des lunettes bleues, de gros favoris, il était tiré à quatre épingles, sanglé à mort dans un habit à la mode ; il parlait, vendait, vantait tel article, déconseillait tel autre, prenait l'argent, mesurait — il faisait tout à la fois ; ne cessant d'étaler et de déballer devant mes belles de la gaze en fils de la Vierge constellée d'ailes de papillons ; ou des montres qui tenaient sur une tête d'épingle ; ou des lorgnettes fabriquées avec des yeux de mouche qui vous permettaient de voir tout ce qui se passe alentour ; ou de la blonde qui s'évanouissait au moindre contact ; ou de petits souliers faits de pattes de sauterelles, des plumets composés de poils d'abeille tressés ; ou encore, hélas ! des fards qui, d'un souffle, venaient s'étaler sur une jolie joue. Nos belles seraient restées un siècle dans la boutique, — s'il n'y avait pas eu les mamans ! Les mamans s'aperçurent du danger, agitèrent leurs bonnets, effectuèrent un demi-tour à gauche et, en haut des marches, se mirent à compter pour être bien sûres que toutes les belles sortiraient de la boutique ; mais, par malheur (on dit que la corneille ne sait compter que jusqu'à quatre), nos mamans ne savaient compter que jusqu'à dix : il ne faut donc pas s'étonner si elles se trompèrent et si elles rentrèrent chez elles avec dix jeunes filles, toujours convenablement en rang, en oubliant la onzième dans le magasin.

À peine la foule se fut-elle éloignée que le mécréant ferma la porte à double tour et se jeta sur la belle, il lui enleva tout : chapeau, souliers, bas, il ne lui laissa, ce maudit, que son jupon et sa camisole ; il attrapa la pauvrette par sa tresse, la posa sur un rayon et la recouvrit d'une cloche de cristal.

Et puis il prit son canif, le chapeau et, avec une dextérité extraordinaire, il se mit à gratter la poussière de la rue qui s'y était déposée ; il gratta, gratta — et dans ses mains apparurent deux chapeaux, et l'un des deux faillit s'envoler quand il le mit sur un support ; ensuite, tout aussi délicatement, il enleva les fleurs imprimées sur le tissu dont était fait le deuxième chapeau, et obtint encore un chapeau ; il répéta l'opération, — et il eut un quatrième chapeau sur lequel il n'y avait rien d'autre que les fleurs imprimées ; puis encore un autre, un cinquième, tout simple ; puis un autre, un autre, — jusqu'à douze ! il fit la même chose avec la robe, le châle, les chaussures et même les bas, il obtint une douzaine de chaque article et les emballa soigneusement dans un carton recouvert de timbres étrangers... et tout cela, je vous l'affirme, ne lui prit que quelques minutes.

— Ne pleure pas, ma belle, répétait-il dans son mauvais russe, ne pleure pas ! Cela te servira de dot !

Quand il eut fini son travail, il ajouta :

— Maintenant c'est ton tour, ma belle ! Sur ces mots il eut un geste de la main, frappa du pied ; toutes les pendules sonnèrent treize heures, toutes les clochettes tintèrent, toutes les orgues se mirent à jouer, toutes les poupées à dansoter, et d'un poudrier sortit une tête française sans cervelle ; d'une tabatière, — un sensible nez allemand, assorti de deux oreilles d'âne ; et d'une bouteille de soda, — une bedaine anglaise pleine à craquer. Tous ces messieurs s'installèrent, assis en rond, les yeux écarquillés : ils regardaient le sorcier.

— Quel malheur ! cria le magicien.

— Oui, quel malheur ! répondit la tête française sans cervelle. La poudre de riz n'est plus à la mode !

— Là n'est pas la question, bougonna la bedaine anglaise, moi, on me jette hors du logis comme un sac vide.

— Ce n'est encore rien, nasilla le nez allemand : moi, on m'enfourche, et en plus on joue des éperons.

— Tout cela n'est rien ! répliqua le magicien, rien du tout ! il y a bien pire : les jeunes filles russes ne veulent plus être des poupées étrangères ! c'est cela, le vrai malheur ! si cela continue, les Russes vont penser qu'ils sont des êtres humains comme les autres.

— Quel malheur ! quel malheur ! criaient tous les mécréants à l'unisson.

— Il faut inventer pour elles un nouveau chapeau, disait la tête.

— Il faut leur inculquer nos règles de bienséance, spéculait le ventre.

— Il faut les marier avec nous autres, répétait le nez sensible.

— Tout cela est très bien ! répondit le magicien, mais cela ne suffit pas ! Ce n'est plus comme avant ! À nouveau mal, nouveau remède : il faut avoir recours à la ruse !

Le magicien réfléchit, réfléchit longtemps ; enfin il fit un geste de la main, et devant l'assemblée surgit un trépied, un bain-marie et une cornue, et les scélérats se mirent à l'ouvrage.

Ils tassèrent dans la cornue une grande quantité de romans de Madame de Genlis, des lettres de Chesterfield, quelques sentences bien moisies, des modèles de canevas, des roulades italiennes, une douzaine de contredanses nouvelles, quelques calculs tirés de l'arithmétique morale anglaise, distillèrent le tout et obtinrent un liquide incolore et inodore. Ensuite le magicien ouvrit la fenêtre, agita la main dans l'air de la Perspective Nevski et attrapa une pleine poignée de cancans pétersbourgeois, de ragots et de contes à dormir debout ; enfin, il tira d'un tiroir un énorme tas de papiers et le montra, plein d'une joie mauvaise, à ses complices : c'étaient des coupures de lettres diplomatiques, et des citations tirées d'un manuel de correspondance où abondaient les affirmations du plus profond respect et du dévouement le plus sincère ; les scélérats, avec force rires et sautillements, se mirent à les mélanger à leur potion diabolique : la tête française attisait le feu, le nez allemand touillait le mélange, et le ventre anglais, tel un pilon, broyait.

Quand le liquide fut refroidi, le magicien se tourna vers la belle : il la tira, toute palpitante, de dessous sa cloche de verre, et se mit, le scélérat, à lui arracher le cœur ! Oh, comme elle souffrit, comme elle se débattit, la pauvrette ! comme elle le défendit, son cœur innocent, son cœur ardent ! Avec quel courage slave affronta-t-elle les mécréants ! Et ils désespéraient déjà, déjà ils étaient tout près de renoncer à leur entreprise quand, par malheur, le magicien eut l'idée d'attraper un petit bonnet et de le jeter sur les charbons ardents : le bonnet se mit à fumer, et cette fumée fit perdre conscience à la belle.

Les scélérats mirent cet instant à profit, lui retirèrent le cœur et le plongèrent dans leur potion diabolique. Ils laissèrent longtemps, longtemps tremper et se ramollir le pauvre cœur de notre beauté russe, ils l'étirèrent, le regonflèrent et quand ils le recollèrent à sa place, la belle leur permit de faire d'elle tout ce qu'ils voulaient. Le maudit scélérat lui attrapa ses jolies joues rondes et vermeilles, ses pieds, ses mains, — et de son canif il gratta toutes les fraîches couleurs slaves : les recueillant avec soin, il les mit dans un petit bocal étiqueté *rouge végétal*[1] ; et la belle devint blême comme un navet ; le facétieux scélérat ne se contenta pas de cela ; il épongea la blancheur de son teint et pressa son éponge au-dessus d'un flacon étiqueté *lait de concombre*[2], et la belle devint toute jaune, terreuse ; ensuite, il brancha une machine pneumatique dans son cou ferme

1 En français dans le texte.

2 En français dans le texte.

et rond, tourna la manivelle, et le cou se mit à pendre, flasque, aux vertèbres ; ensuite il prit de petites pinces et ouvrit la jolie bouche, attrapa la langue et la tordit de telle manière qu'elle ne puisse plus prononcer correctement un seul mot russe ; ensuite il serra la belle à l'étouffer dans un corset étroit, jeta par-dessus une espèce de voile affreux et l'exposa sur le rebord de la fenêtre, dehors, à la gelée. Les mécréants furent enfin satisfaits ; la tête française sans cervelle éclata de rire et sauta dans son poudrier ; le nez allemand éternua d'aise et se retira dans sa tabatière ; la bedaine anglaise ne dit rien mais piétina de joie, et elle aussi retourna se fourrer dans sa bouteille de soda ; tout dans le magasin reprit sa place, il n'y avait qu'une poupée de plus !

Et puis le temps passa, le temps s'enfuit ; des chalands venaient dans la boutique, achetaient de la gaze en fils de la Vierge et des yeux de mouche, admiraient les poupées. Il arriva qu'un jeune homme jette les yeux sur notre belle ; il resta songeur et, malgré les moqueries de ses camarades, il l'acheta et l'emporta chez lui. C'était un solitaire, un homme tranquille qui n'aimait ni le bruit, ni les cris ; il mit la poupée à la place d'honneur, l'habilla, la chaussa, baisa ses petits pieds et l'admira comme un enfant. Mais la poupée ne fut pas longue à flairer le Russe : son hospitalité et sa gentillesse lui plurent. Un jour que le jeune homme était plongé dans ses pensées, elle crut qu'il l'avait oubliée et elle se mit à bouger et à babiller ; surpris, il s'approcha, souleva la cloche de verre et regarda : ce n'était qu'une jolie poupée, rien de plus. Il incrimina son imagination et retourna à ses pensées et à ses rêves ; alors la poupée se mit en colère : elle se mit à bouger, sauter, crier, tambouriner sur sa cloche : elle n'en pouvait plus, elle voulait sortir !

— Est-ce possible ! tu vis ? lui dit le jeune homme. Si c'est vrai, si tu es vivante, je t'aimerai plus que mon âme ; prouve-moi que tu vis, dis-moi un mot, un seul !

— Tant que tu veux ! dit la poupée. Je suis vivante, bien vivante.

— Comment ! tu peux même parler ? s'exclama le jeune homme. Oh, quel bonheur ! N'est-ce pas une illusion ? J'ai besoin d'en être persuadé encore une fois, parlons !

— Et de quoi allons-nous parler ?

— Comment, de quoi ? il y a en ce monde le bien, l'art !...

— Qu'ai-je à faire de tout cela ! dit la poupée. C'est très ennuyeux !

— Que veux-tu dire ? Comment cela, ennuyeux ? Est-ce qu'il ne t'a jamais été donné de savoir qu'il existe ici-bas des pensées, des sentiments ?...

— Ah, des sentiments ! des sentiments ? je connais, débita la poupée : les sentiments de respect et de zèle avec lesquels j'ai l'honneur d'être, Monsieur, votre très dévouée...

— Tu te trompes, mon amie : tu confonds des phrases conventionnelles avec ce qui constitue l'ornement éternel et inébranlable de l'homme.

— Sais-tu ce que l'on raconte ? l'interrompit la belle. Une fille s'est mariée, mais un autre homme la courtise et elle veut divorcer. Quelle honte !

— Qu'as-tu à te soucier de cela, mon amie ? Pense plutôt à tout ce que tu ignores encore ; tu ne connais même pas le sentiment qui doit être le fondement de la vie d'une femme : c'est un sentiment sacré qu'on appelle l'amour ; il envahit l'être humain tout entier ; c'est par lui que vit l'âme de toute créature, il crée sur la terre l'enfer et le paradis.

— Quand au bal on danse beaucoup, on s'amuse, sinon on s'ennuie, répondit la poupée.

— Ah, c'était mieux quand tu ne parlais pas ! s'écria le jeune homme. Tu ne me comprends pas, ma beauté !

Et, vainement, il voulut l'éduquer : s'il lui apportait des livres, leurs pages n'étaient jamais coupées ; s'il lui parlait de la musique de l'âme, elle lui répondait par une roulade italienne ; s'il lui montrait la toile d'un grand maître, elle lui montrait un canevas.

Alors le jeune homme décida de s'approcher matin et soir de la cloche de cristal et de répéter à la poupée : « Le bien existe en ce monde, l'amour existe ; lis, étudie, rêve, perds-toi dans la musique ; non dans des phrases mondaines, mais au cœur des sentiments et des pensées ».

La poupée se taisait.

Un jour la poupée se mit à réfléchir, et elle réfléchit longtemps.

Le jeune homme était ravi, quand tout à coup elle lui dit :

— Bon, maintenant je sais, je sais tout : en ce monde il y a la vertu, il y a l'art, il y a l'amour, pas dans les conversations mondaines mais dans le cœur des sentiments et des pensées. Veuillez agréer, Monsieur, l'expression des sentiments de sincère vertu et d'amour enflammé avec lesquels j'ai l'honneur d'être...

— Oh ! arrête, pour l'amour de Dieu, s'écria le jeune homme, si tu ne connais ni la vertu, ni l'amour, au moins ne les rabaisse pas en les mêlant à tes phrases artificielles et stupides !

— Comment, je ne les connais pas ! cria la poupée en colère. Tu n'es jamais content, alors ? Ingrat ! Mais si, je les connais ! je sais tout très,

très bien : *en ce monde il y a la vertu, il y a l'art, il y a l'amour,* ainsi que le plus profond respect avec lequel j'ai l'honneur d'être…

Le jeune homme était au désespoir. Par contre, la poupée était ravie de sa nouvelle acquisition ; il ne se passait pas d'heure où elle ne criât : *il y a la vertu, il y a l'amour, il y a l'art,* en les mélangeant avec l'expression de son plus profond respect ; qu'il neigeât, et la poupée répétait : *la vertu existe !* qu'on apportât à dîner, et elle criait : *l'amour existe !* tant et si bien que le pauvre jeune homme fut dégoûté de ce mot. Quoi qu'il fît — lui parler avec enthousiasme et attendrissement, la raisonner avec sang-froid, se mettre en rage, se moquer de la belle — elle ne pouvait absolument pas faire la différence entre les phrases qu'elle avait apprises par cœur et les phrases de la vie courante ; elle ne pouvait absolument pas comprendre que l'amour et la vertu pouvaient servir à autre chose qu'aux formules de politesse épistolaire.

Et le jeune homme s'exclamait souvent : « Ah, c'était mieux quand tu ne parlais pas ! »

Enfin il lui dit :

— Je vois bien que je ne pourrai pas te faire entendre raison, que tu es incapable d'associer aux mots sacrés de « bien », « amour » et « art » autre chose que respect et dévouement... Que faire ! J'en suis navré, mais je ne t'accuse pas. Écoute, chacun en ce bas monde doit faire quelque chose ; tu n'as ni réflexion, ni sentiments ; je ne pourrai jamais épancher mon âme dans la tienne ; alors, occupe-toi du ménage, comme le veut l'antique tradition russe : vaque aux soins de la table, tiens les comptes, sois-moi soumise en tout ; si tu m'épargnes les soucis matériels de l'existence, je t'aimerai, — non comme je t'aurais aimée si nos âmes avaient pu se confondre, bien sûr, mais enfin, je t'aimerai.

— Je ne suis pas ta gouvernante ! s'écria la poupée ; elle se mit en colère et éclata en sanglots. — Alors, c'est pour cela que tu m'as achetée ! Tu m'as achetée, alors tu dois me cajoler, m'habiller, me consoler. Que m'importe ton âme, que m'importe ton ménage ! vois, je te suis fidèle, je ne m'enfuis pas de chez toi, alors sois m'en reconnaissant ! mes bras et mes jambes sont sans force, j'aime ne rien faire, ne rien penser, ne rien sentir, ne pas m'occuper du ménage, c'est cela que je veux, — et ton rôle est de m'amuser.

Et il en fut ainsi. Quand le jeune homme s'occupait de sa poupée, l'habillait, la déshabillait, baisait ses petits pieds, — la poupée était douce et gentille, bien qu'elle ne parlât point ; mais s'il oubliait de lui donner un chapeau neuf, s'il se plongeait dans ses pensées, s'il détournait d'elle son regard, — la poupée se mettait à tambouriner sur sa cloche de verre tant et si bien qu'il avait envie de fuir. À la fin il perdit patience : il ne pouvait pas prendre un livre, se mettre à table ou s'étendre sur son divan pour se reposer sans que la poupée se mette à tambouriner et crier comme si elle était vivante, ne le laissant en paix ni jour, ni nuit : sa vie devint un enfer. Alors le jeune homme se mit en colère ; il ne savait pas quelles souffrances avait endurées la pauvrette ; il ne savait pas combien elle avait défendu le cœur qui lui avait été donné par la nature, ni avec quelle douleur elle avait dû l'abandonner à ses bourreaux, — à ses précepteurs ; et un jour, à moitié endormi, il jeta la poupée par la fenêtre ; les passants réprouvèrent son geste, mais personne ne la ramassa.

À qui la faute ? D'abord aux mécréants qui dénaturent nos belles, et ensuite aux mamans qui ne savent pas compter plus loin que dix. Vous vouliez une morale ? La voilà.

Traduction inédite. — *Pestrye skazki, Skazki Dedushki Irineja* / V.F. Odoevskij. – Moscou : Khudozhestvennaja literatura, 1993. – [Pp. 84-94].

LES NUITS RUSSES 312

M. Graf — 1991

Le Brigadier. — Le moment de mourir, essence de l'examen de conscience, établit ici, structurellement, l'opposition entre la médiocrité naturelle d'une vie qui suit son cours et le soudain éveil de l'existence à son sens véritable, soulignant l'inévitable sentiment d'une destinée toujours foncièrement manquée.

Je n'ai jamais aimé ma femme, et ce qu'est l'amour, je ne l'ai jamais su ; au début, je ne m'en rendis pas compte ; tant que nous n'avions pas le temps de parler, et rien à nous dire, nous nous accordions plus ou moins ; mais ensuite, après la naissance des enfants, et comme nous sortions moins, alors commença mon malheur ! Avec ma femme, nous ne sommes d'accord sur rien : je veux une chose, elle en veut une autre ; nous partons d'une vétille ; nous parlons tous les deux à la fois ; nous ne nous comprenons pas l'un l'autre, et je ne sais comment, chaque discussion dégénère en dispute sur la question de savoir qui de nous deux est le plus intelligent, et ces brouilles se prolongent toujours vingt-quatre heures ; il s'ensuit qu'à peine réunis, soit nous nous taisons et nous nous ennuyons, soit c'est Sodome et Gomorrhe ! Elle commence à crier, moi à la raisonner ; elle glapit, je crie ; elle pleure, puis tombe malade — je la soigne. Ainsi s'écoulent des jours entiers ; le temps court, et très vite.

Le motif de nos disputes, je ne le comprends vraiment pas : nous semblons l'un et l'autre avoir un caractère paisible, et sommes des gens (tous le disent) de haute moralité ; je suis un fils respectueux, elle, une fille dévouée ; je l'ai dit, j'enseigne à mes enfants ce que mon père lui-même m'a inculqué, elle leur apprend ce que sa mère lui a inculqué — quoi de mieux ? Hélas, mon père et sa mère avaient des vues contradictoires ; quoique accomplissant scrupuleusement notre devoir filial, nous perturbons nos enfants : elle les élève dans du coton, je les élève à la dure ; nos enfants meurent ; pourquoi Dieu me punit-il ?

Bien souvent, je n'y tiens plus, et, ne serait-ce que pour sauver mes enfants, j'aimerais envoyer ma femme à tous les diables ; mais comment, après avoir donné un tel exemple d'immoralité, me montrer aux yeux du monde ? Rien à faire ! Apparemment, il me faudra souffrir ces tourments à tout jamais ; une seule consolation : les personnes extérieures, au moins, nous louent et nous appellent des époux modèles, puisque même sans pouvoir nous sentir, nous vivons ensemble selon la loi.

Au fur et à mesure que le temps passe et passe, je gravis les échelons ; on me donne un emploi selon mon grade ; instinctivement, je devine que je ne saurais l'occuper, car, peu coutumier de la lecture, je ne comprends rien à ce que je lis. Mais on me dit que je serais un mauvais père si je n'utilisais pas ma position pour établir mes enfants ; je ne veux pas être un mauvais père, et j'accepte cette charge ; au début, j'eus des scrupules, et je voulus me mettre à lire ; puis constatant que c'était pire, je remis tous les papiers aux bons soins du secrétaire, et me limitai à apposer ma signature et à établir mes enfants — ce qui me valut des titres de chef compétent et de père prévoyant.

Mais le temps passe, passe ; j'ai déjà dépassé la quarantaine, l'âge de la vie où l'activité intellectuelle atteint son zénith est déjà derrière moi ; mon embonpoint se développe de plus en plus, et je commence, comme on dit, à prendre du corps. Si jadis déjà, avant cette période, aucune pensée ne pouvait entrer dans ma tête, que peut-il en être maintenant ? Ne pas penser est devenu chez moi une habitude, une seconde nature. Quand, par faiblesse, je ne peux pas sortir, je m'ennuie, je m'ennuie terriblement, mais pourquoi ? Je n'en sais rien moi-même. Si j'étale une patience, je m'ennuie. Si je me dispute avec ma femme, je m'ennuie. Je rassemble mes forces, je sors pour la soirée, je m'ennuie. Je prends un livre : c'est bien du russe, apparemment, mais on dirait du tartare ; un ami vient, raconte quelque chose, il me semble comprendre ; je me remets à lire — je n'y comprends toujours rien. De tout cela naît en moi ce qu'on appelle l'hypocondrie, et ma femme m'en cherche chicane ; elle me demande s'il me manque quelque chose, si je suis malheureux... J'attribue le tout aux hémorroïdes.

Pour la première fois de ma vie, je tombe malade ; gravement ; on me met au lit. Comme c'est désagréable, d'être malade ! Pas de sommeil, pas d'appétit ! Quel ennui ! Et en plus, les douleurs ! Comment les calmer ? Quand j'ai des visites — car toute ma famille respecte scrupuleusement les liens familiaux — je vais un peu mieux, mais je m'ennuie quand même, et j'ai peur. Mais quoi, les gens commencent à venir plus souvent ; ils chuchotent à voix basse avec le docteur — c'est mauvais ! Aïe ! On me parle déjà de communion, d'extrême-onction. Hélas ! Ils sont tous de si bons chrétiens — mais enfin, cela signifie que je suis déjà à toute extrémité. Qu'il n'y a plus d'espoir ? Que je dois quitter la vie ? Tout ? Les dîners, les cartes, mon uniforme brodé et mes quatre chevaux moreaux que je n'ai même pas eu le temps de monter ? Ah, c'est dur ! Qu'on m'apporte la nouvelle livrée, qu'on me la montre ! Appelez les enfants ! N'y a-t-il plus rien à faire ? Qu'on appelle encore des docteurs ! Donnez-moi n'importe quel remède ! Dépensez la moitié de ma fortune, tous mes biens ! Si je vis, je les récupérerai ! Mais aidez-moi, sauvez-moi !...

Soudain, changement de scène : un terrible frisson secoua mes nerfs, et ce fut comme un voile qui tomba de mes yeux. Tout ce qui émeut l'âme d'un homme actif, fort — une soif inextinguible de connaissances, le besoin d'agir, de toucher les cœurs par le pouvoir de la parole, de laisser derrière soi un sillon dans les esprits, d'étreindre la nature et l'homme dans un sentiment ardent, comme dans de chauds embrassements, tout cela flamba dans ma tête ; devant moi s'ouvrit l'abîme de l'amour et de la connaissance de soi. Les souffrances de toute une vie de génie, qu'aucune satisfaction n'était venue apaiser, envahirent mon cœur — et tout cela, alors même que ma vie active touchait à sa fin. Je m'agitai, me débattis, prononçai des paroles entrecoupées, par lesquelles j'eusse voulu en un instant me dire tout ce qu'une vie humaine ne suffit pas à dire ; mes proches crurent que je délirais. Oh, en quelle langue exprimer mes souffrances ? J'avais commencé à *penser* ! Penser : mot terrible, au terme de soixante ans de vie sans pensée ! Je comprenais *l'amour* ! Amour : mot terrible, au terme de soixante ans de vie insensible !

Et toute ma vie surgit devant moi dans sa repoussante nudité !

J'oubliai toutes les circonstances auxquelles j'avais été confronté depuis ma naissance ; toutes les contraintes inexorables de la société, qui m'avaient tenu enchaîné ma vie durant. Je ne vis qu'une chose : les dons de la Providence avilis par ma faute ! Et toutes ces minutes de mon existence sacrifiées à des niaiseries, à des convenances, à des vanités, se fondirent en une seule terrible accusation, et pénétrèrent mon cœur de leur froid brûlant !

En vain, je cherchai dans ma vie une pensée, un sentiment derrière lesquels m'abriter du courroux du Tout-Puissant. Un désert me répondit, et dans mes enfants, j'aperçus le prolongement de mon inanité ; ah, si j'avais pu parler, si j'avais pu exhorter ceux qui m'entouraient, me confier à eux, leur communiquer le sentiment qui consumait mon âme ! C'est en vain que je tendais mes mains vers les hommes : froides, endurcies, elles auraient voulu connaître une étreinte amicale ; mais l'humanité s'écartait de ce corps qui se figeait, et je me trouvais face à moi-même, seul, repoussant !

Les Nuits russes / Vladimir Odoïevski ; traduit du russe par Marion Graf. – Lausanne : L'Âge d'Homme, 1991. – [Pp. 63-66].

DICKENS

ANGLAIS **1812-1870**

Deuxième d'une famille de huit enfants, Charles Dickens naît à Portsmouth. La famille vit dans l'insécurité financière que lui vaut un père affectueux qui ne parvient pas à vivre de ses revenus — il connaîtra la prison pour dettes. Alors que sa sœur Fanny est prise comme élève à la Royal Academy of Music, Charles vit le traumatisme d'un emploi humiliant. Un peu tardivement, l'enfant sera cependant délivré de ce qui l'aura obligé à se prendre précocement en charge. Plus tard, l'écrivain n'aura qu'à puiser à la source de ses propres souvenirs pour rester au diapason des humbles et de l'enfance abandonnée.

Journalismes divers (la sténographie, apprise la nuit, lui permet de rendre avec précision les débats parlementaires !), direction d'hebdomadaires (*Household Words*, puis *All the Year Round*) et même, pendant un bref moment, d'un quotidien (*Daily News*) ; correspondance, tournées de lectures à haute voix d'extraits de ses œuvres, théâtre d'amateur, innombrables écrits de circonstance, pièces brèves où il s'essaie à toutes les audaces : quelques-unes des activités professionnelles et philanthropiques de l'écrivain suffiraient à meubler plusieurs vies. Un grave accident de chemin de fer en 1865 le laissera nerveux et inquiet. En 1846, il avait écrit en Suisse, à l'usage de ses enfants, une *Vie de Notre Seigneur* qui ne sera publiée qu'en 1934. De 1850 à 1853, commencée à Londres et achevée à Boulogne, il compose *A Child's History of England*.

Âgée de dix-huit ans, Victoria accède, en 1837, à la couronne d'Angleterre lorsque commencent à paraître, par livraisons mensuelles, les *Papiers posthumes du Pickwick Club*, première œuvre de longue haleine d'un jeune reporter encore pratiquement inconnu. Fulgurante carrière littéraire puisque le quatrième numéro atteint 20 000 exemplaires par mois, près de quarante fois plus que le premier. Lorsque, à l'autre bout de l'œuvre, paraîtront les dernières histoires de Noël (il y a, dans l'édition courante, quelque vingt-six contes et histoires composés pour les derniers jours de l'an), les ventes auront dépassé le chiffre, étonnant pour l'époque, de 250 000 exemplaires.

Tout au long de quinze romans majeurs (de *Pickwick* à *Dombey*, sept romans précéderont *David Copperfield*, l'enfant chéri du romancier ; sept autres, de *Maison d'âpre-vent* à *Edwin Drood*, le suivront), l'auteur déploiera les multiples facettes d'un étonnant génie littéraire. Vision poétique du souvenir ; coloration mythique du récit ; art suprême du conteur ; sonorité magique des images ; maîtrise de la langue ; symbolisme de la construction romanesque ; une façon de saisir la vérité humaine non par surabondance mais par défaut, la caricature se faisant introspection et le détail impertinent réalisme psychologique : la diversité d'inspiration et le renouvellement constant dont fait preuve l'écrivain suscitent l'émerveillement. Du texte sans ponctuation au monologue intérieur, toutes les conquêtes les plus hardies du roman trouvent chez lui d'étonnantes préfigurations.

Du sombre et violent *Oliver Twist* au féerique *Magasin d'Antiquités* en passant par l'histrionique *Nicholas Nickleby* ; de *Barnabé Rudge*, incursion dans le passé récent des agitations antipapistes de 1780 au magistral *Dombey et fils*, qui paraît en 1848, l'année faste du roman anglais (en moins de deux ans paraissent *La Foire aux vanités* de Thackeray, *Les Hauts de Hurlevent* d'Emily Brontë, *Jane Eyre* de Charlotte Brontë, *Tancred* de Disraëli, *Mary Barton* d'Elizabeth Gaskell, *Agnès Grey* et *Le Locataire de Wildfell Hall* d'Anne Brontë), en passant par *Martin Chuzzlewit*, qui met en scène Pecksniff, le Tartuffe anglais ; de *Maison d'âpre-vent*, satire du monde de la justice, qui mêle à un récit à la troisième personne une narration à la première, à la concision des *Temps difficiles* en passant par la *Petite Dorrit*, méditation littérale et symbolique sur le thème de l'emprisonnement et de la liberté ; du *Conte des deux villes*, qui fait revivre la révolution, à *Notre ami commun*, le dernier roman achevé, en passant par *Les Grandes Espérances*, récit à la première personne comme *David Copperfield*, que Dickens relit alors, telles sont les grandes étapes d'une carrière romanesque exemplaire. Tolstoï ne dira-t-il pas que si l'on passait au crible toute la prose du monde, c'est Dickens qui resterait, et que si l'on passait Dickens au crible, c'est *David Copperfield* qui resterait ? En 1870, dans sa maison de Gad's Hill dans le Kent, le romancier meurt, laissant inachevé *Le Mystère d'Edwin Drood*, qui ouvre de nouvelles perspectives au royaume de la fiction.

Mélange, à chaque fois renouvelé dans la stratégie, de réalisme et de symbolisme, d'humour et d'observation (Pecksniff, dira l'écrivain dans la préface à *Martin Chuzzlewit*, est venu me dire que Pecksniff n'existait pas), le roman dickensien démontre à l'envi l'insuffisance de la critique à rendre compte d'une production infiniment complexe, chaque génération découvrant une nouvelle facette du génie romanesque de l'écrivain. Taine, un des premiers, pressentira son importance : il décrira la satire sociale virulente, la personnification du monde inanimé, l'art visionnaire, qui « remue l'homme dans son fond le plus intime » ("Charles Dickens, son talent et ses œuvres". – In : *Revue des Deux Mondes*, février 1856). Aussi la critique, comme pour Shakespeare, se penche tour à tour sur l'œuvre tout entier : les dieux sont allés se balader au royaume d'Angleterre, disait Chesterton de *Pickwick* (*Charles Dickens*, Londres, 1906) ; mais Alain préféra la *Maison d'âpre-vent* et *Notre ami commun* (*En lisant Dickens*, Paris, 1945). Dès 1943, développant le parallèle shakespearien, qui s'impose progressivement, un article de Lionel Stevenson parle des *dark novels* (dans *Sewanee Review*, LI, 1943). De ces structures élaborées où les thèmes répondent aux thèmes, où c'est le tout lui-même, comme en musique, qui détient sa propre signification, toute paraphrase ne pouvant que la dénaturer, l'auteur, dans sa préface à *David Copperfield*, notera : « tout ce que j'ai pu dire de l'histoire, et qui fût d'une quelconque pertinence, j'ai essayé de l'y dire » (J.-L. Cupers, *Littérature et musique*, Bruxelles, 1982).

L'influence de l'écrivain fut immense. Les écrivains russes, de Tolstoï à Dostoïevski, de Gogol à Gorki, lui reconnaissent une dette incalculable. C'est dans sa prison sibérienne, dans les années 1850, que Dostoïevski lira la traduction qu'Irinarkh Vedenski avait donnée de *Pickwick* et de *Copperfield*. Aussi bien l'écrivain russe ira-t-il, littéralement, à l'école du romancier anglais. La critique insiste désormais sur la précocité, dans la chronologie européenne du roman, des triomphes narratifs dickensiens, qui bouleversaient les canons traditionnels. *David Copperfield*, selon le mot du philosophe français Alain, dessinera sur un fond chargé d'ombres et de formes, tirant du chaos ses créations : Dickens éclaire ses inventions d'un bonheur d'écrivain inépuisable. « Alors tout est réel ; et le lecteur n'a pas la ressource de juger si un caractère est bien tracé, si un trait est humain ; car déjà le personnage est vivant et marche, comme s'il empruntait son être aux nuages et aux maisons. » (*En lisant Dickens*). Comme celle de Shakespeare, la bibliographie dickensienne est désormais aussi prodigieuse par son ampleur que l'œuvre qui l'inspira.

Dickens / Léon Lemonnier. – Paris : Albin Michel, 1946. – 508 p.

Charles Dickens / J.B. Priestley ; traduit de l'anglais par Anne Rousseau. – Paris : Hachette, 1964. – 144 p. – (Collection *Les écrivains par l'image*).

The Man Charles Dickens / Edward Wagenknecht. – Norman : The University of Oklahoma Press, 1966. – XIV-269 p. – [1re édition en 1929].

Charles Dickens : The World of his Novels / J. Hillis Miller. – Bloomington & London : Indiana University Press, 1969. – XVI-346 p. – [1re édition en 1958].

The Narrative Art of Charles Dickens / Harvey Peter Sucksmith. – Oxford : The Clarendon Press, 1970. – XIV-374 p.

Charles Dickens / Edgar Johnson ; traduit de l'anglais par Marie Tadié. – Paris : Julliard, 1983. – 425 p. – (*Les Vivants*). – [Traduction française de *Charles Dickens : His Tragedy and Triumph*, 1979].

A Preface to Dickens / Allan Grant. – London & New York : Longman Group, 1984. – XII-193 p. – (Collection *Preface Books*).

L'Être et l'avoir dans les romans de Charles Dickens / Anny Sadrin. – Paris : Didier-Érudition, 1985. – 2 vol.

Dickens : biographie / Peter Ackroyd ; traduit de l'anglais par Sylvère Monod. – Paris : Stock, 1993. – 1 235 p.

Le Monde de Charles Dickens / Angus Wilson ; traduit de l'anglais par Suzanne Nétillard. – Paris : Gallimard, 1995. – 217 p. – (Collection *Tel* ; 264). – [Traduction française de *The World of Charles Dickens*, 1970].

LA VIE ET LES AVENTURES DE MARTIN CHUZZLEWIT 313

Fr. du Sorbier — 1986

Où l'on présente au lecteur certaines personnes avec lesquelles il pourra, s'il lui plaît, faire plus ample connaissance (chapitre II). — *Martin Chuzzlewit* parut en vingt livraisons mensuelles de 1843 à 1844. Sertie dans l'histoire de Martin Chuzzlewit qui s'en va en Amérique tenter d'y faire fortune pour mieux prétendre à la main de Mary, l'orpheline qu'a élevée son grand-père — appelé également Martin Chuzzlewit —, c'est une dure satire de la vie américaine que Dickens brosse dans ce roman. Les malheurs du jeune Martin confronté à l'égoïsme américain auront néanmoins une fin heureuse, et mèneront le lecteur au travers d'une galerie de portraits savoureux ou édifiants. Soucieux de camper ses personnages dès les premières pages du roman, Dickens excelle aussi, comme à son habitude, à créer une atmosphère évocatrice.

L'automne touchait presque à sa fin. Le soleil déclinant réussit à percer la brume qui l'avait voilé tout le jour et jeta un regard brillant sur un petit village du Wiltshire[1], situé à une courte étape de la charmante vieille cité de Salisbury.

---

1 Dickens ne donne pas de nom à ce village. Sa description est délibérément composite, et les éléments distinctifs (à l'exception du clocher pointu) pourraient concerner la plupart des villages de cette région. Dickens connaissait sans doute bien Salisbury, qui n'est qu'à quatre-vingt-deux milles de Londres ; il en donne une évocation précise dans le roman. La région et la partie ancienne de la ville ont un grand charme. La proximité des pierres levées de Stonehenge est un des attraits de Salisbury, mais sa cathédrale (à la haute flèche de pierre, unique en Grande-Bretagne) en est la plus grande merveille. (N.d.t.)

Tel un éclair soudain de mémoire ou d'intelligence irradiant l'esprit d'un vieillard, le soleil inonda de splendeur le paysage, qui parut recouvrer sa jeunesse et sa fraîcheur d'antan. L'herbe mouillée étincela sous la lumière, les taches de verdure éparses dans les haies — où quelques rameaux verts, bravement serrés les uns contre les autres, résistaient jusqu'au bout à la tyrannie des vents âpres et des gelées précoces — reprirent courage et éclat ; la rivière, qui avait été triste et morose toute la journée, s'illumina d'un sourire joyeux ; les oiseaux se mirent à pépier et à gazouiller sur les rameaux dénudés, comme si, pleins d'espoir, ils croyaient presque à la fin de l'hiver et au retour précoce du printemps. Sur la flèche fuselée du vieux clocher, la girouette brilla du haut de son poste, comme pour s'associer à l'allégresse générale, et les fenêtres ombragées de lierre renvoyèrent au ciel embrasé de tels rayons de lumière que les paisibles maisons semblaient être le foyer de vingt étés, qui concentraient là toutes leurs couleurs et leur chaleur.

Même les signes de la saison qui ne chuchotaient que trop l'approche de l'hiver paraient le paysage sans assombrir encore de mélanclie ses traits joyeux. Grâce aux feuilles mortes qui jonchaient le sol, répandant une agréable senteur et amortissant le bruit sec des pas et des roues lointains, il régnait un calme qui s'harmonisait doucement avec le geste léger du semeur lointain jetant à la volée des poignées de grain, comme avec le passage silencieux de la charrue qui retournait la riche terre brune et traçait un gracieux dessin dans les chaumes. Aux branches immobiles de quelques arbres pendaient des baies d'automne, telles des grappes de perles de corail dans ces vergers fabuleux où les fruits étaient des pierres précieuses ; d'autres arbres, dépouillés de toute leur parure, se dressaient, chacun au centre de son petit tas de feuilles vermeilles dont ils observaient le lent pourrissement ; d'autres encore avaient conservé les leurs, toutes ratatinées et craquelées, comme brûlées ; autour de certains troncs s'entassaient, rougeoyantes, les pommes qu'ils avaient portées cette année même, tandis que d'autres — de robustes arbres à feuilles persistantes, ceux-là — avaient un aspect un peu terne et triste malgré leur vigueur, paraissant chargés par la nature d'avertir que ce n'est pas à ses favoris les plus sensibles et joyeux qu'elle accorde l'existence la plus longue. Les rayons du soleil frappaient encore de biais leurs rameaux sombres, y traçant des sillons d'or bruni, et la lumière rouge, blottie dans leurs branches bistre, jouait du contraste pour mieux faire ressortir son éclat et contribuer ainsi au lustre du jour mourant.

Un instant encore, et sa gloire s'évanouit. Le soleil s'enfonça sous les longues lignes sombres de collines et de nuages qui s'amoncelaient à l'ouest en une cité aérienne, muraille sur muraille, rempart sur rempart. La lumière disparut. L'église brillante devint froide et sombre ; la rivière oublia de sourire ; les oiseaux se turent et la tristesse de l'hiver s'appesantit sur toutes choses.

De plus un vent du soir se leva ; les branches frêles craquèrent et vibrèrent en une danse macabre, au gré de sa musique gémissante. Les feuilles desséchées, quittant leur immobilité, se précipitèrent en tous sens à la recherche d'un abri pour échapper à sa poursuite glaciale ; le laboureur détela ses chevaux et, tête penchée, avança à côté d'eux d'un pas ferme vers sa maison ; puis, des fenêtres des maisonnettes, des lumières commencèrent à jeter leur regard clignotant vers les champs obscurcis.

Alors, la forge du village se détacha, brillant de tous ses feux. Les vigoureux soufflets mugirent, han, han, à l'adresse du feu clair, qui mugit en retour et ordonna aux brillantes étincelles de danser gaiement au rythme joyeux des marteaux résonnant sur l'enclume. Dans son émulation, le fer rougi se mit aussi à étinceler et sema tout autour, à profusion, ses joyaux scintillants. Le robuste forgeron et ses ouvriers martelèrent leur ouvrage avec tant de force qu'ils obligèrent la nuit mélancolique elle-même à se réjouir, et mirent un reflet rouge sur sa face sombre, tandis qu'elle rôdait près de la porte et des fenêtres, jetant des regards curieux par-dessus les épaules d'une douzaine de badauds. Ces spectateurs désœuvrés restaient là, debout, fascinés par les lieux et, jetant de temps à autre un regard vers l'ombre qui s'étendait derrière eux, ils calaient plus commodément leurs coudes paresseux sur le rebord de la fenêtre, et se penchaient davantage, sans plus être disposés à s'arracher de là que s'ils étaient nés pour se grouper comme des grillons autour du foyer ardent.

Esquisses de Boz ; Martin Chuzzlewit / Dickens ; édition publiée sous la direction de Sylvère Monod ; avec, pour ce volume, la collaboration d'Henriette Bordenave et de Françoise du Sorbier. – Paris : Gallimard, 1986. – (*Bibliothèque de la Pléiade* ; 334). – [Pp. 580-582, 1710 pour la note].

DOMBEY ET FILS 314

A. Bressant — 1857

Dombey père et Dombey fils (chapitre I). — Dès les premières pages, Dickens annonce par le portrait vif et pittoresque des personnages, le thème de l'orgueil (qui sera puni par la ruine), clé d'un roman émaillé de portraits caustiques et savoureux. *Dombey et fils* parut en vingt livraisons mensuelles de 1846 à 1848.

Dombey père avait environ quarante-huit ans ; Dombey fils environ quarante-huit minutes. Dombey père était un peu chauve, un peu rouge, et quoiqu'il fût grand et bien fait, il avait l'air trop dur et trop guindé pour plaire à première vue. Dombey fils, lui, était tout à fait chauve, tout à fait rouge, et, quoiqu'il fût comme d'ordinaire et incontestablement un bel enfant, toute sa petite personne, à ce moment encore, était quelque peu ramassée et bigarrée de plaques variées.

Le *temps* et le *souci*, son frère, avaient laissé des marques sur le front de Dombey père, comme le forestier marque un arbre destiné à tomber au jour voulu. Le *temps* et le *souci* ! jumeaux impitoyables, qui marchent à grands pas à travers les forêts humaines, marquant l'un, marquant l'autre à mesure qu'ils avancent. Mille petites rides se croisaient aussi en tous sens sur la figure de Dombey fils ; mais ces rides, le *temps* trompeur devait se plaire à les adoucir et à les effacer du plat de sa faux, comme pour faire ensuite des entailles plus profondes.

Dombey père était transporté de joie. C'était un événement depuis si longtemps attendu ! Il secouait la lourde chaîne d'or, suspendue à son gilet sous son bel habit bleu, dont les boutons brillants reflétaient à distance, la faible clarté du foyer. Dombey fils, ses poings serrés comme une pelote, semblait, à sa petite manière, se carrer glorieusement dans la vie, où il venait d'entrer d'une façon si inattendue.

« Allons, madame Dombey, la maison sera encore une fois, non-seulement de nom, mais de fait, maison Dombey et fils ; Dom... bey et fils ! »

Ces paroles de M. Dombey produisirent sur lui-même un effet si agréable, qu'il fit suivre d'un mot de tendresse le nom de Mme Dombey. Il hésita bien quelque peu à la vérité, n'étant guère accoutumé à cette formule.

« Madame Dombey ! Ma... ma chère, dit-il. »

Une rougeur passagère, causée par la surprise, colora légèrement les joues de la malade qui leva les yeux vers son mari.

« On le baptisera du nom de Paul, ma... ma... madame Dombey, cela va sans dire. »

Elle répéta faiblement ces derniers mots ou plutôt sembla les répéter par un mouvement des lèvres et referma les yeux.

« C'est le nom de son père, madame Dombey, et de son grand-père aussi ! Ah ! si son grand-père vivait encore ! » Et il redit du même ton que la première fois : Dom... bey et fils.

L'unique pensée de la vie de M. Dombey était tout entière dans ces mots. La terre était faite pour le commerce de la maison Dombey et fils ; le soleil et la lune pour l'éclairer. C'était pour porter ses vaisseaux que les rivières et les mers avaient été créées ; les arcs-en-ciel, pour elle seule, promettaient le beau temps ; les vents ne soufflaient que pour favoriser ou pour contrarier ses entreprises ; enfin, les étoiles et les planètes tournaient dans leurs orbites pour conserver l'équilibre au système, dont elle était le centre. Les abréviations les plus ordinaires prenaient aux yeux de M. Dombey de nouvelles significations et n'avaient de rapport qu'à sa maison de commerce. A.D. ne signifiait nullement *anno Domini*, mais bien *anno Dombei* et fils.

Dans la carrière qu'il avait à fournir entre la naissance et la mort, il s'était élevé, comme son père l'avait fait avant lui, de la position de Dombey fils à celle de Dombey père ; et, depuis une vingtaine d'années, il était le seul représentant de la maison de commerce. Sur ces vingt années, il avait été marié dix ans à une femme qui, suivant quelques-uns, avait pu lui donner sa main, mais non son cœur : le bonheur de cette femme appartenait au passé, et son âme brisée par une passion déçue, ne trouvait plus de douceur qu'à accomplir avec résignation les devoirs que lui imposait le présent. Il n'était pas probable que ces cancans de la ville fussent jamais parvenus aux oreilles de M. Dombey, que la chose touchât de si près ; mais, lors même qu'il en aurait eu connaissance, personne au monde n'aurait été sur ce sujet plus incrédule que lui. Les Dombey père et fils avaient souvent travaillé dans les cuirs, mais dans les cœurs... jamais. Ils laissaient cette denrée de fantaisie aux filles, aux écoliers et aux romans. D'ailleurs, à tous ces propos M. Dombey avait à opposer de bons arguments : « une alliance avec moi, Dombey, doit, par la nature même des choses, être un honneur et une distinction pour toute femme de bon sens. L'espoir de donner naissance à un nouvel associé d'une maison comme la mienne ne peut manquer d'éveiller des idées de gloire et d'ambition dans le cœur de la femme la moins ambitieuse. Mme Dombey s'est mariée sous cette convention : elle est devenue partie intégrante et nécessaire d'un établissement riche et considéré, je ne parle même pas de la possibilité de perpétuer dans la même famille la maison de commerce. Mme Dombey ne pouvait ignorer aucun de ces avantages. Depuis elle a pu se rendre compte chaque jour de la position que j'occupe dans le monde. A ma table, Mme Dombey a toujours tenu le haut bout, et toujours elle a fait les honneurs de ma maison de la manière la plus convenable et la plus irréprochable. Mme Dombey doit avoir été heureuse ; il n'en peut être autrement. »

Une seule chose, tout au plus, pouvait avoir manqué au bonheur de Mme Dombey. Oui, une seule, M. Dombey en convenait, mais cette chose, il est vrai, avait une grande importance : depuis dix ans qu'ils étaient mariés ensemble, et jusqu'à ce jour où M. Dombey était assis dans le grand fauteuil près du lit, secouant, secouant sa lourde chaîne d'or, leur union n'avait pas produit de résultats, ou du moins c'était tout comme. Ils avaient eu, à la vérité, une fille six ans auparavant et l'enfant, qui s'était furtivement glissée dans la chambre, s'était blottie, sans mot dire, dans un coin d'où elle pouvait voir la figure de sa mère. Mais qu'était-ce qu'une fille pour la maison Dombey et fils ? Au point de vue de l'importance du nom et de la dignité de la maison, une fille n'était qu'une fausse pièce sans cours légal, un enfant de rebut, rien de plus.

Cependant M. Dombey trouvait à ce moment la coupe de son bonheur assez pleine pour en laisser tomber une goutte ou deux et arroser l'aride existence de sa petite fille.

Dombey et fils : roman anglais / Ch. Dickens ; traduit avec l'autorisation de l'auteur sous la direction de P. Lorain, par Mme Bressant. – Paris : Librairie Hachette et Cie, 1903. – [Tome premier, pp. 1-4]

LES GRANDES ESPÉRANCES 315

Ch. Bernard-Derosne — 1863

Pip (chapitre I). — Alors qu'il rêve et se lamente devant la tombe de ses parents, le petit orphelin Philip Pirrip (Pip) vient en aide à un homme soudain surgi devant lui, en réalité un forçat évadé. Élevé dans un milieu social supérieur au sien, il ne réalisera que très tard qu'il doit à ce dernier, devenu son bienfaiteur anonyme, l'argent nécessaire à son éducation et, par suite, l'accès aux séductions de la capitale. À la fin cependant, Pip reviendra au mileu modeste qui est le sien. *Les Grandes Espérances* parurent en livraisons hebdomadaires dans le magazine *All the Year Round* de 1860 à 1861.

Le nom de famille de mon père étant Pirrip, et mon nom de baptême Philip, ma langue enfantine ne put jamais former de ces deux mots rien de plus long et de plus explicite que Pip. C'est ainsi que je m'appelai moi-même Pip, et que tout le monde m'appela Pip.

Si je donne Pirrip comme le nom de famille de mon père, c'est d'après l'autorité de l'épitaphe de son tombeau, et l'attestation de ma sœur, Mrs Joe Gargery, qui a épousé le forgeron. N'ayant jamais vu ni mon père, ni ma mère, même en portrait puisqu'ils vivaient bien avant les photographes, la première idée que je me formai de leur personne fut tirée, avec assez peu de raison, du reste, de leurs pierres tumulaires. La forme des lettres tracées sur celle de mon père me donna l'idée bizarre que c'était un homme brun, fort carré, ayant les cheveux noirs et frisés. De la tournure et des caractères de cette inscription : *Et aussi Georgiana, épouse du ci-dessus*, je tirai la conclusion enfantine que ma mère avait été une femme faible et maladive. Les cinq petites losanges de pierre, d'environ un pied et demi de longueur, qui étaient rangées [*sic*] avec soin à côté de leur tombe, et dédiées à la mémoire de cinq petits frères qui avaient quitté ce monde après y être à peine entrés, firent naître en moi une pensée que j'ai religieusement conservée depuis, c'est qu'ils étaient venus en ce monde couchés sur leurs dos, les mains dans les poches de leurs pantalons, et qu'ils n'étaient jamais sortis de cet état d'immobilité.

Notre pays est une contrée marécageuse, située à vingt milles de la mer, près de la rivière qui y conduit en serpentant. La première impression que j'éprouvai de l'existence des choses extérieures semble m'être venue par une mémorable après-midi, froide, tirant vers le soir. A ce moment, je devinai que ce lieu glacé, envahi par les orties, était le cimetière ; que Philip Pirrip, décédé dans cette paroisse, et Georgiana, sa femme, y étaient enterrés ; que Alexander, Bartholomew, Abraham, Tobias et Roger, fils desdits, y étaient également morts et enterrés ; que ce grand désert plat, au delà du cimetière, entrecoupé de murailles, de fossés, et de portes, avec des bestiaux qui y paissaient çà et là, se composait de marais ; que cette petite ligne de plomb plus loin était la rivière, et que cette vaste étendue, plus éloignée encore, et d'où nous venait le vent, était la mer ; et ce petit amas de chairs tremblantes effrayé de tout cela et commençant à crier, était Pip.

Les Grandes Espérances / Charles Dickens ; traduit de l'anglais par Charles Bernard-Derosne ; avec l'autorisation de l'auteur. – Paris : Librairie Hachette et Cie, 1871. – [Tome premier, pp. 1-2].

LES GRANDES ESPÉRANCES — 315 bis

S. Monod — 1959

Pip (chapitre I). — Le même extrait dans une traduction plus récente.

Comme le nom de famille de mon père était Pirrip et mon prénom Philippe, ma langue, dans ma petite enfance, ne sut rien articuler de plus long ni de plus explicite, pour l'un et l'autre de ces noms, que Pip. C'est donc sous le nom de Pip que je me désignai, et sous le nom de Pip que je vins à être désigné.

J'ai dit que mon père s'appelait Pirrip, et je tiens ce renseignement de sa pierre tombale et de ma sœur (Mme Gargery, la femme du forgeron). Comme je n'ai jamais vu mon père et ma mère, ni même un portrait de l'un d'eux (car ils appartenaient à une époque bien antérieure à l'âge de la photographie), la première idée que je me fis de leur apparence fut empruntée, sans rime ni raison, à leurs pierres tombales. La forme des lettres gravées sur celle de mon père me donna la curieuse impression que ce devait être un gros homme trapu au teint sombre et aux cheveux noirs et bouclés. D'après les caractères et l'allure générale de l'inscription : « *Ainsi que Georgiana*[1] *Son Épouse* », je parvins à la conclusion puérile que ma mère avait dû être fragile et couverte de taches de rousseur. Quant aux cinq petits lozanges de pierre, longs d'un pied et demi environ, qui avaient été méthodiquement alignés à côté de leur tombe, et consacrés à la mémoire de mes cinq petits frères (ils avaient renoncé à essayer de gagner leur vie, et abandonné cette lutte universelle extraordinairement tôt), je leur dois d'avoir cru, avec une foi religieuse, qu'ils étaient tous les cinq nés sur le dos, les mains dans les poches de leur pantalon, et ne les avaient jamais retirées en ce bas monde.

Nous habitions dans la région des marais[2], près de la Tamise, à moins de vingt milles de la mer en suivant la courbure du fleuve. Il me semble que j'acquis pour la première fois une impression fort claire et précise de l'identité des choses par une froide et mémorable fin d'après-midi. C'est en un tel moment que je me rendis compte avec certitude que ce terrain désolé et couvert d'orties était le cimetière ; et que feu Philippe Pirrip, habitant de la paroisse, ainsi que Georgiana son épouse, étaient morts et enterrés, eux aussi ; et que la zone plate, sombre et inhabitée qui s'étendait au-delà du cimetière, coupée de petits murs, de tertres et de barrières, où paissaient quelques bêtes éparses, n'était autre que les marais ; et que la ligne basse et grise qui la limitait était le fleuve ; et que le

---

1 Le prénom de la mère de Pip fait penser à la fois à la belle-sœur de Dickens, Georgiana Hogarth, et à un personnage du dernier roman achevé par l'auteur. On trouve une fort intéressante Georgiana Podsnap dans *L'Ami commun* (*Our Mutual Friend*, 1865). (N.d.t.)

2 Le lecteur trouve ici une première indication topographique. On tombe généralement d'accord pour situer l'action des *Grandes Espérances* aux environs de Rochester (Kent). Cette région, décor d'une part importante de l'enfance de Dickens et cadre aussi de ses dernières années, puisque sa propriété de Gladshill y était située, se trouve en effet entre les estuaires de la Tamise et de la Medway, dans une zone très marécageuse. (N.d.t.)

lointain repaire sauvage d'où accourait le vent était la mer ; et que le petit ballot frémissant qui commençait à avoir peur de toutes ces choses et se mettait à pleurer, c'était Pip.

Les Grandes Espérances / Dickens ; traduction, introduction, notes et bibliographie par Sylvère Monod. – Paris : Garnier, 1959. – [Pp. 3-4].

DAVID COPPERFIELD 316

P. Lorain — 1928

Du changement pour moi (chapitre III). — Amplement nourri d'éléments autobiographiques, *David Copperfield* retrace la vie mouvementée du héros homonyme, racontée à la première personne. Après l'enfance auprès d'une mère douce et aimante sont évoqués le remariage de celle-ci avec un homme dur qui terrorise l'enfant, le séjour à l'école, l'emploi humble et servile qui plonge ensuite David dans la détresse, sa fuite à Douvres, son séjour à Canterbury, un premier mariage qui ne dure que quelques années, et enfin l'établissement comme magistrat colonial, et un second mariage. Les personnages et les situations sont décrits avec beaucoup de vivacité et un puissant pouvoir d'évocation. L'extrait que voici se situe au début du roman et rend avec beaucoup de fraîcheur et de spontanéité les choses telles que les voient les yeux d'un enfant.

Nous fîmes tant de détours par une foule de petits chemins, et nous passâmes tant de temps à une auberge où il fallait déposer un bois de lit, et dans bien d'autres endroits encore, que j'étais très fatigué et bien content d'arriver enfin à Yarmouth, que je trouvai bien spongieux et bien imbibé en jetant les yeux sur la grande étendue d'eau qu'on voyait le long de la rivière ; je ne pouvais pas non plus m'empêcher d'être surpris qu'il y eût une partie du monde si plate, quand mon livre de géographie disait que la terre était ronde. Mais je réfléchis que Yarmouth était probablement situé à un des pôles, ce qui expliquait tout.

À mesure que nous approchions, je voyais l'horizon s'étendre comme une ligne droite sous le ciel : je dis à Peggotty qu'une petite colline par-ci par-là ferait beaucoup mieux, et que, si la terre était un peu plus séparée de la mer, et que la ville ne fût pas ainsi trempée dans la marée montante, comme une rôtie dans de l'eau panée, ce serait bien plus joli. Mais Peggotty me répondit, avec plus d'autorité qu'à l'ordinaire, qu'il fallait prendre les choses comme elles sont, et que, pour sa part, elle était fière d'appartenir à ce qu'on appelle les *Harengs de Yarmouth*.

Quand nous fûmes au milieu de la rue (qui me parut fort étrange) et que je sentis l'odeur du poisson, de la poix, de l'étoupe et du goudron ; quand je vis les matelots qui se promenaient, et les charrettes qui dansaient sur les pavés, je compris que j'avais été injuste envers une ville si commerçante ; je l'avouai à Peggotty qui écoutait avec une grande complaisance mes expressions de ravissement et qui me dit qu'il était bien reconnu (je suppose que c'était une chose reconnue par ceux qui ont la bonne fortune d'être des Harengs de naissance) qu'à tout prendre, Yarmouth était la plus belle ville de l'univers.

« Voilà mon Am, s'écria Peggotty ; comme il est grandi : c'est à ne pas le reconnaître. »

En effet, il nous attendait à la porte de l'auberge ; il me demanda comment je me portais, comme à une vieille connaissance. Au premier abord, il me semblait que je ne le connaissais pas aussi bien qu'il paraissait me connaître, attendu qu'il n'était jamais venu à la maison depuis la nuit de ma naissance, ce qui naturellement lui donnait de l'avantage sur moi. Mais notre intimité fit de rapides progrès quand il me prit sur son dos pour m'emporter chez lui. C'était un grand garçon de six pieds de haut, fort et gros en proportion, aux épaules rondes et robustes ; mais son visage avait une expression enfantine et ses cheveux blonds tout frisés lui donnaient l'air d'un mouton. Il avait une jaquette de toile à voiles, et un pantalon si roide qu'il se serait tenu tout aussi droit quand même il n'y aurait pas eu de jambes dedans. Quant à sa coiffure, on ne peut pas dire qu'il portât un chapeau, c'était plutôt un toit de goudron sur un vieux bâtiment.

Cham me portait sur son dos et tenait sous son bras une petite caisse à nous : Peggotty en portait une autre. Nous traversions des sentiers couverts de tas de copeaux et de petites montagnes de sable ; nous passions à côté de fabriques de gaz, de corderies, de chantiers de construction, de chantiers de démolition, de chantiers de calfatage, d'ateliers de gréement, de forges en mouvement, et d'une foule d'établissements pareils ; enfin nous arrivâmes en face de la grande étendue grise que j'avais déjà vue de loin ; Cham me dit :

« Voilà notre maison, monsieur Davy. »

Je regardai de tous côtés, aussi loin que mes yeux pouvaient voir dans ce désert, sur la mer, sur la rivière, mais sans découvrir la moindre maison. Il y avait une barque noire, ou quelque autre espèce de vieux bateau près de là, échoué sur le sable ; un tuyau de tôle, qui remplaçait la cheminée, fumait tout tranquillement, mais je n'apercevais rien autre chose qui eût l'air d'une habitation.

« Ce n'est pas ça ? dis-je, cette chose qui ressemble à un bateau ?

— C'est ça, monsieur Davy », répliqua Cham.

Si c'eût été le palais d'Aladin, l'œuf de roc et tout ça, je crois que je n'aurais pas été plus charmé de l'idée romanesque d'y demeurer. Il y avait dans le flanc du bateau une charmante petite porte ; il y avait un plafond et des petites fenêtres ; mais ce qui en faisait le mérite, c'est que c'était un vrai bateau qui avait certainement vogué sur la mer des centaines de fois ; un bateau qui n'avait jamais été destiné à servir de maison sur la terre ferme. C'est là ce qui en faisait le charme à mes yeux. S'il avait jamais été destiné à servir de maison, je l'aurais peut-être trouvé petit pour une maison, ou incommode, ou trop isolé ; mais du moment que cela n'avait pas été construit dans ce but, c'était une ravissante demeure.

David Copperfield / Ch. Dickens ; traduit de l'anglais par P. Lorain. – Paris : Hachette, [1928]. – [Pp. 29-30].

CONTES DE NOËL 317

Fr. Ledoux — 1979

Les Carillons (Premier quart). — « Dickens, dont l'imagination est si bien appuyée sur les choses [...] crée une atmosphère. Comment ? Simplement en se tenant tout près des perceptions de Noël, les plus vulgaires et les mieux ordonnées, qui sont dindes, puddings et choses de ce genre, si bien rangées dans les étalages. Lui ne se lasse point de décrire des choses si simples et si communes ; il se sert de la qualité, mais encore bien mieux de la quantité. Ce procédé continué finit par évoquer toute la fête, et toutes les âmes et toutes les pensées. Il n'y a pas ici de recherches ; simplement énumération et entassement. C'est le réel qui porte l'imaginaire. [...] [Dans *Carillons*], le son des cloches y est décrit inlassablement. C'est une sorte de musique marquée par la nécessité. Tel est le fond du tableau et peu à peu les discours de Trotty s'élèvent jusqu'aux vagues du son et planent sur les hommes. Voilà par où l'imagination de Dickens attaque le monde et finit par le rompre. Ces fictions sont de prodigieuses perceptions, qui envahissent tout l'être. » (*Les Arts et les Dieux* / Alain. – Paris : Gallimard, 1958. – (*Bibliothèque de la Pléiade* ; 129). – [Pp. 868-869]).

Il y a peu de gens — mais puisqu'il est souhaitable que conteur et lecteur établissent entre eux aussitôt que possible une mutuelle compréhension, je vous prierai de noter que je ne borne cette observation ni aux jeunes gens ni aux enfants, et que je l'étends à tous, quels qu'ils soient : petits et grands, jeunes et vieux, ceux qui grandissent encore comme ceux qui déclinent déjà — il y a peu de gens, dis-je, qui aimeraient dormir dans une église. Je ne veux pas dire au moment du sermon par temps de chaleur (comme c'est effectivement arrivé une ou deux fois), mais la nuit et seuls. Nombreux sont ceux, je le sais, que cette prise de position étonnera violemment dans la lumière crue du grand jour. Mais il s'agit de la nuit.

C'est la nuit qu'il faudrait discuter la question ; et je prétends pouvoir soutenir mon assertion avec succès, par la première nuit venteuse d'hiver que l'on voudra bien fixer, contre n'importe quel contradicteur, choisi entre tous, qui voudra bien me retrouver seul dans un vieux cimetière devant la porte d'une vieille église, après m'avoir autorisé à l'enfermer, si c'est nécessaire pour le convaincre, jusqu'au matin.

Car le vent nocturne vous a une façon lugubre d'errer et de tourner sans cesse autour de pareil édifice en gémissant lamentablement tout au long de son parcours ; de s'attaquer de son invisible main aux fenêtres et aux portes ; et de chercher partout les crevasses par où pénétrer. Puis, quand il y est parvenu, tel quelqu'un qui ne trouve pas l'objet de sa quête (quel qu'il puisse être), il gémit et hurle pour ressortir, et non content de balayer les bas-côtés, de se glisser tout autour des piliers et d'essayer des orgues profondes, il s'élève jusqu'aux combles et s'efforce d'arracher la charpente ; puis il se jette en désespéré sur les dalles d'en dessous et passe, grommelant, dans les caveaux. Bientôt, il remonte furtivement, rampe le long des murs, semblant lire en un murmure les inscriptions consacrées aux morts. À certaines, il éclate comme d'un rire strident, à d'autres, il gémit et pleure comme en lamentation. Il a une résonance fantomatique aussi en s'attardant autour de l'autel, où il semble psalmodier à sa façon sauvage sur le Péché et les Meurtres commis, les faux dieux adorés au mépris des Tables de la Loi, ces tables qui paraissent si belles et si unies, mais qui sont en réalité si écornées et si fissurées. Brrr ! Dieu nous garde, nous qui sommes confortablement assis autour du feu ! Il a une voix terrifiante, ce vent qui chante à minuit dans une église !

Mais tout en haut du clocher ! L'affreuse rafale y siffle et rugit ! Tout en haut du clocher, où le vent est libre d'aller et venir par maints jours, maintes arches aériennes, de s'enrouler, de serpenter au long de l'escalier vertigineux, de faire tournoyer la plaintive girouette, de secouer et faire frémir la tour même ! Tout en haut du clocher, là où se trouve le beffroi ; où les rampes de fer sont rongées par la rouille ; où les feuilles de plomb et de cuivre, qu'ont recroquevillées les variations du temps, craquent et se soulèvent sous les pas inaccoutumés ; où les oiseaux coincent de pauvres nids au creux des vieilles poutres et solives de chêne ; où la poussière devient vieille et grise ; où les araignées mouchetées, qu'une longue sécurité a rendues grasses et indolentes, se balancent paresseusement à la vibration des cloches, sans jamais lâcher leur château tissé dans les airs, et, brusquement alertées, remontent comme des matelots aux cordages ou se laissent tomber à terre pour jouer de vingt pattes agiles et trouver leur salut dans la fuite ! Tout en haut du clocher d'une vieille église, bien au-dessus des lumières et des murmures de la ville, bien au-dessous des nuages flottants qui le couvrent de leur ombre, se trouve le lieu le plus lugubre et le plus sauvage que l'on puisse trouver la nuit ; et c'est tout en haut du clocher d'une vieille église que demeuraient les cloches dont je vais parler.

Nicolas Nickelby ; Livres de Noël / Dickens ; édition présentée et annotée par Pierre Leyris ; [traduit par Jacques Douady, Marcelle Sibon et Francis Ledoux]. – Paris : Gallimard, 1979. – (*Bibliothèque de la Pléiade* ; 186). – [Pp. 1037-1038].

TEMPS DIFFICILES 318

H. Taine — 1858

Thomas Gradgrind (chapitres I-II [début]). — Caricature de l'industriel pratique et sans cœur, hermétique à tout idéal, Thomas Gradgrind élève ses deux enfants, Louise et Tom, dans la seule foi des faits et des statistiques. Les déboires de l'un et de l'autre, sacrifiés avec cynisme à l'opportunisme de leur père finissent par lui révéler les failles et les horreurs de son credo. Inspiré des conditions de vie des ouvriers de Manchester et Preston, le roman s'inscrit dans un ligne de protestation littéraire suscitée par l'industrialisation. Le début du roman est ici rendu par Taine, sensible à la satire sociale.

« A présent, ce qu'il me faut, ce sont des faits. N'enseignez à ces filles et à ces garçons que des faits ; on n'a besoin que de faits dans la vie. Ne plantez rien autre chose en eux ; déracinez en eux toute chose. Vous ne pouvez former l'esprit d'un animal raisonnable qu'avec des faits. Aucune autre chose ne pourra leur être utile. C'est là le principe d'après lequel j'élève mes propres enfants, et c'est là le principe d'après lequel je veux que les enfants soient élevés. Attachez-vous aux faits, monsieur ! »

La scène était la voûte nue, unie, monotone d'une école, et le doigt carré de l'orateur donnait de l'autorité à ses observations, en soulignant chaque sentence par un trait sur la manche du maître d'école. Cette autorité était accrue par le front de l'orateur, sorte de mur carré, ayant les sourcils pour base pendant que ses yeux trouvaient une cage commode dans deux caves noires qu'ombrageait le mur. Cette autorité était accrue par la bouche de l'orateur, qui était grande, mince et dure. Cette autorité était accrue par la voix de l'orateur, qui était inflexible, sèche et commandante. Cette autorité était accrue par les cheveux de l'orateur, qui se dressaient sur les côtés de sa tête chauve, sorte de plantation de pins ayant pour but de protéger contre le vent la surface luisante, toute couverte de protubérances, ainsi qu'une croûte de pâté aux prunes, comme si la tête eût été un magasin insuffisant pour la dure masse de faits accumulés dans son intérieur. L'attitude obstinée de l'orateur, son habit carré, ses jambes carrées, ses épaules carrées, jusqu'à sa cravate, qui le prenait à la gorge de son nœud roide, comme un fait entêté qu'elle était, tout ajoutait à cette autorité.

« Dans cette vie, nous n'avons besoin de rien, excepté des faits, monsieur ; de rien, excepté des faits ! »

L'orateur et le maître d'école et la troisième grande personne présente reculèrent tous un peu et parcoururent des yeux le plan incliné des petits vases qui étaient là rangés en ordre pour recevoir les grandes potées de faits qu'on allait verser en eux, afin de les remplir jusqu'au bord.

« — Thomas Gradgrind, monsieur ! Homme de réalités, homme de faits et de calculs, homme qui part de ce principe que deux et deux font quatre, et non d'un autre, et qui sous aucun prétexte et pour aucune raison n'accordera rien de plus ! » Thomas Gradgrind, monsieur ! Thomas lui-même, Thomas Gradgrind avec une règle et une paire de balances, et la table de multiplication toujours dans sa poche, monsieur, prêt à peser et à mesurer n'importe quel fragment de la nature humaine, et à vous dire exactement ce qu'on peut en tirer. C'est une pure question de chiffres, un simple cas d'arithmétique. Vous pourriez espérer de faire entrer quelque autre croyance dans la tête de Georges Gradgrind, ou d'Auguste Gradgrind, ou de John Gradgrind, ou de Joseph Gradgrind (toutes personnes fictives, non existantes), mais dans la tête de Thomas Gradgrind, — non, monsieur ! »

C'est dans ces termes que M. Gradgrind se présentait toujours lui-même mentalement, soit au cercle de ses relations particulières, soit au public en général. C'est dans ces termes évidemment, en substituant le mot « jeunes élèves » au mot « monsieur, » que Thomas Gradgrind présentait en ce moment Thomas Gradgrind aux petits vases rangés devant lui, lesquels devaient être si fort remplis de faits.

Essais de critique et d'histoire / par H. Taine. – Paris : L. Hachette et Cie, 1858. – [Pp. 115-117].

HERZEN

FRANÇAIS • RUSSE **1812-1870**

Né à Moscou, Alexandre Ivanovitch Herzen est le « père » du populisme russe (le mouvement révolutionnaire né dans les années 1860), mais aussi un grand Européen qui comptait parmi ses amis Proudhon, Michelet, Mazzini, Garibaldi, et bien d'autres. Fils naturel d'un aristocrate, Ivan Iakovlev, et de l'Allemande Luisa Haag, il a passé son enfance dans une « situation fausse » qu'il évoque dans ses *Mémoires*. Marqué par le soulèvement décembriste de 1825, il fait le serment, avec son ami Ogarev, de consacrer sa vie à la lutte pour la liberté. À l'université de Moscou, il fonde un cercle révolutionnaire. Arrêté en 1834 pour ses idées saint-simoniennes, il est relégué à Viatka, puis à Vladimir. Après un nouvel exil en 1841, à Novgorod, il revient à Moscou en 1842. Devenu hégélien de gauche et athée, il écrit *Le Dilettantisme dans la science* (1843), puis évolue vers le matérialisme avec ses *Lettres sur l'étude de la nature* (1845). Il passe ainsi du romantisme au « réalisme » philosophique et littéraire. En même temps, dans ses articles, il polémique avec verve contre les slavophiles. Il aborde l'autobiographie avec les *Mémoires d'un jeune homme* (1841), écrit un roman, *À qui la faute ?* (1846) et des nouvelles, parmi lesquelles *Le Docteur Kroupov* (1847) et *La Pie voleuse* (1848).

Parti pour l'étranger au début de 1847, Herzen ne reverra pas la Russie. Déçu par la France bourgeoise et traumatisé par l'échec des révolutions de 1848, il fait le bilan de ses désillusions dans les *Lettres de France et d'Italie* (1847-1852) et dans de brillants essais philosophiques, *De l'autre rive* (1850). En même temps, il élabore un « socialisme russe » dont il voit l'embryon dans les pratiques communautaires du peuple de son pays. Expulsé de France en 1850, il se réfugie à Nice (alors italienne), où il publie en français *Du développement des idées révolutionnaires en Russie* et une Lettre à Michelet intitulée *Le Peuple russe et le socialisme*. Après la mort de sa femme, en 1852, il s'installe à Londres, où il fonde en 1853 la première imprimerie russe libre. À partir de 1855, il publie *L'Étoile polaire* et, à partir de 1857, *La Cloche*, éditée avec Ogarev. Cette presse d'opposition pénètre clandestinement en Russie, contribue puissamment à éveiller l'opinion et à inciter aux réformes. Transférée à Genève en 1865, *La Cloche*, qui a perdu de l'influence en Russie après avoir soutenu l'insurrection polonaise et que les jeunes radicaux trouvent trop modérée, cesse de paraître en russe en 1867 et ne survit encore un an que par une édition en français. Herzen meurt en exil à Paris le 21 janvier 1870. À partir de 1852, il avait rédigé de passionnants mémoires, *Passé et méditations* (*Byloe i dumy*) dont une partie seulement parut en français de son vivant.

Herzen ne dissocie jamais son activité littéraire de sa lutte contre l'autocratie et le servage. Son roman *À qui la faute ?* eut un grand succès : non en raison de l'intrigue, assez banale, mais parce qu'il posait des questions d'une actualité brûlante. Un homme brillant et généreux, mais dilettante, vient troubler le fragile bonheur d'un jeune ménage, puis repart pour l'étranger, laissant la femme qu'il aime se consumer de chagrin. L'intérêt réside moins dans les analyses psychologiques que dans les « digressions biographiques » qui expliquent l'échec de personnages victimes à la fois de leur formation, du milieu et d'eux-mêmes ; dans la peinture aussi de l'injustice et de l'arbitraire qui écrasent ou appauvrissent la personne humaine et l'empêchent de s'épanouir. Le héros, Beltov, est l'un de ces

« hommes de trop » dont la littérature russe offre de nombreux exemples. Riche, mais élevé par un précepteur idéaliste, il renonce vite à toute initiative face au « Goliath fantastique » de l'administration, puis abandonne aussi l'art et la médecine. Ses « années d'apprentissage » et ses « années de voyage » ne lui apportent rien. Comme beaucoup d'intellectuels russes de son temps, il est incapable d'action positive. *À qui la faute ?* est à la fois le roman d'une éducation manquée et d'une société russe sans perspectives. Mais, dans cette œuvre de tendance saluée par Biélinski, l'auteur suggère qu'une société rationnelle libérerait l'homme et lui permettrait de réaliser ses aspirations les plus nobles.

Herzen avait un faible pour *De l'autre rive*. Publié d'abord en traduction allemande, le livre fit grand bruit. Comme les *Lettres de France et d'Italie*, il reflétait deux crises successives de l'auteur : celle d'« avant l'orage », le désenchantement devant la France bourgeoise à la veille de 1848, et celle d'« après l'orage », où, sous le coup des sanglantes journées de juin, Herzen dénonce la bourgeoisie et les libéraux qui ont assassiné la révolution, et diagnostique la « mort » de l'Europe. L'œuvre est composée de huit essais, dont trois sous forme de dialogues. Les monologues de l'auteur alternent avec ses dialogues intérieurs, deux personnages, l'un idéaliste, l'autre réaliste, échangeant les réflexions que leur suggèrent l'époque et le destin de l'humanité. Dans ce débat, Herzen est plus proche du réaliste, mais son interlocuteur romantique n'est pas un simple faire-valoir, car il défend avec intelligence les idées qui étaient chères à l'auteur et dont il a fait son deuil : la croyance à la rationalité de l'histoire et au progrès, la foi en l'humanité. À peine Herzen avance-t-il une idée qu'il voit immédiatement son contraire : l'argument appelle le contre-argument. Si Bakounine le considérait comme un « Voltaire russe », par sa pensée mouvante il ressemble ici davantage à Diderot. Conscient de la dichotomie entre raison et histoire, qui fait du genre humain un Sisyphe condamné à de perpétuels échecs, Herzen est tenté, par réalisme, de renoncer à une lutte sans espoir. Mais, comme chez Heine, subsiste en lui un côté romantique et une soif d'action qui le poussent à ne pas se draper dans un orgueilleux désespoir : en 1849, malgré ses réticences, il collabore à *La Voix du peuple* de Proudhon. Non sans déchirement : car Herzen a le sentiment de ne pouvoir se passer des traditions culturelles du vieux monde qu'il combat. Dans *De l'autre rive*, aux pages encore toutes brûlantes de l'actualité se mêlent des réflexions théoriques : sur la liberté de l'homme, sur les impasses de l'histoire, sur les générations inutilement sacrifiées. Comme l'a bien vu S. Gourvitch-Lichtchiner, dans cette œuvre polyphonique, où les thèmes se répondent d'un chapitre à l'autre, Herzen atteint par l'écriture une sorte de catharsis. Les formules frappantes abondent dans cette œuvre, où, conformément à la définition de Hegel reprise par Biélinski, l'art est « une pensée en images ».

Mais le chef-d'œuvre de Herzen, ce sont ses mémoires. Née d'un drame familial, — la trahison et la mort de Nathalie Herzen —, cette autobiographie est en même temps une fresque grandiose où les souvenirs se fondent dans l'évocation d'un demi-siècle d'histoire européenne. Confronté à la fois à la perte de son bonheur personnel et aux tragédies vécues par les peuples après 1848, Herzen fait un retour sur son passé tout en cherchant à comprendre son époque. Il s'interroge sur son enfance et sa jeunesse, sur les mœurs russes et occidentales. Mais, loin de se prétendre unique comme Rousseau, il se veut le représentant de sa génération ; et, à l'« immense confession d'égoïsme » de Goethe, il oppose sa biographie de l'humanité : sa peinture suggestive de la vie des serfs ou des proscrits de tous les pays d'Europe, ses portraits de personnages illustres ou obscurs restent gravés dans la mémoire. Observateur et acteur, Herzen a conscience de son rôle historique, et ne se prive pas d'évoquer ses idées et son combat. Son livre, toutefois, n'est pas l'œuvre d'un historien, mais, comme il l'a dit, « le reflet de l'histoire chez un homme qui s'est trouvé par hasard sur son chemin ». Aussi commet-il des erreurs, et lui arrive-t-il en toute bonne foi de gauchir des faits. Il fait subir un montage à ses documents, en modifie l'éclairage. Mais il dégage le sens profond des événements, excelle à rendre les choses vécues. Ses *Méditations* (*dumy*) sur le *Passé* (*byloe*) ne sont pas des digressions, mais la respiration même de l'œuvre, où le mouvement de la pensée est perceptible, dans un va-et-vient constant entre le présent et le passé, entre l'auteur et son temps. Le ton change souvent, mais l'ironie domine. Bilan d'une vie, ces mémoires sont aussi une chronique de l'action d'un militant et, comme *La Cloche*, un appel aux « vivants ». Hugo lui écrit : « Vous faites haïr le despotisme, vous aidez à l'écrasement de l'infâme ». Au rire de Gogol, dont le comique l'emporte sur l'indignation, Herzen préfère en effet celui de Voltaire, qui ne réconcilie pas avec la vie et incite à la lutte. Ces mémoires ont exercé une profonde influence sur les autobiographies de Kropotkine, de Korolenko et de Gorki.

Herzen n'avait pas le respect des genres et n'a pas fait école. Mais ce n'est pas sans raison que Tolstoï le considérait comme l'un des six écrivains russes les plus importants. Sa poésie de la pensée, présente dans ses œuvres de fiction et dans ses mémoires, était inimitable. Sa « prose intellectuelle » a fasciné Tourguéniev, Tolstoï, Dostoïevski. Ses centaines d'articles, concis et spirituels, condamnent sans appel la Russie officielle et l'Europe bourgeoise. Herzen était tout le contraire d'un dogmatique. Il alliait au scepticisme du docteur Kroupov la passion de la justice et de la liberté. Homme de grande culture à la vive intelligence, il avait le respect absolu de la personne humaine et l'amour du peuple russe auquel il avait consacré sa vie.

Alexandre Ivanovič Herzen (1812-1870) : essai sur la formation et le développement de ses idées / Raoul Labry. – Paris : Bossard, 1928. – 434 p.

Alexander Herzen and the Birth of Russian Socialism : 1812-1855 / Martin Malia. – Cambridge (Mass.) : Harvard University Press, 1961. – IX, 486 p. – (*Russian Research Center Studies* ; 39).

Michel Mervaud, "Herzen et la pensée allemande". – In : *Cahiers du monde russe et soviétique*, V, 1 (1964), pp. 32-73.

Michel Mervaud, "Herzen et Proudhon". – In : *Cahiers du monde russe et soviétique*, XII, 1-2 et 3 (1971), pp. 110-188, 307-315.

Michel Mervaud, "L'Amérique dans l'œuvre de Herzen". – In : *Cahiers du monde russe et soviétique*, XIII, 4 (1972), pp. 524-554.

Lettres inédites / de Herzen, Ogarev, Bakounine ; introduction, traductions et notes par Michel Mervaud. – Paris : Librairie des cinq continents, 1975. – 158 p. – (*Les inédits russes* ; 7).

Michel Mervaud, "Amitié et polémique : Herzen critique de Quinet". – In : *Cahiers du monde russe et soviétique*, XVII, 1 (1976), pp. 53-79.

Les Penseurs russes / Isaiah Berlin ; traduit de l'anglais par Daria Olivier. – Paris : Albin Michel, 1984. – [Pp. 237-261].

Michel Mervaud, "Herzen et la Révolution française". – In : *Revue des études slaves*, 61, 1-2 (1989), pp. 169-187.

LETTRES DE FRANCE ET D'ITALIE 319

A. I. Herzen — 1852

Thiers et la France de 1850 (12e lettre). — Écrite à Nice en juin-juillet 1850, cette lettre a été traduite par Herzen lui-même à Lugano le 2 juillet 1852. Elle est intitulée « Première lettre », après le titre général *Lettres d'un Russe de l'Italie. Réminiscences de 1850-52* et a été publiée pour la première fois dans les *Œuvres* de Herzen en 30 volumes, t. V, Moscou, 1955, pp. 385-393. L'original russe figure dans le même volume, pp.190-199. Le texte français diffère assez peu de la version russe. Herzen a parfois retranché, parfois ajouté certains passages. Sa traduction est meilleure que celle qui a été publiée par « Mme N. H. » (Nathalie Herzen, en fait Nathalie Ogarev, compagne de Herzen) dans les *Lettres de France et d'Italie,* Genève, 1871, pp. 258-272.

Elle doit être belle pourtant, la société défendue par Thiers.

La religion — défendue par Thiers !

La famille — défendue par Thiers !

Thierus, salvator societatis, redemptor — usuræ et proprietatis defensor... ora pro nobis !

Pauvre Jésus Christ ! A quels temps de misère es-tu parvenu...

Je dis Thiers... car il est le plus parfait représentant de la majorité, de cette majorité audacieuse en apparence et humble en fait, majorité joviale qui en riant et faisant *des phrases* déporte des milliers, qui n'a qu'un Dieu — le capital — et son prophète — la rente... n'a d'autre Dieu à côté de lui.

Thiers — causeur inépuisable, léger, superficiel, mutin et aimant l'autorité : libéral et couvert du sang de Lyon ; esprit fort qui a dicté les lois de septembre — oui, c'est le type de la majorité rentière ! Même son extérieur de vieillard mignon avec de petites jambes dodues, avec un ventre agréable, avec son air de majordome, de Figaro à cheveux blancs — est un idéal — représente très bien la couche grasse qui se répand comme l'huile sur toute la société moderne !

Qu'on ordonne donc au plus vite de couler une statue de Thiers, en airain, une statue avec des lunettes, avec son costume d'été et son sourire de toutes les saisons. Sa place est toute trouvée ; il remplacera la danseuse d'opéra sur la colonne de Juillet. A la Place de la Bastille — Thiers ; à la Place Vendôme — son empereur. L'époque héroïque de la bourgeoisie allant conquérir le monde et l'époque de floraison de la bourgeoisie jouant le monde à la bourse !

— Tout cela est bien triste, bien déplorable, — me disaient mes braves amis atteints d'une espérance chronique et d'un optimisme incurable, — mais c'est passager ; il ne faut pas se méprendre... Attendez un peu ; nos ennemis veulent toucher de leurs mains « *sacrilèges et liberticides* » au suffrage universel. Le peuple se lèvera comme un seul homme pour défendre le plus sacré de ses droits…

Je secouais la tête sans rien dire. Deux mois se sont écoulés. Le suffrage universel est aboli, et pas un homme ne s'est levé. Le peuple est resté dans le calme « majestueux et imposant » qu'on lui prêchait tant, calme, dans lequel reste un homme dévalisé au milieu d'un chemin désert, content de n'être pas assassiné ni estropié.

Mais les hommes frappés d'espérances à perpétuité me rient au nez… « Vous n'y comprenez rien, le gouvernement est tout proche de sa chute… regardez, regardez comme il se penche !… »

Je regarde… Le gouvernement devient de plus en plus stable…

— Mes amis, — leur disais-je, — il tombera, pas le moindre doute ; tout passe dans ce monde, et la passion du changement est le bon génie de la France… Mais ce n'est pas par vous ni pour vous que le régime actuel tombera. Le peuple n'est ni pour le gouvernement ni pour vous. La lutte entre les formes gouvernementales ne l'intéresse pas. Il vous suffit, à vous, d'avoir *les mots* ; le peuple ne désire que *les choses*, votre liberté formaliste ne le tente pas. Le peuple n'est pas avec vous parce que vous devez être avec lui. Vous devez enfin sérieusement l'étudier — non dans les livres mais dans les chaumières, — et non lui — donner son sang pour des essais de révolution expérimentale. Il faut abandonner la vieille routine… ou être prêt à passer à l'état d'anachronisme vivant, de revenants, de rareté historique, paléontologique — comme les légitimistes, les jésuites et autres fossiles.

— Il est beau d'espérer… mais il est *diablement* utile d'analyser !

Mais je quitte mes amis… pour ajouter encore quelques mots sur Paris.

Il est difficile de s'imaginer de loin ce qui se fait ici. Aucune de ces petites, pauvres garanties, données par le code à l'individu n'existe plus ; une terreur policière domine la ville, une terreur féroce et hypocrite qui se tient dans les ténèbres, qui se cache derrière le mur, qui écoute derrière la porte. Les secrets de famille, les confidences amicales, tout tombe dans les mains sales des laquais de l'inquisition laïque. On fait des perquisitions, on emporte les papiers — on ne restitue que les notes des tailleurs et des bottiers.

On craint tout le monde… On craint les portiers, les commissionnaires, ses domestiques et les trois quarts de ses amis. Les uns dorment ailleurs que chez eux ; d'autres portent toujours un passeport visé pour quelque pays libre. Au coin des rues rôdent des figures patibulaires en redingote qui n'est pas faite à leur taille, en chapeau râpé, avec une moustache militaire[1]. Ces êtres reconduisent les passants par leur regard, les suivent, les montrent à d'autres... Ce sont les *anges gardiens* de la société !

Sobranie sočinenij v tridcati tomax / A. I. Gercen. – Moskva : Isdatel'stvo Akademii Nauk SSSR, 1955. – [Tome 5, pp. 388-390].

LA CLOCHE 320

Cl. Kastler — 1963

Un évêque exhumé, un gouvernement antédiluvien et un peuple dupé. — Cet article, paru dans *La Cloche* du 15 août 1861 sous la signature I-r, c'est-à-dire Iskander, pseudonyme de Herzen, exprime l'indignation de l'auteur après l'abolition du servage (19 février / 2 mars 1861), qu'il avait d'abord accueillie avec joie. Se rendant compte que la situation des paysans n'avait guère changé, il pensait comme Ogarev, qui avait écrit dans *La Cloche* du 15 juin : « L'ancien droit servile est remplacé par un nouveau. D'ailleurs le servage n'est pas aboli. Le peuple a été trompé par le tsar ». En outre, des manifestations de paysans déçus avaient été impitoyablement réprimées. Herzen avait dénoncé ces répressions dans plusieurs articles. La traduction de Claude Kastler a été faite d'après le texte des *Œuvres* en 30 volumes, vol. XV, Moscou, 1958, pp. 135, 137, 138. Elle est fidèle, mise à part une inexactitude due sans doute à une erreur de lecture.

Oh, si mes paroles pouvaient te parvenir à toi, homme de labeur et de souffrance de la Terre russe, toi que cette Sainte Russie, la Sainte Russie des laquais et des huissiers méprise, toi que la livrée appelle plèbe et, pour se moquer de ton vêtement, t'enlève ta ceinture comme autrefois elle a coupé ta barbe — si ma voix parvenait jusqu'à toi, comme je t'apprendrais à mépriser tes pasteurs spirituels qu'ont placés au-dessus de toi le synode de Pétersbourg et le tsar allemand. Tu ne les connais pas, tu es dupé par leur habit, tu es impressionné par leurs phrases évangéliques — il est temps de les démasquer.

Tu hais le propriétaire, tu hais le fonctionnaire, tu les crains — et tu as entièrement raison ; mais tu crois encore au tsar et à l'archevêque. Ne crois ni à l'un, ni à l'autre. Le tsar est avec eux et eux sont les hommes du tsar. Lui, tu le vois à présent — toi le père de l'adolescent tué à Bezdna,

---

1 On pense au Ratapoil caricaturé par Daumier. Quelques mois plus tard, dans le *Charivari* du 1er octobre 1850, paraîtra la lithographie de Daumier, « Membres de la Société de secours du Dix Décembre dans l'exercice de leurs philanthropiques fonctions » : trois ruffians armés de gourdins assomment un passant, son chapeau roule à terre. On songe aussi à Daumier en lisant le portrait de Thiers par Herzen.

toi le fils du père assassiné à Penza[1]. Par cette libération trompeuse, il a lui-même entrepris d'ouvrir les yeux au peuple et, pour plus de célérité, il a envoyé aux quatre coins de la Russie aides de camp, balles et verges... [...]

Les paysans n'ont pas compris que leur libération était un leurre ; ils ont cru à la parole du tsar — le tsar a ordonné de les abattre comme des chiens ; des actes sanglants, ignobles se sont accomplis. [...]

Et je le répète encore une fois au peuple : non, ce ne sont pas tes pasteurs ; sous les habits que tu es habitué par tradition à honorer se dissimulent les calomnies[2] du gouvernement, ton ennemi, et ces mêmes généraux, ces mêmes propriétaires. Leur cœur, sec et faux, ne souffre pas de ta douleur. Tes pasteurs, ce sont des gens humbles, comme toi et pauvres, comme toi ; ils parlent ta langue, croient à tes espérances, pleurent tes larmes. Tel était Antoine, celui qui a souffert pour toi à Kazan[3]. De son sang de saint et de martyr, il a scellé sa douloureuse union avec toi. Il a cru à la libre liberté, à la véritable liberté pour le paysan russe — et, ayant brandi la charte mensongère, il est tombé pour ta cause. Trouver ses reliques[4], voilà ce que ne demandera pas en six heures[5] un seul archevêque et ce que ne permettra pas un seul tsar de Pétersbourg. Et il n'en est pas besoin — Antoine appartient à tes saints et non aux leurs. Les reliques de tes saints ne font pas quarante-huit miracles, on n'est pas guéri, en les implorant, de la rage de dents ; mais garder leur souvenir vivant, voilà ce qui peut accomplir un miracle — ta libération.

Le Statut des paysans libérés du servage 1861-1961 / recueil d'articles et de documents présentés par R. Portal ; avec la collaboration de T. Bakounine, M. Confino, C. Kastler, B. Kerblay, P. Péchoux, R. Philippot. – Paris ; La Haye : Mouton & Co, 1963. – [Pp. 234-235].

---

1 Le 12 avril 1861, au village de Bezdna, dans le gouvernement de Kazan, avait eu lieu une manifestation de paysans. Elle fut réprimée par la troupe. Il y eut officiellement cinquante morts. Dans un village du gouvernement de Penza, les paysans avaient refusé d'accomplir les corvées. La répression fit huit morts et vingt-six blessés ; environ neuf cents paysans furent passés par les verges et déportés.

2 Erreur de traduction, par suite d'une confusion entre deux termes. Il s'agit en fait des « suppôts » (ou des « complices ») du gouvernement.

3 Anton Petrov, un paysan de Bezdna d'une trentaine d'années, qui avait dirigé la manifestation pacifique du 12 avril 1861. Il fut fusillé le 19 avril.

4 L'analogie est d'autant plus piquante que l'« évêque exhumé » qui figure dans le titre de l'article fait écho aux cérémonies religieuses qui venaient de marquer l'invention des reliques miraculeuses de saint Tikhon, évêque de Zadonsk (13 août 1861).

5 C'est six heures avant sa mort que l'Archevêque Antoine de Voronež se souvint d'un vœu pieux de son prédécesseur Tikhon. (N.d.t.)

PASSÉ ET MÉDITATIONS 321

D. Olivier — 1974

Une victime du servage (1re Partie, chapitre 2). — Une première traduction de H. Delaveau, autorisée par l'auteur, honnête mais plus proche de l'adaptation que d'une vraie traduction, parut en 1869 à Paris chez E. Dentu sous le titre *Le Monde russe et la révolution. Mémoires de A. Herzen 1812-1835*. Celle de Daria Olivier est excellente.

Le Sénateur[1] avait un cuisinier exceptionnellement doué. Travailleur, sobre, il faisait son chemin ; son maître avait personnellement entrepris les démarches pour lui permettre de travailler dans les cuisines de l'empereur, qui avait alors un chef français réputé. Instruit à son école, le cuisinier entra ensuite au Club anglais, s'enrichit, se maria, vécut sur un grand pied. Or, les liens du servage ne lui permettaient ni de dormir en paix, ni de jouir de sa situation.

Prenant son courage à deux mains, il fit ses dévotions à la Madone d'Ivérie[2], et se présenta devant le Sénateur pour le prier de l'affranchir contre cinq mille roubles-assignats. Le Sénateur était fier de *son* cuisinier, exactement comme il l'était de *son* peintre ; aussi n'accepta-t-il point l'argent et déclara à l'homme qu'il lui accorderait la liberté pour rien, mais seulement quand il serait mort !

Pour le cuisinier ce fut comme un coup de foudre ; il sombra dans la mélancolie, changea de visage, commença à grisonner et... en bon Russe, se mit à boire. Comme il faisait son travail n'importe comment, le Club le renvoya.

Il s'engagea chez la princesse Troubetzkoï, qui l'accabla de sa sordide ladrerie. Un jour, blessé par elle plus que de droit, Alexis, qui aimait à s'exprimer avec éloquence, lui déclara de son air digne et de sa voix de nez :

— Quelle âme sombre habite votre brillante personne !

La princesse, folle de rage, chassa le cuisinier et, comme il convient à une grande dame russe, adressa une plainte au Sénateur. S'il n'avait tenu qu'à lui, le Sénateur n'aurait rien fait, mais en galant homme, il convoqua Alexis, le sermonna avec rudesse et lui ordonna d'aller demander pardon à la princesse.

Le cuisinier n'alla pas chez la dame, mais au cabaret. En l'espace d'une année, il avait tout dilapidé, depuis le capital économisé pour son

---

1 Il s'agit d'un des oncles de Herzen, frère aîné de son père, Lev Alekseevitch Iakovlev (1764-1839). Il était sénateur et diplomate.

2 Icône miraculeuse de la Mère de Dieu du monastère d'Iviron au Mont Athos.

rachat, jusqu'à son dernier tablier. Sa femme lutta et lutta avec lui tant qu'elle put, puis partit se placer comme bonne d'enfants dans une autre ville. On n'entendit plus parler de lui pendant longtemps. Puis, un jour, la police nous amena un Alexis loqueteux et sauvage : on l'avait ramassé dans la rue, car il n'avait pas de domicile et campait de cabaret en taverne. La police voulait que le Sénateur se chargeât de lui. Le Sénateur était peiné ; peut-être avait-il honte. Il l'accueillit avec douceur et lui donna une chambre. Alexis continua à boire. Ivre, il faisait du tapage et se croyait poète. De fait, il n'était pas démuni d'une certaine fantaisie désordonnée. À l'époque, nous habitions à Vassilievskoïé. Ne sachant que faire du cuisinier, le Sénateur nous l'expédia, s'imaginant que mon père le ramènerait à la raison. Mais cet homme était par trop brisé. C'est là que je pus me rendre compte de toute la haine rentrée, de toute la colère envers leurs maîtres qui se logent dans le cœur d'un serf : il parlait d'eux en grinçant des dents, avec une mimique qui, surtout chez un cuisinier, pouvait devenir dangereuse. Il ne craignait pas de laisser libre cours à sa langue devant moi ; il m'aimait bien et souvent me disait, en me frappant familièrement sur l'épaule :

— Branche saine d'un arbre pourri !

Mon père l'affranchit sitôt le Sénateur décédé. Trop tard ! C'était une façon de s'en débarrasser, et il disparut à jamais.

Passé et méditations / Alexandre Herzen ; présenté, traduit et commenté par Daria Olivier. – Lausanne : L'Âge d'Homme, 1974. – [Tome premier, pp. 70-71].

PASSÉ ET MÉDITATIONS 322

D. Olivier — 1974

Portrait de Proudhon (5e Partie, chapitre 41). — Dans ce chapitre entièrement consacré à Proudhon, les éloges sont tempérés par de sérieuses réserves sur la personnalité du socialiste français. Herzen souligne ses limites : son conservatisme, son nationalisme, sa misogynie, ses vues « grossières et réactionnaires » sur la famille... Et il déplore qu'il ne soit pas un homme vraiment libre. Cette première traduction française du texte est excellente, à l'exception d'une inadvertance.

Proudhon est le premier d'une nouvelle série de penseurs français. Ses œuvres représentent une révolution, non seulement dans l'histoire du socialisme, mais dans l'histoire de la logique française. Dans sa robustesse dialectique il est plus fort et plus libre que les Français les plus doués. Des hommes purs et intelligents, tels que Pierre Leroux et Considérant, ne comprennent ni son point de départ, ni sa méthode. Ils sont habitués à jouer avec les idées comme avec des cartes battues par avance, et à marcher, vêtus de façon convenue, le long d'un chemin tracé qui mène à des lieux familiers. Proudhon souvent fonce d'un seul coup, sans avoir peur d'écraser quelque chose sur son passage, de renverser ce qui se trouve sur son chemin ou d'aller trop loin. Il n'a ni la sensibilité, ni la chasteté rhétorique, révolutionnaire, qui, chez les Français, remplace le piétisme protestant... Aussi demeure-t-il solitaire parmi les siens, sa force les effraye plus qu'elle ne les convainc.

On prétend que Proudhon a un esprit germanique. C'est faux. Son esprit est, au contraire, tout à fait français. Il porte en lui ce génie ancestral gallo-franc qui se manifeste chez Rabelais, chez Montaigne, chez Voltaire et chez Diderot... voire chez Pascal. C'est simplement qu'il a assimilé la méthode dialectique de Hegel, de même qu'il a assimilé tous les procédés de la controverse catholique. Mais ni la philosophie de Hegel, ni la théologie catholique, ne lui ont fourni le contenu ou le caractère de ses écrits : ce ne sont pour lui que des armes qui lui servent à mettre son objet à l'épreuve, et il les a adaptées et aiguisées à sa façon, comme il a adapté la langue française à sa pensée puissante et énergique. De tels hommes sont trop solidement campés sur leurs deux pieds pour se résigner à quoi que ce soit, ou à se laisser mettre l'épée dans les reins.

— Votre système me plaît beaucoup, dit à Proudhon certain touriste anglais.

— Mais je n'ai aucun système, rétorqua Proudhon mécontent. Et il avait raison.

C'est cela justement qui déroute ses compatriotes, habitués à une « morale » à la fin d'une fable, aux formules systématiques, aux sommaires, aux recettes abstraites et imposées...

Proudhon, assis au chevet d'un malade, lui dit qu'il va très mal pour telle ou telle raison. On ne secourt pas un moribond en échafaudant une théorie idéale sur la bonne santé qui serait la sienne s'il n'était pas malade, ou en lui proposant des remèdes, excellents en soi, mais qu'il ne peut avaler ou qu'on n'a pas sous la main.

Les signes et phénomènes extérieurs du monde de la finance lui servent, comme les dents des animaux servaient à Cuvier[1], de degrés par

---

1 Georges Cuvier (1764-1832), créateur de l'anatomie comparée et de la paléontologie. La loi de corrélation des formes lui permit d'identifier des espèces animales inconnues à partir de quelques os brisés.

lesquels il descend jusqu'aux lieux secrets de la vie sociale ; d'après eux il étudie les forces qui précipitent la décomposition du corps malade. Si, après chaque observation, il proclame une nouvelle victoire de la mort, est-ce sa faute ? Ici, point de famille qu'on redoute d'effrayer : nous-mêmes nous mourons de cette mort. La foule indignée vocifère : « Des remèdes ! Des remèdes ! Ou alors ne parlez pas de maladie ! » Pourquoi se taire ? C'est dans les régimes despotiques seulement qu'on interdit de parler de disette, d'épidémies, du nombre de tués à la guerre. Apparemment, le remède n'est pas facile à trouver. Combien n'a-t-on pas fait d'expériences en France, depuis l'époque des saignées intempestives[1] de 1793 ? On l'a soignée avec des victoires et des exercices ardus, la forçant à aller en Égypte et en Russie ; on lui a administré le parlementarisme et l'agiotage, une petite République et un petit Napoléon[2]. S'en est-elle mieux portée ? Proudhon lui-même y est allé un jour de sa pathologie, et a échoué avec sa *Banque du Peuple*[3], bien que son idée fût juste en soi. Malheureusement, il ne croit pas aux sortilèges, sans quoi il terminerait toujours par ces incantations : « Union des peuples ! Union des peuples ! République universelle ! Fraternité universelle ! *Grande armée de la Démocratie !* » Il n'utilise pas de telles phrases, il n'épargne pas les vieux croyants de la Révolution, aussi les Français le tiennent-ils pour un égoïste, un individualiste, quasiment un renégat et un traître.

Passé et méditations / Alexandre Herzen ; présenté, traduit et commenté par Daria Olivier. – Lausanne : L'Âge d'Homme, 1974. – [Tome troisième, pp. 70-71].

1 « Démesurées » conviendrait mieux.

2 *La Petite République* : instaurée en 1848, elle dura jusqu'au coup d'État du 2 décembre 1851. (N.d.t.)

Le Petit Napoléon : hommage au pamphlet de V. Hugo : *Napoléon le Petit*. (N.d.t.)

3 En janvier 1849, Proudhon déposa, chez un notaire, les statuts constitutifs de la « Banque du Peuple » : une « Banque d'Échange » devant assurer la gratuité du crédit et la constitution de groupes contractuels, « l'État se résorbait dans une simple gérance... » (cf. M. Mervaud, « Herzen et Proudhon », p. 123 et R. Labry : *Herzen et Proudhon*, Paris, 1928, p. 73). (N.d.t.)

LAUTRÉAMONT

FRANÇAIS **1846-1870**

Né à Montevideo, fils de François Ducasse (1809-1887, chancelier au consulat de France) et de Jacquette Davezac (1821-1847), Isidore-Lucien Ducasse a marqué durablement la littérature française par deux publications majeures, peu estimées de son vivant mais devenues des pièces maîtresses dans l'évolution poétique et conceptuelle de la modernité littéraire. *Les Chants de Maldoror* (publiés sous le pseudonyme de « comte de Lautréamont ») et deux volumes de *Poésies*, recueil de sentences et d'apophtegmes, témoignent d'une vaste culture et de pratiques d'écriture et de pensée profondément novatrices. D'octobre 1859 à août 1862, c'est au Lycée impérial de Tarbes que Ducasse, envoyé en France, fait ses études, figurant dans les palmarès de l'établissement, avant d'intégrer la classe de rhétorique du Lycée impérial de Pau en octobre 1863, et de passer en classe de philosophie (terminale) en octobre 1864. De 1865 à 1866, il suit une deuxième année de terminale (mathématiques), conduisant au baccalauréat ès sciences, mais ne semble pas s'y être présenté. De cette formation variée, toutefois, les *Chants de Maldoror* et les *Poésies* garderont l'empreinte, dont de nombreux éléments d'inspiration philosophique, rhétorique et scientifique. À la fin de 1867, après un bref retour en Uruguay, Ducasse s'installe à Paris, le chant premier des *Chants de Maldoror* étant publié anonymement en août 1868 chez Balitout, Questroy et Cie, avant de paraître dans le recueil poétique *Parfums de l'âme* (Bordeaux) en janvier 1869. Les *Chants de Maldoror* sont imprimés au complet, œuvre du « comte de Lautréamont », pendant l'été sur les presses de Lacroix et Verbœckhoven à Bruxelles, mais les exemplaires ne sont pas mis en vente, par crainte de poursuites judiciaires. La publication, en avril 1870, chez Balitout et Questroy, du premier fascicule des *Poésies*, sous le nom d'Isidore Ducasse, concrétise un important changement d'orientation, lié aux déboires dus à l'impression des *Chants*. Le second fascicule, paru en juin, confirme un nouveau parti pris moralisateur, répudiant les excès de Maldoror. Ces débuts littéraires difficiles sont abruptement tronqués le 24 novembre : la mort de Ducasse, dont on ignore les circonstances exactes, au 7 rue du Faubourg-Montmartre, a lieu en plein siège de Paris par l'armée prussienne. Inhumés d'abord au cimetière de Montmartre-Nord, les restes de l'écrivain sont transférés dans une fosse commune dès janvier 1871, et perdus à jamais lorsque la partie nord du cimetière est désaffectée par la Ville de Paris à partir de 1880.

Par un curieux retournement des choses, ce parcours littéraire très modeste a engendré une œuvre dont le retentissement n'a cessé de croître depuis la redécouverte des écrits et leur lancement dans la revue *La Jeune Belgique*. Œuvre provocatrice, agressive et blasphématoire, les *Chants de Maldoror* prennent à partie toute notion reçue de sujet, de ton et d'énonciation conventionnels, tout en reprenant bien des thèmes de la pensée non-conformiste, allant des auteurs du XVIIIe siècle aux prémices du positivisme, d'une littérature « fantastique » à la littérature « noire » du Romantisme. Du point de vue formel, le texte met en place, sous une adhésion « épique » de surface, un dispositif de parodie et de dislocation, où se multiplient progressivement des interventions d'auteur sans fondement apparent. Une large place est accordée à des procédés de création fonctionnant par le choc de l'arbitraire, ou par une paradoxale inventivité née du plagiat. Ces tendances —

tels la juxtaposition la plus fortuite d'éléments dans des comparaisons esthétiques, ou le recours au « collage », tissant un canevas d'énoncés très variés aux effets déconcertants — confèrent à l'écriture une résonance étonnamment moderne. Mais au-delà des violences de Maldoror, perpétrées autant contre les conventions littéraires d'usage que contre Dieu et l'homme, l'originalité de l'œuvre s'affirme dans une crise de la portée expressive du langage. Dans sa *Lettre sur Lautréamont* (*Cahiers du Sud*, n° 275, 1946), Antonin Artaud dégage des éléments proches de ce qu'il appellera un « langage de la cruauté », fondement de ses nouvelles conceptions théâtrales. En effet, toutes les violences de la thématique maldororienne, bâties sur l'exploration du potentiel énergétique né d'un langage des gestes, vont dans le sens de l'expression des profondeurs psychiques, avant que les frasques des personnages-marionnettes qui peuplent le dernier *Chant* ne l'emportent sur les échappées perturbatrices précédentes. Aussi les *Poésies* s'insèrent-elles dans un mouvement de forte cohérence d'ensemble : la libération dynamique de l'être dans les *Chants* laisse un vide, comblé par la « correction » systématique de tout écrivain ne respectant pas les hautes valeurs de la morale. Ces fluctuations ne sauraient toutefois cacher le jeu d'une même intelligence, d'une même capacité de saisir ce qui peut dérouter des manières figées d'écrire et de lire, d'une même ironie aussi, en invitant un radical questionnement des critères de réception habituels.

L'extraordinaire dynamisme générant la *pluralité* de cette œuvre globale, à bien des égards unique dans son « genre » si difficile à définir, « machine infernale » à démonter les approches unilatérales, assure un accueil critique dont la portée s'étend bien au-delà de la réception enthousiaste, pourtant décisive, qui lui a été réservée par les Symbolistes et les Surréalistes. Aux appréciations critiques de référence signées par Bachelard, Blanchot et le groupe *Tel Quel*, portant sur les secrets de l'écriture, s'ajoutent celles de nombreux poètes et romanciers modernes, à l'écoute des sources vives de l'énergie créatrice ; d'autres regards s'attachent davantage à cerner l'écrivain dans le vécu de son insertion biographique. Cette diversité d'approches vient confirmer la foisonnante richesse d'une œuvre qui n'a certes pas terminé de nous interpeller, de nous susciter, comme l'écrit le Lautréamont des *Chants*, « de nouveaux frissons » par une constante subversion de tout mode d'opération traditionnel.

Lautréamont / Gaston Bachelard. – Nouvelle édition augmentée. – Paris : José Corti, 1939 ; 1986. – 156 p.

Isidore Ducasse, comte de Lautréamont / François Caradec ; [avec la collaboration d'Albano Rodríguez]. – Édition revue et augmentée. – Paris : Gallimard, 1975. – 380 p. – (*Idées* ; 330).

Éthique à Maldoror / Michel Pierssens. – Lille : Presses Universitaires de Lille, 1984. – 228 p. – (*Objet*).

Lautréamont-Ducasse, thématique et écriture / Robert Pickering. – Paris : Lettres Modernes-Minard, 1988. – 197 p. – (*Situation* ; 48).

Lautréamont et Sade / Maurice Blanchot. – Paris : Éditions de Minuit, 1990. – 188 p. – (*Arguments* ; 19). – [1re édition en 1949].

Isidore Lautréamont / Sylvain-Christian David. – Paris : Seghers, 1992. – 289 p. – (*Mots*).

Isidore Ducasse à Paris : Actes du troisième colloque international sur Lautréamont, Paris, 2-4 octobre 1996 / Textes réunis par Jean-Jacques Lefrere et François Caradec. – Tusson (Charente) : Du Lérot, 1997. – 322 p. – (*Cahiers Lautréamont* / publiés par l'*Association des Amis passés, présents et futurs d'Isidore Ducasse* ; XXXIX-XXXX, 2e semestre 1996).

LES CHANTS DE MALDOROR 323

« Il n'est pas bon que tout le monde lise... » (Chant I, strophe 1). — Célèbre avertissement au lecteur préfigurant les principes d'une « lecture » inhabituelle requise par l'« écriture ».

Plût au ciel que le lecteur, enhardi et devenu momentanément féroce comme ce qu'il lit, trouve, sans se désorienter, son chemin abrupt et sauvage, à travers les marécages désolés de ces pages sombres et pleines de poison ; car, à moins qu'il n'apporte dans sa lecture une logique rigoureuse et une tension d'esprit égale au moins à sa défiance, les émanations mortelles de ce livre imbiberont son âme comme l'eau le sucre. Il n'est pas bon que tout le monde lise les pages qui vont suivre ; quelques-uns seuls savoureront ce fruit amer sans danger. Par conséquent, âme timide, avant de pénétrer plus loin dans de pareilles landes inexplorées, dirige tes talons en arrière et non en avant. Écoute bien ce que je te dis : dirige tes talons en arrière et non en avant, comme les yeux d'un fils qui se détourne respectueusement de la contemplation auguste de la face maternelle ; ou, plutôt, comme un angle à perte de vue de grues[1] frileuses méditant beaucoup, qui, pendant l'hiver, vole puissamment à travers le silence, toutes voiles tendues, vers un point déterminé de l'horizon, d'où tout à coup part un vent étrange et fort, précurseur de la tempête.

Œuvres complètes / Lautréamont, Germain Nouveau ; textes établis, présentés et annotés par Pierre-Olivier Walzer. – Paris : Gallimard, 1970. – (*Bibliothèque de la Pléiade* ; 218). – [P. 45, p. 1074 pour la note].

LES CHANTS DE MALDOROR 324

« Je te salue, vieil océan... » (Chant I, strophe 9). — L'apostrophe, où l'on voit la parfaite maîtrise « rhétorique » de Ducasse, consacrée à l'océan, aux antécédents littéraires multiples, sans doute connus de l'écrivain. Mais le texte est probablement imprégné aussi du vécu immédiat provenant d'une expérience directe de traversée, deux fois entreprise, de l'Atlantique.

---

1 Lautréamont peut se souvenir ici du vol de grues de *L'Enfer* de Dante (ch. V, v. 46-49) :

« Et comme grues vont chantant leurs complaintes,
par l'air faisant de leur corps longue raie,
je vis venir à traînantes huées
les ombres charriées par cet estrif... »

(Traduction d'André Pézard, *Bibl. de la Pléiade*, 1965, p. 908.)

Il s'agit des luxurieux, entraînés par l'ouragan infernal. Mais les détails techniques sur le vol de ces échassiers peuvent provenir de n'importe quel traité d'histoire naturelle.

Vieil océan[1], aux vagues de cristal, tu ressembles proportionnellement à ces marques azurées que l'on voit sur le dos meurtri des mousses ; tu es un immense bleu, appliqué sur le corps de la terre : j'aime cette comparaison. Ainsi, à ton premier aspect, un souffle prolongé de tristesse, qu'on croirait être le murmure de ta brise suave, passe, en laissant des ineffaçables traces, sur l'âme profondément ébranlée, et tu rappelles au souvenir de tes amants, sans qu'on s'en rende toujours compte, les rudes commencements de l'homme, où il fait connaissance avec la douleur, qui ne le quitte plus. Je te salue, vieil océan !

---

1 Les invocations à l'Océan ne manquent pas dans la littérature que pratiquait Lautréamont. Déjà Young, dans les *Nuits*, s'était adressé aux ténèbres, ou à la lune, et il avait aussi apostrophé pompeusement l'Océan :

« Océan ! dont les flots mugissants enferment ma patrie, séjour tumultueux des naufrages, gouffre toujours ouvert pour engloutir l'espèce humaine, vaste tombeau où la mort règne environnée de toutes ses horreurs ; comme un miroir fidèle tu me réfléchis les traits du triste tableau du monde et de la vie » (trad. Le Tourneur, Paris, Lejay, 1770, t. II, p. 28-29).

Byron va développer admirablement le thème esquissé par Young, dans les neuf strophes (176-184) qui terminent (au vrai, suivent encore deux strophes d'adieu) le quatrième chant du *Pèlerinage de Childe-Harold* :

« Déroule tes vagues d'azur, profond et sombre Océan ! D'innombrables flottes te parcourent en vain : sur la terre, l'homme marque son passage par des ruines ; sa puissance s'arrête sur tes bords. Tous les naufrages qui surviennent sur la plaine liquide sont ton œuvre : il n'y reste pas l'ombre des ravages de l'homme. À peine si la sienne se dessine un moment sur ta surface, alors qu'il s'enfonce comme une goutte d'eau dans tes profonds abîmes, en poussant un gémissement étouffé, privé de tombeau, de cercueil, d'honneurs funèbres, ignoré. » Etc. (trad. Laroche, Paris, Charpentier, 1840, t. I, p. 407).

Il n'est pas douteux (voir les rapprochements qui suivent) que nous n'ayons ici le schéma formel qui a mis en branle l'imagination de Ducasse dans son apostrophe à l'Océan, divisée en neuf reprises, comme il est évident que le caractère du modèle est d'ailleurs radicalement métamorphosé par l'humour sarcastique du Montévidéen.

C'est Byron et Chateaubriand qui, à l'aube du Romantisme, ont initié les Français aux choses de la mer, et l'un et l'autre semblent avoir influencé Lautréamont. Les images de l'homme solitaire, assis sur un rocher dominant la mer en parcourant, dans la tempête ou au clair de la lune, les grèves de l'océan sont communes à l'un et à l'autre écrivain. Elles reparaissent souvent dans les *Chants* — de même d'ailleurs que certains traits qui semblent venir de Michelet (*La Mer*) ou de Baudelaire (« L'homme et la Mer »). Il ne faut d'ailleurs pas oublier que le poète avait lui-même une expérience sérieuse et personnelle de la mer et de la vie maritime, puisqu'il avait fait — et peut-être deux fois — la longue traversée entre l'Europe et l'Amérique du Sud, qui, à l'époque, ne durait pas moins d'une quarantaine de jours.

L'expression « vieil océan » a été retrouvée dans Chateaubriand par Pierre Capretz (p. 25), qui cite le passage où Chactas, contemplant religieusement du rivage la débâcle de la mer polaire (cf. le « choc incessant des glaçons précipités les uns sur les autres pendant la débâcle des mers polaires » au *Chant IV*, str. I), décrit l'océan qui commence à s'agiter : « … Le vieil océan, réveillé au fond de ses abîmes, rompit ses chaînes, secoua sa tête hérissée de glaçons, et, vomissant les flots renfermés dans sa vaste poitrine, répandit sur ses rivages les marées mugissantes » (*Les Natchez*, liv. III, p. 288). L'expression se trouve également dans Michelet (*La Mer*, I, 7, Hachette, 1861, p. 74), qui utilise ailleurs, ainsi que l'a noté Mme Bonnet, « Ce vieux père Océan » (*L'Oiseau*, Ire partie, Hachette, 1856, p. 46). Hugo, lui, utilise « Le vieillard Océan » (« Pleine mer », dans *La Légende des siècles*, *Bibl. de la Pléiade*, 1950, p. 715).

On la retrouve dans un passage du *Centaure*, de Maurice de Guérin : « Cherchez-vous les dieux, ô Macarée ! et d'où sont issus les hommes, les animaux et les principes du feu universel ? Mais le vieil Océan, père de toutes choses, retient en lui-même ces secrets, et les nymphes qui l'entourent décrivent en chantant un chœur éternel devant lui, pour couvrir ce qui pourrait s'évader de ses lèvres entrouvertes par le sommeil. » (*Maurice de Guérin*, *Collection des plus belles pages*, Paris, Mercure de France, 1923, p. 24-25).

Vieil océan, ta forme harmonieusement sphérique, qui réjouit la face grave de la géométrie[1], ne me rappelle que trop les petits yeux de l'homme, pareils à ceux du sanglier pour la petitesse, et à ceux des oiseaux de nuit pour la perfection circulaire du contour. Cependant, l'homme s'est cru beau dans tous les siècles. Moi, je suppose plutôt que l'homme ne croit à sa beauté que par amour-propre ; mais, qu'il n'est pas beau réellement et qu'il s'en doute ; car, pourquoi regarde-t-il la figure de son semblable avec tant de mépris ? Je te salue, vieil océan !

Vieil océan, tu es le symbole de l'identité : toujours égal à toi-même. Tu ne varies pas d'une manière essentielle, et, si tes vagues sont quelque part en furie, plus loin, dans quelque autre zone, elles sont dans le calme le plus complet[2]. Tu n'es pas comme l'homme, qui s'arrête dans la rue, pour voir deux bouledogues s'empoigner au cou, mais, qui ne s'arrête pas, quand un enterrement passe ; qui est ce matin accessible et ce soir de mauvaise humeur ; qui rit aujourd'hui et pleure demain. Je te salue, vieil océan !

Vieil océan, il n'y aurait rien d'impossible à ce que tu caches dans ton sein de futures utilités pour l'homme. Tu lui as déjà donné la baleine[3]. Tu ne laisses pas facilement deviner aux yeux avides des sciences naturelles les mille secrets de ton intime organisation : tu es modeste. L'homme se vante sans cesse, et pour des minuties. Je te salue, vieil océan !

Œuvres complètes / Lautréamont, Germain Nouveau ; textes établis, présentés et annotés par Pierre-Olivier Walzer. – Paris : Gallimard, 1970. – (*Bibliothèque de la Pléiade* ; 218). – [Pp. 56-57, pp. 1085-1088 pour les notes].

---

1 Cet aspect géométriquement harmonieux avait déjà été souligné par Michelet (*La Mer*, I, 4) : « Tandis que la terre nous offre tels traits qui semblent discordants [...] la mer au contraire présente une très grande harmonie, une correspondance exacte entre les deux hémisphères. [...] Ce que le globe a de plus ordonné, de plus symétrique, c'est ce qui paraît le plus libre... » (cité par Mme Marguerite Bonnet, « Lautréamont et Michelet », R.H.L.F., oct.-déc. 1964).

2 Cf. Byron, *Childe-Harold*, IV, 182 : « ... mais en toi rien ne change, si ce n'est le caprice de tes vagues ; — le temps ne grave aucune ride sur ton front d'azur. — Tel que te vit l'aurore de la création, tel nous te voyons encore. » Cf. aussi Michelet (*La Mer*, I, 1) : « L'élément que nous appelons fluide, mobile, capricieux, ne change pas réellement ; il est la régularité même. Ce qui change constamment, c'est l'homme » (cité par Mme Bonnet).

3 Cet abrupt exemple de la baleine s'explique peut-être par Michelet. Dans *La Mer* (III, 2), l'historien souligne en effet l'importance toute particulière de la baleine dans la découverte du monde ; c'est en poursuivant la baleine que les hommes ont inventé la grande navigation. « On doit beaucoup à la baleine : sans elle, les pêcheurs se seraient tenus à la côte, car presque tout poisson est riverain ; c'est elle qui les émancipa, et les mena partout. » Cité par Mme Marguerite Bonnet (« Lautréamont et Michelet », R.H.L.F., oct.-déc. 1964), qui commente : « La dérision dans le sous-entendu est volontiers dans la manière de Lautréamont. Il a parodié Musset, Byron, Hugo, Sue ; il se pourrait qu'il parodiât l'historien devenu philosophe enthousiaste de la nature. »

LES CHANTS DE MALDOROR 325

Un créateur cruel et cannibale (Chant II, strophe 8). — L'une des visions les plus fortes des *Chants*, mais ancrée dans un important réseau de références précédentes, à la fois intertextuelles et plastiques.

Un jour, donc, fatigué de talonner du pied le sentier abrupt du voyage terrestre, et de m'en aller, en chancelant comme un homme ivre, à travers les catacombes obscures de la vie, je soulevai avec lenteur mes yeux spleenétiques, cernés d'un grand cercle bleuâtre, vers la concavité du firmament, et j'osai pénétrer, moi, si jeune, les mystères du ciel ! Ne trouvant pas ce que je cherchais, je soulevai la paupière effarée plus haut, plus haut encore, jusqu'à ce que j'aperçusse un trône, formé d'excréments humains et d'or, sur lequel trônait, avec un orgueil idiot, le corps recouvert d'un linceul fait avec des draps non lavés d'hôpital, celui qui s'intitule lui-même le Créateur ! Il tenait à la main le tronc pourri d'un homme mort, et le portait, alternativement, des yeux au nez et du nez à la bouche ; une fois à la bouche, on devine ce qu'il en faisait[1]. Ses pieds plongeaient dans une vaste

---

1 Les détails les plus précis sont empruntés à *L'Enfer* de Dante. Le début même de l'épisode : « Un jour, donc, fatigué de talonner du pied le sentier abrupt du voyage terrestre, et de m'en aller, en chancelant comme un homme ivre, à travers les catacombes obscures de la vie... », nous ramène au début de *L'Inferno* (Ch. I, v. 1-3) :

« Au milieu du chemin de notre vie
Je me trouvai par une selve obscure
et vis perdue la droiturière voie. »

(Trad. Pézard, *Bibl. de la Pléiade*, 1965, p. 883.)

Dante refait le chemin qu'a fait Lucifer lors de sa chute. La rencontre avec le mal le pousse à monter vers le bien. Tandis que Maldoror, en cherchant Dieu, trouve le mal qui s'est substitué au Créateur.

Il aperçoit « un trône, formé d'excréments humains et d'or, sur lequel trônait, avec un orgueil idiot... » Dans *L'Enfer*, les âmes des adulateurs sont immergées dans des excréments humains :

Ici venus, nous vîmes par la fosse
des gens plongés en ce qui me parut
bran regorgeant de sentines humaines.

(*Éd. cit.*, ch. XVIII, v. 112-114, p. 995.)

Le Lucifer de Dante, parmi les autres traîtres de l'*Enfer*, a trois têtes, et il est condamné à ronger perpétuellement la tête d'un autre traître ; ses victimes sont Judas, Brutus et Cassius.

En chaque bouche il rompait de ses dents
un pécheur comme on rompt le chanvre en broie ;

(*Éd. cit.*, ch. XXXIV, v. 55-56, p. 1108.)

« Le tronc pourri d'un homme mort. » On pense à Judas, qui a « la peau toute dénudée » par les égratignures que lui a faites Lucifer (ch. XXXIV, v. 60). « Ses pieds plongeaient dans une vaste mare de sang en ébullition... », etc. Ces horribles détails condensent, semble-t-il, plusieurs passages empruntés encore à l'*Enfer*. La mare de sang vient du chant XII, v. 47-48. Ce sang bouillant dans lequel sont plongés les violents s'identifie, dans l'esprit de Lautréamont, avec la poix bouillante du chant XXII, dans laquelle les diables repoussent inlassablement les *barattieri* :

« Comme dauphins qui, arquant leur échine,
aux mariniers donnent signifiance
de prendre soin à garer leur vaisseau,
ainsi parfois, pour alléger sa peine
quelqu'un de ces damnés montrait le dos

mare de sang en ébullition, à la surface duquel s'élevaient tout à coup, comme des ténias à travers le contenu d'un pot de chambre, deux ou trois têtes prudentes, et qui s'abaissaient aussitôt, avec la rapidité de la flèche : un coup de pied, bien appliqué sur l'os du nez, était la récompense connue de la révolte au règlement, occasionnée par le besoin de respirer un autre milieu ; car, enfin, ces hommes n'étaient pas des poissons ! Amphibies tout au plus, ils nageaient entre deux eaux dans ce liquide immonde !... jusqu'à ce que, n'ayant plus rien dans la main, le Créateur, avec les deux premières griffes du pied, saisît un autre plongeur par le cou, comme dans une tenaille, et le soulevât en l'air, en dehors de la vase rougeâtre, sauce exquise ! Pour celui-là, il faisait comme pour l'autre. Il lui dévorait d'abord la tête, les jambes et les bras, et en dernier lieu le tronc, jusqu'à ce qu'il ne restât plus rien ; car, il croquait les os. Ainsi de suite, durant les autres heures de son éternité. Quelquefois il s'écriait : « Je vous ai créés ; donc j'ai le droit de faire de vous ce que je veux. Vous ne m'avez rien fait, je ne dis pas le contraire. Je vous fais souffrir, et c'est pour mon plaisir. » Et il reprenait son repas cruel, en remuant sa mâchoire inférieure, laquelle remuait sa barbe pleine de cervelle. Ô lecteur, ce dernier détail ne te fait-il pas venir l'eau à la bouche ? N'en mange pas qui veut d'une pareille cervelle, si bonne, toute fraîche, et qui vient d'être pêchée il n'y a qu'un quart d'heure dans le lac aux *poissons*. Les membres paralysés, et la gorge muette, je contemplai pendant quelque temps ce spectacle.

Œuvres complètes / Lautréamont, Germain Nouveau ; textes établis, présentés et annotés par Pierre-Olivier Walzer. – Paris : Gallimard, 1970. – (*Bibliothèque de la Pléiade* ; 218). – [Pp. 97-98, pp. 1110-1112 pour la note].

---

et le cachait plus soudain que l'éclair. »

(Trad. André Pézard, *Bibl. de la Pléiade*, 1965.)

Et dans les deux tercets qui suivent, on retrouve la répétition du même geste : « Et comme auprès du bord dans un étang, leur museau seul dehors, gisent les raines, mussant le gros de leur corps et leurs pattes, ainsi gîtaient pécheurs de toutes parts ; mais dès que Barbhéris venait plus proche, ils s'enfonçaient dessous les noirs bouillons » (v. 25-30). Lautréamont a remplacé les grenouilles par des ténias, pour faire plus horrible, et le fossé par un pot de chambre, pour faire plus repoussant, mais les passages restent apparentés. Chez Dante, ce sont des âmes en peine qui émergent et se retirent aussitôt à la vue de Barbariccia ; chez Lautréamont ce sont « deux ou trois têtes prudentes » qui « s'abaissent aussitôt », comme chez Dante, « avec la rapidité de la flèche ». Un peu plus bas, la « barbe pleine de cervelle » nous renvoie à l'épisode du comte Ugolin qui ronge, lui aussi, un crâne, celui de l'archevêque Ruggieri : « Et comme pain par faim-valle se broie, cil du dessus plantait ses dents en l'autre, là où l'épine au cervel se cheville » (ch. XXXII, v. 127-129). À moins que le poète n'ait en tête l'imagerie mythologique hindoue qu'il évoque dans *Poésies I* : « Les Ahrimanes, les manitous manichéens, barbouillés de cervelle, qui cuvent le sang de leurs victimes, dans les pagodes sacrées de l'Hindoustan... »

LES CHANTS DE MALDOROR 326

« Ficelles de la prudence » … et de la rhétorique ! (Chant IV, strophe 2). — Bon exemple d'un registre d'écriture, répandue dans les *Chants*, où le souci d'une extrême précision débouche sur une indétermination proche de l'absurde, qui ralentit la visée référentielle de la narration tout en provoquant chez le lecteur cette « tension d'esprit » envisagée dans la préface de l'œuvre.

Deux piliers, qu'il n'était pas difficile et encore moins impossible de prendre pour des baobabs, s'apercevaient dans la vallée, plus grands que deux épingles. En effet, c'étaient deux tours énormes. Et, quoique deux baobabs, au premier coup d'œil, ne ressemblent pas à deux épingles, ni même à deux tours, cependant, en employant habilement les ficelles de la prudence, on peut affirmer, sans crainte d'avoir tort (car, si cette affirmation était accompagnée d'une seule parcelle de crainte, ce ne serait plus une affirmation ; quoiqu'un même nom exprime ces deux phénomènes de l'âme qui présentent des caractères assez tranchés pour ne pas être confondus légèrement) qu'un baobab ne diffère pas tellement d'un pilier, que la comparaison soit défendue entre ces formes architecturales… ou géométriques… ou l'une et l'autre… ou ni l'une ni l'autre… ou plutôt formes élevées et massives. Je viens de trouver, je n'ai pas la prétention de dire le contraire, les épithètes propres aux substantifs pilier et baobab : que l'on sache bien que ce n'est pas, sans une joie mêlée d'orgueil, que j'en fais la remarque à ceux qui, après avoir relevé leurs paupières, ont pris la très louable résolution de parcourir ces pages, pendant que la bougie brûle, si c'est la nuit, pendant que le soleil éclaire, si c'est le jour.

Œuvres complètes / Lautréamont, Germain Nouveau ; textes établis, présentés et annotés par Pierre-Olivier Walzer. – Paris : Gallimard, 1970. – (*Bibliothèque de la Pléiade* ; 218). – [P. 159].

LES CHANTS DE MALDOROR 327

Incertitudes et extra-lucidité (Chant VI, strophe 1-chapitre I). — Outre la comparaison célèbre de la machine à coudre et du parapluie, le texte révèle l'emprise grandissante d'une ironie corrosive, née de la conscience autoréférentielle des opérations définissant la genèse de l'écriture.

Or, dans cet endroit que ma plume (ce véritable ami qui me sert de compère) vient de rendre mystérieux, si vous regardez du côté par où la rue Colbert s'engage dans la rue Vivienne, vous verrez, à l'angle formé par le croisement de ces deux voies, un personnage montrer sa silhouette, et diriger sa marche légère vers les boulevards. Mais, si l'on s'approche davantage, de manière à ne pas amener sur soi-même l'attention de ce passant, on s'aperçoit, avec un agréable étonnement, qu'il est jeune ! De loin on l'aurait pris en effet pour un homme mûr. La somme des jours ne compte plus, quand il s'agit d'apprécier la capacité intellectuelle d'une figure sérieuse. Je me connais à lire l'âge dans les lignes physiognomoniques du front : il a seize ans et quatre mois ! Il est beau comme la rétractilité des serres des oiseaux rapaces ; ou encore, comme l'incertitude des mouvements musculaires dans les plaies des parties molles de la région cervicale postérieure ; ou plutôt, comme ce piège à rats perpétuel, toujours retendu par l'animal pris, qui peut prendre seul des rongeurs indéfiniment, et fonctionner même caché sous la paille ; et surtout, comme la rencontre fortuite sur une table de dissection d'une machine à coudre et d'un parapluie[1] ! Mervyn, ce fils de la blonde Angleterre, vient de prendre chez son professeur une leçon d'escrime, et, enveloppé dans son tartan écossais, il retourne chez ses parents. C'est huit heures et demie, et il espère arriver chez lui à neuf heures : de sa part, c'est une grande présomption que de feindre d'être certain de connaître l'avenir. Quelque obstacle imprévu ne peut-il l'embarrasser dans sa route ? Et cette circonstance, serait-elle si peu fréquente, qu'il dût prendre sur lui de la considérer comme une exception ? Que ne considère-t-il plutôt, comme un fait anormal, la possibilité qu'il a eue jusqu'ici de se sentir dépourvu d'inquiétude et pour ainsi dire heureux ? De quel droit en effet prétendrait-il gagner indemne sa demeure, lorsque quelqu'un le guette et le suit par-derrière comme sa future proie ? (Ce serait bien peu connaître sa profession d'écrivain à sensation, que de ne pas, au moins, mettre en avant, les restrictives interrogations après lesquelles arrive immédiatement la phrase que je suis sur le point de terminer.)

Œuvres complètes / Lautréamont, Germain Nouveau ; textes établis, présentés et annotés par Pierre-Olivier Walzer. – Paris : Gallimard, 1970. – (*Bibliothèque de la Pléiade* ; 218). – [Pp. 224-225, p. 1138 pour la note].

1 On peut penser, avec P. Capretz (p.172), que le piège à rat perpétuel copie « certainement un entre-filet de publicité » ; quant à la machine à coudre et au parapluie « il semble que l'étrange association de ces divers objets résulte de leur présence sur une feuille publicitaire de quelque journal ».

POÉSIES 328

Proverbes, apophtegmes et résolutions (II). — Un Ducasse chanteur du Bien, répudiant le Maldoror archange du Mal, consacre le tournant entre les deux volets de l'œuvre, en recourant à une correction systématique, dans le sens de la morale ou de l'optimisme, de nombreux écrivains, dont ici Vauvenargues, Dante, Shakespeare et Pascal.

Le génie garantit les facultés du cœur.

L'homme n'est pas moins immortel que l'âme.

Les grandes pensées viennent de la raison[1] !

La fraternité n'est pas un mythe.

Les enfants qui naissent ne connaissent rien de la vie, pas même la grandeur.

Dans le malheur, les amis augmentent[2].

Vous qui entrez, laissez tout désespoir[3].

Bonté, ton nom est homme[4].

C'est ici que demeure la sagesse des nations.

Chaque fois que j'ai lu Shakespeare, il m'a semblé que je déchiquète la cervelle d'un jaguar.

J'écrirai mes pensées avec ordre, par un dessein sans confusion. Si elles sont justes, la première venue sera la conséquence des autres. C'est le véritable ordre. Il marque mon objet par le désordre calligraphique. Je ferais trop de déshonneur à mon sujet, si je ne le traitais pas avec ordre. Je veux montrer qu'il en est capable[5].

Je n'accepte pas le mal. L'homme est parfait. L'âme ne tombe pas. Le progrès existe. Le bien est irréductible. Les antéchrists, les anges accusateurs, les peines éternelles, les religions sont le produit du doute.

Œuvres complètes / Lautréamont, Germain Nouveau ; textes établis, présentés et annotés par Pierre-Olivier Walzer. – Paris : Gallimard, 1970. – (*Bibliothèque de la Pléiade* ; 218). – [Pp. 275, 1153-1154 pour les notes].

---

1 Vauvenargues, édition de ses œuvres par D.-L. Gilbert (Paris, Furne, 1857), 127 : « Les grandes pensées viennent du cœur. »

2 Vauvenargues, édition de ses œuvres par D.-L. Gilbert (Paris, Furne, 1857), 17 : « La prospérité fait peu d'amis. »

3 Dante, *Enfer*, ch. III, v. 9 : « Laissez toute espérance, vous qui entrez. »

4 Shakespeare, *Hamlet*, acte I, sc. 2 : « Fragilité, ton nom est femme ! »

5 Pascal, édition Brunschvicg *minor* (Hachette, 1907, 4e édition revue), Section VI, n° 373, p. 499 : « J'écrirai ici mes pensées sans ordre, et non pas peut-être dans une confusion sans dessein : c'est le véritable ordre, et qui marquera toujours mon objet par le désordre même. Je ferais trop d'honneur à mon sujet, si je le traitais avec ordre, puisque je veux montrer qu'il en est incapable. »

VINJE

NORVÉGIEN 1818-1870

Se plaçant sous le signe d'une « percée nationale » imprégnée d'idéal romantique, les créateurs norvégiens des années 1840 et 1850 s'efforcèrent dans tous les domaines d'approfondir la notion de « norvégianité » (cf. Asbjørnsen et Moe, *PLE 11b*). À cet égard, la langue fut naturellement l'objet de toutes les sollicitudes. Commencée à la fin du XIVe siècle, la danisation du pays avait entraîné l'élimination progressive du norvégien qui avait ensuite reçu le coup de grâce dans la première moitié du XVIe siècle, lorsque la Norvège était officiellement devenue province danoise et qu'au même moment la Réforme avait imposé l'usage du danois écrit.

Ayant retrouvé leur liberté en 1814, les Norvégiens devaient-ils conserver la langue de l'ancien oppresseur ? Source de violents affrontements dans les années 1830 (cf. Welhaven, pp. 914-918), la question fut ensuite abordée plus concrètement, et deux voies se dessinèrent. La première fut celle où s'engagèrent Asbjørnsen et Moe lorsque, devant présenter les *Contes populaires norvégiens*, ils conservèrent le support du danois mais en allégeant les constructions et en introduisant de nombreux norvégianismes des campagnes. Cette évolution modérée devait se poursuivre jusqu'à nos jours, le *riskmaal* d'origine danoise ayant été progressivement norvégianisé jusqu'à devenir le *bokmål* qui est aujourd'hui une des deux langues officielles du pays.

D'aucuns prônaient cependant des solutions plus radicales, jugeant que la Norvège nouvelle se devait d'avoir une langue aussi proche que possible de celle de ses origines. Or, cette dernière se retrouvait en grande partie dans les différents dialectes ruraux qui en dérivaient. Fort de cette constatation, Ivar Aasen (1813-1896), un autodidacte de génie issu d'un milieu très modeste, entreprit de parcourir les campagnes pour étudier les différents parlers. Au bout de plusieurs années, il put, à partir des éléments qu'il avait recueillis, proposer une véritable langue de synthèse qui s'appuyait principalement sur les dialectes de l'ouest de la Norvège et se rapprochait de l'ancien norvégien. De ses travaux résultèrent la parution d'une *Grammaire de la langue populaire norvégienne* (1848) puis d'un *Dictionnaire de la langue populaire norvégienne* (1850) suivi d'*Essais sur la langue nationale de Norvège* (1853) où l'auteur montrait la viabilité de cette nouvelle « langue du pays » le *landsmaal*. Dès 1885, celle-ci fut reconnue comme langue officielle au même titre que le *riksmaal*, un statut qu'elle a conservé de nos jours sous son nom actuel de *nynorsk* ou néo-norvégien.

D'évidence, jamais le *landsmaal* n'aurait pu bénéficier d'une promotion si rapide si, outre Ivar Aasen, plusieurs écrivains ne l'avaient rapidement adopté. Et, au premier rang de ceux-ci, il faut citer Aasmund Olavsson Vinje. Né dans une très modeste famille rurale, celui-ci exerça d'abord les métiers les plus divers : berger, instituteur itinérant, bouilleur de cru puis, ayant passé son baccalauréat sur le tard, il entreprit des études de droit et devint avocat, mais pour revenir immédiatement au journalisme dont il avait déjà tâté. D'abord correspondant d'un quotidien de Drammen, il décida en 1858 de fonder son propre journal *Dølen* (« L'habitant des vallées »).

Renonçant désormais à écrire le moindre mot en danois, il décida de mettre à profit et de valoriser le nouvel instrument offert aux Norvégiens. Et, dès lors qu'il embrassa la cause du *landsmaal*, il y resta fidèle jusqu'au bout, démontrant toutes les possibilités de la nouvelle langue non seulement à travers les innombrables poèmes, causeries, récits de voyage et critiques de livres qu'il publia dans *Dølen* jusqu'en 1870, mais aussi dans tout le reste de son œuvre.

Adepte sans faille de ce norvégien nouveau, le seul légitime à ses yeux, A.O. Vinje allait, en revanche, professer des opinions extrêmement fluctuantes, n'hésitant pas à ériger le refus des a priori en principe de pensée. Il écrit ainsi : « La vérité n'est pas quelque chose de stable et de fixe, mais un processus, quelque chose qui évolue. Il n'y a que les gens grossiers pour prendre la vérité et la mettre dans la poche ». À cet égard, cet homme, qui avait ainsi conforté un des principaux acquis de la percée nationale, apparaît également comme le symbole de la Norvège des années 1850 et 1860 confrontée à toutes les incertitudes des profondes mutations. À l'instar d'une Camilla Collett, cet héritier du romantisme annonce aussi le réalisme. En témoigne tout spécialement son meilleur livre *Souvenirs du voyage de l'été 1860*, qui emprunte sa matière au voyage que, principalement à pied, l'auteur effectua de Christiania à Trondheim pour assister au couronnement du roi de l'Union suédo-norvégienne Charles IV. Dans la lignée du *Voyage sentimental* de Sterne ou des *Tableaux de voyage* de Heine, Vinje propose une œuvre hautement subjective. Au gré des impressions du moment, celui-ci sait se laisser subjuguer par la beauté d'une scène ou d'un paysage, donner libre cours à une mordante ironie ou s'abandonner sans retenue à tous les vagabondages de l'esprit. Ainsi doit-on à Vinje quelques-uns des plus beaux poèmes qui aient été écrits sur la nature norvégienne. Et il n'a pas non plus son pareil pour souligner le caractère idyllique d'une scène champêtre. Mais, pour autant, il ne cède pas au culte romantique de la paysannerie et fustige avec un humour cinglant tout ce qu'il peut y découvrir de routinier et d'archaïque. Homme de la « dualité », aussi tendre et enthousiaste que lucide et caustique, Vinje est, par excellence, l'auteur d'une période de transition.

Aasmund Vinje : norsk nasjonal konservatisme / Arne Begsgård. – Oslo, 1940. – 286 p.
A.O. Vinje / Olav Midttun. – Oslo, 1960. – 148 p.

SOUVENIRS DE VOYAGE DE L'ÉTÉ 1860 329

É. et É. Eydoux — 1991

Les Rondane (*Les langues de Foldalen*). — Se rendant à Trondheim pour assister au couronnement du roi, l'auteur s'arrête devant les montagnes de Rondane et, comme précédemment en d'autres lieux, se laisse aller à différentes réflexions.

Lorsqu'on se trouve au pied de la face nord-ouest du Grand Rond, la plus élevée et la plus abrupte, l'impression est véritablement horrible. On se sent aussi dérisoirement minuscule qu'une poupée placée en bas d'une tour de la cathédrale de Trondheim et qu'on aurait de surcroît essayé d'agrandir en lui dressant au-dessus de la tête un bras prolongé d'un manche de couteau. C'est un paysage de désolation où prédomine une couleur noire à peine interrompue par une plaque de neige. Et l'on ne s'étonnera pas que les paysans des environs n'y voient rien que de très laid. « Et toi qui oses prétendre que le Rond est beau ! me dit une femme de Stausbuøy. Eh bien, moi, je te dis qu'il est laid, aussi laid que le Malin et quand, en hiver ou en automne, il nous ramène le vent et les bourrasques de neige, ce n'est pas un endroit pour les gens mais pour les trolls. »

Pour cette femme, comme pour tous les autres paysans, les paysages de plaine sont aussi beaux que sont horribles les hautes montagnes, les vallées profondes et les précipices. En matière artistique, leurs canons diffèrent donc totalement de ceux qui prédominent à l'heure actuelle. Cependant, ils correspondent à ceux dont on se réclamait il y a quelque deux cents ans. Ainsi en va-t-il de l'art comme de la mode : le paysan des montagnes a quelque cent ans de retard et, dans cent ans, il aura probablement fait siens nos canons artistiques et nos modes vestimentaires, cependant que les citadins et les gens les plus évolués seront, à leur tour, tributaires d'une autre conception des choses, qui d'ailleurs pourra aussi bien représenter un progrès qu'une régression. Toutefois, il est peu probable qu'à l'avenir on trouve plus de beauté à un précipice, un pic acéré et neigeux ou des vallées de désolation qu'à une plaine souriante. En effet, ce genre de poésie qui met à l'honneur les formes sauvages et tourmentées subsiste encore en peinture alors qu'en littérature il est mort. Pour sa part, le paysan veut bien trouver beau ce qui l'est réellement, mais il faut aussi que ce soit d'un rapport certain, qu'il y trouve en quelque sorte de quoi se nourrir, faute de quoi le beau devient immanquablement laid. Et, à l'évidence, si le Rond est laid, c'est qu'il ne s'y trouve pas le moindre brin d'herbe. Lorsqu'on la voit pour la première fois, la montagne offre certainement un spectacle extraordinaire, mais lorsqu'il faut vivre dans son voisinage à longueur d'année, c'est autre chose. Et, si nos amateurs d'art devaient la subir quotidiennement, ils s'en lasseraient très rapidement. « Pour l'amour de Dieu, donnez-moi une prairie, même minuscule », s'exclameraient-ils.

Dès lors, les peintres et autres amateurs de paysages peuvent être assurés de trouver quelque chose d'à la fois grandiose et beau chaque fois que les habitants de la région leur disent que c'est laid. Ainsi la chute d'eau de Rjukan est-elle jugée irrémissiblement laide par les gens du cru, qui n'arrivent pas à comprendre comment on peut se déplacer de si loin pour la voir. De même, les gens de l'Atnedalen, qui me trouvent par ailleurs d'un commerce si « agréable », sont abasourdis de l'intérêt que je porte à ces horribles Ronds. Dans le même esprit, un homme de Drivdalen jugeait sa vallée affreuse, tandis que plusieurs personnes du Raumsdalen affirmaient que leur vallée représentait le summum de la laideur. Et bien sûr, comme je le disais précédemment, plus les autochtones trouvent leur région laide, plus les peintres et autres esthètes la trouvent belle. J'ai rencontré dans la région un homme nommé Olav qui, en matière de beauté, pourrait faire figure de référence. Le pasteur lui ayant reproché d'avoir construit devant sa fenêtre un grenier à provisions qui lui dissimulait le lac, la colline et les montagnes, il répliqua : « Il n'y a rien de plus beau qu'un grenier à provisions, car on y trouve à l'intérieur de la bière, de la viande, et du lard. »

Cependant, il me faut maintenant avouer tout net que, si pittoresques qu'ils soient, les Ronds, les montagnes du Raumsdal, le Snøhetta et ce que j'ai vu des monts de Jotunheimen me paraissent banals, ramassés et lourds par rapport à la légèreté et la grâce de la montagne de Gausta qui, enveloppée de sa joyeuse robe bleue et le pied posé obliquement sur Rjukan, paraît uniment belle, quel que soit le côté dont on la regarde. Celle-ci exhale la même gaieté nostalgique que les ballades du Telemark, ce qui explique que la langue populaire ait fait de Gausta un nom féminin, alors que les Ronds sont un nom masculin. On dit *elle* en parlant de Gausta mais *il*, s'agissant d'un des Ronds. Et il est vrai que, malgré sa majesté, cette montagne conserve quelque chose d'enjôlant, de doucement ondoyant, où l'œil vient se laisser bercer comme sur une vague qui l'emporterait vers le ciel.

Écrivains de Norvège / textes choisis et présentés par Éric Éydoux et Bente Christensen ; traductions de Sylvie Defard, Martine Desbureaux, Martine Dupont [et al.]. – Thaon : Amiot-Lenganey, 1991. – [Pp. 39-41]. – [Traduction revue pour la présente édition].

ERBEN

TCHÈQUE **1811-1870**

Par l'élaboration de ses travaux savants sur le patrimoine culturel slave (*Sacrifice à la terre*, 1848 ; *Légende slave de la création du monde*, 1866) et la publication de plusieurs recueils de poésie populaire, dont le dernier, *Chansons et comptines populaires tchèques* (1862-1864) ne compte pas moins de 2 200 textes, Karel Jaromír Erben figure au premier rang du « réveil national » en Bohême, suscité, notamment, par le ressourcement de la poésie et le sursaut des consciences nationales stimulé par Herder (cf. *P.L.E.* 10, pp. 198-207). Historien, Erben a également donné, souvent en collaboration avec František Palacký, des travaux d'érudition et a édité, entre autres, des textes de Jan Hus (cf. *P.L.E.* 6, pp. 46-58).

C'est cependant par son *Kytice* (*Bouquet*, 1852), son seul recueil personnel de poèmes épiques, de ballades et de légendes d'inspiration populaire, tout empreint de méditations sur l'homme et sur les drames de sa destinée, qu'il est devenu, mieux que Čelakovský, une des références obligées de la renaissance littéraire tchèque, inspirant désormais poètes et musiciens, par exemple Dvořák. Le romantisme de Erben, bien que fondé, comme chez Mácha, sur l'affrontement, souvent tragique, de l'homme avec les autres ou avec la nature, débouche, à l'opposé du titanisme byronien de ce dernier, sur une aspiration à l'ordre et à l'harmonie. Catholique, Erben propose une attitude qui, par la morale chrétienne et la loi surnaturelle, conduit à la seule sagesse possible, celle de la Paix de Dieu. Ainsi, en se tournant vers la muse du génie populaire, et même lorsqu'il la fait tinter d'échos mythologiques, Erben reste foncièrement chrétien. La riche matière de la tradition n'écrase en lui ni le poète ni le croyant : elle se trouve comme relevée et illuminée par la grâce d'un art consommé de la langue et du rythme.

Faite d'un laconisme mélodieux, tout accordée à l'esprit de la langue — concentration suprême et transparence du sens —, la prosodie de Erben est, depuis longtemps, objet d'attention minutieuse — on se souvient des analyses structurales de Roman Jakobson — et ne cesse d'infléchir, jusque de nos jours, l'expression poétique tchèque. Tout comme Mácha, Erben a trouvé un puissant écho auprès des générations suivantes, avec Neruda, Wolker, Seifert, etc.

Karel Jaromír Erben / Julius Dolanský. – Praha : Melantrich, 1970. – 448 p. – (*Odkazy pokrokových osobností naší minulosti* ; 28).

Studies in verbal art : texts in Czech and Slovak / Roman Jakobson. – Ann Arbor : University of Michigan, 1971. – (*Michigan Slavic Contributions* ; 4). – [Pp. 166-281].

LE BOUQUET 330

J. Látal — 1998

Le saule[1].

Le matin à table il s'assoie
et s'adresse à sa jeune épouse :

« Dame adorée, ô mon amour,
toujours sincère et loyale,

toujours sincère et loyale —
sauf un secret inavoué.

Cela fait deux ans, nous sommes unis —
sauf un secret qui me fait mal.

Dame adorée, épouse chérie,
la nuit tu dors — de quel sommeil ?

Le soir, fraîche tu montes au lit,
la nuit, tu gis inanimée.

Pas un mouvement, pas un bruit,
pas une trace de ton esprit.

Le corps prostré, sans chaleur,
comme du bois putrescent.

Même le petit, lorsqu'il pleure,
ne peut pas te réveiller.

Épouse chérie, dame adorée,
serait-ce un mal qui frappe ton corps ?

Si c'est un mal qui ronge ton corps,
allons chercher un sage conseil.

Dans les champs les herbes nombreuses
aideront à ton salut.

Si la force des simples flanche,
le verbe magique nous portera secours.

---

1 En tchèque, le saule (*vrba*) est féminin. (N.d.t.)

Le verbe magique maîtrise les nues,
sauve les navires en perdition,

commande au feu, enchaîne les monstres,
réduit un roc en poussière.

Du firmament décroche un astre ;
« le verbe magique te guérira. » —

« Ô mon seigneur, mon doux maître,
ne crois pas aux paroles vaines !

Contre le lot qui nous échoit
à la naissance, point de loi !

À l'oracle de la Parque
jamais un homme n'échappera.

Même inerte au fond du lit,
je suis sous la garde de Dieu.

Je suis sous la garde de Dieu
qui me soutient chaque nuit.

Pendant la nuit, ainsi qu'une morte,
avec l'aube, la vie revient.

Je me réveille saine et sauve :
laisse tes alarmes au bon Dieu ! » —

Pauvre dame, tu pries en vain,
ton maître mûrit son dessein.

Près de l'âtre une mégère
verse de l'eau dans douze bols,

douze écuelles en un seul rang,
l'homme consulte la baba :

« Écoute, vieille, ton art est grand ;
tu sais ce qui nous attend,

tu sais le mal qui s'installe
sur les chemins de la camarde.

Dis-moi vite et sans ambages,
qu'est-ce qui arrive à ma femme ?

Le soir, fraîche elle monte au lit,
la nuit, son âme s'évanouit,

son corps gît inanimé,
sans mouvement, sans esprit,

son corps inerte et glacé,
comme un arbre pourrissant. » —

« Comment vivre autrement
en ne vivant qu'à moitié ?

Le jour, en rires dans la maison
la nuit, prisonnière d'un arbre.

Près du ruisseau de la garenne
tu verras un saule, sa blanche écorce ;

de jaunes rameaux qui poussent sur l'arbre —
c'est lui, le saule, qui a son âme ! »

« D'une femme pareille, je n'en veux pas,
d'une épouse-saule, je n'en ai cure !

Que mon épouse m'appartienne,
et lui, le saule, qu'il aille sous terre ! » —

Il prend une hache sur son épaule,
à la racine il porte le coup ;

le saule tombe dans le ru
avec un soupir profond,

un soupir, un gémissement,
comme une mère qui s'éteint,

comme une mère qui se meurt,
les yeux tournés vers l'enfant. —

« Devant la ferme, la foule s'attroupe,
le glas sonne — pour qui ? pour qui ? » —

« Il sonne pour ta femme chérie,
tombée raide comme sous la faux ;

Au milieu de ses travaux
elle s'effondra, telle un saule ;

en rendant l'âme, elle gémit,
les yeux tournés vers l'enfant. » —

« Ô malheur, malheur de moi,
j'ai tué à mon insu,

et de mon fils à la même heure
j'ai fait un pauvre orphelin !

Ô mon saule à l'écorce pâle,
dans quel chagrin m'as-tu plongé ?

De ma vie une moitié
tu m'as prise — que ferai-je de toi ? » —

« Soulève-moi du ruisseau,
fais tailler mes jaunes rameaux :

fais couper mon tronc en planches
pour en faire un berceau :

dans le berceau pose l'enfant,
pauvre petit, qu'il ne pleure.

Quand il sera au berceau,
sur mes bras il reposera.

Tu planteras mes rameaux
sur les rives près de l'eau,

où, garçon, il viendra,
en tailleras des sifflets ;

en sifflant sa mélodie —
c'est à sa mère qu'il parlera ! »

Traduction inédite.

LE BOUQUET

331

J. Gaucheron — 1987

L'ondin (I-III).

Sur un peuplier surplombant le lac
s'était assis un soir un ondin :
« Brille, lune, lune, brille,
pour que couse mon aiguille.

Je couds, je couds mes chaussures
pour l'eau et pour la terre :
brille, lune, lune, brille,
pour que couse mon aiguille.

Aujourd'hui c'est jeudi, demain vendredi —
je couds, je couds ma casaque :
brille, lune, lune, brille,
pour que couse mon aiguille.

Costume vert, chaussures rouges,
c'est demain que je me marie :
brille, lune, lune, brille,
pour que couse mon aiguille ».

La jeune fille se leva de bon matin
et fit un ballot de son linge :
« Au lac Maman je vais aller,
mes fichus je laverai. »

« N'y va pas, n'y va pas, ma fille,
reste à la maison aujourd'hui !
j'ai rêvé malheur pour cette nuit :
vers le lac ne va pas ma fille.

Je choisissais pour toi des perles,
et tout de blanc je t'habillais,
une jupe à l'écume pareille :
vers le lac ne va pas ma fille. »

Robe blanche annonce tristesse,
et les perles recèlent les larmes,
    vendredi est jour de malheur :
    vers le lac ne va pas ma fille. »

La fille ne peut rester en place,
qui se sent poussée vers le lac,
vers le lac sans cesse attirée,
rien à la maison ne va comme elle veut.

Elle y trempa le premier fichu —
la passerelle alors s'effondra,
    l'eau profonde tourbillonna
    entraînant la jeune fille.

Les ondes du fond remontèrent,
en formant de larges cercles,
    et l'homme vert battit des mains
    sur le peuplier auprès des rochers.

Mornes, mornes et tristes
    sont les paysages aquatiques ;
où sous les nénuphars des poissons
    batifolent entre les herbes.

Ici, le soleil ne chauffe pas,
    nulle brise ne souffle là :
silence et froid — comme le chagrin
    dans un cœur sans espoir.

Mornes, mornes et tristes
    sont les paysages aquatiques ;
dans une presque obscurité
    chaque jour suit un autre jour.

Le palais de l'Ondin est immense,
    il y a là grande richesse :
    mais c'est toujours sans le vouloir
    que les visiteurs s'y arrêtent.

Qui par malheur franchit
son portail de cristal
risque peu d'être revu
par tous ceux qui l'ont connu.

L'Ondin, assis devant sa porte,
rafistole ses filets,
près de lui sa jeune épouse
berce un petit enfant.

Fais dodo, dodo, mon petit,
mon fils non désiré !
Tandis que tu me souris, toi,
moi, le chagrin me tue ;

tandis que tu tends avec joie
tes deux mains vers moi,
je préfèrerais reposer
dans une tombe sur la terre.

Sur la terre, derrière l'église,
près de la croix noire,
et que ma mère aimée
soit plus proche de moi.

Fais dodo, dodo, mon enfant,
toi mon petit ondin !
Comment ne pas songer à ma mère,
malheureuse que je suis ?

La pauvre, elle, avait du souci :
à qui marier, à qui ?
Mais de façon inattendue
elle m'a vue quitter la maison !

Mariée, oui, je me suis mariée,
mais quelle bizarre noce :
pour garçons d'honneur — écrevisses noires,
les demoiselles d'honneur — des poissons.

Et mon mari — pitié, mon Dieu !
même au sec il est tout mouillé,
et dans l'eau sous les ponts
il attrape des âmes humaines.

Fais dodo, dodo, mon petit,
mon fils aux cheveux verts !
Ta maman ne s'est pas mariée
dans un foyer fait pour l'amour.

Ensorcelée, emprisonnée
dans un filet de perfidie,
elle n'a ici d'autre joie
mon petit enfant, que toi.

Anthologie de la poésie tchèque et slovaque / [publ. par Jacques Gaucheron]. – Paris : Messidor-Poésie, 1987. – (*Collection UNESCO d'œuvres représentatives ; Série européenne*). – [Pp. 44-47].

BÉCQUER

ESPAGNOL 1836-1870

Gustavo Adolfo Bécquer, le poète le plus populaire de l'Espagne pendant au moins un siècle — de 1875 à 1975 —, naquit à Séville au foyer du peintre en renom José Bécquer, dans le noble quartier de San Lorenzo. Cinquième d'une fratrie qui comprit huit garçons, il fut particulièrement lié à son frère Valeriano (1833-1870) qui embrassa passionnément la carrière paternelle. La mort de José Bécquer, survenue en 1841 à l'âge de trente-six ans, mit le foyer, jusque-là prospère, en grande difficulté. En 1846, sa mère fit admettre Gustavo Adolfo au Collège d'État de San Telmo, qui préparait aux carrières maritimes les enfants de bonne famille dignes d'intérêt ; c'est là qu'en compagnie de son ami Narciso Campillo il termina ses études primaires en mars 1847. Sa mère était décédée en février et, le Collège ayant été supprimé en juillet, l'enfant vécut assez librement chez sa marraine, Manuela Monnehay, une Française, et chez divers parents, jusqu'au moment où, en 1849, il commença l'apprentissage du dessin et de la peinture en compagnie de Valeriano dans l'atelier d'Antonio Cabral Bejarano puis dans celui de Joaquín Domínguez Bécquer (1817-1879), cousin germain de son père et artiste éminent.

Entre 1849 et 1853, Gustavo Adolfo acquit une bonne formation de dessinateur (on ne connaît de lui aucune œuvre peinte), mais Joaquín D. Bécquer estima que sa véritable vocation était littéraire. Aidé par Campillo, le jeune homme s'était en effet familiarisé avec les poètes des écoles sévillanes du Siècle d'Or (Herrera, Rioja, Cetina) et néo-classique (Reinoso, Mármol, Lista). Dans les pages d'un livre de comptes hérité de son père, il avait écrit entre 1851 et 1854 un *Hamlet* selon les règles classiques françaises, divers poèmes conformes à l'enseignement de Lista, le brouillon d'une ode composée à la mort de ce maître, des fragments de récits. On note dans ces premières œuvres l'influence de Walter Scott, d'Espronceda, de Zorrilla, de Selgas, et, dans un tout autre registre, de Juan del Encina. La revue madrilène *El Trono y la Nobleza* avait publié de lui un sonnet et un romance d'excellente facture en 1853 et 1854. À l'automne 1854, Gustavo Adolfo partit donc avec enthousiasme pour Madrid en vue d'y conquérir la gloire littéraire.

Cette gloire, il ne la connut pas de son vivant, encore qu'il se fût taillé une bonne place dans la presse madrilène et que son génie eût été reconnu par un petit cercle d'artistes et de littérateurs. Cette relative obscurité tient au fait que la plupart de ses écrits, légendes et récits compris, furent publiés anonymement dans les journaux et les revues : *El Contemporáneo* (1860-1865), *El Museo Universal* (1865-1869), *La Ilustración de Madrid* (1869-1870). Il dirigeait cette dernière revue et était encore bien jeune lorsqu'il mourut, trois mois après Valeriano.

Ce fut à ce moment que les amis des frères Bécquer, avec à leur tête le peintre Casado del Alisal, décidèrent d'ouvrir une souscription pour publier un ouvrage qui réunirait les textes de Gustavo Adolfo et les dessins de Valeriano. On s'en tint finalement aux seuls textes ; ceux-ci, intitulés *Obras*, sortirent en deux volumes de l'imprimerie Fortanet en juillet 1871. Réordonnés à la manière de l'*Intermezzo lyrique* de Heine et publiés pour la première fois dans leur ensemble, les 76 poèmes retenus (*Rimas*) vinrent clôturer le recueil. Ils furent rapidement sur toutes les lèvres, spécialement celles des femmes et des jeunes gens.

À Madrid, Gustavo s'était vite libéré du néo-classicisme sévillan pour n'en conserver que les harmonies. Il avait redécouvert le charme de la poésie populaire à base d'assonances. De libres traductions de poèmes de Heine publiées dans *El Museo Universal* par Eulogio Florentino Sanz le 15 mai 1857 lui avaient indiqué la voie à suivre : brièveté, simplicité, retour à la vérité intime, libre musicalité faisant une large place à l'assonance aiguë (voyelle finale accentuée). Tels sont les caractères principaux des 79 *Rimas* écrites entre 1857 et 1860, époque de grande passion artistique et amoureuse pour le jeune Bécquer. Ces poèmes restèrent confidentiels. Une quinzaine d'entre eux seulement, et les moins personnels, avaient été publiés par l'auteur.

Entreprise dans l'enthousiasme en 1856, une *Historia de los templos de España*, confiée à ce poète et dessinateur de vingt ans, tourna court en 1859 par suite de la défection des commanditaires, laissant dans l'âme de Bécquer une amertume indélébile. Cette expérience lui avait du moins permis de bien connaître Tolède sur laquelle il a laissé, outre les textes de cette *Histoire* (*Santa Leocadia*, *San Juan de los Reyes*), des chefs-d'œuvre tels que le récit *Tres Fechas* (*Trois dates*) et le conte *La Ajorca de Oro* (*Le Bracelet d'or*). Tout ce que Bécquer écrivit par la suite, toujours bref et calibré, quelquefois dans des séries d'articles inachevées, porte la marque de l'originalité : théorie littéraire (*Lettres littéraires à une femme*, 1860-1861), critique théâtrale, critique musicale (*Le Compositeur Herold*, 1859), critique d'art (*La Exposición de Bellas-Artes de 1862*), tableaux de mœurs (*Le Parc du Retiro*, 1865), commentaires de dessins (*Les Joueuses de cartes*, *Le Retour des champs*, de Valeriano, 1866), récits et légendes qui, pour ces dernières, ont presque autant contribué à la gloire posthume de Bécquer que les *Rimas*. Les plus typiques — *El Monte de las Animas*, *Los ojos verdes* — combinent le fantastique, le sentiment tragique de l'amour et le rêve médiéval. *El rayo de luna* exprime un mythe proprement becquérien, celui de la quête douloureuse et désespérée de l'idéal. Les *Lettres de ma cellule*, publiées anonymement dans *El Contemporáneo* en 1864, ont également fait la célébrité de Bécquer ; écrites à Veruela, au pied de Moncayo, elles ont inauguré avec un grand charme la campagne que le poète a menée pour que le souvenir des traditions et des atmosphères populaires anciennes ne se perde pas.

Par la vivacité et la musicalité de la langue, par la concision, par la place faite au subconscient, l'œuvre de Bécquer a marqué les modernistes, spécialement Rubén Darío, les grands poètes de l'après-98 (les frères Machado, Juan Ramón Jiménez), ceux de la génération de 1927 (Aleixandre, Guillén, Cernuda, Dámaso Alonso, entre autres) et leurs successeurs. L'un des meilleurs connaisseurs de Bécquer, le Sévillan Rafael Montesinos (né en 1920), est aussi l'un des poètes les plus limpides et délicats de ce siècle.

Si Bécquer est très aimé des hispanistes français, il a peu touché le grand public. Le charme de sa langue est difficilement transférable ; la délicatesse de ses sentiments est peu compatible avec le réalisme ou la violence qui attire de nos jours ; enfin, l'œuvre brève ou fragmentaire reste peu en faveur dans la culture française.

Bécquer : Biografía e imagen / Rafael Montesinos. – Barcelona : Editorial R. M., 1977. – 368 p.

Les Écrits en prose de G. A. Bécquer : le travail de l'œuvre / Marie-Linda Ortega. – Université de Paris IV, 1989. – [Thèse dactylographiée].

Bécquer : Leyenda y realidad / Robert Pageard. – Madrid : Espasa Calpe, 1990. – 636 p.

Robert Pageard, "La Poésie post-romantique". – In : *Histoire de la littérature espagnole. Tome 2. XVIIIe siècle, XIXe siècle, XXe siècle* / dir. par Jean Canavaggio ; assisté de Bernard Darbord, Guy Mercadier, Jacques Beyrie et Albert Bensoussan. – Paris : Fayard, 1994. – [Pp. 303-323].

El Gnomo : Boletín de estudios becquerianos. – 1992 –>

POÈMES 332

A. Fouquier — 1885

Je suis ardente, je suis brune (*Rima* XI). — Ce texte, construit sur un contraste cher aux romantiques, traite le thème de l'idéalisme fatal, que l'on retrouve dans les légendes *Les Yeux verts* et *Le Rayon de lune*. Il est donné ici dans une traduction symboliste.

Je suis ardente, je suis brune,
Je suis le symbole de la passion ;
Mon âme est pleine d'anxiété et de joie ;
Est-ce moi que tu cherches ?
— Ce n'est pas toi, non.

Mon front est pâle, ma chevelure d'or,
Je peux te donner un plaisir sans fin ;
Je recèle un trésor de tendresse.
Est-ce moi que tu appelles ?
— Non, ce n'est pas toi.

Je suis un rêve, une impossibilité,
Un vain fantôme de brouillard et de lumière ;
Je suis immatérielle, je suis intangible ;
Je ne peux t'aimer
Oh ! viens, viens, toi !

Légendes espagnoles / Gustave Bécquer ; traduction de Achille Fouquier. – Paris : Librairie Firmin-Didot , 1885. – [Pp. 238-239].

POÈMES 332 bis

M.-A. Dumont — 1946

Je suis ardente et je suis brune (*Rima* XI). — La traduction suivante est typique de l'éclectisme du milieu du XXe siècle.

— Je suis ardente et je suis brune,
Je symbolise la passion ;

De plaisirs fous mon âme brûle.
Me cherches-tu ? — Non, pas toi ; Non !

— Vois mon front pâle aux cheveux d'or ;
Ton bonheur ne finira pas ;
De tendresses j'ai des trésors.
M'appelles-tu ? — Non, non ! Pas toi !

— Je suis un songe, un impossible
Spectre de brouillard lumineux ;
Je suis sans corps, moi l'intangible,
Je n'aime rien. — Oh ! je te veux !

Les Rimas de Gustavo Adolfo Bécquer / Maurice-Alex Dumont. – Bruxelles : Office de publicité, 1946. – (*Collection Lebègue* ; 75). – [P. 35].

POÈMES 332 ter

R. Pageard — 1998

Je suis ardente, je suis brune (*Rima* XI). — Une version toute de souci d'exactitude.

Je suis ardente, je suis brune,
Je suis le symbole de la passion.
D'amour et de feu mon âme est pleine.
Suis-je celle que tu cherches ? — Ce n'est pas toi, non.

Mon front est pâle, d'or sont mes tresses ;
Je puis t'offrir des bonheurs sans fin.
Je garde un trésor de tendresse.
Est-ce moi que tu appelles ? — Non : ce n'est pas toi.

Je suis un songe, un impossible,
Vain fantôme de brume et de lumière ;
Je suis incorporelle, je suis intangible.
Je ne peux t'aimer. — Oh, viens, toi que j'attends.

Traduction inédite. — *Rimas* / Gustavo Adolfo Bécquer ; édition par Robert Pageard. – Madrid : C.S.I.C. ; Paris : Institut hispanique, 1972. – [P. 106].

POÈMES

333

M.-A. Dumont — 1946

Avant toi je mourrai... (*Rima* XXXVII). — Ce poème interprète sur le mode tragique, avec une grande noblesse, une idée fréquemment exprimée dans la poésie populaire andalouse.

Avant toi je mourrai : déjà je porte,
Caché dans l'âme, un fer
Dont s'est servi ta main qui m'a ouvert
La blessure mortelle.

Avant toi je mourrai : mais mon esprit,
Dans sa ferveur tenace,
S'arrêtant sous les portes de la mort,
Dans l'ombre t'attendra.

Avec les heures, les jours ; sur les jours
Les ans défileront.
À cette porte enfin tu frapperas...
Tous les mortels y vont !

Alors quand, sous terre, reposeront
Ta dépouille et ta faute,
Après t'être lavée dans ce Jourdain
Qu'est l'onde de la mort...

Là-bas où les murmures de la vie
Vont mourir en tremblant
Comme la vague qui vient sur la plage
Expirer en silence,

Là où le sépulcre qui se referme
Ouvre une éternité,
Tout ce que tous les deux nous aurons tu,
Il nous faudra le dire...

Les Rimas de Gustavo Adolfo Bécquer / Maurice-Alex Dumont. – Bruxelles : Office de publicité, 1946. – (*Collection Lebègue* ; 75). – [P. 45].

POÈMES

333 bis

R. Pageard — 1995

Avant toi je mourrai… (*Rima* XXXVII).

Je mourrai avant toi : caché
Dans mes entrailles,
Je porte déjà le fer avec lequel ta main
Ouvrit l'ample blessure mortelle.

Je mourrai avant toi : et mon esprit,
Dans son attachement tenace,
S'assoira aux portes de la mort
En attendant que tu y frappes.

D'heure en heure les jours, de jour en jour
Les années voleront.
Et à cette porte tu finiras par frapper.
Qui peut s'en dispenser ?

À ce moment où la terre gardera
Ta faute et tes dépouilles,
Te lavant dans les ondes de la mort
Comme en un autre Jourdain ;

Là où le murmure de la vie
Va mourir en tremblant
Comme la vague qui vient, silencieuse,
Expirer sur la plage ;

Là où le sépulcre qui se ferme
Ouvre une éternité,
De tout ce qu'ensemble nous tûmes
Nous aurons à parler.

Anthologie bilingue de la poésie espagnole / préface de Nadine Ly ; édition établie sous la direction de Nadine Ly ; avec la collaboration de Yves Aguila, Claude Allaigre, [...]. – Paris : Gallimard, 1995. – (*Bibliothèque de la Pléiade* ; 419). – [Pp. 535, 537].

POÈMES 334

A. Fouquier — 1885

À quoi bon me le dire ? (*Rima* XXXIX). — Ce poème peut passer pour exemplaire de la poésie amoureuse de Bécquer d'esprit heinien.

À quoi bon me le dire ? je le sais, elle est volage,
Hautaine, et vaine, et capricieuse.
Avant que le sentiment agite son âme,
    L'eau jaillira du stérile rocher.

Son cœur, je le sais, est un nid de serpents ;
Nulle fibre n'y répond à l'amour,
C'est une statue inanimée… mais…
    Elle est si belle !

Légendes espagnoles / Gustave Bécquer ; traduction de Achille Fouquier. – Paris : Librairie Firmin-Didot & Cie, 1885. – [P. 241].

POÈMES 334 bis

M.-A. Dumont — 1946

À quoi bon me le dire ? (*Rima* XXXIX).

Pourquoi me le dis-tu ? Je sais : elle est volage,
Elle est hautaine, elle est capricieuse et vide ;
Avant que la pitié ne sourde de son âme,
L'eau pure jaillira de la roche stérile.

Je sais que dans son cœur, affreux nid de serpents,
Chaque fibre résiste à mon amour rebelle ;
Elle est une statue inanimée… ; pourtant
    Elle est si belle !

Les Rimas de Gustavo Adolfo Bécquer / Maurice-Alex Dumont. – Bruxelles : Office de publicité, 1946. – (*Collection Lebègue* ; 75). – [P. 45].

POÈMES 334 ter

R. Pageard — 1998

À quoi bon me le dire ? (*Rima* XXXIX).

À quoi bon me le dire ? Je le sais ; elle est inconstante,
Elle est hautaine, et vaine, et capricieuse ;
L'eau jaillira de la roche stérile
Avant que, de son âme, le sentiment.

Je sais que dans son cœur, nid de serpents,
Il n'y a pas une fibre qui réponde à l'amour ;
Que c'est une statue inanimée... mais...
Elle est si belle !

Traduction inédite. — *Rimas* / Gustavo Adolfo Bécquer ; édition par Robert Pageard. – Madrid : C.S.I.C. ; Paris : Institut hispanique, 1972. – [P. 266].

POÈMES 335

R. Pageard — 1995

Quelque chose de divin en moi. — Cette *rima* est à situer dans la veine du christianisme poétique de Bécquer, quand la surgissante beauté de la sérénité cosmique suscite, dans la fraîcheur de l'intuition, le sentiment du divin.

Quand je regarde l'horizon bleu
Se perdre au loin,
À travers une gaze de poussière
Dorée et inquiète,
Il me paraît possible de m'arracher
De ce sol misérable,
De flotter avec la brume dorée
En atomes légers,
Épars comme elle.

Quand, la nuit, je regarde dans le fond
Obscur du ciel
Les étoiles trembler comme d'ardentes
Pupilles de feu,
Il me paraît possible de monter d'un seul vol
Jusqu'où elles brillent,

De me noyer dans leur clarté, et,
Incendié de lumière,
Me fondre avec elles en un baiser.

Sur la mer du doute où je vogue
Je ne sais pas même en quoi je crois.
Cependant, cette inquiétude et ces élans me disent
Que je porte quelque chose
De divin en moi.

Anthologie bilingue de la poésie espagnole / préface de Nadine Ly ; édition établie sous la direction de Nadine Ly ; avec la collaboration de Yves Aguila, Claude Allaigre, [...]. – Paris : Gallimard, 1995. – (*Bibliothèque de la Pléiade* ; 419). – [P. 529].

DE MA CELLULE 336

R. Pageard — 1998

Les femmes d'Añon (Aragon) (Lettre V, fin). — De décembre 1863 à juillet 1864, G.A. Bécquer vit en famille au monastère désaffecté de Veruela (Aragon) pour y restaurer sa santé. Il envoie à son journal, *El Contemporáneo*, une série de huit articles portant le titre général *Desde mi celda* (« De ma cellule ») où l'évocation poétique de la vie de cette région est fréquente.

Quand la nuit est la plus obscure, quand la neige efface jusqu'au tracé des sentiers, quand elle peut penser que les gardes forestiers n'oseront pas s'aventurer dans ces percées profondes et ces bois aux arbres sombres et emmêlés, alors l'Añonera[1], défiant tous les dangers, devinant les chemins, supportant le mauvais temps, écoutant de divers côtés les hurlements des loups, sort furtivement du village. Plutôt que descendre, on peut dire qu'elle dévale de rocher en rocher jusqu'à la dernière vallée qui sépare Añon du massif du Moncayo ; armée de sa hache, elle pénètre dans le labyrinthe des sombres chênes verts au pied desquels les épineux et les ronces croissent en masse, et, assénant de rudes coups avec une force et une agilité inconcevables, elle amasse le bois de chauffage qu'elle cache ensuite pour le transporter peu à peu chez elle dans un premier temps, et plus tard à Tarazona où elle reçoit, en paiement de son travail matériel, du danger qu'elle affronte et des fatigues qu'elle supporte, six ou sept réaux tout au plus. À parler franc, il y a dans ce monde des inégalités qui effraient.

1 Habitante d'Añon. (N.d.t.)

Qui peut soupçonner qu'à l'heure même où nos grandes dames de Madrid se groupent sous le péristyle du Théâtre Royal, enveloppées dans leur chaud et luxueux manteau, attendant la voiture qui les conduira à leur palais sur de moelleux coussins de soie, d'autres femmes, peut-être belles comme elles et faibles comme elles à la naissance, secouent de temps en temps leur tête d'un côté à l'autre pour faire tomber la neige qui s'y est amassée, tandis que, entourées d'une obscurité profonde, de dangers et de craintes, elles font résonner le bois du craquement des troncs qui s'effondrent sous les coups de la hache ?

Traduction inédite. — *Desde mi celda* / G. A. Bécquer ; édition de Darío Villanueva. – Madrid : Castalia, 1985. – (*Clásicos Castalia* ; 138). – [Pp. 155-156].

L'ILLUSTRATION DE MADRID 337

R. Pageard — 1998

Type tolédan : Le mendiant. — Le 12 janvier 1870, G.A. Bécquer inaugure *La Ilustración de Madrid* par ce commentaire d'un des plus beaux dessins de son frère Valeriano. C'est un manifeste pour sauver le souvenir d'un passé qui meurt.

L'étude des coutumes populaires d'un pays offre toujours un grand intérêt pour les personnes cultivées. Soit qu'on les considère du point de vue de l'art, en y recherchant tout ce qu'elles ont de pittoresque, soit qu'on les considère comme des informations précieuses pour reconstruire le passé, dont elles gardent des traces bien visibles, on ne louera jamais assez l'attention avec laquelle les artistes, les érudits et les historiens sont conduits à analyser les curieuses analogies que l'on rencontre d'une part entre les types humains, les usages, les costumes et même les idées de ces masses qui suivent de loin et lentement le mouvement de la civilisation, et d'autre part les caractéristiques de ces époques lointaines que l'on a coutume d'aller rechercher inutilement dans les chroniques et les traditions.

Mais, si ce genre d'étude est d'un grand intérêt à toute époque, il ne le sera jamais autant que dans les moments actuels où, spectateurs d'une transformation radicale, nous pourrons seulement de cette manière recueillir la dernière parole d'un mode de vie social qui disparaît, dont il n'existe plus que des traces dans les coins les plus reculés de nos provinces et dont, demain, il restera à peine un souvenir confus. [...]

La foi dans l'avenir ne nous manque pas. Quand nous jugeons du point de vue du philosophe ou de l'homme politique les profonds changements qui transforment tout autour de nous, nous avons l'espoir que, dans un délai plus ou moins long, quelque chose s'élèvera sur tant de ruines ; mais qu'il nous soit permis de garder la mémoire d'un monde qui disparaît et qui parlait si fort à l'esprit de l'artiste et du poète ; qu'il nous soit permis de retirer des décombres quelques-uns de leurs plus précieux fragments pour les conserver à titre de témoignage historique, de curiosité ou de relique. [...]

Dans certaines de nos vieilles villes castillanes, quand la neige couvre le sol des rues tortueuses et que la bise souffle en faisant grincer les girouettes rouillées des sombres tours, qui n'a eu l'occasion de voir, immobile près de l'arcade armoriée d'une vétuste maison seigneuriale, la silhouette d'un mendiant qui finit par tendre une main décharnée pour appeler à la porte dont les panneaux disjoints, les grands clous et les marteaux colossaux font venir à la mémoire les portes mystérieuses de ces palais inhabités pleins d'enchantements effrayants dont on nous parle dans les contes ?

Le commun passe indifférent à côté de cette scène ; l'artiste s'arrête, frappé par le contraste de tant de misère auprès de tant de splendeur ; il remarque l'harmonie des lignes et les effets de couleurs, il se sent impressionné comme devant un tableau qui appartient à une époque différente ; il voit se révéler un autre siècle et une autre société en cette tradition vivante qui parle à son âme par le canal des yeux.

Traduction inédite. — *La Ilustración de Madrid* / Ed. de María Dolores Cabra Loredo. – Madrid : El Museo Universal, 1983. – [Pp. 39-40].

EÖTVÖS

ALLEMAND • HONGROIS **1813-1871**

L'époque de József Eötvös fut, dans l'histoire des relations de la Hongrie avec la maison de Habsbourg, celle des conflits et des compromis. Le baron Eötvös, le penseur et l'homme politique, entendait défendre les intérêts du pays sans toucher à l'intégrité de l'Empire. Ses écrits politiques, théoriques ou de circonstance, sont alimentés par l'expérience et les intuitions de l'homme politique, mais aussi par une vaste culture tout imprégnée de valeurs chrétiennes et libérales. Il sut acquérir l'estime des personnalités marquantes de la philosophie politique contemporaine, comme en témoigne sa correspondance avec John Stuart Mill, le comte de Montalembert ou Tocqueville. Son œuvre représente, sous ce rapport, ce que l'ancienne Autriche a produit de meilleur. Le romancier qu'il fut, précurseur du réalisme hongrois, passe à juste titre pour un auteur représentatif du romantisme en Hongrie. Si ses écrits théoriques qu'il rédigea en allemand ne furent pas traduits en francais, ils n'en exercèrent pas moins une influence en France, sur Édouard Laboulaye par exemple. En Angleterre, c'est son roman, *L'Administrateur du village,* qui eut le plus grand retentissement. Il fut un acteur considérable du mouvement libéral dans les pays de langue allemande.

Issu d'une famille aristocratique dévouée à la cour de Vienne, mais converti de bonne heure aux idées libérales et brouillé avec son père, ce fut par solidarité avec le mouvement national que le jeune Eötvös, dont la langue maternelle fut l'allemand, opta pour l'usage du hongrois dans son œuvre littéraire. Outre l'indispensable latin, il apprit le français et l'anglais. Admirateur de Hugo, il traduisit son *Angelo* (1836) qu'il fit précéder d'une préface qui argumentait en faveur d'une conception romantique et nationale de la littérature. Son premier roman, *Le Chartreux* (1839-1841) que l'on peut rapprocher des romans de Chateaubriand, de Constant et de Musset, fut à la fois un acte de libération intérieure, la peinture d'une société capitaliste rongée de contradictions et un document de la fascination qu'exerça sur lui la France et, en particulier, Paris.

Dans les années 1840, Eötvös joua déjà un rôle actif dans le mouvement réformiste : il fut membre du groupe dit des « centralistes », propagateurs des acquis de la théorie politique occidentale, hostiles à l'autonomie « féodale » des comitats et partisans du gouvernement représentatif. Le romancier mit son talent au service de ces idées dans *L'Administrateur du village* (1845), dénonciation romanesque d'une rare violence de tous les abus de la société contemporaine. Son roman historique, *La Hongrie en 1514,* publié en 1847, renvoyait par son titre même à une sanglante jacquerie du début du XVIe siècle dont le souvenir ne cessait de hanter les mémoires. Eötvös en fit un lieu de réflexion sur l'histoire et le genre même du roman historique. Au printemps de 1848, il entra, ministre de l'Instruction publique et des Cultes, dans le premier gouvernement hongrois responsable. Il s'efforça, sans y parvenir, d'aplanir les difficultés avec le ministère de Vienne. Il quitta le pays en septembre et s'établit avec les siens à Munich. L'éloignement aidant, il se mit à repenser les problèmes qu'avaient posés les révolutions de 1848. Il rejetait désormais l'organicisme de Herder pour mettre au centre de son analyse, précurseur des recherches sur les nationalismes modernes, le sentiment de la nationalité. L'œuvre majeure du théoricien, *De l'Influence des idées dominantes du XIXe siècle sur l'État,* parut de 1851 à 1854. Eötvös y développe entre autres l'idée que les institutions sociales ont la vocation de défendre par tous les moyens la liberté individuelle. Il écrivit encore un curieux roman pédagogique, *Les Sœurs* (1857) et, en attendant de rentrer dans la vie politique, il prit une part active dans la réorganisation de la vie scientifique. Il salua la conclusion du compromis austro-hongrois de 1867 et le retour au parlementarisme. Quoique nommé de nouveau ministre, il ne put imposer sa politique libérale, notamment dans la loi de 1868 sur les nationalités. Il fut le père de la loi sur l'instruction publique, obligatoire et gratuite. Il n'eut pas le temps de mener à bien sa réforme générale de l'enseignement : accablé de travail, il mourut des suites d'une affection pulmonaire.

Béla G. Németh, "József Eötvös". – In : *Histoire de la littérature hongroise des origines à nos jours* / sous la direction de T. Klaniczay. – Budapest : Corvina, 1980. – [Pp. 256-260].

Lóránt Czigány, "József Eötvös". – In : *The Oxford History of Hungarian Literature from the Earliest Times to the Present* / L. Czigány. – Oxford : Clarendon Press, 1984. – [Pp. 168-178].

Joseph Eötvös and the Modernization of Hungary, 1840-1870 / Paul Bödy. – 2e édition – New York : Columbia University Press, 1985. – 134 p. – (*East European Monographs* ; CLXXIV).

Baron Joseph Eötvös (1813-1871) / Steven Bela Vardy. – New York : Columbia University Press, 1987. – 189 p. – (*East European Monographs* ; CCXIV ; *Atlantic Studies on Society in Change* ; 52).

LE CHARTREUX 338

J. Hankiss, rev. T. Gorilovics — 1938/1998

Arrivée d'un jeune homme à Paris (chapitre XVII). — Le narrateur de ce roman de confession aux nombreux rebondissements, est le comte Gustave, un jeune provincial « monté », comme Rastignac et tant d'autres, à Paris, et qui, au terme d'une crise sentimentale qui lui fait connaître les affres du mal du siècle, se retire dans le couvent des Chartreux.

Lorsque, le troisième matin, je m'éveillai dans ma voiture, Paris se dressa devant moi ! N'attends pas de moi une description des sentiments qui ont envahi mon âme. Il y a dans notre vie des instants dont il ne nous reste dans l'âme qu'un souvenir : le souvenir de notre bonheur ; et ce fut un de ces instants-là. On était encore éloigné de la ville ; un nuage de brume répandu sur les champs fanés par l'automne et, au-dessus de lui, des tours et des coupoles resplendissant dans les premiers rayons du soleil, voilà ce que je vis d'abord ; mais mon imagination a déjà complété ce tableau. Je voyais déjà devant moi l'antique Notre-Dame, le Panthéon et l'Hôtel des Invalides et, à mesure que ma voiture avançait au grand galop et approchait de la ville, les contours de tel ou tel édifice se détachaient de plus en plus de l'énorme chaos et mon âme s'abandonnait au souvenir de mille rêveries.

Ô qui n'aurait rêvé de Paris dans son enfance ! qui ne l'aurait vue se dresser devant lui, tel un immense espoir, cette ville qui renferme toute l'existence d'un peuple et qui draine, comme vers un cœur, chaque goutte de sang qui y afflue ? Qui ne sentirait pas son âme déborder de désir rien qu'en entendant parler de ses merveilles, de ses exploits ou de sa gracieuse corruption ? Paris n'est pas seulement une capitale : Paris, c'est la France agissante et pleine de vigueur, et le désir qui attire vers elle le citoyen de ce pays est fort comme la nostalgie.

En effet, qu'est-ce que l'imagination d'un jeune homme pourrait trouver d'attrayant dans la vie de province ? Le bonheur domestique ? Mais il ne saurait captiver son âme illimitée ; le jeune homme ne saurait reconnaître cette vérité qu'ici-bas, on n'existe que pour peu de gens, qu'il n'est permis de se réjouir que de peu de choses et qu'on ne jouit sans dégoût que quand on se limite. Amasser avec peine une fortune médiocre, susceptible de procurer à une famille un confort modeste ; être élu, avec des cheveux gris, maire d'une petite ville et être apprécié par quelques milliers d'hommes : ce ne sont pas des buts qu'on se fixe à vingt ans. Le jeune homme veut davantage : au lieu du foyer domestique, une nation entière ; à la place d'une estime générale d'une ville, la gloire ; et de grandes richesses pour suffire à ses désirs sans bornes ; des joies hors de pair, — en un mot : Paris, car c'est seulement là qu'il peut espérer tout cela. Cette ville vit dans son imagination comme une énorme mine d'or : il se plonge avec hardiesse entre ses sombres murs et espère en sortir un jour, son fardeau sur l'épaule, après y avoir travaillé et peiné pendant de longues années, pour commencer enfin à jouir.

Ou bien si son âme est échauffée de désirs plus élevés, voici le Panthéon qui domine la ville, voici les arcs de triomphe et les monuments ; et son cœur sent avec ravissement que des hommes ont vécu qu'on glorifie encore, et son cœur s'exalte aux idées qui les ont rendus si grands. Ou si ses sens sont assoiffés de plaisirs, n'est-il pas à Paris, ne voit-il pas autour de lui ce qu'il a tant désiré, ce que sa jeune imagination a pressenti dans sa révolte ? Paris est un monde plein de gloires, de trésors, de joies ; un kaléidoscope que chaque rayon du soleil fait resplendir de beautés nouvelles ; qui n'en aurait pas la nostalgie ? qui se douterait que dans cette mine d'or, toute pépite le fera se courber et l'épuisera avant qu'il puisse la ramener au soleil avec sa scorie ? [...] Paris est un grand *espoir* pour ceux qui entrent dans ses rues — et une *grande déception* pour tous, une déception qui, sitôt disparue, laisse la vie d'autant plus dépouillée que l'espoir a été plein de promesses.

Quant aux espoirs, aucun retour en arrière n'est possible ; du moment que ton dessein grandiose a surgi devant ton imagination et que tes espérances ont dépassé l'étroite sphère du quotidien, ton sort est décidé : ou tu réaliseras ce dessein grandiose, ou tu succomberas misérablement. Ô combien ont échoué dans ces murs, combien de barques d'espérance, attirées irrésistiblement par ces lieux, se sont brisées sur ces rochers de maçonnerie et combien de jeunes êtres pleins de confiance ont égaré leur avenir au milieu de cette multitude bruyante ! Oh, les ruines humaines cachées derrière les somptueuses façades de cette ville, comme leur spectacle remplirait d'épouvante celui qui saurait sonder les cœurs !

Regarde ce jeune homme qui entre pour la première fois dans son enceinte : son cœur déborde d'amour, son âme est soulevée par une foi solide, sa tête nourrit des rêves de splendeur ; ainsi tu le vois, comme un miroir dont la surface ne refléterait que l'étincelante lumière du soleil, comme un flot dont la pureté n'est pas encore troublée par la tempête, comme une fleur épanouie qui n'aurait pas perdu une seule feuille de sa beauté ; et puis regarde-le plus tard et tu verras une multitude de figures sauvages se confondre dans le miroir de son âme, le flot pur rejoindre la grande rivière pour être englouti par ses saletés, la fleur se faner dans la chaleur d'une seule journée, et le ver de la corruption et de l'insatisfaction ronger de l'intérieur, avant qu'il mûrisse, ce qui devait porter des fruits. Il a passé une année dans cette ville, et il a vieilli à force d'expériences.

Anthologie de la prose hongroise / par Jean Hankiss et Léopold Molnos ; traductions de Pierre Blakan, Albert Gourseaud [...]. – Paris : Éditions du Sagittaire, 1938. – [Pp. 59-60]. – [Traduction revue et complétée par T. Gorilovics d'après l'édition de G. Gángó, Budapest, Unikornis, 1996, pp. 56-57].

LA HONGRIE EN 1514 339

T. Gorilovics — 1998

Histoire et roman historique (Préface). — Si Miklós Jósika (1794-1865), auteur d'*Abafi* (1836), est l'initiateur du roman historique hongrois, c'est Eötvös qui lui donnera sa dimension moderne. La préface de son roman le montre parfaitement conscient des enjeux du genre.

On ne lit guère les longues préfaces ; j'en ferai donc grâce à mes lecteurs. J'aurais même présenté cet ouvrage, comme ceux du même genre que j'ai écrits, sans aucune préface si, ayant pénétré sur le champ pour moi inconnu du roman historique, je n'estimais pas nécessaire d'exposer brièvement l'idée que je m'en suis faite et qui diffère à certains égards des vues que l'on adopte d'habitude dans ce domaine.

Outre les fonctions artistiques et morales que, à mon sens, le roman historique doit remplir et qu'un écrivain ne doit jamais perdre de vue, s'il veut éviter que le roman ne se dégrade en une simple distraction, il en est une autre, toute particulière, et qui est de vulgariser l'histoire. D'où il s'ensuit que, dans la mesure où le roman touche à l'histoire et qu'il traite des conditions générales de siècles révolus, ou qu'il fait intervenir des personnages historiques, l'auteur, au lieu de son imagination, doit se fier aux connaissances qu'il a pu acquérir par l'examen scrupuleux des sources, si possible contemporaines. La connaissance de l'histoire est un flambeau que doit suivre chaque nation désireuse de faire son chemin avec assurance : ce n'est pas au poète de faire écran à la lumière que ce flambeau pourrait jeter sur la situation actuelle, ni d'altérer par des matières étrangères la source à laquelle on peut puiser des leçons peut-être amères, mais toujours salutaires. [...]

Je suis convaincu que, dans le roman historique, au-delà des limites que l'art, dans chaque roman, impose à la faculté d'imagination, il en existe d'autres que l'auteur ne doit pas non plus transgresser. Ces limites sont fixées par la vérité historique. De même qu'un romancier qui choisirait comme lieu d'action historique un pays donné et le temps présent, n'aurait jamais l'idée de déformer l'état de choses existant [...] ; de même dans le roman historique, toute déformation des conditions générales, même si elle ne saute pas aux yeux, n'en est pas moins un scandale. L'un des principaux ingrédients du roman est la vraisemblance, impossible à obtenir si ce que l'auteur dit de ses personnages est incompatible avec ce que nous savons de l'époque et des circonstances dans lesquelles ces personnages sont censés avoir vécu. Que l'action du roman se passe trois cents ans plus tôt ou dans le présent, ne change rien à l'affaire.

Je connais fort bien les difficultés qui viennent d'une telle conception de ma tâche. Peindre l'histoire sur le mode dit romanesque est, de toute facon, plus facile et parfois aussi plus avantageux, car un certain nombre de lecteurs aiment entendre dans la bouche des héros d'autrefois leurs propres sentiments et ils préfèrent voir le passé dépeint selon un certain type que nous appelons chevaleresque.

Traduction inédite. — *Magyarország 1514-ben* / József Eötvös ; édité par István Fenyö et alt. ; Préface par István Sötér. – Budapest : Magyar Helikon, 1972. – [Pp. 19-20].

LA HONGRIE EN 1514

340

T. Gorilovics — 1998

Méditation sur des ruines disparues (chapitre I). — Ce qu'on appelle la poésie des ruines entre ici dans une méditation historique sur le passé national, ce vaste champ de destructions continuelles dont le souvenir ne cesse de hanter les esprits.

Qui n'a jamais entendu parler de la splendeur d'autrefois du château de Buda ? À voir maintenant ce monument de notre antique gloire, quel est le cœur qui ne serait rempli de douleur ?

De tout ce que le plus grand homme de ce pays[1] fit bâtir et de ce qui rappellerait aux Hongrois un âge plus heureux, il ne reste plus pour tout héritage que des ruines. Si le palais de Mathias, en ses décombres au moins, se trouvait encore sur son ancien emplacement, portant sur ses murs délabrés les traces de lourds combats et de siècles encore plus lourds, mais qui serait tel qu'il fut bâti par le grand homme, — si les murs muets contemplaient comme autant de spectres de l'ancienne grandeur le beau fleuve qui faisait miroiter dans les temps leur gloire : alors en élevant nos regards depuis la terre plate, nous pourrions au moins pleurer. De notre passé, nous n'avons même pas droit à des ruines. Au lieu de monuments écroulés mais magnifiques, nous n'avons devant nous qu'une petite ville dans toute sa banalité, et en parcourant ses rues et ses marchés mal pavés, bordés de maisons tout récemment bâties mais déjà vétustes, nous avons besoin de tout notre enthousiasme patriotique pour croire ce que nous avons entendu dire sur cette glorieuse ville de Mathias. Le glorieux l'emporte rarement quand il affronte l'utile, et c'est ainsi que tout ce qui subsista des ruines, après cent-cinquante ans de domination turque et tant de sièges repoussés, allait encore servir à la construction de nouvelles bâtisses, de sorte qu'il ne resta de l'ensemble que quelques débris de remparts ou, sous le porche des maisons, quelques pierres sculptées en style gothique, et que seuls des dessins conservés par hasard et des descriptions de vieux auteurs nous permettent d'affirmer que notre passé fut plus brillant que ne l'est notre situation actuelle. Et pourtant, dans les dernières années du règne du roi Ladislas[2], où commence cette histoire, Buda fut l'une des plus belles villes du monde d'alors.

Traduction inédite. — *Magyarország 1514-ben* / József Eötvös ; édité par István Fenyö et alt. ; Préface par István Sötér. – Budapest : Magyar Helikon, 1972. – [P. 23].

1 Le grand roi Mathias Corvin (1440-1490), gardien de l'indépendance de la Hongrie, monarque humaniste, protecteur des lettres et des arts. (N.d.t.)

2 Ladislas II (1490-1516), de la maison des Jagellon. (N.d.t.)

DE L'INFLUENCE DES IDÉES DOMINANTES DU XIXE SIÈCLE SUR L'ÉTAT 341

T. Gorilovics — 1998

La naissance du nationalisme (1re partie, chapitre III). — Quelles leçons tirer des grands mouvements de l'histoire contemporaine en ce qui concerne les idées de liberté, d'égalité et de nationalité ? Quel sens et quel rôle attribuer à celle de nationalité ?

De toutes les tendances suivies en ce moment par l'humanité européenne, la plus malaisée à concevoir est, certes, celle qui se fonde sur l'aspiration des peuples à se faire reconnaître en tant que nations. Si général qu'il soit, le sentiment de la nationalité n'est après tout qu'un sentiment qui s'empare des hommes et souvent même des peuples, qui leur fait accomplir de grands efforts et qui pousse aux actes les plus généreux, sans que l'on puisse se rendre compte de ce qui nous empêche de résister à l'entraînement.

De toutes les raisons qui fondent le sentiment de la nationalité, il ne reste plus guère de valable à notre époque que la différence des langues, de sorte que le concept[1] de nationalité, hier encore inséparable de celui de l'État ou de la religion commune, serait identique de nos jours avec celui de la langue commune. Mais c'est encore une erreur. Les aspirations nationales qui entendent ignorer, d'une part, les États actuels dans leur réalité historique et qui feraient volontiers de la parenté linguistique le fondement des cadres étatiques, font souvent appel, d'autre part, au droit historique. Nombreux sont ceux, par exemple, qui ont la prétention d'unifier les peuples dont la langue appartient à la famille des langues slaves ou qui voudraient, en Allemagne, étendre les frontières de l'empire jusqu'à celles de l'aire linguistique allemande, mais ni les Slaves ni les Allemands ne perdent de vue le droit historique. L'Allemagne ne saurait faire abstraction de ses antiques droits impériaux sur Schleswig ou la Bohême, ni la Pologne renoncer à ses droits historiques à l'indépendance, ni l'Italie céder à la France la Savoie.

La multitude a souvent combattu, au cours de l'histoire, pour des idées dont le sens n'a pas été défini et que personne à vrai dire ne comprenait. Mais jamais autant que de nos jours, où l'on voit toute l'Europe en agitation, secouée apparemment par la même cause : les peuples romans prêts à défendre, au nom de la nationalité, l'autonomie politique des différentes branches de la famille des langues romanes pour le cas où quel-

1 *Begriff* qui revient à plusieurs reprises dans le texte allemand, correspond en français tantôt à *concept,* tantôt à *notion,* tantôt à *idée.* La traduction en a tenu compte. (N.d.t.)

qu'un aurait l'intention d'unir l'Espagne à la France, certains peuples slaves s'appliquant à l'unification de tous les peuples slaves, d'autres, au contraire, à la conservation de leur autonomie. Quant aux Allemands, ils invoquent tantôt le souvenir de l'ancien Reich, tantôt l'état actuel des choses, en faisant valoir tour à tour le nombre des habitants, la supériorité culturelle des minorités allemandes ou même certaines données géographiques, en vue de trouver le principe dont l'application puisse donner à l'Allemagne son unité et sa grandeur.

Partout on n'entend que ce mot de « nationalité », mais chacun le comprend autrement. Chaque nationalité revendique ses droits, sans avoir pour autant une idée claire de la nature même de ces droits.

À supposer que l'on veuille se retrouver dans ce désordre général des idées par la recherche de ce qui est commun à toutes ces aspirations nationales, on ne tardera pas à se persuader que celles-ci présentent, avec bon nombre de contradictions manifestes, deux points communs.

Toutes ont le même fondement et le même but.

Le fondement de tout sentiment national est la conviction que le fait d'appartenir à tel ou tel peuple est un avantage, ce peuple l'emportant sur les autres par ses qualités intellectuelles et morales. C'est soit le passé qui témoigne de ces qualités éminentes, soit l'avenir qui est appelé à les faire triompher.

La fin consiste à faire valoir les dons exceptionnels du peuple. Aussi faut-il veiller à ce que les énergies qui sommeillent dans le peuple puissent se développer pour lui assurer ce qui lui revient de droit : sa domination sur d'autres peuples.

Le fondement de toute aspiration nationale est un sentiment de capacité supérieure, la domination en étant le but.

Traduction inédite. — *Der Einfluß der herrschenden Ideen des 19. Jahrhunderts auf den Staat* / József Eötvös. – 2e édition. – Leipzig : F. A. Brockhaus, 1854. – [Pp. 49-51].

HELIADE RADULESCU

ROUMAIN

1802-1872

Né à Tirgoviste (Valachie) d'une famille de la classe moyenne, Ion Heliade Radulescu étudie d'abord à domicile, puis à l'Académie grecque et, pendant quelques années, au Collège roumain *Sfintul Sava* de Bucarest. Empêché par les troubles du temps et sa situation familiale de poursuivre des études, il se cultivera à partir de l'âge de 19 ans en autodidacte.

Actif et volontaire, assoiffé de connaître et animé par le désir de s'affirmer publiquement, Radulescu se lance tôt dans divers domaines de la culture et de la vie sociale. En 1828, il publie à Sibiu (Transylvanie) une *Grammaire roumaine*, première étude systématique du domaine et qui recommande des réformes. Jusqu'en 1840, il sera l'âme du mouvement d'unification et de modernisation de la langue roumaine littéraire, collaborant en ce sens avec l'intelligentsia de Valachie, de Moldavie et de Transylvanie. Seul son italianisme radical suscitera des réserves.

Radulescu est aussi l'un des fondateurs de la presse roumaine. En 1829, il édite à Bucarest un journal, *Le Courrier roumain* et, en 1837, une revue de littérature et de culture, *Le Courrier des deux sexes*, deux publications qui paraîtront jusqu'en 1848. Professeur et journaliste, il forme les premières générations d'acteurs de Valachie.

En 1848, il milite pour la révolution en Valachie et devient membre du Gouvernement provisoire, fermement décidé à renoncer au soi-disant protectorat russe qu'il considère comme une menace de mort pour l'État roumain. Après la répression de la révolution, il connaît un long et difficile exil, vécu partiellement en France. Rentré au pays après l'union de la Valachie et de la Moldavie (1859), il développe une intense activité d'écrivain et de publiciste. Sur le plan politique, il affronte la contestation de quelques-uns de ses compagnons de 1848, avec lesquels il polémique de façon acharnée. Son élection à la présidence de l'Académie roumaine aussitôt après sa création (1867-1868) signe la reconnaissance de ses mérites d'écrivain et de conseiller culturel.

Prosateur au verbe acide, auteur de poèmes satiriques d'un grand écho, Radulescu est aussi un poète lyrique essentiellement romantique. Formé dans le culte des valeurs classiques, il garde foi, comme toute sa génération, dans la mission sociale et morale de la littérature. Mais il appartient au romantisme par son tempérament, très sensible aux antinomies de l'existence. Ses prétentions poétiques frappent par leur ampleur, qui entendaient refléter à la fois son âme individuelle et l'évolution de l'humanité. Mais ses réussites ne sont pas à leur mesure en raison, notamment, du fait que la langue poétique moderne est alors à peine en gestation.

Son premier volume de poésies, *Méditations poétiques* (1830), mêle des traductions de Lamartine et des textes au lyrisme méditatif qui s'inspirent de l'auteur français. Son deuxième *Recueil de prose et de poésie* (1836) l'impose à l'attention. S'y trouvent des poèmes importants comme *Le Séraphin et le chérubin*, une méditation où le poète met la condition humaine sous l'égide de ces deux créatures célestes. Le séraphin règne sur un pays de paix, de beauté et de lumière, tandis que les éléments déchaînés de la nature allégorisent la force répressive que le chérubin est prêt à exercer. Marqué par le dualisme, l'homme, incapable d'éviter l'excès coupable, aspire cependant au bonheur. Une sensation semblable, qui atteste que l'existence obéit à des lois qui échappent à la compréhension et à la volonté humaine, se retrouve dans *Le Rêve* (*Visul*), où la vie, envisagée du point de vue de sa fin, apparaît comme un rêve : elle se déroule, séquences troubles, sous l'impulsion de forces mystérieuses, dominée par les désillusions et la souffrance.

Chef-d'œuvre poétique de Radulescu, *Le Sylphe* (*Zburatorul*, 1844), une ballade de 26 quatrains en vers de 13 ou 14 syllabes, met en scène une croyance populaire. On attribuait en effet l'apparition du sentiment érotique à un être surnaturel, le sylphe, qui venait surtout dans les rêves des jeunes filles.

Pendant la dernière partie de sa vie, l'auteur a élaboré de grands projets poétiques, qu'il n'a pu achever. Parmi ceux-ci, il y a surtout *L'Anatolide, ou L'Homme et les forces*, un poème épique nourri de la *Bible*, de la *Divine Comédie* et du *Paradis perdu* qui entendait montrer le progressif affranchissement de l'humanité des forces hostiles à la liberté individuelle et à la dignité sociale de l'homme. Trop proche de ses modèles cependant, ce poème inachevé (cinq chants seulement sur vingt prévus) marqua l'adhésion totale de Radulescu à l'esprit romantique.

I. Eliade Radulescu şi scoala sa / George Calinescu. – Bucarest : Éditions Tineretului, 1966. – 120 p.
Ion Heliade Radulescu, indrumatorul cultural şi scriitorul / Grigore Tugui. – Bucarest : Éditions Minerva, 1984. – 309 p.

RECUEIL DE PROSE ET DE POÉSIE 342

J. Vaillant — 1851

Le séraphin et le chérubin. — Le séraphin manifeste l'aspect doux et affectueux de Dieu, qui montre à l'homme le chemin vers le bonheur paradisiaque, tandis que le chérubin, avec son air sévère, veille sur le comportement moral, évoquant la mémoire que Dieu a du péché. Conscience et remords.

Doux Séraphin, bel ange !
Que viens-tu m'apporter ?
Guerre ou paix, je veux te chanter,
Je veux célébrer ta louange.

[...]

Je te revois partout, et partout ta présence
Remplit mes jours, mes nuits, mes rêves, mon sommeil ;
Sur ses ailes d'azur si ton corps se balance
De cette terre aux cieux, de la lune au soleil,

Je le vois, je te vois te refléter dans l'onde,
Courir avec le vent, rire avec les échos,
Te perdre avec la plaine, au sommet des coteaux,
Rattacher sur ton front ta chevelure blonde.

[...]

Ainsi pourquoi donc te cacher,
Quand je te vois en toute chose,
Et jusqu'en ce bouton de rose
Que ma main vient de détacher ?

Tu calmes ma douleur, tu fais sécher mes larmes,
Tu me montres partout l'espoir sur mon chemin,
Si je tiens à la vie, ô tendre Séraphin !
Crois-moi, c'est pour jouir p]us longtemps de tes charmes.

Puisses-tu me sourire ainsi jusqu'au tombeau !
Et quand je paraîtrai devant l'Être Suprême,
Déposer sur mon front ton sacré diadème,
Et me faire éclater des feux de ton flambeau.

Exécuteur jaloux des ordres du destin,
Ange guerrier, mets bas le glaive !
Si mon regard vers toi se lève
C'est pour t'admirer, Chérubin ! [...]

Loin de te haïr,
Mon cœur tout ensemble
Et t'adore et tremble,
S'avance et veut fuir.

Mais au cœur coupable
Ton bras redoutable
A fermé l'Éden ;
Et ta voix d'airain
Fière sentinelle,
Me crie : Infidèle,
Passe ton chemin !

Dans tout ce qui fait peur, dans tout ce qui menace,
Je te vois ; dans l'éclair, je vois briller ta face ;
Dans l'éclat de la foudre, oh ! oui, j'entends ta voix ;
Dans l'eau, sur terre, au ciel, je t'entends et je te vois. [...]

Le volcan secoue et désole,
L'aquilon siffle, glace, vole,
La tempête jamais ne dort ;
La foudre en écrasant consume

Quand dans un cœur plein d'amertume
Tu viens ajouter le remords. [...]

Mais quand aura pour moi sonné l'heure dernière,
Et quand, ô redoutable et juste Chérubin !
Tu conduiras mon âme au tribunal divin,
Souviens-toi qu'ici bas je t'aimai comme un frère,
Et que j'aimai d'amour notre doux Séraphin.

Poésies de la langue d'Or / traduites par J. A. Vaillant (de Bucharest). – Paris : Chez tous les Libraires de Paris : Et chez l'Auteur, 1851. – [Pp. 16-20].

LE SYLPHE 343

F. Dumas — 1998

Premiers émois (strophes 1-2, 11-12, 17, 19, 20-26). — La ballade organise en trois séquences la confession d'une jeune fille de la campagne, Florica, qui avoue à sa mère ses premiers troubles érotiques, attribués au sylphe. Les femmes du village, convaincues que cette « maladie des sylphes » ne peut être guérie que par une sorcière ou par un prêtre, se représentent cet esprit aérien et nocturne de diverses façons : démon, beau jeune homme séduisant, etc., images qui se succèdent rapidement dans la troisième partie de la ballade, mêlées de la peur et de la compassion ressenties pour la « pauvre fillette », qui souffre. Entre la première et la dernière partie, où l'on entend des voix différentes, s'impose celle de l'auteur, descriptive et explicative à la fois. Toujours discret dans ses évocations de la sensualité naissante comme dans ses allusions au surnaturel, Heliade Radulescu, par la vertu d'une versification au lexique choisi, a su transposer les réalités folkloriques et leur ressort archaïque et mythique dans le monde de la culture artistique.

« Tu vois, maman, j'ai mal et ma poitrine s'ébat ;
Et nombre de veinules m'apparaissent sur les seins,
Un feu s'allume en moi, j'ai des frissons dans le dos,
Mes lèvres sont brûlantes, maman, mes joues sont pâles !

Oh, que mon cœur palpite ! et quitte mon corps, s'envole !
Il veut, je ne sais pas ce qu'il veut ! je ne sais pas quoi lui donner !
J'ai chaud, j'ai froid, j'ai des fourmillements partout,
Je n'ai rien dans mes bras et c'est comme si j'avais quelqu'un.

[...]

Lorsque ma natte bouge, mes cheveux tous se dressent :
Ça me fait peur, mais à la fois je l'aime, j'ai des frissons partout,
Un coup d'éclair et un murmure : "Réveille-toi Florica,
C'est moi, je viens te caresser...". Mais ce n'est qu'un vent léger.

Mais qu'est-ce que ça peut être ? Tu dois voir grand-maman
Elle doit avoir un remède... ça peut être un sylphe.
Ou bien, allons chez la vieille Comana, ou chez Sorica.
Ou va chez le vieux prêtre, ou va voir le sorcier. »

[...]

*
* *

[1]Les étoiles se mettent à scintiller tour à tour,
Et on allume les feux dans le village,
La lune surgit, très tard, un peu, ce soir,
Et, mauvais signe, parfois, une étoile tombe.

[...]

C'est une nuit profonde, du grand haut du ciel ;
Son vêtement très noir tout parsemé d'étoiles
Enveloppe ainsi le monde qui, dans les bras du sommeil,
Rêve alors des choses qu'il n'a jamais imaginées en son état de veille.

Tout est silencieux et rien ne bouge,
Des sorts et des incantations magiques descendent dans le monde.
Pas même une feuille ne bouge, le vent ne souffle point,
Les eaux dorment comme des souches et les moulins sont arrêtés.

*
* *

[2]Mais quelle lumière arrive telle un éclair rapide
Du Nord, laissant derrière elle des traces d'étincelles ?
C'est une étoile qui tombe ? Un grand empereur est mort ?
Ou bien, c'est — pourvu qu'il ne le soit pas — une sorte de dragon ?

Ah, oui, c'est un dragon, ma chère, t'as vu l'être sacré,
Il est allé tout droit chez notre chère Florica !
Regarde-le descendre, c'est par la cheminée, je n'arrive pas à croire !
Eh, signe-toi, ma chère ! Tu l'as bien vu, toi aussi ?

---

1 Après la confession de Florica, l'auteur bâtit le cadre nocturne et explique la nature onirique du sylphe.

2 Les femmes du village dialoguent à propos du sylphe et de la « maladie » qu'il provoque.

Dragon de lumière avec la queue en flammes,
Recouvert de pierres précieuses qui scintillent comme le feu.

[...]

Il fait le guet, pardi ! et il vient pendant le sommeil
Un grand garçon, beau, avec une taille fine
Tout blond, les cheveux d'or ! mais ses petites veines frêles
N'ont pas du tout de sang et son nez est vraiment laid.

Oh, la pauvre petite fille ! Je compatis, Florica.
Il doit la torturer ! Tu vois comme elle est maigre,
Et elle toute pâle ! elle disait vrai grand-mère :
Que la jeune fille vierge se tienne loin de l'amour !

Car elle se met à rêver et le rêve en épuisement
Commence à se transformer, et l'épuisement devient un dragon
Et ensuite qu'est-ce qu'on peut lui faire, car ni les incantations
Ni les prières ne peuvent te guérir. Que le bon Dieu nous épargne !

Traduction inédite. — *Opere* / I. Heliade Radulescu ; editie critică de Vl. Drimba ; studiu introductiv de Al. Piru. – Bucuresti : Editura pentru Literatura, 1967. – [Pp. 105-108].

LE SYLPHE 343 bis

A. Bentoïu — 1981

Premiers émois (strophes 1-2, 11-12, 17, 19, 20-26). — Sous le titre *Le Démon-volant*, cette traduction entend rendre avec vivacité les changements de voix et le ton alerte et familier de la ballade.

« Ah, que j'ai mal, maman ! Sens trembler ma poitrine.
Ces veines sur mes seins y font comme des bleus ;
Un brasier monte en moi, un froid me prend l'échine,
Ma joue est toute pâle et j'ai la lèvre en feu !

Voilà mon cœur qui saute… il s'enfuit hors de moi !
Il veut… Quoi donc ? Mais que veut-il que je lui donne ?
Dans mon sang court un frisson tout brûlant, puis froid ;
Je n'ai rien dans les bras et pourtant c'est tout comme.

[…]

Danse alors le ruban dans mes cheveux tressé ;
J'ai peur, mais j'aime ça ; un frisson me traverse :
"Réveille-toi Florìca, je viens te caresser,
Je suis là... " Et ce n'est que le vent qui me berce !

C'est quoi, tout ça ? ... Va chez grand-mère et la ramène,
Elle sait tout... Si c'était un démon-volant ?
Va chez Comàna ou Sorìca, les anciennes,
Ou chez le pope, ou bien chez le sorcier, maman ! »

[...]

Les astres peu à peu font briller leur arroi ;
S'allument à leur tour les feux par le village ;
La lune monte enfin, tard ce soir, et parfois
Quelque étoile s'abat comme un mauvais présage.

[...]

Haute, haute est la nuit ; tombant du haut des sphères
Son vêtement semé d'étoiles, noir et lourd,
Drape un monde endormi dont le rêve éphémère
Est plus hardi qu'il n'a jamais été le jour.

Tout est stable, immobile et plein. Tout est silence.
La nature est soumise à un charme inconnu.
Aucun souffle de vent, nulle feuille qui danse.
L'eau dort, profonde. Et tous les moulins se sont tus.

*
* *

« Tiens ! C'était quoi, ce feu follet d'une seconde
Qui courait par le ciel entier, comme un brandon ?
Une étoile a filé ? Quelque grand de ce monde
Est mort ? Ou bien — malheur ! — quelque mauvais démon ?

Oui, ma foi, un démon. L'as-tu vu, le maudit ?,
C'est chez Florìca, sûr, qu'il est tombé, ma chère !
Et par la cheminée encor ! Qui l'aurait dit ?
Signez-vous ! ... Vous aussi, vous l'avez vu, commère ?

Un serpent de clarté, la queue en flammes mûres,
Un corps où des brillants scintillaient comme feu.

[...]

Car il épie, l'immonde ! Et en rêve, il s'amène,
Mince et droit comme un pin, ma foi ! et bien tourné,
Tout blond, des cheveux d'or ! — Oui, mais ses pauvres veines
N'ont pas goutte de sang... Et il faut voir son nez !

Pauvre Florìca, va ! C'est sûr, il la tourmente :
C'est pour ça qu'elle était plus maigre chaque jour !
Ah, grand-mère avait bien raison d'être prudente :
Fillettes, gardez-vous des flammes de l'amour.

Car c'est d'abord un rêve, et puis fièvre légère,
Puis l'on maigrit, frissonne et l'on tombe en langueur
Et là, fini ! Sorciers, conjurations, prières,
Rien n'y fait, on est pris... Gardez-nous en, Seigneur ! !

Anthologie de la poésie roumaine ; propos sur la poésie / George Macovescu. – Paris : Éditions Nagel, 1981. – [Pp. 85-91].

ZEJLER

SORABE

1804-1872

Né à Słona Boršć (Salzenforst) près de Budyšin (Bautzen), Handrij Zejler passe son enfance au village, dont il fréquente l'école. De 1818 à 1825, il fait ses humanités au lycée de Bautzen, y étudie le latin et le grec et acquiert une solide culture classique. Pour les Sorabes d'origine modeste, la promotion sociale passait alors par le pastorat : Zejler prend donc le chemin de Leipzig, où, depuis 1716, les jeunes protestants sorabes étudiaient la théologie au Collège des Prédicateurs wendes. Ses études terminées en 1829, le pasteur fraîchement promu va connaître une période difficile, car il n'y a pas de paroisse vacante. Prédicateur auxiliaire, puis diacre, il n'est installé qu'en 1835 comme pasteur en titre à Łaz (Lohsa), où il exercera son ministère jusqu'à sa mort.

Ce ministère, qu'il assura avec une grande conscience, ne fut cependant qu'un gagne-pain, on serait tenté de dire : une activité mineure. Dès le temps de ses études, il avait en effet été attiré par d'autres activités auxquelles il s'était donné corps et âme. Ses premiers poèmes remontent à 1824, époque du lycée, et, devenu étudiant, il va s'affirmer comme le chantre de la Renaissance nationale sorabe : un de ses poèmes écrit en 1827, *Ma belle Lusace*, deviendra l'hymne national.

Les étudiants sorabes avaient fondé en 1814, au Collège des Prédicateurs wendes de Leipzig, une association, la Sorabia, qui était rapidement entrée en sommeil. Une fois élu président, Zejler va faire de la Sorabia un foyer d'intense activité culturelle. S'inspirant d'un ouvrage pédagogique du Tchèque Dobrovský, il organise des cours de sorabe pour les autres étudiants, qu'il encourage à la collecte systématique des chants, proverbes et dictons populaires. Et il rédige avec son ami Hendrich Awgust Krygar un périodique manuscrit qui comptera 60 numéros. C'est la première ébauche de revue littéraire sorabe, car on y trouve articles, essais, poèmes et traductions sous la plume de ceux qui formeront l'élite intellectuelle nationale.

Zejler entretient aussi une correspondance avec les représentants de l'intelligentsia slave de l'époque, comme le poète tchèque Čelakovský, qui, sur les traces de Herder, avait publié plusieurs recueils de chants populaires slaves, et s'intéressait aux chants et proverbes sorabes. Il rencontre en Lusace le Polonais Andrzej Kucharsky, mû par le même intérêt, et le poète serbe Sima Milutinović, avec qui il se lie d'amitié. Il reçoit également la visite de l'historien tchèque Palacký, à l'instigation duquel il propose une réforme orthographique, adoptée depuis, et surtout il publie une *Grammaire succincte de la langue sorabe* (1830). La même année, il n'a que 26 ans, il devient membre de la docte Société savante de Haute-Lusace à Görlitz.

Zejler a pratiquement connu, rencontré, traduit ou publié tous ceux qui comptent dans le monde slave de l'époque. Il est un des solides maillons de cette chaîne de solidarité qu'on a nommée la réciprocité slave ou, plus simplement, le slavisme. Et son œuvre va permettre aux Sorabes de prendre leur place dans la vaste famille slave, qui recherche ses racines communes et définit son identité à l'aube du Printemps des peuples.

Zejler a été élevé dans la tradition du piétisme allemand, qui a si fortement marqué toute sa génération et a trouvé son prolongement naturel dans la vision romantique. Le goût des valeurs simples conservées dans le peuple est renforcé chez Zejler par ses origines et par l'exercice de son ministère. Il s'impliquera dans des tâches d'éducation populaire, luttant contre les superstitions ou intervenant pour la création d'écoles professionnelles et la rédaction de manuels en sorabe. Ce n'est pas un révolutionnaire, mais dans la campagne sorabe, le problème national coïncide avec le problème social : les Sorabes sont tous des paysans et tous les grands propriétaires terriens, nobles de surcroît, sont des Allemands. « La chaire et le banc d'école seront à l'honneur, mais ils ne sont certes pas le seul endroit d'où peut rayonner le bien », écrit-il en 1843.

De la morale à la politique, il va jouer un rôle de premier plan dans le mouvement national en reprenant sa plume de journaliste. En 1842, il fonde un hebdomadaire, ensuite quotidien, *Les Nouvelles Sorabes* — il existe toujours —, d'orientation résolument nationale et progressiste. Zejler est en effet de cette génération qui a milité dans les associations d'étudiants et dont le poids ne cesse de croître sur le sol allemand depuis la manifestation de la Burschenschaft à la Wartburg en 1817. Mais, tout en se situant dans cette mouvance, les Sorabes n'en connaîtront pas les dérives nationalistes : Zejler est fils aussi de l'ère des Lumières et apôtre de la tolérance.

Avec un autre ancien des associations étudiantes, Arnošt Smoler, futur rédacteur des *Nouvelles Sorabes*, Zejler fonde la *Maćica serbska* en 1847. Chaque peuple slave s'est en effet doté au XIXe siècle d'une *Matica* ou *Matice*, sorte d'Académie pour la conservation et le développement des cultures nationales. Les Sorabes disposent à présent, eux aussi, d'une tribune officielle où définir et présenter leur identité culturelle. Zejler publiait déjà ses poèmes et ses fables dans son journal : il va le faire aussi désormais dans la Revue de la *Maćica serbska*.

En 1844, il rencontre un jeune compositeur, Korla Awgust Kocor, qui devient un ami fidèle et va mettre en musique ses chansons. L'année suivante, ils organisent ensemble la première fête chorale sorabe, dont la tradition s'est maintenue jusqu'à nos jours. C'est l'occasion pour toutes les chorales du pays sorabe de se mesurer les unes aux autres en interprétant de la musique nationale, aussi bien savante que populaire. Les programmes font une place d'honneur aux œuvres de Zejler : sur 26 chansons présentées en 1845, 21 textes sont de lui. Il se passe ainsi pour lui ce qui est arrivé à Goethe avec *Heidenröslein* ou à Heine avec la *Lorelei* : nombre de ses poèmes deviennent des chansons populaires connues de tous et chantées encore aujourd'hui.

Entre 1845 et 1860 va naître la grande œuvre de Zejler, l'oratorio des *Saisons*, mis en musique par Kocor. Au point de départ : le long poème de James Thomson, qui avait déjà inspiré les *Saisons* de Joseph Haydn, dans la traduction allemande de Van Swieten, l'un des mécènes de Mozart. Chez Zejler, il y a cinq saisons : le Printemps, le Début de l'Été, l'Été, l'Automne et l'Hiver. Et elles prennent une autre signification que chez le poète écossais. L'accent est mis sur le lien qui unit non seulement la Nature et l'Homme en général, mais surtout la Nature et le peuple sorabe en particulier : synthèse entre les conceptions des Lumières dans la lignée de Herder et de Jean-Jacques Rousseau et une vision romantique teintée de Schelling et marquée par Schleiermacher ; un Romantisme national tout empreint de religiosité, qui célèbre la communion d'un peuple avec la Nature dans ses joies, ses peines et ses travaux de tous les jours. De la collaboration entre Zejler et Kocor naissent encore deux oratorios, *La Noce sorabe* (1847) et *Les Cloches de la Paix* (1870), et un petit opéra, *Jacob et Cathy* (1851-1852).

L'œuvre de Zejler compte aussi des cantiques, des traductions et d'innombrables poèmes. Tout au long de sa vie, comme Arnim et Brentano, les frères Grimm ou Arndt avant lui, Zejler écrivit des fables, en vers ou en prose, en général sur des sujets animaliers, où l'intention pédagogique, voire politique, apparaît souvent. En 1855, il en fit un choix qu'il publia sous le titre de *Fables sorabes proposées à son peuple bien-aimé pour son plaisir et son édification.*

Poète national par excellence, Zejler est également un Européen avant la lettre, par sa culture, ses sources d'inspiration, ses relations et son ouverture d'esprit. Sa célébrité chez les Sorabes se mesure au succès de la souscription publique que lança l'érudit Arnošt Muka dès 1877 pour la publication de ses œuvres complètes en 4 volumes (1883-1891). Une seconde édition, révisée et enrichie, est sortie en 7 volumes de 1971 à 1996.

Zawod do studija serbskeho pismowstwa [= Introduction à l'étude de la littérature des Serbes de Lusace] / Josef Páta. – Budyšin : z nakładom Maćicy Serbskeje, 1929. – 288 p. – [Résumé en français].

Handrij Zejler a jeho doba [= Handrij Zejler et son temps] / Ota Wićaz. – Budysin : Nakład Domowiny, 1955. – 414 p.

Language and Culture of the Lusatian Sorbs throughout their History / edited by Martin Kasper. – Berlin : Akademie-Verlag, 1987. – 219 p.

Anthology of Sorbian Poetry from the Sixteenth Century to the Present Day : a Rock against these Alien Waves / translated and edited by Robert Elsie. – London : Forest books, 1990. – XII-84 p. – (*Unesco Collection of Representative Works. European series*).

Jean Kudela, "L'Hymne sorabe". – In : *Hymnes nationaux de l'Europe Médiane / Cahiers du Centre d'Études des Civilisations de l'Europe Centrale et du Sud-Est*, 9. – Paris : INALCO, 1993. – [Pp. 49-57]. – (*Publications Langues'O*).

Jean Kudela, "Littérature sorabe". – In : *Histoire littéraire de l'Europe Médiane des origines à nos jours* / publié sous la direction de Maria Delaperrière. – Paris : L'Harmattan, 1998. – [Pp. 311-325].

POÈMES ET CHANSONS 344

J. Kudela — 1998

Là où bleuissent et où verdissent... — Réminiscence ou inspiration directe, voici une version sorabe du chant de Mignon qui ouvre le IIIe livre des *Années d'apprentissage de Wilhelm Meister* de Goethe. Le poème se chantait dès 1845 sur un air russe ; la musique en a été par la suite composée par Zejler lui-même. Il n'est pas de réunion sorabe où il ne soit au programme...

Là où bleuissent et où verdissent
Nos montagnes et nos bosquets,
Là où me saluent dans ma langue
Tous les gens de chez moi,
C'est là qu'est mon bonheur,
C'est là que va ma nostalgie, c'est là que je veux vivre.

Là où les sonneries du clocher
Avec douceur parlent au cœur,
Où la petite église toute dorée
Dans le couchant sur le village veille,
C'est là qu'est mon bonheur,
C'est vers ce lieu que mes pensées s'envolent.

Là où clapote le ruisseau,
Où il traverse ma patrie,
Là où l'étang et la rivière
Reflètent les étoiles claires,
C'est là qu'est mon bonheur
C'est là que va ma nostalgie, c'est là que je veux vivre.

Là où les fleurs multicolores
Parent les prairies de mon pays,
Là où se trouve notre champ
Et où le blé ondule doucement,
C'est là qu'est mon bonheur,
C'est vers ce lieu que mes pensés s'envolent.

Là où m'accueillent au sein de mon peuple
La maison et le gai compagnon,
Où des jeunes filles que je connais
Coupent les rameaux pour les guirlandes,
C'est là qu'est mon bonheur,
C'est là que va ma nostalgie, c'est là que je veux vivre.

Traduction inédite. — *Zhromadźene Spisy* / Handrij Zejler. – Budyšin : Ludowe Nakładnistwo Domowina, 1972. – [Tome I, p. 178].

POÈMES ET CHANSONS 345

J. Kudela — 1998

Ô soleil, ô liberté. — Publiée en août 1848 dans l'hebdomadaire de Zejler, cette œuvre prend évidemment une signification symbolique. Elle est très caractéristique de la manière de l'auteur, qui formule la revendication politique dans une langue simple et directe, sans s'interdire l'envolée lyrique.

Le soleil, c'est le soleil que je veux !
implore le tournesol.
À quoi bon sinon croître et fleurir
comme le font les tournesols ?
Tu as raison, fleurette,
c'est pour cela que tu es faite.

Et toi, esprit de l'homme,
vers quoi tes ailes t'emportent-elles ?
N'es-tu pas au tournesol pareil,
dis-moi, à quoi aspires-tu donc ?

J'entends l'écho de tes pensées
et la réponse, hurlée, à la question posée.

La liberté, c'est la liberté
qu'il faut en guise de soleil me donner,
et d'un coup rompre et briser
les liens, le joug et la corvée !
Ce qui par Dieu fut créé
doit en l'état de liberté rester.

Traduction inédite. — *Zhromadźene Spisy* / Handrij Zejler. – Budyšin : Ludowe Nakładnistwo Domowina, 1972. – [Tome I, p. 213].

BALLADES ET RÉCITS 346

J. Kudela — 1998

La rose et l'oiseau. — Exemple de ballade populaire que l'on peut chanter en ignorant son auteur, car elle semble léguée par la tradition orale (1869). Elle illustre la fraîcheur, la simplicité et le rythme rustique du style de Zejler, qui a parlé au peuple et a fait le succès de ses chansons.

Près de Crostwitz sur le sentier
s'épanouit une églantine,
elle resplendit sur le roncier
dans sa pourpre et sa blancheur.

Sur le roncier vient se poser
un petit oiseau chanteur.
Plus ses trilles sont jolis,
plus joli l'éclat de la fleur.

Plus jolie la poésie
que l'oiseau invente et dit,
plus profond le sentiment
que la fleur ressent pour lui.

Maintenant souffle le vent d'hiver,
en rafales acérées.
Notre oiseau soudain prend peur,
notre fleur perd ses couleurs.

L'oiseau change de chanson —
et la chanson, qu'est-ce qu'elle veut dire ?
Bonne nuit, ma toute belle,
il me faut quitter le pays !

Et la fleur, elle fond en larmes —
mais les larmes, qu'est-ce qu'elles veulent dire ?
Bonne nuit, mon bel ami,
Puisqu'il te faut quitter le pays !

Traduction inédite. — *Zhromadźene Spisy* / Handrij Zejler. – Budyšin : Ludowe Nakładnistwo Domowina, 1977. – [Tome III, p. 51].

LES SAISONS 347

J. Kudela — 1998

Printemps. — Ce refrain sert de conclusion à l'oratorio ; en dépit de l'amour de la vie qu'il exprime, il s'en dégage comme un parfum de nostalgie. C'est que le texte a été écrit en 1861, par un homme qui voit l'âge s'avancer.

Il fait bon, il fait bon sur terre
donner de l'amour comme en recevoir,
et dans les chants et les plaisirs
couronner les jeunes années.
Car le joli mois de mai s'épanouit
sans pouvoir s'éterniser,
les roses s'effeuillent, les années passent,
et prennent bien vite de nous congé.

Il fait bon, il fait bon sur terre
dans un séjour même éphémère,
resplendissant de mille beautés,
couleur de rose dans une divine lumière.
Dans le temple de la Création
au corps et à l'esprit la vie donne la jeunesse ;
mais au-dessus de soi l'on ressent
de l'immortalité le céleste élan.

Traduction inédite. — *Zhromadźene Spisy* / Handrij Zejler. – Budyšin : Ludowe Nakładnistwo Domowina, 1982. – [Tome IV, p. 64].

TOURIAN

ARMÉNIEN **1851-1872**

Représentant le plus significatif du romantisme arménien, Bedros Tourian, malgré sa courte vie, a laissé une quarantaine de poèmes, des articles et des lettres et une dizaine de pièces de théâtre.

Né à Scutari (Üsküdar), faubourg asiatique d'Istanbul, dans une famille de forgerons pauvres, il fait ses études à l'école arménienne de Scutari et les achève en 1868. Dès l'âge de 13 ans, il écrit des poèmes et, à 15 ans, sa première pièce de théâtre attire sur lui l'attention du monde littéraire arménien.

Au sortir de l'école, afin d'aider matériellement sa famille, il travaille successivement chez un changeur, puis dans le commerce et comme précepteur. Mais, finalement, il sera acteur dans la troupe de Hagop Vartovian, le fondateur du théâtre ottoman. L'essentiel de son activité sera cependant consacré à écrire. Il mourra prématurément de tuberculose, en révolte contre cette injuste destinée.

Illustrant les conceptions artistiques du romantisme arménien, il entend mettre la poésie et l'art de la scène au service de l'édification humaine et nationale : à ses yeux, l'art est un miroir de vérité où l'homme trouve des modèles, à suivre ou à rejeter. Si sa poésie a pour thèmes dominants l'amour et le patriotisme, son théâtre entend toucher l'ensemble des situations et des comportements qui structurent l'idéal de l'homme, de ses mœurs et de la société. C'est ainsi que son œuvre stimule l'éducation et la culture, encourage l'affranchissement des femmes, condamne les inégalités sociales et célèbre les valeurs d'amour et de concorde préconisées par l'humanisme chrétien, même si le poète doit constater avec pessimisme que seule la mort instaure l'égalité espérée.

À cet humanisme répond un patriotisme utopique qui passe, tour à tour, par l'idéal du sacrifice, la pulsion révolutionnaire et le réformisme légaliste. Opposé aux exactions des Kurdes, il réclame, pour les Arméniens, l'honneur, la dignité et la sécurité, et appelle ses compatriotes à la solidarité.

Écrivant dans le registre, souvent sombre et pathétique, des idées, des images et des métaphores romantiques, Tourian témoigne cependant, à travers l'expérience de la maladie fatale qui l'emportera, d'une authentique profondeur, qui oscille entre la révolte et les affres de la déréliction.

Influencée par la lecture de Victor Hugo et de Lamartine, désireuse de correspondre aux préoccupations et aux thèmes d'intérêt contemporain, la poésie de Tourian reste cependant inscrite dans la tradition poétique arménienne. Son inspiration d'amour se nourrit notamment aux images de la nature et des fleurs, des paysages et des parfums qui ont prévalu dans la longue lignée des troubadours arméniens. Son patriotisme s'alimente aussi, au-delà des circonstances particulières à l'histoire de l'Empire ottoman, aux traditions de la littérature arménienne, notamment historiographique, qui, dès longtemps, avait fixé les grandes références de l'identité et de l'amour de la patrie.

Œuvres vives de la littérature arménienne / Krikor Chahinian. – Antélias (Liban) : Catholicossat arménien de Cilicie, 1988. – [Pp. 225-240].

POÉSIES 348

M. Tchéraz — 1913

Chant de guerre des compagnons de Vartan. — Ce poème date de 1869. « Vartan Mamigonian est le héros national de l'Arménie chrétienne. À sa voix, toute la nation s'est levée comme un seul homme pour repousser les armées de Yezdéguert II, qui se proposait de convertir les Arméniens au mazdéïsme, afin de les soustraire à l'influence de l'Empire d'Orient et de les rattacher à la domination des Sassanides. Dans la dernière bataille qu'il leur livra (elle eut lieu sur les rives du Dghmoud, dans le district d'Ardaz, qui fait aujourd'hui partie de l'Arménie persane), il fut tué après avoir accompli des prodiges de valeur (451). Sa bravoure et son martyre ont inspiré bien des poètes arméniens. » (M. Tchéraz).

Levez-vous, fils de l'Ararat ! Que la foudre jaillisse des fronts sombres ! Que l'épée brille dans les mains tremblantes ! L'heure de la juste vengeance a enfin sonné. Que la hache infatigable du Perse soit brisée ! Les Arméniens ont assez pleuré !

Mourons à l'ombre de l'Ararat ! Remportons une victoire éternelle !

Allons ! devenons libres, nous et notre Arménie ! Que les échos de l'intrépide Ararat résonnent à nos cris !

Mourons en Ardaz, près du Dghmoud, où se lève pour nous l'aurore !

Que les Sassanides frémissent à l'éclair de nos glaives ! Que la victoire naisse à chacun de nos pas !

Poètes arméniens : Bédros Tourian, Gamar-Kathipa, Saïath-Nova, Guévork Dodokhiantz, Mikaël Nalbandiantz, Corène de Lusignan / Minas Tchéraz. – Paris : E. Leroux, 1913. – [Pp. 17-18].

POÉSIES 349

M. Tchéraz — 1913

Je t'ai aimée. — Dans ce poème, qui date aussi de 1869, Tourian « revient à son amante, qu'il n'avait pas chantée depuis deux ans. Il est aussi enivré de sa beauté que navré de sa froideur, et il souhaite la mort. » (M. Tchéraz).

C'était l'heure de la rosée et des rayons. Il y avait au ciel un incendie de roses, à la place du tissu de feu des nuages. Il pleuvait des perles et de l'or !

Pâle, couchée langoureusement au fond d'un bosquet fleuri, tu haletais comme une brise d'été.

Et de tes mains semblables au lis, tu effeuillais une fleur, en fixant sur les rayons du ciel tes yeux, temples du feu de l'amour !

J'étais émerveillé de voir comment tes doigts délicats pouvaient arracher ses pétales à la fière rose et les éparpiller sur ton sein.

Et tes yeux languissants faisaient luire un nouveau ciel, un ciel où, au lieu d'étoiles, brillaient des flèches de feu.

Tu as fait de moi l'esclave d'une étincelle de tes yeux et d'une syllabe de ta bouche. Cruelle ! tu m'as enchaîné avec les rayons de ton âme sublime.

Laisse mon cœur ; va loin de moi. Je ne veux pas t'avoir pour reine de mon âme, toi dont la poitrine est feuille de rose, mais dont le cœur est du granit,

Toi, odoriférante, qui ne sais que creuser des plaies dans les cœurs tendres, et qui aimes à voir saigner abondamment le cœur qui t'adore.

Quand je pleure tout seul, dans l'ombre obscure d'un bosquet, tu es là, tu me découvres ; tu souris à travers l'onde !

Quand je fuis parmi les rochers et les monts pour y briser mon cœur et ma lyre, tu roucoules toujours à travers le vent que tu ne m'as point aimé !

Je vais, de cœur, embrasser la terre glacée, pour ne plus te rencontrer. La tombe est une vierge aussi. Y a-t-il un cœur aussi profond qu'elle ?

Poètes arméniens : Bédros Tourian, Gamar-Kathipa, Saïath-Nova, Guévork Dodokhiantz, Mikaël Nalbandiantz, Corène de Lusignan / Minas Tchéraz. – Paris : E. Leroux, 1913. – [Pp. 32-34].

POÉSIES 350

M. Tchéraz — 1913

Ma douleur. — Ce poème date de 1871.

Dans ma soif de saints désirs, trouver les sources longtemps taries ; me dessécher à la fleur de l'âge : oh ! ce n'est pas si douloureux pour moi.

Reposer sur le coussin de terre mon front pâle et glacé, non encore brûlé par un ardent baiser : oh ! ce n'est pas si douloureux pour moi.

Embrasser ce froid tombeau, sans avoir embrassé encore un bouquet vivant, pétri de sourire, de beauté, de feu : oh ! ce n'est pas si douloureux pour moi.

Dormir sous la couverture de terre, sans qu'un sommeil, gros d'un doux rêve, ait calmé ma tête agitée par la tempête : oh ! ce n'est pas si douloureux pour moi.

Porter le nom de fange de la chaumière ; respirer toujours son air à l'odeur de lie ; et, aussi, souffrir perpétuellement : oh ! ce n'est pas si douloureux pour moi.

J'ai une malheureuse patrie, rameau desséché de la pauvre humanité ; mourir obscur, sans l'avoir soutenue : oh ! c'est là seul qui est douloureux pour moi.

Poètes arméniens : Bédros Tourian, Gamar-Kathipa, Saïath-Nova, Guévork Dodokhiantz, Mikaël Nalbandiantz, Corène de Lusignan / Minas Tchéraz. – Paris : E. Leroux, 1913. – [Pp. 48-49].

POÉSIES 351

M. Tchéraz — 1913

Ma mort. — Ce poème est aussi de 1871.

Si l'ange pâle de la mort descend devant moi avec un immense sourire, et que mes douleurs et mon âme s'évaporent, sachez que je suis encore en vie.

Si, à mon chevet, un cierge mince et pâle comme moi jette de froids rayons, sachez que je suis encore en vie.

Si l'on m'enveloppe dans un linceul, froid comme une pierre, avec mon front inondé de pleurs, et que l'on m'enferme dans le noir cercueil, sachez que je suis encore en vie.

Si la triste crécelle résonne, ce vibrant sourire de la cruelle mort, et que mon cercueil s'avance lentement, sachez que je suis encore en vie.

Si les hommes, chantres de la mort, qui ont une figure sombre et sévère, répandent partout de l'encens et des prières, sachez que je suis encore en vie.

Si l'on apprête ma tombe, et que mes amis se séparent en gémissant et en se lamentant, sachez que je suis toujours en vie.

Mais si mon tombeau reste inconnu dans un coin de la terre, et que ma mémoire s'évanouisse, ah ! c'est alors que je serai mort !

Poètes arméniens : Bédros Tourian, Gamar-Kathipa, Saïath-Nova, Guévork Dodokhiantz, Mikaël Nalbandiantz, Corène de Lusignan / Minas Tchéraz. – Paris : Ernest Leroux, 1913. – [Pp. 61-62].

POÉSIES 352

V. Godel — 1990

L'Arménienne.

C'était un soir d'automne.
Je revenais d'Üsküdar. L'air
était pur, douce la terre, calme la mer.

Assis, seul, à l'écart, sur le pont supérieur
du bateau, j'étais plongé dans la lecture
des quotidiens du jour.

Un bruit de pas qui montaient tout à coup
me troubla : je tournai
les yeux vers l'escalier.

Je vis surgir une Arménienne. Elle était grande,
belle. M'ignorant, elle passe
et va prendre place juste en face de moi.

On eût dit une joie venue du ciel
pour semer la lumière de l'amour,
exacerber les cœurs brûlants.

L'œil à nouveau plongé dans le journal,
il me parut, je ne sais trop pourquoi,
que mon cœur prenait feu.

Lorsque nous abordâmes, s'approchant de moi,
« c'est Üsküdar, dit-elle d'une voix
rude, ne restez pas assis. »

Je levai les yeux : le vapeur était
vide, plus personne — nous étions seuls, face à
face, tous les deux, moi et... le nocher.

La Poésie arménienne du Ve siècle à nos jours / textes choisis, traduits et présentés par Vahé Godel. – Paris : Éditions de la Différence, 1990. – (*Littérature*). – [Pp. 102-103].

POÉSIES 353

Kr. Chahinian — 1988

Repentir. — Ce poème fut écrit un jour après la *Plainte* où le poète exprimait sa révolte contre Dieu, qui s'achève par ce vers : « Le monde est d'ailleurs la risée de Dieu... »

Hier, dans des sueurs froides,
Je faisais un somme noir,
Et deux roses bien fanées
Se consumaient sur mes joues ;
Une pâleur moribonde
Se dessinait sur mon front,

J'avais un envol de mort,
Quand j'entendis des sanglots...
J'ouvris mes yeux fatigués,
Je vis les pleurs de ma mère...
Oh ! de tendresse authentique
Les jolies perles liquides !
Ma mère avait un chagrin,
Ce chagrin noir, c'était moi !
Un tourbillon m'emporta...
Je vomis ce torrent noir...
Oh ! pardonnez-moi, mon Dieu
Je vis les pleurs de ma mère...

Œuvres vives de la littérature arménienne / Krikor Chahinian. – Antélias (Liban) : Catholicossat arménien de Cilicie, 1988. – [P. 231].

POÉSIES 354

L.-A. Marcel — 1973

Le lac.

Pourquoi ta songerie, ô lac,
et cette langueur de tes vagues ?
Est-ce qu'inquiète sur tes eaux
une belle se contempla ?

Est-ce que tes vagues convoitent
le bleu si limpide du ciel
ou ces nuages lumineux
apparentés à tes écumes ?

Ô mon lac de mélancolie
épanchons notre cœur l'un l'autre.
Comme toi j'aime méditer
dans la prière et le silence.

Tu te rides d'autant de vagues
que mon front de graves pensées.
Tu recèles autant d'écumes
que de blessures mon amour.

Pourtant si dans ton cœur croulaient
les constellations du ciel
pourrais-tu jamais ressembler
aux hautes flammes de mon âme ?

Nulle étoile n'y agonise,
les fleurs s'y dardent toujours vives,
la pluie n'y tombe pas des nues
quand l'air et toi vivez paisibles.

Ô lac, c'est toi ma bien-aimée,
car même si le vent te blesse,
en ton inquiète profondeur
tu me gardes, tout frissonnant.

Beaucoup m'ont refusé, disant
— « Il ne possède qu'une lyre. »
L'une : « Il tremble ! Comme il est pâle ! »
et l'autre a dit : « Il va mourir. »

Mais personne : « Pauvre garçon,
pourquoi dans son cœur cette brume ?
Si je l'aimais il pourrait vivre ;
il deviendrait peut-être beau ! »

Personne n'a dit : « Entr'ouvrons
le cœur amer de ce garçon
et lisons ce qu'il porte écrit… »
— Il porte un feu, non pas un livre.

Là sont des cendres… souvenirs…
Ô lac, que s'émeuvent tes vagues !
Dans ta profondeur, anxieux,
mon long désespoir s'est miré.

La Poésie arménienne : Anthologie des origines à nos jours / réalisée sous la direction de Rouben Melik. – Paris : Les éditeurs français réunis, 1973. – [Pp. 178-180].

GAUTIER

FRANÇAIS **1811-1872**

Pierre Jules *Théophile* Gautier naît à Tarbes, dans une famille qui s'installe à Paris lorsque l'enfant a trois ans. Élève du Collège Charlemagne, où il est le condisciple de Gérard Labrunie — le futur Nerval —, il opte pour une carrière artistique. Après avoir projeté de devenir peintre, il se tourne vers la littérature et fréquente les Jeune-France, un groupe d'écrivains et d'artistes novateurs, et l'entourage de Victor Hugo. Sa participation à la bataille d'*Hernani*, où il se montre avec un gilet rouge, est restée célèbre.

À l'époque déjà, ses aventures sentimentales sont multiples. En 1836, il reconnaîtra l'enfant d'Eugénie Fort : ce sera Théophile Gautier fils. En 1843, il se lie avec Ernesta Grisi, qui lui donnera deux filles, Judith et Estelle. Plusieurs autres liaisons sont connues. Gautier semble aussi avoir été animé, toute sa vie, par une passion pour la danseuse d'opéra Carlotta Grisi, sœur cadette d'Ernesta.

Son premier recueil, simplement intitulé *Poésies*, paraît en juillet 1830, quelques mois après la bataille d'*Hernani*. Il est suivi d'*Albertus, ou l'Âme et le péché* (1832), d'un recueil de *Romans goguenards* (1833) et du roman *Mademoiselle de Maupin* (1835), qui lui vaut déjà la notoriété et dont la préface soutient éloquemment la thèse que l'art et la morale n'ont rien de commun.

En 1836, Gautier entre à *La Presse*, qui vient d'être créée par Émile de Girardin. Tout au long de sa carrière, il sera chargé, à *La Presse*, puis au *Moniteur universel* (à partir de 1855) et enfin au *Journal officiel* (de 1869 à 1871), de rendre compte de l'actualité théâtrale et artistique. « Chargé » doit s'entendre dans tous les sens du terme : Gautier s'est toujours plaint du côté pénible, voire écrasant, de cette obligation, qui donnait d'autant plus de prix à ses voyages à l'étranger : ainsi la Belgique et les Pays-Bas (en 1836), l'Espagne (1840), l'Algérie (1845), l'Italie (1850), la Turquie (1852) et la Russie (1858-1859, puis à nouveau en 1861) lui permirent d'échapper, pour de trop courts moments, au « tonneau des Danaïdes » de la presse quotidienne.

La production littéraire de Gautier est d'une grande diversité. Ses tentatives au théâtre (comédies, pièces légères, livrets de ballets) ont laissé peu de traces. Il doit principalement sa survie littéraire à ses récits fantastiques (*La Morte amoureuse*, *Arria Marcella*, *Avatar*, *Le Roman de la momie*, *Jettatura*), où se trouvent mis en scène le rêve de Beauté idéale qui le hantait et la conscience douloureuse de l'aspect éphémère de cette Beauté : ainsi, les femmes à la plastique parfaite dont l'évocation naît comme spontanément sous sa plume ne s'incarnent que pour mourir dans les bras des héros masculins. Seul *Spirite* (1865), l'un des derniers contes, paraît accepter le caractère inéluctable du divorce de la Réalité et de l'Idéal.

Ses talents de prosateur excellent aussi dans un roman de cape et d'épée, *Le Capitaine Fracasse* (1861), ainsi que dans ses récits de voyage, d'abord publiés dans les journaux sous forme de reportages : *Tra los montes* (1843), *Zigzags* (1845), *Caprices et zigzags* (1852), *Constantinople* (1853), *Loin de Paris* (1865), *Voyage en Russie* (1866).

Gautier poète est, aujourd'hui, un peu oublié. Les plus grands de ses contemporains l'ont pourtant reconnu comme leur égal, voire comme leur maître. L'éloge suprême lui vint de Baudelaire, qui dédia *Les Fleurs du Mal* « Au poète impeccable / Au parfait magicien ès lettres françaises / À mon très cher et très vénéré maître et ami / Théophile Gautier ». Ainsi que l'évoquent les mots « impeccable » et « magicien », Gautier est avant tout un poète formel, qui a tôt renoncé aux intentions métaphysiques contenues dans ses premiers recueils, *Albertus* et *La Comédie de la Mort* (1838). Disciple du Victor Hugo des *Orientales*, il joue avec virtuosité de toutes les richesses de la langue française, qu'il connaît admirablement, use d'un lexique élégant, précis et haut en couleurs, aime et recherche les transpositions d'art (poème-tableau, ou poème-sculpture), les métaphores raffinées, les images chatoyantes. *Émaux et camées*, qui paraît en 1852 mais fut par la suite incessamment retravaillé (six éditions entre 1852 et 1872), est son recueil le plus connu : l'œuvre exerça une grande influence sur les jeunes poètes groupés plus tard sous le nom de Parnassiens.

Enfin, les qualités de critique développées par Gautier dans ses feuilletons de presse ont fait de lui un irremplaçable observateur de la littérature : avec *Les Grotesques* (1844), il fait revivre des écrivains antérieurs au classicisme, qu'il relève du mépris de Boileau et dans lesquels il voit des ancêtres du romantisme de 1830. Il fut aussi un témoin attentif de son temps : son *Histoire du romantisme* (1874, posthume) est précieuse, tout comme les souvenirs que — dernier survivant d'une génération illustre — il a laissés sur Nerval, Balzac et Baudelaire.

Histoire des œuvres de Théophile Gautier / Ch. de Spoelberch de Lovenjoul. – Genève : Slatkine reprints, 1968. – 2 vol., LVIII-495+608 p. – [Reproduction en fac-similé de l'édition originale : Paris, 1887].

Les Années romantiques de Théophile Gautier / René Jasinski. – Paris : Vuibert, 1929. – 336 p.

Trois essais de mythologie romantique / Georges Poulet. – 3e édition – Paris : José Corti, 1985. – [Pp. 94-114].

Le Soleil et la nuit : L'imaginaire dans l'œuvre de Théophile Gautier / Marcel Voisin ; préface de Roland Mortier. – Bruxelles : Éditions de l'Université de Bruxelles, 1981. – 375 p. – (*Faculté de Philosophie et Lettres / Université Libre de Bruxelles* ; 77).

Le Regard de Narcisse : romans et nouvelles de Théophile Gautier / M.-Cl. Schapira. – Lyon : Presses universitaires de Lyon ; Paris : Éditions du C.N.R.S., 1984. – 266 p.

Bulletins annuels de la Société Théophile Gautier (Montpellier).

ARRIA MARCELLA. SOUVENIR DE POMPÉI 355

Christianisme et malédiction de la beauté. — Le jeune Octavien visite une nuit le site de Pompéi, miraculeusement ressuscité dans son aspect d'antan. Il assiste à une comédie au théâtre de la ville et aperçoit Arria Marcella, dont il a vu au Musée de Naples l'empreinte du corps, dans un morceau de lave. Arria Marcella fait venir Octavien chez elle et commence à l'enlacer, quand surgit le père de la jeune femme, converti au christianisme. — L'histoire met en scène l'opposition de Antiquité et de l'ère chrétienne, thématique essentielle chez Gautier. Parce qu'il unissait, dans une même exaltation de la personne humaine, la beauté physique, l'art, l'amour et la religion, le monde gréco-romain faisait l'admiration de l'auteur. Selon Gautier, c'est le christianisme qui a anéanti cet idéal de beauté et est responsable de la laideur du monde moderne. L'éruption du Vésuve devient ainsi le symbole de la destruction et de l'ensevelissement des valeurs antiques par le christianisme.

Arria Marcella fit signe à Octavien de s'étendre à côté d'elle sur le biclinium et de prendre part au repas ; — le jeune homme, à demi fou de surprise et d'amour, prit au hasard quelques bouchées sur les plats que lui tendaient de petits esclaves asiatiques aux cheveux frisés, à la courte tunique. Arria ne mangeait pas, mais elle portait souvent à ses lèvres un vase myrrhin aux teintes opalines rempli d'un vin d'une pourpre sombre comme du sang figé ; à mesure qu'elle buvait, une imperceptible vapeur rose montait à ses joues pâles, de son cœur qui n'avait pas battu depuis tant d'années ; cependant son bras nu, qu'Octavien effleura en soulevant sa coupe, était froid comme la peau d'un serpent ou le marbre d'une tombe.

« Oh ! lorsque tu t'es arrêté aux Studj à contempler le morceau de boue durcie qui conserve ma forme, dit Arria Marcella en tournant son long regard humide vers Octavien, et que ta pensée s'est élancée ardemment vers moi, mon âme l'a senti dans ce monde où je flotte invisible pour les yeux grossiers ; la croyance fait le dieu, et l'amour fait la femme. On n'est véritablement morte que quand on n'est plus aimée ; ton désir m'a rendu la vie, la puissante évocation de ton cœur a supprimé les distances qui nous séparaient. »

L'idée d'évocation amoureuse qu'exprimait la jeune femme, rentrait dans les croyances philosophiques d'Octavien, croyances que nous ne sommes pas loin de partager.

En effet, rien ne meurt, tout existe toujours ; nulle force ne peut anéantir ce qui fut une fois. Toute action, toute parole, toute forme, toute pensée tombée dans l'océan universel des choses y produit des cercles qui vont s'élargissant jusqu'aux confins de l'éternité. La figuration matérielle ne disparaît que pour les regards vulgaires, et les spectres qui s'en détachent peuplent l'infini. Pâris continue d'enlever Hélène dans une région inconnue de l'espace. La galère de Cléopâtre gonfle ses voiles de soie sur l'azur d'un Cydnus idéal. Quelques esprits passionnés et puissants ont pu amener à eux des siècles écoulés en apparence, et faire revivre des personnages morts pour tous. Faust a eu pour maîtresse la fille de Tyndare, et l'a conduite à son château gothique, du fond des abîmes mystérieux de l'Hadès. Octavien venait de vivre un jour sous le règne de Titus et de se faire aimer d'Arria Marcella, fille d'Arrius Diomèdes, couchée en ce moment près de lui sur un lit antique dans une ville détruite pour tout le monde.

« À mon dégoût des autres femmes, répondit Octavien, à la rêverie invincible qui m'entraînait vers ses types radieux au fond des siècles comme des étoiles provocatrices, je comprenais que je n'aimerais jamais que hors du temps et de l'espace. C'était toi que j'attendais, et ce frêle vestige conservé par la curiosité des hommes m'a par son secret magnétisme mis en rapport avec ton âme. Je ne sais si tu es un rêve ou une réalité, un fantôme ou une femme, si comme Ixion je serre un nuage sur ma poitrine abusée, si je suis le jouet d'un vil prestige de sorcellerie, mais ce que je sais bien, c'est que tu seras mon premier et mon dernier amour.

— Qu'Éros, fils d'Aphrodite, entende ta promesse, dit Arria Marcella en inclinant sa tête sur l'épaule de son amant qui la souleva avec une étreinte passionnée. Oh ! serre-moi sur ta jeune poitrine, enveloppe-moi de ta tiède haleine, j'ai froid d'être restée si longtemps sans amour. » Et contre son cœur Octavien sentait s'élever et s'abaisser ce beau sein, dont le matin même il admirait le moule à travers la vitre d'une armoire de musée ; la fraîcheur de cette belle chair le pénétrait à travers sa tunique et le faisait brûler. La bandelette or et noir s'était détachée de la tête d'Arria passionnément renversée, et ses cheveux se répandaient comme un fleuve noir sur l'oreiller bleu.

Les esclaves avaient emporté la table. On n'entendit plus qu'un bruit confus de baisers et de soupirs. Les cailles familières, insouciantes de cette scène amoureuse, picoraient, sur le pavé mosaïque, les miettes du festin en poussant de petits cris.

Tout à coup les anneaux d'airain de la portière qui fermait la chambre glissèrent sur leur tringle, et un vieillard d'aspect sévère et drapé dans un ample manteau brun parut sur le seuil. Sa barbe grise était séparée en deux pointes comme celle des Nazaréens, son visage semblait sillonné par la fatigue des macérations : une petite croix de bois noir pendait à son col et ne laissait aucun doute sur sa croyance : il appartenait à la secte toute récente alors, des disciples du Christ.

À son aspect, Arria Marcella, éperdue de confusion, cacha sa figure sous un pli de son manteau, comme un oiseau qui met la tête sous son aile en face d'un ennemi qu'il ne peut éviter, pour s'épargner au moins l'horreur de le voir ; tandis qu'Octavien, appuyé sur son coude, regardait avec fixité le personnage fâcheux qui entrait ainsi brusquement dans son bonheur.

« Arria, Arria, dit le personnage austère d'un ton de reproche, le temps de ta vie n'a-t-il pas suffi à tes déportements, et faut-il que tes infâmes amours empiètent sur les siècles qui ne t'appartiennent pas ? Ne peux-tu laisser les vivants dans leur sphère, ta cendre n'est donc pas encore refroidie depuis le jour où tu mourus sans repentir sous la pluie de feu du volcan ? Deux mille ans de mort ne t'ont donc pas calmée, et tes bras voraces attirent sur ta poitrine de marbre, vide de cœur, les pauvres insensés enivrés par tes philtres.

— Arrius, grâce, mon père, ne m'accablez pas, au nom de cette religion morose qui ne fut jamais la mienne ; moi, je crois à nos anciens dieux qui aimaient la vie, la jeunesse, la beauté, le plaisir ; ne me replongez pas dans le pâle néant. Laissez-moi jouir de cette existence que l'amour m'a rendue.

— Tais-toi, impie, ne me parle pas de tes dieux qui sont des démons. Laisse aller cet homme enchaîné par tes impures séductions ; ne l'attire plus hors du cercle de sa vie que Dieu a mesurée ; retourne dans les limbes du paganisme avec tes amants asiatiques, romains ou grecs. Jeune chrétien, abandonne cette larve qui te semblerait plus hideuse qu'Empouse et Phorkyas, si tu la pouvais voir telle qu'elle est. »

Octavien, pâle, glacé d'horreur, voulut parler ; mais sa voix resta attachée à son gosier, selon l'expression virgilienne.

« M'obéiras-tu, Arria ? s'écria impérieusement le grand vieillard.

« — Non, jamais », répondit Arria, les yeux étincelants, les narines dilatées, les lèvres frémissantes, en entourant le corps d'Octavien de ses beaux bras de statue, froids, durs et rigides comme le marbre. Sa beauté furieuse, exaspérée par la lutte, rayonnait avec un éclat surnaturel à ce moment suprême, comme pour laisser à son jeune amant un inéluctable souvenir.

« Allons, malheureuse, reprit le vieillard, il faut employer les grands moyens, et rendre ton néant palpable et visible à cet enfant fasciné », et il prononça d'une voix pleine de commandement une formule d'exorcisme qui fit tomber des joues d'Arria les teintes pourprées que le vin noir du vase myrrhin y avait fait monter.

En ce moment, la cloche lointaine d'un des villages qui bordent la mer ou des hameaux perdus dans les plis de la montagne fit entendre les premières volées de la Salutation angélique.

À ce son, un soupir d'agonie sortit de la poitrine brisée de la jeune femme. Octavien sentit se desserrer les bras qui l'entouraient ; les draperies qui la couvraient se replièrent sur elles-mêmes, comme si les contours qui les soutenaient se fussent affaissés, et le malheureux promeneur nocturne ne vit plus à côté de lui, sur le lit du festin, qu'une pincée de cendres mêlée de quelques ossements calcinés parmi lesquels brillaient des bracelets et des bijoux d'or, et que des restes informes, tels qu'on les dut découvrir en déblayant la maison d'Arrius Diomèdes.

Il poussa un cri terrible et perdit connaissance.

Œuvres : choix de romans et de contes / Théophile Gautier ; édition établie par Paolo Tortonese. – Paris : Robert Laffont, 1995. – (*Bouquins*). – [Pp. 767-770].

ÉMAUX ET CAMÉES 356

Affinités secrètes. Madrigal panthéiste. — Ce texte est un bon exemple de la manière et des thématiques de Gautier poète : on y retrouve l'évocation de la sculpture et de l'Antiquité, ainsi que l'obsession du Beau idéal physique, élevé au rang de religion.

Dans le fronton d'un temple antique,
Deux blocs de marbre ont, trois mille ans,
Sur le fond bleu du ciel attique,
Juxtaposé leurs rêves blancs ;

Dans la même nacre figées,
Larmes des flots pleurant Vénus,
Deux perles au gouffre plongées
Se sont dit des mots inconnus ;

Au frais Généralife écloses,
Sous le jet d'eau toujours en pleurs,
Du temps de Boabdil, deux roses
Ensemble ont fait jaser leurs fleurs ;

Sur les coupoles de Venise
Deux ramiers blancs aux pieds rosés,
Au nid où l'amour s'éternise,
Un soir de mai se sont posés.

Marbre, perle, rose, colombe,
Tout se dissout, tout se détruit ;
La perle fond, le marbre tombe,
La fleur se fane et l'oiseau fuit.

En se quittant, chaque parcelle
S'en va dans le creuset profond
Grossir la pâte universelle
Faite des formes que Dieu fond.

Par de lentes métamorphoses,
Les marbres blancs en blanches chairs,
Les fleurs roses en lèvres roses
Se refont dans des corps divers.

Les ramiers de nouveau roucoulent
Au cœur de deux jeunes amants,
Et les perles en dents se moulent
Pour l'écrin des rires charmants.

De là naissent ces sympathies
Aux impérieuses douceurs,
Par qui les âmes averties
Partout se reconnaissent sœurs.

Docile à l'appel d'un arome,
D'un rayon ou d'une couleur,
L'atome vole vers l'atome
Comme l'abeille vers la fleur.

L'on se souvient des rêveries
Sur le fronton ou dans la mer,
Des conversations fleuries
Près de la fontaine au flot clair,

Des baisers et des frissons d'ailes
Sur les dômes aux boules d'or,
Et les molécules fidèles
Se cherchent et s'aiment encor.

L'amour oublié se réveille,
Le passé vaguement renaît,
La fleur sur la bouche vermeille
Se respire et se reconnaît.

Dans la nacre où le rire brille,
La perle revoit sa blancheur ;
Sur une peau de jeune fille,
Le marbre ému sent sa fraîcheur.

Le ramier trouve une voix douce,
Écho de son gémissement,
Toute résistance s'émousse,
Et l'inconnu devient l'amant.

Vous devant qui je brûle et tremble,
Quel flot, quel fronton, quel rosier,
Quel dôme nous connut ensemble,
Perle ou marbre, fleur ou ramier ?

Émaux et camées / Théophile Gautier ; édition par Madeleine Cottin. – Paris : Minard, 1968. – (*Lettres Modernes*). – [Pp. 21-23].

HONORÉ DE BALZAC 357

Romantisme et modernité. — En 1858, Gautier consacra à Balzac une série d'articles dans la revue *L'Artiste*. Extrait de l'article du 25 avril, le passage qui suit — où Gautier s'attache à définir la « modernité » de *La Comédie humaine* — est plein d'enseignements : avec une clairvoyance et une honnêteté intellectuelle peu banales, l'auteur reconnaît la relative stérilité de sa propre esthétique (le culte de la beauté, renouvelé de l'Antiquité) et la fécondité supérieure de l'écriture balzacienne, fondée sur l'observation des mœurs contemporaines.

L'on a fait nombre de critiques sur Balzac et parlé de lui de bien des façons, mais on n'a pas insisté sur un point très caractéristique à notre avis ; — ce point est la modernité absolue de son génie. Balzac ne doit rien à l'antiquité ; — pour lui il n'y a ni Grecs ni Romains, et il n'a pas besoin de crier qu'on l'en délivre. On ne retrouve dans la composition de son talent aucune trace d'Homère, de Virgile, d'Horace, pas même du *de Viris Illustribus* ; personne n'a jamais été moins classique.

Balzac, comme Gavarni[1], a vu ses contemporains ; et, dans l'art, la difficulté suprême c'est de peindre ce qu'on a devant les yeux ; on peut traverser son époque sans l'apercevoir, et c'est ce qu'ont fait beaucoup d'esprits éminents.

1 Sulpice-Guillaume Chevalier, dit Paul Gavarni (1804-1866) fut le peintre par excellence de la vie moderne. Il s'attacha à croquer des scènes bien parisiennes et attira l'attention non seulement des artistes de son époque, mais des hommes de lettres, tels que Gautier et les frères Goncourt. « Gavarni, envoyant au diable les poncifs académiques, a bravement dessiné le Parisien tel qu'il est ; dans les pantalons de 1845, il a mis les jambes de 1845 et non celles de Germanicus [...]. Vous ne trouverez chez notre artiste ni pose de modèle, ni attitude de statue, ni réminiscence de tableau, ni souvenir d'école [...]. Nul dessinateur n'est plus original ; vous ne lui trouverez aucun antécédent. Il est né comme un champignon entre les fentes du pavé de Paris. — Goya seul pourrait offrir quelque analogie, et encore [...]. Gavarni est fantasque, mais non fantastique. » Gautier, préface sur Gavarni in *Œuvres choisies de Gavarni, Les Enfants terribles*, Hetzel, 1846.
C'est chez Girardin, à l'époque où il collaborait à *La Mode*, que Gavarni fit la connaissance de Balzac, qui l'introduisit plus tard à *L'Artiste*.
Le dessinateur donna quelques illustrations pour l'édition Furne de *La Comédie humaine*. Sur Gavarni, voir Paul-Antoine Lemoisne, *Gavarni, peintre et lithographe*, Floury, 1924-1928, 2 vol.

Être de son temps, — rien ne paraît plus simple et rien n'est plus malaisé ! Ne porter aucune lunette, ni bleue ni verte, penser avec son propre cerveau, se servir de la langue actuelle, ne pas recoudre en centons les phrases de ses prédécesseurs ! Balzac posséda ce rare mérite. Les siècles ont leur perspective et leur recul ; à cette distance les grandes masses se dégagent, les lignes s'arrêtent, les détails papillotants disparaissent ; à l'aide des souvenirs classiques, des noms harmonieux de l'antiquité, le dernier rhétoricien venu fera une tragédie, un poème, une étude historique. Mais se trouver dans la foule, coudoyé par elle et en saisir l'aspect, en comprendre les courants, y démêler les individualités, dessiner les physionomies de tant d'êtres divers, montrer les motifs de leurs actions, voilà qui exige un génie tout spécial, et ce génie, l'auteur de *La Comédie humaine* l'eut à un degré que personne n'égala et n'égalera probablement.

Cette profonde compréhension des choses modernes rendait, il faut le dire, Balzac peu sensible à la beauté plastique. Il lisait d'un œil négligent les blanches strophes de marbre où l'art grec chante la perfection de la forme humaine. Dans le Musée des antiques, il regardait la Vénus de Milo sans grande extase, mais la Parisienne arrêtée devant l'immortelle statue, drapée de son long cachemire filant sans un pli de la nuque au talon, coiffée de son chapeau à voilette de Chantilly, gantée de son étroit gant Jouvin, avançant sous l'ourlet de sa robe à volants le bout verni de sa bottine claquée, faisait pétiller son œil de plaisir. Il en analysait les coquettes allures, il en dégustait longuement les grâces savantes, tout en trouvant comme elle que la déesse avait la taille bien lourde et ne ferait pas bonne figure chez Mesdames de Beauséant, de Listomère ou d'Espard[1]. La beauté idéale, avec ses lignes sereines et pures, était trop simple, trop froide, trop une, pour ce génie compliqué, touffu et divers. — Ainsi dit-il quelque part : « Il faut être Raphaël pour faire beaucoup de vierges. » — Le *caractère* lui plaisait plus que le *style*, et il préférait la physionomie à la beauté. Dans ses portraits de femme, il ne manque jamais de mettre un signe, un pli, une ride, une plaque rose, un coin attendri et fatigué, une veine trop apparente, quelque détail indiquant les meurtrissures de la vie, qu'un poète, traçant la même image, eût à coup sûr supprimé, à tort sans doute.

---

1 « d'Espard... » — Les trois grandes dames sont présentées comme les reines du bal décrit par Balzac dans *Le Père Goriot*. La vicomtesse Claire de Beauséant était à la tête de la haute noblesse du faubourg Saint-Germain. En 1820, quand Balzac lui fait quitter le monde après une rupture avec son amant, c'est madame d'Espard qui peut prétendre au titre de la plus belle femme de Paris.

Nous n'avons nullement l'intention de critiquer Balzac en cela. Ce *défaut* est sa principale *qualité*. Il n'accepta rien des mythologies et des traditions du passé, et il ne connut pas, heureusement pour nous, cet idéal fait avec les vers des poètes, les marbres de la Grèce et de Rome, les tableaux de la Renaissance, qui s'interpose entre les yeux des artistes et la réalité. Il aima la femme de nos jours telle qu'elle est, et non pas une pâle statue ; il l'aima dans ses vertus, dans ses vices, dans ses fantaisies, dans ses châles, dans ses robes, dans ses chapeaux, et la suivit à travers la vie, bien au-delà du point de la route où l'amour la quitte. Il en prolongea la jeunesse de plusieurs saisons, lui fit des printemps avec les étés de la Saint-Martin, et en dora le couchant des plus splendides rayons. On est si classique, en France, qu'on ne s'est pas aperçu, après deux mille ans, que les roses, sous notre climat, ne fleurissent pas en avril comme dans les descriptions des poètes antiques, mais en juin, et que nos femmes commencent à être belles à l'âge où celles de la Grèce, plus précoces, cessaient de l'être. Que de types charmants il a imaginés ou reproduits : madame Firmiani, la duchesse de Maufrigneuse, la princesse de Cadignan, Madame de Mortsauf, lady Dudley, la duchesse de Langeais, madame Jules, Modeste Mignon, Diane de Chaulieu[1], sans compter les bourgeoises, les grisettes et les dames aux camélias de son demi-monde.

Et comme il aimait et connaissait ce Paris moderne, dont en ce temps-là les amateurs de couleur locale et de pittoresque appréciaient si peu la beauté ! Il le parcourait en tous sens de nuit et de jour ; il n'est pas de ruelle perdue, de passage infect, de rue étroite, boueuse et noire, qui ne devînt sous sa plume une eau-forte digne de Rembrandt, pleine de ténèbres fourmillantes et mystérieuses où scintille une tremblotante étoile de lumière. Richesses et misères, plaisirs et souffrances, hontes et gloires, grâces et laideurs, il savait tout de sa ville chérie ; c'était pour lui un monstre énorme, hybride, formidable, un polype aux cent mille bras qu'il écoutait et regardait vivre, et qui formait à ses yeux comme une immense individualité. — Voyez à ce propos les merveilleuses pages placées au commence-

1 « Diane de Chaulieu... » — Madame Firmiani, née de Cadignan, apparaît dans *Le Père Goriot*, *Illusions perdues* et *Madame Firmiani* ; Diane de Maufrigneuse, la cousine de la précédente, vécut pendant des années une vie assez dissolue, puis se transforma en une faussement angélique princesse de Cadignan ; Henriette de Mortsauf est l'héroïne du *Lys dans la vallée*. Elle s'éprit de Félix de Vandenesse auquel elle ne céda jamais. Elle connut la liaison de son ami avec lady Arabella Dudley. Antoinette de Langeais est aussi l'héroïne d'un très pathétique amour qui la jette à jamais dans les bras de la religion. Gautier choisit également des exemples de femmes dans la bourgeoise comme cette Mme Jules (Mme Clémence Desmarets) qu'il cite ici (*Ferragus*). Il n'y a pas de Diane de Chaulieu. Il y a une duchesse Éléonore de Chaulieu et une Louise de Chaulieu. Ici, c'est de Louise de Chaulieu, héroïne des *Mémoires de deux jeunes mariées* qu'il s'agit.

ment de *La Fille aux yeux d'or*, dans lesquelles Balzac, empiétant sur l'art du musicien, a voulu, comme dans une symphonie à grand orchestre, faire chanter ensemble toutes les voix, tous les sanglots, tous les cris, toutes les rumeurs, tous les grincements de Paris en travail !

De cette *modernité* sur laquelle nous appuyons à dessein provenait, sans qu'il s'en doutât, la difficulté de travail qu'éprouvait Balzac dans l'accomplissement de son œuvre : la langue française épurée par les classiques du XVIIe siècle, n'est propre, lorsqu'on veut s'y conformer, qu'à rendre des idées générales, et qu'à peindre des figures conventionnelles dans un milieu vague. Pour exprimer cette multiplicité de détails, de caractères, de types, d'architectures, d'ameublements, Balzac fut obligé de se forger une langue spéciale, composée de toutes les technologies, de tous les argots de la science, de l'atelier, des coulisses, de l'amphithéâtre même. Chaque mot qui disait quelque chose était le bienvenu, et la phrase, pour le recevoir, ouvrait une incise, une parenthèse, et s'allongeait complaisamment. — C'est ce qui a fait dire aux critiques superficiels que Balzac ne savait pas écrire. — Il avait, bien qu'il ne le crût pas, un style et un très beau style, — le style nécessaire, fatal et mathématique de son idée !

Honoré de Balzac / par Théophile Gautier ; textes réunis et présentés par Marie-Claude Senninger. – Paris : Nizet, 1980. – [Pp. 100-104].

KIVI

FINNOIS

1834-1872

Fils d'un modeste tailleur de village, Aleksis Kivi (de son vrai nom Alexis Stenvall) termine ses études secondaires à 23 ans, après une scolarité compliquée par la pauvreté. Il commence en 1859 à fréquenter l'université de Helsinki. Il y suit des enseignements d'histoire, de folklore et de littérature, notamment les cours d'Elias Lönnrot sur le *Kalevala* et sur la langue finnoise. Mais les études l'intéressent moins que sa découverte de la littérature européenne. Au lieu de préparer les examens, il lit Homère, Dante, Shakespeare, Cervantès, Walter Scott, Ludvig Holberg, et se familiarise avec Molière et Schiller grâce au Théâtre suédois de Helsinki. La culture littéraire qu'il se forge ainsi développe son sens esthétique et oriente son œuvre personnelle. Les années qu'il passe à Helsinki lui permettent également de rencontrer les principaux intellectuels finlandais de l'époque, dont certains lui apportent leur soutien moral et financier. En 1863, sa situation matérielle précaire le pousse à s'installer à la campagne, chez son amie Charlotta Lönnqvist, qui l'entretient jusqu'en 1871. C'est là, dans un milieu exclusivement suédophone, qu'il compose en l'espace de quelques années l'essentiel de son œuvre : douze pièces de théâtre, un recueil de poèmes et un vaste roman. Confronté à des difficultés financières persistantes et à l'incompréhension de ses contemporains, Kivi s'adonne à la boisson et sombre dans des accès de mélancolie qui le conduisent peu à peu à la folie. En 1871, il est interné dans un hôpital psychiatrique, dont il sortira, déclaré incurable, au printemps de l'année suivante. Il meurt âgé seulement de 38 ans. Ses dernières paroles auraient été : « Je vis, je vis ».

Lorsqu'Aleksis Kivi entame son parcours d'écrivain, vers la fin des années 1850, la littérature d'expression finnoise est encore peu développée. Si des œuvres ont déjà été produites dans presque tous les genres (à l'exception du roman), elles sont encore trop peu nombreuses et de qualité insuffisante pour constituer une véritable tradition littéraire. Kivi doit donc tout inventer, ou presque. Les seuls modèles sur lesquels il peut s'appuyer sont, d'une part, la poésie populaire et le *Kalevala*, et, d'autre part, la traduction finnoise de la Bible. Celle-ci influence fortement sa langue d'écrivain, qui sera critiquée pour ses archaïsmes et ses nombreux svécismes. Le *Kalevala*, avec la figure tragique de Kullervo (cf. *PLE 11b*), lui fournit le sujet de sa première pièce de théâtre. Si *Kullervo* (1864) est une œuvre encore inégale, le talent de Kivi se révèle pleinement dans une autre pièce publiée la même année, *Les Cordonniers de la lande*, comédie sur le thème du mariage annulé. Tout en déroulant avec beaucoup de maîtrise les fils d'une intrigue riche en rebondissements, il brosse des portraits de personnages hauts en couleurs qui composent un tableau à la fois réaliste et humoristique du milieu campagnard finlandais. Cette pièce, dans laquelle on a pu voir l'influence des comédies de Holberg, demeure aujourd'hui encore l'une des œuvres les plus populaires du répertoire dramatique finnois.

Les autres pièces de Kivi, en dépit de leurs qualités, restent un peu dans l'ombre de ce premier chef-d'œuvre. Les plus intéressantes d'entre elles sont probablement *Les Fiançailles* (1866), comédie en un acte également sur le thème du mariage, *Les Fugitifs* (1867), dont l'action se situe dans le milieu de la noblesse locale, et *Lea* (1869), drame biblique en un acte dont la première représentation, le 10 mai 1869, est considérée comme la naissance du théâtre professionnel de langue finnoise.

En 1866, Kivi publie deux ensembles de poèmes, l'un dans une revue littéraire, l'autre sous la forme d'un recueil, *Kanervala* (« Le pays des bruyères »). Principalement narrative ou descriptive, sa poésie se distingue nettement de la production des autres poètes finnois de l'époque, dont le registre est plutôt lyrique ou patriotique. La forme poétique qu'il cultive — un vers rythmé mais non rimé — s'écarte du modèle germanique dominant et a été sévèrement jugée par ses contemporains. Cet « or qui n'a pas été monnayé », selon la formule de son ami Kaarlo Bergom, s'est pourtant révélé plus durable que les bijoux finement ciselés de ses confrères Suonio et Oksanen.

Vers 1860, il commence à travailler à ce qui deviendra son grand œuvre. Après une longue période de gestation et trois réécritures successives, le livre paraît en 1870 sous le titre *Les Sept Frères*. Considéré comme « le premier roman finnois », il constitue en réalité un ensemble inclassable réunissant plusieurs genres littéraires. Si son ampleur et son caractère narratif justifient l'appellation de « roman », la prépondérance et la présentation des dialogues l'apparentent plutôt à une œuvre théâtrale (des adaptations pour la scène en ont d'ailleurs été tirées). Le récit est en outre ponctué de chansons, de poèmes et de contes.

L'histoire est celle de sept frères turbulents et querelleurs qui, devenus orphelins, décident de s'installer dans les bois pour échapper aux contraintes de la vie sociale, et notamment à l'obligation d'apprendre à lire. Livrés à eux-mêmes, ils mènent une existence aventureuse et libre dans une nature souvent hostile qui est pour eux une école de sagesse. À la fin du livre, transformés par dix années de travail et de lutte quotidienne pour la survie, ils renoncent à leur isolement et deviennent des citoyens respectables parfaitement intégrés à la société.

Ce roman d'aventures et d'apprentissage, à la fois réaliste et romantique, philosophique et humoristique, apparaît comme une illustration de la valeur formatrice de la liberté, dans laquelle Kivi voit la condition première du développement personnel et de l'adhésion de l'individu aux valeurs collectives. Jugé grossier et brutal par August Ahlqvist — le principal critique littéraire finlandais de l'époque —, *Les Sept Frères* est aujourd'hui le plus grand classique de la littérature finnoise.

Aleksis Kivi / av Erik Ekelund. – Stockholm : Natur och Kultur, 1960. – 91 p. – (*Världsförfattare*).

Han som blev Aleksis Kivi / Veijo Meri ; [till svenska av Marita och J.O. Tallqvist]. – Stockholm : Wahlström & Widstrand, 1980. – 138 p.

Finnische Literatur in Deutschland : Essays zur Kivi- und Sillanpää-Rezeption / Manfred Peter Hein. – Vaasa : Deutsche Abteilung der Universität Vaasa, 1991. – 30 p. – (*Saxa* ; 5).

LES CORDONNIERS DE LA LANDE 358

L. Thomas, A. Sakari — 1988

Le retour de Niko (Acte III). — Le marin Niko revient dans son village après une longue absence. La rencontre d'un ami d'enfance lui fournit l'occasion d'exercer ses talents de fabulateur.

EERIKKI. — Qui diable aurait pu reconnaître la figure de Niko sous ce buisson de barbe ?

NIKO. — Ce n'est qu'une malheureuse petite frange à côté de celle que je portais il y a deux ou trois ans ; elle me descendait jusqu'aux genoux. Elle rendait les femmes folles ; quand je marchais dans les rues des villes, il y en avait toujours une foule immense derrière moi, tout comme le troupeau innombrable de petits poissons suit le sillage de la baleine, ce géant des mers qui traverse les océans comme un bateau renversé. Ça, c'en était une barbe ! Et je me repens encore amèrement de m'en être séparé à la légère. Mais que ne ferait-on pas pour de l'argent ?

EERIKKI. — Qu'as-tu fait pour de l'argent ?

NIKO. — J'ai vendu ma jolie barbe pour faire un panache au sultan de Turquie, et je l'ai cédée pour cent piastres, insensé que je suis !

EERIKKI. — Mais tu espères qu'elle repoussera aussi longue qu'avant ?

NIKO. — Elle ne poussera jamais plus comme ça, parce que je l'ai vendue. On ne doit pas vendre ce qu'on a reçu en don, et la barbe est un don sacré du ciel. Non, je n'aurai plus mon ancienne barbe, mais je me console cependant en pensant à l'endroit où elle se balance maintenant. Tu sais que je suis avide de gloire ; eh bien ! pense que des millions de têtes s'inclinent actuellement devant ma barbe qui orne les joues du sultan turc !

EERIKKI. — Dis-moi, sérieusement, as-tu été en Turquie ?

NIKO. — Si j'y ai été ! Pendant trois mois, j'ai fait bombance dans sa capitale, et c'était diablement gai ! Chaque jour on y célébrait une fête de sacrifice, et on mangeait du porc terriblement gras et on buvait des vins rares autant qu'on en voulait. Les nuits, on dansait et on s'amusait avec les femmes. Les filles turques sont superbes. Elles ont la tête et la gorge toujours couvertes, mais de la gorge aux genoux, elles sont absolument nues.

EERIKKI. — Nues ?

NIKO. — Oui, tout à fait, mais, à partir des genoux, elles portent des bas noirs et sont chaussées de souliers rouges. C'est comme ça en Turquie, on vit comme des chèvres sur une terre écobuée. De là, nous avons navigué vers Rome, chargés de manne et de miel. Il régnait, dans cette capitale, un grand brouhaha. Sache qu'on y célébrait le mariage du pape. C'est pour cette fête qu'on avait commandé notre cargaison de manne et de miel d'Orient. Voilà pourquoi nous étions les bienvenus. Après nous avoir remerciés, le pape et sa fiancée nous ont invités à leur mariage. Cette fois encore, nous nous sommes bien amusés jusqu'au moment où il a fallu reprendre la mer, notre vaisseau chargé de lettres d'indulgence et de clefs de grâce. Après avoir remis les indulgences en terre espagnole et les clefs de grâce en Angleterre, nous avons navigué vers le Nord pour verser du goudron dans le pôle, car c'est l'Angleterre qui goudronne l'essieu du globe. Notre bateau, le plus formidable du monde, flottait sur la mer comme un château de bois géant, et les pointes de ses mâts éraflaient les nuages. Mais au milieu des icebergs, sur les mers sombres du Nord, une baleine, la plus terrible du globe, se mit à nous saluer et brisa d'un coup de sa queue le flanc de notre bateau qui commença à couler, et la bête, qui ne cherchait que ça, avalait l'un après l'autre les hommes qui se noyaient. Moi, pourtant, je m'en suis tiré. J'ai grimpé comme un écureuil à la cime d'un mât ; assis aux confins des nuées, j'ai attendu mon sort. C'est alors qu'un nuage noir d'orage s'est approché de moi. J'ai sauté dessus, et tout en grondant et lançant du feu, il m'a ramené sur les falaises crayeuses d'Angleterre, d'où je suis reparti pour mon pays, et me voilà !

Les Cordonniers de la lande / Aleksis Kivi ; comédie en cinq actes traduite du finnois par Lucie Thomas et Aimo Sakari. – Paris : Publications Orientalistes de France, 1988. – (*D'Étranges Pays*). – [Pp. 82-84].

KANERVALA 359

N. Baschmakoff, Guillevic — 1981

Tristesse. — Cette lamentation désespérée, expression de la fatigue de vivre et du désir de la mort, est l'un des rares poèmes lyriques de Kivi.

Quelle tristesse,
quelle obscurité autour de mon âme,
comme un soir en automne dans un pays désert.
Inutile ici-bas toute peine,
inutile toute lutte,
inutile, tout l'univers.

Le ciel
je n'en veux pas, ni du noir de la géhenne,
non plus d'une jeune fille dans mes bras.
Que mon seul destin soit :
échapper à la douleur de savoir,
que tout me devienne un vide muet.

Écoutez, amis !
Une dernière fois je vous le demande,
écoutez, je vous en supplie :
dans la maison de la mort, une chambre,
que je puisse y habiter,
descendre au sein de la terre.

Une tombe pour moi,
creusez une tombe à l'ombre des saules
et d'une couverture noire couvrez-la.
Ensuite pour toujours
quittez mon domaine ;
je veux reposer en paix.

Que jamais
ne s'élève un tertre sur ma tombe,
mais que l'argile se durcisse en pré,
et que nul ne sache
que mon lieu de repos
se trouve sous le saule éteint.

Books from Finland, 3/1981, p. 90.

LES SEPT FRÈRES 360

J.-L. Perret — 1926

La bonne ménagère (chapitre I). — Après la mort de leur mère, l'un des sept frères tente d'inciter son aîné à se marier en dressant ce portrait de la fermière idéale.

AAPO. — Une ferme où aucune ménagère ne foule le sentier du grenier est comme un jour nuageux, et l'ennui s'assied au bout de la longue table de famille comme un soir d'automne languissant. Mais une bonne paysanne est le soleil radieux de la ferme, qui illumine et réchauffe. Voyez : elle est levée la première le matin, elle pétrit la pâte, dresse la table pour son mari, prépare les provisions qu'il emportera dans les bois et se rend dans l'enclos, un seau à la main, pour traire son troupeau tacheté. Puis elle fait le pain, elle va et vient ; la voici près de la table, puis elle court porter un pain sur le banc, puis, comme un tourbillon, elle tisonne le feu dans le four qui crache par sa gueule luisante des flammes et de la fumée. Et alors, pendant que la pâte lève, elle déjeune enfin à la hâte, son enfant sur les bras, elle mange un quignon de pain et un hareng frit et boit par-dessus du lait caillé dans un pot à deux anses. Elle n'oublie pas non plus le roquet, fidèle gardien de la maison, sur l'escalier, ni le chat qui, les yeux mi-clos, somnole sur le fourneau. Elle va et vient, active et affairée, prépare une autre pâte qui monte dans le pétrin, la forme et l'enfourne, et la sueur ruisselle sur son front. Et voyez : quand le jour décline, les pains odorants sont placés sous le toit, enfilés à de longues perches et répandent un arôme frais et vivifiant. Et alors, quand les hommes rentrent de la forêt, le souper fumant les attend sur la table bien lavée. Mais où est la ménagère ? Là-bas, dans la cour, elle trait les vaches aux cornes courbées, et la surface écumante du lait ondule en bruissant dans le seau. Puis elle va et vient, active et affairée, et c'est seulement lorsque tout le monde est déjà plongé dans le sommeil le plus profond qu'elle peut s'étendre sur son lit en murmurant une prière. Mais elle n'est pas encore au bout de ses travaux et de ses soucis. À chaque instant, à chaque heure de la nuit, elle se lève sans jamais s'impatienter, elle se lève pour calmer le bébé qui pleurniche dans son berceau. Voilà, frères, ça c'est une bonne ménagère !

Les Sept Frères / Aleksis Kivi ; roman traduit du finnois par Jean-Louis Perret. – 3e édition. – Paris : Stock, 1985. – (*Bibliothèque cosmopolite*). – [Pp. 24-25].

LES SEPT FRÈRES — 360 bis

Cl. Sylvian — 1963

La bonne ménagère (chapitre I). — Le même extrait, dans une traduction postérieure.

Aapo. — Une ferme où manque la fermière est comme un jour gris, et l'ennui s'y tient au bas bout de la table de famille comme un soir d'automne morne et languissant. Au contraire, une bonne ménagère est le soleil radieux de la maison, c'est son éclat et sa chaleur. Tenez : levée la première le matin, elle pétrit sa farine, fait déjeuner son mari, prépare les provisions pour la forêt ; puis elle se précipite dans l'enclos, une seille à la main, pour traire ses bêtes mouchetées. La voici maintenant qui boulange. Regardez-la qui s'affaire et se démène. Elle était près de la table, elle a déjà filé porter les pains sur le banc du fond, et à présent, vrai tourbillon, elle tisonne le four qui vomit flammes et fumée par sa gueule rougeoyante. Et tandis que les pains lèvent, elle peut enfin déjeuner, elle aussi ; son petit dernier dans les bras, elle grignote à la hâte un quignon de pain et un hareng grillé qu'elle accompagne d'un peu de lait caillé bu à même la jatte. Mais elle n'oublie pas le chien, fidèle gardien du foyer, qui attend sur le pas de l'escalier, ni le chat qui somnole d'un œil sur le poêle. Et la voici de nouveau qui s'affaire et se démène, qui va et vient et tourne, met une nouvelle pâte à lever dans le pétrin, fait les pains et les porte à cuire, et la sueur ruisselle sur son front. Mais aussi, voyez : à la tombée du jour, ss pains sont au plafond, enfilés sur les perches, bien alignés, et il en descend une bonne et fraîche odeur de vie. Et encore : quand les hommes rentrent de la forêt, un souper fumant les accueille sur la table bien propre. Mais où est passée la maîtresse de maison ? Elle est retournée dans l'enclos et elle trait de nouveau ses vaches aux cornes tortes, et le lait monte en écume bouillonnante dans la seille. Oui, c'est ainsi qu'elle s'affaire et se démène, qu'elle va et vient et tourne, et ce n'est que lorsque les autres ronflent déjà à poings fermés qu'elle peut enfin se laisser tomber sur son lit en disant sa prière. Mais même alors sa journée n'est pas encore finie. Sans murmurer, elle se relève à tout moment, à toute heure de la nuit, pour aller calmer son tout-petit qui sanglote dans son berceau. Voilà mes frères, ce qu'est une bonne maîtresse de maison.

Les Sept Frères / Aleksis Kivi ; texte intégral dans une traduction inédite de Claude Sylvian. – Paris : Club des libraires de France, 1963. – [Pp. 18-19].

LES SEPT FRÈRES 361

J.-L. Perret — 1926

La chanson de mon cœur (chapitre XIV). — Cette étrange berceuse funèbre, mise en musique par Jean Sibelius, est l'un des poèmes les plus célèbres de la littérature finnoise. Elle est écrite dans le mètre kalévaléen, que Kivi organise en strophes et agrémente de rimes.

Bosquet de Tuoni, bosquet triste et obscur,
Ton sable uni cèle un berceau brillant et sûr
Pour mon enfant.

Mon petit sera si ravi dans ces jardins,
Il y mènera paître au cours de jours sereins
Un mouton blanc.

Mon amour sera si joyeux de s'endormir,
Baisé par la calme caresse du zéphir,
Dans son berceau.

Mon trésor sera si heureux et si content,
Il se sentira bercé par le chant charmant
D'un bel oiseau.

Bosquet de Tuoni, mon beau bosquet de paix,
Le fracas haineux du monde perfide et laid
Chez toi se tait.

Les Sept Frères / Aleksis Kivi ; roman traduit du finnois par Jean-Louis Perret. – 3e édition. – Paris : Stock, 1985. – (*Bibliothèque cosmopolite*). – [P. 253].

LES SEPT FRÈRES 361 bis

Cl. Sylvian — 1963

La chanson de mon cœur (chapitre XIV). — Cette traduction, de même que la précédente, délaisse le rythme octosyllabique de l'original au profit d'une structure rythmique plus complexe où prédomine l'alexandrin.

Bosquets de Tuoni, royaume de la nuit,
C'est vous qui abritez le doux berceau de sable
Où dormira mon tout-petit.

Prince de Tuoni, ton séjour est aimable
Et mon fils se plaira au sein de ton troupeau
Silencieux et innombrable.

Vierge de Tuoni, au regard tendre et beau,
Tu berceras mon fils pour son ravissement,
À l'heure où vient un soir nouveau.

Oiseau de Tuoni, gentil engoulevent,
Ton chant le charmera dans son berceau doré,
Et il s'endormira content.

Bosquets de Tuoni, ô refuge de paix,
Loin des combats amers et des cruels tourments,
Loin du monde faux et mauvais.

Les Sept Frères / Aleksis Kivi ; texte intégral dans une traduction inédite de Claude Sylvian. – Paris : Club des libraires de France, 1963. – [Pp. 438-439].

LES SEPT FRÈRES 361 ter

J.-L. Moreau — 1973

Berceuse (chapitre XIV). — Cette traduction respecte scrupuleusement le rythme et la disposition des rimes de l'original. Des cinq traductions françaises de ce poème, c'est la seule à pouvoir être chantée sur la musique de Sibelius.

Bocage ombreux, bois ténébreux :
Je t'y mène dormir au creux,
Mon enfant, d'un berceau de sable.

Heureux l'enfant dans l'au-delà,
Chez le maître de Manala,
De paître les troupeaux de l'ombre.

Heureux le tout petit enfant
Qu'embrasse et berce au soir tombant
La fille de la ferme obscure.

Heureux le bel enfant qui dort
Balancé dans un berceau d'or
À l'heure où l'engoulevent chante.

Sombre séjour, calme séjour :
Ni tourment ni trouble alentour...
Loin la méchanceté du monde.

Bételgeuse, 25 (1973), p. 13.

PREREDOVIĆ

CROATE 1818-1872

Petar Preradović naît à Grabrovnica, près de Bjelovar (Slavonie occidentale), dans une famille orthodoxe des Confins militaires, zone frontalière de l'Empire autrichien destinée à le protéger de l'Empire turc. Son père étant mort alors qu'il est encore enfant, il obtient en 1830 une bourse pour l'Académie militaire de Wiener Neustadt, où il va passer huit ans après avoir dû se convertir au catholicisme, et où il oubliera presque sa langue maternelle. C'est du reste en allemand qu'il compose ses premiers poèmes, qui montrent une forte influence de Byron et un pessimisme bien éloigné de la foi en la puissance de l'âme populaire et de l'optimisme nationaliste des Illyriens. Paradoxalement et par hasard, c'est à Milan où il a été nommé lieutenant qu'il va, en fréquentant des compatriotes du même régiment, entrer en contact avec le mouvement illyrien. Il réapprend sa langue maternelle en traduisant en allemand *Osman* de Gundulić, grand poème épique baroque du siècle d'or — le XVIIe siècle — de Dubrovnik ; il abandonne alors le romantisme européen qu'il cultivait en Allemagne pour le patriotisme illyrien, dont il devient l'un des chantres les plus ardents. Nommé officier à Zadar, il y publie ses premiers poèmes en croate (*Premières poésies*, 1846). Il continuera à écrire tout en poursuivant sa carrière militaire dans l'armée autrichienne, où il accédera au grade de général.

Partisan et idéologue convaincu de l'unité yougoslave et, dans la lignée du philologue slovaque Jan Kollár, de la « solidarité slave », Preradović publie en 1844 un article *La langue slave du sud*, où il s'élève contre l'utilisation de deux alphabets, latin et cyrillique, pour une même langue (le serbo-croate) et une même littérature : pour lui, ces deux alphabets sont comme deux voies qui divisent un seul peuple en deux parties. Lorsqu'après 1848 viennent des temps difficiles pour les idées nationales, Preradović publie un nouveau recueil de poèmes (*Nouvelles poésies*, 1851), dont plusieurs expriment son désenchantement. Réduit au silence à l'époque de l'absolutisme de Bach (1850-1860), il compose ensuite à nouveau des poèmes patriotiques, tout en se tournant davantage vers la poésie de méditation à caractère philosophique.

On peut distinguer dans l'œuvre de Preradović quatre genres principaux. La poésie lyrique patriotique de ses premiers essais en croate s'exprime notamment dans *Le voyageur* : en chantant son propre destin de voyageur égaré, Preradović se hisse du symbole personnel au symbole national et évoque le destin de son peuple en même temps que sa joie d'avoir retrouvé le chemin de sa patrie. Dans *Le grand-père et le petit-fils*, l'enfant reçoit la *guzla* des mains de son aïeul, incarnation de la poésie populaire qui l'emportera sur la culture étrangère. Preradović consacre des poèmes célèbres à la nation et à la langue, dont il chante la beauté et la puissance, alors que lui-même avait été en danger de l'oublier : il exprime ainsi les thèses du mouvement illyrien comme une expérience personnelle et lyrique.

Le lyrisme amoureux de Preradović n'exprime, contrairement à celui d'autres romantiques, ni passions violentes ni emportements impétueux. C'est un poète de la tendresse, qui conçoit l'amour comme une force métaphysique, un don accordé par la vie elle-même, et la beauté suprême de l'existence. Ce type de poésie est souvent, dans sa conception, sa forme et ses vers, inspiré par les chants populaires.

Les deux drames de Preradović *Vladimir et Kosara* (sur les amours tragiques d'un prince du Monténégro médiéval et d'une princesse bulgare) et *Kraljević Marko* (sur le fameux roitelet serbe héros de nombreux chants populaires), touffus et surchargés de tirades patriotiques, n'ont guère qu'une valeur documentaire sur l'idéologie illyrienne. Le second introduit des figures allégoriques, tel l'esprit de l'Illyrie, qui annonce aux fées que Marko va se réveiller, ce qui présage la renaissance nationale.

La poésie philosophique est importante chez Preradović, qui souvent analyse plus qu'il ne s'abandonne à l'évocation de ses sentiments. C'est un philosophe de l'idéalisme, qui fonde son optimisme sur les forces métaphysiques inaccessibles à l'homme, forces qu'il identifie finalement à Dieu. Ainsi le poème *L'inconcevabilité de Dieu* évoque-t-il l'impuissance de la raison à saisir toute la puissance et la sagesse incommensurables du Créateur : seuls le pourront les sentiments et tout particulièrement l'amour. L'idée de la puissance créatrice de l'amour inspire à Preradović une épopée *Les Premiers Hommes* (1862), cosmogonie qui rappelle *La Lumière du microcosme* de Njegoš, mais avec moins de profondeur visionnaire ; Preradović présente l'homme comme un détail de la nature que Dieu crée par la force de son amour, par un besoin de compléter l'harmonie de l'univers. L'élément religieux est finalement une composante importante de l'œuvre de Preradović.

POÉSIES 362

M. Ibrovac — 1935

L'aurore éclate. — Dans ce premier poème en croate de 1844, paru dans la revue *L'aurore dalmate*, la foi dans le réveil national s'exprime sous la forme d'un symbole simple, mais puissant : après la nuit, après un long et pénible sommeil, tout s'éveille.

Minuit est passé, — à cette heure
Qui me tire de mon sommeil ?
Les cordes ont frémi d'elles-mêmes
Sur la guzla[1] de mon aïeul,
Elles ont frémi, et tout doucement :
L'aurore éclate, il va faire jour !

Minuit est passé, — la paix bénie
Recouvre encore val et montagne,
Mais le doux zéphyr, de l'Orient,
Vient chuchoter à la mer bleue,
Chuchoter d'une voix suave, tout doucement :
L'aurore éclate, il va faire jour !

1 Instrument monocorde recouvert d'une peau de mouton, sorte de vielle, dont s'accompagnent les bardes (guzlars) yougoslaves (N.d.t.)

Minuit est passé, — les ténèbres
Enveloppent encore ciel, terre et eau,
Mais de l'Orient brille
La Fée de la race slave,
Elle nous annonce tout doucement :
L'aurore éclate, il va faire jour !

L'aurore éclate, il va faire jour !
Tourne-toi vers le ciel doré,
Ô glorieuse terre dalmate :
Pour déterrer les trésors
Enfouis dans ton sein,
Voici l'Aurore[1], voici le jour !

Anthologie de la poésie yougoslave des XIXe et XXe siècles / avec une introduction et des notices par Miodrag Ibrovac, professeur à l'université de Belgrade ; en collaboration avec Mme Savka Ibrovac, professeur agrégée de lettres. – Paris : Librairie Delagrave, 1935. – [P. 40].

POÉSIES 363

M. Ibrovac — 1935

À la Slavie (vers 1, 3-5, 7-23). — Le patriotisme des Illyriens ne se limite pas à l'idée yougoslave : il s'élargit au panslavisme, expression de la puissance des Slaves et du rôle qu'ils seront amenés à jouer dans l'avenir de l'humanité. Ces idées trouvent une expression poétique dans plusieurs textes, dont voici l'un des plus fameux. L'ode *À la Slavie* est une apologie poétique de l'avenir des Slaves, appelés à fonder sur l'amour une grande fraternité entre les hommes.

Je me découvre et te salue très bas,
Ô grande, illustre, toute-puissante Slavie[2]
Mon esprit vibre d'extase, il étend ses ailes,
Et mes yeux hardis accrochent le ciel.
Mais aurais-je la voix digne de ton nom,
Une guzla qui te célèbre sans se briser
Quand mon âme, enflammée par ta foudre,
Y grondera ? Oh ! si je pouvais saisir
Les rayons du soleil, les tordre en une corde
Que je tendrais d'un rivage à l'autre de la mer bleue,
Et prendre comme archet le brillant arc-en-ciel

1 *L'Aurore dalmate*, titre de la revue de Zadar (Zara), où furent publiés, en 1844, ces premiers vers du poète (N.d.t.)

2 L'ensemble des peuples slaves : Russes, Polonais, Serbes de Lusace, Tchécoslovaques, Yougoslaves, Bulgares (N.d.t.)

Pour faire vibrer cette corde jusqu'à ébranler les abîmes,
Par la clameur énorme de tes forces secrètes,
Et que les vagues, à sa surface, y joignent les voix de la nature :
Le bruit des vents et le chant des oiseaux,
Et que la voûte céleste centuple ces échos,
Et les apaise en une majestueuse harmonie, —
C'est alors seulement que je pourrais chanter,
Ô immense Slavie,
L'ode digne de ta force et de ta gloire,
De ton passé et de ton avenir.

Anthologie de la poésie yougoslave des XIXe et XXe siècles / avec une introduction et des notices par Miodrag Ibrovac, professeur à l'université de Belgrade ; en collaboration avec Mme Savka Ibrovac, professeur agrégée de lettres. – Paris : Librairie Delagrave, 1935. – [P. 42].

POÉSIES 364

J. Matillon — 1972

Au cœur humain. — Ce sonnet de 1847 est typique de la poésie méditative qu'affectionne Preradović. Dans un autre poème, où il montre le cœur et la raison se disputant pour savoir lequel des deux a le plus de valeur, le cœur déclare à la raison : « C'est par ma braise ardente que tu es la lumière divine ».

Au cœur humain il manque toujours quelque chose,
Il n'est jamais satisfait tout à fait :
Il n'a pas plus tôt en mains l'objet de son rêve
Qu'à nouveau cent désirs l'assaillent.

Pourquoi, de la sorte méprisant son pain
Quotidien, réchauffe-t-il en son sein,
À son désir ardent, un épervier cruel
Qui ne cesse d'y plonger un bec affamé ?

Entre berceau et tombe coule
Un temps trop bref à notre vie,
Aussi le cœur face à la tombe

Tremble-t-il toujours du même désir,
Songeant toujours : la terre a des plaisirs
Que le cœur ne saurait emporter dans la tombe.

La Poésie croate des origines à nos jours / Slavko Mihalić et Ivan Kušan. – Paris : Seghers, 1972. – [P. 103].

GRILLPARZER

ALLEMAND **1791-1872**

1791 est dans l'histoire culturelle de l'Autriche une date singulière : le 15 janvier naît Franz Grillparzer, son plus grand auteur dramatique, alors que s'éteint en décembre son incomparable génie musical, Mozart. Après une décennie capitale, Joseph II disparaissait en 1790 et avec lui cette époque de l'absolutisme éclairé qui restera pour le poète un idéal politique : alliance de tradition et de progrès, maintien de l'autorité impériale et liberté garantie à la bourgeoisie. L'État policé de Metternich, le poids de la censure, dont Grillparzer subira les interventions, le découragèrent et renforcèrent son penchant naturel pour la solitude. Sa vie sera d'ailleurs pour une large part marquée par un combat quotidien contre cette bureaucratie étriquée, par la tentative de concilier l'Ancien Régime et les idées de 1848, la mission historique de la Maison de Habsbourg et l'immobilisme de ses représentants conduisant au déclin inexorable, autant d'antagonismes qui nourrissent aussi les conflits internes de l'œuvre.

Les circonstances extérieures de la vie de Grillparzer se résument à peu de faits : fils d'un avocat de renom, sa jeunesse est tôt marquée par la folie de sa mère qui se suicide ainsi que le fera plus tard l'un de ses frères. Des études de droit à l'université de Vienne le conduiront à intégrer l'administration au sein de laquelle il occupera longtemps des emplois subalternes, jusqu'à sa nomination, en 1832, comme directeur des Archives impériales. De rares voyages, dont il a rendu compte dans des *Journaux* (en France, en Allemagne, en Angleterre, en Grèce et à Constantinople) l'en éloigneront. À côté de quelques idylles socialement vouées à l'échec, sa vie sentimentale sera profondément et durablement influencée par ses fiançailles avec Kathi Fröhlich que, pourtant, il n'épousera jamais et qui deviendra l'amie bienveillante de ses vieux jours.

Sa première pièce, écrite en trois semaines, *L'Aïeule* (1816), connut un succès immédiat à la scène. Par le biais d'une expression proche du théâtre populaire viennois, elle oppose efficacement les capacités humaines à des forces supra-individuelles. Jaromir se bat désespérément pour une liberté qui lui permettrait d'échapper aux coups du destin, mais ses actions n'ont plus aucun sens et culminent dans le triste constat que nos « actes ne sont que des coups lancés dans l'aveugle nuit du hasard ». L'année suivante, *Sappho* lui vaut une entrevue chez Metternich et sa nomination comme dramaturge attitré du *Burgtheater*. Le jeune Phaon, amoureux de Sappho et ébloui par sa renommée littéraire, la suit à Lesbos mais se sent vite attiré par Mélita, la servante de celle-ci. Se voyant délaissée au profit d'une esclave, Sappho tente de tirer le jeune homme des griffes de l'esclave, puis de détruire leur amour. Voyant à temps l'erreur dont elle allait se rendre coupable, elle renonce et bénit l'union des jeunes amants avant de s'abîmer dans la mer du haut d'un rocher. Marqué par la conception schillérienne de la poésie sentimentale et le traitement d'un thème similaire dans le *Torquato Tasso* de Goethe, Grillparzer consacre ici en réalité une infranchissable barrière entre la vie et l'art conçu comme mode d'existence contemplatif qui cède le pas aux tentations de l'existence. La pureté de l'idéal sapphique ne peut pour le dramaturge être sauvée que par la mort de celle qui l'incarne.

La trilogie de *La Toison d'Or* (1822) poursuivit dans la même veine hellénistique. Mais moins encore sans doute que dans l'œuvre précédente, il s'agissait ici de créer un drame mythologique. Relue par le poète autrichien, la légende des Argonautes devient, à portée historico-philosophique, la tragédie d'un couple et met en jeu un idéal d'humanité. En enterrant ses instruments de magicienne et la toison, Médée se détache symboliquement de son passé de barbare et montre sa volonté de devenir grecque et civilisée. Mais l'ordre qu'elle découvre à Corinthe l'empêche de suivre sa voix intérieure. Exclue de la communauté, répudiée par Jason qui lui préfère de nouveau Créuse, rejetée comme une étrangère par ses propres enfants, Médée retombe dans la sauvagerie et les tue ainsi que sa rivale. La cruauté de ses actes reflète en réalité l'ampleur du mal qu'elle subit. En rapportant la Toison à l'Apollon de Delphes, dépositaire du concept d'*humanitas*, elle soumet pourtant toute action historique à cette exigence. Avec une maîtrise formelle rare, Grillparzer réserva d'ailleurs le vers blanc fluide et régulier pour dissocier la parole des Grecs de celle des Colchidiens auxquels il prêta un mètre heurté. Il est à souligner que c'est précisément dans les années qui accompagnèrent et suivirent ce travail d'écriture que l'auteur connut des troubles sentimentaux, notamment son impossible amour pour Charlotte von Paumgarten, l'épouse de son cousin. Non seulement cette relation marqua le conflit Jason-Médée, mais le thème récurrent de l'adultère détermina de même la scène entre Zawisch et Kunigunde au deuxième acte de *Fortune et mort du roi Ottokar*, le triangle Bancban, Erny, Otto von Meran de *Un fidèle serviteur de son maître*, et, davantage encore, la nouvelle *Le Monastère de Sandomir* (1827).

Ottokar (1823) inaugure la série des drames historiques. L'opposition entre le roi de Bohême et Rudolphe de Habsbourg en constitue le centre. Au faîte de sa puissance, Ottokar perd la notion du droit et, par une politique conquérante à la hauteur de ses ambitions, s'attire l'inimitié de tous, de sorte que les Princes Électeurs choisissent en fin de compte Rudolphe pour empereur. Ottokar se lance alors dans une guerre aussi haineuse que vaine contre son ennemi. Ses succès d'abord fulgurants comme sa chute brutale ne pouvaient pour les contemporains de l'auteur que rappeler le destin napoléonien. Si l'issue offrait bien l'image un peu utopique d'un ordre monarchique peu conforme à la réalité historique, la pièce n'était pas tant l'apothéose de l'Autriche que l'on a voulu y déceler que le jugement lucide du dramatruge sur le mésusage du pouvoir par celui qui, glorifiant l'exploit individuel, trahit sa mission morale. Du point de vue théâtral, il n'est d'ailleurs pas indifférent que le caractère d'Ottokar ait été dessiné avec plus de force que celui de Rudolphe. Nourrie par l'esprit du joséphisme, la pièce exprime d'ailleurs une conception sécularisée du droit, en rupture avec l'idée ultramontaine de la mission divine des Habsbourg. En dépit de la fin, elle avait de plus pour la dynastie régnante l'inconvénient de faire vibrer la corde patriotique de la Bohême et d'aborder de front la brûlante question des nationalités.

C'est le thème de la continuité du pouvoir qui se trouve de même au cœur de *Un fidèle serviteur de son maître* (1825). Cette œuvre de commande écrite à l'occasion de l'accession au trône de Hongrie de Karoline Auguste, quatrième épouse de Franz Ier, fut donnée devant un public enthousiaste et la Cour. Bien que souvent considérée comme la production la plus loyaliste de Grillparzer, elle connut un sort étrange. L'empereur lui fit savoir sa volonté d'en acheter le manuscrit, à la double condition toutefois qu'elle ne soit plus jamais représentée ni même imprimée. Grillparzer refusant que l'on étouffe sa création, la pièce fut interdite de scène. L'intrigue en est simple. Au moment de partir à la guerre, Andreas, roi de Hongrie, charge Bancban de veiller à la pérennité de l'État. Celui-ci doit cependant faire face à des complots politiques ainsi qu'à une intrigue amoureuse ourdie par Otto contre Erny, sa femme, qui se suicide. Bancban préfère à la vengeance l'intérêt collectif et sauve la reine et le prince héritier. Grillparzer, qui craignait que sa pièce ne fût interprétée comme une « apologie de la soumission servile », ne réclamait pourtant aucune obéissance aveugle, car la fidélité du sujet envers l'État ne peut être fondée que sur une confiance que le gouvernement de Metternich rendait proprement impossible. Aussi ce texte a-t-il valeur de diagnostic au regard de la situation viennoise et prône-t-il le renoncement comme forme supérieurement noble de reconnaissance de l'*ordo*.

Après ces succès ambigus, *Les Vagues de la mer et de l'amour* (1829) constituent le premier échec auprès du public. Là encore, le prétexte hellénisant de la fable empruntée à Ovide et Virgile ne trompait guère sur l'actualité sociale de la pièce et la psychologie de son auteur. Le hasard fait s'y rencontrer Léandre et Héro le jour où celle-ci doit être consacrée comme prêtresse à Aphrodite et s'engager au célibat. Mais le tragique ne résulte qu'en apparence de l'opposition idéale entre la mission religieuse et les exigences de la vie incarnées par Léandre. Pour élever son âme, Héro doit quitter le monde des humains qui pourtant la rattrape et la fait échouer sans qu'on puisse la dire coupable. En suggérant que c'est de l'abandon consenti d'une vie bourgeoise sans esprit que naît le tragique, Grillparzer traduisait aussi sa conviction que l'être d'exception, prêtresse ou poète, n'est pas créé pour les joies de la terre et que son sens du devoir lui commande de préserver son intimité.

Dans un éclairage similaire de la psychologie individuelle et de la conscience bourgeoise du *Biedermeier*, *La Vie est un songe* (1840), confirmera que grandeur et action ne sont plus possibles que sous forme de rêve tant elles sont devenues suspectes. Mais alors que chez Calderón (cf. *P.L.E.* 8, pp. 639-654) le rêve était moyen d'accès à la connaissance, Rustan, lui, voit en songe une existence chimérique où l'on jouit certes d'une liberté sans bornes, mais dont on prend peur aussitôt réveillé. La paix de l'âme réclame toujours le prix élevé du renoncement.

Blessé par l'échec de sa seule comédie, *Malheur à celui qui ment* (1838), Grillparzer ne publiera pas ses trois derniers drames politiques : *Libussa* (1847), *Querelle entre frères dans la maison de Habsbourg* (1848) et *La Juive de Tolède* (1851). Le premier reprend la légende de la fondation de Prague déjà traitée par Brentano. Le deuxième, imprégné des événements de 1848, revient sur les origines de la Guerre de Trente Ans. Le destin de l'empire repose dans les mains d'un Rudolphe fatigué qui voit venir le drame sans avoir la force ni la volonté de l'empêcher. Introverti, dédaignant la politique, il est trop indécis pour régler les conflits sociaux et religieux de son temps. Son frère Mathias conspire avec succès contre lui. Tragédie de l'empereur, cette œuvre de vieillesse est aussi celle de l'auteur assistant au déclin de l'empire. La dernière œuvre, inspirée de Lope de Vega, montre Alphonse, roi d'Espagne, succombant à l'amour de la juive Rachel au point d'en oublier les intérêts de son royaume. Pour rétablir l'ordre menacé, il consent à l'exécution de la jeune femme avant d'abdiquer en faveur de son fils. Outre la relation de l'auteur avec Marie von Smolenitz, on a reconnu aussi dans ce duo la scandaleuse liaison de Louis Ier de Bavière et de la chanteuse Lola Montez. Avec finesse, Grillparzer y montrait une nouvelle fois son scepticisme fondamental à l'égard du libre arbitre.

Mais avec *Le Pauvre Musicien* (1848) il avait, dans l'intervalle, donné au répertoire de langue allemande l'une de ses nouvelles les plus classiques. Grâce à la technique du récit encadré, le narrateur rapporte sa rencontre avec un vieux violoneux qui lui conte les déboires de son existence. Fils d'un haut fonctionnaire influent, celui-ci ne satisfait jamais aux exigences du réel. Seuls son violon et Barbara qu'il aime secrètement lui sont un refuge. Mais Barbara en épouse un autre et il se voit dépossédé de son héritage. Au travers d'un réseau serré d'éléments tirés de sa biographie et de métaphores politiques limpides, comme les inondations dévastatrices du Danube, le nouvelliste traduit avec une ironie distante l'écart entre l'idéal artistique élevé du pauvre musicien recherchant l'art absolu et ses dons fort limités. Conçu dès l'origine (1831) comme un roman autobiographique, le récit délivre la quintessence des catégories fondamentales de l'esthétique grillparzerienne.

La conscience aiguë avec laquelle le grand classique autrichien a traversé son époque bornée par la dissolution du Saint-Empire habsbourgeois et la fondation du Reich prussien lui valut bien des incompréhensions. Les honneurs tardifs dont il fut gratifié n'y changèrent rien. Appelé en 1847 à l'Académie des Sciences qui sollicitera la rédaction de son *Autobiographie* (1853), Grillparzer mourra dans une grande solitude, aigri et désabusé.

Grillparzers dramatischer Stil / Joachim Kaiser. – München : Carl Hanser Verlag, 1961. – 176 p.

Franz Grillparzer : Dichtung und österreichische Geistesverfassung / Gerhard Baumann. – Frankfurt am Main ; Bonn : Athenäum Verlag, 1966. – 307 p.

Das dramatische Geschehen im Werk Grillparzers / Erich Fülleborn. – München : Wilhelm Fink Verlag, 1966. – 341 p.

Grillparzer : Lüge und Wahrheit in Wort und Bild / Renate Delphendahl. – Bern und Stuttgart : Verlag Paul Haupt, 1975. – 142 p.

Franz Grillparzer / Helmut Bachmaier (Hrsg.). – Frankfurt am Main : Suhrkamp, 1991. – 462 p. – (*Suhrkamp Taschenbuch. Materialen* ; 2078).

LES VAGUES DE LA MER ET DE L'AMOUR 365

H. Loiseau — 1942

Je tremblais... mais ce n'était pas pour moi (Acte III). — L'action, pauvre en faits extérieurs, se développe à partir de l'analyse psychologique des caractères. Léandre fait irruption dans la retraite de Héro et sème progressivement le trouble dans son âme. Si, par ses dénégations du début, elle se défend de cet amant sacrilège, le lecteur comprend vite que sa raison cédera à l'appel de l'amour.

HÉRO. — Oh ! Tous les malheurs à la fois fondent sur ma tête coupable.

LÉANDRE (*revenant avec la lampe*). — Voici ta lumière (*il la dépose*) et remercie avec moi les dieux.

HÉRO (*se levant promptement*). — Remercier les dieux, dis-tu ? Les remercier ? De quoi ? De ce que tu es encore en vie ? C'est là tout ton bonheur ? Homme horrible ! Homme infâme ! Pourquoi es-tu venu ? Ne pensant qu'à toi-même, tu as troublé la paix de mes calmes journées, tu as empoisonné l'harmonie de mon âme. Oh ! si la mer avait pu t'engloutir, quand tu t'es plongé dans ses flots ! Si la pierre avait pu, détachée, se dérober, glissant sous toi, lorsque tu t'y accrochais, escaladant la tour, si tu… oh ! l'effroyable vision !… Léandre, oh… !

LÉANDRE. — Qu'as-tu ? Pourquoi cesses-tu de gronder ?

HÉRO. — Léandre, écoute-moi ? Ne retourne pas par la voie par laquelle tu es venu, elle est dangereuse,… effroyable, horrible ! qu'est-ce donc qui enténèbre à ce point les hommes et les rend si étrangers à leur propre moi pour les assujettir au service d'autrui ?… Quand ils venaient, qu'ils étaient à trois pas et qu'ils étaient près de me trouver, de me voir… Je tremblais,… mais ce n'était pas pour moi !… Quelle perversion ! Je tremblais pour lui !

LÉANDRE. — Puis-je vraiment le croire ?

HÉRO. — Laisse ! ne me touche pas ! Non, ce n'est pas bon, ce qui pervertit la nature jusqu'en son tréfonds, qui éteint la lumière que nous ont donnée les dieux pour qu'elle nous conduise comme l'étoile polaire conduit le marin.

LÉANDRE. — Tu appelles cela mauvais ? Et tous les hommes le vantent, enivrés de bonheur (*Il s'agenouille devant elle*), et cela ils l'appellent l'amour.

HÉRO. — Ô pauvre jeune homme ! Ainsi il est parvenu jusqu'à toi ce mot aux multiples nuances, et toi tu le répètes et tu te dis heureux ? (*Touchant sa tête.*) Et pourtant il te faut traverser à la nage la mer sauvage, où, à chaque brasse, la mort te guette ; et tu arrives, et ici t'attendent des espions, des meurtriers sans pitié…

(*Jetant un regard derrière elle et tressaillant.*)

LÉANDRE (*se levant d'un bond*). — Qu'est-ce ?

HÉRO. — Oh ! chaque bruit me semble un pas de sbire ! Sous moi mes genoux se dérobent.

LÉANDRE. — Héro, Héro, Héro !

HÉRO. — Laisse ! Ne me touche pas ! Maintenant il faut que tu t'en ailles. Je te conduirai moi-même par une voie sûre ; car s'ils venaient, te trouvaient ici, te prenaient… (*Se cramponnant au dossier de la chaise.*)

LÉANDRE (*après un court silence*). — Et pourrai-je revenir, jeune fille ?

HÉRO. — Toi !

LÉANDRE. — Veux-tu dire : jamais ? Jamais, jamais plus ? Te rends-tu compte de ce que veut dire ce mot, et de toute l'horreur qu'il contient ? Toi aussi, cependant, d'angoisse tu as tremblé pour moi. Le sais-tu ? Il me faut donc m'en retourner à travers le déferlement de la mer sauvage. Ne penseras-tu pas que j'ai sombré, que j'ai péri, si de ma traversée tu n'as nulle nouvelle ?

HÉRO. — Tu m'enverras un messager !

LÉANDRE. — Je n'ai d'autre messager que moi-même.

HÉRO. — Eh bien ! gentil messager, reviens donc, reviens ! Mais pas ici, pas en ce lieu de mort. Sur le rivage, une langue de sable s'avance dans la mer, c'est là seulement qu'il te faudra revenir, tu te cacheras dans les buissons, et moi, en passant devant, j'entendrai ce que tu me diras.

LÉANDRE. — Seulement, cette lampe-ci, laisse-la moi m'éclairer, pour qu'elle me montre le chemin du bonheur. Mais quand reviendrai-je ? Jeune fille, dis-le moi.

HÉRO. — Le jour de la prochaine fête.

LÉANDRE. — Tu veux plaisanter, sans doute ! Dis, quand ?

HÉRO. — Quand la lune sera pleine.

LÉANDRE. — Mais d'ici là, dix longs jours se traîneront ! Supporteras-tu jusque-là l'incertitude ? Moi, pas, moi je craindrai qu'on ne nous ait surpris, toi ta pensée me verra mort, et non sans raison sans doute ! Car si la mer ne me prend pas pour proie, le souci, l'angoisse, la douleur me tueront. Dis-moi : après-demain ; dis-moi : au bout de trois jours ; dis : la semaine prochaine.

HÉRO. — Eh bien ! reviens donc demain !

LÉANDRE. — Ô félicité ! ô bonheur !

HÉRO. — Et quand tu retourneras chez toi, Léandre, traversant la mer, nuitamment, comme tu es venu, conserve-moi bien cette tête, cette bouche, ces yeux qui sont à moi. Entends-tu bien ? Promets-le moi !

(Comme il veut la presser dans ses bras, elle se recule.)

Les Vagues de la mer et de l'amour (= Des Meeres und der Liebe Wellen) / Grillparzer ; traduit et préfacé par Hippolyte Loiseau. – Paris : Aubier : Éditions Montaigne, 1942. – (*Collection bilingue des classiques étrangers*). – [Pp. 163-167].

LE PAUVRE MUSICIEN 366

J. Lajarrige — 1991

Son violon. — Barbara, que le pauvre musicien aimait secrètement et qu'il n'avait jamais embrassée qu'au travers d'une vitre, a épousé un boucher. Au chevet du mort, elle retrouve le narrateur et se souvient. La vie du malheureux artiste des rues ressemble à un calvaire, une passion christique, comme l'image spéculaire du violon-crucifix le révèle dans les dernières pages de la nouvelle.

Elle m'entraîna vers l'escalier raide conduisant jusqu'à la mansarde qui était ouverte et entièrement vide de tout à l'exception du cercueil dans le milieu, lequel, déjà fermé, n'attendait plus que les porteurs. À la tête était assise une femme assez forte qui avait dépassé le milieu de la vie, vêtue d'une robe de cotonnade imprimée, mais couverte d'un fichu noir et avec un ruban noir à son bonnet. Il semblait que jamais elle n'avait pu être belle. Devant elle se tenaient deux enfants assez grands, un garçon et une fille, auxquels elle donnait visiblement des instructions sur la manière dont ils devaient se comporter en suivant le cortège. Juste au moment où j'entrais, elle écartait d'une bourrade le bras du garçon qui s'était gauchement appuyé sur le cercueil, et lissait les coins du drap qui dépassaient. La femme du jardinier me présenta, mais à ce moment les trombones se mirent à jouer en bas et en même temps la voix du boucher retentit dans la rue : Barbara, c'est l'heure ! Les porteurs apparurent, je me reculai pour laisser le passage. On leva la bière, on la descendit, puis le cortège se mit en branle. En tête les enfants des écoles portant croix et drapeau, le prêtre et son sacristain. Juste après le cercueil, les deux enfants du boucher suivis du couple. Le mari remuait sans arrêt les lèvres comme s'il priait tout en regardant à gauche et à droite autour de lui. Son épouse lisait avec ferveur dans son livre de prières, mais elle avait du fil à retordre avec ses deux enfants que tantôt elle poussait vers l'avant, tantôt elle retenait, tant elle semblait prendre à cœur la bonne ordonnance du cortège avant toute chose. Mais toujours elle revenait à son livre. Le convoi parvint ainsi au cimetière. La tombe était creusée. Les enfants y jetèrent les premières poignées de terre. Le mari, debout, fit de même. Sa femme s'agenouilla en tenant son livre contre ses yeux. Les fossoyeurs achevèrent leur besogne, puis le cortège, à demi dispersé, s'en retourna. À la porte, on échangea encore quelques mots du fait que la femme trouvait manifestement trop élevée une prétention de l'ordonnateur des pompes funèbres. La société se dispersa dans toutes les directions. Le vieux musicien était enterré.

Quelques jours plus tard — c'était un dimanche —, entraîné par ma curiosité psychologique, je me rendis dans l'appartement du boucher en prenant pour prétexte que je souhaiterais posséder le violon du vieil homme comme souvenir. Je trouvai la famille réunie au complet sans la trace d'un reste d'émotion particulière. Pourtant, le violon était pendu sur le mur d'en face, dans une sorte de symétrie à côté du miroir et d'un crucifix. Lorsque j'exposai ma requête et offris un prix relativement élevé, le mari ne sembla pas répugner à conclure une affaire avantageuse. Mais la femme bondit de sa chaise et dit : « Ce violon appartient à notre Jakob et nous n'en sommes pas à quelques florins de plus ou de moins ! » À ces mots, elle décrocha l'instrument du mur, le considéra de tous côtés, en souffla la poussière et le rangea dans le tiroir qu'elle repoussa violemment et boucla à clé comme si elle redoutait un vol. Elle me tournait le visage de sorte que je ne pouvais voir l'expression qui s'y dessinait. Et comme au même moment la servante entra pour servir la soupe et que le boucher, sans se laisser troubler par ma visite, entonna à voix haute son bénédicité auquel les enfants firent chorus d'une voix aigrelette, je souhaitai bon appétit et me dirigeai vers la porte. Mon dernier regard se posa sur la femme. Elle s'était retournée et un flot de larmes ruisselait le long de ses joues.

Le Pauvre Musicien / Franz Grillparzer ; traduit de l'allemand par Jacques Lajarrige ; précédé d'une présentation par Erika Tunner. – Nîmes : Éditions Jacqueline Chambon, 1991. – (*Legs*). – [Pp. 86-89].

OTTOKAR 367

A. Ehrhard — 1931

Par le pouvoir de Dieu (Acte III). — L'empereur Rodolphe, que les Princes Électeurs ont préféré à Ottokar, demande à ce dernier de lui restituer les Provinces dont il s'est injustement arrogé la souveraineté et expose la conception qu'il se fait de sa mission divine.

OTTOKAR (*entrant par le fond*). — Voilà déjà un bon moment que je cherche à droite et à gauche. Où avez-vous votre empereur, nobles seigneurs ? Vous ici, seigneur de Merenberg ? C'est ici qu'on vous rencontre ? Je pense vous rencontrer encore ailleurs. Eh bien ! où est Rodolphe ? Ah ! (*Il l'aperçoit et va vers lui.*) Que Dieu vous bénisse, Habsbourg.

RODOLPHE (*se levant, à son entourage*). — Pourquoi êtes-vous plantés là, tête nue ? Si Ottokar vient chez Habsbourg, d'homme à homme, il est permis à Pierre et à Paul de rester couverts, car après tout, il est leur semblable, un homme. Couvrez-vous. Mais si c'est le vassal qui vient chez le suzerain, si c'est en qualité de justiciable que le roi de Bohême vient chez l'empereur d'Allemagne (*allant au milieu d'eux*), malheur à celui qui manquera de respect ! (*Se dirigeant vers lui d'un pas résolu.*) Comment allez-vous, Ottokar ? Qu'est-ce qui vous amène ?

OTTOKAR (*étonné, a fait un pas en arrière*). — On m'a convié à une entrevue.

RODOLPHE. — Ah oui, vous venez parler d'affaire ? Je pensais que c'était une visite d'ami. Au fait, alors. Comment m'expliquer, roi de Bohême, que vous vous rendiez aujourd'hui seulement à mon appel ? Je vous ai déjà fait mander à trois reprises, à Nuremberg, puis à Wurzbourg et à Augsbourg, afin de vous investir des fiefs de votre pays. Mais vous n'êtes pas venu. La dernière fois seulement s'est présenté à votre place le digne seigneur de Seckau, lequel cependant ne s'est pas comporté avec trop de dignité.

OTTOKAR. — Les fiefs de Bohême m'ont été donnés par le roi Richard.

RODOLPHE. — Oui, le roi de Cornouailles. Eh ! il y eut un temps où l'on pouvait, en Allemagne, contre écus sonnants, obtenir plus encore que fiefs et domaines. Mais ce temps est passé. J'ai juré, juré à mon Dieu puissant et bon, que le droit et la justice régneront en Allemagne ; je veux qu'il en soit ainsi et que cela dure. Vous avez mal agi, roi de Bohême, étant prince de l'Empire, envers l'Empire et l'empereur. Vous êtes entré à main armée sur le territoire de l'archevêque de Salzbourg, vous avez pillé et massacré et vos hordes y ont commis de telles abominations que des païens n'en feraient pas autant.

OTTOKAR. — La guerre lui a été déclarée loyalement.

RODOLPHE. — Ce n'est pas de guerre qu'il est question ici, mais de paix, sire. Les provinces d'Autriche et de Styrie, la Carinthie et la Carniole, la marche windique, détenues injustement au préjudice de l'Empire, vous allez me les restituer. N'y a-t-il pas là une plume et du papier ? Mettons tout de suite l'acte au net.

OTTOKAR. — Ah, par Dieu tout puissant, qui suis-je donc ? N'est-ce pas Ottokar qui est là ? Ceci n'est-il pas mon épée, pour qu'on ose me parler sur un tel ton ? Mais que diriez-vous, sire, si pour toute réponse je m'en retournais par le large sentier du Danube et continuais l'entretien à la tête de mon armée ?

RODOLPHE. — Il y a douze mois, vous pouviez encore me tenir en échec, si vous choisissiez le verdict sanglant des armes. Vous êtes un prince rompu au métier de la guerre, qui en doute ? et votre armée est habituée à vaincre. Votre trésor regorge d'or et d'argent. Moi, il me manque mainte chose, il me manque beaucoup de choses, et cependant, sire, voyez ! j'ai ferme confiance. Si tous ces hommes ici m'abandonnaient, si le dernier valet se sauvait de mon camp, la couronne sur la tête, le sceptre à la main, j'irais seul dans votre camp hostile et je vous crierais : « Sire, donnez ce qui appartient à l'Empire ! » Je ne suis pas l'homme que vous avez connu autrefois. Je ne suis pas Habsbourg, même pas Rodolphe. Dans ces veines coule le sang de l'Allemagne et c'est le pouls de l'Allemagne qui bat dans ce cœur. Ce qui était mortel, je l'ai dépouillé et je ne suis plus que l'empereur qui ne meurt jamais. Lorsque la voix qui élève au pouvoir tomba sur moi, lorsqu'à moi qui n'avais jamais rêvé d'un bonheur pareil, le maître de l'univers posa inopinément sur la tête, sur cette humble tête, la couronne de son Empire, lorsque l'huile du sacre arrosa mon front, alors j'eus profondément conscience du miracle et j'ai appris à avoir confiance dans les miracles. Il n'y a pas de prince de l'Empire qui ne soit plus puissant que moi, et maintenant les princes de l'Empire m'obéissent. Les ennemis de la paix se sont enfuis à ma voix. Ce n'est pas moi qui avais ce pouvoir, c'est Dieu qui les a remplis de crainte. Avec cinq maigres schellings dans mon escarcelle, je m'embarquai à Ulm pour mon expédition. Le duc de Bavière me brava, il succomba. Avec un petit nombre de guerriers, je vins en ce pays ; le pays de lui-même m'envoya les siens ; ils sont sortis de vos rangs pour se rallier à moi, et l'Autriche me soumet l'Autriche. J'ai juré de protéger la paix et le droit par Dieu qui voit tout, par Dieu en trois personnes. Tu ne garderas pas cela, vois-tu, pas l'épaisseur d'un cheveu de ce qui ne t'appartient pas, et c'est ainsi qu'en présence du ciel je me place devant toi en criant : Donne ce que tu as de l'Empire !

Ottokar / Grillparzer ; traduit et préfacé par Auguste Ehrhard. – Paris : Éditions Montaigne : Fernand Aubier, 1931. – (*Collection bilingue des classiques étrangers*). – [Pp. 81-84].

MAZZINI

ITALIEN **1805-1872**

Né à Gênes, écrivain prolixe et homme politique italien de premier plan, Giuseppe Mazzini est l'une des figures dominantes du mouvement national italien du XIXe siècle, le *Risorgimento.*

Son idéalisme de jeune intellectuel romantique l'amène tout d'abord à adhérer au carbonarisme à l'âge de 22 ans. Proscrit de Gênes en 1830 pour ses activités jugées subversives en faveur de l'unité italienne, il s'exile à Marseille où il fonde, en 1831, la *Giovine Italia* (la « Jeune Italie »), en Suisse où il fonde, en 1834, la *Giovine Europa* (la « Jeune Europe »), puis à Londres où il crée la Ligue Internationale des Peuples. Il organise clandestinement de nombreux mouvements patriotiques insurrectionnels en Italie, participe, en 1849, au gouvernement de l'éphémère république romaine et, après l'écrasement de cette dernière, repart pour l'exil. Cependant, sous la direction du Piémont, le mouvement national italien se développe et, en 1861, est proclamé le royaume d'Italie dont la première capitale est Turin. L'unité italienne progresse ; en 1865, Florence est proclamée capitale et, en 1871, ce sera Rome. Les modérés, regroupés autour de la monarchie piémontaise l'ont emporté sur la tendance républicaine à laquelle appartient Mazzini. Ce dernier n'en a pas moins poursuivi ses actions rarement couronnées de succès et s'achevant même souvent en drame. Évincé de la première Internationale par Karl Marx, il se voit abandonné par bon nombre de ses partisans, les uns se rangeant aux côtés du Piémont et des modérés, les autres, les révolutionnaires, rejoignant les anarchistes puis les socialistes. Isolé, malade, Mazzini assiste, à la fin de sa vie, à la naissance, autour du roi du Piémont, d'une nation italienne qui n'est pas celle qu'il avait espérée.

Agitateur infatigable, Mazzini expose ses conceptions morales et politiques en une œuvre immense qui comporte une vaste correspondance s'adressant aussi bien aux jeunes intellectuels qu'aux ouvriers, des programmes de partis politiques, des traités, des articles politiques et même des articles de critique littéraire où s'exprime une conception de la littérature au service de la cause nationale. C'est ainsi qu'il apprécie Dante et Ugo Foscolo en tant que patriotes italiens. L'ensemble de cette œuvre est écrit en un style prophétique et déclamatoire, visant plus à provoquer l'adhésion enthousiaste qu'à pratiquer l'analyse politique ou littéraire.

Mazzini fut d'abord un adepte de la philosophie des Lumières, mais, après l'exil de 1830, il évolua rapidement vers une vision de l'homme et de la vie donnant la priorité aux devoirs sur les droits, à la mission sur le bonheur. Pour lui, le peuple italien lui-même a une mission : sorte de « peuple Christ », il doit être le guide de l'humanité. La littérature elle-même, tous les arts doivent se mettre au service de la nation et de l'éducation du peuple. Toute la pensée et l'action de Mazzini sont dominées par un patriotisme exigeant qui inspire ses innombrables initiatives politiques et/ou insurrectionnelles, ainsi que ses écrits.

Sur le plan économique et social, Giuseppe Mazzini est un modéré pour qui la propriété est inaliénable, mais doit être accessible à tous. Hostile au marxisme, il pense que la vérité n'est pas dans la lutte des classes, mais dans la collaboration entre capital et travail et dans le regroupement des ouvriers à l'intérieur de coopératives.

Sur le plan politique, Mazzini est un républicain résolu dont l'intransigeance le conduira à être amèrement déçu par la réalisation de l'unité italienne autour du Royaune du Piémont et à se tenir à l'écart des festivités qui en célébreront la réalisation. Son influence en Italie fut immense et il fut sans doute, avec d'autres leaders comme Garibaldi, l'une des incarnations les plus accomplies du héros de l'indépendance nationale tel que le voyaient les jeunes patriotes italiens.

Ses *Scritti editi e inediti* (Imola : Edizione nazionale, 1906-1913) comptent plus de cent volumes.

Mazzini / M. Saponaro. – Milano : Mondadori, 1954. – 563 p.
Mazzini e la scuola democratica italiana / G. de Sanctis. – Milano : Feltrinelli, 1958. – 203 p.
Storia dell'Italia moderna / G. Candeloro. – Milano : Feltrinelli, 1958. – 5 vol.
Histoire de l'Italie du Risorgimento à nos jours / S. Romano. – Paris : Éditions du Seuil, 1977. – 366 p.

ŒUVRES 368

A. Ottavi — 1997

Les proscrits de 1821 (Edizione nazionale, volume LXXVII). — À l'âge de seize ans, Mazzini rencontre dans les rues de Gênes un groupe de patriotes italiens qui, vaincus, sont contraints à l'exil. C'est la naissance d'une vocation à laquelle son éducation familiale l'avait déjà préparé.

Un dimanche d'avril 1821, je me promenais, tout jeune encore, avec ma mère et un vieil ami de la famille, Andrea Gambini, dans la *Strada Nuova* de Gênes. On était dans les jours où l'insurrection piémontaise avait été étouffée par la trahison, par la mollesse de ses chefs et par l'Autriche. Les insurgés se pressaient en foule à Gênes, cherchant leur salut sur la mer. Ils étaient pauvres et erraient en quête d'une aide pour se rendre en Espagne où la révolution triomphait. La plupart d'entre eux étaient rassemblés à Sampierdarena et y attendaient une possibilité d'embarquement. Mais ils étaient nombreux à s'être introduits, un par un, en ville et je les cherchais du regard parmi nous, les repérant à leurs traits, à leurs habits, à leur allure guerrière et, plus encore, à cette douleur muette, sombre qu'ils portaient sur leur visage. La population était singulièrement émue. Certains, parmi les plus hardis, avaient proposé à leurs chefs, Santarosa et Ansaldo, je crois, de se rassembler tous en ville, d'en prendre possession et d'y organiser la résistance. Mais la ville, disaient-ils, était dépourvue de toute défense, les forts manquaient d'artillerie et les chefs avaient refusé en répondant : « Préservez-vous pour un meilleur destin ». Il ne restait plus qu'à secourir par de l'argent ces pauvres et saints précurseurs de l'avenir et les citadins se montraient généreux. Un homme à l'apparence sévère et énergique, brun, barbu, avec un regard étincelant que je n'ai jamais oublié s'approcha tout à coup de nous et nous arrêta. Il avait à la main un foulard blanc déplié et ne prononça que ces seules paroles : « Pour les proscrits d'Italie ». Ma mère et notre ami versèrent quelques pièces de monnaie dans le foulard et l'homme s'éloigna pour recommencer auprès d'autres personnes. Plus tard je sus son nom. C'était un certain Rini, capitaine de la garde nationale que l'on avait constituée au début du mouvement. Il partit lui aussi avec ces hommes pour lesquels il s'était transformé de la sorte en collecteur de fonds et je crois qu'il mourut en combattant, comme tant des nôtres, pour la liberté de l'Espagne.

C'est ce jour-là que se présenta pour la première fois à mon âme, confusément, je ne dirai pas une idée de Patrie et de Liberté, mais l'idée que l'on pouvait et donc que l'on devait lutter pour la liberté de la Patrie.

J'étais déjà inconsciemment éduqué au culte de l'égalité par les habitudes démocratiques de mes deux parents et par les manières identiques qu'ils adoptaient tant avec les patriciens qu'avec les gens du peuple. Chez une personne ils ne cherchaient à l'évidence que l'humanité et l'honnêteté. Et les aspirations à la liberté déjà présentes dans mon esprit s'étaient alimentées aux souvenirs des récentes guerres républicaines françaises dont parlaient souvent mon père et son ami mentionné plus haut, aux souvenirs des textes de Tite-Live et de Tacite que mon professeur de latin me faisait traduire, ainsi que de la lecture de quelques vieux journaux que je trouvais à moitié dissimulés derrière les livres de médecine de mon père. Parmi ces derniers, je me souviens de certains fascicules de la *Chronique du mois*, publication girondine des premiers temps de la révolution française. Mais l'idée qu'il y avait dans mon pays un malheur contre lequel il fallait lutter, l'idée que, dans cette lutte, j'aurais pu jouer un rôle ne jaillit dans mon esprit que ce jour-là. Et elle ne me quitta plus jamais.

Traduction inédite. — *Pensiero e azione* / Giuseppe Mazzini ; scritti scelti a cura di Alessandro Levi. – Firenze : La Nuova Italia, 1960. – [Pp. 5-8].

ŒUVRES 369

A. Ottavi — 1997

La tempête du doute (Volume LXXVII). — Nous sommes en 1837. À Londres, Mazzini, pauvre, malade, critiqué et calomnié est assailli par le doute. A-t-il raison de s'obstiner dans ce qu'il croit être sa mission ? La mort de ses amis, engagés dans les combats qu'il a voulus, est-elle justifiée ?

Lorsque je me sentis seul au monde — n'était la compagnie de ma pauvre mère, éloignée et malheureuse elle aussi à cause de moi — je reculai, atterré, devant le vide. Alors, dans ce désert, le doute m'apparut. Peut-être étais-je dans l'erreur et le monde avait-il raison. Peut-être l'idéal que je poursuivais n'était-il qu'un songe. Et peut-être ne poursuivais-je pas une idée, mais *mon* idée, ma vision orgueilleuse, le désir de la victoire plus que le projet de la victoire, l'égoïsme de l'esprit et les froids calculs d'une intelligence ambitieuse. Cela rendait mon cœur aride et me faisait refuser ses mouvements innocents et spontanés qui ne visaient qu'à une charité pratiquée modestement, dans un cercle restreint, pour quelques personnes seulement, ainsi que des devoirs immédiats, faciles à accomplir. Le jour où ces doutes creusèrent leur sillon en mon âme, je me sentis non seulement suprêmement et inexprimablement malheureux, mais également comme un condamné conscient de sa faute et incapable de l'expier. Les fusillés d'Alessandria, de Gênes, de Chambéry surgirent devant moi comme les fantômes d'un crime, comme un remords hélas stérile. Je ne pouvais les faire revivre. Combien de mères avaient pleuré à cause de moi ! Combien pleureraient encore si je m'obstinais dans ma tentative de susciter chez les jeunes Italiens des actions héroïques et le désir d'une Patrie commune ? Et si l'Italie, épuisée par deux époques de grande civilisation était désormais condamnée par la Providence à gésir sans nom ni mission propre, soumise à des nations plus jeunes et débordantes de vie ? D'où tirais-je le droit de décider de l'avenir et d'entraîner des centaines de milliers d'hommes au sacrifice d'eux-mêmes et de tout ce qu'ils avaient de plus cher ?

Je ne m'attarderai pas à décrire en détail les conséquences de ces doutes sur moi. Je dirai simplement que ma souffrance me conduisit aux limites de la folie. La nuit, je me réveillais en sursaut et courais, presque délirant à ma fenêtre, appelé, comme je croyais, par la voix de Jacopo Ruffini[1]. Parfois je me sentais comme poussé par une force secrète à me rendre en tremblant dans la pièce voisine pensant y trouver une personne qui était alors en prison ou bien fort éloignée, à cent milles de moi. Le moindre incident, un bruit, un accent provoquait mes larmes. La nature couverte de neige comme elle l'était dans les environs de Grenchen[2], me semblait enveloppée dans un linceul mortuaire sous lequel elle m'invitait à m'étendre. Les visages des gens qu'il m'arrivait de rencontrer me semblait prendre, tandis qu'ils me regardaient, une expression de pitié et, plus sou-

---

1 Jacopo Ruffini, ami intime et partisan de Mazzini. Membre de la *Giovine Italia*, il fut arrêté en 1833 et se suicida dans sa cellule. (N.d.t.)

2 Exilé en Suisse de 1834 à 1836, Mazzini séjourna en particulier à Grenchen, petite localité près du lac de Bienne. En janvier 1837, il arriva à Londres. (N.d.t.)

vent, de reproche. Je sentais se tarir en moi toute source de vie. Mon âme périssait. Si cet état d'esprit avait duré quelque peu, je serais vraiment tombé malade et serais mort, emporté par l'égoïsme du suicide.

Traduction inédite. — *Pensiero e azione* / Giuseppe Mazzini ; scritti scelti a cura di Alessandro Levi. – Firenze : La Nuova Italia, 1960. – [Pp. 48-49].

ŒUVRES 370

A. Ottavi — 1997

Dante (Volume XXIX). — Dans cet article rédigé en 1841 et reprenant les leçons faites aux ouvriers italiens de Londres, Dante est surtout apprécié comme grand patriote.

Dante était un si grand homme que l'on ne devrait permettre à aucun Italien, fût-il le moins instruit, d'en ignorer le nom, les mérites, les souffrances et les pensées. Dante a fait plus pour l'Italie, pour la gloire et l'avenir de notre peuple que dix générations d'autres écrivains ou d'hommes d'État. Les étrangers les plus désireux de nous vilipender et de nous accuser d'irrémédiable impuissance, reculent presque avec terreur devant ce nom que ni les siècles ni la honte du servage ni la tyrannie de l'étranger, de nos princes et des jésuites n'ont pu et ne pourront jamais effacer. Le pays qui a engendré une âme aussi puissante est une terre singulière, elle abrite une vie qui ne peut s'éteindre. Tous les esprits d'Italie qui écrivirent de manière virile et furent utiles au progrès de l'idéal national tirèrent une grande partie de leur inspiration chez Dante. Dante peut être regardé comme le père de notre langue. Il la trouva pauvre, incertaine, toute jeunette et il la laissa adulte, riche, affranchie, poétique. Il choisit la fine fleur des mots et des formes de tous les dialectes et en façonna une langue commune qui représentera un jour pour nous tous l'unité nationale. Il la représenta au cours de tous ces siècles de division face au nations étrangères. Dante fut grand comme poète, comme penseur, comme homme politique de son temps. Il fut plus grand que tous les grands parce qu'il concevait mieux que tout autre la mission de l'homme italien, il unit la théorie et la pratique, la puissance et la vertu, la pensée et l'action. Il écrivit pour la Patrie, conspira pour la Patrie, agit par la plume et par l'épée. Constant en amour, il adora jusqu'à son dernier jour le souvenir de la femme qui lui apprit à d'abord aimer. Inébranlable dans sa foi, il connut la misère, l'exil, les persécutions, mais fut toujours fidèle à son respect pour la Patrie, à la dignité de son âme, à la croyance en ses principes. Les mères italiennes transmettront un jour le récit de sa vie comme un enseignement pour les enfants d'Italie.

Traduction inédite. — *Pensiero e azione* / Giuseppe Mazzini ; scritti scelti a cura di Alessandro Levi. – Firenze : La Nuova Italia, 1960. – [P. 88].

CORRESPONDANCE 371

A. Ottavi — 1997

À George Sand (Lugano, le 7 octobre 1848). — Giuseppe Mazzini fait part de sa désillusion à son amie française. À l'automne 1848, tous deux sont déçus par les événements politiques : le mouvement national italien est fortement compromis et à l'insurrection parisienne succède la réaction.

Oui mon amie, la vie est triste et aride. Les hommes sont vils, égoïstes, ingrats. L'espérance, du moins pour ce qui nous concerne, est morte. Mais ne savions-nous pas tout cela lorsque je vins vous voir dans votre maison de campagne ? Par la suite, nous avons rêvé : vous, pour la France, la révolution du peuple et l'ère de la fraternité, moi, pour l'Italie, l'avènement de la nationalité telle qu'elle doit être, c'est-à-dire une entité collective poursuivant des buts communs et qui apporte sa contribution à la grande cause de l'humanité. Nous avons confondu un frémissement avec un réveil. Nous nous sommes trompés. La bourgeoisie, en France, n'est pas encore suffisamment réduite à l'état de cadavre. En Italie, la foi patriotique n'a pas encore suffisamment de racines. Mais néanmoins la bourgeoisie est condamnée à mourir et le culte de la force s'écroulera en Italie. Quant à nous, notre espoir est mort, mais n'avons-nous pas la foi ? Soyons courageux, mon amie, ne soyons pas absents à la douzième heure. Ici ou ailleurs, l'aube est proche.

Je n'ai reçu qu'une lettre de vous, à Milan, avant les événements de juin ; je vous ai répondu. Comme vous le dites, nous sommes de ceux qui conspirent en pleine lumière. Et cependant, on ouvre toutes les lettres qui me sont adressées. Pourquoi n'ouvrirait-on pas celles qui portent votre nom ? Une fois ce forfait accompli, l'envoi dépend de la plus ou moins grande habileté que l'on a déployée pour le commettre. Lorsqu'on pense que l'on a pas été suffisamment digne de Fouché, on supprime la lettre.

De toute façon, vous n'avez pas douté de moi, n'est-ce pas ? Vous saviez bien qu'il m'est impossible de ne pas penser à vous quand je souffre ou lorsque c'est vous qui souffrez. Je ne sais ce que j'aurais donné pour pouvoir, en quittant l'Italie, venir vous serrer la main, puiser de la force et vous en donner. Mais il est écrit que je ne pourrai jamais réaliser un seul de mes désirs. Or, voulez-vous que je vous dise ma pensée intime concernant la France ? C'est toujours celle que je me souviens avoir exprimée un soir chez vous, celle que j'avais exprimée dix ans auparavant : l'initiative n'appartient plus à la France. Vous avez clos une ère, mais vous n'ouvrirez pas celle qui approche. Vous apporterez votre contribution à la pensée commune, mais vous ne serez pas les premiers et vous n'en serez pas les réalisateurs. Cette réalisation viendra Dieu sait d'où. J'avais rêvé, dans mon orgueil d'Italien que cela se serait peut-être produit chez nous : mon pays est le seul qui soit mort pour renaître à une deuxième vie plus brillante que la première. Aujourd'hui, je n'en sais rien. Mais je crois fermement que la nouvelle ère a besoin d'un peuple nouveau, d'un peuple qui n'ait rien accompli dans le monde depuis longtemps. De sorte que, pour la France, j'ai été plus attristé que surpris et, pour l'Italie, je pourrais presque dire la même chose.

Traduction inédite. — *Scritti scelti* / Giuseppe Mazzini ; a cura di Adolfo Omodeo. – Milano : Edizioni scolastiche Mondadori, 1952. – [Pp. 146-148].

ŒUVRES 372

A. Ottavi — 1997

L'Italie est Une (Volume LXIV). — En 1859, Mazzini s'adresse à la jeunesse d'Italie. L'armistice de Villafranca vient d'être signé entre Napoléon III et l'Empereur d'Autriche. Mazzini était hostile à l'intervention française dans la deuxième guerre d'indépendance italienne et l'armistice est pour lui une trahison qui sacrifie Venise. Le style est de plus en plus déclamatoire et l'on remarque les majuscules aux mots Vie, Patrie, Peuple, Mouvement, Mer.

La Patrie est une comme la Vie. La Patrie est la Vie du Peuple...

Dieu qui, en la créant l'illumina de son sourire, lui donna comme frontières les deux choses les plus sublimes qu'il avait mises en Europe, symboles de la Force éternelle, du Mouvement éternel : les Alpes et la Mer. Qu'il soit trois fois maudit, par vous et par ceux qui viendront après vous, celui qui oserait lui attribuer d'autres frontières.

De l'immense cercle des Alpes, semblables à la colonne vertébrale qui constitue l'unité de la silhouette humaine, descend une admirable chaîne ininterrompue de sommets s'étendant jusqu'à la mer et, plus loin, jusque dans l'île de Sicile.

Et la mer l'enserre comme une étreinte amoureuse partout où les Alpes ne l'enlacent pas ; cette mer que les pères de nos pères appelaient *Mare nostrum*.

Et comme des pierres précieuses tombées de son diadème, éparses dans cette mer, se trouvent la Corse, la Sardaigne, la Sicile et d'autres îles plus petites où la nature du sol, l'ossature des montagnes, la langue, le frémissement des âmes, tout parle de l'Italie.

À l'intérieur de ces frontières, tous les peuples passèrent l'un après l'autre en conquérants et persécuteurs féroces. Mais ils ne réussirent pas à effacer ce saint nom d'Italie ni l'énergie de la race qui la peupla la première. L'élément italique fut plus fort que tout, religions, légendes, aspirations des conquérants et leur imposa l'empreinte de la Vie italienne.

À l'intérieur de ces frontières, de terribles guerres fratricides ensanglantèrent pendant des siècles le moindre pouce de terre. Et tandis que les pédants auteurs de journaux et opuscules édifiaient sur ces guerres, il n'y a pas longtemps encore, des systèmes pour montrer que l'unité de notre vie n'est qu'utopie, voici que les peuples se dressent et crient : « Nous sommes tous frères ». Ils aspirent à se fondre en un seul peuple et, dans la fougue imprudente de leur désir, ils se donnent à un prince uniquement parce qu'ils espèrent qu'il se transformera en symbole vivant de cette unité.

Traduction inédite. — *Pensiero e azione* / Giuseppe Mazzini ; scritti scelti a cura di Alessandro Levi. – Firenze : La Nuova Italia, 1960. – [Pp. 196-197].

GRUNDTVIG

DANOIS **1783-1872**

Pour le Danemark, Nicolaï Frederik Severin Grundtvig n'est pas un écrivain ordinaire, mais un authentique prophète des temps modernes : il en possédait d'ailleurs l'allure altière et indomptable, et le verbe inspiré. Instigateur principal du *Réveil*, le sursaut national au début du XIXe siècle, il est devenu une sorte de monument. Bien que son influence demeure essentiellement religieuse, sociale et politique, son importance littéraire, surtout manifeste durant la première moitié de sa vie, est loin d'être négligeable.

Fils de pasteur, comme plusieurs générations de ses ancêtres, Grundtvig eut pour père le titulaire, paisible, pauvre et zélé, de la petite paroisse d'Udby dans le Seeland. Cadet de quatre fils, il eut, dès son jeune âge, un appétit de savoir hors du commun. Après six années d'instruction particulière, où il est initié au latin et à la lecture des journaux — c'est l'époque de la Révolution française —, il entre au lycée d'Aarhus. Expérience malheureuse d'un enseignement qui, loin de tout ce qui est vivant et naturel, est à l'origine de sa future révolte contre « l'école de la mort ».

En 1800, il se fixe à Copenhague. Pauvre, et mal à l'aise dans une société opulente, il se jette à corps perdu dans les études, surtout de littérature et d'histoire du Nord. À 17 ans, il suit les conférences de Henrik Steffens, dont il est, par sa mère, le cousin germain. Celui-ci l'initie à la philosophie romantique et à sa vision historique de la vie, sans arriver à ébranler l'univers rationaliste du jeune étudiant. Après son examen final de théologie, Grundtvig accepte, en 1805, un poste de précepteur sur l'île de Langeland, où il tombe amoureux de la mère de son jeune élève. Amour sans espoir, qui le mortifie et l'amène à rompre avec son passé intellectuel : au lieu de se laisser aller à un désepoir werthérien, il se ressaisit, et la douleur lui ouvre le chemin des ambitions littéraires.

L'étude de Schelling le ramène aux divinités de l'Olympe scandinave et il commence, dès 1806, un long voyage « dans les forêts enchantées de l'*Edda* ». Les vertus qu'il y découvre font cruellement défaut à ses contemporains. Revenu à Copenhague, il va fustiger leur veulerie en publiant, en 1808, sa première œuvre, *Le Bal masqué au Danemark*, un pamphlet sans grand écho. Rêvant alors de reconstruire le sanctuaire du paganisme nordique, il publie la même année *La Mythologie du Nord*. Il estime que l'essence de cette mythologie — à ses yeux un vaste drame cosmogonique — réside dans l'exaltation de la force intérieure des personnages, alors que la mythologie grecque exalte la beauté extérieure des figures. De plus, à ses yeux, l'esprit « combatif » des peuples du Nord est un esprit de vie, car il n'y a de vie que là où il y a luttes et affrontements : l'*Edda* en est l'illustration la plus éclatante.

La Mythologie du Nord, ni ouvrage de savant ni œuvre de poète, mais déjà écrit « réveilleur », fait connaître le nom de Grundtvig, même en Allemagne. Encouragé par ce succès, il continue à se pencher sur l'antiquité nordique et publie un grand poème dramatique en deux volumes, *Scènes de la vie combative du Nord* (1809) et *Épisodes de la lutte des Nornes et des Ases* (1811), œuvre de dimension épique qui conduit au cœur de la culture nordique dont l'Islande, l'île des sagas, reste le berceau, et qui vaut surtout par la puissance de la langue.

Lorsqu'en 1810 son père lui demande de rentrer à Udby pour être son vicaire, Grundtvig cherche à se dérober, rêvant toujours d'une carrière littéraire. Il finit par céder, mais le pamphlétaire se réveille aussitôt en lui : son sermon probatoire *Pourquoi la Parole du Seigneur a-t-elle disparu de sa maison ?* est une attaque contre le clergé danois, et sa publication suscite une vaste réprobation. Le rôle de justicier que Grundtvig, ce théologien épris de mythologie, s'attribue, n'est qu'un des reflets de la grave crise morale qu'il traverse alors, tenaillé entre des aspirations et des mondes contradictoires. Il s'en tire par une « conversion » radicale au luthéranisme de son enfance et veut entreprendre une croisade contre l'incroyance. Dorénavant, l'esprit « combatif » qu'il veut ressusciter sera au service de la Croix du Christ et non plus du marteau de Thor. L'étude de l'histoire, dans laquelle il se replonge, notamment celle des croisades, l'arrache à la mythologie. Il continue à écrire beaucoup, entre autres de très beaux cantiques ou les *Rimes de Roskilde*, un cycle de poèmes à la gloire du christianisme.

Les églises du Danemark se ferment cependant à sa prédication : personne ne veut accueillir ce jeune prophète vitupérant. Il décide alors de faire connaître au pays la grandeur de son passé en entreprenant la traduction des grandes œuvres du Moyen Âge germano-nordique, les sagas des rois de Norvège, la *Heimskringla* de Snorri Sturluson, la chronique danoise de Saxo Grammaticus et le *Beowulf*. Ces traductions sont des re-créations magistrales, dans une langue splendide et originale, capables, croit-il, de ranimer la foi et l'amour de la patrie.

Tel est aussi le but du *Danne-Virke*, petit périodique que Grundtvig publie de 1816 à 1819, pour ne pas perdre le contact avec le peuple. On y trouve déjà en filigrane ses idées sur la nécessité d'une culture nationale et de son instrument, la Haute École Populaire. Grâce au roi Frédéric VI, qui avait appuyé son œuvre littéraire, Grundtvig est nommé en 1822 vicaire d'une église de Copenhague. Désormais, il se considère comme inséparable de cette communauté nationale vivante qu'est l'Église danoise, comme il le dit dans un long poème publié en 1824, *Matin du Nouvel-An*. Ce qui ne l'empêche pas, au contraire, d'entreprendre une nouvelle croisade contre les théologiens rationalistes. Mais la Faculté de théologie le traîne en justice : il est condamné à une amende et à la censure de ses écrits. Profondément blessé, Grundtvig démissionne de sa charge pastorale. Il publie alors trois volumes de *Sermons*, où il plaide pour la liberté religieuse, ainsi qu'un petit opuscule, *Testament littéraire*, véritable cri de désespoir devant l'incompréhension que son enthousiasme rencontre dans le public.

En 1828, il obtient l'appui du Trésor royal pour aller en Angleterre afin d'y étudier les manuscrits anglo-saxons. Les impressions qu'il en ramènera, d'ordre littéraire et politique, vont alimenter son action et ses réflexions pendant quarante années de sa vie. Pour lui, l'Angleterre fait partie intégrante du Nord, dont elle a su garder le fameux « esprit combatif ». Soutenu financièrement par des amis, il commence à écrire, ou à renouveler, des cantiques religieux, et il publie en 1837 son *Recueil de cantiques pour l'Église danoise*. Complété au fil des ans, ce recueil comprendra dans son édition finale plus de 1 400 cantiques, poèmes puissants et denses, dont beaucoup sont encore en usage. Parallèlement, Grundtvig compose des chants profanes et populaires, où renaissent sous sa plume les symboles de la mythologie nordique. Il revient ainsi à ses amours premières, en les approfondissant, et publie en 1832 *La Mythologie du Nord ou la Langue allégorique*, livre tourné vers l'avenir, qui interprète les mythes d'autrefois comme des symboles prophétiques. Selon Grundtvig, l'homme ne peut atteindre le monde de l'esprit que par les images, les symboles et les mythes qui, nordiques ou grecs, expriment l'univers humain. C'est pourquoi, dans la langue de Grundtvig, parfois difficile, les mots les plus courants prennent souvent une signification nouvelle et originale. C'est ainsi aussi qu'il oppose le « cœur », propre à chaque peuple — *folkelighed* —, à l'« esprit » — *videnskabelighed* — qui est universel.

À partir de 1830, Grundtvig se consacre de plus en plus à l'action, par la pédagogie, pour amener ses concitoyens à se gouverner eux-mêmes. Il appelle l'avènement d'une nouvelle école, « l'école de la vie » fondée sur le « verbe vivant », opposée à « l'école de la mort », qui est celle des universités. La culture populaire qu'il appelle de ses vœux doit servir le temps présent, alors que la culture universitaire ne peut s'attacher qu'aux grandes interrogations, à l'énigme de la vie. Ces idées se concrétiseront de manière grandiose par la création de la *folkehojskole*, la Haute École Populaire.

En 1839, Grundtvig fait encore publier un opuscule militant, *De l'union culturelle du Nord*, où il recommande aux pays nordiques de créer une institution culturelle fédérative, qui ne verra pas le jour, et où, surtout, sont exposées quelques-unes des idées essentielles de son univers spirituel. C'est un des rares écrits de Grundtvig qui fut reçu favorablement et discuté de son vivant.

Convaincu que « l'heure du peuple est venue », il lance en 1848 un petit journal, *Le Danois*, dans lequel il défend un programme politique inspiré du libéralisme anglais. Il sera lui-même élu, à partir de soixante-cinq ans, toujours dans les rangs de l'opposition, à l'Assemblée nationale, tout en continuant à assumer la charge de pasteur à l'Institution pour vieillards de Vartov, qu'il avait enfin obtenue en 1839. Sa grande idée politique, radicalement libérale, était de former l'opinion publique afin de promouvoir son rôle dans le gouvernement de la cité. Il fut ainsi au centre d'un grand mouvement culturel populaire, au succès rapidement grandissant.

En 1861, pour le jubilé de son pastorat, il fut fait évêque. À sa mort, enfin reconnu, on lui fit des obsèques grandioses.

Grundtvig a été, avec Œhlenschläger, un des grands poètes du romantisme danois et le réformateur de son Église, à laquelle il a fourni ses plus beaux cantiques. Initiateur du mouvement des Hautes Écoles Populaires, il fut aussi et avant tout le chantre de la mythologie scandinave.

Alors que la réputation de S. Kierkegaard et de H.C. Andersen, deux autres grands noms du XIXe siècle danois, s'est rapidement étendue à l'étranger, Grundtvig continua à rayonner dans un univers clos, longtemps ignoré de l'élite intellectuelle de son pays, mais vénéré par le peuple et la foule de ses disciples. Ce n'est que vers 1950 qu'il a fait son entrée dans l'Université danoise et que la critique a commencé à se pencher sur cette œuvre monumentale (plus de 30 000 pages), qui représente un siècle d'histoire culturelle. À l'étranger, seuls les spécialistes confirmés de la Scandinavie savent, pour le moment, mesurer toute l'importance et la profondeur de ce « réveilleur » de l'âme nordique.

N.F.S. Grundtvig, barde et animateur du peuple danois / Hal Koch ; traduit du danois par E. Metzger. – Paris : Éditions Je Sers, 1943. – 211 p.

Grundtvigs symbolverden / Helge Toldberg. – København : Universitets forlag, 1950. – 356 p. – [Thèse défendue à l'Université de Copenhague].

Mythe og kult i Grundtvigs salmedigtning / Sœren Holm. – København : Busk, 1955. – 236 p.

Det Handlende ord : N.F.S. Grundtvigs digtning, litteraturkritik og poetik 1789-1819 / Lundgreen Nielsen-Flemming. – København : G.E.C. Gads forlag, 1980. – 991 p. en 2 vol. – (*Skrifter* / udgivet af Grundtvigt-selskabet ; 16, I-II). – [Thèse défendue à l'Université de Copenhague en 1980].

ÉCRITS POÉTIQUES 373

G. Ueberschlag — 1997

Rivages à Egelykke : souvenir de 1807. — L'expérience d'un amour malheureux est l'occasion pour le jeune Grundtvig de remettre en cause sa conception de la vie et de rompre avec son passé rationaliste.

Perdu au milieu des fleurs exubérantes,
Mon cœur a appris à mourir.
[...]
Cependant, Toi, tu œuvres là-haut,
Tu trônes au-delà des plus lointaines étoiles ;
Honneur et Gloire te soient rendus !
Sois béni d'avoir blessé mon cœur !
Sois béni de m'avoir comblé de douleur !
Sois béni ! Car Tu m'as rendu sage.
Un voile épais a caché à mes yeux
Ton livre sacré,
Et, charmé par les sirènes,
Je me rêvais mon savoir, fou que j'étais.
Stupide et aveuglé, mon œil
Ne voyait pas l'éclat céleste
Qui illumine les chants du poète.
[...]
Le Dieu de miséricorde s'est penché sur moi,
Moi, le pauvre et le misérable ;
Par la douleur il m'a appris
Que j'avais aussi un cœur,
Insensé que j'étais d'avoir mis ma confiance
En l'intelligence et la science.

Mon génie a ouvert son œil.

Traduction inédite. — *Poetiske Skrifter* / N.F.S. Grundtvig ; édition par Svend Grundtvig et Georg Christensen. – København : Schønberg, 1880. – [Vol. 1, p. 339].

ÉCRITS POÉTIQUES 374

G. Ueberschlag — 1997

Chant du réveilleur : une croisade au temps présent. — Sortant d'une crise morale et intellectuelle, qui s'était terminée par une de ces « conversions » si fréquentes dans le protestantisme, Grundtvig pense avoir trouvé sa voie et s'installe dans son rôle de prophète appelé à dresser devant un pays qui court à sa perte « deux flambeaux étincelants » : le Verbe divin et le récit des hauts-faits du passé. Il tente ainsi de concilier en une seule œuvre de salut le paganisme nordique, héritage national, et le christianisme.

Aimer et chanter, il y a un temps pour cela ;
Heureux les temps qui permettent de s'y adonner !
Mais aujourd'hui ne valent que les luttes et les combats
Pour la Foi et la gloire du Ciel.
Seule une croisade peut nous sauver de la détresse,
Sauver nos âmes de la mort éternelle,
Et garder vie à nos Royaumes.
[…]
Oh ! mes frères, prenons-y bien garde,
Le moment n'est pas venu de dormir,
Les heurs ou les malheurs des siècles futurs,
Nous les tenons en nos mains.
[…]
Nous avons une Patrie si ancienne et si fière
Qu'elle est l'égale de toute autre sur terre.
Mais son esprit est malade, son cœur est froid,
Et sa force s'est faite si rare.
Si bien que la sainte parole du Seigneur
Et les exploits des ancêtres, le Nord les oublie,
Alors qu'ils sont la seule source de bonheur.
[…]
Deux livres sont donnés à tout homme du Nord,
Qui sont pour lui des amis si chers :
L'un est la parole bienheureuse du Seigneur
Qui allume la foi en nos cœurs,
L'autre est la saga de la Patrie
Qui élève et fortifie nos âmes.
Oh, qu'ils demeurent dans nos mains et dans nos cœurs !

Traduction inédite. — *Poetiske Skrifter* / N.F.S. Grundtvig ; édition par Svend Grundtvig et Georg Christensen. – København : Schønberg, 1880. – [Vol. 1, pp. 188-190].

ÉCRITS POÉTIQUES 375

G. Ueberschlag — 1997

Élégie sur la tombe de nos pères. — Alors qu'il a décidé de traduire les textes anciens qui racontent les exploits des ancêtres du Nord, Grundtvig lance, comme dans ce poème, des appels répétés à ses contemporains. Comment venir à bout de leur indifférence ? En rappelant le passé glorieux de la « danité » et en mettant les livres qui le racontent à la portée de l'homme du peuple.

Voyez ! Les écrits de nos pères,
Qui relatent tous les exploits de nos pères,
Ils sont ensevelis sous les ténèbres et la poussière !
Cette génération ne sait élever son regard de la glèbe,
Elle ne guette que les sons de l'or que l'on agite,
Et reste sourde à ceux de sa langue maternelle.
[...]
Voyez ! Me voici devant la tombe de nos pères,
Elle est ornée des antiques signes runiques
Que les mains de nos pères y ont gravés.
Dans les miennes je tiens les écrits de l'antique Saga,
Qui portent l'empreinte de l'esprit de nos pères
Et racontent les exploits de nos pères.

Dois-je rester là tout seul,
À contempler fixement les pierres runiques,
À soupirer et à m'attrister ?
Dois-je y inscrire, moi aussi :
L'esprit de nos pères a disparu,
Sombrez vous aussi, pierres, disparaissez sous terre !

Mes amis ! Mes frères ! Écoutez donc
L'esprit de vos pères qui vit et qui agit
Dans mon cœur et dans mon verbe !
Pouvez-vous rester là, insensibles et sourds ?
Voulez-vous trahir l'esprit de vos pères ?
Doit-il déserter à jamais votre Nord ?

Traduction inédite. — *Poetiske Skrifter* / N.F.S. Grundtvig ; édition par Svend Grundtvig et Georg Christensen. – København : Schønberg, 1880. – [Vol. 1, p. 499].

DE L'UNION CULTURELLE DU NORD 376

E. Simon — 1962

Une université nordique. — L'opposition entre *folkelighed* et *videnskabelighed* — esprit populaire et esprit savant — est fondamentale pour la pensée de Grundtvig. S'il a appelé de ses vœux, pour instruire le peuple, la création d'une Haute École Populaire, dont la première verra le jour à Rødding en 1844, il a également songé à une réforme profonde de l'université, car il n'a pas du tout eu ce mépris qu'on lui prête trop souvent pour la pensée savante. Dans cet opuscule, il recommande la création d'une *Hojskole* nordique, commune à tous les pays du Nord, au service d'une science historique universelle qui soit une vision organique du monde plutôt qu'une construction de l'esprit.

Mon désir le plus profond et mon espoir le plus vivant ne s'attachent en effet à rien de moins qu'au projet d'une grande « Université nordique » qui remplacerait les quatre universités latines dont nous sommes affligés à présent. Je conçois facilement qu'à tous ceux de mes lecteurs qui ou ne connaissent pas mes conceptions sur l'école en général et mes idées sur le latin en particulier, ou du moins ne les partagent pas, cette Université doit paraître un château en Espagne tout à fait absurde ; mais si l'approbation du lecteur ne rend pas mon projet meilleur, son désaccord ne le rend pas plus mauvais qu'il n'est en lui-même ; qu'il m'accorde seulement un instant d'attention et je tenterai de lui prouver qu'à tout prendre, le projet est loin d'être aussi chimérique qu'au premier regard il paraîtra sans doute à beaucoup.

[...]

Une occasion excellente s'offre ainsi à nous de montrer nos dispositions *culturelles*, car il s'agit d'accomplir des pas de géant, sans commune mesure avec ceux qu'accomplirent Français, Anglais ou Allemands : tel Hercule chassant les ombres, ils se firent tout au plus remarquer au « royaume des morts », alors que nous avons à faire un pas de géant hors du tombeau et à construire une nouvelle voie vers le Glarbjerget, le pays de la clarté. Le premier pas, à savoir le passage de la mort à la vie, est, sans comparaison possible, le plus important ; il consiste à restaurer « la bouche et la langue maternelle » dans ses droits inaliénables, que « la plume et le latin » ne peuvent lui disputer un seul moment dès lors que nous ne voulons plus conserver « le contrat conclu avec la mort et l'alliance scellée avec l'enfer », qu'on nous a imposés par duperie pendant notre sommeil. Aussitôt que nous aurons une *Höiskole nationale* qui, pour atteindre son but : servir la vie populaire et la patrie, avec leurs besoins et leurs aspirations, n'aura recours qu'à la langue maternelle tandis que la plume ne fera que peiner pour la bouche, alors le danger de mort sera écarté, et nous pourrons respirer tranquillement et examiner quelles

« mesures vivantes » feront naître les lumières supérieures et universelles. Une vie qui longtemps, comme ce fut le cas de la nôtre, s'est trouvée entre les griffes de la mort, continuera cependant d'être si faible et si exposée à toutes sortes de maladies que, même si nous ne désirions pas des lumières plus profondes pour comprendre plus clairement la vie humaine dans son ensemble, il nous faudrait les apprécier au moins en raison de notre vie populaire fragile qui ne cessera de réclamer des médecins compétents tout en risquant à chaque instant de tomber entre des mains de charlatans.

Le moyen qui permettra d'atteindre ce but, c'est une *Höiskole destinée à la culture universelle*, c'est-à-dire une université fondée sur des principes nordiques et dont la grande tâche, commune à toutes les disciplines, sera d'expliquer la vie et la nature humaine dans toutes leurs manifestations [...].

[...]

Je commence donc par ma thèse bien connue, à savoir que la différence entre ce qui est « *scientifique* » et ce qui est « *populaire* » ne signifie nullement, comme on le prétend, que du côté historique se trouve le latin *savant* et du côté *populaire* le simple danois ou toute autre langue vivante, du côté physique l'algèbre *savante* et du côté *populaire* la règle de trois ; gageons plutôt que la différence consiste en ceci que la *culture universelle* a pour objet toute la vie du genre humain et se propose de la faire comprendre et de l'éclairer, tandis que la *culture populaire ou nationale* a pour seul objet l'existence présente et vise à la rendre utile et efficace, cependant que l'une et l'autre, pour être dignes d'hommes vivants et pour leur être utiles, doivent tout envisager par rapport à la vie et s'efforcer de se mettre à son service. Donc, tandis que la *culture universelle*, aussi bien dans sa *Höiskole* que dans toute son activité, s'efforce d'embrasser, d'éclairer et d'expliquer la vie humaine dans toute sa multiple diversité, en revanche la *culture populaire*, aussi bien dans sa *Höiskole* que dans toute son activité, s'efforce de fortifier, de développer et de guider la vie populaire dans la direction qui, au point de vue civique, répond à ce moment précis à ses véritables besoins et à son intérêt. Et cette séparation qui, loin d'exclure, postule justement et exige des échanges vivants, mais proscrit la folie qui consiste à sacrifier la vie aux connaissances livresques, la langue maternelle aux langues mortes et le peuple aux maîtres d'école, cette séparation, je l'affirme, est particulière au Nord, n'existe nulle part en dehors du Nord, et même a été annoncée ici et préparée depuis les temps immémoriaux ; elle doit donc nécessairement, lorsqu'elle entrera en vigueur chez nous, non seulement permettre de faire sur le plan de la *culture* des pas de géant, mais encore faire progresser sensiblement et défendre avec force dans le Nord la liberté, la paix et le bonheur des peuples. Mais cette séparation, je l'affirme, ne pourra se réaliser vraiment que lorsque le peuple danois, le peuple suédois et le peuple norvégien auront chacun sa *Höiskole nationale*, exclusivement destinée à la langue maternelle et à la patrie avec toutes ses particularités physiques et historiques, et lorsque, en revanche, ils s'uniront pour fonder une *Höiskole commune destinée à la culture*. En effet, dans le Nord il n'existe qu'un seul Esprit et les forces susceptibles d'être distraites de l'activité quotidienne sur le plan spirituel et matériel ne permettent de créer qu'une seule *École principale*, qui, disposant de ressources naturelles et historiques suffisantes, pourra faire valoir dans tous les domaines la manière nordique de considérer la vie humaine. J'affirme enfin que, ce faisant, le Nord obtiendra juste autant d'unité qu'il est souhaitable d'en avoir, à savoir juste autant que, pour le profit de la liberté et de l'indépendance politiques, on peut en obtenir en concentrant les forces les plus élevées de l'esprit, tout en respectant la diversité infinie des dons et des connaissances, si bien qu'il en résultera une fermentation gigantesque et une collaboration vivante au profit des lumières sur toute l'existence humaine et, en tout premier lieu, sur la situation du Nord.

Que ceci ne soit pas un château en Espagne, la réalité le prouve incontestablement, à l'aide d'arguments qui doivent être le fondement de ces écoles, en même temps qu'ils doivent à la fois les opposer et les unir ; en effet, l'unité spirituelle du Nord se manifeste dans les langues avec la même évidence qu'un millénaire d'histoire manifeste sa triple diversité politique, et l'art, qui ne peut rien faire d'utile en s'opposant à la nature, allié à elle, créera toujours, l'expérience le prouve, une œuvre gigantesque qui correspondra exactement aux forces qui devront être utilisées et à la clarté qu'elle fera rayonner. Aussi l'art de l'éveil et des lumières ne réclame-t-il au *foyer des combattants* qu'un centre où tous les efforts puissent converger pour accomplir des miracles aussi bienfaisants et utiles qu'étonnants.

De l'union culturelle du Nord / texte original de N.F.S. Grundtvig ; traduction et commentaire précédés d'une introduction à la philosophie de la culture de N.F.S. Grundtvig par Erica Simon. – København : G.E.C. Gads forlag, 1962. – [Pp. 141, 165, 193-195].

TIOUTTCHEV

FRANÇAIS • RUSSE

1803-1873

Né dans le domaine seigneurial d'Ovstoug (gouvernement d'Orel), Fiodor Tiouttchev est issu d'une vieille lignée aristocratique. Il n'a que 9 ans lorsque, grâce à la perspicacité de sa famille, ou peut-être simplement par l'effet d'un heureux hasard, la responsabilité de son éducation se trouve confiée à S.A. Amfiteatrov, un jeune poète connu sous le pseudonyme de Raïtch et qui jouera par la suite un rôle non négligable dans l'histoire de la littérature russe. Remarquant immédiatement les dons exceptionnels de son pupille, ce précepteur enthousiaste ne se contente pas de lui prodiguer les enseignements prévus par son contrat, il l'initie d'emblée à la poésie. Dès l'année scolaire 1816-1817, le petit Fiodor suit en auditeur libre le cours de littérature professé par le poète Merzliakov à l'université de Moscou. Ce dernier est si vivement impressionné par le talent de ce garçonnet d'à peine 13 ans qu'il lit une de ses poésies (*Pour le Nouvel An 1816*) au cours d'une séance de la *Société des amis des lettres russes*, laquelle n'hésitera pas à l'élire peu après membre-collaborateur et publiera même une autre poésie de lui (*Épître d'Horace à Mécène*) dans ses *Annales* en 1819, alors qu'il n'est pas encore officiellement inscrit en première année d'études au département des Lettres de l'université. Il ne fréquentera d'ailleurs celle-ci que pendant deux ans (au lieu des trois réglementaires) puisqu'on lui accordera l'autorisation de passer l'examen final dès le mois de juin 1821. Il est vrai que, compte tenu de sa période de libre auditorat, il aura alors réellement suivi pendant cinq ans les enseignements de l'établissement. Pour comprendre l'influence décisive qu'aura eue sur sa formation cette longue connivence avec le milieu universitaire moscovite, il suffit de se rappeler que celui-ci a été, depuis le début du siècle, le grand creuset où s'est forgé le romantisme russe et dont est sorti celui qui en fut le fondateur et, pour ainsi dire, à lui tout seul, la première incarnation : Joukovski, lequel avait été un familier des Tiouttchev puisque c'est chez eux qu'il descendait quand il passait par Moscou.

Tiouttchev n'a donc que 18 ans lorsque, tout jeune diplômé de l'université, il est affecté au Ministère des Affaires étrangères (1821), puis, quelques mois plus tard, nommé secrétaire « en surnombre » à la légation de Russie à Munich. Il y restera jusqu'en 1837, puis sera muté à Turin et reviendra à Munich en 1839.

Son premier séjour munichois se passe sous les meilleurs auspices. Il y épouse une Bavaroise, Éléonore Peterson, née Bothmer (la veuve du ministre plénipotentiaire de Russie à Weimar), fréquente essentiellement la haute société et les milieux diplomatiques, où l'on ne parle que français, tout comme il le fait avec sa femme et le fera plus tard avec ses enfants. Il écrit un grand nombre de poésies, dont seulement quelques-unes paraissent en Russie, dans d'obscures revues, et passent totalement inaperçues. À force d'insistance, un ami le convainc de lui confier un choix de poèmes qui finissent, grâce à lui, par parvenir en 1836 à Pouchkine. Ce dernier les trouve de si haute qualité qu'il fait en sorte qu'un cycle de vingt-quatre d'entre eux soit publié dans le *Contemporain* (*Sovremennik*). Malheureusement, seules les initiales (F.T.) de leur auteur s'y trouvent mentionnées, visiblement à la demande expresse de celui-ci. Cette circonstance n'est évidemment pas faite pour lui assurer une rapide célébrité.

Mais le cours de son existence change brutalement. Nommé premier secrétaire à la mission russe de Turin (1837), il y perd sa femme l'année suivante et se retrouve seul avec leurs trois enfants. En 1839, il se remarie avec une autre Allemande, la baronne Ernestine von Dörnberg, née von Pfeffel (avec laquelle il ne parlera pas davantage l'allemand). Or, pour aller célébrer son mariage, il a dû se rendre à Berne et, pour ce faire, il a quitté (et même fermé) sans autorisation la légation russe de Turin, ce qui lui vaut d'être radié des cadres du Ministère des Affaires étrangères. Il n'y sera réintégré que six ans plus tard, après son retour définitif en Russie (1843). Mais avant cela, il va retourner vivre à Munich. Ce seront sans doute les années les plus noires de son existence. Il n'aura plus d'emploi. Il n'écrira plus.

C'est donc au terme d'une absence de 21 ans (1822-1843) qu'il revient s'installer dans son pays. Sur le plan professionnel, il y sera bientôt « amnistié ». Sa situation va s'y stabiliser et s'y améliorer rapidement. Il finira par y être nommé président du Comité de la Censure étrangère (1858). Mais, dans le domaine littéraire, il y est pratiquement inconnu, bien qu'il soit incontestablement le plus grand poète russe alors vivant. C'est seulement après 1850 qu'il finira tout de même par acquérir une certaine notoriété — aussi relative que tardive —, continuant de partager son temps entre ses fonctions administratives et son activité lyrique, ravivée par 15 années d'une liaison passionnée avec E. Denissieva qui lui inspirera tout un cycle de poèmes enflammés et tragiques.

Si Tiouttchev n'a pas encore atteint aujourd'hui la célébrité universelle qu'il mérite, c'est qu'il est resté longtemps méconnu, voire incompris, dans son propre pays, où il a fait l'objet d'un regrettable malentendu. Sous prétexte que c'est de Bavière, où il résida près de vingt ans pour des raisons professionnelles, qu'il envoya son premier florilège en Russie, pour y être publié sous le titre malencontreux de *Poésies envoyées d'Allemagne*, ses compatriotes l'ont d'emblée tenu — et persistent bien souvent à le tenir encore — pour une sorte d'épigone russe du romantisme allemand, alors qu'il fut un poète profondément original et novateur : aussi bien par la pensée qui, préfigurant les thèmes majeurs de l'existentialisme, sous-tend ses grands poèmes philosophiques (*Insomnie*, 1829 ; *Le jour et la nuit*, 1839 ; *Démence*, 1830 ; *La sainte nuit à l'horizon s'est élevée...*, 1848-1849 ; *Regarde défiler sur l'étendue du fleuve...*, 1851) que par son langage poétique, qui fait de son œuvre à la fois la première manifestation et l'un des grands sommets du symbolisme européen.

En fait, on aurait tort de croire que, durant les 19 années qu'il a passées en tout à Munich, Tiouttchev ait entretenu des contacts privilégiés avec la littérature allemande. Son milieu naturel était celui de la diplomatie internationale et de l'aristocratie bavaroise : un monde dont la langue habituelle était le français et où il avait, somme toute, rarement l'occasion de pratiquer l'allemand, ce qui explique qu'il ait pu un jour, peu après son retour définitif en Russie, avouer à sa fille aînée qu'il connaissait mal cette langue... Il existe d'ailleurs, à ce propos, un témoignage capital, celui du prince I.S. Gagarine qui, en qualité de collègue et d'ami, avait côtoyé le poète pendant près de trois ans à Munich entre le début de 1833 et la fin de 1835 : « On se tromperait fort si on s'imaginait que Tiouttchev, qui a passé vingt-deux ans à Munich, ait été plongé tout ce temps dans l'élément allemand. Il avait lu un certain nombre d'écrivains allemands, sans doute, il avait beaucoup vu Heine pendant quelques mois, il avait causé quelquefois avec Schelling, mais, par la société dans laquelle il vivait, par les lectures qu'il faisait, par toutes les habitudes de son esprit, il était beaucoup plus accessible à l'influence française qu'à l'influence allemande. Le voisinage de l'Italie et de la France se faisait vivement sentir dans la capitale de la Bavière et, sans parler du corps diplomatique qui a un caractère plus ou moins cosmopolite, et qui faisait le fond de la société que nous fréquentions, il y avait, dans la société bavaroise elle-même, des éléments français et italiens qui, sans porter atteinte à la bonhomie allemande, contribuaient beaucoup à bannir des rapports sociaux toute raideur et à donner aux salons de Munich un caractère particulièrement aimable et gracieux. La conversation avait toujours lieu en français. On se tenait au courant de tout ce qui se publiait à Paris, on lisait surtout les journaux de Paris, et la presse allemande, la littérature allemande, les affaires d'Allemagne préoccupaient fort peu tout ce monde-là... »

Il est clair que seule la prise en compte de cette mise au point essentielle peut permettre une approche correcte de l'œuvre de Tiouttchev. Même s'il est vrai qu'il a traduit un assez grand nombre de vers allemands (notamment de Goethe, Heine, Schiller, Lenau), ce ne sont pas leurs auteurs qui ont joué un rôle réellement déterminant dans la genèse de son univers poétique, mais deux poètes qui l'avaient définitivement marqué avant même son départ pour la Bavière et dont l'influence est déjà nettement perceptible dans *Uranie* (1820), où il esquisse, dès l'âge de 16 ans, ce qui deviendra ensuite, dans son œuvre, le paysage symbolique de la réalité supérieure à laquelle il aspire : d'abord Young, dont *Les Nuits* ont puissamment contribué à la formation de sa vision du monde puisque c'est là que Tiouttchev a trouvé l'amorce de l'opposition du Jour et de la Nuit, dont il a fait l'un des piliers porteurs de son système métaphorique ; puis Lamartine, dont il fut le premier en Russie à traduire *L'Isolement* et auquel remontent plusieurs motifs dont il a fait des symboles majeurs de sa poésie (par exemple celui de la harpe éolienne, dans *Lueur fugace*, 1825 ; de la feuille d'automne, dans *les Feuilles*, 1830 ; ou du cygne intégré au « paysage d'Uranie » dans *Le Cygne*, 1838-1839).

La dimension métaphysique de l'œuvre de Tiouttchev procède d'une intuition fondamentale qui l'amène à sentir en permanence, sous la surface du monde habituel, la présence d'une réalité supérieure qu'il perçoit comme le seul réel authentique ; c'est là l'origine du schéma binaire selon lequel sont généralement ordonnés ses poèmes : l'opposition du temporel et de l'éternel, prolongée métaphoriquement dans celle du terrestre et du céleste, à laquelle se rattache l'antithèse ontologique du diurne, règne de l'illusion, et du nocturne, élément de la réalité transcendante qui, tantôt effrayante (l'abîme, le chaos, cf. *Qu'est-ce donc qui te fait tant hurler, vent des nuits ?...* [1836], *Les ombres ont mêlé leurs grisailles plombées...* [1836], *La sainte nuit à l'horizon s'est élevée...* [1848-1849]), tantôt envoûtante (le ciel étoilé, cf. *Comme la terre est embrassée par l'océan...* [1829], où réapparaît le paysage transcendant d'*Uranie* : le firmament nocturne et son reflet dans le miroir des eaux tranquilles, ce grand symbole récurrent qu'on retrouvera souvent sous sa plume, notamment dans *Le Cygne* [1838-1839]) est le seul vrai monde de l'homme. C'est cette surréalité qui se manifeste dans certains phénomènes privilégiés de la nature (notamment le printemps et l'orage, le soir, la nuit) et de la vie humaine (le rêve poétique et l'amour). L'amour tient d'ailleurs une place considérable dans l'œuvre du poète : il lui a inspiré quelques-uns des plus beaux poèmes de la littérature russe, tels que *Je garde souvenir de cet âge d'or-là...*, [1834-1836] ou *K.B.* [1870], et tout un cycle de vers pathétiques consacrés à E. Denissieva (cf. par ex. *C'est aujourd'hui, ami, que l'an quinzième échoit* [1865], *Il est jusque dans mon marasme douloureux* [1865]).

La profondeur, la sincérité et l'originalité des vers de Tiouttchev sont telles que Léon Tolstoï et Vladimir Soloviev n'ont pas hésité à le désigner comme le plus grand des poètes russes.

Tiouttchev est aussi l'auteur de plusieurs articles politiques, tous rédigés en français. Les plus marquants sont « La Russie et la Révolution » (1848), « La Papauté et la question romaine » (1849) et la « Lettre sur la censure en Russie » (1857).

La Poésie et l'idéologie de Tioutchev / D. Strémooukhoff. – Paris : Les Belles Lettres, 1937. – 181 p.

Žizn' i tvorčestvo Tjutčeva / K. Pigarev. – Moscou : Éditions de l'Académie des sciences de l'URSS, 1962. – 376 p.

Tiouttchev, poète-philosophe / François Cornillot. – Lille : Université de Lille III, 1974. – 548 p.

Poésies / Fiodor Tiouttchev ; traduction, préface et notes de Paul Garde. – Lausanne : L'Âge d'Homme, 1987. – 116 p.

Le Nautonier de la suprême nostalgie, Tiouttchev et l'Europe des renaissants du « matin chaste » : du Bellay, Young, Schiller, Mallarmé / François Cornillot. – Paris : Éditions Librairie du Globe, 1995. – 152 p.

François Cornillot, "De l'étincelle à l'incendie : Lamartine et Tiouttchev". – In : *Slovo*, 1 (1997), pp. 27-49. – [*Mélanges offerts à François de Labriolle*].

POÈMES 377

Fr. Cornillot — 1994

Le soir. — Écrit selon toute vraisemblance en 1826, ce poème a été publié initialement dans la revue *Galatée* (n° 22, 1830, p. 41).

Comme la sonnerie de la cloche lointaine,
Tel le bruit d'un passage de grues s'envolant,
Va flottant doucement au-dessus de la plaine,
Pour s'éteindre parmi les feuillages bruissants…

Océan de printemps débordant sur ses rives,
Le jour reste dormant, de clarté rayonnant ;
Encor plus silencieuse, et déjà plus hâtive,
Par-dessus la vallée la ténèbre s'étend.

Poèmes / Fiodor Tiouttchev ; traduction, introduction et notes de François Cornillot. – Paris : Éditions Librairie du Globe, 1994. – [P. 41]. – [Prix Jules Janin de l'Académie française].

POÈMES 378

C. Mendès — 1893

Orage de printemps. — Publié initialement dans la revue *Galatée* (n° 3, 1829, p. 151), ce poème a fait l'objet d'adaptations ou de traductions diverses.

Au mois de mai, j'aime l'orage,
Alors que le premier tonnerre de printemps

Joue et folâtre dans l'azur, et, par instants,
Fait la grosse voix, gronde et rage.

Un roulement s'ébranle encor...
Il pleut, dans le soleil, et la poussière vole,
Une perle s'irise à chaque foliole,
Les fils d'aragne sont en or.

Des monts accourt la source agile,
Des vacarmes d'oiseaux crépitent dans les bois,
Et les bois et les monts font de leurs claires voix
Au tonnerre un écho fragile.

Là-haut, près de Zeus foudroyant,
Peut-être Hébé, penchant trop la coupe immortelle
Pleine de bruissants pétillements, l'a-t-elle
Versée au monde, en souriant ?

Petits poèmes russes mis en vers français / Catulle Mendès. – Paris : G. Charpentier et E. Fasquelle, 1893. – [Pp. 19-20].

POÈMES 378 bis

E. de Saint-Albin — 1893

L'orage de printemps.

J'aime l'orage au commencement de mai, — alors que le premier tonnerre de printemps, — jouant et folâtrant, — gronde dans le ciel bleu.

Les jeunes roulements s'ébranlent, — voilà que tombe une petite pluie, la poussière vole, — les gouttes perlent, suspendues aux feuilles, — et le soleil dore les fils d'araignée.

De la montagne accourt le ruisseau agile, — le vacarme des oiseaux ne se tait pas dans les bois, — et vacarme des bois, rumeurs des monts, — tout fait joyeusement écho au tonnerre.

On dirait que l'étourdie Hébé, — gardienne de l'aigle de Jupiter, — inclinant du haut du ciel sa coupe aux pétillements sonores, — l'a versée, avec un sourire, sur la terre.

Les Poètes russes / anthologie et notices biographiques par Emm. de Saint-Albin. – Paris : Savine, 1893. – [Pp. 190-191].

POÈMES 378 ter

Fr. Cornillot — 1994

L'orage printanier.

J'aime au commencement de mai l'orage,
Quand le premier tonnerre du printemps,
Comme venant s'ébattre en jeux volages,
Dans le ciel bleu éclate, fracassant.

Pleins de jeunesse, ses roulements grondent…
Vole poussière ! Et la pluie de fuser.
Pendant ses perles partout à la ronde
À mille fils par le soleil dorés.

L'agile torrent s'enfuit vers l'abîme,
Toujours la forêt bruit de chants d'oiseaux ;
Des cris des bois jusqu'au fracas des cimes,
Tout au tonnerre gaiement fait écho.

Tu dirais là que c'est Hébé l'espiègle
Qui, tout là-haut, de Zeus nourrissant l'aigle,
A renversé en riant sur la terre
Sa coupe bouillonnante de tonnerre.

Poèmes / Fiodor Tiouttchev ; traduction, introduction et notes de François Cornillot. – Paris : Éditions Librairie du Globe, 1994. – [P. 43].

POÈMES 379

Fr. Cornillot — 1994

Comme la terre est embrassée par l'océan… — Ce poème fut publié initialement dans la revue *Galatée* (n° 27, 1830, p. 57).

Comme la terre est embrassée par l'océan,
La vie terrestre est tout environnée de rêve,
Et, à la nuit venue, de ses flots résonnants,
L'élément bat contre sa grève.

Voici sa voix qui nous exhorte et nous poursuit…
Déjà, rené, l'esquif magique, au port désancre ;
Le flux s'accroît, et vivement il nous conduit
Dans l'infini des vagues d'encre.

Le ciel, d'une stellaire gloire illuminé,
Nous fixe, mystérieux, des profondeurs ultimes,
Et nous voguons, du feu d'un flamboyant abîme
De toutes parts environnés.

Poèmes / Fiodor Tiouttchev ; traduction, introduction et notes de François Cornillot. – Paris : Éditions Librairie du Globe, 1994. – [P. 55].

POÈMES 380

O. Lanceray — 1911

Silentium. — Écrit probablement en 1830, ce poème a été publié initialement dans la revue *Molva* (*Renommée*), n° 32, 1833, p. 125.

Espoirs et rêves de ton âme,
Oh, garde-les soigneusement !
Comme des étoiles la flamme
S'allume et meurt au firmament,
Qu'ils règnent cachés dans ton âme ;
Seuls, en silence jouis-en !

À qui pourrais-tu les apprendre,
En expliquer les doux attraits ?
Un autre saurait-il comprendre
Tes désirs, tes rêves aimés ?
Oh, crains en les faisant entendre
D'en tarir la source à jamais !

Rien qu'en toi-même sache vivre ;
De rêves doux, mystérieux
Ton âme constamment s'enivre ;
Mais dans le monde clair, joyeux,
Ces rêves ne pourraient survivre,
Écoute-les, silencieux !

Anthologie des poètes russes / traduits en vers français par Olga Lanceray. – Paris : Bernard Grasset, 1911. – [Pp. 250-251].

POÈMES

380 bis

Fr. Cornillot — 1994

Silentium !

Ne parle pas, cache-toi, tiens secrets
Et tous tes sentiments et tous tes rêves...
Dans le fond de ton âme, qu'ils se lèvent
Et se couchent en silence, muets,
Ainsi que dans la nuit les feux stellaires...
Sache les contempler, et puis te taire.

Comment ferait le cœur pour s'exprimer ?
Se pourrait-il qu'un autre te comprît ?
Qu'il parvînt à saisir ce dont tu vis ?
La pensée dite est contre-vérité.
C'est en troubler les sources que l'extraire :
Pour s'en nourrir, il faut savoir se taire.

Sache ne vivre que dans ton esprit :
C'est tout un monde que ton âme enserre,
D'idées tout en magie et en mystère ;
Le bruit de l'extérieur les assourdit,
Et les rayons du jour les oblitèrent :
Sache écouter leur seul chant, et te taire !...

Poèmes / Fiodor Tiouttchev ; traduction, introduction et notes de François Cornillot. – Paris : Éditions Librairie du Globe, 1994. – [P. 63].

POÈMES

381

Fr. Cornillot — 1994

Qu'est-ce donc qui te fait hurler, vent des nuits... — Ce poème a été publié initialement dans la revue *Sovremennik* (*Le Contemporain*), (1836, tome 3, p. 18).

Qu'est-ce donc qui te fait tant hurler, vent des nuits ?
Qu'est-ce donc qui ces folles complaintes t'inspire ?...
Et ton étrange voix, que veut-elle nous dire,
Tantôt en sourdes plaintes, tantôt à grand bruit ?
Sans cesse, en un langage que le cœur comprend,
Tu parles de tourments obscurs, énigmatiques ;

Tu fouilles son tréfonds, et de ses fondements
Tu fais jaillir parfois des notes frénétiques.

Ne chante pas ces effrayantes mélodies
Qui parlent du chaos ancien, cette patrie !
Que le monde nocturne de l'âme languit
De désir, écoutant son récit favori !
Il aspire à quitter l'enveloppe charnelle,
Tant la soif de s'unir à l'immense l'appelle !...
Oh ! N'éveille donc pas les typhons endormis :
Sous eux, c'est le chaos lui-même qui frémit !

Poèmes / Fiodor Tiouttchev ; traduction, introduction et notes de François Cornillot. – Paris : Éditions Librairie du Globe, 1994. – [P. 83].

POÈMES 382

Fr. Cornillot — 1994

Le Printemps (II). — Ce poème a été initialement publié dans la revue *Sovremennik* (*Le Contemporain*), (1839, tome 13, p. 169).

Si cruel soit le bras du destin,
Si odieux soit des gens le mensonge,
Que vos fronts soient marqués au burin
Et vos cœurs pleins de plaies qui les rongent,
Si sévères que soient les tourments
Dont vous est imposée la souffrance,
Qu'est cela face aux neuves fragrances,
Au premier rendez-vous du printemps !

Le printemps... mais de vous il ignore
Tout, la peine, et le mal, lui aussi ;
Un éclat immortel ses yeux dore,
Nulle ride son front n'obscurcit.
Ne vouant qu'à ses lois observance,
Il vous vient à son heure, radieux,
Rayonnant de joyeuse insouciance,
Comme il sied et convient à tout dieu.

Il déverse des fleurs sur la terre,
Aussi frais que le prime printemps ;

Si un autre avant lui, similaire,
Exista, il ne sait. Abondants
Sont au ciel les nuages qui passent,
Mais ceux-là n'appartiennent qu'à lui ;
Il ne trouve jamais nulle trace
Des printemps de la vie défleuris.

Ce n'est pas le passé regrettant
Que soupirent les roses, que chante
Dans la nuit Philomèle et perlant
Vont les larmes d'Aurore, odorantes,
Et la peur d'une mort sans pitié
Ne ravit nulle feuille au hallier :
Leur vie est, océan sans frontières,
Répandue dans l'instant tout entière.

Jouet, martyr, de la vie personnelle !
Viens, rejette des sens la traîtrise !
Cette mer qui la vie renouvelle,
Plonges-y plein d'alerte maîtrise !
Viens ici, dans son flot éthéré,
Aiguayer ta souffrante poitrine
Et au moins un instant t'associer
À la vie universe divine !

Poèmes / Fiodor Tiouttchev ; traduction, introduction et notes de François Cornillot. – Paris : Éditions Librairie du Globe, 1994. – [Pp. 119-121].

POÈMES 383

Fr. Cornillot — 1994

La sainte nuit à l'horizon s'est levée... — Écrit probablement en 1848-1849, ce poème a été publié initialement dans la revue *Le Moscovite*, n° 8, 1850, p. 290.

La sainte nuit à l'horizon s'est élevée
Et de l'aimable jour, du jour plein de gaieté
Elle a roulé le voile et ses couleurs dorées,
Le voile sur l'abîme jusque-là jeté.
Et le monde extérieur s'est enfui, apparence...
Et l'homme, comme un orphelin sans feu ni lieu,

Se retrouve à présent mis à nu, sans défense,
En tête à tête avec un gouffre ténébreux.

L'esprit s'est fait désert et la pensée champi,
Et l'homme abandonné à lui-même s'avère,
Ainsi qu'en un abîme, en son âme englouti ;
Il ne trouve au dehors ni soutien, ni frontière...
Et, à présent, tout ce qui vit, toute clarté
Lui semblent révolus, autant qu'un rêve antique...
Et dans l'indéchiffrable, nocturne, étranger,
Il reconnaît son héritage générique.

Poèmes / Fiodor Tiouttchev ; traduction, introduction et notes de François Cornillot. – Paris : Éditions Librairie du Globe, 1994. – [P. 137].

POÈMES 384

Fr. Cornillot — 1994

Le cygne. — Écrit probablement en 1829, ce poème a été publié initialement dans la revue *Sovremennik* (*Le Contemporain*), (1839, tome 14, p. 139).

Libre à l'aigle, au-delà des nuages,
De voler au-devant de l'éclair
Et, l'œil fixe, ignorant tout ombrage,
D'absorber du soleil les rais clairs.

Il n'est pas de destin plus enviable,
Cygne pur, que le sort qui est tien ;
Aussi pur que toi, reste, immuable,
L'élément dont t'a ceint le divin,

Dont ton rêve est bercé, visionnaire,
Aux confins d'un abîme doublé :
D'une gloire de voûtes stellaires,
De partout, tu te vois entouré.

Poèmes / Fiodor Tiouttchev ; traduction, introduction et notes de François Cornillot. – Paris : Éditions Librairie du Globe, 1994. – [Pp. 121-123].

POÈMES

385

Fr. Cornillot — 1994

Il est jusque dans mon marasme douloureux... — Écrit probablement en 1848-1849, ce poème a été publié initialement dans la revue *Le Moscovite*, n° 8, 1850, p. 290.

Il est jusque dans mon marasme douloureux
Des heures et des jours plus que d'autres affreux...
Mon vers ne peut porter ni traduire l'horreur
De leur fardeau fatal, de leur joug oppresseur.

Tout se fige soudain, et les pleurs attendris
Sont proscrits ; et partout, c'est le vide et la nuit,
Le passé n'est plus là, flottant, ombre légère,
Il est enseveli, cadavre, sous la terre.

Et, au-dessus de lui, dans la clarté réelle,
Mais sans le moindre amour, sans solaires rayons,
Le même monde est là, sans âme, sans passion,
N'ayant plus souvenir ni connaissance d'elle.

Et je reste tout seul avec mon sourd chagrin,
Tentant d'être conscient d'exister, mais en vain,
Tel un esquif brisé que la vague a jeté
Sur l'espace désert d'un rivage innommé.

Ô mon Dieu, donne-moi la brûlante souffrance,
De mon âme dissous l'hébétude mortelle ;
Tu *la* tiens : laisse-moi la douleur souvenance,
Une peine qui vive et languisse après elle.

Après elle, après elle qui a jusqu'au bout
Accompli son exploit dans la lutte inégale,
Dont l'amour brûla tant, flamboyant amadou,
Tenant tête à la foule et aux forces fatales.

Après elle qui, sans triompher du destin,
Réussit à ne pas s'en laisser dominer,
Après elle qui sut jusqu'au bout de la fin
Tant souffrir et prier, et tant croire et aimer.

Poèmes / Fiodor Tiouttchev ; traduction, introduction et notes de François Cornillot. – Paris : Éditions Librairie du Globe, 1994. – [Pp. 175-177].

POÈMES 386

Fr. Cornillot — 1994

K.B. — Écrit en 1870, ce poème a été publié initialement dans la revue *Zaria* (*L'Aurore*), n° 12, 1870, p. 26.

Je vous ai rencontrée, et soudain le passé
Se retrouve vivant dans mon âme sans vie ;
Et dans mon souvenir l'âge d'or est rené :
Une telle chaleur en mon âme irradie...

Comme parfois durant l'automne finissant
Il se trouve des jours, il se trouve des heures
Où passe tout à coup un souffle de printemps
Qui fait qu'en nous tressaille une fibre intérieure,

Ainsi, environné d'une brise exhalée
Par ces années de plénitude et de bonheur,
Retrouvant une ivresse longtemps oubliée,
Je contemple ces traits combien chers à mon cœur...

Comme au sortir d'un siècle de séparation,
Je vous regarde, croyant vivre dans un rêve...
Et voici que, plus clairs, retentissent des sons
Qui ont toujours en moi vibré sans paix ni trêve...

Non, ce n'est point ici souvenance d'antan
Mais la vie qui renaît et qui son droit réclame :
C'est, émanant de vous, le même enchantement
Et c'est le même amour qui domine mon âme !...

Poèmes / Fiodor Tiouttchev ; traduction, introduction et notes de François Cornillot. – Paris : Éditions Librairie du Globe, 1994. – [P. 191].

LA PAPAUTÉ ET LA QUESTION ROMAINE 387

Chrétienté, pouvoir temporel et Révolution.

Ce qui fait de la première révolution française une date à jamais mémorable dans l'histoire du monde, c'est qu'elle a inauguré pour ainsi dire l'avènement de l'idée anti-chrétienne aux gouvernements de la société politique. Que cette idée est le caractère propre et comme l'âme elle-même de la révolution, il suffit, pour s'en convaincre, d'examiner quel est son dogme essentiel, le dogme nouveau qu'elle a apporté au monde ; c'est évidemment le dogme de la souveraineté du peuple. Or, qu'est-ce que la souveraineté du peuple, sinon celle du moi humain multiplié par le nombre, c'est-à-dire appuyé sur la force ? Tout ce qui n'est pas ce principe n'est plus la révolution et ne saurait avoir qu'une valeur purement relative et contingente. Voilà pourquoi, soit dit en passant, rien n'est plus niais ou plus perfide que d'attribuer aux institutions politiques créées par la révolution, une autre valeur que celle-là. Ce sont des machines de guerre admirablement appropriées à l'usage pour lequel elles ont été faites, mais qui en dehors de cette destination ne sauraient jamais, dans une société régulière, trouver d'emploi convenable.

La révolution, d'ailleurs, a pris soin elle-même de ne nous laisser aucun doute sur sa véritable nature en formulant ainsi ses rapports vis-à-vis du chritianisme : « L'état, comme tel, n'a point de religion ; » car tel est le *crédo* de l'état moderne. Voilà, à vrai dire, la grande nouveauté que la révolution a apportée au monde ; voilà son œuvre propre, essentielle, un fait, sans antécédens dans l'histoire des sociétés humaines. C'était la première fois qu'une société politique acceptait, pour la régir, un état parfaitement étranger à toute sanction supérieure à l'homme ; un état qui déclarait qu'il n'avait point d'ame, ou que, s'il en avait une, cette ame n'était point religieuse ; car qui ne sait que, même dans l'antiquité païenne, dans tout ce monde de l'autre côté de la croix, placé sous l'empire de la tradition universelle que le paganisme a bien pu défigurer mais sans l'interrompre, la cité, l'état, étaient avant tout une institution religieuse ? C'était comme un fragment détaché de la tradition universelle qui, en s'incarnant dans une société particulière, se constituait comme un centre indépendant. C'était pour ainsi dire de la religion localisée matérialisée.

Nous savons fort bien que cette prétendue neutralité religieuse n'est pas une chose sérieuse de la part de la révolution. Elle-même connaît trop bien la nature de son adversaire pour ne pas savoir, que vis-à-vis de lui, la neutralité est impossible : « Qui n'est pas pour moi est contre moi. » En effet, pour offrir la neutralité au christianisme il faut déjà avoir cessé d'être chrétien. Le sophisme de la doctrine moderne échoue ici contre la nature toute-puissante des choses. Pour que cette neutralité eût un sens, pour qu'elle fût autre chose qu'un mensonge ou un piége, il faudrait de toute nécessité que l'état moderne consentît à se dépouiller de tout caractère d'autorité morale, qu'il se résignât à n'être qu'une simple institution de police, un simple fait matériel, incapable par nature d'exprimer une idée morale quelconque. Soutiendra-t-on sérieusement que la révolution accepte, pour l'état qu'elle a créé et qui la représente, une condition semblable, non-seulement humble, mais impossible ? Elle l'accepte si peu que d'après sa doctrine bien connue elle ne fait dériver l'incompétence de la loi moderne en matière religieuse que de la conviction où elle est que la morale dite religieuse, c'est-à-dire une morale dépouillée de toute sanction surnaturelle, suffit aux destinées de la société humaine. Cette proposition peut être vraie ou fausse, mais cette proposition, on l'avoue, est toute une doctrine, et, pour tout homme de bonne foi, une doctrine qui équivaut à la négation la plus complète de la vérité chrétienne.

Aussi, en dépit de cette prétendue incompétence et de sa neutralité constitutionnelle en matière de religion, nous voyons que, partout où l'état moderne s'est établi, il n'a pas manqué de réclamer et d'exercer vis-à-vis de l'église la même autorité et les mêmes droits que ceux qui avaient appartenu aux anciens pouvoirs. Ainsi en France, par exemple, dans ce pays de logique par excellence, la loi a beau déclarer que l'état, comme tel, n'a point de religion ; celui-ci, dans ses rapports envers l'église catholique, n'en persiste pas moins à se considérer comme l'héritier parfaitement légitime du roi très chrétien.

Rétablissons donc la vérité des faits : l'état moderne ne proscrit les religions d'état que parce qu'il a la sienne, et cette religion, c'est la révolution.

Maintenant, pour en revenir à la question romaine, on comprendra sans peine la position impossible que l'on prétend faire à la papauté en l'obligeant à accepter, pour sa souveraineté temporelle, les conditions de l'état moderne. La papauté sait fort bien quelle est la nature du principe dont celui-ci relève ; elle le comprend d'instinct, la conscience chrétienne du prêtre dans le pape l'en avertirait au besoin. Entre la papauté et ce principe il n'y a point de transaction possible ; car ici une transaction ne serait pas une pure concession de pouvoir, ce serait une apostasie.

Mais, dira-t-on, pourquoi le pape n'accepterait-il pas les institutions sans le principe ? — C'est encore là une des illusions de cette opinion soi-disant modérée, qui se croit éminemment raisonnable et qui n'est qu'inintelligente, comme si des institutions pouvaient se séparer du principe qui les a créées et qui les fait vivre ! Comme si le matériel d'institutions privées de leur âme était autre chose qu'un attirail mort et sans utilité, un véritable encombrement ! D'ailleurs les institutions politiques ont toujours, en définitive, la signification que leur attribuent, non pas ceux qui les donnent, mais ceux qui les obtiennent, surtout lorsque ce sont ces derniers qui les imposent.

Si le pape n'eût été que prêtre, c'est-à-dire si la papauté fût restée fidèle à son origine, la révolution n'aurait eu aucune prise sur elle, puisque la persécution n'en est pas une ; mais c'est l'élément mortel et périssable, qu'elle s'est identifié, qui la rend maintenant accessible à ses coups. C'est là le gage que depuis des siècles la papauté romaine a donné par avance à la révolution. Et c'est ici, comme nous l'avons dit, que s'est manifestée avec éclat la logique souveraine de l'action providentielle. De toutes les institutions que la papauté a enfantées depuis sa séparation d'avec l'église orthodoxe, celle qui a le plus profondément marqué cette séparation, qui l'a le plus aggravée, le plus consolidée, c'est, sans nul doute, la souveraineté temporelle du Pape. Et c'est précisément contre cette institution que nous voyons la papauté venir se heurter aujourd'hui !

[F. Tiouttchev], "La Papauté et la question romaine, par un Diplomate russe". – In : *Revue des Deux Mondes*, t. V (1er janvier 1850), pp. 123-126.

MANZONI

FRANÇAIS • ITALIEN **1785-1873**

Noble milanais par son père, Alessandro Manzoni a pour mère la fille de Beccaria (cf. *P.L.E.* 9, pp. 808-816), qui, séparée dès 1792, vit à Paris avec Carlo Imbonati, un ancien élève de Parini (cf. *P.L.E.* 10, pp. 137-144). À Milan, où il est formé dans des institutions religieuses, Alessandro fréquente, avec son père, le cercle néo-classique de Vincenzo Monti (cf. *Id.*, pp. 602-612) où il rencontre, entre autres, Cuoco (cf. *Id.*, pp. 506-511) et Foscolo (cf. *Id.*, pp. 592-601). Même s'il répudiera plus tard tout écrit antérieur à sa conversion, 1801 lui voit écrire, à l'occasion de la paix de Lunéville, *Le Triomphe de la Liberté*, une « vision » en *terza rima* — médiévismes exhumés par Monti — dressée contre la superstition et la tyrannie attribuées à l'Autriche, à la Papauté et aux Bourbons. En 1802, il s'essaie à la satire, dans quatre dissertations en hendécasyllabes non rimés. Après la mort de Carlo Imbonati, en 1805, Manzoni raccompagne sa mère à Paris où il compose pour elle les vers non rimés *Sur la mort de Carlo Imbonati* dont il célèbre la vertu d'exception. À Paris, Manzoni rencontre les Idéologues héritiers de Condillac (G. Cabanis, A. Destutt de Tracy, Volney) dans les salons de Mme de Condorcet et de Mme Cabanis, ainsi que Claude Fauriel. Il compose *Uranie* (1809), qui expose le rôle civilisateur de la poésie, et adresse son *Parthénis* à Fauriel et au Danois Baggesen, qui lui avait envoyé une poésie, traduite par Fauriel, sur le même sujet afin qu'il la tourne en italien. Sous le mythe et la forme néo-classique jaillit la fraîcheur de sa jeune épousée : il s'est en effet marié, entre-temps, au temple, avec la fille d'un banquier de Genève, Henriette Blondel, rencontrée à Milan lors du décès de son père. Sous l'influence d'un prêtre génois, elle abjure son calvinisme et Manzoni en signe l'acte : ils baptisent leur fille Giulia et recélèbrent leur mariage à l'église catholique au début de 1809.

Le 2 avril, sur le passage du cortège nuptial de Napoléon et de Marie-Louise, la cohue les sépare. Affolé, Manzoni entre à Saint-Roch, où le convertit un réconfort réclamé comme signe de Dieu. De retour à Milan avec les siens, il s'y fixe et jouit de villégiatures à Brusuglio et à Caleotto, près de Lecco, le pays des *Fiancés*. Fortifié d'une nouvelle instruction religieuse, converti, dans sa *Lettre à Fauriel* (1812) à un idéal poétique de la sincérité du cœur, il écrit des *Hymnes sacrés* qui célèbrent l'année liturgique. Sur les douze prévus, cinq seulement seront achevés.

Les Manzoni sont à Paris de septembre 1819 à juillet 1820 pendant qu'Ermès Visconti imprime à Milan *Le Comte de Carmagnola* (1816-1819), tragédie dédiée à Fauriel, précédée d'une préface (1820) qui formule une conception précoce du drame historique. À Paris et en français, *La Lettre à Monsieur Chauvet* (1820-1822) expose le problème des unités de lieu et de temps. C'est elle que Fauriel publie en tête de sa traduction du *Comte de Carmagnola* et d'*Adelghis*, dédiée à Henriette (1822) : le premier drame dure sept ans, *Adelghis*, trois ; le décor change au cours d'un même acte ; des chœurs expriment la sensibilité de l'auteur sans empiéter sur l'action et les caractères. Cette « nouvelle école dramatique italienne », contre laquelle réagit Foscolo en exil à Londres, consacre le détachement de Manzoni du théâtre néo-classique par le respect de la vérité historique des faits et des personnages, un respect qui l'oblige à une minutieuse documentation exposée dans *Les Renseignements historiques au sujet d'Adelghis* et dans *Le Discours sur quelques points de l'Histoire des anciens Lombards en Italie*. Rappelant la démarche d'Augustin Thierry au plan historique, il se réfère pour le drame à Shakespeare et aux contemporains, Goethe et Schiller.

Manzoni avait interrompu *Adelghis* lors des troubles piémontais et napolitains pour composer l'ode *Mars 1821*, dédiée à la mémoire du poète-soldat Théodore Koerner tombé en 1813 à Leipzig pour l'indépendance allemande. L'exaltation patriotique de ces vers justifiera leur publication en 1848. L'annonce de la mort de Napoléon inspire aussi au poète *Le Cinq Mai*.

Achevé dès 1823 sous le titre *Fermo et Lucia*, puis annoté par Fauriel et publié en 1827, après révision, le roman *Les Fiancés* sera encore l'objet de remaniements et d'une correction linguistique, après la réception de Manzoni à l'Académie de La Crusca de Florence. Cette « florentinisation », qui ne prend fin qu'en 1840, débouchera sur une série d'écrits sur la langue, mais aussi sur l'Histoire et le Roman.

Manzoni a trouvé son sujet dans *L'Histoire de Milan* de Ripamonti (1573-1643) et dans un édit de 1627 contenu dans *Économie et statistique* de Melchiorre Gioia, au sujet des peines requises contre quiconque entrave le déroulement d'un mariage libre d'empêchements. La version *Fermo et Lucia* diffère beaucoup du récit définitif : enrôlé dans l'armée d'invasion, Fermo tue le hobereau qui l'empêche d'épouser Lucia et fait accepter au curé de les marier. L'épisode historique de la Religieuse de Monza est assez long pour former un corpus autonome. Ce déséquilibre disparaît après les coupes et les transformations qui débouchent sur le roman actuel. La censure autrichienne l'accepte le 3 juillet 1824 avec son titre inversé (*Sposi Promessi* au lieu de *Promessi Sposi*).

Le propos de ce roman historique est triple : procurer aux lettres italiennes une œuvre d'art d'un genre nouveau ; célébrer un exemple populaire de vertu morale et religieuse où l'amour et la confiance dans la Providence transcendent le mal et la souffrance terrestres ; donner, sous la réalité de l'ancienne domination espagnole en Lombardie, une leçon politique aux Italiens restés sous l'occupation des Habsbourg d'Autriche. Le sous-titre « Histoire milanaise du XVIIe siècle découverte et refaite » veut accréditer le procédé usé du manuscrit trouvé.

Mais la résignation et le scepticisme progressent chez un Manzoni vulnérable, accablé par les deuils : Henriette meurt en 1833, sa fille aînée Giulia, mariée depuis trois ans à Massimo d'Azeglio, en 1834. Peu après son remariage, en 1837, avec la veuve du comte Stampa, il perd sa fille Cristina, puis sa mère en 1841, et sa fille Sofia en 1843. Il n'en incite pas moins ses fils à participer aux Cinq Journées de Milan et voit les Autrichiens prendre en otage son fils Filippo. L'échec de l'insurrection le confine deux ans dans sa villa de Lesa sur le Lac Majeur. Il voit encore mourir, en 1853 et 1855, ses amis Grossi et Rosmini, puis, en 1856, la plus jeune de ses filles, Matilde.

Il se réfugie alors dans l'achèvement d'écrits historiques et critiques. Dans *Le Romantisme en Italie*, au départ une lettre de 1823 à Cesare d'Azeglio, publié en 1846 mais accompli seulement en 1871, il souligne que ce courant, trop souvent limité à son opposition au classicisme, a fait du vrai le souci durable de l'art. Dans *Sur le roman historique et les œuvres qui mélangent l'histoire et l'invention...* (1845), rédigé dès la première édition des *Fiancés*, il conclut à l'impossibilité d'une fusion esthétique du fait et de la fiction, condamnant ainsi, étonnamment, sa propre création romanesque. Selon le dialogue *Sur l'invention* (1850), l'art, d'essence divine, oblige à poser les problèmes moraux et religieux, où affleure l'actualité. *Les Observations sur la morale catholique* (1855) réfutent les thèses de Sismondi, dont *L'Histoire des républiques d'Italie* rejetait sur l'Église la responsabilité de la corruption et de la décadence italiennes, en distinguant le catholicisme des déviations où l'ont entraîné les passions et les intérêts. Dans *l'Histoire de la colonne d'infamie*, publiée en 1848, mais dont l'introduction date de 1829, et qui dénonce, comme dans *les Fiancés*, les condamnations à mort infligées aux *untori* accusés de propager la peste en 1630 à Milan, se conjoignent le rationalisme hérité de Beccaria et la charité du converti.

À l'horizon de l'unité de la nouvelle Italie, le problème de la langue devient urgent : Manzoni l'aborde avec son vernaculaire lombard, sa maîtrise du français et ses notions livresques de l'idiome littéraire en Italie. S'il donne la préséance au florentin, c'est à celui qui est « parlé par les personnes cultivées » de son temps et non plus à celui du XIVe siècle. *Écouter la messe* (1836) est, sur la question, une réfutation inachevée des positions de Monti notamment, et *Sur la langue italienne*, une lettre de 1845, prend position pour le florentin vivant. Le rapport, dressé en 1868 pour le Ministère de l'Instruction publique sous le titre *À propos de la langue italienne et des moyens de la défendre*, et son *Appendice* de 1869, *La Lettre sur le livre* De Vulgari Eloquentia *de Dante Alighieri* (1869) ainsi que *La Lettre sur le vocabulaire* vont dans le même sens, sans interdire un recours aux dialectes et aux néologismes pour les mots manquants. L'autorité de Manzoni en la matière naîtra des circonstances politiques : d'abord Président de l'Institut Lombard, il finira Président de la Commission pour l'unité de la langue. Citoyen d'honneur de Rome capitale italienne en 1870, il verra mourir sa seconde femme, en 1861, en 1868 son fils Filippo et en 1873, quelques semaines avant sa propre mort, son fils Pietro.

La Fortune d'Alexandre Manzoni en France : origines du théâtre et du roman romantiques / Dorothée Christesco. – Paris : Éditions Balzac, 1943. – XVI-310 p.

Alessandro Manzoni : saggi e discussioni / Benedetto Croce. – 4e édition. – Bari : Laterza, 1952. – 148 p.

Alexandre Manzoni / Lucienne Portier. – Paris : Presses Universitaires de France, 1956. – 228 p. – (*Publications de la Faculté de lettres et de sciences humaines de Paris-Sorbonne*).

Pour l'Italie / Jean-François Revel. – Nouvelle édition. – Paris : R. Laffont, 1976. – 238 p. – [1re édition, 1958].

Catholicisme et poésie dans le roman de Manzoni I Promesi Sposi / Jacques Goudet. – Lyon : Éditions l'Hermès, [1977]. – 602 p. – (*Les Hommes et les lettres*). – [1re édition, 1961].

Revue des Études italiennes, Nouvelle série, Tome XXXII, n° 1-4 (janvier-décembre 1986). – [Numéro spécial consacré à Manzoni].

La Famiglia Manzoni / Natalia Ginzburg. – Torino : Einaudi, 1983. – 350 p.

Norbert Jonard, "Les *Promessi Sposi* et 'le roman familial' de Manzoni". – In : *Les Langues néo-latines*, 4 (1987), pp. 63-81

Manzoni / Salvatore Nigro. – 2e éd. – Bari : Laterza, 1988. – 242 p. – (*Letteratura italiana Laterza* ; 41).

Manzoni francese (1805-1810) : dall'illuminismo al romanticismo / Mario Sansone. – Roma ; Bari : Laterza, 1993. – 187 p. – (*Biblioteca di cultura moderna* ; 1046).

George Saro, "Manzoni et le Risorgimento, ou la révolution sans révolution". – In : *Chroniques italiennes*, (1995).

POÉSIES 388

A. de Latour — 1841

Le Cinq Mai (strophes 5-15). — Sur l'ordre de Manzoni, Henriette jouera, trois jours de suite au piano pour lui soutenir le souffle… D'abord imprimée à Lugano, cette ode à Napoléon sera réunie en 1823 à l'édition turinoise des *Hymnes sacrés*.

Des Alpes aux pyramides, du Mançanarès au Rhin, toujours la foudre de cet homme se tenait derrière l'éclair ; elle éclatait de Scylla au Tanaïs, de l'une à l'autre mer.

Etait-ce une vraie gloire ? A la postérité ce redoutable problème. Nous, inclinons nos fronts devant le dieu suprême qui voulut marquer en Lui plus profonde l'empreinte de son esprit créateur.

L'orageuse et inquiète joie d'un grand dessein, l'anxiété d'une âme qui frémit et brûle en songeant à l'empire, y monte, et met la main sur une palme qu'il était folie d'espérer,

Il a tout éprouvé : la gloire plus grande après le péril ; la fuite et la victoire, le palais et le triste exil : deux fois dans la poussière, deux fois sur les autels.

Il se nomma ; deux siècles l'un contre l'autre armés, se tournèrent vers lui, soumis et comme attendant leur sort ; il leur imposa silence, et s'assit en arbitre au milieu d'eux ;

Il disparut, et s'en alla achever ses jours dans l'inaction, sur une île chétive, objet d'une envie sans bornes, d'une pitié profonde, d'une haine infatigable, et d'un indomptable amour.

Comme les flots tourbillonnent et pèsent sur la tête du naufragé dont le regard s'élevant naguère au-dessus d'eux vainement, hélas ! cherchait encore à découvrir quelque plage éloignée ;

Ainsi s'appesantissait sur cette âme le poids des souvenirs. Ah ! que de fois il entreprit de se raconter lui-même à la postérité ! et toujours sur les pages éternelles sa main lasse tombait.

Oh ! que de fois, à la chute silencieuse d'un jour inoccupé, attachant à la terre ses yeux foudroyans, les bras croisés sur sa poitrine, il s'arrêta, assailli par le souvenir des jours qui n'étaient plus.

Il revoyait et les tentes mobiles, et les vallées pleines du bruit de la bataille, et l'éclair des armes des fantassins, et le flot des cavaliers, et les ordres vifs et pressés, et l'obéissance rapide.

Hélas ! peut-être devant ces sombres images son âme succombait, et il désespérait. Mais une main puissante vint du ciel, et dans sa miséricorde le transporta au sein d'un air plus pur.

Théâtre et poésies / de Alexandre Manzoni ; traduits par Antoine de Latour. – Paris : Adolphe Delahays, 1841. – [Pp. 400-401].

ADELGHIS 389

Cl. Fauriel — 1823

De l'amour au sacrifice (Chœur du 4e acte, entre les scènes 1 et 2). — Fille de Didier, Roi des Lombards, Hermangarde revient, répudiée par Charlemagne, chez son père. Didier veut forcer le pape à oindre ses petits-fils rois des Francs, mais son fils Adelghis lui conseille de libérer d'abord l'État pontifical. L'affrontement avec Charlemagne est inévitable et tourne au désavantage de Didier. Hermangarde, vouée au cloître, demande à être inhumée avec son anneau nuptial en signe de pardon : elle mourra à l'annonce du remariage de Charlemagne. Le chœur développe, sur le même mètre et dans la même perspective que *Le Cinq Mai*, le thème du malheur nécessaire à la purification des attaches matérielles.

Les tresses pendantes de ses cheveux éparses sur son sein oppressé, les bras défaillans, le visage humide de la sueur du trépas, Hermangarde est étendue sur sa couche, cherchant le ciel d'un regard qui s'éteint.

Les lamentations cessent, un concert de prières s'élève autour d'elle ; tandis que, suspendue sur son front glacé, une main légère étend le dernier voile sur l'azur céleste de ses yeux.

Chasse, ô douce âme tourmentée, chasse enfin les ardeurs de l'amour terrestre ; élève à Dieu une pensée qui soit pour lui ; résigne-toi, et meurs ; c'est hors de la vie qu'est le terme de ton long martyre.

Infortunée ! son immuable sort ici-bas était de s'oublier elle-même, de contenir dans son cœur des vœux qui n'eussent rencontré que des refus, et de monter vers le Dieu des saints, sainte par la souffrance.

Hélas ! durant les nuits sans sommeil, sous les voûtes muettes du cloître, à la face des autels, au son des cantiques des vierges, il lui revenait sans cesse à la pensée le souvenir redouté de ces jours,

Où, chérie encore et sans pressentiment de l'infidèle avenir, elle respira l'air vivace de la contrée des Franks, et apparut au milieu des brus saliennes, objet d'envie pour elles toutes,

Où, d'un coteau découvert, les blonds cheveux ornés de perles, elle voyait la chasse fougueuse s'agiter à travers la plaine, et le roi chevelu voler le premier, penché sur les rênes flottantes de son coursier ;

Et s'élancer sur sa trace, la foule des chevaux écumans ; et partir comme l'éclair, et revenir joyeuse, la meute haletante ; et s'échappant du hallier battu, le sanglier au poil hérissé,

Arroser de sang la poussière foulée, atteint de l'épieu royal… Mais, à cette vue, la tendre reine détournait soudain, vers les filles de son cortége, son visage pâlissant d'une aimable frayeur.

O souvenirs ! ô Meuse vagabonde ! ô tièdes sources d'Aquisgran, où, dépouillant sa cuirasse hérissée de dures mailles, le guerrier souverain aimait à déposer la noble sueur des combats !…

Ainsi que la rosée fait de nouveau pénétrer la vie dans les tiges languissantes de l'herbe flétrie par le soleil, qui se relèvent et reverdissent, à la fraîcheur propice du matin ;

De même, dans cette âme fatiguée du terrible pouvoir de l'amour, descendait, comme un baume adoucissant, la voix secourable de la sagesse, qui l'attirait aux joies paisibles d'un autre amour.

Mais, comme le soleil, quand il remonte dans le ciel, embrasant de plus en plus, de ses feux, l'air immobile, brûle de nouveau les tiges trop molles encore de l'herbe à peine renaissante ;

Ainsi, vainqueur d'un frêle oubli, l'amour revenait tout à coup assaillir cette âme effrayée de son retour, et ralliait, sous le joug accoutumé de la douleur, les idées qui s'écartaient de lui.

Chasse, ô douce âme tourmentée, chasse enfin les ardeurs de l'amour terrestre : élève à Dieu une pensée qui soit pour lui ; résigne-toi et meurs. Dans la terre qui doit couvrir ta dépouille fragile

Reposent d'autres infortunées mortes de souffrance, des épouses veuves par le glaive, des vierges fiancées en vain, des mères qui ont vu pâlir leurs enfans transpercés par le fer.

Tu naquis de la rage de ces féroces oppresseurs, à qui le nombre tint lieu de bravoure, la violence de raison, la soif du sang de droit, et dont la gloire fut de n'avoir pas de pitié.

Mais le malheur, dans sa providence, t'a rangée parmi les opprimés : descends donc reposer avec eux, meurs tranquille et pleurée ; personne n'insultera à tes cendres absoutes.

Meurs ; et que, dans le trépas, ton visage redevienne calme et serein, comme dans ces jours sans pressentiment de l'infidèle avenir, où il ne s'y peignait que de légères pensées de vierge.

Tel, par-delà les montagnes, le soleil couchant se dégage des voiles orageux qui l'enveloppaient, et, teignant de pourpre l'occident inquiet, annonce au laboureur prévoyant un jour plus beau que celui qui finit.

Le Comte de Carmagnola, et Adelghis : tragédies / d'Alexandre Manzoni ; traduites de l'italien par M.-C. Fauriel. – Paris : Bossange Frères, 1823. – [Pp. 254-258].

LES FIANCÉS 390

Y. Branca — 1995

La religieuse de Monza (chapitre 9). — Après leur fuite du village, Lucia et sa mère se présentent au monastère de Monza pour y être cachées. La supérieure, Gertrude, les reçoit. Forcée jadis par ses parents à entrer au cloître, celle-ci a le souci de laisser Lucia raconter, elle-même, ce qui la concerne.

Lorsque Lucia, qui n'avait jamais vu l'intérieur d'un couvent, fut dans le parloir, elle regarda, tout autour d'elle, où pouvait bien être la Dame, pour lui faire sa révérence. Ne découvrant personne, elle demeurait là, comme sous un charme. Mais comme le père et Agnès s'avançaient vers un angle, elle regarda de ce côté, et vit une fenêtre d'une forme singulière, pourvue de deux fortes grilles de fer aux barreaux serrés, distantes entre elles de la largeur d'une main ; et, derrière, une religieuse, debout. Sa physionomie pouvait accuser vingt-cinq ans ; elle donnait à première vue un sentiment de beauté, mais d'une beauté abattue, fanée et, pour ainsi dire, décomposée. Un voile noir, qu'un renfort étirait à plat sur sa tête, pendait des deux côtés et à quelque distance de son visage ; sous ce voile, un bandeau de lin d'un blanc éclatant ceignait jusqu'à son milieu un front d'une blancheur différente, mais non moindre ; un autre bandeau, à replis, lui entourait le visage, et se prolongeait sous le menton par une guimpe, qui s'étendait un peu sur sa poitrine pour couvrir l'encolure d'une robe noire. Mais ce front se plissait souvent, comme par une contraction douloureuse ; et alors deux sourcils noirs se rapprochaient d'un mouvement rapide. Deux yeux, très noirs aussi, se fixaient quelquefois sur les visages, d'un air d'investigation hautaine et quelquefois s'abaissaient en hâte, comme s'ils cherchaient à se dissimuler ; à certains moments, un observateur attentif pouvait conclure qu'ils quêtaient affection, sympathie, pitié ; et d'autre fois, croire y saisir la révélation subite d'une haine invétérée et comprimée, je ne sais quoi de menaçant et de féroce. Lorsqu'ils demeuraient immobiles et fixes, inattentifs, l'on pouvait y voir une nonchalance orgueilleuse, ou bien y supposer le travail d'un penser secret, d'une préoccupation habituelle de l'âme, et plus forte sur elle que les objets environnants. Ses joues, d'une pâleur extrême, formaient un contour délicat et gracieux, mais altéré et défait par une lente exténuation. Les lèvres, bien qu'à peine teintes d'un rose passé, se détachaient pourtant, sur cette pâleur ; leurs mouvements, comme ceux des yeux, étaient soudains, vifs, pleins d'expression et de mystère. Sa taille, haute et bien prise, s'effaçait dans un certain abandon de son maintien, ou bien se présentait à son désavantage, dans certains mouvements soudains, irréguliers, et trop décidés pour une femme – sans parler d'une religieuse. Son vêtement même avait quelque chose d'étudié et de négligé, qui annonçait une nonne singulière : la taille était ajustée avec un certain soin mondain, et de son bandeau, s'échappait sur sa tempe, une bouclette de cheveux noirs, qui démontrait ou l'oubli, ou le mépris de la règle qui prescrivait de les garder toujours courts, depuis qu'on les avait coupés lors de la cérémonie solennelle de la vêture.

Rien en cela n'étonna les deux femmes, peu expertes à distinguer une religieuse d'une autre ; quant au père gardien, qui ne voyait pas la Dame pour la première fois, il était accoutumé, comme tant d'autres, à ce je-ne-sais-quoi d'étrange qui paraissait dans sa personne, comme dans ses manières.

Elle était donc à ce moment, comme nous l'avons dit, debout près de la grille, où elle s'appuyait mollement d'une main, ses doigts très blancs enlacés aux barreaux ; et elle regardait fixement Lucia, qui s'avançait, hésitante. « Révérende mère, et Dame illustrissime », dit le gardien, la tête inclinée, la main sur la poitrine, « voici la pauvre fille, pour qui vous m'avez donné l'espoir de votre efficace protection ; et voici sa mère. »

Tandis qu'on les présentait, les deux femmes s'inclinaient en profondes révérences. La Dame leur fit de la main signe que c'était assez, et, se tournant vers le père : « C'est un bonheur pour moi, dit-elle, que de pouvoir être agréable à nos bons amis les pères capucins. Mais, poursuivit-elle, détaillez-moi un peu le cas de cette jeune fille, afin que je voie mieux ce que l'on peut faire pour elle ».

Lucia devint toute rouge et baissa la tête.

« Vous devez savoir, révérende mère... », commença Agnès ; mais le gardien lui coupa la parole d'un coup d'œil : « Cette jeune fille, Dame illustrissime, m'est recommandée, comme je vous l'ai dit, par l'un de mes confrères. Elle a dû fuir son village en cachette, pour se soustraire à de graves périls ; et elle a besoin, pour quelque temps, d'un asile où elle puisse vivre inconnue, et où nul n'ose venir l'importuner, quand même... »

La Dame l'interrompit : « Et quels périls ? De grâce, père gardien, ne me parlez pas ainsi par énigmes. Vous savez que nous autres religieuses, nous aimons à entendre conter les choses en détail.

— Des périls tels, qu'aux oreilles très pures de la révérende mère, il ne convient que de les effleurer très légèrement.

— Oh ! Certes », se hâta de répondre la Dame, en rougissant un peu. Était-ce pudeur ? Qui eût remarqué l'expression de dépit qui passa sur son visage avec cette rougeur, en aurait pu douter ; et plus encore, s'il l'eût comparée à celle qui, de temps à autre, se répandait sur les joues de Lucia.

« Il suffira de dire, reprit le père gardien, qu'un gentilhomme tyrannique... tous les grands de ce monde ne se servent point des dons de Dieu pour sa gloire ni pour l'avantage du prochain, comme votre seigneurie illustrissime : un gentilhomme tyrannique, donc, après avoir persécuté pendant quelque temps cette pauvre créature par de honteuses flatteries, et voyant qu'elles étaient inutiles, a eu le front de la persécuter ouvertement, par la force, de sorte que la malheureuse est réduite à fuir sa maison.

— Approchez, jeune fille », dit la Dame à Lucia, avec un signe du doigt. « Je sais que le père gardien est la bouche même de la vérité ; mais personne n'est mieux informé que vous, dans cette affaire. À vous, donc, de nous dire si ce gentilhomme était bien un persécuteur odieux... »

Pour ce qui est d'approcher, Lucia obéit aussitôt ; répondre, c'était autre chose. Une question sur ces matières, quand elle lui eût faite par quelqu'un de sa condition, ne l'eût pas peu embarrassée : proférée par cette Dame, et avec un certain air de doute malicieux, elle lui ôta tout courage pour répondre.

« Madame... mère... révérende... », balbutia-t-elle, sans donner signe d'avoir autre chose à dire. Ici, Agnès, qui était, certes, la personne la mieux informée après sa fille, se crut autorisée à lui venir en aide. « Dame illustrissime, dit-elle, je peux faire témoignage que ma fille que voici avait ce gentilhomme en horreur, comme le Diable l'eau bénite : je veux dire, que le Diable c'était lui ; mais vous me pardonnerez si je ne sais pas parler, parce que nous autres sommes des gens sans façon. Le fait est que cette pauvre enfant était promise à un jeune homme de notre condition, craignant Dieu, et qui fait son chemin ; et si monsieur le curé avait été un peu plus un homme comme je l'entends, moi... je sais que je parle d'un religieux, mais le père Christophe, qui est l'ami du père gardien que voici, est religieux aussi bien que lui, mais lui est un homme plein de charité, et, s'il était avec nous, il pourrait témoigner...

— Vous êtes bien prompte à parler sans qu'on vous interroge », dit la Dame, l'interrompant d'un geste de colère hautaine, qui la fit presque paraître laide... « Taisez-vous donc, vous : je le sais, que les parents ont toujours une réponse à faire au nom de leurs enfants ! »

Les Fiancés : Histoire milanaise du XVIIe siècle / Alessandro Manzoni ; préface de Giovanni Macchia ; traduction nouvelle d'Yves Branca ; dossier de Georges Saro. – Paris : Gallimard, 1995. – (*Folio* ; 2527). – [Pp. 229-232].

LES FIANCÉS 391

S. Magrini, L. Guilloux — 1956

La peste de Milan (chapitre 34). — Cette scène, très célèbre, est quasi iconographique tant elle laisse aux gestes et aux attitudes expressives tout le poids de la signification et de la méditation.

Une femme descendait du seuil d'une de ces portes et venait vers le convoi ; son aspect annonçait une jeunesse avancée où transparaissait une beauté voilée et ternie par une grande passion et par une langueur mortelle, cette beauté à la fois tendre et majestueuse qui brille dans le sang lombard. Sa démarche était fatiguée ; ses yeux ne versaient point de larmes, mais portaient la marque d'en avoir beaucoup répandu ; il y avait dans cette douleur je ne sais quoi de calme et de profond qui témoignait d'une âme consciente et imprégnée de cette douleur. Mais ce n'était pas son seul aspect qui, au milieu de tant de misères, la signalait si particulièrement à la compassion, et ravivait pour elle ce sentiment désormais las et amorti dans les cœurs. Elle tenait dans ses bras une petite fille morte, d'environ neuf ans, les cheveux partagés sur le front, parée d'un vêtement blanc, comme si ses mains l'avaient ornée pour une fête depuis longtemps promise. Elle ne la tenait pas gisante, mais assise sur ses bras, droite, la poitrine appuyée sur sa poitrine comme si elle eût été vivante ; mais une petite main blanche comme cire pendait d'un côté avec une lourdeur inanimée, et la tête se posait avec un abandon plus fort que le sommeil sur l'épaule de la mère ; de sa mère, car, lors même que la ressemblance des visages n'en eût pas fait foi, celui des deux qui exprimait encore un sentiment le disait assez clairement.

Un hideux *monatto*[1] s'approcha pour enlever l'enfant de ses bras avec pourtant une sorte de respect insolite, une hésitation involontaire. Mais la femme, se retirant en arrière, sans montrer toutefois indignation ni mépris : « Non, dit-elle, pour l'instant ne me la touchez pas ; je dois moi-même la poser sur ce chariot : tenez » et ce disant, elle ouvrit une main, fit voir une bourse et la laissa tomber dans la main que le *monatto* lui tendit. Puis elle continua : « Promettez-moi de ne pas lui ôter un fil de ce qu'elle a sur elle, et de ne laisser personne le faire, mais de la mettre en terre comme elle est. »

Le *monatto* mit la main sur la poitrine ; puis, tout empressé et presque obséquieux, plus par le nouveau sentiment dont il était comme subjugué que par la récompense inattendue qu'il venait de recevoir, il se hâta de faire sur le chariot un peu de place pour la petite morte. La mère, l'ayant embrassée sur le front, la mit là comme dans un lit, l'arrangea, étendit sur elle un linge blanc et lui dit ces dernières paroles : « Adieu, Cecilia ! repose en paix ! Ce soir, nous viendrons aussi, pour rester toujours avec toi. En attendant, prie pour nous ; et moi, je prierai pour toi et les autres. » Puis, se tournant de nouveau vers le *monatto* : « Vous, dit-elle, en repassant par ici vers le soir, vous monterez pour me prendre aussi, je ne serai pas seule. »

Ayant dit ces mots, elle rentra dans la maison, et un moment après, elle apparut à la fenêtre, tenant dans ses bras une autre enfant plus petite, vivante, mais avec les marques de la mort sur le visage. Elle se tint là à contempler les indignes obsèques de la première, jusqu'à ce que le chariot se mette en mouvement, le suivit du regard, puis disparut. Que put-elle faire d'autre que de déposer sur son lit l'enfant qui lui restait, et de se mettre près d'elle pour mourir ensemble, comme la fleur déjà pleinement épanouie sur la tige tombe avec le bouton encore caché, au passage de la faux qui nivelle toutes les herbes de la prairie.

Les Fiancés / Alessandro Manzoni ; traduction de Silvana Magrini et Louis Guilloux. – Lausanne : Éditions Rencontre, 1956. – [T. II, pp. 304-306].

1 Préposé au transport des malades et à la sépulture des morts au cours des épidémies de peste.

WELHAVEN

NORVÉGIEN **1807-1873**

Né à Bergen, Johan Sebastian Cammermeyer Welhaven était fils de pasteur et commença lui-même à étudier la théologie mais y renonça assez rapidement pour devenir critique et esthéticien littéraire. Et bien qu'il n'eût jamais obtenu de diplôme universitaire, cet esprit brillant entre tous obtint en 1840 une chaire à l'université d'Oslo où il fit carrière.

Poète inspiré mais peu fécond, Welhaven doit d'abord sa célébrité au rôle de tout premier plan qu'il joua dans le grand débat politico-culturel qui agita la Norvège des années 1830. Car le pays, libéré depuis 1814 de la tutelle danoise et confronté à lui-même, s'interroge alors sur la notion même de « norvégianité ». Pour d'aucuns, il paraît impensable que la rupture politique ne soit pas aussi culturelle. La Norvège se doit d'éradiquer et de rejeter tout ce que lui a légué le Danemark pour retrouver ses valeurs propres, son identité nationale. À la tête de ce parti des « patriotes », on trouve le bouillant Henrik Wergeland (cf. pp. 115-122), devenu la figure emblématique de la littérature norvégienne renaissante qui, fustigeant « l'âge intermédiaire », incite ses compatriotes à se tourner vers leur ancien passé et son légitime rejeton, c'est-à-dire le monde rural où, à l'abri des pernicieuses influences étrangères, se sont perpétuées la vraie culture et les traditions norvégiennes.

Ce point de vue n'est cependant pas unanimement partagé et suscite plus spécialement l'hostilité du « parti de l'intelligence » qui, regroupant quelques-uns des meilleurs esprits de la capitale, souligne, au contraire, sa parenté avec le Danemark intellectuel et littéraire. Leur opposition est aussi esthétique. Grands admirateurs des classiques allemands mais aussi de Heine, ils ont pour maître à penser le critique danois Johan Ludvig Heiberg (1791-1860), un hégélien convaincu pour qui la création littéraire ne saurait se confondre avec le seul jaillissement de l'inspiration. Au stade du bouillonnement intérieur doit succéder celui de la réflexion et du travail conscient. C'est en se réclamant de ces idées que Welhaven, figure dominante du parti de l'intelligence, va lancer ses brûlots contre Wergeland.

Dès la publication de la torrentueuse épopée *La Création, l'Homme et le Messie* (1830), Welhaven l'interpelle ainsi dans son poème intitulé *À Henrik Wergeland* : « Combien de temps encore vas-tu sévir contre la raison ? » Il s'ensuivra un virulent échange d'épigrammes devenu célèbre sous le nom de « bataille des bouts de papier ». Puis, en 1832, c'est tout un traité critique que Welhaven consacre à son rival, *La Poésie et la polémique de Henrik Wergeland*. L'auteur entend y démontrer que, cédant à toutes les sollicitations d'un tempérament débridé, voulant à tout prix être génial, Wergeland, « l'apôtre de la sauvagerie », est incapable de se plier à la discipline qui lui permettrait de devenir un vrai poète. Le propos s'élargit ensuite lorsque Welhaven fait paraître *L'Aube de la Norvège* (1834), un cycle poétique de soixante-seize sonnets où, audelà du cas de Wergeland, le poète vitupère, cette fois, la Norvège tout entière. Car le pays est plein d'orgueilleuses illusions lorsqu'il prétend faire table rase de l'apport danois avec lequel il a pourtant construit une « œuvre de plusieurs siècles ». Et Welhaven, se jouant en virtuose des difficultés du sonnet mais émaillant aussi ses vers de propos virulents, voire d'injures, de stigmatiser ces « Norvégo-norvégiens » qui prônent « uniquement des opinions et des mines norvégiennes, des étoffes norvégiennes pour l'âme et le corps, des nymphes norvégiennes pour des estaminets norvégiens ». Pour Welhaven, les choses sont claires. Ces adeptes d'une culture de « bure », qui ont adopté toute la phraséologie intellectuelle européenne mais n'ont aucun contenu à y mettre, sont des songe-creux dont les errements menacent l'avenir de la Norvège. L'œuvre provoqua un tollé dans les rangs des « patriotes » et, à l'instigation du père de Wergeland, on la brûla en plusieurs lieux de Norvège.

Pimentée par l'amour malheureux que la sœur de Wergeland, la future Camilla Collett, porta à Welhaven, cette polémique ne cessa qu'à la fin de la décennie, lorsqu'au temps des affrontements succéda une période plus constructive placée sous le signe de la « percée nationale » où l'on entreprit de découvrir les richesses cachées de la Norvège (cf. Asbjørnsen et Moe, cf. *PLE* 11b). Chez Welhaven, le poète l'emporte maintenant sur le contempteur. Certes, dans son premier recueil, *Poèmes* (1839), on retrouve l'écho de ces années de conflit, mais l'invective et l'outrance verbale ne sont plus de mise : les antagonismes s'expriment désormais au travers de récits bibliques (*Goliath*) ou mythologiques (*Sisyphe*) et, lorsqu'il s'en prend aux phraseurs qui ont galvaudé ses idéaux, il transpose l'action à Paris (*Les Républicains*). Mais surtout, le recueil étonne par un ton nouveau. Au gré de ses souvenirs et nostalgies, trouvant inspiration et réconfort dans la nature, il cède à la mélancolie et devient élégiaque, même si, à l'instar du Nixe victime d'une déception amoureuse, il lui arrive d'étouffer sa « douleur dans le bruit ».

En 1840, la perte cruelle de sa fiancée, Ida Kjerulf, marque une étape importante à la fois dans son existence et sa production littéraire. C'est au souvenir de la femme aimée que sont consacrées quelques-unes des plus belles pièces du recueil qui suit, *Poèmes récents* (1844), entre autres les mélodieuses *Pensées nocturnes* et *La Coupe renversée*, une ballade où, évoquant le seigneur Gilbert qui, ayant perdu sa femme, refuse de boire le breuvage de l'oubli pour « conserver son chagrin », il souligne sa fidélité au souvenir. Le thème sera ensuite repris avec une rare intensité dans *La Bienheureuse*, une des pièces du recueil *Cinquante poèmes* (1847), où, cette fois, l'auteur s'exprime directement : « Ô bienheureuse ! Dans la joie et par le souvenir / mon âme perçoit l'écho de ton nom. / Toute épreuve se transfigure en souvenir ; / tout renaît en mon cœur, pour l'éternité... » (Trad. Jean Lescoffier).

Approfondissant son contact avec la nature, Welhaven peut aussi, comme dans *L'Arbre desséché*, se livrer à des confidences personnelles tandis que *L'Esprit du poème* lui permet d'affirmer sa conception de la poésie : « Ce qui avec des mots ne se peut nommer / dans la plus riche des langues / l'indicible / c'est le poème qui le doit révéler ».

Deux autres livres suivront dans les années 1850, *Images de voyage* et *Poèmes* (1851), ainsi que *Un recueil des poèmes* (1859). La dimension religieuse y est maintenant patente, ainsi qu'en témoigne spécialement *La Prière du chanteur* qui, publié dans le dernier de ces recueils est fréquemment utilisé depuis comme psaume funéraire « Seigneur, des esprits tu disposeras / des trésors que tu m'as donnés / Mais ta grâce tu me dois aussi dispenser / lorsque mon chant cessera. »

Dans *La Coupe renversée*, Welhaven empruntait sa matière à une de ces ballades qu'avaient permis de redécouvrir les adeptes de la « percée nationale ». Soulignant lui-même tout ce que pouvaient apporter à la poésie ces ballades, légendes, romances contes ou récit historiques progressivement révélés tout au long des années 1830 à 1850, Welhaven en fit lui-même une de ses sources de prédilection dans ses quatre recueils. Et des poèmes comme *La Chanson de Saint Olaf* ou *Comment se tirer d'affaire* sont sans doute de ceux qui ont le plus contribué à asseoir durablement sa réputation.

Histoire de la littérature norvégienne / par Jean Lescoffier. – Paris : Les Belles Lettres, 1952. – [Pp. 54-60].
Johann Sebastian Welhaven Ästhetik und Dichtungstheorie / Gregor Gumpert. – Münster : Kleinheinrich Verl., 1990. – 109 p. – (*Münstersche Beiträge zur deutschen und nordischen Philologie* ; 9).

POÈMES 392

J. de Coussange — 1909

Le Nixe. — Comme beaucoup d'autres poèmes du recueil de 1839, *Le Nixe* tire sa matière du recueil des ballades norvégiennes publié par Andreas Faye en 1833. Il est révélateur du ton nouveau que l'on note désormais dans les œuvres de Welhaven.

J'ai posé mon oreille au bord de la source — et j'ai écouté le chant du nixe ; — et tout reposait dans un calme apaisant, — et le jour descendait — et les ombres s'allongeaient.

On dit que le nixe est libre et joyeux, — et danse sur le sable ; — mais, derrière la feuille du bouleau, l'oiseau entend — sa plainte mélancolique — et se balance silencieusement sur la branche.

Quand le crépuscule se pose sur les champs — et répand le silence, — il fredonne d'abord son chant le plus doux ; sa nuit est longue, — il ne peut reposer ni dormir.

Je l'ai entendu sangloter, tandis que la lueur du soir — disparaissait derrière les bois sombres, — alors que la rosée tombait des arbres — voisins et assombrissait le flot clair.

Sa harpe jouait en sourdine — la sérénade la plus douloureuse : — « Bonsoir, ma rose ! Hélas ! dans ton lit, — de prés et de bois, — les Elfes des rêves entrent joyeux.

Si chaude et si éclatante, tu respires et tu brilles, — et ne sais pas ce que je souffre. — J'étouffe ma douleur dans le bruit ; — mais, hélas ! ton image ne s'effacera jamais de mon cœur ! »

La Norvège littéraire / par Jacques de Coussange ; préface de Johan Bojer. – Paris : Louis-Michaud, 1909. – (*Encyclopédie littéraire illustrée*). – [Pp. 39-40].

POÈMES RÉCENTS 393

J. de Coussange — 1909

La coupe renversée (strophes 1-2, 1-17, 21). — Dans ce poème, inspiré lui aussi d'une ancienne ballade, l'auteur s'attache à perpétuer le souvenir d'Ida Kjerulf, la femme aimée morte prématurément.

La lune pénètre dans les bois obscurs, — et reflète sa douceur dans les vagues du fleuve, — tandis que la montagne étend son ombre sur le vieux château. — Le seigneur est rempli de douleur ; — il veille, il ne peut dormir.

Sa femme est couchée dans son cercueil, — il y songe et veille, — et souffre encore pendant cette longue nuit. — Sa tête brûlante s'incline avec lassitude, — son regard est voilé d'affliction.

[...]

Il sortit une nuit du château, seul, — la lune le suivait derrière les branches du bois ; — il marchait dans l'atmosphère des feuilles du printemps ; — la rosée brillait comme une poussière de perles sur l'herbe et sur les pierres moussues.

Alors il vit le cercle enchanté sur le terrain fleuri ; — il avait trouvé la demeure des Elfes[1]. — Son sang courait aussi vite que le fleuve dans la vallée, — et le cœur battant, il se tenait — près de la pierre des runes dans le bosquet.

Qui sort de la source ? — Qui l'appelle là où dort le printemps ? — C'est la charmante fée de la source, — dont les joues et le sein sont aussi blancs que la neige — quand elle brille à la pointe du jour.

De son bras tendre, elle élève — la coupe flamboyante et pleine — et dit d'une voix ensorcelante : « L'oubli sera accompagné d'une joie nouvelle — qui guérira ta douleur. »

Il se tenait immobile dans le bois sombre et parfumé — et regardait la femme au beau visage. — Alors résonna dans son âme un nom aimé. — Hélas ! Sa peine et ses regrets allaient-ils faire tomber sur lui — le flot des souvenirs ?

Il saisit la coupe, et sans hésiter, — la lança dans le bois — et sur le bord du fleuve écumant. — D'un bond il fut à la porte du château, — il avait prouvé sa fidélité.

---

1 Ce sont les Elfes des vieilles poésies populaires dont Goethe a fait les Aunes dans le Roi des Aunes. Herder, qui avait déjà changé Elfes en Aunes, avait pris ce thème d'une ancienne poésie populaire scandinave dont l'origine serait, paraît-il, bretonne. Les Elfes tuent ceux qui refusent de danser avec eux, mais ceux qui dansent restent fous pour le reste de leur vie. Leconte de Lisle a fait aussi de cette légende le sujet d'un de ses *Poèmes barbares*, intitulé *Les Elfes*. (N.d.t.)

[...]

Parmi les guerriers hardis, désormais il porta un bouclier, — qu'on reconnaissait entre cent autres boucliers : — on y avait peint une coupe renversée. — Le sire Gilbert, un héros comme il y en a peu — portait cet écu et voulait garder sa douleur.

La Norvège littéraire / par Jacques de Coussange ; préface de Johan Bojer. – Paris : Louis-Michaud, 1909. – (*Encyclopédie littéraire illustrée*). – [Pp. 40-41].

RÉPERTOIRE DES TRADUCTEURS

INDEX

RÉPERTOIRE DES TRADUCTEURS

Liste des abréviations

Bordas	*Dictionnaire des littératures de langue française* / sous la direction de Jean-Pierre de Beaumarchais, Daniel Couty et Alain Rey. – Paris : Bordas, 1994. – 4 volumes.
Catalogue B. N.	*Catalogue général des livres imprimés de la Bibliothèque nationale*. – Paris : Paul Catin : puis Imprimerie Nationale, 1924-1981. – 239 volumes.
Catholicisme	*Catholicisme : hier, aujourd'hui, demain : encyclopédie* / publiée sous le patronage de l'Institut Catholique de Lille. – Paris : Letouzey et Ané, 1948- . – [11 tomes parus].
DBF	*Dictionnaire de biographie française* / sous la direction de J. Balteau ; puis de M. Prévost, J. Roman d'Amat et R. Limouzin-Lamothe (puis H. Tribout de Morembert). – Paris : Letouzey et Ané, 1929- . – [17 volumes parus].
DHGE	*Dictionnaire d'histoire et de géographie ecclésiastiques* / publié sous la direction de Mgr A. Baudrillart, A. Vogt et U. Rouziès ; puis sous celle de R. Aubert. – Paris : Letouzey et Ané, 1912- . – [22 volumes parus].
DTC	*Dictionnaire de théologie catholique* / commencé sous la direction de A. Vacant et E. Mangenot ; continué sous celle de Mgr É. Amann. – Paris : Letouzey et Ané, 1930-1972. – 33 volumes. – [3 volumes de *Tables générales*].
DUL	*Dictionnaire universel des littératures* / publié sous la direction de Béatrice Didier. – Paris : Presses Universitaires de France, 1994. – 3 volumes.
EScR	*Encyclopédie des sciences religieuses* / publiée sous la direction de F. Lichtenberger. – Paris : Sandoz et Fischbacher, puis Fischbacher, 1877-1882. – 13 volumes.
GDEL	*Grand Dictionnaire encyclopédique Larousse*. – Paris : Larousse, 1982-1985. – 10 volumes.
GDU	*Grand Dictionnaire universel du XIXe siècle français, historique, géographique, mythologique, bibliographique, littéraire, artistique, scientifique, etc., etc.* / sous la direction de Pierre Larousse. – Paris : Administration du Grand Dictionnaire universel, 1866-1878. – 17 volumes. – [2 vol. de suppléments].
Grande Encyclopédie	*La Grande Encyclopédie : inventaire raisonné des sciences, des lettres et des arts* / par une société de savants et de gens de lettres. – Paris : H. Lemirault ; puis Société anonyme de la Grande Encyclopédie, [1885-1902]. – 31 volumes.
Grente	*Dictionnaire des lettres françaises* / sous la direction du cardinal Georges Grente. – Paris : Arthème Fayard, 1951-1972. – 7 volumes. – [*Le XVIIIe siècle* / édition revue et mise à jour sous la direction de François Moreau. – Paris : Fayard, [1995]. – LXVI-1369 p. – (*Le Livre de Poche. Encyclopédies d'aujourd'hui*)]. [*Le XVIIe Siècle* / édition entièrement révisée, amendée et mise à jour sous la direction de Patrick Dandrey.- Paris : Fayard, [1996].– LXIV-1278 p.– *(Le Livre de poche. Encyclopédies d'aujourd'hui)*].
Hœfer	*Nouvelle Biographie générale depuis les temps les plus reculés jusqu'à nos jours, avec les renseignements bibliographiques et l'indication des sources à consulter* / publié sous la direction du Dr Hœfer. – Paris : Firmin-Didot, 1852-1866. – 46 volumes.

Judaïca	*Encyclopædia Judaïca*. – Jérusalem : The Macmillan Company, 1971-1972. – 16 volumes.
Larousse	*Dictionnaire des littératures française et étrangères* / sous la direction de Jacques Demougin. – Deuxième édition. – Paris : Larousse, 1994. – X-1861 p. – [Première édition : 1985].
Lorenz	*Catalogue général de la librairie française, 1840-1925* / commencé par Otto Lorenz ; continué par Daniel Jordell ; puis par Henri Stein. – Paris : O. Lorenz : puis P. Lamm : puis D. Jordell : puis Éd. Champion, 1867-1945. – 33 volumes.
Michaud	*Biographie universelle ancienne et moderne ou Histoire, par ordre alphabétique, de la vie publique ou privée de tous les hommes qui se sont fait remarquer par leurs écrits, leurs actions, leurs talents, leurs vertus ou leurs crimes* / sous la direction de Louis-Gabriel Michaud. – Deuxième édition revue, corrigée et augmentée. – Paris : Delagrave, [1870-1873]. – 52 volumes.
Quérard	*La France littéraire, ou Dictionnaire bibliographique des savants, historiens et gens de lettres de la France, ainsi que des littérateurs étrangers qui ont écrit en français, plus particulièrement pendant les XVIIIe et XIXe siècles* / Joseph-Marie Quérard. – Paris : Firmin Didot, 1827-1839. – 10 volumes. – [Ouvrage suivi par : *La Littérature française contemporaine* / Quérard, Louandre, Bourquelot et Maury. – Paris : Daguin, 1842-1857. – 6 volumes].
Vapereau	*Dictionnaire universel des contemporains contenant toutes les personnes notables de la France et des pays étrangers* / Gustave Vapereau. – Sixième édition. – Paris : Hachette, 1893-1895. – 3 volumes. – [Première édition : 1858].

Abensour (Liliane) 1937-

Agrégée d'anglais, maître de conférences à l'Université Paris VII-Diderot, psychanalyste, Liliane Abensour a publié plusieurs traductions de Thomas de Quincey : *La Révolte des Tartares* (1984), *La Tragédie grecque* (1989), *Les Sociétés secrètes* (1994) et *Klosterheim* (1997), — les trois premières en collaboration avec Ann Grieve. Liliane Abensour a aussi traduit des œuvres de Charles B. Brown, de M. G. Lewis, de Mary Shelley et de Paul Bowles. Enfin, elle a dirigé, avec F. Charras, un « Cahier de l'Herne » consacré au *Romantisme noir* (1979).

Alfassa (Paul) 1876 - ?

Né à Paris, Paul Alfassa fut conservateur-adjoint au Musée des arts décoratifs de cette ville. Il a laissé des ouvrages sur l'histoire du mobilier, de la porcelaine et de la tapisserie, ainsi qu'une traduction des *Poèmes* de Robert Browning (1922 ; avec Auguste Gilbert de Voisins).

Réf. : Lorenz.

Amiel (Henri Frédéric) 1821-1881

Écrivain suisse d'expression française, né à Genève dans une famille de petite bourgeoisie protestante, Henri Frédéric Amiel fut orphelin très jeune et élevé par son oncle. Après des études dans sa ville natale puis en Allemagne (où il s'enthousiasme pour la pensée de Schelling, de Schleiermacher et surtout de Hegel), et après un voyage en Italie, il accède par concours en 1849 à la chaire d'esthétique de l'université de Genève, — chaire qu'il échangera cinq ans plus tard contre celle de philosophie. Enseignant terne, il ennuyait son auditoire mais conserva ses fonctions jusqu'à la veille de sa mort. En dépit de nombreux succès féminins, il demeura célibataire et quitta peu Genève, bien que cette ville ne lui plût guère. En 1854, il publie un recueil de vers, *Grain de mil*, qui obtient un succès d'estime. Viennent ensuite *Il Penseroso* (1858), *Jour à jour* (1880) et un volume de traductions, *Les Étrangères* (1876). Ces volumes sont tombés dans un oubli relatif. L'œuvre principale d'Amiel est en effet un *Journal intime* tenu régulièrement de 1847 à sa mort, et dont le manuscrit compte près de dix-sept mille pages. L'auteur s'y révèle l'un des maîtres les plus subtils et les plus exigeants de l'analyse psychologique et morale.

Réf. : Laffont-Bompiani ; Bordas ; J. Vuillemier, *Le Complexe d'Amiel*, 1985.

Aucouturier (Gustave) 1902-1985

Né à Brie, en Charente, Gustave Aucouturier entre en 1922 à l'École normale supérieure et suit, à l'École des langues orientales, les cours

de russe de Paul Boyer et de tchèque de Fuscien Dominois. Après un séjour comme étudiant à Moscou et à Prague, il devient en 1931 correspondant de l'Agence Havas. De 1935 à 1941, il occupe cette fonction à Belgrade et à Tirana. Pendant la guerre, il est rédacteur en chef de l'agence clandestine A. I. D. (1943-1944). Ensuite, à l'Agence France-Presse, il est successivement rédacteur en chef (1951-1954), puis chef du Service diplomatique jusqu'à sa retraite en 1967. Parallèlement à sa carrière de journaliste, Gustave Aucouturier poursuivit une carrière de traducteur du russe et du tchèque. Pour la collection « Les Jeunes Russes » de Gallimard, il traduit d'abord I. Erenburg (*Le Rapace*) et B. Pilnjak (*La Volga se jette dans la Caspienne*) ; chez Grasset, pour la collection tchèque « Aventinum », les *Lettres d'Angleterre* de Karel Capek (1929) et *La Geôle la plus sombre* d'Ivan Olbracht (1928). Au lendemain de la guerre, il traduit l'essai du président de la République tchécoslovaque Édouard Benes, *Où vont les slaves ?* (1947) puis le *Journal d'exil* de Trotski (1959). Mais c'est surtout après sa retraite que ce travailleur infatigable et ce connaisseur admirable des lettres russes se consacra pleinement à la traduction, en donnant les *Récits, chroniques et polémiques* (1969) et le *Journal d'un écrivain* (1972) de Dostoïevski, les *Journaux et carnets* de Tolstoï (1979-1985, 3 volumes), et en dirigeant, dans la « Bibliothèque de la Pléiade », les recueils d'*Œuvres complètes* de Gogol (1966) et de Griboïédov, Pouchkine et Lermontov (1974).
Réf. : *Revue des Études slaves*, 1985, p. 333.

Aucouturier (Michel) 1933-
Né à Prague, fils de Gustave Aucouturier, Michel Aucouturier fut boursier à Moscou de l'École normale supérieure (il rencontra en Russie Boris Pasternak) et il est professeur de littérature russe à la Sorbonne (Paris IV). Michel Aucouturier est l'auteur de monographies consacrées à Tolstoï et à Pasternak, d'articles nombreux publiés dans la *Revue des Études slaves* et de traductions de Gogol.

Baatsch (Henri-Alexis) 1948-
Né à Saint-Cloud (Hauts de Seine), Henri-Alexis Baatsch a une œuvre importante d'écrivain (poésie et théâtre), de critique d'art et de traducteur (de l'allemand, de l'anglais et de l'italien : Bauer, Grabbe, Engels, Marcuse, Büchner, Nietzsche, von Chamisso, Kleist, Lenau, F. Borsi, D. Tanning, M. Oppenheim, etc.). Il a publié notamment *Max Ernst. Apprentissage, énigme, apologie* (1976, en coll.), *Henri Michaux, peinture et poésie* (1993), *Les Impressionnistes* (1994), *Les Plus Belles Femmes de la peinture. Essai illustré sur le portrait féminin à travers l'histoire* (1997). Il est aussi l'auteur de plusieurs adaptations théâtrales (Grabbe, Kleist, Gross).

Backer (Anne-Marie de) 1910-
Née dans le Loir-et-Cher, Anne-Marie de Backer a fait ses études au lycée d'Orléans et à la Sorbonne, où elle a obtenu une licence en lettres et un diplôme de professeur de français. Son premier recueil de poésies, *Le Vent des rues*, paru en 1952, lui vaut l'année suivante le prix Antonin Artaud. Plusieurs autres recueils en vers suivront, jusqu'en 1981 (*Les Étoiles de novembre*, 1956 ; *L'Herbe et le feu*, 1958 ; *L'Étoile Lucifer*, 1967). Anne-Marie de Backer, qui a vécu plusieurs années à Budapest et a été liée aux éditions Corvina par un contrat d'adaptatrice-styliste, a également publié des traductions françaises de nombreux auteurs hongrois : ainsi *Le Cimetière de rouille* de Endre Fejes (1965) ou le roman *Les Seize Verrous* de Miklos Domahidy (1966). Plusieurs traductions d'Anne-Marie de Backer ont été retenues en 1981 par Tibor Klaniczay pour le recueil *Pages choisies de la littérature hongroise des origines au XVIIIe siècle*.

Backès (Jean-Louis) 1937-
Agrégé de russe, docteur ès lettres, Jean-Louis Backès est actuellement professeur de littérature comparée à l'Université de Paris-Sorbonne. Il a publié des traductions du russe (A. Blok, *Cantiques de la belle dame*, 1992 ; Pouchkine, *Eugène Onéguine*, 1996) et de l'allemand (Heiner Müller, *Le Dieu Bonheur*, 1985 ; Nietzsche, *Premiers Écrits*, 1994), et prépare actuellement la traduction des écrits d'Hésiode et des *Hymnes homériques* (à paraître en 2000). Jean-Louis Backès est aussi l'auteur d'ouvrages de critique et d'histoire littéraire (dont un *Pouchkine par lui-même* [1966]), ainsi que de deux romans.

Backvis (Claude) 1910-1998
Né à Schaerbeek (Belgique), docteur en philosophie et lettres, Claude Backvis a été professseur à l'Institut de Philologie et d'Histoire Orientales et Slaves et à la Section de Slavistique de la Faculté de Philosophie et Lettres de l'Université Libre de Bruxelles. Auteur d'ouvrages et d'articles nombreux consacrés à l'histoire des cultures polonaise et russe, il fut membre de l'Académie royale de Belgique.

Balzamo (Elena) 1956-
Née à Moscou, où elle a accompli des études de langues et littératures scandinaves, Elena Balzamo vit en France depuis 1981 et a défendu en 1987, à l'université de Lille, une thèse de doctorat sur « Le Conte littéraire scandinave. L'Évolution d'un genre ». Elle est notamment l'auteur de *August Strindberg. Visages et destin* (1999), ainsi que de traductions de A. Sandemose (*Le Marchand de goudron*, 1990), Hj. Söderberg (*Égarements*, 1992 ; *La Jeunesse de Martin Birck*, 1993 ; *Le Jeu sérieux*, 1995), C. L. J. Almqvist (*Le Joyau de la reine*, 1996), Strindberg (*Mademoiselle Julie*, 1996 ; *Le Bouc émissaire*, 1997 ; *Le Sacristain romantique de Ranö*, 1999) et Hj. Bergman (*Le Testament de Sa Grâce*, 1998).

Bandet (Jean-Louis) 1931-
Né à Carcassonne (Aude), élève du lycée Louis-le-Grand à Paris puis de l'École normale supérieure (rue d'Ulm), agrégé d'allemand, Jean-Louis Bandet fut assistant puis maître-assistant à la Sorbonne, et professeur de langue et littérature allemandes à l'Université de Rennes 2. Auteur d'articles nombreux sur la littérature allemande du XVIIIe au XXe siècle, co-éditeur du *Dictionnaire universel des littératures* pour le secteur germanique (1994), Jean-Louis Bandet a publié *Adalbert Stifter. Introduction à la lecture de ses nouvelles* (1974), *La Littérature allemande* (1987, coll. « Que sais-je ? »), une *Anthologie de la littérature allemande* (1994) et une *Histoire de la littérature allemande* (1997).

Baschmakoff (N.) XXe siècle
Auteur, avec Eugène Guillevic, de la traduction française d'un poème d'Aleksis Kivi, dans le recueil *Books from Finland* (1981).

Baudelaire (Charles) 1821-1867
Né à Paris, orphelin de père à six ans, le jeune Charles Baudelaire connut la tristesse des internats, à Lyon, puis à Paris. Après un voyage dans l'Océan Indien, il rentre à Paris au printemps de 1842, fréquente la bohème littéraire, se heurte à son beau-père, le colonel Aupick, qui veut le détourner de sa vocation d'artiste, et se lie avec une actrice, Jeanne Duval. Endetté, surveillé par un conseil judiciaire et ne disposant pour vivre que d'une rente minime, Baudelaire ne cessera de se débattre dans les difficultés d'argent, publiciste attelé à des travaux de librairie, plaçant des articles ici ou là, traqué par les créanciers, campant dans des garnis. En 1857, la publication des *Fleurs du Mal* fait scandale. Condamné en correctionnelle, le poète doit retrancher six pièces de son recueil. La seconde édition de son livre, en 1861, lui attire l'admiration de quelques jeunes gens, sans améliorer pour autant sa condition matérielle. Ses facultés créatrices s'affaiblissent peu à peu, jusqu'au jour où, séjournant en Belgique, il est frappé d'hémiplégie, puis d'aphasie, conservant d'ailleurs sa lucidité dans les souffrances d'une agonie qui se prolongera plus d'un an. Outre *Les Fleurs du Mal*, recueil majeur du patrimoine poétique français, Baudelaire a publié des poèmes en prose (*Le Spleen de Paris*, 1864), des critiques d'art, une adaptation des *Confessions of an English Opium-Eater* de Thomas De Quincey (dans *Les Paradis artificiels*) et des traductions d'Edgar Poe (écrivain dont il fut l'introducteur en France). Des journaux intimes (*Fusées*, *Mon cœur mis à nu*), un pamphlet contre la Belgique et une abondante correspondance prennent également place dans ses *Œuvres complètes*.
Réf. : *Dictionnaire des littératures*, dir. P. Van Tieghem, t. I, 1968 ; Cl. Pichois et J. Ziegler, *Charles Baudelaire*, 1996. — Voir également la notice dans le présent volume.

Béghin (Laurent) 1967-
Né à Tournai, licencié en philologie romane ainsi qu'en histoire et philologie orientales de l'Université Catholique de Louvain, titulaire d'un DEA de langue et littérature italiennes de l'Université de Liège, Laurent Béghin a enseigné pendant deux ans le français en Italie et occupe actuellement un poste d'assistant au département d'études romanes de l'UCL.

Bentoïu (Annie) 1927-
Membre de l'Union des écrivains roumains, Annie Bentoïu a été couronnée à trois reprises (en 1979, 1983 et 1991) pour ses traductions françaises d'auteurs roumains. On lui doit notamment des versions de Mihai Eminescu (*Récits insolites*, 1983 ; *Trente poèmes*, 1994), de Petre Ispirescu (*Contes roumains*, 1979), de Pascal Bentoïu (*L'Image et le sens. Essai sur le phénomène musical*, 1979), de Tudor Arghezi (*Cinquante poèmes en vers et en prose*, 1989), d'Ileana Malancioiu (*À travers la zone interdite*, 1984), ainsi qu'une *Anthologie de la littérature roumaine* (1979, en coll.)
[D'après des renseignements aimablement communiqués par Zamfira Mihail.]

Bernard-Derosne (Charles) 1825-1904
Charles Bernard Derosne est un parent de Léon-Jean Bernard-Derosne (1839-1910), qui obtint une petite renommée littéraire à la fin du XIXe siècle et fut l'ami intime de Sully-Prud-

homme. Ancien officier, Charles s'est activement occupé de questions de propriété littéraire et il a laissé des pièces de théâtre, des romans (*Un chagrin secret*, 1894 ; *La Sorcière des bruyères*, 1894, 2 vol.), un volume de *Mémoires sur la reine Hortense, mère de Napoléon III* (1863) ainsi que de nombreuses traductions de l'anglais (M. E. Braddon, Bulwer Lytton, W. W. Collins, Ch. Dickens, G. A. Sala, etc.).
Réf. : *DBF*.

Besson (Jean-Louis) 1946-
Diplômé d'études théâtrales, agrégé d'allemand, licencié en histoire de l'art, auteur d'une thèse de doctorat consacrée à Georg Büchner (publiée en 1992 sous le titre *Georg Büchner. Des sources au texte*), Jean-Louis Besson est actuellement maître de conférences au Département des arts du spectacle de l'Université Paris X-Nanterre. Il a traduit, seul ou en collaboration avec Jean Jourdheuil et Heinz Schwarzinger, des textes de Büchner, de Kleist, de Karl Valentin, de Heiner Müller, de Heine, de Botho Strauss, de Johann Nestroy, de Karl Kraus, d'Arthur Schnitzler, de Lothar Trolle et de Gottfried Benn.

Bigault de Casanove (Charles de) XIXe-XXe s.
Agrégé d'histoire, élève de l'École normale supérieure, Charles de Bigault de Casanove professa dans différents lycées de province avant de se fixer à Nantes où il resta jusqu'à sa retraite et où il devint conseiller municipal. Il s'initia très tôt, à l'aide de quelques grammaires, à deux langues peu usitées en France : le norvégien et le hongrois. En 1893, il traduisit *Mademoiselle Julie* de Strindberg et, en 1895, le drame historique *Empereur et Galiléen* d'Ibsen. Mais l'étude approfondie de la langue hongroise l'accapara bientôt totalement : il se réinstalla à Paris, après sa retraite, et suivit les cours d'Ignace Kont à la Sorbonne. Auteur en 1896 — l'année du Millénaire de la Hongrie — de la première traduction française de *La Tragédie de l'homme* d'Imre Madách (qui paraît dans le *Mercure de France*), Charles de Bigault de Casanove donna aussi, en français, quelques poèmes de Sándor Petőfi et — dans les premières années du XXe siècle — *Bánk bán* de József Katona et *André et Jeanne* de Jenö Rákosi.
[Erzsébet Hanus, *La Littérature hongroise en France au dix-neuvième siècle*, 1996, p. 200-201.]

Bonaparte (Pierre-Napoléon) 1815-1881
Né à Rome, fils de Lucien Bonaparte, Pierre-Napoléon Bonaparte fit d'abord la guerre en Colombie avant de revenir à Rome, où une conspiration contre le pape et l'assassinat d'un policier lui valent d'être condamné à mort, puis grâcié et libéré sur l'intervention de son père. Il continua cette vie aventureuse des deux côtés de l'Atlantique avant de s'établir en France, en 1848, et de prendre parti bruyamment pour la République. Après un bref séjour en Algérie (il prit part au siège de Zaatcha), il fut élu à l'Assemblée législative. À plusieurs reprises, il se porta garant de la loyauté constitutionnelle de Louis-Napoléon : aussi, après le coup d'État, il rentra dans la vie civile, sans renoncer cependant à l'agitation de son existence antérieure : l'assassinat d'un homme dans un duel, en 1870, entraîna une nouvelle arrestation et un procès à Tours. Acquitté, Pierre-Napoléon Bonaparte se retira dans les Ardennes, puis à Londres, enfin à Versailles où il mourut. Le prince — il avait en effet reçu les titres de prince et d'altesse, rang à la cour, ainsi qu'une pension, à la proclamation de l'Empire — s'est aussi livré aux travaux littéraires : il a traduit des fragments du poète polonais Mickiewicz (1864) et la tragédie de Nicolini *Nabuchodonosor* (1861), et a donné un volume de vers, *Loisirs* (1865).
Réf. : *DBF*.

Bouatchidzé (Gaston) 1935-
Né à Tiflis (Tbilissi), de mère française et de père géorgien, Gaston Bouatchidzé a consacré ses deux thèses de doctorat (soutenues respectivement à l'université de Tiflis en 1990 et à la Sorbonne en 1995) à « Guillaume Apollinaire et les voies de l'évolution de la poésie française » et aux « Relations littéraires franco-géorgiennes ». Professeur de littérature française et comparée à l'université de Tiflis, il est, depuis 1991, professeur associé puis maître de conférences à l'université de Nantes. Ses publications sont nombreuses, en russe (*Pirosmani ou la Promenade du cerf*, *La vie de Marie Brosset*, ainsi qu'une étude sur « Restif de la Bretonne en Russie »), en géorgien (*De Montmartre à Mtatsminda*, deux volumes d'essais, *Facettes*) et en français (essais publiés à Nantes : sur Rimbaud, *Les Naissances latentes*, 1991, et sur Apollinaire, *Orange, or des anges*, 1992). En 1998, Gaston Bouatchidzé a publié deux traductions : à Paris, une anthologie de *La Prose géorgienne des origines à nos jours*, et à Nantes, un recueil de poèmes de Galaktion Tabidzé, *Moi et la nuit*.

Boussagol (Gaston *Gabriel*)
Env. 1880 - après 1962
Reçu à l'agrégation d'espagnol en 1908, maître de conférences (1921) puis professeur (1928-1935) à la Faculté des lettres de Toulouse,

Gabriel Boussagol fut ensuite recteur de l'Académie de Clermont-Ferrand (1936-1937), de Bordeaux (1938-1941) et de Dijon (1941-1943). En dehors de sa thèse, soutenue en 1926 (*Angel de Saavedra, duc de Rivas, sa vie, son œuvre poétique*) et parue la même année à Toulouse, il a peu publié. Son *Anthologie de la littérature espagnole des débuts à nos jours* (1930) a été rééditée en 1954. Gabriel Boussagol est également l'auteur d'une *Anthologie des poètes romantiques espagnols* (1956) ainsi que d'une collection de cours espagnols destinés à l'enseignement.
Réf. : *L'Intermédiaire des chercheurs et curieux*, 1995, col. 80 [note de Jeanne Cassagnau].

Boyer (Régis) 1932-
Agrégé et docteur ès lettres, Régis Boyer a été titulaire de la chaire de langues, littératures et civilisation scandinaves à l'Université de Paris-Sorbonne (Paris IV). Il a notamment publié *Les Religions de l'Europe du Nord* (1974), *Yggdrasill. La Religion des anciens Scandinaves* (1981), *Les Sagas islandaises* (2e éd., 1986), *Le Monde du Double. La magie chez les anciens Scandinaves* (1986), *Histoire des littératures scandinaves* (1996), ainsi que de très nombreuses traductions de l'islandais ancien (*Sagas islandaises*, dans la « Bibliothèque de la Pléiade », en 1987), de l'islandais moderne (Laxness), du danois (K. Blixen, K. Rifbjerg, P. Seeberg, H. C. Andersen [*Œuvres*, 2 tomes, « Bibliothèque de la Pléiade »]), du norvégien (Ibsen, K. Hamsun, T. Vesaas) et du suédois (Swedenborg [*Le Livre des rêves. Journal des années 1743-1744*, 1985], Almquist, Lagerkvist).

Brachin (Pierre) 1914-
Né à Montereau (Seine-et-Marne), ancien élève de l'École Normale Supérieure, agrégé d'allemand et docteur ès lettres, Pierre Brachin fut professeur dans différents lycées, chargé de cours à l'université de Rennes (1945-1948), maître de conférences à l'université de Bordeaux (1948-1952), enfin professeur de néerlandais à la Sorbonne (1952-1979). Il a publié de nombreux ouvrages, parmi lesquels *Le Cercle de Münster (1779-1806) et la pensée religieuse de F.L. Stolberg* (1952), *Études de littérature néerlandaise* (1955), *La Littérature néerlandaise* (1962) et une *Anthologie de la prose néerlandaise*, bilingue et en quatre volumes (1966-1972).

Branca (Yves) 1947-
Diplômé de philosophie et de chinois de la Sorbonne, bilingue franco-italien, Yves Branca a enseigné la philosophie et les lettres dans l'enseignement public et privé de 1968 à 1985 (avec un intermède de trois ans en Chine, de 1974 à 1976) et il est actuellement employé municipal dans une mairie de la banlieue de Paris. Il est l'auteur d'une traduction des *Fiancés* de Manzoni (1995 ; réimpr., 1997).

Bressant (Alix) 1838 - après 1881
Née à Paris, fille du comédien Jean-Baptiste Bressant (1815-1886) qui fut l'un des meilleurs acteurs de son siècle, Alix Bressant fit une courte carrière sur scène, qui la conduisit au théâtre du Vaudeville et au théâtre du Gymnase. Elle abandonna les planches pour épouser en 1863 le prince Kotchoubey, dont elle eut quatre enfants et qui la laissa veuve. Elle se remaria ensuite avec un nommé d'Artigues, préfet de l'Ariège. — Après avoir donné, jeune, plusieurs traductions de l'anglais (*Dombey et fils* de Dickens, 1857 ; *Le Dernier des barons* de Bulwer Lytton, 1859), Alix Bressant s'orienta vers le roman après son premier mariage : *Une paria*, 1865 ; *Gabriel Pinson*, 1867 ; *Le Manuscrit de Mlle Camille*, 1874 ; *Lettres de femmes*, 1881).
Réf. : *DBF*.

Briod (Blaise) XXe siècle
Auteur de traductions de Goethe (*Wilhelm Meister*, 1966), de Carl Burckhardt, de Will Grohmann, de Jérémias Gotthelf et de Gertrud von Le Fort.

Brun (Louis) XXe siècle
Auteur d'une traduction française de *Marie-Madeleine* de Friedrich Hebbel (1973).

Buchenel (P.) XIXe - XXe siècle
Auteur d'une traduction de Jérémias Gotthelf (*L'Âme et l'argent, ou une réconciliation*) parue en Suisse en 1901.

Buisson (Benjamin) XIXe - XXe siècle
Auteur d'une traduction des *Helléniques* de Walter Savage Landor (1916).

Calzolari (Valentina) 1964-
Diplômée de lettres classiques et d'histoire du christianisme, docteur en arménologie de l'Université Catholique de Milan (avec une thèse intitulée « La Diffusione della legenda di Santa Tecla nella letteratura armena antica »), Valentina Calzolari est depuis 1993 co-responsable du Centre de recherches arménologiques de l'université de Genève et depuis 1997 secrétaire générale de l'Association internationale des

Études arméniennes. L'essentiel de ses recherches porte sur les anciennes traductions arméniennes de textes grecs ou syriaques, sur l'historiographie arménienne ancienne et sur le christianisme arménien ancien (notamment la littérature apocryphe chrétienne en langue arménienne).

Castier (Jules) XXe siècle
Auteur en 1947 d'une traduction de *Jane Eyre* de Charlotte Brontë.

Caussat (Pierre) 1931-
Agrégé de philosophie, maître de conférences honoraire de l'Université de Paris X-Nanterre, Pierre Caussat a publié des traductions de von Humboldt et de Cassirer. Il est aussi l'auteur de plusieurs essais : *L'Identité culturelle* (1989), *L'Événement* (1992) et *La Langue, source de la nation* (1996, en coll.).

Cazamian (*Louis* François) 1877-1965
Né à Saint-Denis (Réunion), ancien élève de l'École normale supérieure, pensionnaire de la fondation Thiers, docteur ès lettres (en 1903, avec une thèse sur « Le Roman social en Angleterre [Dickens, Disraeli, Mrs Gaskell, Kingsley] »), Louis Cazamian fut maître de conférences à Bordeaux et à Lyon puis professeur de littérature et civilisation modernes de la Grande-Bretagne à la Faculté des Lettres de Paris. On lui doit de très nombreux ouvrages, en français ou en anglais, sur la littérature anglaise (*Études de psychologie* littéraire, 1913 ; *Carlyle*, 1913 ; *L'Évolution psychologique et la littérature en Angleterre*, 1920 ; *The Development of English Humour*, 1930 ; *La Poésie romantique anglaise*, 1939 ; *L'Humour de Shakespeare*, 1945 ; *Symbolisme et poésie. L'exemple anglais*, 1947 ; *A History of English Literature* [avec Émile Legouis], éd. revue [première publication en français en 1924], 1954 ; *Le Roman social en Angleterre, 1830-1850*, 1967), ainsi que des traductions de Wordsworth, de Blake, de Robert Browning et une *Anthologie de la poésie anglaise* (1947). Louis Cazamian a aussi laissé un traité d'histoire de la littérature française à l'usage des Anglais (*A History of French Literature*, 1955).
Réf. : Lorenz ; Chr. Charle, *Les Professeurs de la Faculté des Lettres de Paris*, CNRS, t. II, 1986, p. 51-53.

Chahinian (Krikor) 1930-
Né à Beyrouth, élève de Lévon Chanth, Krikor Chahinian est licencié ès lettres de l'Université Libre de Bruxelles (1956) et docteur ès lettres de l'Université de Paris-Sorbonne (1979). Pédagogue de vocation, il a enseigné les langues et les littératures arméniennes et françaises au collège Nichan Palandjian de Beyrouth, au collège des frères Maristes de Jounieh et au Haigazian College. En 1970, il est entré à l'Université Libanaise, et depuis 1987 il dirige le Centre de Formation Pédagogique Khatchère Kaloustian, au Catholicossat Arménien de Cilicie. Krikor Chahinian a collaboré à de nombreux périodiques publiés dans le monde entier ; il a aussi fondé et dirigé la revue culturelle *Ahégan*, qui parut entre 1966 et 1970. Enfin, il est l'auteur d'un recueil des *Œuvres vives de la littérature arménienne*, publié en 1988.

Champeaux (?) XIXe siècle
Auteur d'une traduction française de *Fragments* de Samuel Hahnemann, parue en 1855 (en collaboration avec Alphonse Milcent).

Chaulot (Paul) 1914-1969
Paul Chaulot appartint, avec Michel Manoll et Jean Rousselot, à l'« École de Rochefort », groupe formé durant l'Occupation à l'initiative de Jean Bouhier, pharmacien à Rochefort-sur-Loire, près d'Angers, et fondateur des *Cahiers de l'École de Rochefort*. Dès octobre 1941, l'*Anatomie poétique de l'École de Rochefort* tentait d'établir la charte d'une écriture poétique post-surréaliste : recentrage sur l'expérience individuelle et quotidienne, exigence humaniste de « dire la Vie », pratique d'écriture se gardant à la fois du retour au classicisme et des conquêtes surréalistes. Les poèmes de Paul Chaulot ont été recueillis en 1983 (*Poèmes, 1948-1969*). Paul Chaulot est aussi l'auteur d'essais sur *Le Crime en France* (1959 ; en coll.), *Naissante préhistoire* (1963) et *Rome* (1963). En outre, il a adapté en français *Trois minutes de vérité*, recueil poétique d'Eugène Evtouchenko (1963) et a participé, avec Michel Manoll et Jean Rousselot, à la préparation d'un recueil de *Poèmes choisis* de Janus Pannonius (1973).
Réf. : *Dictionnaire universel des littératures*, 1994, t. III.

Chojecki (Charles-Edmond) 1822-1899
Né en Pologne, Charles-Edmond Chojecki milita très jeune dans la presse nationaliste, fut condamné par les autorités russes et vint à Paris comme réfugié politique en 1845. Il collabore à la *Revue indépendante* puis, en mars 1848, il est délégué à la diète révolutionnaire de Prague. Pourchassé par la policie autrichienne, il rentre à Paris, écrit dans *Le Peuple* de Proudhon et dans *La Voix du peuple*, puis se

fait expulser de France. Il voyage en Suisse, en Italie, en Égypte, et participe en 1852 à la guerre de Crimée dans le contingent turc. Revenu ensuite en France, Chojecki entre en relations avec le prince Napoléon, qui l'emmène comme interprète dans sa croisière sur le *Reine Hortense*. À son retour, en 1857, il publie un *Voyage dans les mers du Nord*. Le prince, devenu ministre de l'Algérie, crée pour Chojecki une place de bibliothécaire dans ce ministère puis plus tard, en 1869, lui fait attribuer le poste de bibliothécaire du Sénat, qu'il occupe jusqu'à sa mise à la retraite, en 1895. Chojecki est l'auteur de plusieurs pièces de théâtre (sous le pseudonyme de « Charles Edmond », il a notamment collaboré aux comédies de Dennery et de Foussier), de romans (*Souvenirs d'un dépaysé*, 1862 ; *Le Neveu du comte Sérédine*, 1898 ; etc.) et d'ouvrages sur la Pologne (*La Pologne captive et ses trois poètes : Mickiewicz, Krasinski, Slowacki*, 1864).
Réf. : *DBF*.

Clément-Rochat (Adrien) XIXe - XXe siècle
Auteur d'une traduction de Jérémias Gotthelf (*Elsi, l'étrange servante*) parue en Suisse en 1894.

Clerico (Giovanni) XXe siècle
Auteur de traductions de Carlo Porta et de Giuseppe Gioachino Belli, dans l'*Anthologie bilingue de la poésie italienne* dirigée par Danielle Boillet (1994).

Connes (Georges) 1890 - ?
Auteur de travaux sur Shakespeare (*Le Mystère Shakespeare*, 1926) et sur Romain Rolland qui eurent l'honneur d'être traduits en anglais, Georges Connes a également laissé une *Étude sur la pensée de Wells* (1926), une édition des *Études anglo-américaines* de Mérimée (1930) ainsi que des traductions françaises de Dickens, de Robert Browning (*L'Anneau et le Livre*, 1959) et des lettres de Mérimée à Fanny Lagden.
Réf. : Lorenz.

Cornillot (François) 1937-
Né à Paris, diplômé d'allemand, agrégé de russe, docteur d'État (avec une thèse sur « Tiouttchev, poète-philosophe », défendue en 1973), François Cornillot est actuellement professeur de langue et littérature russes à l'INALCO (Paris). Ses recherches portent sur la prose et la poésie russe, ainsi que sur l'archéologie linguistique du monde slave et les sources iraniennes de la culture slave primitive. Il a notamment publié *Le Nautonier de la suprême nostalgie, Tiouttchev et l'Europe des renaissants du « matin chaste » : du Bellay, Young, Schiller, Mallarmé* (1995) et une traduction annotée des *Poèmes* de Fiodor Tiouttchev (1994 ; prix Jules Janin de l'Académie française).

Coussange (Jacques de) XIXe - XXe siècle
« Jacques de Coussange » est le pseudonyme de Marie-Stéphanie Calemard du Genestoux, épouse Pierre de Quirielle. Auteur de *La Norvège littéraire* (1909 ; trad. espagnole en 1910), de *La Scandinavie* (1914) et de deux anthologies — en français — de textes d'Ibsen et de Ludvig Holberg, parues sans date, Marie-Stéphanie de Quirielle a également laissé des traductions de Harald Hoffding (*Jean-Jacques Rousseau et sa philosophie*, 1896 ; *La Pensée humaine. Ses formes et ses problèmes*, 1911 ; *La Philosophie de Bergson*, 1916 ; *La Relativité philosophique*, 1924), de Johannes Jorgensen (*La Cloche Roland [Les Allemands et la Belgique]*, 1916 ; *La Réponse du mauvais serviteur*, 1918 ; *Paysages d'Occident*, 1922) et de Johan Bojer (*Le Visage du monde*, 1929).
Réf. : Catalogue des Imprimés de la B. N.

Coutelle (Louis) 1921-
Né à Marseille, diplômé d'anglais, Louis Coutelle enseigne d'abord cette langue au lycée Thiers de sa ville. Vers la quarantaine, il se met à l'étude du grec moderne. Attaché de recherches au C.N.R.S. de 1963 à 1968, il soutient en 1969 une thèse sur Dionysios Solomos puis enseigne le grec moderne à l'université d'Aix-en-Provence, de 1971 à 1989. Il a notamment publié *Le Greghesco. Réexamen des éléments néo-grecs des textes comiques vénitiens du XVIe siècle* (1971), *Formation poétique de Solomos, 1815-1833* (1977), *A Greek Diptych, Dionysios Solomos and Alexandros Papadiamantis* (1986, en coll.).

Dayre (Éric) XXe siècle
Auteur de traductions françaises de Thomas de Quincey (*Judas Iscariote*, 1990 ; *La Toilette de la dame hébraïque*, 1992 ; *Esquisses autobiographiques*, 1994).

Defauconpret (Auguste Jean Baptiste) 1767-1843
Né à Lille, Auguste Defauconpret vint à Paris faire ses études, au collège Mazarin. Après s'être essayé à la littérature, il acquit une étude de notaire qu'il conserva jusqu'en 1814 ou 1815, époque où il se trouve ruiné. Réfugié à Londres,

probablement pour fuir ses créanciers, il commence par publier quelques œuvres originales, parmi lesquelles *Quinze jours à Londres à la fin de 1815* (1816), *Londres et ses habitants* (1817), *Voyage vers le pôle arctique* (1819 ; d'après le voyage de Ross et Parry) et *Une année à Londres* (1819). Peu après, avec la collaboration de son fils Charles-Auguste (1797-1865), il entreprit un immense travail de traduction de romans anglais : tout Walter Scott et tout Fenimore Cooper, qu'il fit connaître l'un et l'autre en France, mais aussi des ouvrages de Frances Burney, de Bulwer-Lytton, de Frederick Marryat, de Charles Dickens et de bien d'autres encore (parmi lesquels figure *La Rose de Dekama*, roman de l'auteur hollandais J. van Lennep). L'ensemble représente environ 500 volumes. Auguste Defauconpret mourut en France, à Fontainebleau.
Réf. : *DBF*.

Delebecque (Frédéric) XXe siècle
Auteur en 1925 d'une traduction souvent rééditée du roman d'Emily Brontë, — traduction célèbre par l'équivalence textuelle que Frédéric Delebecque a trouvée pour le titre du livre (*Les Hauts de Hurle-Vent*).

Dhaleine (Raymond) XXe siècle
Auteur de traductions françaises des *Nibelungen* de Friedrich Hebbel (1949) et des *Brigands* de Schiller (1968).

Dietrich (Auguste Edgard) 1846 - env. 1905
Né à Nancy, fils d'un militaire d'origine alsacienne, Auguste Dietrich fit ses études au collège de Valenciennes puis à l'université de Douai, où il fut en droit et en lettres l'élève de Karl Hillebrand. Il vint ensuite à Paris pour y être professeur, termina ses études à la Sorbonne et à l'École des Hautes Études, se lia avec Hugo et avec Renan. Ce dernier obtint pour lui une mission littéraire pour l'Autriche-Hongrie, où Auguste Dietrich demeura trois ans. Revenu à Paris, il enseigna la langue et la littérature allemandes, collabora à *La vie littéraire*, à la *Revue des idées nouvelles*, au *Messager de Vienne*, à la *Gazette de Hongrie*, à la *Revue britannique*, à la *Revue alsacienne* et à *La Jeune France*, publia de très nombreuses traductions de l'anglais, de l'allemand (Schopenhauer, Büchner, Chamisso, etc.) et de l'italien. En outre, il a laissé des ouvrages historiques (*Les Maîtresses de Louis XV*, 1881 ; *Rouget de Lisle et la Marseillaise*, 1882) ainsi qu'une édition des *Poésies* de Jacques Richard.
Réf. : *DBF*.

Dobzinsky (Charles) 1929-
Auteur de recueils poétiques, de récits (ainsi *Le Commerce des mondes*, recueil de nouvelles qui lui valut le Grand Prix de la science-fiction française en 1986), d'ouvrages de critique d'art, de traductions (Mickiewicz, Ritsos, Dora Teitelboïm, Moshe Waldman, Maiakovski) ainsi que d'une anthologie de la poésie yiddish, sous le titre *Le Miroir d'un peuple* (1987), Charles Dobzinski est actuellement le rédacteur en chef de la revue *Europe*.

Donguy (Jacques) 1943-
Auteur de traductions françaises des *Aïeux* d'Adam Mickiewicz (1992) et de *Kordian* de Juliusz Slowacki (1996) — toutes deux rédigées en collaboration avec Michel Maslowski —, Jacques Donguy est aussi poète et critique d'art.

Dozon (Auguste) 1822-1891
Né à Châlons-sur-Marne, fils d'un conseiller à la Cour royale et député de la Marne, condisciple de Baudelaire au lycée Louis-le-Grand à Paris (on les trouve en rhétorique l'année 1837-1838, ils passent le baccalauréat le 5 août 1839 et s'inscrivent ensuite tous les deux à l'École de droit), Auguste Dozon entre en 1841 au ministère de l'Intérieur, est licencié en droit en 1844, puis intègre en 1855 le corps consulaire comme chancelier à Belgrade. Il accomplit l'essentiel de sa carrière dans les Balkans, fut agent vice-consul à Mostar, à Philippopoli, gérant du vice-consulat de Janina, vice-consul à ce poste et à Mostar, consul à Larnaca et consul général à Salonique (1881-1884). Auguste Dozon avait appris les langues serbe, bulgare et albanaise, et, sur le tard, il devint professeur à l'École des Langues orientales (il habitait alors Versailles). Il a publié *Vers* (1843) — recueil composé en collaboration avec Ernest Prarond et Gustave Le Vavasseur —, *Poésies populaires serbes* (1859), *Les Chants populaires bulgares* (1874), *Chansons populaires bulgares inédites* (1875), *Manuel de la langue chkipe ou albanaise* (1881) et *L'Épopée serbe* (1888).
Réf. : *DBF*; Cl. Pichois et J. Ziegler, *Baudelaire*, 1996, p. 132-133.

Dumas (Félicia) 1970-
Née à Iasi (Roumanie), docteur ès lettres, Felicia Dumas est maître-assistant au département de français de l'université de Iasi et rédige actuellement une deuxième thèse de doctorat — à l'École pratique des Hautes Études (Paris) — dans le cadre d'une spécialisation en anthropologie religieuse. Auteur d'une ving-

taine d'articles qui portent sur la théorie et la pratique de la traduction, la sémiologie du geste liturgique byzantin et le langage des jeunes Français, Félicia Dumas a également publié des traductions roumaines de deux ouvrages français (*Ministères et charismes dans l'Église orthodoxe* de Stéphane Charalambidis [1997], *Les Grands Courants de la philosophie moderne* d'Alain Graf [1997]) et elle prépare une traduction française du *Père Spirituel Païsie Olaru* de l'archimandrite Ioanichie Bàlan.

Dumont (Maurice-Alex) XXe siècle
Auteur d'adaptations françaises de sonnets de Bécquer parues à Bruxelles en 1946.

Ehrhard (Marie Joseph *Auguste*) 1861-1933
Né à Fegersheim (Bas-Rhin), élève de l'École normale supérieure (promotion de 1880), docteur ès lettres de la Sorbonne en 1888 (avec des thèses consacrées aux « Comédies de Molière en Allemagne » et aux sources latines du vocabulaire des langues germaniques), Auguste Ehrhard fut nommé ensuite professeur de littératures étrangères à la Faculté des Lettres de Clermont-Ferrand. Traducteur du théâtre de Grillparzer (*Ottokar*, 1931) et de Schiller, il a également laissé de nombreux ouvrages, parmi lesquels *Henrik Ibsen et le théâtre contemporain* (1892), *Richard Wagner, d'après les œuvres jouées à Bayreuth en 1892* (1893), *Le Théâtre en Autriche. Franz Grillparzer* (1900), *L'Opéra sous la direction Véron* (1907), *Une vie de danseuse. Fanny Elssler* (1909), *Le Prince de Pückler-Muskau* (1927-1928, 2 vol.) et un récit de voyage, *De Clermont à Munich* (1893).
Réf. : *DBF*.

Evdokimov (Michel) 1930-
Né à Menton (Alpes-Maritimes), prêtre orthodoxe, Michel Evdokimov est délégué national à l'œcuménisme pour l'Église orthodoxe, directeur du SOP (Service orthodoxe de presse) et secrétaire de rédaction de la revue *Contacts*. Il a également été professeur d'anglais dans l'enseignement secondaire et, de 1968 à 1994, professeur de littérature comparée à l'université de Poitiers. Michel Evdokimov a publié plusieurs ouvrages (*Pèlerins russes et vagabonds mystiques*, 1987 ; *La Prière des chrétiens de Russie*, 1988 ; *Le Christ dans la tradition et la littérature russes*, 1996 ; *Une voix chez les orthodoxes*, 1998) ainsi que des traductions françaises de *La Vie, la maladie, la mort* du Métropolite Antoine (1998) et le *Manuel de prière* du Père Alexandre Men (1998).

Eydoux (Élisabeth) 1909-
D'origine norvégienne, Élisabeth Eydoux, née Nissen, a été correspondante de presse à Paris de divers journaux d'Oslo. Seule ou en collaboration, elle a publié plusieurs traductions françaises d'œuvres de la littérature norvégienne, notamment *Le Loup garou* d'Aksel Sandemose, *Les Ponts*, *Le Palais de glace*, *La Maison dans les ténèbres* et *Une belle journée* de Tarjei Vesaas.

Eydoux (Éric) 1940-
Né à Paris, fils d'Élisabeth Eydoux, Éric Eydoux a été successivement professeur d'allemand en France, lecteur de français en Norvège, assistant à l'Institut des Études scandinaves de l'université de Strasbourg, maître-assistant puis maître de conférences à l'Institut des Études nordiques de l'université de Caen et conseiller culturel près l'Ambassade de France à Oslo (1976-1980). Par ailleurs il est, à Caen, directeur-fondateur de l'Office franco-norvégien, de la « Collection nordique » publiée aux Presses universitaires et du festival d'art et de littérature nordiques (« Les Boréales de Normandie »). On doit à Éric Eydoux de nombreux articles et collaborations à des ouvrages collectifs, des traductions et éditions critiques (Borgen Faldbakken, Ibsen, Léonore-Christine, Stangerup, Cora Sandel, etc.), des anthologies (*Écrivains de Norvège*, 1991 ; *Polars du Nord*, 1997) et un ouvrage sur *Les Grandes Heures du Danemark* (1975).

Fauriel (Claude Charles) 1772-1844
Né à Saint-Étienne, destiné d'abord à la prêtrise, Claude Fauriel fit ses études chez les Oratoriens aux collèges de Tournon et de Lyon. Il adhéra ensuite aux principes de la Révolution, devint commissaire aux armées et monta à Paris. Après un temps de solitude consacré aux études, il devient le secrétaire particulier de Fouché, fréquente les salons littéraires des Idéologues et publie diverses traductions, notamment deux pièces de Manzoni. Ses relations amicales avec ce dernier firent de Fauriel un des introducteurs de la littérature italienne et du drame historique en France. Abandonnant en 1802 sa charge auprès de Fouché, il se consacra tout entier à l'étude des littératures étrangères et de l'ancienne civilisation méridionale de la France, et peut être considéré comme le fondateur de l'enseignement de la philologie et de la littérature comparée en France. Son premier livre majeur, *Chants populaires de la Grèce moderne* (1824-1825, 2 vol.) suscita l'intérêt dans l'Europe entière, de sorte

qu'en 1830, le gouvernement de Louis-Philippe institua pour lui, à la Faculté des lettres de Paris, une chaire de littérature étrangère. Fauriel publia encore une *Histoire de la Gaule méridionale sous la domination des conquérants germains* (1836) et une *Histoire de la Croisade contre les hérétiques albigeois* (1837) ; on fit aussi paraître de lui, à titre posthume, son *Histoire de la poésie provençale* (1846) ainsi que *Dante et les origines de la langue et de la littérature italiennes* (1854). Claude Fauriel fut membre de l'Académie des inscriptions et belles-lettres. — On note aussi, parmi ses œuvres, des versions de *La Parthénéide* de Jens Baggesen (1810) et de deux tragédies de Manzoni (*Le Comte de Carmagnola* et *Adelghis*, 1823).
Réf. : Grente ; Laffont-Bompiani ; M. Ibrovac, *Claude Fauriel et la fortune européenne des poésies populaires grecque et serbe*, 1966.

Fouquier (Achille) 1817 - env. 1895
Né à Rouen, diplômé de l'École des Mines de Paris, Achille Fouquier est d'abord employé à des travaux de prospection en Europe et en Asie Mineure, puis il se fixe en Espagne. Il a publié des souvenirs de voyage (*Hors de Paris : canal de Suez, Le Caire, Jérusalem, Damas*, 1869 ; *À propos de chasses à l'isard, à l'ours et au sanglier*, 1872 ; *De tout un peu*, 1875 ; *En Tunisie. Anecdotes de voyage*, 1879 ; *Passe-temps*, 1890) et s'est intéressé à l'Espagne. Éditeur de *Chants populaires espagnols* (1882), auteur d'une biographie consacrée à Bécquer, Achille Fouquier a également donné des traductions françaises de *Don Juan Tenorio* de Zorrilla (1882) et des *Légendes espagnoles* de Bécquer (1885).
Réf. : *DBF*.

Fovet (William) 1958-
Né à Paris, titulaire d'un doctorat de troisième cycle en études germaniques et scandinaves (Paris-Sorbonne), William Fovet a résidé en Allemagne (comme enseignant puis comme assistant à la dramaturgie au Thalia Theater de Hambourg) et en Suède (il a été lecteur de français aux universités de Linköping et de Karlstad, puis animateur d'un séminaire international sous l'égide du Conseil Culturel suédois). William Fovet est actuellement maître de conférences en langues scandinaves à l'université de Lille 3. Collaborateur de revues suédoises et norvégiennes, éditeur d'un recueil de philosophie européenne (*Europeiska Filosofier*, 1995), rédacteur d'un numéro spécial de la revue *Paletten* consacré à l'évolution du concept d'image, auteur de traductions suédoises d'ouvrages de philosophie italiens, espagnols et allemands, William Fovet a également publié de nombreux articles dans des revues culturelles européennes. Enfin, il participe depuis 1994 à la rédaction de la version suédoise de la revue *Liber* de Pierre Bourdieu.

Frèches (Claude-Henri) 1914-
Spécialiste de la littérature et de la civilisation luso-brésiliennes, Claude-Henri Frèches était en 1985 professeur émérite à l'Université d'Aix-Marseille I. Il est l'auteur d'une traduction du drame *Frei Luís de Sousa* d'Almeida Garrett (1972) ainsi que de travaux portant sur le théâtre néo-latin au Portugal (1550-1745) et sur Antonio José Da Silva et l'Inquisition.

Fuzellier (Raymond) 1934-
Diplômé de lettres classiques et de philosophie (il est notamment docteur d'État en littérature), Raymond Fuzellier fut lecteur à l'université de Salonique, puis professeur aux Lycées français de Berlin et de Barcelone. Il est ensuite revenu en France où il enseigne depuis 1980 au lycée de Chinon. Raymond Fuzellier a signé avec son épouse, Ljiljanja Huibner-Fuzellier, plusieurs traductions du serbo-croate (les *Contes populaires serbes* de Vuk Karadjitch, 1987 ; *Inquiétudes* d'Ivo Andritch ; *La Calligraphie* de Pavao Pavlicitch).

Fuzellier-Huibner (Ljiljana) XXe siècle
Née à Belgrade où elle a fait toutes ses études, diplômée de langues et littératures anglo-américaines, Ljiljana Huibner quitta la Yougoslavie en 1960 après son mariage avec Raymond Fuzellier, qu'elle suivit en Grèce, en Allemagne, en Espagne et en France. Elle se consacre actuellement à la traduction française d'œuvres littéraires serbo-croates.

Gachot (François) XXe siècle
Auteur d'une anthologie intitulée *Les Chefs-d'œuvre du rêve* (1969) et de traductions du hongrois insérées dans l'*Anthologie de la poésie hongroise* de Ladislas Gara (1962).

Gacon (J.) XXe siècle
Auteur de traductions du hongrois figurant dans l'*Anthologie de la poésie hongroise du XIIe siècle à nos jours* établie en 1962 par Ladislas Gara.

Gallimard (Gaston) 1881-1975
Né à Paris, Gaston Gallimard fut d'abord secrétaire de Robert de Flers et chroniqueur au

Figaro et au *Journal amusant*, où il rendait compte des répétitions générales. Il fréquentait les milieux littéraires d'avant-garde et administra de 1913 à 1919 le théâtre du Vieux-Colombier de Jacques Copeau. En 1908, avec André Gide et Jean Schlumberger, il avait lancé la *Nouvelle Revue française* — la célèbre *NRF* — et il avait créé trois ans plus tard (au 1 de la rue Saint-Benoît) une maison d'édition dont les premiers ouvrages mis sur le marché étaient signés de Gide et de Schlumberger, mais aussi de Paul Claudel, de Saint-John Perse, de Charles-Louis Philippe et d'Henri Ghéon. En 1912, la maison s'installe 35, rue Madame ; en 1919, elle prend le nom de Librairie Gallimard ; en 1921, son siège est transféré 3, rue de Grenelle, puis en 1930, 5, rue Sébastien-Bottin. D'un point de vue personnel, et en-dehors de ses collaborations au *Figaro* et au *Journal amusant*, Gaston Gallimard a relativement peu écrit : cinq articles dans la *NRF* entre 1911 et 1923, et une traduction de la *Judith* de Hebbel, avec Pierre de Lanux (1911).
Réf. : *DBF*.

Gaucheron (Jacques) 1920-
Auteur de traductions françaises de Celakovsky et de *La Route des étoiles* de Lübomir Levchev (1975), Jacques Gaucheron a également publié des recueils poétiques (*Liturgie de la fête*, 1966 ; *Onze poèmes pour le Vietnam*, 1967), un *Cahier grec. Hommage à Ritsos* (1968), une *Anthologie de la poésie tchèque et slovaque* (1987) et un ouvrage consacré à Éluard (*Paul Éluard ou la fidélité à la vie*, 1995).

Gide (André) 1869-1951
Né à Paris, André Gide vécut son enfance dans une atmosphère de sérieux et même d'austérité, où les valeurs religieuses pesaient d'un très grand poids. Il débuta dans les lettres en 1891 avec *Les Cahiers d'André Walter*, ensemble réunissant des proses poétiques d'inspiration symboliste et décadente, et des analyses psychologiques centrées sur un moi plus passif que dynamique. Suivent les *Poésies d'André Walter*, *Le Traité du Narcisse* et *La Tentative amoureuse*, « traité du vain désir » où s'affirme l'incompatibilité du désir et de l'amour. Un changement radical s'opère en Gide lors d'un voyage en Afrique : sa vie sexuelle s'oriente selon sa nature propre et l'esthétique symboliste fait place à un enthousiasme brûlant pour la vie. Cette transformation morale s'exprime dans *Les Nourritures terrestres* (1897), qui protestent contre toute discipline morale issue d'une tradition étrangère à l'individu, *L'Immoraliste* (1902), *La Porte étroite* (1909 ; œuvre publiée dans la *Nouvelle Revue française*, fondée la même année) *Corydon* (1911), et *Les Caves du Vatican* (1914). Gide connut son plus grand succès public avec *La Symphonie pastorale* (1919), roman d'un amour malheureux. Ensuite, la révélation de l'œuvre de Dostoïevski lui prouve qu'un roman peut n'être pas seulement le produit de la construction d'un narrateur habile, mais l'image même de la complexité mouvante de la vie intérieure, sentimentale, intellectuelle et morale. L'effort pour créer un roman d'une technique absolument originale aboutit en 1925 aux *Faux-Monnayeurs*, que complète le *Journal des Faux-Monnayeurs* (1926). Gide reçut le Prix Nobel de littérature en 1947. Parmi sa bibliographie très abondante, il faut compter également des mémoires de son enfance (*Si le grain ne meurt...*, 1920), des récits de voyage, des écrits sur l'U.R.S.S., une réinterprétation du mythe de *Thésée* (1946), un *Journal* (qui parut de 1943 à 1953) ainsi que des traductions de Tagore, de Conrad, de Walt Whitman, de Shakespeare et de William Blake.
Réf. : *Dictionnaire des littératures*, dir. Van Tieghem, 1968 ; Bordas.

Gilbert de Voisins (Auguste) 1877-1939
Né à Dinard, le comte Auguste Gilbert de Voisins débuta dans les lettres avec trois romans *La Petite Angoisse* (1900), *Pour l'amour du laurier* (1904 ; préface de Pierre Louÿs), *Le Démon secret* (1907) et un recueil de poèmes en prose, *Les Moments perdus de John Shag* (1906). Ce dernier ouvrage contient en germe ce qui sera son chef-d'œuvre, *Le Bar de la fourche* (1909), roman d'aventures sur les chercheurs d'or, dans l'Ouest américain. En 1912, il publie *L'Enfant qui prit peur*, récit tout différent où se manifestent des dons d'analyse d'une grande finesse. Vinrent ensuite *L'Esprit impur* (1919), *La Conscience du mal* (1921) et *Le Jour naissant* (1924). Entre temps, ami de Victor Ségalen, il fut son compagnon de voyage à travers l'Asie (*Écrit de Chine*, 1913). Auguste Gilbert de Voisins a également laissé un recueil de vers (*Fantasques*, 1920), un ballet que la musique d'Albert Roussel rendit célèbre (*Le Festin de l'araignée*, 1912) et une traduction des *Poèmes* de Robert Browning (1922, avec Paul Alfassa).
Réf. : Laffont-Bompiani.

Gjidara (Marc) XXe siècle
Professeur à la Faculté de Droit d'Orléans, Marc Gjidara a rassemblé, traduit et commenté

— avec Mirko Grmek et Neven Simac — les textes qui composent le volume *Le Nettoyage ethnique. Documents historiques sur une idéologie serbe* (1993).

Glomeau (Marie-Anne) XIXe - XXe siècle
Parente de l'éditeur parisien Maurice Glomeau, Marie-Anne Glomeau a publié une traduction française d'*Une histoire du temps passé, ou l'Ange de bonté*, roman de l'écrivain vénitien Ippolito Nievo (1920).

Godel (Vahé) 1931-
Né à Genève d'un père suisse et d'une mère arménienne, Vahé Godel fit plusieurs séjours en Arménie soviétique. Il a notamment traduit *Le Chant du pain* de Daniel Varoujan (1959), les *Poèmes d'amour* de Nahabed Koutchak (1974) ainsi qu'un recueil de *Prières* de Grégoire de Narek (1990), et il a publié en 1990 une anthologie en français de *La Poésie arménienne du Ve siècle à nos jours*. Ses œuvres originales sont également nombreuses : *Du même désert à la même nuit* (1978 ; avec une préface de Michel Butor), *Obscures besognes* (1979), *Les Frontières naturelles* (1982) et *Quelque chose quelqu'un* (1987 ; avec une préface de Jean Starobinski).
Réf. : J.-M. Le Sidaner, *Vahé Godel*, 1981.

Gorilovics (Tivadar) 1933-
Né à Ruttka (Vrútky, Slovaquie), diplômé de hongrois et de français de l'université de Budapest, Tivadar Gorilovics enseigne depuis 1958 la littérature française à l'université de Debrecen (il a dirigé le département de français de 1970 à 1991, fut vice-recteur de l'université de 1983 à 1986 et doyen de la Faculté des Lettres de 1986 à 1989). Spécialiste de la littérature française et de l'histoire des rapports franco-hongrois, en particulier entre 1850 et 1950, il a surtout étudié Renan, Zola, Roger Martin du Gard et Jean-Richard Bloch. Tivadar Gorilovics a publié *A korai francia felvilágosodás* [*La Frühaufklärung en France*] (choix de textes avec traduction, introduction et notes, Budapest, 1961), *Recherches sur les origines et les sources de la pensée de Roger Martin du Gard* (Budapest, 1962), *A modern polgári családregény* [*Chroniques familiales modernes*] (sur Thomas Mann, Martin du Gard et Gorki ; Budapest, 1974), *La Légende de Victor Hugo de Paul Lafargue* (Debrecen, 1979) et *Correspondance de Jean-Richard Bloch et André Monglond (1913-1939)* (Debrecen, 1984-1989). — Enfin, lecteur de hongrois à la Sorbonne de 1962 à 1964, Tivadar Gorilovics a collaboré, jusqu'en 1968, à l'entreprise de traduction française de nombreux poètes hongrois par Eugène Guillevic (*Mes poètes hongrois*, Budapest, 1967 ; 2e éd. augmentée en 1977).

Gouchet (Olivier) 1949-
Agrégé d'allemand et titulaire d'un doctorat de troisième cycle (avec une thèse portant sur Hagen, personnage du *Nibelungenlied*), Olivier Gouchet est professeur de chaire supérieure dans les classes préparatoires aux grandes écoles littéraires et commerciales. Il prépare actuellement une thèse d'État consacrée à la figure de Sigurd Fáfnisbani. Il a publié des articles sur la littérature et la religion scandinaves anciennes et modernes, et traduit du norvégien plusieurs romans, une biographie de Sigrid Undset ainsi qu'un choix de poèmes de Rolf Jacobsen.

Graf (Marion) 1954-
Née à Neuchâtel d'un père suisse et d'une mère française, licenciée de lettres russes et espagnoles de l'université de Bâle, licenciée de lettres françaises de l'université de Lausanne, Marion Graf a accompli des séjours d'études en U. R. S. S., en Pologne et en Espagne. De 1979 à 1983, elle a enseigné le russe et l'espagnol au Gymnase (Lycée) de Neuchâtel. Elle se consacre actuellement à des travaux de traduction et de critique littéraire. Marion Graf a donné des versions françaises du russe (Alexandre Grine, Vladimir Odoïevski, Anna Akhmatova) et de l'allemand (Erika Burkart, Franz Hohler, Conrad Ferdinand Meyer, Markus Werner, Klaus Merz, Erica Pedretti). En outre, elle a dirigé un ouvrage collectif sur la traduction littéraire (*L'Écrivain et son traducteur en Suisse et en Europe*, 1998) et a collaboré à l'*Histoire de la littérature en Suisse romande* (t. II, 1997 ; t. III, 1998).

Granoff (Katia) 1895-1989
Née à Nikolaëv, Katia Granoff passe son enfance à Odessa avant d'être envoyée en Suisse pour ses études. Licenciée en lettres, elle s'installe à Genève puis à Paris où elle devient secrétaire du Salon des Tuileries. Animatrice et directrice de galeries d'art, Katia Granoff a laissé des ouvrages sur la peinture, des recueils poétiques, des romans, une autobiographie (*Ma vie et mes rencontres*, 1981) ainsi qu'une *Anthologie de la poésie russe du XVIIIe siècle à nos jours* (1961 ; 3e éd. revue et complétée, 1980). Ses œuvres romanesques et poétiques, ses essais et son anthologie ont été réunis en un édition d'*Œuvres complètes* parue en 1980 aux éditions Bourgois.

Grégoire (Clément-Gustave-*Henri*) 1881-1964
Né à Huy, docteur en philosophie et lettres de l'université de Liège, Henri Grégoire suivit en 1903 et 1904, à l'École des Hautes Études de Paris et à la Sorbonne, les cours de Victor Bérard et de Jean Psichari. Membre de l'École française d'Athènes — de 1906 à 1909 —, il s'intéresse particulièrement à l'épigraphie byzantine et au poème akritique de Digénis. En 1909, il entre à l'Université Libre de Bruxelles où se trouvait vacante la chaire de grec et où il crée, deux ans plus tard, un cours libre de grec médiéval et moderne. Auteur de très nombreux ouvrages (dont un livre en grec moderne sur *Digénis Akritas*), journaliste, grand voyageur, Henri Grégoire publia aussi de nombreuses traductions, notamment du grec ancien (Euripide, Eschyle), du russe (*Les Perles de la poésie slave : Lermontov, Pouchkine, Mieckiewicz*, 1918) et du polonais. En 1924, le prix Zappas récompense son *Recueil des inscriptions grecques chrétiennes* (1922), et il fonde, avec P. Graindor, *Byzantion*, revue internationale des études byzantines. Parmi les autres champs d'investigation d'Henri Grégoire, on mentionnera aussi la première histoire bulgare, l'épigraphie protobulgare et l'histoire de la Russie médiévale (il défendit, dans une étude signée avec Roman Jakobson, la thèse de l'authenticité du *Dit de la campagne d'Igor*, contre ceux qui voyaient dans cette œuvre un pastiche du XVIIIe siècle). On observera enfin que le roi Fouad, peu après son accession au trône, appela en Égypte Henri Grégoire ; ce dernier occupa, de 1925 à 1928, le poste de doyen de la Faculté de philosophie et lettres du Caire.
Réf. : *Revue des Études slaves*, t. XLX, 1965, p. 364-367 ; *Annuaire de l'Institut de Philologie et d'Histoire orientales et slaves*, t. XVII, 1963-1965, p. 299-305 ; *Biographie nationale [...] de Belgique*, t. XLIV, 1986, col. 554-575.

Grieve (Ann) 1938-
Agrégée d'anglais, maître de conférences à l'Université Paris VII-Diderot, Ann Grieve a traduit plusieurs essais de Thomas de Quincey avec Liliane Abensour : *La Révolte des Tartares* (1984), *Théorie de la tragédie grecque* (1989) et *Les Sociétés secrètes* (1990). Ann Grieve est aussi l'auteur de traductions de Katherine Mansfield (*The Garden Party*, 1988) et de Nabokov (*Nouvelles*, 1990), ainsi que d'un ouvrage sur *Le Roman britannique depuis 1945* (1996, en coll.). Enfin, elle a dirigé la publication d'un ouvrage collectif, *Jeux d'écriture. Le roman britannique contemporain* (1995).

Grmek (Mirko Drazen) 1924-
Né à Krapina (Croatie), docteur en médecine de l'université de Zagreb et docteur ès lettres et sciences humaines de Paris I, Mirko Grmek a d'abord été professeur d'histoire de la médecine et premier directeur de l'Institut d'histoire des sciences naturelles, mathématiques et médicales, à Zagreb. En 1963, il se rend en France et entame une seconde carrière : maître de recherches au C.N.R.S., puis chargé de conférences à la Sorbonne et enfin directeur d'études à l'École pratique des Hautes Études (chaire d'Histoire de la médecine et des sciences biologiques). Mirko Grmek est titulaire de nombreuses distinctions (il est notamment docteur *honoris causa* des universités de Lausanne et de Bologne et membre de plusieurs académies) et il fut aussi vice-président de la Société internationale d'Histoire de la médecine (1974-1978) et président de l'Académie internationale d'Histoire des sciences (1981-1985). Rédacteur en chef de plusieurs revues scientifiques, il a publié de nombreux ouvrages, parmi lesquels on citera *Les Conditions sanitaires et la médecine en Dalmatie sous Napoléon Ier (1806-1813)* (1964), *Raisonnement expérimental et recherches toxicologiques chez Claude Bernard* (1973), *Les Maladies à l'aube de la civilisation occidentale* (1983 ; nouv. éd., 1994), *Histoire du sida* (1989 ; nouv. éd., 1995), *La Première Révolution biologique* (1990), *Le Nettoyage ethnique. Documents historiques sur une idéologie serbe* (1993 ; en coll.), *Le Legs de Claude Bernard* (1997), *Le Chaudron de Médée* (1997), *Les Maladies dans l'art antique* (1998, en coll.).

Guiffrey (Georges) 1827-1887
Né à Paris, fils de notaire, élève de l'École Normale Supérieure, licencié en droit, Georges Guiffrey fut pendant quelque temps professeur dans des lycées de Paris avant de devenir avocat à la cour impériale. Il consacra une grande partie de son activité aux problèmes de la propriété littéraire et de la librairie, écrivit plusieurs ouvrages sur ce sujet et fut d'ailleurs nommé en 1861 secrétaire de la commission de la propriété littéraire. Conseiller général des Hautes-Alpes à la fin de l'Empire, il fut élu le 9 novembre 1879 sénateur républicain et siégea à gauche. Franc-maçon, il se montra favorable aux lois de Jules Ferry sur l'enseignement, vota l'application des lois aux congrégations non autorisées, se prononça en faveur du divorce, des crédits au Tonkin et de l'expulsion des princes. Éditeur de textes de Jean et Clément Marot, de Colletet et de Diderot et de chroniques de l'époque de François Ier, Georges Guiffrey a éga-

lement laissé des traductions françaises de Thackeray (*Le Livre des snobs*, 1857 ; *La Foire aux vanités*, 1864).
Réf. : *DBF*.

Guillevic (Eugène) 1907-1997
Né à Carnac (Morbihan), le poète Eugène Guillevic a publié une œuvre « matérialiste », tout entière consacrée aux hommes, aux choses et à la terre. Il se signale dès 1942 en publiant le recueil *Terraqué*. Paraissent ensuite *Exécutoire* (1947), qui rassemble les poèmes de l'occupation, *Gagner* (1949), *Trente et Un Sonnets* (1954) et *L'Âge mûr* (1955) : ces deux derniers recueils proposent des textes civiques, de facture classique, qui témoignent de la période communiste militante de Guillevic. Celui-ci perd alors la fraîcheur d'inspiration et l'originalité formelle qui avaient présidé à ses premiers recueils. Le poète retrouvera son langage propre (un style gnomique fait de concision, presque de sécheresse) avec *Carnac* (1961), qui évoque un monde sans dieux et sans miracles, *Avec* (1966), *Euclidiennes* (1967), *Villes* (1969), *Du domaine* (1977), *Étier* (1979) et *Trouées* (1982). Enfin, Guillevic a participé à plusieurs entreprises de traductions françaises de poètes hongrois, finnois et ukrainiens.
Réf. : Bordas ; J. Tortel, *Guillevic*, 1971.

Guilloux (Louis) 1899-1980
Né à Saint-Brieuc, fils d'un cordonnier qui était aussi militant socialiste, Louis Guilloux est resté toute sa vie fidèle à l'idéal de son père. Après la fin de la Première Guerre mondiale, il gagne Paris, se marie, travaille comme lecteur d'anglais et fait lire son premier ouvrage, *La Maison du Peuple*, qui paraîtra en 1927 et bouleversera Jean Guéhenno. Tandis qu'il achève son chef-d'œuvre, *Le Sang noir* (1935), la montée du fascisme le conduit à plusieurs engagements : il est secrétaire du premier Congrès mondial des écrivains antifascistes, puis responsable du Secours populaire français ; on le trouve aussi très actif dans l'aide aux réfugiés espagnols. Lié à Gide, il accompagne celui-ci en U. R. S. S. (1936). Il passe la Deuxième Guerre mondiale en Bretagne et publie *Le Pain des rêves* (1942). À la Libération, il est interprète auprès des troupes américaines (expérience racontée trente ans plus tard dans *O. K. Joe* [1976]), achève *Le Jeu de patience* (prix Renaudot 1949), voyage (il accepte notamment une mission pour le haut-commissariat international des Réfugiés), fait des conférences et travaille à des adaptations pour la télévision (d'œuvres de Conrad et de Roger Martin du Gard). Son œuvre propre se poursuit : *Absent de Paris* (1952), *Parpagnacco* (1954), *Les Batailles perdues* (1960), *La Confrontation* (1968), *Coco perdu* (1978). *Le Sang noir* est porté à la scène avec grand succès, sous le titre *Cripure*. Louis Guilloux a été couronné par le grand prix national des Lettres, le grand prix du Roman de l'Académie française et le Grand Aigle d'or du Festival de Nice.
Réf. : Laffont-Bompiani.

Hammar (Thekla) ? - après 1926
Professeur de collège à Uppsala, auteur d'une *Anthologie des écrivains suédois contemporains* (1911), d'un *Vocabulaire français-suédois* (1917) et d'un *Dictionnaire suédois-français* (1926 ; 3e édition, 1993), Thekla Hammar a également laissé des traductions françaises de Selma Lagerlöf (*Le Merveilleux Voyage de Nils Holgersson à travers la Suède*, 1923 ; *Le Monde des Trolls*, 1924 ; *Les Miracles de l'Antéchrist*, 1924) et de Jens Peter Jacobsen (*Madame Marie Grubbe*, 1920).
Réf. : Lorenz.

Hammer (Jean-Pierre) 1927-
Germaniste, peintre, musicologue, docteur ès lettres (avec une thèse intitulée « Itinéraire et mythe personnel de Lenau, poète »), auteur de *Lenau poète rebelle et libertaire* (1987), Jean-Pierre Hammer a également publié des traductions françaises du *Faust* de Lenau (1971), de Wolf Biermann (*La Harpe de barbelés*, 1972 ; *Ainsi soit-il et ça ira*, 1978) et d'Adorno (*Musique et cinéma*, 1972).
Réf. : *Jean-Pierre Hammer*, Presses universitaires de Nancy, 1992.

Handrich (Emmanuel) XXe siècle
Auteur, avec Gunnar Høst, d'une traduction française de *Napoléon 1827* de Henrik Wergeland (1931), Emmanuel Handrich a également laissé des manuels d'apprentissage de l'allemand, ainsi que des versions d'*Ondine* de La Motte Fouqué et de *Pierre Schlemihl* de Chamisso (1949), des *Souliers rouges et autres contes* d'Andersen (1950) et des *Contes* de Grimm (1953).

Hankiss (Janos, dit Jean) 1893-1959
Originaire de Hongrie, Jean Hankiss a publié plusieurs ouvrages sur la civilisation hongroise (dont plusieurs furent traduits en français) ainsi qu'une *Anthologie de la prose hongroise* (1938 ; avec Léopold Molnos). Éditeur du *Pyrame et Thisbé* de Théophile de Viau (1933) et

du journal de Franz Liszt (traduction française en 1960 par György Kassai), Jean Hankiss est aussi l'auteur d'études consacrées à ce musicien et d'ouvrages de théorie littéraire (*Défense et illustration de la littérature*, 1936 ; *La Littérature et la vie. Problématique de la création littéraire*, 1951).

Herzen (Alexandre I.)
(Voir la notice dans le présent volume.)

Hohn (Gerhard) XXe siècle
Installé à Paris depuis les années 60, Gerhard Hohn suit la vie intellectuelle française pour la *Frankfurter Rundschau*. Il a publié une édition du traité *De la France* de Heine (1994 ; avec Bodo Morawe), ainsi que des études littéraires et philosophiques, tant en Allemagne qu'en France (*Heine-Handbuch*, 1987 ; *Heinrich Heine. Un intellectuel moderne*, 1994).

Høst (Gunnar) XXe siècle
Auteur — avec E. Handrich — d'une traduction française d'un poème de Wergeland, publiée en 1931 dans la *Revue des Études napoléoniennes*.

Houël (Guillaume *Jules*) 1823-1886
Né à Thaon (Calvados), élève de l'École normale supérieure, Jules Houël s'intéressa très tôt à la mécanique céleste et professa successivement dans les collèges ou lycées de Bourges, Bordeaux, Pau et Alençon. En 1855, il devint docteur ès sciences (avec des thèses « Sur l'intégration des équations différentielles dans les problèmes de mécanique » et sur l'« Application de la méthode de M. Hamilton au calcul des perturbations de Jupiter »). Jules Houël refusa ensuite d'entrer à l'Observatoire de Paris où l'appelait Le Verrier, mais il accepta en 1859 la chaire de mathématiques pures à la Faculté des sciences de Bordeaux et la conserva jusqu'à sa retraite, en 1885. — Connaissant plusieurs langues étrangères, en correspondance avec les savants du monde entier, Jules Houël a laissé des travaux de mathématiques qui lui ont valu une grande réputation (*Tables de logarithmes à cinq décimales*, 1858 ; *Recueil de formules et de tables numériques*, 1866 ; *Essai critique sur les principes fondamentaux de la géométrie élémentaire*, 1867 ; *Théorie élémentaire des quantités complexes*, 1867-1874, 14 vol. ; *Sur le calcul des équipollences*, 1869 ; *Notions élémentaires sur les déterminants*, 1871 ; *Cours de calcul infinitésimal*, 1878-1881, 4 vol. ; *Études sur les méthodes d'enseignement dans les mathématiques*, 1883). Il a aussi traduit des ouvrages de mathématiques d'Abel, de Baltzer, d'Helmholtz, de Bólyai de Bolya, de Riemann ; il a dirigé de 1870 à 1886 le *Bulletin des sciences mathématiques et astronomiques* ; il a enfin fourni une centaine de mémoires et articles au *Journal de Liouville* et aux *Nouvelles annales de mathématiques*.
Réf. : *DBF*.

Ibrovac (Miodrag) 1885-1973
Diplômé de français de l'université de Belgrade, Miodrag Ibrovac enseigne cette langue à Nis et à Belgrade, puis obtient, peu avant la Première Guerre mondiale, une bourse d'études pour se rendre en Suisse et en France. À Paris, il s'occupe des enfants serbes réfugiés puis, après la Guerre, enseigne le serbo-croate à l'École des Langues orientales (1918-1922 ; il publie à cette époque *La Langue serbo-croate* [1918]). En 1923, il soutient un doctorat d'État sur Hérédia (dont il tira deux ouvrages, sur « Les Sources des *Trophées* » et « José Maria de Hérédia : sa vie, son œuvre ») puis obtient une nomination de professeur à l'Université de Belgrade. En 1935, il fait paraître, en collaboration avec Savka Ibrovac, une *Anthologie de la poésie yougoslave des XIXe et XXe siècles*. Après sa retraite, en 1955, il donnera encore des cours de littérature française à l'université de Ljubljana et publiera un important ouvrage consacré à *Claude Fauriel et la fortune des poésies populaires grecque et serbe* (1966).

Iehl (Dominique) 1924-
Agrégé de lettres en 1948, diplômé de l'École des Langues orientales (russe), docteur d'État en 1967 (avec une thèse sur « Le Monde religieux et poétique d'Annette von Droste-Hülshoff » défendue en Sorbonne), spécialiste de la littérature allemande des XIXe et XXe siècles, Dominique Iehl a enseigné l'allemand dans divers lycées, la littérature comparée pendant quatre ans à la Sorbonne, et il a été, de 1958 à 1993, professeur d'allemand aux universités de Lille, puis de Toulouse. Auteur d'un essai sur *Le Grotesque* (1997), traducteur de Rilke, Dominique Iehl a également donné des publications nombreuses sur Kafka, Von Eichendorff, Bachmann, H. Hesse, Thomas Mann, von Droste-Hülshoff, les rapports entre la littérature et la peinture et enfin les rapports entre Dostoïevski et les romanciers allemands.

Jacamon (Marie-France) XXe siècle
Ancienne étudiante d'ukrainien à l'INALCO (Paris), Marie-France Jacamon a publié quelques traductions du poète Taras Chevtchenko.

Jelínek (Hanus) 1878-1944
Docteur ès lettres de l'université de Prague, Hanus Jelínek a voyagé dans toute l'Europe et notamment à Paris, où il a donné en 1910 un cours de Sorbonne sur « La Littérature tchèque contemporaine » et a publié plusieurs ouvrages visant à faire mieux connaître son pays au public français : *La Poésie moderne tchèque* (1900) et *Chansons populaires tchécoslovaques* (1922), notamment. Il eut aussi une importante activité de traducteur, du tchèque vers le français (Jirasek, Dyk, B. Nemcova) et du français vers le tchèque (Barbusse, Baudelaire, Becque, Fr. Jammes, Molière, Musset, etc.).
Réf. : Lorenz.

Johannet (José) 1924-
Né à Châteauroux (Indre), licencié ès lettres classiques, agrégé de russe, José Johannet a été maître de conférences à l'Université de Paris X-Nanterre. Spécialiste de grammaire historique du russe, il a donné des versions françaises d'œuvres de Pouchkine, Gogol et Soljénitsyne.

Jourdan (Antoine Jacques Louis) 1788-1848
Né à Paris, Antoine Jourdan est d'abord chirurgien aux armées. Licencié en 1814, il se tourne vers la littérature — principalement médicale — et publie des traductions : *Histoire de la médecine depuis son origine jusqu'au XIXe siècle* de Sprengel (1815-1825, 7 volumes), *Histoire de la philosophie moderne depuis la naissance des lettres jusqu'à Kant* de Buhle (1816, 6 volumes), les écrits de Hahnemann, etc. On lui doit 72 ouvrages de traduction et huit de sa propre veine, dont une *Dissertation sur la pellagre* qui lui valut d'obtenir le titre de docteur en médecine, en 1819, un *Traité complet des maladies vénériennes* (1826, 2 volumes), une *Pharmacopée universelle* (1828, 2 vol.) et une *Esquisse historique des principales époques des sciences physiques et mathématiques* (1832).
Réf. : *DBF*.

Jourdheuil (Jean) XXe siècle
Actuellement maître de conférences à l'Université de Paris X-Nanterre, auteur de deux essais (*Le Théâtre, l'artiste, la politique*, 1976 ; *Le Théâtre, l'artiste, l'État*, 1979) et de trois pièces de théâtre, Jean Jourdheuil a eu des activités nombreuses dans le domaine dramatique, à Paris (où il a fondé et dirigé le Théâtre de l'Espérance), à Berlin et à Lisbonne. Jean Jourdheuil a mis en scène une vingtaine de pièces et a écrit, avec René Allio, quatre scénarii pour les films de celui-ci. En outre, il a publié, en collaboration, des traductions françaises de Büchner, Heiner Müller, Karl Valentin, Carl Schmitt, Peter Szondi, Kleist, Gottfried Benn, Peter Hacks, Lothar Trolle, Brecht et Hartmut Lange.

Jungelson (Lauraine) 1964-
Diplômée de littérature comparée (Paris IV-Sorbonne) et de psychologie clinique et pathologique (Paris X-Nanterre), Lauraine Jungelson a traduit les *Sonnets portugais* d'Elizabeth Browning (1994) et l'*Essai posthume sur l'instinct* de Darwin (1997). Elle appartient à l'équipe des traducteurs de l'ICDI qui assure l'édition complète de l'œuvre de Darwin en français.

Karr (Thérèse) 1836-1887
Fille d'Alphonse Karr (1808-1890), Thérèse Karr collabora à *L'Artiste* et au *Musée des familles*, et elle dirigea *Le Conseiller des familles* de 1865 à 1872. Elle a laissé des contes, des romans, des essais historiques, des ouvrages autobiographiques et des traductions (*Croquis irlandais*, 1860 ; *Soirées germaniques offertes à la jeunesse* [avec des traductions d'Adalbert Stifter], 1860 ; *Les Huit Grandes Époques de l'histoire de France*, 1861 ; *La Fille du cordier, scènes de la vie irlandaise* [traduit de G. Griffin], 1872 ; *Souvenirs d'hier et d'autrefois*, 1874 ; *Le Peintre à la violette*, 1882 ; *La Symphonie du travail*, 1885 ; etc.).
Réf. : *DBF*.

Kastler (Claude) XXe siècle
Fils d'Alfred Kastler (1902-1984), qui reçut le prix Nobel de physique en 1966, Claude Kastler fit ses études au lycée Louis-le-Grand, à la Sorbonne et à l'université de Moscou. Il est actuellement professeur à l'Université Grenoble III-Stendhal. Traducteur d'articles de Herzen en 1963, Claude Kastler a également publié une *Grammaire tchèque pratique et raisonnée* (1986 ; 2e édition revue et augmentée, 1995).

Kelemen (Imre) XXe siècle
Imre Kelemen est l'auteur de traductions nombreuses d'ouvrages hongrois en français ; la plupart de ces traductions ont paru aux éditions Corvina de Budapest. Imre Kelemen a traduit des romans (ainsi *Le Parapluie de saint Pierre* de Kálmán Mikszáth [1961]), des contes, des légendes médiévales, des traités de géographie, d'histoire (*Histoire de la Hongrie*, 1974) et d'histoire de l'art (*Les Beaux-Arts en Hongrie* de Antal Kampis [1966]). Quelques extraits des versions de Kelemen ont été retenus par Tibor Klaniczay en 1981 pour le recueil *Pages choisies de la littérature hongroise, des origines au milieu du XVIIIe siècle*.

Koppova (Jos. Boz.) XIXe siècle
Auteur d'une traduction française, parue à Prague en 1881, de *Grand'Mère* de Bozena Nemcova.

Kreiss (Bernard) 1938-
Né à Mulhouse, diplômé d'études supérieures de langue et littérature allemandes, Bernard Kreiss est l'auteur de nombreuses traductions d'auteurs des XIXe et XXe siècles (Stifter, Th. Fontane, Hofmannsthal, von Horvath, Lenz, Walser, Th. Bernhard, Lange, Elias Canetti, Gert Hofmann, Ransmayr, Hackl, G. W. Sebald).

Kudela (Jean) 1931-
Né à Paris, ancien élève de l'École normale supérieure de Saint-Cloud, diplômé d'allemand, d'anglais et de tchèque, Jean Kudela fut lecteur aux universités de Skopje et de Prague, professeur dans l'enseignement secondaire et il est actuellement chargé de cours à l'INALCO. Publiés dans des langues très variées (français, serbo-croate, allemand, néerlandais, polonais), ses travaux portent sur la lexicologie contrastive, l'histoire et la civilisation sorabes, et la littérature tchèque.

Lajarrige (Jacques) 1960-
Né à Angers, agrégé d'allemand, docteur en études germaniques de l'université de Lille 3, titulaire depuis 1994 de l'habilitation (avec des travaux sur le thème « Mythe et réalité sociale dans les littératures allemande et autrichienne contemporaines » ; université de Paris XII), Jacques Lajarrige est actuellement professeur de langue et littérature allemandes à l'Université Blaise Pascal-Clermont II. Auteur de traductions françaises de H. C. Artmann (*Le Message viride*, 1991), de Franz Grillparzer (*Le Pauvre Musicien*, 1991), de Friederike Mayröcker et de Milo Dor, il a en outre publié un ouvrage consacré à *Hans Carl Artmann. Tradition littéraire et exercices de style* (Stuttgart, 1992) et dirigé une demi-douzaine de volumes d'études portant sur la littérature en langue allemande.

Lambert (Jean-Clarence) 1930-
Poète, essayiste, critique d'art, Jean-Clarence Lambert a également une œuvre importante de traducteur de la littérature suédoise. Au cours des années 1950-1960, il donne des versions françaises des poètes Lagerkvist, Ekelöf, Lindegren et Lundkvist. En 1971, il publie, dans la collection UNESCO des « Œuvres représentatives » , une *Anthologie de la poésie suédoise, des origines à nos jours*, puis décrit ses « explorations et découvertes » du Nord dans l'essai *La Paix dorée*. En 1988, il organise à Paris, avec le Svenska Institutet, des rencontres internationales dédiées à Gunnar Ekelöf. Deux ans plus tard, Jean-Clarence Lambert est lauréat de l'Académie Suédoise. Enfin, *Langue étrangère*, anthologie multilingue de ses « transcriptions poétiques », publiée en 1991, fait une place aux poètes suédois Kjell Epsmark, Lars Forsell et Lasse Söderberg.

Lanceray (Olga) XIXe - XXe siècle
Auteur d'une *Anthologie des poètes russes* traduits en vers français (1911) et d'une traduction de *Boris Godounov* de Pouchkine (1910).

Lanux (Pierre de) XIXe - XXe siècle
Auteur, avec Gaston Gallimard, d'une traduction française de *Judith*, tragédie de Friedrich Hebbel (1911).

Latal (Jiri) 1923-1999
Docteur en philosophie, candidat en sciences, professeur émérite de philologie romane à l'Université Palacky d'Olomouc (Tchéquie), Jiri Latal a laissé de nombreuses traductions tchèques d'auteurs français. Titulaire de nombreuses distinctions, il a notamment contribué à fonder la section française du gymnase d'Olomouc.

Latour (Antoine Tenant de) 1808-1881
Né à Saint-Yriex, fils de Jean-Baptiste Tenant de Latour (éditeur de Racan et de Malherbe), Antoine de Latour fit ses études à l'École Normale Supérieure, puis devint en 1832 précepteur du duc de Montpensier, fils de Louis-Philippe, et en 1843 secrétaire des commandements de son élève. Antoine de Latour a publié des recueils poétiques (*La Vie intime*, 1839 ; *Poésies complètes*, 1841), des ouvrages d'histoire (*Essai sur l'étude de l'histoire de France au XIXe siècle*, 1835 ; *Luther*, 1835 [ouvrages où se ressent l'influence — parfois combattue — de l'œuvre et des cours de Michelet]) et d'historiographie (*Relation du voyage en Orient du duc de Montpensier*, 1847), des écrits sur l'Espagne (*Études sur l'Espagne*, 1855, 2 vol. ; *La Baie de Cadix*, 1858 ; *Tolède et les bords du Tage*, 1860 ; *L'Espagne religieuse et littéraire*, 1862 ; *Espagne. Traditions, mœurs et littérature*, 1868), ainsi que des traductions d'écrivains italiens et espagnols (Politien, Alfieri, Manzoni, Pellico, Calderón, etc.).
Réf. : *Grande Encyclopédie.*

Lazic (Boris) 1967-
Né à Paris, diplômé de théologie et de langue et littératures serbes, bosniaques et croates de l'Université Paris IV-Sorbonne, Boris Lazic a enseigné le français à l'étranger, et notamment en Serbie. Auteur de recueils poétiques, il se consacre également à la traduction (Njegos, Tin Ujevic).

Ledoux (Francis) XXe siècle
Auteur de traductions nombreuses d'auteurs anglo-saxons (Melville, Defoe, Fielding, Tolkien, Charlotte Brontë, Dickens, Poe, Shakespeare, Walpole, Tennessee Williams), Francis Ledoux obtint en 1972 le Prix du Meilleur Livre étranger pour sa version française du *Seigneur des anneaux*.

Lefebvre (Jean-Pierre) 1943-
Né à Boulogne-sur-Mer (Pas-de-Calais), Jean-Pierre Lefebvre accomplit des études d'allemand, de scandinave, de latin et de philosophie à Lille et à Paris (École normale supérieure). De 1965 à 1967, il est lecteur à l'université de Heidelberg, de 1969 à 1971, il est assistant à l'Université de Paris-Sorbonne, et depuis 1971, il est maître de conférences à l'École normale supérieure. Il a publié *Hegel, la société* (1984 ; en coll. avec Pierre Macherey), *Der gute Trommler* (1986), un roman, *La Nuit du passeur* (1989), *Hölderlin, journal de Bordeaux* (1990), ainsi qu'une *Anthologie de la poésie allemande* (1993). Jean-Pierre Lefebvre est également l'auteur de traductions françaises de Heine, de Marx, de Büchner, de Hölderlin et de Hegel.

Lescoffier (Jean) 1875-1947
Spécialiste de la littérature norvégienne, Jean Lescoffier a consacré une thèse de doctorat et plusieurs études à Bjornson. Il a en outre composé une *Histoire de la littérature norvégienne*, qui parut posthume, en 1952.

Leyris (Pierre) 1907-
Ancien directeur du domaine anglais aux éditions du Mercure de France, membre d'honneur de l'Association des Traducteurs littéraires français, Pierre Leyris a obtenu en 1972 le Grand Prix de la Traduction pour l'ensemble de son œuvre. On lui doit des versions françaises de Hopkins, Beckett, Blake, Yeats, Melville, Dickens, Maria Edgeworth et T. S. Eliot notamment.
Réf. : H. Van Hoof, *Dictionnaire universel des traducteurs*, 1993.

Lhoest (Françoise) 1947-
Née à Namur, Françoise Lhoest a étudié le russe à l'Université de Paris X, le vieux-slave et la paléographie à l'École pratique des Hautes Études, le tchèque puis le polonais à l'École des Langues orientales vivantes de Paris. Depuis 1972, Françoise Lhoest enseigne le russe à Bruxelles et se consacre aussi à la traduction. Elle a traduit, entre autres, les sémioticiens russes Iouri Lotman et Boris Ouspensky, des théologiens orthodoxes contemporains (en particulier l'évêque Kallistos Ware et les pères Jean Meyendorff, Alexandre Men et Alexandre Schmemann), ainsi que certains *Écrits sur l'art* du père Paul Florensky ; de ce dernier auteur, Françoise Lhoest prépare actuellement la traduction des *Souvenirs d'enfance* et des *Lettres de Solovki*.

Loiseau (Hippolyte) 1868 - ?
Éditeur et traducteur de Schiller, de Goethe et de Grillparzer, Hippolyte Loiseau a laissé plusieurs ouvrages consacrés à Goethe (*L'Évolution morale de Goethe*, 1911 ; *Goethe et la France*, 1930 ; *Goethe. L'homme, l'écrivain, le penseur*, 1943), ainsi qu'une étude sur *Le Pangermanisme. Ce qu'il fut, ce qu'il est* (1921).
Réf. : Lorenz.

Lorain (Paul) 1799-1861
Recteur de l'Académie de Lyon, Paul Lorain a laissé des manuels d'enseignement, une édition de la *Grammaire française* de Bescherelle (1844), un *Tableau de l'instruction primaire en France* (1857) et un ouvrage sur *Origine et fondation des États-Unis* (1853) qui parut dans un texte revu par Guizot. En outre, Paul Lorain a traduit ou fait traduire en français la plupart des œuvres de Bulwer Lytton et de Dickens.
Réf. : Lorenz.

Luciani (Gérard) 1928-
Né à Paris, agrégé d'italien, Gérard Luciani est depuis 1994 professeur émérite de l'université de Grenoble. Il est l'auteur de *Les Monstres dans « La Divine Comédie »* (1975), *Carlo Gozzi (1720-1806). L'homme et l'œuvre* (1977, 2 vol.), *Carlo Goldoni, ou l'honnête aventurier* (1992), ainsi que d'une cinquantaine d'articles portant sur la littérature italienne, les voyageurs français en Italie aux XVIIIe et XIXe siècles et l'émigration italienne. On doit aussi à Gérard Luciani des traductions françaises du *Prince* de Machiavel (1995) et d'un recueil de nouvelles de Verga (1996).

Lullien (J.-C.) XXe siècle
Auteur — avec Pierre Verdier — d'une traduction française de *La Dame du manoir de Wildfell* d'Anne Brontë (1951).

Luneau [ou Vieil-Luneau] (Sylvie) ? - 1987
Licenciée ès lettres, Sylvie Luneau a laissé de très nombreuses traductions française d'auteurs russes : Dostoïevski (*Le Joueur*, 1958), Tolstoï (*Souvenirs et récits*, 1960 ; *La Guerre et la Paix*, 1966 ; *Enfance, adolescence, jeunesse*, 1975 ; *Anna Karénine*, nouv. éd., 1988), Aksakov (*Une Chronique de famille*, 1946-1957), Gogol (*Le Journal d'un fou*, 1948), Melnikov Pechersky (*Dans les forêts*, 1957 ; Prix du Meilleur Livre étranger), N. S. Leskov (*Œuvres*, 1967), etc. Elle est morte à Paris.

Macé (Gérard) 1946-
Né à Paris, diplômé de lettres, Gérard Macé vit à Paris ; il a séjourné à Rome (villa Médicis) de 1975 à 1977, et a voyagé au Japon en 1984 et en 1989. Il est l'auteur d'une œuvre où dominent les romans courts et les textes concis (*Le Jardin des langues*, 1974 ; *Les Balcons de Babel*, 1977 ; *Le Manteau de Fortuny*, 1987 ; *Le Dernier des Égyptiens*, 1988 ; *Vies antérieures*, 1992). Lecteur subtil de Nerval, Corbière, Rimbaud, Mallarmé et Segalen (*Ex libris*, 1980), Gérard Macé a aussi édité des œuvres inédites de Saint-Pol-Roux et préfacé Segalen, Tardieu et Bounoure. Enfin, il a traduit Leopardi, Solmi, Saba, Giorgio Agamben, Cristina Campo, Lokenath Bhattacharya et Thomas De Quincey. L'ensemble de son œuvre de traducteur a été reprise en 1998 dans le volume *Colportage. II. Traductions*.
Réf. : Laffont-Bompiani ; Pietro Citati, « Les Signes obscurs », in *Gérard Macé*, Fata Morgana, [1993].

Magny (Olivier Soufflot de) 1929-
Ce critique littéraire, qui est presque l'homonyme d'un poète du XVIe siècle, a donné des traductions françaises de Slowacki, recueillies par Constantin Jelenski dans son *Anthologie de la poésie polonaise* (1965). Il a écrit aussi la préface d'un roman de Queneau et a donné en 1971 une édition de *Volupté* de Sainte-Beuve.

Magrini (Silvana) XXe siècle
Auteur, avec Louis Guilloux, d'une traduction française des *Fiancés* de Manzoni (1956).

Malroux (Claire) 1935-
Poète et traductrice française, diplômée de l'École normale supérieure de Sèvres, vice-présidente des Assises de la Traduction littéraire en Arles, Claire Malroux a fait un séjour de sept années en Angleterre au service du Ministère de l'Éducation. Elle a traduit de l'anglais des œuvres de Joyce Carl Oates, d'Edith Wharton, d'Emily Dickinson (*Poèmes*, 1990 ; prix de Traduction Maurice-Edgar Coindreau), d'Henry James, de John Cowper Powys, de James Purdy, d'Emily Brontë (*Cahiers de poèmes*, 1995), etc. À noter que Claire Malroux publie aussi sous le pseudonyme de « Claire-Sara Roux ».
Réf. : H. Van Hoof, *Dictionnaire universel des traducteurs*, 1993.

Marcadé (Jean-Claude) XXe siècle
Agrégé de l'université, docteur d'État avec une thèse consacrée à Nikolaj Leskov, auteur d'ouvrages sur la Russie (*Malevitch*, 1990 ; *L'Avant-garde russe*, 1995) et de traductions d'écrits russes (notamment le *Khomiakov* de N. Berdiaev [1988 ; avec Valentine Marcadé], ainsi qu'un choix de textes d'Igor Markevitch, présenté en français sous le titre *Le Testament d'Icare* [1984]), membre du comité de rédaction de la *Revue d'Études slaves*, Jean-Claude Marcadé était en 1989 directeur de recherche au C.N.R.S.

Marcadé (Valentine) ? - 1994
Ancien professeur de russe à l'INALCO, docteur d'État ès lettres de l'Université de Paris III (avec une thèse intitulée « Contribution à l'étude de l'art pictural ukrainien », défendue en 1981), Valentine Marcadé a laissé plusieurs ouvrages sur l'art pictural en Russie et en Ukraine, ainsi qu'une traduction du *Khomiakov* de N. Berdiaev (1988 ; avec Jean-Claude Marcadé).

Marcel (Luc-André) ? - 1992
Compositeur et poète, auteur d'un recueil intitulé *Hélène ou le jeu troyen*, Luc-André Marcel a publié en 1953 aux *Cahiers du Sud* une anthologie en langue française consacrée à « Grégoire de Narek et l'ancienne poésie arménienne ». Pour entreprendre cet ouvrage, Luc-André Marcel a pris soin de s'entourer de garanties critiques rigoureuses et s'est notamment assuré le concours de l'érudit Haïk Berbérian. Plusieurs des textes choisis n'étaient connus que de rares spécialistes et se trouvaient en 1953 traduits pour la première fois dans une langue moderne.

Marek (Edmond) XXe siècle
Auteur d'une traduction commentée des *Sonnets de Crimée* d'Adam Mickiewicz (1969), Edmond Marek était en 1987 professeur d'histoire et de civilisation polonaises.

Marmier (Xavier) 1809-1892

Né à Pontarlier (Doubs), Xavier Marmier parcourt très jeune la Suisse, la Hollande, l'Allemagne, la Suède, la Norvège et la Russie. Rédacteur en chef de la première *Revue germanique* (1829-1836), bibliothécaire au ministère de l'Instruction publique (de 1840 à 1846), puis conservateur à la Bibliothèque Sainte-Geneviève et membre de l'Académie française (à partir de 1870), Xavier Marmier a contribué par ses études et ses traductions à initier ses compatriotes aux littératures du Nord, jusqu'alors très négligées. L'ensemble de ses travaux forme un nombre considérable d'ouvrages, parmi lesquels on distingue des *Études sur Goethe* (1835), l'essai *De la langue et de la littérature islandaises* (1838), une *Histoire de la littérature au Danemark et en Suède* (1839), des romans dont la matière est empruntée à ses études ou à ses souvenirs franc-comtois, et des recueils de *Lettres* retraçant ses voyages. Enfin, Xavier Marmier a traduit le *Théâtre* de Goethe (1839), celui de Schiller (1841), les *Contes fantastiques* d'Hoffmann (1843), les *Scènes de la vie russe* de Tourguenev (1858), ainsi que le *Théâtre choisi* d'Holberg et d'Œhlenschlaeger (1881, avec David Soldi). Son journal intime, dont le manuscrit est conservé à Besançon, a été publié en 1968 par Eldon Kaye.

Réf. : Grente ; C. Aymonier, *Xavier Marmier, sa vie, son œuvre* (Besançon, 1928).

Marrast (Robert) XXe siècle

Auteur de nombreux ouvrages sur la littérature, l'art et la civilisation hispaniques (*José de Espronceda et son temps. Littérature, société, politique au temps du romanstisme*, 1974 ; etc.), éditeur de textes littéraires espagnols, Robert Marrast a également une importante activité de traducteur d'écrivains espagnols et hispano-américains (Juan Goytisolo, 1964 ; Carlos Fuentes, 1966 ; Luis Cernuda, 1969 ; José de Espronceda, 1969 ; Tirso de Molina, 1969 ; etc.). En outre, il a dirigé la publication des deux volumes de *Théâtre espagnol du XVIIe siècle* parus dans la « Bibliothèque de la Pléiade ».

Réf. : H. van Hoof, *Dictionnaire universel des traducteurs*, 1993.

Mars (Marcel) XIXe siècle

Auteur de traductions françaises, publiées à Châteauroux, de Byron (*Sardanapale*, 1871), de Larra y Sanchez de Castro (*Le Damoiseau de don Henri-le-Dolent*, 1865 ; *Le Pauvre Petit Causeur*, 1870) et de Platon (*Phédon*, 1870).

Martinez (Louis) 1933-

Né à Oran, ancien élève du Lycée Louis-le-Grand et de l'École normale supérieure, agrégé de russe, Louis Martinez a été, de 1964 à 1996, maître de conférences de langue et littérature russes à l'université d'Aix-en-Provence. Il a publié de très nombreuses traductions d'écrivains russes, parmi lesquels B. Pasternak (*Le Docteur Jivago*, 1957, en coll.), M. Saltykov-Chtchédrine (*Histoire d'une ville*, 1965), L. Kopelev, A. Siniavski, Soljenitsyne (*Le Premier Cercle*, 1982), Tchékhov, O. Mandelstam (*Entretien sur Dante*, 1977 ; *Poésies*, 1981), Pouchkine (*Poésies*, 1994), A. Akhmatova, Vl. Boukovski et A. Platonov (*Tchevengour*, 1996 ; *Le Chantier*, 1997).

Maslowski (Michel) XXe siècle

Auteur de traductions françaises des *Aïeux* d'Adam Mickiewicz (1992) et de *Kordian* de Juliusz Slowacki (1996) — toutes deux rédigées en collaboration avec Jacques Donguy — Michel Maslowski a également dirigé deux volumes collectifs sur l'Europe centrale (*L'Europe du milieu*, 1991 ; *Identité(s) de l'Europe centrale*, 1995). Il était en 1991 professeur de littérature et civilisation polonaises, responsable du département de polonais à l'Université de Nancy II.

Matillon (Janine) 1929-

Épouse de l'écrivain Stanko Lasic, Janine Matillon a vécu et enseigné pendant quinze ans à Zagreb. Elle est actuellement professeur émérite de langue serbo-croate à l'INALCO. Auteur de plusieurs romans (parmi lesquels *Les Deux Fins d'Orimita Karabegovic* [1996], roman sur la guerre de Bosnie), Janine Matillon a également publié des traductions françaises de *La Poésie croate des origines à nos jours* de Slavko Mihalic et Ivan Kusan (1972), l'*Histoire de la culture croate* de Zvane Crnja (1966), *Les Ballades de Petritsa Kerempuh* (1975) et *L'Éléphant du vizir* d'Ivo Andritch (1977).

Maurat (Charlotte) XXe siècle

Auteur en 1964 d'une traduction de *Jane Eyre* de Charlotte Brontë, Charlotte Maurat a aussi publié, trois ans plus tard, *Le Secret des Brontë, ou Charlotte Brontë d'après les « Juvenilia », ses lettres et ceux qui l'ont connue*.

Mazade (Fernand) 1863-1939

Né à Monsac (Gard), Fernand Mazade fut poète, critique littéraire et journaliste. Il est notamment l'auteur de *Dionysos et les nymphes* (1913), de *L'Ardent Voyage* (1921), de deux recueils de vers (*Des pages*, 1882 ; *De sable et d'or*, 1921) et d'une *Anthologie des poètes français des origines à nos jours* (1925-1930, 4 volumes). En outre, ami des Ukrainiens, il traduisit les poésies de Chevtchenko et de Maxime Rylskyi, aida la délégation ukrainienne lors de la Conférence de la Paix (Paris, 1919-1922) et fut le cofondateur en France du Cercle d'études ukrainiennes. [D'après des renseignements aimablement communiqués par Arkady Joukovsky.]

Mendès (Catulle) 1841-1909

Né à Bordeaux, Catulle Mendès passe son adolescence à Toulouse puis vient à Paris en 1859. Patronné par Théophile Gautier, il fonde l'année suivante *La Revue fantaisiste* qui compta Léon Cladel et Villiers de l'Isle-Adam pour collaborateurs. Son premier recueil de poèmes, *Philoméla*, paraît en 1863 et est bien accueilli par la critique. Un voyage en Allemagne révèle à Mendès la culture germanique et il devient l'ardent défenseur de Wagner. Ensuite, on le retrouve chez Leconte de Lisle, avec Coppée, Dierx et Hérédia, pour la naissance du « Parnasse ». Le 2 mars 1866 paraît le premier fascicule du *Parnasse contemporain, recueil de vers nouveaux* ; Mendès s'occupait des différentes livraisons que l'éditeur Lemerre prenait sous son enseigne. Il publie ensuite *Hespérus* (1872) et *Contes épiques* (1872), poèmes swedenborgiens, et donne la même année sa première pièce au Français, *La Part du roi*. Sa production va s'accumuler : chroniques, pièces (*Le Capitaine Fracasse*, 1878 [adapté de Gautier] ; *La Reine Fiammette*, 1898 ; *Médée*, 1898 ; *La Vierge d'Avila*, 1906 ; etc.), livrets d'opéra (*Gwendoline*, 1886 ; *Isoline*, 1888), romans (*La Vie et la mort d'un clown*, 1879 ; *Les Mères ennemies*, 1880 ; etc.), nouvelles, contes licencieux (*Le Boudoir de verre*, 1884 ; *Jupe courte*, 1884 ; *Pour lire au bain*, 1885), recueils poétiques, essais (*Richard Wagner*, 1886 ; *L'Œuvre wagnérienne en France*, 1899 ; *Le Mouvement poétique français de 1867 à 1900*), il touche à tous les genres et le succès lui sourit. Catulle Mendès est mort à Saint-Germain-en-Laye le 7 février 1909.

Réf. : Laffont-Bompiani.

Mérimée (Prosper) 1803-1870

Né à Paris, élève du lycée Henri-IV, Prosper Mérimée hésite entre la peinture, le droit et les lettres. Ami de Stendhal et de Jean-Jacques Ampère, il se fait d'abord remarquer par deux mystifications, *Le Théâtre de Clara Gazul* (1825), ouvrage censément écrit par une actrice espagnole (dans une préface signée Joseph Lestrange, l'auteur se présente comme l'éditeur et le simple traducteur), et *La Guzla* (1827), où Mérimée se fait passer pour le traducteur d'un écrivain illyrien imaginaire, Hyacinthe Maglanovich. Certaines des ballades de *La Guzla* sont traduites en allemand et en russe (ces dernières par Pouchkine). Mérimée publie ensuite la *Chronique du règne de Charles IX* (1829), puis commence à composer de courts récits dont la concision, la sobriété et la violence devaient exprimer le meilleur de son talent (*Mateo Falcone*, 1829 ; *Le Vase étrusque*, 1830 ; *La Vénus d'Ille*, 1837 ; *Colomba*, 1840 ; *Carmen*, 1845). Inspecteur général des monuments historiques à partir de 1834, reçu à l'Académie des inscriptions et belles-lettres en 1843 et à l'Académie française en 1844 (au fauteuil de Charles Nodier), Prosper Mérimée accomplit de nombreux voyages d'étude dans toute la France ; grâce à sa science de l'archéologie et de l'architecture, il réussit à sauver de la ruine de nombreux monuments romans et gothiques. Bien en cour sous Napoléon III (l'impératrice était la fille de la comtesse de Montijo, son amie), il délaisse quelque peu la fiction pour apprendre le russe et se consacrer à la traduction de Gogol et de Pouchkine ; c'est à Mérimée que revient l'honneur d'avoir introduit en France la littérature russe.

Réf. : Laffont-Bompiani ; J. Autin, *Prosper Mérimée écrivain, archéologue, homme politique*, 1983.

Michiels (Alfred) 1813-1892

Né à Rome, Alfred Michiels a laissé son nom dans l'histoire littéraire pour les polémiques hargneuses qui l'opposèrent à plusieurs des critiques français de son temps, en particulier à Sainte-Beuve. Il a laissé des contes, des romans, des récits de voyage (*Voyage d'un amateur en Angleterrre*, 1872), des ouvrages d'histoire (*Les Anabaptistes des Vosges*, 1860), des essais littéraires (*Histoire des idées littéraires en France au XIX*e *siècle et de leurs origines dans les siècles antérieurs*, 1863, 2 volumes) et de nombreuses études d'histoire de l'art (*Études sur l'Allemagne, renfermant une Histoire de la peinture allemande*, 1840, 2 volumes ; *Rubens et l'école d'Anvers*, 1854 ; *Histoire de la peinture flamande depuis ses débuts jusqu'en 1864*, 2e éd., 1865-1876, 10 volumes ; *L'Architecture et la peinture en Europe depuis le IV*e *siècle jusqu'à la fin du XVI*e, 3e éd., 1873 ; *Van Dyck et ses élèves*, 1880 ; etc.).

Réf. : Grente.

Milcent (Alphonse) XIXe siècle

Auteur d'écrits médicaux, et notamment d'une traduction française de *Fragments* de Samuel Hahnemann parue en 1855 (en collaboration avec le docteur Champeaux).

Moisse (Charles) XXe siècle
Auteur d'un recueil poétique (*Ainsi de cette vie*, 1945), Charles Moisse a également publié un recueil de *Ballades populaires slovaques* traduites en français ainsi que des versions de *La Maison aux mille étages* de l'écrivain tchèque Jan Weiss (1967, avec Jan Svoboda) et de *Trois nouvelles slovaques* d'Alfonz Bednár.

Molitor (Lucienne) XXe siècle
Auteur de nombreuses traductions françaises d'auteurs anglo-saxons (Martha Albrand, Mark Twain, Stephen Crane, Charles Dickens [*David Copperfield*, 1962], Bram Stoker [*Dracula*, 1969], Elizabeth Seifert, W. M. Thackeray [*La Foire aux vanités*, 1958], Nathaniel Hawthorne [*La Lettre écarlate*, 1975], George Eliot [*Le Moulin sur la Floss*, 1957 ; *Middlemarch*, 1958], R. L. Stevenson [*Le Vagabond des mers*, 1954], Jonathan Swift [*Voyages de Gulliver*, 1961]).

Molnos-Muller (Léopold [hongr. Lipót]) 1897-1982
Né à Váradles, élève — comme son ami Jean Hankiss — du Collège Eötvös, fondé en 1895 et qu'on appelait « l'ENS de Hongrie », Léopold Molnos-Muller fut, de 1930 à 1944, le directeur du Centre d'Études hongroises en France (créé en 1927, ce Centre ne disposait à l'époque que de deux pièces dans un immeuble du Quartier Latin). Simultanément lecteur de hongrois à l'École des Langues orientales vivantes, il joua un rôle de conseiller linguistique et d'intermédiaire, surtout pour les anthologies de Jean Hankiss. Léopold Molnos-Muller travailla aussi, avec Aurélien Sauvageot et Raymond Schwab, à la traduction du poète catholique Lászlo Mécs (*Poèmes choisis*, 1938 ; rééd. en 1944 [préface de Paul Valéry] et en 1946). Après la guerre, il fut fonctionnaire au Département des relations culturelles du Ministère de l'Instruction publique, jusqu'à sa mise à la retraite anticipée, en 1950.
[D'après des renseignements aimablement transmis par Tivadar Gorilovics.]

Mongault (Henri) 1888-1941
Né au Mans, Henri Mongault se rend en Russie aussitôt après son baccalauréat, s'y marie et y reste jusqu'en 1918. Le russe était devenu pour lui presque une seconde langue maternelle et il avait étudié à fond la littérature, les arts et l'histoire de ce pays. Après son retour, il a traduit en français des œuvres de Zinaïda N. Hippius, d'Aleksander I. Kouprin (*Duel*, 1922 ; *La Fosse aux filles*, 1923 ; *Les Lestrygons*, 1924), de Dmitri S. Merejkovski (*Julien l'Apostat*, 1927), de Leskov (*Hommes d'Église*, 1937), de Tourguenev (*Mémoires d'un chasseur*, 1930), de Gogol (*Les Âmes mortes*, 1926 ; *Nouvelles*, 1938) et de Dostoïevski (*Les Frères Karamazov*, 1923 ; *Mémoires écrits dans un souterrain*, 1926 ; *Un joueur*, 1928 ; *Notes d'hiver sur des impressions d'été*, 1928 ; *Souvenirs de la maison des morts* 1932 ; *Stepantchikovo*, 1937 ; *Netotchka Nezvanova*, 1940 ; *Un petit héros*, 1940). En outre, il a laissé un recueil intitulé *De Pouchkine à Tolstoï. Contes et nouvelles* (1930) ainsi qu'une édition critique des *Études sur la littérature russe* de Mérimée (1931-1932, 2 vol.).
Réf. : *Revue des Études slaves*, 1941-1942.

Monod (Sylvère) 1921-
Né à Cannes, agrégé et docteur ès lettres, Sylvère Monod fut professeur de langue et littérature anglaises à la Faculté des Lettres de Caen puis à la Sorbonne (1964-1982). Auteur d'un roman (*Madame Homais*, 1988) et d'ouvrages d'histoire littéraire (*Dickens romancier*, 1953 ; *Charles Dickens*, 1959 ; *Histoire de la littérature anglaise, 1830-1970*), Sylvère Monod a également publié de nombreuses traductions d'œuvres de Dickens, des sœurs Brontë, de Conrad, de Kipling et de Shakespeare. Il a été lauréat du Grand Prix national de Traduction (1993) et président des Assises de la Traduction littéraire en Arles.

Morawe (Bodo) XXe siècle
Auteur — avec Gerhard Hohn — d'une édition du traité *De la France* de Henri Heine (1994).

Moreau (Jean-Luc) 1937-
Né à Tours, Jean-Luc Moreau est titulaire de la chaire des langues finno-ougriennes à l'Institut National des Langues et Civilisations Orientales (Paris). Il a publié des recueils de poèmes (*Moscovie*, 1964 ; *Sous le masque des mots*, 1969 ; *La Bride sur le cœur*, 1990), un essai (*La Liberté racontée aux enfants*, 1986), plusieurs anthologies (*Le Pouvoir du chant. Anthologie de la poésie populaire des peuples ouraliens*, 1980 ; *Poèmes de Russie*, 1985 ; *Poèmes et chansons de Hongrie*, 1987), ainsi que des traductions, parmi lesquelles *La Kanteletar* (1972) et les *Poèmes* de Katri Vala (1973). — L'œuvre de Jean-Luc Moreau a été couronnée de nombreux prix : l'auteur a obtenu, entre autres, le Prix Ronsard en 1963 et le Prix Tristan Tzara de la Société des Gens de lettres en 1986.

Morel-Fatio (Antoine *Léon*) 1810-1871
Né à Rouen, fils d'un banquier d'origine vaudoise et oncle d'Alfred Morel-Fatio (1850-1924 ; voir t. VII), Léon Morel-Fatio put de bonne

heure s'adonner à son goût pour les voyages : c'est ainsi qu'il visita l'Angleterre, l'Algérie, l'Italie, la Tunisie et plus tard la Baltique. Il observa beaucoup et rapporta en France une foule de croquis et de cartons, ainsi que des notes qui entreront en 1856 dans son ouvrage *Paysages du Nord : Belgique, Hollande, Baltique, [...]*. Peintre de marine d'une grande originalité et d'une fidélité scrupuleuse (il connaissait, presque en constructeur, les mille détails des bâtiments, depuis la mâture et le gréement de la barque du pêcheur jusqu'à l'articulation compliquée du vaisseau de ligne), il acquit très vite une grande réputation et fut nommé en 1849 conservateur du musée naval du Louvre. Il enrichit son département d'une collection ethnographique du plus haut intérêt et publia un catalogue détaillé des richesses dont il avait la garde. L'arrivée des Allemands le surprit au Louvre, où il mourut subitement d'une crise d'apoplexie.

Réf. : Grande Encyclopédie.

Musset (Alfred de) 1810-1857

Né à Paris dans une famille férue de littérature, Alfred de Musset fut un élève brillant. À dix-huit ans, pourvu de ressources suffisantes, il décide de se consacrer à la poésie, tout en menant la vie d'un homme du monde aimant les plaisirs de la ville. Musset publie dès 1828 une adaptation de De Quincey, *L'Anglais mangeur d'opium*. Introduit dans le Cénacle de Hugo, il utilise avec habileté les thèmes et les procédés romantiques à la mode et rassemble ses premiers essais poétiques dans ses *Contes d'Espagne et d'Italie* (1830). Sa pièce *La Nuit vénitienne*, en décembre de la même année, est un échec retentissant. Vexé, Musset renonce désormais à faire jouer ses pièces et publie *Spectacle dans un fauteuil* (1833), qui reprend *La Coupe et les Lèvres*, *À quoi rêvent les jeunes filles* et *Namouna*. L'œuvre dramatique de l'auteur comptera encore *André del Sarto* (1833), *Les Caprices de Marianne* (1833), *Fantasio* (1834), *On ne badine pas avec l'amour* (1834) et surtout l'admirable drame de *Lorenzaccio* (1834), chef-d'œuvre du théâtre romantique français. Entre temps, Musset avait rencontré le succès public avec le poème *Rolla* (1833) et vécu une liaison tumultueuse avec George Sand. Il transpose son drame moral et sentimental dans *La Confession d'un enfant du siècle* (1836), dont le récit est enrichi de considérations perspicaces sur le mal dont souffrait la génération de l'auteur. En 1840, Musset a trente ans. Vieilli avant l'âge, sans ambition sociale, l'imagination tarie, la sensibilité émoussée, il ne produit plus guère pendant les dix-sept ans qu'il lui reste à vivre. Sa vraie période créatrice n'avait guère duré que dix ans, de 1829 à 1839.

Réf. : *Dictionnaire des littératures*, dir. Ph. Van Tieghem, t. II, 1968.

Nerval (Gérard Labrunie, dit Gérard de) 1808-1855

La carrière littéraire de Nerval s'articule autour de ses quatre traductions du *Faust* de Goethe, respectivement datées de 1828 (le volume sortit de presse en novembre 1827 ; on note que l'auteur n'a pas encore vingt ans), de 1835, de 1840 (le texte se trouve cette fois augmenté de l'analyse et d'une partie de la traduction du « *Second Faust* ») et de 1850 (dans une collection de grand format, « Les Veillées littéraires illustrées », et accompagnées de gravures sur bois ; plusieurs scènes du « *Second Faust* » sont supprimées en 1850). Goethe eut entre les mains la traduction de 1828. On sait même que le 3 janvier 1830, il fit devant son secrétaire Eckermann l'éloge de ce travail. Ces propos furent reproduits par Eckermann dans le tome II (publié en 1836) de ses *Gespräche mit Goethe* et rapportés à Nerval lui-même en 1850. — On doit également à Nerval un recueil de *Poésies allemandes* (1830 ; avec des versions françaises de textes courts de Goethe, Schiller, Klopstock et Bürger), une traduction partielle des *Aventures de la nuit de Saint-Sylvestre* d'Hoffmann (1831), un *Choix de ballades et poésies allemandes* (1840 ; il s'agit d'une reprise — très augmentée — du recueil de 1840) et deux articles majeurs sur *Les Poésies d'Henri Heine* (1848).

Réf. : J. Guillaume, *Nerval. Masques et visage*, 1988 ; Cl. Pichois et M. Brix, *Gérard de Nerval*, 1995. — Voir également la notice dans le présent volume.

Noire-Isle (Charles de)

(Voir Przezdziecki [Carol].)

Olivier (Daria) XXe siècle

D'origine russe (elle s'appelle en réalité Daisy Cayeux Kamenka), auteur de romans (*Les Neiges de décembre*, 1957 [trad. anglaise en 1959] ; *L'Anneau de fer*, 1959), de biographies (*Ivan le Terrible, tsar inconnu*, 1961 ; *Élisabeth de Russie, fille de Pierre le* Grand, 1962 ; *Alexandre Ier*, 1973) et d'ouvrages d'histoire (*L'Incendie de Moscou [15 septembre 1812]*, 1964), ancien membre du comité de la Société Française des Traducteurs (SFT), Daria Olivier a publié des versions françaises d'écrivains russes (Tourgueniev, Tolstoï, Bakhtine, Nekrassov, Konstantinovski, Svirski, Berdïaev, A. Herzen, etc.) et anglais (Han Suyin, John P. Marquand, etc.).

Orfer (Léo d') 1861-1924
Rédacteur de plusieurs revues à l'époque symboliste (notamment *Le Capitan* et la *Revue de Paris*), Léo d'Orfer voyagea en Serbie, s'intéressa à la culture serbe et collabora pendant la Première Guerre mondiale aux périodiques *La Patrie serbe* et *Revue yougoslave*. Il a laissé un recueil de *Chants de guerre de la Serbie. Étude, traductions, commentaires* (1916) — où il exploitait les recueils antérieurs d'Auguste Dozon et d'Adolphe d'Avril — ainsi qu'un ouvrage sur *L'Épopée serbe* (1918).

Ostrowski (Krystyn Jozef, en français Christien) 1811-1882
Né près de Varsovie, d'abord officier d'artillerie en Pologne puis en Belgique, Christien Ostrowski commença ensuite une carrière d'homme de lettres en France. Traducteur des œuvres de Mickiewicz, il a donné aussi de nombreuses pièces de théâtre (*Françoise de Rimini*, tragédie en trois actes en vers, 1838 ; *Edvige, ou la Pologne au Moyen Âge*, tragédie en cinq actes en vers, 1850 ; *Jean Sobieski, ou le Siège de Vienne*, drame en cinq actes en vers, 1862 ; etc.), des ouvrages d'érudition (*Lettres slaves*, 1853) ainsi que des *Écrits et discours politiques* (1848). Christien Ostrowski, qui est mort à Lausanne, a laissé aussi une abondante bibliographie en polonais.
Réf. : Lorenz.

Ottavi (Antoine) 1927-
Agrégé de l'université, docteur d'État ès lettres (avec une thèse sur « L'Itinéraire de Vasco Pratolini. Roman et idéologie », défendue à la Sorbonne en 1978), Antoine Ottavi est professeur émérite de l'Université de Nice-Sophia-Antipolis. Spécialiste de la littérature italienne contemporaine, il a notamment publié en 1981 un « Que sais-je ? » sur ce sujet, ainsi qu'un ouvrage intitulé *Romanciers italiens contemporains* (1992).

Pageard (Robert) 1927-
Né à Paris, diplômé de l'École des Hautes Études Commerciales, docteur ès lettres (avec une thèse de littérature comparée défendue à Paris sur le sujet « Goethe en Espagne » et publiée à Madrid en 1958 dans une version espagnole [*Goethe en España*]), Robert Pageard fit une carrière de magistrat, d'abord au Mali et en Haute-Volta, puis en France (Chartres et Versailles). Il est retraité depuis le 1er octobre 1987. Les publications de Robert Pageard concernent la littérature espagnole (éditions et traductions de l'œuvre de Bécquer notamment) et l'africanisme ; il est aussi l'auteur d'ouvrages sur Bourdonné (Yvelines) et Versailles, ainsi que d'un recueil poétique (*Sur les rives du vivant*, 1994).

Pankowski (Marian) 1919-
Né à Sanok (Pologne), soldat de l'armée clandestine pendant la Seconde guerre mondiale, Marian Pankowski est arrêté en 1942 et passe trois ans à Auschwitz et à Bergen-Belsen. Depuis 1945, il est établi en Belgique, où il a occupé la chaire de langue et littérature polonaises de l'Université Libre de Bruxelles. Auteur de recueils poétiques en polonais et en français (*Couleur de jeune mélèze*, 1951 ; *Poignée du présent*, 1954), il a aussi publié des récits (*Voilà Macuga*, 1959 ; *L'Œillet bleu marine*, 1965) ainsi que des drames (*Mort d'un bas blanc*, 1976) placés sous le signe de Gombrowicz et de S. I. Witkiewicz et qui mêlent l'érotisme noir, le sarcasme sacrilège et la parodie. C'est en 1961 que Marian Pankowski a publié une *Anthologie de la poésie polonaise du XVe au XXe siècle*.
Réf. : Larousse.

Pâris Montech (Christine) 1948-
Née à Paris, maître de conférences au département de portugais de l'Université de Toulouse-le-Mirail, Christine Pâris-Montech est l'auteur de *L'Imaginaire de Camilo Pessanha, résonances fin-de-siècle et hantises individuelles* (1997) et de traductions françaises de l'œuvre de cet auteur (*Clepsydre et autres poèmes*, 1991) et d'Almeida Garrett (*Plaisir et souffrance*, 1996). En outre, elle a édité les actes du colloque des Premières Rencontres Lusophones tenues à Toulouse en 1995 (*Regards sur la ville et la campagne*, 1997).

Pénisson (Pierre) 1952-
Après avoir étudié la philosophie en Allemagne et en France, Pierre Pénisson enseigne actuellement au département d'Études germaniques de l'Université de Paris VIII-Saint-Denis. Il a publié des traductions françaises de Heine (*L'École romantique*, 1997) et de Herder (*Traité sur l'origine de la langue*, 1977), ainsi qu'un essai consacré à ce dernier auteur (*La Raison dans les peuples*, 1992).

Peretti (Joseph) XXe siècle
Agrégé de l'université, docteur ès lettres de la Sorbonne, auteur d'un ouvrage sur *Les Aspects*

linguistiques, littéraires, artistiques et folkloriques de l'italianité de Malte (1965), Joseph Peretti a publié également plusieurs traductions d'ouvrages italiens, et notamment l'*Éloge de Foscolo* de Dyonisios Solomos (1966).

Pérot (Gaston) XIXe - XXe siècle
Auteur d'un ouvrage intitulé *Les Arabesques* (1897) et d'une étude sur *L'Accent tonique dans la langue russe* (1901), Gaston Pérot a également laissé une traduction en vers d'*Eugène Oniéguine* de Pouchkine (1902). On sait aussi qu'il a édité à Lille, en 1896, une revue littéraire et artistique, *Septentrion*.
Réf. : Catalogue des imprimés de la B. N.

Perret (Jean-Louis) 1895-1968
Né à Henniez, dans le canton de Vaud, en Suisse, docteur ès lettres de l'université d'Helsinki avec une thèse sur « La Transmission du texte de Juvénal d'après une nouvelle collation » (1927), Jean-Louis Perret s'était fixé, depuis 1922, dans cette ville ; sa vie durant, il se voua à la traduction en français d'œuvres de la littérature finlandaise tout en enseignant la langue et la littérature française et en cherchant à développer les liens culturels entre la Finlande et le monde francophone. Jean-Louis Perret est l'auteur d'ouvrages nombreux consacrés à la Finlande (*Littérature de Finlande*, 1934 ; *Portrait de la Finlande*, 1937 ; *La Finlande en guerre*, 1940). On citera parmi ses nombreuses traductions les deux versions — prose et vers — qu'il donne du *Kalevala, épopée populaire finnoise*, en 1927 et en 1930-1931, ainsi que sa traduction des *Sept Frères* d'Aleksis Kivi, rééditée en 1985. Enfin c'est en 1944 qu'il procura avec l'aide de Tauno Nurmela, spécialiste de la littérature française du Moyen Âge, un dictionnaire finno-français.
Réf. : *Le Monde kalévaléen en France et en Finlande*, 1987, p. 39-61.

Pödör (Lázló, ou Ladislas) 1911-1984
Né à Csorna, en Hongrie, Lázló Pödör obtient en 1934 un diplôme de professeur de hongrois et de français et une bourse pour suivre les cours de l'École normale supérieure, à Paris, durant l'année académique 1934-1935. Revenu en Hongrie, où il exerce le métier d'enseignant, il participe en 1944 à la résistance armée, entre au Parti Communiste hongrois et devient député de l'Assemblée nationale provisoire, en décembre 1944, à Debrecen. Chef de cabinet au ministère des Affaires étrangères (1945-1947), puis conseiller d'ambassade à Rome (1948), il est arrêté en mai 1950, et interné sans avoir été jugé. Libéré à l'été de 1953, il est « réhabilité » deux ans plus tard et occupe alors, jusqu'à son décès, un poste de responsabilité aux éditions Corvina, à Budapest, pour le domaine français. Lázló Pödör est l'auteur de nombreuses traductions, du hongrois vers le français, et du français, de l'italien et de l'allemand vers le hongrois.
Réf. : *Études finno-ougriennes*, t. XX, p. 269.

Pogacnik (Vladimir) XXe siècle
Auteur d'une traduction française de *La Couronne de sonnets* du poète slovène France Preseren (1996).

Pomès (Mathilde) 1886-1977
Née à Lescurry (Hautes-Pyrénées), Mathilde Pomès fut, après des études à la Sorbonne et à l'université de Madrid, la première femme à être reçue à l'agrégation d'espagnol, en 1916. De 1914 à 1941, sa carrière d'enseignante la conduisit dans plusieurs lycées de jeunes filles parisiens. De 1954 à 1959, elle donna des cours à l'Institut d'études hispaniques de Paris. Mathilde Pomès a laissé des traductions d'Unamuno, d'Ortega y Gasset, de García Lorca, de Gabriela Mistral, de Larreta, qui contribuèrent à faire connaître en France les écrivains espagnols de la première moitié du XXe siècle. Elle entretint des relations d'amitié avec la plupart d'entre eux et sa correspondance, qu'elle a confiée à Manuel Sito Alba, représente une source inappréciable d'informations. En France, Mathilde Pomès fut l'amie de Valéry, de Gide, de Montherlant et de Claudel. Poète, elle publia plusieurs recueils et collabora au *Journal des poètes* de Bruxelles et à la *Nouvelle Revue française*. La *Revista de la universidad complutense* (Madrid) a consacré le n°108 de son volume 26 (1977) à un *Hommage à Mathilde Pomès* : ce numéro contient trois articles en espagnol qui la concernent et une bibliographie de ses œuvres et traductions. Mathilde Pomès était en outre officier de la Légion d'honneur.
Réf. : *L'Intermédiaire des chercheurs et curieux*, 1995, col. 80-81 [communications de Jeanne Cassagnau et de Claude Biessy].

Pont (Jean-Claude) 1941-
Professeur ordinaire d'histoire et de philosophie des sciences à l'université de Genève, auteur de *La Topologie algébrique. Des origines à Poincaré* (1974), Jean-Claude Pont a également dirigé la publication de plusieurs volumes réunissant des actes de colloques.

Poulsen (Janine) 1944-
Professeur au lycée Henri-IV, à Paris, Janine Poulsen a publié, en collaboration avec Karl Ejby Poulsen, des traductions françaises d'œuvres danoises (voir ci-dessous).

Poulsen (Karl Ejby) 1948-
Né à Copenhague, Karl Ejby Pousen est actuellement directeur de la Fondation danoise à la Cité Internationale Universitaire de Paris et il enseigne la littérature danoise à l'Université de Paris IV-Sorbonne. En collaboration avec Janine Poulsen, il a publié des traductions françaises d'Inger Christensen (*Alphabet*, 1984 ; *La Chambre peinte*, 1987), de Peter Laugesen (*Building-bunker*, 1992) et de Pär Lagerkvist (*Angoisse*, 1996).

Przezdziecki (Carol) 1818-1882
Né en Podolie, homme de lettres, le comte Carol Przezdziecki est l'auteur — sous le pseudonyme de « Charles de Noire-Isle » — de nombreuses traductions insérées dans la série des « Poètes illustres de la Pologne au XIXe siècle » (1876-1881). Il est mort à Nice. On ne le confondra pas avec Alexandre Przezdziecki (1814-1871), son frère aîné, qui a laissé des ouvrages d'histoire et d'archéologie, ainsi qu'un drame en français, publié sous le pseudonyme « Alexandre de Noirville ».
Réf. : Lorenz ; Grande Encyclopédie.

Rafroidi (Patrick) 1930-1989
Docteur d'État (avec une thèse sur « L'Irlande et le romantisme » en 1972 [publiée en anglais en 1980 sous le titre *Irish Literature in English, the Romantic Period*]), Patrick Rafroidi fut professeur à l'Université de Lille 3 (où il fut aussi directeur de l'UFR d'études anglophones, fondateur du CERIUL [Centre d'études et de recherches irlandaises de Lille 3] et président de l'université) et à Paris III. Spécialiste de l'époque romantique, Patrick Rafroidi a accompli en France un travail de pionnier en se consacrant à la littérature irlandaise de langue anglaise. Fondateur de la revue *Études irlandaises*, animateur de plusieurs sociétés savantes, directeur de l'Institut Français du Royaume-Uni (1981-1984), docteur *honoris causa* de la National University of Ireland et de l'université de Stirling, Patrick Rafroidi a édité de nombreux ouvrages collectifs (*Aspects of the Irish Theatre*, 1972 ; *France-Ireland : Literary Relations*, 1974 ; *The Irish Novel in Our Time*, 1976 ; *The Irish Short Story*, 1979), signé seul ou en collaboration plusieurs traductions d'auteurs irlandais (Brian Moore, Brian Friel, Desmond Egan) et dirigé la collection « Traduit de l'Irlandais », à l'Université de Lille 3.
Réf. : *Études irlandaises*, décembre 1989, p. 7-9.

Renaud (Jean) 1947-
Né à l'île de Ré, agrégé d'anglais (1970) et docteur d'État (1986, avec une thèse sur « Les Archipels écossais dans la littérature noirroise » défendue en Sorbonne), Jean Renaud est professeur de langues, littératures et civilisation scandinaves à l'université de Caen, où il dirige le Département d'Études Nordiques. Il a publié de nombreux articles sur la Scandinavie et plusieurs ouvrages sur l'époque viking, notamment *Archipels norrois (Orcades, Shetland et Hébrides dans le monde viking)* (1988), *Les Vikings et la Normandie* (1989), *Les Vikings et les Celtes* (1992) et *Les Dieux des vikings* (1996). Jean Renaud est également l'auteur d'une série de vocabulaires et de manuels des différentes langues scandinaves (*Le Norvégien en 20 leçons*, 1996 ; *Le Danois en 20 leçons*, 1997 ; *Le Suédois en 20 leçons*, 1998). Enfin il a traduit en français des œuvres danoises de Steen Steensen Blicher, Herman Bang, Karen Blixen, William Heinesen, Aïna Brody, Lars Bo, Dorrit Willumsen, Bjarne Reuter, Hanne Marie Svendsen, Flemming Jarsskov, Kirsten Hamman, Per Kirkeby, ainsi que des contes populaires jutlandais et plusieurs sagas islandaises.

Richard (Roger) 1917-
Poète (il aurait fait partie du groupe dit « de Rochefort »), directeur artistique à Radio-France (il semble avoir pris sa retraite en 1985), Roger Richard apprit le hongrois pendant la guerre, dans un camp de prisonniers allemand, grâce à des soldats français d'origine hongroise. Il approfondit ces rudiments à l'École des Langues orientales et publia des traductions remarquées d'Imre Madách (*La Tragédie de l'homme*, 1964 ; prix de l'Académie française), de Vörösmarty (*Histoire du prince Tchongor et de la fée Tündè*, 1980) et d'auteurs hongrois du XXe siècle, poètes et prosateurs.
[D'après des renseignements aimablement transmis par Tivadar Gorilovics.]

Roberti (Jean-Claude) 1936-
Ancien élève de la Sorbonne et de l'École des Langues orientales (pour l'arabe, l'ukrainien et le russe), agrégé de russe, professeur à l'Université de Rennes II, Jean-Claude Roberti est docteur d'État depuis 1980 avec une thèse sur « Le Spectacle en Russie ancienne (1645-1676) ». Jean-Claude Roberti a publié plusieurs ouvrages, ainsi qu'une cinquantaine d'articles, sur

le théâtre, la civilisation, l'Église et la culture russe. Il est notamment l'auteur de *Vivre en Russie au temps d'Ivan le Terrible* (1986), *Histoire de l'Église russe* (1989 ; en coll.), *Une infinie brutalité. L'image de la Russie dans la France des XVIe et XVIIe siècles* (1991 ; en coll.), *Les Uniates* (1992), et le traducteur des *Voies de la théologie russe* de G. Florovsky (1991).

Rocart (Eugène) XXe siècle
Auteur de nombreuses traductions d'auteurs anglo-saxons (E. K. Gann, Ralph Finn, W. Armstrong, A. J. Cronin, Upton Sinclair, Mary Shelley [*Frankenstein*, 1967], Jane Austen [*Orgueil et préjugés*, 1962], E. H. Cookridge, H. W. Steed, Thackeray [*Les Humanistes anglais du XVIIIe siècle*, 1945]), suédois, danois ou norvégiens (en collaboration) et hongrois (Ferenc Körmendi [*Cette heureuse génération*, 1947 ; *Par un vendredi*, 1947]).

Roland (Hubert) 1967-
Né à Schaerbeek, Hubert Roland est actuellement assistant à l'unité de langue et littérature allemandes de l'Université Catholique de Louvain, où il a soutenu en 1997 une thèse de doctorat consacrée à la « colonie » littéraire allemande en Belgique pendant la Première Guerre mondiale (« Die deutsche literarische "Kriegskolonie" in Belgien, 1914-1918. Beitrag zur Geschichte der deutsch-belgischen Literaturbeziehungen, 1900-1920 »). Il a déjà publié plusieurs articles relatifs à certains auteurs de cette « colonie » (Gottfried Benn, Carl Sternheim, Carl Einstein, Friedrich-Markus Huebner) et à leurs relations avec les écrivains belges de l'époque (Pansaers, Eekhoud). Hubert Roland a également dirigé, avec Ernst Leonardy, un ouvrage collectif intitulé *Descriptions et créations d'espaces dans la littérature* (1995).

Rolet (A.) XIXe siècle
Auteur — avec Charles Romey — de traductions de Harriet Beecher Stowe (*La Case de l'oncle Tom*, 1853) et des sœurs Brontë (*Shirley et Agnès Grey*, 1859, 2 volumes).

Romey (Charles) 1804 - ?
Publiciste et historien, Charles Romey a laissé une *Histoire d'Espagne depuis les premiers temps jusqu'à nos jours* qui parut en neuf volumes (1839-1850), un ouvrage sur *La Russie ancienne et moderne d'après les chroniques nationales et les meilleurs historiens* (1855 ; en coll.), une édition des *Œuvres littéraires et économiques* d'Armand Carrel et deux traductions rédigées avec A. Rolet (*La Case de l'oncle Tom* de Harriet Beecher Stowe, 1853 ; *Shirley et Agnès Grey* d'Anne et Charlotte Brontë, 1859, 2 vol.). En outre, Charles Romey a fondé, dirigé et édité un journal intitulé *Paris littéraire*, qui fut publié au cours des années 1843 et 1844.
Réf. : Lorenz.

Rouleau (François) 1919-
Né à Périgueux, entré dans la Compagnie de Jésus en 1942, ordonné prêtre en 1952, François Rouleau est l'auteur d'une thèse de doctorat en philosophie sur « Ivan Kiréievski et les origines du slavophilisme » (Sorbonne, 1974). Membre du Centre d'Études russes Saint-Georges de Meudon, directeur de la publication du bulletin *Plamia*, François Rouleau a aussi traduit en français des écrits de Pierre Tchaadaev (*Lettres philosophiques*, 1979) et de Soloviev (*Trois entretiens sur la guerre, la morale et la religion*, 1984, en coll.).

Rousselot (Jean) 1913-
Né à Poitiers, Jean Rousselot est poète, essayiste, romancier et traducteur. On lui doit, parmi ses nombreux ouvrages, les recueils *Le Sang du ciel* (1944), *Il n'y a pas d'exil* (1954), *À qui parle de vie* (1972), les romans *Une fleur de sang* (1955), *Un train en cache un autre* (1964), des essais sur la poésie française, sur Poe, Milosz, Blake, Hugo, Max Jacob et Petöfi, enfin des traductions des *Sonnets* de Shakespeare (1969), des *Poèmes* de Petöfi (1971) et de Janus Pannonius (1973). Jean Rousselot a tenu longtemps la chronique de la poésie dans le périodique *Les Nouvelles littéraires*. Il a en outre présidé la Société des Gens de Lettres de France, et s'est vu décerner le Grand Prix de l'Académie française pour l'ensemble de son œuvre, et le Grand Prix littéraire de la Ville de Paris pour son œuvre poétique.
Réf. : A. Marissel, *Jean Rousselot*, 1973.

Roustan (Ludovic) XIXe - XXe siècle
Auteur de *Lenau et son temps* (1898) ainsi que d'une *Anthologie de la littérature allemande des origines au XXe siècle* (1re éd., 1909 ; 4e éd., 1920), Ludovic Roustan, qui était agrégé de l'université, docteur ès lettres et professeur, a également traduit des *Pages choisies* de Heine (1912) et deux ouvrages allemands de voyages dus à Paul Niedieck.
Réf. : Lorenz.

Saint-Albin (Alexandre Adrien Marie Joseph Emmanuel Huot de Longchamp de Saint-Albin, dit Emmanuel de) 1845-1903
Né à Paris, Emmanuel de Saint-Albin est le fils d'Alexandre de Saint-Albin, inspecteur des bibliothèques d'arrondissement de la ville de

Paris, auteur d'ouvrages nombreux sur la religion et d'une traduction française moderne de la *Chanson de Roland*. Emmanuel, quant à lui, donna en 1865, une version, préfacée par son père, de la *Légende du Cid*, puis des traductions d'un *Livre des ballades allemandes* (1882), de *Ballades anglaises et écossaises* (1883) et d'une anthologie de *Poètes russes* (1893). Emmanuel de Saint-Albin est aussi l'auteur d'ouvrages sur Tolstoï et sur Lermontov ainsi que d'un tableau des *Bibliothèques municipales de la ville de Paris*. On doit enfin à Emmanuel de Saint-Albin, qui fut sous-chef au deuxième bureau du cabinet du préfet de la Seine, une *Histoire de la Révolution*, publiée en trois tomes (1876-1878).
Réf. : *DBF*.

Sakari (Aimo) XXe siècle
Auteur, avec Lucie Thomas, d'une traduction française des *Cordonniers de la lande* (1988), comédie de l'auteur finlandais Aleksis Kivi.

Sandoz (J.) XIXe - XXe siècle
Auteur d'un recueil de *Poésies* (1892) et de deux traductions françaises de Jérémias Gotthelf parues en Suisse en 1894 (*Le Miroir des paysans*, *Uli, le valet de ferme [...]*).

Savine (Albert) 1859-1927
Né à Aigues-Mortes (Gard), Albert Savine fut libraire-éditeur à Paris. Il a laissé des ouvrages sur Théodore Aubanel (1884), sur le naturalisme (1885) et sur Th. Roosevelt (1904), ainsi que de très nombreuses études d'histoire (*La Cour galante de Charles II*, 1908 ; *L'Assassinat de la duchesse de Praslin*, 1908 ; *Le Beau Lauzun*, 1909 ; *La Vraie Reine Margot*, 1909 ; *Madame Élisabeth et ses amies*, 1910 ; *La Jeunesse de la grande Catherine*, 1910 ; etc.). On doit aussi à Albert Savine des traductions de l'espagnol (Juan Valera), du catalan (Verdaguer) et surtout de l'anglais (E. Barrett Browning, Carnegie, A. Conan Doyle, Rudyard Kipling, Thomas De Quincey, Th. Roosevelt, P. B. Shelley, R. L. Stevenson, Mark Twain, Oscar Wilde, etc.).
Réf. : Lorenz.

Scherrer (Édith) 1934-
Née à Paris, Édith Scherrer est professeur émérite de russe de l'Université de Paris-Nanterre. Elle a publié des traductions françaises de Tourgueniev (notamment dans la « Bibliothèque de la Pléiade ») et d'Ossip Mandelstam (*Le Bruit du temps*, 1988).
[Aimable communication d'Arkady Joukovsky.]

Schiffrin (Jacques) 1890-1950
Fondateur en 1932 de la « Bibliothèque de la Pléiade », plusieurs fois mentionné dans le *Journal* d'André Gide (dont les notes le font naître en 1890 et l'index en 1894), Jacques Schiffrin a laissé des éditions de Gautier, de La Fontaine (*Fables, contes et nouvelles*, 1932) et de Joseph Kessel (*L'Armée des ombres. Chronique de la résistance*, 1944), ainsi que des traductions de Pouchkine (*La Dame de Pique*, 1923 [avec André Gide] ; *Boris Godounov*, 1925), de Tourguéniev (*Premier amour*, 1924) et de Dostoïevski (*Une femme douce*, 1993, nouvelle éd.).

Schlœzer (Boris de) 1881-1969
Né en Russie, fixé en France à partir de 1921, mort à Paris, Boris de Schlœzer a publié des traductions de Tolstoï, de Dostoïevski, de Gogol — auteur auquel il a également consacré une monographie, parue en 1932 (2e éd., 1946) — et de Léon Chestov (*La Philosophie de la tragédie. Dostoïevski et Nietzsche*, 1926). Boris de Schlœzer a laissé aussi des ouvrages de musicologie (*Igor Stravinsky*, 1929 ; *Introduction à Jean-Sébastien Bach*, 1947 ; *Problèmes de la musique moderne*, 1959), ainsi qu'un roman autobiographique.

Schuré (Édouard) 1841-1929
Né à Strasbourg, Édouard Schuré se tourna vers la littérature après des études de droit. Ses premiers travaux eurent pour objet l'histoire de la musique ; il fut un défenseur acharné des théories wagnériennes (*Histoire du « lied »*, 1868 ; *Le Drame musical*, 1875 ; *Les Chants de la montagne*, 1877). Il se tourna ensuite vers l'étude des systèmes religieux et des philosophies de l'au-delà (*Les Grands Initiés*, 1889 ; *Sanctuaires d'Orient*, 1898 ; *Femmes inspiratrices et poètes annonciateurs*, 1908 ; *L'Évolution divine*, 1912) et anima ces idées dans des romans, parmi lesquels *Mélidora* (1880), *Le Double* (1893) ou *L'Ange et la Sphinge* (1897). Édouard Schuré est aussi l'auteur de recueils poétiques (*La Vie mystique*, 1893), de pièces de théâtre (*Vercingétorix*, 1887 ; *Les Enfants de Lucifer*, 1900), d'ouvrages critiques (*Prophètes de la Renaissance*, 1920) et de souvenirs (*Le Rêve d'une vie*, 1928).
Réf. : Laffont-Bompiani.

Sentz-Michel (Simone) XXe siècle
Auteur — avec Jean-Claude Roberti — d'une édition révisée de la traduction d'*Un héros de notre temps* (Lermontov) de Boris de Schlœzer (1998), Simone Sentz-Michel a également pu-

blié des traductions d'écrivains russes contemporains (V. I. Slavkine, Mouza Pavlova, V. A. Pietsoukh).

Simac (Neven) 1943-
Né à Osijek (Croatie), licencié en droit de l'université de Zagreb, docteur en droit de Paris I (avec une thèse consacrée à « La Convention européenne des Droits de l'homme et la France »), titulaire de plusieurs diplômes complémentaires obtenus dans diverses universités européennes (Strasbourg, Madrid, Freiburg-im-Breisgau, Cagliari), Neven Simac occupe un poste important au Ministère français de l'Équipement. Depuis la fin de 1995, il est chef de mission en Croatie, tâche à laquelle s'est ajoutée, depuis 1998, celle de consultant en Bosnie-Herzégovine.

Simon (Erica) XXe siècle
Auteur de traductions françaises de N. F. S. Grundtvig, ainsi que d'un ouvrage intitulé *Réveil national et culture populaire en Scandinavie* (Copenhague, 1960 ; en français).

Simon (Robert) 1942-
Né à Brest, ancien élève de l'École normale supérieure, agrégé d'allemand, Robert Simon est actuellement professeur au lycée Buffon, à Paris. Il est l'auteur de traductions nombreuses de l'allemand (Georg Büchner [*Woyzeck*, 1988], Jürgen Fuchs, Hans Magnus Enzensberger, Rainald Goetz, Thomas Mann, Thorsten Becker), ainsi que de plusieurs recueils poétiques (*Mémoire morte*, 1990 ; *Étincelles de flamme*, 1992 ; *Or donc un sang nouveau,* suivi de *Marie Morgane*, 1993).

Soldi (David) 1818-1884
Né à Copenhague, littérateur français, David Soldi vécut à Paris à partir de 1837 et y enseigna l'allemand et l'anglais. Auteur d'un roman (*Caroline Varner*, 1862), il a également publié en français le roman historique *Robert Fulton* de Johannes C. Hauch (1859), les *Contes* (1856) et les *Nouveaux Contes* (1861) d'Andersen et un recueil de *Théâtre choisi* d'Oehlenschlager et Holberg (1881 ; avec Xavier Marmier).
Réf. : Lorenz.

Sorbier (Françoise du) XXe siècle
Traductrice — avec Sylvère Monod et Henriette Bordenave — de romans de Dickens, publiés en 1986 dans la « Bibliothèque de la Pléiade ».

Spaeth (Albert) XXe siècle
Auteur de traductions françaises de Heine (*Le Livre des chants*, 1948), de Lenau (*Poèmes*, 1968) et d'Eichendorff (*Poésies*, 1980), ainsi que de manuels d'apprentissage de l'allemand souvent réédités et d'une *Grammaire allemande*, Albert Spaeth a également publié un petit ouvrage d'initiation à Heine (*Pour comprendre la pensée de Heine*, 1947).

Specht (Pierre Alexandre) 1798-1874
Alsacien d'origine, Pierre Alexandre Specht collabora à la *Revue des Deux Mondes*, pour laquelle il tenait la rubrique de la « Revue littéraire d'Allemagne ». La correspondance de Heine montre que Specht est intervenu dans la composition du texte français de *De la France* — constitué à partir d'articles rédigés à l'origine en allemand et paru en 1833 chez Eugène Renduel. Specht semble aussi avoir joué un rôle d'intermédiaire entre Heine et l'éditeur parisien.

Steinlen (Aimé) XIXe siècle
Auteur d'une étude consacrée à *Charles Victor de Bonstetten* (1860) et d'une traduction de Jérémias Gotthelf (*L'Héritage du cousin Hans Joggeli*, 1864).

Sylvian (Claude) XXe siècle
Auteur en 1963 d'une traduction des *Sept Frères* d'Aleksis Kivi.

Taine (Hippolyte Adolphe) 1828-1893
Né à Vouziers, Hippolyte Taine fait ses études à l'École normale supérieure mais abandonne l'enseignement après le coup d'État du 2 décembre 1851. Il passe en 1853 son doctorat ès lettres avec une thèse sur *Les Fables* de La Fontaine. Décidé à vivre de répétitions et, dès que possible, de sa plume, il concourt pour les prix académiques, place des articles dans les revues et accepte d'écrire un guide sur les eaux des Pyrénées. Le succès de son brûlot, *Les Philosophes français du XIXe siècle* (1857), dans lequel il pourfend l'éclectisme, fait de lui un des maîtres de la nouvelle génération positiviste. Taine passe en effet pour matérialiste en raison de son zèle à insérer la connaissance des phénomènes humains dans les perspectives ouvertes par les sciences de la nature. Illustrée par des formules provocantes et qui font mouche (« L'homme est un théorème qui marche », « Le vice et la vertu sont des produits comme le vitriol et le sucre »), cette orientation pèse sur la grande *Histoire de la littérature anglaise* qu'il rédige méthodiquement de 1857 à 1863 et qui fait de lui l'un des créateurs — après Claude Fauriel et Philarète Chasles, notamment — de la littérature comparée. Il publie ensuite des

ouvrages de critique littéraire et d'esthétique ainsi que des impressions de voyage. Devenu une célébrité parisienne, il prend part aux dîners des Goncourt, travaille à un roman qui restera inachevé (*Étienne Mayrau*) et reprend, sous une forme plus systématique, les conceptions chères au sensualisme et à l'associationnisme anglais dans les deux volumes du traité *De l'Intelligence* (1870) ; il y défend la célèbre thèse sur « la race, le milieu, le moment » qui met en doute la liberté et n'accepte que la responsabilité sociale (cette thèse sera adoptée avec enthousiasme par Zola à partir de *Thérèse Raquin*). Enfin, la publication régulière des volumes des *Origines de la France contemporaine* (1876-1891) le range parmi les maîtres du genre historique et lui valent son élection, le 4 novembre 1878, à l'Académie française.
Réf. : Laffont-Bompiani ; Bordas.

Tandonnet (Roger) 1920-
Entré en 1941 dans la Compagnie de Jésus, ordonné prêtre en 1952, Roger Tandonnet est l'auteur de plusieurs traductions françaises d'ouvrages allemands ou russes de théologie et d'histoire de l'Église. Il a notamment inséré une version française de *L'Église est une* de A. St. Khomiakov dans l'ouvrage d'A. Gratieux, *Le Mouvement slavophile à la veille de la Révolution* (1953), et il a procuré avec Fr. Rouleau une traduction revisée du traité *Le Judaïsme et la question chrétienne* de Vladimir Soloviev (1992).

Tatsis-Botton (Anne-Marie) 1942-
Née à Saint-Dizier (Haute-Marne), diplômée de l'École des Langues orientales, agrégée de lettres, Anne-Marie Tatsis-Botton enseigne actuellement le russe au lycée Claude-Fauriel de Saint-Étienne. Elle a publié des versions françaises de *La Colombe d'argent* (1990) et des *Carnets d'un toqué* (1991) d'Andréï Biély, ainsi que de *La Dernière Année de Dostoïevski* d'Igor Volguine (1993).

Tchéraz (Minas) XIXe-XXe siècle
Auteur d'une conférence prononcée en 1899 à Amsterdam sur les massacres des Arméniens, Minas Tchéraz a publié des recueils de *Nouvelles orientales* (avec une préface de Frédéric Macler) et de *Poètes arméniens* (1913) ainsi qu'un ouvrage intitulé *L'Orient inédit. Légendes et traditions arméniennes, grecques et turques, recueillies et traduites* (1912). En outre, il a édité, en français et en anglais, des journaux politiques et littéraires consacrés à l'Arménie.
Réf. : Lorenz.

Tchimichkian (Vardan) 1942-
Né à Tallinn (Estonie), Vardan Tchimichkhian habite en France depuis 1947. Employé d'archives, il a publié des traductions françaises de Pouchkine et de Lermontov.

Tchobanian (Arshak Ch'opanian, dit Archag) 1872-1954
Arménien né à Constantinople, Archag Tchobanian vécut à Paris où il s'employa, par des publications et des conférences, à faire connaître la nation arménienne. Il a édité et traduit de nombreux textes littéraires arméniens (*Poèmes arméniens anciens et modernes*, 1902 ; *Chants populaires arméniens*, 1903 ; *Les Trouvères arméniens*, 1906 ; *La Roseraie d'Arménie*, 1918-1929, 3 tomes) et a rédigé un ouvrage, *Le Peuple arménien. Son passé, sa culture, son avenir*, qui parut en 1913 avec une introduction d'Anatole France. Archag Tchobanian est aussi l'auteur de recueils poétiques et de *Victor Hugo, Chateaubriand et Lamartine dans la littérature arménienne. Poèmes, articles, discours réunis et traduits par A. T.* (1935).
Réf. : Lorenz.

Thomas (Henri) 1912-1993
Né à Anglemont (Vosges), fils tôt orphelin d'un cultivateur, Henri Thomas fait ses études à Saint-Dié, à Nancy, puis au lycée Henri-IV à Paris et à l'École Normale Supérieure (il complétera ses études, à la veille de la guerre, par des licences en allemand et en russe). Ses premiers poèmes paraissent en 1939, grâce à Jean Paulhan, dans *Mesures*. L'année suivante, il publie un roman, *Le Seau à charbon*, premier volume des « Aventures de Paul Souvrault », dont le second s'intitule *La Vie ensemble* (1945) et le troisième *Le Porte-à-faux* (1948). Après la guerre, il est successivement secrétaire littéraire de la revue *Terre des hommes*, bibliothécaire au ministère de la Marine, traducteur à la B. B. C., professeur invité aux États-Unis, et enfin — de retour à Paris — lecteur d'allemand chez Gallimard. Parallèlement à ses activités de romancier (qui lui ont valu de nombreux prix littéraires), Henri Thomas a publié des recueils poétiques (*Poésies*, 1970 ; *À quoi tu penses*, 1980 ; *Joueur surpris*, 1982), des nouvelles (*La Cible*, 1955 ; *Histoires de Pierrot et quelques autres*, 1960), des essais critiques (*La Chasse aux trésors*, 1961 ; *Tristan le dépossédé*, 1972) et des traductions (Goethe, Kleist, Brentano, Arnim, Jünger, Stifter, Shakespeare, Melville, Pouchkine). À noter enfin que Henri Thomas prête fréquemment à ses héros romanesques,

socialement mal insérés, l'activité, imprécise, de traducteur.
Réf. : Laffont-Bompiani.

Thomas (Lucie) XXe siècle
Auteur de traductions d'auteurs finnois (*L'Écume des rapides* de Juhani Ano [1978] ; *Les Cordonniers de la lande* d'Aleksis Kivi [1988]).

Thomas (Paul-Louis) 1954-
Né à Paris, agrégé de russe, professeur de langue et littératures serbes, croates et bosniaques à l'Université Paris IV-Sorbonne, Paul-Louis Thomas a occupé pendant douze ans des postes de lecteur de français à l'étranger, successivement à l'Université d'Ivanovo et à l'Institut des Mines de Moscou (Russie), à l'Institut Polytechnique de Timisoara (Roumanie) et à l'Université de Belgrade (Yougoslavie). Son doctorat portait sur « Les Parlers russes ou lipovènes dans la Roumanie contemporaine » (1986) et sa thèse d'habilitation à diriger des recherches, sur « Les Parlers de Nis (Serbie) et des villages environnants » (1990). Les recherches et les travaux de Paul-Louis Thomas sont principalement consacrés à la dialectologie et la sociolinguistique du serbo-croate (bosniaque, croate, serbe), ainsi qu'au système aspecto-temporel du verbe dans cette langue.

Thomas (Walter William) 1864 - ?
Agrégé d'anglais et d'allemand, docteur ès lettres de l'université de Paris, Walter William Thomas fut professeur à l'université de Lyon. Il est l'auteur d'ouvrages sur *Le Poète Edward Young (1683-1765)* (1901), *Le Décasyllabe roman et sa fortune en Europe, essai de métrique comparée* (1904) et *L'Épopée anglo-saxonne* (1925). Walter William Thomas a aussi laissé des traductions du *Beowulf*, de Ruskin, de Lenau (*Don Juan*, 1931) et de Schiller.
Réf. : Lorenz.

Tillac (Charles) XXe siècle
Auteur d'un *Essai de rêve moderne* (1922), de *L'Émeute* (1928) et d'un *Essai de joie* (1929), Charles Tillac collabora, au cours des années 1930, aux entreprises du Cercle d'études ukrainiennes, à Paris.

Tisseau (Paul-Henri) ? - avant 1993
Auteur de traductions françaises de Steen St. Blicher (*Le Pasteur de Veilby et autres nouvelles jutlandaises*, 1937) et de deux ouvrages consacrés à Kierkegaard par Torsten B. Bohlin (1941) et Johannes E. Hohlenberg (1956), Paul-Henri Tisseau a consacré la majeure partie de ses travaux à la traduction des œuvres de Kierkegaard (*Le Banquet*, 1933 ; *Le Concept d'angoisse*, 1935 ; *La Pureté du cœur*, 1935 ; *L'École du christianisme*, 1936 ; *Prières et fragments sur la prière*, 1937 ; *Discours chrétiens*, 1952 ; *L'Existence*, 2e éd., 1967 ; etc.). Après la mort de Paul-Henri Tisseau, ces traductions ont été rééditées par les soins de sa fille, Else-Marie Jacquet-Tisseau.

Tokary (la princesse de) XIXe-XXe siècle
Épouse d'un ministre ukrainien exilé, Jean Tokarzevsky-Karachevytch (1885-1954), la princesse de Tokary vécut à Paris de 1924 à 1936 et participa aux entreprises du Cercle d'études ukrainiennes.
[Aimable communication d'Arkady Joukovsky.]

Tonnet (Henri) 1942-
Né à Talence (Gironde), agrégé de lettres classiques, docteur d'État de l'Université de Paris-Sorbonne, Henri Tonnet est actuellement professeur de langue et littérature grecques à l'Institut National des Langues et Civilisations Orientales (Paris). Il a publié *Recherches sur Arrien. Sa personnalité et ses écrits atticistes* (1988), *Manuel d'accentuation grecque moderne* (1984), *Histoire du grec moderne. La formation d'une langue* (1993), *Histoire du roman grec des origines à 1960* (1996) et *Méthode de grec* (1996, 2 vol. ; en coll.).

Tsouladzé (Serge) 1916-1977
Né à Tiflis, écrivain, traducteur et savant géorgien, Serge Tsouladzé suivit son père dans l'émigration en 1921, vécut jusqu'en 1925 à Istanbul, puis de 1925 à 1958 à Paris. Il suit, à la Sorbonne, les cours de la Faculté de philosophie et de psychologie puis ceux de la Faculté de médecine (il obtient le titre de docteur en médecine en 1951). Au cours de la Deuxième Guerre mondiale, il prend part à la Résistance, adhère au parti communiste français et collabore à la presse communiste. De retour en Géorgie à partir de 1958, il est chercheur à l'Institut de psychologie Dimitri Ouznadé puis, de 1961 à 1977, directeur du département de psychothérapie à l'Institut de psychologie M. Assatiani. Serge Tsouladzé traduisit en français *Le Martyre de Chouchanik* de Jacob Tsourtavéli, *Le Martyre d'Abo Tbiléli* de Ioné Sabanisdzé, des fragments de la « Tamariani » de Tchakhroukhadzé et *Le Chevalier à la peau de tigre* de Chota Roustavéli (cette dernière traduction, publiée en 1964, lui valut le Prix Langlois de l'Académie française).

Auteur d'un essai en français, *Connaissance de Roustavéli* (1966), et de divers articles, Serge Tsouladzé avait aussi préparé avant sa mort (survenue à Moscou) une anthologie consacrée à *La Poésie géorgienne Ve-XXe siècles*, qui parut à titre posthume en 1982.

Réf. : « Encyclopédie géorgienne », t. XI (Tiflis, 1987). [Communication de Gaston Bouatchidzé.]

Ueberschlag (Georges) 1929-
Agrégé d'allemand, docteur d'État (avec une thèse sur « La Folkhögskola suédoise »), Georges Ueberschlag a été professeur de langues et littératures scandinaves à l'Université de Lille 3 et vice-président de cette université. Directeur-fondateur de la revue *Germanica*, il a publié des monographies consacrées à *Ricarda Huch* (1979) et à *Stig Dagerman* (1996) ; il a aussi dirigé la publication de deux numéros spéciaux de *Germanica, Les Valeurs de la terre dans les littératures scandinaves* (1988) et *Le Modernisme dans les littératures scandinaves* (1992).

Uhryn (Kaléna, ou Kalyna) 1938-
Née à Paris, Kalina Houzar, épouse Uhryn, est l'auteur d'une thèse de doctorat (*La Notion de « Russie » dans la cartographie occidentale [XVIe-XVIIIe siècle]*), publiée en 1975, d'une monographie consacrée à Taras Chevtchenko (1964, avec A. Joukovsky) et d'une traduction française de *Cataracte* de Mykhaylo Ossadchy (1974).

[Aimable communication d'Arkady Joukovsky.]

Vaillant (Jean Alexandre) ? - après 1862
D'origine française, Jean Alexandre Vaillant était en 1829 professeur, puis directeur à partir de 1831, dans une haute école de Bucarest. Il militait auprès de ses élèves pour le réveil du sentiment national ; c'est pourquoi les Russes, qui désapprouvaient ces idées, le démirent en 1834. Vaillant a publié de nombreux ouvrages linguistique et historiques sur la Roumanie (*Grammaire vallaque*, 1836 ; *Grammaire roumâne*, 1840 ; *Vocabulaire roumain-français et roumain-français*, 1840 ; *La Romaine, ou Histoire, langue, littérature [...] des peuples de la langue d'or, Andaliens, Vallaques et Moldaves, résumés sous le nom de Romans*, 1844 ; *Les Romes, histoire vraie des vrais Bohémiens*, 1857) ainsi qu'un recueil de *Poésies de langue d'or* (1851) et une traduction française des œuvres de César Bolliac. On perd sa trace après 1862, année pendant laquelle il donna un cours gratuit d'histoire antique à Bucarest.

[D'après des renseignements aimablement communiqués par Marius Sala.]

Valot (Henriette) ? - 1974
Femme de lettres française, Henriette Valot a publié de nombreuses traductions d'ouvrages italiens : Pirandello (*Le Bon Dieu propriétaire*, 1956 ; *Nouvelles pour une année*, 1972), Verga (*Les Malavoglia*, 1957), Ippolito Nievo (*Les Confessions d'un octogénaire*, 1968), P. de Angelis (*La Centauresse*, 1961), Federico de Roberto (*Les Vice-Rois*), etc.

Réf. : H. Van Hoof, *Dictionnaire des traducteurs*, 1993.

van Lennep (D.) XIXe siècle
D. van Lennep est sans doute un parent du poète et romancier hollandais Jacob van Lennep, dont il traduisit — avec Léon Wocquier — deux ouvrages en français : *La Rose de Dekama* (1860), les *Aventures de Fernand Huyck* (1858).

Van Nuffel (Robert O. J.) 1909-
Né à Hal (Belgique), docteur ès lettres de l'université de Bologne et de l'Université Libre de Bruxelles, Robert Van Nuffel est depuis 1958 *libero docente* (agrégé) de l'université de Bologne. Spécialiste des littératures française et italienne, auteur de *Poètes et polémistes. Chr. Beck, A. Cantillon, Ch. Plisnier, E. Vandercammen* (1961) et de *Giovanni Arrivabene et les premières tentatives de colonisation* (1964), il fut professeur à l'université de Gand de 1946 jusqu'à son accession à l'éméritat, en 1976.

Vautier (Guillaume) XIXe siècle
Auteur d'un ouvrage sur *La Hongrie économique* (1893) et de traductions françaises d'écrivains hongrois (notamment *Le Livre de la Pusta* de Sigismond de Justh [1892] et *La Tragédie de l'homme* de Imre Madách [1931]).

Vékovitch (Divna) XIXe - XXe siècle
Originaire du Monténégro, Divna Vékovitch a publié en 1917 une traduction française — préfacée par Henri de Régnier — des *Lauriers de la montagne* de l'auteur serbo-croate Pierre II Pétrovitch-Niégoch. elle est aussi l'auteur de dictionnaires français-serbe et serbe-français (1917), d'une *Grammaire franco-serbe* (1916) et d'un *Manuel de conversation serbe-français* (1916).

Verdier (Pierre) XXe siècle
Auteur, avec J.-C. Lullien, d'une traduction française de *La Dame du manoir de Wildfell* d'Anne Brontë (1951).

Viallaneix (Nelly) 1923-
Agrégée de philosophie, docteur ès lettres, professeur émérite de philosophie à l'U. F. R. de

Lettres et Sciences humaines de Clermont-Ferrand, « Visiting Fellow » de St Antony's College (Oxford), Nelly Viallaneix a donné des traductions françaises annotées de plusieurs discours de Kierkegaard (*L'Attente de la foi*, 1967 ; *Hâte-toi d'écouter*, 1970 ; *La Reprise*, 1990). Nelly Viallaneix est aussi l'auteur de *Kierkegaard, l'Unique devant Dieu* (1974), de *Écoute Kierkegaard. Essai sur la communication de la Parole* (1979) et d'une vingtaine d'articles publiés dans des revues françaises ou étrangères. Elle est l'épouse de Paul Viallaneix, le spécialiste bien connu de Michelet.

Viardot (Louis) 1800-1885
Né à Dijon, Louis Viardot fait des études de droit qui le conduisent jusqu'au barreau. Mais un voyage en Espagne accompli en 1823 le détermine à abandonner cette voie et à s'aiguiller vers la littérature. Il publie des ouvrages consacrés à l'Espagne (*Essai sur l'histoire des Arabes et des Maures d'Espagne*, 2 vol., 1832 ; *Scènes de mœurs arabes*, 1833 ; *Études sur l'histoire des institutions et de la littérature en Espagne*, 1835), écrit dans des journaux républicains (*Le Globe*, *Le National*, *Le Siècle*) et fonde en 1841, avec Pierre Leroux et George Sand, *La Revue indépendante*. À cette date, il était depuis deux ans directeur du Théâtre-Italien et avait épousé la cantatrice Michelle-Pauline Garcia. Avec elle, il voyagea dans toute l'Europe, puisant dans ses observations la matière d'autres ouvrages. Louis Viardot a donné des traductions nombreuses d'auteurs russes (ainsi les *Nouvelles russes* de Gogol, 1845) et espagnols. Sa prédilection pour ce dernier pays lui valut d'être admis comme membre de l'Académie espagnole.
Réf. : Grente.

Vitoux (Pierre) 1928-
Ancien élève de l'École normale supérieure, agrégé d'anglais, docteur d'État (avec une thèse sur Walter Savage Landor), Pierre Vitoux fut successivement lecteur à l'université d'Oxford (1949-1951), assistant puis maître-assistant à la Sorbonne (1955-1960) et chargé d'enseignement à la Faculté des Lettres de Clermont-Ferrand (1960). Il est actuellement professeur émérite de l'université de Montpellier, où il fut directeur de l'U. F. R. de Langues modernes et président de l'université (1982-1987). Pierre Vitoux a consacré ses travaux (études et éditions) à Carlyle, J. S. Mill, Keats, Shelley, Joyce, Lawrence et Huxley.

Voinescu (Ioan, ou Jean) 1816-1855
Né à Bucarest, homme politique et publiciste, Ioan Voinescu a fait ses études à Odessa, puis est entré dans l'armée roumaine et est devenu aide de camp du prince régnant. Entre 1836 et 1838 il traduit en roumain plusieurs pièces de Molière. Magistrat (en 1843) puis ministre (en 1848), il prend part à la régence. Exilé, il se fixe à Paris, où il meurt après avoir publié *Les Arabesques* (1852) et une traduction française des « doïnas » (complaintes populaires) de Vasil Alecsandri (1853 ; 2e éd., 1855).
[D'après des renseignements aimablement communiqués par Marius Sala.]

Weinstock (Nathan) 1939-
Né à Anvers, diplômé de droit et de criminologie de l'Université Libre de Bruxelles, collaborateur scientifique de l'Institut d'Études du Judaïsme (Bruxelles), Nathan Weinstock a publié une histoire du mouvement ouvrier juif en Europe (*Le Pain de misère*, 1984-1986, 3 volumes). En outre, pour la revue *Le Monde juif*, publiée par le Centre de Documentation Juive contemporaine (Paris), Nathan Weinstock a traduit, commenté et annoté des chroniques et des journaux rédigés au cours de la période de la « Shoah ». Et en 1998 a paru aux éditions Plon, dans la collection « Terre humaine », sa traduction du journal du ghetto de Varsovie des Hillen Seidman (sous le titre *Du fond de l'abîme*).

Wocquier (Léon) 1815-1864
Né à Habay-la-Neuve (province de Luxembourg), Léon Wocquier étudia successivement à Louvain et à Liège, où il obtint les diplômes de docteur en philosophie et lettres, de docteur en droit et de docteur en sciences politiques et administratives. Il fut ensuite professeur de philosophie à l'université de Gand. Léon Wocquier a laissé un volume de vers (*Les Souvenirs de la vie universitaire, ou aimer sans le savoir*, 1847), un recueil de *Chroniques historiques et traditions populaires du Luxembourg* (1842, 2 vol.), un roman (*La Dernière Marquise du Pont-d'Oye*, 1850, 2 vol.) et un *Essai sur le mouvement philosophique des temps modernes, depuis Bacon et Descartes jusqu'à la fin du XVIIIe siècle* (1858 ; le t. II, annoncé, n'a pas paru). Léon Wocquier a en outre donné des traductions françaises de Nicolas Beets (*Scènes de la vie hollandaise*, 1856), d'Henri Conscience (*La Mère Job*, 1857 ; *Le Démon de l'argent*, 1859 ; *L'Année des merveilles*, 1865) et — avec D. van Lennep — de Jacob van Lennep (*Aventures de Fernand Huyck*, 1858 ; *La Rose de Dekama*, 1860).
Réf. : Lorenz ; Eug. De Seyn, *Dictionnaire des écrivains belges*, 1931.

INDEX DES AUTEURS

Cet index renvoie aux extraits de textes, désignés par leur numéro d'ordre

J

K

L

M

N

O

P

R

S

T

U

V

W

Z

INDEX DES ŒUVRES

Cet index renvoie aux extraits de textes, désignés par leur numéro d'ordre

T

U

V

W

INDEX DES TRADUCTEURS

Cet index renvoie aux extraits de textes, désignés par leur numéro d'ordre
Les titres ou les noms entre crochets possèdent une entrée propre